스페인어권 역사

스페인어권
용어사전

3

스페인어권 역사

스페인어권 용어사전

3

정경원 · 김수진 · 나송주
윤용욱 · 이은해 · 김유진
지 음

머리말

　이전까지 스페인·라틴아메리카 관련 연구는 대부분 논문 형태로 출간되어 있을 뿐만 아니라, 전문성이 결여된 타 분야 일부 연구자들이 낸 파편적이고 비효율적이며 비전문적인 연구 결과들과 인터넷 등지에 떠도는 출처 불명의 신뢰할 수 없는 정보들이 대부분을 차지하고 있었다. 따라서 학생이나 일반인은 물론이고 전문 연구자들조차도 스페인어 문화권의 인문학 및 문화 자료에 쉽고 정확하게 접근할 수 있는 기본 토대를 지니지 못한 것이 작금의 실정이다. 이에 본 저자들은 스페인어 문화권의 인문학 및 문화에 대한 기초 자료를 종합적으로 수집·조사·분석하고 체계화함으로써, 구체적인 출전(出典)이 없거나 비전공자들에 의해 제공되는 정보가 아닌, 구체적이고도 신뢰할 수 있는 토대 자료를 마련하였다. 아울러 용어의 정확성, 통일성, 개념의 표준화를 이루고, 자료의 실용성 및 가용성을 확장시키는 동시에, 스페인어 문화권인 스페인과 라틴아메리카의 역사, 문학, 종교, 사상 등 인문학과 문화에 대한 기초 정보와 연구 자료를 체계적으로 수집·정리하여 스페인어 문화권에 대한 본격적인 연구와 교육에 수월성을 제공함으로서, 궁극적으로는 미약하나마 한국 인문학 발전에 기여하는 것을 목적으로 본 저서를 집필하였다.

　본 저서에 수록된 용어들은 문화 및 인문학의 학제 간 연구의 장점을 최대한 활용하여 스페인어 문화권의 인문학 및 문화 연구에 필요한 각 분야(문학, 역사, 사상, 종교 등)에서 고르게 선정하여, 저자들의 전공 분야에 따라 '스페인 문학과 문화', '중남미 문학과 문화', '스페인어권 역사'라는 세 가지 부문으로 나누어 집필하였다. 그러나 실로 광대한 영역을 아우르는 스페인어 문화권의 방대한 인문학·문화 관련 용어들을 본 저서에서 빠짐없이 다루기에는 아직 역부족인 게 사실이다. 부족한 설명과 오류, 그리고 누락된 주요 용어들에 대한 문제는 향후 보다 철저한 조사와 연구를 통하여 수정·보완하도록 하겠다. 아무쪼록 본 저서가 스페인어 문화권의 문화와 역사 및 문학 등에 호기심을 가진 여러 독자들과 각 분야의 연구자들에게 미약하나마 도움이 되길 희망한다. 석사학위 논문 준비 중임에도 불구하고 끝까지 성실하게 원고의 정리와 교정을 도맡아 수고해준 손소담 학생에게 고마움을 전하고, 무엇보다도 출판계의 극심한 불황 속에서도 본 저서의 출판을 흔쾌히 허락해주신 한국학술정보(주)의 이담북스 출판사에 심심한 감사의 마음을 전하는 바이다.

2015년 이문동 캠퍼스에서
저자 일동

일러두기

- 용어 가운데 주요한 것은 *로 표시하였다.
- 용어와 관련이 있는 또 다른 용어는 ➡로 표시하여 참조할 수 있도록 하였다.
- 본 책에 사용된 기호의 의미는 다음과 같다.

  『 』: 소설, 시, 극작품 등의 작품명에 사용

  「 」: 영화, 노래, 그림, 논문 등의 작품명에 사용

  < >: 신문, 잡지명에 사용

  ' ', " ": 강조되는 문구, 단어에 사용
- 작품명의 원어표기는 이탤릭체로 하였다.
- 스페인어에서는 뒤집은 느낌표를 한 문장의 맨 앞에 두며, 문장의 맨 끝에 보통 느낌표를 둔다. 이것은 의문문, 즉 물음표에서도 마찬가지다.

  예시: ¿Estás loco? ¡Casi la mataste! (너 미쳤니?! 넌 하마터면 그녀를 죽일 뻔했어!)

A

Aazaña y Diaz, Manuel (마누엘 아사냐 이 디에스)　(1880~1940) 스페인 정치가. 1936년 총선거에서 인민전선파가 승리하자 다시 총리에 위임되어 이후 대통령으로 선출되었다. 하지만 스페인 내란 중이었기 때문에 공화정부의 상징적인 존재일 뿐 실권을 잃었다. 내란 말기에 프랑스로 망명하여 대통령에서 사임하였다. ➡ Guerra Civil Española(스페인 내전)

Abad (수도원장)　시리아의 수도원에서 유래한 성직으로 5세기 가톨릭 종교계의 우두머리를 일컫는다. 수도원장으로 선정된 사람은 종교·정치적 영향력이 막강했기 때문에 수도원장을 임명하는 자격을 두고 종교계와 왕실이 공방을 벌이기도 했다. 스페인에서는 공의회를 통해 수도원장을 선출했다.

Abascal, José Fernando de (호세 페르난도 데 아바스칼)　스페인의 정치가, 군인(1743~1821). 페루 부왕령의 제38대 부왕이다. 영국의 라플라타 강(Río de la Plata)의 침략을 막아냈으며 스페인의 독립전쟁 당시 상당한 경제적 원조를 보냈다. 페르난도 7세(Fernando VII)의 지지자였다. ➡ Perú, Virreinato del(페루 부왕령)

Abbasí (아바스 왕조)　750년부터 이슬람 제국을 통치한 왕조로 우마이야 왕조에 이은 두 번째 이슬람 왕조이다. 아바스라는 명칭은 이슬람교의 창시자인 무함마드의 숙부인 아부 알 아바스(Abu al-Abbas)에서 유래하였는데, 이는 우마이야 왕조로부터 권좌를 탈취한 자신들의 통치에 정당성을 부여하기 위한 것이었다. 1258년 몽골족의 침략으로 멸망하였다. ➡ Al-Andalus(알 안달루스)

Abd al-Aziz ben Musa Nusayr (압달-아시스 벤 무사 누사이)　예멘 태생의 모슬렘 군사 지휘자이자 640년부터 716년까지 우마이야 왕조(Califato Omeya)의 통치자이기도 했다. 71세의 나이에 이베리아 반도에 대한 모슬렘 침략에 참여했다. ➡ Al-Andalus(알 안달루스)

Abd al-Aziz ibn Musa (압달-아지즈 이븐 무사)　알 안달루스의 첫 칼리프이다. 현 스페인 안달루시아(Andalucía)의 세비야(Sevilla)에서 714년부터 716년까지 통치했다. 무사 이븐 누사이르(Musa ibn Nusayr)의 아들로, 알 안달루스를 통치하기 전 마그렙(Magreb)의 다양한 임무를 도맡았었고, 714년 그의 아버지가 다마스커스(Damasco)로 돌아가야 할 때 그의 아들을 임명하여 칼리프가 되었다. 2년의 기간 동안 짧지만 어떤 이에게는 모델이 될 만한, 반대로 어떤 이들에게는 그를 사살할 만한 이유를 살만큼의 통치자 역할을 해내었다. ➡ Al-Andalus(알 안달루스)

Abd Allah (압 알라)　844년 1월 11일 코르도바(Córdoba)에서 태어나 912년 10월 15일

이비뎀(Ibidem)에서 사망한 코르도바 7번째 우마이야(omeya) 왕조의 권력자(emir)이다. 무아마드 1세(Mihammad I)의 아들이며, 형인 알 문디르(al-Mundir)로부터 권력을 물려받았다. 압 알라의 통치기간 동안 아랍족, 베르베르족, 그리고 물라디족 사이의 전쟁으로 인해 혼란스러웠다. ⇒ Al-Andalus(알 안달루스)

Abd al-Malik (압달 말리크)　　(646~705) 우마이야 왕조의 5번째 칼리프이다. 685년부터 705년까지 21년간 통치한 그는, 아시아의 비잔틴 제국과 맞서 싸웠고, 현재 북아프리카 공화국 튀니지까지 영역을 확장시켰다. 지금의 예루살렘에 오마르 회교 사원(Mezquita de Omar)을 지었으며, 공식 언어를 바꾸거나 우편사무행정 시스템을 바꾸는 등 여러 정책변화를 시도하였다.

Abd Al-Rahman I* (압달 라만 1세)　　(734~788, 재위: 755~788) 알 안달루스(al-Andalus)의 첫 번째 독립적인 에미르(emir)이자 다마스쿠스(Damasco) 우마이야(omeya) 왕조 출신의 제10번째 칼리프의 손자이다. 750년 압바스인들(abbasíes)이 권좌를 탈취했을 때 그들의 박해를 피해 도주하는데 성공하면서, 북아프리카의 여러 지역들을 5년 동안 도망자로 떠돌아다니게 된다. 그러다가 그의 어머니의 출생종족인 나흐사(Nafza)부족의 베르베르인들(beréberes)의 보호를 받으면서, 세우타(Ceuta) 인근의 지중해 안에 정착하게 된다. 여기에서부터 그는 이베리아 반도에 밀사들을 보내어 그의 조부인 히샴(Hisham)이 파견했었던 시리아(sirios) 군대들을 자신의 명분에 끌어들이게 된다. 그들의 지지를 힘입어 그는 지브롤터 해협(estrecho de Gibraltar)을 건너고 755년 8월에 알무녜카르(Almuñécar)에 당도하게 되며, 1년 뒤에는 코르도바(Córdoba) 교외에서 지배자인 유수프 알 피흐리(Yusuf al-Fihri)를 물리치면서 코르도바에 입성하여 알-안달루스의 에미르로 선포하게 된다. 거기에서 칼리프제와는 독립적인 첫 번째 모슬렘 권력이 출현하게 된다. 그의 통치가 계속되는 33년 동안 그는 알 안달루스 지역에 공존하는 다양한 인종적, 사회적 갈등들[아랍인들, 베르베르인들, 시리아인들, 물라디르인들(muladíes), 모사라베인들(mozárabes) 등]뿐 아니라, 반도에 도착한 아랍인 파당들 사이에서 야기되는 수많은 무질서와 봉기에 직면하게 된다. 한편 옛 지배자는 새로운 에미르에 대항하여 봉기를 일으키게 되고 압달 라만은 수차례 이전 지배자와 싸우면서 결국 759년 그를 최종적으로 제거하는데 성공하게 된다. 또한 그는 쿠엔카(Cuenca) 지역에서 한 베르베르 수장이 주도하여 일으킨 반란을 진압해야 했으며, 압바스 칼리프가 지배자로 임명하여 보냈던 아랍인 수장 알 알라브 무히트(al-Alá b. Mugit)의 봉기에도 맞서야 했다. 777년에 이베리아 반도 북동쪽의 아랍인 수장들은 압달 라만에 대항하여 결집하면서 샤를마뉴(Chalomagno)의 도움을 요청하기에 이르는데, 당시 샤를마뉴는 압바스 칼리프인 하룬 알 라시드(Harun al-Rasid)의 동맹자로서 우마이야 왕조의 에미르의 적이기도 하였다. 프랑크족(francas) 군대는 778년에 사라고사(Zaragoza)까지 오게 되지만 도시는 함락되지 않게 되고, 샤를마뉴는 긴급히 호출되면서 퇴각을 명령하지 않을 수 없게 된다. 그러나 군대가 퇴각하며 론세바예스(Roncevalles)의 좁은 통로를 지날 때 그 후방이 바스크 산악인들에 의해 완전히 절멸하는 사건이 일어나게 된다. 그 과정에서 유명한 장수이자 브레타냐(Bretaña)의 공작인 롤랑(Roldán)이 사망하게 된다. 압달 라만은 훈련된 군대의 힘으로 권좌를 유지하는데 성공하는데, 이들 대부분은 베르베르 용병들로 구성되었다. 또 그는 다마스커스의 우마이야 궁정을 모델로 삼아서 자신의 왕국을 조직하게 되며, 그의 왕국의 수도인 코르도바에 거대한 모스크(Gran Mezquita)의 건축을 시작하게 된다. 이는 후에 그의 계승자들이 지속적인 증축을 하는 계기가 된다. 그는 코르도바의 방어와 미관을 위해 수많은 업적을 이루었다.

Abd Al-Rahman II (압달 라만 2세)　(822~852) 792년 톨레도(Toledo)에서 태어나 852년 9월 22일 코르도바(Córdoba)에서 사망한 알 아캄 1세(al-Hakam I)의 후계자 및 코르도바(Córdoba)의 네 번째 우마이야 왕조(omeya) 에미르(권력자)였다. 822년 5월 25일부터 사망한 날까지 재위하였다. ➡ Al-Andalus(알 안달루스)

Abd Al-Rahman III* (압달 라만 3세)　(891~961, 재위: 912~961) 알 안달루스의 우마이야 왕조(omeya)에 속하는 첫 번째 칼리프(califa)이다. 조부인 압달 라흐(Abd Allah)는 자신의 아들들보다 뛰어난 자질을 보인 손자를 선호하여 그를 계승자로 지명하였다. 912년 압달 라만 3세는 고작 20세의 나이에 에미르(emir)의 자격으로 지배자가 되었지만 그의 왕국은 지방권력의 난립과 무질서로 심각한 상태에 있었다. 반란자인 이븐 하순(Ibn Hafsun)은 자신의 보바스트로(Bobastro) 요새에 머물면서 약 3세대에 걸쳐서 안달루시아 중부의 광활한 지역을 지배하였고, 중앙권력에 대항하는 모든 주동자들과 협약 내지 연맹을 맺어오고 있었다. 압달 라만 3세는 이러한 상황을 종식시키고자 결심하였고 그의 영향이 미치는 지역들과 요새들을 차례로 공격하여 점령한 결과, 928년에는 마침내 마지막 생존자인 바누 하순(Banu Hafsun)을 항복시키는 데 성공하였다. 이 시기 동안 알 안달루스의 모든 독립적인 영주들은 코르도바의 권위 아래 놓이게 되었고, 929년에는 압달 라만 3세 자신이 칼리프, 즉 이슬람교도들의 군주라고 스스로 선언할 정도의 권력을 보유할 수 있었다. 칼리프라고 선포한 그 이듬해에 그는 바다호스(Badajoz)를 점령하여 남부경계선에서 권력을 확보하였고 933년에는 격렬한 저항을 뚫고 톨레도로 진입할 수 있었다. 한편 압달 라만 3세가 내치에 힘쓰는 동안 북쪽의 기독교 왕국들, 특히 레온왕국의 경우 오르도뇨 2세(Ordoño II) 왕은 모슬렘 지역을 침입하였고, 917년에는 산 에스테반 데 고르마스(San Esteban de Gormaz)에서 모슬렘 군대에게 처절한 패배를 안겨주기도 하였다. 그러나 3년 뒤에 이러한 패배는 발데훈케라(Valdejunquera)에서 복수전으로 이어졌으며 이번에는 레온인들과 나바라인들이 무참하게 패배하고 대량 살상되는 사태가 벌어졌다. 이후 코르도바 군대는 비록 팜플로나(Pamplona)까지 진군하지는 못했지만 나바라 남부에까지 이르는 위업을 달성하기도 하였다. 그러나 레온 왕국의 라미로 2세(Ramiro II)가 932년에 왕위를 장악하면서 상황은 바뀌었고 이슬람 세력과의 대결이 재개되면서 참호전투(batalla de foso)의 양상을 띠기도 하였다. 여기에서 칼리프는 뜻밖의 위험에 처하여 심지어 개인소장품까지 왕궁에 내버려두고 도망가지 않을 수 없었다. 939년경부터 그는 군사작전에 직접적으로 개입하지 않았지만 매년 여름에 거행하는 모슬렘의 풍습인 군대원정(aceifa)은 계속 실시되었다. 한편 아프리카 북부에는 일부 소왕국들이 우마이야 왕조의 봉신 자격으로 있었지만 그들 간의 분쟁이 치열했고, 압달 라만 3세는 중재자로서 복잡한 정치 상황에 개입하곤 하였다. 그는 탕헤르, 세우타, 멜리아의 중요 해안 요새들을 장악하였고 그의 함대는 파티마 왕조의 영토와 선박들에게 다양한 공격을 실시하였다. 압달 라만 3세의 치세기 동안 코르도바는 최고의 발전을 이르며 국제적인 명성을 얻을 수 있었다. 여러 차례의 기독교도들의 공격과 승리에도 불구하고 왕국의 국경은 잘 방어되었으며 최고의 번영을 구가할 수 있었다. 유럽의 최강국들, 특히 비잔틴제국과 긴밀한 우대관계를 유지하기 위해 노력하였는데 이는 코르도바 칼리프 국가만이 압바스 왕조와 비교해 볼 때 진정한 이슬람 제국의 대표라는 생각을 하고 있었기 때문이다. 또한 중부유럽의 여러 기독교왕국들과도 대사 교환 등의 접촉을 하며 유대의 끈을 놓치지 않았는데, 예를 들어 오토 1세 황제가 파견한 후안 데 고르스(Juan de Gorz)는 알 안달루스의 수도로 여행을 하고 방문 보고서를 남길 정도였다. 당시 알 안달루스의 수도는 공공사업들과 기념물들로 확장되었고 그중에서 산기슭에 건설된 메디나 알 사흐라(Madinat al-Zahra)라는 왕궁도시는 주목할 만한 유산이었다. 현재 남아 있는 유적과 당시 건축에 관련된 연대기의 세부 기록을 통하여 그 위엄을 가히 상상할 수 있게 된다. 압달 라만 3세는 이렇게 50년에 가까운 치세기를 끝내고 961년에 사망하였다.

Abdicaciones de Bayona (바요나 퇴위사태)　　나폴레옹 보나파르트에 의해 카를로스 4세(Carlos IV)와 그의 아들 페르난도 7세(Fernando VII)가 연속 퇴위되고, 나폴레옹의 형인 조제프 보나파르트가 호세 1세(José)의 이름으로 스페인 왕이 된 사건을 말한다.

Abejas, las (라스 아베하스)　　원주민 평화주의 집단으로, '평화와 정의 그리고 반(反)신자유주의'를 이루는 것이 이들의 주된 목표이다. 치아파스(Chiapas) 주의 체날로(Chenalhó) 마을에서 결성되었으며 1992년 45명의 소속원이 살해되는 비극을 겪는다. ☞ Ejército Zapatista de Liberación Nacional(사파티스타 민족해방군)

Abén Aboo (아벤 아보오)　　모리스코(Morisco) 귀족이었으며 가톨릭 이름은 디에고 로페스(Diego López)이다. 그는 그라나다(Granada)의 메시나 봄바론(Mecina Bombarón; 현 Alpujarra de la Sierra)에서 태어났다. 그의 이슬람 이름은 Abd Allah Muhammad ibn Abbu이며 스페인식으로 아벤 아보오가 된 것이다. 1568년부터 1571년까지 알푸하라스 반란에 참여하였으며, 그의 친척 아벤 우메야(Abén Humeya)가 모리스코를 배신할 것이라는 설이 돌며 살해당하자, 아벤 아보오가 그 대신 왕위에 올랐다. 하지만 아벤 아보오 역시 1571년 3월 13일, 가톨릭교도들로부터 매수된 아벤 아보오의 부하들에 의해 살해당하고 만다. ☞ Sublevación de las Alpujarras(라스 알푸하라스 반란, 1568~1571)

Aberri Eguna(Día de la patria) (아베리 에구나)　　바스크어(euskera)로 "조국의 날"이라는 의미로 바스크 주의 기념일이다. 매년 부활절 일요일이 되면 에우스칼 에리아(Euskal Herria)에 바스크(País Vasco)와 나바라(Navarra)의 주민들이 모여 행사를 갖는다. 1932년 바스크 민족주의당(Partido Nacionalista Vasco)이 스페인 전환기(Transición española)에 시작한 것을 계기로 지금까지 계속되고 있다.

Abrazo de Vergara (베르가라 협정)　　스페인 바스크(País Vasco) 주에 있는 기푸스코아(Guipúzcoa) 지역에서 1839년 8월 29일 이사벨 측의 장군과 13명의 카를리스트 장군들이 맺은 협정이다. 당시 에스파르테로(Espartero)는 이사벨 2세당 혹은 자유당을 대표하고, 마로토(Maroto)는 카를리스트당을 대표하였다. 이 협정은 스페인 북쪽에서 일어난 제1차 카를리스트 전쟁에서 에스파르토와 마로토 장군이 포옹을 하면서 맺어졌다 하여 베르가라의 포옹(Abrazo de Vergara)이라고 불린다. ☞ Isabel II(이사벨 2세, 1830~1904, 재위: 1833~1868)

Absolutismo* (절대왕권주의)　　중세 후기가 되면서 많은 유럽의 군주들은 교회나 신분의회(Cortes), 귀족, 시 권력을 제한하며 왕권을 강화하고자 하지만, '절대왕권주의'라는 개념은 본질적으로 근대에 걸쳐서 서서히 형성되었다고 볼 수 있다. 카스티야(Castilla)에서는 절대왕권에 대한 제반 요구가 이미 1393년 엔리케 3세(Enrique III) 때에 출현하게 되며, 15세기 중반이 되어서는 후안 2세(Juan II)에 의해 반복적으로 나타났다. 그러나 실제로 카스티야에서건 아라곤(Aragón)에서건 스페인 국왕들은 법의 공포에 대한 통제권을 지니며 상당한 권력을 행사하였다고 볼 수 있다. 한편 많은 저자들은 카스티야에서 절대왕권주의가 정착할 수 있었던 계기로 입법기관인 신분의회가 쇠퇴하면서 비롯되었다고 보고 있다. 가톨릭 공동왕(Reyes Católicos)이 의회에 의한 법의 승인 전통을 존중하였다면, 후대 왕들은 이러한 의회의 재가 없이 명령을 통하여 공표하고자 하는 특징을 보였다. 한편 합스부르크(Habsburgo) 왕가의 카스티야에서는 왕권에 대한 어떠한 법적 제약도 존재하지 않았던 반면, 특별 자치법(fueros)이 시행되었던 다른 왕국들에서는 왕이 법을 공표할 때에도 절차상 신분의회에서 그렇게 해야 한다는 주장이 우세하였다. 이러한 왕국들 특히 아라곤 왕국에서 나타나는 여러 신분들과 왕과의 힘겨루기는 '계약주의(pactismo)'로 기술되지만, 그렇다고 해서 이것이 군주권의 약화를 의미하는 것은 아니었고 오히려 군주가 일정한 상황에서 의회 내 정치집단들과 소통하는 방식을 확립하였다고 볼 수 있다. 또한 펠리페 2세(Felipe II)의 통치 방식은 카스티야에서 절대왕권주의가 존재하였음을 입증하는 근거로 자주 인용되지만, 실제로 '절대왕권주의'라는 용어 자체는 스페인의 복잡한 통치 양상을 설명하기에 불충분하다고 볼 수 있다. 후대 왕들은 말할 것도 없고 강력한 왕으로 여겨지는 펠리페 2세조차도 평의회원들(consejeros)과 신하들이 제공하는 정보와 자문에 전적으로 의존하였으며, 무엇보다 국왕 스스로가 자신이 보유하고 있는 권력의 한계를 명백히 인식하고 있었던 것이다. 특히 종교적인 사안들과 개인 소유지에 대한 세액 부과 문제는 아무리 국왕이라고 하더라도 함부로 개입할 수 없는 영역으로 여겨졌던 것이다. 따라서 스페인 국가가 1711년 국장(intendentes)이라는 직책을 도입하기까지는 각 지방의 핵심세력과 실제로 접촉하는 관료가 없었으며, 자연히 왕의 권력이라는 것도 이론적인 측면에 머무를 때가 많았다고 볼 수 있다. 그러나 부르봉 왕가가 들어서면서부터 이러한 제한적인 왕권은 혁신적으로 바뀌게 되고 아라곤 왕국의 특별 자치법들이 폐지되었을 때는 그야말로 절대왕권주의체제의 확립이 가시화되었던 것이다. 결국 왕위계승전쟁이 끝나는 1713년 이후 스페인 왕국은 비로소 스페인에 존재하는 모든 것들보다 우위에 있게 되며, 각 왕국들의 신분의회는 유명무실한 존재로 전락하게 되었고 왕국은 사법부 운영의 독점뿐 아니라 국가 관료와 상비군을 창설하기에 이르렀다. 또한 국가권력의 증대와 왕권에 대한 이론적인 정비는 필연적으로 교황 권력에 대한 논란들을 유발시키는 계기가 되었다.

Abu al-Hassan Ali (아부 알 하산 알리)   그라나다 나사리 왕조의 20대 술탄으로, 출생 연도는 불명확하며 1464년부터 1485년까지 통치하다가 그해 사망했다. 재위기간 동안 '가톨릭 공동왕'의 국토 재수복을 위한 공세를 처음으로 받기 시작했다. ⇒ Al-Andalus(알 안달루스)

Abuelas de Plaza de Mayo (5월 광장 할머니들)   1977년, 에스텔라 바르네스 데 카를로토(Estela Barnes de Carlotto)를 의장으로 설립된 아르헨티나의 인권보호 단체이다. 5월 광장 할머니들은 군사독재 시기(1976~1983)에 실종된 자들을 찾아내고, 이러한 반인도적 범죄를 예방하는 것과 책임자들로부터 마땅한 처벌을 받게 하는 것을 목적으로 한다. ⇒ Asociación Madres de la Plaza de Mayo(5월 광장 어머니회)

Academia General del Aire(AGA) (공군학교)   스페인의 공식 공군사관학교이다. 무르시아(Murcia)의 산 하비에르(San Javier) 지역에 위치하며, 공군 부대 인원 지도부(Mando de Personal del Ejército del Aire, MAPER)와 공군 총지도부(Mando

Aéreo General, MAGEN) 아래 운영되고 있다. 1926년 카르타헤나(Cartagena) 항구의 함선들을 보호하기 위한 군부대 주둔이 인적 관리의 계기가 되었다. 1939년 스페인 내전이 끝난 뒤 국방부가 학교 설립을 발표하면서 1945년 6천 명의 학생들이 입학하였고, 이후 이들이 소위 및 중위급으로 졸업하였다.

Academia General Militar (군사관학교)　스페인의 고등육군사관학교이다. 사라고사(Zaragoza)에 위치하며, 국가의 육군 무기들을 관리하고 장병들을 교육 및 훈련하는 목적으로 세워졌다. 또한 이곳에는 국가 공인의 민방위대가 있다.

Acamapichtli (아카마피치틀리)　1376년에 태어나 1396년에 사망한 멕시카족(Mexicas)의 제1대 왕이다. 테노치티틀란(Tenochtitlan)과 테파네카족(Tepanecas) 간의 협력관계를 다져 3중 연맹(Triple Alianza)을 맺었으며 함께 영토 확장을 펼쳤다. ➡ Hispanidad[이베리아성(포르투갈 및 브라질 제외)]

Acción Republicana (공화주의 행동당)　스페인 공화주의와 진보를 주장하는 정치단체이다. 1925년 마누엘 아사냐(Manuel Azaña)가 정치 행동당(Acción Política)을 창당하면서 1930년 공식적으로 인정받았고 동 이름으로 바뀌게 되었다. 세속주의를 주장하며 농업법 및 군법 개혁을 지지하였다. ➡ República II(제2공화국)

Acefalía de gobierno (무정부 상태)　다양한 요인으로 인해 정부나 통치기관이 부재하는 상태를 뜻하며 무정부 상태의 또 다른 이름이다. 정부의 세력이 약해지거나 다른 세력의 등장 또는 통치자의 죽음 등으로 일어나며 오래 지속되지 않는다는 특징이 있다.

Acefalos (무두종파주의자)　5세기 무렵 등장했으며 그 어떤 종류의 권위도 인정하지 않는 무리나 집단을 일컫는다. 성직자들 사이에 교구나 주교에게 종속되지 않은 무두종파주의자들이 많이 등장했다.

Aceifa (아세이파)　아랍인들에 의해 여름에 행해졌던 군사 원정으로 특히 9세기와 10세기 동안 자주 이루어졌다.

Acteal (악테알)　멕시코 치아파스(Chiapas) 주의 체날로(Chenalhó) 시에 위치하는 마을이다. 1997년 12월 22일, '악테알 대학살(Matanza de Acteal)'로 알려진 곳으로, 사파티스타 민족해방군(Ejército Zapatista de Liberación Nacional)을 지지한 원주민 45명이 참혹하게 살해된 것으로 유명하다. ➡ Ejército Zapatista de Liberación Nacional(사파티스타 민족해방군)

Acueducto de los Milagros (기적의 수로)　현재 스페인 바다호스(Badajoz)의 메리다(Mérida) 시(市)에 있는 수로이다. 로마시대에 세워진 이 수로는 도시 동쪽으로 물을 공급하는 데 사용되었다. 높이 25m의 수로는 당시 830m까지 나아가 알바레가스 강(río Albarregas)까지 도달했다. 이 수로는 단단하지만 우아한 화강암 기둥으로 만들어졌으며, 아치가 그 기둥들을 잇고 있다. ➡ Romanización(로마화)

Acueducto de Segovia (세고비아 수도교)　로마 시대에 프리오 강으로부터 세고비아 도시까지 물을 공급하기 위해 건설된 교량 형태의 수도교로, 이베리아 반도에서 가장 잘 보존된 로마 시대 건축물 중 하나이다. 1985년 유네스코에 의해 세계문화유산으로 지정되었다. ➡ Romanización(로마화)

Acuerdo de Libre Comercio de América del Norte(NAFTA) (북미자유무역협정)　'TLC'로도 알려져 있으며, 캐나다, 미국, 멕시코 사이에 체결된 자유무역협정이다. 나프타(NAFTA)의 주목적은 유럽연합과 비슷한 거대한 무역 블록을 형성해 제한 없는 무역을 함으로써 광범위한 자유무역을 추진하는 것이다.

Acuerdo por las Libertades y contra el Terrorismo (자유와 반테러리즘 협약) '테러리즘 반대 협정'이라고도 알려진 자유와 반(反)테러리즘 협약은 2000년 12월 8일 스페인 우파인 국민당(Partido Popular)과 좌파인 스페인사회노동당(Partido Socialista Obrero Español)이 맺은 협약이다. 협약의 주된 내용은 테러리즘에 대항하여 양당의 협력을 강화시키자는 것이었다. 미사일탄과 같은 무기를 쓰지 않는 조약 등이 포함되어 있으며, 바스크 민족주의 정당들을 강하게 비판하였다. ➡ Partido Popular(PP, 국민당)

Acuerdos de Libourne (리부르누 협정)   (1366) 엔리케 데 트라스타마라(Enrique de Trastámara)가 카스티야의 페드 1세(Pedro I de Castilla)를 공격해오자 페드로와 영국 왕실을 대표하는 토마스 펠톤(Thomas Felton)이 맺은 정치적, 군사적 협정이다. 이 협정으로 페드로는 흑태자 에드워드의 도움을 받게 되지만, 그 대가로 영국 군대의 지원금을 대주고 많은 영토를 양도해야 했다.

Acuerdos de San Andrés sobre Derechos y Cultura Indígena (인디언 문화와 인권에 대한 산 안드레스 협약)   1996년 멕시코 정부와 사파티스타 민족해방군 사이에 체결된 협약으로, 정부는 멕시코 인디언 부족의 인권과 자치 허용에 대한 헌법 개정, 그리고 사회 소외계층을 위한 새로운 정책을 약속한다. ➡ Ejército Zapatista de Liberación Nacional(사파티스타 민족해방군)

Adas (아다스)   스페인 알헤시라스(Algeciras)에서 가장 전통적인 축제로, 카니발 전에 시작하여 도시의 여러 장소에서 열린다. 지역 특산품을 공짜로 시식해 볼 수 있는데, 무엇보다도 해산물이 주를 이룬다. 이 축제는 문화 협회와 알헤시라스 도시 중심부의 주민들에 의해 계획, 진행된다.

Adriano(Adriano VI, Papa) (아드리아노 추기경)   제218대 로마 교황으로, 재위기간은 1522년 1월 9일부터 1523년 9월 14일까지였다. 그의 세속명은 아드리아노 플로렌츠(Adriano Florensz)이다. 1459년 위트레흐트(Utrecht, 네덜란드에 위치)에서 태어났으며, 1523년 로마에서 사망하였다. 1516년에 토르토사(Tortosa)의 주교, 아라곤·나바라 왕국의 이단심문관이 되었다. 1518년 시스네로스(Cisneros)의 죽음으로 카스티야 왕국의 이단심문관이 되었다. 1520년에서 1522년 사이에 스페인의 카를로스 1세가 독일 왕국의 즉위식 때문에 카스티야 왕국을 비우게 되자, 아드리아노 추기경을 섭정자로 임명하였다. 그의 섭정 기간 동안 카스티야의 코무니다데스(Comunidades de Castilla) 반란 진압을 맡았다. 교황 아드리아노 다음으로 클레멘테 7세(Clemente VII)가 직위했다. ➡ Carlos I(카를로스 1세)

Afrancesado (아프란세사도)   초기 프랑스 제국과 이베리아를 점유한 프랑스인의 지지자들이었던 계몽주의 사상, 자유주의 또는 프랑스 혁명의 스페인과 포르투갈인으로 된 당파를 의미한다. 스페인에서는 이 용어가 카를로스 3세(Carlos III)의 재위기간 동안 표면화되었고 사실상 프랑스의 패션과 관습을 따르는 사람들을 지칭하는 중립적인 의미로 사용되었다. 이후, 이 용어는 호세 보나파르트 1세(José Bonaparte I)에게 충성을 맹세한 스페인 귀족과 관료들을 경멸하는 용어로 각광받게 되었다. ➡ Carlos III(카를로스 3세)

África, Guerra de (아프리카 전쟁)   스페인과 모로코 술탄 사이의 전쟁으로, 이사벨 2세 여왕의 통치기인 1859년에 발발했다. 이 전쟁은 스페인 도시인 세우타(Ceuta) 경계선의 충돌에서 비롯되었으며 1860년 와드-라스 협정(Tratado de Wad-Ras)이 체결되면서 종결

되었다. ➡ Isabel II(이사벨 2세, 1830~1904, 재위: 1833~1868)

Agila (아힐라)   서고트족 15대 왕으로 출생 연도는 알려지지 않았으며 554년 사망했다. 549년 에 궁중 귀족들이 선왕 테우디셀로를 살해하고 아힐라를 왕위에 앉혔다. 무거운 세금과 폭정으로 코르도바(Córdoba)에서 중심이 되어 아타나힐도를 왕위에 앉히려 반란을 일 으켰고, 유스티니아누스 황제의 도움으로 성공한다. ➡ Reino visigodo(서고트 왕국)

Agila II (아힐라 2세)   (681~716) 서고트족 36대 왕. 34대 왕 위티사(Witiza)의 아들로 681 년 출생하여 710년 왕위에 올라 716년 사망하였다. 아버지의 도움을 받아 708년 이미 왕위에 오르기는 했으나 710년 아버지의 사망 후 정식으로 왕이 되어 타라코넨 세(Tarraconense)와 나르보넨세(Narbonense) 지역을 통치하였다. 재위기간 동안 이슬 람인들의 침략을 받았다. ➡ Reino visigodo(서고트 왕국)

Agrupación de Guerrilleros Españoles (스페인 게릴라 조직)   원어의 약자인 'AGE'라고 알려진 스페인 게릴라 조직은 세계 제2차 대전에서 나치주의에 대항하여 프랑스에서 자 발적으로 형성된 그룹이다. 조직원들의 대부분은 스페인 내전에서 프랑스로의 망명을 강 요당하여, 프랑스 수용소(Campos de internamiento en Francia)에서 지냈던 사람들이 었다.

Aguado, Antonio López (안토니오 로페즈 아구아도)   (1764~1831) 스페인 신고전주의 건축가이다. 후안 데 비야누에바(Juan de Villanueva)의 제자로 산 페르난도 예술 왕립 아카데미(Real Academia de San Fernando) 졸업 후 이탈리아 및 프랑스에서 건축가로 서의 길을 걸었다. 그의 대표적인 건축물들은 마드리드에서 많이 볼 수 있는데, 톨레도 문(La puerta de Toledo)이나 왕립 극장(Teatro Real) 등이 그 예이다. 또한 마드리드 왕궁 앞에 있는 오리엔테 광장(Plaza de Oriente) 또한 그의 큰 업적이다.

Aguiar y Seijas (아기아르 이 세이하스)   (1632~1698) 스페인 가톨릭 성직자이다. 미쵸아 칸(Michoacán)의 주교와 누에바 에스파냐(Nueva España)의 대주교를 지냈다. 주교로 서의 임기 동안 스페인 종교재판소에 관해 후아나 이네스 데 라 크루스 수녀(Sor Juana Inés de la Cruz)와 강한 갈등을 빚었다.

Aguilar, Jerónimo de (헤로니모 데 아길라르)   1489년 스페인 에시하(Écija)에서 태어나 1531년 멕시코에서 사망한 스페인 정복자이다. 다리엔(Darién) 정복에 참여했으며 유카 탄(Yucatán) 인디언 부족과 몇 년간 살면서 마야어를 배웠다. 후에 에르난 코르테스에 의해 구조되어 그의 통역자와 군인으로서 멕시코 정복에 많은 도움을 주었다. ➡ Cortés, Hernán(에르난 코르테스)

Aguilera y Gamboa, Enrique. XVII Marqués de Cerralbo (엔리케 아길레라 이 감보아, 제17대 세랄보 후작)   (1845~1922) 부르봉의 정치가이며 고고학자이자 수집가이다. 카를로스파(carlista)로 카를로스 데 부르봉(Carlos de Borbón)과 친밀한 관계를 유지 했지만, 후에 사이가 소원해져 정치를 떠나 농업에 종사했다. 1912년에 하이메(Jaime) 의 부름으로 다시 정계로 돌아갔지만, 세계 1차 대전 이후 카를로스파의 내부 분열이 생 기자 완전히 정치와 결별하였다. 죽기 전, 그의 거대한 수집품들을 스페인 정부에 기부 했으며 그 기증품들은 오늘날 세랄보 박물관(Museo Cerralbo)에서 찾아볼 수 있다. ➡ Carlismo(카를로스주의)

Aguirre y Monsalve, Manuel (마누엘 아기레 이 몬살베)   (?~1855) 스페인의 화가이다. 19세기 초반에 활발한 활동을 했으며 역사화와 종교화를 정착시켰다. 아라곤 왕들의 초상화를 전담하였다. 역사화가 유행하게 되자 세고비아 성벽에 가톨릭 공동왕의 선왕들을 그리는 임무를 맡기도 하였다.

Aguirre, José Antonio (호세 안토니오 아기레) (1904~1960) 스페인 정치가, 바스크 민족주의당의 당원이기도 하다. 또한 첫 번째 바스크 자치 정부의 수반(lehendakari)이며, 국방 자문위원회(Consejero de Defensa)의 자문위원이었다. 그가 정치가로 활동했던 에우스카디(Euskadi) 정부에서는 스페인 제2공화국을 견제하면서 바스크 군대(Ejército Vasco)를 세웠다.

Agustín de Hipona, San (성 어거스틴) (354~430) 일부 사람들에 의해 고대문화 최후의 현인이자 최초의 중세인이라고 불리는 성 어거스틴은 신학자이자 철학자 그리고 라틴 교회의 지도자였다. 지금은 알제리인 타가스테(Tagaste)에서 이방인인 아버지와 기독교인 어머니의 사이에서 태어났다. 타가스테와 카르타고 그리고 이후엔 로마와 밀라노로 수사학을 가르쳤으며, 이후 밀라노에서의 토론을 통해 기독교로 개종하였다.

Ahuitzotl (아우이트소틀) (1486~1502) 아스테카족의 제8대 왕으로 1477년에 왕위에 올랐다. 인신공양을 폐지하려 했으나 희생자의 수를 줄이는데 그쳤다. 코요아칸에서 테노츠티틀란으로 수로를 만드는 대작업을 완성했으나 그로 인해 발생한 홍수로 목숨을 잃었다. 그를 이어 목테수마 2세(Motecuhzoma Xocoyotzin)가 왕위에 올랐다. ➡ Azteca, Imperio(아스테카 제국)

Ajoblanco (흰 마늘) 무더운 여름철에 먹는 찬 수프이며 안달루시아(Andalucía)와 엑스트레마두라(Extremadura)의 대중 요리이다. 빵, 아몬드 가루, 마늘, 물, 올리브기름, 소금 그리고 식초로 만들어지며 포도나 멜론과 함께 먹기도 한다. 말라가(Málaga)의 한 마을에서는 매년 9월 2일에 흰 마늘 수프를 먹는 축제가 열리며 바다호스(Badajoz)에서는 8월 15일 날 '성모 마리아의 승천(Asunción de la Virgen)'을 기리는 축제에서 흰 마늘 수프 만들기 대회가 열린다.

Akhila II, Rey visigodo (아킬라 2세, 서고트 왕) 위티사(Witiza)의 아들로 700년에 태어나 715년에 생을 마감했다. 위티사의 후계자로 지목되었음에도 불구하고 귀족들과 고위 성직자들이 로드리고(Rodrigo)를 왕으로 지목해 내전을 일으켰다. ➡ Reino visigodo (서고트 왕국)

Al-Andalus* (알 안달루스) (711~1492) 중세 8세기에서 15세기 동안에 모슬렘이 지배하였던 스페인 땅을 지칭하는 것으로 기독교인들에 의해 재정복전쟁(Reconquista)이 시작되고 이들과의 각축전이 벌어지면서 알 안달루스의 범위도 시기별로 바뀔 수밖에 없었다. 711년 아랍인들이 구아달레테 전투(batalla de Guadalete)에서 승리하고 서고트 왕국을 무너뜨린 후 그 여세를 몰아 프랑스에까지 북진하여 칼 마르텔(Carlos Martel)에 의해 격파되기까지(푸아티에 전투, batalla de Poitiers), 이들 모슬렘들은 이베리아 반도의 대부분을 차지하였다. 당시 모슬렘 군대를 이루었던 베르베르인들(beréberes)과 아랍인들(árabes), 시리아인들(sirios)은 모레나 산맥(Sierra Morena)의 남쪽에 대부분 정주하였고, 716년에는 코르도바(Córdoba)를 자신들의 수도로 삼았다. 한편 이들은 모사라베(mozárabes)와 같이 신앙적인 정체성을 지킨 집단을 제외하고는 이베리아 로마인들과 광범위한 혼혈을 이루었고, 경제적으로는 안달루시아(Andalucía)와 레반테(Levante)의 풍요로운 농업에 기반을 두면서 문화적인 발전을 가져왔다. 한편 우마이야(omeya)에 속한 압달 라만 1세(Abd al-Rahman I, 756~788)가 스페인으로 와서 773년 독자적인 에미르 체제(emirato)를 수립하기까지 알 안달루스의 지배자들은 이슬람제국의 중심지인 다마스커스(Damasco)나 바그다드(Bagdad)의 지시에 따라 임명되었다. 그러나 압달 라 만 3세(Abd al-Rahman III)가 들어서면서 929년에 자기 자신을 칼리프(califa)라고 선 포하며 독자적인 칼리프 체제를 수립하였고, 동시에 그동안 근동과 유지해왔던 모든 정치적인 끈을 단절하고 종교적인 예속 관계를 종식시켰다. 코르도바의 칼리프국 (califato de Córdoba)은 중세 전반기에 유럽에서 가장 강력한 국가들 중의 하나가 되었 으며 이베리아 반도의 기독교 왕국들과도 무수한 상업적, 외교적 관계를 유지하였다. 그 러나 이러한 알 안달루스도 11세기에 들어서서 분열되면서 소왕국들인 타이파들(taifas) 이 되었고 북쪽에서부터 남하하는 기독교인들의 재정복 전쟁에서 점차 밀리면서 차지하 고 있던 땅을 기독교인들에게 내어주어야만 했다. 한때 북아프리카로부터 원조군인 알모 라비데족(almorávides)이 와서 1086년에 유수프 이븐 타쉬핀(Yusuf Ibn Tashfin)의 영도 아래 알 안달루스가 잠시 통일되기는 하였지만 1146년경에 다시 소왕국들인 타이 파들로 분열되었고, 또 다른 모슬렘 전사 집단 알모아데족(almohades)이 북상하여 알 안달루스의 통일을 이루었지만 그 영광도 곧 끝날 수밖에 없었다. 결국 1492년 가톨릭 공동왕(Reyes Católicos)에 의해 모슬렘의 마지막 거점지인 그라나다(Granada)의 나사 리 왕국(reino nazarí)이 함락되면서 알 안달루스는 역사에서 완전히 사라지게 된다.

Al-Ándalus (알 안달루시아)   711년에서 1492년 사이에 이슬람의 침략을 받던 이베리아 반 도의 안달루시아를 일컫는 말이다. ➡ Al-Andalus(알 안달루스)

Alanos (알라노족)   고대 이란 출신의 종족으로 사르마타(Sármata)족과 연관이 있다. 이들은 호전적인 유목민족으로 목축업을 주업으로 삼았다. 후에 루시타니아(Lucitania)와 카르 타헤나(Cartagena)에 정착하면서 이들은 로마제국의 골칫거리가 되기도 하였다.

Alarcos (알라르코스)   1195년 알라르코스 전투로 파괴되기 전까지 톨레도 지방의 주요 도시 중 하나였으나 현재 유적지로 남아 있으며 고고학자들의 연구가 진행 중인 곳이다. 도시 몰락 이후 알폰소 10세는 생존자들을 인근 마을로 이송하고 시우다드 레알(Ciudad Real)이라는 이름을 하사했다. ➡ Alfonso X(알폰소 10세)

Alarico I (알라리코 1세)   (370~395) 서고트족 2대 왕. 고트인과 로마인 동맹군의 수장이었 다. 370년 태어나 395년 왕으로 선출되면서 발티 왕조의 시작을 열었다. 마케도니아, 코린 트, 스파르타와 아프리카 등을 침략하였으며, 410년에 행한 로마 약탈(Sack of Rome)로 유명하다. 같은 해 질병으로 사망하였다. ➡ Reino visigodo(서고트 왕국)

Alarico II (알라리코 2세)   (?~507) 서고트족 10대 왕. 484년 툴루즈에서 아버지 에우리코 (Eurico)의 왕위를 이어받았다. 아키텐에 수도를 세우고 이베리아 반도 북부와 서부를 제외한 모든 지역을 다스렸다. 프랑크족에 위협을 느껴 동로마 제국과는 사이를 멀리했 으나 부이예(Vouillé)에서 일어난 프랑크족과의 전투에서 507년 사망하였다. ➡ Reino visigod(서고트 왕국)

Álava (알라바)   스페인 북부 바스크(El País Vasco) 자치주에 위치했으며 과거 9세기에서 11세기 사이 카스티야 백작령에 소속된 지방이다. 비스카야(Vizcaya)와 함께 오랜 역사 가 녹아있으며 현재 제철산업이 활발하게 이루어지고 있다.

Albéniz, Isaac (이삭 알베니스)   (1861~1909) 정식 이름은 이삭 마누엘 프란시스코 알베니 스 이 파스쿠알(Isaac Manuel Francisco Albéniz y Pascual)이다. 스페인 유명 작곡가 이자 피아니스트이다. 피아노곡뿐만 아니라 다른 악기들의 협주곡도 작곡하며 「*Pepita*

Jiménez」 또는 「*Merlín*」과 같은 오페라 연주곡, 또는 오케스트라 협주곡을 만들었다. 그의 개인 재
단은 카탈루냐 도서관에 보존되어 있으며 바르셀로나 음악박물관에서는 그의 손녀딸이
기부한 생의 기록들이 전시되고 있다.

Albino (알비노)　　스페인의 식민지 정복 과정에 나타난 혼혈인종 중 하나로 스페인 남성과
모리스코(morisco) 여성 사이에 태어난 사람들을 일컫는다. ➡ Mestizaje(혼혈)

Alborada Herranz, José María (호세 마리아 알보라다 에란스)　　(?~1966) 최고학문연구기
관(CSIC)의 의회장직을 지냈다. 오푸스데이의 최초 멤버 중 한 명이다. 프랑코(Franco)
정권의 교육부 장관이었던 호세 이바녜스 마르틴(José Ibáñez Martín)과 각별한 우정을
나눴으며 그로 인해 오푸스 데이의 입지가 견고해졌다. 가톨릭국가주의를 제창했다. ➡
Opus Dei(오푸스 데이)

Albuera, Batalla de la (알부에라 전투)　　1479년, 포르투갈의 알폰소 5세(Alfonso V)가 약
혼녀인 후아나(Juana)의 왕위계승권을 주장하며 발발한 군사적 대립이다. 이 전투는 알
카소바스 조약(Tratado de Alcaçovas)이 체결되면서 끝이 났으며 알폰소 5세는 패배를
인정하고 카스티야(Castilla)에서의 왕권을 완전히 포기했다. ➡ Castilla, Corona de(카
스티야 연합왕국)

Alburquerque, Juan Alfonso de (후안 알폰소 데 알부르케르케)　　잔혹한 페드로 1세
(Pedro I el Cruel)의 양육을 담당한 인물이다. 마리아 데 파디야(María de Padilla)와
헤어질 것을 페드로에게 충고하자 카스티야(Castilla)에서 추방당했다. 이에 페드로에 반
하는 다른 사람들과 힘을 모아 반란을 일으켰지만, 패배의 쓴맛을 안은 채 포르투갈로
도주하게 된다. ➡ Castilla, Corona de(카스티야 연합왕국)

Alcalá de Henares (알칼라 데 에나레스)　　마드리드 자치구에 속하는 도시로 수도에서 동쪽
으로 약 30km 지점인 에나레스 강 연안에 자리 잡고 있다. 로마제국 당시 콤풀툼이라는
도시로 불리었으나 기원후 1000년에 파괴되었다가 무언인들에 의해 1038년 복구되어
알칼라안나르라 불리었다. 이후 11세기 말 알폰소 6세에 의해 재정복되었으며, 16세기
에 설립된 대학도시로 유명하다. 1998년 유네스코의 세계문화유산으로 지정되었다.

Alcalá Zamora y Torres, Niceto (니세토 알칼라 사모라 이 토레스)　　스페인의 정치가이자
변호사로 1877년 7월 6일 스페인 코르도바(Córdoba)에 속한 프리에고(Priego) 시에서
태어나 1949년 2월 18일 아르헨티나의 부에노스아이레스(Buenos Aires)에서 사망했다.
스페인 제2공화국(La Segunda República española)의 첫 번째 대통령직을 역임했다. ➡
República II(제2공화국)

Alcalde mayor (수석 행정관)　　스페인의 아메리카령 식민지였던 누에바 에스파냐 부왕령에
서 수도가 아닌 다른 지역의 통치자를 일컫는다. ➡ Nueva España, Virreinato de(누에
바 에스파냐 부왕령)

Alcázar (알카사르)　　아랍어에서 기원한 단어로써, 성벽 또는 요새라는 뜻을 갖는다. 아랍의
스페인 600년 지배로 인해 언어에 많은 아랍어의 영향을 끼쳤으며, 주요 도시마다 주요
알카사르가 문화유산으로 남아 있다. ➡ Al-Andalus(알 안달루스)

Alcocer, Alberto (알베르토 알코세르)　　(1942~) 스페인의 기업인이다. 1997년과 2003년
사이 사라고사 은행장을 지냈다. 자신의 사촌 알베르토 코르티나(Alberto Cortina)와 현
대 스페인 경제에 가장 영향력 있는 사업 연맹을 맺었다. 코플로위츠 가문과의 결혼으로
얻은 회사 코니콘-식사(Conycon-Cycsa)를 운영했다.

Alcolea, Batalla de (알콜레아 전투)　1868년 9월 28일 스페인 알콜레아에서 벌어진 전투로 1868년 혁명에 승리를 가져다줬다. 이것으로 자유주의 연합정부가 무너지고 오래도록 지속되어온 이사벨 2세(Isabel II)의 온건주의 체제가 종식을 맞이하게 됐다. ⇒ Revolución de 1868(1868년 혁명)

Alcornocales (알코르노칼레스 자연공원)　스페인 안달루시아(Andalucía) 자치주에 있는 자연공원이다. 1989년 자연공원으로 지정되었다. 스페인 영토의 대부분의 떡갈나무 숲이 이곳에 분포되어 있다. 고대부터 사람이 살았으며 아랍 치하에서 잘 보존되었으나 후에 연이은 전쟁으로 인해 산림이 파괴되기도 했다.

Alcorta Echebarría, José Ignacio (호세 이그나시오 알코르타 에체바리아)　(1910~1983) 스페인의 사제이자 철학자로 라 라구나(La Laguna) 대학과 바르셀로나 대학에서 철학, 윤리학, 사회학 교수로 재임하였으며, 1975년 왕립 학술원의 윤리학과 정치학 회원으로 임명되었다.

Alcoy(Alcoi) (알코이)　스페인의 발렌시아 자치주(Comunidad Autónoma de Comunidad Valenciana) 알리칸테(Alicante)에 속한 곳으로 오야 데 알코이(Hoya de Alcoy) 지구의 중심도시이다. 발렌시아에서 가장 중요한 도시 중 하나이며 자치주 내에서 인구 순위로 8위에 속한다.

Aldama, Juan (후안 알다마)　1811년 산 미겔 엘 그란데(San Miguel el Grande)에서 태어난 군인이자 멕시코 정치가이다. 이그나시오 아엔데(Ignacio Allende)와 미겔 이달고(Miguel Hidalgo)와 함께 반스페인 반란을 주도했던 인물이다. 1811년 푸엔테 칼데론 전투(batalla del Puente Calderón)에서 패배한 후 포로가 되어 치우아우아(Chihuahua)에서 총살당했고, 1823년 국민 영웅으로 선포되었다.

Alejandro VII (알레한드로 7세)　이노센시오 10세(Inocencio X)의 뒤를 이은 제237대 교황으로 세속명은 파비오 치지(Fabio Chigi)이다. 1599년 이탈리아 시에나에서 탄생했으며 1655년에서 1667년 사이 교황직을 수행했다. 예술의 진흥을 위한 사업을 시행하였고 1606년 베네치아로부터 추방당했던 예수회의 귀환을 승인하였다. 1667년 로마에서 사망했다.

Alemán Lacayo, José Arnoldo (호세 아르놀도 알레만 라카요)　1946년 니카라과의 수도 마나구아(Managua)에서 태어난 정치가이다. 자유헌정당의 지도적 지위에 있다가 1996년에 대통령으로 선출되어 2002년까지 집권했으며, 세계에서 가장 부패한 대통령 10위 안에 꼽힌다.

Alentejo (알렌테호)　포르투갈의 중남부에 위치한 지역으로 알토 알렌테호(Alto Alentejo) 주와 바이쇼 알렌테호(Baixo Alentejo) 주로 이루어져 있다. 이 지역의 어원은 '타호(Tajo) 강 넘어'라는 의미를 가지고 있으며 동쪽으로는 스페인에, 서쪽으로는 대서양에 면하고 있다.

Alenza y Nieto, Leonardo (레오나르도 알렌사 이 니에토)　(1807~1845) 19세기 스페인 낭만주의 화가이다. 고야(Francisco de Goya)의 영향을 받았으며, 대표작으로 「*Los románticos o Suicida*」 및 「*Sátira del suicidio romántico*」 등이 있다.

Alfajor (알파호르)　스페인 알파호르는 라틴아메리카에서 turrón(투론)이라고 불리며, 스페인 내에서도 여러 이름으로 부른다. 모양도 이름처럼 다양하지만 크리스마스 때 먹는 음식이라는 공통점이 있다. 주재료는 꿀, 설탕, 빵가루, 견과류이다. 그러나 지역별 차이가 조금씩 있다.

Alfonsadas (알폰사다스)   사라고사(Zaragoza)의 칼라타유드(Calatayud)에서 6월 중에 열리는 축제이다. 이 축제는 국왕 알폰소 1세(Alfonso I)에 대해 경의를 표하는 동시에, 연극공연과 중세시대를 재현하는 활동을 통해 국민들에게 찬란했던 과거를 기념하는 목적을 가지고 있다.

Alfonso I, el Batallador (알폰소 1세)   (1073~1134) 아라곤과 나바라의 왕으로 '전사 알폰소 왕(Alfonso I el Batallador)'이라고도 불렸다. 그는 국토회복 운동에 적극적으로 참여했으며 기독교 세력을 키워 알모라비데족(Almorávides)과 맞서 싸우기 위해 알폰소 6세(Alfonso VI)의 딸 우라카(Urraca)와 결혼했다. 사라고사(Zaragoza)에서 무어인들(moros)을 쫓아내 영토를 차지했고 그 외에도 에브로(Ebro) 강 유역의 많은 도시를 점령해 아라곤의 국력을 키우는 데 크게 기여했다. ➡ Aragón, Corona de(아라곤 연합왕국)

Alfonso I, Rey de Asturias (알폰소 1세, 아스투리아스의 왕)   693년 칸타브리아(Cantabria) 공작 돈 페드로(don Pedro)의 아들로 태어났으며 펠라요(Pelayo)의 딸 에르메신다(Ermesinda)의 남편이다. 펠라요의 아들 파빌라(Fávila)가 죽자 왕위를 이어받아 아스투리아스의 세 번째 왕이 된다. 아스투리아스 왕국을 넓히는데 크게 기여했으며 이슬람교도의 진입을 막기 위해 많은 노력을 기울였다. ➡ Asturias, Principado y reino de(아스투리아스 공국, 아스투리아스 왕국)

Alfonso II, Rey de Aragón (알폰소 2세, 아라곤 왕)   1154년에 태어나 1196년에 사망한 라몬 베렌게르(Ramón Berenguer) 4세의 아들이자 후계자로서 1162년부터 1196년까지 아라곤(Aragón)의 왕위를 맡았다. 프로벤사 백작령(condado de Provenza)을 두고 라이문도 5세(Raimundo V)와 몇 년간의 전투를 치렀으며 카스티야(Castilla)의 알폰소 8세(Alfonso VIII)와 동맹을 맺어 이슬람 소왕국인 발렌시아(Valencia)와 무르시아(Murcia)를 재정복하는 데 전력을 다했다. 국경 강화를 위해 1171년에 도시 테루엘(Teruel)을 세웠으며, 문화 애호가로서 몇 편의 시를 쓰기도 했다. ➡ Aragón, Corona de(아라곤 연합왕국)

Alfonso II, rey de Asturias (알폰소 2세, 아스투리아스 왕)   760년에 태어나 842년에 사망한 아스투리아스(Asturias) 왕이며 그의 통치기는 두 차례로 나뉜다. 783년 처음으로 왕위에 올랐지만 마우레가토(Mauregato)에 의해 왕위를 박탈당하고 791년에 베르문도 1세(Bermundo I)가 물러서면서 다시 왕이 된다. 알폰소 2세는 다른 왕들과 마찬가지로 국토회복 운동을 전개했으며 이 시기에 성 야고보(Santiago)의 무덤이 발견돼 스페인 기독교 왕국들의 사기를 높였다고 한다. ➡ Asturias, Principado y reino de(아스투리아스 공국, 아스투리아스 왕국)

Alfonso II, rey de Portugal (알폰소 2세, 포르투갈 왕)   1185년에 태어나 1223년에 사망하였으며 아버지 산초 1세(Sancho I)의 뒤를 이어 1211년에 왕위에 올랐다. 집권 초기에는 형제들과의 갈등으로 어려움에 직면했지만 재산 몰수와 카스티야(Castilla)로의 추방으로 혼란을 잠재웠다. 알폰소 2세는 기존의 다른 왕들과는 달리 남쪽으로의 영토 확장이나 레온(León)과의 국경 문제에 치중하기보다는 나라의 경제구조와 사회구조를 보강하는데 애썼다.

Alfonso III (알폰소 3세)   (848~910) 오르도뇨 1세(Ordoño I)의 아들이며 아스투리아스(Asturias) 왕국의 왕이다. 14세의 나이에 갈리시아(Galicia) 총독이 되었고 866년, 오르도뇨가 사망하자 왕위를 탐내던 프루엘라 베르무데스(Fruela Vermúdez)에 맞선 후 군주로 등극했다. 40년의 통치기간 동안 이슬람 교도들과의 싸움에서 많은 승리를 이끌어 냈다. 나바라(Navarra) 왕국의 공주 히메나(Jimena)와 혼인해 가르시아 1세(García I), 오르도뇨 2세(Ordoño II)와 프루엘라 2세(Fruela II)를 아들로 두었다. 909년, 가르시아 1세로 인해 왕위를 박탈당했으며 이듬해에 세상을 떠났다. ➡ Asturias, Principado y reino de(아스투리아스 공국, 아스투리아스 왕국)

Alfonso III, Rey de Aragón (알폰소 3세, 아라곤 왕)   아라곤 왕국의 페드로 3세(Pedro III)의 아들로 1265년에 태어나 1291년에 사망했다. 1285년에 즉위했으며 그의 짧은 통치 시기 동안 산초 4세(Sancho IV de Castilla)와 전쟁을 치르는 동시에 프랑스의 미남왕 필리프 4세(Felipe el Hermoso)와도 맞서 싸우며 승리를 거두었다. 1287년엔 메노르카(Menorca)를 점령해 이슬람교도들을 추방하고 정복한 영토를 카탈루냐 귀족들에게 나누어주고 특히 아라곤인들에게 많은 특권을 주었다. 세상을 떠나면서 동생 하이메 2세(Jaime II)에게 왕위를 물려주었다. ➡ Aragón, Corona de(아라곤 연합왕국)

Alfonso IV, Rey de León y de Asturias (알폰소 4세, 레온과 아스투리아스 왕)   오르도뇨 2세(Ordoño II)의 아들이며 926년에 즉위했다. 부인 오네카(Oneca) 사후 퇴위하고 사아군 수도원(monasterio de Sahagún)에 들어갔다. 후에 형제 라미로 2세(Ramiro II)로부터 왕위를 돌려받고자 했으나 포로가 된 후 실명한다. ➡ Asturias, Principado y reino de(아스투리아스 공국, 아스투리아스 왕국)

Alfonso IX. Rey de León (알폰소 9세, 레온 왕)   1171년에 태어나 1230년에 사망하였다. 레온의 페르난도 2세(Fernando II de León)의 아들이며 1188년에 즉위했다. 산초의 왕위를 주장하던 귀족들을 견제해 처음에는 카스티야(Castilla)와 좋은 관계를 유지하고자 했으나 국경 문제로 두 왕국 간의 긴장이 고조되자 나바라(Navarra)와 포르투갈 그리고 알모아데족과도 동맹을 맺기에 이르렀다. 하지만 알폰소 8세(Alfonso VIII)의 딸 베렌겔라(Berenguela)와 혼인함으로써 카스티야와의 관계가 다시 개선되었다. 집권 말기에는 이슬람교도들과의 싸움에 몰두했다. ➡ Reconquista(레콩키스타)

Alfonso V (알폰소 5세)   베르무도 2세(Bermudo II)의 아들로 994년 혹은 996년에 태어난 레온(León) 왕국의 열한 번째 왕이며 999년부터 1028년 사망할 때까지 재위했다. 1008년부터 본격적으로 왕위에 올랐으며 1012년과 1014년 사이에 수많은 귀족들의 반란을 진압한 후 왕국의 통치 행정에 주요한 개혁을 추진했다. 그 결과, 1017년 레온 특별법이 공포되었다. ➡ Castilla, Corona de(카스티야 연합왕국)

Alfonso V, Rey de Aragón y Nápoles (알폰소 5세, 아라곤과 나폴리의 왕)   (1396~1458) 아라곤 왕자들(infantes de Aragón) 중 한 명으로, 1416년에 알폰소 5세(Alfonso V)로 아라곤 왕국의 왕으로 등극했으며 1435년에는 알폰소 1세(Alfonso I)로 나폴리와 시칠리아의 왕이 되었다. 나폴리에 오래 머물면서 다른 이베리아 반도의 왕국과는 좋은 관계를 유지하지 못했지만, 아라곤 왕국의 영토를 확장하는 데 크게 기여했다. '관대한 왕(El Magnánimos)'으로도 불렸으며 아라곤 왕국에 인문주의를 꽃피운 주요 인물이기도 하다. ➡ Aragón, Corona de(아라곤 연합왕국)

Alfonso V, Rey de Portugal (알폰소 5세, 포르투갈 왕)   1432년경에 태어나 1481년에 사망한 포르투갈 왕이며 '엘 아프리카노(El Africano)'라고 불렸다. 1474년 카스티야의 엔리케 4세(Enrique IV de Castilla)가 죽고 왕위계승권을 두고 카스티야는 혼란 속에 빠져 있었다. 알폰소 5세는 엔리케 4세의 딸 후아나(Juana)와 약혼하고 그녀의 왕권을 위해 이사벨 1세와 페르난도 2세에 맞서 싸웠지만 끝내 실패하고 말았다. ➡ Castilla, Corona de(카스티야 연합왕국)

Alfonso VI (알폰소 6세) 카스티야 이 레온(Castilla y León)의 왕이었으며 '용맹한 알폰소 (Alfonso el Bravo)'로도 불렸다. 1037년에 태어났으며 1109년 톨레도(Toledo)에서 사망했다. 알폰소 6세 통치하에 카스티야 이 레온 왕국은 번창했으며 1085년에는 톨레도를 정복하기에 이르렀다. ➡ Castilla, Corona de(카스티야 연합왕국)

Alfonso VII (알폰소 7세) (Galicia, 1105~Fresneda, 1157) 레온의 우라카 1세 여왕(reina Urraca I de León)과 라이문도 데 보르고냐(Raimundo de Borgoña) 백작 사이에 태어났으며 왕위 계승 서열이 높지 않았지만 후계자들의 사망 등으로 레온(León)과 카스티야(Castilla) 지방의 왕이 되었다. 알폰소 3세(Alfonso III)와 알폰소 6세(Alfonso VI)의 제국주의 정신을 물려받아 영토 확장 정책을 펼쳤으며 사후에 두 아들 페르난도 2세 (Fernando II)와 산초 3세(Sancho III)에게 각각 레온과 카스티야를 물려주었다. ➡ Castilla, Corona de(카스티야 연합왕국)

Alfonso VIII (알폰소 8세) (Soria, 1155~Avila, 1214) 알폰소 7세(Alfonso VII)의 손자이자 산초 3세(Sancho III)의 뒤를 이은 카스티야의 왕이다. 3살이라는 어린 나이에 왕위에 올라 성년이 되기까지 카스티야는 라라 가[(家) Familia Lara]의 섭정 아래에 있었다. 레온(León), 나바라(Navarra)와의 영토 분쟁과 이슬람군의 침략을 겪었다. 엔리케 1세 (Enrique I)가 그의 뒤를 이어 카스티야의 왕이 되었다. ➡ Castilla, Corona de(카스티야 연합왕국)

Alfonso X* (알폰소 10세) (1221~1284, 재위: 1252~1284) 페르난도 3세(Fernando III)와 베아트리스 데 수아비아(Beatriz de Suabia)의 장남으로 1249년에 아라곤(Aragón) 왕 하이메 1세(Jaime I de Aragón)의 딸인 도냐 비오란테(doña Violante) 공주와 결혼하였고 그녀와의 사이에서 10명의 자녀를 두었다. 이 중 넷째이자 차남인 돈 산초(don Sancho)가 장차 카스티야(Castilla)의 왕위를 계승하게 된다. 한편 도냐 마요르 기옌 (doña Mayor Guillén)과의 혼외관계로 낳은 베아트리스(Beatriz) 공주는 이후 포르투갈의 왕이 되는 알폰소 2세(Alfonso II)와 결혼하게 된다. 알폰소 10세는 이미 왕자 시절부터 부왕의 치세 말기에 활발히 진행되었던 무르시아(Murcia)와의 안달루시아 (Andalucía) 일대의 정복과 재정주 사업에 적극 뛰어들었다. 또한 그는 문화에 대해서도 각별한 관심을 표명하면서 많은 치적들을 남기기도 하였다. 한편 그는 통치 과정에서 갖가지 반란과 어려움들을 겪기도 하였는데 그중에서 왕자 돈 페르난도 데 라 세르다(don Fernando de la Cerda)의 사망(1275년) 이후 발생한 계승문제는 가장 심각한 것이었다. 장자의 왕위계승권을 보호하고자 했던 알폰소 10세는 손자의 왕위 계승을 지지했던 반면, 차남인 돈 산초는 광범위한 세력들을 규합하여 반란을 일으켰던 것이다. 1282년 11월 8일 자신의 반대 선언에도 불구하고 돈 산초가 왕위를 차지하자 이에 충격을 받은 알폰소 10세는 결국 1284년 4월 4일 세비야(Sevilla)에서 사망하고 만다. 알폰소 10세의 치세기는 카스티야-레온(Castilla y León) 왕국의 발전에서 각별한 의미를 가진다고 할 수 있다. 즉 대외정책, 경제정책, 상이한 신분계층들과의 관계, 정복과 재정주 사업, 법적, 문화적 업적 등 실로 다양한 영역에서 괄목할 만한 발전을 이루게 되었다. 대외정책에서 그는 1252년에 카스티야의 라 가스쿠냐(La Gascuña)에 대한 권리를 주장하였으며, 나바라(Navarra) 왕국에 대해서도 지배 야욕을 보이면서 자주 카스티야와 아라곤의 관계를 어렵게 하곤 하였다. 1255년에 알폰소 10세는 비토리아(Vitoria)에서 나바라의 왕 테오발도 2세(Teobaldo II)와 테오발도의 모친으로 당시 나바라의 섭정자였던 마르가리타 데 부르봉(Margarita de Borbón)의 충성을 맹세받기도 하였다. 그러나 1256년에 소리아(Soria) 평화조약을 체결하면서 카스티야와 아라곤은 다시 협력 관계로 돌아서게 되었고 왕실 간의 가족 관계는 이러한 관계를 보다 용이하게 하였다. 한편 알폰소 10세의 치세기에서 가장 중요한 대외사업이라고 한다면 모친의 혈통으로 인하여 신성로마제국의 황제권에 도전하는 것이었으며 1273년 합스부르크의 로돌포(Rodolfo)가 최종 승자가 되면서 결국 알폰소 10세는 자신의 권리를 포기하게 된다. 또한 이베리아 반도 안에서는 1264년 그라나다(Granada)와 무데하르(mudéjar)의 반란을 겪으면서 어려움을 겪게 되었고, 10년 뒤에 이 문제는 북아프리카인들의 상륙으로 재부상하기도 하였다. 경제정책에서 주목할 만한 부분은 1273년 메스타(Mesta)의 제도화와 이후 추진된 목축 활동과 은화 제조의 증가, 내륙에서의 교역 자유화 등이었으며, 이는 모두 정치권과 상권을 통합하고자 하는 왕의 시도에서 비롯되었다고 할 수 있다. 재정적인 영역에서도 직접세를 확대하면서 새로운 수입원들을 창출하고자 하였고 이는 결과적으로 적잖은 반발을 야기하기도 하였다. 신분계층들과의 관계에서 특히 귀족과의 관계가 힘들어지면서 결국 1272년 일부 귀족들의 반란을 야기하기도 하였다. 교회는 처음에 알폰소 10세를 지지하였으나 돈 산초 왕자가 반란을 일으키면서 왕에게 반기를 들었다. 한편 도시들도 시의회의 자치권을 축소하고 법적 통일을 이루려는 왕의 의도에 대해 지속적으로 반대 입장을 표명하였다. 왕실의 재정주 사업은 안달루시아 남부와 무르시아에서 특히 활발하게 이루어졌으며, 정복사업도 계속되면서 1260년 알폰소 10세는 북아프리카의 살레(Salé)에 대해 원정을 감행하기도 하였다. 알폰소 10세에 의해 추진된 일련의 법들은 그의 치세기보다 이후 카스티야의 법 전개에서 주요한 영향을 끼치게 되었는데, 대표적인 예가 바로 검경(Espéculo), 국왕 특별법(Fuero Real), 7부 법전(Siete Partidas)이다. 무엇보다 문화 사업에 대한 열의가 대단하여 '성모 마리아 찬가(Cantigas de Santa María)'의 제작을 비롯하여 톨레도의 번역 학교(Escuela de Traductores de Toledo)를 적극 지원하였다. 이는 후대인들로부터 현왕(rey sabio)이라고 불리는 계기가 되었다.

Alfonso XI(Castilla) [알폰소 11세(카스티야)]　　카스티야 이 레온(Castilla y León)의 5대 왕. 페르난도 4세의 아들로 1311년에 태어나 1312년 페르난도 4세가 죽고 섭정 문제로 다툼이 많았으나 1313년 종조부 돈 후안과 삼촌 돈 페드로가 섭정을 맡고 어머니 도냐 콘스탄사(Doña Constanza)와 할머니 도냐 마리아 데 몰리나(Doña María de Molina)가 후견인이 되었다. 1325년 성년이 된 후, 왕권을 강화하고 그라나다의 이슬람 왕국에 전쟁을 선포했다. 살라도 전투에서 승리하면서 지브롤터 해협에서 아랍인과 대립하던 문제를 해결했으며 1350년 사망하였다. ➡ Castilla, Corona de(카스티야 연합왕국)

Alfonso XII. Rey de Castilla (알폰소 12세, 카스티야의 왕)　　1453년 카스티야의 후안 2세(Juan II de Castilla)와 이사벨 데 포르투갈(Isabel de Portugal) 사이에서 태어났으며 이사벨 1세(Isabel I)의 친오빠이다. 1464년 그를 추대하는 카스티야 귀족들이 후안 2세의 차남 엔리케 4세(Enrique IV)에 대항해 폭동을 일으켰다. 결국 1468년에 엔리케 왕은 알폰소를 후계자로 인정했지만 얼마 지나지 않아 세상을 떠났다. ➡ Castilla, Corona de(카스티야 연합왕국)

Alfonso XIII de Borbón (알폰소 13세)　　(1886~1941) 아버지인 알폰소 12세가 죽은 뒤 태어나 어머니인 마리아 크리스티나의 섭정 아래 왕이 되었다. 1902년 16세에 친정을 시작하지만 노동운동, 공화혁명운동, 경제공황 등이 발생하였으며, 1923년 프리모 데 리베라(Primo de Rivera) 장군의 군사독재 이후 1931년 공화혁명이 성공하자 프랑스로 망명하였다. ⇒ Borbón, Casa de(부르봉 왕가)

Algeciras (알헤시라스)　　스페인 남부에 있는 항구 도시로, 안달루시아(Andalucía)의 카디스(Cádiz) 주(州)에 있다. 711년에 스페인을 침공한 무어인들이 알헤시라스를 세웠다. 1344년에 카스티야(Castilla) 왕국의 알폰소 11세(Alfonso XI)가 알헤시라스를 정복했지만 1368년에 무어인들이 다시 되찾게 되는데, 이때 그라나다(Granada) 왕국의 무함마드 5세(Muḥammad V)가 알헤시라스를 파괴하여 결국 알헤시라스는 폐허로 남게 된다. 그 후 스페인 왕위계승전쟁이 한창이던 1704년에 영국군에게 포로로 잡힌 지브롤터 출신 스페인 이민자들이 알헤시라스를 재건했다. ⇒ Castilla, Corona de(카스티야 연합 왕국)

Al-Hakam I (알 아캄 1세)　　(796~822) 770년 코르도바(Córdoba)에서 태어나 822년 5월 21일 이비뎀(Ibidem)에서 사망한 코르도바(Córdoba)의 세 번째 독립적 에미르(권력자)였다. 796년 4월 17일부터 사망하는 날까지 재위했다. 여러 명의 에미르 중 가장 잔혹하고 독재 정권을 이룬 권력자였다고 한다. ⇒ Emir(에미르)

Al-Hakam II (알 아캄 2세)　　알 안달루스의 우마이야 왕조 2대 칼리프 압달 라만 3세의 아들로 코르도바(Córdoba)에서 915년 11월 20일에 태어나 976년 10월 1일에 코르도바에서 사망했다. 짧은 재위기간 동안 알 안달루스의 전체 칼리프 재위기간 중 전성기를 맞이했다. ⇒ Abd Al-Rahman III(압달 라만 3세)

Alhakén I(Al-Hakam I) (알하캄 1세)　　(770~822) 코르도바의 3번째 우마이야 왕이다. 796년부터 사망할 때까지 통치했다. 우마이야 왕 중에 가장 무자비하고, 부하를 엄하게 다루고 월권행위를 했던 왕으로 알려져 있다. ⇒ Al-Andalus(알 안달루스)

Alhakén II (Al-Hakam II) (알하캄 2세)　　(915~976) 코르도바(Córdoba) 칼리프 우마이야 왕족을 통치했던 왕이다. 961년부터 그의 사망 직전까지 나라를 통치했던 알하캄 2세는 자신의 부친을 뒤이어 알 안달루스(Al-Ándalus)의 부와 평화를 유지하기 위해 노력을 했다. 그가 8세가 되던 해 왕계를 잇고자 엄격한 정치 및 군사 교육을 받았고, 그가 47세 되던 해 아버지가 죽자, '신이 주는 승리를 찾는 자(al-Mustansir Bi-llah)'라는 종교적 직책 및 왕의 직책을 계승했다. ⇒ Al-Andalus(알 안달루스)

Ali ibn Hammud (알리 이븐 함무드)　　알 안달루스의 6대 칼리프 북아프리카의 이드리스 왕조에 속해 있었으므로 우마이야 왕조에 속하지 않은 첫 번째 칼리프였다. 1016년부터 1018년까지의 재위기간 동안 왕위를 차지하기 위한 내전은 더욱더 피로 물들었고, 이는 칼리프 체제의 와해에 영향을 주었다. ⇒ Al-Andalus(알 안달루스)

Alianza Popular Revolucionaria Americana, APRA (아메리카 혁명 인민 동맹)　　'아프라(APRA)' 혹은 '페루 아프리스타당(Partido Aprista Peruano)'으로도 알려져 있으며 중도좌파 성향의 정당으로 사회주의 인터내셔널(Socialista Internacional)의 일원이다. 1924년 페루의 사회정의를 구현하기 위해 라울 아야 델 라 토레(Raúl Haya de la Torre)에 의해 설립되었고 후에는 이베로 아메리카 상황에 맞는 반제국주의 정치노선을 걸었다.

Aljama (유대인 회당)　　아랍어 'al-yama'a(사람들의 모임)'라는 단어에서 유래했으며 중세 스페인의 유대인(judío) 및 무어인(moro)의 종교 회당을 지칭한다. 확장적 의미로 유대인 인구가 밀집되어 있는 동네를 가리키기도 한다.

Aljubarrota, Batalla de (알후바로타 전투)   1383년 포르투갈의 페르난도 1세(Fernando I de Portugal)가 후계자를 남기지 못하고 사망하자 딸 베아트리스(Beatriz)와 그녀의 남편 카스티야의 후안 1세(Juan I de Castilla)가 포르투갈의 공동통치자로 공표되었다. 그러나 포르투갈이 카스티야에 병합될 것을 우려한 포르투갈 귀족들과 루시타니아 지역 부르주아 계급 시민들이 들고 일어났다. 전투는 포르투갈의 승리로 끝이 났으며, 후안 1세는 왕위를 포기해야 했다.

Allende y Unzaga, Ignacio (이그나시오 아옌데 이 운사가)   1769년 구아나후아토(Guanajuato) 주에서 태어났으며, 1811년 치우아우아(Chihuahua)에서 사망했다. 미겔 이달고(Miguel Hidalgo)와 함께 멕시코 초기 독립운동을 지도했지만, 1811년에 배신을 당해 이달고와 함께 포로가 되어 총살당한다.

Almagro, Diego de (디에고 데 알마그로)   1478년에서 1480년 사이 스페인 알마그로(Almagro)에서 태어나 1538년 페루 쿠스코(Cuzco)에서 사망한 스페인 정복자이다. 파나마 정복에 참여해 피사로(Pizarro)와 인연을 맺게 되고 그와 함께 1531년과 1533년 사이에 잉카 제국을 정복한다. 하지만 1538년, 쿠스코 소유권을 두고 피사로와 라스 살리나스 전투(batalla de Las Salinas)를 벌이지만 패배한다. ⇒ Pizarro, Francisco(프란시스코 피사로, 1478~1541)

Almanzor (알만소르)   알 안달루스(Al-Andalus)의 장군으로 939년에 태어나 1002년에 사망했다. 무함마드 이븐 아비 아미르(Muhammad ibn Abu Amhir)라고 불리었으며, 기독교인들에게는 '승리(al-Mansur)'라는 단어에서 나온 별명인 알만소르라고 알려져 있다. 중세의 가장 위대한 군인들 중 하나로, 막강한 군사적·정치적 권력으로 칼리프의 지위를 위협하였다. ⇒ Al-Andalus(알 안달루스)

Almeida, Cristina (크리스티나 알메이다)   (1944~) 스페인의 정치인이다. 스페인 공산당(PCE), 좌익연합(IU)에서 활동했으며 후에 사회노동당(PSOE)에 합류했다. 여성과 지역공동체의 권리에 관한 고찰을 다룬 저서를 다수 남겼다. 대표적 에세이로『La mujer y el mundo del trabajo』가 있다.

Almería (알메리아)   스페인 안달루시아(Andalucía) 자치주에 속한 도이다. 남쪽에 지중해가 있다. 17세기 무어인 추방 이후 지진과 해적들의 약탈 등으로 약 100년간 버림받은 땅으로 남았다. 1810년 스페인 독립 전쟁 당시 프랑스의 통치를 받았다.

Almohade (알모하드)   1130년에서 1269년 동안 알모라비데(almorávide) 왕조를 이어 북아프리카의 서마그레브 지역과 이베리아 반도의 안달루시아 지역에 베르베르(beréber)인이 세운 왕조이다. 이들이 이베리아 반도의 일부를 지배함으로서 북아프리카와 스페인의 문화적 유대가 보다 깊게 형성되었다. ⇒ Al-Andalus(알 안달루스)

Almoravide (알모라비데 왕조)   베르베르인에 기원을 둔 북아프리카 왕조이자 그들이 세운 왕국으로 1056년부터 1147년까지 아프리카 마그레브의 서북쪽과 이베리아 반도의 알 안달루시아를 지배하였다. 11세기 후반에 이슬람의 대대적인 종교개혁과 함께 새로운 교리를 받아들인 람투나족을 중심으로 한 종교 전사집단이 마라케시를 수도로 왕국을 건설한 후 이베리아의 절반을 정복하여 강국으로 성장하였지만 12세기 들어 또 한 번의 종교운동에서 파생한 무와히드 왕조의 압박에 시달리다 1147년 수도가 함락하면서 멸망

하였다. ⇒ Al-Andalus(알 안달루스)

Almorávide (알모라비데) 종교적 열정과 군사적 활동을 통해 11~12세기에 걸쳐 아프리카 북서부와 이슬람이 지배하는 스페인 지역에 제국을 세운 사람들이다. 이들은 1062년 마라케시(Marrakesh)에 수도를 건설했다. 당시 장군이었던 유수프(Yusuf ibn Tasufin)는 코르도바의 옛 이슬람 칼리프국이 그리스도교도들에게 무너지고 카스티야-레온 왕국의 알폰소 6세(Alfonso VI)에게 톨레도를 빼앗기자 1086년 앗잘라카 전투에 참전하여 카스티야 군대의 진격을 저지하나 톨레도 탈환에는 성공하지 못했다. ⇒ Al-Andalus(알 안달루스)

Al-Mundir (알 문디르) 844년 코르도바(Córdoba)에서 태어나 888년 보바스트로(Bobastro)에서 사망한 알 안달루스(Al-Ándalus) 여섯 번째 독립적인 에미르(권력자)였다. 886년에 그의 아버지 무아마드 1세(Muhammad I)의 권력을 물려받았으며, 2년간 통치했다. ⇒ Emir(에미르)

Almuñécar (알무녜카르) 스페인 남부 그라나다 주에 속하는 스페인의 도시로 주도인 그라나다에서 70km 떨어져 있다. 그라나다 연안에서 가장 중요한 핵심지이며, 인구는 24,713명 (2005년 기준)이며, 면적은 80,95km²이다.

Almunia Amann, Joaquín (호아킨 알무니아 아만) 1948년 스페인 비스카야(Vizcaya)에서 태어난 정치가이다. 법학과 경제학을 전공했으며 1974년에 스페인 사회노동당에 입당해 1997년에서 2000년까지 대표위원을 지냈으며, 2004년에서 2009년까지는 유럽 집행 위원회(Comisión Europea)의 경제부총리를 거쳤다. ⇒ PSOE(Partido Socialista Obrero Espaóñol, 스페인사회노동당)

Álora (알로라) 스페인 안달루시아(Andalucía) 자치주의 말라가(Málaga)에 위치한 도시이다. 과달로르세 강(Guadalhorce) 유역에 자리하고 있다. 5세기부터 반달족의 통치를 받다가 1184년 알폰소 8세(Alfonso VIII)에 의해 스페인 영토가 되었다.

Alpaca (알파카) 소목 낙타과에 속한 포유류로 페루, 볼리비아, 칠레 등에 살며 주요 서식지는 티티카카(Titicaca) 호수이다. 구아나코(guanaco)와는 차별되는 긴 털을 가지고 있어 섬유를 제작하는데 사용되기도 한다.

Alquería (알케리아) 알 안달루스 지방의 시골의 주거 형태이다. 15세기부터 농작물을 재배하는 집을 지칭하며, 특히 그라나다에 많이 분포해 있다.

Alta Velocidad Española(AVE) (스페인 고속 철도) 1992년 개통된 'Renfe Operadora' 철도사가 운영하는 고속철도로 최고 속도는 시속 350km이다. 현재 Alvia 혹은 Avant 고속철도가 존재하나 AVE는 스페인의 모든 고속철도를 칭하기도 한다.

Altépetl (알테페틀) 나우아틀어로 "물의 산"이라는 뜻을 가지고 있으며 아메리카 발견 이전 중남미의 가장 중요한 문화 개념 중 하나로 틀라토아니(tlatoani)라 불리는 족장이 통치하는 가족 단위의 영토를 일컫는다. 부족들은 이러한 알테페틀 단위로 존재했으며 통치자들은 지방 귀족세력을 형성했다. ⇒ Hispanidad[이베리아성(포르투갈 및 브라질 제외)]

Alteraciones de Aragón de 1591 (1591년 아라곤 폭동) 마드리드(Madrid) 감옥에 잡혀 있던 안토니오 페레스가 사라고사(Zaragoza)로 도주한 후 아라곤 특별법(Fuero de Aragón)을 내세우며 펠리페 2세(Felipe II)로부터 자신을 보호하려고 하자 펠리페 2세가 그를 종교재판소에 넘기면서 발발한 폭동이다. 안토니오가 종교재판소로 이동하는 도중에 사라고사인들이 그를 납치해 빼돌리자 왕은 아라곤에 군대를 파견해 폭동에 참여

했던 사람들을 벌했으며 아라곤 푸에로 법령을 개정했다. ➡ Antonio Pérez(안토니오 페레스)

Alternatiba (알테르나티바)　스페인 바스크(País Vasco), 나바라(Navarra), 프랑스 바스크(País Vasco francés) 지역에서 활동하는 정치단체이다. 2009년 에스케르 바투아 베르덱(Ezker Batua-Berdeak)의 내부 분열로 인해 대체 활동으로 조직되었다. 빌두(Bildu), 아마이우르(Amaiur), 에우스칼 에리아 빌두(Euskal Herria Bildu)와 동맹 관계이기도 하다.

Alto Urgel (알토 우르헬)　카탈루냐의 예이다(Lérida)에 속한 지역으로 콘다도 데 우르헬(Condado de Urgel)이라고도 하며 세르헤 강(Río Serge) 유역과 인근의 넓은 협곡 지역을 포함한다. 북쪽으로 안도라(Andorra)와 맞닿아 있다. 세오 데 우르헬(Seo de Urgel)을 중심으로 바리다(Baridá) 시 등이 속해 있으며 마르카 이스파니카의 옛 백작령이었다. 세오 데 우르헬이 수도였으며 초대 백작은 보렐(Borrel)이었고 마지막 백작은 하이메 2세(Jaime II)였다. 나중에 아라곤에 병합되었다. ➡ Aragón, Corona de(아라곤 연합왕국)

Álvarez Capra, Lorenzo (로렌소 알바레스 카프라)　19세기 신무데하르 양식을 전파시킨 건축가 중 한 명이다. 에밀리오 로드리게스 아유소(Emilio Rodríguez Ayuso, 1845~1891)와 함께 토로스 데 고야 광장(Plaza de toros de Goya)을 건축했으며, 후대에 많은 영향을 끼쳤다. 비슷한 양식의 팔로마 성당(iglesia de la Paloma) 또한 그의 건축물로 유명하다.

Álvarez del Manzano, José María (호세 마리아 알바레스 델 만사노)　(1937~) 스페인의 정치인이자 변호사이다. 국민당의 일원으로 마드리드(Madrid) 시장까지 지냈다. 마드리드를 품격 있는 수도로 만드는 데에 주력했으며 이를 위해 지속적인 도시화 계획을 추진하였다. 재임 기간 동안 마드리드는 유럽 문화 수도로 지정되었다.

Álvarez Mendizábal, Juan de Dios (후안 데 디오스 알바레스 멘디사발)　자유주의 정치가이며 스페인의 상공업자이기도 한 후안 데 디오스 알바레스 멘디사발(Juan de Dios Álvarez Mendizábal)은 1790년 2월 25일 안달루시아 자치지역 남서부 카디스주(Provincia de Cádiz)에 속한 도시 치클라나 데 라 프론테라(Chiclana de la Frontera)에서 태어났다. 1853년 11월 3일 마드리드에서 생을 마감할 때까지 스페인의 자유주의 혁명을 이끈 주인공으로서의 삶을 살았다. 그와 관련된 중요한 사건은 1836년 데사모르티사시온(Desamortizacion)이라는 법령의 발표이다. 이 조치의 핵심은 교회와 귀족들의 자산 매각을 허용하는 것이었다. 이 법령을 통해서 재력이 있지만 토지를 구매하기 힘들었던 기존 부르주아들이 더 많은 토지를 확보할 수 있게 되었다. 그리고 이것은 상공업자들이 더 많은 부를 쌓게 하는 동시에 상공업 자체를 확대하는 성과를 가져왔다.

Álvaro del Portillo y Díez Sollano (알바로 델 포르티요 이 디에스 소야노)　1914년에 태어나 1994년에 사망한 스페인의 주교이다. 오푸스 데이의 설립자 호세 마리아 에스크리바(José María Escrivá)의 뒤를 이어 대표를 맡았다. 스페인 종교계뿐 아니라 나바라 대학의 학장을 맡는 등 교육에도 힘썼다. 활발한 활동을 펼치다 1994년 돌연사했으며 교황청의 시복을 받았다. ➡ Opus Dei(오푸스 데이)

Alzaga, Óscar (오스카르 알사가)　(1942~) 스페인의 정치인이자 변호사이다. 1969년 비상사태 당시 감금당했다. 1962년과 1975년 사이 프랑코(Franco) 정권에 대항하는 민주기독당의 간부로 활동했다. 1981년에 제정된 이혼법에 강하게 반기를 든 인물 중 한 명이었다.

Amadeo I de Saboya (아마데오 1세)　(1845~1890) 스페인의 왕으로 이탈리아의 빅토르 마누엘 2세(Victor Manuel II)의 아들이다. 1868년 혁명과 이사벨 2세(Isabel II)의 망명 이후 프림(Prim) 장군의 주도 아래 스페인 왕으로 추대되었으나 카를로스파 진영과 교회 등의 지지를 얻는 데 실패했으며 혼란스러웠던 정세를 바로잡지 못하고 결국 1873년 자진 퇴위하였다.

Amaiur (아마이우르)　스페인 바스크(País Vasco)와 나바라(Navarra) 지역에서 활동하는 정치단체이다. 2011년 총선거를 계기로 에우스코 아카르타수나(Eusko Alkartasuna), 알테르나티바(Alternatiba), 아랄라르(Aralar) 등이 합세하여 조직되었으며, 스페인 의회에서 에우스칼 에리아(Euskal Herria)의 민족자결권을 수호하고자 하는 목적을 가지고 있다.

Amalarico (아말라리코)　서고트족 12대 왕. 507년 아버지 알라리코 2세가 프랑크족과의 전쟁에서 전사하자 할아버지 테오도리코가 아말라리코에게 남쪽 갈리아와 스페인을 통치하도록 명했다. 511년 테오도리코마저 사망하자 왕위에 오른다. 531년 살해당한다. ➡ Reino visigodo(서고트 왕국)

Amalur (아말루르)　프랑스령 바스크(País Vasco francés)에서 유럽 녹색 친환경 단체(Europe Écologie-Les Verts, EE-LV)와 에우스코 알카르타수나(Eusko Alkartasuna, EA)가 모여 2012년에 형성된 정치단체이다. 2012년 프랑스 입법부 투표를 위해 조직되었으며, 에바 졸리(Eva Joly)를 지지하기 위한 정치활동을 펼쳤다.

Amor Ruibal, Ángel (앙헬 아모르 루이발)　(1869~1930) 스페인의 사상가, 철학자, 언어학자, 신학자로 상호관계주의(Correlacionismo)의 창시자이다. 주교가 되는 것을 거절하고 산티아고 데 콤포스텔라(Santiago de Compostella) 교황 대학의 기초신학 및 교회법 교수로서 재임하며 교육 활동에 전념하였다. 베를린 아카데미로부터 비교문법상을 수여받았으며 1917년 신교회법전 재정과 같은 국제 프로젝트에도 참여하였다.

Ampurias (암푸리아스)　스페인 동북부, 카탈루냐(Cataluña) 지방 지로나(Gerona)의 국경 근처에 위치한 그리스·로마 유적지. 기원전 6세기 중엽, 이오니아계 포카이아인에 의하여 건설되었다. 그리스 시대에는 서지중해역의 교역 중심지로서 번영하였으며 제2차 포에니 전쟁(기원전 218~기원전 201) 때 로마 쪽에 가담했다. ➡ Romanización(로마화)

Anarquismo (무정부주의)　정치적 세력이나 통치 체제만을 부정하는 것이 아니라 종교, 경제 등 모든 영역의 지배 또는 통치세력을 거부하고 의문을 품는 사상이며 19세기부터 그 이론이 구체화되었다. ➡ República II(제2공화국)

Anaya y Maldonado, Diego (디에고 아나야 이 말도나도)　스페인 고위 성직자로 1360년에 태어났으며 1440년에 사망했다. 후안 1세(Juan I) 아들들의 양육을 담당했으며 세비야(Sevilla)의 대주교와 카스티야 위원회(Consejo de Castilla)의 의장을 지냈다.

Andagoya, Pascual de (파스쿠알 데 안다고야)　1498년 스페인 안다고야라는 작은 마을에서 태어나 1548년에 사망한 스페인 정복자이다. 파나마, 페루, 콜롬비아 정복에 적극적으로 참여했고 식민국에서 다양한 지위를 맡았다.

Andrisco (안드리스코)　(?~148) 트로아데(Tróade) 출신의 모험가이다. 152년 마케도니아의 왕 페르세우스(Perseus)의 아들 필리포(Filipo)로 위장해 군사를 모집하고 로마에 맞서 싸웠다. 이로 인해 '가짜 필리포(Psudo-Philippus)'라는 별명을 얻기도 했다. 그는 오래

지나지 않아 메텔로(Metelo)에게 패하고 로마에 포로로 끌려간다.

Anglicanismo (앙글리카니스모)　라틴어 'anglican'에서 유래된 'anglicanismo'는 19세기부터 생겨난 신조어이다. 종교개혁 이후 영국에서 우세했던 종교 교리로 신교에서 비롯되었다. 스페인에도 이 종파를 주장하며 건립된 교회가 있으며 그리스 정교회, 로마 가톨릭교도, 신교도(프로테스탄트) 등의 모든 종류의 기독교로부터 분리된 특별한 종교와 신학 전통을 주장한다.

Anguita (앙기타)　스페인 카스티야라만차(Castilla-La Mancha) 자치주의 과달라하라에 위치한 도시이다. 타후냐(Tajuña) 강이 흐른다. 레콩키스타의 시절 스페인 영토로 편입되었다. 켈트족의 유적이 남아 있는 중요한 고고학 지역이다.

Anguita, Julio (훌리오 앙기타)　(1941~) 스페인의 정치인이다. 세비야(Sevilla)와 바르셀로나(Barcelona)에서 역사를 전공한 뒤 당시 불법이었던 정당들에서 정치활동을 펼치다가 1972년 스페인공산당(Partido Comunista)에 입당했다. 좌익 성향의 당들에 큰 영향을 끼쳤으며 은퇴 후 중학교에서 역사를 가르쳤다.

Aníbal Barca (한니발)　(기원전 247~기원전 183) 카르타고의 정치가이자 장군으로, 기원전 221년 에스파냐 주둔군의 총지휘관이 되었다. 이후 제2차 포에니 전쟁을 유발, 피레네 산맥과 알프스를 넘어 육로로 이탈리아를 침입하여 각지에서 로마군을 격파하였다. 패배로 끝난 제2차 포에니 전쟁 이후 로마에 대한 보복 기회를 노렸으나 실패하고 피신을 거듭하다 자살하였다. ➡ Romanización(로마화)

Annus mirabilis (경이로운 해)　전쟁에서 승리를 거두고 반란 세력을 성공적으로 진압하고 조약에서 국익을 확보했던 1625년을 가리킨다.

Ansúrez, Fernando (페르난도 안수레스)　10세기 카스티야(Castilla)의 귀족이다. 그러나 고향보다는 레온 왕국(Reino de León)에 충심을 보여 916년 오르도뇨 2세(Ordoño II)에게 과거에 빼앗겼던 카스티야 백작 직위를 돌려받았다. 후에 왕의 미움을 사 가문이 몰락했다. 라라 가문(Familia Lara)과 라이벌 관계였다. ➡ Castilla, Corona de(카스티야 연합왕국)

Ansúrez, Teresa (테레사 안수레스)　몬손(Monzón)과 카스티야(Castilla) 백작인 안수르 페르난데스(Ansur Fernández)의 딸이다. 959년에 산초 1세(Sancho I)와 혼인함으로써 레온(León)의 왕비가 되었다. 라미로 3세(Ramiro III)의 어머니이며 손자 오르도뇨 라미레스와 베르무도 2세(Bermudo II)의 딸 크리스티나 베르무데스(Cristina Bermúdez)의 혼인을 성사시켜 두 가문을 통합시켰다. ➡ Asturias, Principado y reino de(아스투리아스 공국, 아스투리아스 왕국)

Antena 3 (안테나 트레스)　스페인 지상 디지털 텔레비전(Televisión Digital Terrestre, TDT)으로 방영되는 TV 채널이다. 아트레스메디아 코퍼레이션(Atresmedia Corporación) 사(社)의 아트레스메디아 텔레비전(Atresmedia Televisión)을 통해 1990년 1월 미겔 앙헬 니에토(Miguel Ángel Nieto) 기자의 프로그램으로 시작하였다.

Antiguo Régimen (구체제)　구체제(舊體制)라고도 부르며, 1789년 프랑스 혁명 전의 절대 군주 체제를 가리킨다. 구체제에서는 군주가 막강한 권력을 행사하였다. 프랑스 혁명으로 탄생한 새로운 체제와 비교해 이전 제도의 낡은 특징을 일컫기도 하며, 또한 어떤 정치적·사회적인 현상으로서 타도하려는 그 대상을 지칭하기도 한다.

Antisemitismo (반유대주의)　가톨릭교가 지배하던 중세 유럽에는 그리스도를 못 박은 유대인들을 향한 반감이 상당했다. 반유대주의적 정책은 유대인 마을을 지정해 다른 기독교인들로부터 고립시키는 것으로 시작했으나 점차 강도가 심해져 마을 습격과 유대인 추방이 곳곳에서 일어났다. 스페인에서는 1492년 유대인 대추방이 있었다. ⇒ Conversos (개종자들)

Antonio Pérez* (안토니오 페레스)　(1540~1611) 출생은 미스터리로 가득하다. 카를로스 5세와 펠리페 2세의 비서였던 곤살로 페레스(Gonzalo Pérez)의 아들인 것으로 추정된다. 그의 부친은 성직자 신분으로 아들을 낳았다는 비난을 받았고, 그로 인해 늘 구설수에 시달리곤 하였다. 그러나 1542년 마침내 안토니오 페레스는 황제 카를로스 5세에 의해 곤살로의 합법적인 아들로서 인정받기에 이른다. 그는 에볼리 군주(Príncipe de Eboli)의 영지에서 성장했다. 1552년 그는 교육을 위해 알칼라(Alcalá), 로바이나(Lovaina), 살라망카(Salamanca), 파두아(Padua) 대학들을 두루 거치며 지식을 연마하였다. 오랫동안 이탈리아에 머무르면서 그곳 문화의 영향을 많이 받게 되었다. 그는 에볼리에 의해 스페인 궁정으로 돌아오게 되었고 이곳에서 국가 업무를 다루는 것에 대해 부친의 지도를 받기 시작하였다. 부친 곤살로가 1556년 4월 사망하면서 이탈리아 관련 비서실 업무를 대신 담당하게 되었다(1556년 10월 29일). 그러나 그때까지만 해도 왕은 그를 정식으로 임명하는 것을 주저하였는데, 승인에 앞서서 먼저 결혼과 방탕한 생활의 청산이 전제되어야 하였기 때문이다. 결국 안토니오 페레스는 1567년 12월이 되어서야 왕의 비서로서 정식으로 인가를 받을 수 있었다. 늘 왕의 지척에 있을 수 있다는 업무의 특성과 그의 개인적 자질, 그리고 왕의 신임이 두터워지면서 그는 단번에 영향력 있는 궁정 내 인사로 부상하게 되었고 에볼리파의 주요 멤버가 될 수 있었다. 그는 사치스럽고 과시가 심한 생활을 시작했으며, 이를 유지하기 위해 자신의 직책을 이용, 탈법적인 보상, 즉 관직 매매, 뇌물 등과 같은 검은 거래를 주저하지 않았다. 이 중 일부에는 안토니오와 부적절한 관계를 맺고 있었던 에볼리 부인도 연루되었던 것으로 보인다. 그는 펠리페 2세의 이복동생인 후안 데 아우스트리아(Juan de Austria)에 대해 왕이 의심을 품도록 유도하였으며, 동시에 개인적인 이득을 위하여 후안 데 아우스트리아와 접촉을 유지하기도 하였다. 한편 돈 후안을 감시할 필요가 있다고 왕을 설득하면서 자신의 친구인 후안 데 에스코베도(Juan de Escobedo, 1575년)를 돈 후안의 비서로 배치하였다. 그러나 에스코베도는 곧 레판토의 영웅, 돈 후안을 전폭적으로 지지하는 입장으로 돌아서게 되었고, 상황은 돈 후안이 저지대 국가(Países Bajos)로 파견되면서 더 복잡하게 얽히게 되었다(1576년 4월). 한편 영국 왕위에 대한 돈 후안의 야망은 펠리페 2세의 우려를 더욱 증폭시키는 계기가 되었다. 1576년 6월 돈 후안은 에스코베도를 마드리드로 보내면서 그의 플랑드르 통치가 용이해질 수 있도록 지원 받고자 하였다. 페레스는 자신의 이중게임을 폭로할 수 있는 에스코베도가 마드리드에 오게 되면서 신변의 위협을 느끼기 시작하였고 따라서 그를 돈 후안의 배후에서 배신을 조정할 수 있는 인물로 지목하며 왕에게 그를 제거해야 한다고 설득하였다. 이를 통해 안토니오 페레스는 자신의 정적이 자연스럽게 사라지기를 원했고, 왕이 이 범죄에 연루되게 하고자 하였다. 여러 번의 독살 시도가 실패로 끝나고 난 뒤 결국 에스코베도는 페레스의 사주를 받은 몇몇 심복들에 의해 살해되었다(1578년 3월 21일). 왕은 점차 에스코베도의 유가족과 궁정 내에 있는 페레스의 정적들로부터 압력을 받기 시작했고, 자신이 기만당했다는 것을 깨닫게 되면서 그의 옛 비서로부터 벗어나고자 결심하였다. 결국 펠리페는 나이 든 그란벨라(Granvela)를 오도록 명령하면서 새로운 정치의 시작이자 페레스의 몰락을 재촉하였다. 그란벨라 추기경이 도착하는 당일에 안토니오 페레스는 체포되었고(1579년 7월 28일), 그때까지도 그는 여전히 자신의 비서 업무에서 완전히 벗어나지 않았다. 왕은 페레스를 살인죄로 고발하는 것보다 방문 소송을 통하여 부패 죄로 기소하는 것이 더 적절하다고 생각하게 되었다. 긴 소송 끝에 페레스는 2년의 투옥생활과 10년의 망명생활, 업무수행 정지와 무거운 벌금을 언도받게 되었다. 그와 동시에 그를 살인죄로 고발, 소송에 들어가게 하기 위하여 수색이 진행되었다. 1589년 6월 그는 공식적으로 범죄에 기소되었고 조금 뒤에 고문을 받게 되었다. 자신의 패배를 자인하면서 1590년 4월 19일 페레스는 아라곤으로 도망갔고 거기서 아라곤 출신의 자격으로 특별자치법(fuero)에 의탁하였다. 아라곤에서 그는 열렬한 지지를 받을 수 있었는데 이는 페레스가 아라곤의 자유 수호와 자신의 명분을 일치시킬 줄 알았기 때문이었다. 펠리페는 종교재판소를 내세워 페레스가 개신교 지역으로 도주하고자 시도했다는 죄목을 덧붙일 수 있었다(1591년 5월 16일). 그러나 그를 종교재판소의 감옥으로 이송하려는 두 차례의 시도는 모두 민중의 큰 불만을 사며 폭동을 야기했고, 지방특권을 침해하는 것으로 이해되었다. 이 사건은 마드리드에서 큰 우려를 낳았고 결국 상황을 정리하고자 군대를 파견하기에까지 이르게 되었다. 군대가 아라곤으로 진입하자(1591년 10월 15일) 페레스는 곧바로 프랑스로 도주하였다(1591년 12월 24일). 왕의 전 비서는 프랑스에서 환대를 받았다. 그는 프랑스 군주에게 스페인의 지배 아래 있는 땅들의 다양한 지역들을 교란시킬 야심 찬 프로젝트를 제공하였다. 1593년에 페레스는 영국으로 건너가서 여왕의 총애를 입고 있는 에섹스 백작(conde de Essex)의 후원을 입게 되었고, 그에게 장차 카디스를 공격(1596년)하기에 용이한 정보를 제공해 주었다. 그는 스페인과 전쟁을 시작하려던 앙리 4세(Enrique IV)의 요청에 의해 프랑스로 돌아왔다(1595년 7월 2일). 1596년 5월에 그는 프랑스-영국 동맹을 체결할 목적으로 영국으로 돌아갔다. 그러나 이 계획이 실패하면서 또 다시 프랑스로 돌아가야 했다. 그러나 1598년 5월 2일 베르벵 조약(Paz de Vervins)이 체결되면서 페레스는 프랑스 궁정에서 정치적 영향력을 모두 상실하게 되었다. 스페인으로부터 사면을 얻어내고자 여러 번의 시도를 했지만 실패로 끝나고 모두에게 잊힌 존재로 파리에서 빈곤 속에서 마지막 생을 마감하여야 했다(1611년). 종교재판소는 그의 사후에 그의 명예를 회복시켜 주었다(1615년 4월 7일). 다수의 저서를 집필하였는데, 그중에서 『Relaciones』와 『Cartas』가 유명하며 여러 판본들이 나오게 되었다. 이 저서들은 <Leyenda negra>의 형성과 유포에 많은 영향을 끼쳤다.

Aquisgrán (아키스그란)　독일의 노르트라인베스트팔렌 주에 위치한 도시로 벨기에 및 네덜란드와 접하고 있다. 독일어로는 아헨(Aachen), 프랑스어로는 엑스라샤펠(Aix-la-Chapelle)로 불린다. 로마 시대부터 온천으로 유명했으며, 샤를마뉴 대제에 의해 발전, 중세 당시 서구 문화의 중심지였다.

Ara(diario) (아라)　스페인 카탈루냐 바르셀로나(Barcelona), 발레아레스 (Islas Baleares), 발렌시아(Comunidad Valenciana), 안도라 (Andorra)에서 발간되는 신문이다. 카탈루냐어로 아라는 "지금"이라는 뜻으로, 카탈루냐의 고유 언어와 문화를 전파하고 지역 산업을 지지하기 위한 목적으로 발간되고 있다. 창간 때 약 1만 부 판매를 예상하였으나, 실제로 5만 부 이상이 판매되면서 많은 이들의 관심을 받고 있다.

Aragón, Alonso de (알론소 데 아라곤)　가톨릭 왕 페르난도(Fernando el Católico)의

사생아이다. 1470년에 태어나 1520년에 사망했으며, 1478년부터 1520년까지 사라고사(Zaragoza)의 대주교를 지냈다. 알론소(Alonso)는 그의 아버지 페르난도의 든든한 후원자였으며 그가 부재중일 때는 아라곤(Reino de Aragón)의 부왕으로서 왕국을 통치했다.

Aragón, Corona de* (아라곤 연합왕국) 아라곤 왕 은자 라미로 2세(Ramiro II el Monje)의 딸인 도냐 페트로닐라(doña Petronila)와 바르셀로나(Barcelona) 백작인 라몬 베렝게르 4세(Ramón Berenguer IV)의 결혼은 아라곤과 카탈루냐(Cataluña)의 연합을 가능하게 하였을 뿐 아니라, 전사왕 알론소 1세(Alfonso I el Batallador)의 사후 발생할 수 있었던 혼란을 막고 13세기부터 아라곤 연합왕국으로 나아가게 하였다. 바르셀로나 백작이자 아라곤의 왕이 된 알론소 2세(Alfonso II, 1162~1196)는 두 영토를 왕가의 공동 통치 아래에 두고 재정과 행정에서 각 지역의 자치권을 존중하는 구조를 선택하였다. 한편 '아라곤 연합왕국'은 중세시대에 보편적인 용어는 아니었으나, 13세기부터 15세기에 걸쳐서 아라곤이 이베리아 반도를 넘어 지중해로 나아가며 마요르카(Mallorca), 발렌시아(Valencia), 코르시카(Córcega), 사르디니아(Cerdeña) 등을 병합해 나갈 때 이 지역 전체를 통칭하기 위해 역사가들에 의해 사용되었다. 알론소 2세는 프랑스 남부로 세력을 확장하여 루시옹(Rosellón)과 프로방스(Provenza) 백작령을 지배하였고, 푸아(Foix), 베아른(Bearne), 비고르(Bigorra) 백작들과 랑게독(Languedoc)의 백작들을 봉신으로 둘 수 있었다. 그러나 이러한 여세는 알론소의 아들이자 후계자인 페드로 2세(Pedro II)가 1213년 사망하면서 결정적으로 좌초되었다. 그는 알비파(albigenses)의 척결을 위해 출정한 시몬 드 몽포르(Simón de Montfort) 군대에 의해 뮈레(Muret) 전투에서 전사하였고, 이후 하이메 1세(Jaime I)가 모친의 유산으로 고향 몽펠리에(Montpellier)의 영주가 되기는 하였지만 프랑스 남부에 대한 아라곤 연합왕국의 열망은 페드로 2세의 사망 이후 좀처럼 실현될 수 없었다. 반면 아라곤과 카탈루냐는 앞서도 언급한 것과 같이 레반테(Levante)와 지중해로 팽창하여 1149년 라몬 베렝게르 4세에 의해 토르토사(Tortosa)와 레리다(Lérida)가 정복되었고 지역 간의 통합이 보류되다가 하이메 2세(Jaime II) 때에 레리다는 카탈루냐에 병합되었다. 알론소 2세는 1170~1172년 사이에 테루엘(Teruel)과 알바라신(Albarracín)을 점령하였고, 이후 정복 왕 하이메 1세(Jaime I el Conquistador) 때에는 카탈루냐인들과 아라곤인들의 연합으로 1229~1235년 메노르카(Menorca)를 제외한 발레아레스 제도(Los Baleares)가, 1238년에는 발렌시아가 정복되었다. 메노르카는 봉신령으로 있다가 1287년에 알론소 3세(Alfonso III) 때 이르러서 완전히 점령되었다. 한편 마요르카와 발렌시아는 카탈루냐와 아라곤의 무역 정책에서 주요한 전략 중심지로 부상하며 아라곤 연합왕국의 다양한 확장사업에 요충지가 되었다. 즉 1282년에 위대한 왕 페드로 3세(Pedro III el Grande)는 시칠리아(Sicilia)를, 1323년에 하이메 2세는 사르디니아를 점령하였으며, 1380년부터 페드로 4세(Pedro IV)는 아테네(Atenas) 공작령과 네오파트리아(Neopatria) 공작령을 차지할 수 있었다. 아라곤 연합왕국의 통치 아래 있던 왕국들과 지역들은 저마다 지역적 특수성과 자치권을 보장받았지만 13세기부터 인식되는 민족감정과 상이한 사회경제구조로 인하여 지역 주민들 간에 경쟁이 일어나기도 하였다. 15세기 말부터 가톨릭 공동왕(Reyes Católicos)에 의해 추진된 통일 정책은 스페인 왕국 전체의 이해들을 지역 간 유대의식보다 앞세우게 되었고, 아울러 근대에 총괄 행정기관들과 개별 지역 기관들이 그 기능을 상실해가면서 아라곤 연합왕국의 세력은 약화되다가 18세기 초 신계획령(Decretos de Nueva Planta)의 도입으로 쇠퇴하게 되었다.

Aragón, Fernando de. Duque de Calabria (페르난도 데 아라곤, 칼라브리아 공작) 1488년 이탈리아에서 태어나 1550년에 사망했다. 나폴리(Nápoles)를 차지하기 위해 친척인 페르난도 2세(Fernando II)와 프랑스의 루이 12세(Luis XII)에 맞서 싸우다가 감옥에 갇히게 되었지만, 후에 카를로스 5세(Carlos V)가 왕위에 올랐을 때 풀려났다. 1526년, 헤르마나 데 포익스(Germana de Foix)와 혼인해 카를로스 5세로부터 발렌시아(Valencia)의 부왕으로 임명되었다.

Aralar (아랄라르) 스페인 정치단체이다. 스페인 바스크(País Vasco)와 나바라(Navarra) 지역에서 활동하며 바스크 독립주의를 지향한다. 좌파 연합에 속해 있으며, 아마이우르(Amaiur), 에우스칼 빌두(Euskal Herria Bildu, EH Bildu) 등과 동맹 관계에 있다.

Arbenz Guzmán, Jacobo (하코보 아르벤스 구스만) 1913년 케살테낭고(Quezaltenango)에서 태어나 1971년 멕시코에서 사망한 과테말라 출신의 정치가이자 군인이다. 1944년 혁명(revolución de 1944)을 주도한 인물 중 한 명으로, 1951년에서 1954년까지 대통령직을 역임했다. 민족주의정책을 펼쳤지만 1954년의 군부 반란으로 전복된다.

Arbitrista* (정치평론가들) 16세기 하반기와 17세기 내내 활동했던 일종의 정치작가이자 혹은 초기경제학자(protoeconomista)로서, 스페인의 여러 왕국에서 일정한 엄격성과 현실감각을 가지고 합스부르크 왕조 치세의 스페인이 겪는 심각한 사회경제적 불균형과 당면한 현실에 대해 나름대로 처방전을 내놓았던 사람들이다. 지속적인 균열의 위협 속에서 제국의 재정적인 부담이 커지고 이로 인해 공적 부채가 가중되면서 많은 사람들이 다양한 시각으로 저서를 쓰며 해결책을 제안하는 일들이 생겨나게 되었다. 제안자들의 청원서와 대화집, 권고집 등은 총체적인 정치질서의 문제들을 다루었으며, 특히 경제적인 사안에 주안점을 두면서, 1580년대 이래 계속되는 위기와 함께 제국의 공적 생활에 관여하기 시작하였다. 성직자, 공직자, 법학자, 혹은 상인들로 구성된 이들은 주로 카스티야인들(castellanos)이었으나 호세 그라시아 세라노(José Gracia Serrano)나 나르시스 펠리우 데 라 펜냐(Narcis Feliu de la Penya)와 같은 아라곤 왕국의 출신도 있었다. 이들은 국가가 직면한 문제에 대해 해결책을 제시하기 위하여 열정적으로 정치무대에 뛰어들었으며, 그들이 내놓은 해결 방안들은 국가를 쇄신하기 위해 필요하다고 여겨지는 윤리적 혹은 종교적 권고들을 빼놓지 않고 있었다. 비록 그들 중에 다수는 객관적인 현실과 최소한의 접촉도 없이 복합적이고 다양한 문제들을 하나의 유일한 문제로 한정지으며 당시에도 이미 광신적인 사색이라고 치부된 제안들을 제시한 면이 없지 않았지만, 일부 학문적인 사람들은 총체적인 재정개혁을 제안하며 레르마 공작(Duque de Lerma)이나 올리바레스 대공(Conde-duque de Olivares)에 의해 수용되어 입법에까지 영향을 미치기도 하였다. 아울러 경제적인 부문은 직접 군주에게 전달되기도 하여 국가평의회(Consejo de Estado)에서 정치논객의 결론이 다루어지는 경우도 생겨나게 되었다. 보다 진지한 성향을 가진 자들이건, 보다 예언자적 성향을 가진 자들이건 이들 정치논객들이 당시 여론에 지대한 영향을 끼쳤다는 것은 분명하다. 현실주의자들, 즉 객관적인 현실에 대해 어느 정도 비전을 가지고 있는 자들이라고 부를 수 있는 정치논객들 가운데에는 왕국의 경제정책에 대해 공공연하게 호의적인 입장을 취하는 자들이 있었고, 또 그러한 정책에 전적으로 반대하지는 않지만 전반적으로 비판적인 시각을 가지고 저술을 하는 자들도 있었다. 게다가 농업문제의 경우에는 특정 하위그룹을 형성할 수 있을 정도로 특정 정치논객들이 있었다. 왕국의 정책에 대해 호의적인 입장을 취하는 자들 중에는 발타사르 데 알라모스 이 바리엔토스(Baltasar de Álamos y Barrientos)나 페드로 로페스 델 레이노(Pedro López del Reino)가 있었는데 이들은 제국의 경제정책의 지침들 전반에 대해 대체로 동의하는 자들이었으며 국내의 필요, 특히 카스티야의 필요에 대외적인 경제 정책을 적응시키는 것이 필요하다고 여겼다. 또한 이들은 아메리카에서 유입되는 귀금속을 늘리고 보유할 필요성을 주장하기도 하였다. 이와 같은 입장에 동조하지 않은 자들은 살라망카 대학교의 신학부 정교수이자 『Restauración Política de España』(1619년)의 저자인 산초 데 몬카다(Sancho de Moncada)나 루이스 오르티스(Luis Ortiz), 그리고 1650년경 다양한 청원서들을 쓴 세비야 출신 프란시스코 마르티네스 데 라 마타(Francisco Martínez de la Mata)와 같은 논객들이었으며 이들은 제국의 재정 상황에 대해 보다 더 구체적인 분석과 설득력 있는 견해를 보여주었다. 살라망카의 소위 수량학파[(마드리드 최고법원(Chancillería)의 변호사이자 1600년의 청원서의 저자인 마르틴 곤살레스 데 세요리고(Martín González de Cellorigo), 1626년에 『Conversación de Monarquías』를 쓴 페드로 페르난데스 데 나바레테(Pedro Fernández de Navarrete), 1631년에 나폴리에서 출판된 『Restauración de la antigua abundancia de España』의 저자이며 목축업조합(Mesta) 장인 미겔 카사 데 레루엘라(Miquel Caxa de Leruela)가 형성]인 '초기경제학자들'과 작가들의 주된 관심사는 마드리드와 식민지들 간의 관계 재정립이었다. 마르티네스 데 라 마타를 위시한 정치논객들이 보다 정치적인 사람들로 분류되었다면, 세요리고 파 사람들은 세부적인 분석에 보다 관심을 갖는 자들로 분류되었다. 그러나 이들 저서들은 모두 궁극적으로 제국의 경제정책에 대해 호의적이었다는 점에서 일치하였다. 토마스 데 메르카도(Tomás de Mercado)나 스트루치(Struzzi)의 저서에서는 아메리카의 생산물 교환이나 식민지들의 요구를 충족시키는데 갖는 카스티야의 어려움에 대해 다루어졌다. 아울러 이들 저서들에서 언급된 또 다른 논점들은 외국 상품들의 범람에 대한 불만과 옛 직물제조의 침체, 메디나 델 캄포(Medina del Campo)시의 소멸에 관한 것이었다. 주된 관심이 농업문제였던 정치논객들 중에는 후안 발베르 데 아리에타[Juan Valverde Arrieta, 『Despertador』(1581년)]와 로페 데 데사[Lope de Deza, 『Gobierno político de agricultura』(1618년)], 그리고 다시 미겔 카사 데 레루엘라(Miguel Caxa de Leruela)가 있다. 이들은 국가적 불행의 근본 원인이 스페인 농촌에 있다고 보면서 그 해결책 제시에 골몰하였다. 예를 들면 아리에타는 노새가 황소를 대체한 점이 쇠퇴의 시금석이 되었다고 보았으며 카사는 근본적인 문제가 질적 수준이 저하된 목축업에 있다고 여겼고, 반면 농지소유자이기도 했던 로페 데 데사와 같은 사람들은 목축업에 관한 이러한 주장을 별반 중요하게 생각하지 않았다. 1592년 12월 4일자 카스티야 신분의회(Cortes de Castilla)의 청원서와 1598년 11월 23일자의 또 다른 청원서는 앞서 언급한 로페 데 데사에게 영향을 끼친 문건이자, 농업에 관한 평론으로서 그 뒤에 출현하는 몇몇 청원서들의 중요한 표본이 되기도 하였다. 이들 청원서 중에는 농촌에 악영향을 끼치는 문제들과 농촌의 쇠퇴 원인들을 자세히 지적한 것도 있었는데, 주로 부채와 농민 부족에 관한 것이었다. 해결 방안으로는 부채 체불을 이유로 농민들이 농사짓는데 유용한 것들을 조사하지 말아야 할 것과 또 농민들이 동일한 이유로 일손이 부족한 농번기에 투옥되어서는 안 될 것이며, 파종기에는 농민들에게 씨를 분배해 주어야 할 것이 제시되고 있다. 1598년의 청원서에서는 아메리카로의 이주로 말미암아 농민 부족이

야기되었다고 지적하면서, 하인들과 학생들, 종교인들, 관료들의 수가 지나치게 많은 점과 무거운 세금, 시의회(concejo)의 쓸모없는 토지매각을 고발하였다. 따라서 대도시들로부터 이슬람계 기독교개종자들(moriscos)을 이주시켜 농촌에서 경작하도록 해야 하며 부랑자와 구걸하는 빈민을 엄격하게 통제하여 노동력으로 충원할 것과 또 하인들의 수를 줄일 것을 주장하였고 새로운 종교건물을 건립하는 일도 어렵게 해야 한다는 입장을 내세우기도 하였다. 이처럼 나라의 제반 문제에 대해 해결안을 내놓으며 열정적으로 반응하는 행태는 정치논객들의 관행이 되었으며, 이러한 양상은 비록 양적인 차이는 있다고 하더라도 19세기 초까지 사라지지 않고 남아 있었다. 즉 독립전쟁에 의해 야기된 새로운 국가적 위기가 누적된 국채와 맞물리어 정치 논평에 새로운 활력을 제공하였지만, 이 시기 대두된 계몽 합리주의적 경향은 이전과 비교할 때 조금 더 과학적이나 한편으로는 자발성이 떨어지는 제안들이 나타나는 특징을 보여주었다.

Arco mediterráneo español (스페인 지중해의 아치) 아르코 라티노(Arco Latino)라고도 불리며 지중해 연안이 감싸고 있는 스페인 동부 해안 지역을 지칭한다. 카탈루냐(Cataluña), 아라곤(Aragón), 발렌시아(Valencia), 발레아레스 제도(Islas Baleares), 바르셀로나(Barcelona), 사라고사(Zaragoza) 등의 주요 지역을 포함한다.

Arco polilobulado (열편 모양의 아치) 여러 열편 모양들이 새겨져 있는 아치 모양을 말한다. 특히 이슬람 건축에서 사용되었던 이 아치는 세비야(Sevilla) 알카사르(Alcázar) 궁전의 여러 방에서 볼 수 있다. 또한 이후 20세기 신 무데하르 양식(estilo neomudéjar)에서도 재해석되어 코르도바(Córdoba)역이나 세비야 중앙광장(Plaza de Armas)에서도 볼 수 있다.

Ardón (아르돈) 서고트족 37대 왕이다. 서고트족 왕가의 마지막 왕으로 이슬람인들의 침략이 극심해질 무렵 왕으로 선출되었다. 왕위에 오른 것이 713년인지 714년인지는 확실하지 않다. 이슬람인들의 침략을 막고 동쪽 영토를 회복하려 했으나 720년경 아삼이븐 말릭의 침략을 받아 결국 왕위를 박탈당하였다. ➡ Reino visigodo(서고트 왕국)

Areces, Ramón (라몬 아레세스) 1904년에 태어나 1989년에 사망한 스페인의 기업인이다. 라 아바나에서 시작한 작은 식료품점을 대기업으로 성장시킨 인물이다. 프랑코(Franco) 정권 동안 정치와는 무관한 입장을 보이다가 독재자가 물러나자 국가 자금을 전혀 받지 않은 최초의 개인 기업으로 성장했다. 스페인의 교육부와 협력해서 라몬 아레세스 재단을 만들었다.

Areilza, José María de (호세 마리아 데 아레일사) 1909년에 태어나 1998년에 사망한 스페인의 정치인이자 외교관이다. 제2공화국이 도래했을 때 왕실의 편에 서서 싸웠다. 외무부 장관을 지냈으며 정계에서 물러난 후에는 문학작품 집필과 강연을 하며 활동을 지속했다.

Arévacos (아레바코스) 고대 로마 이전부터 이베리아 반도 두에로 강 유역과 중앙 북동쪽에 살던 부족이다. 셀티베로어를 사용했으며, 서쪽으로 박세오스와 맞닿아 있었다. 현재의 카스티야 라만차와 카스티야 이 레온에 해당하는 지역에 거주하였으며, 로마 시대에 아레바코스인들은 로마군의 보조군에 편성되었다. ➡ Romanización(로마화)

Arévalo (아레발로) 스페인 아빌라(Ávila) 주에 위치해 있으며 주도로부터 50km 떨어진 곳에 있다. 카스티야(Castilla)의 가장 오래된 도시 중 하나이며 이사벨 여왕(Isabel I)이 유년기를 보냈던 곳이다. 1462년, 엔리케 4세(Enrique IV)가 알바로 데 수니가(Álvaro de Zúñiga)의 충성심에 대한 포상으로 아레발로(Arévalo)를 공작령으로 임명하여 그의 소유권으로 주었다. 엔리케 4세가 사망한 후, 아레발로는 다시 카스티야의 왕실령이 되었다.

Arganda del Rey (아르간다 델 레이)　스페인 마드리드(Madrid) 자치주에 위치한다. 스페인독립전쟁 동안 약탈의 대상이 되었다. 하라마(Jarama) 강에 다리가 건축되면서 포도주 생산을 주업으로 삼아 경제적인 성장을 이루게 됐다. 현재 약 5만 5천여 명의 인구가 살고 있다.

Argantonio (아르간토니오)　(?~?) 타르테소스의 전설의 왕이다. 그의 실존 여부에 대한 의견은 분분하다. 독일의 역사학자 슐텐(Aldolf Schulten)에 따르면 기원전 630년에서 550년경 사이 통치했다. 이베리아 반도에 거주하는 인물 중 고대 그리스 문헌에 최초로 언급된 사람이나. ➡ Tartesos o Tartessos(타르테소스)

Argaya Roca, Miguel (미겔 아르가야 로카)　(1960~) 스페인의 시인이자 역사가이다. 어린 시절부터 인문학과 창작에 깊은 관심을 보였다. 발렌시아(Valencia) 대학에서 역사를 전공했다. 1989년에 잡지 <Omarambo>를 만들었다. 90년대에 시집 『Luces de gálibo』로 이름을 알렸다.

Argimundo (아르히문도)　서고트족 출신의 귀족이다. 590년 고스윈다 왕비와 울딜라 주교와 함께 반란을 꾸몄으나 실패로 끝났다. 레카레도 왕은 아르히문도(Argimundo)의 오른손을 절단하고 톨레도 거리를 당나귀를 타고 다니게 했다. ➡ Recaredo(레카레도)

Arias Dávila Cota, Pedro (페드로 아리아스 다빌라 코타)　1440년 세고비아(Segovia)에서 태어나 1531년 니카라과(Nicaragua)에서 사망한 스페인 귀족 출신 정치가이자 군인이다. '페드라리아스 다빌라(Pedrarias Dávila)'로도 알려진 그는 카스티야 델 오로(Castilla del Oro)와 니카라과의 통치자로 지내면서 명성을 떨쳤다.

Arias Salgado y Montalvo, Rafael (라파엘 아리아스 살가도 이 몬탈보)　1942년 스페인 마드리드(Madrid)에서 태어난 정치가이다. 1993년 국민당에 입당해 2004년까지 마드리드 선출 국회의원을 지냈으며, 호세 마리아 아스나르(José María Aznar)의 내각이 들어선 1996년에서 2000년까지는 산업부 장관을 지냈다. ➡ Partido Popular(PP, 국민당)

Arias-Salgado y de Cubas, Gabriel (가브리엘 아리아스 살가도 이 데 쿠바스)　1904년 스페인 마드리드(Madrid)에서 태어나 1962년에 사망한 정치가이다. 반마르크스주의자이자 팔랑헤(Falange) 당원으로서 프랑코(Francisco Franco) 독재 치하에 여러 관직을 지냈다. 또한 그는 언론의 철저한 검열을 통해 프랑코 체제를 보호하였으며 전제주의 이론을 실현에 옮긴 인물이다. ➡ Franquismo(프랑코주의)

Armada Invencible* (무적함대)　스페인의 '무적함대'라는 명칭은 1588년 영국과의 전쟁 이후에 널리 알려진 것으로, 당시 '영국 경영'은 영국을 침공하여 스페인 함대의 비호 아래 파르네시오(Farnesio) 보병대(Tercios)가 켄트(Kent)에 상륙하고 진군하는 것을 의미했다. 스페인의 영국 침공은 1576년부터 이미 계획되었었는데, 돈 후안 데 아우스트리아(Don Juan de Austria)가 플랑드르(Flandes)로 파견될 당시 자신의 이복형인 펠리페 2세(Felipe II)에게 자신이 저지대 국가(Países Bajos)로부터 영국을 침공하고 스코틀랜드의 여왕을 풀어준 뒤 결혼을 하겠다고 제안한 바 있었다. 그때 왕은 돈 후안이 먼저 플랑드르 지역에 평화를 정착시키고, 영국인 가톨릭교도들의 도움을 얻는다는 조건하에 이 프로젝트를 승인하였다. 한편 1583년 산타 크루스 후작(marqués de Santa Cruz)인 돈 알바로 데 바산(Don Álvaro de Bazán)은 라 테르세라[La Tercera, 아소레스(Azores)]

를 점령하고 난 후 영국에 상륙하면서 그의 승세를 계속하겠다고 왕에게 제안하였다. 그
때 왕은 그에게 계획서를 작성하라는 명령을 하달하면서, 자신은 교황 식스투스 5세
(Sixto V)의 지원을 받아 "십자군"의 성격을 지닌 사업을 시작하고자 준비했다. 푸에르
코 리코(Puerto Rico)와 산토 도밍고(Santo Domingo), 갈리시아(Galicia)와 카디스
(Cádiz) 해안에서 자주 출몰한 해적 드레이크(Drake)의 행보로 분노하고 있었던 펠리페
2세는 1586년 산타 크루스를 최고 사령관으로 임명하면서 거대한 함대를 모으도록 명령
하였다. 산타 크루스는 의욕적으로 이 일에 착수하였지만, 1588년 2월 9일 뜻하지 않게
사망하고 말았다. 영국과 스페인 간의 대립은 플랑드르가 주 거점이었는데, 영국인들은
여기에서 공공연하게 네덜란드 반란군을 지원해왔다. 스코틀랜드 여왕의 죽음과 드레이
크의 침입, 펠리페 2세의 정적들에 대한 엘리자베드 여왕의 지원은 양국 간의 관계를 최
악으로 치닫게 하였고, 마침내 스페인의 영국 침공의 원인이 되었다. 왕은 이 같은 계획
을 파르마 공작(duque de Parma)과 산타 크루스 후작에게 맡겼고, 파르마 공작에게는
타메시스(Támesis) 근처에 상륙할 것을 명령하는 한편, 산타크루스 후작에게는 플랑드
르에 있는 스페인 보병대가 지나가도록 운하를 장악하라고 명령하였다. 이들 보병대는 8시
간에서 10시간을 소요하며 상륙한 뒤 내륙으로 깊숙이 침투하여 런던을 점령할 계획이
었다. 그러는 동안 함대는 플랑드르와의 통신망과 식량보급로를 보호하고, 동시에 파르
네시오가 요청할 경우 동원할 수 있는 예비세력을 두고자 하였다. 파르마와 바산은 각각
왕이 자신에게 부여한 계획을 개별적으로 수행하였으나, 정작 두 사람 간에는 직접적인
접촉이 없었다. 그런 연유로 해서 계획이 진행되는데 차질이 생겼고 지연과 어려움이 잇
따르게 되었다. 무적함대는 바산에 따르면 1586년에 556척으로 구성되었다고 했지만,
1588년 리스본에 집결한 전함들은 모두 130척 이었다. 남자, 대포, 전투 수단 등으로 총
괄하면 과업은 예상된 것의 3분의 1로 줄었다고 할 수 있다. 그럼에도 불구하고 펠리페
2세가 위험을 무릅쓰며 프로젝트를 수행하기에는 충분한 전력이었다. 실패의 원인은 다
음과 같다. 우선 과업이 성공하기 위해서는 파르마가 비밀리에 일을 진행시키고 플랑드
르 영토를 안전하게 유지하는 것이었지만, 이러한 조건은 완전히 갖추어지지 않았다. 그
래서 파르마는 왕에게 서신을 통해 포기하라고 권고하기도 하였고, 바산의 후임자인 메
디나시도니아(Medinasidonia)도 이러한 책임을 지기를 원하지 않았다. 1588년 봄에 강
력한 해군이 타호 강어귀에 집결했고, 스페인의 무적함대는 준비되었다. 배와 갤리선으
로 된 6대의 함대와 하나의 운송 함대, 소형 배들로 된 함대 하나(zabra, pataches)가
원정대를 이루었고 그 선두에 약 3만 명의 병사들이 있었다(19,205명은 포병, 8,050명
은 해병, 2,088명은 사공, 1,382명은 모험가들). 군함들은 명망이 높은 자들의 지휘 아래
있었는데, 비스카야(Vizcaya)의 함대는 레칼데(Reclade)가, 기푸스코아(Guipúzcoa)의
함대는 오켄도(Oquendo)가, 카스티야(Castilla)의 함대는 디에고 발데스(Diego Valdés)가
담당, 안달루시아(Andalucia)의 함대는 페드로 발데스(Pedro Valdés)가, 레반테(Levante)
의 함대는 마르틴 데 베스텐도나(Martín de Bestendona)가 담당하였다. 무적함대는
1588년 5월 30일에 리스본에서 출발하였지만 피니스테레(Finisterre)에서 강한 태풍을
만나 라 코루냐(La Coruna)로 들어가야 했다. 그리고 7월 22일에는 리저드(Lizard) 곶
까지 항해하여 29일에 도착하였다. 다음 날 플리머스(Plymouth)앞에서 전쟁회의가 열
렸는데, 여기서 플리머스 만에 피신해 있는 영국 배(60척이 정박)를 공격할 기회를 엿보
고 있었던 레칼데와 오켄도의 의견이 개진되었다. 그러나 왕의 지침은 매우 명료한 것으

로 전투를 시작하기 전에 파르네시오와 연계를 취하라는 것이었다. 그렇게 해서 8월 1일에 운하를 항해하여 몇 차례 소규모 전투를 벌인 뒤 7일에 무적함대는 칼레(Calais) 만에 정박하였고 여기서 메디나시도니아는 파르네시오에게 운하를 건너가 영국 해안선에 상륙하도록 요청하였다. 파르마 공작은 지체하지 않고 됭케르크(Dunkerque)로 가서 여기서 약 1만 8천 명 사람들을 상륙시켜야 했는데, 나소(Nassau)의 네덜란드 배들이 항구를 차단하는 바람에 나갈 수가 없었다. 이렇게 해서 스페인 양측 간에 접촉이 단절되게 되었고, 8월 8일 밤 영국인들이 스페인 배에 촉발한 불이 번지면서 스페인 함대는 방향 없이 탈출하는 사태가 벌어졌다. 운하에서의 폭풍우와 혼란으로 함대는 더욱 곤경에 빠지게 되었고, 엄청난 피해를 입은 뒤 마침내 스페인으로 귀환하게 되었다. 영국 경영의 실패는 스페인 국가 전체의 실망으로 이어졌고 당대 문필가인 케베도(Quevedo)나 공고라(Góngora), 로페 데 베가(Lope de Vega) 등에 의해 표현되기도 하였다.

Armengol (아르멩골)   우르헬(Urgel)의 백작. 973년경 태어나 1011년 코르도바(Córdoba) 근처에서 사망했다. 아랍인들과 수많은 전쟁을 치렀다.

Arquitectura mudéjar de Aragón la (아라곤 무데하르 건축)   무데하르 예술에서도 스페인 중심부 아라곤에서 특징적으로 나타난 예술양식이다. 에브로(Ebro), 할론(Jalón), 힐로카(Jiloca) 유역에 위치한 수백 개의 건축물들은 전통적 수공업 기술들이 곁들여 있다. 이슬람교 사원의 탑을 본떠 만든 종탑이나 사각형의 층 가운데 세워져 있는 받침 기둥, 그 기둥 사이에 놓여 있는 계단 층이 특징이다. ⇒ Al-Andalus(알 안달루스)

Arrianismo (아리우스파)   고대 기독교의 광대한 종교 운동으로 창시자인 알렉산드리아 교회의 사제 아리우스의 이름에서 유래하였다. 아리우스는 성부, 성자, 성령이 대등하며 오직 성부만이 영원하다고 주장하였으며, 이러한 아리우스의 주장은 니케아 공의회(325)에서 이단으로 규정되어 배격되었다. 이후 아리우스파는 북유럽에 널리 퍼지게 되었다. ⇒ Reino visigodo(서고트 왕국)

Arriba (아리바)   스페인 팔랑헤당의 공식 언론 기관지이다. 1935년 3월 호세 안토니오 프리모 데 리베라(José Antonio Primo de Rivera)에 의해 마드리드에서 격주로 발행을 시작하였고, 1936년 3월까지 간행되었다. 스페인 제2공화국이 들어서고, 내전이 시작되면서 팔랑헤당의 <El sol>로 대체되다가 1939년 다시 재간행하게 되었다. 각료이사회(Consejo de Ministros)에 의해 1979년 간행이 공식적으로 중단되었다. ⇒ Falange Española(스페인 팔랑헤)

Arrondo, Fidel Dávila (피델 다빌라 아론도)   (1878~1962) 다빌라의 첫 번째 후작이자 스페인 내전(Guerra Civil Española) 때 반란군의 편에 선 인물이다. 몰라(Mola) 장군의 사망 후 북부 군대의 사령관이 되었으며, 빌바오 점령작전(Toma de Bilbao), 아라곤 공세(Ofensiva de Aragón), 에브로 전투(Batalla del Ebro) 등을 지휘하였다. ⇒ Guerra Civil Española(스페인 내전)

Arrupe, Pedro (페드로 아루페)   (1907~1991) 스페인 예수회의 성직자. 1965년부터 1983년까지 예수회의 제28대 수도회장이었다. 의학 공부를 그만두고 1927년 예수회에 들어갔으며, 이후 스페인, 벨기에, 네덜란드 그리고 미국에서 철학과 신학, 정신의학을 공부하였으며, 1938년 일본으로 건너가 27년간 선교사로 일하였다. ⇒ Jesuitas(예수회원들)

Arte de repoblación (재정주 예술)   9세기 말부터 11세기 초까지 스페인 북부의 기독교 왕국들이 예술건축적으로 국토회복전쟁 때에 정복한 이슬람 영토에 이식시킨 예술 운동이다. 서고트 예술과 아스투리아스(Asturias) 예술을 포괄하여 형성된 이 시기의 건축은 초기 기독교 예술의 면모를 지니고 있다. 강화된 벽 부벽이나 매우 뚜렷한 처마, 큰 잎 모양이나 튀어나온 장식, 기호가 그려져 있거나 식물과 줄무늬 문양이 대표적인 예이다. 건축물로는 산 미란 데 라 코고야 수도원(Monasterio de San Millán de la Cogolla), 산 후안 데 라 페냐 수도원(Monasterio de San Juan de la Peña), 산 미겔 데 에스칼라 다 수도원(Monasterio de San Miguel de Escalada) 등이 있다. ➡ Al-Andalus(알 안 달루스)

Arte sacro (종교 예술)   신앙심의 고취나 성스러운 목적을 가지고 제작된 모든 예술품을 지칭한다. 가장 대표적인 것은 기독교 종교 예술이며 예수의 생애, 성모 마리아 등 성서의 인물이나 사건들을 주제로 한 그림과 모자이크들이 있다.

Artesonado (소란반자)   건축의 다변형 건축 요소(artesón)에서 비롯된 소란반자는 건축물 천장 사이사이의 틈새를 나무나 들보로 장식해 놓은 형태를 말한다. 반자틀을 여러 개 모은 것처럼 소란을 맞추어 짜고, 그 구멍마다 네모진 개판(蓋板) 조각을 얹은 반자이다. 무데하르 건축이나 모슬렘 건축에서 많이 볼 수 있다. 대표적인 건축물에는 세비야 왕궁, 톨레도의 트란시토 유대회당(Sinagoga del Tránsito), 스페인 국가 고고학 박물관이 있다. ➡ Al-Andalus(알 안달루스)

As(periódico) (아스)   스페인 스포츠 신문. 1967년 루이스 몬티엘 발란삿(Luis Montiel Balanzat)에 의해 창간되었으며, 현재는 프리사 그룹(Grupo PRISA)에 소속되어 편집 및 배포되고 있다. 스페인에서는 두 번째로 가장 많이 판매되는 스포츠 신문이며, 인터넷 스포츠 신문으로도 세 번째로 방문자 수가 많다.

Asamblea Nacional Consultiva (국가 자문회의)   알폰소 13세(Alfonso XIII) 치세기 때 프리모 데 리베라(Primo de Rivera)의 독재 기간 동안 창설된 조직으로 "국회가 되지 않고 법률을 제정하지 않으며 주권을 나누지 않고", "정보기관이자 일반적인 논의와 조언으로 정부에 협력하며", "일반적이고 포괄적인 입법 계획안을 3년 이내에 준비 및 제출한다"라는 창설 칙령에 의해 1927년 조직되었다.

Ascensión (그리스도의 승천)   그리스도의 승천을 가리키는 종교 용어로 그가 부활 40일 후 승천했다는 복음서의 내용에서 유래했다. 스페인의 국경일은 그리스도의 죽음, 부활 그리고 승천과 긴밀한 연관이 있으며 현재까지도 부활절은 스페인을 비롯한 가톨릭 국가들의 대표적 휴일이다.

Asdrúbal el Bello (아스드루발 엘 베요)   (기원전 270~ 기원전 221) 카르타고의 정치가이자 장군. 아밀카르 바르카(Amílcar Barca)의 사위였으며 이베리아의 통치자였다. 기원전 237년 이베리아 반도 정복 때 아밀카르 바르카와 함께했으며, 기원전 225년 카르타헤나(Cartagena) 시를 세웠다.

Asedio del Alcázar de Toledo (톨레도의 전투)   스페인 내전 초기에 일어난 전투이다. 공화국의 군대와 호세 모스카르도(José Moscardó)가 이끄는 군대가 대립했다. 반란군은 전세에 밀리자 톨레도의 알카사르로 피신했고 공화군은 이들을 포위했다. 며칠 뒤 지원군의 도움으로 프랑코(Franco)는 알카사르에 입성하는데 성공했다. 이 전투는 매우 상징적 전투로 영화화되기도 하였다. ➡ Guerra Civil Española(스페인 내전)

Asís de Borbón, Francisco de (프란시스코 데 아시스 페르난도 데 보르봉)   1822년 아랑후에스(Aranjuez)의 프란시스코 데 파울라(Francisco de Paola)와 나폴리 시칠리아의 공주 루이사 카를로타(Luisa Carlota) 사이에서 태어났다. 이후에 정치적 이유와 가문의 정략에 의해 사촌인 이사벨 2세와 결혼하여 1846년부터 1868년까지 스페인 여왕의 부군으로 생활하였다. 그는 예술보호자로서 수도 마드리드의 칼라트라바스(Calatravas)와 왕립 산 헤로니모(San Jeronimo el Real) 교회를 복원하는 등 많은 문화예술유산을 보존하는데 힘썼다. 1868년 7월 7일 스페인 혁명이 발발하자 파리로 망명하였고, 1902년 4월 17일 프랑스에서 서거하였다. ➡ Isabel II(이사벨 2세, 1830~1904, 재위: 1833~1868)

Asociación Católica Nacional de Propagandistas(ACNP) (전국선전가톨릭단체)   1909년 예수회 소속이었던 앙헬 아얄라(Ángel Ayala)가 설립한 가톨릭 기관이다. 가톨릭 신앙과 교리를 전파하는 것을 목적으로 삼고 있다. 스페인 내전과 뒤따른 독재 기간 동안 수많은 인명 피해가 있었으며 탄압의 대상이 되었다. ➡ Franquismo(프랑코주의)

Asociación Madres de la Plaza de Mayo* (5월 광장 어머니회)   아르헨티나의 인권보호 단체로서 1977년 한 무리의 어머니들이 부에노스아이레스(Buenos Aires)의 5월 광장 (Plaza de Mayo)에 모이면서 시작되었다. 그녀들은 1976년 군사정권의 탄압으로 실종 자녀들의 행방을 묻기 위해 대통령 궁이 보이는 5월 광장에 모였고, 1980년에는 에베 파스토르 데 보나피니(Hebé Pastor de Bonafini)를 의장으로 5월 광장 어머니회라는 단체를 설립하였다. 1976년 3월 군부 쿠데타가 일어나면서 마리아 에스텔라 마르티네스 데 페론(María Estela Martínez de Perón) 대통령이 축출되었고, 이때부터 국가 최고명령권은 호르헤 라파엘 비델라(general Jorge Rafael Videla) 장군과 마세라 제독 (almirante Massera), 오를란도 아고스티 사령관(brigadier Orlando Agosti)으로 구성된 군사위원회(Junta Militar)에 있게 되었다. 1976년 3월 26일 상기 위원회는 일명 '국가재건과정(Proceso Nacional de Reorganización)'이라는 문서를 발표하여 나라를 전복시키고자 했던 게릴라 운동과 극좌집단에 대해 철저한 탄압을 하겠다고 명시하였다. 이때부터 군사정부는 국가안보라는 기치 아래 '반란을 조장했다(fomentar la subversión)' 고 의심되는 시민들을 무차별 체포하고 납치하였다. 1977년 4월 30일 토요일 오전 11시에 실종자들의 어머니들 중 14명은 자녀들의 행방에 대해 정보를 요청하고자 5월 광장에 모였다. 아르헨티나 독립을 기념하는 피라미드 주변을 침묵 행진하면서 그녀들은 이때부터 매주 금요일마다 5월 광장에 모이기 시작하였고, 이후 매주 목요일 오후 3시 30분으로 시간이 고정되었다. 그리고 1977년 10월에 5월 광장 어머니들은 그녀들의 상징이라고 할 수 있는 흰색 스카프를 머리에 두른 채 루한(Luján)으로 순례를 하였다. 탄압이 계속되는 동안에도 5월 광장 어머니들은 모이기를 멈추지 않았고, 철통같은 군사정부에 대하여 비판적인 입장을 고수하였다. 1977년 12월 8일에는 5월 광장 어머니회와 '실종자들 부모 운동(Movimiento de Parientes de los Desaparecidos)' 간에 회담이 체결되기도 하였다. 1978년과 1979년 동안 어머니들이 어김없이 매주 목요일마다 모이자 1980년에는 군사정부가 아예 이런 종류의 시위를 금지하였다. 그러나 5월 어머니회는 좌절하지 않고 자신들의 항의 내용을 교회에 표명하기로 결심하고, 바로 그해에 딸과 손자손녀의 행방을 찾는 '5월 광장 할머니들(Abuelas de la Plaza de Mayo)'과 통합하여 인권단체를 설립하였다. 또 에베 데 보나피니의 리더십 아래에서 5월 광장 어머니회는 국제인권단체와 교류하면서 실종자 문제에 대하여 전 세계 여론을 환기시키기 시작하였다. 그리고 국제인권일인 1981년 12월 10일에는 군사정부를 압박하기 위하여 5월 광장 주변을 24시간 도는 특별 행진을 지지하기도 하였다. 그리고 이러한 5월 광장 어머니회의 고발은 1983년 민주주의로의 이양 때 정당들의 우선적인 관심사가 되었다. 라울 알폰신(Raúl Alfonsín) 대통령은 작가 에르네스토 사바토(Ernesto Sábato)를 의장으로 하여 '실종자 진상조사 국가위원회(Comisión Nacional sobre la Desaparición de Personas, CONADEP)'를 결성하였다. 그리고 1985년에 '눈카 마스(Nunca Más)'라는 제목의 CONADEP의 보고서가 출판되었고 8,960명의 실종과 이 중 다수가 군부독재의 초기에 살해당한 것으로 확인되었다. 그러나 이러한 결과물에도 불구하고 5월 광장 어머니회는 매주 행진을 멈추지 않았고 이제는 군인들이 저지른 범죄를 고발하고 군사위원회의 모든 구성원들을 재판해 줄 것을 요구하였다. 1985년 4월에 1976~1983년 사이에 통치했던 군대 상급 장교들의 소송이 있었고 그해 말에 이들에 대한 재판이 있었다. 그러나 어머니회는 여기에 만족하지 않았고, 살인에 직접 연루된 하급 군인들의 소송을 요구하였을 뿐 아니라, 1985년 알폰신 대통령에 의해 승인된 '기소종결법(Punto Final)'이나 일명 '강요된 복종(Obediencia Debida)' 법들, 그리고 투옥된 군사위원회 장교들에게 메넴(Menen) 대통령이 부여한 1990년 사면을 거부하고 나섰다. 마침내 2003년 키르츠네르(Kirchner) 대통령이 취임하면서 몇 달만에 그녀들의 요청은 수락되었고 결국 사면법 폐지라는 성과를 가져올 수 있었다. 그리고 이제 어머니회의 매주 행진은 어머니회원들의 대다수가 연로한 점과 아르헨티나의 새로운 정치 상황이 도래하면서 종결점을 맞이하게 되었다. 2006년 1월 26일에 5월 광장 어머니회는 마지막 행진을 끝으로 29년간의 기나긴 투쟁을 막을 내리게 되었다.

Asociación Profesional de la Magistratura (판사 협회)　　스페인은 판사가 노조를 만드는 것이 불법이므로 판사 협회가 판사들의 근무 환경과 권리를 보호하는 역할을 맡아왔다. 스페인에 존재하는 5개의 판사회 중 가장 상위 기관이다. 전통적으로 보수 성향이 강하며 로마에 본부를 두고 있는 국제 판사협회의 일원이다.

Asociación Víctimas del Terrorismo (테러리즘 피해자 연합)　　스페인에서 1981년 테러리즘의 피해자들에 의해 만들어진 연합이다. 이 연합은 ETA(바스크 조국과 자유, Euskadi Ta Askatasuna) 및 기타 테러집단의 행위들로 인해 발생한 부상자들과 사망자들의 가족들에 의해 조직되었다. 단체의 주목적은 테러로 인해 발생한 피해자들을 지원하고, 스페인 정부의 태도에 대한 문제점들을 지적하는 데 있다.

Astures (아스투레스)　　이베리아 반도 북서부에 있던 고대 켈트인들의 도시들을 일컫는 명칭이다. 현재의 아스투리아(Asturia), 레온(León), 사모라(Zamora)의 거의 대부분과, 루고(Lugo), 오렌세(Orense)의 동쪽 지방, 포르투갈의 브라간사(Braganza) 일부를 차지했던 지역이다.

Asturias, Principado y reino de* (아스투리아스 공국, 아스투리아스 왕국)　　아스투리아스 왕국은 718년에 펠라요(Pelayo)가 아스투리아스인들에 의해 왕으로 추대됨으로써 시작되었고, 910년 알폰소 3세(Alfonso III) 왕의 사망과 함께 왕국으로서의 생명이 끝난다. 초기에 칸타브리아(Cantabria) 산악지대에서는 모슬렘 침입자들에 대항하는 투쟁 거점이 마련되었는데, 이는 원래 중앙권력에 쉽게 굴복하지 않고 로마화도 거의 되지 않은 이곳 산악 주민들이 구아달레테(Guadalete) 패배 이후 북쪽으로 피신한 일부 서고트 귀족들과 합세함으로써 이루어진 것이었다. 그리고 이 산지를 중심으로 모슬렘들과의 국지전이 전개되면서 기독교인들의 신화가 시작되었고 재정복 전쟁(Reconquista)의 이데올로기적 명분이 만들어지게 되었다. 펠라요는 아스투리아스 왕국의 기원이 되는 독자적인

정치 세력을 형성하였다. 펠라요 자체에 대해서는 거의 알려진 바가 없으나, 다만 그가
737년까지 통치한 것으로 추정된다. 그의 아들이자 계승자인 파빌라(Favila)는 739년에
곰에 의해 일찍 사망하였고, 아스투리아스 왕국의 위용은 세 번째 왕으로 오른 알폰소
1세(Alfonso I, 739~757) 때에 갖추어졌다고 볼 수 있다. 연대기들과 전승에 따르면
그의 치세기 때 칸타브리아인들과 아스투리아스인들의 영토가 합쳐지게 되었는데, 이는
그가 페드로 데 칸타브리아 공작(duque Pedro de Cantabria)과 펠라요의 딸 사이에
태어난 아들이었기 때문이라고 한다. 알폰소 1세는 진정한 의미에서 아스투리아스 왕
국을 건립한 사람이었다고 할 수 있는데, 왜냐하면 그가 캉가스 데 오니스(Cangas de
Onís)에 수도를 정하고 통합과 광대한 영토 확장을 일구어내었기 때문이다. 게다가 알
폰소 1세는 모사라베(mozarabe) 재정수자들을 북쪽으로 이끌어 들임으로써 알 안달루
스(al-Andalus)의 문화와 문명이 아스투리아스에 유입되게 하였다. 그러나 알폰소 1세
가 사망한 이후에는 푸루엘라(Fruela), 아우렐리오(Aurelio), 실로(Silo), 마우레가토
(Mauregato), 베르무도(Vermudo)와 같은 계승자들이 더 이상 선왕의 업적을 지속시키
지 못하였고, 오히려 코르도바(Córdoba)의 에미르국(emir)에게 조공을 바치면서 독립
을 가까스로 유지하는 신세가 되었다. 하지만 알폰소 2세(Alfonso II, 781~842)가 왕
이 되면서 794년 루토스(Lutos)에서 코르도바의 에미르국에 대해 승리함으로써 아스투
리아스 왕국에 대한 모슬렘의 지배를 종식시킬 수 있었다. 또한 이 치세기 동안 아스투
리아스는 단순한 저항거점에서 오비에도(Oviedo)를 수도로 하고 서고트 왕국 시대의 법
전인 'Liber Iudiciorum'를 갖춘 진정한 국가로 변모할 수 있었다. 그리고 이 여세를 몰
아 알폰소 3세(Alfonso III, 866~910)에 이르러서는 칸타브리아와 갈리시아(Galicia)
의 경계를 넘어서서 두에로 강(Duero) 유역과 포르투갈 북쪽에까지 확대되며 최대한의
영토와 권력을 자랑하게 되었다. 그러나 이러한 확장은 곧 아스투리아스 왕국의 수도를
레온(León)으로 옮기는 결과를 초래하였고, 이후 아스투리아스 왕국이라는 이름 대신
레온 왕국이라고 명명되게 되었다. 그리고 이때부터 아스투리아스는 이베리아 반도 북쪽
의 외딴 영토 중 하나로서 아스투리아스의 공국(Principado)이라는 지위에 머무르게 되
었다. 그러나 아스투리아스라는 명칭은 카스티야 왕국(Corona de Castilla)의 계승자이
자 이후 에스파냐 왕국의 계승자들에게만 붙여지는 아스투리아스의 왕자(Príncipe de
Asturias)라는 칭호에서 여전히 그 영예를 유지할 수 있었다.

Asunción de la Virgen (성모 승천설)　　성모 마리아가 죽지 않고 하나님의 은혜를 입어 천
국으로 승천했다는 기독교 신앙으로 8월 15일에 가톨릭교를 국교로 하는 라틴아메리카
국가들은 성모 마리아 승천일을 기념한다. 공휴일로 지정하지 않은 국가들이 대다수이
다. 성모 승천과 관련해 스페인 엘체(Elche)의 종교극이 특히 유명하다.

Asunto Nombela (놈벨라 사건)　　놈벨라 스캔들(Escándalo Nombela)이라고도 불리는 놈벨
라 사건은 스페인 1935년 말 정치적 영향을 미쳤던 부정부패 사건이다. 스페인 제2공화
국 당시 급진공화당(Partido Republicano Radical) 일원과 당대표 알레한드로 레룩스
(Alejandro Lerroux)가 호세 마리아 힐 로블레스(José María Gil Robles)가 대표였던
스페인 우파자치연합(Confederación Española de Derechas Autónomas)과 함께 불법
암거래를 하여 화제가 되었다. 이것은 안토니오 놈벨라(Antonio Nombela)라는 공무원
이 신고를 하여 사건의 이름이 붙여졌다. ➡ República II(제2공화국)

Atahualpa (아타우알파)　　1500년 페루 쿠스코(Cuzco)에서 태어나 1533년에서 사망한 잉카

제국의 마지막 황제이다. 아버지 우아이나 카팍(Huayna Capac)을 따라 키토(Quito) 정복에 참여했으며 1532년 형 우아스카르(Huáscar)와의 전쟁에서 승리한 후 잉카 제국의 황제로 등극한다. 하지만 얼마 지나지 않아 피사로(Pizarro)에게 붙잡혀 많은 양의 금과 은을 목숨의 담보로 바치고 처형당한다. ⇒ Inca, Imperio(잉카 제국)

Atalo, Flavio Prisco (플라비오 프리스코 아탈로)　5세기 로마의 원로원 의원이다. 409년 오노리오(Honorio)를 견제하기 위한 목적으로 알라리코(Alarico)에 의해 황제가 되었다. 고트족의 도움 없이 아프리카 원정을 계획하다가 알라리코에게 제국을 빼앗겼다. 후에 다시금 황제의 자리에 오르지만 곧 쇠하여 그의 정적 오노리오의 포로가 됐으며 유배지에서 생을 마감했다.

Atanagildo (아타나힐도)　서고트족 16대 왕. 남부 도시들이 아힐라를 대신해 왕으로 선출하였다. 비잔틴의 유스티니아누스 황제가 보낸 군대의 도움을 받아 승리하였으나 지중해 부근의 몇몇 도시와 이베리아 반도 남쪽의 도시들을 빼앗겼다. 554년부터 576년 사망하기까지의 재위기간 동안 빼앗긴 도시들을 되찾기 위해 치른 전쟁들을 제외하고는 평화로웠다. ⇒ Reino visigodo(서고트 왕국)

Atanarico (아타나리코)　서고트족 1대 왕. 서고트족의 대장이었다. 369년 처음으로 역사에 등장하는데, 이 해에 동로마 제국 황제인 발렌테와 평화조약을 맺었다. 재위기간 동안 종교적 문제가 많았다. 다수가 아리우스파로 개종했으나 아타나리코는 게르만의 고대 종교를 고수했다. 아타나리코는 381년 사망하기 전 콘스탄티노플을 방문한 첫 번째 외국인 왕이 되었으며, 동로마 제국의 새로운 황제 테오도시우스와 평화 조약을 맺었다. ⇒ Reino visigodo(서고트 왕국)

Atapuerca (아타푸에르카)　부르고스 지방의 도시. 면적은 25.06km²로 약 133명의 주민이 살고 있다.

Atarrabia Taldea (아타라비아 탈데아)　스페인 나바라(Navarra) 지역 중심으로 활동하는 정치단체. 나바라 바스크주의와 사회 민주주의적 진보를 지향한다. 1991년 조직된 에우스코 알카르타수나(Eusko Alkartasuna, EA)가 1999년 폐요 몬테아노(Pello Monteano)를 중심으로 EA-아타라비아(EA-Atarrabia)로 바뀌면서 아타라비아 탈데아의 유래가 되었다.

Ataúlfo (아타울포)　(410~415) 서고트족 3대 왕. 410년부터 415년까지 왕위에 있었다. 선왕의 아프리카 영토 확장을 중단하였다. 이 시기 동안 왕의 지위를 족장의 수준에서 정치인의 수준까지 끌어 올렸다는 평을 받는다. 415년 바르셀로나(Barcelona)에서 암살되었다. ⇒ Reino visigodo(서고트 왕국)

Ateneo de la Juventud (젊은 지식인 협회)　멕시코에서 시작된 이 협회는 리베라를 포함한 <El Machete>의 몇몇 예술가에게 초기에 많은 영향을 미쳤다. 교육부 장관인 바스콘셀로스와 문인 레예스, 철학자 카소(Antonio Caso Andrade) 등 다양한 직종에 종사하는 예술가와 지식인으로 구성되었다. 이들은 인간의 영혼과 사회 개혁의 힘이라는 고도화된 표현을 주장했다.

Atentado de la T4 (T4 테러)　바스크 조국과 해방(ETA) 테러 조직이 마드리드 공항 4번 터미널에서 트럭 폭탄테러를 감행하여 사망자 2명과 부상자 20여 명의 피해를 낸 사건이다. 이 사건으로 인하여 테러 조직원 4명이 체포되었으며, 이후 스페인 정부와 테러 단체 간에 영구 휴전을 체결하는 계기를 가지게 되었다.

Atentados del 11 de marzo de 2004 (2004년 마드리드 열차 폭탄 테러)   2004년 3월 11일 아침 스페인 수도 마드리드의 통근 열차를 대상으로 동시다발적으로 일어난 폭탄 테러 사건이다. 폭발로 인해 191명이 사망하였으며 1800명이 넘는 부상자가 발생하였다. 이슬람 국제테러 단체인 알카에다 조직원들에 의한 테러로 공식 조사되었지만 정확한 신원은 확인되지 않았다. ➡ Juan Carlos I. Rey de España(1938~, 스페인의 국왕 후안 카를로스 1세)

Audax (아우닥스)   (?~기원전 139) 오수나(Osuna) 출생의 군인으로 비리아토의 부하였다. 로마 진영에 평화 협정을 맺기 위해 사절단으로 보내졌으나 디달코(Ditalco), 미누로스(Minuros)와 함께 그곳에서 매수되어 자신의 수장을 암살한 후 로마 진영으로 상급을 바라며 돌아갔지만 참수형을 당했다. 이 일화에서 "로마는 배신자에게 상을 주지 않는다(Roma no paga traidores)"라는 표현이 탄생했다. ➡ Viriato(비리아토)

Audiencia (아우디엔시아)   스페인이 아메리카 대륙을 식민통치 하기 위해 소행정구역별로 설치한 통치기관 중 하나로, 고등사법재판소의 역할을 하였다. 아우디엔시아는 사법행정을 다루는 기관이었으나 행정 및 정치적 역할도 수행하였으며, 1511년 산토 도밍고(Santo Domingo), 1525년 누에바 에스파냐(Nueva España)를 포함하여 식민 기간 동안 모두 13곳에 세워졌다. ➡ Nueva España, Virreinato de(누에바 에스파냐 부왕령)

Audiencia de Cuzco (쿠스코 고등사법재판소)   1787년 스페인 치하 페루 영토에 설립된 재판소로 쿠스코, 우마망가, 아레키파 지역의 정치 행정과 사법 기관의 역할을 겸했다. 스페인 왕실에 의해 아메리카 대륙에 설립된 마지막 사법기관이다. 원주민들의 인권을 보호하고 왕권을 강화하는데 그 목적이 있었다. ➡ Perú, Virreinato del(페루 부왕령)

Audiencia de Lima (리마 재판소)   1542년 스페인 치하 페루 영토에 설립된 재판소이다. 이 기구는 페루 부왕령 지역의 정치 행정과 사법 기관의 역할을 겸했으며 신법(Leyes Nuevas) 개정의 일환으로 설립되었다. ➡ Perú, Virreinato del(페루 부왕령)

Audiencia de México (멕시코 고등사법재판소)   1528년 스페인 치하 멕시코 영토에 설립된 재판소이다. 에르난 코르테스(Hernán Cortés)의 권력을 견제하기 위해 누뇨 데 구스만(Nuño de Guzmán)이 통치자로 임명되었다. 본래 왕권을 강화하고 부왕(virrey)의 세력을 견제하는 것이 목적이었으나 점차 크리오요(criollo)에게 장악되어 역으로 독립운동이 태동한 곳이 되었다. ➡ Hispanidad[이베리아성(포르투갈 및 브라질 제외)]

Audiencia de Quito (키토 고등사법재판소)   1563년 스페인 치하 에콰도르 영토에 설립된 재판소이다. 이 기구는 현재의 에콰도르, 페루, 콜롬비아 지역의 정치 행정과 사법 기관의 역할을 겸했다. 누에바 그라나다(Nueva Granada) 부왕령이 건립되면서 사라지는 등 영향력은 작았으나 안정적으로 계속 운영되어 독립 후 에콰도르의 사법적 근간을 다지는 데 본보기가 되었다. ➡ Hispanidad[이베리아성(포르투갈 및 브라질 제외)]

Audiencia de Santiago de Guatemala (산티아고 데 과테말라 고등사법재판소)   1542년 스페인 치하 과테말라 영토에 설립된 재판소이다. 이 기구는 과테말라 지역의 정치 행정과 사법 기관의 역할을 겸했으며 신법(Leyes Nuevas) 개정의 일환으로 시작된 과테말라 왕국의 기초 틀이 되었다. ➡ Hispanidad[이베리아성(포르투갈 및 브라질 제외)]

Auditorio de Tenerife (테네리페 홀)   유명 건축가 산티아고 칼라트라바 발스(Santiago Calatrava Valls)가 지은 건축물이다. 스페인 테네리페(Tenerife)의 산타 크루스(Santa Cruz) 항구 남쪽 라 콘스티투시온 거리(avenida de La Constitución)에 위치하고 있다.

1997년부터 2003년까지 세워진 이 건물은 스페인 최고 오케스트라 중 하나인 테네리페의 심포니 오케스트라의 본거지이다.

Aurelio Rey de Asturias [아우렐리오(아스투리아스)] (768~774) 아스투리아스의 제5대 왕으로 6년이라는 짧은 기간 동안 다스렸다. 우마이야 왕조와 평화를 유지하기 위해 압달 라만 1세에게 공물을 바치는 등 주종 관계를 맺었다. 외세와 평화를 유지했으나 시종들의 반란으로 권좌에서 쫓겨났다. ➡ Asturias, Principado y reino de(아스투리아스 공국, 아스투리아스 왕국)

Austracista (오스트리아파) 1701년부터 1705년까지 지속되었던 스페인 왕위계승전쟁에서 카를로스 데 아우스트리아(Carlos de Austria) 대공을 지지하는 세력이었다. 이들은 황실의 통칭으로 아길루초(독수리), 비가탄(비크인), 아르치두키스타(대공의 지지자)라고도 불렸다. 반대하는 세력들은 프랑스 루이 14세의 손자인 펠리페 데 앙주(Felipe de Anjou)를 지지하는 자들이었다. ➡ Guerra de Sucesión Española(스페인 왕위계승 전쟁, 1700~1713)

Austria, Casa de* [오스트리아 왕가(스페인계)] 1418~1816년 동안 신성로마제국(Sacro Imperio Romano)을 통치한 합스부르크-부르고뉴(Habsburgo-Borgoña) 가문을 지칭하는 이름으로써 스페인에서는 1514년부터 1700년까지 존속하였다. 오스트리아 왕가 출신의 스페인 왕으로는 펠리페 1세(Felipe I, 1514~1517), 일명 여왕의 부군(rey consorte)과 카를로스 1세(Carlos I, 1514~1556), 펠리페 2세(Felipe II, 1556~1598), 펠리페 3세(Felipe III, 1598~1621), 펠리페 4세(Felipe IV, 1621~1665), 카를로스 2세(Carlos II, 1665~1700)가 해당된다. 15세기 중반에 합스부르크(Habsburgo) 왕가가 서유럽으로 진출하게 된 계기는 일련의 결혼 정책으로 가능하게 되었는데 먼저 페데리코 3세(Federico III)의 포르투갈 왕국과의 결혼(1452년), 그 뒤를 이어 후계자인 막시밀리아노 1세(Maximiliano I)의 마리아 데 부르고뉴(María de Borgoña)와의 결혼, 또한 미남왕 펠리페 1세(Felipe I el Hermoso)의 1496년 카스티야(Castilla)의 광녀 후아나(Juana la Loca)와의 결합이 있었다. 특히 이 둘 사이에서 태어난 아들인 카를로스 1세는 1516년 부르고뉴와 스페인의 왕으로 등극하고, 1519년 카를로스 5세(Carlos V)의 이름으로 신성로마제국 황제로 선출되면서 그야말로 기독교 왕국 중에서는 가장 광대한 영토를 보유한 왕이 되었다. 즉 그의 영토는 오스트리아(Austria)와 저지대 국가(Países Bajos), 프랑슈 콩테(Franco Condado), 그리고 나바라(Navarra), 그라나다(Granada), 아메리카(Indias)를 포함하고 있었던 카스티야, 또 나폴리(Nápoles), 시칠리아(Sicilia), 사르데니아(Cerdeña)를 보유하고 있었던 아라곤 연합왕국(Corona de Aragón)이었다. 그러나 그가 1556년 브뤼셀에서 퇴위하면서 신성로마황제의 칭호와 독일에 있는 영토는 그의 동생 페르난도 1세(Fernando I)에게, 그리고 나머지 영토들은 그의 아들 펠리페 2세에게 상속되어 이후 합스부르크 왕가는 독일계와 스페인계로 양분되었다. 스페인에서는 펠리페 2세가 1580년 포르투갈과 포르투갈 식민지인 아시아와 일부 아메리카를 병합함으로써 영토를 크게 확장시켰으나 그의 후대 왕들이 국가적 위기에 제대로 대처하지 못하고 영토를 상실하면서 스페인계 오스트리아 왕가는 점차 쇠퇴하게 되었다. 무엇보다도 카를로스 2세가 무자한 채 사망하면서 스페인계 오스트리아 왕가는 단절의 위기에 놓이게 되었고, 스페인은 유럽 내 헤게모니 쟁탈전의 본거지로 부상하여 왕위계승전쟁에 휩싸이게 되었다. 결과적으로 스페인 왕위는 프랑스의 부르봉 왕가로 넘어가게 되었고 신성로마제국 황제인 카를로스 4세(Carlos IV)는 결국 스페인에 대한 모든 권리를 상실하게 되었다. 그러나 저지대 국가와 이탈리아는 비록 스페인에서 독일로 바뀌기는 하였지만 계속해서 오스트리아 왕가에 속한 영토로 남게 되었다.

Austrias menores(casa de Austria) (소합스부르크 왕조)　　펠리페 3세(Felipe III, 재위: 1598~1621), 펠리페 4세(Felipe IV, 재위: 1621~1665), 카를로스 2세(Carlos II, 재위: 1675~1700)의 통치기로 스페인의 대내외적인 어려움이 가중되는 17세기에 해당한다. 펠리페 4세 사후 10년간은 왕비인 마리아나 데 아우스트리아(Mariana de Austria)가 섭정한 시기다. 카를로스 2세가 사망함으로써 왕위계승전쟁 후 부르봉 왕가의 스페인 통치가 시작되었다. ⇒ Austria, Casa de[오스트리아 왕가(스페인계)]

Autarquia (자급자족 경제 체제)　　한 국가가 국제 무역에서 고립되어 내부에서 생산되는 것만으로 자급자족하는 상황을 의미한다. 이러한 자급자족은 보통 비관세 장벽이나 직접적인 수입 금지를 통해 이루어지며, 일반적으로 정치적 혹은 문화적인 사항에 의해 발생한다. 이 용어는 국가 경제뿐만 아니라 모든 경제 단위에 적용할 수 있다. ⇒ Franquismo(프랑코주의)

Auto de fe (종교재판의 선고)　　15세기 후반부터 18세기 후반까지 종교재판소에서 이루어진 고해와 처벌의 종교 행위로 공개적으로 판결을 선고하는 식의 하나. 포르투갈 및 포르투갈의 식민지, 이탈리아 그리고 스페인 및 스페인 식민지에서 이루어졌으며, 종교재판소에 대한 복종선서와 설교 및 판결문 낭독 등이 이루어졌다. ⇒ Inquisición(종교재판소)

Autonomía (자치주)　　스페인의 가장 큰 행정구역 단위로 고유의 입법 및 행정 체계를 가지고 있다. 1978년 스페인의 신헌법에 의해 확립되었으며 현재 스페인은 17개의 자치주로 되어 있다. 그 외에 세우타(Ceuta)와 멜리야(Melilla)가 특별자치시(Ciudades Autónomas)로 있다. ⇒ Constitución de 1978(1978년 헌법)

Autonomia (자치)　　철학, 심리학, 사회학에서는 외부의 개입 없이 결정을 내릴 수 있는 능력을 의미하며, 정치학적으로는 국가나 도시가 완전한 정치적 독립을 누리는 상태를 일컫는다. 한편 스페인에서는 헌법 내에서 고유의 입법, 행정 및 집행의 자격이 있는 영토를 기반으로 한 자치주를 뜻한다. ⇒ Constitución de 1978(1978년 헌법)

Autoritarismo (권위주의)　　인간이 사회생활을 하는데 있어 권위를 내세우거나 권위에 순종하는 사고 체계 또는 행동 양상. 어떤 지위나 위인의 절대적인 권력을 인정하고 이에 따라 순응하는 태도를 보이는 경우 절대시하는 존재에 대한 자기 몰입적 일체화가 나타난다. ⇒ Franquismo(프랑코주의)

Autrigones (아우트리고네스)　　고대 로마의 식민 지배를 받기 이전부터 이베리아 반도 북쪽 지역에 살던 종족으로 부르고스(Burgos) 북쪽과 비스카야(Viscaya) 서쪽을 차지하고 있었다. 동쪽으로는 카리스티오스(Caristios), 서쪽으로는 칸타브로스(Cántabros)와 맞닿아 있었다.

AVE (아베)　　스페인 국영철도 회사인 렌페(Renfe)의 고속철도 스페인어로 Alta Velocidad Española의 준말이며, 1992년 만들어졌다. 최대 310km/h의 속력을 가지고 있으며, 스페인에서 대중적으로 이용되고 있는 교통수단 중 하나이다. ⇒ Juan Carlos I. Rey de España(1938~, 스페인의 국왕 후안 카를로스 1세)

Ávila (아빌라)　　스페인 카스티야 이 레온 자치주(Comunidad Autónoma de Castilla y León)의 아빌라 도(provincia Avila)의 수도로 약 6만 명의 인구가 살고 있다. 기원전 5세기

에 세워진 이 도시는 "왕의 아빌라, 충신들의 아빌라, 기사들의 아빌라(Ávila del Rey, de Los Leales, y de Los Caballeros)"라는 슬로건을 가지고 있으며 그 역사적 가치를 인정받아 1985년 인류문화유산으로 선정되었다.

Axayacatl (아사야카틀)　1469년에 태어나 1481년에 사망한 아스테카족의 제7대 왕으로 1469년에서 1481년 사이 즉위했다. 테노치티틀란(Tenochtitlán) 일대의 부족들을 다스렸으며 틀라텔롤코(Tlatelolco)를 정복했다. 아스테카 달력(Calendario azteca)을 만들었다. ➡ Azteca, Imperio(아스테카 제국)

Ayuntamiento de Madrid (마드리드 시청)　스페인 마드리드 시(市)의 행정사무를 맡아보는 기관이다. 1979년부터 보통선거를 통해 선출된 시장(Alcalde)의 주재 아래 모든 업무가 진행된다. 시청은 카사 데 라 비야(Casa de la Villa)에 있으며 많은 시의원 및 공무원들이 업무를 처리하고 있다.

Ayuso, Emilio Rodríguez (에밀리오 로드리게스 아유소)　(1845~1891) 19세기 스페인의 건축가이다. 신무데하르 양식을 차용했던 예술가 중 한 명이며 현재 스포츠 경기장으로 사용되는 투우경기장의 재건 프로젝트에 참여한 바 있다. 또한 마드리드의 카니예하스(Canillejas) 지역 거리를 정비하기도 하였다.

Azara, José Nicolás de (호세 니콜라스 데 아사라)　1730년 우에스카(Huesca)에서 태어나 1804년 프랑스 파리에서 사망한 스페인 정치가이자 외교관이다. 예수회 추방과 피오 6세(Pío VI)가 교황으로 선출되는 데 기여했으며, 아이멩 조약(Paz de Amiens)을 체결시켰다. ➡ Carlos III(카를로스 3세)

Azcárate, Gumersindo de (구메르신도 데 아스카라테)　(1840~1917) 스페인의 정치가이자 사회학자이다. 유서 깊은 가문 출신으로 크라우제주의자였다. 1876년에 니콜라스 살메론(Nicolás Salmerón), 히네르 데 로스 리오스(Giner de los Ríos)와 함께 자유교육기관(Institución Libre de Enseñanza)의 창설에 참여하였다. 1908년 아스카라테 법(Ley de Azcárate)이라고 알려진 고리대금 억압법의 추진자로도 유명하다. ➡ Krausismo Español(스페인 크라우시시즘)

Aznar Galindo I (아스나르 갈린도 1세)　(780?~838?) 아라곤의 백작. 샤를마뉴 대제가 임명하였으며 카롤링거 왕조의 대신 역할을 하였다. 820년에 아라곤의 백작 지위를 사위인 가르시아 갈린데스(García Galíndez)에게 빼앗기고 도주한 뒤 우르헬(Urgel)과 사르디니아(Cerdaña)의 백작령을 통치하였다. ➡ Aragón, Corona de(아라곤 연합왕국)

Aznar Galindo II (아스나르 갈린도 2세)　갈린도 1세(Galindo I Aznárez)의 아들로 825년에 태어났으며 893년에 사망한 아라곤 백작이다. 그의 통치하에 아라곤 백작령은 샤를 왕조로부터 본격적으로 독립하였지만 나바라 왕국의 세력권에 들어가게 되었다. 친인척 관계를 적극 이용해 다른 왕국과의 평화를 유지했다. ➡ Aragón, Corona de(아라곤 연합왕국)

Aznar López, José María (호세 마리아 아스나르 로페즈)　1953년 2월 25일 마드리드에서 태어난 스페인의 정치가이다. 중도 우파인 국민당의 당수로 1996년부터 2004년까지 스페인 총리를 지냈다. 이라크 전쟁 당시 군대를 파병한 것에 대해 많은 비판을 받았으며, 2004년 총선에서 패배하고 총리직에서 물러난다. ➡ Partido Popular(PP, 국민당)

Azores (아소레스)　대서양에 자리 잡고 있는 포르투갈의 군도로 9개의 주요 섬으로 구성되어 있다. 대서양에 위치하고 바람이 동쪽에서 서쪽으로 부는 지리적 특성상 크리스토발 콜론이 신대륙에서 돌아가는 길에 기항하던 곳이지만 영국, 프랑스, 모슬렘 해적들의 약탈이 빈번하게 일어나던 곳이다. ➡ Colón, Cristóbal[크리스토발 콜론(콜럼버스)]

Azpilcueta, Juan de (후안 데 아스필쿠에타)　　(1515~?) 스페인 나바라 출신의 성직자로 하비에르 이 로욜라(Javier y Loyola) 가문에서 태어났다. 1544년 예수회에 들어가 현재의 브라질로 파견되었다. 그곳에서 많은 원주민들을 개종시켰으며 정복자들을 도와 지리 탐사에도 참여했다. ➡ Hispanidad[이베리아성(포르투갈 및 브라질 제외)]

Azteca, Imperio* (아스테카 제국)　　아스테카(azteca)는 15세기경에 멕시코 중부의 헤게모니를 장악한 나우알트(nahualt)어 사용 민족이다. 그들의 역사는 크게 순례, 정착, 절정의 시기로 나눌 수 있다. 메소아메리카의 서쪽 변경, 즉 그들의 전설적인 고향 아스틀란(Aztlán) 출신으로서 아스테카속은 거의 2세기(12~14세기) 가까이 약속의 땅을 찾아 헤맸다. 아스틀란인의 일부인 소위 치코모스토케스(chicomoztoques)는 긴 여행 끝에 코아틀리카막(Coatlicamac)과 톨테카(tolteca)족의 수도인 툴라(Tula) 인근의 코아테펙(Coatepec)에 도착하였고, 여기에서 수장 우이트실트신(Huitziltzin)이 사망하였다. 이후에 이주자들의 일부는 툴라에 정착하였고 나머지는 차풀테펙(Chapultepec)에 정착하면서 멕시코 유역에 진입하였다. 이때가 아스틀란에서 출발한지 4번째 52주년이 되는 시기였다. 유역에서 쿨우아족(culhuas)과 맞서야 했고, 늪지 환경에 적응해야 했는데 여기에서 치남파(chinampas)와 같은 경작기술이 유래하게 되었다. 결국 쿨우아족을 피하여 테노치(Tenoch)의 영도 아래 신화에 근거한 한 작은 섬에 도착하였다. 그들이 최종 목적지의 표시로 삼은 것은 독수리 한 마리가 노팔 선인장 위에 있는 뱀 한 마리를 갈기갈기 찢는 장면이었다. 거기에서 '태양의 도시'의 위엄을 상징할 뿐 아니라 1519년 스페인 사람들을 경탄케 하는 멕시코-테노치티틀란(México-Tenochtitlan)이 건립되게 되었다. 아스테카의 첫 번째 군주는 아카마피치틀리(Acamapichtli, 1376~1396)이며 그의 후손들 중에서 뛰어난 왕은 제4대인 이츠스코아틀(Itzcoatl, 1428~1440)로서, 그는 텍스코코(Texcoco), 쿠아우티틀란(Cuauhtitlán), 우에소트신코(Huexotzinco)의 왕들과 연합하여 테파네카(Tepaneca) 제국을 무너뜨렸다. 1433년에 군사적인 방어와 공격, 그리고 상호 협력을 목적으로 테노치티틀란과 텍스코코, 틀라코판(Tlacopan)으로 구성된 삼국동맹이 형성되었다. 모테쿠수마 일우이카미나(Motecuhzuma Ilhuicamina)는 목테수마 1세(Moctezuma I, 1440~1469)로서 신전 건축의 위대한 추진자였으며, 아사야카틀(Axayacatl, 1469~1481)과 함께 틀라텔롤코(Tlatelolco) 제국을 무너뜨리고 멕시코 만까지 나아갔다. 아우이트소틀(Ahuitzotl, 1486~1502)은 태평양 해안선을 따라 정복을 계속하여 현재의 과테말라(Guatemala)까지 이르렀다. 그의 뒤를 모테쿠수마 소코요트신(Motecuhzuma Xocoyotzin, Moctezuma II, 1502~1520)이 계승하였는데, 그는 위대한 지식과 군사적 능력을 갖춘 인물로서 그의 통치는 다른 연합국들과 관련하여 왕정주의와 제국주의의 경향을 띤 내치로 특징지어진다. 1519년에 스페인 사람들이 베라크루스(Veracruz) 해안에 상륙하여 제국을 가로질러 테노치티틀란에까지 이르렀다. 목테수마가 죽고나서 아스테카 제국은 붕괴하였고, 1525년에 목테수마의 사위이자 아스테카의 마지막 군주인 쿠아우테목(Cuauhtémoc)이 스페인 사람들에 의해 처형당하였다. 아스테카인들의 경제는 농업과 소규모 상업에 기반을 두고 있었다. 공동 소유지가 있어서 일부는 공물 지불을 위해 경작되었고, 나머지는 집단 구성원들에게 제공되었다. 사유지는 피필틴(pipiltin)과 위업을 이룬 몇 사람들에게 속한 것이었다. 대다수의 사람들에게 상업은 일차적인 필수용품을 위한 것이었지만, 지배층은 공물(곡물과 사치품)을 통해서 축적된 재산으로 거대한 상거래를 하였다. 상인들 혹은 포치테카(pochteca)는 거대한 정치적, 사회적 영향력을 획득하였고, 심지어 토지를 소유하기도 하였다. 상거래의 장소는 광장으로써 테노치티틀란에서 가장 유명한 장소들 중의 하나는 멕시코-틀라텔롤코 광장이었다. 다양한 민중신앙들이 혼재한 가운데 사제들과 현자들을 통하여 종교사상의 체계화가 이루어졌다. 정교한 사제제도에 의하여 케찰코아틀(Quetzalcoatl)이라는 이름으로 두 명의 최고 사제들이 존재하였으며 그들은 태양의 신인 우이트실로포치틀리(Huitzilopochtli)와 비의 신인 틀라록(Tlaloc)에 대한 특별 예배에 종사하였다.

Aztlán (아스틀란)　1111년 텍스코코(Texcoco) 호수로의 여정을 시작하기 이전 아스테카 문명의 구 수도로 나우아틀어(Nauatl)로 "하얀 땅"이라는 뜻을 가지고 있다. ➡ Azteca, Imperio(아스테카 제국)

Azúa de Compostela (아수아 데 콤포스텔라)　도미니카 공화국 아수아(Azúa) 주의 주도이며, 1504년 디에고 벨라스케스(Diego Velázquez)에 의해 건설되었다. 1751년 10월 16일에 큰 지진이 일어나 도시가 파괴되었으며 1844에서 1854년 사이에는 아이티와의 전쟁에서 주요 무대가 되었다.

Azuaga (아수아가)　스페인의 엑스트레마두라(Extremadura) 자치주에 속한 도시로 바다호스(Badajoz)에서 약 147km 떨어진 곳에 위치한다. 약 8,600명의 인구가 살고 있다. 15세기에 지어진 누에스트라 세뇨라 데 라 콘솔라시온(Nuestra Señora de la Consolación) 대성당이 있는 곳이다.

B

Bacalao al pil pil (바칼라오 알 필 필)　바스크의 전통 요리이며 대구, 올리브기름, 마늘 그리고 긴디야(guindilla)라는 고추를 주재료로 조리된다. 주로 진흙으로 된 냄비를 사용하는 것이 원칙이며 뜨겁게 먹는다. 'pil pil(필 필)'이라는 이름은 기름과 대구의 단백질이 유화되는 과정에서 나는 소리로 그대로 붙였다고 한다.

Badajoz (바다호스)　엑스트레마두라(Extremadura) 자치주에 속한 도시이다. 포르투갈과 국경을 면하고 있고 스페인 왕위계승전쟁(Guerra de Sucesión Española), 스페인 독립전쟁(Guerra de la Independencia Española), 스페인 내전(Guerra Civil Española) 등과 같이 역사적으로 많은 대립을 겪은 곳이기도 하다.

Badalona (바달로나)　스페인 카탈루냐 자치주(Comunidad Autónoma de Cataluña)의 바르셀로나(Barcelona)에 속한, 바르셀로나 중심부로부터 10km 거리에 떨어져 있는 지중해 연안 도시이다. 지정학적 위치상 역사적으로 프리모 데 리베라(Primo de Rivera)와 프란시스코 프랑코(Francisco Franco)의 독재 아래 많은 고통을 받은 바 있다.

Bahamonde, Nicolás Franco (니콜라스 프랑코 바하몬데)　(1891~1977) 스페인 정치가이자 군인으로 프란시스코 프랑코 총통의 형. 그를 비롯하여 다른 형제들인 라몬(Ramón), 필라르(Pila), 마리아 데 라 파스(María de la Paz)도 모두 프랑코의 쿠데타에 협력하였다. 그는 1937년 주 이탈리아 대사로 파견되었고, 이후 포르투갈로 옮긴 뒤에도 계속해서 공화국 지지자들을 색출하는 데 힘썼다. ⇒ Franquismo(프랑코주의)

Bailén (바일렌)　스페인의 하엔(Jaén) 지방에 위치한 도시이다. 약 1만 7천여 명의 인구가 살고 있다. 지정학적 가치가 있는 곳으로 과거부터 수많은 종족들이 거쳐 갔으며 이베리아인들에 의해 오늘날 지명의 유래가 된 바에쿨라(Baécula)라는 이름을 얻게 되었다. 1808년 독립전쟁이 일어난 곳이기도 하다.

Bailén, batalla de (바일렌 전투)　1808년 스페인 독립전쟁 중 스페인과 프랑스가 바일렌에서 대치한 전투이다. 그 전까지 무적부대로 알려졌던 나폴레옹의 군대를 처음으로 굴복시킨 전투라는 의의가 있다. ⇒ Independencia de la América Española(스페인 아메리카 식민지 독립)

Baja Andalucía (안달루시아 남부)　스페인의 과달키비르 계곡(Valle del Guadalquivir)과 안달루시아 자치주에 해당하는 지역이다. 공식적인 지리학적 명칭은 아니지만 17세기부터 인문학적 기준으로 안달루시아 북부와 구분되어져 왔다.

Baja California Norte (북부 바하 캘리포니아)　멕시코 북동부에 있는 주이며 북쪽으로는 미국과, 서쪽으로는 태평양과 접경한다. 바하 캘리포니아(Baja California)는 농목업 생산이 높고 인프라 구축도 잘 되어 있어 멕시코에서 가장 살기 좋은 곳 중 하나로 꼽힌다. 이 지역의 첫 주민들은 여러 부족의 유목민들이었으나 다른 멕시코 지역과 마찬가지로 16세기 초에 에르난 코르테스(Hernán Cortés)에 의해 정복된다.

Baja California Sur (남부 바하 캘리포니아)　멕시코의 주이며, 주도는 라 파스(La Paz)이다. 북쪽으로는 바하 캘리포니아(Baja California) 주와, 동쪽으로는 캘리포니아 만(golfo de California) 또는 코르테스의 바다(mar de Cortés)와 남쪽과 서쪽으로는 태평양과 접경한다. 에르난 코르테스(Hernán Cortés)의 파견으로 1533년 포르툰 히메네스(Fortún Jiménez)가 라 파스(La Paz) 만에 도착했고, 이어서 프란시스코 데 우요아(Francisco de Ulloa)가 카보 산 루카스(Cabo San Lucas)에 도착했다. 스페인 군대에 정복당하고, 진주가 많이 나는 지역으로 해적들의 침략도 끊임없이 받았던 곳이다.

Balaguer y Albás, Monseñor José María Escrivá de (호세 마리아 에스크리바 데 발라게르 이 알바스)　1902년에 태어나 1975년에 사망한 스페인 성직자. 1928년 오푸스 데이를 설립했으며 1943년 교황청의 승인을 받았다. 1952년에 나바라 대학(Universidad de Navarra)을 설립했으며 교육 증진에 힘을 썼다. 스페인 내전과 2차 세계대전 동안의 공로를 인정받아 2002년 성인의 반열에 올랐다. ⇒ Opus Dei(오푸스 데이)

Banco de España (스페인 은행)　스페인의 중앙은행이자 스페인의 금융 시스템 관리자 역할을 하는 기관이며 그 역사는 18세기로 거슬러 올라간다. 스페인 은행은 유럽 중앙은행 체계(ESCB)의 일부이기 때문에 1999년 이래로 유럽 공동체 조약 규정과 ESCB의 법령을 따른다.

Banco de San Carlos (성 카를로스 은행)　1782년 6월 2일 카를로스 3세 치하에 창설되었으며 스페인 최초 중앙은행이랄 수 있다. 프란시스코 카바루스(Francisco Cabarrús)에 의해 처음으로 제안된 성 카를로스 은행(Banco de San Carlos)의 설립안은 식민지와의 전쟁에서 비롯된 공공 지출 증가와 자금부족을 충당하기 위해 고안된 것이라고 할 수 있다. ⇒ Carlos III(카를로스 3세)

Banco Nacional de Cuba (쿠바 국립은행)　1948년 쿠바 정부와 재정부의 자본으로 설립되었다. 1961년, 1966년, 1975년 그리고 1984년의 조직 재정비 이후, 쿠바 국립은행은 정부의 독점적 지분이 된다. 1997년에 쿠바 중앙은행이 설립되자 그 기능을 이에 이양한다.

Bandolerismo (반돌레리스모)　무장한 무리에 의한 폭력을 동반한 도적 행위 또는 산적 행위를 뜻한다. 일반적으로 시골 지역에서 이루어지며, 불법적으로 취득된 이익을 대상으로 한다. 예로는 영국의 로빈 후드나 스페인의 경우 카탈루냐(Cataluña) 지방의 후안 살라(Serrallonga)나 안달루시아 지방의 호세 마리아(el Tempranillo)를 들 수 있다.

Bandrés, Juan María (후안 마리아 반드레스)　1932년에 태어나 2011년에 사망한 스페인의 변호사이자 정치인이다. 바스크 출신의 좌익 민족주의자였다. 인권을 수호하기 위해 활발한 활동을 펼쳤으며 이로 인해 종교계와 사회단체들이 수여하는 상을 많이 받았다. 저서 『El tribunal de los derechos del hombre』를 남겼다.

Baracoa (바라코아)　쿠바 관타나모(Guantánamo) 주에 위치하며 쿠바의 첫 도시이다. 1512년 디에고 벨라스케스(Diego Velázquez)에 의해 건설되었고 1522년까지 쿠바 주교구의 본거지로서 번영했다. 현재는 커피, 바나나, 야자열매로 유명하다.

Barcelona-Mataró (바르셀로나-마타로 철도선)　바르셀로나(Barcelona)와 마타로(Mataró),

블라네스(Blanes)를 잇는 카탈루냐 해안 쪽의 길이 73km의 철도이다. 종종 바르셀로나마타로(Barcelona-Mataró) 철도라고 불리는데, 이는 1848년 최초의 철도 건설이 여기에서 시작되었기 때문이다. 바르셀로나 소재의 카미노스 데 이에로(Caminos de Hierro) 회사가 철도의 설계와 건설을 맡았다.

Barcia, Roque (로케 바르시아) (1821~1885) 스페인의 철학자, 사전 편찬자로서 처음에는 스페인민주당에 속하였다가 이후에 연방공화당에 속했던 정치가이다.

Barranco, Juan (후안 바랑코) (1947~) 스페인의 정치인이다. 1986년 마드리드(Madrid)의 최연소 시장으로 선출되었다. 임기 동안 그는 레이나 소피아 예술회관(Instituto de Arte Reina Sofia), 아토차(Atocha)역, 티에르노 갈반 공원(Parque Tierno Galván)과 천문관을 건실했다. 중남미와 관련된 안건들을 다루는 위원회의 위원장을 지내기도 했다.

Barrionuevo, José (호세 바리오누에보) (1942~) 스페인의 정치인이다. 스페인 사회노동당 출신으로 내무부 및 교통 관광부 장관직을 지냈다. 1998년 마레이(Marey) 사건으로 형을 선고받았으며 2002년에는 내무부 장관 시절 공금 횡령이 죄목에 추가되었다. ➡ Partido Socialista Obrero Espaóñol(PSOE, 스페인사회노동당)

Bastetanos (바스테타노스) 바스툴로스(Bástulos)라고도 부르며 고대시대에 바스티타니아 (Bastitania) 지방에 거주했던 이베리아 민족으로, 현재 스페인 그라나다 지방에 속하는 지역에 거주했다. 이베리아 반도 남동쪽[현재 그라나다(Granada), 알바세테(Albacete), 하엔(Jaén), 알메리아(Almería)와 무르시아(Murcia)]을 차지했다.

Bastidas, Rodrigo de (로드리고 데 바스티다스) 1465년 스페인 세비야(Sevilla)에서 태어나 1527년 산티아고 데 쿠바(Santiago de Cuba)에서 사망한 스페인 탐험가이다. 콜롬비아와 파나마의 대서양 연안을 발견했으며 1525년 산타 마르타(Santa Marta)를 세웠다.

Batalla de Alarcos (알라르코스 전투) 1195년 7월 19일 과디아나(Guadiana) 강을 끼고 있는 알라르코스 성(Castillo de Alarcos)에서 벌어진 전투로, 카스티야(Castilla)의 알폰소 8세(Alfonso VIII)와 알모하드 지도자 투수프 2세(Tusuf II)가 대립한 전투로 카스티야 왕국의 참패로 끝났으며 이 전투로 인해 재정복(Reconquista) 정책이 침체기를 맞이했다. ➡ Reconquista(레콩키스타)

Batalla de Almansa (알만사 전투) 스페인 왕위계승전쟁 기간 중 알만사에서 1707년에 벌어진 전투로 펠리페 5세(Felipe V)의 왕당파 세력과 오스트리아의 카를로스 세력이 충돌했다. 이 전투는 펠리페 5세가 후에 발렌시아, 아라곤, 예이다를 확보할 수 있는 계기가 되었다. ➡ Guerra de Sucesión Española(스페인 왕위계승전쟁, 1700~1713)

Batalla de Atapuerca (아타푸에르카 전투) 1054년 카스티야 이 레온(Castilla y León)의 페르난도 1세와 팜플로나(Pamplona)의 가르시아 산체스 3세 사이에 벌어진 전투이다. 산초 3세의 후계자들 사이에서 영토 분쟁이 원인이 되었다. ➡ Castilla, Corona de(카스티야 연합왕국)

Batalla de Bilbao (빌바오 전투) 1937년 6월 스페인 내전 중 비스카야(Vizcaya) 지역에서 일어난 전투를 뜻한다. 이 지역은 많은 무기 공장과 중공업이 집중된 곳으로 내전의 양 진영에서 선점하고자 했던 곳이었다. 결국 국민파의 기나긴 공세로 비스카야는 철강 벨트(Cinturón de Hierro)만을 남겨두고 국민파 측으로 넘어가게 되었다. ➡ Guerra Civil Española(스페인 내전)

Batalla de Brunete (브루네테 전투) 1937년 7월 6일부터 25일까지 스페인 내전 중 마드리드 서쪽 지역에서 일어난 전투이다. 공화파의 인민군대가 마드리드 지역을 지키며 프랑코 민족주의 압력을 줄이고자 전투를 벌였으며, 북쪽 전선의 상황을 완화하기 위해 전투에 참가하였다. 주된 전투지역은 키호르나(Quijorna)였고, 브루네테 전투로 인해 공화파의 약 2만 명 병사가, 프랑코 군대의 1만 7천 명 병사가 사망한 결과를 가져왔다. ➡ Guerra Civil Española(스페인 내전)

Batalla de Catalañazor (카탈라냐소르 전투)　지금의 소리아(Soria) 지역인 카탈라냐소르에서 벌어진 알만소르 장군의 마지막 전투로, 1002년 7월 말에서 8월 초로 추정된다. 나바라-카스티야 동맹군과 대항해 싸웠다. 알만소르는 이 전투에서 살아남기 위해 도시를 버렸다. ➡ Al-Andalus(알 안달루스)

Batalla de Chupas (추파스 전투)　1542년 9월 16일 크리스토발 바카 데 카스트로(Cristóbal Vaca de Castro)와 반란자 디에고 데 알마그로 엘 모소(Diego de Almagro el Mozo) 사이에 발발한 전투이다. 알마그로의 완패로 끝났으며 페루 정복자들 간에 발발한 많은 전투 중 가장 잔혹한 전투로 꼽힌다.

Batalla de Flores (꽃 전쟁)　8월 마지막 주 금요일에 열리는 스페인 라레도(Laredo)의 칸타브라(Cántabra) 지역의 가장 유명하고 중요한 축제이다. 이날, 꽃과 꽃잎으로 꾸며진 마차의 행렬이 이뤄지며, 심판들은 이들 중 하나를 뽑아 그해 대회의 승자를 가린다. 또한 작은 야외 시장이 열리고, 다양한 악단들이 도시 전역에서 연주를 하며 돌아다니며, 바닷가 만에서 불꽃놀이가 열리면서 축제는 절정으로 치닫는다. 이 축제는 오락적 모티프와 예술적 모티프가 잘 어우러진 것으로 명성이 높다.

Batalla de foso de Zamora (사모라 참호 전투)　939년 사모라 지역에서 압델 라만 3세와 레온 왕국의 라미로 2세(Ramiro II)가 대립한 전투이다. 사모라 성벽의 참호들을 돌과 시체로 메워 성벽을 넘는 전략을 사용해 사모라 참호 전투라 불리게 됐다. 이 결과 사모라는 압델 라만 3세의 에미라트에 편입되었으나 얼마 지나지 않아 라미로 2세에게 다시 빼앗긴다. ➡ Reconquista(레콩키스타)

Batalla de Fraga (프라가 전투)　1134년 프라가에서 알폰소 1세(Alfonso I)와 야야 입 가니야(Yahya Ibn Ghaniya) 사이 벌어진 전투를 일컫는다. 영토 확장을 지속하던 알폰소 1세와 갈등 관계에 있었던 바르셀로나(Barcelona)는 중립 유지를 대가로 모슬렘들에게서 돈을 받았다. 이로 인해 아라곤 왕국은 프라가에서 완전히 패하고 말았다. ➡ Reconquista(레콩키스타)

Batalla de Gravelinas (그라벨리나스 전투)　1558년 7월 13일 프랑스 그라벨리나스에 일어난 전투로, 이는 1547년부터 1559년까지 스페인과 프랑스 간의 긴 전투를 종식시켰다. 생캉텡 전투에서 스페인 군대의 마누엘 사보야(Manuel Filiberto de Saboya)의 활약으로 패한 프랑스의 앙리 2세(Enrique II)는 그라벨리나스 전투를 통해 과거의 패배를 만회하고자 했다. 그라벨리나스 전투에서 펠리페 2세는 에그몽 백작(Conde de Egmont)에게 지휘권을 줬으며 스페인이 또 다시 승리를 하게 되었다. 오랜 전쟁 끝에 프랑스와 스페인은 재정적인 문제로 인해 평화를 원했다. 이에 카토-캄브레시 평화조약(Paz de Cateau-Cambresis)을 맺게 되었다. ➡ Felipe II(펠리페 2세)

Batalla de Guadalete (과달레테 전투)　711년 일어난 전투로 바르바테 전투(batalla de Barbate)로도 알려져 있으며 이베리아 반도 역사 중 하나의 이정표라고 할 수 있다. 이 전투는 가톨릭 세력인 서고트족 왕 로드리고와 이슬람화된 타리크 벤 지야드(Tariq ben

Ziyad)의 북아프리카 군대 간의 전투로, 서고트족의 패배로 끝이 난다. 전통적인 가톨릭 역사 편찬에 따르면 스페인에 손실을 가져다준 전투였으나 반대로 아랍-베르베르족이 이 베리아 반도에 유입되면서 히스패닉 역사상 가장 문명이 빛나는 시기인 전통 이슬람 시 대가 도래하였다. ➡ Reino visigodo(서고트 왕국)

Batalla de Guadarrama (과다라마 전투)　1936년 7월 말부터 8월 초까지 스페인 내전 시 과다라마(Guadarrama)에서 일어났던 전투이다. 당시 반란군대를 지휘했던 몰라(Mola) 장군은 카스티야 이 레온(Castilla y León), 나바라(Navarra) 지역부터 과다라마 산맥 으로 연결되는 마드리드 북쪽까지 공화당과 싸우기 위해 본 전투를 이끌었다. 하지만 이 들은 성공시키지 못하였고, 마드리드 북쪽은 내전이 끝날 때까지 안전지대로 남게 되었 다. ➡ Guerra Clvll Española(스페인 내전)

Batalla de Higueruela (이게루엘라 전투)　1431년 7월 1일 그라나다(Granada)에서 일어난 전투. 카스티야(Castilla) 왕국의 왕 후안 2세(Juan II)의 군대와 나사리 왕조의 무하마 드 8세의 군대가 격돌했다. 이 전투는 후안 2세의 재위기간 동안 그라나다 왕조와 벌인 전투 중 가장 중요한 승리로 여겨진다. 전쟁터에 무화과나무(Higuera)가 있었기에 이러 한 이름이 생겼다. ➡ Reconquista(레콩키스타)

Batalla de las Navas de Tolosa (라스 나바스 데 톨로사 전투)　1212년 7월 16일 카스티 야의 알폰소 8세(Alfonso VIII)를 주축으로 한 가톨릭연합군과 알모아데족(almohades) 사이에 일어난 전투이다. 알모아데족의 패배로 끝났으며 가톨릭 세력은 국토회복전쟁 (Reconquista)의 발판을 마련했다. ➡ Reconquista(레콩키스타)

Batalla de Lepanto (레판토 전투)　1571년 10월 7일 발생한 레판토 전투는 스페인의 펠리 페 2세와 교황 피우스 5세, 그리고 베네치아 공화국이 동맹을 통해 오스만 투르크 세력 을 몰아내기 위해 벌인 전투이다. 전투는 레판토 만에서 발생하였으며, 이 전쟁은 이후 영토 분쟁이나 정치적 결과물이 미미하였음에도 불구하고 스페인 해군의 영광의 시대를 열게 한 전투로 16세기 스페인 역사에 있어서 의미 있는 전투라 할 수 있다. ➡ Felipe II(펠리페 2세)

Batalla de los Campos Cataláunicos (카탈라우니안 평원 전투)　차론스 전투 또는 로쿠 스 마우리아쿠스 전투로도 불린다. 451년 서로마의 플라비오 아에시오와 서고트족 왕 테오도리코 1세(Teodorico I) 연합군이 아틸라의 훈족 군대와 맞서 싸워 승리한 전투이 다. 정확한 지역은 알 수 없으나 현재 프랑스의 북부 지방에서 일어난 것으로 알려져 있 으며, 세계 역사에서 가장 중요한 전쟁 중 하나로 손꼽힌다. ➡ Reino visigodo(서고트 왕국)

Batalla de Málaga (말라가 전투)　1937년 초 스페인의 반란군과 이탈리아의 지원 군병대 (Corpo Truppe Volontarie)가 연합하여 스페인 내전 중 공화파 도시의 말라가를 점령하 려는 목적으로 일어난 전투. 모로코 군인들과 이탈리아의 장갑차들은 공화파들을 몰아내 는데 충분하였으며, 말라가는 일주일도 못 되어 점령되었다. ➡ Guerra Civil Española (스페인 내전)

Batalla de Olmedo (올메도 전투)　1445년 카스티야(Castilla)의 후안 2세(Juan II)와 아라 곤(Aragón)의 엔리케 4세(Enrique IV) 간에 올메도의 주권을 놓고 발발한 전투이다. 이로 인해 아라곤의 왕자들은 카스티야에 대한 통제권을 상실하게 되었다. ➡ Castilla, Corona de(카스티야 연합왕국)

Batalla de Santander (산탄데르 전투)   1937년 8월부터 9월까지 스페인 내전 중 칸타브리아(Cantabria)에서 일어났던 군부 전투로, 당시에는 산탄데르(Santander) 주(州)에 속해 있어 산탄데르 전투라고 불리게 되었다. 본 전투로 인해 산탄데르 군대는 12사단 중 2개 사단만 남게 되고, 아스투리아스 군대는 27개의 대대 중 14개의 대대만 생존하게 된다. 이러한 프랑코군 부대의 승리는 스페인 내전 중 가장 많은 부상자 및 사상자를 야기하였고, 약 6만 명의 공화파 군인들이 유치 및 감금되는 결과를 가져왔다. ➡ Guerra Civil Española(스페인 내전)

Batalla de Seseña (세세냐 전투)   1936년 스페인 내전 시 톨레도(Toledo)에 있는 세세냐 지역에서 일어난 전투이다. 스페인 내전 때 구소련의 T-26 경보병전차가 처음으로 투입된 전투로도 유명하다. 전투는 10월 29일 15대의 T-26 경보병전차가 폴 아르만(Paul Arman)의 지휘 아래 들어와 전투에서 승리하였다. ➡ Guerra Civil Española(스페인 내전)

Batalla de Simancas (시망카스 전투)   939년 코르도바(Córdoba)의 에미라트와 레온(León), 팜플로나(Pamplona), 카스티야(Castilla)의 연합군 사이 발발한 전투이다. 이 결과 레온 왕국은 일 년 전 빼앗긴 사모라(Zamora)를 되찾았으며 토르메스(Tormes) 강까지 영토를 확장했다. ➡ Reconquista(레콩키스타)

Batalla de Tamarón (타마론 전투)   1037년 부르고스(Burgos)의 타마론에서 레온(León) 왕국의 베르무도 3세(Bermudo III)와 카스티야(Castilla) 백작 페르난도 산체스(Fernando Sánchez) 간에 벌어진 전투이다. 9세기부터 있어 온 카스티야와 레온 간의 영토 분쟁이 원인이 되었으며 베르무도 3세가 전사한 전투이기도 하다. 무자한 채 사망하여 그의 누이인 산차(Sancha)가 왕위를 계승하게 되고 그녀의 배우자인 페르난도 1세(Fernando I)가 왕위를 차지하는 계기가 된다. ➡ Castilla, Corona de(카스티야 연합왕국)

Batalla de Tarqui (타르키 전투)   1829년 2월 27일 호세 델 라 마르(José de La Mar)가 이끈 페루군과 안토니오 호세 데 수크레(Antonio José de Sucre)가 지휘한 그란 콜롬비아군 사이에 일어나 전투다. 1828년 11월부터 시작되었다. 과야킬과 마이나스 지역의 통치권과 콜롬비아와 위반된 채무로 인해 페루가 전쟁을 선포하게 된다. 이 전투에서 히론 협정(Tratado de Girón)을 맺게 되어 페루가 콜롬비아 지역에서 철수하게 된다.

Batalla de Teba (테바 전투)   1330년 8월 안달루시아의 말라가(Málaga) 주의 테바에서 일어난 전투로 알폰소 11세의 군대와 그라나다의 나사리 왕조 무하마드 4세의 군대가 격돌하였다. 테바 성은 말라가 방어에 중심이 되는 요새로, 알폰소 4세는 귀족들과 포르투갈 왕의 도움을 얻어 테바 성을 손에 넣었다. ➡ Reconquista(레콩키스타)

Batalla de Teruel (테루엘 전투)   스페인 내전의 일환으로 1937년 12월 15일에서 1938년 2월 22일 사이 시행된 일련의 군사작전들을 총칭한다. 초기에는 공화군의 우세로 프랑코(Franco)의 군대가 밀려났지만 결국 반란군의 승리로 마무리됐다. 이 전투를 통해 반란군도 조직적인 움직임이 가능하다는 사실이 증명됐다. ➡ Guerra Civil Española(스페인 내전)

Batalla de Tordesillas (토르데시야스 전투)   카스티야의 왕위를 두고 1520년에서 1522년 사이 벌어진 전쟁 중 토르데시야스에서 발발한 전투. 카를로스 1세의 지지 세력인 왕당파가 토르데시야스를 점령하자 반란군은 뿔뿔이 흩어졌다. ➡ Carlos I(카를로스 1세)

Batalla de Valdejunquera (발데훈케라 전투)   920년 훈케라 계곡에서 우마이야 왕 압달라만 3세와, 팜플로나(Pamplona) 왕국의 산초 가르세스(Sancho Garcés), 그리고 레온(León) 왕국의 오르도뇨 2세(Ordoño II) 연합군이 벌인 전투로 기독교 측은 알 안달루스(Al Andalus)의 모슬렘들에게 참패했다. ➡ Reconquista(레콩키스타)

Batalla del Ebro (에브로 전투)   에브로 전투는 스페인 내전에서 가장 길고 많은 사망자를 낸 전투로 기억된다. 에브로 강을 따라 구분되는 타라고나(Tarragona) 지역과 사라고사(Zaragoza) 지역을 두고 1938년 7월부터 11월까지 지속된 전투이다. ➡ Guerra Civil Española(스페인 내전)

Batalla del Jarama (하라마 전투)   스페인 내전 중 1937년 2월 6일부터 27일까지 발생한 전투. 하라마 강 유역에서 발생하여 하라마 전투라고 불리우며, 반란군이 마드리드의 모든 통신을 차단하려는 시도로부터 전투가 시작되어, 몇몇 학자들은 이 전투가 마드리드 전투에 포함될 수 있다고 주장하기도 한다. 마드리드 농쪽에서부터 발렌시아까지 이어지는 통신을 차단하고, 이를 북쪽 알칼라 데 에나레스(Alcalá de Henares)까지 확대하여 바르셀로나의 도로까지 점령하는 의도를 가지고 있었다. 마드리드 방향으로 전선을 15∼20km 옮길 수 있었다는 점에서 민족주의자들의 승리로 간주되기도 한다. ➡ Guerra Civil Española(스페인 내전)

Batalla del río Burbia (부르비아 강 전투)   791년 아스투리아스(Asturias)의 베르무도 1세(Bermudo I) 군대와 코르도바 왕조의 이샴 1세(Hisham I) 간의 부르비아 강에서 일어난 전투를 말한다. 이 전투에서 베르무도 1세가 패하여 알폰소 2세(Alfonso II)에게 왕위를 내어놓게 된다. ➡ Reconquista(레콩키스타)

Batalla del Salado (살라도 전투)   레콩키스타(Reconquista) 말기의 가장 중요한 전투 중 하나. 포르투갈의 아퐁수 4세와 카스티야의 알폰소 11세가 모로코의 술탄 아부 알 하산 알리와 그라나다의 술탄 유수프 1세와 치른 전투로, 이 전투 이후 지브롤터를 되찾지는 못했으나 1350년 평화 협정이 체결되면서 지브롤터가 다른 아랍 영토로부터 고립되었다. ➡ Rconquista(레콩키스타)

Batalla del Vino (와인 전투 축제)   매년 성 베드로(San Pedro) 축제일인 7월 29일 아침에 와인으로 유명한 스페인 리오하(La Rioja) 지역의 도시 아로(Haro)에서 열린다. 아침 7시보다 조금 이른 시간, 사람들은 흰색 옷을 입고 빨간 손수건을 목에 두른 채 축제에 사용할 와인을 들고 리스코스 데 빌바오(Riscos de Bilbao)를 향해 간다. 전투가 시작되면 사람들은 상상할 수 있는 모든 방법을 동원해 서로에게 와인을 뿌리기 시작한다.

Batallón Vasco Español (바스크-스페인 대대)   사도반공연합(AAA), ETA반테러리즘(ATE) 혹은 스페인국민행동당(ANE)으로 알려진 바스크 국가와 프랑스 남부지역의 자경단이다. ETA로 인해 프랑코의 측근인 카레로 블랑코(Carrero Blanco)가 살해된 후 1975년 6월에 임무를 시작했으며 용병부터 스페인 경찰을 포함한 조직이었다. 1981년에 해체되었으며 조직원 일부는 이후 조직된 반테러리스트 해방그룹(GAL)을 구성했다.

Batasuna (바타수나)   바스크어(euskera)로 "연합"이라는 의미를 지닌 바투사나는 스페인 바스크 지방의 정치단체이다. 이들은 바스크의 독립과 사회민주주의를 지향한다. 바스크와(País Vasco)와 나바라(Navarra) 중심으로 활동하였으며, ETA(바스크 조국과 자유 조직, Euskadi Ta Askatasuna)의 활동에 관련되었다 하여 2013년 해체되었다.

Batet Mestres, Domingo (도밍고 바테트 메스트레스)   (1872∼1937) 스페인의 군인이다. 쿠바원정에 참여했으며 그 후 카탈루냐(Cataluña)에서 보직을 수행했다. 처음에는 프리모 장군(general Primo)의 군부독재를 지지했으나 후에 반란에 가담했다. 스페인 내전

이 발발하고 반란군 제압을 지휘하라는 상부의 명에 불복종한 죄로 총살당했다. ⇒ Guerra Civil Española(스페인 내전)

Batista y Zaldívar, Fulgencio (풀헨시오 바티스타 이 살디바르)   1901년에 태어나 1973년에 사망한 쿠바 출신의 정치가이자 군인이다. 1921년에 입대해 1932년에 중사로 진급했으며 얼마 후 중사들의 반란(Revolución de los Sargentos)을 주도해 총사령관이 된다. 1940년에 대통령으로 당선되고 임기가 끝나자 마이애미로 떠나지만, 1952년에 프리오 소카라스(Prío Socarras) 정부에 반란을 일으켜 다시금 대통령직을 수행하다가 1958년 쿠바 혁명으로 그의 독재는 끝을 맞이한다.

Batzarre (밧사레)   바스크어로 모임 혹은 회합을 뜻하며 수탁(Zutik)당이 이끄는 나바라(Navarra) 지방의 스페인 정당이다. 1987년 선거 후보로서 바스크공산운동(EMK), 혁명공산연맹(LKI) 등을 연합하여 창당하고 1991년 공식 정당으로 출범했다.

Bau, Joaquín (호아킨 바우)   (1897~1973) 바우의 백작이자 정치가로 일찍부터 정치에 관심이 있었다. 토르토사 가톨릭 청년회(Juventudes Católicas de Tortosa)를 시작으로 전통주의자 코뮨(Comunión Tradicionalista)에 참가하였고 이어 1925년부터 1929년까지 토르토사의 시장으로 활동하였다. 스페인 제2공화국에서는 타라고나(Tarragona)의 하원의원으로, 스페인 내전(1936~1939)에서는 국가기술위원회의 상업 및 무역 위원회장으로 활동하였다. ⇒ Franquismo(프랑코주의)

Beiras, Xosé Manuel (호세 마누엘 베이라스)   (1936~) 스페인의 정치인이다. 갈리시아(Galicia) 민족주의 블록(Bloque Nacionalista Gallego, BNG)의 총수이다. 1963년 갈리시아(Galicia) 사회당(PSG)을 창당했다. 마누엘 프라가(Manuel Fraga)의 정치에 반기를 들었으며 그를 파면하고자 했다. 갈리시아(Galicia)에서 가장 뛰어난 경제학자로 꼽힌다.

Belalcázar, Sebastián de (세바스티안 데 벨랄카사르)   1480년 스페인 코르도바(Córdoba)에서 태어나 콜롬비아 카르타헤나 데 인디아스(Cartagena de Indias)에서 사망한 스페인 정복자이다. 1523년 니카라과로 원정을 떠나 에르난데스 데 코르도바(Hernández de Córdoba)와 함께 여러 마을을 세운 것은 물론 알마그로(Almagro)와 산티아고 데 키토(Santiago de Quito)까지 세웠다.

Belloch, Juan Alberto (후안 알베르토 벨로츠)   (1950~) 스페인의 정치인. 내무부 장관과 스페인 의회의 상원 의원을 지냈다. 판사 출신으로 1984년 바스크 지방의 인권을 수호하기 위한 단체를 설립했다. 민주주의를 위한 판사회(Jueces para la Democracia)의 대변인으로 활동하기도 했다.

Benedicto XIII (베네딕토 13세)   (975~1024) 투스쿨로의 귀족 가문 출신으로 제143대 교황이다. 탁월한 정치가로서의 면모를 보였으나 그의 정책들은 서방 교회 분열기의 원인이 되기도 했다. 엔리케 2세(Enrique II)의 지지에 힘입어 활발한 활동을 했다.

Beniel (베니엘)   스페인 무르시아(Murcia) 지방의 도시로 수도 무르시아에서 17km가량 떨어진 곳에 위치한다. 약 9,814명의 인구가 살고 있으며 고대 피라미드식 탑과 18세기 성 바르톨로메(San Bartolomé) 성당 등의 유적지가 남아 있다.

Benigno Blanco (베니그노 블랑코)   (1957~) 스페인 가족 포럼(FEF) 의장으로 호세 마리아 아스나르(José María Aznar) 정부에서 8년간 국무위원을 역임하였고 환경부, 자원부에서 수자원과 인프라 분야에서 활동하였다.

Benito de Nursia, San (성 베네딕트)　　베네딕트 기사단의 설립자로 서양 수도사의 시조라고 불린다. 480년 누르시아(Nurcia)에서 태어났으며, 547년 몬테카지노(Montecasino)에서 사망했다. 로마에서 수사학, 철학 및 법률을 공부한 후, 수비아코에서 은둔 생활을 실천하였으며, 이후 몬테카지노에 유명한 수도원을 설립하였다. 그는 유럽 전역에 보급된 서양 수도원 생활에 관한 규율을 작성하였다. 베네딕토회 수도사들은 마을에 문화를 형성하는데 기여하였으며, 땅을 갈고, 농업 시스템을 개선하고, 무역을 가르치며, 미술이나 고대의 고전 서적을 전도하는 역할을 하였다. 이에 따라 교회는 그를 유럽 문명화에 기여한 인물로 간주하여 그를 유럽의 원호자로 명명하였다.

Bera, Conde de Barcelona (베라, 바르셀로나 백작)　　스페인 귀족 출신으로 바르셀로나의 첫 번째 백작이며 료세욘(Rosellón)과 헤로나(Gerona)의 백작이다. 사라센인들과 싸웠으며 에브로 강(Ebro) 연안에서 그들을 무찔렀다. 셉티마니아 대공국의 첫 번째 공작으로 임명되었으나 820년에 베르나르도 1세(Bernardo I)로 대체되었다. ➡ Reconquista (레콩키스타)

Beréber (베레베르족)　　아프리카 북쪽의 여러 원주민 민족들을 그룹지어 일컫는 용어로, 그들의 영토는 대서양에서 이집트의 사막까지 그리고 지중해 해안에서 사하라 사막의 내부까지 펼쳐져 있었다. 베레베르족 사람들의 외관은 아랍인들과 비슷하지만, 고대 이집트어와 관련된 함어족에 해당하는 베레베르어로 소통하며 문자로는 알파벳을 사용한다. ➡ Al-Andalus(알 안달루스)

Berenguela Berenguer, Reina de Castilla (베렌겔라 베렌게르, 카스티야 왕비)　　1108년에 태어나 1149년에 사망하였으며 라몬 베렌게르 3세(Ramón Berenguer III)의 딸이자 카스티야의 왕비이다. 1128년에 카스티야의 왕 알폰소 7세(Alfonso VII)와 혼인했으며 이로써 아라곤의 알폰소 1세를 견제한 알폰소 7세와 라몬 베렌게르 사이에 동맹이 성사된 것이다. 그녀는 왕의 조언자로서 정치 문제에 적극적으로 참여했으며 전쟁터에도 남편을 동행했다. ➡ Castilla, Corona de(카스티야 연합왕국)

Berenguer y Fuste, Dámaso (다마소 베렝게르 이 푸스테)　　(1873~1953) 사우엔(Xauen)의 첫 번째 백작이면서 스페인 군인이자 정치가이다. 알폰소 13세(Alfonso XIII) 군주 정치 말기 작은 독재를 펼쳤던 딕타블란다(dictablanda)로 많이 알려져 있다.

Berga (베르가)　　스페인 카탈루냐(Cataluña) 자치주의 바르셀로나(Barcelona)에 위치한 도시이다. 기원전 218년 한니발 장군의 통치를 받다가 로마 제국의 영토가 되었다. 이 지역의 고유 축제인 파툼(Patum)이 2005년 유네스코 세계무형문화재로 지정된 바 있다. ➡ Romanización(로마화)

Bermudo I(Asturias) [베르무도 1세(아스투리아스)]　　(?~797) 789년부터 791년까지 아스투리아스의 왕이었다. 베르무도 이후 후안 1세(Juan I)까지 대가 끊어지지 않는데, 이는 일본 다음으로 스페인 왕조가 가장 긴 역사를 갖고 있음을 뜻한다. 재위기간 동안 모슬렘들의 침입을 알라바(Álava)와 갈리시아(Galicia) 등지에서 많이 받았으며 이샴 1세(Hisham I)에게 부르비아(Burbia) 강 전투에서 패한 후 791년 왕위를 내놓게 된다. ➡ Asturias, Principado y reino de(아스투리아스 공국, 아스투리아스 왕국)

Bermudo II(León) [베르무도 2세(레온)]　　(948?~999) 985년부터 999년까지 레온의 왕. 982년 라미로 3세(Ramiro III)가 산티아고 데 콤포스텔라(Santiago de Compostela)에서 왕이 된 것에 대항해 갈리시아(Galicia)와 포르투갈(Portugal) 귀족들이 왕으로 추대

하였다. 이 때문에 라미로 3세와 전쟁을 하였으며 갈리시아와 포르투갈 지역에 강한 지배권을 행사하였다. ⇒ Castilla, Corona de(카스티야 연합왕국)

Bermudo III(León) [베르무도 3세(레온)]   (1017~1037) 1028년부터 1037년까지 레온의 왕. 11세의 어린 나이로 왕위에 올라 양어머니가 섭정을 하였고 1037년 카스티야(Castilla)와의 타마론(Tamarón) 전투에서 사망하였다. ⇒ Castilla, Corona de(카스티야 연합왕국)

Bernardo de Claraval, San (산 베르나르도 데 클라르발)   1090년 프랑스의 부르고뉴(Borgoña)에서 태어나 1153년 8월 20일 클라르발 수도원에서 사망한 시토 수도회의 수도사 및 클라르발 수도원의 원장이었다. 베르나르도 데 클라르발의 노력에 시토 수도회는 전 유럽으로 확산되어 중요한 역할을 했다. 로마 가톨릭의 성인으로서 축일은 8월 20일이다.

Bernardo Guillermo (베르나르도 기예르모)   (1075?~1117) 베르나트 기옘(Bernat Guillem)이라고도 하며 형제인 기예르모 호르단(Guillem Jordán)이 1102년 티에라 산타(Tierra Santa)로 전쟁을 나가자 사르디니아(Cerdeña)의 백작직을 수행하기 시작하였다. 바르셀로나(Barcelona)와 우호적인 관계를 맺고 있었으며 모슬렘 통치하에 있던 마요르카(Mallorca)와 이비사(Ibiza) 정복 준비에 참여하였다. 사망 후에 후손이 없어 세르다냐는 바르셀로나에 병합되었다.

Bertendona y Goronda, Martín de (마르틴 데 베르텐도나 이 고론다)   (1530~1607). 스페인의 군인. 해군에 소속되어 1587년부터 무적함대 준비에 적극 참여하였으며, 레반테 함대(Escuadra de Levante), 이탈리아 함대(Escuadara de Italia)의 지휘를 맡았으며, 1588년 영국 해협 공격에도 참여하였다. ⇒ Felipe II(펠리페 2세)

Besalú (베살루)   카탈루냐(Cataluña) 자치주에 있는 라 가로차(La Garrocha)에 속한 지방이다. 10세기부터 기록에 나타나며 1111년 바르셀로나(Barcelona)에 합병되었다. 현재는 스페인 국가유산으로 지정되어 관광지 역할을 하고 있다.

Besteiro Fernández, Julián3 (훌리안 베스테이로 페르난데스)   1870년에 태어나 1940년에 사망한 스페인 정치가이다. 스페인사회노동당(PSOE, Partido Socialista Obrero Español) 내 온건파 지도자였다. 정당의 대표(1928~1931), 노동자총동맹 의 대표(1928~1933), 스페인 입법의회의 대표(1931~1933)를 역임했다. ⇒ 노동자총연맹(Unión General de Trabajadores, UGT)

Betica (베티카)   이베리아 반도상의 지역이다. 로마 제국의 지방으로 로마인들은 히스파니아 바에티카(Hispania Baética)라고도 불렀다. 지금은 과달키비르(Guadalquivir)로 불리는 베티스(Betis) 강의 이름에서 이 지역의 명칭이 유래되었으며 현재 안달루시아(Andalucía)의 거의 대부분과 엑스트레마두라(Extremadura), 카스티야 라만차(Castilla La Mancha), 그리고 무르시아(Murcia)의 일부 지역을 차지할 만큼의 면적이었으며, 수도는 코르도바(Córdoba)였다. ⇒ Romanización(로마화)

Biclaro, Juan de (후안 데 비클라로)   540년에 태어나 621년에 사망한 포르투갈 출신의 주교이자 역사가이다. 레오비힐도(Leovigildo) 왕의 미움을 사 10년간 파면당하기도 했다. 서고트족이 아리아스교(arianismo)에서 가톨릭 신앙으로 진화한 과정을 상세하게 설명했다. 레오비힐도 왕이 죽자 비클라로는 수도원을 설립했으며 이곳은 후에 중요한 문화적 중심지가 되었다. ⇒ Reino visigodo(서고트 왕국)

Bienio Progresista (진보주의의 2년 시대)   1854년 7월부터 1856년 7월까지를 가리킨다. 이 기간 동안 진보주의당은 과거 1843년부터 10년의 온건주의 시대 동안 구축된 통치 시스템을 개혁하고자 하였다. ⇒ Isabel II(이사벨 2세, 830~1904, 재위: 1833~1868)

Bilbilis (빌빌리스)   고대 로마의 도시로 밤볼라(Bambola) 언덕과 할론(Jalón) 강 유역에 위치한다. 강으로 둘러싸여 있어 방어가 용이했으며 위치적으로 중요한 기지였다. 음유시인 마르시알(Marcial)의 탄생지로 유명했다.

Bildu (빌두)   바스크어(euskera)로 "모이다"라는 의미를 가진 스페인 바스크 독립주의를 주장하는 정치단체이다. 좌파연합의 성향을 지닌 이 단체는 에우스코 알카르타수나(Eusko Alkartasuna)와 알테르나티바(Alternatiba)와의 제휴로 인해 조직되었으며, 2011년 총선거 때 구축된 동맹 관계는 2012년 바스크 의회(Parlamento Vasco)에서도 계속되었다.

Blanca de Borbón (블란카 데 부르봉)   (1335~1361) 페드로 1세(Pedro I)의 아내로 카스티야 이 레온(Castilla y León)의 왕비이다. 결혼한 지 이틀 만에 페드로 1세에게 버림받아 그에 반하는 귀족 세력과 힘을 모아 그를 폐위시키기 위해 힘썼다. 1361년 독살된 것으로 추정된다. ⇒ Castilla, Corona de(카스티야 연합왕국)

Blanca de Navarra (블랑카 데 나바라)   (1137~1155) 나바라의 가르시아 라미레스 5세(García Ramírez V)의 딸이다. 1140년 가르시아와 카스티야의 알폰소 7세(Alfonso VII de Castilla)에 의해 산초(Sancho)와 혼인 서약을 맺었다. 1151년에 결혼식을 올렸으며 알폰소 8세(Alfonso VIII)를 낳다가 사망했다. ⇒ Reino de Navarra(나바라 왕국)

Blanco, Francisco Fermoso (프란시스코 페르모소 블랑코)   (1870~1955) 스페인 내전에서 군대 여단장을 맡았던 군인이다. 그는 제2공화국에 대항하고 군대 반란을 일으킨 인물 중 한 명으로, 당시 국가 기술 위원회에 참가하였다. 전쟁 초기 다빌라(Dávila)를 대신하여 부르고스를 점령하기도 하였고, 이 외의 많은 지역에서 폭동을 일으켰다. ⇒ Franquismo(프랑코주의)

Blomberg, Bárbara de (바르바라 데 블룸베르그)   1527년 독일 바이에른 주 라티스보나에서 태어나 1597년 스페인 칸타브리아 암브로세로에서 사망하였다. 그녀는 울프강 블롬베르크(Olfgang Blomberg)와 시빌 로만(Sibylle Lohman) 사이에서 태어났으며 뉘른베르크(Nüremberg) 귀족 가문의 후손이었다. 1546년에 카를로스 5세(Carlos V)를 알게 된 후 1547년 이들 사이에서 후안 데 아우스티리아(don Juan de Austria)가 태어났다. ⇒ Carlos I(카를로스 1세)

Bloque Nacionalista Galego(BNG) (갈리시아 민족주의블럭)   스페인 갈리시아 자치주의 좌파민족주의 정당으로 현재 갈리시아 인민연합(UPG), 사회주의단체(CS), 갈리시아 통합당(UG), 갈리시아 사회주의운동(MGS) 등이 참여하고 있다.

Bloque Obrero y Campesino(BOC) (노동자농민연합)   1930년 바르셀로나에서 시작된 마르크주의 정치단체이다. 카탈루냐 공산당(Partido Comunista Catalán)과 카탈루냐 발레아레스 제도 공산 연합(Federación Comunista Catalanobalear)의 통합으로 레반테 지역의 공산주의 연합(Federación Comunista de Levante)과 함께 스페인 공산주의 단체를 대표한다. 주요 인물로는 조르디 아르케르(Jordi Arquer), 힐라리 아를란디스(Hilari Arlandis), 다니엘 도밍고(Daniel Domingo) 등이 있다. 스페인 혁명 운동을 주장하고, 종교 단체들의 해산, 그리고 국가의 지방자치 위주의 프롤레타리아 국제사회를 설립하고자 힘썼다.

Boabdil (보압딜) 보압딜그라나다(Granada) 나사리 왕조의 마지막 술탄. 출생 연도는 알려지지 않았으며 1527년 사망했다. 무하마드 12세라는 이름 아래 1482년부터 1492년까지 통치하다가 1492년 가톨릭 공동왕이 그라나다를 정복함으로써 통치가 끝났다. ➡ Reconquista (레콩키스타)

Bobadilla, Francisco de (프란시스코 데 보바디야) 스페인 아라곤(Aragon)에서 태어났으며, 1502년 항해 도중 폭풍우에 의해 배가 부서져 사망하였다. 그는 인디아스(Indias)의 총독(1500~1502)이자 칼라트라바 기사단(Orden de Calatrava)의 기사였다. 1500년에 가톨릭 공동왕에 의해 총독으로 임명되어 이스파뇰라 섬 내의 질서를 잡도록 하였다. 당시 이스파뇰라 섬은 콜럼버스의 지휘 아래서 많은 주민들이 불만을 품고 있었다. 프란시스코 데 보바디야가 1502년에 사망하면서 니콜라스 데 오반도(Nicolás de Ovando)가 직위를 물려받았다. ➡ Isabel I de Castilla(카스티야 여왕 이사벨 1세)

Boff, Leonardo (레오나르도 보프) 브라질 출신의 산프란시스코회 수도사로 1938년에 태어났다. 해방신학(Teología de la liberación)의 추종자로서 이와 관련된 많은 저서를 냈지만 가톨릭교회의 검열로 출판에 많은 어려움을 겪었다. 1992년 그의 사상을 보다 자유롭게 펼치기 위해 사제직에서 물러났다. ➡ Teología de la Liberación, La(해방신학)

Bolaños Geyer, Enrique (엔리케 볼라뇨스 헤예르) 1928년 니카라과 마야사(Mayasa)에서 태어난 정치가이자 기업가이다. 아르돌도 알레만(Arnoldo Alemán) 정부 때 부통령을 지냈으며, 2002년 대통령 입후보자인 다니엘 오르테가(Daniel Ortega)를 제치고 대통령으로 당선되었다.

Boletín Oficial del Estado(BOE) (스페인 관보) 스페인 정부의 관보로 특정 법률, 의회 통과 법률, 정부 및 자치공동체 제정 규정 등을 공고하며 관보의 편집, 인쇄, 출판, 배포는 정부 관보청(Agencia Estatal Boletín Oficial del Estado)이 담당한다.

Bombardeo de Durango (두랑고 공습) 1937년 3월과 10월 사이 이탈리아 공군단과 반란군이 스페인 바스크(País Vasco) 두랑고(Durango) 지역을 공습한 사건이다. 에밀리오 몰라(Emilio Mola) 장군의 지휘 아래 민족주의 군대들이 지역으로 들어와 일반 시민 거주 지역에 폭격을 한 사건이기도 하다. 이 공습으로 인해 파블로 피카소(Pablo Picasso)는 처참한 상황을 고발한 「*Guernica*」를 남겼다. ➡ Guerra Civil Española(스페인 내전)

Bombardeo de Granollers (그라노예르스 공습) 스페인 내전에 일어났던 그라노예르스 공습은 1938년 5월 바르셀로나(Barcelona) 그라노예스르스(Granollers) 지역이 공군 폭격을 당했던 것으로, 이 지역에 공화파 군대의 수적 증가로 다수의 사망자를 낸 사건이다. 이 공습은 레반테(Levante) 지역에 있었던 프랑코 측의 이탈리아 공군단이 자행한 것으로 총 782번의 공격과 16,558개의 폭탄 투하가 있었다. ➡ Guerra Civil Española (스페인 내전)

Bombardeo de Guernica (게르니카 폭격) 1937년 4월 26일, 독일의 콘도르(Condor) 부대가 프란시스코 프랑코(Francisco Franco)의 요청으로 북부 바스크 지방의 작은 도시 게르니카(Guernica)를 폭격한 사건. 이는 프랑코의 파시스트를 지지하던 독일의 신병기 실험장으로 게르니카를 이용하라는 프랑코의 요청으로 이루어졌고 도시 인구의 3분의 1에 달하는 사람들이 목숨을 잃었다. 피카소는 이 비극적인 사건을 그의 대작 「*Guernica*」에 그려 넣었다. ➡ Guerra Civil Española(스페인 내전)

Bombardeo de Lérida (레리다 공습) 1937년 11월 스페인 내전 시에 발생한 사건이다.

게르니카(Guernica), 두랑고(Durango), 그라노예르스(Granollers) 공습과 함께 대량 살상 폭탄이 투하된 이 폭격전에서는 약 250명의 사망자와 750명의 부상자가 있었다. 이탈리아 공군단의 S-79 폭격기로 인해 레리다의 푸엔테 비에호(Puente Viejo), 마요르 거리(Calle Mayor), 산 루이스 시장(Mercado de San Luis)이 공격당하였고, 세그레(Segre) 강을 건너고 있던 버스도 폭격의 대상이 되었다. ➡ Guerra Civil Española(스페인 내전)

Bombardeo del mercado central de Alicante (알리칸테 중앙시장 공습) 알리칸테 중앙시장 공습은 1938년 5월 스페인 알리칸테 시(市)에서 일어난 사건이다. 스페인 내전 중 일어났던 이 공습은 역사상 가장 많은 사상자를 낸 사건이기도 하다. 7~9대의 S-79 폭격기는 약 90개의 폭탄을 가브리엘 미로 광장(Plaza de Gabriel Miró)과 비센테 인글라다(Vicente Inglada)와 가르시아 에르난데스(García Hernández)에 투하하였고, 인근 지역에 약 300명의 사망자를 초래하였다. ➡ Guerra Civil Española(스페인 내전)

Bombardeos aéreos de Barcelona en enero de 1938 (1938년 1월 바르셀로나 공습) 스페인 내전 때 일어났던 1938년 1월 바르셀로나 공습은 30일간(1~30일) 발생한 사건이다. 끊임없는 폭격에 많은 부상자들과 사망자들이 속출하였고, 공습이 시작된 지 20일 만에 전년도 사망자를 상회하는 숫자의 많은 피해자들이 생겨나게 되었다. 30일에는 가장 큰 폭탄을 투하하여 공화파가 어떠한 반격도 할 수 없도록 하였고, 결국 공화제를 이끌었던 인달레시오 프리에토(Indalecio Prieto)는 항복하지 않을 수 없었다. ➡ Guerra Civil Española(스페인 내전)

Bombardeos aéreos de Barcelona en marzo de 1938 (1938년 3월 바르셀로나 공습) 스페인 내전 당시 일어났던 1938년 3월 바르셀로나 공습은 3일간(16~18일)에 걸쳐 마요르카(Mallorca)에 기지를 둔 이탈리아 공군단의 폭격으로 인해 발생한 사건이다. 약 800명의 사망자들과 1,500명의 부상자들을 만들어낸 이 폭격은 인명 피해뿐만 아니라 48개의 빌딩을 완전히 무너뜨리고, 78개의 빌딩을 훼손시켰다. 스페인 내전에서 게르니카 폭격 이후 가장 많은 사망자를 배출해냈으며, 스페인 역사 중 손꼽히는 융단 폭격 중 하나이다. ➡ Guerra Civil Española(스페인 내전)

Bonafini, Hebé Pastor de (에베 파스토르 데 보나피니) 1928년 아르헨티나 부에노스아이레스(Buenos Aires)에서 태어났다. 평범한 가정주부였지만 '국가 재조직 과정(Proceso de Reorganización Nacional)'이라고 불리는 시기부터 인권 활동가로 전업했으며 5월 광장 어머니회를 설립한 인물 중 하나다. ➡ Asociación Madres de la Plaza de Mayo(5월 광장 어머니회)

Bonifacio III (보니파티우스 3세) (?~607) 로마의 제66대 교황이다. 그레고리오 1세(Gregorio I)를 따라 콘스탄티노플로 갔다가 황제의 신임을 받아서 점차 주요직에 오르게 된다. 로마를 모든 교회들의 머리로 삼는 데 성공했다. 교황 선출을 제도화했다.

Bonifaz, Ramón (라몬 보니파스) (1196~1265) 카스티야(Castilla)의 제독으로 세비야(Sevilla) 정복에 큰 공을 세웠다. 전투에서 트리아나(Triana)와 세비야를 잇던 다리를 끊어 트리아나를 점령한 사건이 유명하다. 세비야의 시장직을 역임하기도 하였다.

Bono Martínez, José (호세 보노 마르티네스) 1950년 스페인 알바세테(Albacete)에서 태어난 정치가이다. 스페인 사회노동당 당원이며 전 스페인 하원 의장이다. 또한 그는 1983년부터 2004년까지 카스티야-라 만차(Castilla-La Mancha) 지방자치단체장을

지냈으며 호세 루이스 로드리게스 사파테로(José Luis Rodríguez Zapatero) 정권하
에 국방부 장관을 지냈다. ➡ Partido Socialista Obrero Espaóñol(PSOE, 스페인사회
노동당)

Borbón, Casa de* (부르봉 왕가)　　프랑스와 여러 유럽 국가들을 통치한 왕가이며 스페인에
는 18세기부터 도래하였다. 부르봉이라는 이름은 보뢰봉(Borubon) 성에서 유래한 것이
며 오늘날 부르봉 아르샹볼(Bourbon-l'Archambault) 지역으로서 부르주(Bourges) 백
작 가문에 속해 있던 곳이다. 부르봉 영주제의 시작은 전례에 따르면 칼 마르텔(Carlos
Martel)의 형제인 칠데브란도(Childebrando)가 설립한 것으로 알려졌으며, 그의 아들 니
벨룬고(Nibelungo)는 테오도베르토(Teodoberto)와 칠데브란도 2세(Childebrando II)라
는 이름의 아들들을 두었다고 한다. 그러나 913년 문서기록에 의하면 부르봉 가문의 첫
번째 영주는 아데마(Ahdemar)로 확인된다. 3세기가 지난 뒤에 부르봉 가문의 사람들은
프랑스 왕가와 친인척 관계를 맺게 되고 가문의 작위들과 재산들은 1527년 프랑스 왕실
에 속한 것이 된다. 부르봉 왕가 출신의 프랑스 왕으로는 7명이 있는데, 즉 앙리 4세
(Enrique IV, 1553~1610), 루이 13세(Luis XIII, 1601~1643), 루이 14세(Luis XIV,
1638~1715), 루이 15세(Luis XV, 1710~1774), 루이 16세(Luis XVI, 1754~
1793), 루이 17세(Luis XVII, 1785~1795), 루이 18세(Luis XVIII, 1755~1824),
샤를 10세(Carlos X, 1757~1836)이다. 스페인에서는 카를로스 2세(Carlos II)가 후사
없이 사망하면서 부르봉 왕조가 개막되었다. 앙주 공작(duque de Anjou)이자 루이 14
세의 손자였던 펠리페 5세(Felipe V, 1638~1746)는 1700~1714년 동안 치룬 스페
인 왕위계승전쟁에서 최후 승자가 됨으로써 스페인의 왕으로 등극할 수 있었다. 이후 페
르난도 6세(Fernando VI, 1713~1759), 카를로스 3세(Carlos III, 1716~1788), 카를
로스 4세(Carlos IV, 1748~1819), 페르난도 7세(Fernando VII, 1784~1833)가 차례
로 통치하였고, 원래 여자의 신분으로 왕위에 오를 수 없었던 이사벨 2세(Isabel II,
1830~1904)도 선왕의 법적 변경으로 왕위에 오르는 데 성공하지만 1868년 혁명의 여
파로 결국 스페인을 떠나게 된다. 그러나 짧은 제1공화정을 지나 1875년 알폰소 12세
(Alfonso XII, 1857~1885)가 스페인으로 돌아오면서 왕정복고가 이루어지고, 유복왕
인 알폰소 13세(Alfonso XIII, 1886~1941)가 성년 후 1909년 직접 통치에 들어가지
만 1931년 제2공화국의 도래를 피할 수 없게 된다. 망명한지 10년 뒤 알폰소 13세는 아
들 후안 데 부르봉 바텐베르그(Juan de Borbón Battenberg)에게 양위를 하지만, 후안
데 부르봉 자신도 아들 후안 카를로스 1세를 위하여 1977년 왕위계승자로서의 모든 법
적 권리를 공식적으로 포기한다. 사실 후안 카를로스 1세는 이미 1975년 프랑코가 사망
한 직후 스페인 왕위에 오르면서 부르봉 왕가를 복원한 터였다. 그러나 2014년 건강 악
화와 세대교체의 필요성을 들어 후안 카를로스 1세는 퇴위를 결정하고, 현재 그의 아들
펠리페 황태자가 펠리페 6세(Felipe VI)의 이름으로 스페인을 통치하고 있다. 한편 스
페인 부르봉 왕가에는 다양한 계파가 존재하는데 이미 18세기부터 펠리페 5세의 동생
이자 파르마(Parma)를 통치하고 있었던 펠리페 군주(Príncipe Felipe)의 부르봉-파르
마(Borbon-Parma)가 있었고, 스페인의 카를로스 3세의 차자인 페르난도 군주
(Príncipe Fernando)에서 비롯된 부르봉-앙주-시칠리아(Borbón-Anjou-Sicilia)가 있으
며 이 후손들은 나폴리와 두 개의 시칠리아(Dos Sicilias)를 다스렸다(페르난도 1세
(Fernando I, 1751~1825), 페르난도 2세(Fernando II, 1810~1859). 또한 카를로스

4세의 작은 아들인 프란시스코 데 파울라(Francisco de Paula)는 부르봉-카디스-세비야(Borbón-Cádiz-Sevilla)의 시작이 되었으며, 카를로스 4세의 차자였던 카를로스 마리아 이시드로(Carlos María Isidro)는 형 페르난도 7세의 사망 후 보수주의자들에 의해 정통 왕위계승자이자 카를로스 5세(Carlos V)로 추대돼 카를로스전쟁(guerras carlistas)의 원인이 되기도 하였다.

Bordighera (보르디헤라) 이탈리아 리구리아(Liguria)에 있는 한 도시이다. 1682년에서 나폴레옹 시대까지는 리구리아와 이웃마을 사이에 위치한 골짜기에 있었던 작은 공화국의 수도였다. 1941년 독재자 프랑코(Franco)와 이탈리아의 무솔리니의 면담이 이뤄진 곳으로 유명하다. ⇒ Franquismo(프랑코주의)

Borgoña, Casa de (부르고뉴 가문) 부르고뉴의 엔리케(Enrique)와 스페인의 알폰소 6세(Alfonso VI)의 딸 테레사(Teresa)의 결합으로부터 탄생했다. 1093년부터 1383년까지 포르투갈을 통치하는 동안 포르투갈을 스페인으로부터 독립시키고 1143년에 왕국으로 세웠다. 1248년에는 이슬람교도들로부터 빼앗긴 영토를 재정복하고 예로부터 계속되던 카스티야(Castilla)의 압박에 대항해 싸웠다.

Borja, Francisco de (프란시스코 데 보르하) (1510~1572) 예수회의 수도원장으로 카탈루냐(Cataluña)의 부왕(virrey)이자 간디아(Gandía)의 제4대 공작이었다. 평생 정치계와 종교계에서 활발한 활동을 펼쳤으며 사후 교황 클레멘테 10세(Clemente X)에 의해 성인으로 임명받았다. ⇒ Jesuitas(예수회원들)

Borrego Moreno, Andrés (안드레스 보레고 모레노) (1802~1891) 스페인의 정치인이자 자유주의 성향의 작가이다. 프랑스에서 고등 교육을 받은 후 대학교육을 받은 적은 없었으나 신문사를 창설하고 정계활동을 했다. 68혁명에 참여했다.

Borrell Fontelles, José (호세 보렐 폰테예스) 1947년 스페인 레리다(Lérida)에서 태어난 정치가이며, 카탈루냐 사회주의정당(Partido de los Socialistas de Cataluña, 'PSC')의 당원이다. 유럽연합(EU)을 대표하는 인물 중 한 사람으로서, 2004년에 유럽의회의 의장으로 선출되었다.

Boyacá, batalla de (보야카 전투) 1819년 누에바 그라나다(Nueva Granada) 부왕령의 후안 사마노(Juan Samano)의 군대와 시몬 볼리바르(Simón Bolívar)의 군대 간 발발한 전투이다. 전투 후 부왕(virrey)은 카르타헤나(Cartagena)로 피신했으며 볼리바르는 보고타(Bogotá) 일대를 점령 및 해방시켰다. ⇒ Hispanidad[이베리아성(포르투갈 및 브라질 제외)]

Boyer, Miguel (미겔 보예르) (1939~) 프랑스계 스페인 정치가이다. 스페인 내전 막바지에 할아버지를 따라 망명하지만 할아버지의 사형과 함께 스페인으로 돌아왔다. 1960년에 스페인 사회노동당에 입당했다. 후에 자유주의적인 정책으로 당과 노선을 달리하게 되지만 활발한 활동을 이어갔다. ⇒ Partido Socialista Obrero Espaóñol(PSOE, 스페인사회노동당)

Bravo Murillo, Juan (후안 브라보 무리요) 1803년 7월 9일 스페인 프레헤날 데 라 시에라(Fregenal de la Sierra)에서 태어났으며 1873년 2월 10일 마드리드에서 사망했다. 신학과 법학을 공부했으며, 1825년 세비야 대학(La Universidad de Sevilla)에서 철학 교수직을 맡았다. 10년의 온건주의 시대가 시작되면서 정치적 권력을 얻었다. ⇒ Isabel II (이사벨 2세, 1830~1904, 재위: 1833~1868)

Bravo, González (곤살레스 브라보)   1811년에 태어나 1871년에 사망한 스페인의 정치인이자 언론인이다. 기자 시절 급진적 성향을 보였으며 당대의 개혁 운동에 활발한 참여를 하던 중 중도당의 당원이 되어 본격적으로 정계 활동을 시작했다. 9월 혁명을 계기로 자리에서 물러나게 되었다.

Bravo, Juan (후안 브라보)   1483년 과달라하라(Guadalajara)에서 태어났으며, 카스티야(Castilla)의 귀족으로서 카스티야의 코무니다데스(Comunidades) 혁명에 참여하였다. 그는 1520년 세고비아(Segovia) 봉기의 지휘관이 되었으며, 1521년 4월 23일 비얄라르(Villalar) 전투에서 패하여 후안 파디야(Juan Padilla)와 함께 1521년 4월 24일 처형되었다. ➡ Comunidades de Castilla[카스티야의 코무니닷(자치도시들)]

Brazo militar (군대 세력)   13세기부터 18세기까지 카탈루냐 통치기구였던 카탈루냐 의회에서 군대 세력은 카탈루냐의 군사 귀족 계층을 의미했다. 이들은 영주 또는 남작들로 이루어져 있었다.

Brazo militar de Cataluña (카탈루냐 군사부)   1602년 귀족 오노프레 데 알렌톤(Onofre de Alentorn)이 창설한 군사부이다. 그는 카탈루냐 공화국 내의 귀족 군사 세력을 집결하기 위해 이러한 기구를 설립했다. 간헐적으로 소집되는 것이 전부인 군사 세력(brazo militar)과는 다르게 군사부는 상설 기관이었고 17세기와 18세기 카탈루냐의 호전주의의 중심부를 차지했다.

Brazos Generales de Cataluña (카탈루냐 총괄부)   위기의 때에 카탈루냐의 전체 대표위원회, 즉 성직자 연합회, 귀족들로 결성된 군사령관 및 각종 의회의 대표자들이 소집되는 것을 일컫는다. 1640년 카탈루냐 전쟁 때와 1713년 펠리페 5세(Felipe V)와의 대립 때 총괄부가 소집되었다.

Brujería* (마법)   스페인의 역사적인 현실에서 마법은 그 자체로서는 정의를 내리기 어려운 현상이다. 예언(adivinación), 마술(magia), 주술(hechicería)과 같은 현상들과 연관이 되기는 하지만, 악마의 개입을 전제로 하는 마성(malignidad)은 이러한 현상들과 구별된다. 마법의 현상들과 사례들은 주로 농촌지역이나 소외 집단과 같이 고립적인 배경에서 나타났으며, 마인들(brujos)과 마녀들(brujas)은 사바트(sabbath)나 야간집회(aquelarre)에 참석하여 악마(íncubos y súcubos)와 교미를 하거나 초감각적인 여행을 즐기며 일련의 의식 행위를 한다고 여겨졌다. 이러한 의식들은 집단 망상증을 보이는 소외집단들에게서 쉽게 찾아볼 수 있었으며 특히 사회생활에의 참여를 거부당한 여인들의 경우 자신들의 좌절감을 미사와 유사한 형태의 검은 미사(misa negra)로 표출하려고 하였고, 그럼으로써 또 다른 민중문화의 이미지와 신념을 표방할 수 있었던 것이다. 스페인에서는 이러한 유형의 현상들이 매우 이질적이고 고립된 형태로, 그리고 농촌적인 배경에서 나타났다. 그렇지만 펠리페 4세(Felipe IV) 시대 마드리드에서 발생한 산 플라시도(San Plácido) 수녀들의 사건은 예외적인 도시 사례라고 할 수 있다. 한편 스페인 종교재판소와 교구 성직자들은 일찍부터 이러한 현상들에 대해 회의적인 입장을 표방하였는데, 그들은 이것을 지배적인 윤리와 신학적 질서에 대한 일탈로 보기보다는 집단 광기나 히스테리의 표출로 해석하였다. 그러한 이유로 스페인에서는 마법 행위 때문에 종교재판소에서 처벌받은 사례가 희박하였는데, 그나마 가장 오래된 소송으로 거론되는 것이 1528년 쿠엔카(Cuenca) 재판소에서 있었던 토랄바 박사(doctor Torralba)의 소송이며, 그는 여기에서 악마와 접촉하였다는 이유로 몇 년 감옥행을 선고받았다. 그렇지만 이러한 분위기에서도 17세기 초에 있었던 1618~1620년의 비취(Vich) 소송과 1610년의 로그로뇨(Logroño) 소송은 사회적인 반향을 불러일으키기에 충분하였으며, 특히 로그로뇨 소송은 종교재판소가 마법을 집단 무지와 히스테리의 문제로 해석하게 한 결정적인 계기가 되었다고 할 수 있다. 로그로뇨에서는 나바라(Navarra)에 있는 수가라무르디(Zugarramurdi)의 야간집회에 참석하였다는 이유로 고소 받은 자들이 재판을 받았으며 이들 중에서 자신의 죄를 참회한 18명은 교회의 용서를 받았지만, 끝까지 자신의 입장을 철회하지 않은 6명은 사형을 선고받았다. 요약하자면 스페인에서는 북유럽과 앵글로색슨계의 나라들에서 볼 수 있는 마녀 사냥(cazas de brujas)처럼 극도로 억압적이고 긴장을 고조시키는 마인 집착(brujomanía)은 일반적이지 않았다고 할 수 있다.

Brunswick, Isabel Cristina de (이사벨 크리스티나 데 브룬스빅) (1691~1750) 독일의 여제이자 오스트리아의 카를로스 대공(archiduque Carlos)의 부인이다. 왕위계승전쟁 당시 카를로스 6세(Carlos VI)가 후계자로 임명되자 오스트리아의 군대와 함께 스페인을 떠나 비엔나로 향했다. 남편의 죽음 이후 자신의 딸 마리아 테레사(María Teresa)의 왕위 계승이 정당함을 인정받기 위해 노력했다. ➡ Guerra de Sucesión Española(스페인 왕위계승전쟁, 1700~1713)

Bucelarios (부셀라리오스) 고트족의 이스파니아(Hispania) 지배 초창기 때부터 활동한 민병대이다. 서고트 왕국의 소유물을 지키고 전투 때 고관들과 함께 참전하였던 군인들을 칭한다. 고용주에게 급여와 숙식을 제공받으며 일을 했고 자유롭게 다른 고용주를 찾아갈 수 있었다. ➡ Reino visigodo(서고트 왕국)

Bugallal, Gabino (가비노 부가얄) (1861~1932) 스페인 정치가이자 민법 해설 법학자이다. 젊은 나이에 의회 의원이 되었으며 1902년부터 1920년까지 정부 내 여러 장관직을 역임했다. 에두아르도 다토(Eduardo Dato)가 암살되고 난 이후에는 그의 직무를 대행하였으며, 유사한 보수 정부를 구축하려고 노력하였다. 1931년에는 경제부 장관직에 있으면서 공화파 세력에 맞서서 군주제를 지키려고 하였다.

Bula (교서) 로마 교황의 날인이 찍힌 공식 교서로 주로 교황청에서 왕실에 명을 전달하거나 특정 권한을 부여하기 위해 쓰였다. 19세기부터 '국왕권(patronato regio)'이라는 특권을 입은 스페인은 이러한 교서의 형식으로 문서화된 권리 및 강령을 보존했다.

Bulas Alejandrinas (알레산드르 교서들) 아메리카 대륙의 발견을 통해 교황 알레한드로 6세가 가톨릭 공동왕(이사벨과 페르난도)에게 부여한 서류들이다. 이 서류에는 발견된 땅과 앞으로 발견될 영토에 대한 가톨릭 왕들의 권리를 보여준다. 또한 복음을 전해야 한다는 내용도 포함되어 있다. ➡ Hispanidad[이베리아성(포르투갈 및 브라질 제외)]

Bulerías (불레리아) 플라멩코 장르 중 하나이다. '조롱' 또는 '속임수'라는 뜻을 가지고 있다. 20세기 중후반에 가장 널리 퍼진 장르이기도 하다. 생동감 넘치는 가사와 음색이 특징이다. 흥겨운 추임새와 의성어가 발달했다.

Buñuelos (부뉴엘로스) 튀긴 도넛의 일종이다. 이베리아 반도의 북쪽을 차지하던 무어인들은 '부튜엘로스'라는 음식을 팔았는데 이것이 부뉴엘로스의 기원이라고 전해진다. 스페인에서뿐만 아니라 아메리카 대륙의 몇몇 국가에서도 부뉴엘로스를 먹는다.

Bustelo, Francisco (프란시스코 부스텔로) (1933~) 마드리드 콤플루텐세 대학교에서 경제학을 전공한 스페인 경제학자이자 프랑코 독재에 맞선 사회민주주의 정치가이다. 1957년 대학생사회주의그룹(ASU)을 결성했으며 ASU는 이후 사회노동당(PSOE)에 통합되

었다. ➡ Franquismo(프랑코주의)

Butifuera (부티푸에라)　　부티후에라(butijuera)라고도 불리는 이 축제는 안달루시아 자치주의 올리브 재배 전통을 가진 마을들에서 아주 유명한 축제이다. 일반적으로 11월에 시작해서 2월이나 3월에 끝나는 올리브 수확철의 끝 무렵에 축제가 열린다. 보통 일요일에 후원자나 올리브 밭 소유주가 일꾼들을 가족과 함께하는 식사에 초대한다. 식사는 정오에 시작하는데 풍성하고 다양한 종류의 타파스(Tapas)와 맥주, 와인을 먹는다.

C

Caballero de la mano en el pecho (가슴에 손을 댄 사나이) 16세기 스페인을 대표하는 화가 도메니코스 테오토코풀로스(Doménikos Theotokópoulos)의 대표적인 작품이다. 엘 그레코(El Greco)로 불렸던 그의 이 작품은 「서약」으로도 알려져 있으며, 약 1578년에서 1580년경에 그려졌다. 작품 속 인물은 정확히 밝혀지지 않았으나, 오늘날 스페인 몬테마요르의 후작(marqués de Montemayor)이거나 톨레도(Toledo)의 법무장관이라고 추측된다.

Caballeros Villanos (평민 기사들) 정부가 권한을 부여함으로써 탄생한 카스티야(Castilla)의 특징적인 중세 스페인 군대로 비귀족 기사 계급을 일컫는다. 시의회의 원조를 받았으며, 세금 면제와 같은 특권을 부여한 사람인 카스티야의 백작이나 레온(León)의 왕에게 군사 원조를 할 의무가 있었다. 귀족은 아니었지만 법적으로 하급 귀족과 동일시되는 특권을 누렸다. ➡ Reconquista(레콩키스타)

Caballo andaluz (안달루시아 말) 공식적으로 'Pura Raza Española(PRE)'라고 불리는 안달루시아 지방 말(馬)의 혈통이다. 세계에서도 가장 오래된 혈통의 말 중 하나로, 스페인에는 여러 종류의 말이 있지만 안달루시아 말을 'Caballo español(스페인 말)'이라는 단어로 바꿔 부르기도 한다. 목이 튼튼하고 굽어져 있으며, 길게 축 늘어진 말 갈퀴가 특징이다.

Cabanellas Ferrer, Miguel (미겔 카바네야스 페레르) (1872~1938) 스페인의 군인이다. 아프리카 원정에서 세운 공적으로 정계로의 길이 열렸으나 프리모 데 리베라(Primo de Rivera)의 독재를 강하게 비난하며 돌아섰다. 직책을 박탈당한 후에는 정권을 무너뜨리기 위해 다양한 활동을 했다.

Cabanyes, Manuel (마누엘 카바니에스) (1902~?) 스페인 건축가이다. 마드리드 건축학교에서 1928년 졸업하여 마드리드의 교도청 건축을 담당했다. 때로는 자신의 형제이자 건축가인 카예타노 카바니에스(Cayetano Cabanyes)와 협력하기도 하였다.

Cabezas de San Juan (카베사스 데 산 후안) 스페인 세비야(Sevilla)에 위치한 작은 도시이다. 고대부터 이베리아인과 로마인이 살던 곳으로 아랍 통치기간 동안 전략적 고지였다. 1820년 페르난도 7세(Fernando VII)의 전제주의에 대항해 일어난 리에고 장군(general Riego)이 봉기한 현장이기도 하다.

Cabildo (카빌도) 스페인 제국 본토에서는 시 참사회라고 하며 식민지(아메리카와 필리핀)에서는 도시 자치기구의 역할을 담당했다.

Cabo verde [베르데 곶(카보 베르데)] 아프리카 서쪽 대서양, 세네갈 해안 전면에 위치한 국가이다. 이 섬은 15세기 포르투갈 탐험가들에 의해 발견되었으며 16세기부터는 노예무역이 번성하였으며, 현재 카보베르데에 사는 사람들은 포르투갈인 및 당시 흑인 노예들의 후손들이다. 공식 언어는 포르투갈어이며 면적은 4.033km²이다. 총인구는 499,796명(2008년)이다.

Cabral Bejarano, Manuel (마누엘 카브랄 베하라노)　(1827~1891) 스페인 19세기 화가이다. 풍속주의 미술을 지향한 세비야(Sevilla)파의 화가 중 한 명으로, 낭만주의 회화에서 색깔이 엷어지면서 스페인의 현실을 있는 그대로 그려냈다. 또한 주인공들은 세비야의 중산층들로 일반인의 옷차림이나 포즈 혹은 주변 풍경을 그대로 그리려고 노력했다.

Caciquismo (카시키스모)　19세기 후반 왕정복고시대에 양당교체체제의 성립으로 선거에서 일반 대중의 의견을 통합하는 장치로서 지방호족들의 역할이 커졌는데, 이들 호족들을 일컬어서 본래는 라틴아메리카 추장의 의미를 가진 '카시케(cacique)'라고 불렀다. 이 호족들은 그들의 영향력으로 민의를 흡수하여 이를 선거에 반영하면서 선거를 농단하고 정치적 영향력을 행사하였다. 즉 몇몇 유력자들의 정치적 유희의 도구로 사용되었다는 것이다. 카시키스모는 이 폐단을 지적하며 개혁을 원하는 지식인들의 표적이었다.

Cádiz (카디스)　스페인 안달루시아 자치 지방의 하나인 카디스 주의 주도이며, 인구 131,813명으로 안달루시아에서 세 번째로 많은 인구를 갖고 있다. 면적은 10.68km²이다. 유럽에서 가장 오래된 도시 중 하나이므로 관광업이 발달하였으며, 또 다른 주요 산업으로는 지리적 특성으로 인해 주산업으로 자리 잡은 무역이 있다.

Caja de resistencia (파업 자금)　상호 지원과 구성원 간의 연대를 기반으로 하는 일시적 제도 데모나 장기간 파업 등의 노조활동으로 비롯된 경제적 손실을 최소화하기 위해 노동자들에게 지원되는 기금이다. 노동조합 중에서 노조 연맹(Unión Sindical Obrera)은 회원들을 위한 상설파업자금 시스템을 가진 유일한 조직이라고 할 수 있다.

Calahorra (칼라오라)　스페인 라 리오하 자치주(Comunidad Autónoma de La Rioja)의 라 리오하(La Rioja)에 속한 시이다. 라 리오하 자치주에서 중심도시인 로그로뇨(Logroño) 다음으로 중요한 도시라고 할 수 있다.

Calatayud (칼라타유드)　스페인 사라고사(Saragosa) 지방의 남부에 위치한 도시이다. 할론(Jalón) 강 유역에 자리 잡고 있다. 고대 로마 도시 빌빌리스(Bilbilis) 근방에 아랍인 아유드(Ayud)가 건립했다. 1461년 페르난도(Fernando) 왕이 후계자로 임명된 곳이기도 하다.

Calatrava(Calatrava la Vieja) (칼라트라바)　스페인 시우다드 레알(Ciudad Real)에 위치하는 시이며, 중세 초기 알 안달루스(al-Ándalus)에서 유일하게 주요한 도시였다. 지리적으로 이곳을 지나야지만 코르도바(Córdoba)나 톨레도(Toledo)로 향할 수 있었다. 우마이야 왕조(omeya)가 8세기경 지었으며, 12세기에 카스티야(Castilla) 소유가 되었다. 또한 이곳은 1158년 스페인 반도 내에서의 가장 오래된 칼라트라바 기사단(Orden de Calatrava)의 본부가 되었다. ⇒ Órdenes Militares(기사단들)

Calatrava, Santiago (산티아고 칼라트라바)　(1951~) 스페인 건축가이자 엔지니어, 조각가이다. 페르난도 이게라스(Fernando Higueras), 안토니오 가우디(Antonio Gaudí)의 고딕과 로마네스크 건축의 영향을 받아 공부하면서 1983년 스위스 취리히 'Stadelhofen' 철도공사를 시작으로 발렌시아, 메리다(Mérida), 세비야(Sevilla) 등의 인프라 건설에 많은 작업을 하였다. 1989년에는 프랑스 리옹(Lyon) 공항건설에 참여하고, 이후 2003년에는 테네리페 홀(Auditorio de Tenerife)을 완공하여 <The New York Times>나 <Financial Times>로부터 세계 최고 건축가로서 인정받았다.

Calatuña (카탈루냐)　이베리아 반도 북동부에 있는 지역으로 면적은 약 31, 950km²이다. 카탈루냐는 발렌시아와 아라곤 자치령, 프랑스, 안도라, 지중해로 둘러싸여 있다. 공용어는 스페인어와 카탈루냐어(카탈란)이다. 바르셀로나, 헤로나, 예이다, 타라고나 이 4개의 주로 나뉘며 41개의 세부 단위인 코마르카로 나뉜다.

Calçot (칼솟)　카탈루냐(Cataluña) 지방의 타라고나(Tarragona) 주 발스(Valls)의 특산물이며 흰 줄기 부분이 길고 도톰하게 생긴 양파의 일종이다. 숯불에 잘 태운 후 안에 있는 흰 줄기만 쏙 빼먹는다. 칼솟을 태워서 먹기 시작한 데에는 몇 가지 가설이 있다. 그중 가장 널리 알려진 것은 19세기 말에 발스에서 살던 한 농부가 실수로 칼솟을 태웠다가 새로운 맛을 발견해 칼솟을 태워먹는 것이 카탈루냐 전역으로 확산됐다는 것이다.

Caldillo de perro (칼디요 데 페로)　카디스(Cádiz)의 도시 엘 푸에르토 데 산타 마리아(El Puerto de Santa María)의 전통 해산물 수프이다. 대구 새끼, 마늘 그리고 양파를 주재료로 만들어지는 이 요리는 신 오렌지 주스를 뿌려 먹는 습성이 있다.

Califa (칼리프)　후계자라는 의미의 아랍어에서 유래하였으며, 정치와 종교 모두를 아우르는 이슬람 공동체의 지도자에게 주어진 이름이었다. 이슬람 최고의 수장이며, 마호메트 사후 그의 후계자로 정확한 호칭은 '신의에 보내진 후계자'이다. ➡ Abd Al-Rahman III(압달 라만 3세)

Califato Cordobes (코르도바의 칼리파토)　정치적 권력을 가진 이슬람 왕 또는 지배자인 칼리프의 법적 통치 아래에 있는 지역 혹은 지배 시기나 시대를 의미한다. 역사적으로 동부, 코르도바 그리고 이집트 이렇게 세 개의 중요한 칼리파토가 있었다. 코르도바의 칼리파토는 압달 라만 3세에 의해 바그다드로부터 독립적으로 설립되었으며, 1031년까지 지속되었다. ➡ Abd Al-Rahman III(압달 라만 3세)

Califato fatimí (파티마 칼리프 왕조)　아랍 제국의 시아파 이슬람 왕조로 909년부터 1171년까지 이집트, 북아프리카, 레반트를 다스린 왕조이다. 이 왕조의 칼리프들은 이슬람의 시조인 무함마드의 딸 파티마의 후손이라고 주장하며 왕조의 이름을 파티마라고 정했으며 이슬람 시아파의 또 다른 분파는 이스마일파가 있다.

Calvo Sotelo, José (호세 칼보 소텔로)　(1893~1936) 스페인의 정치인이자 변호사. 리베라(Rivera) 정부를 지지하지는 않았으나 독재기간 중 개혁에 참여하며 중립적 입장을 보였다. 1936년 사회주의 당원에 의해 암살당했다. ➡ República II(제2공화국)

Calvo sotelo, Leopoldo (레오폴도 칼보 소텔로)　(1926~2008) 1981년부터 1982년까지 스페인의 대통령직을 맡았던 정치가이다. 야당의 대표 펠리페 곤살레스(Felipe González)와 꾸준히 만나면서 전무후무한 리더십을 보였다. 또한 그의 재임 기간 동안 스페인은 북대서양 조약 기구(NATO)에 가입하였고, 산 후안(San Juan)의 독수리가 있었던 국기는 방패모양만 남긴 채 변형되었다.

Calzadas romanas (로마 도로)　고대 로마시대에 로마인들은 식민지를 포함한 전 영토에 걸쳐 도로를 건설하였으며, 이렇게 건설된 도로는 군대와 물자의 이동 및 소식 전달을 편리하게 하였다. 로마도로는 제국의 안정을 유지하고 확대하는데 중요한 역할을 하였으며, 로마제국의 발전에 크게 공헌하였다. ➡ Romanización(로마화)

Camacho, Marcelino (마르셀리노 카마초)　스페인의 노동조합 운동가. 노동자위원회(Comisiones

Obreras)의 대표를 역임했으며 스페인공산당(Partido Comunista de España)의 회원이다. 1918년 1월 21일 스페인 소리아(Soria) 주의 오스마 라 라사(Osma la Rasa)에서 태어났으며 2010년 10월 29일 마드리드에서 사망한다.

Camarón de la Isla (카마론 데 라 이슬라) 1950년 12월 5일 카디스(Cádiz)에서 출생했으며, 본명은 호세 몽헤 크루스(José Monge Cruz)인 플라멩코 가수이다. 작은 주점에서 플라멩코를 부르기 시작한 그는, 기타리스트 파코 데 루시아(Paco de Lucía)와 함께 영화에도 출현하고 다수의 플라멩코 음반을 발매하여 큰 성공을 이루었다. 대표곡으로는 「*Canastera*」(1972), 「*Soy gitano*」(1989) 등이 있다.

Cambó, Francisco (프란시스코 캄보) 카탈루냐어 이름인 프란섹 캄보로 더 유명한 프란시스코 캄보는 스페인의 정치가, 변호사, 경제학자이자 카탈루냐의 지역주의연맹(Lliga Regionalista) 정당의 대표이며, 알폰소 13세(Alfonso XIII) 재위 시, 재무부 장관과 산업장려부 장관이었다. 1918년 3월부터 11월까지 산업장려부 장관으로, 1921년 8월부터 1922년 3월까지 재무부 장관의 직책을 맡으면서 정치가로서 책임을 다했으나, 프리모 데 리베라(Primo de Rivera) 장군의 쿠데타가 시작되면서 잠시 멈추게 되었다. 하지만 1933년 스페인 제2공화국이 들어서면서 다시 국회의원으로 선출된다. 스페인 내전 전후로 스위스, 아르헨티나를 다니면서 전기공급사 CADE를 설립하게 되고, 1947년 사망한다. ➡ República II(제2공화국)

Camí de Cavalls (카미 데 카발스, 말의 길) GR-223 도로로 메노르카(Menorca) 섬을 일주하는 긴 도로이며 다양한 인종적 요소와 섬의 풍경, 도시화된 지역과 천연 자연의 모습을 한눈에 볼 수 있는 특징이 있다.

Camino de Santiago (산티아고 순례자의 길) 성 야곱 성인의 묘로 가기 위해 유럽의 기독교 순례자들이 취했던 길들로 산티아고 데 콤포스텔라(Santiago de Compostela)에 있다. 813년 갈리시아(Galicia)에서 산티아고 성인의 무덤이 발견되면서 전 유럽의 순례객들의 행렬이 끊이지 않았으며 중세 시대에 가장 중요한 순례지 중 하나였다. 오늘날에도 스페인의 중요한 관광지로 순례의 장소이자 사람과 사람이 만나는 만남의 장소로서 유럽적 의식의 구조와 형제애의 상징이라 할 수 있다. ➡ Reconquista(레콩키스타)

Campaña de Guipúzcoa (기푸스코아 운동) 스페인 내전에서 프랑코 군대가 공화파 세력 내에 있었던 기푸스코아 주(州)를 점령하려는 목적으로 일어난 운동이다. 이 운동에서는 에밀리오 몰라(Emilio Mola) 장군의 지휘 아래 스페인 북쪽과 프랑스의 통신 및 교류를 끊고, 산 세바스티안(San Sebastián)의 아우구스토 페레스 가르멘디아(Augusto Pérez Garmendia) 주둔 반란 군대를 모으는 데 힘썼다. ➡ Guerra Civil Española(스페인 내전)

Campos de internamiento en Francia (프랑스 수용소) 스페인 내전(Guerra Civil Española)의 프랑코 체제에서 도망친 약 5,500,000명의 스페인 사람들을 가둬두었던 수용소이다. 스페인과 프랑스 두 국가 경계 지역에 가건물을 세워 식수 및 최소한의 위생 조건도 제공하지 않은 채 사람들을 감시하였고, 사람들은 이곳에서 영양실조, 각종 질병 혹은 고문 등을 통해 사망하였다. ➡ Guerra Civil Española(스페인 내전)

Caña (카냐) 플라멩코 노래 장르이다. 가사는 4개의 절로 이루어져 있다. 폴로와 함께 가장 오래된 장르 중 하나이다. 딱딱하고 절도 있는 음색이 특징이다. 안달루시아(Andalucía) 전통 잔(Caña)에 술을 마시며 그 주위를 돌며 부르던 것이 유래가 됐다.

Canalejas, José (호세 카날레하스)　(1854~1912) 스페인 변호사, 재건운동 및 자유주의 정치가. 마리아 크리스티나 데 합스부르고 로레나(María Cristina de Habsburgo-Lorena) 임기 동안 재무부, 농산업부 등의 장관직을 맡았고, 알폰소 13세(Alfonso XIII)의 통치기에도 재무부 장관에 재임하는 등 정부 고위급의 직책을 맡았다. 하지만 내각회의(Consejo de Ministros) 장이었던 그는 후안 프림(Juan Prim)과 안토니오 카노바스 델 카스티요(Antonio Cánovas del Castillo)를 뒤이어 테러리즘으로 인해 암살되었다.

Canciller mayor del rey (옥새 관리 고관)　11세기 스페인에 존재한 고위 직책으로 옥새를 관리하는 일을 했다. 카스티야(Castilla)의 경우 옥새를 대신 사용해 왕명 대리인의 역할도 했다. 13세기에 알론소 8세(Alfonso VIII)가 이 직책을 톨레도(Toledo) 대주교에게 인가했나. 14세기에 늘어서 폐지되었다.

Cancillería (칸시예시아)　외무부를 가리키는 말로 스페인에서만 사용하는 단어이다. 과거에 문서를 기록, 봉인했던 장소이며 주로 외국의 대사, 영사 및 사절단이 모이는 장소를 일컫는다.

Canción de protesta (저항가요)　정계가 어지러웠던 1960~1980년대에 붐을 일으킨 장르로 정치 프로파간다로도 쓰였다. 대개의 경우 정권을 비판하는 내용으로 검열과 탄압의 대상이 되었다. 특히 군부 독재하에 많은 가수들이 실종되거나 암살당했으며 상당수가 망명을 가기도 했다. 대표적 아티스트로는 메르세데스 소사(Mercedes Sosa), 나차 게바라(Nacha Guevara), 알프레도 시타로사(Alfredo Zitarrosa) 등이 있다. 1990년대에 이르러 탄압과 검열이 완화되고 표현의 자유가 보장되자 저항가요는 정치 비판보다 세상의 부조리와 황금만능주의에 대한 불만을 표하는 청년들의 노래가 되었다. ➡ Franquismo(프랑코주의)

Cangas de Onís (칸가스 데 오니스)　아스투리아스(Asturias) 지역의 도시로 오비에도(Oviedo)에서 72km 떨어진 곳에 위치한다. 아스투리아스 왕국의 첫 번째 수도였다. 8세기 구다레테 전투에서 패배 후 아스투리아스 산으로 피신해 있던 서고트족의 귀족들과 민간인들이 자신들의 지도자로 국토 재정복 운동의 첫 번째 승리를 이끌었던 군대를 지휘했던 돈 펠라요(Don Pelayo)를 추대하고 아스투리아스 왕국을 건설하면서 칸가스 데 오니스에 수도를 설립하였으며, 10세기에 들어 레온(León)으로 천도하였다. ➡ Pelayo. Rey de Asturias(아스투리아스 왕 펠라요)

Cano, Alonso (알론소 카노)　(1601~1667) 스페인 안달루시아(Andalucía) 출신의 화가, 조각가, 건축가이다. 17세기 후반의 스페인이 화려한 바로크 건축 시대를 맞이하는데 주요한 역할을 한 인물이다. 그가 처음으로 건물 외부를 과장되게 장식함으로써 전형적인 바로크 후기의 스페인 건축물이 시작되었던 것이다.

Canon Muratori (무라토리 성전 목록)　신약 정전으로 인정받은 가장 오래된 문서로 라틴어로 작성되었으며 이탈리아 신학자 루도비코 안토니오 무라토리(Ludovico Antonio Muratori)에 의해 발견되어 1740년에 발표되었다. 4대 복음서, 사도행전, 바울 서신서 13권, 요한 서신서 2권, 요한계시록이 포함되어 있으며 후에 금서가 된 베드로 묵시록 또한 등장한다.

Canonización (열성식)　가톨릭교에서 죽은 이를 성인으로 추앙하는 과정을 일컫는다. 생전에 기적을 행했거나 순교를 한 사람이 사후에 추천을 받아 4개의 심사단계(Postulación de la causa, siervo de Dios, venerable, beato, santo)를 거쳐 최종적으로 교황의 승인을 받으면 성인의 반열에 오르게 된다.

Cántabros (칸타브로스) 이베리아 반도 북부에 있던 고대 도시들에 로마인들이 붙여준 이름이다. 이 지역은 칸타브리아 전쟁을 통해 현재의 칸타브리아(Cantabria)와 부르고스(Burgos), 팔렌시아(Palencia)의 북부 일부, 레온(León)의 북서부까지 영토가 넓어졌다. ⇒ Romanización(로마화)

Cante chico (칸테 치코) '작은 노래'라는 뜻으로 플라멩코 음악 중 하나이다. 주로 사랑, 유머, 행복 등 가벼운 주제를 소재로 하여 플라멩코 기타와 함께 연주된다.

Cante jondo (칸테 혼도) 플라멩코의 음악 스타일 중 하나로 'Cante hondo'라 불리기도 한다. 플라멩코에는 세 가지 종류의 다른 스타일의 노래가 있는데 그중 가장 진지하고 감수성이 깊은 'Cante jondo'는 안달루시아에서 다른 음악에 때 묻지 않고 순수하게 전통을 이어나가고 있는 노래이다.

Cantiña (칸티냐) 솔레아(Soleá)에서 유래한 카디스 지방의 음악이다. 흥겹고 빠른 리듬이 특징이다. 단순하고 가벼운 내용의 가사를 가지고 있다. 플라멩코 가수 중 돌로레스 에레디아(Dolores Heredia)가 대표적 가수이다.

Canto Popular (대중음악) 대중들에 의해 널리 알려지고 불리는 음악 또는 노래를 뜻하며 대부분 구전을 통해 전달하려는 메시지가 있다. 그러나 현대에 와서는 대중가요의 의미도 가지게 되었다.

Capellán (카페얀) 사제를 뜻하는 라틴어 'capellanus'에서 유래하였으며, 현재의 용어 역시 가톨릭의 성직자 혹은 제사관을 의미한다. 이들은 종교의식을 관장하는 사제로 재단에서 미사를 담당한다. 넓은 의미로는 모든 성직자를 가리키기도 하며, 때론 개인 예배당에서 미사를 들이는 사제를 일컫기도 한다.

Capellanía (카페야니아) 신앙심을 바탕으로 한 조세 부담이나 미사 수행으로 거두어지는 부를 통해 설립된 재단을 일컫는다. 예배당을 의미하는 라틴어 'capella'에서 유래하였으며, 특정 사람의 상속받은 재산의 일부로 설립된 영구적인 재단으로, 재단의 설립자나 그의 가족들을 위해 미사를 수행하는 성직자들이 존재한다. 중세시대 동안 카페야니아는 특정 교회나 개인에 의해 설립된 교회 모두를 지칭하였으며, 교회 출석률을 높이고 보수 비용을 대기 위해 후원자를 세속 사제로 임명하였다.

Capilla Real (왕실 예배당) 1504년 엔리케 에가스(Enrique Egas)가 착공했으며 이곳에는 여왕 이사벨 1세와 페르난도 2세(Fernando II)의 묘가 안치되어 있다. 이사벨 여왕이 르네상스 양식을 싫어해서 예배당은 고딕 양식으로 지어졌으며 여왕이 수집하던 예술품이 보관되어 있다. ⇒ Isabel I de Castilla(카스티야 여왕 이사벨 1세)

Capitanía General de Guatemala (카피타니아 헤네랄 데 과테말라) 누에바 에스파냐의 부왕령 시기에 스페인 제국에 속해 있었던 영토 기관으로 당시 과테말라, 벨리스, 엘 살바도르, 온두라스, 니카라과, 코스타리카와 멕시코의 남부로 구성되어 있었으며 1540년에 세워졌고 1821년에 해체되었다. ⇒ Nueva España, Virreinato de(누에바 에스파냐 부왕령)

Capitulaciones de Santa Fe* (산타페 협정) 1492년 4월 17일 가톨릭 공동왕(Reyes Católicos)과 크리스토발 콜럼버스(Cristóbal Colón)가 체결한 합의 전체를 뜻하며 새로운 땅을 발견하고 식민화하는 것에 목적을 두고 있다. 가톨릭 공동왕은 제노바 출신 항해자인 콜럼버스에게 "그의 손과 노력으로 발견되는 모든 섬과 땅에서" 제독과 부왕, 총독이라는 제반 칭호들과 권리들을 부여하였다. 협정서는 1492년 그라나다의 함락 후 산 타페[Santa Fe, 그라나다 (Granada)에 소재]에서 집필되어 콜럼버스가 아메리카로 떠나는 첫 번째 여행 전날에 작성되었다. 그것이 계약인지, 아니면 후한 증여인지에 대해서는 논란이 있지만 대체로 전자에 더 개연성이 있는 것으로 보고 있다. 공동왕 측에서는 후안 데 콜로마(Juan de Coloma)가, 그리고 콜럼버스 측에서는 후안 페레스 수도사(fray Juan Pérez)가 대변인으로 나서서 체결하였다. 협정서에서는 대양에서 발견되는 섬들과 육지의 제독(Almirante)으로 콜럼버스를 임명하였으며 이 칭호를 콜럼버스는 그의 생애 내내 향유할 수 있을 뿐 아니라, 그의 계승자들에게도 물려줄 수 있었다. 아울러 그는 섬과 육지의 부왕(virrey)이자 총독(gobernador)으로도 임명되었다. 콜럼버스는 지역 통치를 위해 세 사람을 활용할 수 있었는데 이 중에서 한 사람은 공동왕에 의해 임명되어야 했다. 한편 그가 자기 비용의 8분의 1을 충당하는 한, 그 지역에서 발견, 구매, 획득, 교환되는 모든 상품들에 대해 10분의 1을 취득할 수 있도록 합의되었다. 협정서는 1492년 4월 30일 왕의 특권으로 확약되었다. 그리고 마침내 콜럼버스에 의해 약속한 땅이 발견되고 1493년 3월 콜럼버스가 첫 번째 여행에서 귀환하면서 조건이 성취되자 협정서는 그해 5월 28일 재확약되었다. 또한 그에게 '인디아스(Indias)로 가는 함대의 총사령관(Capitán General de la Armada)'이라는 칭호가 부여되었고, 1497년 콜럼버스에 관한 특권들이 다시 지지를 받게 되었다. 그러나 이 합의는 1495년 4월 처음으로 준수되지 않았는데 이는 당시 조사관이던 후안 로드리게스 데 폰세카(Juan Rodriguez de Fonseca)가 콜럼버스에 의해 발견된 땅이 존중받기는 하지만, 발견된 땅에서의 자유로운 항해를 공동왕의 이름으로 인가해 주었기 때문이다. 콜럼버스는 두 번째 여행에서 카스티야로 돌아왔을 때 이러한 조치에 대해 이의를 제기하였고, 왕은 1497년 6월 2일 부르고스(Burgos)에서 자신들의 결정을 정정하였다. 프란시스코 데 보바디야(Francisco de Bobadilla)는 1499년 조사재판관(juez pesquisidor)으로 임명되었는데, 이는 콜럼버스와 그의 형제들의 행동에 대해 끊임없이 항의가 제시되는 이스파뇰라 섬(isla Española)에서 정확히 무슨 일이 벌어지고 있는지를 조사하기 위해서였다. 콜럼버스는 최근의 여행들에서 일련의 패배를 맛보고 난 뒤, 특히 총독으로서 실패하고 난 뒤인 1500년 가을 조사관인 보바디야에 의해 체포되어 스페인으로 압송되었다. 그때 콜럼버스는 수치의 진정서를 제출하였고(1500년), 그의 태도에 대한 의혹이 불거지면서 공동왕은 협정서의 효력을 제한하기에 이르렀다. 다양한 소송들과 네 번째의 여행이 있고 난 이후인 1511년 왕실평의회(Consejo Real)는 비록 협정서를 콜럼버스가 개인적으로 발견한 땅들에 국한시키기는 하였지만 유효하다는 판결을 내렸다. 또한 그는 제독으로서의 모든 특권들을 회복하는 대신에 부왕과 총독의 직능들은 상실하여야 했다.

Capricho (엘 카프리초)　　스페인 칸타브리아(Cantabria) 주(州) 코미야스(Comillas) 지역에 있는 건축물이다. 건축가 안토니오 가우디가 1883년부터 1885년까지 크리스토퍼 카스칸테 이 콜롬(Cristòfor Cascante i Colom)의 도움을 받아 세웠다. 원래 이 건축물의 이름은 비야 키하노(Villa Quijano)였다. 막시모 디아즈 데 키하노(Máximo Díaz de Quijano)를 위해 여름에 지낼 아시아풍의 건물을 만들었기 때문이다. 하지만 기발한 건축예술이라 하여 이후 엘 카프리초라는 이름이 붙여졌다.

Cara al sol (카라 알 솔)　　스페인 팔랑헤의 찬가 중 하나이다. 팔랑헤주의자들의 본거지로 유명했던 마드리드(Madrid)의 한 카페에서 탄생한 것으로 알려져 있다. 스페인 내전 당시 오리아멘디(Oriamendi)와 연대의 찬미(Himno de la Legión)와 함께 국가로 불렀다. ➡ Falange Española(스페인 팔랑헤)

Carabobo, batalla de (카라보보 전투)   1821년 스페인의 미겔 데 라 토레(Miguel de la Torre)의 군대와 시몬 볼리바르(Simón Bolívar)가 이끄는 독립군 사이에 발발한 전투이다. 이 전투에서 거둔 승리는 카라카스뿐 아니라 베네수엘라 전역이 독립하는데 결정적인 역할을 했다. ➡ Independencia de la América Española(스페인 아메리카 식민지 독립)

Caracoles a la llauna (양철판에 구운 달팽이)   카탈루냐 지방의 도시 예이다(Lérida)의 음식이다. 달팽이를 큰 양철판에 놓고 오븐에 구워내며 매운 소스와 함께 먹는다. 1980년부터 예이다에서는 매년 5월 중 한 주말에는 '예이다의 달팽이 모임(Reunión del Caracol de Lérida)'이라는 축제가 열린다.

Carbon, Cayo Papirio (카요 파피리오 카르본)   (기원전 ?~82) 로마의 연설가이다. 호민관 직을 지내며 자신의 동료 플라우시오에게 다른 도시의 주민들에게도 로마 시민권을 부여하는 법안을 제안했다. 집정관이었던 브루토 다마시포(Bruto Damasipo)에게 암살당했다.

Carbonell, Joaquín (호아킨 카르보넬)   (1947~) 아라곤 출신의 싱어송 라이터이다. 1976년 첫 음반이 큰 인기를 얻어 알려졌다. 직접 곡을 작곡하기도 하는 그는 가사에 무정부주의 성향의 조소와 아이러니를 담는다. 70년대 아라곤(Aragón)의 엘리트층의 지지를 얻었으며 신문에 칼럼을 싣는 등 집필활동 또한 했다.

Carcasona (카르카소나)   프랑스의 남부에 위치한 랑그도크(Langue D'Oc)의 도시이다. 고대 로마 시대부터 상업 지역으로 크게 발달했다. 또한 예로부터 카르카소나는 대서양에서 지중해까지 이르는 통로를 통해 이베리아 반도와 나머지 유럽 땅을 연결하는 역할을 했다. 숱한 전쟁의 현장이 되기도 했으나 쉽게 넘어지지 않은 요새로 유명세를 떨쳤다.

Cardenal Richelieu (리슐리외 추기경)   (1582~1642) 프랑스의 추기경이자 총리이다. 이름뿐이었던 왕 루이 13세(Luis XIII)를 대신해 국정을 돌봤다. 스페인 제국을 견제해 펠리페 4세(Felipe IV)와 전쟁을 일으키기도 했다. 그가 죽고 난 후 프랑스는 페르난도 3세(Fernando III)의 평화 정책으로 스페인과 우호적인 관계로 돌아갈 수 있었다.

Cárdenas Solorzano, Cuauhtémoc (쿠아우테목 카르데나스 솔로르사노)   1934년에 태어난 멕시코 정치가이다. 대통령이자 민주혁명당(Partido de la Revolución Democrática, PRD) 창당자인 라사로 카르데나스(Lázaro Cárdenas)의 아들이며, 20년간 멕시코 좌파 정당의 지도자 역할을 한 인물이다.

Caristios (카리스티오스)   고대 로마의 지배를 받기 이전 이베리아 반도 북부에 살던 종족으로 동쪽으로는 바르둘로스, 서쪽과 남쪽으로는 아우트리고네스와 맞닿아 있었다. 칸타브로스인들과 셀티베로스 또는 바스크인들과 유사성이 있는지는 아직 증명되지 않았다. 현재의 칸타브리아의 일부와 바스크 지방의 일부를 차지하고 있다.

Carlismo* (카를로스주의)   19세기에 기원을 둔 스페인의 정치·사회운동이다. 페르난도 7세(Fernando VII)는 죽기 직전에 여자는 왕위를 계승할 수 없다는 내용의 살리카 법(ley sálica)을 폐지함으로써 자신의 딸인 이사벨(Isabel, 당시 3세)이 왕위를 계승하게 하였고, 이는 본래 왕위를 계승할 것으로 예상되었던 동생 카를로스 마리아 이시드로 데 부르봉 왕자(infante Carlos María Isidro de Borbón, 이사벨의 숙부)와 보수파 세력의 반

발과 저항을 야기하였다. 이에 카를로스 왕자는 자신의 추종자들을 결집하여 자신이야말
로 진정한 왕위계승권자라고 주장하면서 카를로스주의라는 운동을 일으켰다. 그러나 이
러한 왕실 내분은 다른 유럽 역사에서와 마찬가지로 강력한 사회적 파장을 불러일으키
면서 정치적 투쟁으로 이어졌고, 카를로스당은 자유주의적인 혁명에 맞서는 계층들을 형
성하기에 이르렀다. 이런 점에서 18세기 영국의 제임스 2세 지지운동(movimiento jacobita)
이나 포르투갈의 미겔주의(miguelismo), 1830년대 프랑스의 정통주의(legitimismo)처럼 카
를로스주의는 이질적인 반혁명주의자들을 규합하는 역할을 하였으며, 이들의 공통분
모는 전통적인 농업사회의 존속을 막는 제반 조치들을 거부하는 것이었다. 초기 카를로
스주의는 거의 정비되지 않은 몇 가지 이데올로기적인 가정들 위에 기반을 두고 있었다.
그러나 제1차 카를로스 전쟁(Primera Guerra Carlista, 1833~1840)이 패배로 끝나면
서, 정치이론의 기초가 놓이게 되었고 그 핵심은 카를로스 왕당파에 의해 구현되는 전
통적인 군주국과 혁명 이전의 교회세력, 강력한 사회적 보수주의와 희미하게나마 존
속하는 농촌주의를 수호하는 동시에 도시화와 산업화에 대한 거부였으며, 전제주의적
인 정치질서와 바스크(Vascongadas), 나바라, 카탈루냐의 지방특별제도의 옹호로 이어
지게 되었다. 특히 마지막 사안에 대해선 제2차 카를로스 전쟁(Segunda Guerra Carlista,
1872~1876) 동안에 지방특별법의 일반화를 요구하는 목소리가 커지기도 하였다. 사회
적 운동으로써 카를로스주의는 소규모 농민층이 거주하는 주변지역들, 즉 비스카야
(Vizcaya), 기푸스코아(Guipúzcoa), 알라바(Álava), 나바라(Navarra), 카탈루냐 내륙
의 마에스트라스고(Maestrazgo) 등에서 입지를 다졌다. 이 지역에 깊숙이 뿌리를 두고
있는 소귀족들은 향후 19세기에 전개되는 갈등에서 주축이 되었다. 한편 대귀족과 고위
성직자층은 19세기와 20세기 내내 카를로스주의의 선봉에 서 있었으나 모호한 입장을
표명하였으며 따라서 이들의 입장은 자유주의적인 급진주의나 이 당시 공화주의(자유주
의적인 혁명과 두 번의 공화주의적인 시기들)에 대한 정치적인 대결의 형태로써 이용되
었다가도, 중도주의(moderantismo), 자유주의적인 보수주의(conservadurismo liberal)
가 득세하였던 보통 시대에서는 시대착오적인 해결책으로 치부되며 거부되곤 하였다.
1876년에 두 번째 군사적인 패배와 체제유지주의(integrismo)의 분열, 무엇보다도 바스
크와 카탈루냐 민족주의의 발달로 카를로스주의가 약화되면서 카를로스주의는 다만 알
라바와 나바라 지방에 국한하여 그 세력을 유지할 수 있었고, 1936년 군사 쿠데타가 발
생하였을 때에는 이곳 주들로부터 카를로스주의가 프랑코의 군사반란에 열렬히 기여하
기도 하였다. 그러나 내전 후 카를로스주의는 프랑코에 의해 유일 정당인 'FET de las
JONS'에 통합되면서 사실상 정치생활에서 사라지게 되었고, 프랑코주의(franquismo)의
말기에 독재체제에 반대하는 좌파정당으로서 잠시 재부상하였지만 곧 자취를 감추게
되었다.

Carlista (카를리스타)　　페르난도 7세(Fernando VII)의 동생 카를로스 마리아 이시드로
(Carlos María Isidro)의 지지파로 전제주의를 주장하던 보수층으로 구성되어 있었고 이
사벨 2세(Isabel II)의 세력에 맞섰다. ⇒ Carlismo(카를로스주의)

Carlomagno (샤를마뉴)　　프랑크 왕국의 국왕(768~814)이자 신성로마제국의 황제(800~
814)로 724년 4월경에 태어났으며, 814년 1월 28일 독일의 아헨(Aquisgrán)에서 사망
하였다. 여러 차례의 원정을 통해 서유럽의 대부분의 영토를 정복하였으며, 정치적 통일
을 달성하여 서유럽의 그리스도교 지역에 하나의 초강대국을 건설하였다.

Carlos de Aragón, Príncipe de Viana (아라곤의 카를로스, 비아나 왕자)　　1421년 5월 29일 바야돌리드(Valladolid)에서 태어났으며 1461년 9월 23일 바르셀로나(Barcelona)에서 사망했다. 나바라 왕국과 아라곤 왕국의 후계자였지만 왕위에 오르지 못했다. 아버지인 후안 2세(Juan II)에게 대항한 인물로 이름이 널리 알려져 있으며 예술 보호자와 애호가로도 유명하다. ➡ Aragón, Corona de(아라곤 연합왕국)

Carlos de Austria, Archiduque (카를로스 데 아우스트리아 대공)　　카를로스 데 아우스트리아는 레오폴도 1세의 둘째 아들이자 그의 형 호세 1세(José I)의 후임자였다. 신성로마제국의 황제였으며, 보헤미아와 헝가리의 왕이기도 하였다. 스페인의 카를로스 2세가 사망한 후 스페인 왕위계승전쟁에 참여하기도 했다. ➡ Guerra de Sucesión Española (스페인 왕위계승전쟁, 1700~1713)

Carlos I* (카를로스 1세)　　펠리페 1세(Felipe I el Hermoso)와 후아나 1세(Juana la Loca) 사이의 장남이며, 부계로는 막시밀리아노 1세 황제(Maximiliano I)와 마리아 데 부르고뉴(María de Borgoña), 모계로는 가톨릭 공동왕(Reyes Católicos)의 손자이다. 저지대 국가(Países Bajos)에서 출생하였으며 처음에는 헨트(Gante) 궁정에서, 1506년부터는 말리나스(Malinas)에서 고모인 마르가리타 데 아우스트리아(Margarita de Austria) 곁에서 성장하였다. 교육은 아드리아노 데 유트레히트(Adriano de Utrecht)와 기예르모 데 크로이(Guillermo de Croy)가 담당하였다. 1515년 1월 5일 성년이 되었을 때 부르고뉴 가(Casa de Borgoña)의 영지들을 통치하였으며 1516년 1월 23일 페르난도 가톨릭 왕(Fernando el Católico)이 사망하자 그는 아라곤과 카스티야 왕국의 영토를 계승하게 되었다. 그의 부재 동안에 사라고사의 대주교인 알폰소 데 아라곤(Alfonso de Aragón)과 시스네로스(Cisneros) 추기경이 각각 통치를 맡았다. 그는 1517년 9월 17일에 이베리아 반도에 왔으며 토르데시야스(Tordesillas)에 있는 모친을 방문한 이후에 바야돌리드(Valladolid)로 가서 대관식을 하였다. 1519년 1월 막시밀리아노 1세 황제가 사망하고 나서 그해 6월 황제로 선출된 카를로스 1세는 선거비용과 여행비 마련을 위해 처음에는 산티아고(Santiago)에서, 그 후에는 아 코루냐(A Coruña)에서 카스티야 도시들을 소집하였다. 그러나 이러한 요청에 불만을 품은 카스티야 도시들은 황제가 독일로 출발하고 난 이후 톨레도(Toledo)를 시작으로 항거하였고, 구 카스티야(Castilla la Vieja) 도시들로 반란의 불길이 확산되었다. 한편 1520년 10월 신성로마제국 황제로 대관식을 치루고 난 뒤에 카를로스 황제는 보름스 국회(Dieta de Worms)에서 루터교의 확산과 그의 조부에 의해 시작된 개혁 문제들을 처리하여야 했다. 카스티야 자치도시들의 반란은 1521년 비얄라르(Villalar)에서 진압되었고, 발렌시아(Valencia)와 마요르카(Mallorca)에서 일어난 헤르마니아스(Germanías) 반란도 평정되면서 카를로스 1세는 1522년부터 1529년까지 이베리아 반도에 머무르면서 체제 안정에 힘을 기울였다. 그의 사촌 이사벨 데 포르투갈(Isabel de Portugal)과 결혼하고 자치도시들의 요구를 어느 정도 수용함으로써 카스티야의 내적 평화를 이끌어낼 수 있었다. 또한 아라곤 왕국은 부왕제(virreinato)와 최고법원(audiencias)과 같은 체제 공고화를 통해 통치되었다. 가티나라 재상(canciller Gattinara)의 계획안은 1527~1528년 이후 이베리아 왕국의 복수회의체(polisinodia)에 관한 것으로서 왕조적인 이해관계나 종교적 분쟁, 오스만 제국과의 대립으로 황제가 부재하는 동안에도 섭정자의 통치를 보완하고자 한 것이었다. 합스부르크(Habsburgo)와 발로아(Valois) 왕가 간의 분쟁에서 이탈리아는 카를로스와 프란시스코 1세(Francisco I) 간의 주된 전쟁 무대가 되었다. 파비아(Pavía)에서의 승리나 프랑스 군주의 포로화로 결과된 부르고뉴의 이양, 밀라노, 제노바, 나폴리에 대한 포기를 내용으로 한 마드리드 조약(Tratado de Madrid)의 체결도 향후 프랑스와의 전쟁을 막지 못하였고, 프랑스는 교황 클레멘테 7세(Clemente VII)와 베네치아, 피렌체와 코냑 동맹(Liga de Cognac)을 맺음으로서 다시금 제국을 위협하였다. 그 결과 카를로스 황제는 1527년 5월 로마로 진입하여 교황과의 대립을 촉발시켰고, 이는 루터파 저지 목적의 공의회 소집에 대한 황제의 요구가 관철되지 않으면서 더욱 악화되었다. 캄브레 조약(Tratado de Cambrai)으로 이탈리아 상황이 잠정 종식되면서, 카를로스 황제는 오스만 제국의 위협에 대처할 수 있었다. 그러나 프랑스는 이탈리아에서 카를로스의 동맹국인 사보야(Saboya)를 공격힘으로써 나시금 대립삭올 세웠고, 양국은 니스 휴전(tregua de Niza)의 체결로 군사적인 소강상태에 이르게 되었다. 그러나 알제리로의 원정 실패로 카를로스 황제는 다시 프랑스와 네 번째 전쟁을 치러야 했고, 이번에는 주로 유럽 북부에서 이루어졌다. 1543년 파리에 대한 제국 군대의 위협은 크레피 화의(paz de Crepy)를 이끌었고 이를 통해 프란시스코와 카를로스 간의 경쟁구도는 종결되고 카를로스 황제는 반개신교 정책에 전념할 수 있게 되었다. 1545년 트리엔트 공의회(Council of Trient)에 신교도 영방국가들이 참여하기를 거부하면서 평화적인 시도는 무산되고 슈말칼덴 전쟁(Guerra de Esmalcalda)으로 이어지게 되었다. 카를로스 황제는 1547년 뮐베르크(Mühlberg)에서 승리 이후 1548년 아우구스부르크의 제국법령(Interim de Augusburgo)을 도출하였지만 정치적으로 만족스럽지 못한 결과를 가져왔고, 결국 황제는 퇴위를 결심하고 1555년 9월 아우구스부르크에서 제국 내의 종교 분열을 인정하기에 이르렀다. 1555년 10월 브뤼셀에서 퇴위가 확정되면서 1546년부터 밀라노 공작이자 메리 튜더와의 결혼 이후 나폴리의 왕이 된 펠리페 황태자는 부르고뉴를 계승하게 되었고, 이어서 1556년 1월에는 카스티야와 아라곤 왕국의 왕이 되었다. 신성로마제국은 카를로스 황제의 동생인 페르디난트 1세가 계승하게 되었고, 카를로스는 1556년 9월 카스티야로 돌아가 유스테(Yuste) 수도원에서 말년을 보내다가 생을 마감하였다.

Carlos II (카를로스 2세)　(1611~1700) 펠리페 4세(Felipe IV)의 아들이자 합스부르크(Habsburgo) 왕가의 마지막 왕이다. 몸이 매우 허약해 후손을 남기지 못했으며 통치능력도 없었다. 후에 프랑스의 루이 14세(Luis XIV)의 손자인 펠리페 데 앙주(Felipe de Anjou)를 후계자로 지목해 왕위계승전쟁이 발발하게 되었다. ➡ Austria, Casa de[오스트리아 왕가(스페인계)]

Carlos II de Navarra (나바라의 카를로스 2세)　1322년경에 태어나 1387년에 사망한 나바라의 왕으로 후아나 2세(Juana II)와 펠리페 데 에브뢰(Felipe de Evreux)의 아들이다. 1349년에 즉위했으며 1352년에 프랑스 왕 후안 2세(Juan II)의 딸과 혼인했지만, 두 왕국이 지참금 문제로 인해 충돌함에 따라 카를로스 2세는 큰 피해를 보았다. 또한, 카를로스는 여러 왕국과 연합을 맺었는데, 자신의 이익을 위해서만 움직인 결과 동맹국의 신뢰를 잃게 되었다. ➡ Reino de Navarra(나바라 왕국)

Carlos III* (카를로스 3세)　펠리페 5세(Felipe V)와 그의 두 번째 부인인 이사벨 데 파르네시오(Isabel de Farnesio)의 아들로서 1716년에 마드리드에서 태어났다. 파르마 가문(casa de Parma)의 계승자인 모친의 신분으로 그는 미망인이 된 공작부인 도로데아 데 네오부르고(Dorotea de Neoburgo)의 후견 아래 1731~1735년 동안 파르마 공작령에 머물렀다. 그의 부친이 나폴리를 점령한 바 있었고 1735년 비인 조약이 체결되면서 카를로스는 카를로스 7세(Carlos VII)의 이름으로 나폴리 왕국의 왕위도 차지할 수 있었다. 무엇보다 1759년에 그의 이복형인 페르난도 6세(Fernando VI)가 자식이 없이 사망하자 그는 카를로스 3세의 이름으로 스페인 왕위를 계승하게 되었다. 마드리드에 돌아온 이후 카를로스 3세는 리카르도 월(Ricardo Wall)을 국무성(Secretaría de Estado)의 수장으로 임명하였고, 1763년 그를 해임한 이후에는 당시 파리 대사로 있었던 그리말디(Grimaldi)를 등용하였다. 왕이 나폴리 왕국에서 데려온 에스킬라체(Esquilache)는 이미 집권 초에 재무성(Secretaría de Hacienda)과 국방성(Secretaría de Guerra)에서부터 카를로스 3세의 통치기를 특징짓는 일련의 조치들을 실시하였다. 이러한 시도는 당시 왕권중심주의(regalismo)로 알려진 것으로서 본질적으로는 왕권이 최대의 정치력을 발휘하는 영역들을 확보하고자 하는 것이었다. 이렇게 하여 1760년부터 일련의 조치들이 산만한 지방 재정을 조정하기 위해 실행되었고, 그 과정에서 소유지와 지방세의 총회계부(Contaduría General de Propios y Arbitrios)가 창설되었으며 감독국(intendencias)과 지방위원회(juntas locales)가 강화되었다. 또한 1766년에는 5월 5일 합의판결(Auto Acordado)로 지방권력의 재정립이 절정에 달하면서 도시 과두지배층에 대한 통제책이 도입되었다. 한편 당시 주요한 정책 과제 중의 하나는 교회권력과 왕권과의 관계 수립이라고 할 수 있었다. 개혁 정신의 일환으로 교회권력에 대한 왕권과 일반 관할권의 재확인이 이루어졌으며 다양한 영역에서부터, 즉 카스티야 재무관(fiscales de Castilla)인 캄포마네스(Campomanes), 카라스코(Carrasco), 플로리다블랑카(Floridablanca)에 의해, 카스티야 평의회(Consejo de Castilla) 의장인 아란다(Aranda)에 의해, 그리고 에스킬라체, 그리말디, 아사라(Azara) 등에 의해 이러한 관계가 재고되었다. 그러나 이 모든 조치는 가톨릭 왕국의 전통적인 질서를 심각하게 훼손시키지 않는 범주 내에서 상이한 권력들의 영향력을 제한하는 방향으로 이루어졌다. 그리고 이 과정에서 영구토지소유자(manos muertas)의 취득 행위를 제한하는 것이나 1767년 4월 2일 예수회의 추방과 같은 조치들이 시행되었다. 이는 예수회 신부들이 바로 전해에 있었던 폭동과 깊이 관련이 있었을 뿐 아니라 그런 연유로 그리말디와 함께 공분의 대상이었던 에스킬라체가 하야되었다는 정황이 포착되면서 취해진 조치였다. 여기에 멈추지 않고 카를로스 3세는 당시 호세 모니노(José Moñino)를 로마에 파견하여 예수회를 폐지하도록 압박하였으며, 결국 이러한 요청은 교황의 칙서(Dominus ac redemptor noster) 발표로 현실화되었다. 1761년부터 스페인 왕국의 대외정치는 파리 대사로 있던 그리말디가 프랑스 왕국과 맺은 가계협정(pacto de Familia)에 의해 결정되었는데 이것은 다른 한편으로 영국과의 관계 악화를 의미하는 것이기도 하였다. 1763년 파리평화협정이 체결되면서 양국 간의 관계 개선이 모색되었지만 국제 정세가 영국의 아메리카 식민지 독립전쟁에 유리하게 전개되면서 스페인은 또 다시 영국과의 무장 충돌을 감행하였고, 그 결과 1783년 베르사이유 조약이 맺어지게 되었다. 한편 이러한 일련의 전쟁 행위는 1785년까지 미겔 데 무스키스(Miguel de Muzquiz)에 의해 주도되고, 이후 플로리다블랑카의 측근인 레레나(Lerena)가 수장으로 있었던 왕실 재무부에 심각한 부담을 주는 요인이 되기도 하였다. 이 시기에 고안된 조치들, 즉 왕실 증권 발행을 비롯하여 대출, 증여 등의 재정적 목적으로 창설된 성 카를로스 은행(Banco de San Carlos)에도 불구하고 왕국의 재정적 상태는 좀처럼 나아지지 않았고, 다음 치세기에 전개될 전쟁의 하중을 견디기 힘든 수준이 되었다. 일련의 주요 정책들이 거듭 실패하면서 카를로스 3세는 1776년 그리말디를 플로리다블랑카로 교체하였고 이때부터 치세기 말까지 이어지는 새로운 통치기를 시작하였다. 대외적으로는 정부 정책이 최대한 세력 균형을 유지하는 데 주력하면서 1783년부터 10년의 평화기를 맞이하였고, 포르투갈과의 동맹, 비기독교 왕국들과의 접촉, 프랑스 정치에 대해 최대한의 독립성 확보와 같은 결과를 맺을 수 있었다. 경제협회들(Sociedades Económicas)에 대한 지원이나 식민지 무역 촉진, 국내산업진흥과 같은 경제재건책이 계속 추진되었으며 무엇보다도 전통적인 균형을 깨뜨리지 않는 선에서 정부 부처의 시행을 강화하는 방향으로 나아갔다. 1787년에 플로리다블랑카는 국가위원회(junta de Estado)를 창설하여 부처 간 조정을 맡겼고 이를 통해 활동 역량을 강화하고자 하였다. 이러한 유형의 조치가 아라곤 파당(partido aragonés)을 중심으로 반발을 야기하기도 하였지만, 그의 정치력을 위협하지는 못했고, 오히려 카를로스 3세는 1788년 임종하는 순간에도 차기 왕이 될 아들에게 플로리다블랑카를 계속 등용하도록 조언할 정도였다.

Carlos III, Rey de Navarra (카를로스 3세, 나바라의 왕)　나바라의 왕으로 1387년에서 1425까지 재위했으며 카를로스 2세 엘 말로(Carlos II el Malo)의 아들이다. 1375년에 카스티야의 엔리케 2세(Enrique II de Castilla)의 딸 레오노르(Leonor)와 혼인했다. 다른 왕국과 좋은 관계를 유지해 재위기간 동안 과거 빼앗겼던 영토를 많이 되찾았다. 또한 평화로운 정책을 펼쳐 나바라 왕국에 많은 이익을 가져다주었다. ➡ Reino de Navarra(나바라 왕국)

Carlos Manuel I (카를로스 마누엘 1세)　(1562~1630) 이탈리아 출신의 귀족이다. 사보야(Saboya) 가문의 이익을 위해 기회주의적, 정치적 입장을 취했다. 펠리페 3세(Felipe III)의 치세기부터 스페인의 헤게모니가 기울기 시작하자 반스페인적 정책을 채택했다.

Carlos, Baltasar (발타사르 카를로스)　(1629~1646) 펠리페 4세(Felipe IV)와 이사벨 데 부르봉(Isabel de Borbon) 사이에서 태어난 장남이다. 황태자로서 왕위계승의 서열 제1위에 있었으나 어려서부터 병약했던 탓에 일찍 숨을 거뒀다. ➡ Austria, Casa de[오스트리아 왕가(스페인계)]

Carlotto, Estela de (에스텔라 데 카를로토)　1930년 아르헨티나 부에노스아이레스(Buenos Aires)에서 태어난 인권보호 활동가이며 5월 광장 할머니들의 의장이다. 1977년, ‘국가재건과정(Proceso Nacional de Reorganización)’으로 불리는 이 시기에 그녀의 딸이 실종되자 처음으로 정계에 발을 들인다. ➡ Asociación Madres de la Plaza de Mayo (5월 광장 어머니회)

Carmen Polo de Franco (카르멘 폴로 데 프랑코)　정식 이름은 마리아 델 카르멘 폴로 이 마르티네스 발데스(María del Carmen Polo y Martínez-Valdés)이다. 그녀는 1900년 오비에도(Oviedo)에서 태어나 1988년 마드리드에서 스페인 독재자 프란시스코 프랑코(Francisco Franco)의 부인으로서 생을 마감한 인물이다. ‘목걸이를 사랑하는 여인’으로 유명한 그녀는 남편인 프랑코가 1939년부터 1975년까지 스페인의 원수를 지낼 때 메이라스 작위를 받았다. ➡ Franquismo(프랑코주의)

Carnaval de Isla Cristina (크리스티나 섬 카니발 축제)　크리스티나 섬(Isla Cristina)에서 2~3월 사이(매년 유동적임)에 열린다. ‘정어리 매장(entierro de la sardina)’ 행사와 같은 시기에 열리며, 섬 주민들 외에도 타지인들도 가장행렬, 마차행렬 등의 프로그램에 활발하게 참여한다. 많은 관광객 유입과 주민들의 열렬한 지지로 인해 시에서 가장 많은 재정 지원을 받고 있는 행사이기도 하다.

Carnaval de Las Palmas (라스 팔마스 카니발) 2월 첫째 주에서 둘째 주 사이에 그란 카나리아(Gran Canaria)에서 열리며 이 지역의 가장 중요한 축제 중 하나이다. 사람들은 자신들이 원하는 옷으로 변장하고 춤추고 마시며 축제를 즐긴다. 그리고 토요일에는 대로를 행진하고, 저녁에는 야외에서 음악을 틀어놓고 춤을 춘다. 또한 풍자 노래 대회, 축제의 여왕 선발 대회 등 다양한 대회가 열리는데 그중에서 남장 여자 대회가 가장 인기가 있다.

Carpetania (카르페타니아) 6세기경 로마 제국에 흡수되기 이전까지 고대 카르페타인들(Carpeta)이 살았던 지역을 일컫는다. 그곳을 거쳐 간 부족 중 알려진 부족은 아리아카(Arriaca), 세고브리가(Segóbriga), 톨레툼(Toletum) 등이 있다. 현재 마드리드(Madrid), 톨레도, 시우다드 레알, 과달라하라 및 쿠엔카 지방에 해당한다.

Carreras i Coll, José (호세 카레라스 이 콜) (1946~) 스페인 테너로 세계 3대 테너에 속한다. 그는 바르셀로나에서 태어났으며 하이메 프란시스코 푸익(Jaime Francisco Puig)에게 성악을 배우고, 1970년에 바르셀로나 리세우(Liceu) 극장에서 도니제티(Donizetti)의 『*Lucrezia borgia*』로 데뷔했다. 특히 1975년 스칼라(Scala) 극장에서 공연한 『*Un ballo in maschera*』에서 가장 호평을 받았다.

Carrero Blanco, Luis (루이스 카레로 블랑코) (1903~1973) 스페인의 정치인이자 군인. 프랑코 정부 시절 여러 직책을 역임하였으며, 1973년 스페인 총리 재직 당시 바스크 분리주의 조직인 ETA에 의해 살해당했다. ➡ Franquismo(프랑코주의)

Carrillo de Acuña, Alonso (알론소 카리요 데 아쿠냐) 1412년 쿠엔카(Cuenca)에서 태어나 1482년 알칼라 데 에나레스(Alcalá de Henares)에서 사망한 스페인 고위 성직자이다. 토로스 데 기산도 협약(Pacto de los Toros de Guisando)을 성사시키면서 엔리케 4세(Enrique IV)와 이사벨(Isabel)의 왕위계승 문제를 중재했을 뿐 아니라 이사벨과 페르난도(Fernando)의 결혼을 이루는 데도 중요한 역할을 했다. ➡ Isabel I de Castilla (카스티야 여왕 이사벨 1세)

Carrillo, Santiago (산티아고 카리요) (1915~2012) 스페인 정치가이다. 스페인 제2공화국에서부터 과도기(Transición) 말까지 사회주의를 대표하는 인물이었다. 스페인공산당(Partido Comunista de España)의 서기장을 1960년부터 1982년까지 22년간 맡은 프랑코 체제에 강력한 저항과 스페인 과도기를 이끌어낸 중심인물 중 하나다. ➡ República II(제2공화국)

Cartaginensis (카르타히넨시스) 로마 제국 지배하에 있던 이베리아 반도의 행정 구역 중 하나로 반도 중부와 남동부를 포괄하는 곳이었다. 주교좌가 있는 곳이기도 하였으며 수도는 현재의 카르타헤나(Cartagena)인 카르타고 노바(Carthago Nova)였다. 마드리드(Madrid), 발렌시아(Valencia), 톨레도(Toledo), 무르시아(Murcia) 등을 포함하였다. ➡ Romanización(로마화)

Cartago (카르타고) 티레의 고대 페니키아인이 건설한 도시 국가로, 현재 튀니지 일대의 북아프리카 연안에 위치했었다. 기원전 814년경에 세워진 것으로 추측되며, 지중해 통상의 요충지로 해상무역을 통해 발전하였다. 기원전 3세기 전반까지 서지중해에서 최대의 세력을 떨쳤으며, 지중해를 사이에 두고 로마와 패권 싸움을 벌였으나, 기원전 146년 제3차 포에니 전쟁 이후 로마의 속주국으로 전락하였다. ➡ Romanización(로마화)

Cartas Pueblas (주민 특허장)　　스페인 레콩키스타가 진행 중이던 당시 전략적으로 마을을 세우고 인구를 늘리기 위해 스페인의 왕실과 기독교 지도자들이 주민들에게 부여한 특권과 양도를 명시한 문서를 일컫는다. ➡ Reconquista(레콩키스타)

Carthago Nova (카르타고 노바)　　기원전 209년부터 6세기까지 고대 로마의 지배하에서 붙여진 카르타헤나(Cartagena)의 라틴어 이름. 이후 카르타고 스파르타니아(Carthago Spartania)로 이름이 바뀌었다. ➡ Romanización(로마화)

Carvajal, Francisco de (프란시스코 데 카르바할)　　(1468~1548) 스페인 정복자로 페루의 내전 당시 악랄한 전략들로 인해 "안데스의 악마"로 악명을 떨쳤다. 반역에 가담했으나 하키하구아나 전투에서 패한 후 참수형을 당했다.

Casa Batlló (가사 바틀로)　　마나클 주세보 한 선축불도, 역시 가우디 작품인 카사밀라 주택과 마주 보고 있다. 가우디가 설계한 다른 건축물처럼 독특한 형태를 지니는데, 특히 구불구불한 공간미를 강조했다. 생명이 없는 무기체가 아니라 생명이 살아 숨 쉬는 유기체 같아서, '인체의 집'이라는 의미로 카사 델스 오소스(Casa dels ossos)라고도 한다. 벽면에는 흰색의 원형 도판을 붙이고 초록색·황색·청색 등의 유리 모자이크를 가미해 화려한 색채를 보여주며, 아침 해가 비추면 마치 지중해의 파도 속에 떠다니는 해초와 작은 동물들처럼 보인다. 유네스코가 세계문화유산으로 지정했다.

Casa Botines (카사 보티네스)　　스페인 레온(León)에 위치한 모더니즘 건축물이다. 페르난데스 안드레스(Fernández y Andrés) 별장이라고 불리는 이 건물은 안토니오 가우디가 1891년부터 1894년까지 세운 건축물이다. 건물의 이름은 설립자 호안 옴스 이 보티나스(Joan Homs i Botinàs)의 이름을 따왔다. 1951년에 리모델링 후 1969년 역사기념물로 지정되었으며, 현재는 스페인 은행 카하 에스파냐(Caja España) 본부의 건물로 사용되고 있다.

Casa Calvet (카사 칼베트)　　스페인 바르셀로나에 있는 안토니오 가우디의 건축물이다. 바르셀로나의 엔산체(Ensanche) 지구에 있는 카스프 거리(calle Casp)에 위치한다. 1898년부터 1900년까지 건설되었으며, 프란체스크 베렌게르(Francesc Berenguer), 호안 루비오(Joan Rubió), 홀리 바트레벨(Juli Batllevell)과의 협력으로 완공되었다. 이 건축물은 1900년 제1회 바르셀로나 예술 건축물 콘테스트에서 우승하였다.

Casa de Borbón (부르봉 왕가)　　프랑스의 왕조로 유럽의 여러 국가에서 군림하였으며 18세기부터 여러 기간에 걸쳐 스페인을 다스렸다. 왕가의 명칭은 도시의 이름에서 유래하였으며, 프랑스 카페 왕가의 한 갈래이다. 현재 스페인의 왕인 후안 카를로스 1세 또한 부르봉 왕가 출신이다.

Casa de Borbón-Parma (부르봉-파르마 가문)　　부르봉 왕가의 분가 중 하나로 1748년에서 1859년까지 파르마(Parma), 플라센시아(Plasencia) 그리고 구아스타야(Guastalla)로 이루어진 이탈리아 공국을 통치했다. 안토니오 파르네시오(Antonio Farnesio)가 후계자를 남기지 못하고 사망하자, 부르봉-파르마 가문 출신의 이사벨 데 파르네시오(Isabel de Farnesio)와 스페인의 펠리페 5세(Felipe V) 사이에서 태어난 카를로스(Carlos)가 가문의 대를 잇게 되었다. 1735년 폴란드 왕위계승전쟁으로 카를로스는 오스트리아로부터 나폴리 왕국(reino de Nápoles)을 양도받는 대신 파르마 공위를 넘겨주게 된다. 하지만 1748년에 카를로스가 파르마 공국을 되찾으면서 부르봉-파르마(Casa de Borbón-Parma) 가문이 탄생하게 된다. ➡ Carlos III(카를로스 3세)

Casa de Campo (카사 데 캄포 공원)   스페인의 마드리드 서쪽 몽클로아 아라바카 (Moncloa-Aravaca) 구(區)에 위치한 공원이다. 총넓이 1,722ha에 달하는 이 공원은 프랑스 파리의 불로뉴 숲의 2배이며, 미국 뉴욕 센트럴 파크의 5배에 해당하는 면적이다. 처음에는 왕족의 사냥터로 사용되었으나, 스페인 두 번째 공화국이 선포되면서 마드리드 시에 부지가 넘어갔고 그 이후로 공공장소로 사용되고 있다. 공원 내부에는 동물원, 전시회장(Institución Ferial de Madrid) 및 각종 스포츠 놀이 시설들이 있다.

Casa de Castro (카스트로 집)   'Corona de Castilla'에서 기원한 스페인 명문 혈통이다. 갈리시아 왕인 García de Galicia의 자손으로 과거 스페인의 권력 있는 가문 중 하나이다. ➡ Castilla, Corona de(카스티야 연합왕국)

Casa de Contratación* (통상원)   가톨릭 공동왕(Reyes Católicos)에 의해 1503년 1월 20일에 세비야에서 창설된 무역기관으로써 국가나 특정인들에게 의해 선적된 배들을 통해 아메리카와의 운송과 여객 서비스를 계획하고 통제하기 위하여 만들어졌다. 무역과 관련된 사안에서는 공동왕의 최고의 자문기관으로 자리 잡으면서 관리들과 선원들의 항해에 필요한 지식을 알려주고 평가하는 것 외에 해외무역에서 비롯된 수입들을 왕국에 보장해 주는 기관이 되었다. 본부는 1717년까지 세비야의 옛 성(Alcázar Viejo de Sevilla)에 있는 제독관(Cuerpo de los Almirantes)에 있었으며 1717~1790년 사이에는 카디스(Cádiz)로 옮겨졌다. 아메리카 영토의 식민화 초기부터 공동왕은 해외업무의 책임자로서 성직자인 후안 로드리게스 데 폰세카(Juan Rodríguez de Fonseca)를 임명했으며 그는 이 직무를 1493년 초에 세비야에서 수행하였다. 이 직책에 포함되어 있는 행정, 기술, 관료 업무들은 1503년 통상원의 창설로 그 부담이 감소하게 되었으며, 1524년 죽을 때까지 폰세카는 아메리카 행 카스티야(Castilla) 운송의 총괄에서 통상원과 협력하였고, 후에 이 기관은 새롭게 창설된 인디아스 평의회(Consejo de Indias, 아메리카 평의회)에 직속되었다. 초기에 통상원은 복잡한 업무를 수행하는 자들로 한 명의 화물운송담당자(factor)와 한 명의 재무관(tesorero), 그리고 한 명의 회계사(contador)만을 두고 있었다. 화물운송담당자는 선박들의 조달과 검사, 왕실재무부가 수은, 무기, 군수품 등과 같이 아메리카로 보내는 상품들에 대해 실시해야 하는 매입과 같은 일들을 수행한다. 재무관은 아메리카에서부터 유입된 재산들을 파악해야 하였고 회계사이자 서기 역할까지 담당하는 다른 한 사람은 아메리카와 통상원 자체에서 실시되는 모든 상품거래들의 회계장부를 맡고 있었다. 아메리카에서의 스페인 경영이 자리를 잡아가고 상품 거래가 갈수록 복잡한 양상을 띠면서 통상원의 행정적 부담은 커져갔고 예상치 못한 수요에 대처하기 위한 새로운 직책들이 요구되었다. 1508년에 선원들을 육성하고 평가하기 위한 수석 항해사직이 추가되면서 이 직책에 아메리코 베스푸시오(Américo Vespucio)가 임명되었다. 1523년에는 우주학자직이 만들어져서 항해도구들을 제작하게 하였으며 1552년에는 항해학과 우주학 강좌가 창설되어서 통상원 내에 항해술 아카데미의 기능을 수행하도록 하였다. 1510년과 1531년에 승인된 두 개의 최초의 법령들은 통상원의 기능을 규정하였으며 상업 영역에서 그 직능을 명시하였다. 이에 따르면, 관리들은 근무일에 두 번 모여서 아메리카에 관하여 궁정에서 처리한 모든 절차들과 재무부와 관련된 제반 사항들과 선박들의 유출입과 같은 지불명령서의 발급을 기록하도록 하였으며, 금의 밀매를 방지하기 위하여 아메리카로부터 오는 선박들을 감시하도록 하였다. 1539년에 이 관할권은 확장되어서 제반 무역 소송에서 사법권을 행사하도록 하였다. 16세기와 17세기는 통상원이 번성하던 시기로 아메리카로의 여행에 필요한 왕의 허가증을 부여하기도 하였다. 허가 이전에 먼저 모든 여행객들은 등록하여야 했으며 후보자들 각각의 직업을 명시하도록 하였다. 그러나 이주민의 통제와 엄격성의 정도는 스페인 주민에 대한 아메리카의 수요에 따라 바뀌었으며 여행객들을 기록하는 것은 아메리카로의 이주민 유입을 감시하는 목적이 있었다. 18세기 초인 1717년 5월 12일에 펠리페 5세의 명령으로 통상원이 카디스로 옮겨지면서 아메리카로의 항해에서 이제 카디스 무역이 상업과 해외 항해에서 주요 거점으로 자리 잡게 되었다. 통상원의 이러한 특권도 1778년이 되면서 종말을 맞이하게 되었는데, 왕령에 의해 아메리카와의 자유 무역이 다른 항구에도 허용되었기 때문이다. 무역거래에서 통상원이 보유하고 있었던 직능과 영향력의 상실은 결국 1790년 통상원의 폐지로 끝을 맺었다.

Casa de Habsburgo (합스부르크 왕가)　유럽의 가장 오래된 왕가 중에 하나이며, 역사적으로 가장 광범위한 영토를 지배한 왕조 중 하나이다. 왕가의 명칭은 1020년에 아르가우 지방에 세운 합스부르크 성에서 유래하였다. 유럽의 여러 나라에서 군림하였으며, 스페인의 경우 16세기부터 18세기까지 합스부르크 왕가에 의해 통치되었다.　➡ Austria, Casa de[오스트리아 왕가(스페인계)]

Casa de las Flores(Madrid) (카사 데 라스 플로레스)　스페인 마드리드 참베리(Chamberí)구(區)에 있는 다세대 주택 건물들이다. 1931년 세쿤디노 수아소(Secundino Zuazo)로 인해 설계되었다. 정원처럼 꾸며진 발코니가 특징적이어서 카사 데 라스 플로레스(꽃의 집)라는 이름이 붙여졌다. 1934년 이곳에서 유명 작가 파블로 네루다(Pablo Neruda)가 1934년에 살았고, 에밀리오 카레레(Emilio Carrere)는 그가 생을 마감할 때까지 이 집에서 살았다. 총 5층 건물의 벽돌로 지어진 이 건물은 현재 1층에 몇몇 상가들이 있다.

Casa de Mendoza (멘도사 가문)　스페인 귀족으로 현 바스크(País Vasco) 알라바(Álava)주에 위치한다. 멘도사 가문은 알폰소 11세(Alfonso XI 1312~1350) 시기에 카스티야 왕국을 위해 일했다. 14세기에서 18세기 동안 멘도사 가문은 과달라하라(Guadalajara)주에서 막강한 권력을 가졌다.　➡ Castilla, Corona de(카스티야 연합왕국)

Casa de Pilatos [필라토스 가(家)]　스페인 남부 세비야(Sevilla) 도시에 있는 왕궁이다. 이탈리아 르네상스 양식과 스페인의 무데하르 양식이 혼합된 이 건축물은 전형적인 안달루시아 건축물이라고 할 수 있다. 당시 안달루시아 총독이었던 페드로 엔리케스 키뇨네스(Pedro Enríquez de Quiñones)의 청원으로 1483년 처음 궁의 건설이 시작되어 종교 재판소(Inquisición)의 몰수를 무릅쓰고 그의 손자 페르 아판 데 리베라(Per Afán de Ribera)까지 이어지면서 완공되었다.

Casa de Sabatini (사바티니 가문)　이탈리아의 영향력 있는 가문으로 스페인 왕실의 유명한 건축가 프란체스코 사바티니(Francisco Sabatini)와 숱한 예술가들을 배출했다.

Casa de Saboya (사보야 가문)　피아몬테(Piamonte)와 사보야에서 9세기 동안, 사르디니아(Cerdeña)와 이탈리아 왕국을 18세기부터 통치한 왕조이다. 가문의 시초는 로마시대로 거슬러 올라가며 스페인에는 1871년부터 1873년까지 통치한 아마데오 1세(Amadeo I)가 있다.

Casa de Su Majestad el Rey de España (스페인 국왕 폐하궁)　스페인 왕의 직속 기관으로 국가원수의 활동 전반을 지원하는 업무와 스페인 왕가의 사유 저택인 사르수엘라 궁전(Palacio de la Zarzuela)의 내부 조직과 운영을 담당하고 있다.

Casa del Labrador (라브라도르 별장) 왕실 거주지 중 한 곳으로 18세기 신고전주의 양식의 건축물이다. 국가문화유산으로 관리되며 2001년 유네스코 문화유산에 '아란후에스 (Aranjuez)의 문화풍경(Paisaje Cultural de Aranjuez)'이라는 이름으로 등록되었으며 일반인에게도 개방하고 있다.

Casa del Pueblo (민중의 집) 스페인 사회노동당의 핵심인물들이 모이는 본부로 알려져 있다. 역사적으로 이곳에서 노동자들에게 많은 정보를 제공하곤 했다. 첫 번째 민중의 집은 1901년 스페인 바다호스 주(Badajoz)의 몬티호(Montijo)에 있었으며, 두 번째 민중의 집은 스페인 발렌시아 주(Valencia)의 알시라(Alcira)에 생겼다. 현재 이 단어는 전통을 고수하고 있는 바스크(País Vasco) 지역을 제외하고는 사라져 가고 있는 추세이다. ➡ Partido Socialista Obrero Espaóñol(PSOE, 스페인사회노동당)

Casa del Sol (카사 델 솔) 곤도마르(Gondomar) 백작의 궁전으로 16세기 플라테레스크 형식으로 지어졌으며 아치형의 성문이 돋보인다. 백작이 자신의 방대한 도서들을 보관하기 위해 도서관으로 사용했으나 20세기에 국립 조각 박물관으로 편입되었다.

Casa Milà (카사 밀라) '라 페드레라(La Pedrera)'라고도 하며 1910년 완성하였다. 이 건물은 1895년 바르셀로나 신도시계획 당시에 세워진 연립주택이다. 물결치는 구불구불한 외관은 가우디 건축물의 특징 중 하나이다. 동굴 같은 출입구, 독특한 모습의 환기탑과 굴뚝을 보고 있으면 이곳에서 사람이 살 수 있을지 의문을 갖게 한다. 하지만 내부에는 엘리베이터가 있고, 냉난방시스템이 있는 등 현대적인 설비를 모두 갖추고 있다. 건물 안쪽에는 2개의 안뜰이 있고, 주거 부분은 1만 2,000m²에 이르니 연립주택으로서 손색 없는 건물이다.

Casa Vicens (카사 비센스) 스페인 바르셀로나 가르시아(García) 구(區)에 있는 건축물이다. 건축가 안토니오 가우디가 1878년 건축공부를 마친 뒤 처음으로 작업에 들어간 건축물이기도 하다. 1883년부터 1888년까지 건축되었다. 이 건물은 어떠한 양식에서도 영향을 받지 않은 가우디만의 조형적 감각이 드러난 작품이다. 벽돌, 돌, 잡석, 타일과 같은 강한 질감의 자연적 재료를 사용하여 새하얀 균질의 미를 부르짖던 당시 모더니즘 양식들 속에서 혁명적인 작품으로 주목을 끌었다. 외관은 전체적으로 기하학적인 패턴을 보이면서도 요소마다 풍부한 동식물의 장식들이 덧붙여져 주변 자연환경과 어떠한 이질감도 없이 서로 어우러져 있다.

Casado del Alisal, José (호세 카사도 델 알리살) 1832년 발렌시아(Valencia)에서 출생한 화가. 대표적 작품으로는 「*Últimos momentos de Fernando IV el Emplazado*」(1860), 「*Gonzalo Fernández de Córdoba ante el cadáver del duque de Nemours*」(1866) 등이 있다.

Casado, Segismundo (세히스문도 카사도) (1893~1968) 스페인 내전 말 후안 네그린 (Juan Negrín)의 사회주의 정권에 맞서 공화당에서 쿠데타를 주도한 군인 중 한 명이다. 그는 1939년 3월 전국 국방위원회(Consejo Nacional de Defensa)를 결성하고, 프랑코 (Francisco Franco) 군대를 스페인 중심부에 설치하여 제2공화국의 마지막 영토까지 장악하게 하였다. ➡ Guerra Civil Española(스페인 내전)

Casanova, Rafael (라파엘 카사노바) (1660~1743) 스페인의 정치가이자 변호사이다. 부유한 농민 집안 출신으로 바르셀로나에서 활동했다. 1708년에 카를로스 3세(Carlos III)에 의해 명예시민으로 임명 받았다. 카탈루냐 민족주의의 상징으로 평가 받는다.

Casares Quiroga, Santiago (산티아고 카사레스 키로가) (1884~1950) 스페인의 정치인

이자 변호사이며 파시즘에 대항했다. 1936년 내란이 일어나자, 정계를 떠나 프랑스로 망명했다. ⇒ Guerra Civil Española(스페인 내전)

Casas a la malicia (카사스 알 라 말리시아)　Casas de difícil/incómoda partición이라고도 불리는 이 집은 16세기에서 18세기 스페인 건축양식 중 하나이다. 1561년 펠리페 2세(Felipe II)의 감시를 피하기 위해 고안된 단층짜리의 집으로 멀리 높은 곳에서도 집안의 내부 구조가 잘 보이지 않게 만들어졌다. 마드리드 라 라티나(La Latina) 지역에서 많이 찾아 볼 수 있다. ⇒ Felipe II(펠리페 2세)

Casas, Bartolomé de las* (바르톨로메 데 라스 카사스)　도미니크회 사제이자 연대기 작가이며 신학자이고, 멕시코 치아파스(Chiapas) 주교였던 그는 무엇보다 아메리카 인디오의 옹호자로서 인디아스(Indias)의 사도라고 불린다. 1493년 9월 콜럼버스의 두 번째 항해에 그의 부친과 숙부가 합류하면서 아메리카와의 인연이 시작되었고, 그 자신도 1502년 아직 사제 서품을 받지 않은 28세의 나이에 아메리카로 향하는 배에 올랐다. 그러나 미지 세계에 대한 호기심과 복음 전파의 열정은 그가 라 에스파뇰라(La Española)에 도착한 이후부터 좌절될 수밖에 없었는데 그는 광산업자이자 엔코멘데로로서 하라구아(Jaraguá)와 이구에이(Higüey) 지역 원주민들의 반란 진압에 참여하여야 했고, 또한 하니케(Janique) 강가에 있는 토지를 보유하게 되면서 원주민 노동력을 이용하여 토지를 개발하여야 했기 때문이다. 그는 1506년 세비야에 돌아온 후 얼마 안 되어 로마로 갔고 이곳에서 인문, 종교교육을 이수하고 부제직(diaconado)을 수여받을 수 있었다. 1508년 그가 라 에스파뇰라에 돌아갔을 때 디에고 콜론(Diego Colón) 제독으로부터 라 콘셉시온(La Concepción) 인근의 소유지를 원주민들과 함께 하사받을 수 있었고, 그는 여기에서 교구사제(doctrinero)로서 종사할 수 있었다. 또 당시 푸에르토 리코(Puerto Rico)의 주교 알론소 만소(Alonso Manso)로부터 사제직(presbiterado)을 받으면서, 그는 신세계에서 서품을 받은 첫 번째 사제가 되기도 하였다. 하지만 그는 여기서 도미니크회 수도사 페드로 데 코르도바(fray Pedro de Córdoba)와 안토니오 데 몬테시노스(Antonio de Montesinos)를 통해 스페인 사람들의 원주민들에 대한 잔악상을 들을 수 있었고, 이 두 수도사는 이후 원주민 보호를 위해 스페인으로 가서 항의함으로써 1513년 7월 26일자 원주민들의 노동에 관한 부르고스 법령(Ordenanzas de Burgos)의 수정에 일조하기도 하였다. 라스 카사스는 판필로 데 나르바에스(Pánfilo de Narváez)의 주임 사제이자 자문인으로서 쿠바에 가게 되었고 그는 여기에서 아투에이(Hatuey) 원주민들의 원성과 카오나오의 대학살(matanza de Caonao)을 접하게 되고 그와 곧 결별하게 되었다. 쿠바에서 그는 새로운 소유지를 얻었으나 1514년에 라 에스파뇰라에서 온 일부 도미니크 수도사들로부터 엔코멘데로의 원주민 학대를 전해 들으면서 엔코미엔다 제도 자체에 대해 강한 회의를 가지게 되었고, 1514년 한 설교에서 그는 이 모든 것이 부당함을 고발하고 자신도 보유하고 있던 소유지를 포기하기에 이르렀다. 그는 이러한 상황을 본국에 알려야겠다는 생각에 스페인으로 가서 1515년 페르난도 가톨릭 왕(Fernando el Católico)을 알현하게 되지만 인디아스에 관한 일체의 업무는 그의 말에는 관심도 없던 로드리게스 데 폰세카(Rodríguez de Fonseca)와 로페 콘치요스(Lope de Conchillos)에게 일임되면서 별다른 성과를 거둘 수 없었다. 1517년 카를로스 1세(Carlos I)가 스페인 왕으로 등극하면서 라스 카사스는 왕의 플랑드르 출신 자문관들과 접촉할 수 있었고 고관인 장 드 소바쥐(Jean de Sauvage)의 지지를 받을 수 있었다. 그 결과 라스 카

사스의 입장은 1517년 12월 11일 왕실 회의에서 알려지게 되었고 그는 그곳에서 원주
민들의 인간됨과 그들이 복음화와 문명화가 될 가능성, 또 그들의 공동체 조직과 정복자
들의 남용에 대해 설명할 기회를 가질 수 있었다. 그러나 그는 노동력 착취 제도를 유지
하기 위해 원주민보다 고된 일에 적합한 흑인 노예들이 아메리카로 유입되는 것이 좋겠
다는 의견을 제안함으로써 4,000명의 흑인들이 아프리카에서 아메리카로 끌려가는 일을
초래하기도 하였다. 훗날 라스 카사스는 아프리카 흑인들도 아메리카 원주민과 같이 노
예화와 착취를 당하는 것은 부당하다고 비망록(Memorias)에 기술하면서 자신의 오류를
인정하기도 하였다. 1520년 5월 19일 아 코루냐(A Coruña)에서 카를로스 1세는 주임
사제 바르톨로메 데 라스 카사스에게 부여된 파리아(Paria) 해안선의 식민화 협정에 서
명하였다. 이를 통해 베네수엘라에 있는 파리아에서부터 콜롬비아에 있는 산타 마르타
(Santa Marta)까지 300레구아(legua)에 해당하는 해안선을 식민화하고 복음화하며 그
곳 원주민들에게 자유와 특권을 주는 세 개의 도시를 설립할 수 있었다. 그러나 베네수
엘라의 쿠마나(Cumaná)에서 원주민 폭동이 발발하고 그곳 수사들과 스페인 사람들이
살해당하는 일이 생기면서 라스 카사스는 본 의도와 달리 산토 도밍고(Santo Domingo)
행정당국의 군사 지원을 받지 않을 수 없었다. 평화적인 방법으로 식민화하려고 했던 그
의 노력이 무산되면서 그는 큰 충격을 받았고, 1522년 라 에스파뇰라의 수도원에 들어
가서 3년간 신학과 법을 공부하는데 전념하였다. 1526년 말 그는 다시 라 에스파뇰라의
당국이 노예 원주민들의 포획과 거래를 묵인하는 것에 대해 분개하면서 새로운 재판소
장인 알론소 데 푸엔마요르(Alonso de Fuenmayor) 대주교에게 항의하기도 하였다.
1539년 말 라스 카사스는 스페인으로 돌아가서 그의 투쟁을 계속하였고, 바야돌리드에
서 카를로스 1세를 만날 수 있었다. 아메리카의 상황을 우려하고 있었던 황제는 그의 요
구를 수용하여 1542년 위원회를 소집하도록 하였고, 이곳에서 라스 카사스는 "인디아스
의 개혁을 위한 16가지 해결방안들"이라는 긴 청원서를 제출하면서 특히 원주민들은 자
유로운 신민이자 신하로서 누구도 스페인 사람들에게 위탁되지 않아야 한다고 공표하도
록 하였다. 그 결과 1542년 11월 20일에 신법들(Leyes Nuevas)이 공표되었으며 1543년
인디아스 평의회(Consejo de Indias)도 재조직될 수 있었다. 이 법에는 라스 카사스의
주장이 반영됨으로써 원주민들의 노예화가 금지되었고 또 이들은 엔코멘데로가 아닌 왕
국의 직접 통치 아래 놓이게 되었다. 그리고 미개발지를 정복하려 할 때는 반드시 두 명
의 사제가 동행하도록 함으로써 스페인 사람들의 대원주민 접촉이 평화적인 방식으
로 진행되도록 감시 방안을 마련하기도 하였다. 1543년 3월 라스 카사스는 치아파스
(Chiapas) 대주교가 되었고 1546년 9월에는 후안 데 수마라가(Juan de Zumárraga)의
도움 아래 아메리카 주교회의를 개최하면서 원주민들의 자유를 위한 그의 주장들이 채
택되기도 하였다. 1550년 7월에는 바야돌리드에서 신학자들, 교회법 전문가들, 카스티야
평의회원들, 그리고 인디아스 평의회원들이 참석한 위원회가 열리면서 아메리카 발견과
정복, 식민화의 진행방식에 대한 토론이 있었다. 참석자 중엔 라스 카사스 외에 후안 히
네스 데 세풀베다(Ginés de Sepúlveda), 도밍고 데 소토 수사(fray Domingo de Soto),
멜초르 카노 수사(fray Melchor Cano), 바르톨로메 카란사(Bartolomé Carranza)가 있
었고 여기에서 바로 그 유명한 라스 카사스와 히네스 데 세풀베다 간의 논쟁이 전개되었
다. 역사가이자 성직자인 세풀베다는 원주민들은 열등한 존재이기에 스페인 사람들에게
예속되어야 하며 인간은 날 때부터 똑같지 않기에 정복사업은 정당화될 수 있다고 주장

하였다. 그는 노예제도에 대한 아리스토텔레스의 주장을 내세우면서 노예들은 누군가의 지시를 따를 수는 있어도 자력으로 문명화된 삶을 영위할 수는 없는 존재라고 주장하였다. 따라서 이런 자들은 생각하고 결정해 줄 주인이 필요하며 결과적으로 정복자들의 행위는 정당화될 수 있다고 하였다. 라스 카사스는 이러한 그의 주장에 반박하여 고전에 대한 자신의 무지를 인정하면서도 기독교는 근본적으로 출신과 상관없이 모든 자는 신 앞에서 평등하다는 원칙을 가지고 있다고 주장하였다. 결국 인디아스 평의회는 라스 카사스의 주장을 받아들여서 1551년 4월 11일 그의 입장에 동조하는 판결을 내리게 되었다. 이후 라스 카사스는 주교직을 사임하고 선교사 파송과 저술 작업 등에 전념하게 되었고, 그중에서 『Historia de Indias』와 『Brevísima relación de la destrucción de las Indias』는 가장 대표적인 작품으로 손꼽힌다. 한편 아메리카 정복과 식민화에서 스페인 사람들이 자행한 행위에 대한 그의 비판은 후에 검은 전설이 확산되는데에 일조하기도 하였다. 1543년 12월에는 고해성사규범(Confesionario)을 비롯하여 원주민 문화와 고전 고대문화를 비교하며 신세계 주민들의 미덕을 강조하는 저서를 쓰기도 하였다. 생애 말년은 마드리드에서 보내면서 1562년 『Historia de Indias』를 탈고하였고, 여기에서 그는 스페인이 원주민들을 부당하게 학대한 벌로 파괴될 것이라고 예언하기도 하였다. 라스 카사스의 사상은 프란시스코 데 비토리아(Francisco de Vitoria)와 살라망카학파(Escuela de Salamanca)에 영향을 주면서 누구도 아메리카 땅을 정복할 권리는 없으며 그곳의 진정한 주인은 바로 원주민이라는 주장으로 이어지게 되었다. 제2차 바티칸 공의회(Concilio Vaticano II)는 라스 카사스의 사상이 현대 선교학의 기본원칙들을 고수하고 있다고 공언하기도 하였다.

Casita del Infante(San Lorenzo de El Escorial) [(엘 에스코리알의) 산 로렌소 왕자의 별장] 왕실 거주지 중 한 곳으로 Casita de Arriba(위의 집)로도 불리며 마드리드의 산 로렌소 데 엘 에스코리알 지역에 위치한 18세기 신고전주의 양식의 건축물이다. 카를로스 3세(Carlos III)의 왕자인 가브리엘 데 부르봉(Gabriel de Borbón)이 휴양을 취하였던 장소로서 스페인 왕실에 소속된 국가문화유산으로 관리된다.

Casita del Príncipe(El Escorial) [(엘 에스코리알의) 왕세자의 별장] 왕실 거주지 중 한 곳으로 Casita de Abajo(아래의 집)으로도 불리며 마드리드의 엘 에스코리알 지역에 위치한 18세기 신고전주의 양식의 건축물이다. 1931년 문화재로 등록되었으며 아스투리아스(Asturias)의 왕자였던 카를로스 4세(Carlos IV)에 의하여 처음 지어진 별채로 스페인 왕실에 소속된 국가문화유산으로 관리된다.

Caso (카소) 스페인 아스투리아스(Asturias) 지방에 위치한 도시이다. 날롱 강(Nalón)이 흐르며 굴곡진 지형이 특징이다. 레온 지방으로 향하는 항구가 있다. 로마 시절 당시의 도로가 아직도 남아 있다. 1447년 후안 2세(Juan II)가 특허장(Carta Puebla)을 선포한 지역이기도 하다.

Caso Bárcenas (바르세나스 사건) 루이스 바르세나스(Luis Bárcenas)의 재판 사건으로 기업들의 기부금이 당내 정치인들에게 특별 수당으로 지급되었으며, 그중에는 마리아노 라호이(Mariano Rajoy)도 포함되었다고 주장된 바 있다.

Caso Bon Sosec (본 소섹 사건) 스페인 마요르카(Mallorca) 섬의 마라치(Marrachí) 지역에 위치한 본 소섹 공동묘지와 관련하여 국민당(Partido Popular) 소속의 조안 파헤다(Joan Fageda) 팔마 데 마요르카 시장이 개입된 정치 비리사건이다. 파헤다 시장이 소유한 건설기업이 묘지 건설에 참여하였고 운영부실로 준국영기업의 자금조달 후 횡령 등의 혐의가 있었으나 조사가 재개되지도, 추가 이의 제기도 없었던 사건이다.

Caso Brugal (브루갈 사건) 스페인 알리칸테 지역의 환경미화기업 선정 과정에서 뇌물수수, 부당취득의 비리가 드러난 사건으로 2006년 조사가 시작되어 2007년 관련자 7명이 체포되었다.

Caso Caja Navarra (나바라 은행 사건) 2013년 소비자, 납세자, 사용자협회(Asociación Kontuz)가 나바라 은행의 불법행위를 고발해 부르고스 은행(Caja Burgos), 카나리아스 은행(Caja Canarias) 등과의 합병을 조사하다 뇌물수수, 불법 접대 등의 악관행 비리가 드러난 사건이다.

Caso Campeón (캄페온 사건) 세관 밀수 감시 서비스(Servicio de Vigilancia Aduanera) 에이전시에서 15명이 적발된 사건이다. 대표적으로 의약품계 사업가인 호르헤 도리보 (Jorge Dorribo)와 갈리시아 경제 진흥 연구소 이가페(Instituto Gallego de Promoción Económica, IGAPE)의 임원 두 사람이 연루되었다.

Caso de la Ciudad del Golf (시우다드 델 골프 사건) 골프 도시 사건이라는 의미로, 스페인 카스티야 이 레온(Castilla y León)의 라스 나바스 델 마르케스(Las Navas del Marqués) 지역에서 발생한 사건이다. 이 사건은 2006년 카스티야 이 레온의 고등법원에서 도시화계획에 대한 행정소송이 일어나면서 시작된 것으로 조류특별보호구역(Zona de Especial Protección para las Aves, ZEPA)에 1,600가구, 골프장 및 호텔을 짓는다는 계획에 대해 반발하면서 발생한 것이다.

Caso de la construcción (건축 사건) 스페인 부르고스(Burgos) 지역의 도시 계획 프로젝트 과정에서 나타난 부정부패 사건이다. 부르고스의 전(前) 시장 호세 마리아 페냐 산 마르틴(José María Peña San Martín)이 건축사무소장인 안토니오 멘데스 포소(Antonio Méndez Pozo)에게 불법 건축 승인을 해 준 대가로 자금을 받은 사건이다. 한편 에스테반 코랄(Esteban Corral)도 연루된 사실이 추가로 밝혀졌다.

Caso de la cooperación [코페라시온 사건(블라스코 사건)] "협동 사건" 혹은 "협력 사건" 이라는 의미로 블라스코 사건이라고도 불린다. 이 사건은 2008년부터 2010년까지 프란시스코 캄프스(Francisco Camps)가 스페인 발렌시아(Generalidad Valenciana)의 주지사로 재임하던 당시 개발도상국에 전달되어야 할 기부금 예산이 해당 국가에 도착하지 않으면서 수사를 받은 사건이다. 결국 아우구스토 세사르 타우로니(Augusto César Tauroni)가 자신의 정치적 인맥을 동원하여 공금을 횡령한 것과 이를 라파엘 블라스코 (Rafael Blasco)가 도왔다는 사실이 밝혀졌다.

Caso Emarsa (에마르사 사건) 스페인의 발렌시아(Comunidad Valenciana)에서 국민당 의원들과 에마르사(Entidad Metropolitana de Aguas Residuales Sociedad Anónima) 임원들이 연루된 사건으로 2011년에 밝혀졌다. 라 알부페라 자연 공원(Parque Natural de La Albufera)에 발렌시아의 폐수를 유출시키기 전에 정화작업을 맡았던 에마르사 사(社)가 정치적으로 개입하면서 일어난 사건이다. 이 사건으로 인하여 엔리케 크레스포 (Enrique Crespo)와 에스테반 쿠에스타(Esteban Cuesta)와 같은 주요 인물들이 사임하였다. ⇒ Partido Popular(PP, 국민당)

Caso Emperador (엠페라도르 사건) 스페인 대법원(Audiencia Nacional de España)과 반부정부패 검찰청(Fiscalía Anticorrupción)이 일명 "중국 마피아"를 상대로 밝힌 사건이

다. 노동자들의 지적 자산을 위협하고 강제화하며 공공 자금을 횡령하고 자금 세탁을 하는 등 많은 불법행위들을 적발하였다.

Caso ERE en Andalucía (안달루시아 ERE 사건)　안달루시아 ERE 스캔들, 또는 ERE 스캔들로 알려진 안달루시아 ERE 사건은 1980년부터 스페인사회노동당에 의해 운영된 안달루시아 위원회(Junta de Andalucía)가 부정부패와 연루되어 일어난 사건이다. 세비야의 메르카세비야(Mercasevilla) 사(社)가 연금 사기로 위법 행위를 하며 발생하였다. ⇒ Partido Socialista Obrero Espaóñol(PSOE, 스페인사회노동당)

Caso Fabra (파브라 사건)　나랑하스 사건이라고도 알려진 파브라 사건은 사업가 비센테 빌라르(Vicente Vilar)가 카를로스 파브라 카레라스(Carlos Fabra Carreras)에게 자신이 제조하고 유통하는 식품 위생 관련 제품을 허가받기 위해 뇌물을 건넨 사건이다. 현재까지 약 9년 동안의 수사 및 감사 단계를 거쳤다.

Caso Filesa (필레사 사건)　사회노동당의 1989년 선거운동에 필요한 자금을 조달하기 위해 필레사(Filesa), 말레사(Malesa), 타임 엑스포트(Time-Export) 기업 네트워크를 설립하여 불법 정치 자금을 마련한 사건이다. ⇒ Partido Socialista Obrero Espaóñol(PSOE, 스페인사회노동당)

Caso Flick (플릭 사건)　독일의 사업가 프레딕 칼 플릭(Friedrich Karl Flick)이 의회의사당(Bundestag) 정치인들에게 뇌물을 건넨 것으로, 스페인사회노동당(Partido Socialista Obrero Español, PSOE)에까지 기부로 위장해 전달하면서 발생한 사건이다. 수사 과정에서 용의자들은 자신이 기부금을 받아들인 행위는 인정하겠으나 외국 기부금이 불법화되기 이전에 이루어진 일이라고 주장하였다.

Caso Funeraria (푸네라리아 사건)　스페인 팔마 데 마요르카(Palma de Mallorca) 지역의 푸네라리아(Empresa Funeraria) 사(社)의 부정부패 혐의 사건이다. 오스카르 코야도(Óscar Collado)가 회사 자금의 일부 토지를 거액 판매하여 그 수익금을 횡령하려고 했던 사건이다.

Caso Guerra (게라 사건)　1995년 스페인 부총리 알폰소 게라(Alfonso Guerra)의 형제인 후안 게라(Juan Guerra)가 연루되어 일어난 부정부패 사건이다. 1989년 후안 게라는 스페인사회노동당과 계약을 맺고 일을 시작했는데 이후 부정부패 및 공금 횡령을 저질러 처벌을 받게 되었다. ⇒ Partido Socialista Obrero Espaóñol(PSOE, 스페인사회노동당)

Caso Gürtel (구르텔 사건)　2009년에 발각된 스페인 국민당의 부정부패 사건이다. 이 사건은 사업가 프란시스코 코레아(Francisco Correa)가 깊숙이 개입된 것으로, 스페인 일간지 <El País>가 자세히 밝혀내 오르테가 이 가셋 언론(Premio Ortega y Gasset de Periodismo)상을 받기도 하였다. ⇒ Partido Popular(PP, 국민당)

Caso Malaya (말라야 사건)　미겔 앙헬 토레스 세구라(Miguel Ángel Torres Segura) 판사와 반 부정부패 검찰청(Fiscalía Anticorrupción)이 2005년에 밝혀낸 사건이다. 말라가(Málaga), 마드리드(Madrid), 우엘바(Huelva), 카디스(Cádiz), 무르시아(Murcia), 그라나다(Granada) 등지에서 공금횡령 및 독직 사건과 관련되어 많은 단체, 사업가, 변호사들이 적발된 사건이다.

Caso Marey (마레이 사건)　더러운 전쟁(Guerra Sucia) 당시, ETA와 GAL이 대립한 최초의 사건 중 하나이다. ETA의 우두머리로 오인 받은 시민 세군도 마레이(Segundo Marey)가 GAL에 의해 납치된 사건이었다. 사건의 주범 호세 바리오누에보(José Barrionuevo),

라파엘 베라(Rafael Vera), 훌리안 산크리스토발(Julián Sancristóbal) 등이 실형을 선고받았다.

Caso Margüello (마르구에요 사건) 1996년 바스크 보건복지국과 회사들이 계약을 체결하면서 비롯되었다. 계약에 서명한 의사 중 하나인 호세 카를로스 마르구에요(Jose Carlos Margüello)는 당시 바스크 보건 서비스와 계약한 오사키에차(Osakidetza)의 크루세스 병원(Hospital de Cruces) 연합회(Unidad de Calidad) 대표로 있으면서 정부와 연계된 병원 수수료를 30%까지 받았다.

Caso Matesa (마테사 스캔들) 프랑코(Franco) 정권의 후반기에 스페인에서 벌어진 가장 중요한 정치, 경제적 스캔들 가운데 하나다. 정계와도 밀접한 관련이 있는 섬유 회사 Matesa(Maquinaria Textil del Norte S.A.)는 국외로 많은 수출을 하고 있었는데 값싼 제품 공정 등 사기 행각을 벌인 것이 드러났다. 이 여파로 정치, 경제, 사회, 문화 등에 영향을 미쳤다. ➡ Franquismo(프랑코주의)

Caso Millet (밀렛 사건) 팔라우 사건이라고도 알려진 밀렛사건은 오르페오 카탈라 팔라우 음악재단(Fundació Orfeó Català-Palau de la Música) 대표인 펠릭스 밀렛 이 투셀(Fèlix Millet i Tusell)이 연루된 자금 횡령 사건이다. 이 사건에는 조르디 몬툴(Jordi Montull) 등이 횡령을 도와 바르셀로나 전철 9호선 건설 수주와 공급을 거래하였다.

Caso Naseiro (나세이로 사건) 호세 마리아 아스나르(José María Aznar)가 총리직에 오른지 얼마 되지 않아 발생한 사건이다. 발렌시아(Valencia)의 재정부에 종사하였던 국민당의 로센도 나세이로(Rosendo Naseiro), 앙헬 산치스 페랄레스(Ángel Sanchis Perales)가 연루되어 일어난 사건으로 총리의 관련 여부가 주목되었지만 무혐의인 것으로 밝혀지게 되었다. ➡ Partido Popular(PP, 국민당)

Caso Nóos (노오스 사건) 우르당가린 사건(caso Urdangarín) 또는 바벨 조작(Operación Babel)으로 알려진 것으로, 2010년 시작된 팔마 아레나(Palma Arena) 사건과 관련된 또 다른 부정부패 사건이다. 노오스 연구소(Instituto Nóos)의 소장인 이냐키 우르당가린(Iñaki Urdangarin)과 그의 이전 동업자 디에고 토레스(Diego Torres)가 공금횡령 및 문서 위조 등과 관련하여 판결을 받은 사건이다.

Caso Pallerols (파예롤스 사건) 1994년부터 2000년까지 카탈루냐민주연맹(Unión Democrática de Cataluña)이 저지른 불법행위에 대해 2013년 카탈루냐 고등 사법재판소가 판결한 사건. 이 사건은 안도라 출신 사업가인 피델 파에롤스(Fidel Pallerols)와 카탈루냐민주연맹 위원인 루이스 이 비센스 가발다(Lluís y Vicenç Gavaldà)가 카탈루냐 총노동부(Consejería de Trabajo de la Generalitat de Cataluña)의 공금을 횡령한 사건이다.

Caso Peaje (페아헤 사건) 스페인 발레아레스 제도(Isalas Baleares)의 마요르카(Mallorca)에서 2009년 3월에 발생한 부정부패 혐의 사건. 팔마 데 마요르카-마나코르 151(Palma de Mallorca-Manacor) 도로 건설 자금과 관련하여 마요르카 섬 자문위원회(Consejo Insular de Mallorca)가 문서 위조 및 공금 횡령을 한 것으로 연루되었다.

Caso Plaold (플라올드 사건) 플라올드(Plaold)와 인데시스(Indesis) 사(社)가 에우스카디 사회당(Partido Socialista de Euskadi)과 관련된 바스크 정부(Gobierno Vasco)의 보건 복지국 고위 인사로부터 뇌물을 받아 발각된 사건. 바스크 정부는 수사 당시 불법행위에 대한 사안을 수차례 부인하면서 바스크 민족당(Partido Nacionalista Vasco)의 음모이며 마루구에요 사건(caso Margüello)의 진상을 은폐하기 위한 사기라고 주장하였다.

Caso Pretoria (프레토리아 사건)　　2009년 10월 스페인 판사 발타사르 가르소나파르타도
(Baltasar Garzónapartado)가 고등법원에서 9명의 정치인들이 뇌물을 주고 받은 불법행
위를 판결한 사건이다. 여기에는 산타 콜로마(Santa Coloma)의 시장이었던 그라마넷 바
르토메우 무뇨스(Gramanet Bartomeu Muñoz), 마누엘 도바르코(Manuel Dobarco), 마
시아 알라베드라(Macià Alavedra) 이외 6명이 뇌물에 연루되었다.

Caso Rasputín (라스푸틴 사건)　　하우메 마타스(Jaume Matas)가 발레아레스(Islas
Baleares) 시장 활동 당시 발생하였던 사건이다. 모스크바의 그리고리 라스푸틴(Grigori
Rasputín)이라고 불리는 성매매 업소로의 7개 루트와 여기서 발생하는 수익금이 발레아
레스의 관광 신용 및 상려금으로 사봉된 것이 2004년에 발각되었다. 당시 발레아레스
관광연구소(Instituto Balear del Turismo, IBATUR) 장인 후안 카를로스 알리아(Juan
Carlos Alía)는 책임을 지고 사임하였다.

Caso Sanlúcar (산루카르 사건)　　1999년 스페인 카디스(Cádiz)의 산루카르 데 바라메다
(Sanlúcar de Barrameda) 지역에서 발생한 부정부패 사건. 당시 스페인사회노동당 임원
이 국민당(Partido Popular, PP) 의원인 마누엘 라미레스 로드리게스(Manuel Ramírez
Rodríguez)에게 뇌물을 전달한 사건. 당시 치피노아 시청(Ayuntamiento de Chipiona)
에서 리스본 티켓과 함께 5천만 페세타를 건네받은 의원은 1999년 10월 18일 자진 신
고함으로서 사건은 막을 내렸다. ⇒ Partido Socialista Obrero Espaónol(PSOE, 스페인
사회노동당)

Caso Seat (세아트 사건)　　1988년 세아트(SEAT) 사(社) 토지의 도시계획평가 변경과 관련
하여 임원진들이 스페인사회노동당(Partido Socialista Obrero Español, PSOE)에게 1억
5천 페세타(약 90만 유로)를 불법 정치자금으로 전달한 사건이다. 이것은 주 스페인 독
일 대사 기도 부르너(Guido Brunner)에게 건네어지고, 이후 아이다 알바레스 전 스페인
사회노동당 재정 담당자에게 운반되면서 밝혀졌다.

Cassa Batló (카사 바트요)　　바르셀로나 그라시아 거리(Paseo de Gracia de Barcelona)에
위치한 가우디(Antoni Gaudí)의 가장 대표적인 건축물로 1904년에서 1906년 사이에
지어졌다. 바다를 주제로 한 카사 바트요는 구불구불한 곡선을 이룬 외형이 눈에 띄며
원형 타일과 색유리의 파편을 외벽에 붙여 해가 떠 있는 동안에는 반짝반짝 빛이 난다.

Castelar, Emilio (에밀리오 카스텔라르)　　(1832~1899) 스페인의 작가이자 정치인이다. 1874년
제1공화국의 대통령으로 선출되었으나 같은 해 파비아 장군의 군사 쿠데타로 물러나게
되며, 이로써 연방주의 국가의 막이 내렸다. 그러나 1888년 공화당 선언문을 발표하는
등 보통 선거와 개인의 권리를 지지하는 등 정치적 활동을 활발히 펼쳤으며 당대 공화당
의 주축을 이루었다. ⇒ República I(제1공화국)

Castellano (카스테야노)　　카스테야노 혹은 스페인어는 이베리아 로망스어군에 속하는 로망스
어의 하나이다. 통속 라틴어에서 파생하여, 카스티야 왕국에서 사용하던 언어였기 때문
에 카스테야노라 한다. 카스테야노 혹은 스페인어, 어느 용어를 사용해야 할지에 대해서
는 많은 논쟁이 되고 있지만, 스페인 한림원(Real Academia Española: RAE)에 의하면
스페인어(español)라고 하는 것이 더욱 적당하다고 한다. ⇒ Castilla, Corona de(카스
티야 연합왕국)

Castells (카스텔)　　스페인 카탈루냐 지역에서 축제 때 행해지는 전통적인 인간 탑 쌓기 게임

이다. 2010년 11월 16일 카스텔은 유네스코에 지정되었다. 카스텔은 카탈란어로 성이라는 뜻이다. 이 전통의 기원은 18세기 말 무렵 카탈루냐의 남부에 위치한 타라고나(Tarragona) 도시 근처인 발스(Valls)에서 시작되었다. 이후 1981년 이래로 이것은 카탈루냐의 다른 지역에서 발전했고 카탈루냐 지역 대부분과 발레아레스 제도(Balearic Islands)에서 매우 유명하게 되었다.

Castilla la Vieja (구 카스티야) 스페인이 오늘날의 17개의 자치주로 행정구역을 나누기 전의 역사적 지명이다. 카스티야 왕국(Reino de Castilla)의 북쪽에 해당하며 아빌라(Ávila), 부르고스(Burgos), 라 리오하(La Rioja), 세고비아(Segovia)와 소리아(Soria)가 구 카스티야에 해당했으며 경우에 따라서는 산탄데르(Santander), 바야돌리드(Valladolid), 팔렌시아(Palencia)도 여기에 포함시킨다.

Castilla, Constanza de (콘스탄사 데 카스티야) 1352년 카스티야의 페도르 1세(Pedro I de Castilla)와 마리아 데 파디야(María de Padilla) 사이에서 태어났으며 1394년 사망했다. 1365년에 카스티야 내전(Guerra Civil Castellana)이 일어나자 콘스탄사는 영국의 인질이 되게 된다. 이후 엔리케 2세가 콘스탄사의 아버지인 페드로 1세를 물리치고 카스티야의 왕으로 등극하게 되었고, 이에 콘스탄사는 정치적 이해관계에 따라 영국의 랭커스터(Lancaster) 공작 후안 데 간테(Juan de Gante)와 혼인했다. 1372년, 콘스탄사와 후안은 에드워드 왕의 공표로 카스티야의 공동통치자로 즉위했다.

Castilla, Corona de* (카스티야 연합왕국) 이 용어는 페르난도 3세(Fernando III)에 의해 카스티야(Castilla)와 레온(León)이 통일되고 안달루시아(Andalucía) 왕국들이 병합된 13세기 이후에 카스티야·레온 군주들이 권한을 행사하는 영토들을 관례적으로 지칭한 것. 레온과 카스티야의 초기 왕국들, 갈리시아(Galicia), 톨레도(Toledo), 세비야(Sevilla), 코르도바(Córdoba), 하엔(Jaén), 무르시아(Murcia) 왕국 등은 처음에 독자적인 명칭을 가지고 있다가 알폰소 7세(Alfonso VII)가 1135년에 레온에서 연합왕국과 함께 황제 칭호를 받으면서 여기에 포함되었다. 현왕 알폰소 10세(Alfonso X el Sabio, 1252~1284)에 이르러서는 왕의 주요 대표부(cancillería mayor)와 함께 카스티야와 레온의 특별대표부가 각각 창설되었고 13세기 후반에는 카스티야, 레온, 톨레도, 안달루시아를 위한 4개의 주요 공증인(notarios)이 설립되면서 카스티야 연합왕국 내 구별된 행정 운영 실태를 보여주었다. 한편 알폰소 10세에 의해 로마법의 틀 안에서 7부 법전(las Partidas)을 비롯한 일련의 법 제정이 이루어지며 법적 통일이 시도되었지만 여러 왕국들의 저항으로 성사되지 않았다. 따라서 1348년 알칼라 법령(Ordenamiento de Alcalá)이 공표되기 전까지는 총괄적인 행정규칙이 존재하지 않았다고 할 수 있으며, 산초 4세(Sancho IV, 1284~1295)와 페르난도 4세(Fernando IV, 1295~1312)의 치세기는 당시 유럽의 다른 왕국들과 같이 위기와 불안의 시기로 특징지어진다. 카스티야 연합왕국은 13세기부터 모자이크와 같이 다양한 영토들로 구성되어 있었으며 왕실평의회(Consejo Real), 법원(Audiencia), 회계청(Casa de Cuentas)과 같은 중앙행정기구를 설립하며 권력 강화로 나아가게 되었다. 혹자에 따르면 중세 말 카스티야·레온 왕국이 절대주의적인 특징까지 보여주었다고 하는데, 이는 1348년 알칼라 법령에서 군주가 절대 권력을 지닌 입법자로 기술되고 있기 때문이다. 한편 트라스타마라(Trastámara) 왕가가 카스티야 연합왕국을 통치하게 되면서 행정적인 정비와 왕국의 절대권이 강조되었다. 왕실평의회는 1385년에 후안 1세(Juan I)에 의해 바야돌리드 신분의회(Cortes de Valladolid)에서 창설되었으며, 중앙정부에서 신분의회의 상설대표부와 같은 역할을 하였다. 또한 법원은 엔리케 2세(Enrique II)에 의해 1371년 토로 신분의회(Cortes de Toro)에서 설립되었고, 재무국(Contaduría Mayor de Hacienda)과 회계국(Contaduría Mayor de Cuentas)은 14세기 말부터 다양하고 광범위한 영토와 자원의 효율적인 관리와 정의 실현, 권력 통제를 위해 설치되었다. 또한 중세 후기에 빈번한 무력 충돌과 각종 범죄, 무질서가 점 철되면서 군주들은 왕국 방어를 위해 전국 규모의 무장 기구를 구축하며 상설 군대로 발 전시켜 나갔고, 세고비아 신분의회(Cortes de Segovia)는 1386년에 범죄자 축출을 위해 특별 기구를 창설하기도 하였다. 카스티야-레온 왕국은 카스티야, 레온, 갈리시아, 안 달루시아, 무르시아와 같이 5개의 행정 구역으로 분할, 관할되었고 태수(adelantados)나 상급 법관(merinos mayores)을 각 구역의 대표로 두고 있었다. 그러나 아스투리아스 (Asturias), 기푸스코아(Guipúzcoa), 알라바(Álava), 구 카스티야(Castilla la Vieja)가 14세기 말에 각 태수 관할에서 분리되어 상급법원 직속의 독자 지역으로 부상하면서 다 시 아홉 개의 행정 구역으로 분할되었다. 한편 14세기부터 선례가 있기는 하였지만 가톨 릭 공동왕(Reyes Católicos) 때 와서 각 지역 기구에 관여하는 왕실대리인(corregidor) 등의 직책이나 기관들이 정규화되면서 중앙집권적인 국가기반의 토대를 이루었고, 이는 훗날 합스부르크(Habsburgo) 왕가 시대에 카스티야가 주변 지역들에 대하여 압제적인 중앙집권주의로 대변되는 원인이 되기도 하였다.

Castilla, Juana de, o Juana la Beltraneja (후아나 데 카스티야, 혹은 후아나 라 벨트라네 하) 1462년 엔리케 4세(Enrique IV)와 후아나 데 포르투갈(Juana de Portugal) 사 이에서 태어났으며 1530년에 사망했다. 후아나 라 벨트라네하(Juana la Beltraneja)로 더욱 널리 알려져 있는데 이는 후아나 데 포르투갈과 벨트란 데 라 쿠에바(Beltrán de la Cueva)가 은밀한 만남을 가졌다는 소문에서 기인한다. 이는 이사벨 1세(Isabel I)의 추종자들이 후아나의 계승권을 부인하는 데 유용하게 쓰였다. ➡ Castilla, Corona de (카스티야 연합왕국)

Castilleja de la Cuesta (카스티예하 데 라 쿠에스타) 스페인 안달루시아(Andalucía) 자치 주의 세비야(Sevilla)에 속한 도시이다. 13세기에 엔리케 2세(Enrique II)가 왕위에 오 른 뒤부터 19세기까지 이 지역은 구스만(Guzmán) 가문의 소유권에 있었으며 에르난 코르테스(Hernán Cortés)가 생을 마감한 곳이기도 하다.

Castillo de la Mola (몰라 성) 스페인 알리칸테(Alicante) 지방의 노벨다(Novelda)에 세워 진 알모아드(Almohad) 성이다. 12세기에 고대 로마 성지에 지어졌다. 성 막달레나 순 례지에 있다. 기하학적인 모양의 탑과 성벽의 일부가 보존되어 있다.

Castillo de Salvatierra (살바티에라 성) 시우다드 레알의 남쪽에 위치했으며 과거 스페인 내부에서 기독교와 이슬람 간의 전쟁 당시 전략적 요지로 중요한 가치를 지닌 성이었다. 현재 성벽의 일부와 정원 등의 잔해가 남아 있다. ➡ Reconquista(레콩키스타)

Castillo, Ramón (라몬 카스티요) 1873년에 태어나 1944년에 사망한 아르헨티나 출신 정치 가이자 교수이다. 법학 교수와 여러 관직을 역임하다가 1939년에 부통령으로 당선된다. 이후 1942년에 대통령 로베르토 오르티스(Roberto Ortiz)가 사망하자 대통령으로 취임 하지만 43년 혁명(Revolución del 43)으로 그의 정부는 전복되고 만다.

Castizo (카스티조) 스페인의 식민지 정복 과정에 나타난 혼혈 인종 중 하나로 메스티소 (mestizo)와 스페인 여성 사이에 태어난 사람을 일컫는다. ➡ Mestizaje(혼혈)

Castro Ruz, Fidel (피델 카스트로 루스)   1926년 8월 13일 비란(Birán)에서 태어난 쿠바의
정치가이자 혁명가이다. 동생 라울 카스트로(Raúl Castro)와 체 게바라(Che Guevara)
와 함께 쿠바 혁명을 일으켜 바티스타(Batista) 정권을 전복시켰으며, 쿠바를 사회주의
공화국으로 만들었다. 1976년 국가평의회 의장에 취임하고 2008년에 동생 라울(Raúl)
에게 의장직을 넘겨줬다.

Castro Ruz, Raúl (라울 카스트로 루스)   쿠바의 정치가로 1931년 6월 3일 비란(Birán)에서
태어났다. 2008년 형 피델 카스트로(Fidel Castro)의 뒤를 이어 제2대 국가평의회 의장
으로 선임되었으며 에르네스토 체 게바라(Ernesto Che Guevara)와 함께 쿠바 혁명에
참가했다.

Castro y Quiñones, Pedro de (페드로 데 카스트로 이 키뇨네스)   (1534~1623) 부르고
스(Burgos)의 로아(Roa)에서 태어난 법률가이자 성직자이다. 그라나다(Granada)와 세
비야(Sevilla)의 대주교였으며, 그라나다의 사크로몬테 수도원(Abadía del Sacromonte)
의 설립자이기도 하다.

Castro, Fernando de (페르난도 데 카스트로)   (1814~1874) 스페인의 철학자이자 역사학자
이다. 크라우제주의의 추종자였으며 이를 기반으로 마드리드 콤플루텐세 대학(Universidad
Complutense de Madrid)의 총장을 역임할 당시 개혁을 시도했다. 이성주의와 종교적
성찰을 깊게 탐구했다. ➡ Krausismo Español(스페인 크라우시시즘)

Castro, Juana de (후아나 데 카스트로)   1335년, 페드로 페르난데스 데 카스트로(Pedro
Fernández de Castro)의 딸로 태어났으며 1354년에 페드로 1세(Pedro I)의 아내가 되
었다. 블란카 데 부르봉(Blanca de Borbón)과의 결혼을 무효로 하면서 거행된 결합이
었지만 혼인 당일 밤, 엔리케 데 트라스타마라(Enrique de Trastámara)와 그의 다른 형
제들이 바다호스(Badajoz)에서 반란을 일으켰다는 소식을 듣고 페드로 1세가 떠난 후
로, 둘은 영영 보지 못했다. ➡ Castilla, Corona de(카스티야 연합왕국)

Catalán (카탈루냐어)   스페인 카탈루냐 지방, 발렌시아, 발레아레스 제도 등 과거 아라곤 왕
국 지배하에 있던 지역에서 쓰이는 로망스어군에 속하는 언어이다. 전체 사용 인구는
900만 명 이상이 되며, 안도라(Andorra)에서는 공식 언어이다. 카탈루냐어는 세계에서
75번째로 가장 많은 화자수를 갖고 있다.

Catalina de Aragón y Castilla, Reina de Inglaterra (카타리나 데 아라곤 이 카스티야,
영국 왕비)   가톨릭 공동왕(Reyes Católicos)의 막내딸로, 1485년 알칼라 데 에나레
스(Alcalá de Henares)에서 태어나 1536년 킴벌튼(Kimbolton)에서 사망했다. 1502년,
영국의 엔리케 7세(Enrique VII)의 차남 아르투로(Arturo)와 혼인했지만, 일찍이 남편
을 여의어 차기 영국의 왕 엔리케 8세(Enrique VIII)와 두 번째 혼인을 올렸다. 후에 엔
리케 8세는 그녀의 시녀와 사랑에 빠졌고 카타리나가 아들을 못 낳는다는 이유로 이혼
을 강행했다. ➡ Castilla, Corona de(카스티야 연합왕국)

Cataluña, Rebeliones de* (카탈루냐 반란)   (1640, 1705) 카탈루냐에서 일어난 반란 중에
서 가장 주목할 만한 사례는 1640년 스페인 왕국 전역에 나타난 반감의 분위기 속에서
촉발된 반란과 1705년에 스페인 왕위계승전쟁의 와중에서 카를로스 2세(Carlos II)를
지지하면서 일어난 반란이다. 양자 간에 공통점이 없는 것은 아니나 역사학에서 주로 주
목을 받아온 반란은 1640년에 일어난 것이다. 스페인 왕국의 반란들 중에서 민중봉기
는 주로 식량부족이 원인이 되어 촉발된 것으로 정치 집단에서 발생한 봉기와 구별된

다. 17세기 중반에 일어난 반란들 중에서 가장 알려진 사례는 시칠리아, 나폴리, 포르투갈, 카탈루냐 지역에서 일어난 것이었으며, 앞의 두 반란이 대략 대중 봉기에 해당된다면, 포르투갈 반란은 엘리트적인 특징을 지니고 있었고, 카탈루냐 반란은 지배층의 개입과 민중의 봉기라는 혼합된 모습을 보였다. 1705년에 일어난 반란도 역시 이러한 요소들을 갖추고 있었다는 점에서 대동소이하다. 1621~1630년 동안에 스페인 왕국은 재정 압박, 균일화 조치, 권력수단들의 중앙집권화와 같은 절대주의적 측면들을 강화해 나갔다. 올리바레스 대공(Conde-duque de Olivares)에 의해 개진된 활동과 국가 공고화를 위한 그의 계획은 정복정책과 프랑스 확장주의를 저지하기 위한 정책에 뛰어들게 만들었다. 더욱이 당시 카탈루냐에서는 흉작과 역병들, 전쟁으로 인하여 1640년 초반에는 왕국의 군대가 농민 봉기의 직접적인 원인이 되었고, 국왕 군대는 군대 유지의 비용 부담에 지친 일부 사람들에 의해 공격을 받기도 하였다. 카탈루냐에서 일어난 민중 항의와 왕권에 대한 반기는 의원들로 대변되는 토착 과두지배층을 자극하였고 이들에 의해 이용되는 계기가 되었다. 스페인과 프랑스의 대립 구도 속에서 카탈루냐의 상황은 갈수록 악화되었고 초기에 프랑스에 기울어졌던 카탈루냐인들은 이제 그들 지역이 점차 전투장으로 바뀌고 있음을 깨달았다. 또한 프랑스 측의 요구가 그동안 스페인으로부터 받아온 요구와 별반 다를 바 없다는 것을 알게 되었다. 1648년에 유럽에서는 30년 전쟁이 끝나고 베스트팔렌 조약이 체결되었고, 1652년에 스페인 국왕 군대가 바르셀로나를 점령하면서 프랑스-카탈루냐 저항거점들은 감소하게 되었다. 1659년에 체결된 피레네조약은 카탈루냐에서 일어난 정치적·군사적 문제를 종결시켰고, 이곳의 향방이 최종적으로 스페인 왕국에 귀속되었음을 결정하였다. 한편 1705년의 반란은 이전에 프랑스에 의해 촉발된 갈등이 스페인 왕위계승전쟁을 계기로 다시금 반복된다는 특징을 가지고 있었으며 이번에는 새로운 군주 펠리페 5세(Felipe V)를 거부하는 것으로 나타났다. 카탈루냐는 합스부르크의 카를 대공(Archiduque Carlos)에게 더 호의적이었는데 이는 그가 1705년에 카탈루냐 공국에 상륙하였을 때 지방자치체제를 존중한다는 입장을 표명했기 때문이다. 아라곤 연합왕국의 다른 지역에서와 같이 카를 대공은 별다른 어려움 없이 환대받았으며 더욱이 자신의 대의명분을 위해 가장 민감한 시기에조차도 자신의 왕위를 보존한 카탈루냐에서는 특히나 그러했다. 1711년에 대공의 형인 신성로마제국 황제 조셉(Emperador José)가 사망하면서 카탈루냐의 저항은 종결점을 향하게 되었고, 결국 합스부르크 왕가는 스페인의 이해관계와 카탈루냐 공국을 저버림으로서 공국의 수도인 바르셀로나는 스페인 국왕 펠리페 5세에게 항복하는 길을 택하였다.

Catedral de Burgos (부르고스 성당) 스페인 부르고스에 있는 성당이다. 1221년 프랑스 고딕양식을 본받아 건축이 시작되어, 15, 16세기에 개조되었다. 전체적으로 성당의 외부는 고딕양식이나, 내부에는 르네상스적이고 바로크적인 장식 요소들이 많다. 또한 이 성당은 많은 조각, 회화 및 건축요소들을 지니고 있어 1885년 4월 8일 스페인 국가 문화재로, 1984년 10월 유네스코 세계유산으로 지정되었다.

Catedral de Granada (그라나다 대성당) 1506년에 짓기 시작하여 1704년에 완공된 그라나다 대성당은 스페인 르네상스의 가장 대표적인 건축물 중 하나로 꼽힌다. 처음에는 고딕 양식을 채택했지만, 후에는 르네상스 양식을 따랐으며 아랍인들의 영향으로 내부는 무데하르 양식으로 장식되었다.

Catedral de Lérida (레리다 성당) 스페인 예이다(Lleida) 지역에 있는 성당이자 지역을 가장 대표하는 건축물이다. 이 성당은 1203년부터 1278년까지 지어졌으며, 13세기까지 카탈루냐에 지속되었던 로마네스크 양식을 본받아 고딕의 기념비적 요소를 첨가하여 완공되었다. 1707년에는 건물의 위치적 조건을 이용하여 군사용 건물로 사용되기도 하였지만, 현재에는 다시 종교적 기능으로 돌아와 자리하고 있다.

Catedral de Osma (오스마 대성당)　스페인 카스티야 이 레온 자치주(comunidad autónoma de Castilla y León)의 오스마 시에 위치한 대성당. 12세기에 세워진 후 13세기 고딕양식으로 재건을 거쳐 오늘날의 외관을 지니게 되었다. 동 시대 다수의 대성당과 마찬가지로 성모 승천을 숭배할 목적으로 지어졌다. 내부에는 오스마-소리아 교구(diócesis de Osma-Soria)의 종교적 역사와 유산을 전시한 박물관이 있다.

Catedral de San Pedro de Jaca (하카 산 페드로 성당)　스페인 아라곤(Aragón) 우에스카(Huesca) 지역에 있는 성당이다. 산티아고 데 콤포스텔라(Santiago de Compostela)와 비슷한 시기인 11세기 말에 건축되었으며, 스페인 건축물 중 가장 로마네스크적인 양식을 가진 성당 중 하나이다. 특히 성당의 기둥머리는 인본주의 고딕 시대의 부드럽고 자연스러운 조각과 뚜렷한 대조를 이룬다.

Catedral de Santa Eulalia de Barcelona (바르셀로나 성 에우랄리아 성당)　스페인 카탈루냐 바르셀로나에 있는 대주교관 성당이다. 현재 볼 수 있는 성당은 13세기와 15세기 사이 건축되어 고딕 양식의 특징을 가지고 있다. 하지만 성당의 정면은 19세기에 재건축되어 스페인 국가문화유산 및 1929년 11월 국가 역사예술기념물로 지정되었다.

Catedral de Santa María de la Sede (산타 마리아 데 라세데 대성당)　세비야에서 가장 큰 대성당이다. 고딕 양식으로 지어졌으며 유네스코에서 1987년 세계문화유산으로 지정하였다. 1401년 기존에 있던 이슬람 사원을 무너뜨리고 그곳에 성당을 지은 후 1928년까지 계속해서 개조되었다. 처음에는 고딕양식으로 짓기 시작했으나 르네상스, 바로크, 네오 고딕 양식 등이 혼합되어 있다.

Catedral de Santa María de Segovia (세고비아 산타 마리아 성당)　'성당의 여왕(Dama de las Catedrales)'이라고 불리는 이 성당은 스페인 16, 17세기 고딕양식으로 건축되었다. 전반적으로 고딕양식이 뛰어나지만 르네상스 건축의 요소들도 보인다. 이것은 당시 유럽 전역에 르네상스 건축이 퍼져 나갔기 때문이다.

Catedral de Santa María de Teruel (테루엘 산타마리아 성당)　스페인 테루엘에 위치한 성당이다. 스페인 무데하르 건축물의 대표적인 건물 중 하나이다. 이 성당의 원래 이름은 메디아비야(Mediavilla)의 산타 마리아 교회(iglesia de Santa María)로, 1171년 부터 1257년 완전한 무데하르 양식으로 지어진 교회였다. 하지만 13세기 중반부터 모리스코인 주자프(Juzaff)가 12세기의 로마네스크 양식으로 변형시킨다. 이후 고딕-무데하르 양식과 플라테레스크-무데하르 양식에 걸쳐 지금의 형태로 남아 있다.

Catedral de Santa María de Toledo (톨레도 산타 마리아 성당)　스페인 톨레도 지역에 있는 성당이다. 1226년 페르난도 3세(Fernando III) 통치하에 건축이 시작되어 가톨릭 국왕부처(Reyes Católicos) 시기에 완공되었다. 성당의 외부는 버팀벽의 수가 많아 대체적으로 평평한 외관을 보이고 프랑스 고딕양식과는 다르게 긴 벽과 수평선이 특히 많다. ➡ Fernando III de Castilla y León(카스티야와 레온 국왕 페르난도 3세)

Catedral de Santa María la Real de la Almudena de Madrid, la (마드리드 알무데나 성당)　스페인 마드리드의 대교구 성당이다. 길이 102m, 높이 73m되는 이 성당은 19

세기와 20세기의 건축 예술 양식을 가지고 있다. 성당 외부에는 신고전주의 양식이, 내부에는 신고딕 양식이, 지하 예배당에는 신로마네스크 양식의 요소들이 있다. 성당의 정면에는 스페인 마드리드에 있는 왕궁이 있고, 정면을 중심으로 왼편에는 바이렌(Bailén) 거리가, 뒤편에는 마요르(Mayor) 거리가 있다. 대부분의 성당들과는 다르게 북남방향을 하고 있는데, 이것은 왕궁의 위치 때문이다. 건축물의 주재료는 알리칸테(Alicante)의 석재와 마드리드의 채석장에서 가져 온 화강암으로 이루어져 있다.

Catedral de Santiago de Compostela (산티아고 데 콤포스텔라 성당)　스페인 갈리시아(Galicia)의 아 코루냐(A Coruña) 지역에 있는 로마네스크 양식의 대표적인 성당. 1078년 레온(León)과 카스티야(Castilla)의 알폰소 6세(Alfonso VI)의 명으로 알폰소 3세(Alonfonso III)의 옛 아스투리아스(Asturias) 성당을 대체하기 위하여 건축되기 시작하여 중앙 광장(Plaza mayor) 동쪽 끝에 1271년 완공된 건물이다.

Catedral de Tortosa (토르토사 성당)　스페인 타라고나(Tarragona) 토르토사 지역 에브로(Ebro) 강 유역에 있는 성당이다. 12세기 스페인의 건축에서 카탈루냐의 피레네 산지는 마을 전체가 성지나 좁은 길, 그리고 교회와 암자 등의 로마 유적으로 유명한데, 이 성당이 그 예라고 볼 수 있다.

Catedral de Zamora (사모라 성당)　1151년부터 1174년까지 스페인 사모라에 지어진 성당이다. 이 성당의 특징은 둥그런 지붕을 받치는 통 모양의 부분이다. 이는 프랑스 보르고냐(Borgoña)와 비잔틴의 당대 건축 양식에서 영향을 받았기 때문이다. 이 성당은 살라망카(Salamanca)의 구 성당이나 플라센시아(Plasencia)의 성당 건축에도 많은 영감을 주었다.

Catedral del Espíritu Santo de Tarrasa (타라사 산 에스피리투 성당)　스페인 타라사에 있는 비에하 광장(Plaza Vieja)에 있는 성당이다. 2004년 교황청에서는 바르셀로나와 구분된 타라사의 주교구를 생성하였다. 이렇게 본래 5~7세기에 이미 존재했던 에가라(Ègara) 주교구를 다시 회복하고 16~17세기의 신 바실리카를 산 페드로(San Pedro) 소교구 교회였던 곳을 재건축하게 되었다.

Catedral del Salvador de Ávila, la (아빌라 살바도르 성당)　신전이자 요새의 역할을 하는 이 성당은 스페인 고딕 양식의 첫 성당이다. 프랑스와 바실리카의 영향을 받아 13세기에 탑들이 완성되고 14세기에는 그 안의 원형 천장과 회랑 그리고 부벽이 더해져 15세기에 완공되었다. 1949년 4월 22일 법령의 선언으로 인해 이 성당은 스페인 문화유산으로 지정되어 보존되고 있다.

Catedral del Salvador de Zaragoza, la (사라고사 살바도르 성당)　스페인 사라고사 지역에 있는 성당 중 하나이다. 라 세오(La Seo)라고도 불리는 이 성당의 부지는 로마 시대 공개 토론을 하거나 이슬람 사원으로 사용되기도 하였다. 12세기 로마네스크 양식과 유대교 교회의 특징이 혼합된 이 성당은 많은 변형을 걸쳐 1704년 바로크식 첨탑으로 완공되었다.

Catedral Nueva de Salamanca (신 살라망카 성당)　스페인 살라망카 지역에 있는 성당이다. 16세기와 17세기(1513~1733)에 걸쳐 건축되었고, 후기 고딕양식과 바로크 양식이 접목되었다. 이후, 1755년 리스본 지진으로 인해 피해를 입어 재건하였다. 1887년 스페인 국가 문화재로 지정되었다.

Catedral Vieja de Plasencia, la (구 플라센시아 성당)　12세기 말이나 13세기 초부터 시작되어 14세기에 완공된 성당이다. 로마네스크 양식에서 고딕양식으로 변화되는 과도기에서 동양적인 비잔틴의 요소를 많이 지니고 있다. 후안 프란세스(Juan Francés)와 디에고 디아즈(Diego Díaz)가 총괄을 맡았다.

Catedral Vieja de Salamanca, la (구 살라망카 성당)   12세기부터 13세기까지 걸쳐 세워진 이 성당은 그 견고함에 명성이 자자해 포르티스 살라만티나(Fortis Salamantina)라고 불리기도 하였다. 이 성당은 본래 2개의 탑이 있었는데 하나는 종탑이었고 다른 하나는 끝이 없는 둥그런 탑이었다. 후자는 왕의 명령을 거역할 때에 들어가는 감옥으로도 사용되었다. 비잔틴의 영향을 받아 '가요 탑(Torre de Gallo)'과 같이 원형 지붕과 바닥의 형태가 특징을 이룬다.

Catolicismo (가톨릭주의)   로마 가톨릭교회의 종교에 의해 공언된 신앙의 성격을 나타내는 용어이다. 뿐만 아니라, 가톨릭 신학, 가톨릭 교리, 전례, 윤리학과 행동 기준을 모두 아우르는 광범위한 용어이다. 가톨릭주의(가톨릭시스모)는 일반적으로 로마교회와 같은 종파에 속해 있는 그리스도인들과 교회를 지칭하는 용어이다. 로마 가톨릭교회에서 갈라져서 나가기 전까지는 동방 정교회, 아시리아 동방교회 등도 가톨릭교회로 칭해졌었다.

Catón, Marco Porcio (마르쿠스 포르키우스 카토)   고대 로마의 정치가, 군인, 철학가이자 작가이다. 기원전 234년 투스쿨룸(Tusculum)에서 태어났다. 호민관으로 뽑혔으며 205년에는 시칠리아에서 스키피오(Escipión)의 재무관을 지냈고 198년에는 사르디니아(Cerdeña) 통치를, 184년에는 감찰관을 맡았다. 카르타고와의 전쟁을 강력히 추천한 인물이며 제2차 포에니전쟁에 참전했다. ➡ Romanización(로마화)

Caudillismo* (보스정치)   국가 전권을 휘둘렀던 정치체제로서 보통 한 명의 보스(caudillo) 혹은 군사적 지도자를 중심으로 구축되었다. 라틴아메리카에서 전형적으로 나타난 1인 독재 형태이며, 한 사람 지도자의 의중에 따라 일국의 정치가 좌지우지되는 특징을 지니고 있다. 사회가 보스 한 사람을 중심으로 조직될 때 그 권력은 어떠한 기관으로부터도 제한 받지 않고 독립적이며, 또한 어떠한 대가를 치루더라도 권력을 유지하려고 한다. 아메리카에서 보스정치는 사회가 군사화되고 게릴라가 확산되는 19세기 초 독립전쟁 기간 동안 출현했다. 보스는 막강한 경제력과 정치 프로그램을 이용하며 보통 어느 한 지역의 영웅에서부터 시작되었다. 권력은 그가 보유하고 있는 토지와 사람들에 대한 통제력, 공급 능력에 있었으며 그가 세운 업적과 군대와의 연계성으로 특징지어지기도 한다. 그렇다고 해서 늘 군인 출신의 보스만이 있었던 것은 아니었고, 군과의 유착관계 속에서 상호 지지하기도 했지만, 때로 경쟁을 벌이기도 하였다. 보스정치의 리더십은 보통 대규모 가족과 친인척, 지인들과의 인맥이라는 사적 영향력에 기초할 때가 많았다. 보스의 피보호자들은 충성스러운 무장 집단이었으며 보호자와 피보호자의 관계는 탈법적인 상호 의무의 성격을 지니고 있었다. 양자의 구조는 일과 최소한의 안전을 담보로 한 복종과 충성, 존경이 따르는 지주 제도에 기반을 두고 있다. 이런 이유 때문에 보스정치는 상황에 따라서 날품팔이(peones), 소작인(aparceros) 혹은 군인으로 변모한 농민들이 정치 투쟁에 깊숙이 연루되어 있는 것을 보게 된다. 보수정치의 세계는 대농장으로 충원되었으며, 한 지역의 지주이자 호족(cacique)이 막강한 경제력과 사회 통제력을 확보하면서 자금과 인력을 가지게 되고, 점차 전국 단위의 보스가 되기를 희망하였던 것이다. 또한 보스 정치가 많은 경우 독재 정치를 수반하였다는 점도 부인할 수 없다. 보스정치는 1870년경 이베로 아메리카에서 점차 자취를 감추기 시작하였고 독재 정부의 시작점이 되기도 하였다. 아르헨티나인인 후안 마누엘 데 로사스(1Juan Manuel de Rosas,

1829~1852), 베네주엘라인인 호세 안토니오 파에스(José Antonio Páez, 1830~1850), 멕시코인 안토니오 로페스 데 산타 안나(Antonio López de Santa Anna, 1821~1855), 과테말라인 라파엘 카레라(Rafael Carrera, 1837~1865)가 대표적인 보스들이다. 이들 모두의 공통된 특징은 지역 권력기반과 신구엘리트와의 제휴, 사적 군대[로사스의 경우 에는 가우초족(gauchos), 파에스의 경우에는 평지인(llaneros), 카레라의 경우는 원주민 들]를 활용하면서 권력을 장악하였다는 것이다. 20세기 동안 라틴아메리카에서는 일부 독 재제가 보스정치의 특징들을 지속시키기도 하였다. 베네수엘라에서는 후안 비센테 고메 스(Juan Vicente Gómez)가, 도미니카 공화국에서는 라파엘 레오니다스 트루히요(Rafael Leónidas Trujillo)가, 니카라구아(Nicaragua)에서는 아나스타시오 소모사(Anastasio Somoza) 가 이리힌 면을 민복직으로 보어루았나. 가리스나 넘치는 민중시노자늘로서는 브라질인 헤툴리오 바르가스(Getúlio Vargas)나 아르헨티나인 후안 도밍고 페론(Juan Domingo Perón)을 꼽을 수 있으며, 특히 페론은 포퓰리즘 정책이라는 일종의 보수 정치의 유형을 보여준 사례라고 할 수 있다. 한편 1970년대에는 잔인한 군사 독재 시기로 이어지기도 하였다.

Caudillo [카우디요(지휘자, 대장)]   전쟁, 전투, 투쟁 등에서 무장한 자들을 지휘하고 이끄는 사람을 뜻한다. ➡ Caudillismo(보스정치)

Cavanilles, Luis Valdés (루이스 발데스 카바니야스)   스페인 제2공화국이 막을 내릴 때 쿠 데타를 일으켰던 군인 중 한 명. 처음에는 국가기술위원회에서 군사반란에 참가하였고, 살라망카(Salamanca)를 점령하여 지역 총독이라고도 불리었다. 아빌라(Ávila) 안의 나발페랄(Navalperal), 오요 데 피나레스(Hoyo de Pinares), 세브레로스(Cebreros)와 같은 지역들이 마드리드 북쪽으로 지역 편성되면서 이 지역을 담당하기도 했다. ➡ Franquismo(프랑코주의)

Cavite (카비테)   마닐라 만에 위치한 필리핀의 항구 도시. 1898년 스페인과 미국 사이 벌어진 해전의 현장이다. 종전 이후 카비테는 조지 듀이 해독의 통치 아래 놓이게 되었다. 2차 세계대전 동안 일본의 침략을 당하기도 했다. ➡ Desastre del 98(1898년의 패배)

Cazuela (여성전용석)   '카수엘라'는 다른 관객석들보다 높은 곳에 위치한 일종의 복도의 형 태를 띤 여성 전용 좌석이며, 17세기 스페인의 노천극장(corral)에 존재하였다. 이 '카수 엘라'와 다른 좌석들과는 서로 단절되어 있었고, 이 여성 전용석 안에서는 신분상의 상 하 구분이 없이 여성들끼리 한데 섞여서 연극을 관람하였다. 즉, 당시 여성들은 다른 사 람들의 눈에 잘 띄지 않는 '카수엘라'라는 높은 곳에서 몸을 숨기고 자기들끼리 조용히 연극을 관람하였다.

Cellorigo, Martín González de (마르틴 곤살레스 데 세요리고)   16세기 말 오비에도(Oviedo) 에서 태어난 스페인의 경제학자. 바야돌리드 법원(Chanchillería)의 변호사였으며, 수량학 파의 사상을 이었다. 첫 저서 『*Memorial de la política necesaria y útil restauración de España y estados de ella, y desempeño universal de estos reinos*』는 바야돌리드에서 1600년에 출판되었다. 저서는 펠리페 2세(1527~1598)를 향한 것으로 처음에는 크게 선전을 하지 못했다. 그 럼에도 불구하고 1611년 아구스틴 데 로하스(Agustín de Rojas, 1572~1635)는 이를 받아들여 『*El buen repúblico*』를 출판하여 마르틴 곤살레스 데 세요리고의 저서도 더욱더 알려지게 되었다. ➡ Felipe II(펠리페 2세)

Censura [센수라(검열)]   윤리적, 정치적 또는 종교적 표현의 자유를 제어하는 역할을 하는 제도 혹은 권한을 의미한다. 스페인에서의 검열은 프랑코 통치하에서 특히 두드러졌다.
➡ Franquismo(프랑코주의)

Centro Atlántico de Arte Moderno (카나리아 현대예술센터)　스페인 카나리아 제도에
위치한 카나리아 현대예술센터는 동 제도의 주요 현대 미술관이다. 미술관의 설립 목적
은 카나리아와 연관된 라틴아메리카와, 아프리카 그리고 유럽이 어떻게 정체성에 영향을
주는지에 대해 밝히는 것이었다. 1989년에 설립된 예술센터는 엘 파소 그룹 작품의 전
시로 시작하여 현재는 약 2,600여 점의 작품을 보관하고 있다. 2010년에는 개관 20주년
을 기념하여 증축 계획을 세웠다.

Centro de Estudios Históricos (역사학습기관)　로마 스페인 고고학 및 역사 학교(Escuela
Española en Roma de Arqueología e Historia), 국립자연과학연구소(Instituto Nacional
de Ciencias Físico-Naturales) 및 연구소협회(Asociación de Laboratorios)와 함께 설
립된 역사학습기관은 마드리드의 학생기숙사(Residencia de Estudiantes)와 학생진흥재
단(Patronato de Estudiantes)을 시작으로 많은 대학생과 청년들이 교육을 받을 수 있도
록 세워졌다. 1910년 로마노네스 백작(conde de Romanones)이 공교육장관에게 학습
확대위원회의 방향을 제안하여 학생들이 타국가의 학생들과 교류하며 그들의 연구를 펼
칠 수 있도록 만들어졌다.

Centro de Investigaciones Sociológicas(CIS) (사회학 연구센터)　스페인의 독립적인 연
구기관으로, 국가의 사회과학 연구에 목적을 두고 있다. 주로 정기적인 설문조사를 통
하여 연구를 시행하며, 웹페이지에 자료를 공개한다. 스페인 사회학 연구에 관한 잡지
(Revista Española de Investigaciones Sociológicas, Reis)를 간행하고, 대학원 과정도
제공하여 많은 사회학 연구를 장려한다. 이 센터는 1990년에 설립되어 1995년부터 연구
과정 및 결과 발표에 대해 엄격하게 운영하고 있다.

Centro Democrático y Social (중도민주사회당)　중도 온건 계열의 스페인 정당이다. 1986년
중도민주자유당(CDL) 창당에 참여하던 마누엘 알론소가 CDL을 포기하고 CDS를 창당
했으며 2009년 당의 재활성화를 위한 재창당 회의에서 다비드 가르시아 페레스(David
García Pérez)가 전국집행위원회 회장으로 임명되었으나 2010년 본인의 정당인 중도민
주시민당(CCD)을 창당하며 회장직에서 퇴임했다.

Centro Nacional de Inteligencia(CNI) (국가정보국)　2002년 창설된 조직으로 이전에는
고등 국방정보본부(CESID)로 알려진 스페인의 정보기관이며 기존 CESID의 규제와는
달리 기능적 자율성과 법적 독립성을 가진 스페인 총리부 산하 정보국이다.

Centro Superior de Información de la Defensa(CESID) (국가정보원)　1977년부터
2002년간 운영된 스페인 정보기관으로 현 스페인 국가정보국(CNI)의 전신이다. 대표적
인 스페인 정보기관으로서 프랑코 시대의 정보기관을 대신하기 위해 마누엘 구티에레즈
메야도(Manuel Gutiérrez Mellado) 국방장관에 의해 개설되었다. 초기 몇 년간은 국방
부에 소속되어 합동참모본부를 돕는 임무를 수행하였다. 1984년 총리칙령에 의해 내각
과 국방장관에 보고하는 기관으로 법적 정의되었으나 군 성향은 본질적으로 유지되었다.
약 2,000~3,000명이 근무했으며 대부분이 군인 및 민경이었고 민간인은 약 30%로 구
성되었다. 주로 국내외 첩보, 경제, 기술정보를 다루었으며 대테러 및 스페인 영토 보전
과 외부의 침략, 위험과 위협으로부터 국가를 보호하는 것을 목적으로 한다.

Centro-Museo Vasco de Arte Contemporáneo(ARTIUM) (바스코 현대미술 박물관)

스페인 바스코 지역 알라바에 위치한 바스코 현대미술 박물관은 2002년 개관되어 스페인의 중요 근현대 예술작품들이 전시되어 있다. 현재 살바도르 달리(Salvador Dalí), 미켈 바르셀로(Miquel Barceló) 및 안토니오 타피에스(Antonio Tàpies)와 같은 주요 현대예술가들의 작품들이 있으며, 총 3,000여 점의 회화, 조각, 사진, 비디오 및 설치예술 등이 전시되고 있다. 또한 매년 박물관 전시를 바꿔 새롭고 다른 20세기의 예술작품들을 보여준다.

Cerda, Alfonso de la (알론소 데 라 세르다)　페르난도 데 라 세르다(Fernando de la Cerda)의 아들이자 현왕 알폰소(Alfonso el Sabio)의 손자이다. 카스티야(Castilla)의 왕위를 되찾기 위해 많은 노력을 했으나 실패하고 만다. 나바라(Navarra)의 왕 카를로스(Carlos)의 미움을 사 1354년에 처형당한다. ➡ Castilla, Corona de(카스티야 연합왕국)

Cerda, Fernando de la (페르난도 데 라 세르다)　(1254~1275) 카스티야의 알폰소 10세의 첫째 아들. 1269년, 산 루이스(San Luis)의 딸 블랑카 데 프란시아(Blanca de Francia)와 결혼해 라 세르다의 왕자들(infantes de La Cerda)로 알려진 알폰소와 페르난도의 두 아들을 낳았다. ➡ Castilla, Corona de(카스티야 연합왕국)

Cerdán, Pedro (페드로 세르단)　1863년에 태어나 1947년에 사망한 스페인의 건축가이다. 무르시아(Murcia) 지방의 성당형 건물과 모더니즘을 주도했다. 노벨다(Novelda), 라 우니온(La Unión), 엘 알가르(El Algar) 등 각지에 다양한 건물을 지었다. 그중 무르시아의 베로니카스 시장(Mercado de Verónicas)이 대표적이다.

Cerdaña (세르다냐)　피레네 산맥 동쪽 하부 지역으로 1659년 피레네 조약(Tratado de los Pirineos)으로 인해 프랑스에 속한 알타 세르다냐(Alta Cerdaña)와 스페인에 속한 바하 세르다냐(Baja Cerdaña)로 나뉘어졌다. ➡ Austria, Casa de[오스트리아 왕가(스페인계)]

Ceretanos (세레타노스)　세레타니(Cerretani)라고도 불리며 피레네 산맥 지역에 거주했던 이베리아 민족이다. 현재의 세르다냐(Cerdaña) 영토와 세그레(Segre) 계곡에 정착했으며, 정착 영토였던 세르다냐에서 이름이 유래되었다. 하몬을 가공·보존하였으며, 훌리아 리비카[Julia Libyca(Llivia)]가 중심지였다.

Cervera y Topete, Pascual (파스쿠알 세르베라 이 토페테)　1839년에 태어나 1909년에 사망한 스페인의 군인이자 정치인이다. 이른 나이에 해군에 입대해 모로코 전쟁, 필리핀 원정, 페루 전쟁, 쿠바 전쟁, 필리핀 전쟁, 카를로스 전쟁 등에 참여하며 경력을 쌓았다. 1898년 라 아바나(La Habana)에서의 참패 이후 군사 법정에 출두해 불명예스러운 해임을 당했다. ➡ Desastre del 98(1898년의 패배)

Ceuta (세우타)　북아프리카에 있는 스페인의 자치 도시로, 지브롤터 해협을 사이에 두고 이베리아 반도와 마주보는 모로코의 북쪽 해안에 위치해 있다. 군사주둔지역이며 자유항으로 고대 카르타고, 그리스 및 로마의 식민지였다. 2011년 기준으로 인구는 82,376명이며, 과거의 복잡한 역사로 인해 가톨릭, 이슬람, 유대교 및 힌두교도들이 공존하고 있다.

Chancillería (마드리드 최고법원)　카스티야(Castilla)의 후안 1세(Juan I)에 의해 만들어진 중세 후기 및 근세 초기의 스페인 법원이었다. ➡ Castilla, Corona de(카스티야 연합왕국)

Chapultepec (차풀테펙)　해발 2,550m에 지어진 멕시코의 도시이다. 1869년에 건립된 이 도시는 아스테카 문명의 무대가 되기도 했다. 현재 다양한 박물관과 자연 공원이 운영되고 있다. 멕시코 문화유산이기도 하다. ➡ Azteca, Imperio(아스테카 제국)

Chaquetía (차케티아)　11월 1일이나 2일 엑스트레마두라 농촌에서 먹는 간식을 차케티아 라고 부른다. 이 간식은 호두나 도토리, 석류, 밤, 마르멜로 잼 등의 제철 열매와 전통 케익, 빵 등으로 이루어져 있다. 엑스트레마두라(Extremadura) 지방의 전통 관습이며 대부분 청년들이 집집마다 다니면서 차케티아을 달라고 한다.

Charco (차르코)　라 알데아(La Aldea)라는 마을에서 9월 11일에 열리는 차르코는 물고기를 쉽게 잡기 위해 차르코(물가 옆의 웅덩이)에 있는 물에 약을 풀어 물고기를 마취시켰던 것에서 시작된 축제로, 1766년부터 시작된 오랜 전통을 지닌 축제이다. 이날 사람들은 라 알데아의 차르코에 모이는데, 물가를 에워싸고 서 있다가 'Listo!(시작)'라는 신호와 함께 물로 뛰어 들어가 서로에게 물을 던지며 즐긴다.

Chaves, Manuel (마누엘 차베스)　(1945~) 스페인의 정치인이다. 사회노동당의 대표를 지냈다. 그 외 의원 및 다양한 장관직을 수행했다. 현재 부정부패에 따른 재판을 앞두고 파면 상태에 있다. ⇒ Partido Socialista Obrero Espaóñol(PSOE, 스페인사회노동당)

Cherasco, tratado de (체라스코 조약)　1631년 스페인과 프랑스 사이 맺어진 조약으로 만투아(Mantua) 지방의 계승권을 두고 벌어진 갈등을 정리했다. 프랑스의 카를로스 데 레텔이 새 공작으로 임명되었으며 사보야(Saboya) 공작과 스페인 왕실은 다양한 특혜를 입게 되었다. ⇒ Austria, Casa de[오스트리아 왕가(스페인계)]

Chiapas (치아파스)　멕시코 남부에 위치한 주이며 주도는 툭스틀라 구티에레스(Tuxtla Gutiérrez)이다. 1824년 멕시코의 19번째 주가 되었으며 스페인 식민 시기에는 레이노 데 과테말라(Reino de Guatemala)에 속해 있었다. 이 지역의 주요 관광지로는 마야족의 유적지 팔렌케(Palenque)와 파란 물의 폭포(cascadas de Agua Azul)를 들 수 있다.

Chicomoztoques (치코모스토케스)　멕시코 중부에 위치했다고 전해지며 나우아틀어(Nauatl)를 사용하는 부족들의 신화적 발원지로 아스테카 문명(Civilización Azteca)이 이에 속한다. ⇒ Azteca, Imperio(아스테카 제국)

Chinampas (치남파)　16세기부터 발달한 중남미 부족들의 경작 방법이다. 경작지가 부족하고 늪지대가 대부분인 지역에 살았던 부족들은 나무로 만든 뗏목을 흙으로 덮고 그곳에 씨를 뿌려 호수에 띄우는 방식으로 농작물을 재배했다. ⇒ Hispanidad[이베리아성(포르투갈 및 브라질 제외)]

Chindasvinto (친다스빈토)　서고트족 29대 왕. 642년 주교와 귀족 회의에서 79세의 나이에 선출되어 왕위에 올랐으나, 귀족과 성직자를 휘어잡아 어떠한 반역에도 흔들리지 않으려 하였다. 최고위층 귀족과 하위 계급을 같은 부대에 편성한 것이 일례이다. 두에로(Duero) 강 유역에 산 로만 데 오르니하 수도원을 세웠고 653년 사망한 후 그곳에 매장되었다. ⇒ Reino visigodo(서고트 왕국)

Chintila (친틸라)　서고트족 27대 왕. 636년 4월 왕위를 이어받도록 선출되었다. 재위기간 동안 특별한 업적이 있지 않았으며, 주교들의 꼭두각시 노릇을 했다. 5대와 6대 톨레도 공의회를 소집하여 수도사의 의복과 두발을 가진 사람은 절대로 왕이 될 수 없게 하였다. 639년 주교와 귀족 회의에서 아들 툴가가 왕위를 이어받도록 선출되었다. ⇒ Reino visigodo(서고트 왕국)

Chíos, isla (키오스 섬)　그리스의 섬으로 에게 해에 자리 잡고 있다. 중세시대에는 터키인들과 베네치아인들, 제노바인들 그리고 오스만 터키족에 의해 차례로 점령되었다. 독립 전쟁에 의해 터키인들로부터 해방되었지만 제2차 세계대전 때 독일의 침략을 받고 1944년에서야 그들의 자유를 되찾았다.

Chiquilín (치키린)　　스페인 어린이 잡지. 마드리드 출생의 사업가 페데리코 보넷(Federico Bonet)이 1924년에 창설하였다. 아이들의 관심을 끌기 위해 미국의 코믹 영화배우와 같은 인물들을 만들기도 하였다.

Chíviri (치비리)　　스페인 트루히요(Trujillo) 지역에서 유명한 축제로 부활절 주간(la Semana Santa)의 절정이라고 할 수 있는 부활절 일요일(Domingo de Resurección)에 열린다. 밤 12시부터 중앙 광장에는 오케스트라의 연주가 시작되는데, 전통 복식을 입거나 빨간 손수건을 목에 두른 15,000명이 넘는 사람들이 이 음악에 맞춰 춤을 추기 위해 모인다. 이들은 밤새 노래하고, 춤추고, 음식을 먹으며 즐긴다. 특히 이날 광장에는 술을 마시는 이들도 볼 수 있는데, 이는 축제 당일만 특별히 허용된다고 한다.

Cholula de Rivadabia (촐룰라 데 리바다비아)　　멕시코 뿌에블라(Puebla) 주에 있는 도시로 단순히 '촐룰라'로도 불린다. 한때 크게 번영했던 도시이지만 1519년 에르난 코르테스(Hernán Cortés)에 의해 파괴되었다. 현재는 농업과 목축업, 관광산업으로 유명하다.

Chunta Aragonesista (아라곤 회의당)　　스페인의 아라곤(Aragón) 지역의 민족주의, 사회 민주주의 성향의 정당이다. 아라곤의 문화, 사회, 평화, 민족주의를 표방하는 여러 단체들이 연합하여 1986년 설립되었다.

Churriguera, Alberto (알베르토 츄리게라)　　마드리드 출생의 조각가이자 건축가(1676~1750)이다. 츄리게레스코 양식을 탄생시킨 츄리게라 가문의 일원으로 마드리드와 살라망카에 거주하였다. 그의 가장 뛰어난 작품은 바야돌리드 대성당의 외관 및 1729년에서 1755년 사이에 건설된 살라망카의 마요르 광장을 들 수 있다. ⇒ Castilla, Corona de(카스티야 연합왕국)

Churriguera, Joaquín (호아킨 츄리게라)　　스페인의 조각가이자 실내 장식사 및 교회 제단 세공사로 1674년 마드리드에서 태어났으며, 1724년 사망하였다. 츄리게라 양식을 탄생시켰으며 수 많은 건축가와 조각가들을 배출한 츄리게라 가문의 일원이다. 그는 자신의 작품에 금은 세공을 많이 사용하였다. 그는 1692년 살라망카로 이동하였으며 1702년에 산타 클라라(Santa Clara) 수도원의 주요 제단벽을 담당하였다. 1709년엔 라 베라 크루즈(La Vera Cruz) 수도원의 제단벽을 완성하였으며 그가 사망한 해 인 1724년엔 플라센시아(Plasencia) 대성당의 제단과 살라망카(Salamanca) 대성당의 성가대석을 담당하였으나 끝내지 못하고 사망하여 그의 형제인 알베르토(Alberto)가 완성하였다. ⇒ Castilla, Corona de(카스티야 연합왕국)

Churriguera, José (호세 츄리게라)　　스페인의 건축가이자 조립공으로 1665년 5월 21일 마드리드에서 태어났으며 1725년 5월 2일 마드리드에서 사망하였다. 호세 시몬 데 츄리게라(José Simón de Churriguera)의 아들이자 츄리게라 양식을 발전시킨 츄리게라 가문의 일원이다. 그의 초기 작품 중 하나인 성 에스테반 성당의 제단에도 츄리게라 양식이 사용되었으며, 이후 이 제단의 유형은 스페인의 많은 교회에서 복제되었다. 1709년 그는 금융업자인 후안 데 고예네체(Juan de Goyeneche)의 후원으로 그의 가장 야심작인 누에보 바스탄(Nuevo Baztán) 마을을 건설하게 된다. 교회, 궁전, 노동자 주택, 공장 사무실 등이 포함되어 있는 마을의 건축물들은 철공소 스타일을 연상시키는 절제된 양식을 띠고 있으며 기하학적이고 규칙적인 도형들로 이루어져 있다. ⇒ Castilla, Corona de(카스티야 연합왕국)

Churriguera, José Simón (호세 시몬 츄리게라)　　조립공 및 교회 제단 장식 벽 세공사이자 조각가로 호세 데 추리게라의 아들이다. 바르셀로나에서 태어나 자랐으며 1665년 마드리드로 상경하였다. 마드리드에서 결혼 후 일곱 명의 아들을 두었으며 이 아들들에 의해 츄리게라 양식이 발전되었다. ⇒ Castilla, Corona de(카스티야 연합왕국)

Churrigueresco (츄리게레스코) 스페인 바로크 예술의 독특한 예술적 스타일로 풍부한 장식으로 특징지어진다. 츄리게라 가문에 의해 개발되었으며 로마 바로크 장식과 더불어 히스패닉 전통 요소과 아랍 양식, 고딕 양식, 금은 세공 양식이 복합적으로 포함되어 있다. 주로 건축과 조각에 사용되었으며 대표적인 건축가 및 조각가로는 호세 시몬, 호세 베니토, 호아킨 그리고 알베르토를 들 수 있다. ⇒ Castilla, Corona de(카스티야 연합왕국)

Churro (추러스) 스페인어 원어 발음은 '추로'이지만, 한국에서는 추러스라고 불린다. 기름에 튀긴 길쭉한 형태의 도넛으로, 설탕을 묻혀먹거나 녹인 초콜릿을 찍어먹기도 한다. 스페인 전통 음식으로, 라틴아메리카에서도 사랑받는 간식이다.

Cien mil hijos de San Luis (산 루이스의 십만군) 진보세력에 의해 페르난도 7세(Fernando VII)가 왕위에서 물러나자 그를 돕기 위해 파견된 프랑스 군으로 왕의 복위 후 스페인에서 주둔하며 개혁파를 견제했다. 프랑스는 이 거래를 통해 스페인 부르봉 왕가에 영향력을 행사할 수 있었다.

Cinturón de Hierro de Bilbao (빌바오 철강 벨트) 빌바오에 있는 터널, 벙커, 참호 등 스페인 내전 당시 빌바오를 군대 반란으로부터 보호하기 위해 산이나 바다 주변에 만들었던 요새이다. 철강벨트를 만들기 위해 건설에 투입한 경제적·물질적 투자는 막대하였으나, 당시까지 완성되지 않았던 벨트는 모두 공격당하였다. 카를로스주의자 부대가 마지막 공격을 할 때 미사일 폭격을 맞았다. ⇒ Guerra Civil Española(스페인 내전)

Cipotegato (시포테가토) 매년 8월 27일에 열리며, 타라소나(Tarazona) 지역에서 가장 인기 있는 축제이다. 낮 12시 정각이 되면 사람들이 가득 찬 광장에 어릿광대 분장을 한 시포테가토(Cipotegato)가 지나가고, 이때 군중들이 그를 쫓아가며 토마토를 던진다. 목표 지점에 도달하면 군중들이 다같이 "시포테! 시포테!(Cipote! Cipote!)"라고 외치면서 시포테가토를 광장의 동상 위로 들어올린다. 그가 동상에 손수건을 묶음으로서 축제의 시작이 선포된다. 이후 축제는 9월 1일까지 계속되며 야외 댄스, 투우, 길거리 공연 등 다양한 볼거리가 제공된다.

Círculo de bellas artes (마드리드 예술회관) 마드리드에 위치한 사립 문화진흥단체으로 약어로 CBA라고 하기도 한다. 1880년 설립되었으며, 예술, 문학, 과학, 철학, 영상 등 여러 전문 분야에 걸친 활동을 한다. 유럽 내의 주요 사립 문화진흥원 중 하나로 평가받는다. 스페인 문화를 세계적으로 알리는 데 주로 공헌을 하며 대표적인 행사로는 '돈키호테 읽기 마라톤 행사'가 있다.

Císcar, Gabriel (가브리엘 시스카르) (769~1829) 스페인의 수학자이자 해군, 정치가로 발렌시아 대학(Universidad de Valencia)에서 철학 및 인문학을 전공했으며 해군 대위를 지내고 해군사관학교에서 수학을 가르치는 등 교육에 전념하였다. 자신의 분야인 항해학 관련 논문들뿐 아니라 문학 작품 또한 발표하여 명성을 얻었다. 1788년 학술원장직에 오르기도 하였다.

Cisma de Occidente (서방 교회 분열기) 14세기에서 15세기까지 지속된 가톨릭교회의 분열기를 일컫는다. 교황 클레멘테 5세(Clemente V)가 교황청을 로마에서 아비뇽으로 이전해 프랑스 왕실의 영향력이 막강해지자 이를 달갑게 여기지 않은 다른 세력들이 반기를 들고 일어난 것이다. 분열 세력 및 종파들은 수차례의 공의회 이후 1417년 콘스탄츠 공의회(Concilio de Constanza)를 마지막으로 재통합되었다.

Cisneros(España) (시스네로스) 카스티야 이 레온(Castilla y León) 지방에 속해 있는 팔렌시아(Palencia) 주의 지방자치제로 발데히나테 강 근처에 위치한다. 도시의 예술 유산으로는 무데하르 양식의 소란 반자와 고딕 양식의 조립형 제단화, 16세기 조각품들과 15세기 성물 안치소가 있는 산 파쿤도 이 프리미티보 교회가 있으며, 16세기에 지어진 산 페드로 교회가 있다.

Ciudad de las Artes y las Ciencias de Valencia (발렌시아 예술과학의 도시) 스페인 발렌시아에 있는 문화 예술 종합 공간이다. 산티아고 칼라트라바(Santiago Calatrava)와 펠릭스 칸델라(Félix Candela)가 설계하고 엔지니어 알베르토 도밍고(Alberto Domingo), 카를로스 라사로(Carlos Lázaro)가 가담했다. 이 공간은 반구형건물, 펠리페 왕자 과학박물관, 해양박물관, 해 가리개 건물 및 예술 궁전으로 총 다섯 개의 부분으로 나누어져 있다.

Ciudad Real (시우다드 레알) 스페인 카스티야-라 만차(Castilla y La Mancha) 자치주 내에 위치한 도(都) 동명의 수도이다. 1255년 알폰소 10세(Alfonso X)에 의해 건립되었으며 약 7만 명의 인구가 살고 있다. 가톨릭 공동왕(Reyes Católicos) 치하에서 전성기를 누렸으나 소수 인종 추방 이후 전염병과 기근 등을 겪으며 쇠약해졌다. 19세기에 들어서 경제적 호황기를 누리며 지속적인 성장을 보이고 있다. 오래된 역사만큼 다양한 유적지들이 있다.

Ciudad Universitaria de Madrid (마드리드 대학 도시) 몽클로아의 캠퍼스(Campus de Moncloa)로도 알려져 있다. 몽클로아-아라바카(Moncloa-Aravaca) 구에 위치해 있으며 마드리드 콤플루텐세 대학교, 마드리드 폴리테크니카 대학교, 국립통신교육대학교가 자리하고 있다.

Clara Eugenia, Isabel (이사벨 클라라 에우헤니아) (1566～1633) 펠리페 2세의 장녀로 막시밀리아노 2세(Maximiliano II)의 아들과 결혼해 저지대 국가(Países Bajos)에서 그를 도와 국정을 돌봤으며 전장에서 남편이 승리할 때까지 흰 옷을 입겠다고 선언한 일화로도 유명하다. ➡ Felipe II(펠리페 2세)

Clarís, Pau (파우 클라리스) (1586～1641) 바르셀로나 출신의 종교인이자 정치인이다. 30년 전쟁으로 생긴 카탈루냐(Cataluña)의 지역감정을 대변하고 1640년 카스티야(Castilla)의 지배에 반대하여 카탈루냐 반란이 일어났을 때 카탈루냐인들의 선두에 섰던 인물이다.

Clavijo, Batalla de (클라비호 전투) 스페인 국토회복전쟁(Reconquista) 중 가장 널리 알려진 전투라고 할 수 있다. 아스투리아스(Asturias) 왕국의 라미로 1세(Ramiro I)와 압달라만 2세(Abd Al-Raman II) 사이에 벌어진 전투로 산티아고(Santiago), 즉 성 야고보가 흰 깃발을 들고 출현해 말을 타고 용맹하게 싸워 가톨릭교도들의 승리를 가져왔다는 전설이 전해진다. ➡ Reconquista(레콩키스타)

Clemente VII (클레멘테 7세) 1478년에 태어나 1534년에 사망한 로마교회의 교황이다. 파비아(Pavía)에서 프랑스 군대가 패배하고 마드리드 조약(Tratado de Madrid)이 체결된 후 황제의 세력이 이탈리아에서 급속도로 커졌다. 이를 막기 위해 클레멘테 7세는 베네치아, 피렌체, 프랑스와 코냑 동맹(Liga de Cognac)을 맺어 제국을 위협했다.

Clemente VIII (클레멘테 8세) (1536～1605) 이노켄티우스 9세(Inocencio IX)의 뒤를 이은

제231대 교황이다. 엔리케 4세(Enrique IV)와 가톨릭교회의 관계 개선에 크게 기여했을 뿐 아니라 스페인과 프랑스 양국 관계의 중재에도 힘썼다.

Clemente XIII (클레멘테 13세)　1693년 이탈리아 베네치아(Venecia)에서 태어나 1769년 로마에서 사망했다. 볼로냐(Bologna)의 예수회 학교에서 공부했으며 파두아(Padua)에서 법학 박사 학위를 받고 그 후에 로마에서 사제가 되어 1758년에 교황으로 재위했다. 그는 백과전서파에 대항해 싸웠으며 일평생 예수회를 옹호했다.

Clemente XIV (클레멘테 14세)　249대 로마교황(재위 1769년 5월 19일~1774년 9월 22일)이었다. 본명은 후안 비센테 안토니오 강가넬리(Juan Vicente Antonio Ganganelli)이다. 이탈리아 산 아르칸젤로 디 로마냐(Sant' Arcangelo di Romagna)에서 1705년에 태어났으며 로마에서 1774년에 사망하였다. 1773년 7월 21일 도미누스 악 레뎀토르(Dominus ac Redemptor)를 공표하여 예수회를 해산시켰다. ➡ Jesuitas(예수회원들)

Clemente y Rubio, Simón de Rojas (시몬 데 로하스 클레멘테 이 루비오)　(1777~1827)는 스페인의 식물학자이자 카디스(Cádiz) 헌법 제정을 도운 인물로 발렌시아 왕국의 농업, 보건, 교육위원회에서 활동하였다. 현재 마드리드 왕립 식물원에 호세 그라혜라(José Grajera)가 제작한 그의 동상이 있다. ➡ Constitución de Cádiz(카디스 헌법, 1812년)

Coatepec (코아테펙)　멕시코 신화의 태양신인 우이트실로포치틀리(Huitzilopochtli)가 탄생한 곳으로 나우아틀어(Nauatl)로 "뱀의 언덕에서"라는 뜻을 가지고 있다. ➡ Azteca, Imperio(아스테카 제국)

Cochinillo asado (새끼 돼지 구이)　코치니요 아사도(cochinillo asado)는 새끼 돼지 통구이이며 스페인의 대중 요리이다. 특히나 세고비아(Segovia)의 코치니요가 유명한데 그 이유는 굽는 방법이 특별하며 고기의 관리도 철저하기 때문이라고 한다. 엄마 돼지는 천연 사료만을 먹여 관리하며 새끼 돼지는 생후 3주가 되기 전 몸무게가 5kg쯤 나갈 때 요리된다.

Cocido madrileño (코시도 마드릴레뇨)　스페인 전역에서 사랑받고 있는 요리이며 특히나 마드리드를 대표하는 수프 요리이다. 카타르고 시대 때 스페인에 처음으로 들어오게 된 이집트콩이 주재료이며 여러 가지 야채와 고기, 돼지 비곗살과 순대로 만들어진다. 하층민들이 즐겨 먹던 요리였지만 식당 메뉴에 포함되면서부터 점차적으로 상류층의 국민들에게까지 확산됐다.

Codex Calixtinus (칼릭스티누스 법전)　성 야고보서(Liber Sancti Jacobi)의 고문헌이며 산티아고 대성당에 보존되어 있다. 5권으로 이루어져 있다. 모사라베를 통해 갈리시아(Galicia)로 수많은 이방 문화가 유입되자 의식과 종교 음악 등에 기본 틀을 제시하는 역할을 했다.

Código Civil de España (스페인 민법)　스페인 민법은 사회정치적, 종교 간, 영토 간 긴장으로 인하여 가장 늦게 출현한 법으로 1889년에 제정되었다. 수많은 개정을 거쳤으나 민법 1889는 지속적으로 효력을 유지하고 있다.

Código de Justiniano (유스티니아누스 법전)　비잔틴의 황제 유스티니아누스 1세에 의해 528년에서 529년 사이 개정된 법전. 『*Corpus Iuris Civilis*』로 알려진 방대한 법전의 일부이다. 총 12권으로 이뤄져 있었으며 제국의 헌법(leges) 보완이 개정의 주된 목적이었다.

Código de Leovigildo (레오비힐도 법전)　레오비힐도 왕이 에우리코 법전을 수정하여 만

든 법전으로 'Codex Revisus'라고도 한다. 580년경 공포된 이 법전은 비시고트인에게만 적용되었으며, 고트족과 로마인과의 결혼을 금지하는 법을 폐지했고 사법권의 통일도 이루었다. ➡ Reino visigodo(서고트 왕국)

Cofradía* (신도단)　경건의 완성과 종교적 헌신을 목적으로 형성된 신도들의 모임으로 중세부터 시작하여 근대의 발전기를 거쳐 현대에까지 이르고 있다. 유형별로는 성사, 그리스도, 마리아, 성인들, 영혼, 그리스도의 수난 등에 헌신된 단체들이 주를 이루며, 과거에는 신도들이 신분별로, 직업별로, 혹은 기관별로 결집하기도 하였다. 예를 들어 종교재판소(Inquisición)의 하급 종사자들인 파밀리아레스(familiares)는 '순교자 성 베드로(San Pedro Mártir)'라는 신도단을 이루며 활동하였던 것과 같다. 조직체계가 잘 되어 있는 신도단일수록 내부적으로 다양한 직함들을 두고 있었다. 먼저 상급 형제(Hermano Mayor) 혹은 수장(Alcalde)은 한 명으로서 선출, 순번, 연륜, 추첨 등의 방식을 통하여 자리에 오를 수 있었다. 집사(Prioste 혹은 Mayordomo)도 역시 한 명으로 회계담당자가 되어 신도단의 수입을 관리하였고, 한 명의 상급 방문관(Visitador Mayor) 혹은 여러 명의 하급 방문관들(Visitadores Menores)이 있어 신도들의 수입을 비롯하여 내부 규율을 감시하였다. 한 명의 유산관리인(Albacea)은 종교의례와 예술적 가치가 있는 유산을 관리하는 사람이며, 한 명의 심부름꾼(Nuncio, Muñidor, Capiller, Capillero)은 성상들의 옷을 입히고 돌보는 역할을 하였다. 한 명의 대서인(Escribano)은 운영상의 결정사항들과 조치들을 글로 남기는 자들이었으며 한 명의 주임사제(Capellán)는 성사의 의무를 이행하는 성직자였고, 마지막으로 여타 형제들(Hermanos)은 회의에서 발언권과 의결권을 보유하고 있었다. 모든 직책들은 정기적으로 갱신되었으나, 거의 매년 혹은 임시적으로 연장되기도 하였다. 명예형제(Hermano de Honor)는 공식적으로 형제단에 속하지는 않았지만 이러한 지위를 받을 만한 사람에게 주어졌으며, 한편 상급 명예형제는 종신직으로서 옛 상급형제(Hermano Mayor) 중의 누군가가 혹은 근무 실적이 좋은 사람이 받았다. 만일 회원들 중 왕실에 속한 자가 있다면 그 소속 신도단은 왕립 신도단(Cofradía Real)이라고 불릴 수 있었다. 동일한 이상을 주창하며 모인 형제단들이 서로 연합을 할 경우 이는 신도단 연합(Archicofradía)이라고 명명되었다. 신도단의 운용은 비밀 참사회를 통해 공동협력 방식으로 이루어졌으며, 소집된 사람들은 일정한 수의 사람들로서 이들이 지닌 특권에 근거하여 구성되었다. 보통회의는 정기적으로 일 년에 한 번 개최되었으며, 특별회의는 횟수가 정해지지 않았고 긴급 상황에서 열렸다. 영적 권위자는 내적 생활을 다루는 몇 가지 법령들을 채택하도록 요구하였고, 주임사제들(rectores)이 작성하고 전체 참사회가 수정한 법령들을 부서거나 정정하였다. 신도단의 정체성은 특히 자신들이 모시는 수호성인의 축일이 될 때 더욱 확고해졌는데 주로 그리스도 성체절(Corpus Christi), 성주간, 기도 행렬들을 중심으로 이루어졌다고 볼 수 있다. 이렇게 공식적으로 자신들의 종교적 열망을 표출하는 것은 이미 알려진 일정에 따라 진행되었으며, 행렬에 참여한 형제는 '나사렛 사람(Nazareno)', 즉 '수난자'라고 불렸다. 기수(Portaetandarte)는 깃발을 운반하는 자를, 예수 그리스도의 상을 메는 사람(Costalero)이나 성상의 운반대를 메는 사람들(Bancero)은 행렬 시 무게를 잘 견뎌내어야 했다. 상급 운반자(Bancero Mayor)는 보행을 진두지휘하는 수난자를 뜻하며, 빛의 형제(Hermano de Luz)는 초를 들고 길을 밝히는 사람을, 운반대를 짊어지는 사람들에게 물을 공급해주는 자는 물 공급자(Aguador)라고 불렸다. 수입은 신도들의 기부금, 유산으로 분류된 동산이나 부동산, 도시나 농촌의 재산소득, 심지어 강제 대부금, 가축 매매금, 신도단의 형제들이 내는 입회금과 벌금이 포함되었다. 지출 총액은 헌신의 정도나 종교의식의 규모에 따라 달라졌다. 한편 신도단은 엔리케 4세(Enrique IV)에 의해 활동을 금지 당했고 카를로스 5세(Carlos V) 때에도 동일한 어려움을 겪었지만, 오늘날에는 활발한 활동을 이어가고 있다. 또한 15세기 말 합스부르크 왕가가 통치하는 기간 동안 신도단에서는 재정적, 사회적, 문화적으로 부적절한 후보는 아예 진입이 차단되기도 하였는데, 비록 대다수 합의와 표결에 의해 입회 결정이 이루어지기는 하였지만 사실상 신분이나 혈통, 직업에 의해 배제하는 경우도 비일비재하였다. 그리고 18세기 부르봉 왕가가 들어서면서 스페인에 존재하는 25,000개 이상의 신도단은 카스티야 평의회(Consejo de Castilla)의 통제 아래 놓이게 되었다.

Colacho (콜라초) 카스트리요 데 무르시아(Castrillo de Murcia) 지방의 부르갈레사(Burgalesa)에서 열리는 축제로 성체절(Corpus Christi) 다음 일요일에 열린다. 화려한 어릿광대 의상을 한 악마의 가면을 쓴 한 사람이 그해 카스트리요 데 무르시아에서 태어난 아기들을 눕혀놓고 그 위를 뛰어 넘는 의식이다. 이는 악(惡)과 이단을 기독교인들의 믿음으로 극복하는 일종의 놀이 혹은 의식의 성격을 지니고 있다.

Colectivo de Lesbianas, Gays, Transexuales y Bisexuales de Madrid(COGAM) (마드리드 성소수자 모임) 성적 소수자 인권운동을 하는 스페인의 비영리, 비정부단체(NGO)이다. 주요 활동 성과로는 스페인 동성결혼 합법화, 성 정체성법 제정, 마드리드 Europride 2007 개최 등이 있다.

Colegio de San Gregorio (산 그레고리오 대학) 스페인 국립 조각 박물관의 본관으로 15세기에 지어진 건물이다. 후기 고딕 양식으로 지어졌으며 정교하고 화려한 외관이 특징이다. 지붕은 무데하르 시대 특유의 소란반자로 장식되어 있다. 1933년에 제2공화국에 의해 박물관이 되었으며 건물을 장식하는 붓꽃은 건립자 알론소 데 부르고스(Alonso de Burgos)의 휘장이다.

Coligni, Odet de (콜리니, 오드 드) 프랑스인 추기경, 톨로사(Tolosa)의 주교였다. 1515년에 태어나 1571년 2월 14일 사망하였다. 종교개혁에서 신교의 편에 서게 되자, 교황 피오 4세에 의해 추기경 목록에서 지워지게 된다. 이에 그는 결혼 후 영국으로 망명하지만, 그의 하인에 의해 독살된다.

Colmenar de Oreja (콜메나르 데 오레하) 스페인 마드리드(Madrid) 자치주에 위치한 도시이다. 톨레도(Toledo)와 이웃하고 있다. 1833년 마드리드의 영토로 편입되었다. 알폰소 13세(Alfonso XIII)의 도시로 불린다. 17세기에 지어진 성당과 건축물들이 많이 남아 있는 곳이다.

Coloma, Juan de (후안 데 콜로마) 스페인의 법률가. 1440년경 보르하(Borja)에서 태어나 1517년 사라고사(Zaragoza)에서 사망. 후안 2세(Juan II)의 비서였으며 후에 '가톨릭 왕' 페르난도 2세(Fernando II)의 비서가 된다. 1492년 가톨릭 공동왕을 대리하여 콜럼버스의 대리인 후안 페레스(Juan Pérez) 수도사와 산타페(Santa Fe) 협정을 맺는다. ➡ Fernando II de Aragón(아라곤 국왕 페르난도 2세)

Colomo Goméz, Fernando (페르난도 콜로모 고메즈) 1946년 2월 마드리드에서 출생한 영화감독, 배우, 제작자, 작가이다. 16세 때 「Sssoufl」라는 단편영화를 제작하였으며, 이후에는 「Tigres de papel」(1977), 「La mano negra」(1980) 등 많은 장편영화를 제작하였다.

Colón Muniz, Diego (디에고 콜론 무니스)　크리스토발 콜론의 첫째 아들이며 그의 출생
날짜는 불분명하다. 신대륙으로의 여정에 여러 번 참여했으며 크리스토발 콜론이 사망한
후 대서양의 제독으로 부임했으며 신대륙의 부왕(Virrey de las Indias)이 되었다. ➡
Colón, Cristóbal[크리스토발 콜론(콜럼버스)]

Colón, Bartolomé (바르톨로메 콜론)　크리스토발 콜론의 형제이며 항해자이자 지도 제작자
이다. 그의 출생 날짜에 관해서는 의견이 분분하지만 1437년 혹은 1461년에 태어난 것
으로 추정되며 1514년에 사망했다. 신대륙 탐험에 대한 계획을 실행에 옮기기 위해 자
신이 직접 제작한 지도를 가지고 포르투갈, 영국, 프랑스 등의 국왕을 찾아가 후원을 받
고자 노력한 인물로서 크리스토발 콜론의 최대 후원자로 평가된다. ➡ Colón, Cristóbal
[크리스토발 콜론(콜럼버스)]

Colón, Cristóbal* [크리스토발 콜론(콜럼버스)]　(1451~1506) 아메리카의 발견자 콜럼버스
의 일대기는 불분명한 면들이 많은데 이는 그 자신이 상당 부분 왜곡하고 은폐하였기 때
문이며, 또한 그의 첫 번째 전기 작가이자 아들인 에르난도(Hernando)가 부친의 출생과
조건들을 과장되어 서술하였기 때문이다. 크리스토발 콜론은 제노바인이었으며, 22세까
지는 양모 직물공으로서, 또한 포도주와 치즈의 소규모 판매 상인으로서 생활하였다. 교
양은 없으나 이탈리아 해안선을 무대로 자주 무역을 하였기 때문에 바다에 대한 경험이
풍부하였다. 제노바 상거래소의 일원으로서 그는 1474년이나 1475년에 키오스(Chíos)
로 가는 탐험대에 참여하였으며, 1476년에는 산 비센테 곶(cabo de San Vicente)에서
해적들의 공격으로 난파되어 조난자로서 포르투갈에 도착하였다. 리스본에 정착한 뒤 센
투리오네(Centurione) 가문을 위해 여러 번의 항해를 하였으며 심지어 1477년에는 아
이슬란드에까지 가기도 하였다. 그러나 리스본으로 돌아와서는 그곳에서 합류한 그의 동
생 바르톨로메(Bartolomé)와 함께 지도를 만들어 팔기로 결심하였다. 이때 콜럼버스는
지식인들과 지리학자들의 저서를 충분히 읽을 수 있을 만큼 라틴어를 배우기도 하였다.
1482~1483년까지 그는 피렌체인 지리학자인 토스카넬리(Toscanelli)와 서신을 교환하
였던 것으로 보이며, 그중에서 토스카넬리가가 그에게 보낸 두 통의 편지가 보관되어 있
다. 그는 편지에서 프톨로메오(Ptolomeo)가 주장한 것보다 아시아의 동쪽 해안은 동쪽으
로 30도 더 위치해 있다고 주장하였다. 그에 따르면 중국은 스페인에서 뱃길로 5,000마일
떨어져 있는데, 콜럼버스는 지리학자 알파그란(Alfagrán)의 아랍식 마일을 보다 짧은 이
탈리아식 마일과 혼동하여 거리를 더 축소하기도 하였다. 실수에 실수를 거듭하면서 그가
내린 결론은 서쪽 길로 가면 카나리아스(Canarias)와 일본 사이는 2,400마일 떨어져 있다
는 것이며, 흥미롭게도 이는 카나리아스와 비르헤네스제도(las Islas Vírgenes) 사이의
거리와 일치한다는 것이다. 또한 이러한 콜럼버스의 발상에는 아소레스(Azores), 마데
이라(Madeira), 카나리아스보다 더 멀리 가는 포르투갈 여행이 영향을 미친 것으로 보
이며, 이것은 이미 알려진 섬들 외에도 서쪽으로 또 다른 섬들이 있음을 시사할 뿐더러,
이러한 다도해가 아시아로의 항해 과정에서 디딤돌 역할을 해 준다고 생각하였기 때문
이다. 콜럼버스는 포르투갈의 주앙 2세(Juan II)에게 대서양 길을 통해 지팡고 섬(지금
의 일본)으로 가는 배 한 척을 요구하였으나 전문가들로 구성된 위원회의 반대로 왕은 이
요구를 거절하였다. 1485년 중순경 콜럼버스는 팔로스 데 모게르(Palos de Moquer)에
있었는데, 이때 그의 아들 디에고(Diego)가 그를 동행하고 있었고, 1479년에 결혼했던
그의 부인 펠리파 모니스(Felipa Moniz)는 이미 사망하고 없는 상태였다. 콜럼버스는

가톨릭 공동왕(Reyes Católicos)이 그의 프로젝트에 관심을 갖도록 여러 번 시도하였으나 이번에도 왕실 자문관들의 반대에 부딪혀 수락되지 않았다. 한편 콜럼버스는 코르도바(Córdoba)에 있는 동안 베아트리스 데 아라나(Beatriz de Arana)를 알게 되면서, 그녀와의 사이에 서자 에르난도를 낳았다. 그라나다(Granada)를 함락하고 레콩키스타를 완수한 이사벨 여왕(Isabel I)은 페르난도 왕(Fernando)의 재무관이었던 루이스 데 산탕헬(Luis de Santángel)의 영향 아래 결국 콜럼버스의 사업을 지지하기로 결심하였고, 산타페(Santa Fe) 협정에서 그에게 무수한 특권을 약속하였다. 1492년 8월 3일 콜럼버스는 핀타(Pinta), 니냐(Niña), 산타 마리아(Santa María)라고 명명한 선박 세 척을 이끌고 팔로스(Palos) 항을 떠나 카나리아스 항해길로 갔다. 마침내 10월 12일 희미하게 보이는 육지를 발견하고, 지금의 산 살바도르인 구아나아니(Guanahaní)를 점령하게 되었다. 그리고 10월 28일에는 쿠바(Cuba)를, 12월 5일에는 라 에스파뇰라(La Española)를 발견하였다. 그러나 산타 마리아 배를 타고 가다가 아이티(Haití) 앞에서 조난을 당한 그는 신세계에 라 나비닷(La Naviadad)이라는 첫 번째 식민 거점을 만들어 둔 채, 남은 배 두척으로 1493년 3월 5일 팔로스 항으로 귀환하였다. 한편 콜럼버스는 두 번째로 신대륙으로 항해할 때에도 자신은 여전히 아시아에 속해 있다고 생각하였다. 또 그는 남하하면서 안티야스 제도(Antillas)의 적잖은 섬들을 목도하였고, 푸에르토 리코(Puerto Rico)에 당도하였다. 또한 라 나비닷이 완전히 파괴된 것을 목도하고 난 뒤 아이티 북동쪽의 라 이사벨라(La Isabela)에 새로운 거점을 마련하였지만 여기서도 식민화 노력은 실패로 끝났다. 그는 쿠바와 자메이카(Jamaica)를 탐험한 뒤 1494년 먼저 돌아간 14척에 이어 2년 후에 카디스(Cádiz)로 돌아왔다. 1498년 5월 30일에 그는 세 번째 항해를 시작하였고 이번에는 보다 남쪽 길을 택하였으며, 7월 31일 그는 이미 아메리카 대륙에서 가까운 트리니닷(Trinidad)을 어렴풋이 볼 수 있었다. 그러나 콜럼버스가 라 에스파뇰라에서 지휘권을 상실한 것을 알고 궁정에서 파견된 재판관이자 감찰관인 프란시스코 데 보바디야(Francisco de Bobadilla)는 콜럼버스를 체포하여 스페인으로 돌아왔다. 이후 실추된 명예에서 회복되긴 하였으나 부왕으로서의 권력은 상실한 채 콜럼버스는 1502년 5월 11일 네 번째이자 마지막 탐험 여행을 감행하였다. 그는 온두라스(Honduras) 해안을 탐험한 뒤 같은 해에 이베리아 반도로 돌아왔으며 이후 사망할 때까지 그가 한 일은 페르난도 왕에게 자신과 아들 디에고를 위해 은택을 베풀어 줄 것을 무익하게 간청하는 것이었다.

Colón, Hernando (에르난도 콜론)　1488년 스페인 코르도바(Córdoba)에서 태어나 1539년 세비야(Sevilla)에서 사망했다. 크리스토발 콜론의 아들로 그와 함께 신대륙으로 여러 번 항해했으며 아버지의 삶과 여정을 『*Historia del Almirante*』라는 책으로 엮었다. ➡ Colón, Cristóbal[크리스토발 콜론(콜럼버스)]

Colonia española (스페인 식민지)　16세기 스페인 정복자들에 의해 스페인령 토지가 된 후부터 19세기 독립을 이룰 때까지 스페인 국왕 치하에 있던 아메리카 땅으로 오늘날 멕시코, 콜롬비아, 베네수엘라 등의 중남미 국가들 대부분에 해당한다. ➡ Hispanidad[이베리아성(포르투갈 및 브라질 제외)]

Colonización exterior (식민지 사업)　카스티야의 이사벨 1세(Isabel I de Castilla)와 아라곤의 페르난도 2세(Fernando II de Aragón)의 결혼으로 비로소 통합국가가 된 스페인은 콜럼버스(Colón)의 신대륙 발견 이후 아메리카 정복에 나섰다. 스페인은 제국주의 정책을 펼치며 아메리카에 4개의 부왕령(virreinato)을 설치해 다스렸으며 왕위계승전쟁에 필요한 물자를 조달하기도 했다. ⇒ Colón, Cristóbal[크리스토발 콜론(콜럼버스)]

Colonización interior [내륙 정복(레콩키스타)]　　경쟁 세력들을 견제하며 왕국의 영토를 확장하는 정책을 펼쳤던 스페인의 내륙 정책 중 하나이다. 아직 편입되지 않은 지역을 정복하고 그곳에 주민들을 이주시키는 것을 뜻한다. 레콩키스타의 내륙 정복에 속한다. ⇒ Reconquista(레콩키스타)

Colosio Murrieta, Luis Donaldo (루이스 도날도 콜로시오 무리에타)　　1950년에 태어나 1994년에 사망한 멕시코 출신의 정치가이자 경제학자이다. 경제학을 전공했으며, 1972년에 혁명제도당(PRI)에 가입해 대통령 후보로 선출되지만 암살당한다.

Comadres (고마드레스)　　고마드레스(Las Comadres)는 스페인 아스투리아스(Asturias)에서 카니발 전 목요일에 열리는 축제이며 대개 바(bar)나 레스토랑에서 열린다. 이날에는 여러 그룹의 여성들이 모여서 간식을 먹고, 이야기를 하고, 춤을 추며 즐거이 시간을 보내는 전통이 있다. 보유(bollu)라는 쵸리소(chorizo) 등을 넣은 빵을 먹는 것이 일반적이지만 토르티야, 고기로 속을 채운 엠파나다 등을 곁들이기도 한다.

Comellas i Cluet, Antoni (안토니 코메야스 이 클루엣)　　(1832~1884) 네오클래식 운동의 선구자 중 하나로서 바르셀로나 철학, 과학 학술원의 명예회원이자 솔소나(Solsona)에서 라틴어를 가르치고 신학 교수로 임명되었던 스페인 철학자이다. 윌리엄 드레이퍼(William Draper)의 『*History of the Conflict between Religion and Science*』를 반박하기 위해 『*Demostración de la armonía entre la religión católica y la ciencia*』를 저술하기도 하였다.

Comendador (수석 기사분단장)　　기사단에서 기사단장직을 가진 기사로, 군대에서 상부로부터 직위를 위임받아 군사 보안을 제공하는 임무를 가진 직책의 사람을 일컫는다. 스페인에서의 이러한 위임 체계는 국토 회복 운동 시대에서 기원하였다. 이슬람 세력으로부터 영토를 되찾을 때마다 이에 기여한 부대의 기사나 왕자에게 영토가 위탁되었으며, 이렇게 왕에게서 영토를 위탁 받은 사람들을 Comendador(코멘다도르)라고 불렀다. ⇒ Órdenes Militares(기사단들)

Comisiones Obreras(CC.OO.)* (노동위원회)　　프랑코 독재기에 설립된 단체로 초기에는 사회정치적이고, 단일하며, 합의적이고 민주적이며 독립적인 성격을 지닌 노동조합운동으로 정의되었다. 비스카야(Vizcaya)에서 1956년 자발적으로 출현한 이후 1957~1958년 광산 파업을 계기로 결정적으로 조직이 팽창하였다. 또한 1959년 통과된 단체협약법(Ley de Convenios Colectivos)도 이러한 확장에 주요한 요인이 되었다. 그리고 1962~1963년에는 기업 측의 위원회보다 더 많은 위원회들이 생긴 시기라고 볼 수 있다. 1963년 노조 선거 이후에 기업의 연락원과 심의회 직책에서 CC.OO.의 존재감이 나타나기 시작하였다. 1964년 마드리드에서는 앞서 언급한 비스카야 위원회에 이어서 주(provincia) 차원에서 노동위원회들을 결집시킬 두 번째 위원회가 만들어졌고, 이것은 '연락원과 심의회 위원회(Comisión de Enlaces y Jurados)'로 설립되었다. 같은 해에 바르셀로나에서는 여러 지부의 위원회들이 조직되었고, 1966년까지 국가의 모든 영역에서 CC.OO.의 전성기가 있게 되었다. 1966년 노조 선거는 CC.OO.가 뿌리를 내리는 데 분기점이 되었다고 할 수 있다. 1967년 7월에 첫 번째 전국노동위원회 회의(Asamblea Nacional de Comisiones Obreras)가 개최되었다. 그러나 이러한 CC.OO.의 세력 확대는 정부 측의 탄압을 야기하였고, 1967년 같은 해에 불법으로 규정되면서 이들 노조원들은 노조 직책에서 해고되었고, 체포되었으며, 은퇴하여야 했다. 이런 연유로 1968~1969년 동안에는 조직의 쇠퇴가 있었다. 반면 1970~1975년 시기는 CC.OO.가 견고하게 자리 잡은 시기라고 볼 수 있다. 1972년에 노조원 중 9명이 총조정위원회(Comisión Coordinadora General)에 속하였다는 고소를 받고 체포되었다. 이후에 이들은 유명한 예심 1001(Sumario 1001)에 기소되었다. 1975년에 총노조 선거가 있었으며 CC.OO.와 노조연맹(Unión Sindical Obrera, USO)은 단일하고 민주적인 노동후보를 만드는 데 주력하였고 결국 큰 성공을 거둘 수 있었다. 프랑코 사후 CC.OO.는 새롭게 조직 강화를 하면서 노동위원회 국가연합(Confederación Estatal de Comisiones Obreras)의 창설을 맞이할 수 있었다.

Comité de No Intervención (비중재 위원회)　런던 위원회(Comité de Londres)라고도 알려진 비중재 위원회는 1936년 프랑스의 권유와 영국의 지원으로 비중재 협약(Pacto de No Intervención)의 수행 정도를 입증하기 위해 만들어진 위원회이다. 프랑스와 영국은 스페인 내전을 우려하여 국제적 중재에 가담하지 않았고, 유럽의 민주주의와 독재 체제 사이 강한 충돌을 피하기 위하여 협약을 맺었다. 하지만 많은 국가들의 협약 가입에도 불구하고 독일의 나치나 이탈리아의 파시즘 추종자들, 포르투갈의 살라사르(Salazar) 추종자들 및 소비에트 연방의 반란군 지지로 인해 스페인 내전이 야기되었다. ➡ Guerra Civil Española(스페인 내전)

Compañía Arrendataria del Monopolio de Petróleos Sociedad Anónima(CAMPSA) (캄프사)　석유독점임대회사로서 1927년 공포된 석유독점법(Ley del Monopolio de Petróleos)에 기반을 두어 창설된 공사이다. 국가가 관리하는 석유를 배분 및 공급하는 역할을 하였으며, 프리모 데 리베라(Primo de Rivera) 독재 정권과 호세 칼보 소텔로 (José Calvo Sotelo) 정부 시절에는 경제 재무부 산하 기관으로 있었다. 1977년부터 주식의 50%가 사유화되었다.

Compañía Española de Minas del Rif (스페인의 리프 광산 기업)　1908년 7월 21일에 창업한 주식회사이다. 'CEMR'으로도 불리는 이 기업의 주된 목적은 스페인령 모로코에서 철광석을 개발하는 것이었다.

Companys, Lluís (유이스 콤파니스)　(1882~1940) 스페인의 정치인이다. 좌익 성향을 보이며 학창 시절 정계 활동을 시작했다. 농촌 지역에 노동조합 제도를 이식하였으며 리베라 (Rivera) 장군의 독재기간 동안 당원들과 비밀모임을 가지곤 했다.

Compiegne, tratado de (콩피에뉴 조약)　1624년 프랑스의 리슐리외 추기경과 네덜란드 간 맺은 조약이다. 30년 전쟁이 진행되던 가운데 리슐리외는 스페인의 세력 확장을 제지하기 위해 신교도 측과 조약을 맺는 것을 개의치 않았다.

Compromiso de Caspe (카스페의 협정)　1412년에 아라곤(Aragón)의 왕 마르틴 1세 (Martín I)가 후계자를 남기지 못하고 사망하면서 발발한 왕조 간의 분쟁을 잠재우고자 체결된 조약이며 이로 인해 카스티야(Castilla)와 아라곤 왕국에 트라스타마라 왕조 (dinastía Trastámara)가 들어서게 되었다. ➡ Trastámara, Casa de(트라스타마라 왕가)

Comunidad Económica Europea(CEE) (유럽경제공동체)　제2차 세계대전 이후 서유럽 6개국에 의해 창설된 경제협력기구로, 1957년 로마조약에 의해 설립되었다. 회원국 간 경제 통합을 목적으로 하였으며, 1967년 유럽석탄철강공동체 및 유럽원자력공동체와 함께 통합하여 유럽공동체를 형성하였다.

Comunidad Europea de la Energía Atómica(EURATOM) (유럽원자력공동체)　평화적

용도의 원자력 개발 및 핵물질 교역을 위한 공동시장 설립을 목적으로 1957년 로마조약
에 의해 설립된 국제기구이다. 유럽원자력공동체의 회원국은 유럽 연합의 회원국과 동일
하며, 본부는 벨기에의 수도 브뤼셀에 위치해 있다

Comunidad Europea del Carbón y del Acero(CECA) (유럽석탄철강공동체)   유럽의
석탄·철강의 생산 및 판매를 공동 관리하기 위해 1951년 프랑스, 서독, 이탈리아, 베네
룩스 3국에 의해 서명된 파리조약을 바탕으로 설립된 국제기구로 2002년 조약이 만료됨
에 따라 해체되었다.

Comunidades de Castilla* [카스티야의 코무니닷(자치도시들)]   (1520~1521) 카를로스 1세
(Carlos I)의 통치가 시작되면서 문제가 발생하자 이에 맞서서 결성된 위원회(Junta)가
주도한 운동이라고 할 수 있다. 코무니닷의 위기는 이사벨(Isabel) 여왕이 사망한 시기
로 거슬러 올라갈 수 있다. 카를로스 왕이 1516년 스페인에 도착하였을 때 수행한 플랑
드르인들(flamencos)의 태도는 사태를 더욱 악화시키는 결과를 가져왔다. 카를로스 왕
의 멘토이자 시에브르(Chièvre) 영주였던 기예르모 데 크로이(Guillermo de Croy)는
오히려 카스티야어를 못하는 군주와 신하들 사이에 장벽을 놓는 역할을 하였다. 결국
카를로스 왕이 카스티야에 도착한 지 몇 달 안 되어서 바야돌릿(Valladolid)의 신분의
회(Cortes)는 왕에게 즉각 항의를 표시하였고 왕의 모친이신 후아나(Juana) 여왕이 '여
전히 이 왕국들의 여왕'이라는 점을 상기시켰다. 이는 플랑드르 지역으로 돈이 과도하게
유출되고 외국인들에게 지나치게 특혜를 부여한 왕의 조치에 대한 항의라고 할 수 있다.
1518년 수도사들은 플랑드르인들의 남용을 신랄하게 비판하면서 보다 대표성 있는 정부
를 이루어 줄 것을 요구하였다. 1년 뒤인 1519년 카를로스 1세는 바르셀로나에서 자신
이 신성로마제국(Sacro Imperio Romano Germánico)의 황제로 선출되었다는 소식을
접하게 되었고, 이때 이후로 그와 그의 자문관들(consejeros)은 제국에 일차적인 관심을
가지게 되었다. 카를로스 1세는 제위권 수락을 위한 아키스그란(Aquisgrán)으로의 여행
경비를 위해 두 가지 조치를 단행하게 되는데, 즉 간접세 상승과 시스네로스(Cisneros)
에 의해 부여된 세금징수권(encabezamientos)을 철회하는 것이었다. 곧 저항이 거세게
일어나게 되었고, 톨레도의 연대(Regimiento)는 발언권(voz)과 투표권(voto) 보유 도
시들이 1519년 11월에 열릴 신분의회에서 제국이 카스티야 왕국에 가져올 수 있는 결과
들을 논의해야 한다고 제안하였다. 톨레도에서 제시된 주장은 왕이 독일로 가 있는 동안
과거 섭정자들이 가졌던 권한들을 민중에게 되돌려주는 섭정을 세우자는 것이었다. 비록
이러한 제안이 법적 근거의 결여로 최종 선택에는 이르지 못하였지만, 적어도 군주의 부
재시 왕국의 통치에 관여해야 한다는 분위기가 우세하였음을 보여주는 것이었으며, 당시
충분한 세력으로 성장하지 못한 부르주아 계층이 최초로 시도한 코뮌혁명의 사회적 측
면이라고 할 수 있다. 1519년 말에는 장차 산티아고(Santiago)에서 열릴 전체 코르테스
에 앞서서 일부 코르테스가 소집되었다. 도시대표들(procuradores)을 선출하자는 동기
로 카스티야 전역에서 치열한 설전이 전개되었고, 그 결과 살라망카(Salamanca)에서 수도
사들과 집정관들(regidores)에 의해 진정한 의미의 혁명프로그램이라고 할 수 있는 문서
가 집필되었다. 여기에서는 제국에 대한 반대의사가 반복적으로 표명되었고, 코무니닷이
통치에 직접적으로 관여해야 한다는 주장이 선명하게 개진되었다. 이 분위기에서 1520
년 3월 산티아고에서 코르테스가 열리게 되었다. '카를로스 1세의 제국의 이상'이 도시
대표들을 설득하지 못한 상태에서, 카를로스 1세는 5월 20일 아드리아노(Adriano) 추기

경을 통치자이자 섭정자로 결정하고 스페인을 떠났다. 사태는 갈수록 심각해졌고 톨레도
는 시정관(corregidor)을 쫓아내면서 마침내 코무니닷으로 봉기했다. 부르고스(Burgos),
세고비아(Segovia), 구아달라하라(Guadalajara)에서도 폭동과 학살이 동반된 심각한 소
요가 발생하였다. 톨레도의 제안으로 8월에 아빌라(Ávila)에서 위원회가 소집되었다. 이
때는 단지 4개의 도시들만이 참여한 수준이었으나 정부는 미온적으로 그리고 비조직적
으로 대처함으로써 아드리아노와 왕실평의회(Consejo Real)는 더욱 고립되기에 이르렀
다. 그러는 사이 후안 데 파디야(Juan de Padilla)가 톨레도, 마드리드, 살라망카의 군대
들을 이끌고 후아나 여왕이 머물고 있는 토르데시야스(Tordesillas)에 진군하게 되었고,
9월에 열린 코르테스에서는 투표권이 있는 18개의 도시들 중 14개의 도시들이 합류하게
되었다. 이때부터 성스러운 위원회(Santa Junta)가 후아나 여왕의 이름으로 발족되어 회
의체와 정부의 역할을 하게 되었다. 그러나 코뮌운동이 내세우는 반(反)영주적인 입장은
곧 귀족들과 상층 부르주아의 우려를 사기에 충분하였으며, 카를로스 1세는 이를 놓치지
않고 이 계층들과 손을 잡으면서 부르고스를 위원회에서 분리시키는데 성공할 수 있었
다. 한편 아드리아노 추기경은 메디나 데 리오세코(Medina de Rioseco)에서 포르투갈
인들, 귀족들, 군대의 지지를 얻으며 새로운 정부를 이루었으며, 1520년 12월 5일에는
결국 토르데시야스의 코뮌들을 제거할 수 있었다. 여러 군사행동이 전개되면서 1521년
4월 자치도시들의 군대가 결국 비얄라르(Villalar) 평원에서 평정되었고 주요 우두머리
역할을 하였던 파디야, 브라보(Bravo), 말도나도(Maldonado)가 처형되었다. 톨레도는
1522년 2월까지 파디야의 미망인의 지휘하에 저항을 하였지만, 그해 7월 카를로스 왕이
귀국하면서 일부 포로들이 처형된 가운데 전면 사면이 선포됨으로써 종결되었다.

Comunidades Europeas (유럽공동체)   1967년 유럽석탄철강공동체, 유럽경제공동체 그리
고 유럽원자력공동체의 집행부가 통합하여 설립한 기구로 유럽통합을 목적으로 하였다.
이후 경제 통합이 진척됨에 따라 명칭을 복수형에서 단수형으로 개칭하였으며, 1992년
체결한 마스트리히트조약에 따라 유럽연합으로 공식명칭을 바꾸었다.

Comunión Tradicionalista (전통주의 코뮌)   카를로스주의(carlismo)가 교권지상주의인 국
가가톨릭당(Partido Católico Nacional)과 전통주의인 전통가톨릭당(Partido Católico
Tradicionalista)과 합병하면서 붙여진 이름이다(1931). 1937년에 팔랑헤당(Falange Española)
과 합쳐져 국가조합주의 운동연합의 에스파냐 팔랑헤(Falange Española Tradicionalista
de las JONS)가 되었다. ➡ Carlismo(카를로스주의)

Concejo (시의회)   도시 및 마을 사람들의 집회를 말하며 전체 집단과 관련한 업무들을 해결
하기 위해서 이웃들이 모였다. 예로서 공공 목초지의 이용, 관개용수의 이용, 가격과 임
금의 설정 등을 주제로 집회에서 회의를 했었다. 시의회는 16~18세기에 시의 중심가에
서부터 생겨났으며 후에 생겨나는 시청의 기초를 형성하였다.

Conciliarismo (공의회주의)   14~16세기 동안 교회의 위계적인 구조를 민주적인 구조로 바
꾸려 했던 움직임이다. 이는 공의회(Concilio Ecuménico)가 교황권보다 우위에 있다고
주장하는 학설이며, 한 공의회는 교회를 대표하고 예수로부터 직접적으로 권력을 얻는다
고 했다.

Concilio de Basilea (바젤 공의회)   1431년 스위스 바젤에서 처음 열렸으며, 1438년 페라라
(Ferrara)로 옮겨지고, 1년 후 플로렌시아(Flororencia)로 그리고 1445년 폐회한 종교회의
이다. 가톨릭교회에 의해 17번째 공의회로 간주된다. 바젤 공의회는 교황 마르틴 5세

(Martín V)가 소집하였으나 개최 전에 사망하여 다음 교황 에우헤니오 4세(Eugenio IV)의 승인 아래 개최되었다.

Concilio de Constanza (콘스탄츠 공의회)   1413년 10월 30일 독일 국왕 세기스문도 데 웅그리아(Segismundo de Hungría)와 피사 공의회(concilio de Pisa), 교황 후안 23세 (Juan XXIII)가 소집한 종교회의이다. 1414년 11월 5일부터 1418년 4월 22일까지 콘스탄사에 모여 있던 공의회는 교회의 개혁 방안을 논의했다.

Concilio de Trient* (트리엔트 공의회)   (1545~1563) 제19회 에큐메니컬 공의회로써 총 25번의 회기가 있었으며, 1545년 12월 13일에 시작하여 긴 중단기를 거친 뒤 1563년 12월 4일에 종결된 회의이다. 공의회의 교령들은 1564년 1월 26일 피오 4세(Pio IV)가 부띠한 교서 ′베네딕투스 네우스(Benldlctus Deus)′를 통해 확증되었나. 세 차례에 걸쳐서 개최된 트렌엔트 공의회는 교황 파울로 3세(Paulo III), 훌리오 3세(Julio III), 피오 4세(Pio IV)의 재임 시기를 거쳐야 했으며, 첫 번째 시기는 1545~1548년에 해당되며 총 열 번의 회기가 있었다. 이때는 델 몬테(Del Monte), 세르비니(Cervini), 폴(Pole) 추기경들이 주도적인 역할을 담당하였으며, 전염병 때문에 1547년에는 개최지를 볼로냐로 변경하는 일이 생기기도 하였다. 두 번째 시기(1551~1552년)는 다시 트리엔트에서 개최되었으며 총 여섯 번의 회기가 있었고, 크레첸쵸(Crescenzio) 추기경과 로포마노 (Llopomano) 주교, 피기노(Pighino) 주교가 주요 역할을 담당하였다. 1562년과 1563년에는 제17회기에서 제25회기가 열렸으며, 에르콜레 곤사가(Ercole Gonzaga), 지로라모 세리판도(Girolamo Seripando), 마르쿠스 시티코(Marcus Sittico)가 의장으로 있었다. 바젤(Basilea)과 콘스탄츠(Constanza)로 대변되는 공의회주의(conciliarismo)를 우려한 나머지, 로마 교황은 전체 공의회를 소집하기를 주저하였다. 그런 가운데서도 공의회의 개최를 반복적으로 주장한 인물은 바로 카를로스 5세(Carlos V, 혹은 카를 5세)로서 그는 제국 내의 논쟁을 종식시키고 교리적인 틀을 갖추기 위해서는 공의회가 필요하다고 생각하고 있었다. 레헨스붐(Regensbum)의 콜로키오의 실패와 북이탈리아에서 신교도들의 세력이 확장되는 것을 목도한 파울로 3세는 마침내 1542년 5월 22일 공의회 소집을 결정하는 칙서(bula)를 발행하였다. 이 칙서에는 제국의 영토인 트리엔트에서 공의회가 소집되어야 하는 목표가 기술되어 있는데, 즉 기독교의 통일과 진리, 올바른 관습의 재확립, 악의 교정(enmienda)뿐 아니라, 군주들과 민중들 가운데 기독교인들의 평화와 단결, 화의를 이루기 위한 것이었다. 개신교도들도 처음에 공의회에 참석하도록 초대 받았으나 보름스(Worms) 제국회의(dieta, 1545년)와 아우구스부르크(Augusburgo) 제국회의(1550년)에서 불참을 결의하였고, 1551년에는 잠시이긴 하지만 참석하는 사례도 있었다. 또한 프랑스 성직자도 프랑스주의의 입장 때문에 참석하기를 주저하였는데, 이는 일국 공의회를 통해서도 얼마든지 개혁이 이루어질 수 있다고 생각하였고, 트리엔트 공의회가 합스부르크 가문의 이해관계에 충실한 결과를 가져올 수 있다는 발로와 가문 (casa de Valois)의 우려에서 비롯된 것이었다. 공의회의 교령들이나 법들은 교리적인 정의들과 교회의 고유개혁에 관한 것이었다. 교리적인 정의를 보면, 우선 공의회는 성경의 내용이 계시된 진리임을 선포하고 있으며 성경의 사용에 대해서는 라틴어본 성경인 불가타(Vulgata)가 신앙이나 관습 면에서 오류가 없다고 주장하였다. 또한 종교개혁가들의 주장과 달리 사도적인 전통(문서화되지 않은 전통)도 진리로 수용하고 있으며, 성경의 자유로운 해석은 금지했다. 개신교도들과 쟁점이 되었던 원죄와 칭의(justificación)

에 대해서는 세례의식의 실효성과 자유의지(albedrio), 공덕의 가치들이 교리로서 확립되었고 예정설을 근거 없이 믿는 가정은 단죄되었다. 마찬가지로 인간의 칭의를 위해 7가지 성사(siete Sacramentos)의 정의와 효과가 재확인됐다. 화체설(transubstanciación)이 강조되면서 성만찬(eucaristía)과 미사(misa)에 대한 교령들이 특히 중시되었다. 회개(penitencia)에 대해서는 고해성사(confesion auricular)가 정당하다고 인정되었다. 사제 서품(orden sacerdotal)에 대해서도 신성한 제도와 가시적이고 외적인 사제직이 전제되어 계서제가 재확인되었으며, 결혼에 대해서는 성직자들의 결혼이 금지되었다. 다른 한편 기독교신앙의 상징으로써 사도신경이 강조되었고, 유럽 예술에 거대한 파장을 불러일으키게 되는 연옥(purgatorio)의 존재와 유골(reliquias), 성상(imagenes sagradas) 숭배, 면죄부와 금식, 축일의 가치가 강조되었다. 교회개혁에 대해서는 특히 주교들의 역할이 강조되었는데, 교육, 성직록(beneficios), 관할권에 관한 교령들이 반포되었으며 관할 교구에서는 로마교회의 중개 권위로서 강화되었다. 주교는 소속 교구에 머물러 있어야 하며 하나 이상의 직함을 가질 수 없고, 교구 내에 있는 사제들의 바른 교육을 위해 신학교들을 설립해야 하며 정기적인 방문과 지방공의회 등의 개최를 통해 설교와 교리문답의 순수성, 성직자들의 올바른 습관을 보존해야 했다. 신도들의 결혼개혁에 대한 교령들에서는 건들거리며 다니지 말 것과 일정하게 정한 주택이 없는 자는 결혼하지 말 것, 또한 첩을 두는 것에 대해서도 중벌로 금하였다.

Concordato (종교협약)　교황청과 국가가 맺는 협약을 뜻하며 국제협약의 성격을 가지고 있다. 스페인 최초의 종교협약은 1418년 콘스탄사(Constanza) 공의회 때 이뤄졌다. 이후 제2공화국과 프랑코(Franco) 체제, 내전을 겪으며 이 협약의 내용은 지속적인 개정을 거쳤다. 마침내 1976년 최종 협약이 이뤄졌으며 현재까지 유효하다.

Concordato de 1851 (1851년 종교협약)　1851년 스페인과 교황청(Santa Sede) 사이에 체결된 협약. 당시 스페인 국무회의 의장이었던 후안 브라보 무리요(Juan Bravo Murillo)는 이사벨 2세 여왕과 의견을 같이하여 교황청과 스페인 사이의 불편했던 관계를 이 조약을 통하여 재정립하고자 했다. ➡ Isabel II(이사벨 2세, 1830~1904, 재위: 1833~1868)

Concordia de Segovia (세고비아 합의)　'세고비아의 중재판결(Sentencia Arbitral de Segovia)'로도 불리며 1475년 아라곤 왕국(reino de Aragón)과 카스티야 왕국 사이에 체결된 협정이다. 페르난도를 이사벨 여왕과 함께 카스티야의 공동왕으로 인정하지만, 카스티야 재산에 대한 상속권은 없으며 통치의 주도권은 모두 이사벨에게 있다는 내용을 담고 있다. 그뿐만 아니라, 여왕이 사망할 경우 그녀의 후손만이 왕위를 계승할 수 있다는 조항을 내포하는 등 카스티야-아라곤 왕국의 관할권을 확실히 나누었다는 것을 알 수 있다. ➡ Isabel I de Castilla(카스티야 여왕 이사벨 1세)

Condado de Castilla (카스티야 백작령)　카스티야 왕국 내 영토이다. 수도는 부르고스(Burgos)였으며 원래는 레온(León) 왕국에서 850년 세워졌다가 932년 자치권을 얻게 되었고 1065년 카스티야 왕국의 영토가 되었다. ➡ Castilla, Corona de(카스티야 연합 왕국)

Condado de Cerdeña (세르다니아 백작령)　8세기에서 9세기까지 이베리아 반도에 편성되어 있었던 마르카 이스파니카(Marca Hispánica)의 백작령 중 하나로 베살루 백작령의 북쪽에 위치했다. 초기에는 프랑크 왕국에 속해 있었으나 점차 독립적인 세력으로 성장

했다. ➡ Marca Hispánica(이베리아 변경백)

Conde de Aranda (아란다 백작)   1719년 8월 1일 우에스카(Huesca) 시에타모(Siétamo) 성에서 태어나 1798년 1월 9일 사라고사(Zaragoza) 에필라(Epila)에서 사망한 스페인 군인, 외교관 그리고 정치가이다. 1792년 카를로스 4세의 국무장관, 1766년부터 1773년 까지 카스티야 의회의 의장직을 맡았다. ➡ Carlos III(카를로스 3세)

Conde de Campomanes (캄포마네스 백작)   스페인의 정치, 경제 및 역사학자로 1723년 7월 1일 아스투리아스(Asturias)에서 태어났으며 1803년 마드리드에서 사망하였다. 카 를로스 3세가 즉위하면서 재무부 위원으로 임명되었으며, 많은 개혁을 시도하였다. ➡ Carlos III(카를로스 3세)

Conde de Essex (에섹스 백작)   잉국 귀족의 명칭. 제1대 백작은 지오프리 데 맨더빌 (Gedefrey de Mandeville)이다. 현재까지 9대 가문이 이 직위를 이어왔으며 현 에섹스 백작은 프리드릭 폴 데 베레 카펠(Frederick Paul de Vere Capell)이다.

Conde de Montijo (몬티호 백작)   몬티호 백작은 스페인의 펠리페 3세에 의해 1599년에 후안 마누엘 포르토카레로 이 마누엘 데 비예나(Juan Manuel Portocarrero y Manuel de Villena)에게 부여된 귀족명. 이 명칭은 바다호스(Badajoz) 지역의 몬티호 시를 의 미한다. 몬티호 백작은 아란다 백작에 이어 위대한 동양(Gran Oriente)의 총수가 되었 다. ➡ Carlos III(카를로스 3세)

Conde de Romanones (로마노네스 백작)   (1863~1950) 정식 이름은 알바로 데 피게오라 이 토레스(Álvaro de Figueroa y Torres, I conde de Romanones)로 스페인 정치가이 다. 스페인 상원 및 하원 의원장 및 장관직을 맡았으며, 사가스타 이 카날레하스 자유당 (Partido Liberal de Sagasta y Canalejas)을 설립하기도 했다.

Conde de Tilly (틸리 백작)   30년 전쟁에서 유명한 장군 중 한 명이다. 그는 1559년 벨기에 에서 태어나 1632년 독일에서 사망하였다. 갑옷을 입은 수도사(monje con armadura) 라는 별명으로 30년 전쟁 때 신성로마제국의 군대를 지휘한 장군이었으며 독일의 프로 테스탄트(protestante)들을 상대로 중대한 승리를 거두었다.

Conde de Tolosa, Luis Alejandro de Borbón (루이스 알레한드로 데 부르봉)   1678년 에 태어나 1737년에 사망하였으며 루이 14세의 아들로 5세에 프랑스 제독으로 임명받 았다. 1704년 스페인 왕위계승전쟁 당시 말라가에서 록크 해독(almirante Rocke)의 군 대를 격파하는 등 두각을 나타냈다. ➡ Guerra de Sucesión Española(스페인 왕위계 승전쟁, 1700~1713)

Conde, Mario (마리오 콘데)   (1948~) 스페인의 은행가이다. 부동산 중개인으로 시작했으 나 바네스토 행정 자문회(Consejo de Administración de Banesto)의 회장 자리까지 오 른다. 그의 옷차림과 헤어스타일은 스페인 경제인들의 트레이드마크가 되었으며 정계 출 마론이 등장할 만큼 명성을 누렸다. 그러나 후에 횡령과 스캔들로 불명예스러운 퇴장을 했다.

Conde, Rosa (로사 콘데)   (1947~) 스페인의 정치인이자 사회학자로서 사회노동당과 협력 했다. 펠리페 곤살레스(Felipe González)의 대변인으로 임명받은 이후부터는 여성의 공 직 및 정치계 진출을 확대하는 데 크게 공헌했다. 2004년 카롤리나 재단(Fundación Carolina)의 회장이 되었다. ➡ Partido Socialista Obrero Espaóñol(PSOE, 스페인사회 노동당)

Condestable don Álvaro de Luna (돈 알바로 데 루나 총사령관)　(?~1453) 15세기 이베리아 반도 정치적 혼란기의 중심인물 중 하나로 아라곤 귀족 집안의 사생아였다. 집안의 탄탄한 연줄로 정치계에 진출했으며 후안 2세(Juan II)의 즉위기간 동안 카스티야(Castilla)에 막강한 영향력을 행사했다. 권위주의적인 정책들로 인해 귀족들 사이에 적을 많이 만들었으며 이는 후에 그의 몰락의 원인이 되기도 했다. 중세 왕정의 이상에 충실했던 인물로 평가받는다.

Confederación de Los Verdes (녹색 연합)　스페인의 환경보호주의를 표방하는 녹색당 당원 연합으로 1984년 11월에 창당되었다. 2004년부터 2012년까지 유럽녹색당(European Greens)의 창당 조직 중 하나로 있었다.

Confederación Española de Derechas Autónomas(CEDA) (스페인자치우익연합) 1933년 3월 가톨릭 우익정당들의 연합으로 만들어진 조직이다. 스페인 제2공화국 초기 앙헬 에레라 오리아(Ángel Herrera Oria)와 엘 데바테(El Debate) 신문사 국장을 중심으로 설립된 이 연합은 스페인 우익정치를 대표하였다. ➡ República II(제2공화국)

Confederación General del Trabajo (노동총연합)　'CGT'로도 불리며, 1989년 설립된 스페인의 무정부주의적 노동조합이다. 스페인 민주화 이후, 전국노동자연맹(Confederación Nacional del Trabajo)인 'CNT'에서 파생하였다.

Confederación Nacional del Trabajo(CNT) (전국노동자연맹)　1910년 카탈루냐 지방에서 결성된 노동종합연맹으로 독립적인 노동 운동을 대표하며 자본주의의 폐지와 노동자 자주관리 체제 내에서의 경제의 사회화를 목표로 한다. 전국노동자연맹은 스페인 당국에 의해 불법 조직으로 간주되어 탄압받은 역사를 가지고 있으나 오늘날에는 합법적인 노동조합연맹으로 활동하고 있다. ➡ Comisiones Obreras(CC.OO., 노동위원회)

Confederación Sindical de Comisiones Obreras(CC.OO.) (노동자 위원회)　프랑코 독재시기에 설립되었으며, 초기에는 사회 정치적, 단일적이며 민주적이고 독립적인 집회로 조직된 노동 운동으로 정의되었다. 1956년 비스카야에서 광부들의 파업으로 인해 자발적으로 창설된 이후로 조직의 성격 및 형태가 계속해서 확장되었다. 노동자 위원회의 규모가 확장됨에 따라 정부로부터 억압을 받았으며, 1967년에는 노조 활동이 불법으로 선포되어 활동이 쇠퇴하였다. 하지만 70년대 들어서 위원회는 재강화되었으며, 프랑코 사후 새로운 단계를 맞이하여 노동자 위원회의 국가 연맹을 설립하였다. ➡ Comisiones Obreras(CC.OO., 노동위원회)

Conferencia de Valladolid (바야돌리드 회의)　1527년 바야돌리드(Valladolid)의 한 대학에서 열린 종교 회의로 당시 스페인에 만연하던 에라스무스의 사상에 대한 토론이 진행됐다. 이 사상은 다수의 성직자들에 의해 신랄한 비난을 받았으나 회의는 별다른 결론 없이 마무리되었다. ➡ Erasmismo(에라스무스주의)

Conferencia Episcopal Española(CEE) (스페인 주교회)　스페인 교구의 모든 주교들로 구성되며 로마 교황과 권위 아래에서 공동 법규에 따라 교회 생활을 촉진하며 복음전도사명을 강화하는 것을 목적으로 한다.

Conferencia Internacional de Paz de San Sebastián (산 세바스티안 국제 평화 회의) 스페인 바스크(País Vasco)의 정치적 대립 및 충돌을 해결하기 위해 마련된 회의이다. 2011년 10월 17일, 바스크 주에 있는 산 세바스티안(San Sebastián)의 아예테 궁(Palacio de Ayete)에서 개최되었으며 게리 아담스(Gerry Adams), 조나단 파우엘(Jonathan Powell)

등이 참여했다. 이를 계기로 ETA(바스크 조국과 자유, Euskadi Ta Askatasuna) 테러 조직에게 요구하는 다섯 가지 조항이 발표되었고, 이에 대해 ETA는 20일 모든 무기와 관련된 행위를 중단하겠다고 발표하였다.

Confesión auricular (고해성사)　가톨릭의 7성사 중 하나로, 사제 앞에서 죄를 고백하는 것을 말한다. 신자의 고백을 들은 사제는 신을 대신해 죄의 용서를 선언하고 보속을 줄 수 있다. 성공회와 정교회에서도 이를 성사로 인정하며, 성탄절과 부활절 전에는 의무적으로 고해성사를 해야 하는데 이를 판공성사라 한다.

Congregación de clérigos regulares (재속성직자회)　정규 교단의 구성원인 가톨릭 성직자들을 말한다. 비록 그들은 정규 수도사나 참사회원은 아니지만 공동체를 이뤄서 살며 영혼의 구원을 추구하면서 세속 성직자의 것과 유사한 사역을 행사하면서 지낸다. 주된 목적은 청소년 교육, 전도, 환자 간호 등이다.

Congregaciones Marianas (마리아회)　성실한 기독교인으로서 모든 종류의 전도를 수행하고자하는 가톨릭 신자들의 모임이다. 최초의 마리아회는 1563년 전에 형성되었으며, 그 이후 많은 지역으로 전파되었고, 대부분 예수회와 여성 종교회와 관련되어 있다.

Congreso de Suresnes (수레스네스 의회)　스페인 사회노동당이 1974년 10월 11일부터 13일간 파리와 맞닿아 있는 수레스네스 지역에 위치한 잔 빌라르(Jean Vilar) 극장에서 개최한 의회이다. 이를 계기로 스페인의 민주화 전환기에 앞서 스페인 사회노동당의 정치적, 이념적 방향이 변화된 것으로 인식되고 있다. ➡ Partido Socialista Obrero Espaóñol(PSOE, 스페인사회노동당)

Conjuración de Pisón (피손의 음모)　64년 로마의 대화재 이후 네로 황제는 로마 시의 재건에 따른 극심한 재정난에 봉착했다. 이를 해결하기 위해 많은 지주들의 땅을 다양한 이유로 빼앗고 대대적인 숙청을 감행하였다. 네로의 압제가 극심해지자 귀족들은 피손을 중심으로 반란을 도모하기 시작했다. 그러나 내란은 발각되었고 세네카(Séneca)를 포함하여 수많은 사람들이 제거되었다.

Conquista del Estado (국가 정복)　스페인의 정치가이자 작가인 라미로 레데스마 라모스 (Ramiro Ledesma Ramos)에 의해 창간된 잡지로, 1931년 3월 14일 첫 발행되었다. 1931년 10월 24일까지 총23회 발행되었으며, 그의 무솔리니와 히틀러에 대한 찬사가 그대로 담겨 있다.

Conquistador (정복자)　16세기에 아메리카 대륙을 발견하여 정복하고 식민지화하는 과정에 참여한 사람들에게 붙여진 이름이다. 정복자들 중 대부분은 안달루시아와 엑스트레마두라, 카스티야 출신이었으며, 이달고와 같은 귀족의 자식들에서 장인, 상인들 그리고 글을 모르는 서민들까지 모든 사회적 계층을 포함하였다. 이들은 부의 축적이나 사회적 지위의 이동을 위해 아메리카 대륙으로 건너갔으며, 원주민들을 약탈하고 그들 고유 문명을 파괴하였다. ➡ Hispanidad[이베리아성(포르투갈 및 브라질 제외)]

CONS, Central Obrera Nacional-Sindicalista (국가신디컬리즘노동본부)　1934년 'FA de la JONS'에 의해 창립된 노동조합. 라미로 레데스마 라모스(Ramiro Ledesma Ramos)의 주도로 설립되었다. 과거 전국 노동자연맹(CNT) 소속이었던 니카시오 알바레스 데 소토마요르(Nicasio Álvarez de Sotomayor)와 기엔 살라야(Guillén Salaya) 그리고 마누엘 마테오(Manuel Mateo)로 구성되었다. 현재 1978년 1월에 설립된 국가 노동자연맹(Unión Nacional de Trabajadores)이 CONS의 이념적 계승자로 간주된다.

Consejero (자문관)　　권고 또는 조언하는 역할의 사람으로 조언자 혹은 충고자로 변역할 수 있으며, 스페인에서는 이러한 일반적인 의미 이외에 자치정부의 의회 고문이나 시의회의 의원, 자치주의 장관 혹은 회사를 이끄는 이 사회의 최고 경영자를 의미하기도 한다.

Consejo de Castilla o Consejo Real* (카스티야 평의회 혹은 왕립평의회)　　(1385~1520) 처음에는 카스티야 왕국의, 그리고 후에는 이베리아 전체의 정치적인 변화에 민감하게 연결된 기관으로써 알후바로타(Aljubarrota) 패배 이후에 1385년 바야돌릿 코르테스 (Cortes de Valladolid de 1385)에서 후안 1세(Juan I)에 의해 설립되었고, 1834년 자유주의의 득세로 폐지되었다. 카스티야 왕립평의회는 14세기 후반에 결정적으로 제도화 되었으며, 중세 말에 카스티야 정부조직 중에서 가장 중요한 위치를 차지하였다. 한 전문 기구로써 출범하였으며 행정이 세분화됨에 따라 그 효용도도 커지게 되었다. 중세 후기에 카스티야 평의회는 권력과 권한을 부여하는 왕의 존재에 직접 연계된 협력기구였다. 15세기 내내 새로운 법령들이 반포되면서 카스티야 평의회원들의 기능과 직능들도 증대되었다. 즉 새로운 법을 만들고 현행법을 명료하게 하는 입법권뿐 아니라, 자문권, 지역정부에 대한 감시의 기능을 가진 행정권, 원심과 항소 모두에 대한 사법권을 지녔다. 가톨릭 공동왕(Reyes Católicos) 시기에 견고한 기틀을 다졌으나, 왕국의 절대주의가 강화되면서 평의회는 느리고 정체된 시점으로 들어서게 되었고 1598년 펠리페 2세 (Felipe II)의 경미한 개혁과 1713년에 펠리페 5세(Felipe V)의 급진적인 개혁 대상이 되기도 하였다. 그리고 1707년 아라곤 평의회(Consejo de Aragón)가 폐지되면서 카스티야 평의회는 아라곤 왕국에까지 관할 범위를 확대시킬 수 있었다. 1808년 프랑스의 침입으로 절대왕국의 위기가 가속화되면서, 카스티야 평의회도 가장 힘겨운 시기를 보내야 했다. 평의회의 구성은 변동이 있기도 하였는데, 1385년 처음 법규에 따르면 세속귀족과 종교인, 시민이 동등한 비율로 이루어지도록 되어 있었으며, 시민은 곧 1459년과 1480년의 법령을 통해 법률인(letrados)으로 대체되었다. 그리고 여기에서 때때로 왕 다음의 두 번째 권위자인 의장이 선출되기도 하였으며, 그 외 검사들(fiscales)도 있었다. 평의회원들 외에도 상당수의 하급종사자들이 존재하였는데, 즉 공증인들, 기록관들, 회계사들, 순찰관들, 문서고 관리자들, 수위들 등이었으며 17세기에는 이미 카스티야 평의회가 비대해지고 정체되는 경향을 보이기도 하였다. 권한 중에서 가장 눈에 띄는 것은 평의회에 집중된 엄청난 규모의 직능들로써 이는 여러 전문 평의회들이 설립되면서 부분적으로 감소되기도 하였지만, 마드리드에 궁정이 정착되고 아라곤 평의회가 폐지되는 등의 다양한 이유로 확대되기도 하였다. 카스티야 평의회는 방별로 분리되어 운영되었는데, 1598년 펠리페 2세에 의해 처음 도입되고 1608년 펠리페 3세에 의해 인준된 형식으로 통치와 사법 사안을 차별화시키고자 하는 시도라고 볼 수 있다. 즉 4개의 방 중에서, 첫 번째 통치의 방은 광범위한 직능을 가지고 주요 사안을 다루는 방으로써 트리엔트 공의회 결정들의 이행 여부와 대학과 수도원의 운영을 감시하고 무역과 목축, 농업 육성에 주력하였다. 나머지 세 개의 방은 제대로 규정되지 않다가 시간이 지남에 따라 그 권한 배분이 나아지면서 소송 결정들을 다루게 되었다. 카스티야 평의회의 업무 처리는 세 가지 방식 혹은 절차에 해당하는 것으로, 양자 간에 형성된 보상(merced)과 통치, 사법이나 소송 심리에 관한 것이다. 그러나 보상의 사안은 이미 가톨릭 공동왕 시기에 카스티야 왕실평의회(Consejo de la Cámara de Castilla)로 전격 위임되었고, 소송 사법 처리도 1459년의 법령 때까지는 카스티야 평의회의 직능이라고 명시할 수 있는 사안이 아니었다.

Consejo de Ciento (100인 의회)　　13세기에서 18세기 사이 바르셀로나 자치기관으로 아라곤 지방의 100인 의회가 굳어져 하이메 1세(Jaime I)의 승인을 받아 공식 의회가 되었다. 100명의 시민들로 구성된 이 의회는 왕을 추대하거나 왕의 결정에 반대할 수 있는 권한이 있었다. ⇒ Aragón, Corona de(아라곤 연합왕국)

Consejo de Estado (국가 평의회)　　스페인 정부 최고자문기관(현재 Consejo de Estado는 1812년에 창설)이며 기원은 중세로 거슬러 오른다. 스페인의 카를로스 1세 왕은 외교적인 업무를 다루기 위해서 독자적인 의회를 만들었으며 이는 1526년부터 활동을 시작했다. 왕이 직접 의장직을 맡았기 때문에 여러 의회 중 유일하게 의장이 없는 의회였다. 그의 소언사블은 멥 선분가늘이 아닌 알바 공삭(Duque de Alba) 혹은 니콜라스 페레놋(Nicolás Perrenot)과 같은 외교관계의 전문가들이었다. 카스티야 의회와는 달리 국가 평의회에서는 왕이 직접 안건을 제안하고 최종 결정을 내렸다. 국무원은 현재 1980년 4월 22일 이후에는 국무원의 조직법에 따라 규제되고 있으며, 현재의 기능은 정부에 제안을 하거나 구속력이 없는 의견을 표명하는 것이다.

Consejo de Hombres Buenos (선인 평의회)　　스페인 무르시아(Murcia)의 농경지대에서 발생하는 문제들에 관한 판결을 내리는 법원의 일종으로 관습법에 의해 모든 것이 결정된다. 2009년에 인류문화유산으로 유네스코에 등록되었다.

Consejo de Indias* (인디아스 평의회)　　스페인의 관할지역에 속하는 아메리카 영토의 통치와 행정에서 국왕을 보필한 기구이다. 이 기구의 선례는 1495년 이사벨 가톨릭 여왕(Isabel la Católica)이 개인 사제인 후안 로드리게스 데 폰세카(Juan Rodríguez de Fonseca)를 관련 업무에서 조언자로 임명한 시기로 거슬러 올라간다. 새로운 영토들이 병합됨에 따라 왕국은 카스티야 평의회(Consejo de Castilla) 내에 인디아스 위원회를 조직할 필요를 느끼게 되었고, 아메리카 정복의 중요성이 커지면서 이베리아 반도의 다른 왕립 평의회들과 같이 상설 식민지 평의회를 만들게 되었다. 이 평의회는 1524년 인디아스 왕립최고 평의회(Real y Supremo Consejo de Indias)라는 이름으로 창설되었다. 처음에 평의회의 구성원은 한 명의 의장, 여러 명의 판사들(letrados), 한 명의 검찰관, 한 명의 천문학자와 한 명의 연대기자였으며, 1542년에는 입법, 사법, 행정 기능을 명시화한 내규가 만들어졌다. 가장 중요한 행정 업무는 왕에게 고위관료직(부왕, 아우디엔시아 의장, 판관, 검찰관, 통치자, 총사령관)에 대한 임명 제안건이었다. 또한 아메리카에 설립된 종교 기관들의 후원과 최상위직에 대한 후보 선출, 신세계 관련 교황문서들의 승인 권한이 주어졌다. 입법과 관련하여 인디아스 평의회는 왕에게 법전 편찬과 상정의 책임이 있었으며 동시에 카스티야 전통에 근거하여 인디아스의 특수성을 고려하여야 했다. 사법 영역에서는 아메리카에서 아우디엔시아(Audiencia)와 통상원(Casa de Contratación), 영사관(Consulados)으로 인해 빚어진 민사 소송 중 상고된 사안들을 최종 결정하여야 했다. 또한 아메리카에서 왕국의 이해를 도모하기 위해 실시되는 총방문(visitas generales)과 같은 감시기능도 장려하였다. 마지막으로 업무가 종료되고 나서 스페인으로 귀환하는 고위 공무인들을 위해 거처를 지정하는 일도 담당하였다. 인디아스 평의회는 다른 평의회들과 같이 궁정의 이동이 있을 때마다 옮겨졌기 때문에 별도의 고정 장소가 없었으며, 그나마 마드리드에서 가장 빈번하게 열렸다. 1571년에 인디아스 평의회는 인적 구성과 보고서 승인 방식에서 변화를 겪었다. 평의회는 한 명의 의장, 그리고 4명 혹은 5명의 의원들, 한 명의 검찰관(fiscal), 한 명의 보고자(relator), 두 명의 비서관, 한 명의 보조직원 (canciller), 소수의 하급관리들로 구성되었다. 관련 사항의 토론과 승인 방식에 따라 가장 중요한 사항들만 검찰관으로 넘겨졌고 그는 모든 사람들 앞에서 보고서(dictamen)를 낭독해야 했다. 평의회원들은 다수결로 사안을 결정하였고, 평의회에서 비중 있게 다루어진 주장들은 의견서에 요약되어 왕에게 상달되었다. 그리고 왕의 최종 사인으로 승인이 되면 평의회는 왕의 명령을 작성하여야 했다. 인디아스 평의회는 16세기와 17세기에 가장 큰 영향력을 행사하였다. 비록 1577년에 기구의 재정 부문이 재무평의회(Consejo de Hacienda)로 이전되기는 하였지만, 그래도 두 세기 동안 아메리카의 행정은 주로 인디아스 평의회에 있었다. 1644년에 평의회 내에 인디아스 회의체가 창설되었고, 시와 교회 직책의 임명 건이 이곳에 제출되었다. 인디아스 평의회는 이베로 아메리카를 위한 법률 편찬의 노력도 실시하였다. 인디아스 평의회장인 후안 데 오반도(Juan de Ovando)는 왕에게 『De la gobernación espiritual』(1571)라는 제목의 첫 번째 법률 요약집을 제출하였다. 1596년 디에고 데 엔시나스(Diego de Encinas)는 칙령들(provisiones), 칙허증(cédulas), 법령(ordenanzas), 지침서(instrucciones), 서신서(cartas), 즉 향후 몇십 년 동안 인디아스 법의 기본서가 되는 칙허증을 인쇄하였다. 그러나 이 기구에서 나온 가장 중요한 법규집은 후안 데 솔로르사노 이 페레이라(Juan de Solórzano y Pereira)가 17세기 중반에 집필하고 1680년에 4권으로 인쇄한 인디아스 왕국의 법전 (Recopilación de leyes)이다. 18세기에 부르봉 왕조의 개혁으로 인디아스 평의회는 이베로 아메리카 행정의 기초 기구로 축소되었다. 펠리페 5세(Felipe V)는 국가평의회 (Consejo de Estado) 내에 해양과 아메리카에 관련된 사무국을 만들어 놓았고(1714년), 이곳이 식민당국의 임명과 재정에서 인디아스 평의회를 대체하기 시작하였다. 18세기 중반에 왕은 평의회가 재정과 군사, 상업, 아메리카와의 항해와 관련된 부문에 간섭하는 것을 금지하였다(1747년). 18세기 말에도 인디아스 평의회의 주변화는 의원들의 항의에도 불구하고 계속되었고, 결국 이 기구는 카디스 의회(Cortes de Cádiz)에 의해 1812년 최종적으로 폐지되었다.

Consejo de la Hispanidad (이베리아성 평의회)   1940년 프란시스코 프랑코(Francisco Franco)에 의해 설립된 기관으로 아메리카와 필리핀 제도의 정체성을 알리는 것이 표면적인 목적이었으나 사실상 반스페인적 감정을 가라앉히기 위한 것이었다. 이 사업의 일환으로 영화나 책을 발표하기도 했다. ➡ Franquismo(프랑코주의)

Consejo de Ministros (각료 평의회)   유래가 18세기로 거슬러 올라가는 스페인의 각료 평의회는 법에 제정된 각료들과 장관들로 이루어져 있다. 원칙적으로는 매주 금요일 마드리드(Madrid)에 위치한 몽클로아 궁(Palacio de Moncloa)에서 모임을 갖는다. 모든 절차와 행정은 1978년 헌법을 따른다.

Consejo Superior de Investigaciones Científicas(CSIC) (최고학문연구기관)   연구를 목적으로 하는 스페인의 가장 큰 공공기관이며, 스페인 내의 기관들 및 외국 단체들과 협력하여 과학 및 기술의 발전을 추진하는 것이 근본적인 목표이다. 스페인의 모든 자치주에 널리 퍼져 있는 130개 이상의 센터가 있으며, 그로 인해 종합적이고 최첨단 시스템을 갖춘 연구가 가능하다.

Consejo Supremo de Aragón (아라곤 최고 평의회)   15세기 말에 만들어진 기구로 카스티야(Castilla)와 아라곤(Aragón)의 통합과 함께 폐지되었다. 이 평의회는 왕실 기관이 아닌 국왕 전속 기관으로 왕권 강화를 위해 세워졌으며 부왕, 법원과 함께 아라곤 지방을 다스리는 통치기관 중 하나였다.

Conspiración golpista para el 2 de junio de 1985 (1985년 6월 2일 쿠데타 음모) 라 코루냐(La Coruña)에서 시행된 육해공군의 날(Día de las Fuerzas Armadas) 기념 행사에서 스페인 군인들이 시도했던 작전이다. 그러나 참가자가 적은데다가 지도자 역할을 할 인물이 없어서 결국 실패로 끝났다.

Conspiración golpista para el 27 de octubre de 1982 (1982년 10월 27일 쿠데타 음모) 10월 28일 선거에 영향을 끼치기 위하여 도모된 작전으로, 주요 언론사들과 정부의 개입으로 미수에 그쳤고 3명의 관련 주동자들은 12년형을 선고받게 되었다. 한편 다음 날 선거에서 스페인사회노동당(Partido Socialista Obrero Espanol, PSOE)은 많은 득표수를 기록하였다.

Constitución de 1978* (1978년 헌법) 1978년 10월 31일에 열린 상·하원 의회 총회에서 통과되어 같은 해 12월 6일 국민투표에 부쳐 승인되었고, 12월 27일 국왕에 의해 최종 인가되었다. 총 169개 조로 되어 있으며 국왕 후안 카를로스 1세(Juan Carlos I)와 하원의장[페르난도 알바레스 데 미란다(Fernando Álvarez de Miranda)], 상원의장[안토니오 폰탄 페레스(Antonio Fontán Pérez)]에 의해 서명되었다. 1978년 헌법은 스페인의 정치적 이양, 즉 프랑코 사후 독재 체제에서 하나의 법치 국가로 이양하고자 하는 정치적 목적의 산물이다. 전문가들로 구성된 위원회 형태가 아니라 의회가 헌법에 관련된 제반 사안을 담당하도록 하였으며, 신헌법의 기초는 보수주의자들로부터 공산주의자들에 이르기까지 의회 내 다양한 정치세력을 대변하는 조사위원회에 의해 이루어졌다. 과정은 다소 느리게 진행되었지만 스페인 대다수 유권자들을 대표하는 자들이 작성하였고 정치제도와 법적 질서의 준거로써 기본 규범을 가지게 되었다. 그러나 헌법 전문의 일반론적이고 다소 모호한 성격은 다양한 정치·사회계층을 의식한 데에서 비롯된 것으로 보인다. 즉 중앙집권주의자들로부터 민족주의자들에 이르기까지, 또 시장개방주의자들에서부터 공공 부문 육성 지지자들에 이르기까지, 가톨릭 분파주의자들에서부터 세속주의자들에 이르기까지, 그리고 보수주의적인 우파에서부터 공산주의 좌파에 이르기까지 한마디로 광범위한 지지층을 염두에 두었다고 할 수 있다. 내용적인 특성에서 살펴보면, 1978년 스페인 헌법은 폭넓은 기본권과 공공의 자유, 사법권을 보장하고 있다. 프랑코주의 아래에서 겪어야 했던 자유의 탄압과 행정권의 남용, 입법권의 제한에서 벗어나 법치국가를 확고히 하려는 의지가 선명하게 반영되었다고 볼 수 있다. 따라서 1978년 헌법은 기본권과 스페인 사람들의 공공의 자유에 관련된 I장의 내용이나 왕국이라는 주제에 할애된 II장을 핵심 조항으로 두고 있다. 사법부의 행정은 사법권이라는 고유 장 아래에서 다루고 있다. 그러나 시민의 자유의 보호와 공권력에 대한 감시는 일반 법정에게만 한정하지 않았다. 헌법재판소가 최고 권위기관으로 정의되어 총회에 의해 통과된 법일지라도 무효 처리할 수 있게끔 하였으며 시민들의 자유와 권리가 침해된다고 생각되면 언제든지 시민들을 보호할 수 있도록 하였다. 한편 헌법은 국가와 교회와의 관계를 조심스럽게 규정(스페인에는 어떠한 종교도 국교로 하지 않으나 공권력은 스페인 사회의 종교적 신앙을 존중해야 하며 가톨릭 위계 제도와 협력관계를 유지해야만 한다)하였는데, 특히 이미 세속화되었으나 여전히 강력한 종교 세력으로 갈등의 소지가 있는 사안들(교육, 이혼, 낙태)에 대해서는 여지를 남겨두었다. 권력의 영토조직은 헌법 전문에서 가장 논란이 되는 대목으로 보수주의자들에 의해 강력하게 옹호되는 중앙집권주의적인 요구나 카탈루냐 민족주의자와 바스크민족주의자들의 연방주의적 입장 사이에서 '자치주들의 국가 (Estado de las autonomías)'라는 접점으로 귀결되었다고 볼 수 있다.

Constitución de Cádiz* (카디스 헌법)　　1812년 3월 18일에 선포되었으며 그의 전문은 10개의 편과 384개의 조항으로 이루어졌다. 1791년 프랑스 헌법을 모델로 하고 있으며 국민주권의 원칙을 선포하고 있다. 세 번째 조항에 의하면 '주권은 본질적으로 국가에 있으며' 따라서 '기본법을 수립할 권리는 전적으로 국가에 있다'라고 말하고 있다. 권리선언은 시민의 자유와 소유권(제4항), 출판의 자유(제131항), 법 앞에서의 평등(제248항)을 다루고 있다. 스페인 국가의 정부를 '온건세습군주국'으로 정의하고 있다(제14항). 비록 카디스 헌법이 최초의 자유주의 원칙들에 의해 만들어졌지만, 군주국의 제도를 유지하고 있는 한편 아울러 옛 절대군주의 권한을 제한하는 방향으로 이루어졌다. 권력 분립을 도입하여 입법권은 '왕과 함께 의회'에(제15항), 행정권은 왕에게(제16항), 사법권은 법원에(제17항) 있는 것으로 하였다. 의회는 단원제로 구성되며 대의제에 따라 의원들이 선출되고 각 주의 주민들의 비율에 따라 배정된다. 이 점에 대해서 7만 명당 1명꼴로 의원 수가 정해져 있다(제31항). 의회의 연중회의는 의무로 되어 있으며(제104항), 3월 1일부터 석 달간 회기가 열리도록 되어 있다(제106항). 의회는 해산불가이며 2년마다 의원 전체는 유권자 협의에 의해 재임용된다(제108항). 의원들은 자신의 견해로 인해 불가침되며(제128항), 그들에 대한 형사소송에서는 오직 '의회법원'만이 권한이 있는(제128항) 것으로 규정하고 있다. 의원으로 봉직하고 있는 동안에는 왕이 임명하는 직책을 받을 수 없다(제129항). 의회가 열리지 않는 때를 대비하여 헌법 준수 여부를 감시하고 특별한 경우에 의회를 소집할 수 있는 상설 대표위원회(diputación permanente)가 준비되어 있다(제3제목, 10장). 왕은 의회에 입법권을 두며 이런 점에서 양측은 입법발의권을 가지게 된다. 의무적으로 의회를 소집해야 하는 경우는 매년 세금 수립, 주 배분 승인, 공공행정비용 확정, 인준 이전에 공수동맹(alianza ofensiava)과 무역의 특별조약 승인, 장관의 책임 실행, 섭정 선출 및 왕위 계승에 관한 일체의 의혹 해결(제131항에서 세밀하게 기술되어 있음)이 해당된다. 국왕의 권위와 권력은 제4편에 제168항부터 173항에 걸쳐서 언급되고 있다. 왕의 존재는 신성불가침이며 어떠한 책임에도 예속되지 않으며(제168항), 오직 그의 장관들만 책임이 있는 것으로 되어 있다. 왕의 모든 명령이 실행되기 위해서는 해당 부의 장관이 서명을 하도록 되어 있다(제225항). 왕의 특권 가운데에는 장관들을 '자유롭게 임명하고 해고할 수' 있도록 되어 있다(제171항). 헌법은 행정권이 군주에게 소재한다고 선언하고 있다(제170항). 왕은 입법권의 참여에서 발의권을 가지고 있으며 법을 비준하고 선포하는 것도 그의 권한에 속한다(제171항). 이 점에서 군주는 두 개의 입법기에 한하여 의회에 의해 통과된 법안을 정지할 수 있는 권한(veto suspensivo)이 인정되며(제142항과 제152항), 만일 거부된 안이 의회에서 제안되고 세 번째로 승인이 되면 자동적으로 인가하도록 되어 있다. 제172항은 왕권 제한을 규정하고 있는데 그중에서 다음 사항이 주목할 만하다. 의회해산 자체의 금지, 헌법의 규정대로 의회가 열려야 하는 기간에 회기를 정지시키는 행위 금지, 의회에서 표결에 붙이지 않은 세금 부과 금지가 그것이다. 마지막으로 헌법 전문에는 선거규정이 포함되어 있다(제3편, 제2~5장, 제34~103항). 이를 통해 간접선거방식으로 보통선거에 의해 의회의 원이 선출되도록 하고 있다. 협의의 첫 번째 단계인 구 선거위원회(junta electoral de parroquia)에서는 모든 성인 남자 주민이 참여하도록 되어 있는데 단 수도회 소속 성직자(eclesiástico regular)는 제외된다. 또 하인의 신분에 있거나 '직장, 일, 알려진 생활양식'이 없는 경우 시민권 행사가 정지되기도 하였다(제25항). 의원으로 선출되기 위해서는 제92항에 따라 '자산에서 나오는 매년 일정비율의 지대가 있어야' 한다고 규정하였지만 제93항은 그것의 적용 시기 결정을 장래 의회에 위임함으로써 보류해 두기도 하였다. 1812년 헌법은 1814년 5월 4일 페르난도 7세(Fernando VII)가 프랑스에서의 유폐에서 돌아와 쿠데타를 일으키면서 폐지되었다가 카베사스 데 산 후안(Cabezas de San Juan)에서 리에고(Riego)의 군대 봉기(pronunciamiento) 이후에 1820년 3월 10일 다시 발효되었고 '자유주의의 3년(Trienio Liberal, 1820~1823)' 동안 헌법으로서 기능하였다. 그러나 1812년 모델은 1834년 이후 1836년에 삼시 발효된 것을 제외하고는 자유주의자들 자신에 의해 최종 폐지되었다.

Constitución Española de 1837 (1837년 스페인 헌법)   1837년 헌법 제정 의회에 의해 가결된 스페인의 헌법이다. 이것으로 스페인에 입헌군주제가 정착했으며 일정 금액 이상의 세금을 내는 사람에게만 선거권이 부여되는 식의 새로운 선거법이 탄생했다.

Constitución Española de 1856 (1856년 헌법)   최종적으로 발효되지 못한 헌법으로 자유진보주의적인 정신을 반영하고 있다. 이후 제정된 1869년 헌법에서 발견되는 몇 가지 진보적인 사상을 미리 내포하고 있었다. 1836년 헌법이나 1845년 헌법보다 훨씬 광범위하며 완성도가 높다. 또한 법 개정을 할 때는 여러 절차를 거쳐야 할 정도로 엄격한 헌법(constitución rígida)이었다. ⇒ Isabel II(이사벨 2세, 1830~1904, 재위: 1833~1868 재위)

Constitución Española de 1869 (1869년 스페인 헌법)   국가의 근본적인 법적 규범인 스페인 헌법은 1869년 의회에 의해 승인되었다. 1869년 헌법은 여성의 투표권을 인정하지 않았지만 남성에 대한 평등선거를 실시, 스페인 역사에 있어서 최초의 민주적인 헌법으로 간주된다. 총 112개의 조항으로 1837년과 1845년에 승인 및 개정되었던 헌법보다 광범위한 영역을 포함하고 있으며, 진보적 의미에서 체계적인 정치적 법규와 구체적인 일반 법률로 구성되어 있다. ⇒ Revolución de 1868(1868년 혁명)

Contaduría General de Propios y Arbitrios (소유지와 지방세의 총회계부)   1760년 카를로스 3세의 치세기 때 창설된 정부 기관으로 지방 재무부를 관리한다. 설립의 주된 목적은 공금 횡령 방지와 경제의 중앙집권화 강화이다. ⇒ Carlos III(카를로스 3세)

Contestanos (콘테스타노스)   콘테스타니아(Contestania)로 알려진 지역에 거주했던 이베리아 민족이다. 현재 스페인의 알리칸테(Alicante) 주와 알바세테(Albacete) 주 그리고 발렌시아(Valencia) 주의 한 부분을 차지했다. 관련 기록은 기원전 3세기 때부터로, 콘테스타노스 민족은 내부 연락망을 사용하여 페니키아인, 포세아 출신의 그리스인 그리고 타르테소스인들과 무역관계를 맺은 이전 거주 민족의 무역적 특성을 물려받았다.

Contra (콘트라 반군)   니카라과의 아나스타시오 소모사(Anastasio Somoza)의 독재 정치 붕괴 후 집권한 산디니스타 민족해방전선(Frente Sandinista de Liberación Nacional) 정부에 반대하는 여러 반란군을 일컫는다. 이 집단들은 미국 정부의 지원을 받았다. ⇒ Frente Sandinista de Liberación Nacional(FSLN, 산디니스타 민족해방전선)

Contrainformación(alternativa) (대안 정보)   정부의 압력이나 대기업 등 권력 있는 대상에 의해 영향을 받는 일반 언론의 정보가 아닌, 독립적인 집단에 의해 제시되는 대안 정보를 말하며 반정부적 좌익 성향이 지배적이다.

Contrainformación estatal (국가의 허위 정보)　국가 또는 권력 있는 집단에 의해 조작된 정보를 뜻하며 경쟁 구도에 있는 상대 진영에 혼돈을 주기 위한 목적으로 사용되며 첩보 활동의 도구 중 하나다.

Contrapoder (반권력)　국가의 공식적인 정부에 대항해 건립되는 통치 집단을 뜻한다. 대개의 경우 무능한 정부로 인해 사회 각 분야가 악영향을 받거나 정치 이념의 불일치로 인해 일어나며 군부 쿠데타는 'contrapoder'의 한 형태이다.

Contrarreforma (반종교 개혁 운동)　반개혁 운동으로, 역사적인 용어로는 개신교의 등장을 통한 기독교 종교의 개혁을 막기 위한 16세기 가톨릭의 정치 및 사상적 종교 운동을 일 컫는다. 개신교의 종교 개혁과 더불어 부패가 만연했던 스페인 가톨릭 성직자들에 반대하여 등장한 반종교 개혁 운동의 주된 목적은 가톨릭 종교의 복구, 개신교의 확산 방지, 가톨릭 교리의 정의 및 실현, 교회 내부의 규율 재구성 등을 들 수 있다. ➡ Felipe II(펠리페 2세)

Convento de San Pascual(Aranjuez) [(아란후에스의) 산 파스쿠알 수도원]　국가문화유산에 속하며 마드리드의 비야 데 아란후에스(Villa de Aranjuez) 지역에 위치해 있다. 1765년 국왕 카를로스 3세의 명령에 따라 프란세스코 사바티니(Francesco Sabatini)에 의해 건립된 신고전주의 양식의 건축물이다. ➡ Carlos III(카를로스 3세)

Convergència Democràtica de Catalunya(Convergencia Democrática de Cataluña, CDC) (카탈루냐 민주일치당)　조르디 푸졸(Jordi Pujol)에 의해 1978년 창당된 스페인 카탈루냐 지역 정당. 카탈루냐 민주당(UDC)과 함께 일치와 단결당(CiU)으로 발족하여 1980년부터 2003년까지 카탈루냐 좌파 3개 당인 카탈루냐사회당(PSC), 카탈루냐공화좌파당(ERC), 카탈루냐녹색발의당(ICV)을 견제하며 지방선거에 출마하였다.

Convergència Democràtica de la Franja(Convergencia Democrática de la Franja) (프랑하 민주일치당)　AlCivi당으로부터 분리되어 2009년 창당한 동부 아라곤 지역의 정당으로 카탈루냐 아라곤 프랑하 지역의 안보와 홍보, 인프라 강화, 사회복지, 카탈루냐 문화 보호를 목적으로 한다.

Convergència i Unió(Convergencia y Unión, CiU) (일치와 단결당)　카탈루냐 지역의 자유주의 사상에 기반을 두고 중도 우파인 카탈루냐 민주일치와 민주주의를 표방하는 카탈루냐 민주연합으로 구성된 연합 조직이다. 1978년 발족되었으며 현재 카탈루냐 지역에서 가장 큰 정치 세력이다.

Conversos* (개종자들)　기독교로 개종한 모슬렘들도 콘베르소스라고 할 수 있지만 대개는 유대교 출신의 개종자들과 그 자손들을 지칭하는 의미로 국한되어 사용되었다. 또한 이들을 부르는 용어로 신기독교도들(nuevos cristianos), 그리고 기원이 불분명한 비속어 '마라노스(marranos, 일명 돼지들)'도 있었다. 유대인들 가운데서 자발적인 개종들(예를 들면 1412년 Tortosa 논쟁 이후)도 있었지만, 개종자들 대부분은 1391년 강제적인 형태로 이루어졌으며, 그 후 개종자 문제가 사회종교적인 주목을 받으면서 1480년 종교재판소의 출현을 낳게 되었다. 개종자들 중 잘 알려진 에르난도 델 풀가르(Hernando del Pulgar)는 이사벨 여왕(Isabel la Católica)의 연대기자이자 비서를 역임하였으며, 그 자신도 인정하였듯이 개종자들 가운데에 상당수가 여전히 옛 유대인 풍습을 고수하고 있었고, 기독교적 관행은 형식적으로 준행하고 있었다. 15세기 말에는 개종자 주민이 유대인 주민보다 네 배 혹은 다섯 배나 더 많게 되었다. 한편 유대인들은 박해에도 불구하고 사회에서 여전히 중요한 역할을 담당하였는데, 이는 순혈법령이 개종자들을 모두 공직에서 몰아내었다고 주장하는 기존의 통념을 불식시키는 것이다. 사실 개종자들은 여전히 많은 도시, 교회, 전문 직업에 종사하고 있었고, 사회적 편견과 심각한 차별의 대상이기도 하였지만 또한 기독교사회에 통합되어 번영을 누리는 개종자들도 적지 않았던 것이다. 16세기 말에는 대중의 관심 밖에 있을 정도로 유대교인에 대한 소송이 거의 없었다. 많은 작가들은 개종자들에 대한 모든 종류의 차별을 종식시킬 것을 호소하기도 하였다. 그러나 포르투갈 종교재판소가 왕성하게 활동하면서 많은 포르투갈인들이 국경 밖으로 탈출하는 일이 생겨나게 되었고, 이는 17세기 초 스페인에서 유대교인들에 대한 소송이 대폭 증기히는 결과를 기져있다. 박해는 17세기 초에 특히 극심하였으나 1720년까지 지속되었다. 그러나 가장 심각한 박해로 꼽을 수 있는 것은 포르투갈인들에 대해서보다 1670년대에 마요르카의 '츄레타스(chuletas, 마요르카 개종자들의 후손을 지칭하는 비속어)'에 대해서 일어난 것이라 할 수 있다. 1480년부터 1720년까지 개종자들과 유대교인들이 당한 어려움은 다른 소수민족들에서도 그 유례를 찾기 어려울 것이다. 1480~1530년 사이에 종교재판소에 의해 박해받은 수가 대략 수천 명에 이르렀고, 그 후에도 수백 명이 희생되었기 때문이다. 또한 엘리트 가문에서 유대인 조상을 추적해 내는 것이 가능하게 되었는데 왜냐하면 14세기부터 개종자들은 권력을 향유하고 있었던 구기독교도 가문들과 결혼을 성사시켰기 때문이다. 이러한 사실은 반유대주의자들의 손에서 강력한 무기로 변모하게 되었고, 도시엘리트들의 정적들을 부추기는 계기가 되었다. 한편 1449년 왕의 비서인 페르난 디아스 데 톨레도(Fernán Díaz de Toledo)는 지침서(Instrucción)를 통해 유대인들의 출생 기원을 강조하는 것은 어리석은 것이라고 주장하기도 하였다. 왜냐하면 카스티야(Castiilla)의 권력층을 이루는 모든 귀족의 혈통이, 심지어 엔리케스(Henríquez)가문[페르난도(Fernándo el Católico) 왕이 속한 가문]조차도 선조 중에 개종자가 없다고 자신할 수 없었기 때문이다. 아라곤에서는 당시 모든 귀족가문이 유대인의 혈통을 지니고 있다고 추정될 정도였다. 유대인의 피에 대해서는 16세기에 출판된 녹색 책(libros verdes)으로 공론화되기도 하였는데, 여기에는 유력자들의 선조가 개종자라는 의혹이 제기되었고, 결국 1623년에 정부에 의해 금서화되었다. 스페인 사회에서 개종자들이 한 역할을 두고 역사가들은 대개 두 가지 입장으로 나뉘어 논쟁을 벌였다. 많은 현대저자들은 개종자들을 유대인들과 동일시하는데 입장을 같이했다. 스페인 연구가로 반유대적 경향의 저자들과 다양한 이스라엘 출신 전문가들이 주로 위의 입장을 지지하였다. 그중에서 이차하크 베어(Yitzhak Baer)는 개종자들과 유대인들이 운명에 의해 하나로 연결된 동일 민족이라 주장하였다. 이스라엘 역사가 하임 베이나르트(Haim Beinart)는 모든 개종자는 모세의 법을 이행하기 위해 할 수 있는 모든 것을 했으며 그들 모두가 '유대인처럼 사는' 목표를 충실하게 적용했다고 말하고 있다. 만일 이러한 해석이 받아들여진다면 종교재판소의 설립은 정당한 것이 되고 개종자들 전체가 유사 유대교를 따른 자들이라는 종교재판소 기록물이 타당성을 얻게 된다. 반면 다른 입장에 선 역사가들은 유일한 관심사가 오직 처벌을 보장하기 위한 것이었기 때문에 종교재판소의 증거들은 신빙성이 없다고 주장하였다. 이러한 이유로 이스라엘 출신 역사가인 네탄야후(Netanyahu)는 당시 다른 형태의 사료를 찾지 않을 수 없었고, 많은 랍비들의 교리적인 선언서(responsa)를 근거로 연구하였다. 이에 따르면 네탄야후는 개종자들이 믿음 면에서 뿐 아니라 실천 면에서도 더 이상 유대인이기를 포기했다고 주장하고 있다. 저자는 개종자들의 위기가 개종자들과 유대인들의 재산을 탈취하기 위한 교회와 국가의 조작에서 비롯되었다고 유추하고 있다. 이러한 견해차는 종교재판소의 설립동기를 해석하는 점에서도 대조되어 나타난다. 아마도 두 의견들 중 어느 한쪽이 전적으로 옳다고 말할 수 없을 것이다. 많은 개종자들이 진정한 기독교도였고 심지어 훌륭한 신앙을 가진 자들이 있었다고 하더라도, 그들 중에 또한 많은 유대교인들이 존재하였다는 사실 또한 부인할 수 없기 때문이다. 또 다른 논쟁은 문학과 역사 연구에 관한 것이다. 근대 스페인에서 가장 유명한 인물들 중에는 개종자들이 포함되어 있었다. 후안 루이스 비베스(Juan Luis Vives), 후안 데 아빌라(Juan de Ávila), 루이스 데 레온(Luis de León), 테레사 데 헤수스(Teresa de Jesús)가 그들로서, 이베리아 문화와 유대인의 관계를 강조하는 문학연구가 그룹의 주장에 근거를 제공하고 있다. 이러한 입장을 선두적으로 고수해 온 아메리코 카스트로(Américo Castro)는 자신의 제자들과 함께 예술, 종교, 철학 영역에서 개종자로 추정되는 사람들의 업적이 상당하다고 주장하였다[사실 에르난도 데 탈라베라(Hernando de Talavera), 바르톨로메 데 라스 카사스(Bartolome de las Casas), 베니토 아리아스 몬타노(Benito Arias Montano) 등과 같은 개종자 추정자들이 유대인 출신이라는 뚜렷한 증거는 존재하지 않는다. 한편 문학과 역사에서의 친유대적인 해석은 지나친 과장을 한다고 하여 비판의 대상이 되기도 하였다. 개종자들은 중세에서 유대인들이 그랬던 것처럼 스페인의 문명 발전에 계속 기여해 왔으며 그들의 역할은 그 수에 비하여 결코 미미하지 않았다. 국제무역에 관하여 개종자들은 보다 많은 기회들을 누릴 수 있었는데 가족 간의 유대뿐 아니라 유대계 거주민들과의 국제적인 네트워크로 가능했다. 심지어 콜럼버스가 아메리카로 역사적인 여행을 수행했을 때에도 그의 곁에는 적어도 한 명의 개종자가 있었다. 공식적으로 반포된 법에 따르면 유대인이나 모슬렘 출신은 신대륙을 밟을 수 없다고 명시되었으나 실제로 위의 법이 엄격하게 적용된 적은 없었다. 16세기 말에 아메리카에 있었던 개종자들 중에는 상당수가 포르투갈 출신이었으며 1570년 아메리카의 첫 번째 종교재판소 본부라 할 수 있는 리마(Lima)의 종교재판관은 다음의 논평을 할 정도가 되었다. '이곳에는 스페인보다 두 배 이상의 죄수들이 있습니다'라고 개종자들은 이곳에서도 원주민들 앞서서 종교재판소의 주요 대상으로 지목받고 있었던 것이다.

Coordinación Democrática (민주주의 조정 단체)　일반적으로 플라타훈타(Platajunta)로 알려져 있으며 헌법 제정 의회의 선거소집, 특별사면, 정치단체의 자유를 목적으로 스페인 민주주의 위원회(Junta democrática de España)와 경쟁 조직인 민주주의 수렴체(Plataforma de Convergencia Democrática)가 합병하여 1976년 결성한 단일조직이다.

Copán (코팡)　'절벽의 창'으로 불리는 유적으로 온두라스 서쪽 코팡 주에 위치한다. 5세기에서 9세기 스페인 식민 이전 시대 왕국의 중요한 수도였다. 현재는 3천 명의 인구가 있는 도시 중심지로 매우 비옥한 계곡이 위치하고 작은 규모의 공항 그리고 꼬불꼬불한 도로가 설치되어 있다.

Copla (코플라)　주로 코플라 안달루사(Copla andaluza)로 불리는 스페인 음악의 한 형태이다. 1940년대부터 킨테로, 레온, 키로가(Quintero, León, Quiroga)에 의해 만들어진 이 음악은 안달루시아 플라멩코 노래의 한 형태로 사용된다. 프랑코 독재 정권을 통해 사라져 가던 코플라(Copla) 음악은 스페인 전통의 음악으로 다시 각광을 받아 현재까지 이

어져 내려오고 있다. ⇒ Franquismo(프랑코주의)

Cora (코라)   알 안달루스의 마르카에서 하위 분할된 구역의 명칭이다. 코라(Cora 혹은 Kora)의 어원은 스페인 한림원에 따르면 아랍어로 '영토'라는 단어에서 파생되었다고 한다. 다른 코라들과 다르게 이 내륙 지역 코라들은 국경과 접하지 않았다. ⇒ Al-Andalus(알 안달루스)

Corcuera, José Luis (호세 루이스 코르쿠에라)   (1945~) 스페인의 정치인이다. 1988년과 1993년 사이 내무부장관을 지냈으며 테러와의 투쟁에 힘썼다. 코르쿠에라 법(Ley Corcuera)으로 알려진 법을 재정했다. 수많은 업적에도 불구하고 장관 시절의 횡령과 교통법 위반 등으로 불명예스러운 인물로 남아 있다. ⇒ Partido Socialista Obrero Espaóñol(PSOE, 스페인사회노농당)

Cordillera Cantábrica (칸타브리아 산맥)   스페인 북부에 위치한 480km에 달하는 산맥으로 피레네 산맥과 이어진다. 갈리시아(Galicia), 아스투리아(Asturias), 카스티야-레온(Castilla y León), 칸타브리아(Cantabria), 파이스 바스코(País Vasco) 자치주에 분포한다.

Cordillera Penibética (페니베티카 산맥)   스페인 남동쪽의 산맥으로 지브롤터 해협에서부터 카르타헤나(Cartagena)까지 이어진다. 지중해와 나란히 분포되어 있으며 길이는 약 450km이다. 이베리아 반도의 가장 높은 봉우리인 시에라네바다(Sierra Nevada)가 이 산맥의 일부이다.

Córdoba, Fernando de (페르난도 데 코르도바)   1421년에 태어나 1480년에 사망한 스페인의 철학자이다. 스페인 초기 르네상스를 대표하는 인물 중 한 명이다. 모든 학문을 포괄할 수 있는 보편적 학문을 추구했다. 혹자에 의해 반기독교주의자라는 평가를 받기도 한다. 철학, 신학, 약학 등 다양한 분야에서 저서를 남겼다.

Cornelio Escipión Emiliano Africano Numantino, Publio (푸블리우스 코르넬리우스 스키피오 아이밀리아누스 아프리카누스 누만티누스)   기원전 2세기의 고대 로마 군인이자 정치가이다. 기원전 151년 고대 로마의 사법관으로, 148년에는 집정관으로 임명되었다. 제3차 포에니 전쟁이 발발하자 카르타고(Cartago) 시로 건너가 3년간 머무르면서 146년 카르타고 시를 점령했다. 134년 집정관으로 다시 임명되어 누만시아(Numancia)를 133년에 손에 넣었다. ⇒ Guerra de Numancia(누만시아 전쟁)

Corona de Aragón (아라곤 연합왕국)   아라곤 왕이 군림하는 국가들의 연합으로, 오늘날의 스페인 동부와 프랑스 남서부 그리고 지중해의 섬들로 이루어져 있었다. 아라곤 왕이 연합국의 군주로 군림하였으나, 각각의 왕국들은 정치적으로 독립되어 있었으며 단일한 국가가 아닌 연방제 형태를 유지하였다. ⇒ Aragón, Corona de(아라곤 연합왕국)

Coronel, Rafael (라파엘 코로넬)   (1932~) 호세 루이스 쿠에바스(José Luis Cuevas)와 함께 스페인의 바로크 회화, 고야(Goya), 오로스코(Orozco)의 초기 스케치 등 다양한 선대 화가들로부터 영향을 받았으며 표현주의에서 시작해 몽롱하고 절망적인 사회를 그려냄으로써 벽화의 경향성과는 거리를 지키고 있다. 세대 간의 벽을 허물고 양식적으로 지역주의든 모더니즘이든 자유로워지려 했던 누에바 프레센시아(Nueva presencia) 그룹의 대표적 인물이었다.

Corpo Truppe Volontarie(Cuerpo de Tropas Voluntarias) (지원 군병대)   이탈리아의 베니토 무솔리니(Benito Mussolini)가 스페인 내전 당시 파견했던 군사 조직이다. 반란군을 돕기 위해 무솔리니는 약 5만 명의 군사를 보냈고, 1936년 마요르카(Mallorca)전을 시작으로 마드리드 공습을 도왔다. 이들 중 마리오 로아타(Mario Roatta)는 군병대의 지휘관으로 같은 해 12월 카디스(Cádiz)에 파견된 3천 명의 군부대를 이끌었다. 이들 중 유일한 기동사단은 리토리오(Littorio)로 탱크, 장갑차 및 미사일 탑재 차량을 소지하고 있었다. 이후 수차례 반란군을 도와 성공을 이루었으나, 과달라하라 전투(batalla de Guadalajara)에서 작전 실패하여 적극적인 태세를 바꾸어, 내전이 끝난 뒤 즉시 철수하였다. ➡ Guerra Civil Española(스페인 내전)

Corpus de sangre (피의 봉기) 1640년 바르셀로나(Barcelona)에서 일어난 봉기이다. 카스티야(Castilla) 출신 병사와 바르셀로나의 한 농민 사이 생긴 갈등이 계기가 되어 카탈루냐(Cataluña)와 스페인의 갈등이 고조되었다.

Corregidor (시정관) 왕실 공무원으로서, 1393년경에 엔리케 3세(Enrique III)에 의해 카스티야에서 임명되었다. 이들의 임무는 현재의 시장과 유사하였으며, 일정한 지역 내에서의 스페인 당국을 대표하였다. 경제, 행정 및 사법권을 가졌다. ➡ Castilla, Corona de (카스티야 연합왕국)

Corrientes ilustradas (일루미나티의 흐름) 일루미나티(계몽주의)는 17세기부터 프랑스 혁명까지 있었던 사회 진보적 및 지적 사상운동을 말한다. 이들은 인간의 이성으로 미신, 전제정치, 무지를 이겨내고 더 좋은 세상을 만들 수 있다고 믿었다. 이와 같은 운동은 경제, 정치 및 사회에 큰 영향을 미쳤다. 스페인에서의 일루미나티는 페르난도 6세와 카를로스 3세 때 나타났다. ➡ La ilustración española(스페인 계몽주의)

Corte* (궁정) 중세 유럽에서 왕의 궁정은 왕과 관리들, 수행원들로 구성되었고, 여기에는 보통 왕실 가족뿐 아니라 평의회원들(consejeros), 행정관들, 사법관들로 활동하는 고위 귀족들이 있었다. 1344년에 아라곤 연합왕국(Corona de Aragón)과 일부 국가에서는 궁정의 법규가 존재하기도 하였다. 대개 왕은 여러 개의 궁궐들을 두고 있었지만 이곳에서 통치하기보다 자신의 영지들을 직접 방문하며 수행 관리들을 통해 법을 집행하고 행정적인 문제들을 처리하였다. 자연히 왕과 수행원들의 이동은 많은 비용부담을 유발하였고, 이는 해당 방문지가 감수해야 했다. 페르난도(Fernando) 왕과 이사벨(Isabel) 여왕은 스페인을 단일화시키려 하기보다 중세의 관행대로 이리저리 옮겨 다니며 통치하는 형태를 유지하였다. 통치기구의 일부가 구 카스티야(Castilla la Vieja) 중에서 왕이 선호하는 메디나 델 캄포(Medina del Campo)와 바야돌리드(Valladolid)에 구축되기도 하였지만, 대개는 왕실평의회(Consejo Real)와 왕의 비서들이 국가기구의 구심점이 되었고 왕은 끝없는 여행을 계속해야 했다. 가톨릭 공동왕(Los Reyes Católicos)은 스페인의 주요 도시들을 각각 방문하였던 것으로 보이며 이 중에서 바야돌리드가 왕실 의식이나 신분의회의 개최지로 주목을 받았다. 한편 가톨릭 공동왕의 궁정이 화려한 의상이나 복잡한 의식이 없이 단순한 형태를 지녔던 것과 달리, 카를로스 5세(Carlos V)는 1522년부터 스페인에 머물면서 과도한 부르고뉴(Borgoña) 궁정 의식을 도입하였고 수석 시종직(mayordomo mayor)을 창설하며 귀족들의 등급을 정하고 토이손 데 오로 기사단(orden del Toisón de Oro)을 유입하였다. 바야돌리드는 카를로스에 의해 그 위상이 커지긴 하였지만 왕이 오랫동안 부재함으로 인하여 궁정으로 발전하는데 한계가 있었다. 왕국의 공식적인 수도는 펠리페 2세(Felipe II)가 1561년부터 마드리드(Madrid)로 정하면서부터였다. 중앙에 위치하였다는 지리적인 요인이 결정적인 근거로 작용하였던 마드리드는 초기 35,000명의 인구에서 40년 내 두 배로 증가하는 성장세를 보였다.

그러나 여전히 작은 도시로서 정치적인 기능 외에 다른 기능들이 없었으며, 당시 무역의 중심지는 오히려 세비야(Sevilla)로서 마드리드보다 더 빠른 성장을 보였다. 왕 자신도 마드리드에만 머물렀던 것이 아니고 톨레도(Toledo)나 세고비야(Segovia), 엘 에스코리알(El Escorial)을 피서지로 찾곤 하였다. 한편 레르마 공작(Duque de Lerma)에 의해 1601년~1606년 동안 바야돌리드로 천도되는 사태도 일어났지만, 1606년 마드리드는 다시 수도로서의 지위를 회복할 수 있었다. 이후 마드리드는 발전을 거듭하면서 인구 150,000명가량의 규모로 증가하였고, 대광장(Plaza Mayor)을 중심으로 다양한 거리들과 광장들이 들어서게 되었다. 마드리드의 부상은 톨레도(Toledo)의 쇠퇴를 의미하기도 하였는데 이는 확고한 수도의 등장으로 인하여 과거 톨레도가 향유하였던 주요 기능을 상실하게 되었기 때문이다. 한편 합스부르크 왕가의 통치 방식은 선제적으로 느슨한 형태이긴 하였지만 수도를 통하여 중앙집권화되는 경향을 보이기도 하였다. 우선 이전의 군주들과 달리 펠리페 2세가 주로 카스티야에서 통치하면서 왕국의 기관들이 마드리드에 들어서게 되었고, 심지어 이탈리아나 플랑드르(Flandes)와 같은 지역도 평의회들(Consejos)을 통하여 중앙에서부터 통치되는 경향이 나타났다. 또한 귀족들이 마드리드에 주거지를 정하면서 스페인의 사회생활과 정치생활이 중앙집권화되는 경향을 보이기도 하였다. 1669년경 마드리드에는 50명의 공작들과 9명의 군주들, 20명의 후작들, 14명의 백작들이 자기 소유의 저택을 보유하고 있었으며, 간디아 공작(Duques de Gandía)과 같이 일부 아라곤의 귀족들은 아예 마드리드에서 카스티야 귀족과 혼인관계를 이루며 카스티야화되기도 하였다. 귀족 외에 여타 계층의 사람들도 궁정으로 몰려들었는데 여기에는 사치품을 유입하는 외국인들 외에 빈자들, 방랑자들도 포함되었다. 한편 마드리드의 인구 급증은 소비 수요를 증가시키며 도시 인근 지역들의 생산을 촉진하였고, 이는 장기적으로 마드리드에 의존하는 경제의 주변화를 유발하기도 하였다.

Cortes* (스페인 신분의회) 근대의 대부분 기간 동안 카스티야와 나바라, 아라곤 연합왕국에서 의회가 개최되었다. 모든 의회는 삼원제였고 아라곤에서만 기사 혹은 하급귀족도 참가할 수 있었다. 중세 말에는 카스티야 의회를 비롯하여 모든 의회가 법의 제정에 적극적으로 참여하였다고 할 수 있다. 그러나 15세기가 되면서 카스티야 왕국과 아라곤 왕국의 의회 사이에 차이점이 생기기 시작하였다. 카스티야 의회는 한 계층인 도시들로만, 그것도 모든 도시가 아닌 그라나다를 포함하여 18개의 도시들로만 대표되었다. 나머지 계층은 참석권은 있었으나 공식적으로는 일정한 경우를 제외하고는 참석하지 않았다. 반면 아라곤에서는 모든 계층이 지속적으로 모였고 의회의 동의 없이는 왕국의 법이 제정되지 못할 정도였다. 이러한 매카니즘, 즉 협약주의(pactismo)는 카스티야 왕국이 향유하고 있었던 자유와 대비되었다. 아라곤과 나바라 왕국의 의회는 특별 위원회 혹은 대표위원회(Diputación, 카탈루냐에서는 'Generalitat'라고 불림)에서 모이는 기간 동안 자신의 권위를 대표하였다. 합스부르크 왕가의 통치 아래에서 카스티야의 의회 활동은 때로 변질되기도 하였는데 1544년 바야돌리드에서 모인 도시대표들이 3년에 한 번 이상 소집되지 않도록 요청하는 모습에서 그러했다. 카를로스 5세는 1527년과 1538년에 특별히 모든 계층들을 의회에 모이도록 소집하였는데 이는 증세의 승인을 얻기 위한 목적에서였다. 그러나 이러한 시도가 실패하면서 귀족과 성직자는 다시는 한 의회에 소집되지 않았다. 카를로스 5세와 그의 자문관들은 도시대표들과 효율적인 관계를 유지하는 것이 중요하다고 생각하고 1525년 톨레도 의회에서 아라곤의 대표위원회를 모델 삼아 대표위원회를 설치하도록 허용하였다. 그러나 입법 활동은 이 기간 동안 활발하지 않았던 것 같으며, 어떤 경우든지 의회는 왕국에 의해 입법권이 행사되는 것을 용인하였다. 펠리페 2세의 치세 동안 도시대표들은 왕에게 약간의 요청을 하는 것으로 그쳤다고 볼 수 있다. 펠리페 2세의 집권기에는 18개 카스티야 도시들에서 파견된 36명의 도시대표들이 모두 12번 모였다. 비록 의회가 입법 과정에는 적극적으로 참여하지 않았지만 공공 업무에서는 펠리페 2세와 함께 관여하였으며, 재정 부문에서는 더 많은 목소리를 내었다. 의회는 정치토론과 비판의 주된 장이 되었고, 대외비용과 경제정책, 저지대 국가와의 전쟁에 대해서 항의의 목소리를 높였다. 세금(여기서는 servicios)에 대한 왕국의 의존도가 높아지면서 의회의 재정적 역할은 커졌고, 세금을 제공하기에 앞서서 몇 가지 조건을 요구할 수 있었다. 한편 펠리페 2세가 사망한 후 카스티야 의회는 활발한 정치활동을 시작하게 되었고, 펠리페 3세의 집권기에 개최된 6번의 회의에서 도시대표들은 정책에 대해 강한 불만을 토로하였다. 1612년에는 그라나다 도시대표인 마테오 리손 이 비에드마(Mateo Lisón y Biedma)가 왕과 신민 사이에는 상호 계약이 필요하다고 선포하기도 하였다. 그러나 이러한 움직임이 아라곤 연합왕국에서와 같이 민주적인 것이라고 보기는 어렵고 단지 중앙집권적인 권력의 확산을 막기 위한 방편이었다고 해석될 수 있다. 그리고 이러한 움직임도 올리바레스 정권이 들어서면서 그나마 중단될 수밖에 없었는데 그는 의원들에 맞서서 전체주의적인 방식으로 변화를 도입하려 한 인물이었기 때문이다. 올리바레스 대공은 아라곤 왕국들에 있는 의회의 헌법적인 요구에 맞서기도 하였다. 카를로스 2세의 치세기 동안 카스티야 의회는 왕의 건강을 이유로 전혀 소집되지 않았으며, 반면 아라곤에서는 돈 후안 호세 데 아우스트리아(don Juan José de Austria)의 활동에 힘입어 의회의 역할이 중요해졌고 나바라와 아라곤에서 의회가 개최되었다. 그러나 18세기 왕위계승전쟁이 끝나면서 특별자치법(fueros)은 폐지되었고 아라곤의 대표권도 자연히 이양되었다. 부르봉 왕가의 통치 아래에서 스페인 의회는 마드리드에서 열리는 의식에 나머지 왕국의 몇몇 대표들이 참석하는 것으로 그쳤다. 한편 아메리카에서는 식민통치기 동안 어떤 종류의 대표 회의도 존재하지 않았으며, 통치는 이베리아 반도 출신의 공직자들과 크리오요(criollo) 계층 사이에 배분되는 형태로 이루어졌다.

Cortes catalanas (카탈루냐 법원)   11세기 폭력과 착취를 막기 위해 생긴 시민 의회가 성장해 자리 잡았으며 13세기에서 18세기까지 카탈루냐를 다스리는 기구로서의 기능을 수행했다. 교회, 군사, 귀족의 세력들이 합심해 운영했으며 왕의 자문 기관에 불과했던 비슷한 시기의 타 법원들과는 달리 법이 발달했다.

Cortes Franquistas (프랑코주의 의회)   프란시스코 프랑코 독재 정권의 조직으로 1942년 국가 기초법에 의해 창설되었다. 정부 의제에 스페인 국민이 참여하는 국가 최고기관이며 이론적으로는 법률의 제정과 승인을 담당한다고 했지만, 사실상의 입법권한은 국가원수(프랑코 자신)가 지니고 있었다. ➡ Franquismo(프랑코주의)

Cortés, Hernán* (에르난 코르테스)   (1485~1547) 1485년 바다호스(Badajoz)의 메데인(Medellín)에서 귀족 가문에서 태어나 살라망카 대학(Universidad de Salamanca)에서 수학하였다. 대학은 2년만 다녔지만 이때 라틴어에 대한 지식과 법률전문가로서의 능력을 갖출 수 있었고 이것은 훗날 그의 저술에도 반영되었다. 1504년 라 에스파뇰라(La Española)로 이사하여 이곳에서 아수아 촌(villa de Azúa)의 서기(escribano)로 재직하였다. 1511년에 디에고 벨라스케스 데 쿠에야르 총독(gobernador Diego Velázquez de Cuéllar)

의 지휘 아래 쿠바(Cuba) 원정대에 참여하였고, 총독의 비서로서, 그리고 그 후 설립된 산티아고 데 바라코아(Santiago de Baracoa) 시의 시장으로 임명되었다. 총독에 대한 음모설에 연루되어 한 때 투옥되기도 하였으나 1518년 디에고 벨라스케스는 유카탄(Yucatán) 반도의 탐사 임무를 코르테스에게 맡기었고, 중도에 그를 교체하고자 했던 총독의 시도도 코르테스가 예정보다 일찍 출항하는 바람에 무산되었다. 11척의 배와 700명의 사람들로 구성된 원정대는 항해 10일 만에 코수멜 섬(isla de Cozumel)에 도착하였고, 거기에서 타바스코(Tabasco)로 향한 뒤 원주민들과의 첫 전투에서 승리할 수 있었다. 그는 계속해서 산 후안 데 울루아(San Juan de Ulúa)로 향하였고, 벨라스케스의 명령에 불복하고 비야리카 데 라 베라 크루스(Villarrica de la Vera Cruz) 도시를 세웠다. 그는 베라크루스에서 아스테카 제국(imperio azteca)의 존재를 알고 이곳을 향해 진군하기로 결심하였다. 아스테카의 지배에 적대적이었던 토토네카(totonecas)족과 틀라스칼테카(tlaxcaltecas)족과 동맹을 맺은 그는 멕시코 내륙의 촐룰라(Cholula) 도시에 이르렀고 습격과 약탈을 자행하였다. 1519년 11월 8일 스페인 사람들은 마침내 아스테카 제국의 수도인 테노치티틀란(Tenochtitlan)에 도착하였고, 이곳에서 황제 목테수마(Moctezuma)의 뜻하지 않은 환대를 받을 수 있었다. 그러나 스페인 사람들을 도시에서 쫓아내려 한다는 음모를 전해들은 코르테스는 황제를 포로로 삼았고, 원주민들은 자신들의 종교적 신앙에 대치하여 행동하는 스페인 정복자들을 증오하였다. 목테수마를 통해 원주민들을 진정시키려 했던 코르테스의 시도는 군주의 사망으로 무산되었고, 1520년 6월 30일 밤 스페인 사람들은 테노치티틀란에서 도주하면서 많은 목숨을 잃어야 했다. 일명 '슬픈 밤(noche triste)'으로 알려진 이 사건은 코르테스의 세력을 상당히 위축시켰지만 얼마지 않아 그는 재정비에 성공할 수 있었고 그해 10월 멕시코로의 두 번째 진군을 시작할 수 있었다. 1521년 6월 7일 스페인 사람들과 그들의 원주민 동맹자들은 오툼바(Otumba) 전투에서 아스테카인들을 물리쳤고, 틀라스칼라(Tlaxcala) 도시로부터 코르테스는 멕시코 정복의 두 번째 단계를 시작하였다. 테노치티틀란이 포위되고 몰락하면서 멕시코 정복은 완결되었고, 코르테스는 멕시코에서의 자신의 지위를 확고히 한 뒤에 온두라스(Honduras)와 과테말라(Guatemala)로 원정대를 파견하여 이곳도 스페인 제국에 통합시킬 수 있었다. 1522년 코르테스는 총독의 작위와 누에바 에스파냐(Nueva España) 왕국의 총사령관직을 받았으나 정복자들의 전횡을 제한하고자 했던 스페인 왕국의 조치로 오래가지 못했다. 1528년 작위를 빼앗기고 스페인으로 돌아가야만 했던 코르테스는 자신에 대한 무수한 고소들로부터 적절히 방어하면서 오히려 오아사카(Oaxaca) 지역의 후작령과 총사령관직을 하사받을 수 있었다. 그러나 이 작위는 통치 기능이 배제된 것으로 사실상 멕시코의 통치는 최고재판소(Audiencia)의 권한 아래 놓이게 되었다. 1530년 그는 멕시코로 귀환한 후 1540년까지 후작령에 머물면서 태평양 해안선으로 다양한 원정대를 파견하였고, 그 결과 1536년 바하 캘리포니아(Baja California) 해안선을 발견할 수 있었다. 또 그는 1540년 스페인으로 돌아가서 군주의 호의를 얻고자 알제리 원정대에 참여하기도 하였으나 그가 보여준 용기와 봉사에 비해 충분한 보상이 따르지 않았다. 말년에는 세비야(Sevilla) 근처의 카스티예아 데 라 쿠에스타(Castilleja de la Cuesta)에 머물며 문학과 인문학 테르툴리아(tertulia)를 조직하였고 이곳에서 1547년 12월 2일 생을 마감하였다. 그의 유골은 그의 유언에 따라 멕시코로 옮겨졌다. 멕시코 정복 이야기는 에르난 코르테스가 스페인 왕국에 보낸 다섯 편의 『*Carta de relación*』에 수록되어 있는 것으로, 그는 전투뿐 아니라 디에고 벨라스케스 총독과의 관계 단절, 영구 식민 도시를 건설하고자 했던 그의 의욕 등을 정당화하였다.

Cortina, Alberto (알베르토 코르티나)　(1947~) 스페인의 변호사이자 기업인이다. 건축 재벌이었던 알리시아 코플로위츠(Alicia Koplowitz)와 결혼하면서 코니콘-식사(Conycon-Cycsa)의 간부 자리에 오른다. 쿠바스의 후작 부인과의 염문설로 이혼을 하며 회사를 나온 뒤 재정난에 봉착하지만 이내 재기한다.

Cortina, Manuel (마누엘 코르티나)　변호사이자 정치가로 스페인 세비야(Sevilla)에서 1802년 8월에 태어나 1879년 4월 12일 마드리드(Madrid)에서 사망하였다. 유복한 상인인 카예타노 코르티나(Cayetano Cortina)와 마리아 데 로스 돌로레스 아렌다드나(María de los Dolores Arendadna) 사이의 아들이며 라틴어, 프랑스어, 이탈리아어와 수학을 공부했다. 진보주의자이며 시민군의 대위로 그리고 세비야 의회의 감찰관으로 활동했다. 이외에도 세비야를 거점으로 다양한 정치적 활동을 했으며 왕실평의회원(Consejero de Corona) 역할을 수행하기도 했다.

Cosa, Juan de la (후안 데 라 코사)　스페인 항해자이자 지도제작자이다. 태생에 대해 정확히 알려진 바는 없으나 1449년경 산토냐(Santoña) 혹은 비스카야(Vizcaya)에서 태어났다고 추정되며 1510년 콜롬비아에서 사망했다. 초기 아메리카 대륙 항해에 참여해 현재까지 보존되는 지도 중 가장 오래된 지도를 제작했으며 아메리카 대륙을 지도상에 처음으로 포함시킨 인물이다.

Coso Blanco (코소 블랑코)　음악과 색깔을 강조하는 축제로, 7월 첫 번째 금요일에 스페인 칸타브리아(Cantabria) 자치주의 카스트로 우르디알레스(Castro Urdiales) 도시에서 열린다. 지난 1년 동안 축제용 마차에 다양한 예술적인 창작을 더해 만든 결과물을 축제날 밤 퍼레이드에서 볼 수 있다. 긴 밤의 시작을 알리는 불꽃놀이 이후, 야간 야외 댄스파티와 불을 뿜는 소 모형을 들고 사람들을 쫓아다니듯 도시를 활보하는 흥미진진한 행사들이 있다.

Cossetanos (코세타노스)　세세타노스(cessetanos)라고도 불리며 타라고나(Tarragona) 초원에 살던 이베리아 부족이다. 콜 데 발라게르(Coll de Balaguer) 남쪽에서부터 마시소 델 가라프(Macizo del Garraf) 북쪽, 아르헨테라(Argentera) 산맥과 프라데스(Prades)와 야쿠나(Llacuna) 산맥의 서쪽에서까지 거주한 것으로 보인다. 이 부족의 중심지는 세세(Cesse)였다.

Costa del Sol (코스타 델 솔)　지중해 연안지방으로 안달루시아(Andalucía)를 따라 약 310km에 펼쳐져 있으며 페니베티카 산맥(Cordillera Penibética)과 접해 있다. 지중해성 기후를 가지고 있고 안달루시아에서 인구밀도가 가장 높은 지역 중 하나이다. 다양한 자연보호구역이 분포되어 있다.

Costa, Joaquín (호아킨 코스타)　(1846~1911) 스페인의 정치가이자 사회학자이고 농업을 장려했다. 자유교육기관(Institución Libre de Enseñanza)에서 역사와 법을 가르쳤다. 그의 정계 활동은 상대적으로 실패작이라고 평가되나 그가 남긴 저서들은 스페인의 세기말적인 위기를 날카롭게 분석한 자료로 꼽힌다. ➡ Desastre del 98(1898년의 패배)

Covadonga, batalla de* (코바동가 전투)　(722) 이베리아 반도에 들어와 빠르게 세력 확장을 하던 모슬렘의 기세는 스페인 북쪽 산지에 이르러서 주춤하여야 했다. 원래 로마화의 영향권에서도 벗어나 있던 이 지역이 이제는 펠라요(Pelayo)를 위시한 옛 서고트 귀족들의 항거 지점이 되었기 때문이다. 718년 알-우르(al-Hurr) 태수가 지배하던 시기에 펠라요는 아스투리아인들(astures)과 그 외 도주한 고트인들(해앤)의 회의에 의해 군사 우두머리로 추대되었다. 이들의 일부 모슬렘 기지 공격이나 히혼(Gijón)의 지배자인 무누사(Munuza)의 원조 요청은 태수 안바사(Anbasa)가 722년 서고트인들을 징벌하고자 원정대를 파견하는데 결정적인 요인이 되었다. 그러나 정작 『Crónica mozarábe』 (756년)에서 이 일이 언급되지 않고 있고, 이후 출현하는 연대기들에서도 이 사건이 그저 예언자적 입장에서, 기적적으로만 묘사되고 있어 구체적인 사건 전말은 알 수 없는 형편이다. 이 사건에 대한 가장 오래된 기록은 『Crónica de Alfonso III』에서 발견된다. "모슬렘들을 피하여 아스투리아스(Asturias)에 피신하고 있던 펠라요는 한 회의에서 왕으로 추대되었고, 아우세바(Auseva) 산의 코바동가에서 아스투리아인들의 저항 세력을 조직하였다. 그에 맞서서 엄청난 수의 군대가 알카마(Alcama)의 영도 아래 진군하였고 그때 동행하던 톨레도 혹은 세비야 대주교 오파스(Oppas)는 펠라요와 극적인 대화를 나누었다. 그러나 오파스의 중재가 실패로 끝나면서 전투가 시작되었고 투석기로 날라 온화살과 돌들은 오히려 모슬렘 측으로 되돌아가 이들에게 엄청난 피해를 입혔다. 더욱이 도주하는 과정에서 알카마는 죽고 오파스는 포로로 남게 되었다. 또한 도주자들이 리에바나(Liébana)에 당도하고자 아우세바 산을 내려갔을 때, 이번에는 산이 그들 위로 무너지면서 결국 63,000명의 사람들이 사망에 이르게 되었다." 알가마(Algama)의 영도 아래 모슬렘 군대가 진군하여 서고트인들과 충돌하였다는 점과 오파스라는 톨레도 대주교가 모슬렘 편에 서서 동행하였다는 점, 또 이때 펠라요가 엄청난 손실을 입고 전설상 코바동가로 알려진 아우세바 산지 동굴로 도망쳐야 했던 점은 정설로 받아들여지고 있다. 한편 추격한 모슬렘 군대는 협착한 계곡 지세를 제대로 파악하지 못하여 기독교인들에게 오히려 역공의 기회를 주었고, 이는 결과적으로 기독교 측이 모슬렘 군대에 대해 미미한 승리를 거둘 수 있는 계기가 되었다. 더욱이 도주자들이 리에바나(Liébana)의 칸타브리아 계곡에 도달하려다가 뜻하지 않은 낙석 현상을 만났던 것은 기독교 측이 나머지 모슬렘 원정대에 대해서도 승리를 거둘 수 있는 요인이 되었다. 사실이 어떻든 간에 이 전투는 이후 재정복전쟁(Reconquista)의 상징이 되었고, 전설상으로는 성모 마리아의 출현으로 펠라요와 그의 군대가 모슬렘을 대거 물리치고 승리를 거둘 수 있었다고 전해지고 있다. 한편 이슬람 측 연대기에서는 이와 관해 어떠한 전투도 언급하지 않고 있고, 다만 펠라요라는 인물이 한 무리의 사람들과 산에서 꿀을 먹으며 생활하였던 것을 인정하는 정도이다. 사실 전후가 어떠하든 코바동가의 승리로 펠라요는 캉가스 데 오니스(Cangas de Onís)에 정착할 수 있었고 장차 아스투리아스-레온 왕국의 기틀을 마련할 수 있었다.

Cozumel, isla de (코수멜 섬)　카리브 해에 위치한 멕시코의 섬이며, 1518년 스페인의 후안 데 그리할바(Juan de Grijalva)에 의해 발견되었다. 섬의 중심지에서 발견된 고고학 유적지로 미루어 보았을 때, 아메리카 정복 이전에는 마야족이 살았던 곳으로 추정된다.

Credo legionario (스페인 외인부대 강령)　1920년 미얀 아스트라이(José Millán-Astray)가 작성한 스페인 외인부대의 강령을 일컫는다. 총 12개의 수칙으로 이루어져 있으며 3개의 비공식 찬가가 있다. 강령을 통해 명령에 대한 질문을 제기하지 않고 죽음을 숭배하던 외인부대의 전통을 엿볼 수 있다.

Cripta de la Colonia Güell, la (콜로니아 구엘 교회)　스페인 바르셀로나에서 가까운 산타

코로마 데 세르베요(Santa Coloma de Cervelló)에 있는 건축물이다. 우세비오 구엘(Eusebio Güell)이 안토니오 가우디에게 요청하여 1898년부터 1914년까지 건설된 교회이다. 여기에서 가우디의 20세기 초의 자연주의적 성향이나 식물들을 기하학적으로 표현된 요소들이 많이 나타난다.

Crisis hacendística (재정 위기)   5세기 가까이 지속된 스페인 제국으로 인해 국내 채무가 상당량 외국의 어용상인들에게 넘어가게 되었다. 펠리페 3세가 즉위할 당시 재정 상황은 심각한 상황에 도달하게 되었고, 인플레이션을 해결하기 위한 방안들이 도입되기 시작했다. ➡ Austria, Casa de[오스트리아 왕가(스페인계)]

Cristiano nuevo (신기독교인)   역사적으로 스페인과 포르투갈에서 사용되는 용어로 이슬람교나 유대교에서 기독교로 개종한 사람을 지칭하며 그들의 자손들에게까지 적용되는 단어이다. 기독교인을 조상으로 가지고 있는 사람들을 의미하는 구기독교인에 반대되는 말로, 중세에는 모든 가정에서 기독교를 받아들이도록 강요되었다. ➡ Conversos(개종자들)

Cristiano Viejo (구기독교인)   구기독교인 혹은 순수 기독교인은 무어인이나 유대인 혹은 이교도와 섞이지 않은 순수한 기독교도의 후예를 의미하며, 개종한 기독교인들과 상반되는 의미에서 기존의 스페인 출신의 기독교신자들을 가리킨다. ➡ Conversos(개종자들)

Cristina (크리스티나)   스페인 엑스트레마두라(Extremadura) 자치주의 바다호스(Badajoz)에 위치한 도시이다. 수도 바다호스로부터 약 139km 떨어진 곳에 있다. 약 560명의 인구가 살고 있다. 전통음식으로는 빵을 마늘과 함께 튀긴 미가(miga)와 마늘스프가 있다.

Cristo de la Luz (크리스토 데 라루스)   톨레도 시의 산 니콜라스에 있는 이슬람 사원이다. 코르도바의 칼리프 왕조 하에서 999년 건설되었다. 톨레도 시에 있는 10곳의 사원 중 가장 잘 보존된 곳으로, 아랍어로는 'Bab al-Mardum'이라고 한다. ➡ Al-Andalus(알 안달루스)

Cristo de San Juan de la Cruz (십자가에 못 박힌 성 요한 그리스도)   스페인 초현실주의 화가 살바도르 달리(Salvador Dalí)의 작품이다. 그리스도가 등장하는 보통 작품들과는 다르게 그림의 각도나 연출된 테크닉들은 달리가 유명해지는데 힘을 더했다. 또한 이 작품은 달리가 종교적인 주제로 그린 작품들 중 가장 대표적이다. 현재 미국 워싱턴 국립 미술관에 보관되어 있다.

Cristobal Plantino (크리스토발 플란티노)   (1520~1589) 플랑드르 태생의 편집자 및 인쇄업자이다. 펠리페 2세(Felipe II)의 명으로 아리아스 몬타노(Arias Montano)와 함께 왕립 성경(Biblia Regia)을 편찬했다. 그의 인쇄소는 현재 플란텡-모레투스 박물관으로 남아 있다.

Cruz de Mayo (5월의 십자가)   3월 3일에 우엘바(Huelva)에서 열리는 축제이다. 이 축제에 대해서 두 가지 기원이 존재하는데, 그중 하나는 봄을 기념하기 위해 시작되었다는 것이다 . 또 다른 하나는 종교적 성격을 띠는 것으로, 성 엘레나(Santa Elena)가 예수가 죽은 십자가를 발견함을 기리는 날이라는 것이다. 축제일 오전, 사람들은 에스파냐 데 로시아나 델 콘다도(España de Rociana del Condado) 광장에 모여 행진을 한다.

Cruz García, Antonio (안토니오 크루스 가르시아)   1909년에 태어나 1983년에 사망한 스페인의 플라멩코 가수이며 '안토니오 마이레나(Antonio Mairena)'로 알려져 있다. 플라멩코의 거장으로 불린다. 1962년 코르도바 콩쿠르에서 이름을 알리게 되었다. 마이레니즘(mairenismo)의 창시자이다.

Cruz Laureada de San Fernando (성 페르난도 훈장 수훈)　성 페르난도 수훈(Laureada de San Fernando)이라고도 불리는 성 페르난도 훈장 수훈은 스페인 군대 훈장 중 가장 높게 평가되는 수상으로, 스페인의 영웅적 개인이나 단체에게 영광을 돌리고, 그 공로에 높은 가치를 부여하는 훈장이다. 육해공군 중 치적이 높은 자에게 주어지며, 때로 군사 활동을 한 민방위대(Guardia Civil)에게도 수여될 수 있다. 상의 이름은 카스티야 이 레온(Castilla y León)의 국왕 페르난도 3세(Fernando III)의 이름에서 비롯된 것으로, 개인 군사 메달, 집단 군사 메달 2가지 종류가 있다.

Cruzadas (십자군)　유럽의 기독교인들이 성지인 팔레스타나의 예루살렘을 이슬람교로부터 지키거나 탈환하기 위해 수차례 걸쳐 파견한 군사 원정이다. 넓게는 교황의 허락을 받고 서양 기독교에 의해 석대시 되는 이방인, 이교노 빛 이난자늘을 저난하노자 했던 노는 전쟁에 파견되었던 군사 원정을 의미한다. 1095년부터 1270년까지 공식적으론 8차례 원정으로 기록되어 있으나 9세기부터 13세기까지 교황의 승인을 받지 않은 무장 순례가 지속적으로 이어졌으며 이는 종교적인 이유보다는 정치적 및 경제적인 동기가 바탕이 되었다. ➡ Órdenes Militares(기사단들)

Cuartel de la Montaña (산의 병영)　19세기에 마드리드(Madrid)에 설치된 군사 병영이다. 1936년 국가의 수도에서 일어난 반란의 시작 지점으로 유명해졌다. 판훌 장군(General Fanjul)이 일반인으로 위장해 병영을 습격했으나 공화군에게 포위당했다. ➡ Guerra Civil Española(스페인 내전)

Cuatro (canal de televisión) (쿠아트로)　스페인 텔레비전 방송 채널. 이탈리아계 회사인 메디아셋(Mediaset)의 소유로 메디아셋 에스파냐 코무니카시온(Mediaset España Comunicación) 사(社)가 운영하며, 일반 프로그램 외에 주로 외국 드라마나 스포츠를 방영한다. 본사는 메디아셋의 사옥인 마드리드 푸엔카랄(Fuencarral)에 위치하고 있다.

Cuatro Santos de Cartagena (카르타헤나의 4대 성인)　카르타헤나(Cartagena)의 명망 있는 가문의 세베리아노(Severiano)의 자녀들 중 4명이 신앙심을 인정받아 후에 성인의 반열에 오르게 됐다. 그중 성 레안드로(San Leandro)와 성 이시도로(San Isidoro)는 대주교의 자리까지 올랐으며, 성 풀헨시오(San Fulgencio)는 에시하(Écija)의 주교를, 성녀 플로렌티나(Santa Florentina)는 40개가 넘는 수도원의 원장을 지냈다. 오늘날도 카르타헤나 성당들은 이들의 발자취를 각별히 의지하고 있다. ➡ Leandro de Sevilla, San(산 레안드로 데 세비야)

Cuauhtémoc (쿠아우테목)　(1502~1525) 아스테카족의 마지막 왕이며 그의 이름은 "내려 앉은 독수리"라는 뜻을 가지고 있다. 오랜 숙적이었던 틀락스칼테카족(Tlaxcaltecas)과 손을 잡은 스페인 정복자들의 침략으로부터 제국을 지키려는 노력을 했으나 결국 에르난 코르테스(Hernán Cortés)에게 붙잡혀 교수형에 처해졌다. ➡ Azteca, Imperio(아스테카 제국)

Cuauhtitlán (쿠아우티틀란)　치치메카족(Chichimecas)으로 거슬러 올라가는 오랜 역사를 가진 멕시코의 도시이다. 나우아틀어(Nauatl)로 "나무들 사이에 지어진 곳"이라는 뜻을 가지고 있다. 현재 멕시코의 중요한 역사 및 식민지 시대 건축물 유적들이 많이 남아 있다. ➡ Hispanidad[이베리아성(포르투갈 및 브라질 제외)]

Cubismo (큐비즘)　1906년 파리에서 부상한 예술 운동으로 입체파 화가들은 여러 관점에서 관찰된 한 물체를 기하학적인 방법으로 동시에 표현함으로써 순수한 자연적인 형태를 감소시키고자 하였다. 일반적으로 피카소가 「Les Demoiselles d' Avignon」을 그린 1906년에서 1907년을 큐비즘이 탄생한 해로 보고 있다. 「Les Demoiselles d' Avignon」이란 작품은 예술사에 있어서 완전히 새로운 시대가 탄생한 것을 의미하며 20세기의 가장 중요한 작품으로 간주된다.

Cuerpo de blandengues (블란덴게스 부대)　1797년 리오 데 라 플라타(Río de la Plata) 부왕령에서 조직된 크리오요(criollo) 기마군단이다. 부왕의 명령으로 모집된 이 군단은 원주민과 포르투갈인으로부터 부에노스아이레스(Buenos Aires) 국경을 지키는 것이 주된 임무였다.

Cueva de Altamira (알타미라 동굴)　스페인 칸타브리아(Cantabria) 주의 산티야나 델 마르(Santillana del mar) 근처에 있는 동굴로 선사시대의 그림이 남아 있는 곳이다. 동굴은 1868년 사냥꾼에 의해 발견되었으나 동굴 속 그림들은 그 이후인 1879년에 마르셀리노 데 사우투올라에 의해 발견되었다. 처음 그림들이 발견되었을 당시 전문가들은 그 그림들을 진품 여부에 대해 의심을 품었으며 20세기 초에 이르러서야 진짜 선사시대 그림으로 인정받았다.

Cueva de El Castillo (카스티요 동굴)　1903년 에르미요 알칼데 델 리오(H. Alcalde del Río)에 의해 발견된 고고학적 유적지로 칸타브리아의 푸엔테 비에스고(Puente Viesgo)에 위치한다. 2008년 7월에 유네스코가 선정한 세계문화유산에 등록되었다. 이 유적지의 연대는 12만 년 전으로 추정되며 전기 구석기시대부터 청동기시대까지의 역사를 보존하고 있다.

Cueva de Hornos de la Peña (오르노스 데 라 페냐 동굴)　중기 구석기시대부터 신석기시대의 3만 년에 걸친 유물이 남아 있는 동굴로 스페인 칸타브리아 지방의 타리바(Tarriba)에 위치한다. 2008년 유네스코 세계문화유산에 등록되었다.

Cueva de La Pileta (라 필레타 동굴)　스페인 말라가(Málaga)의 론다 근방에 위치한 고고학 지역이다. 1924년에 국가의 문화유산으로 지정되었다. 지중해 연안의 가장 중요한 원시 신전의 터 중 하나이다. '베나오한(Benaojan)의 비너스'가 발견된 곳이다.

Cueva de Morín (모린 동굴)　쿠에바 델 레이(Cueva del Rey)라고도 칭하며, 스페인 비야에스쿠사(Villaescusa) 시에 위치하고 있다. 후기 구석기시대의 고고학적 유적지가 발견된 곳이다. 또한 이곳에서 거주하던 모린 사람의 시체상이 발견되었다.

Cueva, Beltrán de la (벨트란 데 라 쿠에바)　1440년경에 태어나 1492년경에 사망한 스페인 귀족이다. 유서 깊은 가문의 귀족은 아니었으나 1464년에 알부르케르케(Alburquerque) 공작이 되었다. 엔리케 4세(Enrique IV)의 총신이었고 왕비 후아나 데 포르투갈(Juana de Portugal)의 내연남이라는 소문이 있었다. 엔리케 4세에 반대하던 귀족 세력과 맞서 싸웠으며 이사벨 여왕(Isabel I)의 왕위계승권을 두고 벌어진 전쟁에도 참여해 엔리케 왕을 지지했다. ⇒ Valido(총신)

Culhuas (쿨우아족)　2세기에 지금의 티후아나(Tijuana)와 멕시코 계곡에서 활동했던 반유목 부족이다. 14세기 멕시카족(Mexicas)의 세력 확장에 밀려 점차 쇠퇴했으며 멕시코-테노치티틀란(México-Tenochtitlan)에 조공을 바치는 신세로 몰락했다. ⇒ Hispanidad[이베리아성(포르투갈 및 브라질 제외)]

Cumbre Iberoamericana (이베로 아메리카 정상회의)　스페인과 포르투갈과 과거 두 나라의 식민지였던 라틴아메리카 국가들의 정상들의 참가로 1991년부터 개최된 국제회의로 현재 2004년 가입한 인도와 2009년 준 가맹국이 된 필리핀과 적도 기니를 포함한 25개 국의 국가 정상들이 참여하는 연례 회의이다. 매년 주제를 선정하여 회의를 개최하며 회의 이후 주제와 관련된 공동 선언을 발표한다. ➡ Hispanidad[이베리아성(포르투갈 및 브라질 제외)]

Curaca (쿠라카)　아이유(ayllu)의 대표자로 그 역사는 잉카 문명 이전으로 거슬러 올라간다. 쿠라카들은 농경 지방의 귀족층을 이뤘으며 이 직책은 직계 혈통에게 세습됐다. 서인도 제도 서기관들은 이들을 우두머리(cacique)라고 불렀다. ➡ Hispanidad[이베리아성(포르투갈 및 브라질 제외)]

Curia de Carrión (카리온 회의)　1140년 카스티야-레온 왕국의 알폰소 7세(Alfonso VII)와 아라곤, 바르셀로나 왕국의 라몬 베렝게르 4세(Ramón Berenguer IV)가 팔렌시아(Palencia)에서 카리온 조약을 맺은 회의이다. 이로 인하여 에브로 강 일대 지역에 국경선이 확정되었다. ➡ Reconquista(레콩키스타)

Curia romana (로마교황청)　가톨릭교회의 본산지이다. 교황과 더불어 로마 가톨릭교회 전체를 통솔하는 중앙통제기구이다. 교회의 올바른 기능과 목표 달성을 위해 필요한 업무를 조정하고 규정한다.

D

Dalí, Salvador (살바도르 달리)　(1904~1989) 20세기 스페인 미술의 대표 화가이다. 프로이드를 접하면서 초현실주의를 알게 되어 많은 기법을 사용하여 세세하고 창조적인 세계를 만들었다. 그의 그림의 주제는 전혀 다른 두 가지의 형태로 나뉘는데, 첫 번째로는 인간의 잠재의식의 세계이며, 두 번째로는 종교적인 주제이다.

Dama de Elche (엘체의 부인)　기원전 4~6세기 이베리아 예술을 대표하는 작품으로 보석으로 장식된 여성의 흉상의 조각품이다. 1897년 8월 4일에 스페인 남동부 발렌시아 지방 알리칸테(Alicante) 주에 있는 엘체(Elche)라는 도시에서 발견되었다. 1941년까지 작품 교환을 통해 프랑스 루브르 박물관에 전시되었으며, 한동안 프라도 미술관에도 전시되었지만, 현재는 국립 고고학 박물관에 전시되어 있다.

Damasco (다마스쿠스)　시리아의 수도로 1945년 프랑스 독립 직후 수도로 선정되었으며, 국가의 남서부에 위치해있다. 구약성서에도 등장할 만큼 오래된 도시로 7세기 중반부터 한 세기가량 우마이야 왕조가 통치했던 이슬람 제국의 수도였으며, 이슬람의 정치 · 문화의 중심지였다. 이슬람교의 성스러운 사적으로 알려져 있는 다마스쿠스 대사원이 있으며, 도시 자체가 유네스코의 세계유산목록에 수록되어 있다.

Dancharinea (단차리네아)　스페인 나바라(Navarra) 지역에 위치한 작은 마을이다. 프랑스와의 국경이 맞닿아 있는 곳으로 양국 간 불법 밀거래가 왕성하게 이뤄지기도 했다. 더러운 전쟁(Guerra Sucia) 당시 GAL이 납치한 세군도 마레이(Segundo Marey)가 풀려난 곳이기도 하다.

Danza de San Pedro (산 페드로 춤)　6월 29일 산 페드로(San Pedro)의 날에 추는 춤이다. 이 행사는 아빌라에서 전통적으로 행해지고 있으며, 밤 정각 12시가 되면 페드로 메넨데스(Pedro Menéndez) 광장에서 춤을 추며 행렬을 시작한다. 현재에는 스페인 광장에 시청에서 시작하는 것으로 변경되었다.

Daoíz y Torres, Luis (루이스 다오이즈 이 토레스)　1767년 세비야(Sevilla)에서 태어나 1808년 마드리드에서 사망한 스페인 포병대의 지휘관이었으며 스페인 독립전쟁의 첫 번째 순교자 중 하나였다. 그는 1790년 세우타(Ceuta) 그리고 오란(Orán) 전투에 참여하였으며, 1793년에서 1794년까지 콘벤시온(Convención) 전투에 참여하였으며 이때 프랑스의 포로가 되었다. 1796년까지 감옥살이를 했으며, 다시 스페인군에 입관하여 1797년 넬슨의 공격에 대항했다. 1800년 지휘관으로 승진하여 프랑스의 조아생 뮈라(Joachim Murat) 군대가 침략하였을 때 1808년부터 마드리드 대포광장(Parque de Artillería) 지휘관의 임무를 수행했다. 바요나(Bayona)의 사건들이 알려지면서 다오이스는 1808년 5월

2일 그리고 3일 봉기의 선두자가 되어 마드리드 거리들을 점령했다. 페드로 벨라르데 (Pedro Velarde)와 포병부대를 지휘화면서 스페인 독립전쟁은 시작되었다. 마드리드 시민을 상대로 한 프랑스 군대의 첫 번째 공격에서 벨라르데가 사망하고, 후에 다오이스도 프랑스 군인들에게 둘러싸여 산 베르나르도 거리(Calle Ancha de San Bernando)에서 사망하였다. ➡ Dos de Mayo 1808(1808년 5월 2일)

Dato, Eduardo (에두아르도 다토) (1856~1921) 스페인 보수주의 정치가이자 변호사이다. 마리아 크리스티나 데 합스부르고 로레나(María Cristina de Habsburgo-Lorena) 섭정 시절 내무부 장관, 각료 이사회장, 법무부 장관, 해양부 장관 등을 맡았으며, 알폰소 13세 (Alfonso XIII) 통치 시절에는 스페인 의회의 수장이 되었다.

De Alcalá, Fray Diego (디에고 데 알갈라 수노사) (1400, Sevilla~1463, Madrid) 성 프란시스코회의 수도사로 카나리아스 제도(Canarias)에 선교사로 파견되었다. 그곳에서 청렴한 신앙인으로 생활했으며 수도원장직을 지냈다. 사후에 교황 시스토 5세(Sixto V) 에 의해 성인의 칭호를 받아 성 프란시스코회 최초의 성인이 되었다.

De Alvarado, Pedro (페드로 데 알바라도) (1485~1541) 아메리카 식민지 개척 사업에 가장 많이 일조한 정복자들 중 한 명이다. 목테수마(Moctezuma)의 죽음에도 일조했으며 1520년 원주민 대학살을 주도하기도 했다. 과테말라의 총독을 지내기도 했으나 정치적으로 적이 많아 감옥살이를 하기에 이르렀으며 생전 안토니오 데 멘도사와 사이가 나쁘기로 유명했다. ➡ Hispanidad[이베리아성(포르투갈 및 브라질 제외)]

De Anjou, Felipe(Felipe V de España) (필립 데 앙주) (1683, Versailles~1746, Madrid) 두 번의 즉위기간 동안 스페인을 통치한 왕으로 1700년 카를로스 2세(Carlos II)에 이어 24년간 왕좌를 지키고 얼마 후 다시 즉위하여 1746년까지 통치했다. 펠리페 5세 (Felipe V)로 인해 프랑스 보르봉 가의 권력이 스페인에 뿌리를 내리게 되었다. 다른 왕가 세력들과의 잦은 대립과 스페인 내부의 혼란스러운 시대적 상황으로 인해 강력한 군주가 되지는 못했으며 여왕과 관료들에 의해 통치를 지속했다. 말년에는 정신질환과 간헐적인 우울증을 호소했다. ➡ Borbón, Casa de(부르봉 왕가)

De Austria, Mariana (마리아나 데 아우스트리아) (1634~1696) 신성로마제국 황제인 페르난도 3세(Fernando III)의 딸로 당시 스페인 국왕이던 펠리페 4세(Felipe IV)의 두 번째 부인으로 스페인에 오게 되었다. 1665년 남편이 죽자 그녀는 당시 미성년자이었던 아들 카를로스 2세(Carlos II)를 대신하여 섭정을 하였다. 오스트리아 왕국과의 이해관계를 좁히지 못해 정치적으로 많은 적을 두기도 하였다. ➡ Austria, Casa de[오스트리아 왕가(스페인계)]

De Azcárate, Pablo (파블로 데 아스카라테) (1890~1971) 스페인 20세기의 정치가, 법률학자이자 역사가이다. 구메르신도 데 아스카라테(Gumersindo de Azcárate) 삼촌과 파트리시오 데 아스카라테(Patricio de Azcárate) 할아버지 아래 전통적인 자유주의 집안에서 자랐던 그는 스페인 내전 당시 런던에서 자국의 대사로 활동하였다. 많은 공화파의 망명 이후, 스페인 난민 구출회(Servicio de Evacuación de Refugiados Españoles, SERE)에서 많은 이들이 자국으로 돌아올 수 있도록 노력하였다. 노년에는 스위스로 이주하여 자신의 경험에 대한 도서를 집필하기도 하였다. ➡ Guerra Civil Española(스페인 내전)

De Baviera-Neoburgo, Mariana (마리아나 데 바비에라-네오부르고) (1667~1740) 바비

에라네오부르고 공작의 딸로 카를로스 2세의 두 번째 부인으로 간택되어 여왕이 됐다. 야망으로 가득한 인물이었던 그녀는 오스트리아의 카를로스 대공과 손을 잡고 정치 세력을 확장하려 했으나 귀족들은 이를 뒷받침해주지 않았다. 지병으로 사망했다. ➡ Austria, Casa de[오스트리아 왕가(스페인계)]

De Borbón y Grecia, Cristina (크리스티나 데 부르봉 이 그레시아)　(1965~) 후안 카를로스 1세(Juan Carlos I)와 소피아 왕비의 차녀로 왕위 계승 서열 일곱 번째 공주다. 1997년 팔마 데 마요르카(Palma de Mallorca) 공작부인 작위를 받았다. ➡ Juan Carlos I. Rey de España(1938~, 스페인의 국왕 후안 카를로스 1세)

De Borbón y Grecia, Elena (엘레나 데 부르봉 이 그레시아)　(1963~) 후안 카를로스 1세(Juan Carlos I)와 소피아 왕비의 장녀이며 왕위 계승 서열 네 번째의 스페인의 공주다. 1995년 루고(스페인의 갈리시아 자치주) 공작부인 작위를 받았다. ➡ Juan Carlos I. Rey de España(1938~, 스페인의 국왕 후안 카를로스 1세)

De Borbón y Grecia, Felipe (펠리페 데 부르봉 이 그레시아)　(1968~) 후안 카를로스 1세 왕(Juan Carlos I)의 장자이자 외아들로 2014년 6월 펠리페 6세(Felipe VI)의 이름으로 즉위하였다. 이 외에도 헤로나(Gerona) 왕자, 비아나(Viana) 왕자, 몽블랑(Monblanc) 공작 등의 작위를 가지고 있다. ➡ Juan Carlos I. Rey de España(1938~, 스페인의 국왕 후안 카를로스 1세)

De Bruselas, Hanequin (하네킨 데 브루셀라스)　(?~1494) 15세기 플랑드르 태생으로 스페인 톨레도(Toledo)로 건너와 플랑드르 양식을 도입한 조각가이자 건축가이다. 1440년 처음 스페인으로 온 후, 톨레도에서 1448년부터 1471년까지 성당 건축에 전념했다. 1454년에는 자신의 형제인 에가스 쿠에만(Egas Cueman)과 쿠엔카(Cuenca) 성당의 성가대석을 지었다. 1465년에는 쿠엔카의 벨몬테 성(castillo del Belmonte)을 후안 파체코(Juan Pachecho)를 위해 설계했다는 설도 있다.

De Carcassona, Ermesinda (에르메신다 데 카르카소나)　(972~1058) 바르셀로나의 백작 부인으로 빼어난 용모와 야망으로 남편과 함께 영토를 늘려갔으며 과부가 되자 미성년자였던 자신의 아들을 대신해 섭정을 펼쳤다. 그녀의 영향력은 죽는 날까지 막강했다. ➡ Aragón, Corona de(아라곤 연합왕국)

De Colonia, Simón (시몬 데 콜로니아)　(1450~1511) 스페인 부르고스 태생 건축가이자 조각가이다. 고딕양식의 건축가 후안 데 콜로니아(Juan de Colonia)의 아들이다. 1481년 부르고스 성당의 총책임을 맡은 후 마리아 산체스(María Sánchez)와 결혼하여 7명의 자녀를 낳는다. 그의 가장 대표적인 건축은 부르고스 성당의 예배당, 오르테가(Ortega) 산 후안 교회의 확장, 아르란사(Arlanza) 산 페드로 수도원 등이 있다.

De Flandes, Juan (후안 데 플란데스)　(1465~1519) 15세기 말과 16세기 초 사이 스페인 플랑드르파가 시작되었을 때 스페인에서 활약한 대표적인 화가이다. 그의 그림에서는 형상을 묘사하는 데 사용된 부드러운 선이 돋보인다. 그의 주요 작품들은 마드리드 프라도 박물관이나, 티센보르네미사 미술관 또는 마드리드 왕궁에 전시되어 있다.

De Grecia, Sofía (소피아 데 그레시아)　(1938~) 그리스의 파블로 1세 왕의 장녀이자 그리스와 덴마크의 공주로서 스페인의 후안 카를로스 왕(Juan Carlos I)과 결혼 후 스페인 왕비로 책봉되었다. ➡ Juan Carlos I. Rey de España(1938~, 스페인의 국왕 후안 카를로스 1세)

De Hontañón, Rodrigo Gil (로드리고 길 데 혼타뇬)　(1500~1577) 스페인 르네상스 건축 예술가이다. 칸타브리아(Cantabria)에서 태어난 그는 스페인 16세기 최고의 건축가 중 한 명으로 손꼽힌다. 그의 작품들은 후기 고딕 양식과 르네상스, 고전주의 요소들의 접 목을 특징으로 갖고 있다. 대표적인 건축물들은 현대 건축가인 안토니오 팔라시오스 (Antonio Palacios)에게도 많은 영감을 주었다.

De Juanes, Juan (후안 데 후아네스)　(1523~1579) 비센테 후안 마십(Vicente Juan Macip)으로도 불린 후안 데 후아네스(Juan de Juanes)는 16세기 중반에 들어서면서 스 페인에 궁정의 기호에 충실한 궁정미술 이외 종교적 주제를 즐겨 그린 대중 미술이 생겨 났는데, 그 당시의 대표적 화가이다. 그의 대표 그림은 현재 스페인 마드리드 프라도 박 물관에 전시되어 있는 「La Santa Cena」이나.

De la Cierva, Ricardo (리카르도 데 라 시에르바)　(1926~) 스페인의 물리학 박사, 역사가, 정치가로서 프랑코 정권 당시에는 정보 관광부의 역사연구소장으로, 1973년에는 스페인 국립도서연구소장으로 임명되었고, 1980년에는 문화부 장관을 역임하였으며 1997년까 지 알칼라 데 에나레스 대학의 근현대역사학 교수로 재임하였다.

De la Riba, Enric Prat (엔릭 프랏 데 라 리바)　(1870~1917) 스페인 정치가이자 작가이다. 바르셀로나에서 법을 공부한 그는 1899년 카탈라니스타 연합(Unión Catalanista)을 만 들었고, 1901년에는 리가 레히오날리스타(Liga Regionalista) 창당원 중 한 명이었다. 그는 1897년 미사트게 알 레이 델스 헬렌스(Missatge al Rei dels Hel·lens)와 같은 운동에 참여하며 카탈루냐의 역사를 알고 지키자고 주장하였다.

De Madrazo y Kuntz, Federico (페데리코 데 마드라소 이 쿤츠)　(1815~1894) 19세기 스페인 낭만주의 화가이다. 신고전주의에서 출발한 그는 초상화가로 유명하며, 낭만주의 전성기를 거쳐 사실주의까지 나아가는 화가이다.

De Regoyos y Valdés, Darío (다리오 데 레고요스 이 발데스)　(1857~1913) 19세기 말 20세기 초 스페인의 대표적인 인상주의 화가이다. 아스투리아스 출신으로, 벨기에와 네 덜란드에서 지내다 스페인으로 돌아와 많은 인상주의적 작품들을 남겼다. 초기 작품들은 다른 인상주의 화가들처럼 빛으로 가득한 풍경을 묘사하였고, 이후 그의 마지막 작품들 은 후기 인상주의로 분류된다.

De Ribera, José (호세 데 리베라)　(1591~1652) 스페인 황금세기의 대표 화가이다. 그는 그림자의 강력한 대조를 추구한 테네브리즘과 나폴리 양식의 빛을 스페인에 도입하였다. 대표작으로는 「San Sebastián」이 있다.

De Rojas, Eufrasio López (에우프라시오 로페즈 데 로하스)　(1628~1684) 스페인 건축가 이다. 석공의 아들로 태어나 하엔(Jaén)에서 후안 데 아란다(Juan de Aranda)에게 기술 을 전수 받은 뒤, 1666년 그라나다 성당 토목 공사의 지도 감독자에게 부름을 받아 잠깐 일을 하였다. 다시 하엔으로 돌아온 그는 고향에서 성당 건축에 전념하여 자신의 가장 대표적인 작품을 남긴다. 이후 1679년에는 만차 레알(Mancha Real)의 산 후안 바우티 스타 교회의 탑을 설계한다.

De Sabunde, Raimundo (라이문도 데 사분데)　(1385~1436) 스페인의 학자이자 철학자, 카탈루냐 의학 교사, 툴루즈 신학 왕립 교수를 역임하였다. 저서로는 라틴어로 된 대표적 인 저서 『Liber naturae sive creaturarum』, 『Theologia Naturalis』 등이 있으며, 당시 널리 확 산되어 있던 인식, 즉 이성과 신앙, 철학과 종교는 적대적이며 서로 양립할 수 없다는 주장에 대하여 반박하였다.

De Santiago, Fernando (페르난도 데 산티아고) (1910~1994) 군인이자 후기 프랑코 체제 동안 두드러진 인물로 리프전쟁(1919~1926)과 스페인 내란(1936~1939)에 참전했으며 중장으로 진급하기까지 참모 본부 등 군의 여러 직책을 담당했고 육군사관대학장을 역임했다. ➡ Franquismo(프랑코주의)

De Siloé, Diego (디에고 데 실로에) (1495~1563) 스페인 르네상스 예술을 선도했던 예술가 중 한 명이다. 건축가이자 조각가였던 그는 이탈리아 르네상스 양식을 스페인 고딕양식과 아랍 예술에 접목시켰다. 고딕 양식의 조각가였던 힐 데 실로에(Gil de Siloé)가 아버지였던 그는 부르고스(Burgos)에서 태어나 조각가로 예술을 시작하여 1528년 그라나다(Granada)에서 건축가의 인생을 시작했다. 그의 안달루시아의 첫 작품은 페르난데스(Fernández)의 묘지가 되었던 산 헤로니모(San Jerónimo) 수도원이다. 그는 스페인뿐만 아니라 페루 리마(Lima)와 쿠스코(Cuzco)의 성당 건설에도 참여하였다.

De Suabia, Beatriz (베아트리스 데 수아비아) (1205~1235) 카스티야 이 레온(Castilla y León) 왕국의 페르난도 3세(Fernando III)와 혼인한 왕비이다. 수아비아(Suabia) 공작과 이레네 앙헬로(Irene Ángelo)의 사이에서 태어난 그녀는 그녀의 아버지가 죽자, 게르만 로마 황제 페데리코 2세(Federico II)의 허가 아래 페르난도 3세와 결혼하여 1220년부터 1235년까지 왕비로 살았다. ➡ Castilla, Corona de(카스티야 연합왕국)

De Tejada, José del Castillo Sáenz (호세 델 카스티요 사엔스 데 테하다) (1901~1936) 스페인 제2공화국에서 활약했던 군인이다. 모로코 전쟁에서 깊은 우정을 나누었던 페르난도 콘데스(Fernando Condés)의 영향을 받은 그는 기병대로 들어가 활약을 하였고, 1936년 7월 네 명의 극우파 사람들에 의해 총살되었다. ➡ República II(제2공화국)

De Ubieta, Luis González (루이스 곤살레스 데 우비에타) (1899~1950) 스페인 내전 시 공화파에서 많은 공로로 훈장과 서훈을 받은 군인. 1917년 해군으로 군인 생활을 시작해, 1936년 스페인 내전이 시작되었을 때 무르시아(Murcia) 카르타헤나(Cartagena)에서 반란군 진압에 힘썼다. 이후 1937년 국가 해군 사령관으로 임명되어 카보 데 팔로스(Cabo de Palos) 전투에 참가했다. 1939년에는 함선 대장으로 마혼(Mahón)의 해군 기지를 맡아 메노르카(Menorca)를 공격하려던 프랑코 군대에 맞섰지만, 결국 항복하고 말았다. ➡ Guerra Civil Española(스페인 내전)

De Vandelvira, Andrés (안드레스 데 반델비라) (1509~1575) 스페인 르네상스의 석공이자 건축가이다. 페드로 데 판델비라(Pedro de Vandelvira)는 그의 아버지이자 스승이었다. 그가 21세 되던 해 우클레스(Uclés)의 수도원 건설 참여로 그는 건축가로서의 생을 시작하여, 이탈리아로 유학, 다시 스페인으로 돌아온 뒤 바에사(Baeza)의 산 프란시스코 수도원, 우베다(Úbeda)의 산티아고 병원 건축에 참여하였다.

De Velasco, José Antonio Girón (호세 안토니오 히론 데 벨라스코) 레온 데 푸엔히롤라(León de Fuengirola)라고 알려진 호세 안토니오 히론 데 벨라스코(1911~1995)는 스페인 프란시스코 프랑코(Francisco Franco) 장군의 독재 체제에서 활동했던 팔랑헤 일원 중 한 명이다. 1941년부터 1957년까지 노동부(Ministerio de Trabajo) 장관직을 맡았고, 동시에 국가 위원회에서 활동하며 팔랑헤 의회 검사관으로 있었다. 후기 프랑코 체제에서는 정책 변화에 반대하며 보수주의 정치를 강조하였다. ➡ Franquismo(프랑코주의)

De Villanueva, Juan (후안 데 비야누에바)　　(1739~1811) 스페인 신고전주의 건축예술을 대표하는 건축가이다. 장엄하고 완벽한 균형을 갖춘 건축물들은 엘 에스코리알(El Escorial) 수도원(Monasterio de El Escoria)을 지은 후안 데 에레라(Juan de Herrera)와 후안 바우티스타 데 톨레도(Juan Bautista de Toledo)의 영향을 받아 탄생된 신고전주의 건축예술이라고 볼 수 있다. 그는 1771년 아란후에스(Aranjuez)의 별장, 1772년 엘 프라도(El Prado)의 왕자 별장, 1773년에는 엘 에스코리알의 별장들을 지었고, 프라도 박물관, 현재 스페인 마드리드의 마요르 광장 및 카사 데 캄포를 설계하기도 했다.

De Zurbarán, Francisco (프란시스코 데 수르바란)　　(1589~1664) 스페인 황금세기의 대표 화가이다. 디에고 벨라스케스(Diego Rodríguez Velázquez)의 친구였던 그는, 17세기 종교화의 대가이다. 송교석인 느낌이 상하고 자연수의 기법으로 그려진 성자 그림이 유명하다. 초기에는 테네브리즘의 영향과 이후에는 안달루시아파의 매너리즘의 영향을 받았다. 그의 대표작은 「Cordero de Dios」와 「San Francisco」 등이 있다.

Debla (데블라)　　플라멩코의 한 장르이다. 토나(toná)와 같은 과로 취급된다. 기교가 풍부하고 부르기 어려우며 연주 없이 부르는 것이 특징이다. 집시어로 '신'이라는 뜻을 지녔으나 종교적 색채는 띠지 않는다. 토마스 파본(Tomás Pavón)에 의해 발전했다.

Década Moderada (10년의 온건주의 시대)　　1843년에 시작된 에스파르테로 장군(general Espartero)의 위세의 하락과 1854년 혁명(La Revolución de 1854) 사이의 기간으로 정의되며, 해당 시기 동안 권력이 온건주의 세력(Partido Moderado)에 있었기에 이와 같은 이름이 붙여졌다. ➡ Isabel II(이사벨 2세, 1830~1904, 재위: 1833~1868)

Decadencia (데카당스)　　쇠퇴, 퇴폐라는 의미를 가진 단어이나 스페인 역사에선 카스티야어의 확장과 그 문화의 명성으로 인해 카탈루냐 문학이 버림받았던 것으로 특징지어지는 문학적 시기를 일컫는다. 이러한 시기의 존재에 대해선 여러 가지 분석이 존재하는데, 가장 일반적인 원인으로는 중세 문학에 대한 카탈루냐어 작가들의 과다한 집착과 자신의 모국어에 대한 현대 작가들의 관심 부족을 들 수 있다. 이 밖에도 카탈루냐 지역 경제의 몰락을 원인의 하나로 들기도 한다. 이러한 카탈루냐 문학의 침체기 이후 18세기에 들어 낭만주의가 시작하면서 카탈루냐 문화와 그 언어로 된 문학을 회복하고자하는 욕구가 생겨나기 시작한다.

Decreto de Unificación (통일법령)　　1937년 4월 19일 프란시스코 프랑코(Francisco Franco) 총통으로부터 공포된 법령이다. 살라망카(Salamanca)에서 발표된 이 법령은 스페인 내전 시 반란군이 침투했던 지역에 존재했던 모든 정치적 단체들을 해산시키려는 목적으로 공포되었다. 프랑코의 명 아래 모든 단체들은 합당되었고, 공세적 국가 신디컬리즘 위원회(존스, JONS)의 스페인 전통 팔랑헤(Falange Española Tradicionalista)라는 이름으로 유일당(Partido Único)을 창설하였다. ➡ Franquismo(프랑코주의)

Decretos de Nueva Planta* (신토지계획령)　　스페인 왕위계승전쟁(Guerra de Sucesión)으로 에스파냐 왕위에 오른 필립 데 앙주(Felipe de Anjou)는 왕국을 이루고 있는 상이한 지역들을 행정적으로 통일하기 위하여 절대주의적인 성격의 규범들 및 법령들을 공포하였다. 1707년 6월 29일에 공포된 첫 번째 법령은 아라곤과 발렌시아의 지방특별법(fueros)을 폐지하고 카스티야 통치체제를 이식한다는 내용이었다. 특히 법령 서문에서는 지방특별법체제의 폐지 사유가 바로 이들 지역민들이 평화주의적인 절차를 무시하고 '반란'을 통하여 펠리페 5세를 합법적인 왕으로 모시기를 거부하였기 때문이라고 밝히고 있다. 한편 왕은 에스파냐의 모든 왕국들을 카스티야의 형식으로 '통일된 몇 가지 동일한 법들, 용법들, 관습들 그리고 재판소들'로 변경함으로써 지방의 규범을 폐지하고 외국인법(derecho de extranjería)을 제거하는 정책을 표명하였다. 이를 통해 카스티야인들은 아라곤과 발렌시아에서 아무런 제약 없이 직책에 임용될 수 있게 하였으며 다만 지역 토착민들에게는 호혜주의(reciprocidad)가 인정되었고 교회관할권(jurisdicción eclesiástica)이 유지되도록 하였다. 동일한 날짜의 다른 법령(그리고 1707년 9월 7일의 왕령)은 교회관할권이라는 특별법을 유지하되, 법원들(audiencias)을 재조직하기로 결정하였고, 이 법원들은 바야돌릿과 그라나다 최고재판소(chancillerías)의 조직을 모방하여야 했다. 7월 15일에 아라곤 최고 평의회(Consejo Supremo de Aragón)의 폐지 조치가 있었고 아라곤의 모든 행정기구는 카스티야 행정기구로 통합되도록 하였으며, 그 안에는 아라곤 왕국의 사안들을 위한 회의가 기능하도록 하였다. 펠리페 데 앙주의 대의명분에 유리한 부문들이 존재하나 처음 법령의 적용이 정치적으로 불가능하고 여의치 않자 7월 29일 새로운 법령을 발표하게 되었는데, 그 요지는 집권 왕을 지지한 자들의 제 특권을 존중한다는 것이다. 전쟁의 결과가 부르봉 왕가에 유리하게 되면서, 또 언급한 파들의 반복되는 지지뿐 아니라 카스티야 법 전체를 이식하기 어렵다는 이유로 1711년 4월 3일 법령이 반포되었다. 이 법령에 따르면 한 명의 집정관(regente)과 두 개의 회의실(민사와 형사)로 구성된 재판소가 설립되어서 마치 '임시' 정부와 같이 그 우두머리로 총지휘관(comandante)이 있고 그가 재판소의 의장직을 보유하면서 그에게 정치적·경제적·행정적인 통치가 의존되도록 하였다. 형사재판소(Sala del Crimen)에는 카스티야의 풍습과 법들이 적용되는 한편, 민사재판소(Sala del Civil)에서는 왕국의 업무를 제외하고는 아라곤 왕국의 도시법들을 따르도록 하였다. 이후에 나오는 또 다른 법령들은 재판소의 조직화에 영향을 끼쳤는데 1711년 9월 14일 법령과 1711년 9월 15일의 왕의 결정이 그러하였다. 아라곤 왕국의 동쪽에 위치한 마요르카와 카탈루냐의 경우, 1715년 11월 28일의 왕령에 의해 '마요르카 왕립재판소의 설립과 설계도'가 정해졌고, 1716년 1월 16일에는 '카탈루냐 왕립재판소의 설립과 설계도'가 주어졌다. 신토지계획령들은 절대주의적인 국가 프로젝트에서 새로운 질서의 실천을 반영하는 법적 상위구조를 형성하였다. 효율성 측면에서 볼 때, 지역 전통기관들이 사라졌다는 즉각적인 행정 효과가 있었으나, 내부적으로는 여전히 지방성(foralidad)이라는 뿌리를 떨쳐낼 수가 없었다.

Decuriones (관리 계층)　　로마에서 온 이주자들과 그 자손들, 그리고 소도시의 원주민 출신 귀족들로 구성된 일부 가문의 축소 집단으로 구성원 간에 친족을 형성했고, 각 지역에서 대토지를 소유하여 경제적으로 부유했다. 여러 지역에서 각기 정치, 사회 및 경제적으로 강력한 권한을 행사한 지배 계층이었다. ➡ Romanización(로마화)

Del Bosch, Jaime Miláns (하이메 밀란스 델 보쉬)　　(1915~1997) 발렌시아(Valencia) 지구사령부 사령관 및 육군 중위 직책을 맡았던 군인이다. 1981년 2월 23일 쿠데타 시도로 30년 형을 선고받았고, 1982년에는 육군 직책에서 해임되었다. 하지만 1990년 자신의 죄를 뉘우친 점과 고령의 나이인 점이 참작되어 사면되었고 7년 뒤 뇌종양으로 마드리드에서 사망하였다. ➡ Transición democrática Española(스페인 민주화 이행기)

Del Castillo y Fajardo, Francisco (프란시스코 델 카스티요 이 파하르도)　　두 번째 비야다리아스 후작이다. 1692년부터 1716년까지 후작의 작위를 맡았던 프란시스코는 안토니오 델 카스티요 이 말도나도(Antonio del Castillo y Maldonado)의 외아들로서 1685년부

터 산티아고 기사단에서 활약하고 1696년에는 기푸스코아(Guipúzcoa)의 군사령관으로
책임을 다했다. 이후 스페인 왕위계승전쟁에서 펠리페 5세(Felipe V)를 보위하면서 많
은 군사들을 이끌다 알메나르(Almenar) 전쟁에서 해임되었다. ⇒ Guerra de Sucesión
Española(스페인 왕위계승전쟁, 1700~1713)

Del Castillo y Maldonado, Antonio (안토니오 델 카스티요 이 말도나도)   (1623~1692)
비야다리아스의 첫 번째 후작이자, 카스티요 가(家) 궁전의 설립자인 안토니오 델 카스
티요 이 말도나도(Antonio del Castillo y Maldonado)는 1690년 비야다리아스 후작 작
위를 하사받고 2년 후 세상을 떠나 아들에게 작위를 양도하였다.

Delgado Ramos, Álvaro (알바로 델가도 라모스)   (1922~) 프랑스 인상주의의 영향을 받
고, 스페인 전통 새로운 사실수의 본보기를 전하고 있는 스페인 화가이다. 1955년에 2년
마다 있는 첫 번째 지중해 예술전에서 1등상을 수상하면서 그의 명성은 더욱더 높아졌다.

Democracia orgánica (유기체적인 민주주의)   보통 선거를 거치지 않고 자연적인 관계, 즉
가족, 조합 등을 통해 여론을 반영하는 정치 시스템이다. 자유주의적 원칙과 의회 그리
고 정당을 거부한다. 스페인의 경우 제2공화국과 프랑코(Franco) 치하에서 유기체적 민
주주의에 대한 시도가 이뤄졌다. ⇒ Franquismo(프랑코주의)

Demonio de Badalona (바달로나의 악마 축제)   매년 3월 10일 카탈루냐 지역의 바달로나
에서 열리는 축제로, 이 지역의 가장 중요하고 널리 알려진 축제이다. 10일 저녁 10시부
터 바다를 마주보고 있는 바달로나 대로(Rambla de Badalona)에 악마를 형상화 한 종
이인형을 태우는 풍습이 있다. 이 축제는 내전으로 인해 피폐해진 바달로나에 새로운 전
통을 세워 새로운 활기를 주려는 의도에서 시작되었다.

Denario (데나리오)   고대 로마 화폐의 명칭. 라틴어로는 'Denarius'라고 한다. 기원전 279년
에 주조되었으며, 원래는 은을 이용해 주조했으나 네로 황제 때 처음으로 금을 이용해
주조하였다. 이 단어에서 스페인어의 Dinero(돈)이라는 단어가 유래되었다.

Derecho a la resistencia (저항권)   프랑스 혁명이 주창한 인간과 시민의 권리 중 하나로
정부에 저항하고 시민들의 권익을 주장할 수 있는 권리를 말한다. 미국의 1776년 독립
전쟁 이후 인권 중 하나로 자리매김했다.

Derecho de extranjería (외국인법)   스페인은 긴 역사를 자랑하는 이민 국가이다. 16세기
부터 이민자들을 대상으로 외국인법(Derecho de extranjería)이 시행되었으며 이는 몇
차례 개정을 거쳐 오늘날의 외국인법이 됐다. 외국인의 국내 체류, 경제 활동, 교육 등을
규제한다.

Derecho romano (로마법)   로마 제국의 헌법으로 로마의 몰락까지 시민들을 통치했다. 6세
기 콘스탄티노플에서 법전(Corpus Iuris Civilis)이 편찬되었다. 로마의 몰락 이후 로
마법은 폐지됐지만 후에 동일한 영토를 차지한 국가들의 법적 패러다임에 지대한 영
향을 끼쳤다. 스페인의 프레수라 등의 제도에서 로마법의 흔적을 찾아볼 수 있다. ⇒
Romanización(로마화)

Derechos locales (지방권)   중세 유럽 특유의 법체계로 도시나 마을에 적용되는 일련의 법
과 조항들을 총칭한다. 당시 법이 매우 발달했던 스페인에서는 지방특별법(fueros)이라
불리는 체계가 존재했다. ⇒ Fueros[푸에로(특별법)]

Desamortización (토지매각)   18세기 말 스페인에서 시작된 경제, 사회적 개혁의 일환으로
흔히 고도이의 토지매각(Desamortización de Godoy)라 불리는 정책과 함께 시작되었

다. 토지매각으로 인해 교회와 종교기관에 묶여 있어 매매나 경제적 이윤을 창출할 수 없던 토지가 사회로 환원되었다. ⇒ Godoy, Manuel(마누엘 고도이)

Desamortización* (영구토지매각)   부동산 양도(amortización)에 상반되는 행위와 결과를 뜻하며, 영구토지소유자(manos muertas)에게 묶여 있던 재산이 그 속박에서 벗어나는 것을 의미한다. 토지의 자유로운 해체와 분할은 경제적인 중요성에도 불구하고 18, 19세기가 되어서야 실시되었다. 결박된 토지를 해체하는 것은 계몽주의자들이 주장한 바와 같이 공공재산을 증대시키기 위해서이다. 카를로스 1세(Carlos I)와 펠리페 2세(Felipe II)의 치세에도 공공자산을 늘리기 위해 교황의 교서를 통한 일련의 토지매각이 있었다. 그러나 본격적으로 시작된 시기는 18세기이며 그 성과물은 '농지법 문서(Expediente de Ley Agraria'(1766)라고 할 수 있다. 계몽주의자들은 시에 결박되어 있는 재산들을 우선적으로 해체하고자 하였는데, 이는 교회재산을 분할 매각하기 위해서는 사전에 로마와 협상하여야 했기 때문이다. 그러나 카를로스 4세(Carlos IV) 시대에 '공공채무증서(vales reales)' 형태의 공공부채 해소가 시급해지자 국가는 더 이상 토지 매각을 지체할 수 없었다. 1798년 11월 19일자 법령이나 1805년 6월 14일자 법령은 왕실양도기금(Real Caja de Amortización) 확립을 위해 대부분의 단체들과 교회 자선단체들의 재산을 매각한다는 내용을 담고 있었다. 연 수입 6,400,000레알까지 교회재산을 팔 수 있는 권한이 주어졌으나 결과는 미미했고 형평성도 없었다. 그러나 이러한 과정은 카디스 의회(Cortes de Cádiz)의 법적 성과물과 자유주의 3년(Trienio Liberal) 시대의 법률을 토대로 수도 성직자(clero regular)의 토지들이 접수되면서 가속화되었다. 그리고 교회재산의 진정한 매각은 마리아 크리스티나(María Cristina) 섭정(Regencia) 때 자유주의가 자리 잡고 당시 재무부 장관 이름을 빌린 '멘디사발 법(Leyes de Mendizábal)'에 구현되면서 가능하였다고 할 수 있다. 카를로스 전쟁(guerra carlista)과 공공부채로 인한 재정적 압박이 가중되자 일련의 조치들을 통하여 이러한 문제들을 완전히 해결하고자 하였다. 또 이를 통해 공공지출을 대비할 뿐 아니라 새로운 사회적 토대의 마련과 이익 극대화를 위해 자유주의 사상을 발전시키고자 하였다. 1836년 2월 19일 이미 폐지된 종교단체들의 재산 매각이 발표되었고, 1837년 7월 수도원, 학교, 수녀원, 종교단체들, 그 외 종교인의 집과 그들의 십일조, 봉납물이 폐지되었으며, 1841년 9월 2일 마침내 재속성직자(clero secular)의 재산들을 세속재산으로 여기게 되었다. 결과적으로 성직자들의 재산 중 약 62%가 매각된 셈이 되었고 나머지는 대부분 수도 성직자의 손에 남게 되었다. 한편 교회 측에 보상을 하기 위해 1851년 협약(Concordato)으로 신설된 '예배와 성직자(Culto y Clero)' 기금은 이러한 목적을 위해 장래 예산 기반이 되었고 그 책임은 국가와 종교사법부(Ministerio de Gracia y Justicia)에게 위임되었다. 진보주의 시대 2년(Bienio Progresista) 동안에는 1855년 5월 1일자 법인 소위 '마도스의 매각(Desamortización de Madoz)'이 시작되었고, 그 효과는 20세기 초입까지 이어졌다. 그러나 전반적으로 볼 때 교회재산의 매각은 소위 자유주의-부르주아 혁명이라는 틀 안에서 중요한 분기점이 되긴 하였어도 기대하는 사회경제적 효과를 거두지 못하였으며, 무엇보다도 토지를 획득한 사람들이 기본적으로 농민이 아니었다는 점에서 토지배분이 잘못되었다고 평가할 수 있다. 그럼에도 불구하고 성직자들에 의한 토지 점유가 종결되고 부르주아의 성장 여건이 마련되며 경작지가 증가하였던 점은 그나마 성과라고 볼 수 있다.

Desamortización de Mendizábal (멘디사발의 교회 토지매각)　멘디사발 장관은 자금 불안정과 카를로스파(Carlista)와의 전쟁의 해결책으로 교회 토지매각 정책을 추진했다. 교회의 대토지를 수용하여 공개입찰을 하고 거기서 얻는 이익으로 카를로스파(Carlista)와 맞서 싸우는데 필요한 군대를 소집하는 것이 그의 주된 목적이었다. 비록 카를로스파를 격파하는 데는 성공했지만, 자본공급에 대해서는 큰 성과를 거두지 못했다. ➡ Carlismo (카를로스주의)

Desarrollismo (개발정책)　한 국가가 경제적 성장과 개발을 위해 사회, 교육, 무역 등의 분야에 실행하는 다양한 정책을 말한다.

Desastre del 98* (1898년의 패배)　역사적으로 '패배(Desastre)'라는 명칭으로 알려진 이 사건은 스페인 제국이 미국과의 전쟁에서 마지막으로 보유하고 있던 식민지, 즉 쿠바(Cuba), 푸에르토 리코(Puerto Rico), 필리핀(Filipinas), 괌(Guam)을 1898년에 상실한 것을 의미한다. 이 용어는 즉시 정치와 대중에 수용되어 카비테(Cavite) 해군의 패배를 지칭하는 와중에 그해 5월 3일자 신문에서 '마닐라의 패배(El desastre de Manila)'라는 이름으로 처음 사용되었다. 쿠바 반란은 1895년 1월 '바이레의 함성(grito de Baire)'으로 시작되었고, 이 사건은 곧 대기업 허스트(Hearst)와 퓰리처(Pulitzer) 계열의 북미 일간지들의 이목을 끌었다. 1896년부터 대통령이 된 맥 킨리(Mac Kinley)의 보필 팀은 국무성의 셔먼(Sherman)과 함께 분쟁에 관여하자는 입장이었다. 1898년 1월 라 아바나(La Habana)를 방문한 '무장선 마이네(Maine)'는 2월 15일에 항구에서 일어난 폭발사고로 침몰하였다. 미국은 즉각 스페인에게 그 책임을 물었고 4월 18일 미 의회는 쿠바의 독립을 요구하면서 스페인에 최후 통첩을 하였고, 그달 25일에 선전포고를 하였다. 그러나 스페인 정부에게 보낸 경고에도 불구, 세르베라 제독(almirante Cervera)이 함대를 이끌고 안티야스 제도(las Antillas)에 나타나자 양측은 7월 3일 산티아고 데 쿠바(Santiago de Cuba) 만에서 맞붙었고 미국의 압도적인 승리 가운데 18일 종전되었다. 한편 필리핀에서는 1896년부터 반란이 계속되고 있었는데 1898년 초에 미국의 지원이 있게 되면서 반란군의 전력이 충원되었다. 4월 30일에 듀이 제독(almirante Dewey)이 이끄는 함대가 마닐라 만에 진입하였고, 그다음 날 카비테 강어귀에서 전투가 벌어졌다. 사가스타(Sagasta) 내각은 예비 함대를 이용하고자 하였으나 배들이 수에즈 운하를 통과하지 못하면서 무위로 그쳤다. 미군과 반란군에 의해 포위된 마닐라는 마침내 8월 14일 항복하였다. 푸에르토 리코의 경우 마일스 장군(general Miles) 휘하의 원정대가 7월 푸에르토 리코의 남쪽 해안에 상륙하면서 몇 주 만에 스페인의 저항을 격파하고 8월 12일 휴전을 체결하였다. 이처럼 미국과의 전쟁과 순식간에 일어난 식민지 상실은 스페인 내에 심각한 결과를 초래하였다. 현금으로 몸값을 지불할 수 없었던 자들이 참전했다면 종전 이후 저소득 계층은 삶의 질적 하락과 생계의 위기를 겪어야 했다. 카노바(Canova) 체제의 이데올로기도 심각하게 타격을 입었다. 패배가 자명한 전쟁을 수용했다는 이유로 위정자들의 정치적 무능이 문제시됐다. 이후 지식인들은 여러 방법을 통해 저항 의지를 표명했는데, 권력에 의해 부분적으로 수용된 '재건운동(regeneracionismo)'에서부터 사회주의나 '98 청년(juventud del 98)'의 무정부주의(anarquismo)에 이르기까지 그 양상은 다양하였다. 1898년 8월 16일자 엘 티엠포(El Tiempo)에 실린 실벨라(Silvela)의 '맥박이 없는(Sin pulso)'이라는 기고는 소위 '패배(Desastre)' 문학의 시작점이 되었고, 이를 통해 스페인의 쇠퇴에 대하여 깊이 성찰하는 계기가 되었다.

Desastre del Barranco del Lobo (바랑코 델 로보 패배)   모로코 전쟁의 일환으로 일어난 전투이다. 핀토스(Pintos) 장군이 이끄는 스페인 군대와 모로코군이 멜리야(Melilla) 남서부에서 대립했다. 이 패배로 인해 마우라(Maura) 정권은 힘을 잃었고 바르셀로나 (Barcelona) 비극의 주간(Semana Trágica de Barcelona)이 일어나게 됐다.

Descamisado (셔츠가 없는 자)   스페인에서는 1820년부터 1823년까지 민주주의당의 가장 난폭한 분파를 가리켰으며, 아르헨티나에서는 20세기 중엽에 후안 도밍고 페론(Juan Domingo Perón) 대통령의 지지자들을 가리키는 용어로 사용되었다.

Descubrimiento de América por Cristóbal Colón (콜럼버스에 의한 아메리카 발견)   스페인 초현실주의 화가 살바도르 달리(Salvador Dalí)의 작품이다. 그는 콜럼버스 기사단의 아메리카 연합을 위해 본 작품을 그려 1959년에 발표하였다.

Desembarco de Alhucemas (알우세마스 상륙)   1925년 리프 전쟁(guerra de Rif)을 종결 지은 상륙 작전으로 스페인군과 프랑스 지원군이 알우세마스에 펼친 육해군 전투이다. 세계 역사상 최초의 육해전으로 기록돼 있다. 프리모 데 리베라(Primo de Rivera)가 스페인군을 이끌었다.

Desobediencia civil (시민불복종)   개인이 특정 사회적 목적을 가지고 법률에 위반되는 행위를 의식적으로 공개적 장소에서 시행하는 것으로 시위의 한 형태이다. 이는 법으로 보호되는 권위와 시민의 자유가 충돌하는 현상이며 해야 하는 것을 하지 않는 방법과 하면 안 되는 것을 하는 두 가지 방법이 있다.

Despotismo ilustrado (계몽 전제주의)   18세기 유럽 국가들의 중요한 부분을 차지했던 정부 시스템으로 모든 의사결정에 있어서 공공의 이익을 추구했던 몇몇 군주와 내각 및 그에 따른 개혁으로 특징지어진다. 이는 '군중이 배제된 군중을 위한 모든 것'이라는 문구로 표현되기도 한다. 사실 이는 이전 시대에 등장하였던 절대 군주와 더불어 그에 대응하는 계몽주의 사상이 반영된 것으로 계몽 전제주의로 표현된다. ➡ Carlos III(카를로스 3세)

Destacamentos Armados Canarios (카나리아 분견대, DAC)   카나리아의 정치 테러조직으로 1970년부터 스페인으로부터의 독립을 추구하였다. 경찰의 보고서에 따르면 카나리아 제도 민족자결 독립 운동(MPAIAC)의 회원에 의해 조직되었으며, 1978년 나비에라 아르마스(Naviera Armas) 회사의 선박을 탈취하여 조직원 3명이 체포되었다.

Deza, Diego de, Arzobispo de Sevilla y Toledo (디에고 데 데사, 세비야와 톨레도의 대주교)   스페인의 신학자로 1444년 토로(Toro)에서 태어났으며 1523년에 사망했다. 살라망카 대학(Universidad de Salamanca)의 교수직을 맡았으며 사모라(Zamora), 살라망카, 하엔(Jaén) 그리고 팔렌시아(Palencia)의 주교를 지냈으며 후에는 세비야 (Sevilla)와 톨레도(Toledo)의 대주교로 선포되었다.

Deza, Lope de (로페 데 데사)   (1564~1628) 스페인의 성직자 오로페사(Oropesa), 살라망카(Salamanca) 그리고 알칼라 데 에나레스(Alcalá de Henares)에서 민법과 교회법을 공부하였다. 1618년 그의 저서 『*Gobierno político de agricultura*』에서는 후안 발베르데 아리에타(Juan Valverde de Arrieta, ?~?)의 농업에서의 노새의 이용을 반대하는 제안을 받아들이면서 노새 대신 황소를 이용할 것을 주장했다. 그는 농업이 경제활동 분야 중 가장 중요한 것이라고 했다.

Día de todos los Santos (모든 성인의 날 대 축일)   이날은 스페인 모든 성인의 날 대

축일로 교황 우르바누스 4세(Urbano IV)에 따라 알려졌거나 알려지지 않은 모든 성인들을 기리기 위한 하나의 가톨릭 전통이다. 가톨릭 국가들은 11월 1일을 기념하고 동방정교회는 성령 강림절(부활절 뒤 7번째 일요일) 이후 첫 번째 일요일을 기념한다.

Día de Canarias (카나리아제도의 날)　5월 30일은 카나리아스의 날로 카나리아스제도 전역에서 축제가 열린다. 이날 카나리아스 의회(Parlamento de Canarias)의 첫 번째 회의 탄생일과도 일치하여 함께 기념한다. 사람들은 마법사 차림으로 거리를 나서고, 카나리아스의 막대기(Palo Canario)와 같은 전통놀이, 살토르 델 파스토르(Saltor del Pastor), 도예 전시가 거리를 가득 메우며, 음식 시식과 전통 음악, 춤을 비롯하여 마법사의 춤(baile de magos) 행사가 열리기도 한다.

Día de la Constitución Española (제헌질)　12월 6일 스페인 선녁이 슬기는 전국적인 축제로 1978년 제정된 스페인의 헌법을 기리는 것에서 출발한 것이다. 이날에는 대통령과 정부 관료들이 제헌절을 기리는 연설을 한다. ➡ Constitución de 1978(1978년 헌법)

Día de la Inmaculada Concepción (성모수태일)　천주교는 12월 8일에 성모수태일을 기념 축하한다. 성경에 등장하는 예수의 어머니 마리아는 처녀의 몸으로 임신하였고 예수를 낳았다는 이야기에 의하면, 그 전에 마리아는 무원죄몸이었다고 주장하며, 그 것을 기념한다. 하지만 기독교에서는 이 사상을 받아드리지 않는다.

Día de la Merienda (간식의 날)　스페인 마드리드의 로블레도 데 차벨라(Robledo de Chavela) 시에서 봄이 오면 하루를 정해 봄맞이 축제를 하는데, 이날을 간식의 날(Día de la Merienda)이라고 한다. 가족, 친구들은 야외에 모여 함께 이날을 보내는데, 여기엔 할머니들이 만든 감자 토르티야, 작은 빵 그리고 지역 와인이 준비된다. 도시 중심부에서 가까운 로블레디요 언덕(Cerro de Robledillo)으로 가는 것을 선호한다. 이 축제는 스페인 전역에서 기념되는 '토르티야의 날'의 일종의 변형이라고 볼 수 있다.

Día de la morcilla (모르시야의 날)　스페인 말라가 지방의 카니야스 데 아세이투노(Canillas de Aceituno)에서 열리는 식도락 축제로, 과거 4월 마지막 일요일에 열리던 것이 현재는 8월로 변경되었다. 1987년 이후 한 번도 빠짐없이 기념되어 현재에 이른다. 이름이 가리키는 것처럼, 이 축제는 말라가 지방 전통방식으로 속을 채운 모르시야(소시지의 일종)가 주인공이다. 말라가 지역의 모르시야를 '라 모르시야 카니예라(la morcilla canillera)'라고 부르는데 이는 일반적으로 양파로 가공되는 여타 지역의 것들과는 달리, 지역 전통 레시피로 만들어져 독특한 맛을 내기 때문이다.

Día de la Rioja (리오하의 날)　리오하 자치주의 축제일로 매년 7월 9일에 기념한다. 1982년 같은 날, 후안 카를로스 1세(Juan Carlos I)가 지방자치 기본법을 승인하였고, 이를 통해 라 리오하는 독립 주 자치주로(comunidad autónoma uniprovincial) 지정되었다. '리오하의 날'은 이를 기념하기 위해 지정된 날이다.

Día de la Tortilla (토르티야의 날)　스페인 전국 각지에서 기념하는 날로, 일부 지역에서는 카니발이 시작하는 첫 날과 일치한다. 이날, 사람들은 보통 도시의 외곽에 있는 전통적인 장소로 순례를 가곤 하는데 이때, 토르티야만 준비하거나, 이를 빵 사이에 끼워서 가져가는 것이 전통이다. 이날 벌어지는 프로그램은 각 도시의 특성에 따라 다양하다.

Día de la Virgen del Pino (피노의 성모의 날)　매년 9월 8일에 테로르(Teror)에서 열리며 테로르의 수호성인이자 성모 마리아를 가리키는 피노의 성모를 기리기 위해 열린다. 16세기 극심한 가뭄이 들었을 때 비를 내리게 하기 위해 성모상을 테로르에서 라스 팔마스로

옮긴 것에 그 기원을 둔다. 이후 비가 내리자 교황은 매년 9월 8일 이날을 기리기 위해 이 길을 걷는 축제를 명하였다. 지금까지도 사람들은 이 길을 순례한 이후, 성모상 앞에서 소원을 빌고 자신의 결심을 약속한다.

Día de los santos inocentes (순교축일)　만우절과 비슷한 개념의 날이다. 스페인과 라틴 아메리카국가들에서는 매해 12월 28일에 순교축일을 기념한다. 비슷한 개념의 4월 1일과 달리 12월 28일에 성경에 등장하는 헤롯왕은 자기 대신 유대 왕이 될 아기 예수를 죽이려 그날에 2살 미만인 모든 아이들을 학살시킨다. 라틴아메리카국가들에서 크리스천 국가인 스페인의 식민지가 되어 그 관습을 그대로 받아드렸고 자리를 잡게 되었다.

Día de San Valentín (Día de los enamorados) (밸런타인데이)　스페인과 대다수의 라틴아메리카 구가들이 2월 14일이 밸런타인데이다. 그리고 다른 날에 우정의 날을 기념한다. 하지만 니카라과, 페루와 중미국가들에서는 밸런타인데이를 사랑과 우정에 날로 기념하며, 볼리비아 (7월 23일), 콜롬비아(9월 3번째 주 토요일), 멕시코(7월 30일) 각각 기념일이 다르다.

Día de Sant Jordi (산 조르디의 날)　303년 4월 23일 이를 기리는 날이다. 영국, 조지아, 에티오피아, 불가리아, 포르투갈에서 행해지고 있다. 스페인에서는 아라곤과 카탈루냐 자치구에서 행해지고 있다. 1996년 유네스코에서 이날을 세계책의 날로 선정하였고 카탈루냐 지역에서는 이날을 책과 장미를 선물하는 날로 알려져 있다.

Día del Blusa (디아 델 블루사)　스페인 바스크 지방의 빅토리아(Victoria)에서 매년 7월 25일에 열리는 축제이다. 오전 10시 30분부터 축제에서 가장 유명하다고 할 수 있는 당나귀 경주가 시작된다. 또한 축제 기간 동안 어깨에 걸고 다니기 위해 시장에서 마늘을 길다랗게 엮은 '리스트라 데 아호(Ristra de ajo)'를 구입하는 전통을 지키는데, 이로 인해 디아 델 블루사는 디아 델 아호(Día del ajo)로 알려져 있기도 하다.

Día del Camero Viejo (카메로 비에호의 날)　스페인 리오하 지역의 '카메로 비에호(Camero Viejo)' 마을에서 매년 열리는 축제로, 매번 개최 장소와 날짜가 바뀌는 특징을 지니고 있다. 당일 이 마을에는 다양한 전시회, 즐길 거리, 야외 무도회 등이 벌어진다.

Día Internacional del Orgullo LGBT [국제 성소수자(LGBT) 긍지의 날]　게이 프라이드로 알려져 있으며 매년 LGBT의 단체 참가로 개최되는 공개적 이벤트로 LGBT에 대한 관용과 평등을 촉구하기 위한 행사이다. LGBT 프라이드는 모든 사람은 성별, 성적 취향, 성적 정체성에 관계없이 부끄러워하지 말아야 한다고 주장하며, 게이 프라이드의 날인 매년 6월 28일 전후에 해당하는 첫 번째 토요일에 개최된다.

Diari de Girona (디아리 데 히로나)　스페인 헤로나(Gerona) 지역 신문. 히로나는 헤로나(Gerona)의 카탈루냐어로 지역사회의 이슈를 중점적으로 다루는 신문이다. 1943년 헤로나 지역의 유일한 신문으로 창간되었다. 한편 1807년에 창간되었다가 지금은 더 이상 발간되지 않는 <Diario de Gerona>와는 다른 신문이다.

Diario de Almería (알메리아 일간지)　스페인의 안달루시아(Andalucía) 주의 알메리아 지역 신문이다. 지역 신문 중 유일하게 무료로 배급되는 신문이며, 24페이지에 걸쳐서 알메리아 지역의 다양한 소식들을 전하였다. 같은 내용을 인터넷으로도 접할 수 있었으며, 현재는 <Almería Actualidad>로 이름이 바뀌었다.

Diario de Ávila (디아리오 데 아빌라)　스페인 카스티야 이 레온(Castilla y León) 주(州)의 아빌라 지역 신문이다. 1888년 창간된 <El Eco de la Verdad>가 1898년 정치적인 이

유로 폐간되면서 이 신문이 새로운 이름으로 뒤를 잇게 되었다. 카예타노 곤살레스 에르난데스(Cayetano González Hernández)가 이 신문 창간에 힘썼으며, 이 외 에스테반 파라디나스 로페스(Esteban Paradinas López)나 파블로 에르난데스 데 라 토레(Pablo Hernández de la Torre)가 있다.

Diario de Burgos (디아리오 데 부르고스)　스페인 카스티야 이 레온(Castilla y León) 주(州) 부르고스 지역 신문이다. 1891년에 창간되어 석간신문으로 5센티모(페세타)에 <DIARIO DE BURGOS-DE AVISOS Y NOTICIAS>라는 이름으로 판매되었다. 1942년부터 1978년까지 에스테반 사에스 알바라도(Esteban Sáez Alvarado) 외 2명의 감독 아래 신문 편찬을 하고, 1978년부터는 안드레스 루이스 발데라마(Andrés Ruiz Valderrama)가, 2000년부터 2010년까지는 비센테 루이스 멘시아(Vicente Ruiz de Mencía)가 사장직을 맡았다.

Diario de Jerez (디아리오 데 헤레스)　스페인 헤레스(Jerez) 지역 신문이다. 졸리 그룹(Grupo Joly)의 소속으로 1984년 창간되었다. '헤레스의 일간지'라는 의미를 지녔으며 지역 사회 문제들을 다루다 이후 안달루시아에 보급되면서 <Diario de Sevilla>, <El Día de Córdoba>, <Granada Hoy>와 함께 지역을 대표하는 신문이 되었다.

Diario de Madrid (마드리드 일간지)　1758년 창간된 스페인 최초의 일간지로 디아리오 노티시오소(Diario noticioso), 폴리티코 이 에코노미코 (Político y económico) 등의 일간지명을 사용하다 엘 디아리오 데 마드리드로 명칭을 바꾸었다. 1808년 호세 보나파르테(José Bonaparte) 정부에 의해 간행물이 통제된 뒤 가세타 데 마드리드(Gaceta de Madrid)로 대체되었다.

Diario de Mallorca (마요르카 일간지)　스페인 마요르카에서 발간되는 신문이다. 에디토라 발레아르(Editora Balear S.A.) 사(社)의 이 신문은 에디토리알 프렌사 이베리카(Editorial Prensa Ibérica) 계열사 소속이다. 팔마(Palma), 잉카(Inca), 마나코르(Manacor) 지역에서 출판되고 있으며 2006년 오르테가 이 가셋(Ortega y Gasset)상을 수상하기도 하였다. 마티아스 바예스(Matías Vallés), 마리사 고니(Marisa Goñi), 펠리페 아르멘다리스(Felipe Armendáriz)의 보도 기사들로 인해 여러 상을 받기도 하였다.

Diario de Navarra (디아리오 데 나바라)　<Diario de Noticias de Navarra>와 함께 스페인 나바라(Navarra) 지역에서 가장 많이 판매된다. 1903년 창간된 이 신문은 스페인에서 가장 오래된 신문 중 하나이며, 보수주의 및 나바라 지역주의 성향을 지니고 있다. 이 신문은 라 인포르마시온(La Información S.A.) 사(社)에 소속되어 있다.

Diario de Noticias (디아리오 데 노티시아스)　<Diario de Navarra>와 함께 스페인 팜플로나(Pamplona)의 대표적인 지역 신문이다. 1994년 4월 이 신문은 세로아 물티메디아(Zeroa Multimedia) 사(社)의 홍보를 통해 창간되었고, 나바라(Navarra) 주(州)의 바스크주의적이고 진보주의 정치 성향을 가지면서 나바라와 바스크(País Vasco)의 연합을 지지하는 입장이다. 또한 건강, 생태학, 스포츠와 생활 등을 다루면서 정보 및 소식을 전달한다. 사장직에는 페르난도 무히카 푸엔테스(Fernando Múgica Fuentes), 마누엘 베아르(Manuel Bear), 파블로 무뇨스(Pablo Muñoz) 등이 있었다.

Diario del Alto Aragón (디아리오 데 알토 아라곤)　스페인 아라곤 주(州)의 우에스카(Huesca) 지역에서 간행되는 신문이다. 1918년에 창간되어 대부분 아라곤 소식을 다루고 있으나 스페인 전체의 소식이나 스포츠에 관한 정보도 제공한다. 1984년부터 2011년까지 신문사의 대표로 재직했던 안토니오 안굴로 아라구아스(Antonio Angulo Araguás)는 2008년에 스페인 기자 단체상인 파페(Fape, Federación de Asociaciones de Periodistas de España)를 수상하기도 하였다.

Diario Jaén (디아리오 하엔)　스페인 안달루시아 주(州)에 있는 하엔의 지역 신문이다. 1941년 4월 창간되어 안달루시아를 비롯하여 스페인의 다양한 소식을 전달한다. 약 6만 6천 명 의 구독자를 보유하고 있으며 스페인 여러 지역에 기자들을 파견하여 최신 정보를 신속 하게 전달하는 시스템을 갖추고 있다.

Diario Palentino (디아리오 팔렌티노)　스페인 팔렌시아(Palencia) 지역 신문이다. 1881년 5월 호세 알론소 로드리게스(José Alonso Rodríguez)가 주축이 되어 창간되었으며 자 유주의 성향을 지니고 있다. 1941년 <El Día de Palencia>와 합병하면서 <El Diario Palentino-El Día de Palencia>로 이름이 변경되었고, 1998년 프로메칼 그룹(Grupo Promecal)에 인수되면서 본래 명칭을 되찾게 되었다.

Díaz de Haro I, Lope, Señor de Vizcaya (로페 디아스 데 아로 1세, 비스카야 영주) 1105년경에 태어나 1170년에 사망한 비스카야(Vizcaya)의 네 번째 영주이다. 카스티야 (Castilla) 궁정에서 막강한 영향력을 행사하던 인물이며 우라카(Urraca), 알폰소 7세 (Alfonso VII), 산초 3세(Sancho III) 그리고 알폰소 8세(Alfonso VIII) 시대를 살았다. 그가 영주로 있는 동안 나바라(Navarra)에 많은 영토를 양도해야만 했지만 반대로 카스 티야에서 명예와 많은 재산을 얻을 수 있었다. ➡ Castilla, Corona de(카스티야 연합왕국)

Díaz de Haro II, Lope, Señor de Vizcaya (로페 디아스 데 아로 2세, 비스카야 영주) 1200년경에 태어나 1236년에 사망한 비스카야(Vizcaya)의 여섯 번째 영주이다. 페르난 도 3세(Fernando III)가 왕위에 오를 수 있도록 도왔다. ➡ Fernando III de Castilla y León(카스티야와 레온 국왕 페르난도 3세)

Díaz de Haro III, Lope, Señor de Vizcaya (로페 디아스 데 아로 3세, 비스카야 영주) 1245년경에 태어나 1288년에 사망한 비스카야(Vizcaya)의 여덟 번째 영주로 1254년에 즉위했다. 카스티야의 산초 4세(Sancho IV de Castilla)가 왕위에 오를 수 있도록 도왔 으며 그의 총신이 되어 많은 권력과 부를 누렸다. ➡ Castilla, Corona de(카스티야 연합 왕국)

Díaz-Ambrona, Adolfo (아돌포 디아스-암브로나)　1908년에 태어나 1971년에 사망한 스페 인의 정치가이자 변호사이다. 바다호스(Badajoz)의 의회장을 역임하며 지역사회의 농업 발전에 힘썼다. 스페인 '발전 계획(Plan de desarrollo)'에 참여했다. 스페인의 목축업과 농업 개혁을 시도했다. ➡ Franquismo(프랑코주의)

Diccionario de Madoz (마도스 사전)　1846년과 1850년 사이에 발표된 파스쿠알 마도스 (Pascual Madoz)의 대작이다. 이 사전은 스페인 전역의 모든 마을과 인구 분포를 조사 하고 정리한 것이다. 현재 사라진 마을들에 관한 상세한 기록을 하고 있어 역사적 사료 로 널리 쓰이고 있다.

Dictadura constitucional (합법적인 독재제)　헌법을 준수하지만 삼권분립이 사실상 이루 어지지 않으며 독재자에게 권력을 합법적으로 부여하는 독재체제의 한 형태이다.

Diezmo (십일조) 기독교에서 소산물의 십분의 일에 해당하는 양의 헌물을 드리는 것을 의미한 다. 서고트 시대 이후 스페인 각지에서 십일조는 국민의 의무에 해당했으며 이는 아메리카 식민지에서도 동일하게 적용됐다. 십일조로 거둬들인 부를 왕실이나 성직자들이 나눠 가지면서 부패와 횡령이 만연한 분위기가 형성되기도 했다. 근대에 들어서면서 폐지되었다.

Dinar (디나르) 이슬람 제국에서 주조했던 화폐를 말한다. 7세기 말에 만들기 시작했으며 금으로 주조되었다. 이슬람 지배하에 이베리아 반도에서 아프리카와 교역 시 이용되었던 화폐 중 하나다. 현재는 여러 아랍 국가의 화폐 제도를 칭하기도 한다. ⇒ Al-Andalus (알 안달루스)

Diócesis de Hispania (히스파니아 주교 관구) 고대 로마 지배하의 행정 구역인 로마 주교 관구(Diócesis romana) 12개 중 하나로, 298년부터 409년까지 지속되었다. 수도는 아우구스타 에메리타(Augusta Emerita)였으며, 지금의 포르투갈과 스페인 전체, 아프리카 북서부 일부를 포함하고 있었다. ⇒ Romanización(로마화)

Diócesis romana (로마 주교 관구) 고대 로마 지배하의 행정 구역 명칭이다. 12개 구역으로 나뉘어졌었던 교구 중 하나로 비카리우스(vicarius)가 통치하였다. 4두 정치기간에 여러 지방을 포함하는 구역으로서 중간 계급의 정부를 구성하였다. 원래 세금을 걷기 위해 이런 방식으로 분할하였으나 디오클레티아누스 황제(Diocletianus) 때부터 행정 구역으로 바뀌었다. ⇒ Romanización(로마화)

Diputación (대표위원회) 어떤 기관이나 조직을 대표하는 위원회를 지칭한다. 아라곤 왕국(Reino de Aragón)은 중세부터 이러한 위원회를 결성해 정무를 처리한 전례가 있다. 이후 16세기에 들어서 카스티야 왕국(Reino de Castilla)의 정치체계로 자리 잡게 되었다.

Diputación permanente (상설 대표위원회) 중대한 안건을 두고 의회가 소집될 수 없는 상황이거나 의회의 일원들이 해체된 상태일 때, 의회의 권한을 대신하는 위원회를 뜻한다.

Dirham (디르함) 이슬람 제국에서 주조했던 화폐의 명칭. 'Dirhem'이라고도 한다. 은으로 주조되었으며 9세기부터 널리 사용되었다. 알 안달루스와 우마이야 왕조 치하에서 주조되어 교역 시 이용되었던 화폐이다. ⇒ Al-Andalus(알 안달루스)

Ditalco (디탈코) (?~기원전 139) 오수나(Osuna) 출생의 군인으로 비리아토의 부하였다. 로마 진영에 평화 협정을 맺기 위해 사절단으로 보내졌으나 아우닥스(Audax), 미누로스(Minuros)와 함께 그곳에서 매수되어 자신의 수장을 암살한 후 로마 진영으로 상급을 바라며 돌아갔지만 참수형을 당했다. 이 일화에서 "로마는 배신자에게 상을 주지 않는다(Roma no paga traidores)"라는 표현이 탄생했다. ⇒ Viriato(비리아토)

Divinity (디비니티) 스페인 텔레비전 방송 채널이다. 메디아셋 에스파냐(Mediaset España) 그룹 소속인 이 채널은 여성 시청자들을 중점적으로 공략하며, 최초로 인터넷 방송 프로젝트로 알려진 방송이기도 하다. 2011년 3월 시험방송을 시작으로, 같은 해 4월 공식 방영이 된 이 채널은 CNN+, 혹은 그란 에르마노 24시간(Gran Hermano 24 horas) 프로그램으로 널리 알려져 있다.

División Azul (디비시온 아술) 스페인은 공식적으로 2차 세계대전에 참여하지는 않았지만, 스페인 내전 동안 독일의 히틀러(Hitler)에게 도움을 받았기 때문에, 프란시스코 프랑코(Francisco Franco)는 스페인 군사를 독일에 보냈다. 디비시온 아술은 1941년부터 1944년까지 2차 세계대전 때 린데만(Lindemann)의 지휘하에 있던 독일의 XVIII 군대에 편입되어 러시아에 대항한 스페인 군사들을 말한다. 스페인 군사들은 모두 지원 병사들이었다.

División Reforzada de Madrid (마드리드 강화 사단) 스페인 내전 시 반란군과 함께 마드리드 전투에 투입된 군부대이다. 특별히 이 사단은 1937년 2월 하라마 전투(Batalla del Jarama)에 관여하였다. 루이스 오르가스 욜디(Luis Orgaz Yoldi)의 지휘 아래 총 5개 여단의 1만 9천 명의 군인이 마드리드 강화 사단에 있었고, 이들 중 대부분은 아프리카의 군부대였다. 아프리카 북측뿐만 아니라 바야돌리드(Valladolid)의 팔랑헤주의자, 알카사르(Alcázar)의 카를로스당 의용병, 또는 세비야(Sevilla)의 공병대도 있었다. ➡ Guerra Civil Española(스페인 내전)

Doctrina Parot (파롯 교리)　　2006년 2월 스페인 고등법원이 바스크 조국과 자유(Eukadi Ta Askatasuna, ETA) 테러 조직원인 엔리 파롯(Henri Parot)을 판결하면서 유래한 이름이다. 이것은 판결을 받은 자의 참회와 고행으로 형이 줄어드는 것을 일컫는 말로, 개인별로 다르게 적용되어 감형된다.

Dolfos, Bellido Dolfos, Bellido (베이도 돌포스)　　11세기 레온(León)의 귀족으로 실존 인물은 아니다. 무훈시와 서시 그리고 산초 2세의 노래(Cantar de Sancho II)와 같은 중세 연대기에서 카스티야의 페르난도 1세(Fernando I de Castilla)의 딸인 우라카 페르난데스(Urraca Fernández)의 연인으로서 산초 2세를 죽인 인물로 소개된다.

Dolmen de Menga (멘가 고인돌)　　스페인 말라가(Málaga)의 북부도시 안테케라 고인돌 중 하나이다. 기원전 2,500년 청동기에 세워진 것으로 추정된다. 정사각형 모양의 돌로 덮여 있으며, 약 7개의 기둥으로 형성되어 있다. 가장 큰 멘가 고인돌은 32개의 거석으로 이루어져 있는데 이 중에는 무게가 약 180톤에 달하는 것도 포함되어 있다. 내부에 있는 지름 25m의 거대한 타원형 방은 지배자와 그 가족의 시신이 안치되었던 공간으로 추정된다. 유럽에서 가장 규모가 큰 고인돌로 알려져 있다.

Dolmen de Viera (비에라 고인돌)　　스페인 말라가(Málaga)의 북부도시 안테케라 고인돌 중 하나이다. 멘가 고인돌(Dolmen de Menga) 옆에 위치하며, 기원전 4,500년에 세워진 것으로 추정된다. 1903년 비에라라는 사람에게 발견되어 이름이 붙여졌다. 입구에는 27개의 돌이 세워져 있고, 고인돌 중앙에는 묘의 자리가 있다. 약 20m에 달하는 비에라 고인돌은 양쪽으로 거석을 벽처럼 세워 만든 좁은 통로가 입구부터 반대편 끝 정사각형의 거대한 방까지 이어진 구조이다. 이 정사각형 방은 5개의 넓고 평평한 거석으로 이루어져 있다.

Dolmen del Romeral (로메랄 고인돌)　　스페인 말라가(Málaga)의 북부 도시 안테케라 고인돌 중 하나이다. 로메랄 고인돌은 비교적 작은 크기의 많은 돌로 이루어져 있다. 입구부터 좁고 곧게 뻗은 통로가 길게 나 있고 그 끝에는 2개로 나누어진 방이 있어 다른 2기(dolmen de menga, dolmen de viera)의 고인돌에 비해 좀 더 발달된 형태를 보여준다.

Doménech i Montaner, Lluís (루이스 도메네크 이 몬타네르)　　(1850~1923) 스페인 건축가이며 카탈루냐 모더니즘의 대표 인물 중 한 명으로 꼽힌다. 건축을 전공했으며 후에 바르셀로나 건축 학교(Colegio de Arquitectura de Barcelona)에서 교사로 지내다가 교장까지 역임하게 되었다. 뿐만 아니라, 정치가로서도 활동했는데 1892년에 카탈루냐 연합(Unió Catalanista) 의장을, 1901에서 1905년 사이에는 바르셀로나 선출 국회의원을 역임했다.

Don Francisco 혹은 Francisco de Paula de Borbón (프란시스코 왕자)　　카를로스 4세(Carlos IV)의 막내아들로서 1794년 3월 10일 마드리드에서 태어나 1865년 8월 13일 사망하였다. 카디스 공작과 1794년에 토이손 데 오로 기사단(Toisón de Oro)의 칭호를 부여받았다. Bellas Artes(미술)의 발전을 도왔으며, 산 페르난도 왕실 예술 아카데미 (Real Academia de Bellas Artes de San Fernando)의 회원이기도 했다. 그는 산 페르난도(San Fernando) 왕실 예술 아카데미에 보관되어 있는 『Los desposorios de Nuestra Señora』, 『San Jerónimo penitente, una Magdalena』 등과 같은 작품들을 직접 그리기도 했다. ⇒ Borbón, Casa de(부르봉 왕가)

Don Juan de Austria* (돈 후안 데 아우스트리아)   카를로스 5세의 서자로서 그의 모친은 바르바라 데 블롬베르그(Bárbara de Blomberg)이며, 1545년 라티스보나(Ratisbona)에서 출생하였다. 카를로스 황제는 그가 헤로니모(Jerónimo)의 이름으로 세례를 받고 난 뒤 그의 시종인 루이스 데 키하다(Luis de Quijada)에게 양육과 교육을 맡겼다. 그리고 아이는 비밀리에 브뤼셀(Bruselas)에서부터 카스티야로 보내어졌고 이곳에서 최종적으로 키하다의 부인인 마그달레나 데 우요아(Magdalena de Ulloa)의 후견 아래서 교육을 받게 되었다. 돈 카를로스는 1556년 유스테(Yuste)로 은퇴하고 나서 이곳으로 자신의 아들을 부르도록 명령하였다. 황제는 아들의 장래를 보장해 주고자 하였으며 이를 위해 자신의 장자이자 스페인의 왕인 펠리페 2세에게 비밀을 말하고 그의 앞날을 맡겼다. 펠리페 2세는 1559년 플랑드르에서 돌아와 젊은 헤로니모를 대면하였고 그의 존재를 인정하면서 그에게 후안 데 아우스트리아라는 이름과 함께 토이손 데 오로 기사단(Orden del Toisón de Oro)의 목걸이와 왕자에 부합되는 저택과 영지를 하사하였다. 그러나 작위는 허락지 않았다. 펠리페 2세는 돈 후안이 알칼라 데 에나레스(Alcalá de Henares)에서 1564년까지 수학하도록 하였고 거기에서 황태자 돈 카를로스(Don Carlos, 펠리페 2세의 아들)와 알레한드로 데 파르네시오(Alejandro de Farnesio)와 친분을 나누도록 하였다. 왕은 몇 년 전에 선왕이 품었던 생각과 같이 후안 데 아우스트리아를 성직의 길로 걷게 하고자 하였다. 이것은 당시 고위층의 서자들이 선택했던 수순이었지만, 정작 청년 돈 후안은 성직보다는 군대 쪽에 마음을 두고 있었다. 몰타(Malta) 방어를 하던 스페인 함대에 비밀리에 들어가고자 했던 돈 후안의 시도가 실패로 드러나면서, 펠리페 2세는 이복동생의 성향을 인정하게 되었고 그를 1568년 해상제독으로 임명하며 그에게 지중해의 투르크-베르베르족 해적들에 대항하는 함대의 지휘권을 맡겼다. 그러던 중 1568년 말 스페인에서 모리스코스(moriscos)의 반란이 일어나고 반란 진압을 담당하던 지도부 내에서 분열이 생기면서 펠리페 2세는 이미 궁정에 돌아와 있던 돈 후안에게 그의 군사적 재능과 왕국에 대한 충성심을 다시 보여줄 수 있는 기회를 주었다. 1569년 펠리페 2세는 자기 이복동생에게 군대의 지휘권을 부여하였고 돈 후안은 치열한 전쟁 끝에 그라나다의 농민반란을 진압하는데 성공하였다. 그러나 당시 지중해에서 투르크족 모슬렘과 베르베르인들이 야기하고 있었던 항구적인 불안에 비하면 이러한 내적 승리는 펠리페 2세에게 투쟁의 단면에 불과하였다. 1570년 사이프러스가 모슬렘의 수중으로 들어가게 되면서 스페인과 베네치아, 그리고 로마 사이에서 1571년 반(反)투르크 동맹인 신성동맹(Liga Santa)이 결성되었다. 신성동맹의 최고 지휘권은 모리스코스의 승리자인 돈 후안 데 아우스트리아에게 맡겨졌고, 그는 자문관들의 방어적인 입장과 달리 적들을 추적하며 진멸하는 치적을 올리게 되었다. 1571년 10월 7일 레판토(Lepanto)만 입구에서 돈 후안의 함대는 결국 알리 바하(Alí Bajá)의 투르크 함대를 물리쳤고 레판토와 함께 무적의 투르크 신화는 무너지게 되었으며 이로써 후안 데 아우스트리아의 군사적 위용은 정점에 이르게 되었다. 승리의 면류관은 카리스마 넘치는 돈 후안 데 아우스트리아의 정치적 야심을 부추기기에 충분했다. 특히 교황에 의해 한껏 고무되어 있었던 돈 후안은 지중해에서 이상적이고 팽창주의적인 프로젝트를 제안하고 나서게 되었고 펠리페 2세는 이를 제어하여야 했다. 신성동맹이 해체되고 튀니지를 한시적으로 지배하고 난 뒤에 돈 후안은 1575년 궁정으로 돌아오게 되었다. 여기에서 그는 자신이 서자라는 점을 의식하면서 펠리페 2세에게 왕자의 칭호와 전하(alteza)로 예우해 줄 것을 간청하였다. 레판토의 용감한 영웅은 자기 고유의 왕국을 꿈꾸고 있었고 왕은 이복동생의 이러한 성향을 잘 알고 이용할 줄 알았다. 1576년 저지대 국가의 총독 루이스 데 레케센스(Luis de Requesens)가 죽고 나자 펠리페 2세는 그의 후임자로 돈 후안을 임명하였다. 이미 전임자들의 실패를 알고 있었던 돈 후안은 이를 끝까지 고사하고자 하였지만 플랑드르 지역이 일단 안정되고 나면 자신에게 더 큰 사업을 맡기리라는 펠리페 2세의 암시에 결국 고무되어 저지대 국가로 가게 된다. 하지만 어려움은 그가 예상했던 것 이상이었다. 자신과 자신의 비서 후안 데 에스코베도(Juan de Escobedo)에 대한 안토니오 페레스(Antonio Pérez)의 음모와 이에 말려들고 있었던 펠리페 2세의 입장으로 희생자가 되어버린 돈 후안은 군대도, 재정적인 지원도 받지 못한 채, 플랑드르 반란인들의 무정부 상태 앞에서 무력하게 있어야 했다. 또 메리 스튜어트(María Estuardo)와 함께 권좌에 앉으리라는 기대를 걸었던 영국에의 침공도 사실상 불가능하다고 여기게 된 그는 자신이 플랑드르에서 몰락하게 되었다고 생각하였다. 이러한 실패에 고통스러워하던 중 그는 나무르(Namur)의 병영에서 발진티푸스에 걸리면서 결국 1578년 10월 1일 생을 마감하게 되었다.

Dos Aguas (도스 아구아스)　발렌시아 지방의 도시. 카바욘(Caballón)과 아베(Ave) 산맥 사이에 위치하며 이베리아 반도 구석기시대 유물이 발견된 장소들 중 하나이다. 약 400명의 주민이 거주한다.

Dos de Mayo 1808* (1808년 5월 2일)　이날은 마드리드 주민들이 주역이 되어 독립전쟁(Guerra de la Independencia)의 시작을 알린 역사적인 사건을 가리킨다. 마드리드에서 1808년 5월 2일에 일어났고, 3일 프린시페 피오(Principe Pio)의 산에서 일어난 총살로 절정에 이른 이 일은 고야(Goya)에 의해 불멸의 사건으로 기억되고 있다. 1808년 4월부터 5월까지 프랑스제국의 군대[퐁텡블루 조약(tratado de Fontainebleau)부터 프랑스의 스페인 영토 점유가 이루어짐]에 대한 스페인 사람들의 초기의 우려와 의혹은 점차 프랑스인들에 대한 적대감으로 발전하였다. 5월 2일 궁에서 그리고 스페인에서 프란시스코 왕자(don Francisco)를 데려가고자 하였을 때, 마드리드 주민들은 알메리아 광장(plaza de Almería)에 모여서 이를 저지하고자 하였다. 이것은 향후 피비린내 나는 영웅적 전투의 명분이자 서막으로써 왕궁(Palacio Real) 앞에는 두 대의 대포와 함께 일단의 폴란드 부대가 배치되어 마드리드 인들을 향해 저격하는 사태가 벌어졌다. 마드리드 사방에서 거센 충돌이 일어났고, 대포광장(Parque de Artillería)에는 포병 대장인 다오이스(Daoiz)와 벨라르데(Velarde)와 루이스(Ruiz) 중위가 20명의 군인들, 약 백 명의 자원자들, 세 대의 대포 그리고 장비를 운송하는 일부 여인들과 함께 르프랑(Lefranc) 장군 휘하 2천 명의 병사들로 구성된 공격부대들에 항거하였다. 두 명의 포병이 사망함으로써 전투는 종결로 마무리되었고, 이는 프랑스 측에 9백 명의 부상자들을 가져오는 결과를 낳았다. 역사가들에 의해 당시의 사건이 재조명되면서 이 일은 즉흥적으로 일어난 단순사건이 아니라, 오히려 참여한 군인들 측에서 뿐 아니라 주민들 측에서도 사전에 봉기를 준비한 증거들이 있었음이 알려지게 되었다. 즉 2일 첫 시간에 엄청난 숫자의 사람들이 갑자기 도시로 몰려든 점이나 다오이스와 벨라르데가 다른 포병대원인 프란시스코 노베야(Francisco Novella)의 거주지에서 모인 점이 그러했다. 이 일은 후에 '포병대원들의 음모(confabulación de los artilleros)'라는 이름으로 역사에 남게 되었는데, 벨라르데는 계획을 수립, 조직, 실행하는 역할을 담당하였다면, 다오이스는 협력자들을 모집하고 몬테레온 공원(Parque de Monteleón)의 소총과 대포를 위한 탄약소를 은밀히 제조하는 일을 수행하였다. 또한 이 모든 준비는 마드리드에서 프랑스 군대들이 전략적으로 배치됨에 따라 사전에 프랑스인들에게 누출된 것으로 보인다. 어떤 경우라 할지라도 5월 2일은 나폴레옹에 항거하는 스페인 민중들의 첫 번째 봉기일로 독립전쟁 기간 동안 지속적으로 볼 수 있는 특성적인 요소를 내포하고 있다고 볼 수 있다. 즉 유럽에서 가장 막강한 군대에 대항하여 시민들이 직접 무기를 들고 스페인 정규군의 도움을 받으며 싸웠다는 사실이 그러하다.

Dovela (도벨라스 양식)　스페인 중세 건축 양식 중 코르도바(Córdoba)에서 서고트족의 영향으로 흰색과 빨간색을 교대로 배열하고 표면도 장식된 부분과 없는 부분이 번갈아 있는 아치를 말한다. 현재는 벽돌이나 석재, 콘크리트 자재로 만들어진다. ➡ Reino visigodo (서고트 왕국)

Drake (해적 드레이크)　프랜시스 드레이크(Francis Drake)는 1540~1545년 사이에 크라운대일(Crowndale)에서 태어나 1596년 포르토벨로(Portobelo)에서 사망한 해적, 탐험가이다. 영국의 엘리자베스 1세는 해적 드레이크를 해군 중장으로 임명함과 동시에 훈장을 수여하였으며, 스페인과의 국교 악화로 스페인에 대한 공격을 드레이크에게 지휘하게 하였다. 이에 스페인의 펠리페 2세(Felipe II)는 '무적함대'를 내세워 영국을 공격하게 되는 계기가 되었다. ➡ Armada Invencible(무적함대)

Duarte de Perón, María Eva* (에바 페론)　부에노스아이레스(Buenos Aires) 주에 있는 로스 톨도스(Los Toldos)에서 1919년 5월 7일 태어났고 1952년 7월 26일 아르헨티나 수도에서 사망하였다. 보통 에비타(Evita)로 알려져 있으며 후안 도밍고 페론(Juan Domingo Perón)과의 결혼으로 아르헨티나의 퍼스트레이디로서 활동하였다. 1935년 부에노스아이레스에서 배우이자 가수로 일하였으나 성공하지 못하고, 1939년 라디오 아나운서로서 이력을 쌓기 시작하였다. 이곳에서 파시스트 이데올로기에 동조하며 아르헨티나 군부체제의 주요 선전원으로 활동하였으며, 직업상 아르헨티나 정치 지도자들과 인터뷰를 하면서 이를 기반으로 정계에 입문하게 되었다. 또한 후안 도밍고 페론과의 만남도 이러한 인터뷰를 계기로 성사될 수 있었고, 이후 페론은 에바의 영향력에 힘입어 아르헨티나에서 가장 막강한 권력을 행사하게 되었다. 1945년 10월 페론에 반대하는 반란이 발발하면서 그는 직책에서 물러났으나 에바의 조언을 받고 노동자의 지지에 호소함으로써 10월 18일 총파업을 일으킬 수 있었고, 그 결과 권력에 귀환하며 대통령 선거후보로 나설 수 있었다. 1945년 10월 21일 에바는 마침내 후안 도밍고 페론과 결혼하였고 남편의 조력자로서 별다른 직함이 없이 활동하다가 점차 노동사안과 사회보장에서 주요한 지도자로 탈바꿈하게 되었다. 그녀의 영향력이 커지면서 노동부 장관(secretario de Trabajo)은 그녀에게 전권을 넘기며 그녀의 지시에 따라 일하였고, 노동조합들도 전적으로 그녀의 뜻에 따라 움직였다. 에바는 조례들을 명령하였으며 위원회들의 회장과 임원들을 임명하였다. 그녀가 처리한 주요 사안들 중에 1947년 통과된 여성 선거권(sufragio femenino)은 여성해방으로 나아가는 단초가 되었다. 1947년 6월 에비타는 유럽 5개국으로 순방 여행(Gira del Arco Iris)을 떠났으며 스페인에서 최상의 대우를 받고, 로마에서 귀족의 환대와 심지어 교황 피우스 12세(papa Pío XII)의 접견을 받을 수 있었지만, 프랑스를 비롯한 나머지 방문 국가들에서는 별다른 성과를 거두지 못하였다. 1948년 10월 에바는 '마리아 에바 두아르테 데 페론 원조 재단(Fundación de Ayuda María Eva Duarte de Perón)'을 설립하여 전국 이익단체들의 리더가 되었다. 이 재단의 기금은 면세의 혜택 아래 병원과 학교, 아동과 노인의 집, 수영장, 놀이공원, 무산자 주택 등을 건설하는데 사용되었으며 한편으로 이 돈이 퍼스트레이디의 개인 용도로 사용되었다는 의혹과 고발도 제시되었다. 1949년 7월 에바는 페론당(Partido de Perón)의 하부 전사 그룹으로서 '페론여성당(Partido Femenino Peronista)'을 창립하여 의장직을 맡았으며, 여성들을 위한 교육기관의 설립을 통해 페론의 혁명지지 기반을 만들고자 하였다. 그러나 1949년 경제 위기가 심화되고 노조원들의 총파업이 일어나면서 에바의 정치적 몰락이 시작되었다. 비록 파업은 제지할 수 있었지만, 그녀에 대한 군대의 비판은 막을 수 없었다. 극우 장교집단은 에바의 정계 은퇴 요구가 수락되지 않자 페론 대통령에 대해 충성을 거부하며 내전을 일으켰고, 이 사건이 진정되고 나서도 삼마르티노(Sammartino)는 몬테비데오(Montevideo)에서부터 대통령과 에바 페론에 대해 고소장을 펼치며 이들의 미심쩍은 재산 증식에 대해 해명을 요구하였다. 페론은 이러한 정치적 위기 앞에서 1951년 11월 11일 조기선거를 소집하여 타개책을 모색하였고, 에비타는 여성페론당을 동원하면서 페론의 여성지지층을 확보하고자 노력하였다. 한편 그녀는 부통령으로서 출마의지를 밝혔지만 기대했던 지지를 받지 못하면서 후보사퇴를 해야 했고, 페론은 이런 그녀를 위해 10월 18일 산 후안(San Juan)의 날을 산타 에비타(Santa Evita)의 날로 정하여 선포하기도 하였다. 그러나 그해 건강이 악화되고 병명이 백혈병으로 판명나면서 에비타는 공개석상에 거의 모습을 드러내지 않았고, 1952년 6월 4일 페론의 대통령 취임식에 참석한 것이 그녀의 마지막 모습이 되었다. 7월 26일 에비타의 사망은 몇 주 동안 아르헨티나의 일상생활이 마비될 정도로 비탄과 슬픔을 가져왔으며, 그녀의 시신은 마침내 노동총연합(Confederación General del Trabajo)의 건물에 안치되었다. 그리고 사후에도 그녀는 페론주의(peronismo)의 영원한 상징으로 아르헨티나 인들의 마음속에 남게 되었다.

Ducado de Berwick (버윅 공작령)   잉글랜드와 스코틀랜드 경계에 있는 지역 노섬벌랜드(Northumberland)의 백작령으로부터 전해져온다. 버윅 공작령은 300년 이상을 스페인에서 삶을 영위하였는데, 17대 알바공작 하코보 피츠-제임스 스튜어트 이 팔코(Jacobo Fitz-James Stuart y Falcó)가 세상을 떠나고 그의 딸 카예타나 피츠-제임스 스튜어트(Cayetana Fitz-James Stuart)가 스페인에서 가문을 이어가기 위해 버윅 공작부인이 되려는 시도에서부터 시작된다. 하지만 결국 버윅 공작의 작위는 그의 조카 돈 페르난도 피츠-제임스 스튜어트 이 사아베드라(Don Fernando Fitz-James Stuart y Saavedra)가 계승하면서 작위는 잉글랜드와 스페인 두 국가에 남게 된다.

Ducado de Medina Sidonia (메디나 시도니아 공작)   1445년 2월 17일에 카스티야의 왕 후안 2세(Juan II)가 후안 알론소 페레스 데 구스만 이 수아레스(Juan Alonso Pérez de Guzmán y Suárez)에게 수여한 세습 귀족 직위이다. 메디나 시도니아는 스페인 안달루시아(Andalusia)에 위치한 메디나-시도니아(Medina- Sidonia)에서 따온 것이다. 스

페인 카스티야 세습 귀족 중 가장 오래된 것이다. ➡ Castilla, Corona de(카스티야 연합
왕국)

Dulia (천사의 예배) 로마 가톨릭에서 성인의 소지품을 성화할 때 치르는 예식으로 죽은 사람
을 성인으로 공식 승격할 때도 이와 같은 의식을 치른다.

Duque de Berwick (베릭 공작) 1671년에 태어나 1734년에 사망하였고 영국 왕 하코보
2세(Jacobo II)의 아들이며 프랑스의 장교이다. 1704년에 스페인의 프랑스 군대를
파견해 알만사 전투(batalla de Almansa)에서 승리를 거두었고 1714년에 바르셀로나
(Barcelona)에 입성했다.

Duque de Guisa (기사 공작) 로레나(Lorena) 공작 가문의 후손이며, 기사 공작의 지위는
1530년 프랑스의 프란시스코 1세(Francisco I)에 의해 귀족 클라우디오 데 로레나
(Claudio de Lorena)에게 부여된 것이다. 17세기 말까지 기사 공작의 지위는 지속되었
으며 18세기에는 보르봉-콘데(Borbón-Condé) 가문으로 그리고 19세기 중반에는 올레
안스(Orleans) 가문으로 넘겨졌다.

Duque de Rivas (리바스 공작) 리바스 공작 3세 앙헬 마리아 데 사아베드라 이 라미레스
데 바케다노(Ángel María de Saavedra y Ramírez de Baquedano, 1791~1865)는 스
페인 최고 귀족인 대공작으로 리바스 공작이라는 이름으로 더 알려져 있다. 그는 그의
유명한 로맨틱 드라마인 『Don Álvaro o la fuerza del sino』(1835)로 알려진 스페인 정치가
이자 화가, 시인, 극작가 그리고 작가였다. 또한 그는 1854년에 스페인 정부의 대통령직
을 수행했는데 단지 이틀 동안이었다.

Duque Wharton (와튼 공작) 1698년 영국에서 태어나 1731년 스페인 포블렛(Poblet)에서
사망하였다. 그의 아버지로부터 남작 직위를 물려받았으며 19세에 공작이 되었다. 영국
프리메이스단 회의소에 입소하여 총수가 되었으며, 그리스도 단원론자임을 밝히면서 영
국으로부터 추방되어 스페인으로 망명했다. 스페인에서 가톨릭으로 종교를 바꿨으며
1729년 마드리드에 프리메이슨 비밀 결사를 설립했다.

Durán Farell, Pere (페레 두란 파렐) 1921년에 태어나 1999 스페인의 기업인이다. 스페인
내전 이후 마드리드(Madrid)에서 건축을 전공했다. 펠리페 곤살레스(Felipe González)
와 조르디 푸졸(Jordi Pujol)의 측근이었다. 사회노동당(PSOE)과 깊은 연관이 있었던
인물이다. 20세기 후반 '합의의 문화(cultura del consenso)'를 주도했다.

Dux Claudio (클라우디오) 레카레도 왕의 측근이자 루시타니아(Lusitania) 지방의 군주. 로
마 출생의 클라우디오는 독실한 가톨릭 신자였다. 레오비힐도(Leovigildo) 왕과 에르메네
힐도(Ermenegildo) 왕자의 내전 동안 레오비힐도의 편에서 싸웠다. 마소나(Masona)
주교의 암살계획을 알게 되어 순나(Sunna) 주교 일당을 잡아들이고 그들을 파면했다.
➡ Recaredo(레카레도)

E

Edetanos (에데타노스)　에데타(Edeta) 영토의 거주민을 칭하는 말이다. 레이리아[Leiria, 현재의 리리아(Liria)]에 사는 로마인과 이데타노 이베리아인을 가리킨다. 에데타(Edeta) 영토의 면적은 8,545km²에 달하며, 카스테온(Castellón)의 남쪽 일부와 발렌시아 북쪽의 3분의 2를 차지하고 있다. ➡ Romanización(로마화)

Edificio de las Cariátides [(카리아티데스(여인상 기둥) 건물]　리오 데 라 플라타 스페인 은행(Banco Español del Río de la Plata) 건물이라고도 불리는 이 건물은 스페인 마드리드 알칼라 거리(calle de Alcalá)에 있는 건물이다. 건물에 정면에 위치한 고전적인 카리아티데스(여인상 기둥)가 특징적으로 건물의 이름이 붙여졌다. 스페인 중앙은행 지점으로 사용되었던 이 건물은 1918년 안토니오 팔라시오(Antonio Palacios)와 호아킨 오타멘디(Joaquín Otamendi)에 의해 건축되었다. 이후 이스파노 중앙은행(Banco Central Hispano)과 공공신용협회(Instituto de Crédito Oficial) 소유로 바뀌었다. 현재는 세르반테스 연구소(Instituto Cervantes)로 사용되고 있다.

Egas, Enrique (엔리케 에가스)　(1455~1534) 에가스 가문의 에가스 쿠에만(Egas Cueman)의 아들로 스페인 16세기 초에 발생한 건축물 중에서 가장 성공적으로 이끌어낸 건축가이다. 톨레도의 산타 마리아 성당(Catedral de Santa María)을 통해 카스티야(Castilla), 안달루시아(Andalucía), 갈리시아(Galicia) 전역에 명성이 알려졌다. 그의 대표적인 건축물은 아름다운 플라테레스크 건축양식이 돋보이는 톨레도 산타 크루스 병원(Hospital de Santa Cruz)이다.

Egica (에히카)　(687~702) 서고트족의 왕이자 왐바(Wamba)의 조카이다. 에르비히오(Ervigio) 왕의 딸 식시로나(Cixilona)와 혼인해 왕위를 계승했다. 그의 통치기는 개인의 권력 강화로 특징지어진다. ➡ Reino visigodo(서고트 왕국)

Égica (에히카)　서고트족 33대 왕. 에르히비오가 왕위를 내놓기 전 에히카를 추천하여 687년부터 통치를 시작했다. 왕위에 오르기 전 에르히비오를 비롯한 왕가 전체를 보호하겠다는 약속을 했기에 귀족들의 노예 수를 줄였다. 698년 아들 위티사(Wittiza)와 왕권을 공유하고 702년 사망하였다. ➡ Reino visigodo(서고트 왕국)

Egilona (에힐로나)　에힐로(Egilo) 혹은 아일로(Ailo)라고도 불리는 에힐로나는 이스파니아의 서고트족 마지막 여왕이다. 톨레도 궁정에서 자란 그녀는 펠라요(Pelayo)와 함께 어린 시절을 보냈고, 이후 서고트족의 마지막 왕 로드리고(Rodrigo)와 결혼하였다. 하지만 711년 로드리고가 사망하자, 압달아시스 이븐 무사(Abd al-Aziz ibn Musa)로 인해 메리다(Mérida)에서 포로가 되어 그의 아내가 되었다. ➡ Reino visigodo(서고트 왕국)

Egmont (에그몽 백작) 네덜란드(Países Bajos) 부유한 집안의 자손이었으며 펠리페 2세의 친척이었다. 젊은 시절 스페인에서 군사 교육을 받았으며 1542년에 그의 형제 카를로스(Carlos)에게서 올란다(Holanda, 네덜란드)의 영토를 물려받았다. 에그몽은 1557년 산 킨틴(San Quintín) 전투와 1558년 그라벨리나스(Gravelinas) 전투에서 스페인 왕국을 대표하여 프랑스 군대를 무찌르기도 했다. 1559년 플랑드르(Flandes)와 아르토이스(Artois, 프랑스 북부 지역)의 부책임자(estatúder, lugarteniente)로 임명되었다. 에그몽은 기예르모 델 오란헤(Guillermo de Orange) 및 혼(Horn) 백작과 함께 네덜란드에서의 그란벨라(Granvela) 추기경에 의한 종교재판소의 도입을 반대하였다. 1565년 에그몽은 마드리드에 위치한 펠리페 2세의 궁전으로 향하여 네덜란드의 종교문제를 해결하려 했으나, 왕은 네덜란드에서의 자유로운 종교활동을 허가하지 않았다. 이에 에그몽은 펠리페 2세와 멀어지기 시작했다. 1567년에 펠리페 2세는 플랑드르(Flandes)로 알바(Alba) 백작을 보내 에그몽과 혼 백작을 체포하여 결국, 1568년 6월 5일 브뤼셀 대광장(Plaza Mayor de Bruselas)에서 참수형을 시켰다. ➡ Felipe II(펠리페 2세)

Ejército Popular Revolucionario (민중혁명군) 좌파 성격의 멕시코 게릴라군 단체로 1995년 루벤 피게로아(Rubén Figueroa)에 의해 자행된 농민 학살 이후 결성되었다. 본래는 게레로(Guerrero) 주 또는 미초아칸(Michoacán) 주에서 활동했지만, 2006년 멕시코 총선거 이후 그 활동범위를 넓혔다.

Ejército Vasco (Euzko Gudarostea) (바스크 군대) 스페인 내전 시 바스크 정부가 세운 작은 육군부대이다. 제14인민군대라고도 불리었던 이 조직은 바스크 정부의 공화파 인민군과 함께 공화파 지역의 모든 군인들을 훈련시키고 지휘하는 데 목적이 있었다. ➡ Guerra Civil Española(스페인 내전)

Ejército Zapatista de Liberación Nacional* (사파티스타 민족해방군) 1994년 1월 멕시코 정부에 반대하여 치아파스(Chiapas) 주에서 일어난 무장혁명단체로 원주민주의와 농민주의의 특징을 지니고 있다. 멕시코 농민의 영웅이자 혁명가인 에밀리아노 사파타(Emiliano Zapata)의 이름을 차용함으로써 농지개혁과 빈농을 위한 투쟁임을 표방한다. 사파티스타 운동의 출현 배경은 멕시코의 치아파스 주가 안고 있는 구조적인 문제에서 비롯된다. 멕시코 전체에서 가장 빈곤한 지역 중 하나인 이곳은 주민의 4분의 3이 극빈자에 속하며 전국 최고의 유아사망률과 최저 취학률을 보여주고 있다. 특히 경작지의 부족은 이곳에서 가장 심각한 문제로서 스페인 정복 때부터 원주민들은 고지대와 같은 척박한 땅으로 내몰렸고, 1950년 이후로는 인구과밀 때문에 시에라 라칸도나(Sierra Lacandona)의 열대림 지역으로 쫓겨 갔다. 더욱이 풍부한 천연자원의 국가개발이익과 대농장주들과 목장주들의 이해관계는 에히도(ejidos) 땅을 경작하며 사는 원주민 공동체와 빈농들의 생존을 심각하게 위협하였다. 멕시코의 주요 커피 생산지인 치아파스 주는 대농장주가 수출 주력상품으로 수익을 얻는 것에 반해, 원주민들은 옥수수, 콩 등과 같은 전통 작물 재배에 종사하는 이중 경제체제의 모순을 보여주었다. 한편 1930년대 라사로 카르데나스(Lázaro Cárdenas) 정부에 의해 채택된 토지 분할 개혁도 치아파스 주에는 목장주들의 예외적인 특혜로 인하여 적용되지 않았다. 여기에 대농장 기업과 목장주들의 이익과 차기 정부들의 개발 프로젝트로 생산성이 높은 토지에서 농민들의 이주 현상이 계속 발생하였다. 치아파스 주는 멕시코 전기 에너지의 절반을 담당하는 곳으로, 1965~1987년 동안 이루어진 댐 건설은 수백여 명의 농민 이주를 초래하곤 하였다. 아울러 치아파스는 멕시코의 두 번째 석유 생산지로서 석유갱의 개발은 농민들의 이주뿐 아니라 삼림 벌채, 토지와 강의 오염을 야기하였다. 따라서 사파티스타들(zapatistas)은 개발정책으로 빚어진 토지 부족을 문제시하였을 뿐 아니라 살리나스 대통령(presidente Salinas)의 신자유주의 정책으로 체결된 북미자유무역협정(NAFTA)이 멕시코 남부의 농업경제에 심각한 위협이 된다고 판단하였다. 이러한 요구를 표명하기 위하여 사파티스타 민족해방군은 미국과 캐나다와의 자유무역협정이 발효되는 1994년 첫날 치아파스 주에 있는 6개의 도시들을 점령하였다. 멕시코 정부는 반란을 진압하기 위하여 군대를 파견하였고, 12일간의 무력 충돌은 120여 명(반란군과 치아파스 교회에 따르면 400명)의 사망자를 발생시켰다. 양측 간의 회담이 전격 이루어졌고, 사파티스타들은 1994년 3월 문서에서 농업개발에 적합한 토지 양도뿐 아니라 개발 수단, 즉 신용대출, 기술지원, 도로나 관개와 같은 인프라 구축을 보장하는 농지개혁을 요구하였다. 또한 1996년 2월 평화 회담에서는 삼림벌채를 배제하지 않는 합리적인 개발을 옹호하기도 하였다. 즉 원주민 공동체의 토지와 천연자원의 보존과 양립하는 개발정책의 필요성을 제안한 것이다. 이와 같이 일련의 회담들에서 토지 개혁에 대한 논의가 있었으며, 원주민 공동체의 자치를 확대하는 조치들이 채택되었다. 또한 멕시코 정부는 산 안드레스 데 라라인사르(San Andrés de Larraínzar) 회담에서 EZLN을 범죄 집단이나 테러 집단이 아닌 '불만족한 시민들(ciudadanos inconformados)'의 정치운동으로 규정하였다. 그러나 양측 간의 대화는 얼마 뒤에 일어난 돌발 사건으로 심각한 위기에 처하기도 하였다. 보다 급진적인 혁명민중군(Ejército Popular Revolucionario, EPR)이 일련의 폭력행위를 시작하였기 때문이다. EZLN의 대변인인 부사령관 마르코스(subcomandante Marcos)는 양 조직 간의 연계성이 없음을 서둘러 발표하였으며, 더 나아가 사파티스타들은 국내외 시민사회의 지지와 무장 투쟁 대신 대화를 추구한다는 입장을 표명하였다. 그러나 1997년 12월 22일 치아파스의 악테알(Acteal)에서 평화주의 집단인 라스 아베하스(Las Abejas) 원주민 소속원 45명이 제도혁명당(Partido Revolucionario Institucional, PRI)과 연계된 준군사집단에 의해 살해되면서 치아파스의 갈등은 또 다시 수면 위에 오르기도 하였다. 사파티스타 운동은 마르크스-레닌주의로 특징지어지는 라틴아메리카의 다른 게릴라 운동과는 달리 일종의 사회주의 성격의 독자적인 운동이라고 할 수 있다. 전통적인 농민 운동과 원주민 부족의 투쟁을 결합시킨 것으로 새로운 유형의 운동으로 분류된다. EZLN은 멕시코 전체의 광대한 개혁에 매몰된 치아파스의 빈농들뿐 아니라 수세기 동안 제도적으로 도외시되어 온 원주민 집단의 권리를 전면에 내세웠다는 특징이 있다. 새로운 대안을 찾고자 하는 EZLN의 노력은 농민들과 노동조합들과 NGO들, 그리고 시민단체들이 모이는 장으로서 '전국 민주협약(Convención Nacional Democrática, CND)'의 창설을 가능케 하였고, 사파티스타들의 소통정책과 국내외 인권기구들과의 연계는 여론의 지지를 받는 요인이 되기도 하였다.

Ejido (에히도)   주로 이웃 주민들의 가축을 방목할 목적으로 사용되던 공동의 토지를 일컫는다. 멕시코에서는 정부가 시골 농민들에게 경작하라고 주는 땅으로서, 멕시코 농업에서는 중요한 의의를 갖는다.

El Adelantado de Segovia (엘 아델란타도 데 세고비아)   스페인 카스티야 이 레온(Castilla y León) 주(州)의 세고비아 지역 신문이다. 루피노 카노 데 루에다(Rufino Cano de Rueda)가 1901년 주간지 <El Adelantado>를 인수하면서 이 신문의 역사는 시작된다.

1902년 <Diario de Avisos de Segovia>와 같이 일간지 형식으로 잠시 이름이 변경되었다가, 얼마 후 다시 지금의 이름이 되었다. 안토니오 마차도(Antonio Machado), 미겔 델리베스(Miguel Delibes), 프란시스코 아얄라(Francisco Ayala)의 기고문으로도 유명하다.

El aguador de Sevilla (세비야의 물장수)   17세기 스페인의 대표적인 화가 디에고 로드리게스 벨라스케스의 작품이다. 그는 이 작품에서 바로크 예술의 특징처럼 자연을 자세하게 묘사하며, 인물이나 사물에 비치는 빛과 그 그림자를 정확하게 그려냈다. 또한 젊은 청년과 나이든 남자를 그리면서 각기 다른 연령대의 인물과 그에 따른 감정을 화폭에 담으려 했다.

El Alcázar(España) [엘 알카사르(스페인)]   1936년 빅토르 마르티네스(Víctor Martínez) 보병사령관에 의해 톨레도(Toledo) 시의 알카사르(Alcázar, 성채)가 포위되었을 당시 창간된 신문으로서 프랑코주의 정권의 산업별 노동조합 기관지인 푸에블로(Pueblo) 일간지와 치열한 경쟁 관계에 있었다. ➡ Franquismo(프랑코주의)

El Censor (엘 센소르)   관습의 비판을 목적으로 하는 도덕적 풍자유형을 띠었던 신문으로 유럽의 저널리즘 개척자 중 하나이다. 영국의 <The Spectator>지의 계열로 프렌사 에스펙타도라(prensa espectadora) 혹은 에스펙타도레스(espectadores)로도 불린다.

El correo (엘 코레오)   엘 코레오 에스파뇰-엘 푸에블로 바스코(El Correo Español-El Pueblo Vasco)라고도 알려진 <El correo>는 보센토 그룹(Grupo Vocento) 소속의 조간신문이다. 스페인 빌바오(Bilbao)에 본사를 두고 있는 이 신문은 총 10개의 지역에서 발행되는데, 이 중 8개의 지역은 비스카야(Vizcaya) 주(州)에 속해 있다. 주로 스페인어로 구성되어 있으나, 몇몇 기사나 사설은 바스크어(euskera와 bizkaiera)로 간행된다. 1970년대부터 스페인 분리 독립 테러단체인 ETA(Euskadi Ta Askatasuna)의 표적이 되어 여러 번 공격을 당했고, 1977년과 2001년에는 각각 국장급인 하비에르 데 이바라(Javier de Ybarra)와 산티아고 올레아가(Santiago Oleaga)가 살해되었다.

El debate (엘 데바테)   1910년부터 1936년까지 마드리드에서 간행되었던 신문이다. 보수적이고 가톨릭 성향을 가졌으며 기예르모 데 리바스(Guillermo de Rivas)라는 기자에 의해 시작되었다. 2012년 11월부터는 <El nuevo debate>라는 디지털 버전으로 예전의 조간신문의 성향을 이어 받았다.

El desastre de Manila (마닐라의 패배)   1898년 필리핀의 카비테에서 미군과 스페인군 사이 해상 전투가 벌어졌다. 이 전투는 스페인-미국 전쟁 중 가장 중요한 군사 충돌 중 하나이다. 스페인은 이 전투에서 마닐라에 주둔하고 있던 해군과 함선들을 모두 잃는 참패를 겪었다. ➡ Desastre del 98(1898년의 패배)

El día de los reys magos (동방박사의 날)   동방박사는 예수 나사렛의 탄생이후 경의를 표하고 금, 유향과 몰약 등 부를 상징하는 선물을 전달하기 위해 다른 나라에서 온 방문자들을 부르는 이름이다. 스페인, 멕시코, 푸에르토리코와 우루과이, 독일의 몇몇 지방, 오스트리아, 크로아티아, 슬로바키아, 핀란드, 이탈리아, 리히텐슈타인, 스웨덴, 스위스 몇몇 지역에서 1월 6일을 동방박사의 날로 지정한 축제일이다. 스페인에서는 최근 미국 및 외국 문화의 영향으로 크리스마스 관습의 산타클로스와 공유되는데 전통적으로는 크리스마스 선물은 세 동방박사가 1월 5일에서 6일 밤에 아이들을 위해 가지고 온다.

El diario de Cádiz (엘 디아리오 데 카디스)   1867년 페데리코 졸리 벨라스코(Federico

Joly Velasco)에 의해 창간된 카디스(Cádiz) 지역 신문이다. 1980년대에는 점차 세비야 (Sevilla), 우엘바(Huelva), 코르도바(Córdoba), 말라가(Málaga), 그라나다(Granada) 등 여러 지역으로 확산되었다. 2002년에는 약 3만 부가 발행되었고 지금도 독자의 꾸준한 사랑을 받고 있다. 이 신문의 유명 기자로는 작가 필라르 베라(Pilar Vera)와 시인 엔리케 가르시아 마이케스(Enrique García Máiquez)가 있다.

El diario de León (엘 디아리오 데 레온) "레온(León) 일간지"라는 뜻으로 레온 주(州)에 서 가장 많이 판매되는 신문이다. 현재 이 신문은 베가르(Begar) 사(社)에 속해 있으며, 일부는 카스티야 이 레온 라디오 텔레비전(Radio Televisión de Castilla y León) 사 (社)의 소유이기도 하다. 현재 이 신문사는 레온 아스토르가(León-Astorga) 거리에 있다.

El diario Las Provincias (엘 디아리오 라스 프로빈시아스) 1866년 창간된 발렌시아 (Comunidad Valenciana) 신문. 스페인 민주화 전환기(Transición) 때 지역에서 핵심 이 된 언론지 중 하나였다. 보센토(Vocento) 계열에 속하며 신문사 주식의 약 절반은 페데리코 도메네크(Federico Domenech S.A.) 사(社)가 보유하고 있다. ➡ Transición democrática Española(스페인 민주화 이행기)

El Diario Montañés (몬타네스 일간지) 약어로 엘 디아리오(El Diario) 혹은 DM으로 쓰이 며 주로 칸타브리아(Cantabria)와 팔렌시아(Palencia) 지방에서 판매되고 있으며 2013년 기준 일일 19만 명의 독자를 보유하고 있다.

El diario Sur(periódico) (엘 디아리오 수르) 스페인 말라가(Málaga) 지역의 신문이다. 프 렌사 말라게냐(Prensa Malagueña, S. A.) 사(社)의 소유인 이 신문은 1937년 3월 아리 바(Arriba)라는 이름으로 창간되었으나, 며칠 뒤 지금의 이름으로 바뀌었다. 1990년 프 렌사 말라게냐의 소속이 되면서 인터넷으로도 기사를 볼 수 있으며, 스페인어 외에 영어 및 독어로도 되어 있다.

El Diario Vasco (엘 디아리오 바스코) 스페인 바스크 지방(País Vasco)의 기푸스코아 (Guipúzcoa)에서 간행되는 일간지로 1934년 11월 27일 바스크언론협회(Sociedad Vascongada de Publicaciones)에 의해 창간되었다. 라미로 데 마에스투(Ramiro de Maeztu) 또는 후안 이그나시오 루카 데 테나(Juan Ignacio Luca de Tena)와 같은 보 수파 진영들의 정치가들이 창립 멤버에 포함되어 있다. 이 신문은 바스크어(euskera)와 스페인어로 간행되지만, 약 90%의 간행물은 스페인어로 되어 있다.

El enigma del deseo (나의 욕망의 수수께끼) 스페인 초현실주의 화가 살바도르 달리 (Salvador Dalí)의 작품이다. 이 그림은 달리가 평소 자신의 뮤즈라고 여겼던 갈라를 만 나 자신의 성욕과 어머니를 연관시켜 그렸다. 이는 달리가 당시 프로이트의 초현실주의 와 정신분석학에 영향을 받아 오이디푸스 신화에 적용시킨 것으로 보인다.

El entierro del Señor de Orgaz (오르가스 백작의 매장) 16세기 스페인을 대표하는 화가 엘그레코(El Greco)로 불렸던 도미니코 테오토코폴리(Doménikos Theotokópoulos)의 대표적인 작품이다. 이 작품은 오르가스 백작이 성 스데반과 성 아구스틴에 의해 매장되 는 스페인 톨레도의 전설을 표현했다. 화면을 두 면으로 나누어 한 면은 지상을, 한 면은 비현실적인 천상의 세계를 보여주고 있다.

El Escorial (엘 에스코리알) 스페인 마드리드 주의 산 로렌소 데 엘 에스코리알(San Lorenzo de El Escorial)에 있는 수도원 유적으로 1984년 세계문화유산으로 지정되었다. 정식 이 름은 산 로렌소 데 엘 에스코리알 왕실수도원(Real Sitio de San Lorenzo de El

Escorial)이다. 펠리페 2세의 명으로 생캉텡(Saint-Quentin) 전투의 승리를 기념하기 위해서, 건축가 후안 바우티스타 데 톨레도(Juan Bautista de Toledo)와 후안 데 에레라(Juan de Herrera)가 1563~1584년 과다라마(Guadarrama) 산맥 남쪽 고지에 건설하였다. ➡ San Lorenzo de El Escorial, Real Monasterio de(성 로렌소 데 엘 에스코리알 왕립수도원)

El Greco(Theotokópoulos, Doménikos) [엘 그레코(테오토코폴리 도미니코)] (1541~1614)는 16세기 스페인 르네상스 미술을 대표하는 화가이다. 크레타에서 태어났다 하여 '엘 그레코'로 불렸으며, 1575년 스페인에 와서 톨레도에 거주했다. 그는 초기 작품에서 이탈리아의 매너리즘을 이용했다. 이후, 한 면을 구분하여 형체를 늘여 그리면서 회색 톤으로 색상을 난순화하는 방향으로 나아갔다. 이와 같은 경향의 대표적인 작품은 「*El entierro del Conde de Orgaz*」과 「*El caballero de la mano en el pecho*」이다.

El Ideal Gallego (엘 이데알 가예고) 스페인 갈리시아(Galicia)의 라 코루냐(La Coruña) 지역 신문이다. 가톨릭교, 지역주의, 독립주의적 일간지라고 불린 만큼 정치경제적인 특징을 지니고 있다. 1917년에 호세 투베스 페고(José Toubes Pego)에 의해 창간되었으며 1920년대에는 "문학적인 섹션(Hoja literaria)"으로 유명하였고, 1960년대에는 "무지개(Arco da Vella)"라는 섹션으로 많은 이들의 사랑을 받았다.

El Imparcial (엘 임파르시알) 스페인에서 1867년 에두아르도 가셋 이 아르티메(Eduardo Gasset y Artime)가 창간한 자유주의 성향의 조간지로 1933년 종간되었으며 정당 신문에 반대하여 최초로 발행된 기업 신문들 중 하나다. 마리아 크리스티나(María Cristina)의 섭정시기에 가장 많이 배포되고 영향력을 가졌으나 당시 국장이었던 라파엘 가셋(Rafael Gasset)이 1900년 프란시스코 실벨라(Francisco Silvela) 내각의 산업장려부 장관으로 임명되면서 정치적 불안 요소로 인해 쇠퇴하기 시작했다.

El mono azul (엘 모노 아술) 1936년부터 간행되었던 스페인 내전 공화파의 잡지이다. 당시 반파시즘 학자 연합(Alianza de Intelectuales Antifascistas)의 후원을 받아 문화보호 차원에서 발행되었으며, 안토니오 마차도(Antonio Machado), 에두아르도 우가르테(Eduardo Ugarte), 마리아 삼브라노(María Zambrano) 등이 참여한 정치 및 문학에 대한 기사와 사설들로 구성되었다. 당시 높은 문맹률로 인해 주요 독자층은 정계 인사나 군인 부사관들에 국한되었다. ➡ Guerra Civil Española(스페인 내전)

El Motín (엘 모틴) 반(反)교권주의 풍자, 보수파의 비판, 공화당 화합의 옹호, 성직자 세력에 대한 저항을 주된 목적으로 하여 1881년부터 1926년까지 발간된 주간 간행물이다.

El mundo (엘 문도) 1989년 창간을 시작으로 지금까지 많은 이들에게 보급되고 있는 스페인 신문이다. 마드리드의 본사를 중심으로 창간부터 2014년 1월까지 페드로 호세 라미레스(Pedro José Ramírez)가 사장으로 있었고, 전국 많은 도시에서 간행되었다. "세상"이라는 의미를 지닌 엘 문도는 인터넷 웹사이트(www.elmundo.es)로도 구독할 수 있다. 2010년 3월 스페인 최초 디지털 신문 매체인 오르빗(Orbyt)에 런칭하였고, 정치, 경제, 사회, 문화 분야의 정보 및 기사들을 전달하고 있다.

El Norte de Castilla (엘 노르테 데 카스티야) 스페인 바야돌리드(Valladolid) 신문이다. 매일 평균 216,000명의 독자들이 구매하고 스페인 카스티야 이 레온(Castilla y León) 주(州)에서 가장 많이 팔리는 신문이다. 1854년 창간되었으며 바야돌리드뿐만 아니라 팔렌시아(Palencia), 살라망카(Salamanca), 세고비아(Segovia) 버전으로도 출판되고 있다.

El Pacto de Moncloa (몽클로아 협정)　1970년대 후반 스페인 경제가 직면한 경제 위기를 극복하기 위해 1977년 10월 25일 아돌포 수아레스(Adolfo Suárez) 정부가 모든 정당 대표들과 합의한 공동 협정으로 경제회복을 위한 정책 수립을 목적으로 하였다. 이후 협정으로 바탕으로 야당들은 임금 동결, 신용 대출 제한, 공공 지출 감소 및 세금 정책 개혁에 승인하였으며 이러한 정책의 성공으로 생산과 고용이 증대하였고 물가 상승률이 감소하고 수출력이 신장되었다. ➡ Pactos de La Moncloa(몽클로아 협정)

El parque Natural de la Albufera (알부페라 자연공원)　발렌시아의 자연보호구역이다. 아랍어로 '작은 바다'라는 뜻으로, 1986년 7월 23일 발렌시아 법령(Generalidad Valenciana)에 의해 생태공원으로 인정되었다. 23.94km^{2}의 면적을 가지고 있으며, 멸종 위기의 동식물들이 보존되어 있다.

El Periódico de Aragón (엘 페리오디코 데 아라곤)　스페인 아라곤(Aragón)의 지역 신문이다. 지역의 소식들과 사설 및 스포츠 분야로 분류되어 있다. 세타 그룹(Grupo Zeta)에 속해 있으며 1990년에 창간되었고 <Heraldo de Aragón>을 뒤이어 지역에서 두 번째로 시작한 신문이다. 1992년부터 2003년까지 미겔 앙헬 리소(Miguel Ángel Liso)가 대표로 있었고, 이후에는 하이메 아르멘골(Jaime Armengol)이 취임하였다.

El periódico de Catalunya (카탈루냐 신문)　스페인 카탈루냐 바르셀로나의 조간신문이다. 스페인어와 카탈루냐어(catalán)으로 간행되고 있는 이 신문은 세타 그룹(Grupo Zeta)에 소속되어 있으며, 회사의 성향을 따라 진보적이고 카탈루냐 자치주의적인 특징을 지니고 있다. 2006년부터 신문 가격은 주중에는 1.3유로, 일요일에는 부록을 포함하여 2유로로 책정되어 있다.

El Periódico Extremadura (엘 페리오디코 엑스트레마두라)　스페인 엑스트레마두라(Extremadura)의 지역 신문이다. 세타 그룹(Gruppo Zeta) 소속이며 카세레스(Cáceres) 지역에 본사를 두고 있다. 1923년 창간되었고 후안 밀란 세브리안(Juan Milán Cebrian)과 같은 유명 인적 자원을 보유하고 있다.

El Periódico Mediterráneo (엘 페리오디코 메디테라네오)　스페인 발렌시아(Comunidad Valenciana)의 신문이다. 특히 북부 카스테온 지방(Provincia de Castellón)에서 사랑받는 신문으로 많은 판매 부수를 자랑한다. 1938년 창간되어 1992년부터는 세타 그룹(Grupo Zeta)에 소속되어 있으며 헤수스 몬테시노스(Jesús Montesinos)가, 2005년부터는 호세 루이스 발렌시아(José Luis Valencia)가 사장으로 있었다.

El Progreso (엘 프로그레소)　스페인 갈리시아(Galicia) 주(州) 루고(Lugo) 지역에서 발간하는 신문이다. 1908년 푸리피카시온 데 코라(Purificación de Cora)와 마스 비야푸에르테(Más Villafuerte)에 의해 창간된 이 신문은 루고 지역 소식을 중심으로 다양한 지식 및 정보를 전달한다.

El Punt (엘 푼트)　스페인 카탈루냐 헤로나(Gerona)지방의 신문이다. 1979년 창간되어 1990년까지 카탈루냐어로 'Punt Diari'라고 불렸다. 이후 지금의 이름으로 바뀌었고 바르셀로나(Barcelona), 헤로나, 메레스메(Meresme), 타라고나(Tarragona), 에브로(Ebro) 지역을 포함하여 총 10가지 버전으로 간행되고 있다. 2009년 2월부터는 창간 30주년 기념으로 인터넷 발간을 시작하였다.

El Real de San Vicente (엘 레알 데 산 비센테)　스페인의 카스티야라만차(Castilla-La

Mancha) 자치주에 위치한 도시이다. 톨레도(Toledo)의 북서쪽에 있다. 1400년경부터 사람이 살기 시작했으며 그 이전에는 기독교인과 무어인들의 전투지였다. 군사 진영으로 이용됐기 때문에 "real"의 칭호가 남아 있게 되었다.

El teatro de encargo (의무를 띤 연극) S. 노이마이스터(S. Neumeister)의 연구에 따르면 당시 작품들은 자유롭게 만들어지거나 작가의 순수한 창조성에 의해 만들어진 것이 없었다고 한다. 대문호들은 왕이나 돈 많은 귀족, 정부관계자들을 위해서 일하였고, 항상 정치의 수단으로서 연극을 합당하게 사용할 책임을 지고 있었다. 마라발(Maravall)에 의하면 17세기의 연극은 당시 사회의 영향을 깊이 받아 탄생된 문학적 산물이라고 하였다.

El Tiempo (엘 티엠포) 1911년 알폰소 비예가스 레스트레포(Alfonso Villegas Restrepo)가 창간한 콜롬비아의 신문으로 사유와 민수수의를 수호했다. 마약 밀매와 투쟁했기 때문에 엘 티엠포 신문사는 협박과 위협을 많이 당했으나 오늘날까지 존속하고 있다.

El vino de Jerez (헤레스 와인) 안달루시아 서쪽 지역 헤레스에서 유래했으며 13~14세기 때 헤레스의 뱃사람들이 포도주에 알코올을 첨가하면 더 오랫동안 보존할 수 있다는 것을 발견하면서 탄생했다. 영국에서 쉐리주라 불리는 이 술은 스페인의 무적함대와 영국의 함대가 결투 중에 있을 때 보급되었다고 한다. 헤레스를 만드는 데 사용되는 포도품종은 정해져 있으며 헤레스만의 특별한 숙성 방법이 있다.

Elecciones generales de España de 1977 (1977년 스페인 총선거) 스페인 총선거는 1977년 6월 15일에 41년 만에 실시되었다. 총선거를 통해 아돌포 수아레스 곤살레스(Adolfo Suárez González)가 총리로 취임하였다. 이로 인해 카탈루냐와 바스크 지방의 민족주의 정당들은 의회 대표 지위를 얻었으며 1978년 의회민주주의를 내용으로 하는 신헌법이 국민투표에서 통과되는데 기초가 되었다. ➡ Transición democrática Española(스페인 민주화 이행기)

Elipando de Toledo (톨레도의 엘리판도) (717~800) 톨레도의 대주교이며 스페인 교회를 프랑크족으로부터 독립시키기 위해 샤를마뉴(Carlomagno)에 맞서 싸웠다. 예수는 단지 하느님의 양아들이라 주장해 종교회의에서 수차례 경고를 받았다.

Ellacuría, Ignacio (이그나시오 에야쿠리아) 1930년 스페인 포르투갈레테(Portugalete)에서 태어나 1989년 산살바도르(San Salvador)에서 군인들에 의해 살해된 예수회 수도사이다. 철학과 신학 박사과정을 마쳤으며 1979년에 엘살바도르의 호세 시메온 카냐스 대학(Universidad José Simeón Cañas) 총장으로 부임하였다. ➡ Jesuitas(예수회원들)

Elvira, reina de León (엘비라, 레온 왕비) 레온 왕국의 여왕으로 베르무도 2세(Bermudo II)의 둘째 부인이자 알폰소 5세(Alfonso V)의 어머니이다. 999년 베르무도 왕이 죽자 어린 알폰소를 대신해 섭정했다. 그녀는 뛰어난 통치 능력뿐만 아니라 신중하고 용기 있는 왕비로서 큰 사랑을 받았다. 레온 왕국을 침략한 적군을 물리쳤으며 카스티야로부터 빼앗긴 영토를 되찾았다. 알폰소 5세가 성인이 되었을 때 왕위에서 물러났으며 1027년에 사망했다. ➡ Castilla, Corona de(카스티야 연합왕국)

Emerita Augusta (에메리타 아우구스타) 로마제국의 식민지였던 루시타니아(Lusitania) 지방의 고대 식민도시로서 기원전 23년 무렵 세워졌으며, 현재 스페인의 에스트레마두라(Extremadura) 지방의 주도인 메리다(Mérida)에 해당한다. 바둑판 모양으로 설계된 도시는 3세기 말에 전성기를 맞아 '에스파냐의 로마'로 불렸다. 로마와 초기 그리스도의 건축 유적들이 보존되어 있으며, 유네스코에 세계문화유산으로 등록되었다. ➡ Romanización

(로마화)

Emiliano, Fabio Quinto Máximo (파비오 킨토 막시모 에밀리아노)   기원전 186년에 태어나 130년에 사망한 로마의 군인이자 정치인이다. 집정관으로 임명된 후 비리아토가 이끄는 루시타니아(Lusitania) 반란군 진압에 앞장섰다. 그는 진압에 성공했으나 후에 성급한 군대 철수로 인해 로마군은 이베리아 반도에서 점차 힘을 잃게 된다. ⇒ Viriato(비리아토)

Emir* (에미르)   아랍의 정치 용어에서는 'emir'가 '권력이나 지휘권을 행사하는 사람'을 뜻하며, 처음에는 그렇게 한 국가의 최고 권력을 지칭했다. 신자들의 에미르인 칼리프의 범주거나, 혹은 알 안달루스(al-Andalus)에서 코르도바(Córdoba)의 우마이야조 에미르거나, 혹은 알모라비데족(almorávides), 알모하데족(almohades) 술탄들과 나사리조 왕들(reyes nazaríes)이나 우마이야조나 압바스조 칼리프에 종속되어 권력을 행사하는 지방의 권력자들 모두 에미르라고 불렀다. 특히 칼리프에 종속되어 있는 에미르는 국가의 행정적 통일을 이루는 각각의 영토를 대표하며 권력을 행사하는 자들이었다. 알 안달루스에서는 칼리프나 북아프리카에 있는 대표가 임명하거나 승인한 종속적인 에미르들(emires dependientes)이 있었고, 또한 코르도바 우마이야조의 자치적인 왕조를 이루는 독립적인 에미르들(emires independientes)이 있었다. 종속적인 에미르 시대는 알 안달루스에서 무사 벤 누사이(Musa ben Nusayr)의 정복으로 시작되었고, 그의 아들 압달-아시스 벤 무사 누사이(Abd al-Aziz ben Musa Nusayr, 714~716)의 지휘 아래에서 피레네 남쪽의 땅들로 그 세력이 확장되어 나르보나(Narbona)까지 이르게 되었으며, 안달루시아 동쪽과 레반테(Levante)를 평정하였다. 그러나 그는 모슬렘 지배의 스페인에서 나타나기 시작한 내부 암투로 살해되었고 8세기 초반에는 베르베르인들(bereberes)이 아랍인들에, 물라디 아랍인들(árabes muladíes)이 시리아인들(sirios)에, 북쪽의 아랍인들이 남쪽의 아랍인들에 맞서서 격렬하게 대립하는 모습을 보였다. 이러한 갈등으로 압달 아시스(Abd al-Aziz)가 사망한 후부터 마지막 에미르인 유수프 이븐 압달 라만 알 피리(Yusuf ibn Abd al-Rahman al Fihri)에 이르기까지, 즉 우마이야조의 압달 라만 1세(Abd al-Rahman I)가 756년 알 안달루스의 권력을 장악할 때까지 종속적인 에미르는 19명이나 바뀌었다. 압달 라만 1세는 750년에 다마스커스(Damasco) 우마이야조 칼리프가 바그다드 압바스 조 칼리프들에 의해 대체되면서 일련의 독립적인 에미르 시대를 시작하였다. 압달 라만 1세의 정부는 동쪽의 칼리프체제에 대해 알 안달루스의 정치적인 종속 관계를 단절시켰고, 이베리아 주민 간에 존재하는 인종적, 종교적, 사회경제적, 문화적 차이로 인해 나타나는 분열상을 막기 위해 중앙집권적인 통치에 집중하였다. 압달 라만 1세의 뒤를 이어 계승한 후손들은 다음과 같다. 이삼 1세(Hisam I, 788~796), 알 아캄 1세(al-Hakam I, 796~822), 압달 라만 2세(Abd al-Rahman II, 822~852), 무아마드 1세(Muhammad I, 852~886), 알 문디르(al-Mundir, 886~888), 압 알라(Abd Allah, 888~912) 그리고 압달 라만 3세(Abd al-Rahman III)이다. 압달 라만 3세는 929년에 스스로를 칼리프로 선포하고 우마이야 에미르 시대를 끝내고 코르도바의 칼리프 시대를 열었다.

Empanada (엠파나다)   라틴아메리카와 스페인의 만두이다. 속은 여러 재료로 채운다. 하지만 그중 가장 유명한 엠파나다는 쇠고기, 닭고기 그리고 햄과 치즈로 속을 채운 엠파나다이다. 엠파나다를 빚는 모양 따라 속을 구별한다. 그러나 이 요리의 유래가 중국에서 시작되었다는 설도 있다.

Enaciado (에나시아도)　　아랍어의 '전향자'에서 유래된 단어로 스페인 가톨릭 왕 지배하의 신하이지만 아랍 세력과 결혼을 하거나 화친, 이익 관계를 맺은 사람들을 말한다.

Encabezamiento (세금징수권)　　등록하거나 주민 등록을 하는 행동을 일컬으며, 세금을 징수하기 위한 등록 및 과세 인명록이나, 얼마의 세금을 징수할지를 조정하는 세율을 의미한다. 이 밖에도 책 또는 기타 서면의 서두 및 그 형식이나 서류나 편지의 윗부분에 사용되는 특정 문자로 시작되는 문구를 뜻하기도 한다.

Encamisá (엔카미사)　　12월 7일 밤 스페인 토레혼시요(Torrejoncillo)에서 열리는 축제이다. 무염시태의 날(Día de la Inmaculada Concepción) 전날 밤 10시 정각에 산 안드레스 교구 교회의 문이 열리며 성모 마리아가 수놓인 하늘색 깃발이 나오며 의식이 거행된다. 또한 중잉 광장에서는 다른 한 무리의 사람들이 성모 마리아의 이름으로 죽포를 터뜨려 광장 전체를 연기와 화약 냄새로 가득 채워, 시각뿐 아니라 모든 감각을 통해 이 축제에 빠져들도록 한다.

Encarta (엔카르타)　　CD로 나온 마이크로소프트 백과사전이다. 스페인어 버전은 1997년에 나왔었으며, 2008년까지 발행되었다. 영어, 독일어, 포르투갈어, 불어, 일본어, 이탈리아어와 네덜란드어로도 발행되었으며, 각 언어에 해당되는 버전이 그 나라의 라이센스가 있는 정보가 포함되어 조금씩 달랐다.

Encinas, Diego de (디에고 데 엔시나스)　　약 1529에 태어나 약 1600년에 사망한 아메리카 평의회의 일원이다. 1596년 42년의 긴 작업 끝에 아메리카 법전을 집대성했으며 이는 곧 '엔시나스 칙허증(Cedulario de Encinas)'이라고 알려지게 되었다. 그의 대업은 이후에 있을 1681년 법전 개정과 정치 조직망 편성에 큰 영향을 미쳤다. ➡ Hispanidad[이베리아성[포르투갈 및 브라질 제외)]

Encinas, Fernando de (페르난도 데 엔시나스)　　16세기 스페인의 석학이다. 후안 루이스 비베스(Juan Luis Vives)와 알바르 고메스 데 카스트로(Alvar Gómez de Castro)에게 영향을 끼쳤다. 프랑스에서 이론 철학을 가르쳤다.

Encomendero (엔코멘데로)　　스페인이 중남미 식민지에 설치한 엔코미엔다의 책임자를 일컫는다. 이들은 스페인 왕실의 이름으로 원주민들에게 그들을 교육하고 보호하는 명목하에 조공을 받았다. 이들은 서인도 식민청이나 서인도 관련 기구에 소속된 적이 없는 비종교인들이었다. ➡ Encomienda(엔코미엔다)

Encomienda* (엔코미엔다)　　사회경제제도로서 일단의 개인들이 다른 사람들에게 노동이나 현물로, 혹은 그들이 받은 재산이나 도움을 다른 수단을 통하여 지급하는 것이었다. 아메리카의 경우에 엔코미엔다는 스페인의 식민화를 공고히 하는데 중요한 역할을 담당하였다. 엔코미엔다의 법적 확립은 1503년 12월 20일의 왕령으로 시작되었으며 여기에서 원주민들의 자유와 스페인 사람들과 함께 살아야 하는 의무, 임금과 부양을 받는 대신에 스페인 사람들을 위하여 노동을 해야 하는 의무가 명시되었으며, 엔코멘데로(encomendero, 엔코미엔다를 위탁받은 스페인 사람)들은 토착민들을 기독교 신앙에서 교육을 해야 하는 의무가 있었다. 위임된 원주민들이 보호를 받고 복음화되어야 하는 동안 엔코멘데로는 원주민들을 보호하고 예배당을 세우며 교리를 가르치고 원주민을 위하여 집을 짓고 부지를 배분하여야 했다. 게다가 엔코멘데로는 스페인 왕국과 군사의무계약을 체결하여 원주민들의 반란과 외세의 침입 시 왕국 수호와 평화에 기여하여야 했다. 엔코미엔다는 아메리카에서 카스티야의 존재를 확실시하는데 필요한 노동력을 확보하고,

그들의 모든 행위가 인간과 신의 법에 따라 이루어진다는 것을 합법화하기 위해 만들어진 것이다. 그러나 이미 1511년에 엔코미엔다의 문제점이 심각하게 제시되기 시작하였는데 안토니오 데 몬테시노스 수도사(fray Antonio de Montesinos)는 설교에서 모든 문제의 근원은 엔코미엔다에 있다고 규탄하며 원주민들에 대해 자행되는 악행을 고발하였다. 다음 해에 부르고스의 법(Leyes de Burgos)이 선포되면서 엔코미엔다와 원주민들의 배분을 재규정하였다. 여기에서 지배자와 피지배자의 일반적인 준수 의무가 선포되었고, 원주민들과 스페인 사람들의 조화로운 공생이 언급되었으며 특히 원주민들의 개종과 그들의 필요가 충족되는 것이 중시되었다. 족장들(caciques)에 의해 제공되는 원주민들 집단을 배분하는 제도(sistema de repartimiento)가 확립되었는데 이는 원주민들을 일정기간 동안 카스티아인들에게 할당하는 제도였다. 이에 따르면, 원주민 촌락은 카스티아인들의 촌락에 근접해야 하며, 원주민들은 광산노동과 농업노동에만 국한되어야 하며, 좋은 대우를 받아야 하고 다섯 달의 노동 후에는 40일간의 휴식을 취할 수 있어야 하며 육류를 포함한 양질의 식사를 제공받아야 하였다. 짐을 운반하는 행위나 임신부에게 노동을 부과하는 것은 금지되었으며, 또한 원주민들에게 집과 해먹, 의복이 제공되어야 했다. 엔코멘데로는 적어도 이론상으로는 '원주민들의 보호자'였으나 실제로 엔코미엔다에서는 무수한 폐단들이 일어났다. 사실 원주민들이 처음에 그들의 엔코멘데로에게 지불해야 하는 세금은 개별 노동 형태로 이루어졌기에 이들은 혹독한 조건에서 일을 하여야 했다. 1542년의 신법(Leyes Nuevas) 공표로 다시 원주민들에 대해 자행되고 있는 엔코미엔다의 남용이 지적되고 이를 제거하고자 하는 시도가 있게 되었다. 이 법은 정복자들과 이들의 자손들 가운데 거센 반발을 야기하였는데 왜냐하면 원주민들의 개별 노동과 엔코미엔다나 레파르티미엔토의 이익에 대해 강력한 규제를 하고 있기 때문이다. 모든 권력기관들과 공직자들은 엔코미엔다를 소유할 수 없으며, 종교기관들도 선물로 받을 수 없도록 되었다. 특정인들에게 이미 수여된 엔코미엔다는 환원되었으며 후에는 엔코미엔다의 상속과 경매도 금지되었다. 또한 각 원주민이 왕국에 지불해야 세율도 인하되었는데, 왕국은 이를 엔코멘데로에게 양도하였다. 처음에 엔코미엔다는 임시적인 형태 혹은 당대에만 주어진 것이었는데 후에 2대에 걸쳐서 유지할 수 있도록 허용되었다. 그러나 앞서 언급한 1542년 신법으로 엔코미엔다의 세습은 폐지되었으나 곧 얼마 지나지 않아 다시금 세습이 인정되었다. 이러한 실책은 스페인 왕국이 조세로 일부 수입을 유지해야 하는 필요성과 급격한 인구 감소에서 원주민들을 보호해야 한 점, 정복자들과 그 자손들에게 정복한 땅에 대해 포상해야 하는 필요성 사이에 불가능한 균형을 유지하고자 하는데서 비롯된 것이다. 아메리카 식민화가 견고해지면서 엔코미엔다는 보다 근대적 형태의 경제제도로 대체되었는데, 아시엔다(Hacienda)와 플란타시온(Plantación)이다. 1720년에 엔코미엔다는 최종적으로 폐지되었으며 유카탄(Yucatán)에서만 1787년까지 존속하였다.

Energy (에너지)　에너지는 스페인 텔레비전 방송 채널이다. 메디아셋 에스파냐 그룹(Grupo Mediaset España)에 속해 있으며 남성 시청자 중심의 프로그램들을 주로 방영한다. 2011년 12월 19일 시험 방송을 개시로, 2012년 1월 9일 공식적으로 방송을 시작하였다.

Enrique de Aragón, Infante de Aragón (아라곤의 엔리케, 아라곤 왕자)　1399년에 태어났으며 1455년 올메도 전투(batalla de Olmedo)에서 입은 부상으로 사망했다. 비예나(Villena)의 후작과 레데스마(Ledesma)의 백작이었으며 산티아고 기사단(Orden de

Santiago)의 단장을 맡았다. 아라곤 왕자들(infantes de Aragón) 중에서도 관대한 알폰소(Alfonso el Magnánimo)와 후안 데 아라곤(Juan de Aragón)과 함께 1400년대 전반기의 카스티야(Castilla)와 아라곤(Aragón) 정치세력의 핵심 인물로 꼽힌다. ➡ Aragón, Corona de(아라곤 연합왕국)

Enrique I(Castilla) [엔리케 1세(카스티야)]   (1204~1217) 알폰소 8세의 아들로 부모를 일찍 잃어 성년이 될 때까지 카스티야는 누이 베렝겔라 왕비의 섭정 아래 놓이게 되었다. 라라 가문과 카스트로 가문 등의 귀족 세력이 서로를 견제하던 어지러운 시기에 왕위에 올라 숱한 갈등을 겪었다. 팔렌시아에서 사고로 생을 마감했다. ➡ Castilla, Corona de(카스티야 연합왕국)

Enrique II [앙리 2세(엔리케 2세)]   프랑스 왕으로 생 제르망 앙 레(Saint-Germain-en-Laye)에서 1519년 3월 31일 태어나 1559년 6월 10일 파리에서 사망하였다. 프란시스코 1세(Francisco I)와 클라우디아(Claudia)의 둘째 아들이다. 1536년 그의 형 프란시스코(Fancisco)의 죽음으로 왕위에 올랐다. 앙리 2세는 그의 아버지와 함께 발루아 왕가(Dinastia Valois)의 중요한 왕이었다.

Enrique II(Castilla) [엔리케 2세 (카스티야)]   알폰소 11세(Alfonso XI)의 서자로 1333년 세비야에서 태어나 1379년 사망했다. 보호자 로드리게스 알바레스(Rodríguez Álvarez)로부터 트라스타마라(Trastámara) 백작직을 물려받아 엔리케 데 트라스타마라(Enrique de Trastámara)라고도 불린다. 1350년 알폰소가 죽고 페드로 1세가 왕이 되자 엔리케와 그의 형제들은 수차례에 걸쳐 반란을 일으킨 후 프랑스로 피신했다. 1368년, 프랑스의 도움으로 엔리케는 몬티엘 전투(Batalla de Montiel)에서 페드로를 물리치고 1369년에 카스티야의 왕으로 등극했다. ➡ Castilla, Corona de(카스티야 연합왕국)

Enrique III(Castilla) [엔리케 3세(카스티야)]   (1379~1406) 1390년부터 1406년까지 카스티야의 왕으로 재위했다. 이 기간 동안 귀족 사회를 진정시키고 왕권을 회복하였으며 선대부터 내려오던 불합리한 특권들을 폐지하였다. 또한 영국 해적들과의 해상전에서 많은 승리를 거두었으며 1402년부터 카나리아스 제도를 식민화하였고 그라나다의 나사리 왕조와의 전투에서도 승리를 거두었다. ➡ Castilla, Corona de(카스티야 연합왕국)

Enrique IV (앙리 4세)   1553년 12월 3일 프랑스 포(Pau)에서 태어나 1610년 5월 14일 파리에서 암살당했다. 그는 1589년부터 1610년까지 프랑스의 왕이자, 1572년부터 1610년까지 나바라의 왕이었다. 앙리 4세는 훌륭한 업적으로 앙리 대왕(Enrique el Grande) 혹은 선량왕 앙리(Buen Rey)라는 별칭을 얻기도 했다. 그는 프랑스 내의 많은 종교 전쟁을 지휘했고, 프랑스 왕위에 오른 뒤에는 낭트 칙령(Edicto de Nantes)을 반포하여 내전을 종식시킨 뒤 프랑스의 발전을 이끌었다.

Enrique IV. Rey de Castilla y León (엔리케 4세, 카스티야 이 레온의 왕)   1425년 바야돌리드(Valladolid)에서 후안 2세(Juan II)와 마리아 데 아라곤(María de Aragón)의 아들로 태어났으며 1474년 마드리드에서 사망했다. 1454년부터 1474년까지의 재위기간 동안 왕이 지녀야 할 능력을 발휘하지 못했으며 이복동생 알폰소 왕자(infante Alfonso)를 지지하는 카스티야의 가장 힘 있는 몇몇 귀족들의 반대에 부딪혔다. ➡ Castilla, Corona de(카스티야 연합왕국)

Enrique y Tarancón, Vicente (비센테 엔리케 이 타란콘)   (1907~1994) 스페인의 추기경이다. 스페인 주교 위원회장을 지내며 가톨릭교회의 독립성을 주장했다. 프랑코의 독재가 무너지고 민주주의가 자리 잡아가던 과도기적 시기의 가장 대표적인 지성인들 중 한 명이다. ➡ Transición democrática Española(스페인 민주화 이행기)

Enríquez de Acevedo, Pedro (페드로 엔리케스 데 아세베도) (1560~1643) 스페인 바야돌리드 출신의 군인으로 수많은 전투에 참여하며 이름을 알렸다. 밀라노의 통치자로 권력을 쌓았다. 로크로이 전투에서 전사했다.

Enríquez de Arana, Beatriz (베아트리스 엔리케스 데 아라나) 1479년경 코르도바(Córdoba)의 평범한 집안에서 태어났으며 1520년경에 생을 마감했다. 크리스토발 콜론이 사랑했던 여인이며 에르난도 콜론(Hernando Colón)의 어머니이다. 콜론의 첫째 아들인 디에고 콜론(Diego Colón)도 양육했지만 끝내 콜론과는 혼인하지 않았다. ➡ Colón, Cristóbal[크리스토발 콜론(콜럼버스)]

Enríquez de Rivera, Payo (파요 엔리케스 데 리베라) (1622~1684) 스페인 출신의 성인이며 과테말라 주교(1657~1667), 멕시코의 대주교(1688~1681), 누에바 에스파냐 부왕(1673~1680)을 지냈다. 성직자의 본질에 대한 몇몇 작품들을 남겼다. 그리고 그의 재임기간 동안 후아나 수녀가 공부에 열중할 수 있도록 도왔다. ➡ Nueva España, Virreinato de(누에바 에스파냐 부왕령)

Enríquez, Alonso (알론소 엔리케스) 1354년에 태어나 1429년에 사망하였고 알폰소 11세(Alfonso XI)의 손자이며 파드리케(Fadrique)의 사생아이다. 용맹함과 동시에 지혜로운 인물로서, 카스티야 함대의 사령관(Almirante Mayor de Castilla)을 지냈다. 또한 후아나 데 멘도사(Juana de Mendoza)와 혼인해 14~15세기 카스티야의 가장 권력 있는 가문과 친인척 관계를 맺음으로써 여러 명문 가문을 탄생시켰다. ➡ Castilla, Corona de(카스티야 연합왕국)

Enríquez, Fadrique (파드리케 엔리케스) 카스티야(Castilla)의 부사령관이자 멜가르(Melgar)의 백작을 지냈다. 14세기 후반에 태어나 1473년 사망했다. 알바로 데 루나(Álvaro de Luna)와 적대적인 관계에 있었던 귀족 연맹의 일원 중 하나로, 그와 맞서 싸우다 1445년에 포로가 되었으나 후에 풀려났다. 딸 후아나 엔리케스(Juana Enríquez)와 아라곤의 후안 2세(Juan II de Aragón)를 혼인시켜 페르난도 2세(Fernando II)를 손자로 두었다. ➡ Aragón, Corona de(아라곤 연합왕국)

Era hispánica o española (스페인 원년) 아우구스투스 황제(Augusto)가 이베리아 반도를 완전히 평정한 것으로 생각하고 기원전 38년에 스페인의 로마 제국 편입령을 발표한 시기를 스페인사에서 이른바 스페인 원년이라 한다. 이는 또한 스페인이 중세에 접어든 것을 의미한다. ➡ Romanización(로마화)

Erarios (수도사) 아시엔다 제도의 실패로 경제가 휘청거리자 스페인은 금고 제도의 도입을 검토했다. 오늘날 은행과 비슷한 방식으로 농민들에게 낮은 이율로 돈을 빌려주기 위한 것이었다.

Erasmismo* (에라스무스주의) 16세기 초에 에라스무스 데 로테르담(Erasmo de Rotterdam, 즉 Erasmus)이 기초한 철학적, 종교적 교리이자 이데올로기 운동. 로바이나[Lovaina, 지금의 루뱅(Leuven)]을 진원지로 두었으며, 개신교의 종교개혁과 유사한 종교적 성향 외에 인문주의적인 성격을 그 특징으로 하고 있었다. 당시 흥기하고 있었던 종교개혁이 가톨릭교회와의 완전한 결별을 선택하였다면, 에라스무스주의는 교회 내의 쇄신을 주창하고 형식적·관념적 종교행위에서 실천적 경건으로 나아가길 희구했다. 당시 가톨릭교는 본질적인 면, 즉 그리스도를 닮아가는 복음주의적 실천에서 벗어나 교리적인 문제에 치우쳐져 있었다. 에라스무스는 루터와 마찬가지로 교회의 철저한 영성과 생활을 주장하였고 성상·유물 숭배나 기독교의 본질과 유리된 과시적·가식적 종교행위에 대해 비판을 같이 하였지만, 루터가 주장한 '노예의지론(servo arbitrio)'에 대해서는 전면 반박하고 기독교의 본질적인 영역을 위협한다고 간주하였다. 만일 사람에게서 자유의지가 부정된다면, 또 그로 인해 자신의 구원에 대해 실제적으로 협력할 가능성이 부정된다면, 그리스도를 닮아간다는 것은 사실상 불가능한 것으로 여겨졌기 때문이었다. 에라스무스주의는 중세 후기 교회 내의 대분열이나 공의회, 개혁을 그 토양으로 두고 있었다고 할 수 있다. 켐피스(Kempis)나 제르송(Gerson), 근대경건운동(devotio moderna)을 염두에 두지 않고 에라스무스주의를 이해하기는 쉽지 않다. 또한 에라스무스와 유사한 입장에 선 사람들[에크(Eck), 빕펠링(Wipfeling), 비젠(Wizen) 등]은 루터의 추종자들[후텐(Hutten), 로이힐린(Reuchlin), 멜란히톤(Melanchthon)]이 지지하는 급진적인 교리에 맞서기도 하였다. 한편 모라비아와 보헤미아 지역을 제외한 폴란드와 헝가리, 오스트리아(마리아 데 오스트리아는 궁정에 두 명의 에라스무스주의자들을 두고 있었다), 영국[인문주의자들은 토마스 데 모로(Tomás Moro), 피셔(Fisher), 울시(Wolsey)를 따랐다]에서는 에라스무스주의가 정치적으로 온건한 성향을 띠었다. 프랑스의 경우, 프란시스코 1세(Francisco I, 프랑수와 1세)의 궁정에 영향을 끼쳤으나 대학에서는 반목을 불러일으키기도 하였다. 프랑스의 에라스무스 그룹은 복음주의나 개신교에 뿌리를 두고 있었던 것으로 보이며, 라블레(Rabelais, 종교적 관점)나 몽테뉴(Montaigne, 철학적 입장), 뷰데(Budé, 철학)에게서 에라스무스주의의 영향을 찾아볼 수 있다. 이탈리아에서는 에라스무스주의가 무엇보다 문학운동에 반영되어 나타났는데 베네치아에서는 벰보(Bembo)에게서, 밀라노에서는 알치아티(Alciato)에게서, 페라라에서는 칼가그니니(Calcagnini)에게서 그러했으며, 특히 부르노(Bruno)에게는 상당한 영향을 주었던 것으로 보인다. 스페인에서 에라스무스주의는 광명파 운동, 신비적-내면적, 문학적, 평화주의적 운동과 유리되어 있지 않으며 그 시작은 초기 인문주의자들과 같이 한다[네브리하(Nebrija), 알칼라(Alcala)의 다국어 성경(Biblia políglota)]. 발렌시아인 인문주의자 후안 루이스 비베스(Juan Luis Vives)는 로바이나에서 에라스무스의 제자였으며 에라스무스를 스페인에 소개한 장본인이기도 하였다. 에라스무스의 저서들이 카스티야어로 번역된 지 얼마 되지 않아 유력 인사들도 이 대열에 합류하게 되는데 이 중에는 알론소 만리케(Alonso Manrique, 세비야의 대주교이자 대종교재판관), 알론소 데 폰세카(Alonso de Fonseca, 톨레도 대주교), 알론소 데 발데스(Alonso de Valdés) 등 다수가 포함된다. 광명파운동(이 교리들 중 일부는 에라스무스주의교리들과 일치한다)은 톨레도의 종교재판소법령(1525)으로 이미 단죄를 받은 바 있었으나, 주된 공격은 도미니크수도사들과 프란시스코 수도사들이 에라스무스를 이단자로 고발하면서 일어났다. 이 사건은 대종교재판관을 포함한 유력인사들이 에라스무스주의에게서 돌아서게 하는 계기가 되었다. 더욱이 국제정치에서는 에라스무스주의의 영적 쇄신이라는 이상이 에라스무스 자신과는 관계없이 메시아적 희망들과 유사한 모습으로 비춰지기도 하였는데, 신성로마제국 황제의 비서였던 알폰소 데 발데스(Alfonso de Valdés, 제국의 명분과 에라스무스주의의 이상들을 동일시한 인물)는 궁정에서 종교적 열정과 정통 교리에 대한 의지를 불태우며 반로마적 입장을 표명하기도 하였다. 그러나 1530년 클레멘트 7세에 의해 카를로스 5세(Carlos

V, 카를 5세)의 제관식이 개최되면서 가톨릭 공화국이라는 에라스무스의 꿈은 사라지게 되었고, 같은 해 가티나라(Gattinara)의 죽음은 반에라스무스주의로 돌아서게 하는 계기가 되었다. 스페인은 1536년 에라스무스의 죽음을 조용한 가운데서 환영하였다. 종교재판소는 광명파와 루터파에 대한 다수의 소송들을 진행시켰는데, 이들 중 상당수는 다만 에라스무스주의자에 불과하였다. 즉 알폰소 데 발데스, 후안 데 베르가라(Juan de Vergara), 미겔 데 에기아(Miguel de Eguía), 알론소 데 비루에스 수도사(Fray Alonso de Virués)가 그 예라고 할 수 있다. 에리스무스에 대한 억압은 후안 데 발데스(Juan de Valdés)가 대종교재판관으로 등장하고 그의 철저한 조력자로 멜초르 카노Melchor Cano가 출현하면서 더욱 거세어졌다. 이들은 세비야와 바야돌릿 소송의 주동자였을 뿐 아니라, 에라스무스주의자이자 반루터파였던 톨레도 대주교 바르톨로메 데 카란사(Bartolomé de Carranza)를 기나긴 이단 소송에 몰아넣은 장본인이기도 하였다. 또한 루이스 데 그라나다 수도사(Fray Luis de Granada)나 프란시스코 데 보르하(Francisco de Borja), 후안 데 아빌라(Juan de Avila)의 저서도 에라스무스의 영향을 받은 것으로 간주돼 고발되고 금서목록에 포함되기까지 했다. 스페인 에라스무스주의는 그 입장에 선 사람들이 망명해야 할 정도로 심각한 박해를 받았다. 트리엔트 공의회에 의해 허용된 유일한 성경 번역으로 불가타성경이 주입되면서 에리스무스주의자들에 대한 마지막 박해가 일어났다. 베니토 아리아스 몬타노(Benito Arias Montano[Amberes, 즉 안트베르펜(Antwerpen)다국어 성경의 책임자], 호세 데 시구엔사 수도사(Fray José de Sigüenza), 루이스 데 레온 수도사(fray Luis de León, 애가에 대한 그의 주석 때문에)가 그 대상이 되었다. 한편 에라스무스주의자이면서도 이단자로 몰리지 않기 위해서는 매우 신중할 필요가 있었는데 세르반테스의 스승이었던 후안 로페스 데 오요스(Juan López de Hoyos)가 그 예에 속한다고 할 수 있다. 세르반테스의 저서들 중 돈키호테, 모범소설집에서는 때때로 초기 에라스무스주의의 이상과 유사한 부분들이 발견된다. 실제로 에라스무스주의에 정통한 마르셀 바타이용(Marcel Bataillon)은 그의 기념비적인 저서인 『Erasmo y España』에서 라사리요(Lazarrillo)나 세르반테스(Cervantes)의 작품에 반영된 이상들이 상당수 에라스무스주의적인 요소를 가지고 있다고 추정하고 있다.

ERC, Esquerra Republicana de Catalunya(ERC) (카탈루냐 좌파 공화당) 스페인 바르셀로나에서 1931년에 창당된 정당이다. 카탈루냐의 독립을 주장하였으며, 주요 인물로는 프란섹 마시아(Francesc Macià), 루이스 콤파니스(Lluís Companys), 호셉 타라데야(Josep Tarradella) 등이 있다.

Ermita (예배당) 격리 사원 또는 수도원으로 인가와 멀리 떨어진 곳에 세워지며 스페인 톨레도, 하엔, 부르고스 등지에 위치해 있다.

Ermita de la Monjía (라 몽히아 예배당) 소리아 지방 골마요(Golmayo) 시의 푸엔테토바(Fuentetoba) 마을에 위치한 수도원이다. 베네딕트회 수도사들이 목축을 하기 위해 지은 것으로 중세의 프레수라(Presura) 제도에 기원을 두고 있다. 11세기에 지어져 16세기에 보강되었다. ➡ Al-Andalus(알 안달루스)

Ermita de San Baudelio de Berlanga (산 바우델리오 데 베를란가 수도원) 스페인 소리아(Soria) 지역 베를란가(Berlanga)에 위치한 모사라베 형식의 수도원이다. 건축과 로마네스크 양식의 회화로 매우 유명하다. ➡ Al-Andalus(알 안달루스)

Ermita de San Román de Moroso, la (산 로만 데 모로소 수도원) 스페인 칸타브리아

(Cantabria) 주(州) 보스트로니소(Bostronizo)에 위치한 작은 수도원이다. 레포블라시온 건축을 대표하는 이 수도원은 약 10세기에 지어졌다고 추정되며 모사라베 양식의 특징을 가지고 있다.

Ervigio (에르비히오) 서고트족 32대 왕. 아버지가 비잔틴 왕국에서 추방당한 그리스인이며 어머니는 친다스빈토(Chindasvinto)의 사촌으로서 고트족 혈통이다. 왐바(Wamba)의 신임을 얻어 유명해졌다. 왕위를 얻고 싶어 했기에 선왕 왐바에게 독주를 마시게 하여 삭발시키고 680년 왕위에 올랐다. 687년 왕위를 내놓고 수도원으로 들어가 그해에 죽었다. ➡ Reino visigodo(서고트 왕국)

Erytheia (에리테이아) 가데이라(Gadeira)의 남쪽에 위치한 섬. 타르테소스 최초의 왕이라 선해시는 게리온(Gerion)의 딸의 이름을 딴 것이다. 전설에 따르면 이곳에서 헤라클레스가 게리온을 무찔렀다. 스트라본(Estrabón)은 이 지명이 페니키아 부족(Fenicios)이 처음으로 자리 잡았던 곳을 지칭한다고 주장한다. ➡ Tartesos o Tartessos(타르테소스)

Escámez, Alfonso (알폰소 에스카메스) (1916~) 스페인의 은행가이며 스페인 자수성가의 모델로 평가받는다. 대학과 은행가의 자본 협력을 시작한 인물이다. 스페인에서 가장 많은 예술품을 소장하고 있는 수집가이기도 하다. 무르시아 대학과 콤플루텐세 대학(Universidad Complutense de Madrid)에서 명예 박사학위를 받았다.

Escipión el African (스키피오 아프리카누스) (기원전 236~기원전 184) 고대 로마의 정치가이자 장군. 제2차 포에니 전쟁에서 스페인의 카르타고군을 무찌르고, 카르타고의 자마에서 한니발을 격파하여 로마의 승리로 전쟁을 종결시켰다. ➡Romanización(로마화)

Escobedo, Juan de (후안 데 에스코베도) 1530년 스페인 산탄데르(Santander)의 콜린드레스(Colindres)에서 태어나 1578년 마드리드에서 사망한 스페인 정치가다. 에스코베도는 에볼리(Éboli, 현 이탈리아의 한 도시)의 왕자 루이 고메스 데 실바(Ruy Gómez de Silva)의 보호 아래 마드리드에서 교육을 받으며 일을 했다. 후에 펠리페 2세(Felipe II)는 에스코베도를 산 펠리페(San Felipe)와 산탄데르 왕궁(Casas Reales de Santander)의 행정담당관으로 임명했다. 마드리드에 있으면서 왕의 비서인 안토니오 페레스와 친분을 쌓았고, 1574년 안토니오 페레스에 의해 후안 데 아우스트리아(Juan de Austria)의 비서직을 맡을 것을 권유 받았다. 이의 목적은 후안 데 아우스트리아를 감시하는 것에 있었지만, 에스코베도는 오히려 후안 데 아우스트리아를 지지하는 사람 중 한 명이 되었다. 이 기간 동안 에스코베도는 페레스와 에볼리의 공주 아나 데 멘도사(Ana de Mendoza de la Cerda)의 불법적인 거래와 플랑드르 반란군의 지원과 관련한 증거물들을 수집하였으며, 이를 왕에게 보고하려고 하자 안토니오 페레스는 신변의 위협을 느껴 에스코베도를 제거했다. ➡ Antonio Pérez(안토니오 페레스)

Escoiquiz, Juan (후안 에스코이키스) (1762~1820) 스페인의 정치가이자 종교인이다. 마누엘 데 고도이의 소개로 미래의 페르난도 7세의 가정교사가 되었으며 그의 신임을 얻었다. 종교인이었지만 로부스티아나 공주와 2명의 자녀를 두었다. 아란후에스 반란에 참여했으며 스페인 독립전쟁 중 프랑스에 기거했다. ➡ Godoy, Manuel(마누엘 고도이)

Escuela de Traductores de Toledo* (톨레도 번역학교) 이베리아 반도는 여러 세기 동안 세 개의 문화, 즉 그리스도교, 유대교, 이슬람이 공존하는 공간으로서 중요한 문화 간 교류가 발생하면서 동양의 언어와 작품들을 알기 원하는 서양 학자들의 유인지가 되었다. 더욱이 유럽이 이슬람 문화에 대해 입장 변화를 하게 되면서 그때까지 교회에 의해 금기

시되던 고전 문화유산도 수용하게 되었다. 문화적 재발견은 위대한 모슬렘 학자들의 저서에만 국한되지 않았고, 이미 아랍어로 번역된 그리스인, 인도인 혹은 페르시아인의 저서에까지 확장되었다. 이베리아 반도에서는 아랍어 저서의 학자들과 번역가들의 초기 중심지가 에브로(Ebro) 강 계곡에서 돌발적으로 출현하였던 것으로 보이며, 이 같은 현상은 반도 밖의 팔레르모(Palermo)나 피사(Pisa), 베네치아(Venecia), 혹은 로마(Roma)에서도 마찬가지였다. 그러나 12세기가 되면서 당대 모든 교양인들의 관심이 톨레도(Toledo)로 향하였다. 일부 학자들에 의하면 소위 톨레도의 번역학교가 아랍어 저서 번역에 종사하는 지식인 집단을 뜻하기는 하였지만, 결코 조직적이고 체계적인 학교 형태는 아니었다고 주장한다. 이 정도 수준의 학교가 되기 위해서는 알폰소 10세 시대에 들어와서야 가능하였으며 실제로 그의 치세기 때 번역 학교는 이러한 칭호에 적합한 모습을 보였다고 한다. 반면 타 연구자는 칼리프(califa) 알 마문(Al-Mamun)이 바그다드에 세운 지식학교(Casa de la Sabiduría)와 유사한 기관을 라이문도(Raimundo) 대주교가 설립하였다고 주장한다. 한편 라틴어로의 번역은 매우 복잡한 과정을 거쳐야 했는데, 때로 그리스어 원전에서 혹은 원전과 모슬렘 번역가들의 주석이 혼재한 그리스어나 시리아어 버전의 아랍어 교재들을 가지고 해야 했기 때문이다. 일반적인 방법을 말하자면, 먼저 아랍어를 잘 아는 모사라베(mozárabe)나 유대인의 도움으로 아랍어 교재가 카스티아어(castellano)로 번역되고, 후에 이것을 라틴어로 옮기는 것이었다. 그리고 알폰소 10세 때에 이르러서는 오직 카스티아어로의 번역도 시작되었는데 이는 이 언어를 레온(León)이나 나바라-아라곤(Navarra-Aragón)의 형태에 대해 자신의 우위권을 확고히 하고자 하는 의도에서였다. 12세기의 유명한 번역가들 중에서 주목할 만한 인물은 도밍고 곤살레스(Domingo González)와 후안 이스파노(Juan Hispano)라고 할 수 있다. 도밍고 곤살레스는 철학자로서 1140년경에 아랍어 이름의 유대인 개종자(converso)인 이븐 다비드(Ibn David), 즉 후안 이스파노에 의해 알려지고 기독교화된 아벤 다비드(Abén David)와 함께 일을 시작하여야 했다. 알폰소 10세 시기에 여러 문학작품들이 로망스어(romance)로 번역되었으며, 톨레도에서 만들어진 번역본들은 빠르게 보급되었고 서구 대학들에서 강의나 주석으로 사용되었다. 더욱이 이러한 번역본들은 기독교인 저자들의 정치, 철학 사상에 지대한 영향을 끼치기도 하였는데, 아리스토텔레스의 『Política』이 알폰소 10세의 7부 법전(Partidas)에 이론적인 토대를 제공한 것과 같다.

Escuela de Vallecas (바예카파)　　스페인 화가 벤자민 팔렌시아(Benjamín Palencia)와 조각가 알베르토 산체스(Alberto Sánchez)가 시작한 스페인 전위적 예술 그룹이다. 1927년 벤저민 팔렌시아가 스페인 예술에 변화를 주고자 전위적 예술운동에 가담하면서 시작되었다.

Escuela malequí (말레키 교파)　　이슬람 교파 중 하나로 아부 압달 라 말릭 이븐 아나스(Abu AbdAllah Malik Ibn Anas)에 의해 창시되었으며 자유로운 사고를 억제하는 엄격한 교리를 따른다. 우마이야 왕조와 가까웠던 아나스에 의해 8세기 스페인에 소개되었으며 알 안달루스 지방에 큰 영향력을 행사했다. ➡ Al-Andalus(알 안달루스)

Escuela Naval Militar(España) (스페인 해군학교)　　스페인 갈리시아(Galicia)의 폰테베드라(Pontevedra) 지역에 있는 스페인 공식 해군사관 학교이다. 학교는 카디스(Cádiz)의 산 페르난도(San Fernando) 지역에 있었으나 1943년에 이전하여 현재의 위치에 자리하고 있다. 2001년 호세 마리아 아스나르(José María Aznar) 정부에 의해 의무 군복무제가 폐지된 이후 무기 및 관리 시스템의 질적 향상에 힘을 써 왔다. 전 국왕 후안 카를로스 1세(Juan Carlos I)와 그의 아들이자 현 국왕인 펠리페 6세 (Felipe VI)가 이 학교를 졸업하였다.

Escuelas Aguirre (아기레 학교)   1881년 네오무데하르(Neomudejar) 양식을 사용한 건축물. 마드리드에 위치하고 있으며, 자선사업가 루카스 아귀레 이 후아레스(Lucas Aguirre y Juárez)에 의해 교육의 목적으로 처음 지어졌다. 1911년 마드리드 시청에 권한이 넘어갔고, 현재에는 교육의 목적이 아닌 시청에서 활용되는 건물로 남아 있다. 2006년 그 명칭은 'Casa Árabe'로 바뀌었다.

España sin pulso (맥박이 없는 스페인)   스페인의 정치인이자 기자였던 프란시스코 실벨라(Francisco Silvela)가 쓴 유명한 칼럼의 제목이나. 재선 운동(movimiento regeneracionista)에 속한 글로 스페인의 변화와 근대화에 관한 내용을 담고 있다. 그는 기사를 통해 스페인이 당면한 문제들을 제기하고 원칙적으로 이를 다룰 것을 촉구했다.

Espartero, Baldomero (발도메로 에스파르테로)   (1793~1879) 스페인의 장군이자 정치인으로 부모의 뜻에 따라 수도원에 들어갔으나 독립전쟁 발발 후 군에 자원입대했다. 무공이 인정되어 점차 비중을 차지하게 되었으며 1차 카를로스 전쟁에서 반란군에 대항해 싸웠다. 마리아 크리스티나의 섭정 포기 이후 스페인을 잠시 섭정하기도 했으나 그로 인해 많은 정치적 숙적을 만들었다. ➡ Isabel II(이사벨 2세, 1830~1904, 재위: 1833~1868)

Espinosa San Martín, Juan José (후안 호세 에스피노사 산 마르틴)   1918년에 태어나 1982년에 사망한 스페인의 정치가로 프랑코(Franco) 정권 동안 재무부 장관을 역임했다. 스페인 내전이 발발하자 팔랑헤(Falange)에 합류했다. 마테사 스캔들(Caso Matesa) 이후 사임했다. ➡ Franquismo(프랑코주의)

Espíritu de Ermua (에르무아 정신 운동)   1997년 7월 10일부터 12일 사이에 미겔 앙헬 블랑코(Miguel Ángel Blanco)가 ETA(바스크 조국과 자유 조직, Euskadi Ta Askatasuna)에 의해 납치되고 사살되면서 일어난 시민운동. 이 운동은 스페인 바스크(País Vasco) 에르무아(Ermua)에서 시작되어 지역명을 따라 만들어졌으며, 스페인 전역으로 확산되어 이후에는 ETA의 테러리즘 반대 운동과 피해자들을 기리는 운동으로 발전하게 되었다. 스페인 역사상 가장 많은 시민들을 참여시킨 운동 중의 하나이다.

Esquerra Unida i Alternativa(Izquierda Unida y Alternativa, EUiA)   카탈루냐 좌파 연합 정당으로 사회주의적인 정치와 운동으로 정의되는 스페인 카탈루냐 정당이다.

Esquilache, Leopoldo Gregorio, Marqués de (레오폴도 그레고리오, 에스킬라체 후작)   (1700~1785) 이탈리아계 스페인 정치가로 일생동안 절대 계몽 군주 카를로스 3세(Carlos III)에게 충성을 다했다. 재무장관과 국방장관을 역임했으며 때때로 다른 직책도 맡았다. 그는 스페인의 발전을 위해 다양한 개혁을 시도했지만 외국인이라는 이유로 국민들로부터 좋은 평을 얻지 못하고 비난을 받았다. 결정적으로 1766년 3월에 스페인 기존의 풍습인 챙 넓은 모자와 긴 망토의 착용을 금지하고 프랑스 스타일로 교체할 것을 공시하자 국민들은 스페인 전통을 무시한다는 이유로 그에 대항하는 에스킬라체 난을 일으켰다. 결국 국왕은 어쩔 수 없이 그를 스페인에서 추방하게 되었다. ➡ Esquilache, Motín de (에스킬라체 폭동)

Esquilache, Motín de* (에스킬라체 폭동)   1762년과 1766년 스페인에 가뭄과 흉작으로

농작물 부족 현상이 생기면서 일부 생필품 가격이 오르게 되었고, 그 결과 살라망카(Salamanca)와 세고비아(Segovia), 마드리드(Madrid)에서는 민중 폭동이 일어났다. 그러나 이들의 분노는 1766년 3월 10일 에스킬라체의 법령 공포로 극에 달했다고 할 수 있는데, 법령에 따르면 긴 망토와 챙 넓은 모자가 금지되고 대신 짧은 망토와 삼각 모자만을 착용할 수 있도록 하였으며, 이를 위반할 경우 벌금과 투옥에 처해진다고 명시하였기 때문이다. 무엇보다 법령 공포일 당일에 바로 법령 시행이 강행되면서 민중의 반감은 커지게 되었고, 이는 다음 날 아침 마드리드에 출현한 반에스킬라체 반란 부대와 수천만 명의 민중 동요에서 확인해 볼 수 있다. 한편 군대의 감시 아래 법령이 시행되는 분위기에서도 스페인 대다수 주민들은 여전히 전통 의상을 고수하였고 에스킬라체 처형 요구를 전국적으로 확대해 나갔다. 그 결과 1766년 3월 23일 오후 마드리드에서 시작된 폭동이 절정을 이루며 이후 '외침(clamoreo)'이라고 불리는 다수의 반정부 거리 투쟁이 몇 주간 계속되었고, 3월 말과 5월 중순에는 전국의 약 130여 곳에서 유사한 소요 사태가 발생하였다. 한편 마드리드 폭동으로 가로등이 파괴되고 에스킬라체의 저택이 일부 폭도들에 의해 공격 받으면서 에스킬라체 당사자는 왕궁(Palacio Real)으로, 그의 가족은 네덜란드 대사관으로 피신하여야 했다. 이러한 사태에 직면하여 국왕 카를로스 3세(Carlos III)도 결국 폭도들의 8가지 요구사항을 받아들이지 않을 수 없었고, 그는 아랑후에스(Aranjuez) 왕궁으로 떠나기 전 서면으로 이행을 약속하기도 하였다. 한편 마드리드 폭동은 당시 자료들에 근거해 볼 때 우발적인 사건이라기보다는 오히려 치밀한 준비 가운데 이루어진 사건으로 음모에 비견된다고 할 수 있는데, 이는 마드리드 외 이베리아 반도의 여러 곳에서 연쇄적으로 발생, 확대되었다는 점이나, 또 일정한 사회계층의 요구에 의해 일어났다기보다는 참여자들 스스로의 요구를 관철시키고자 행동하였다는 점에서 그러하다. 한편 정부는 악을 처단하고 반란 주동자들을 처벌할 목적으로 이후 특별평의회(Consejo Extraordinario)를 창설하였고 이 기구를 통하여 반정부적인 성격을 지니고 있다고 판단되는 정파와 예수회, 학생기숙사들(Colegios Mayores)을 비밀 수사하며 이들을 폭동의 배후 세력으로 몰았다. 따라서 에스킬라체 폭동 이후 스페인에서 시행된 예수회 추방은 폭동 진압 과정에서 나타난 스페인 대내 정책의 일면이라고 할 수 있다. 한편 1766년 폭동에 대해서는 다양한 시각이 존재하는데, 우선 일부 역사가들은 농업과 우발성에 주목하며 이것이 전적으로 생필품 부족에서 비롯된 사건으로 보며 정치적 해석을 경계하였고, 혹자는 폭동이 이후 철저한 계산 아래 정치적으로 이용되었다는 점을 고려하며 이 사건을 구체제의 탈피 과정에서 비롯된 혁명의 출발점이라고 보았다. 한편 폭동의 정치적인 면을 일차적으로 강조하면서도 경제적인 요인 또한 주요한 영향을 끼쳤다고 주장하는 시각도 있다.

Estado de excepción (비상사태)   국가의 안보가 위협당하는 극한의 상황에서 내리는 결정이다. 자연재해, 산업재해, 테러 등이 포함된다. 거주권과 인간의 기본적인 자유 등이 제한 받을 수 있다. 스페인의 마지막 비상사태는 1969년이었다.

Estatua del Oso y el Madroño (곰 석상)   20세기 중반에 지어진 마드리드를 대표하는 조각상이다. 마드리드 시내 중앙인 푸에르타 델 솔(Puerta del Sol)에 위치하고 있으며, 곰이 나뭇잎을 먹고 있는 형상이다. 1967년 안토니오 나바로 산타페(Antonio Navarro Santafé)에 의해 제작되었고, 돌과 청동으로 이루어져 있다.

Estatuto Real (왕령)   1834년 4월 10일 마리아 크리스티나(María Cristina) 왕비 혹은 성직

자로부터 승인 및 비준된 헌법이다. 법률상 헌법은 아니지만 그와 유사한 역할을 했다.

Estatutos de Falange (팔랑혜 정관)　스페인의 팔랑혜의 이념을 정리한 정관이다. 16장으로 이뤄져 있으며 약 백여 개의 조항을 담고 있다. 그중 팔랑혜의 명칭, 이념, 행동 강령 등이 포함되어 있다. ➡ Falange Española(스페인 팔랑혜)

Estilo clasicista (고전주의 양식)　16세기 중반에 발전한 이 건축양식은 스페인 르네상스와 낭만주의와 함께 꽃피었으며 아테네의 아크로폴리스(Acrópolis)를 재현하고자 했다. 대칭적인 기둥들이 그 특징이다. 대표적 건축물은 그라나다에 있는 카를로스 5세(Carlos V)의 궁이다.

Estilo escurialense (에스코리알 양식)　16세기 후반에 발전한 이 건축양식은 스페인의 건축가 후안 데 에레라(Juan de Herrera)의 이름을 따 에레라 양식으로도 불린다. 고도의 균형미와 기하학적 선이 그 특징이며 대표적 건축물은 마드리드에 지어진 엘 에스코리알 (El Escorial) 수도원이다. ➡ San Lorenzo de El Escorial, Real Monasterio de(성 로렌소 데 엘 에스코리알 왕립수도원)

Estilo herreriano (에레라 양식)　스페인 16세기 후반의 건축 및 예술 양식으로 건축가 후안 데 에레라가 그 창시자이다. 가장 대표적인 예가 바로 엘 에스코리알 궁전이며 절제미와 엄격한 선이 특징이다. ➡ San Lorenzo de El Escorial, Real Monasterio de(성 로렌소 데 엘 에스코리알 왕립수도원)

Estilo neomudéjar (신무데하르 양식)　19세기 후반과 20세기 초반에 이베리아 반도를 기점으로 발전한 예술 및 건축 양식이다. 당대 유럽에 유행하던 역사주의적 건축에 속한다. 스페인 고유의 양식이었기 때문에 국가 차원의 중요성을 가지게 됐다. 가장 중요한 건축물로는 마드리드(Madrid)의 황소 광장(Plaza de toros)이 있다.

Estilo plateresco (플라테레스크 양식)　16세기 초 중반에 스페인에서 꽃핀 건축 양식으로 스페인 르네상스를 대표하는 양식이다. 후기 고딕 양식과 르네상스 양식이 혼합된 형태를 보이며 은을 세공한 듯한 섬세함과 화려한 장식들이 돋보인다. 대표적 건물로 살라망카 대학을 들 수 있다. ➡ Universidades(대학)

Estrabón (스트라본)　(기원전 64?∼기원전 19?) 그리스의 역사학자이자 지리학자이다. 팍스 로마나(Pax romana)를 틈타 아르메니아, 에티오피아, 나일 강, 흑해 등 제국의 일대를 여행하며 기록했다. 그러나 에라스토스테네스(Erastostenes)와는 달리 지리학적·천문학적 관점보다 그 지역의 풍습, 역사, 전설 등을 기록한『Geografia』는 후대 학자들의 사료로 쓰였다.

Estrecho de Gibraltar (지브롤터 해협)　대서양과 지중해를 연결하는 해협이자 유럽과 아프리카를 분리하는 해협으로 평균 폭은 약 15km이다. 이베리아 반도의 남해안과 모로코의 북해안 사이에 형성되어 있다. 해협의 폭이 가장 좁은 곳은 14km로 스페인 안달루시아 (Andalusia) 자치지역인 타리파(Tarifa)와 모로코에 위치한 구아달메시(Guadalmesí) 강의 하구를 가로지르며, 유럽과 아프리카 대륙이 가장 가까운 지점은 북쪽의 트라팔가르(Trafalgar) 곶과 남쪽의 스파르텔 곶 사이이며, 너비가 최대 44km이다.

Estrecho de Magallanes (마젤란 해협)　1520년 10월 21일 마젤란(Magellan)이 인도로 향한 루트를 탐색하던 중에 발견되었으며 길이는 약 600km, 너비는 약 3∼30km, 최대 수심은 570m이다. 칠레와 아르헨티나 땅과 티에라 델 푸에고(Tierra del fuego) 섬이 이 해협으로 나뉜다.

Estrella de Belén (베들레헴의 별) 신약성서의 마태복음에 등장하는 별이다. 예수가 탄생하자 밝고 빛나는 별이 동방박사들을 베들레헴까지 인도했다고 전해진다. 가톨릭의 영향이 지대한 스페인어권 국가들에서 신의 섭리와 인도, 그리고 운명에 대한 안내라는 은유로 종종 등장하곤 한다.

ETA (에타) 'Euskadi Ta Askatasuna'의 준말이며, 바스크어(Euskera)로 '바스크 국가(País Vasco)'와 '자유'라는 뜻을 가지고 있다. 바스크 지역의 독립을 요구하는 이 테러단체는 바스크민족주의의 색채를 강하게 띠며, 스페인 전 지역 내 혹은 프랑스에서 폭력, 살인 등 통해 강경한 태도를 보였다. 하지만 2011년 ETA는 무력적인 태도를 버리겠다는 입장을 표명하여 정부와의 갈등은 감소한 상태이다. ➡ Franquismo(프랑코주의)

Eucaristía (성만찬) 성찬, 성찬의 전례라고도 한다. 예수 최후의 만찬에서 자신의 죽음을 기념하여 빵과 포도주를 나눈 것에서 비롯된다. 가톨릭의 성만찬에서는 영성체 의식을 수행하게 되는데, 이는 성만찬의 중심이 되는 의식이다.

EUFOR (에우포로) 'European Union Force'의 약자로, 공통의 안전 보장과 방위정책의 한 부분으로 사용되는 유럽연합의 하나의 군대이다. 유럽연합군은 유럽연합참모에 종속되어 있다.

Eurico (에우리코) (440~484) 서고트족 9대 왕. 테오도리코 1세의 아들로 440년에 태어나 466년 테오도리코 2세를 살해한 후 왕위에 올랐다. 재위기간 중 동로마가 멸망(476)하였으며 프랑크족, 색슨족과 갈리아 지방에서 전쟁을 치렀다. 에우리코 법전을 만들었으며 뛰어난 정치적 재능을 보여준 왕으로 484년에 사망하였다. ➡ Reino visigodo(서고트 왕국)

Euro (유로화) 유럽 연합의 단일 통화로 1999년 1월 1일부터 결제 수단인 가상 화폐로 사용되다 2002년 1월 1일부터 법정 통화로서 실질적인 동전과 지폐가 유통되었다. 스페인은 2002년부터 유로화를 사용하고 있으며, 2012년 현재 27개 회원국 중 17개국이 유로화를 사용하고 있다.

Eurocuerpo (에우로쿠에르포) Eurocuerpo(영어로는 'Eurocorps', 불어로는 'Corps européen', 독어로는 'Eurokorps')는 정부 간의 지구부대로, 유럽연합과 북대서양 조약 기구에 근속하고 있다. 본부는 프랑스의 스트라스부르(Strasbourg)에 있고 1992년에 이 부대가 창설되고 1993년 10월에 활성화되었고 1995년에 작전을 선언하였다.

Europa Sur (에우로파 수르) 스페인 안달루시아(Andalucía) 주(州)의 카디스(Cádiz), 세비야(Sevilla), 세우타(Ceuta)와 같은 도시에 배포되는 지역 신문이다. 지역에 여러 파견 기자들의 시가를 모아 스페인 알헤시라스(Algeciras)에서 편찬되며, 2007년 7월부터 2009년 7월까지 약 5천 2백 부가 판매되었다.

Euskadi Ta Askatasuna(ETA) (에타 자유조국바스크) 스페인 북부에 위치한 바스크 지방의 분리 독립을 요구하는 바스크 민족주의 테러 조직이다. 프랑코 정권 당시 바스크 지방이 심한 탄압을 받았는데, 바스크 민족당(Partido Nacionalista Vasco)이 무력투쟁을 반대하자 이에 반발하여 1959년 ETA를 결성하였다. 현재 ETA는 2010년부터 무력투쟁 중단을 선언한 상태이다. ➡ Franquismo(프랑코주의)

Euskal Herria [유스칼 헤리아(바스크 공화국)] 스페인과 프랑스의 피레네 산맥 양편에 위치했으며 알라바(Álava) 주, 비스카야(Vizcaya) 주, 기푸스코아(Guipúzcoa) 주, 나바라(Navarra) 주 등 7개 지방으로 구성되었다. 유스칼 헤리아(Euskal Herria)라는 단어는

16세기까지 다양한 방식으로 기록되어오다 1968년 콜도 미트셀레나(Koldo Mitxelena)의 제안으로 표기법이 통일되었다.

Euskal Herria Bildu (에우스칼 에리아 빌두)　스페인의 바스크(País Vasco)와 나바라(Navarra) 지역에서 활동하는 정치단체이다. 2012년에 창당된 단체로 좌파연합의 성향을 지니며, 에우스코 아칼타수나(Eusko Alkartasuna, EA), 아랄라르(Aralar), 알테르나티바(Alternatiba)와 같은 조직들과 동맹관계에 있다. "국가의 주권을 확보하고 진정한 사회변화를 만들자"라는 목적으로 정치활동을 펼치며, 바스크의 경제적 독립을 위하여서 바스크 은행(Caja Pública Vasca)을 창설하는 데 힘썼다.

Euskal Herritarrok(Ciudadanos Vascos, EH) [에우스칼 에리타로크(바스크 시민들)]　바스크의 시민들이라는 의미를 가신 에우스칼 에리타로크는 스페인 정치단체이다. 1998년 10월 바스크 민족주의 좌파당에서 독립하여 시작된 단체이며, 에스테야 협정(Pacto de Estella)을 통해 탄생되었다. 바스크(País Vasco)의 민족주의를 지향하는 주티크(Zutik)나 바트자레(Batzarre)와 같은 좌익 정당들이 모여 조직하였다.

Euskal Sozialistak Elkartzeko Indarra [에우스칼 소시알리스탁 엘카르체코 인다라(바스크 사회주의 연합 세력)]　바스크 사회주의 연합세력이라는 의미를 지닌 에우스칼 소시알리스탁 엘카르체코 인다라는 스페인 대학생 중심으로 1976년에 조직된 정치단체. 바스크 지역의 좌파 민족주의를 지향하며 스페인 바스크(País Vasco)와 나바라(Navarra) 지역을 중심으로 활동하였다.

Eusko Abertzale Ekintza(Acción Nacionalista Vasca, EAE-ANV) (바스크 민족주의 행동) 스페인 좌파 독립주의의 성향을 가진 정치단체이다. 1930년 바스크(País Vasco) 지역의 민족주의를 지향하며 탄생하였고, 스페인 내전(Guerra Civil)의 제1정부에 참여하였다. 이후 전환기(Transición)에 에리 바타수나(Herri Bataasuna)와 연합하여 2001년까지 관계를 이어 나갔다. 그러나 2008년 스페인 고등법원에 의해 이들의 활동이 불법으로 규정되면서 활동이 중단되었다.

Eusko Alkartasuna(Solidaridad Vasca, EA) (에우스코 알카타수나)　바스크어(euskera)로 '바스크 연대'란 의미로, 알파벳 약자 'EA'로 알려져 있는 정치적 단체. 바스크 국가독립과 민족주의, 사회민주주의 성향을 지녔고 바스크 민족주의당(Partido Nacionalista Vasco)의 분열로 1986년 9월 카를로스 가라이코에트세아(Carlos Garaikoetxea) 아래 조직됐다. 유럽자유연합(European Free Alliance) 회원이기도 하다.

Eusko Langileen Alkartasuna-Solidaridad de los Trabajadores Vascos(ELA-STV, ELA) (에우스코 란기렌 알카르타수나-바스크 노동자 연대)　약자 'ELA-STV' 또는 'ELA'로 알려져 있는 정치단체이다. 현재는 어떠한 정당과도 연계되어 있지 않으나, 초기에는 바스크 민족주의당(Partido Nacionalista Vasco)과 관련되어 활동하였다. 국가주의 노동조합 사상을 지지하며 1911년 7월 빌바오(Bilbao)에서 바스크 노동자 연대(Solidaridad de Obreros Vascos, SOV)로 시작하였다.

Evangelización (복음화)　가톨릭교를 전하는 행위로 스페인은 복음화를 식민지 수탈에 대한 명목으로 내세웠다. 수많은 성직자들이 정복자들과 함께 식민지에 거주하며 복음을 전했다. 원주민들은 야만스럽고 무지하여 그들을 가르치고 문명화하는 것이 신의 뜻이라는 생각이 당대에는 지배적이었다. ➡ Hispanidad[이베리아성(포르투갈 및 브라질 제외)]

Examen Selectivity (선발 시험)　스페인 고등학생들이 공립 혹은 사립대학으로 진학하기 위해 거쳐야하는 우리나라의 대학수학능력시험과 같은 시험이다. 스페인에서는 대학에 진학하기 위해서 선발시험 및 고등학교 성적으로 합격 여부가 결정되며, 이 시험은 보통 6월 중순 총 3일에 거쳐서 시행되며, 합격하지 못한 학생들의 경우 9월에 다시 응시할 수 있다. ⟹ Universidades(대학)

Exilio republicano español (스페인 공화파의 망명)　1936년부터 1938년 동안 스페인 내전이 발발하고 난 이후 스페인 공화주의자들이 외국으로 망명하였던 현상이다. 국가에 대한 사상적, 인지적 차이에 의해 정치가와 시민들이 망명하였으며, 1939년 3월 프랑스로 44만 명이 떠났고, 제2차 세계대전과 맞물려 많은 이들이 어려운 상황 속에서 생존하였다. 그들의 대부분은 1940년대에 스페인으로 돌아왔지만, 일부는 공화주의를 여전히 지지하면서 국가의 회복을 바라고 있었다. 이후 많은 이들이 멕시코, 아르헨티나, 칠레, 쿠바, 미국 및 영국 등으로 망명하였다. ⟹ Guerra Civil Española(스페인 내전)

Eximeno, Antonio (안토니오 엑시메노)　(1729~1808) 스페인 발렌시아 태생으로 예수회의 일원이자 수학자, 철학자, 음악학자였다. 발렌시아 대학(Universidad de Valencia)에서 인문학을 전공했으며 예수회 토마스 세라노(Tomás Serrano, 1715~1784)의 제자였다. 발렌시아 귀족 신학교(Seminario de Nobles de Valencia)의 수사학 교수와 산 파블로 학교(Colegio de San Pablo)의 수학 교사로 활동했다.

Expediente Picasso (피카소 징계 사건)　1921년 스페인 군인 후안 피카소(Juan Picasso)가 멜리야 장군 지휘(Comandancia General de Melilla) 사건에 휘말려 국가 전쟁 및 해양 최고 평의회(Consejo Supremo de Guerra y Marina)에서 재판받은 사건이다. "1921년 아누알의 패배(Desastre de Annual)" 또는 "권위 포기 사건(El abandono de las posiciones)"이라고도 불린다.

Exposición Internacional de Zaragoza (사라고사 국제 박람회)　2008년 6월 14일부터 9월 14일까지 3개월간 "수자원과 지속가능한 발전 (Agua y desarrollo sostenible)"이라는 테마로 스페인 사라고사(Zaragoza)에서 개최된 박람회이다. 이 박람회는 그리스의 데살로니카와 이탈리아의 트리에스테의 국제 박람회와 같이 대규모로 진행되었다. 박람회의 마스코트는 물방울이며, 이름은 플루비(Fluvi)로 생명의 강(Flumen Vitae)이라는 의미이다.

Exposición Universal de Barcelona (1888년 바르셀로나 만국박람회)　22개 국가가 참여한 1888년 바르셀로나 만국박람회는 시우다델라 공원에서 열렸다. 모더니즘 양식의 건축이 최초로 선보였으며 스페인 산업 혁명 이후 경제 발전에 지대한 영향을 끼친 카탈란 자치주의의 입지를 더욱 견고하게 만들었다.

Expulsión de los judíos* (유대인 추방)　모슬렘이 통치하는 동안 스페인에서는 모슬렘과 유대인의 공생관계가 성립되었으나 1086년 알모라비데족(almorávides)과 알모아데족 (almohades)의 침입으로 유대인들은 박해의 시기를 보내게 되었고, 그 결과 기독교 왕국으로 이주하는 현상이 나타나기 시작되었다. 기독교인에 의해 톨레도(Toledo)를 비롯하여 13세기 중반에 스페인 전체가 사실상 재정복되기는 하였지만, 그렇다고 해서 유대인의 상황이 특별히 악화된 것은 아니었다. 1391년까지 유대인들의 수와 영향력은 감소되지 않았으며 반(反)유대인 법들도 별다른 효력을 발휘하지 않고 있었다. 1390년 카스티야(Castilla) 유대인의 수는 세대주로 볼 때 3,600명을 넘었고 나바라(Navarra)에서는 300~400명, 사라고사(Zaragoza)에서는 200명, 바르셀로나(Barcelona)에서는 200명

이상, 예이다(Lleida)에서는 100명이 있었다. 13세기 말에 발렌시아(Valencia) 왕국에서는 대략 유대인 1,000가구가 있었고, 마요르카(Mallorca)에서도 상당수가 있었다. 14세기에는 스페인에 모두 200,000명 이상의 유대인들이 존재하였으며, 이중에서 1400년에 100,000명 이상이 남게 될 것이다. 1391년 귀족과 성직자의 비호를 받아 일어난 유대인 박해는 유대인 공동체들을 무너뜨렸으며, 수많은 희생자를 발생시킨 것과 동시에 기독교로 개종하는 자들을 양산하였다. 개종자들 가운데는 상당수가 여전히 유대교를 비밀리에 따르고 있었지만(marranos), 1391년 대학살(pogrom)은 6월 세비야를 기점으로 스페인 대부분의 지역으로 확산된 대대적인 사건이었다. 14세기 말에는 중세 동안에 지배적이었던 기독교인과 유대인 사이의 공존의식이 사라지게 되었고, 대신 증오와 때로 폭력이 자리 잡게 되었다. 그리고 모슬렘의 시기에 숭시되었던 정치적인 역할 대신, 유대인의 경제적인 역할이 부각되었다. 왕국 내에 자금의 필요성이 커지면서 유대인 소수자들은 국왕에게 엄청난 자금을 제공하였으며, 이는 13세기 행정적·재정적인 영역에서 두각을 나타내었던 유대인들과 대조를 이루었다. 이후에도 유대인공동체의 경제적인 기여는 계속되었으나 아라곤(Aragón) 왕국에서는 부르주아 계층의 출현으로 유대인 관리자들이 거의 사라지게 되었고, 반면 부르주아 계층이 제대로 형성되지 않은 카스티야에서는 추방 때까지도 유대인이 여전히 공무에 종사하는 모습을 보이기도 하였다. 1480년까지 가톨릭 공동왕의 정책은 유대인공동체에 대해 호의적이었다고 말할 수 있을 것이다. 그러나 이때부터 이베리아 반도에서의 유대인들에 대한 압박은 증대하였으며 1492년 추방령은 그 절정을 이루었다. 종교재판소의 시각에서 볼 때 가장 위험한 지역이라고 여겨졌던 곳(예를 들어 안달루시아)의 유대인 분산 조치들이 1481년부터 엄격하게 시행되었다. 그렇게 해서 1483년부터 억압적인 법규들의 결과로 카스티야의 유대인거주자 수는 1483년부터 1492년까지 점차 감소되었다고 말할 수 있다. 1492년 3월 31일 그라나다의 정복 이후에 추방령이 공표되었고, 여기서 가톨릭 공동왕은 왕국에 거주하는 유대인들에게 세례를 받지 않으면 왕국을 떠날 것을 요구하며 7월 말까지 기한을 주었다. 이 기간 동안 유대인들은 왕의 보호 아래 있으면서 그들의 재산을 팔거나 양도할 자유를 가졌지만 금이나 은 혹은 금지상품을 취득할 수는 없었다. 유대인 주민들은 거대한 교류망에 집중하며 거주하고 있었다. 라 리오하(La Rioja)를 포함한 에브로(Ebro) 강 지역, 오른쪽으로는 피수에르가(Pisuerga), 세아(Cea), 에슬라(Esla), 타호 강(Tajo)과 국경지역들을 둔 두에로 강(Duero), 그리고 예외적으로 상업, 산업지역으로 유명한 도시들이자 양모수거지인 무르시아(Murcia), 아빌라(Ávila), 세비야(Sevilla)에 있었다. 연대기자인 안드레스 베르날데스(Andrés Bernáldez)는 카스티야에 3만여 채의 유대인 집이 있었으며(그러나 이들은 작은 공동체로 모여 있어서 100가구를 넘은 적이 거의 없었다), 아라곤에는 6천 가구가 있었다고 한다. 가구당 4, 5명의 비율로 생각한다면 추방직전에는 최대 162,000명의 주민들이 있었다고 추정된다. 추방령의 결과 최소 14,400가구, 최대 15,300가구가 떠났으며 이것은 유대인 가정의 다산성을 고려하여 한 가구당 여섯 명을 기본으로 하고 면제된 유대인들을 생각할 때 100,000명 미만의 사람들이라고 추정할 수 있다. 이들은 전체 216개 유대인 회당(aljamas)에 배분된 주민들이었던 것이다. 이렇게 해서 카스티야에서는 약 90,000명의 유대인들이 추방되었고, 아라곤 왕국에서는 10,000명 혹은 12,000명의 유대인들이 추방되었다. 이주는 종교적인 이동의 측면을 가지고 있었으며, 많은 유대인들이 여행에서 사망하였거나 그들을 수송한 선원들의 희생자가 되었다. 일부는 북아프리카나 이탈리아로 향하였고, 일부는 투르크 지역인 그리스와 팔레스타인으로 갔다. 그러나 유대인 대다수는 추방 혹은 강제 개종이라는 법령을 도입하게 될 포르투갈로 향했다. 사실 14세기부터 17세기 동안 이베리아 반도에서 개종자들과 마라노스의 도주는 지속적으로 있었다고 할 수 있다.

Extremadura (엑스트레마두라 자치주)　스페인 서부에 위치한 자치주로 카세레스와 바다호스로 나뉜다. 약 100만 명의 인구가 살고 있으며 수도는 메리다이다. 지리적 위치로 인해 스페인 남북부 간 교류를 활성화하는 데 기여했으며 스페인이 대서양을 통해 아메리카로 진출하는 길을 열어준 곳이기도 하다.

Ezker Batua-Berdeak(Izquierda Unida-Verdes, EB-B) [에스케르 바투아·베르덱(녹색 좌파 연합)]　바스크어(euskera)로 '녹색좌파 연합'이라는 의미로 스페인 바스크(País Vasco)의 정치단체이다. 바스크 좌파 연합(Izquierda Unida)과의 동맹 의미에서 시작되어, 2004년 지금의 이름으로 변경되었으며, 2012년 3월에는 에스케르 아니트사(Ezker Anitza)로 재편성되었다.

F

Fabada asturiana (아스투리아식 파바다)　이 요리는 아스투리아스의 전통 요리이자 스페인의 10대 음식 중 하나로 꼽힌다. 흰 강낭콩과 소시지, 아스투리아스 순대, 돼지고기 등을 주재료로 하는 고칼로리 수프이며 주로 겨울철에 먹는다.

Fabra Ribas, Antonio (안토니오 파브라 리바스)　스페인의 정치가로 1878년 레우스(Reus)에서 태어나 1958년 캄브릴스(Cambrils)에서 사망하였다. 법학과 철학을 공부했으며 일찍부터 사회주의 노선에 가담했다. 독일, 영국, 프랑스 등을 거치며 생활하였고, 특히 영국에서는 '라 레비스타 소시알리스타(La Revista Socialista)'와 같이 일했다. 이후 전국 노동자단체 대회에서 결정된 스페인 총파업의 카탈루냐(Cataluña) 지도부에 사회주의자 대표로 참석했다.

Fabro Bremundán, Francisco (프란시스코 파브로 브레문단)　(1621~1698) 스페인의 기자이며 펠리페 4세(Felipe IV)와 배우 마리아 칼데론(María Calderón) 사이에서 태어난 서자 후안 호세 데 아우스트리아(Juan José de Austria)의 비서관으로 1661년 초간된 가세타 데 마드리드(Gaceta de Madrid)의 작성을 담당했다.

Fachada (파사드)　건물의 전면을 지칭하는 용어이다. 건축학이 발달하기 시작한 근대 스페인에서 파사드는 건물의 얼굴 역할을 했다. 채광을 용이하게 하기 위해 유리창과 기둥 아치형의 벽 등의 기술들이 등장했다. 성이나 성당 등의 파사드에서 당대 유행했던 건축 양식들을 엿볼 수 있다.

Facismo (파시즘)　베니토 무솔리니(Benito Mussolini)가 이끌었던 이탈리아의 정치 운동으로 급진적이며 권위주의적이고 민족주의적이자 반공적인 성향을 띤다. 스페인에서는 1933년 창설된 팔랑헤(Falange)당이 이탈리아 파시즘의 영향을 받았으며, 스페인 내란 이후 프랑코(Franco) 총통을 정점으로 하는 스페인의 유일 정당이 되었다. ➡ Franquismo(프랑코주의)

Fajardo, Saavedra (사아베드라 파하르도)　(1584~1648) 스페인의 작가이자 정치인. 펠리페 3세와 펠리페 4세를 섬겼으며 서인도 제도의 조직과 베스트팔렌 조약에 가담했다.

Fal Conde, Manuel José (마누엘 호세 팔 콘데)　(1894~1975) 스페인의 정치인이다. 카를로스주의자였던 그는 젊은 시절부터 가톨릭 프로파간다 활동을 했다. 내전이 발발하자 리스본으로 망명했다. ➡ Carlismo(카를로스주의)

Falange Española* (스페인 팔랑헤)　1930년대 스페인의 파시즘은 스페인 팔랑헤라고 불리는 정치조직을 중심으로 출현하였으며 이 조직은 이전에 존재하였던 세 개의 조직이 통합하여 만들어진 것이다. 이것은 1931년 1월 라미로 레데스마 라모스(Ramiro Ledesma

Ramos)라는 지식인에 의해 설립된 '국가 정복(Conquista del Estado)'과 1931년 6월 바야돌리드(Valladolid)의 가톨릭 선전주의자인 오네시모 레돈도 오르테가(Onésimo Redondo Ortega)가 창설한 '카스티야의 이베리아 활동위원회(Juntas Castellanas de Actuación Hispánica)' 그리고 세 번째 조직이자 가장 중요한 조직인 스페인 팔랑헤가 합쳐진 것이다. 이 스페인 팔랑헤는 1923~1930년 동안 스페인 독재자였던 프리모 데 리베라(Primo de Rivera) 장군의 아들이자 마드리드 변호사인 호세 안토니오 프리모 데 리베라(José Antonio Primo de Rivera)가 1933년에 창설한 조직이었다. 이미 1931년 10월에 앞서 언급한 두 개의 조직이 '공세적 국가 신디컬리즘 위원회(JONS, Juntas de Ofensiva Nacional-Sindicalista)'라고 명명하는 그룹을 형성하였고, 이후에 1934년 3월 스페인 팔랑헤가 가세한 것이다. 결과적으로 새로 조직된 스페인 팔랑헤는 자치적인 방식의 '운동(movimiento)' 혹은 정치조직으로서 존재하다가 1937년 4월 19일 내전이 한창 진행되던 와중에 단일화의 과정을 겪게 되었던 것이다. 프랑코 장군은 자신의 살라망카(Salamanca) 총사령 부대에서 소위 민족전선 지역에 있었던 모든 정당들의 해산을 선언하였고 기반이 되는 유일 정치조직으로서 스페인 팔랑헤와 '전통주의자 공동체(Comunión Tradicionalista)'의 통합 조직을 창설하였던 것이다. 스페인 팔랑헤는 스페인의 기본적인 파시스트 정치조직으로서 교리와 인지도 측면에서는 1936년 7월 군사 봉기가 발발하기 전까지 별다른 주목을 받지 못했었다. 당원 수를 수립하는 것도 불가능하였지만 내전이 시작되기 전에는 약 20만 명을 넘지 않았던 것으로 추정되었다. 한편 스페인 팔랑헤는 삼인 위원회(triunvirato), 즉 하나의 전국 평의회(Consejo Nacional)와 영토별, 주별, 지역별 몇몇 수장들을 둔 지도부를 구성하기까지는 유기적으로, 다양한 형태로 조직되었다. 라미로 레데스마 라모스가 1935년 집단에서 탈퇴한 이후에 프리모 데 리베라가 전국 수장(jefe nacional)으로 부상하게 되었고, 정치위원회(Junta Política) 혹은 지도부(comité directivo)가 창설되었다. 스페인 팔랑헤는 다른 정치조직들과 마찬가지로 의용군(milicias)과 각 지역별로 CONS라는 조합부를 두었다. 그러나 선거에서는 거의 승리를 거둔 적이 없었다. 1936년 2월 인민전선(Frente Popular)의 선거에서 약 40만의 투표수가 집계되었으나 대표를 내지는 못하였다. 그러나 내전이 시작되고 나서 스페인 팔랑헤는 제2공화국에 맞서는 유일한 정치조직으로 자리 잡을 수 있었고, 비록 군대의 통제 아래 있기는 하였지만 조직 내 당원 수도 급성장할 수 있었다.

Falangistas (팔랑헤주의자들)　파시즘과 국가주의적 노동조합주의를 이념으로 하는 사람들을 가리킨다. 이는 이탈리아의 파시즘과 가톨릭의 교리가 혼합된 것이었다. 이들은 리베라(Primo de Rivera) 장군의 정권하에 반의회주의적 세력으로 성장했다. ➡ Falange Española(스페인 팔랑헤)

Falla y Matheu, Manuel de (마누엘 데 파야 이 마테우)　(1876~1946) 카디스(Cádiz) 출생 민족주의 작곡가. 스페인 20세기 전반 가장 중요한 음악가 중 한 명이며, 프랑스 등 국외에서 활동하면서도 민족주의 색채가 짙은 음악들을 작곡하였다. 대표적인 작품으로는 「Fantasía Baética」, 「Noches en los jardines de España」 등이 있다.

Falla, Manuel María de los Dolores (마누엘 마리아 데 돌로레스 파야)　(1876~1946) 스페인 작곡가이다. 민족주의 음악을 대표하기도 하며, 이삭 알베니스(Isaac Albéniz), 엔리케 그라나도스(Enrique Granados), 호아킨 투리나(Joaquín Turina), 호아킨 로드리고(Joaquín Rodrigo)와 함께 20세기 초 스페인 음악에서 빼놓을 수 없는 인물이다.

Fallas (파야스) 발렌시아의 전통 축제이다. 매년 3월 15일부터 19일까지 열리며 새로운 해의 좋은 수확을 기리는 축제이다. 이 축제의 하이라이트는 마지막 날 밤에 축제 기간 동안 발렌시아 지방 곳곳에 전시되었던 8~15m에 달하는 거대한 인형 니놋(Ninot)을 불태우는 것이다. 이 인형들은 1년 내내 만들어지며 인기가 가장 많은 인형 하나만 태우지 않고 박물관에 전시한다.

Falsimedia (대안정보) 정부의 압력이나 대기업 등 권력 있는 대상에 의해 영향을 받는 일반 언론의 정보가 아닌 독립적인 집단에 의해 제시되는 대안 정보를 말하며 반정부적 좌익 성향이 지배적이다. Contrainformación이라고도 한다.

Familia Lara [라라가(家)] 스페인 카스티야 왕국(Reino de Castilla) 출신의 귀족 가문으로 11세기에서 14세기에 걸쳐 정치계, 행정계, 인문학계에 깊은 영향력을 행사했다. 오늘날 카스티야(Castilla), 레온(León), 안달루시아(Andalucía), 갈리시아(Galicia) 일대의 실질적 주인이었을 정도로 경제력이 막강했다. ⇒ Castilla, Corona de(카스티야 연합왕국)

Fandango (판당고) 플라멩코의 전통적인 춤의 한 형태로써, 남녀가 함께 추는 춤이다. 기타와 박수를 동반하며, 춤과 함께 노래를 곁들일 수 있다. 주로 2부로 공연이 펼쳐지고 8음절의 Copla가 노래로 불려진다.

Fanjul, Joaquín (호아킨 판훌) (1880~1936) 스페인 제2공화국을 모반하며 반란을 일으켰던 군인이다. 쿠바 전쟁에 참여한 바 있으며, 법을 공부하여 스페인 군사연맹(Unión Militar Española)을 창설한 사람들 중의 한 명이기도 하였다. 과거 프리모 데 리베라(Primo de Rivera) 시절 여단장의 임무를 맡기도 하였으나, 스페인 내전 때 그가 명령한 급습작전으로 인해 체포되어 총살당하였다. ⇒ República II(제2공화국)

Fárax Abenfárax (파락스 아벤파락스) 모리스코(Morisco)군의 대장이었다. 알푸하라스(Alpujarras) 반란의 지휘자 중 한 명이었으며 전투에서 잔인함으로 유명했다. 스페인 그라나다에 위치한 란하론(Lanjarón)을 공격하여 성당 안에 사람들을 가둬놓고 성당을 태웠다. 후안 데 아우스트리아(Juan de Austria)와의 전투에서 이니고 로페스 데 멘도사(Iñigo López de Mendoza)에 의해 사망했다. ⇒ Sublevación de las Alpujarras(라스 알푸하라스 반란, 1568~1571)

Farnesio, Alejandro de (알레한드로 데 파르네시오) 이탈리아 군인이자 귀족으로 스페인 왕권을 위해 뛰어난 역할을 수행하였다. 1545년 로마에서 태어났으며 1592년 12월 2일 아라스에서 사망하였다. 이탈리아에서 태어났으나 곧 어머니의 후견으로 스페인으로 가 교육을 받게 되며 1565년 돈 마누엘(Don Manuel) 왕의 손녀인 마리아 데 포르투갈(María de Portugal)과 결혼하였다. 스페인 왕위를 위해 중요한 군사적, 외교적 노력을 기울였다. 오스트리아의 돈 후안의 지휘하에 레판토 전투에 참가하였고, 네덜란드 전에도 참전하여 헴블로(Gembloux)와 슈엠(Suhem) 싸움에서 승리하였다. ⇒ Felipe II(펠리페 2세)

Farnesio, Isabel de (이사벨 데 파르네시오) (1692~1766) 양질의 교육을 받은 귀족 출신으로 1714년 펠리페 5세(Felipe V)와 결혼하여 스페인 왕비가 되었다. 정사에 관심을 보이지 않는 남편을 대신해 그동안의 정책 방향과는 다른 방법으로 정사를 돌보았으며 왕위계승전쟁 동안 잃어버린 이탈리아 영토를 돌려받는 데 힘을 기울였다. 부르봉 가문 협정을 성사시킨 장본인이기도 하다. 페르난도 6세(Fernando VI)가 후사 없이 죽자 아들 카를로스 3세(Carlos III)를 대신해 섭정을 펼치다 아들에게 왕위를 물려주었다. ⇒

Borbón, Casa de(부르봉 왕가)

Faro de Vigo (파로 데 비고)　스페인 갈리시아(Galicia) 레돈델라(Redondela) 지역에 본사를 두고 있는 지역 신문. 1853년 11월 3일 발행을 시작으로 갈리시아 전반의 소식을 독자들에게 알렸다. 1870년대 후반기까지는 일주일에 두 번 발행하였지만, 1879년부터 매일 발행을 하게 되었다. 1986년에는 에디토리알 프렌사 이베리카(Editorial Prensa Ibérica) 사(社)에 합병되었고, 2003년에는 후안 카를로스 1세(Juan Carlos I de Borbón) 왕이 참석한 가운데서 창사기념식을 가지기도 하였다.

Favila (파빌라)　아스투리아스 왕국의 첫 번째 왕 펠라요(Pelayo)의 아들로 태어나 왕위를 계승했다. 태생에 대해 알려진 바는 없으며 737년에 즉위해 세상을 떠나는 739년까지 총 2년을 통치했다. ➡ Asturias, Principado y reino de(아스투리아스 공국, 아스투리아스 왕국)

Federación Anarquista Ibérica(FAI) (이베리아 무정부주의 연합)　1927년 발렌시아 엘 살레르(El Saler)에서 시작된 무정부주의 단체이다. 포르투갈의 무정부주의 연맹(União Anarquista)과 스페인의 전국 무정부주의 단체 연합(Federación Nacional de Grupos Anarquistas)의 뒤를 이어 이베리아 반도의 무정부주의를 지지하고, 이후에는 국제 무정부주의 연합(Internacional de Federaciones Anarquistas)에 참여하기도 하였다.

Federación Comunista Catalanobalear(FCCB) [페데라시온 코무니스타 카탈라노발레아르(카탈루냐 공산주의 연맹)]　1924년 카탈루냐 지방과 발레아레스 섬(Islas Baleares) 지역의 공산주의 정치 조직으로 스페인공산당(PCE)을 창당한 호아킨 마우린(Joaquín Maurín)이 FCCB에 가입하고 주요 지도자로 활동했다. 1931년 카탈루냐 공산당(PCC)과 함께 노동자농민당(BOC)을 창당했으며 FCCB는 1933년 이베리아 공산주의 연맹(FCI)으로 변경되었다.

Federación de Trabajadores de la Región Española (스페인노동자연합)　국제노동자협회의 지부인 스페인지방연맹(Federación Regional Española)이 해체되면서 1881년에 바르셀로나에서 설립되었다. 그러나 이후 1880년대에 걸쳐서 스페인 무정부주의 조직(OARE)으로 발전하였다.

Federación Estatal de Lesbianas, Gays, Transexuales y Bisexuales(FELGTB) (스페인 성소수자연합)　스페인의 최초 성소수자(LGBT) 단체이자 가장 큰 규모의 연합으로 동성결혼을 지지한다. 결혼, 성 정체성 관련법 등 통합적 접근방식으로 성소수자의 권리를 주장하며 그래픽 캠페인, 미디어, 정치적 협상, 시위, 강의 등의 활동을 하고 있다.

Federación Ibérica de Juventudes Libertarias(FIJL) (이베리아 무정부주의 청년 연합)　스페인 제2공화국 시절인 1932년 마드리드에서 청년들이 무정부주의를 주장하면서 창단한 연합이다. 이것은 절대 자유주의 청년(Juventudes Libertarias) 또는 무정부주의 청년(Juventudes Anarquistas)이라고도 불리었으며, 현재의 이베리아 무정부주의 청년 연합은 이전의 연합보다 참여 연령대나, 주요 활동 역할 또는 가입 단체들이 상이한 특징을 가지고 있다. ➡ República II(제2공화국)

Felipe I. Rey de Castilla (펠리페 1세, 카스티야 왕)　'미남 펠리페(Felipe el Hermoso)'로도 알려진 그는 막시밀리아노 1세(Maximiliano I)와 마리아 데 보르고냐(María de Borgoña)의 아들로 1478년 부르하스(Brujas)에서 태어났으며 1506년에 사망했다. 1482년에 보르고냐(Borgoña)의 공작으로 선포되었고 1496년에 거행된 광녀 후아나(Juana la loca)와의 혼인은 후에 그를 아스투리아스(Asturias)의 왕세자로 만들어 주었고 이사벨 1세(Isabel I)가 죽은 후에는 후아나와 함께 카스티야의 공동왕으로 등극했다. ➡ Castilla, Corona de(카스티야 연합왕국)

Felipe II* (펠리페 2세)   1527년 5월 21일 스페인 바야돌리드(Valladolid)에서 카를로스 5세(Carlos V)와 이사벨 데 포르투갈(Isabel de Portugal) 사이에서 태어난다. 그의 나이 14세가 되던 해 부친은 반란을 진압하기 위해 카스티야를 떠나게 되고 그는 섭정인의 자격으로 부친이 남겨놓은 자문관들, 즉 알바 공작(duque de Alba), 타베라 추기경(cardenal Tavera), 프란시스코 데 로스 코보스(Francisco de los Cobos)와 함께 처음으로 국정을 맡게 된다. 1543년 사촌인 마리아 마누엘라 데 포르투갈(María Manuela de Portugal)과 결혼하지만 이듬해에 부인은 왕자 카를로스(Carlos)를 출산하다가 그만 사망하고 만다. 카를로스 5세가 루터파의 진압을 위해 또 다시 이베리아 반도를 떠나게 되자 펠리페 왕자는 두 번째 섭정을 한다. 이번에도 최종 결정권은 여전히 황제에게 있고, 그의 곁에는 동일한 자문관들이 배정되지만, 이제 펠리페는 보다 독자적인 입장에서 카스티야를 통치하기 시작한다. 1554년 펠리페는 나폴리의 왕이자 밀라노의 공작이 되고, 또한 메리 튜터(Mary Tudor)와 결혼함으로써 영국 여왕의 배우자가 된다. 1555년 카를로스 5세는 그의 아들인 펠리페 2세에게 저지대 국가(Países Bajos)와 시칠리아를, 그리고 이듬해에는 카스티야와 아라곤 왕국을 양도하는 한편, 신성로마제국은 그의 동생인 페르난도(Fernando)에게 준다. 한편 영국의 메리 여왕이 사망하면서 1559년 스페인에 돌아온 펠리페 2세는 국정 운영 면에서 일대 혁신을 가져온다. 즉 마드리드를 항구적인 수도로 정하는 것은 물론, 일련의 평의회들과 재판소들을 창설 혹은 개혁하게 된 것이다. 1556년 세비야 왕실 법원(Audiencia)의 개혁을 시작으로, 1559년 차르카스(Charcas) 왕실 법원, 1563년 키토(Quito) 왕실 법원, 1567년 칠레(Chile) 왕실 법원이 설립되고, 1558년 이탈리아 평의회(Consejo de Italia) 설립이 이루어진다. 대외적으로도 1559년 카토 캄브레시(Catea-Cambrésis) 조약을 체결함으로써 오랜 앙숙이던 프랑스를 누르고 이탈리아에서의 헤게모니를 장악하게 된다. 또한 로마, 베네치아, 제노바와 신성동맹(Liga Santa)을 맺고 1571년 10월 레판토(Lepanto) 해전에서 승리함으로써 아프리카 북부와 지중해 동부에서 확산되던 오스만 투르크의 팽창주의를 저지한다. 그러나 이것은 이슬람의 팽창주의에 대항하는 십자군 정신의 발로에서 비롯된 것이기도 하지만, 한편으로는 스페인에 있는 모리스코와 투르크족과의 접촉을 차단하고 가상의 위협을 사전에 막고자 하는 조치라고도 해석될 수 있다. 1570년대 중반에 들어서서 투르크족은 페르시아와의 전쟁에, 스페인은 저지대 국가 문제에 각각 몰두하게 되면서 양측의 대립은 소강상태에 접어들게 된다. 한편 1560년 펠리페 2세는 이사벨 데 발로아(Isabel de Valois)와 결혼하고 이사벨 클라라 에우헤니아(Isabel Clara Eugenia)와 카탈리나(Catalina)라는 두 공주를 얻게 된다. 그러나 8년 뒤 왕비가 사망하는 불운이 생기면서 그는 1570년 네 번째이자 마지막으로 자신의 사촌인 아나 데 아우스트리아(Ana de Austria)와 결혼한다. 그리고 이 왕비를 통하여 1568년 죽은 카를로스 황태자를 대신할 후계자이자 장차 펠리페 3세가 되는 왕자를 얻게 된다. 그의 치세 초반은 두 당파 간의 정쟁으로 특징지어지기도 하는데 한쪽이 알바 공작을 구심점으로 한 것이라면, 다른 한쪽은 에볼리 군주(príncipe de Éboli)를, 그리고 에볼리의 사망 이후에는 왕의 비서인 안토니오 페레스를 중심으로 한 것이었다. 그러나 후안 데 아우트리아(Juan de Austria)

의 비서인 에스코베도(Escobedo)가 살해되고 안토니오 페레스(Antonio Pérez)가 체포되면서 에볼리 파는 자연히 와해의 과정에 들어서게 되고, 이후 알바 공작이 아들의 결혼식을 이유로 왕의 신임을 잃게 되면서 알바파도 동일한 과정을 겪게 된다. 치세의 두 번째 시기는 계속되는 정치적, 재정적 위기에 직면하여 선왕의 측근이던 그란벨라(Granvela) 추기경을 궁정에 불러들이면서 시작된다. 1581년 포르투갈의 정복과 합병, 플랑드르와의 계속되는 전쟁, 영국과의 대립과 1588년 무적함대의 패배는 스페인의 패권을 잠식시키고 펠리페 2세의 정신적, 육체적 고갈을 가중시킨다. 치세의 마지막 단계에서는 많은 지병으로 이미 병약해진 펠리페 2세가 단독 국정 업무가 불가능한 상황임을 보여준다. 1585년 심야 위원회(Junta de Noche)의 창설로 업무 분담이 시작되고, 1590년에 추가로 고위 위원회(Junta Grande)가 왕국 통치의 최고 평의회로 창설되면서 혼란스러운 재정 상황의 타개에 주력하게 된다. 이렇게 하여 1598년 그가 사망하기 이전에 이미 스페인 제국 혹은 카스티야는 대귀족 중심의 운영 체계로 고착화되게 된다.

Felipe III (펠리페 3세)　　펠리페 2세(Felipe II)와 그의 네 번째 부인 아나 데 아우스트리아(Ana de Austria)의 아들로 1578년 알카사르(Alcázar)에서 태어났다. 1598년부터 1621년 사망에 이르기까지 통치하였으나 정치에 관심이 없어 총신 레르마 공작(duque de Lerma)과 우세다 공작(duque de Uceda)에게 독재권을 맡겼다. 이 시기의 주요 사건으로는 모리스코(morisco)들을 추방시키고, 천도와 재천도를 하면서 경제적 위기에 봉착해 모든 전쟁이 휴전되었다. ⇒ Austria, Casa de[오스트리아 왕가(스페인계)]

Felipe IV (펠리페 4세)　　펠리페 3세(Felipe III)와 마르가리타 데 아우스트리아(Margarita de Austria)의 장남으로 1605년 바야돌리드(Valladolid)에서 태어났다. 1621년에 왕위에 올라 1665년 60세의 나이에 이르기까지 통치하다가 마드리드에서 사망했다. 부친 펠리페 3세와 마찬가지로 정치에 관심이 없어 올리바레스 대공(Conde-Duque de Olivares)에게 1643년까지 전권을 맡겼다가 그 후부터는 루이스 멘데스 데 아로(Luis Méndez de Haro)에게 맡겼다. 이 시기의 주요 사건으로는 카탈루냐(Cataluña)와 포르투갈에서 반란이 일어났고, 1648년에 베스트팔렌 조약(Paz de Westfalia)이 체결되면서 네덜란드가 스페인으로부터 완전히 독립하게 된 것이다. ⇒ Austria, Casa de[오스트리아 왕가(스페인계)]

Felipe V (펠리페 5세)　　(1683~1746) 부르봉 왕가의 출신이자 프랑스 루이 14세의 손자로서 스페인의 국왕 카를로스 2세(Carlos II)의 사망 이후 스페인 왕위계승자로서 1701년 스페인 국왕이 되었다. 그러나 프랑스의 세력 확장에 대한 주변국들의 불만으로 일 년 뒤 스페인 왕위계승전쟁이 발발하였고, 그는 알만사 전투에서 승리함으로서 견고한 세력을 다질 수 있었다. 한편 유트레히트 조약(1713)이 체결되면서 그는 비로소 스페인 왕으로 인정받을 수 있었고 이후 강력한 절대군주체제를 수립하게 되었다. ⇒ Borbón, Casa de(부르봉 왕가)

Felipismo (펠리페주의)　　사회노동당(PSOE) 내부에서 스페인의 전 총리 펠리페 곤살레스(Felipe González)를 따르는 파를 일컫는다. 자유주의 정책을 펼쳤으며 사회와 경제 전반에 걸친 개혁을 도모했다. 부총리였던 알폰소 게라(Alfonso Guerra)가 각종 비리와 스캔들로 사퇴하자 사회노동당은 펠리페주의자들과 게라주의자들로 나뉘게 되었다.

Félix, Obispo de Urgel (펠릭스, 우르헬 주교)　　8세기 우르헬(Urgel)의 주교이다. 톨레도(Toledo)의 대주교인 엘리판도(Elipando)와 친분을 유지했으며 그와 마찬가지로 삼위일

체를 부정했다. 799년에 주교직에서 해임되었으며 프랑스 리옹으로 망명길을 떠났다.

Felús (펠루스)   이슬람 지배하의 스페인에서 주조했던 화폐의 명칭. 구리로 주조되었으며 디나르와 디르함에 비해 많이 주조된 것은 아니다. 3세기와 4세기에 주조되었으며 그라나다의 나사리 왕조에 의해서도 주조되었다. ➡ Al-Andalus(알 안달루스)

Feria de Abril (4월 축제)   1847년 축산 시장의 형태로 시작되었으나 이후 세비야인들에게 없어서는 안 될 중요한 축제가 되기에 이른다. 축제날 길거리에는 말과 마차가 돌아다니고 여성들은 안달루시아 지방 전통 의상인 형형색색의 플라멩코 의상을 입으며, 광장에는 카세타(caseta)라고 불리는 커다란 천막들이 세워진다. 일반적으로 세비야 사람들은 저녁 무렵 카세타에 가족, 친구, 친척들을 초대해서 와인을 마시고 노래를 부르며 세비야나스(sevillanas)라고 부르는 세비야 지역 전통 춤을 춘다. 천막의 일종인 카세타야말로 페리아 데 아브릴이 살아 숨 쉬는 장소라고 할 수 있다.

Feria de la Virgen del Mar (바다 여신 축제)   매년 알메리아(Almería)에서 행해지는 축제로, 8월 중반에 행해진다. 안다락스(Andarax) 강 주변에서 9일 동안 열리는 이 축제는 도시의 수호신을 기리는 다양한 행사를 개최한다.

Fernán González (페르난 곤살레스)   곤살로 페르난데스(Gonzalo Fernández)의 아들이며 아랍인으로부터 독립한 카스티야의 첫 번째 백작으로 태어난 해는 알려지지 않았으며 970년에 사망했다. 부르고스(Burgos)와 알라바(Álava), 라라(Lara)를 통일시켰으며 이후 940년에 다시 세워진 세풀베다(Sepulveda)까지 영토를 확장하여 카스티야 백작령으로 만들었다. ➡ Reconquista(레콩키스타)

Fernández Cuesta, Raimundo (라이문도 페르난데스 쿠에스타)   1896년에 태어나 1992년에 사망한 스페인의 정치인이다. 스페인 팔랑헤당의 창설에 참여했으며 1934년 총서기장으로 임명되었다. 프랑코(Franco)의 초기 정권 당시 농업부 장관을 지냈다. 1974년 스페인 국민전선(Frente Nacional Español)을 조직했다. ➡ Falange Española(스페인 팔랑헤)

Fernández de Castro, Pedro (페드로 페르난데스 데 카스트로)   (1560~1634) 스페인의 정치인이다. 군인이었으나 레르마 공작의 딸과 결혼하며 정계에 뛰어들었다. 1603년에 서인도 제도의 책임자로 임명되는 듯 전성기를 보냈으나 레르마 공작의 몰락과 함께 몰락했다. ➡ Valido(총신)

Fernández de Recalde, Juan (후안 마르티네스 데 레칼데)   빌바오에서 태어나 1588년에 사망한 16세기 스페인 해군 대장이다. 그는 무적함대의 심장, Flota de invasión 함대 사령관의 직위를 맡았다. ➡ Armada Invencible(무적함대)

Fernández Díaz, Antonio (안토니오 페르난데스 디아스)   (1932~) 스페인의 플라멩코 가수이며 '성냥개비(Fosforito)'로 알려져 있다. 1956년 코르도바에서 연이어 대상을 수상하면서 명성을 얻게 되었다. 20세기 플라멩코 역사의 대표적 인물 중 한 명이다. 1968년 헤레스 플라멩코학 교수회가 수여하는 전국 노래상을 받았다.

Fernández Franco, Joaquín (호아킨 페르난데스 프랑코)   1875년에 태어나 1933년에 사망한 스페인의 플라멩코 가수이며 '호아킨 엘 데 라 파울라(Joaquín el de la Paula)'로 알려져 있다. 솔레아(soleá)의 틀을 마련한 인물이다. 알칼라 성 근처 동굴에서 다른 집시들과 평생을 살았으며 녹음을 거부해 음반을 남기지 않았다.

Fernández Ordóñez, Francisco (프란시스코 페르난데스 오르도녜스)   1930년에 태어나

1992년에 사망한 스페인의 정치인이다. 사회당 집권 당시 외무부 장관을 지냈다. 스페인을 국제사회의 반열에 올려놓으려는 정책들을 시행했다. 프랑코(Franco)의 죽음 이후 스페인의 사회민주주의를 대표하는 인물이 되었다. ➡ Partido Socialista Obrero Espaóñol(PSOE, 스페인사회노동당)

Fernández, Gonzalo (곤살로 페르난데스)　(9~10세기) 페르난도라 불리는 어느 백작의 아들로 태어났다. 아버지의 뒤를 이어 에스칼라다(Escalada)에 다시 사람이 정주하도록 애썼으며 라라(Lara)를 세웠다. 디에고 르드리게스 포르셀로스(Diego Rodríguez Porcelos)가 사망한 후 라라의 백작으로 임명되었다. 영토 확장을 위해 끊임없이 애썼으며 912년에는 가르시아 1세(García I)로부터 카스티야의 백작령을 받았다.

Fernández, Matilde (마틸데 페르난데스)　1950년 스페인 마드리드(Madrid)에서 태어난 정치가이다. 1973년 스페인 사회노동당(PSOE)에 입당했으며 이듬해에 노동자 총동맹(Unión General de Trabajadores 'UGT')에 가입했다. 1989년에서 2000년까지 스페인 하원에서 칸타브리아(Cantabria) 대표를 지냈으며 1988년에서 1993년까지 보건사회부 장관을 역임했다.

Fernández-Miranda, Torcuato (토르쿠아토 페르난데스 미란다)　(1915~1980) 스페인의 정치가이자 후안 카를로스 1세(Juan Carlos I)의 정치법 교사로서 스페인 전환기의 전략가로 인정받고 있다. 페르난데스 미란다 가문의 1대 공작이며 ETA(바스크 조국과 자유) 테러리스트에 의해 루이스 카레로 블랑코(Luis Carrero Blaco)가 암살되고 난 뒤 1973년 말 임시 국무총리직에 올랐다. ➡ Transición democrática Española(스페인 민주화 이행기)

Fernando de Austria (페르난도 데 오스트리아)　1503년에 태어나 1564년에 사망하였으며 미남 펠리페(Felipe el Hermoso)와 광녀 후아나(Juana la Loca)의 아들이다. 1531년 로마인들의 왕으로 표명되었고 모하치(Mohacs) 전투 이후에 보헤미아와 헝가리의 왕이 되었다. 1556년 형 카를로스 5세(Carlos V)로부터 신성로마제국의 황제 자리를 물려받았다. ➡ Austria, Casa de[오스트리아 왕가(스페인계)]

Fernando de Austria, Emperador del Sacro Imperio (페르난도 데 오스트리아, 신성로마제국 황제, 페르디난트 1세)　(1503~1564) 신성로마제국의 황제, 보헤미아와 헝가리의 왕으로 페르난도 1세(Fernando I)와 후아나 1세(Juana I)의 둘째 아들로 태어났으며 황제 카를로스 5세(Carlos V)의 동생이다. 투르크군으로부터 제국을 지켜내는 데 큰 공을 들였으며 1555년의 아우구스부르크 화의(paz de Augsburgo)로 종교개혁 분쟁을 해결한 인물이다. ➡ Carlos I(카를로스 1세)

Fernando de Válor(Abén Humeya) (페르난도 데 발로르)　모리스코(morisco) 귀족으로 그의 이슬람식 이름은 무아마드 이븐 우마야(Muhammad ibn Umayya)이다. 1520년에 태어나 1569년 사망하였으며 우마이야 왕조 혈통이다. 펠리페 2세(Felipe II)가 1567년에 아랍어와 모슬렘 전통, 의상 등을 사용하지 못하게 함으로써 알푸하라스(Alpujarras)에서 모리스코 반란이 일어나 페르난도 데 발로르도 이에 참여하게 되면서 1568년 가톨릭교를 버렸다. 1569년 모르시코를 배신할 것이라는 설이 돌아 사망하게 되었다. ➡ Sublevación de las Alpujarras(라스 알푸하라스 반란, 1568~1571)

Fernando I (페르난도 1세)　(1503~1564) 펠리페 1세(Felipe I)와 광녀 후아나(Juana la Loca) 사이에 태어났다. 자신의 형제 카를로스 1세(Carlos I)의 뒤를 이어 신성로마제국

을 통치했다. ⇒ Castilla, Corona de(카스티야 연합왕국)

Fernando I, Rey de Aragón (페르난도 1세, 아라곤의 왕)　아라곤의 왕으로 1380년 11월 30일 바야돌리드(Valladolid)에서 태어났으며 1416년 4월 2일 바르셀로나(Barcelona)에서 사망했다. 카스티야의 후안 1세(Juan I de Castilla)와 아라곤의 레오노르(Leonor de Aragón) 사이에서 태어난 차남이다. 안테케라(Antequera) 정복 후 중세 말기 군인의 표본이었으며 차기 카스티야의 왕이 될 인물로 꼽히기도 했지만, 차후 1412년 아라곤 왕국의 왕으로 등극하게 된다. ⇒ Aragón, Corona de(아라곤 연합왕국)

Fernando II de Aragón* (아라곤 국왕 페르난도 2세)　나바라와 아라곤의 왕인 후안 2세(Juan II de Navarra y Aragón)와 그의 둘째 부인인 후아나 엔리케스(doña Juana Enríquez)의 아들이다. 그의 외조부는 카스티야의 해군 제독(almirante)인 파드리케 엔리케스(Fadrique Enríquez)이다. 1452년 5월 10일 그는 사라고사(Zaragoza)의 소스(Sos)에서 출생하였으며 1516년 1월 25일 지금의 카세레스(Cáceres) 주에 있는 마드리갈레호(Madrigalejo)에서 사망하였다. 그의 시신은 그라나다 대성당(Catedral de Granada)에 있는 왕실 예배당(Capilla Real)에 안치되어 있다. 1468년 그의 모친이 사망한 이후 그는 시칠리아의 왕이 되었으며, 부친 후안 2세와 함께 아라곤 왕국의 공동 지배자가 되었다. 1년 뒤에 그는 카스티야의 이사벨 공주(princesa Isabel)와 혼인을 하였고 두 사람은 1474년 카스티야의 왕이 되었으며, 1479년 페르난도는 아라곤 왕국(reino de Aragón)을 계승하였다. 일단 카스티야의 왕으로 선포된 이상 페르난도와 이사벨을 분리하여 생각하는 것은 어렵다. 1475년 1월 세고비아(Segovia)의 중재판결은 카리요(Carrillo) 성직자와 멘도사(Mendoza) 성직자가 작성한 것으로, 왕권 행사에 있어서 두 사람은 완전한 동등권을 행사한다는 내용이었다. 또 이러한 원칙은 아라곤 왕위에 대해서도 동일하게 적용되었다. 이때부터 모든 일은 두 사람의 이름으로 시행되었으며 항상 페르난도 왕을 이사벨 여왕보다 먼저 위치시키기는 하였지만 서로의 업적은 차이가 나지 않도록 연대기자들에게 별도의 지시를 하기도 하였다. 수입원과 사법권은 함께 관장하였으며 혹시 서로 떨어져 있더라도 누구든지 서류에 사인할 수 있었다. 그러나 직책 임명권과 주교 추천권은 이사벨 여왕에게 해당되었기 때문에 치세기 동안에 이루어진 광범위한 개혁 과정에서 페르난도 왕의 역할을 구체화시키는 것은 쉽지 않다. 하지만 전쟁에서만큼은 그의 역할이 두드러졌으며, 특히 카스티야의 왕위에 위협이 되었던 후아나 라 벨트라네하(Juana la Beltraneja)의 내전과 그라나다 왕국(reino de Granada)의 정복전에서는 눈부신 활약을 보였다. 공동 통치기간 동안 그가 아라곤에서 한 활동은 카탈루냐 농민반란 진압과 구아달루페(Guadalupe) 중재판결, 그리고 아라곤에 종교재판소를 재설립한 것으로 압축될 수 있다. 이사벨 여왕이 사망하고 나서는 1506년까지 카스티야의 섭정직(regencia)을 맡았으며 그의 딸 부부인 후아나(Juana)와 펠리페 데 합스부르크(Felipe de Habsburgo)가 공동왕으로서 서약하면서 그는 자신의 아라곤 영지로 돌아갔다. 1505년 헤르마나 데 포익스(Germana de Foix)와 두 번째 혼인을 하였지만 그녀에게서 얻은 아들은 태어나자마자 사망하였다. 1507년 사위인 펠리페 1세가 죽고 자신의 딸도 정신착란증에 걸리면서 페르난도 왕은 다시 카스티야의 섭정직을 맡게 되었고, 이 시기 가장 두드러진 활약이라면 1512년 나바라 왕국(reino de Navarra)을 병합시키고 아프리카 북부에 대하여 전쟁을 감행한 것이다. 특히 아프리카 전쟁은 자신의 뒤를 이어 카스티야의 섭정자가 될 시스네로스(Cisneros) 추기경이 제안한 것이기도 하다.

Fernando II, Rey de León (페르난도 2세, 레온 왕)   1137년에 태어나 1188년에 사망했으며 알폰소 7세(Alfonso VII)의 아들이며 1157년에 레온(León)의 왕으로 즉위했다. 그의 통치기 동안 조카인 카스티야의 왕 알폰소 8세(Alfonso VIII de Castilla)의 통제권을 두고 라라 가문(familia Lara)과 싸웠다. 그뿐만 아니라, 포르투갈의 알폰소 1세(Alfonso I de Portugal)와 갈리시아(Galicia)와 바다호스(Badajoz) 국경에서 전투를 벌였으며 알모아데족의 침입을 막는데 애썼다.

Fernando III de Castilla y León* (카스티야와 레온 국왕 페르난도 3세)   (1139?~1252); (1217~1252) 1217년 숙부 엔리케 1세(Enrique I)가 사망한 때부터 카스티야(Castilla) 왕국의 왕이 되었으며, 부친 알폰소 9세(Alfonso IX)가 사망한 1230년에는 레온(León) 왕국의 왕위를 계승하였다. 이로써 양국의 분열 시기는 결정적으로 종결되었다고 볼 수 있으며, 두 왕국의 통합으로 야기된 문제 해결이 우선적인 과제로 대두되었다. 즉 카스티야 왕국의 경우 직계 왕위계승자가 모친인 베렌겔라(Berenguela)이었다는 점이나 레온 왕국이 알폰소 9세의 첫 번째 결혼 소생인 산차(Sancha)와 둘세(Dulce)에게 남겨졌다는 점이 그러했다. 그러나 베렌겔라는 탁월한 정치적 수완을 발휘하여 이 두 개의 난제를 너끈히 해결하였고 그 결과 카스티야와 레온의 정치적 연합, 왕의 개인적 자질, 라스 나바스 전투(Las Navas)의 승리가 한데 어우러지면서 구아달키비르 강(Guadalquivir) 계곡의 탈환이라는 승전고를 올리게 되었다. 필요한 자원 동원을 불사해서라도 레콩키스타(Reconquista)는 계속되어야 한다는 결정이 1224년 카리온 회의(Curia de Carrión)에서 채택되면서, 구아달키비르의 운명은 정해진 것이나 다름없었다. 1236년 6월 29일 기독교 측에서 파견된 분견대는 시기적절한 급습을 통하여 옛 칼리프 수도였던 코르도바를 정복할 수 있었고, 10년 뒤에는 보다 치밀한 포위 작전을 실시한 결과 하엔(Jaén)을 수중에 넣을 수 있었다. 이 외에도 치욘(Chillón), 알모도바르(Almodóvar), 루세나(Lucena), 아길라르(Aguilar), 에시하(Ecija), 오수나(Osuna), 에스테파(Estepa)가 점차 기독교 측에 복속되었다. 그러나 가장 주목할 만한 승리는 1248년 11월 23일에 얻은 세비야(Sevilla)의 항복일 것이다. 당시 많은 거주민과 아름다운 도시 미관을 갖춘 세비야의 정복을 위해 다양한 방법들이 동원되어야 했고 또 첫 번째 항구도시의 정복이라는 점에서 카스티야 군대에 적지 않은 부담이 되었다. 칸타브리아에서 건조된 함대는 라몬 보니파스(Ramón Bonifaz) 제독의 지시 아래 대서양을 감시할 두 개의 임무를 완수해야 했는데, 즉 지원군의 접근을 막고 강을 통해서 세비야 시를 포위하는 것이었다. 페르난도 왕은 그의 말년에 알려지지 작전들을 통하여 계곡의 점령을 완결 지을 수 있었고, 카디스 점령을 하고자 하였다. 한편 점령된 땅들의 효율적인 점유를 위해 '레파르티미엔토(repartimientos)'라는 후속 조치가 시행되었다. 세비야가 그 대표적인 모델에 속하였으며 기사들과 농민들에게 기증된 왕의 재산(donadíos)은 새로운 정주자들에게 충분한 자원 제공되었다. 돈 페르난도는 1219년에 베아트리스 데 수아비아(Beatriz de Suabia)와 첫 번째 결혼을 하였고 1237년에 또 다시 후아나 데 폰티에우(Juana de Ponthieu)와 결혼하였다. 슬하에 총 13명의 자녀를 둔 그는 1252년 5월 30일에 사망하여 세비야 대성당에 안치되었다. 그의 레콩키스타에 대한 지칠 줄 모르는 헌신과 왕국의 번영을 위한 수고는 그를 그 시대의 이상적인 군주상으로 바꾸어 놓았다. 또한 그의 인간적인 자질들과 경건에 따른 모범들, 그리고 기독교 윤리에 대한 존중은 그를 1671년 성인의 반열에까지 올려놓았다.

Fernando III(1608~1657) 카스티야 왕과 구별 위해 표시 (페르난도 3세) (1608~1657)
신성로마제국, 헝가리, 보헤미아의 왕. 합스부르크 왕가 출신이다. 평화적 협상을 선호했
으며 선대 왕의 뒤를 이은 반종교개혁적인 입장을 취했다.

Fernando IV. Rey de Castilla y León (페르난도 4세, 카스티야 이 레온 왕) (1285~
1312) 산초 4세(Sancho IV)와 마리아 데 몰리나(María de Molina) 사이 첫째 아들로
태어났다. 1295년에 카스티야 이 레온(Castilla y León)의 왕으로 등극했다. 귀족들
의 반항에 자주 직면했으며 수차례 폐위할 위험에 처했지만, 어머니의 도움으로 끝까
지 왕위를 지켰다. 국토회복 운동을 계속해서 노력해 지브롤터(Gibraltar)와 알카우데테
(Alcaudete)를 정복했다. ➡ Castilla, Corona de(카스티야 연합왕국)

Fernando VI (페르난도 6세) 1713년 펠리페 5세(Felipe V)와 마리아 루이사 데 사보야
(María Luisa de Saboya) 사이에서 태어난 스페인 왕이다. 1746년부터 즉위하여 1759년
사망하였다. 유년기는 불행했는데 계모였던 이사벨 데 파르네시오(Isabel de Farnesio)
로 인하여 교육도 제대로 못 받고 궁정에서 멀리 떨어져 지내야 했기 때문이다. 스페인
왕이 되면서 대외적으로는 평화주의적인 정책을 고수했으며, 대내적으로는 계몽군주로
서 문화예술을 진흥시키는데 주력하였다. ➡ Borbón, Casa de(부르봉 왕가)

Fernando VII (페르난도 7세) 카를로스 4세와 파르마 공작의 딸인 마리아 루이사(Maria
Luisa)의 아홉 번째 자식으로 스페인의 왕이었다. 1784년 10월 14일 에스코리알의 산
로렌소(San Lorenzo)에서 태어났으며, 1833년 9월 29일 마드리드에서 사망하였다. 나
폴레옹의 침략으로 퇴위되었다 스페인 독립전쟁으로 나폴레옹이 물러난 후 스페인으
로 돌아와 절대주의를 부활시켰다. 1807년 10월, 에스코리알 음모 사건(proceso de
El Escorial)의 공범으로 체포되었다. 스페인 독립 전쟁(Guerra de la Independencia
Española) 당시 페르난도 7세는 프랑스 바란세 궁전(Valençay)에 사로 잡혀 어떠한 저
항도 하지 못했다. 슬하에 왕자를 두지 못하고 사망하자 남자 상속 규정을 수정하여 딸
이사벨 2세가 여왕이 되면서 페르난도 7세의 동생인 카를로스에 의해 제1차 카를로스
전쟁이 발생하였다. ➡ Borbón, Casa de(부르봉 왕가)

Fernando, Duque de Parma (페르난도, 파르마 공작) 1751년 스페인의 펠리페와 프랑스
의 이사벨의 아들로 태어났으며 1802년에 사망했다. 1765년에 파르마 공위를 계승하였
으며 예수회 추방과 종교재판소 폐지와 같은 개혁을 추진했다. ➡ Borbón, Casa de(부
르봉 왕가)

Ferrer i Guardia, Francisco (프란시스코 페레르 이 구아르디아) 교육가이자 스페인의 정
치 활동가로 1859년 바르셀로나의 알레야(Alella)에서 태어나 1909년 10월 13일에 사
망했다. 1909년 6월 스페인으로 돌아와 총파업을 실행하기로 결심했고, 이후 7월 '비극
의 주간(Semana Trágica)' 사건이 발생하면서 관련 인물로 지목되기에 이르렀다. 정작
해당 기간 동안 그 자신은 자기 소유지에서 체류하고 있었지만 폭력적인 행위들에 대한
책임을 지게 되었고 결국 1월에 처형되었다. ➡ Semana Trágica(비극의 주간, 1909)

Festa da Dorna (페스타 다 도르나) 매년 7월 24일 스페인 코루냐(La Coruña) 지역의 리
베이라(Riveira)에서 열리는 축제이다. 이 축제는 1948년 마을사람들이 공동으로 돈을
모아 가난한 사람에게 소형 어선을 주면서 축제를 벌인 것을 시작으로 지금까지 계속되
고 있다. 그 이래로 이 축제는 갈리시아에서 가장 토속적이고, 유명하며, 시민들의 참여

가 많은 축제로 자리 잡았다. 수공예 보트 경주대회와 콘서트 등 다양한 볼거리가 있다.

Festa dos Maios (페스타 도스 마이오스)　이 축제는 켈트족의 전통으로, 봄의 첫 번째 꽃의 출현을 기념하며 봄을 맞이하는 의미를 담고 있다. 갈리시아 지역, 특히 폰테베드라 (Pontevedra)와 오렌세(Orense)와 같은 도시에서 전통적으로 개최되고 있다. 축제 기간 에는 페레리아 광장(plaza Ferrería)에서 최고의 마이오스(maios, 나뭇가지와 꽃들로 만 들어진 피규어)를 선발하기 위한 대회가 열린다. 각 마이오스 옆에서는 아이들이 노래를 부르는데, 사람들이 주변에서 손과 발로 박자를 맞추며 감상하는 모습을 심심치 않게 볼 수 있다.

Festival de Cine de Sitges (시체스 영화제)　스페인 바르셀로나(Barcelona)의 근교 해변 휴양지인 시체스(Sitges)에서 매년 10월에 개최되는 영화제이다. 주로 SF, 공포, 스릴러, 애니메이션 등 판타스틱 장르에 초점을 맞춘 영화제이다. 브뤼셀 국제 판타스틱 영화제 (Brussels International Festival of Fantastic Film), 포르투갈의 판타스포르토 국제 영 화제(Fantasporto, Oporto International Film Festival)와 함께 세계 3대 판타스틱 영화 제 중 하나로 꼽힌다. 지중해 연안의 아름다운 도시에서 해마다 10만여 명의 영화인들과 영화 마니아들이 이 영화제를 즐기기 위해 모여든다.

Festival de la sardina (정어리 축제)　카스티야 이 레온(Castilla y León) 자치주에 속한 푸엔테누에바스(Fuentenuevas)에서 8월 15일에 열린다. 이날에는 질 좋은 특산품 정어 리 요리를 맛있는 와인과 함께 맛볼 수 있다. 최근에는 빛의 행렬(la Procesión de la Luz)과 론다 데 보데가스(Ronda de Bodegas)에 많은 사람들이 몰리는데, 특히 론다 데 보데가스는 지역 주민들이 자신의 저장고에 있는 와인을 꺼내 음식과 함께 공짜로 모든 참가자들에게 나눠주는 행사로, 젊은이들 사이에서 아주 큰 인기를 끌고 있다.

Festival de la Sidra (시드라 축제)　7월 두 번째 주 주말에 스페인 나바(Nava)에서 열리는 축제로, 매년 수천 명의 관광객을 끌어들이는 아스투리아스(Asturias) 자치주에서 가장 중요한 축제로 손꼽힌다. 토요일 오전에는 나바와 아스투리아스에서 생산된 최고의 시드 라 경연대회의 결승이 열린다. 또한 이 축제에 앞서 시드라 루트(ruta de la sidra)가 먼 저 시작되는데, 행사에 맞춰 특정한 시간대에 나바에 도착하는 시드로 열차(sidrotrenes) 를 이용하여 이곳까지 온 수천 명의 관광객들에게 가장 설레는 순간이다. 왜냐하면 5,000리터의 시드라를 공짜로 나눠주는 행사가 벌어지기 때문이다.

Festival de Tarraco Viva (타라코 비바)　매년 5월 스페인 타라고나(Tarragona)에서 열리 는 축제이다. 이 축제는 고대 로마 시대에 대한 정보를 사람들에게 널리 알리는 것을 주 요 목표로 갖는다. 따라서 다양한 단체들과 로마나 타라고나에 관련된 문화기관들이 참 여한다. 약 한 달 동안 회의 등 다양한 프로그램들이 진행된다.

Festival del ajo asado (구운 마늘 축제)　스페인 리오하(Rioja)의 아르네도(Arnedo) 시에 서 성 목요일(Jueves Santo)에 열리는 축제이다. 1996년에 시작한 이 축제는 '아르네도 구시가지 협회 주민'들에 의해 준비되는데, 이 도시의 중요한 중심지인 푸에르타 무니요 (la Puerta Munillo)에 피운 큰 화톳불의 재 위에 약 8,000단의 신선한 마늘과 2,000개 의 계란을 굽는다. 또한 성주간 동안 아르네도의 대부분의 바(Bar)가 구운 마늘을 주재 료로 하는 꼬치 요리 대회에 참가한다. 따라서 구운 마늘 축제는 이 지역에 깊숙이 뿌리 내린 대표적인 음식 축제라고 할 수 있다.

Festival Medieval de Elche (엘체의 중세 축제)　알리칸테(Alicante) 주에 있는 도시 엘체

에서 매년 10월과 11월 사이에 열리는 콩쿠르이다. 중세에 관한 주제로 된 음악 연주와 연극 등이 거리와 홀에서 공연된다.

Festival Medieval de Hita (이타 중세 축제)　7월 첫째 주 토요일에 스페인 과달라하라 (Guadalajara)의 이타에서 열린다. 이 축제에서 가장 중요한 프로그램은 단연코 아르시 프레스테(arcipreste) 광장에서 해질녘에 열리는 연극이다. 상연되는 작품들은 마누엘 크 리아도 데 발(Manuel Criad de Val)이 선택한 중세 고전 대작들이며, 작품에 대한 해 석은 매년 다양하게 변화한다. 이 외에도 퍼레이드, 매사냥법 시연 등이 눈길을 끈다. 축 제 기간 동안 도시는 중세로 돌아가는데, 지역 주민들이 중세 시대 옷을 입고, 발코니와 성벽에 깃발이 게양된다.

Festival Nacional de la Jota (호타 전국 축제)　세고비아 도시에 있는 쿠에야르(Cuéllar) 마을에서 개최되는 호타 음악과 춤 콩쿠르이다. 이 콩쿠르는 1968년을 시작으로 현재까지 매년 쿠에야르 성(Castillo de Cuéllar) 연병장에서 열린다.

Fiesta de Agua (물의 축제)　매년 8월 16일 스페인의 폰테베드라(Pontevedra) 지역의 비야 가르시아 데 아로사(Villagarcía de Arosa)에서 열리는 유명한 축제이다. 이 축제는 시 민들이 자발적으로 시작하는 독특한 성격을 지닌다. 아주 무더운 8월, 사람들은 집집마 다 돌아다니며 물을 창밖으로 뿌리기를 요구하고 첫 번째 집이 이에 응하면서 축제는 시 작된다. 그렇기에 매년 참가자들의 성향에 따라 축제의 분위기가 재창조되는 독특한 특 징을 지닌다. 여기에는 소방관들도 호스를 통해 물을 뿌리며 참가한다. 또한 물의 축제 전날 밤 사람들은 축제를 제대로 즐기기 위해 거리로 나와 즐기는데, 이로 인해 물의 축 제 전날 밤 또한 물의 축제 전야제(Víspera da Fiesta da Agua)라는 이름이 붙을 정도 로 유명하다.

Fiesta de egresados (졸업 파티)　고등학교 졸업생들이 '정장 파티(Fiesta de gala)'를 마친 후 졸업생들은 '기쁨의 열차(Tren de la alegría)'를 타고 그들만의 시간을 보내며, 미리 빌려 놓은 클럽으로 향한다. 그곳에는 같은 반 학생들이 다른 친구들과 친척들을 초대해 서 다음 날 아침까지 춤을 추고, 술을 마시며 밤을 보낸다.

Fiesta de la Aceituna, la (올리브 축제)　스페인 하엔(Jaén) 지방의 마르토스(Martos) 시 에서 열리는 축제로, 12월 4일에서 8일 사이에 열린다. 이 축제는 올리브 수확철이 되었 음을 공식적으로 알림과 동시에 올리브 수확자들에게 경의를 표하는데 그 의의가 있다. 축제는 8일 갓 수확한 햇올리브를 수동 압착기를 사용해 추출하고, '오요 아세이투네로 (hoyo aceitunero)'라고 불리는 봉지 속에 말랑한 빵, 올리브 오일, 올리브, 대구살 그리 고 물을 담은 것을 무료로 나눠주는 공식 행사와 함께 막을 내린다.

Fiesta de la naranja (오렌지 축제)　스페인 말라가 지역의 코인(Coín)의 축제로, 8월에 시작되는 오렌지 수확기의 막바지에 열린다. 축제 기간 동안 오렌지는 음식의 빠질 수 없는 중요한 재료로 사용되며, 또한 오렌지 주스, 디저트, 따뜻한 수프 그리고 코인 전통 요리 등을 맛볼 수 있는 절호의 기회라고 할 수 있다.

Fiesta de la Virgen de la Guía (인도자 성모 축제)　매년 9월 7~8일에 아스투리아스 (Asturias) 자치주에 위치한 야네스(Llanes)에서 열리는 축제이다. 가장 중요한 행사 프 로그램은 7일에 진행되는 야간 행진으로, 작은 예배당에서 다음 날 미사가 이뤄질 교회 까지 전통적인 스페인 의상인 만티야(mantilla)를 입은 수백 명의 여성이 수호성인상과 함께 행진한다. 8일에는 불꽃놀이가 벌어지고, 미사 후에 다시 예배당까지 행진이 이뤄진다. 도착 후 수호성인에게 헌화를 하고, 예배당 앞에서 다양한 춤을 추는 것으로 축제는 막을 내린다.

Fiesta de los Huevos Pintos (우에보스 핀토스 축제)　　스페인 폴라 데 시에로의 아스투리아나스(Asturianas) 지역에서 부활 주일 다음 월요일에 열리는 축제이다. 이날에는 표면에 손으로 직접 상징적인 의미를 지닌 전통문양을 새긴 계란을 전시하고 판매한다. 또한 하루 종일 사과주인 시드라(sidra)를 마시는 에스피챠(espicha)가 열리고, 사람들은 춤을 추며 야간 야외 무도회를 즐긴다.

Fiesta de los Tosantos(Todos los Santos) (성인들의 축제)　　10월 31일 밤에서 11월 1일 아침까지 계속되며, 스페인 알헤시라스(Algeciras)에서 열리는 지역 전통축제이다. 알헤시라스 주민들은 10월 31일 밤 잉헤니에로 토로하 시장(Mercado Ingeniero Torroja)에 말린 과일, 구운 밤, 사탕수수 등 주로 겨울에 먹는 음식을 사기 위해 모인다. 이후 알타 광장(La Plaza Alta)으로 이동해 시장에서 구입한 음식들을 먹으며, 밴드의 연주와 꼭두각시 인형 공연 등을 보며 한밤의 활기찬 분위기를 즐긴다.

Fiesta de San Roque (성 로케 축제)　　매년 8월 16일 스페인의 코루냐(La Coruña) 지역의 베탄소스(Betanzos)에서 시작해 일주일 동안 열린다. 16일에는 세상에서 가장 커다란 종이 공이 던져지는데, 이 종이 공은 피타(Pita) 가문과 그 친구들에 의해 정성스럽게 만들어진다. 이 공은 당해 연도에 일어난 가장 상징적인 사건들로 꾸며진다.

Fiesta del Cordero (양고기 축제)　　코베르토리아 산(Monte Cobertoria)에서 7월 첫째 주 일요일에 열린다. 식도락 축제의 성격을 지니고 있는 이 축제는 다양한 부위의 양고기를 구워 맛보고 즐길 수 있는 기회가 있다. 성대한 양고기 파티 이후, 민속춤과 가이타 연주가 뒤따른다.

Fiesta del Judas (유다 축제)　　성주간의 부활 주일에 스페인과 중남미의 몇몇 도시에서 거행되는 행사이다. 예수를 배신했던 유다의 인형을 만들어 돌을 던지고 태우는 형태로 진행된다. 어떤 지방에서는 유다 축제를 다른 날짜에 거행하기도 한다.

Fiesta del Orujo en Potes (포테스 오루호 축제)　　1984년을 시작으로 매년 11월 2번째 주 주말에 열리는 이 축제는 칸타브리아(Cantabria)에 있는 포테스(Potes) 지역의 전통적인 축제 중 하나이다. 오루호는 이 지역의 술로, 축제 기간에 방문하는 여행객들은 오루호를 맛보고 즐길 수 있는 기회를 가질 수 있다.

Fiesta del Pan y del Queso (빵과 치즈 축제)　　매년 8월 6일에 열리는 축제로 스페인 리오하(La Rioja)의 작은 마을 켈(Quel)에서 열린다. 1479년 최초로 시작되어 지금까지 매년 끊임없이 열린 역사로 인해 이베리아 반도에서 가장 오래 된 축제 중 하나라는 특징을 가지고 있다. 축제 당일, 사람들은 줄지어 성 그리스도(Santo Cristo) 교회로 행렬을 지어 간다. 11시 30분 무렵부터 교회의 발코니에서 약 2,000개의 말랑말랑한 빵과 50kg의 치즈를 아래에 모인 수천 명의 사람들에게 던지기 시작한다.

Fiesta Nacional de España (스페인 국가 축제)　　매년 10월 12일로 과거에는 국가의 날 혹은 신대륙 발견의 날이라고 불리웠다. 라틴아메리카를 발견하고 정복을 시작한 것에 그 기원을 둔다. 이날 스페인의 수도인 마드리드에서는 왕, 대통령, 여당, 야당 의원 등 중요 인사들이 모인 가운데 군대 행진이 벌어진다. ➡ Hispanidad[이베리아성(포르투갈 및 브라질 제외)]

Fiestas Colombianas (피에스타스 콜롬비아나스)　　스페인 우엘바(Huelva)에서 매년 열리는 축제로 다른 대부분의 스페인 지역의 전형적인 축제들과는 달리 종교적인 성격을 띠지 않는 독특한 축제이며 신대륙 발견을 기린다. 보통 7월 마지막 주에서 8월 첫째 주까지 지속되며, 현재는 안달루시아 지방의 가장 중요한 축제 중 하나로 자리매김했다. 축제 기간 동안 콘서트가 열려 축제에 활기를 더해주며 바다에서는 낚시 경기, 카누 경기 등 을 치루는 것 외에 아주 다양한 즐거움이 가득한 축제이다.

Fiestas de la Magdalena (막달레나 축제)　카스테욘 데 라 플라나(Castellón de la Plana) 의 가장 큰 축제로 사순절 세 번째 토요일에 시작해서 8일간 지속된다. 이 축제는 막달 레나 언덕에서 비옥한 해안가 평야로 도시를 이전한 것을 기념하는 의미를 지닌다. 주요 행사는 축제의 시작을 알리는 기마대의 그림 같은 행렬로, 칸예스(Canyes)부터 성녀 마 리아 막날레나 예배낭까지를 순례한다.

Fiestas de San Bernabé (성 베르나베 축제)　스페인 로그로뇨(Logroño)의 수호성인 축제로, 리오하의 날(Día de la Rioja)을 뒤이은 징검다리 축제로 6월 11일 무렵에 개최된다. 이 는 1521년 안드레 데 포익스(André de Foix)의 군대에 대한 승리를 기념하는 것이다. 프랑스인과 나베라인들로 구성된 약 30,000명의 군대가 17일 동안 도시를 포위하고 있 을 때, 나헤라(Nájera) 공작의 지휘 아래 있던 4,000명의 군인들이 침략자들을 물리치고 도시에 당도한 사건이다. 이에 6월 11일 로그로뇨는 승리를 선포하고 베르나베를 이 도 시의 수호성인으로 임명하였다. 축제 기간 동안에 당시의 상황을 재현한 연극이 상연되 기도 한다.

Fiestas de San Froilán (성 프로일란 축제)　레온(León) 주에서 전례 없는 사랑을 받았던 성 프로일란을 기리기 위해 열리는 축제로 10월 4일부터 12일까지 진행되며, 개최된 이 래로 오늘날까지 갈리시아 지방에서 가장 중요한 축제 중 하나로 자리 잡았다. 축제의 하이라이트 중 하나는 일요일 아침에 진행되는 다양한 색상의 깃발과 음악, 그리고 수많 은 차들로 가득 찬 대규모 퍼레이드이다. 또한 산 이시도로(San Isidoro) 구역에 중세 시장이 열리는 것인데, 이곳에는 아이들을 위한 다양한 활동을 비롯하여 가두 연극, 전 시회 등이 개최된다.

Fiestas de San Isidro (성 이시드로 축제)　5월 15일 경에 성 이시드로를 기리기 위해 열리 는 축제이다. 이날엔 마드리드 전통 복장을 입은 이들이 성인을 기리며 쵸티스(chotis) 라는 마드리드 전통 춤을 추고, 지역 음식을 먹으며 보낸다. 축제의 마지막 주에는 콘서 트, 퍼레이드가 열리며 또한 어린이들을 위한 다양한 활동이 준비되어 있으며 대부분의 활동에 참여하는 것은 무료이다.

Fiestas de San Juan del Monte (성 후안 델 몬테 축제)　스페인 부르고스 지방의 도시, 미란다 데 에브로(Miranda de Ebro)에서 열리는 이 축제는 중세로 거슬러 올라가는 긴 역사를 가지고 있으며 스페인 북부 지방에서 가장 중요하게 여겨지는 순례 행사이다.

Fiestas de San Mateo (성 마테오 축제)　9월 21일에 스페인 로그로뇨(Logroño)에서 열리 는 축제로, 많은 사람들이 로그로뇨 수호성인 축제와 혼동하곤 한다. 축제는 시청 발코니 에서 시장, 포도 수확인들 그리고 시민 대표인 소년과 소녀가 7일간의 축제 시작을 알리 는 폭죽을 터뜨리며(츄피나조, Chupinazo) 시작한다. 다양한 콘서트와 볼거리, 그리고 리오하 지역의 유명한 와인과 함께 쵸리소를 곁들인 감자 요리 등 유명한 음식들을 맛볼 수 있는 기회가 주어진다. 나무통 태우기(quema de la cuba)를 끝으로 일주일간의 축제 는 막을 내린다.

Fiestas de Santa Tecla (성녀 테클라 축제)   스페인 카탈루냐 자치주 타라고나(Tarragona) 지역에서 9월 23일 무렵에 열리는 축제이다. 약 145개의 단체가 모여 500가지가 넘는 다양한 활동을 준비하며 타라고나에서 가장 큰 축제 규모를 자랑한다. 열흘에 걸친 축제 기간 동안 다양한 행사들이 마련되는데, 그중에는 성녀 테클라(Santa Tecla)의 삶을 재 현하는 공연, 도시 전역에서 열리는 수많은 음악 공연, 그리고 새벽녘이 되어 둘사이나 (dulzaina)와 북 연주자가 퇴장하며 끝나는 심야 야외 댄스파티 등이 있다.

Fiestas del Niño de Nápoles (니뇨 데 나폴레스 축제)   니뇨 데 나폴레스 교회에서 성 안토니오의 날(El Día de San Antonio) 다음 날인 일요일에 열리는 축제로, 푸에르토 룸브레라스(Puerto Lumbreras) 주민들에게 깊이 뿌리내린 전통 축제이다. 미사와 니뇨 데 나폴레스를 기리는 종교적 행렬 외에도 문화적인 행사와 다양한 스포츠 경기도 벌어 진다.

Fiestas del Pilar (필라르 축제)   아라곤 지방의 사라고사 도시에서 열리는 축제로 수호성인 인 필라르 성녀(Virgen del Pila)를 기리는 축제이다. 10월 12일 바로 전 주말부터 그다 음 주 일요일까지 약 10일간 지속된다. 이 축제의 하이라이트는 전통 의상을 차려입은 사람들이 중앙광장에 있는 필라르 성모상에 꽃을 바치는 것이다. 뿐만 아니라 거리 곳곳 에 열리는 수많은 공연들과 호타 춤 경연 등은 많은 볼거리를 제공한다.

Fiestas patronales del Santísimo Cristo y San Vicente Ferrer (그리스도와 성 비센테 페레르를 기리는 축제)   우에스카(Huesca) 지역의 그라우스(Graus)에서 가장 중요한 축제이며 흥미롭고 다채로운 민속행사들로 이루어져 있다. '모히강가(mojiganga)'는 축 제에서 가장 중요한데, 이는 기괴한 차림을 한 사람들의 행렬이 중앙광장(Plaza Mayor) 까지 행진하며 도시를 돌아다니는 것이다. 도시 주민들은 이 우스꽝스럽고 사회 풍자적 인 행진에 참여하는 역할을 맡는다. 축제는 9월 12일에서 15일까지 개최된다.

Fiestas patronales en honor a la Sagrada Familia y el Santísimo Cristo (그리스도와 그의 가족을 기리는 축제)   10월에 열리는 이 축제는 축제의 여왕을 발표하는 것으로 시작된다. 해당 기간 동안 투우, 스포츠 경기, 공연, 대회, 시대별 자동차 전시회, 중세 시장, 불꽃놀이, 야외 댄스파티 등 다양한 프로그램이 진행된다. 종교적인 기념행사 또한 중요한 부분을 차지하는데 종교 행렬, 헌화식, 미사 등이 3일 동안 열린다.

Figari Solari, Pedro (페드로 피가리 솔라리)   변호사, 대학교수, 하원 의원, 작가 등 다양한 경력을 가지고 있는 페드로 피가리(1861~1938, 우루과이)는 60세가 되어서야 본격적 인 화가의 길로 들어섰다. 1925년부터 1933년까지는 파리에 머물면서 프랑스 실내화파, 특히 에두아르 뷔야르(Édouard Vuillard)의 영향을 강하게 받았으나, 그는 라틴아메리 카적인 것을 주된 주제로 잡아 부에노스아이레스의 상류층 살롱의 모습뿐만 아니라 흑 인의 주술적 의식인 캉돔베 등의 토착 문화를 밝고 다양한 색으로 표현했다.

Figueras y Moragas, Estanislao (에스타니스라오 피게라스 이 모라가스)   (1819~1882) 바르셀로나 출신 스페인 정치가이다. 20대의 어린 나이부터 진보당과 함께 정치활동을 시작했으며 민주당의 창시자 중 한 명이다. 60년대 말 나르바에스 집권 당시 숙청을 피 해 망명했으나 1868년 혁명의 성공과 함께 다시 정계에 영향력을 발휘하게 되었다. ➡ Revolución de 1868(1868년 혁명)

Figueroa y Torres, Alvaro de. Conde de Romanones (알바로 드 피게로아 이 토레스, 로마노네스 백작)   스페인의 정치가로 1863년 8월 9일 마드리드에서 태어났으며 1950년

10월 11일에 사망하였다. 그는 상원 위원장과 하원 위원장 그리고 여러 차례 장관직에 재임하였으며, 알폰소 13세 재위 당시 3번에 걸쳐 수상이 되었다. 사가스타(Sagasta)와 카날레하스(Canalejas)의 자유당 소속이었다.

Fin de la nación catalana (카탈루냐 민족의 종말)　살바도르 산페레 이 미겔(Salvador Sanpere y Miguel)의 가장 유명한 작품 가운데 하나이며 1905년에 출판되었다. 이 작품은 푸에로(fuero)의 상실에 대해서 공격적인 내용을 담고 있다.

Finciano, Lopez (로페스 핀시아노)　(1547~1627) 스페인의 의사, 극작가, 시인으로 명성을 얻었고 젊은 시절에 『El Pelayo』(1605)라는 서사시를 썼다. 16세기에는 『Filosofia Antigua poetica』라는 책을 통해 아리스토텔레스, 호라티우스, 플라톤의 시학을 비평했다. 이는 당시 유일하다고 볼 수 있는 체계적인 문학 비평 논문으로 신아리스토텔레스주의를 담고 있었다.

Fitero, Raimundo de Fitero (라이문도 데 피테로)　1163년 스페인 톨레도에서 사망한 수도원장 및 성인이었다. 출생지와 관련해서는 프랑스, 아라곤, 바르셀로나 등의 설이 있다. 칼라트라바 기사단(Orden de Calatrava)의 설립자이다. ➡ Órdenes Militares(기사단들)

Flamenco (플라멩코)　안달루시아(Andalusia) 지방에서 스페인식 음악과 춤이다. 요즘 알려진 플라멩코는 18세기의 것으로 안달루시아 음악과 춤을 기본으로 하고 있다. 그 기원은 의견이 분분한데 불꽃을 뜻하는 'flama'에서 비롯된 하류층의 은어로 '멋진', '화려한'을 뜻했던 것이 집시음악에 쓰이게 되었다는 설이 유력하다. 따라서 현재 스페인 한림원 사전에서는 집시족과 연관시키고 있다.

Flandes (플랑드르인)　플랑드르 지역의 사람들을 일컫는다. 플랑드르는 서유럽의 역사적인 지역으로 유럽의 북쪽 해안에서 도버 해협 사이에 위치한 평야 지역에 형성되었다. 이 지역은 현재의 프랑스와 벨기에 그리고 네덜란드 세 국가에 속하여 있으며, 그 영토의 대부분은 벨기에의 서 플랑드르와 동플랑드르에 해당한다. 이 지역은 역사적으로 1482년부터는 합스부르크가가 영유하였으며, 1584에서 1714년까지 에스파냐령 네덜란드의 일부로 스페인이 지배하였다. 1830년 벨기에 독립전쟁으로 네덜란드에서 분리되어 지금처럼 동서플랑드르 2주가 성립되었다. ➡ Austria, Casa de[오스트리아 왕가(스페인계)]

Flecha, Mateo(el viejo) (마테오 플레차 엘 비에호)　(1481~1533) 르네상스 시대의 카탈루냐(Cataluña) 작곡가이다. 그는 여러 가지 구성요소를 섞은 혼합음악으로 유명하며, 그의 조카와 구별하기 위해 그의 이름 뒤에 'El viejo(늙은이)'라는 이름을 붙였다.

FLN(Frente de Liberación Nacional) (민족해방전선)　알제리의 군사, 정치단체이다. 이 단체는 1954년 11월 1일에 설립되었으며, 프랑스 식민통치에 불만을 품고 있던 알제리인들의 분노에서 출범하였다.

Florentina (플로렌티나)　(?~?) 카르타헤나(Cartagena) 출신의 수녀원장이다. 서고트족의 귀족 가문에서 태어나 형제들과 함께 종교활동에 전념했다. 40개가 넘는 수녀원을 세웠다. 이후 카르타헤나의 4대 성인의 반열에 오르게 됐다. ➡ Reino visigodo(서고트 왕국)

Florián Rey (플로리안 레이)　본명은 안토니오 마르티네스 델 카스티요(Antonio Martinez del Castillo)이며, 1894년 1월 25일 스페인 사라고사(Zaragoza)에서 출생하였다. 무성영화와 스페인 제2공화국 때의 영화산업에서 이름을 떨친 영화감독이다. 그의 『La aldea maldita』(1930)는 무성영화의 걸작으로 평가 받으며, 그는 스페인 영화계를 크게 발전시

킨 인물로 평가받는다. ➡ República II(제2공화국)

Floridablanca, conde de* (플로리다블랑카 백작)　(1728∼1808) 본명은 호세 모니노(José Moñino)로서 고향인 무르시아(Murcia)에서 교육을 받았으며, 20세가 되어 카스티야 평의회(Consejo de Castilla)로부터 변호사의 칭호를 받게 된다. 그는 곧 알바 공작(duque de Alba)이나 평의회의 의장인 로하스(Rojas)와 같은 유명 인사들을 직업상 상관으로 알게 되고 그 결과 1766년 형사 소송의 검찰관으로서 카스티야 평의회에 쉽게 진입하게 된다. 평의회에서의 초기 1년 동안은 에스킬라체 난(motín de Esquilache)의 해결에 주력하였다고 할 수 있다. 그는 소요의 진상 조사를 위해 서기인 페드로 데 레레나(Pedro de Lerena)와 함께 쿠엔카(Cuenca)로 파견되었고, 이 사건의 처리 과정에서 향후 정치적 행보의 기준이 될 수 있는 왕권중심주의(regalismo)적인 성향을 유감없이 보여준다. 또한 당시 검사인 페드로 로드리게스 캄포마네스(Pedro Rodríguez Campomanes)와도 긴밀히 접촉하면서 왕실과 여러 교회 기관들과의 관계를 재고하게 되고 1767년 현실화되는 예수회 추방을 전격 옹호한다. 한편 당시 쿠엔카 주교가 왕의 고해신부를 통해 전달한 문건에서 종교기관들에 대한 궁정의 정책을 비난하자, 플로리다블랑카는 '쿠엔카 주교의 글(Expediente del obispo de Cuenca)'에 대한 검사의 보고서에서 왕권중심주의적인 입장을 재차 확인시킨다. 따라서 로마 대사직이 공석이 되었을 때 왕이 '훌륭한 왕권중심주의자'로서 모니노 검사를 즉시 생각해 내는 것은 당연한 것이었으며, 그럼에도 불구하고 이 자리는 1777년 그리말디(Grimaldi)에게 주어진다. 사실 플로리다블랑카가 후보자 물망에 오게 된 데에는 당시 국내외의 여러 사건들 때문이라고도 할 수 있다. 예수회의 추방이나 부재자 재산에 대한 입장 차로 벌어진 카를로스 3세의 조카 파르마 공작(duque de Parma)과 클레멘트 13세(Clemente XIII)의 권고자 간의 갈등, 또 예수회의 전면 추방을 열망하였던 모든 부르봉 왕실들의 태도가 그러하다. 이 모든 영역에 대한 플로리다블랑카의 개입과 노력은 예수회의 폐지를 명하는 교황칙서의 발간(1773년)과 같이 어느 정도 결실을 거두게 되었고, 그 결과 그에게는 백작 칭호가 주어지게 된다. 또한 1762년부터 국무성(secretaría de Estado)의 수장이던 그리말디와의 친분 관계 외 위와 같은 개인적 성공으로 플로리다블랑카는 1777년 국무성의 제1서기(primer secretario de Estado)로 임명되었으며 이곳에서 향후 15년간 봉직하게 된다. 플로리다블랑카 백작의 대외 정책은 그의 비망록(Memorial)에서도 소개되어 있듯이 영국에 대해 유리한 위치를 차지하는 것에 있었으며, 그는 이를 위해 프랑스와는 독립성을 유지하고, 포르투갈과는 친분을 나누며, 로마와는 특별 관계를 유지하면서 나폴리와 파르마 가문과는 우호 관계를 맺고 비기독교 왕국들과는 적절한 관계를 유지하는 데 주력했던 것이다. 이러한 노력의 결과 지브롤터의 포위나 1782년 메노르카(Menorca)의 회복, 필리핀의 수호, 1783년 플로리다(Florida)의 회복과 같은 결실을 거둘 수 있었다. 그는 아주 일찍부터 아란다 백작(conde de Aranda)을 중심으로 한 궁정의 파벌 세력이 아라곤 당(Partido aragonés)의 이름으로 존재하고 있음을 알고 있었다. 그리말디는 아란다 백작을 평의회 의장에서 파리 대사관으로 이직시키는데 성공하였지만, 이러한 파벌 싸움은 왕국의 통치에 대한 상이한 입장에서 비롯된 것이다. 플로리다블랑카는 평의회들을 배제시키려 했다기보다 사실상 이 기관들을 통제하려고 했으며, 부처별 집행부 활동과 평의회들로 대변되는 사법 당국 간의 헌법적인 균형이 정착되어야 한다고 생각했다. 실제로 그는 그의 후기 공직 생활 동안 여러 차례 진지한 개혁들을 시도하였으며 지역별, 지방별 지대 관할을 위해 국가위원회(Junta de Estado)를 창설하기도 하였다. 그러나 국가위원회의 행정 부서 간 조정 노력이 아라곤당의 반목을 사면서 플로리다블랑카는 1792년 실각된다. 정적들은 그가 도입한 모든 개혁들을 철폐하고 국가평의회를 재건하려고 하였다. 한편 플로리다블랑카는 권력 남용을 이유로 팜플로나(Pamplona)에 감금되고 난 후 무르시아로 은퇴하였다가 1808년 중앙최고위원회(Junta Suprema Central)의 의장으로서 잠시 정계 복귀에 성공하나, 같은 해에 결국 세비야(Sevilla)에서 사망하고 만다.

Floro, Lucio Anneo Julio (루시오 안네오 훌리오 플로로)　1세기경 태어나 2세기경 사망한 로마의 역사가이다. 스페인에서 태어났으며 세네카(Séneca) 가문 출신이었다. 그의 대표적인 저서는 『*Epítome*』로, 로물루스에서 아우구스투스까지의 로마 역사를 다룬다. ⇒ Romanización(로마화)

Flota de Indias (인디아스 범선)　"스페인 보물의 함대" 또는 "스페인 함대"라고 알려진 인디아스 범선은 스페인과 아메리카 대륙의 상업지역을 중심으로 16～17세기 모든 인디아스 지역의 선로를 잇는 선함이다. 스페인 카스티야 왕국(Corona de Castilla)의 부(富)를 축적하는 데 많은 공을 들인 이 선함은 향신료, 카카오 그리고 금, 은과 같은 보석들을 운반하였다. 대부분 멕시코 골프 만에 있는 베라크루스에서 출발하여 스페인 과달키비르(Guadalquivir), 이후에는 카디스(Cádiz)를 통해 세비야(Sevilla)에 도착하였다.

Foix, Germana de. Reina de Aragón y Nápoles (헤르마나 데 포익스 아라곤과 나폴리의 여왕)　1488년 프랑스에서 태어나 1536년 발렌시아(Valencia)에서 사망했다. 페르난도 2세(Fernando II)의 두 번째 부인으로 아라곤(Aragón)과 나폴리(Nápoles)의 여왕이 되었다. 아라곤 왕국의 부책임자로 선언되었고 페르난도가 이탈리아와 북아프리카에 있는 동안 왕국을 통치했다. 1516년에 페르난도가 죽자 그녀는 카를로스 1세(Carlos I)에게 프랑스 남부 지방에 있는 영토와 아라곤 왕국에 속해 있던 이탈리아 남부 지방의 영토를 양도하면서 우호적인 관계를 유지했고 1519년에 브란덴부르고 후작(marqués de Brandenburgo)과 재혼하면서 투리아(Turia)의 여자 부왕 그리고 발렌시아(Valencia)의 부책임자가 되었다. 1525년 그녀의 두 번째 남편마저 죽자 그녀는 페르난도 데 아라곤(Fernando de Aragón)과 혼인했다. 이에 황제 카를로스 5세(Carlos V)는 축하의 의미로 이 부부에게 발렌시아의 부왕직을 주었다. ⇒ Fernando II de Aragón(아라곤 국왕 페르난도 2세)

Fontán Pérez, Antonio (안토니오 폰탄 페레스)　(1923～2010) 스페인 교수이자 기자, 정치가이다. 민주주의 스페인 상원의 첫 번째 의장이었으며 표현의 자유를 위해 힘썼던 인물이다. 프랑코(Francisco Franco) 독재 시대 때 그에 반대하는 대표 신문 <Madrid>의 편집장이었다. 오푸스 데이의 회원이었으며 나바라 대학교(Universidad de Navarra) 문학부의 대학장을 지냈다. 또한 표현의 자유와 정보의 자유법을 국민의 권리로 인정한 1978년의 스페인 헌법(Constitución Española de 1978)을 썼던 인물 중 하나다. 상원 의장(1977～1979)과 하원(1979～1882)을 각각 지냈으며 국토관리부장관(1979～1980)도 지냈다. 죽음에 이르기까지 <Nueva Revista de Politica, Cultura y Arte>의 사장과 편집장을 역임했다. ⇒ Opus Dei(오푸스 데이)

Foralidad (지방성)　지방특별법(Fuero)에 의해 개별 통치를 시행하던 스페인은 각 지방마다 고유의 법적, 사회적 전통을 가지고 있었으며 이러한 색채를 지방성이라 한다. 신토지계획령 이후 행정적 통합이 이루어졌음에도 지방성은 유지되어 매끄러운 통합의 걸림돌이

되기도 했다. ➡ Fueros[푸에로(특별법)]

Foralismo (지방특권주의)　스페인의 서로 다른 지역의 특별법인 옛 푸에로(fuero)의 복권을 요구하는 정치사상으로 자유주의 체제의 중앙집권주의 정책에 반대하며 푸에로와 전통적인 특권을 유지한다.

Forn, Juan (후안 포른)　(1959~) 아르헨티나의 번역가이자 작가이다. 출판사 "에메세(Emecé)"와 "플라네타 출판사(Editorial Planeta)"의 편집자였다. 1995년에 "국립서술상(Premio Municipal de Narrativa)" 2등상을 수상했다. 작품으로는 『*Corazones cautivos más arriba*』(1987), 『*Nadar de Noche*』(1991) 등이 있다.

Foro Español de la Familia(FEF) (스페인 가족 포럼)　종교적, 정치적 개념 이전에 생물학적 사실로서 정의되는 가족을 보호하는 스페인 시민단체이다. 동성결혼, 낙태, 안락사를 반대하며, 호세 마리아 아스나르(José María Aznar) 정부의 국무위원이었던 베니그노 블랑코(Benigno Blanco)가 주재하고 있다.

Fortún Garcés I, Rey de Navarra (포르툰 가르세스 1세, 나바라 왕)　가르시아 1세 이니게스(García I Íñiguez)의 아들로 845년에 태어나 905년에 사망했다. 어려서 무함마드 1세(Muhammad I)에게 납치되어 20년간 코르도바에서 지내며 교육받은 것으로 알려진다. 팜플로나 역사상 가장 힘든 시기로 평가되는 882년경에 아버지의 뒤를 이어 왕이 되지만 얼마 안 있어 사라고사의 에미르(Emir)로부터 공격을 받아 어려움을 겪는다. 후계자가 없는 관계로 딸 토다(Toda)의 남편 산초 가르세스 1세(Sancho Garcés I)에게 왕위를 물려줌으로써 이니가(Íñiga) 왕조가 끊기고 히메나(Jimena) 왕조가 들어서게 된다. ➡ Al-Andalus(알 안달루스)

Fox Quesada, Vicente (비센테 폭스 케사다)　1942년에 태어난 멕시코 출신 정치가이다. 국민행동당(Partido de Acción Nacional, PAN)에 입당해 야당의 후보로 2000년 7월 2일 대통령으로 선출되어 71년간 계속된 혁명제도당(Partido Revolucionario Institucional, PRI)의 통치에 종지부를 찍었다.

Fraga, Manuel (마누엘 프라가)　1922년에 태어나 2012년에 사망한 스페인의 정치인이다. 국민당을 창당했다. 스페인 근현대 정치사의 살아있는 증인으로 불릴 만큼 오랫동안 활동했다. 스페인의 지성 중 한 명으로 손꼽히며 정치학과 윤리, 역사 등 다양한 분야에 수많은 저서를 남겼다. ➡ Partido Popular(PP, 국민당)

Fraile, Alfonso (알폰소 프라일레)　(1930~1988) 스페인 안달루시아 출신의 화가이다. 초기에는 입체주의나 후기 입체주의적인 작품활동을 하였으나 60년대에는 추상화가로 활동을 하였다. 이후 추상주의와 비형식주의를 결합하여 호세 벤토 루이스(José Vento Ruiz) 외 2명의 화가들과 함께 신공간주의 그룹을 세웠다. 1962년에는 스페인 회화상(Premio Nacional de Pintura)을, 1983년에는 조형예술상(Premio Nacional de Artes Plásticas)을 수상했다.

Franchy y Roca, José (호세 프란치 이 로카)　(1871~1944) 스페인 정치가이다. 특별히 카나리아스(Canarias)의 공화정 연방을 위해 지도자 역할을 담당하였다. 마누엘 아사냐(Manuel Azaña) 정부 시절 산업부 장관으로 임명되었으나 곧 카나리아스로 돌아가 정치활동을 하였고, 스페인 내전 때에는 멕시코로 망명하여 그곳에서 1944년에 생을 마감하였다. 1976년 그의 유해는 라스 팔마스(Las Palmas)로 이송되었고, 이송 지역에는 그의 이름으로 명명되는 거리가 생겨나게 되었다.

Francisco Borja, San (산 프란시스코 보르하)　　예수회의 수도회장, 카탈루냐(Cataluña)의 부왕 그리고 스페인 발렌시아(Valencia)에 위치한 간디아(Gandia)의 4대 공작이었다. 1510년 10월 28일 간디아(스페인 발렌시아에 위치)에서 태어났으며, 로마에서 1572년 9월 30일 사망하였다. 교황 우르바누스 8세(Urbano VIII)에 의해 시복되었으며, 교황 클레멘테 10세(Clemente X)에 의해 성인의 반열에 올랐다. 그는 간디아의 수호성인이며 그의 축일은 10월 3일 행해진다. ➡ Jesuitas(예수회원들)

Francisco I (프란시스코 1세)　　1494년에 태어나 1547년에 사망한 프랑스 왕이다. 신성로마제국의 황제 막시밀리안 1세(Maximiliano I)가 죽자 프란시스코 1세는 공석이 된 황제 자리의 강력한 후보자로 떠올랐으나 결과적으로는 카를로스 5세(Carlos V)가 황제 자리에 앉게 되었다. 이로 인해 프란시스코와 카를로스 사이의 긴장감은 더욱 고조되었고 이탈리아의 패권을 두고 잦은 전쟁을 치르게 되었다. ➡ Carlos I(카를로스 1세)

Francisco Pradilla (프란시스코 프라디야)　　(1848~1921) 스페인의 화가. 사라고사 출생으로 사라고사에서 공부를 시작하였으나 마드리드로 옮겨간 후 왕립미술아카데미와 수채화 아카데미에서 공부하였다. 1873년 장학금을 받아 로마로 유학을 갔으며 이후 프랑스와 베니스 등지를 돌며 거장들의 그림을 공부하였다. 1878년 스페인 국립 전시회에 「Juana La Loca」를 출품 후 명예 훈장을 수여받았다. 1881년에는 로마의 스페인 예술학교장을 맡았으나 그만 두었고, 이탈리아를 여행하다 1897년 프라도 박물관 관장직을 받아 마드리드로 돌아왔으나 이 또한 얼마 못 가서 사직하였다. 1921년 사망할 때까지 천 점 이상의 작품을 남겼다.

Franco, Francisco (프란시스코 프랑코)　　스페인의 군인이자 정치가이며 독재자로 1892년 12월 3일 라 코루냐(La Coruña)의 엘 페롤에서 태어났으며, 1975년 11월 20일 마드리드에서 사망하였다. 1936년 인민전선 정부에 반대하여 쿠데타를 일으켰으며, 전쟁에서 승리한 후 팔랑헤당을 중심으로 한 일당독재국가를 수립하고 죽을 때까지 스페인 정부의 총통을 지냈다. ➡ Franquismo(프랑코주의)

Francos (프랑크족)　　게르만 민족의 일파로 로마제국 근처의 야만인 부족을 일컬었다. 이들은 대부분의 게르만 부족들이 그러했듯이 로마제국과의 조약을 통해 동맹군이 되었다. 이후 로마 제국이 해체될 당시 일련의 공격을 통해 갈리아 북부를 획득하였으며, 프랑크 왕국을 건설하였다.

Franquismo* (프랑코주의)　　이데올로기보다 일시적인, 기능적인 명칭이라고 할 수 있으며, 프랑코 장군의 직접 통치 아래 있던 스페인의 기나긴 시기를 지칭하기도 한다. 프랑코주의의 시기는 체제의 제도화와 경제적 입안들 그리고 스페인 사회의 전개에 따라 네 단계로 나뉠 수 있다. 첫 번째 시기는 새로운 국가의 탄생에 해당하는 1936~1945년까지다. 1936년 9월 29일 프랑코는 정부 수반이자 군대총장으로 임명되면서 반란의 정치적, 군사적 지휘권을 획득했다. 그는 즉각적으로 국가기술위원회(Junta Técnica del Estado)를 살라망카에 열어서 국민전선 지역에서의 시 행정을 시작하였다. 1938년 2월 부르고스(Burgos)에서 각료평의회(Consejo de Ministros)를 공식적으로 출범시키고 프랑코는 국가수반직을 맡았다. 민족주의 진영과 제2차 세계대전 추축국들과의 동질화는 파시스트 전체주의라는 정체성을 강화시켰고, 유일 정당의 창설이라는 결과를 만들어냈다. 1939년 팔랑헤 정관(Estatutos de Falange)이 마련, 유일 정당으로서 프랑코주의의 정치적인 디딤대 역할을 하였다. 3년 뒤에 팔랑헤 전국평의회(Consejo Nacional de

Falange)가 창설되어 체제기반을 대표하는 기구가 되었다. 1942년에 스페인 의회(Cortes Españolas)가 창설되었고 입법적인 기능은 거의 없는 국민 대의기구의 모습을 갖추게 되었다. 그러나 정치무대에서 가장 주요한 논쟁은 체제의 미래에 관한 것이었다. 전형적인 팔랑헤주의자들(falangistas), 파시스트 전체주의와 거리가 있는 군국주의자들(militares), 전통적인 왕조로 되돌아가기를 원하는 군주주의자들(monárquicos)이 자신들의 이데올로기에 따라 체제의 정의를 내리고자 압력행사를 하였다. 그러나 이들 중 어느 누구도 '신과 역사 앞에서만 유일하게 책임을 진다고' 단언하는 프랑코의 의지에 맞설만한 세력을 가지고 있지는 않았다. 내전 직후 제2차 세계대전이 발발하면서 세라노 수녜르(Serrano Súñer)를 중심으로 추축국 편에서 참전하자는 목소리가 커졌다. 실제로 프랑코는 1940년 10월 헨다야(Hendaya)에서 히틀러와, 그리고 1941년 2월에는 무솔리니와 보리디헤라(Bordighera)에서 회담을 가졌다. 그러나 프랑코의 요구사항들을 만족시키는 것이 불가능하다고 판단한 히틀러는 이익보다는 오히려 문제를 더 가져다 줄 것이라 판단하였고 스페인의 참전에 대해 포기하게 되었다. 물론 이후에도 대외적인 중립선언과 별도로 독일잠수함을 도와준다든지, 러시아 전선에 푸른사단(División Azul)을 파견하는 등의 제스처가 있었지만 프랑코 정부는 공식적으로 추축국과 동맹을 맺지는 않았다. 그리고 1943년 미국의 이탈리아 상륙과 무솔리니 몰락 이후에 친독일정책은 그 힘을 잃게 되었고 프랑코정부는 연합국과 관계를 맺기 시작하였다. 한편 프랑코의 초기 통치기는 체제 구축과 국제상황에 대한 복잡한 대처 외에도 경제적으로 극도의 어려움을 겪었던 것으로 특징지어진다. 이는 내전 직후 전쟁 중이었던 외국이 원조할 수 없는 상황이기도 하였지만, 프랑코 정부가 친 추축국 성향을 가지고 있었기 때문이기도 하였다. 추축국의 패배로 국제적으로 고립이 된 스페인은 1945년 UN 회원국이 될 수 없었다. 승리한 연합국들은 파시스트 정부를 세운 프랑코의 퇴진과 유일 정당 팔랑헤의 소멸, 그리고 민주주의로의 이양을 요구하고 나섰고, 이 요구가 실행되지 않자 유엔 기구는 마드리드 주재 모든 대사들에게 출국과 모든 국제기구로부터의 스페인 퇴출을 권유하였던 것이다. 이러한 국제적인 고립 외에도 망명 중에 있는 반 프랑코 세력의 압력이 거세게 일어났고, 스페인 내에서도 왕정복고를 바라는 군주주의자들의 불만이 고조되어 있었다. 그러나 프랑코는 반대파들 간의 합의가 부재한 상황을 이용하여 이러한 정치적 위기를 타개해 나갔다. 우선 팔랑헤의 특권적인 지위를 박탈하며 전체주의적인 체제 이미지를 탈피하고 '유기체적인 민주주의(democracia orgánica)'라는 말을 내세우며 시민들이 정당을 통해서가 아니라 '자연적인 기구(organismos naturales)', 즉 가족, 시, 조합 등을 통해 자신을 대표하도록 유도하였다. 무엇보다 세계적으로 냉전이 고착화되면서 미국은 스스로를 공산주의에 대한 투쟁으로 소개해 온 프랑코의 정부를 용인하기로 결정하였다. 결국 1953년 미국과의 우애와 협력 조약(Tratado de Amistad y Colaboración)이, 교황청과는 종교협약(Concordato)이 체결되었다. 미국과의 협약은 마셜 플랜과 북대서양조약기구로부터 배제되었던 스페인이 4개의 군사기지를 양보하는 것을 통해 서구 군사체제에 통합되는 것을 의미하였다. 1960년대는 국민소득이나 삶의 질에 있어서 이례적인 성장으로 특징지어질 수 있다. 프랑코 정부에 기술 관료들이 들어감으로써 경제적인 발전이 있게 되었다. 이로 인해 이들은 온건 성향과 경제적인 이익의 우선시로 안정화계획(Plan de Estabilización, 1959)과 발전계획들을(Planes de Desarrollo, 1962)을 추진해 나갈 수 있었다. 또한 유럽관광객들의 유입과 외국인 투자, 그리고 유럽으로의 경제이민

으로 국내총생산이 매년 4~7% 증가하는 결과를 가져올 수 있었다. 따라서 소비의 증가
와 새로운 통신매체의 출현, 외국인들의 대거 유입은 스페인 사회가 심도 깊은 변화를
겪게 하였다. 그리고 이러한 변화를 체제강화를 위해서라도 부분적으로 받아들일 수밖에
없었던 프랑코 정부는 국가조직법(La Ley Orgánica del Estado, 1967년)을 통하여서
체제를 제한된 군주국이라고 규정하였고, 1966년 언론법(Ley de Prensa)을 통과시키기
도 하였다. 또한 1965년부터 파업은 더 이상 범죄로 규정되지 않았으며 조합들의 활동
도 증가하게 되었다. 그리고 이러한 소극적인 자유화 조치는 돈 후안 카를로스(Don
Juan Carlos)를 왕의 칭호를 가진 프랑코의 후계자로 임명하면서 절정에 달하였다. 1970~
1975년은 후기 프랑코주의로 분류되는데 프랑코 자신의 신체적인 쇠약과 체제에 대한
반대파의 성상 그리고 스페인 사회의 대다수가 체제와 분리되는 것으로 특징지어진다.
또한 체제에 대한 반대 시위가 대학과 노동자들을 중심으로 전개가 되고 에타(ETA)를
중심으로 테러주의가 등장하면서 프랑코 체제는 더욱 위기 가운데 놓이게 되었다. 특히
에타의 테러는 1973년 12월 프랑코의 오른팔이자 그의 정치적인 후계자라고 할 수 있는
카레로 블랑코(Carrero Blanco)를 암살함으로서 절정에 달하였다. 후기 프랑코주의 시
대의 아리아스 나바로(Arias Navarro) 정부는 석유파동, 반대시위, 테러리스트 처형의
여파로 찾아든 국제적 고립, 모로코의 탈식민화 문제 등에 대처할 능력이 없었다. 그리고
무엇보다 1975년 11월 20일 프랑코 자신의 죽음은 프랑코주의의 종말을 가속화시켰다
고 할 수 있다. 그리고 프랑코주의의 제도적인 종말은 최초의 민주주의 선거와 헌법의
집대성, 그리고 민주주의로의 이양으로 가능하였다고 할 수 있다.

Fray Hernando de Talavera (탈라베라 수도사) 산 헤로니모(San Geronimo) 종단의 수
도사로 탈라베라 델 라 레이나(Talavera de la Reina)에서 1430년경 출생하여 1507년
그라나다에서 사망하였다. 아빌라(Ávila)의 주교였으며 그라나다(Granada)의 첫 번째
대주교였다. 이사벨 가톨릭 여왕의 신임을 얻어 고해사제로 임명되었다. ➡ Isabel I de
Castilla(카스티야 여왕 이사벨 1세)

Fray Juan Pérez (후안 페레스 수도사) 성 프란체스코회 수도사. 라 라비다(La Rábida)의
수도원에서 15~16세기를 살았던 수도사이다. 청렴한 수도사였으며 우정과 사랑을 상징
하는 수도사였다. 콜럼버스를 언제 처음 만났는지는 확실하지 않으나 그와 절친한 친
구이며 1492년 콜럼버스를 대변하여 가톨릭 공동왕의 대리인 후안 데 콜로마(Juan de
Coloma)와 산타페(Santa Fe) 협정을 맺는다. ➡ Colón, Cristóbal[크리스토발 콜론(콜
럼버스)]

Fray Pedro Maldonado (페드로 말도나도) (1576~1614) 스페인의 작가이자 종교인, 유명
한 설교가이기도 했다. 펠리페 3세의 총신이었던 레르마 공작의 고해성사 신부였다. ➡
Valido(총신)

Frente de Juventudes (청년 전선) 프랑코 정부가 공세적 국가 신디컬리즘 위원회(존스,
JONS)의 스페인 전통 팔랑헤(Falange Española Tradicionalista) 부분을 일궜던 정치
단체이다. 1940년 창당된 청년 전선은 스페인 청년들의 국민전선 운동을 지도하기 위해
만들어졌다. 청년 전선 창당 이전에도 스페인 제2공화국을 반대하는 펠라요스(Pelayos)
나 발리야스(Balillas)와 같은 전통주의적 청년단체가 있었으나, 이 청년 전선은 존스와
전통 팔랑헤의 1937년의 통일 법령 이후 처음으로 공식 인정된 단체라고 할 수 있다. ➡
Franquismo(프랑코주의)

Frente Democrático de Izquierdas (좌파 민주전선) 1977년 총선 참가를 위해 결성된 선거연합으로 스페인 노동당(PTE)이 주가 되어 카나리아스 공산통합당(PUCC), 스페인공산통합당(UCE) 등을 연합한 선거 전선이다. ⟹ Transición democrática Española(스페인 민주화 이행기)

Frente Nacional (국민전선) 2006년에 창당되어 2011년에 해산된 극우파 정치당이다. 국민전선은 호세 페르난도 칸탈라피에드라(José Fernando Cantalapiedra)에 의해 지휘되었으며 파시즘, 민족주의의 사상을 가졌다. ⟹ Franquismo(프랑코주의)

Frente Popular (인민전선) 좌파, 중도-좌파 그리고 노동조합(공산주의 사회주의)으로 이루어진 정치연합 단체이다. 여기에는 자유주의 사상을 가진 중소계급 단체들도 포함되어 있다. 인민전선의 첫 등장은 1934년 프랑스의 공산당(Partido Comunista)과 사회당(Partido Socialista)이 연합할 당시였다. 스페인에서 인민전선은 1935년에 창설되었으며, 1936년 2월 16일 선거에 승리하여 마누엘 아사냐(Manuel Azaña)가 대통령 자리에 올랐다. ⟹ República II(제2공화국)

Frente Popular Galega (갈리시아 인민전선) 공산주의, 민족주의, 갈리시아 독립사상을 내세운 정당으로 갈리시아의 독립과 사회주의, 반식민주의, 대중민주주의, 반제국주의에 기반을 두었다.

Frente Sandinista de Liberación Nacional(FSLN)* (산디니스타 민족해방전선) 1962년에 출현한 니카라과 정치조직이며 상기의 명칭이 붙게 된 것은 1974년부터이다. 1963년 아나스타시오 소모사(Anastasio Somoza)의 아들인 루이스 소모사(Luis Somoza)가 독재자로 있을 때에 니카라과 반란 측은 나라에 이미 세 개의 게릴라 조직이 있다고 밝힌 바 있다. 그러나 산디니스타 민족해방전선의 전신인 민족해방전선(Frente Nacional de Liberación, FLN)이 출범했을 때는 이미 아나스타시오 소모사의 아들이자 루이스의 동생인 아나스타시오 소모사가 집권하던 1970년일 것으로 추정된다. 1974년에 소모사는 '국가재건위원회(comité nacional de reconstrucción)'를 창설하고 지하 시장의 자금과 그의 재선을 가능케 했던 외부 세력의 도움으로 은행을 설립했다. 그러나 이러한 조치는 오히려 그의 통치를 합법화 할 수 있었던 부르주아 집단들과 멀어지는 결과를 가져왔다. 육류 및 면화 가격의 폭락과 국제수지 적자, 외채 증가로 국가 전체가 위기에 봉착해 있을 때, 산티니스타 민족해방전선이 등장하였다. '산디니스타'라는 용어는 미국과 정부군에 맞서서 끝까지 싸운 아우구스토 세사르 산디노(Augusto César Sandino)의 이데올로기를 계승한다는 의미에서 채택된 것이다. FSLN은 폭력 투쟁을 통하여 미국의 사주 아래 구축된 소모사 독재 정권을 종식시키고 대중 참여 민주주의를 실현시키고자 하였다. 1974년 12월 FSLN은 국가공무원들을 납치한 후 100명의 정치범인 인질들을 맞바꾸자는 제안을 함으로써 본격적인 투쟁에 들어갔고 이는 그들에 대한 혹독한 탄압도 개시되었음을 의미하였다. 그러나 1978년 내전에서 재계를 비롯한 FSLN에 대한 지지도 상승과 군사적 개입이 불가능한 것을 판단한 미국은 FSLN을 '합법적인 반대파'로 인정하였고 아울러 소모사의 퇴출을 요구하였다. 1979년 7월 18일 소모사 정권이 마침내 몰락하면서 21일 임시정부위원회와 국가재정부가 마나구아(Managua)에 입성할 수 있었다. 아울러 국가방위대(guardia nacional)가 해체되고 국민의 기본권이 반환되었으며 국가가 재건되기 시작했다. 1980년 국가재건위원회(Junta de Construcción Nacional)가 조직되면서 니카라과의 자유선거를 하기 위한 회담이 시작되었다. 11월 4일 선거에서 다니엘 오르테가(Daniel Ortega)를 리더로 한 산디니스타 전선이 선출되었다. 그러나 1987년 1월에 헌법을 선포한 지 세 시간 만에 FSLN은 여러 소모사 집단의 반란에 직면하였고 니카라과 시민들의 자유를 정지시키지 않을 수 없었다. 이들 소모사 집단들은 미국의 지원을 등에 업고 '콘트라 반군(la Contra)'인 게릴라 집단들을 조직하였다. 한편 미국과 외국의 압력에 떠밀려 1990년 다시 선거를 소집한 다니엘 오르테가는 비올레타 차모로(Violeta Chamorro)의 야당연합(partido Unión Nacional Opositora)에 참패하여 권좌에서 물러나야 했다. 이후 1996년 선거에서는 자유헌정당(Partido Liberal Constitucionalista)의 아르놀도 알레만(Arnoldo Alemán)에게, 2001년 선거에서도 자유헌정당의 엔리케 볼라뇨스(Enrique Bolaños)에게 연이어 참패한 후에, 2006년 마침내 FSLN과 다니엘 오르테가는 정권 장악에 성공할 수 있었다.

Fruela I (프루엘라 1세) (722~768) 아스투리아스의 제4대 왕으로 잦은 내전과 알 안달루스와의 침략에 시달렸다. 강경한 성품 탓에 귀족들의 지지를 얻지 못했다. 46세에 칸가스 데 오니스에서 암살당했다. 오비에도를 세운 인물이기도 하다. ➡ Asturias, Principado y reino de(아스투리아스 공국, 아스투리아스 왕국)

Fruela II. Rey de Asturias de León (프루엘라 2세 아스투리아스 이 레온 왕) 알폰소 3세의 아들로 874년에 태어나 925년에 사망했다. 910년, 아스투리아스의 왕으로 등극하고 924년에 형 오르도뇨 2세(Ordoño II)가 세상을 떠나면서 레온 왕국과 연합해 레온의 세 번째 왕으로 14달 동안 통치했다. ➡ Asturias, Principado y reino de(아스투리아스 공국, 아스투리아스 왕국)

Fruela Vermúdez (프루엘라 베르무데스) 갈리시아 백작이며 베르무도(Bermudo)의 아들이자 알폰소 3세(Alfonso III)의 숙부이다. 알폰소 3세의 왕위를 빼앗아 자기 자신을 갈리시아의 왕으로 공표했지만 민중의 반란으로 875년 오비에도(Oviedo)에서 사망했다.

Fuente de Cibeles (시벨레스 분수) 스페인 마드리드 시벨레스 광장(Plaza de Cibeles)에 있는 분수대이다. 분수 중앙에 세운 조각상은 그리스 신화에 나오는 풍요와 자연의 여신 시벨레를 형상화한 것으로, 광장의 명칭은 이 여신의 이름에서 따온 것이다. 여신 시벨레가 대리석으로 만든 수사자 두 마리가 끄는 4륜전차 위에 앉아 있는 모습의 좌상으로, 에스파냐에서 가장 유명한 건축가이자 아티스트인 벤투라 로드리게스(Ventura Rodríguez)의 디자인을 바탕으로 1782년에 신고전주의 양식으로 완성했다.

Fuente de Neptuno(Madrid) (넵튠의 분수) 스페인 마드리드 카스티요 카노바스 광장(Plaza de Cánovas del Castillo) 중심부에 위치한 신고전주의 양식의 분수대이다. 1777년에 설계가 시작되어 1786년에 완공되었다. 분수대 중앙에 놓인 조각상은 로마 신화에 나오는 바다의 신 넵튠을 형상화한 것이며, 넵튠이 왼손에 삼지창을 든 채 소라껍데기로 만든 전차 위에 서 있는 모습으로, 전차는 두 마리의 해마가 끌고 있으며 전차 주변을 여러 마리의 돌고래와 바다표범이 둘러싸고 있다.

Fuero juzgo (재판법) 레온(León)에서 1241년 페르난도 3세(Fernando III)가 제정한 법률 전서로 서고트족 시대(654년)에 발표된 리베르 이우디시오룸(Liber Iudiciorum) 번역본으로 구성되어 있다. 약 500여 가지의 법을 다루고 있으며 그중 300가지는 고대법이다. ➡ Castilla, Corona de(카스티야 연합왕국)

Fuero viejo de Vizcaya, 1452 (비스카야의 옛 푸에로) 처음으로 글로 작성된 비스카야(Vizcaya)의 관습법이다. 1452년 7월 21일 게르니카(Guernica)에 모인 총회가 특권,

면제, 자유의 의미를 지닌 관습법을 작성했으며 몇 년 후에 왕으로부터 통과 승인을 받았다.

Fueros* [푸에로(특별법)]　　중세 스페인에서 푸에로는 '특권' 혹은 '자유'를 의미하는 법적·정치적인 개념이었으며, 일반법으로부터의 '면제'라는 의미가 있어서 한 사람 혹은 한 도시에 부여되는 특별 자유 증서라고 할 수 있다. 광의의 의미로는 '비스카야의 옛 푸에로(Fuero viejo de Vizcaya, 1452)'처럼 한 지역이나 한 주에 유효한 법이나 특권들을 '푸에로'라고 불렀다. 비록 그 의미가 카스티야(Castilla) 왕국에서는 통상적인 의미로 사용되었을지라도 근대 아라곤 연합왕국(Corona de Aragón)에서는 헌정적으로 중요한 의미를 지니고 있었다. 스페인에서는 전통적으로 '푸에로'로 인한 갈등이 카스티야와 여타 왕국들 사이에서 존재하였으며, 이것을 '중앙집권주의' 대 '지역주의'의 개념으로 해석하는 경우도 많았다. 그렇다고 해서 카스티야가 '푸에로'에 대하여 늘 적대적인 정책을 취한 것은 아니었다. 가톨릭 공동왕(Reyes Católicos)은 종교재판소(Inquisición)와 같은 특별한 문제를 제외하고는 '푸에로'를 존중하였으며, 올리바레스(Olivares) 정권 때를 제외하고는 합스부르크 왕가의 통치기에 '푸에로'에 대하여 심각한 침해를 한 적이 없었다. 사실 1591년 아라곤 폭동에 직면하여 펠리페 2세가 사라고사(Zaragoza)를 점령하고자 카스티야 군대를 파견했을 때에도 '자신의 의지는 '푸에로'를 존중하는 것이었고, 존중하는 것이다'라고 명백히 한 점에서도 이를 잘 말해주고 있다. 1653년 바르셀로나의 항복이 있고 나서도 신임 부왕인 돈 후안(don Juan)은 카탈루냐의 헌법을 존중하리라고 맹세하였다. 돈 후안과 돈 페드로 데 아라곤(don Pedro de Aragón)이 카스티야의 권력을 유감없이 행사하던 시기에도 '지방특권주의(foralismo)'의 시기라고 알려질 정도로 '푸에로'에 대해서는 여전히 신중한 입장을 취하고 있었다. 한편 '푸에로'를 둘러싼 갈등은 주로 왕권이 종교재판소나 부왕을 통하여 귀족 엘리트나 지방도시 엘리트의 이익을 침해한다고 여겨질 때 일어났다. 예를 들어 부왕이 발렌시아에서의 도적 행위를 근절시키고자 군대를 파견할 때에도 개인 영지에는 도적을 추적할 수 없다는 '푸에로'와 충돌하였다. 사소한 법적 위반조차도 '반푸에로(contrafuero)'적으로 인식되었던 것이며, 이런 점에서 '푸에로'는 민중의 자유를 위한 것이라기보다는 귀족층의 중세적 특권을 보호하려는 의도가 더 강했다고 볼 수 있다. 1677~1687년의 아라곤 의회들은 귀족층과 하급 기사층 간의 이러한 사회적 분열상을 표출시켰으며, 이는 다른 왕국에서도 유사하게 나타났다. 한마디로 어떤 경우에서든 합스부르크 왕가의 치세기에는 '푸에로'가 변경되지 않았으며 정치적, 헌정적으로 현상 유지를 하였다고 볼 수 있다. 그러나 부르봉 왕가가 들어서면서 상황은 급변하게 되었고, 펠리페 5세는 왕위계승전쟁 동안 아라곤 연합왕국이 반란을 일으켰다고 선언하면서 '푸에로'의 전면 폐지를 단행하였다. 먼저 아라곤과 발렌시아의 푸에로가 프랑스나 멜초르 데 마카나스(Melchor de Macanaz) 등의 영향을 받아 1707년 6월 29일 왕령에 의해 폐지되었으며, 카탈루냐의 '푸에로'도 버윅 공작(duque de Berwick)이 1714년 9월 13일 바르셀로나에 입성하였을 때 소멸되게 되었다. 그리고 오직 바스크만이 유일하게 자신들의 독립적인 법과 의회를 유지할 수 있었다. 한편 카탈루냐에서는 산 페레 이 미켈(Sanpere I Miquel)이 그의 명저 『Fin de la nación catalana』에서 '푸에로'의 상실에 대해 공격하였으며, 이러한 낭만주의 전통은 19세기 내내 지속되었다고 할 수 있다. '푸에로'의 상실은 부정적인 측면에서 볼 때 왕국이 감당하기 힘든 정치 구조와 문화에 순응해야 했다는 점과 또 카스티야인들의 고위 공직의 점유가 성행하게 되었다는 것이며, 긍정적인 측면으로는 이베리아 반도 전체의 경제생활에 통합됨으로써 왕국들은 결과적으로 확실한 이익과 발전을 이룰 수 있었다는 점이다. 실제 결과가 어떠하든 당시 '푸에로'의 폐지는 여전히 봉합되지 않는 상처로 남았다는 것이다.

Fuerzas Armadas Guanches(FAG) (구안체스 군대)　카나리아 제도 민족자결 독립 운동(MPAIAC)의 테러 군사단으로 1976년부터 1978년까지 활동했다. FAG는 프랑코 정권 말기에 카나리아 독립을 위한 압력행사 방법으로 주로 다이너마이트를 설치하였다.

Fulgencio (풀헨시오)　556년에 태어나 630년에 사망한 스페인의 주교이다. 성 레안드로의 (San Leandro) 형이다. 레오비힐도(Leovigildo)의 기독교 박해를 피해 망명했으나 신자들에게 끊임없는 권면의 편지를 보냈다. 왕의 서거 후 세비야로 놀아가 성직을 수행하다가 고향 카르타헤나(Cartagena)로 부름을 받아 그곳에서 활발한 활동을 펼쳤다. ⇒ Leandro de Sevilla, San(산 레안드로 데 세비야)

Fundación Carolina (카롤리나 재단)　2000년 스페인에서 창립된 반(半)국립 단체이다. 스페인과 중남미 국가들 간 교육, 과학 교류 증진이 목적이다. 대학 교육을 마칠 수 있도록 중남미 출신 학생들에게 장학금을 지원하며 교환학생 및 체험 기회를 제공한다.

Fundación Pablo Iglesias (파블로 이글레시아스 재단)　1926년 UGT에 의해 만들어진 스페인의 문화 재단이다. 사회주의적 생각을 널리 전파하는 목적을 가지고 있다. 사회노동당(PSOE)와 깊은 관련이 있다. 스페인의 사회주의 단체들이 뿌리 내리는 데 공헌한 파블로 이글레시아스(Pablo Iglesias)의 사망 1주년을 추모하기 위해 그의 이름을 땄다. ⇒ Unión General de Trabajadores(UGT, 노동자총연맹)

Fundación para el Análisis y los Estudios Sociales(FAES) (사회연구분석재단)　마드리드에 위치한 국민당(Partido Popular)의 정책 제안을 연구하는 비영리 재단이다. 주요 후원자로는 마누엘 프라가(Manuel Fraga) 전 총재, 기업가 페드로 슈와르츠(Pedro Schwartz) 등이 있으며 2013년 가장 투명한 정치 재단으로 평가받기도 하였다. ⇒ Partido Popular(PP, 국민당)

Fundación Ramón Areces (라몬 아레세스 재단)　1976년 라몬 아레세스(Ramón Areces)와 교육부가 함께 창설한 비영리 단체. 노벨물리학상 수상자인 세베로 오초아(Seveo Ochoa)가 이끄는 위원회가 운영진이다. 과학과 기술 교육의 증진과 인간 삶의 질 향상이 목적이다. 스페인 내부의 과학 연구를 지원하는 것이 주된 사업이다.

Fundación Triángulo (트라이앵글 재단)　성소수자(LGBT)의 실제적 평등과 성소수자들의 통합을 추구하는 비영리, 비정부개발기구(NGDO)이다. 1996년 설립되어 안달루시아, 카스티야, 마드리드, 카나리아스 등 전국적으로 확장되었으며 국제협력, 영화제, 교육, 청소년 활동 등의 팀으로 구성되어 있다.

Fundación Víctimas del Terrorismo (테러리즘 희생자 재단)　2001년 만들어진 스페인의 비영리 단체. 국민당(PP)과 사회노동당(PSOE)이 서약한 반테러주의 조약(Pacto Antiterrorista)의 결과물이라고 볼 수 있다. 민주주의 가치를 전파하고 인권을 수호하며 시민의 자유를 보호하는 것이 목적이고 스페인 내의 테러 피해자들을 사회적 차원에서 돕는 것이 주된 사업이다.

G

Gaita (가이타) 스페인과 포르투갈 북부 지방에서 사용하는 백파이프와 스페인 남부에서 사용하는 호른, 플룻, 오보에 등의 악기를 총칭한다. 'Gaita asturiana', 'Galician gaita' 등 지방에 따라 여러 종류의 가이타로 구분되며 각 지방의 특색을 표현한다.

Galaicos (갈라이코스) 이베리아 반도 북서부에 정착하여 살던 고대 켈트인들의 도시를 일컫는 명칭이다. 현재의 갈리시아를 포함하며 동쪽으로는 나비아 강을 두고 아스투리아스와 접하고 있었고 남쪽으로는 두에로 강까지 달하여 포르투갈 북부를 포함하는 지역이었다.

Galba, Servio Sulpicio (세르비오 술피시오 갈바) 로마 공화정 시대의 군인이자 정치가이며 기원전 189년경에 태어나 135년경에 생을 마감했다. 151년에 이스파니아 울테리오르(Hispania Ulterior)의 법무관으로 선출되었으며 루시타니아인들과의 전쟁에 적극 참전한 인물이다. ➡ Romanización(로마화)

Galiano, Alcalá (알칼라 갈리아노) (1789~1865) 스페인의 자유주의 성향의 정치가이자 작가이다. 리에고 장군의 쿠데타에 참여했으며 뛰어난 웅변가로 프리메이슨의 일원이었다. 페르난도 7세(Fernando VII)의 귀환과 함께 영국으로 망명했다. 그 후, 전제주의가 무너지기 위해서는 중산층의 교육이 필요하다고 여겨 교육에 전념했다. ➡ Masonería(프리메이슨)

Galib Abu Temman al-Nasir (갈립 아부 템만 알 나시르) 코르도바(Córdoba)의 알 아캄 2세(Al-Hakam II)와 히샴 2세(Hisham II) 통치하에서 국경 수비대장 지위를 맡았다. 슬라브인으로 유럽에서 모슬렘들이 생포해 노예가 되었으나 압달 라만 2세(Ab Dalaman II)가 자유를 주고 국경 수비대장 지위를 내렸다. ➡ Al-Andalus(알 안달루스)

Galicia Ceibe-OLN [갈리시아 자유당(GC-OLN)] 갈리시아 좌파 단체로서 갈리시아의 완전한 독립과 무력 투쟁도 지지하는 갈리시아 무산계급당(PGP)에 의해 1980년 발족되었다. GC-OLN는 테러 단체에 이념적으로 동조하며 갈리시아 게릴라군(Guerrilheiro do Povo Galego Ceive)과 무장혁명투쟁단(Loita Armada Revolucionaria)을 조직했다. 1982년에 갈리시아민족주의블럭(BNG)을 창당하는 데 주요한 역할을 하였으나 수개월 후 대선 전략의 입장 차로 연합에서 탈퇴하였다.

Galindo I Aznárez (갈린도 1세 아스나레스) 아스나르 갈린도 1세(Aznar Galindo I)의 아들로 800년에 태어나 867년에 사망한 아라곤 백작. 그의 통치하에 아라곤 백작령은 샤를 왕조로부터 독립하기 위한 첫발을 내디뎠다. 가르시아(García el Malo)로부터 지위를 박탈당했지만 844년경에 되찾았다. 후에 아들 아스나르 갈린도 2세(Aznar Galindo II)에게 백작직을 물려주고 세상을 떠났다. ➡ Aragón, Corona de(아라곤 연합왕국)

Galindo II Aznárez (갈린도 2세 아스나레스)   아스나르 갈린도 2세(Aznar Galindo II)의 아들로 860년경에 태어났으며 922년에 사망한 아라곤 백작이다. 그는 특히 영토를 넓히고 사람이 살 수 있도록 마을을 재구축하는 데 많은 노력을 기울였지만, 팜플로나의 산초 가르세스 1세(Sancho Garcés I)에게 아라곤 백작령 영토의 절반 이상을 빼앗겼다. 그의 사망과 함께 아라곤 백작령은 나바라 왕국과 합병되었다. ➡ Aragón, Corona de (아라곤 연합왕국)

Galiza Nova [신(新) 갈리시아]   갈리시아민족주의블럭(BNG)의 청년조직으로 1988년 발족되었으며 유럽청년자유동맹(EFAY)의 회원이기도 하다. 갈리시아의 민족해방을 위한 청년 동원과 조직 및 현 사회의 변화를 기본 과제로 수행하며 갈리시아민족주의블럭 (BNG)의 사상과 목표를 공유한다.

Gallaecia (가야에시아)   이베리아 반도 북서부 지역으로 고대 로마인들이 이베리아 반도 최북서부의 켈트족 언어를 사용하던 인도유럽인들이 살던 지역을 부르는 명칭이다. 서쪽 지방에 있던 도시들을 갈라이코스라 불렀던 데서 유래되었다. 지금은 갈리시아로 이름이 바뀌었으나 정확하게 지역이 일치하지는 않는다. ➡ Romanización(로마화)

Gallego (가예고)   스페인 갈리시아(Galicia) 지방의 언어로서, 스페인어와 함께 공용어로 사용한다. 갈리시아어는 포르투갈어와 어원적으로 밀접한 관계를 갖고 있으며, 이들 언어는 중세에는 하나의 언어집단이었다(갈리시아포르투갈어: galaiportugués).

Gallego, Ignacio (이그나시오 가예고)   (1914~1990) 스페인 공산주의 정치가이자 작가 루벤 가예고(Rubén Gallego)의 조부. 스페인 내전 동안 사령관으로 하엔 전쟁(Guerra de Jaen)에 참가하였으며, 1984년에는 스페인인민공산당(Partido Comunista de los Pueblos de España)의 서기장을 맡았다. 1986년에는 좌파 연합(Izquierda Unida)과의 동맹에 서명하였으며 1988년에는 스페인공산당(Partido Comunista de España)과의 단일을 위하여 스페인인민공산당의 서기장직을 사임하기도 하였다. ➡ Guerra Civil Española(스페인 내전)

Gallo, isla del (가요 섬)   콜롬비아의 섬으로 태평양에 위치해 있다. 작은 섬임에도 불구하고 역사적으로 남다른 의미를 갖고 있는데, 이는 프란시스코 피사로(Francisco Pizarro)의 페루 정복과 관련이 있기 때문이다. 당시 그의 대원들 상당수가 지쳐 있을 때, 피사로는 바닥에 선을 긋고 끝까지 정복 전쟁에 참여할 자만 그 선을 넘게 하였으며 이들을 중심으로 최종 페루 원정대를 결성하였던 것이다. ➡ Pizarro, Francisco(프란시스코 피사로, 1478~1541)

Galorromano (갈리아로마인)   현재 프랑스, 벨기에, 스위스, 네덜란드, 독일의 일부를 포함한 갈리아가 로마의 통치를 받던 당시 그곳에 살았던 사람, 문화 등을 총칭한다. 율리우스 시저는 갈리아 지대의 켈트족과 게르만족을 밀어내고 1세기에 갈리아를 차지했다.

Gamir, Mariano (마리아노 가미르)   (1877~1962) 스페인 내전에 참가하고, 많은 사단 및 여단을 이끌었던 군인이다. 톨레도의 육군사관 학교를 졸업하여, 1936년 제3사단의 5여단을 지휘하며 프랑코 군대의 발렌시아(Valencia) 점령을 막아내었다. 1937년에는 북부 지방의 에우스카디(Euskadi), 아스투리아스(Asturias) 칸타브리아(Cantabria)를 방어하며 북부지방 군대를 지휘하기도 하였다. 그러나 내전이 막바지로 치달으면서, 프랑스로 이주하였고 이곳에서 1955년까지 살다가 이후에 스페인으로 돌아왔다. ➡ Guerra Civil Española(스페인 내전)

Gante (헨트)　　벨기에 북부에 위치하고 있으며 이스트플랑드르주의 주도이자 카를로스 5세 (Carlos V)가 태어난 곳이다. 15세기 후반에는 오스트리아 계열의 합스부르크가의 소유 권이었지만 후에는 에스파냐 계열의 합스부르크가의 손에 넘어갔다. 1566년 스페인으로 부터 독립하고자 시민 폭동이 일어나고 헨트 평화 협정(Pacificación de Gante)이 체결 되기도 했지만 1584년부터 1705년까지 스페인은 이 도시를 다시 점령했다. ⇒ Carlos I (카를로스 1세)

Garantía social (사회보장제도)　　현대 국가 복지 이념 중 하나로 사회의 구성원들이 질병, 실업, 재해 등의 이유로 생활의 위협을 받을 경우 국가에서 그들의 생활 보장해주는 제 도이다. 국민의 세금으로 운영되며 그 나라의 삶의 질과 깊은 연관이 있다.

García Abril, Antón (안톤 가르시아 아브릴)　　1933년 5월 19일 스페인 테루엘(Teruel)에서 태어난 작곡가이자 음악가이다. 마드리드 왕립 음악원(Real Conservatorio Superior de Música de Madrid)에서 활동했으며, 저명한 상들을 수상했다. 영화 음악, 코미디 음악 등 다양한 장르의 작곡 활동을 하였으며, 아라곤(Aragón) 주의 노래를 지은 것으로 유 명하다.

García Fernández (가르시아 페르난데스)　　페르난 곤살레스(Fernán González)를 이어받아 카스티야(Castilla)의 백작이 되었으며 938년에 태어나 995년에 사망했다. 코르도바 (Córdoba)의 칼리프였던 알-아캄 2세(Al-Hakam II)에게 평화조약을 맺기 위해 대사를 보내는 반면 데사 성을 탈환하는 등 아랍인들과 전쟁을 하기도 했다. ⇒ Castilla, Corona de(카스티야 연합왕국)

García I Íñiguez, Rey de Navarra (가르시아 1세 이니게스, 나바라 왕)　　나바라의 왕이자 팜플로나의 왕 아리스타(Íñigo Arista)의 아들로 825년경에 태어나 882년경에 사망했 다. 851년에 즉위했으며 이슬람교도들과 수많은 전투를 치렀고 친인척 관계를 맺음으로 써 아스투리아스와 원만한 외교 관계를 유지하고 아라곤 백작령에 세력을 폈다. ⇒ Reino de Navarra(나바라 왕국)

García I. Rey de Asturias y de León (가르시아 1세, 아스투리아스 이 레온 왕)　　알폰소 3세의 첫째 아들로 870년경에 태어났으며 914년에 사망했다. 레온의 첫 번째 왕이며 알 폰소 1세에 대항해 반란을 일으켜 왕위를 차지했다. 동생인 오르도뇨 2세(Ordoño II)에 게 갈리시아 통치 임무를 맡긴 것이 화근이 되었다는 설이 있지만 정확하게 알려진 바는 없다. 대를 이을 자손을 남기지 못하고 세상을 떠나 평생의 원수로 생각하던 오르도뇨 2세가 레온의 왕으로 공표되었다. ⇒ Castilla, Corona de(카스티야 연합왕국)

García Moncó, Faustino (파우스티노 가르시아 몬코)　　1916년에 태어나 1996년에 사망한 스페인의 정치가이자 법학자, 변호사이다. 스페인 내전 당시 민족주의 진영에 서서 싸웠 다. 프랑코(Franco) 치하에서 활발한 정계 활동을 펼쳤다. 그중 통상부 장관을 역임했다. ⇒ Franquismo(프랑코주의)

García Ordóñez, Conde (가르시아 오르도녜스 백작)　　나헤라(Nájera), 칼라오라(Calahorra), 그라뇬(Grañón), 아르네도(Arnedo) 백작이다. 카스티야의 알폰소 6세(Alfonso VI de Castilla)의 군사이자 총애하는 신하로서 라 리오하(La Rioja)의 통치를 맡았으며 국토 회복(Reconquista) 과정에서 시드(Cid)와 마찬가지로 중요한 임무를 수행한 인물이다. ⇒ Reconquista(레콩키스타)

García Quejido, Antonio (안토니오 가르시아 케히도)　　스페인의 사회주의 정치가로 1856년 톨레도(Toledo)에서 태어나 1927년 사망하였다. 1879년 스페인사회노동당(PSOE, Partido Socialista Obrero Español)의 창당, 이어 1888년 노동자총동맹의 창립에 참여했으며 노동자총동맹의 첫 번째 대표로 선출되었다. 지방정치를 바라보는 관점에서 파블로 이 글레시아스 포세(Pablo Iglesias Posse)와 다른 시각을 가지고 있었고, 이러한 의견의 대립에 따라 1921년 공산당(Partido Comunista)의 창립자들과 연합하기 위해 당을 떠난다. 그러나 그의 말년에 이르러 다시 사회주의로 전향하게 된다. ➡ Unión General de Trabajadores(UGT, 노동자총연맹)

García Ramírez V (가르시아 라미레스 5세)　(1100?~1150) 아라곤 왕국에 속해 있던 나바라 왕국을 팜플로나 왕국으로 재건하여 'El Restaudor'라는 별칭을 가지고 있다. 라미로 산체스(Ramiro Sánchez)의 아들로 1134년 알폰소 1세(Alfonso I el Batallador)가 사망한 뒤 팜플로나 왕국을 세웠다. ➡ Reino de Navarra(나바라 왕국)

García Sánchez I (가르시아 산체스 1세)　(?~970) 925년부터 970년까지 나바라 왕국을 통치했다. 산초 가르세스 1세(Sancho Garcés I)의 아들이며 어머니 토다 아스나르(Toda Aznar)와 삼촌(Jimeno Garcés)의 후견 아래 왕위를 물려받았다. 레온 왕국과 동맹을 맺어 모슬렘 군대에 저항했으나 937년 압델 라만 3세(Abderramán III)에게 패하여 조세를 납부해야 했으며, 2년 뒤 레온, 카스티야 동맹과 함께한 전투에서는 압델 라만에게 승리하였다 ➡ Reino de Navarra(나바라 왕국)

García Sánchez II (가르시아 산체스 2세)　(958~1000) 레온 왕국의 베르무도(Bermudo) 왕. 994년부터 1000년까지 나바라 왕국을 통치했다. 산초 가르세스 2세(Sancho Garcéz II)의 아들로 994년 왕위를 이어받았으며 명멸하는 자(el Trémulo)라는 별칭이 있었다. 카스티야 백작과 동맹을 맺어 988년 카탈라냐소르 전투에서 알만소르에 승리하였다. ➡ Reino de Navarra(나바라 왕국)

García Sánchez III (가르시아 산체스 3세)　(1010?~1056) 1035년부터 1054년까지 나바라 왕국을 통치하였다. 산초 가르세스 3세(Sancho Garcés III)의 장남으로 1035년 10월 18일 분할된 에스파냐 영토 중 나바라를 물려받았다. 페르난도 1세(Fernando I)와 베르무도 3세(Bermudo III)의 영토분쟁 중 페르난도 1세를 도와 보답의 표시로 산탄데르(Santander) 만에서 몬테스 데 오카(Montes de Oca)에 이르는 영토를 받았다. 1045년 칼라오라(Calahorra)를 모슬렘들에게서 빼앗았으며 1054년 9월 1일 아타푸에르카 전투에서 패배해 전사하였다. ➡ Reino de Navarra(나바라 왕국)

García, Rey de Galicia y Portugal (가르시아, 갈리시아와 포르투갈 왕)　카스티야의 페르난도 1세(Fernando I de Castilla)의 셋째 아들이다. 1065년, 아버지 사후 갈리시아(Galicia)와 포르투갈(Portugal)을 물려받았으나 1071년에 형제인 산초 엘 푸에르테(Sancho el Fuerte)에게 영토를 빼앗겼으며 1072년에는 또 다른 형제 알폰소 6세(Alfonso VI)에 의해 성에 유폐된 채로 1091년에 사망했다.

Gardingos (가르딩고스)　서고트 왕국의 공직을 맡았던 사람들이다. 이들은 매우 부유했으나 사회적으로 인정을 받으려면 왕실의 직위, 군사력 또는 재판권을 보유해야 했다. 이들은 왕이 임명한 고관들과 함께 왕실 위원회의 구성원으로 활동했다. ➡ Reino visigodo(서고트 왕국)

Gaudí, Antoni (안토니 가우디)　바르셀로나(Barcelona) 출생의 건축가(1852~1926)이다. 스페인의 건축가이자 카탈루냐(Cataluña) 모더니즘의 대표자이다. 그는 카탈루냐 지역의 전통성과 북아프리카, 서아시아의 토착건축에서 영향을 받아 가우디만의 독특한 건축 언어를 창조했다. 가우디의 전형적인 건축 스타일은 곡선이 지배적이며, 벽과 천장이 굴곡을 이루고 섬세한 장식과 색채가 넘쳐난다. 대표적인 건축물로는 구엘 공원의 밝은 도자기 타일의 모자이크와 사그라다 파밀리아 성당(La Sagrada Familia), 그리고 카사 밀라(Casa Mila)가 있다.

Gazpacho (가스파쵸)　　스페인 안달루시아(Andalusia) 지방의 전통수프이다. 아랍어로 '젖은 빵'을 의미하는 이 음식은 토마토를 갈아 피망, 양파, 오이 등의 야채 등을 넣어 갈아 만들었다. 덥고 건조한 스페인의 여름철에 일반 가정에서 흔히 만들어 먹는 음식이다.

Gazte Abertzaleak (가스테 아베르츠렉)　　바스크어(euskera)로 "젊은 애국자들"이라는 뜻으로 에우스코 알카르타수나(Eusko Alkartasuna, EA) 정당에서 청년층을 이루는 정치단체이다. 스페인 바스크(País Vasco)와 나바라(Navarra)에서 활동하며, 아르헨티나의 가스테 아베르츠렉과 유럽 자유 연맹(Alianza Libre Europea, EFAY)과 협력관계에 있다. 공식 입장 및 정보는 <Gaztekari> 잡지를 통해 발표한다.

Gelmírez, Diego (디에고 헬미레스)　　1070년경에 태어나 1140년에 사망한 스페인 고위 성직자이다. 콤포스텔라(Compostela)의 첫 대주교를 지냈으며 막강한 권력의 영주로서 당대 정치 문제에 적극적으로 관여했다. 또한 문화 추진자로서 산티아고 데 콤포스텔라 대성당(Catedral de Santiago de Compostela)을 짓는 등의 사업을 통해 도시를 주요 순례 길로 만들었다.

Generalife (헤네랄리페)　　그라나다 시에 위치한 나사리 왕조 이슬람 왕들의 여름 별장이다. 나사리 양식으로 축조되었으며 알함브라 궁전 방벽 밖에 위치해 있다. 수로가 있어 물이 흐르는 정원이 있다. 13세기 후반에 건설되기 시작했으며 1984년 유네스코 세계문화유산으로 지정되었다. ➡ Al-Andalus(알 안달루스)

Generalitat de Catalunya (카탈루냐 자치주 정부)　　스페인 카탈루냐 자치주 정부로서 카탈루냐 의회와 집행부, 주지사, 그리고 2006년 카탈루냐 자치법령과 법에 의해 규정된 기타 기관들로 구성되어 있다. 기원은 레콩키스타 기간 동안 정복왕 하이메 1세(Jaime I el Conquistador)에 의해 소집되어 당시 신분계층의 대표들이 모인 데에 유래한다. 1939년 프랑코 독재가 시작되면서 해체되었지만 1977년 민주화의 도래와 함께 복원되었다. 현재는 2010년 12월 18일부터 마스(Artur Mas) 주지사가 재임하고 있다.

Gente Menuda (헨테 메누다)　　<ABC>지의 어린이 부록으로 토르쿠아토 루카 데 테나 이 알바레스 오소리오(Torcuato Luca de Tena y Álvarez-Ossorio, 1861~1929)에 의해 1906년부터 1910년간 발간되었으며 후에는 블랑코 이 네그로(Blanco y negro), 로스 도밍고스 데 ABC(Los Domingos de ABC)의 어린이 부록으로도 발간되었고 대부분의 지면을 만화와 어린이를 위해 할애되었다.

Geroa Bai (헤로아 바이)　　바스크어(euskera)로 "미래에게 응답을"이라는 의미로 스페인 바스크(País Vasco)의 정치단체이다. 바스코 민족주의당(Partido Nacionalista Vasco), 안타라비아 탈데아(Atarrabia Taldea), 사발트센(Zabaltzen)의 연합이 모여 2011년 9월에 시작된 이 단체는 나파로아 바이(Nafarroa Bai)의 분열을 중단하려는 의도로 만들어졌다. 이 단체의 중심인물은 우스우에 바르코스(Uxue Barkos)이다.

Gesaleico (헤살레이코)　　서고트족 11대 왕이다. 알라리코 2세(Alárico II)의 사생아로 알라리코 2세가 507년 부이예 전투에서 전사한 이후부터 511년까지 왕위에 있었다. 아말라

리코라는 정식 후계자가 있었으나 너무 어려 왕위에 오르지 못했다. 성 이시도로(San Isidoro)는 헤살레이코를 두고 비천한 출생이며 무능력했다고 말했다. ➡ Reino visigodo (서고트 왕국)

Gigurros (히구로스)　히구리 또는 에구르니온이라고도 불린다. 아스투레스(Astures) 도시 중 하나로, 현재의 오렌세(Orense) 지방의 동쪽 끝, 엘 비에르소(El Bierzo)의 남동쪽에 위치해 있었다.

Gijón (히혼)　스페인 북부 아스투리아스 자치주(Comunidad autónoma de Asturias)의 도시이다. 공식 언어는 스페인어이고 약 28만 명의 인구가 살고 있다. 해안 도시로 원래 산업과 교역을 토대로 발전했으나 제철업의 위기 이후 관광도시로 유명해졌다.

Gil Robles, José María (호세 마리아 힐 로블레스)　(1898~1980) 스페인의 정치인이다. 리베라 장군의 밑에서 정치활동을 시작했다. 칼보 소텔로와 함께 시 법규를 편찬했다. 우익 성향의 당을 결성해 활동했으나 리베라 정권의 몰락과 함께 내전 당시 프랑스로 망명했다.

Gil y Carrasco, Enrique (엔리케 힐 이 카라스코)　(1815~1846) 레온(Leon) 출신의 시인 및 소설가이다. 법학을 전공한 후 국립 도서관(Biblioteca Nacional)에서 근무했다. 스페인 낭만주의 문학의 대표적인 작가들 중 한 명이며, 섬세하고 우아한 시풍이 특징이다. 『*La violeta*』, 『*Elegía a la muerte de Espronceda*』 등의 시집 외에도, 역사소설 『*El señor de Bembibre*』를 남겼다.

Gil y Yuste, Germán (헤르만 힐 이 유스테)　(1866~1948) 스페인 내전에서 제2공화국 타도를 시도하고 군사반란을 일으켰던 군인이다. 반란이 일어났을 당시, 프랑코 체제에서 많은 직책을 맡았다. 먼저 프랑코체제 중요 인물 35명 중 한 명으로, 이후 스페인 대법원(Audiencia Nacional)으로부터 불법감금, 유치, 또는 인권에 반하는 불법행위로 판정을 받았다. ➡ Franquismo(프랑코주의)

Gilabert Vargas, Antonia (안토니아 힐라베르트 바르가스)　1925년에 태어나 1975년에 사망한 스페인의 플라멩코 가수이며 '카디스의 진주(Perla de Cádiz)'로 알려져 있다. 불레리아(bulerías)를 주로 불렀다. 플라멩코의 거장 호세 몬헤 크루스(José Monje Cruz)와 어린 시절부터 가깝게 지냈다. 비록 많은 음반을 남기지는 않았으나 플라멩코 역사상 가장 아름다운 목소리의 소유자로 인정받는다.

Giner de los Ríos, Francisco (프란시스코 히네르 데 로스 리오스)　(1839~1915) 19세기 말에서 20세기 초, 스페인에서 가장 영향력 있는 철학자이자 교육자였다. 스페인에 크라우시스모를 전파시켰다. 정부의 억압적인 교육 정책을 비판하다 대학 교수직에서 사임하게 되었지만, 이 사건으로 인해 오히려 그의 가장 위대한 업적 중 하나인 자유 교육 기관(Institución Libre de Enseñanza)을 1876년에 설립하게 되었다. ➡ Krausismo Español(스페인 크라우시시즘)

Giner de los Ríos, Hermenegildo (에르멘힐도 히네르 데 로스 리오스)　(1847~1923) 스페인 정치가이자 교육학자이다. 법을 공부한 그는 여러 도시의 고등학교에서 교사로 일하다가 1876년 그의 형제인 프란시스코(Francisco Giner de los Ríos)가 설립한 자유교육기관(Institución Libre de Enseñanza)에서 교수로 일하였다. 스페인 문학 교수법을 새롭게 하고, 헤겔 미학 및 윌리엄 티베르기엥(Wilhelm Tiberghien)의 다양한 미학관련 서적들을 번역하였다. 크라우제의 이론을 따랐던 그는 스페인 19세기 사상 가장 중요

한 종합적 심리이론을 편찬했다. ⇒ Krausismo Español(스페인 크라우시시즘)

Giovanni Battista Castello (지오바니 바티스타 카스테요)　일 베르가마스코(Il Bergamasco) 라고도 불리는 지오바니 바티스타 카스테요(1500~1569)는 이탈리아 역사화 전문 화가 이자 조각가이다. 1567년 펠리페 2세(Felipe II)의 요청으로 인해 1567~1569년에 엘 에스코리알(El Escorial) 수도원의 중앙 계단을 설계하여 완공하였다. ⇒ San Lorenzo de El Escorial, Real Monasterio de(성 로렌소 데 엘 에스코리알 왕립수도원)

Giral, José (호세 히랄)　(1879~1962) 스페인의 정치인이다. 미겔 데 우나무노(Miguel de Unamuno), 히네르 데 로스 리오스(Giner de los Ríos) 등의 인물들과 두터운 친분이 있었다. 리베라와 베렌게르의 독재 기간 동안 공화주의적 성향으로 인해 숱한 감옥살이 를 했다.

Giralda (히랄다)　산타 마리아 데 라세데 대성당에 있는 종탑이다. 전체 중 하부 3분의 2 정 도는 7세기 후반의 이슬람 시대에 축조되었으며 종이 있는 나머지 상부는 기독교 시대 에 만들어졌다. 탑 꼭대기에는 풍향계 역할을 하는 유럽 르네상스 시기의 최대 청동상 이 있다. 이것을 히랄디요(Giraldillo)라고 하는데, 여기서 이 탑의 이름이 유래되었다. ⇒ Al-Andalus(알 안달루스)

Girolarno Seripando (지로라르노 세리판도)　1493년 5월 6일 이탈리아 트로이아(Troia)에 서 태어나 1563년 4월 17일 트렌토(트리엔트)에서 사망한 신학자 및 성 아우구스티누스 회의 종교인이었다. 트리엔트 공의회에 참여하였으며 1554년 3월 30일 살레르노 (Salerno)의 대주교가 되었다. 1561년 3월 10일에는 피오 4세(Pío IV)에 의해 추기경이 되었다. ⇒ Council of Trient(트리엔트 공의회, 1545~1563)

Glosas Emilianenses (글로사 에밀리아네세스)　여러 가지 언어로 쓰인 어구 주해 고문서이 다. 이 책의 여백에 쓰인 글은 스페인 바스크의 초기 언어 표본을 알 수 있는 중요한 자 료이다. 이 책은 라틴어, 중세 히스패닉 로마노 시대의 언어, 중세 바스크언어로 쓰여 있 으며, 초기 스페인의 언어를 담고 있다는 데에 중요한 의의를 두고 있다.

Gobernador (총독)　스페인이 아메리카 식민지를 다스리기 위해 세운 총독령 또는 부왕령의 지휘자를 일컫는 말이다. 이들은 사실상 신대륙의 왕이나 다름없는 권한을 가지고 있었 다. 현대에 들어서는 정부의 대표자를 총칭하는 단어가 되었다. ⇒ Hispanidad[이베리아 성(포르투갈 및 브라질 제외)]

Gobierno revolucionario de Arbenz (아르벤스 혁명정부)　1944년 혁명(revolución de 1944) 이후 아르벤스 구스만(Arbenz Guzmán)을 주축으로 1950년에 과테말라 공화국 에 들어선 정부이다. 노동자, 농민, 그리고 학생들의 지지를 얻은 이 정부는 다양한 개혁 안을 내세웠지만 그중에서도 미국의 대기업을 상대로 농지개혁법을 강력하게 시행했다. 그 결과 1954년에 아르벤스 혁명정부는 CIA의 사주를 받은 군사 반란을 겪고 전복된다.

Goded Llopis, Manuel (마누엘 고뎃 요피스)　1882년에 태어나 1936년에 사망하였으며 리 프(Rif) 전투와 스페인 내전에 참전했던 스페인의 군인이다. 푸에르토 리코(Puerto Rico) 태생이며 스페인-미국 전쟁 이후 가족 전체가 귀국했다. 공화국에 대항해 일어났 으나 실패로 끝났으며 1936년 반란죄로 총살당했다. ⇒ Guerra Civil Española(스페인 내전)

Godino, Javier (하비에르 고디노)　마드리드에서 1978년 3월 11일에 태어났으며, 영화, 드 라마, 연극과 뮤지컬까지 여러 국내 그리고 국제 활동을 한 배우 겸 가수이다. 2009년에 아르헨티나 영화 「*El secreto de sus ojos*」에서 출연했다. 그의 다른 작품들 중 2005년 텔레비전 드라마 「Hoy no me puedo levantar」가 있다. 스페인 배우연합에서 연기수상 대상자였다. 그 외에는 앨범활동과 연극 활동을 했다.

Godoy, Manuel* (마누엘 고도이)　　(1767~1851) 바다호스(Badajoz) 태생으로 직업군인의 길을 걷다 20세를 갓 넘기고 왕궁 친위대에서 근무하였고, 이곳에서 왕비 마리아 루이사(Maria Luisa)와 국왕 카를로스 4세(Carlos IV)의 신임을 얻으며 권력의 정점에 올랐다. 1792년에 70대 고령이었던 아란다(Aranda)에 의해 플로리다블랑카(Floridablanca)가 교체되었을 때 고도이와 마리아 루이사의 배후 책략설이 거론되었으며, 실제로 몇 달 뒤 고도이가 아란다를 대신하면서 이러한 소문은 현실화되었다. 당시 고도이는 25세의 나이로 이미 여러 차례 신낭을 한 뒤 공작 작위를 얻어 스페인 대귀족이 되었으며, 막강한 영향력을 가지고 국가평의회(Consejo de Estado)에 참석하는 핵심세력이 되었다. 그러나 그가 정부 요직에 있었을 때는 프랑스에서 일어나고 있었던 정치적 변동으로 심각한 위기의식을 느끼던 시기였다. 특히 프랑스 국민공회에 의해 카를로스 4세(Carlos IV)의 친척이자 프랑스 국왕인 루이 16세(Luis XVI)가 처형되었을 때 상황은 걷잡을 수 없이 치닫고 있었다. 스페인은 모든 수단을 동원해서라도 이 같은 최악의 사태를 막아보려고 했으나 역부족이었고 결국 프랑스 혁명군과 정면충돌이 불가피해 보였다. 그러나 고도이는 처음부터 전쟁 대신 평화를 원하였고 이러한 노력은 결국 1795년 프랑스와의 바젤협정(paz de Basilea)을 끌어내며 고도이 개인에게 '평화의 황태자(príncipe de la Paz)'라는 칭호까지 얻는 결과를 가져왔다. 이때부터 스페인은 프랑스에 대하여 주변 유럽 국가들과는 다른 입장을 취하였고, 1796년 산 일데폰소(San Ildefonso)에서 맺은 친불 동맹조약은 그다음 해 영국과의 전쟁을 불사하게 하였다. 대내적으로 재정이 악화되면서 기부나 상공기관들의 선불금, 공채와 같은 대안들이 별반 효과를 거두지 못하였고 결국 산 카를로스 은행(Banco de San Carlos)은 파산에 처하게 되었다. 이처럼 일련의 전쟁과 재정 악화는 1797년부터 스페인 왕국의 통치에서 주요 쟁점이 되었고 부처 간 해결책을 요구하며 고도이는 각 지방 기관들을 총괄하며 통치하고자 하였다. 그러나 프랑스 지도부의 압력에 못 이겨 1798년 고도이는 장관직에서 경질되었고 그를 대신하여 왕비의 총애를 입고 있었던 사아베드라(Saavedra)와 우르키호(Urquijo)가 전면에 나서게 되었다. 그러나 두 사람 모두 정책에 실패하면서 고도이는 다시 권력의 전면에 부상하였고 자연히 이전보다 유리한 입장에서 통치할 수 있었다. 통상적인 업무처리는 국무성 장관이던 페드로 세바요스(Pedro Cevallos)가 담당하였고, 고도이는 1800년부터 특정한 직책 보유 없이 정치 현안들을 처리하였다. 왕의 명령들과 업무 지시는 최종적으로 고도이에 의해 결정되었고 모든 권력기관들과 법원들이 그의 지시 아래 운영되었다. 한편 그는 1797년 10월 마리아 테레사 데 부르봉(María Teresa de Borbón)과 결혼하면서 왕실 가문의 일원이 되었으며, 이후로 과거 후원자들 특히 왕비의 세력에 대하여 자기 자신의 입지를 독자적으로 강화해 나갈 수 있었다. 또한 그는 프랑스의 정책 방향에 의존하면서 점차 호전적인 입장을 취하게 되었고, 이는 1801년 포르투갈과의 전쟁을 초래하였고, 또한 나폴레옹이 영국과 전쟁을 할 때 재정적인 지원을 감수하여야 했다. 그러나 이러한 국가적 위기는 1807년 스페인 궁정이 나폴레옹에 의해 포위되고 나폴레옹 군대가 스페인에 진군하면서 절정을 맞이하게 되었다. 그러나 이때에도 고도이는 나폴레옹과 비밀리에 협상을 하고 난 뒤로 포르투갈령 알가르베(Algarve)의 한 왕국에 대한 권리를 약속받은 상태였다. 한편 고도이의 정적이자 장차 페르난도 7세(Fernando VII)가 되는 황태자와 그의 세력도 나폴레옹과 동일한 내용의 계약을 체결한 상태였다. 그리고 이후 벌어지는 페르난도의 투옥과 사면, 스페인 왕가의 프랑스행, 퇴위 등의 사건들은 최종적으로 고도이의 정치적 생명을 종결지었다. 그는 왕들과 함께 이탈리아로 은퇴하고 이후 파리로 향하였으며, 1847년 이사벨 2세(Isabel II) 여왕에 의해 그의 지위가 복원된 뒤에도 스페인에 돌아가지 않고 1851년에 사망에 이른다.

Goicoechea, Antonio (안토니오 고이코에체아)　(1876~1953) 스페인 정치가, 변호사. 프리모 데 리베라(Primo de Rivera) 독재 정치에 합류하여 1927년 애국 연합회(Unión Patriótica)에 들어가 국가자문회의(Asamblea Nacional Consultiva)에서 우파적 성향을 강하게 표출했다. 1943년에는 프란시스코 프랑코(Francisco Franco)에게 전통 역사를 이어가기 위한 군주국가 회복에 대한 청원서를 제출하기도 하였다.

Golfo de Valencia (발렌시아 만)　스페인 동쪽 해안인 발레아레스(Baleares) 바다에서 유입되는 해안만이다. 남쪽의 알리칸테(Alicante)의 나오(Nao) 곶에서부터 북쪽의 타라고나(Tarragona)의 토르토사(Tortosa) 곶까지 약 400km를 흐른다. 카스텔론(Castellón)의 콜룸브레테(Columbretes) 열도의 물과 만나 합쳐진다.

Golpe de Casado (카사도 쿠데타)　스페인 내전 막바지에 일어난 사건이다. 1939년 3월 5일 당시 육군 사령관이었던 세히스문도 카사도(Segismundo Casado)의 지휘 아래 내전을 통해 잃어버린 공화제를 되찾고 반(反)네그린(antinegrinistas) 운동을 펼치고자 한 것이다. 이러한 반네그린 운동은 마드리드의 무정부주의자이면서 공화정 좌파였던 훌리안 베스테이로(Julián Besteiro)을 중심으로 이뤄졌다. ⇒ Guerra Civil Española(스페인 내전)

Gómez Vélez, Manuel (마누엘 고메스 벨레스)　1892년에 태어나 1976년에 사망한 스페인의 기타 연주가이며 '우엘바의 마놀로(Manolo de Huelva)'로 알려져 있다. 1922년 그라나다(Granada)에서 열린 칸테 혼도 대회의 공식 연주가였다. 자신의 연주법과 작곡이 모방당하는 것을 두려워해 대외활동을 극도로 꺼렸다고 전해진다.

Gómez-Jordana Sousa, Francisco (프란시스코 고메스 호르다나 소우사)　(1876~1944) 스페인 군인이자, 내전 중 프랑코파였던 국가 기술 위원회 대표이기도 하다. 그는 프랑코 독재 정치 당시 외교부 장관이기도 하였으며, 같은 이름을 가지고 있는 아들 프란시스코 고메스 호르다나 또한 아버지를 이어 군대 중위의 자리에 있었다. ⇒ Franquismo (프랑코주의)

Gontran I (곤트란 1세)　(528~592) 부르고뉴와 올레앙스의 왕이다. 선왕이 프랑스 왕국을 4등분 하면서 생긴 형제간의 갈등을 중재했다. 그는 빼앗겼던 파리 왕국을 되찾는다. 서거 이후 그는 약자의 입장에서 펼친 선정을 인정받아 성인의 반열에 오르게 된다.

Gonzaga, Ercole (에르콜레 곤사가)　1505년 11월 23일 이탈리아 만토바(Mantua)에서 태어나 1563년 3월 2일 트레이트에서 사망한 가톨릭교회 추기경이자 만토바와 타라소나(Tarazona)의 주교였다. 1559년 5표의 차로 교황이 되지 못했으며, 트리엔트 공의회의 의장 중 한 명이었다. ⇒ Council of Trient(트리엔트 공의회, 1545~1563)

González de Linares, Augusto (아우구스토 곤잘레스 데 리나레스)　(1845~1904) 스페인 지질학자, 광물학자이자 동물학자이다. 마드리드, 알바세테(Albacete), 산티아고 데 콤포스텔라(Santiago de Compostela)에서 과학 분야의 교수직을 맡았던 그는 진화론을 적극 지지하여 크라우제의 자연철학을 스페인에 도입하려고 노력했다. 1876년에는 프란시스코 히네르 데 로스 리오스(Francisco Giner de los Ríos)와 함께 결정학 및 형태학 연구에 매진하기도 했다. ➡ Krausismo Español(스페인 크라우시시즘)

González de Mendoza, Pedro(biznieto) [페드로 곤살레스 데 멘도사(증손자)] 1428년에 태어나 1495년에 사망하였다. 산티야나 후작(marqués de Santillana)의 아들이며 '대 추기경 멘도사(Gran Cardenal Mendoza)'로 알려지기도 한 그는 학식이 깊은 인물로 가톨릭 공동왕의 가장 중요한 조언자 중 한 명이었으며 교회의 발전을 위해서 노력했다. 그뿐만 아니라, 중세 스페인의 가장 영향력 있는 가문을 통솔하는 등 뛰어난 정치력을 지녔고 그라나다 전쟁(Guerra de Granada) 때에도 눈부신 활약을 했다. ➡ Isabel I de Castilla(카스티야 여왕 이사벨 1세)

González Laxe, Fernando (페르난도 곤살레스 릭세) (1952~) 스페인의 정치인이다. 1977년 갈리시아(Galicia)의 사회당에 입당했으며 1988년 당의 대표가 되었다. 라 코루냐의 시장을 지냈다. 독특하게도 낚시에 관한 저서들을 다수 남겼다.

González Márquez, Felipe (펠리페 곤살레스 마르케스) 1942년 3월 5일 세비야(Sevilla)에서 태어나 스페인의 변호사 및 정치인으로 1982년부터 1996년까지 스페인 총리직을 지냈다. 스페인 사회노동당 출신으로 총리로 재임 당시 스페인의 민주화를 달성하고, 권위주의를 청산하였으며, 유럽경제공동체에 가입하였다. ➡ Partido Socialista Obrero Espaóñol(PSOE, 스페인사회노동당)

González, Aníbal (아니발 곤잘레스) 1876년 6월 10일 세비야(Sevilla)에서 출생한 건축가이다. 그는 안달루시아 지역주의의 대표적인 인물로 평가된다. 다양한 건축 양식을 혼합하여 쓰는 것이 특징이지만 그와 동시에 항상 개인과 세비야적인 특징을 모든 건축물에 투영시켰다.

González, Julio (훌리오 곤살레스) 1908년에 태어나 1991년에 사망한 스페인의 역사학자이다. 페르난도 2세(Fernando II), 알폰소 9세(Alfonso IX) 그리고 알폰소 8세(Alfonso VIII)의 시대를 연구했다. 마드리드(Madrid) 역사 사료 센터에서 사료 정리를 맡았다. 특히 안달루시아(Andalucía) 역사를 집대성한 공이 인정받아 1987년 스페인 역사상을 받았다.

Gonzalo Fernández de Córdoba (곤살로 페르난데스 데 코르도바) 1453년 그라나다(Granada)에서 태어나 1515년에 사망한 스페인 장군이며 그의 훌륭한 전투력은 그로 하여금 '대장군(El Gran Capitán)'이라는 칭호를 받게 하였다. 그는 그라나다(Granada) 정복에 크게 기여했고 나폴리 전쟁(Guerra de Nápoles) 때 프랑스군을 격파해 스페인 군의 승리로 이끌어간 인물로서 가톨릭 공동왕(Reyes Católicos)으로부터 높이 평가되었다.

Gorría, Jesús Romero (헤수스 로메로 고리아) 1916년에 태어나 2001년에 사망한 스페인의 정치가, 사업가이다. 스페인 내전 당시 민족주의의 진영에서 싸웠다. 프랑코(Franco) 치하에서 노동부 장관직을 역임했다. 이후에 이베리아 행정 위원회장을 맡아 항공 운행 개혁을 시도했다. ➡ Franquismo(프랑코주의)

Gorz, Juan de (후안 데 고르스) (?~974) 스페인의 성직자이다. 부사제 에이날도와 함께 수도자들의 훈련에 힘썼으며 고르스에서 활발한 활동을 펼쳤다. 오톤 3세의 사자로 코르도바의 압델 라만 3세에게 파견되는 등 외교 활동에도 참여한 것으로 보인다.

Goswintha (고스윈다) (?~589) 아타나힐도(Atanagildo)의 부인이자 서고트족의 왕비이다.

그녀의 결혼은 톨레도(Toledo) 왕국이 대외적 연맹을 강화하는 데 중요한 역할을 한다. 그녀가 왕비로 세운 손녀가 순종적이지 않자 두 번째 남편 레오비힐도(Leovigildo) 왕과 사위 에르메네힐도(Ermenehildo) 왕 사이에 싸움이 일어났고 이는 내전으로 이어지게 되었다. ➡ Reino visigodo(서고트 왕국)

Goya y Lucientes, Francisco de* (프란시스코 데 고야 이 루시엔테스)　(1746~1828) 1746년 3월 30일 사라고사(Zaragoza)에 있는 푸엔데토도스(Fuendetodos)에서 성당 제단벽 (retablos)의 도금업자인 호세 고야(José Goya)의 아들로 태어나며 호세 루산(José Luzán)과 함께 사라고사에서 화가로서의 교육을 받는다. 1763년 로마행 장학금을 타기 위해 산 페르난도 왕립 아카데미(Real Academia de San Fernando)가 주최하는 대회에 참여하나 1766년 낙방한다. 그러나 1771년 4월 그는 자비로 간 로마에서 파르마 아카데미(Academia de Parma)에 출품한 '알프스 산맥을 넘는 한니발(Aníbal cruzando los Alpes)'라는 작품으로 현지의 호평을 받게 된다. 그해 10월 다시 사라고사로 돌아와서 필라르 대성당(Basílica del Pilar)에서 「La gloria del nombre de Dios」라는 제목의 그림을 그리게 된다. 1773년 7월 25일 그는 마드리드에서 사라고사 출신의 호세파 바예우(Josefa Bayeu)와 결혼을 하고 그의 처형인 프란시스코 바예우(Francisco Bayeu)의 영향으로 궁정에서의 일감을 손쉽게 얻게 된다. 그는 당시 테피스트리를 위한 밑그림을 그리게 되는데 멩스(Mengs)의 지휘 아래 엘 에스코리알(El Escorial)과 엘 파르도(El Pardo)의 왕실 침실들을 장식하기 위해 1792년까지 그린다. 그의 밑그림에는 스페인의 풍속이 이상적으로 표현되었으며 생생한 색채와 벨라스케스(Velázquez)의 영향이 감지되는 인상주의적인 기법이 사용되었다. 특히 1786년의 「Las estaciones」가 이러한 특징을 잘 보여주고 있다. 또한 벨라스케스의 영향을 다분히 보여주는 작품 「Cristo crucificado」로 산 페르난도 아카데미에 입학하고 1789년 드디어 왕실 화가로 임명되면서 궁정에서의 그의 지위는 확고하게 된다. 이 시기에 그는 사라고사의 필라르 대성당에 있는 두 개의 천정화들과 위대한 산 프란시스코(San Francisco el Grande)의 「San Bernardino」를 그림으로써 명성을 얻게 된다. 초상화가로서의 그의 경력은 무수한 작품들을 그리면서 시작되는데 그중에서 「Conde de Floridablanca」와 영국 회화에 영향을 받은 「Familia del infante Don Luis」, 「Los duques de Osuna」, 「Autorretrato pintando」가 유명하다. 1793년에 그의 화풍에 나타나는 현격한 변화는 카디스에서 발병하여 후에 귀머거리로 고착되는 질병과 알바 공작 부인(duquesa de Alba)과의 스캔들, 그리고 프랑스혁명의 전개에서 비롯된 것이다. 이 시기에 초상화가로서 그는 비판적인 휴머니즘의 경향을 보이게 되는데 사회적인 지위보다 오히려 초상화의 대상이 되는 사람들의 인간적인 면모에 주목한다. 일례로 「Retrato de la condesa de Chinchón」, 「Duquesa Cayetana」, 「Jovellanos」, 「Godoy」, 그리고 무엇보다 1808년의 작품인 「La Familia de Carlos IV」가 그러하다. 또한 이러한 비판적인 의식은 「El entierro de la sardina」나 「La casa de Locos」, 그리고 판화 시리즈인 「Los Caprichos」에서도 두드러지게 나타난다. 이 시기 말에 「Maja vestida」와 「Maja desnuda」를 그리게 되는데 세간의 소문과는 달리 고도이를 위하여 그린 것으로 추정되고 있다. 독립전쟁 기간 동안 고야는 마드리드에 머물면서 프랑스인들과 협력을 하게 되고, 이때 「Los desastres de la Guerra」와 「El Coloso」와 같은 판화들이 제작되며 「Canónigo Llorente」나 「Silvela」와 같은 다수의 초상화들, 몇몇의 뛰어난 여성 초상화들이 선보인다. 1814년에 그는 특히 유명한 두 개의 작품을 위탁받아 그리는데 바로 「La lucha del Dos *de Mayo en Madrid*」와 「*Los fusilamientos en la montaña del Príncipe Pío*」가 그것이다. 역사화로 분류되는 이 작품들 속에서 그는 표현주의와 거대한 채색 표면을 능숙하게 처리하는 기술을 보여줄 뿐 아니라 전쟁의 공포를 고발하고 있다. 종전 후 그는 궁정에서 고립되고 세 번째 판화집인 「*La Tauromaquia*」와 일부 종교화들을 그리게 된다. 1819년 3월에 「*Quinta del Sordo*」를 구입하고 이곳의 장식을 위해 일련의 검은 그림들(pinturas negras)을 그리게 되며 여기에서 훗날 현대회화의 단면이라고 할 수 있는 초현실주의적인 화풍과 고야의 천재성을 유감없이 보여준다. 1824년 3월 그는 프랑스의 부르도(Burdeos)로 이주하고 이곳에서 생의 마지막을 보낸 후 1828년 4월 16일 사망한다.

Graco, Cayo Sempronio (카요 셈프로니오 그락쿠스)   기원전 154년경 태어나 121년경에 사망하였으며 로마의 정치인이자 티베리우스 셈프로니오 그락쿠스(Tiberio Sempronio Graco)의 형제이다. 상업의 증진으로 제국의 경제 및 사회 위기를 극복하고자 했으며 지중해 연안에 거주하는 종족들의 화합을 도모했다. 법전 개정에 참여해 많은 개혁을 주도했으나 총독과의 갈등으로 인해 자결하기에 이르렀다.

Graco, Tiberio Sempronio (티베리우스 셈프로니우스 그라쿠스)   기원전 210년경에 태어나 160년경에 사망했다. 181년 이스파니아 시테리오르(España Citerior)의 집정관으로 재직했다. 켈트 이베리아족과 우호 협정을 체결하고 이스파니아의 땅을 나눠줌으로써 선주민들의 유목생활을 끝내기 위해 노력했다. 또한, 시민들의 반란으로 어수선하던 사르디니아(Cerdeña)의 평화를 회복하는 등 뛰어난 정치를 펼쳤으며 189년에는 감찰관으로 임명되었다.   ➡ Romanización(로마화)

Gran Memorial (비밀 청원서)   올리바레스 백작이 1624년 펠리페 4세(Felipe IV)에게 제출한 청원서로 군사 작전과 국, 내외 정책 그리고 여러 정세에 대한 왕국의 입장에 대한 전반적인 전략을 담고 있었다. 백작은 이를 통해 능동적인 선행의 이상을 실현하고자 했다.   ➡ Valido(총신)

Gran Mezquita(Cordoba) [거대한 모스크(코르도바)]   압달 라만 1세가 건설한 모스크로 아랍 세계의 많은 특징들을 가지고 있는 건축 작품이다. 우마이야 왕조의 학살에서 살아남아 이베리아 반도로 넘어온 압달 라만 1세는 스페인 이슬람의 고립에 따라 아랍의 영향력을 강화하기 위해 모스크를 건설하였다. 그는 이를 통해 알 안달루시아의 기독교에 대항하는 이슬람의 힘을 보이고자 하였으며, 이와 더불어 바그다드 칼리프에서의 독립을 나타내고자 하였다.   ➡ Abd Al-Rahman I(압달 라만 1세)

Gran Mezquita de Damasco (다마스쿠스의 대 모스크)   706년에서 715년 사이 우마이야 왕조의 알 왈리드 1세에 의해 건설되었다. 다마스쿠스의 거대한 모스크는 기념비적인 형태로 메디나의 고대 사원의 형식을 옮겨 왔으며 고전적인 형식으로 만들어진 최초의 모스크로 간주된다.

Gran rebelión de encomenderos (엔코멘데로의 난)   1544년 카를로스 1세(Carlos I)와 바르톨로메 데 라스 카사스(Bartolomé de las Casas)가 개정한 신법령에 반기를 들고 일어난 엔코멘데로들의 반란으로 곤살로 피사로(Gonzalo Pizarro)를 우두머리로 하여 왕실에 대항했다. 새로운 법령은 원주민들을 착취하거나 비인간적인 취급하는 것을 금했다. 반란군은 페드로 데 라 가스카(Pedro de la Gasca)에 의해 진압당했으며 주요 가담자들은 처형됐다.   ➡ Encomienda(엔코미엔다)

Gran Teatro Falla (파야 대극장)   카디스의 프라헬라(Fragela) 광장에 위치한 극장이다.

1884년 공사를 시작하여 여러 차례 보수작업 끝에 현재 모습을 갖추고 있다. 붉은 벽돌과 말굽형 아치의 정문은 네오무데하르 양식을 사용한 것이며 1,214명의 관객을 수용한다. 카디스의 여러 가지 축제 때 본거지로 사용된다.

Granada Hoy (그라나다 오이)   스페인 안달루시아(Andalucía) 주(州)의 그라나다(Granada) 지역 신문이다. 2003년 창간된 이 신문은 그라나다 대도시권 중심으로 판매되며, 이를 위해 도시 소식을 중점적으로 다루고 있다. 그라나다 오이는 "오늘의 그라나다"라는 뜻으로 2008년 6월부터 2009년 6월까지 총 약 4천 부를 배포하였다. 이 신문은 인터넷을 통해서도 접할 수 있다.

Granados, Enrique (엔리케 그라나도스)   정식 이름은 판탈레온 엔리케 호아킨 그라나도스 캄피냐(Pantaleón Enrique Joaquín Granados Campiña, 1867~1916)로서 스페인 작곡가이자 피아니스트이다. 그는 바르셀로나 학교에서 공부하여 쇼팽, 슈베르트, 슈만 등의 낭만파 작곡가들로부터 영향을 받아 신낭만주의 곡을 작곡했다. 그중 대표적인 것은 1911년 발표된 「*La suite Goyescas*」이다. 이 곡은 같은 이름으로 오페라로도 만들어졌다.

Granaína (그라나이나)   플라멩코 장르 중 하나. 판당고(Fandango)에서 유래했으며 말라게뇨(malagueño)와 함께 분류하기도 한다. 말라가(Málaga)에서 탄생해 그라나다(Granada)에서 발전했다. 분명하고 기교 섞인 음색에 어렵고 깊은 가사가 특징이다.

Grande e general estoria (종합 대세계사)   당시의 역사 지식이 허용하는 범위 안에서 고대의 모든 민족들(유태인, 이집트인, 그리스인, 로마인, 스페인인 등)을 다루고 있으며 그 원전은 구약성서가 되고 있다. 세계사라는 광의의 역사 개념을 심어 주었고, 당시에는 이를 능가할 만한 다른 책들이 없었다.

Grandeza de España (스페인 대공)   스페인에서 왕자(infante) 다음으로 최고 지위의 귀족계급을 가리키는 칭호이다. 왕에 의해 임명되며, 세습적 특권계층을 이룬다. 그란데사 데 에스파냐(Grandeza de España)는 황제 카를로스 5세(Carlos V) 시기에 공이 높은 귀족들을 일반 귀족들로부터 구분하기 위해 탄생했다. ➡ Carlos I(카를로스 1세)

Gregorio Magno [대(大)그레고리오 1세]   540년에 태어나 604년에 사망한 로마 출신의 성직자이다. 서방 교회의 4명의 수장 중 한 명이었다. 펠라히오 1세(Pelagio I)가 죽자 만장일치로 교황이 되었다. 이탈리아의 빈곤, 페스트, 홍수 등이 만연한 어려운 시기를 잘 극복해 후에 성인에 반열에 오르게 되었다.

Grimaldi Pallavicini, Pablo Jerónimo (파블로 헤로니모그리말디 파야비시니)   이탈리아 출신의 스페인 정치가이자 외교관이다. 1706년에 태어나 1786년에 사망했으며 45년간 페르난도 6세(Fernando VI)와 카를로스 3세(Carlos III)를 위해 외교관으로서, 1763년부터 1776년까지는 국무성의 수장으로서 그 역할을 충실히 이행했다.

Gringo (그링고)   스페인어권 라틴아메리카 국가에서 영어권 국가 외국인들을(특히 미국인)을 호칭하는 단어이다. 이 호칭은 문맥상에 따라 비하하는 표현이 될 수 있다. 하지만 미국인들은 공격적인 표현으로만 느낀다. 포르투갈어 사용하는 브라질은 이 단어를 받아드렸지만, 모든 외국인을 뜻하는 말로 사용하고 있다.

Grito de Baire (바이레의 함성)   1895년 쿠바의 바이레에서 호세 마르티(José Martí)를 선두로 동시 다발적으로 일어난 독립 선언이다. 이는 쿠바의 독립에 있어 결정적인 사건으로 미군의 개입과 함께 스페인-미국 전쟁이 시작되었다. ➡ Desastre del 98(1898년의 패배)

Grupo 9 de universidades (G9)   1997년 스페인 국립대학 간에 맺은 교류 협정 및 공동체

로 학술적 교류와 교수진의 협력 증진을 목표로 삼고 있다. 사라고사 대학교(Universidad de Zaragoza), 오비에도 대학교(Universidad de Oviedo), 칸타브리아 대학교(Universidad de Cantabria), 엑스트레마두라 대학교(Universidad de Extremadura), 발레아레스 제도 대학교(Universidad de las Islas Baleares), 파이스 바스코 대학교(Universidad del País Vasco), 카스티야-라 만차 대학교(Universidad de Castilla-La Mancha), 나바라 국립 대학교(Universidad Pública de Navarra), 라 리오하 대학교(Universidad de La Rioja)가 이 그룹을 이룬다.

Grupo Cántico (칸티코)　　스페인 예술가, 주로 시인과 화가로 이루어진 그룹을 뜻한다. 이 그룹은 1947년 코르도바(Córdoba)에서 <Cántico>라는 잡지를 발간하였으며, 파블로 가르시이 비에니(Pa blo García Daena), 리카르도 몰리나(Ricardo Molina), 훌리오 아우멘티(Julio Aumente) 등의 시인과 미겔 델 모랄(Miguel del Moral), 히네스 리에바나(Ginés Liébana) 등의 화가들이 참여하였다.

Grupo de Artistas y Técnicos Españoles para el Progreso de la Arquitectura Contemporánea (GATEPAC) (스페인 현대 건축발전 예술가 및 기술진)　　GATEPAC으로 더 잘 알려진 스페인 현대 건축발전 예술가 및 기술진은 스페인 제2공화국에서부터 현재까지 합리주의적 건축을 장려하기 위해 세워졌다. 1930년 10월 사라고사(Zaragoza) 그랜드 호텔(Gran Hotel)에서 공식적으로 출범하였으며, 초창기 멤버로는 호세 마누엘 아이스푸루아(José Manuel Aizpurúa), 안토니 보넷 이 카스테야나(Antoni Bonet i Castellana) 및 조셉 토레스 클라베(Josep Torres Clavé) 등이 있다. ➡ República II (제2공화국)

Grupo de cimborrios del Duero (두에로 심보리오스 그룹)　　사모라(Zamora)의 성당, 살라망카(Salamanca)의 구 성당, 플라센시아(Plasencia)의 구성당을 건축한 그룹이다. 이 그룹은 프랑스와 롬바르디아의 영향을 받아 로마네스크양식에서 고딕양식으로의 과도기에서 레온 왕국(Reino de León)에서 활동했다. 구슬이나 물고기 비늘의 모양의 장식이 특징적이다.

Grupo de Ejércitos de la Región Oriental(GERO) (동부지역 군단)　　스페인 내전 시 공화파의 인민군부대 중 하나이다. 1938년 6월 시작되어 공화파 지역의 여단을 구성하였고, 스페인 중부 지방의 두 군데에서 훈련 및 군대를 강화하였다. 후안 에르난데스 사라비아(Juan Hernández Sarabia) 참모 총장 지휘 아래 있었던 동부지역 군단은 동부 지방 군대 및 에브로 지역의 군대와 함께 에브로 전투(Batallas del Ebro)에 참여했다. ➡ Guerra Civil Española(스페인 내전)

Grupo de poder (권력집단)　　사회 특정 부분에서 세력적 우위를 차지하고 있는 같은 철학과 목적성을 공유하는 집단 또는 개인을 뜻한다. 자본 또는 군사력과 깊은 관련이 있다.

Grupo de presión (압력집단)　　정부 등 힘 있는 세력의 도움을 빌려 추구하는 바에 유리한 방향으로 여론 형성을 주도하는 개인 또는 집단을 일컫는다.

Grupo El paso (엘 파소 그룹)　　1957년 2월 마드리드에서 시작된 예술가 집단이다. 스페인 내전으로 인해 흩어지고 방향성을 잃은 전위적 예술을 좀 더 강화하고자 각기 다른 8명의 예술가들이 모여 전위적 예술 집단으로 활동하였다. 이후 그들의 예술에 관한 강한 응집력과 확고한 사상은 지금까지 많은 이들에게 영향력을 준다.

Grupo PRISA (프리사 그룹)　　정보진흥사(Promotora de Informaciones, Sociedad Anónima)

라는 의미로 스페인 정보통신 미디어 선도 역할을 하는 회사이다. 스페인뿐만 아니라 유럽 및 아메리카 대륙의 약 22개 국가에서 TV, 라디오, 신문 및 잡지의 출판사를 운영한다. 스페인에서 로스 쿠아렌타 프린시팔레스 (Los 40 Principales), 막시마 FM(Máxima FM) 라디오 채널, 산티야나 에두카시온(Santillana Educación), 푼토 데 렉투라 이 수마(Punto de Lectura y SUMA) 출판사를 운영한다.

Grupo Zeta (세타 그룹) 스페인 언론 및 통신 관련 사(社)이다. 1976년 안토니오 아센시오 피사로(Antonio Asensio Pizarro)에 의해 창설되었으며, 현재 바르셀로나에 본사를 두고 있다. 2013년 세타 그룹의 인쇄 공장 중 파레츠 델 바예스(Parets del Vallès) 공장이 폐쇄되면서 102명이라는 실직자들이 생겨나 실업문제를 야기하기도 하였다.

Grupos Antiterroristas de Liberación(GAL) (반테러 해방단체) 테러 조직 ETA에 대항하기 위해 설립된 기구이다. 그러나 테러 조직과 별반 차이 없는 무력진압과 폭력성으로 많은 비판을 받았다. 스페인 더러운 전쟁(Guerra Sucia)의 3번째 단계로 평가받곤 한다.

Grupos de Resistencia Antifascista Primero de Octubre(GRAPO) (10월 1일 반파시스트 저항 집단) 1975년 조직된 스페인 극좌파 테러리스트 집단이며 2006년 스페인 고등법원은 GRAPO를 스페인 공산당(재창당된)의 무장조직으로 간주하였다. 1982년 GRAPO는 펠리페 곤살레스(Felipe González) 정부에 휴전을 제안했으며 1983년 내무부와의 협상에 따라 일부 조직원들의 무장을 해제하며 GRAPO는 더욱 지원세력을 잃게 되었다. 하지만 1987년 새로이 조직을 재편성하고 1988년 갈리시아(Galicia) 출신 기업가인 클라우디오 산 마르틴(Claudio San Martín)을 암살하며 이후 2011년까지 수차례의 고위 인사, 대기업가 및 국가 자문 위원 등의 납치와 폭탄테러 등을 감행했다.

Guanaco (구아나코) 소목 낙타과에 속한 포유류로 야마(llama)와 매우 흡사하다. 에쿠아도르, 페루, 칠레뿐 아니라 아르헨티나의 최남단에서도 서식한다. 비쿠냐(vicuña)보다 몸집이 크며 야생성이 강하다.

Guardia Civil* (국가경비대) 스페인 내무부 직속 산하의 군사기구로서 농촌지역의 치안을 비롯하여 교통, 세관, 해안의 통제, 그리고 공공기구들의 보호를 담당한다. 명예와 복종, 봉사에 기반을 두고 한 세기 반 이상 존재해왔으며, 시작은 19세기 중반 스페인에서 전개되었던 혼란한 정치 사회상에서 비롯되었다. 당시 나폴레옹의 침입 이후 보수주의자들과 자유주의자들 간의 대립이 첨예화되면서 보수진영 측에서 경찰업무를 보는 새로운 군사기구의 필요성을 제시하였다. 육군소장이었던 제2대 아우마다 공작(II Duque de Ahumada)의 제안에 따라 1844년 3월 28일 왕령으로 국가경비대가 창설되었다. 처음에는 약 6,000명의 사람들로 출발하였고 프랑스 모델을 따라 조직되었으며, 육군부(Ministerio de la Guerra) 산하이지만 내무부(Ministerio de la Gobernación)의 지시를 따랐다. 유니폼에서 가장 전형적인 요소는 삼각모자와 외투이며, 색깔은 시간에 따라 파랑, 카키, 녹회색 등 다양하게 변하였다. 국가경비대는 일종의 군사엘리트기구로서 베테랑 군인들을 유치하였고 대신 높은 보수를 보장해주었다. 또한 다른 경찰기구에서 문제시되던 부패 방지를 위해 소속 요원들은 출신 지역에 배정되지 않았고, 병영에서 공동생활을 하도록 하여 모든 요원에 대한 통제와 사회와의 일정한 거리두기를 요구하였다. 이와 같은 병영생활은 동료들 간의 친밀한 관계와 조직에 대한 강한 귀속감을 가져왔다. 19세기 중반에 국가경비대는 소수의 대농장주와 다수의 빈민들 간의 대립이 거세었던 안달루시아(Andalucía)에서 무정부주의와 프롤레타리아 이데올로기에 맞서서 질서를 유지하는 역할을 담당하였다. 이때 15,000명으로 요원이 증강되었고 이후로 스페인의 모든 역사적인 사건에 개입하는 양상을 보였다. 즉 경찰기구로서의 업무 수행과 함께 스페인 체제에서 금지하는 다양한 정치 사회운동들을 진압하였다. 예를 들어 카탈루냐(Cataluña)의 노동운동이나 안달루시아의 사회운동, 지방분립주의의 위기 등에서 국가경비대는 매번 경찰 권력과 보수주의 편에 서서 활동하였다. 또한 국제적으로는 쿠바나 모로코 사태와 같은 경우에 탐문수사에 임하기도 하였다. 제2공화국이 도래하면서 국가경비대 내에 정치적인 입장이 양분되었는데 당시 국가경비 대장이었던 산후리오(Sanjurio) 장군은 새로운 정치체제에 충성하는 길을 택하였고 일부는 반란군에 가담하였다. 그러나 애초에 보수 기구였던 국가경비대가 교회나 수도원 방화, 국가분권화과정, 아스투리아스(Asturias) 혁명, 무력한 정부 등과 양립하기엔 한계가 있었다. 누엇보다노 1932년 1월 1일 국가경비대원들 중 4명이 엑스트레마두라(Extremadura)의 한 마을에서 토막 살해를 당하면서 소수의 기득권자 편에 선 국가경비대에 대한 다수의 분노가 표출되기도 하였다. 1936년 군사봉기가 일어나면서 국가경비대의 정치적인 입장은 또 다시 양분되었다. 어느 편에 서든 국가경비대는 내전에서 눈부신 활약을 벌이게 되는데, 반란군의 경우 50명의 경비대원으로 아빌라(Ávila)를 점령한 사건이나 하엔(Jaén)의 성모 성소를 방어하였는가 하면, 공화국의 경우 카탈루냐의 수도인 바르셀로나(Barcelona)에서 쿠데타 계획을 분쇄하는 역할을 수행하였다. 한편 내전 발발과 함께 국가경비대원의 수는 약 34,000명으로 증가하였으며, 공화국에서 국가경비대가 경찰기구에 포함되어 활동했다면, 반란군에서는 정복한 지역의 경찰업무를 담당하였다. 그리고 내전이 종식되면서 국가경비대는 새 정권의 치안정치에 주요한 기구로 변모하였으며 스페인 망명자들의 공격에 맞서는 역할을 담당하기도 하였다. 그러나 프랑코 체제의 협력 기구임에도 불구하고 국가경비대는 정치권력을 확보하지 못하였으며, 거의 40년 동안 농촌주민들의 통제와 공공질서 유지에 전념하였다. 프랑코가 사망하고 왕정복고가 있게 되면서 국가경비대는 정화의 대상 중 하나가 되었으며 1987년 첫 번째 민간인 대장이 임명되면서 좌익세력, 특히 사회당 정부와의 갈등이 종식되었다. 한편 국가경비대는 전쟁을 방불케 하는 ETA와의 대립에서 일부 요원들의 불법 행위가 문제되었고 이로 인해 공개 법정에 서기도 하였다. 오늘날 현대화된 국가경비대는 유니폼에서 전형적인 삼각 모자 대신 베레모를 채택하였으며 여성 요원들을 받아들이고 시대에 맞게 업무도 다변화하였다. 즉 자연보호서비스(Servicio de Protección de la Naturaleza)와 같이 환경범죄를 담당하는 조직이 생기게 되었고 중앙아메리카와 같은 분쟁지역에서 평화 유지라는 국제적인 임무를 수행하기도 하였다. 무엇보다 2006년 9월에 사파테로(Zapatero) 정권에서 국가경찰(Policía Nacional)과 국가경비대가 하나의 지휘권 아래 통합되면서 조정과 효율이 모색되었다.

Guardia de corps (스페인 친위대)　　프랑스에서 유래한 군대로 1700년에 프랑스 출신 펠리페 5세(Felipe V)가 스페인의 왕이 되면서 스페인에 소개되었다. 보병과 기마병으로 이루어져 있으며 스페인 육군에 편성되어 있었다. 1814년에 해체되었다. ➡ Borbón, Casa de(부르봉 왕가)

Guardia nacional(Nicaragua) (국가방위대)　　1930년 아우구스토 세사르 산디노(Augusto César Sandino) 세력을 저지하기 위해 조직된 니카라과의 군사 단체. 국가방위대는 1979년 니카라과 혁명이 승리를 거두고 아나스타시오 소모사 데바일레(Anastasio Somoza Debayle)의 독재가 붕괴됨과 동시에 사라졌다.

Guerra Civil Castellana (카스티야 내전)　(1366~1369) 15세기 후반에 페드로 1세(Pedro I) 와 엔리케 데 트라스타마라(Enrique de Trastamara)를 중심으로 벌어진 내전으로 엔리 케가 카스티야(Castilla)의 왕으로 등극하며 종지부를 찍었다. 이 전쟁은 두 페드로의 전 쟁(Guerra de los Dos Pedros)의 연장선상으로도 볼 수 있는데, 이는 카스티야의 페드 로 1세를 폐위시키고자 했던 아라곤의 페드로 4세의 책략이 이 전쟁의 발발 배경에 포 함되기 때문이다. ⇒ Castilla, Corona de(카스티야 연합왕국)

Guerra Civil Española* (스페인 내전)　　1936년부터 1939년까지 스페인 공화국 지지 세력 과 프란시스코 프랑코 총통이 일으킨 쿠데타 지지 세력 간에 전개된 전쟁이다. 프랑코파 의 승리로 향후 40년의 독재체제가 확립되었다. 공화파 스페인이 안고 있었던 가장 큰 문제점 중의 하나는 바로 단일 지도체제가 부재하였다는 사실이다. 쿠데타 발발 시 공화 국 정부 측에 속한 지역에서는 민중에 의한 자발적인 의용군 결성이 이루어졌고, 이는 1936년 7월 20일부터 그해 9월까지 중앙 권력으로부터의 일탈을 가져왔다. 즉 히랄 (Giral)이 통솔하고 공화당원들로만 구성되었던 정부는 최소한의 권위만을 행사하고 있 었고, 노동당들과 노동조합들로 구성된 위원회들과 회의체들은 일방적으로 산업 접수, 몇몇 대농장 점유, 반란군에 맞선 무장 의용군 창설, 집산화 등 현실 권력을 제한하고 있었다. 사회적 무질서가 만연하였고, 극좌 사회주의 계열에 해당하는 CNT가 전쟁과 혁 명의 불가분성을 선언하는가 하면, 온건 사회주의 계열인 공화주의 정당들이나 바스크 민족당, 공산당(PCE)은 선 승리, 후 혁명을 공언하며 헌법적인 정당성 확보와 영국과 프랑스의 지지 획득이 최우선이라는 입장을 내세웠다. 9월 첫 주에 라르고 카바예로 (Largo Caballero)가 구성한 전시 정부는 거대 노동조합인 사회주의 노조(UGT)와 무정 부주의 노동연합(CNT)에 지지 기반을 둔 것이었다. 집산화가 합법화되면서 인민과 군 대 조직을 위한 첫 번째 기반이 놓였고, 사법 영역에서는 인민 재판소가 조직되었다. 그 러나 이러한 시스템은 무정부주의적인 기반을 가진 다수와 CNT가 중앙정부의 권력 행 사에 즉각적으로 반대 의사를 표명할 수 있다는 여건을 조성한 셈이 되었다. 공산주의자 들은 라르고 카바예로에 대한 지지를 철회하였고, 기존의 노동조합들 외에 합법적인 정 치세력들을 포괄할 정부 구성이 시급하게 요구되었다. 후안 네그린(Juan Negrín)이 책 임자가 되면서, CNT는 1938년 3월까지 정부에 대표를 파견하지 않는 등 그에 대한 거 부 의사를 노골적으로 표출하였다. 네그린은 1937년 5월부터 1939년 3월까지 통치하였 으며, 1939년 세히스문도 카사도 대령(coronel Segismundo Casado)의 반란으로 파면 되었다. 네그린은 국가 권위의 강화와 모든 자원의 통제를 통해 진정한 전시 정부를 창 설하고자 했다. 인민군대는 비센테 로호(Vicente Rojo) 장군의 협력에 의존했고, 경제 영역에서 이전의 경제적 혼란을 어떤 식으로든 극복하려는 국유화(nacionalizaciones) 캠페인이 실시되었다. 한편 국민파 진영의 정치 상황은 공화파 지역만큼 복잡하지 않았 는데, 이는 프랑코 장군을 구심점으로 한 결집력과 군대 장악력이 있었기 때문이다. 총 책임자였던 산후르호(Sanjurjo)가 갑작스럽게 사망하면서 프랑코는 최고지도자로 부상 할 수 있었고, 7월 말에는 부르고스에서 창설된 기술위원회(Junta Técnica)가 카바네야 스(Cabanellas)의 통솔하에 반란 지역의 통치를 담당하였다. 10월 1일 국가총통(Jefatura del Estado)으로 프랑코가 승격하면서 그는 그의 조력자 세라노 슈네르(Serrano Suñer) 와 함께 모든 정치세력을 아우를 유일 정당(혹은 후에 국민운동, 'Movimiento Nacional' 이라 불림)을 조직하였다. 군주주의자(monárquicos), 카를로스주의자(carlistas), 팔랑헤당원(falangistas), 기타 스페인 자치우익연합(CEDA)에서 잔류한 자들 간의 정쟁을 종식시키고자 한 시도였다. 한편 팔랑헤(Falange) 내 마누엘 에디야(Manuel Hedilla)를 위시로 한 좌파와 우파 간의 싸움은 에디야의 추방과 프랑코의 단일화 법령(Decreto de Unificación)으로 종지부를 찍었다. 국민파 정부는 3월 9일 노동특별법(Fuero del Trabajo)과 이혼법(Ley de Divorcio) 폐지를 위시하여, 4월에는 소위 '토지 경제, 사회개혁국민서비스(Servicio Nacional de Reform a Económica y Social de la Tierra)'를 마련하였다. 또한 신언론법(Ley de Prensa)을 공표함으로써 모든 출간물의 사적 검열을 정당화하였으며, 5월에는 예수회(Compañía de Jesús)의 재설립을 허용하며 수도회의 몰수 재산도 복원시키도록 하였다. 스페인 내전은 1936년 7월 17일 모로코의 스페인 보호령에서 일어난 쿠데타를 기점으로, 이베리아 만노로 확산뇌년서 시작되었다. 7월 말에 스페인은 두 개의 지역으로 나뉘었는데 반란 지역은 갈리시아(Galicia) 전역과 레온(León), 산탄데르(Santander)를 제외한 구 카스티야, 아라곤의 다수 지역, 메노르카를 제외한 발레아레스 제도, 카나리아제도, 카디스, 모로코 보호령, 나바라, 오비에도(Oviedo)에 있는 일부 고립지역들, 세비야, 그라나다, 코르도바였다. 스페인의 나머지 지역은 모두 공화국 정부 측에 속하였다. 전체적으로 볼 때 반란군은 모로코를 포함하여 약 175,000km²의 해당 지역을, 제2공화국은 반란지역 주민의 세 배에 해당하는 350,000km²를 지배하고 있었다. 이러한 정치적 양분은 1936년 2월 선거결과와 동일한 것으로 당시 보수파로 드러난 지역은 예외 없이 쿠데타를 지지하였고, 프롤레타리아나 인민전선의 정당 비율이 높은 지역은 공화국 정부 편에 섰다. 국민군의 주요 목표는 마드리드 탈환이었다. 8월 첫 주에 숙련된 14,000명의 아프리카 주둔 병사들이 이탈리아 공군과 독일 전함에 힘입어 지브롤터 해협을 건넜다. 이 군대를 진두지휘했던 프랑코는 세비야에서 케이포 데 야노(Queipo de Llano)와 접촉하고 엑스트레마두라를 거쳐 타호 계곡을 통하여 마드리드로 진군하였다. 탈라베라(Talavera)의 함락으로 마드리드에 대한 위험이 고조된 가운데서 9월 30일 국민파는 공화파의 70일 포위를 이겨내고 톨레도를 점령하였다. 마드리드 전투는 여러 단계로 진행되었다. 우선 11월 5일에 헤타페(Getafe)의 정복 후 국민파는 마드리드의 외곽에 진입하였고, 한편 공화국 정부는 6일에 마드리드를 떠나면서 미아하(Miaja) 장군의 통솔 아래 국방위원회(Junta de Defensa)를 설치해 놓았다. 공화파는 마드리드 민중과 협력하며 '지나가지 못하리라(No pasarán)'는 표어 아래 사력을 다해 수도 방어에 힘썼으며, 며칠 뒤 도착한 첫 국제여단(Brigadas Internacionales)의 전투 참여로 12월 초 국민파에 의한 마드리드로의 전면전은 실패하였다. 하라마 전투(Batalla del Jarama)는 마드리드를 정복하고자 한 국민파의 두 번째 시도였지만 이 또한 국제 여단이 중요한 비중을 차지하면서 또 다시 실패하였다. 1937년 3월의 구아달라하라 전투(Batalla de Guadalajara)는 무솔리니(Mussolini)의 자원군 참여가 특징적인 전투로 3월 8일, 5만 명의 이탈리아인들이 공화국 전선을 뚫고 사라고사-마드리드 고속도로를 따라 진군하였으며, 모스카르도(Moscardó) 장군은 토리하(Torija)에 당도하였다. 공화파는 전력을 다해 이탈리아인의 공격을 제지하였고, 오히려 그들이 도주하며 버려놓은 물자를 확보할 수 있었다. 한편 스페인 북쪽의 공화파 진영에 대한 국민파의 첫 번째 공격은 나바라에서 시작되었으며 이미 전쟁 초기에 이 지역을 프랑스 국경으로부터 고립시키고자 하는 시도가 있었다. 1936년 8월에 국민파는 이룬(Irún)과 산 세바스티안(San Sebastián)을 점령하였다. 그러나 국민파가 실제적인 공격을 시작한 때는 구아달라하라 전투 이후였다고 볼 수 있다. 4월 20일에 빌바오(Bilbao)까지 바스크 군대는 후퇴하였고, 26일에는 국민파에 의한 게르니카(Guernica) 폭격이 일어났다. 4월 28일에 국민파는 두랑고(Durango)에 입성하였고, 8월 14일에 산탄데르를 공격, 합락시켰다. 9월 1일에 대 아스투리아스 공격에서는 공화파 아스투리아인들의 초기 저항과 국민파 군대 일부의 벨치테(Belchite) 전투 차출로 별다른 성과를 거두지 못했지만, 10월 14일 인피에스토(Infiesto)에서 전선이 무너지면서 국민파의 진군은 일사천리로 진행되었다. 아라곤 전선은 벨치테 전투까지는 소강상태에 있었다가 공화파에 의한 사라고사(Zaragoza) 공격으로 개시되었고, 12월 15일 공화파 군대에 의한 테루엘(Teruel) 공격과 1938년 1월 8일 테루엘 점령, 그리고 2월 20일 다시 국민파에 의한 테루엘 탈환으로 치열한 격전지가 되었다. 테루엘 전투는 국방부 장관이던 인달레시오 프리에토(Indalecio Prieto)의 사기를 빼앗을 정도로 공화파 군대에게 치명타를 안겨주었고, 이로 인하여 국민파의 대아라곤 공세는 파죽지세로 이루어질 수 있었다. 4월 3일에 예이다(Lleida)가, 며칠 뒤에 카스테욘(Castellón)이 국민파 진영으로 넘어갔다. 에브로 전투(batalla del Ebro)는 마지막까지 항거하려는 공화파의 의지를 보여주는 것이었지만 이미 프랑스 국경이 차단되면서 모든 물자 공급의 가능성이 상실된 마당이라 싸움은 역부족이었다. 반면 국민파는 살라망카와 베를린 간의 새로운 광산 협정 덕분으로 새로운 자원을 확보할 수 있었다. 2월 4일에 국민파는 지로나(Gerona)를 점령하면서 6일에 공화파의 지도자들인 아사냐(Azaña)와 네그린(Negrín), 콤파니스(Companys), 아기레(Aguirre), 마르티네스 바리오(Martínez Barrio)는 망명길에 올라야 했다. 공화파 측 중앙군대(Ejército del Centro) 수장인 세히스문도 카사도 대령(coronel Segismundo Casado)은 공화파 내 공산주의자들의 우세와 소련의 개입에 불만을 품고 프랑코와의 협상을 통해 내전을 끝내기를 희망하였지만 프랑코의 무조건 항복 원칙으로 그의 야망은 실현될 수 없었다. 공화파 수도 내에서 공산주의자들과 카사도가 이식시킨 방어위원회(Comité de Defensa) 세력 간의 6일 내분으로 사실상 공화파 군대는 스스로의 몰락을 자초하였다.

Guerra de Esmalcalda (슈말칼덴 전쟁)　(1546~1547) 황제 카를로스 5세(Carlos V)와 신성로마제국의 개신교 제후들로 이루어진 슈말칼덴 동맹(Liga de Esmalcalda)의 군사적 대립으로 종교 전쟁에 포함되지만 정치적, 경제적, 사회적 이해관계도 얽혀 있다. 뮐베르크 전투(Batalla de Mühlberg)로 인하여 가톨릭 세력의 완전한 승리로 끝난 것으로 보였으나 1552년 루터교 제후들이 다시금 전쟁을 일으키면서 승리를 거두었고 그 결과 제국 내 프로테스탄트들의 권리가 보장받게 되었다. ⇒ Carlos I(카를로스 1세)

Guerra de Granada (그라나다 전쟁)　(1480~1492) 이사벨 1세(Isabel I)와 페르난도 2세(Fernando II)의 결합으로 통합된 카스티야(Castilla)와 아라곤(Aragón) 왕국이 군대를 병합해 이슬람교도들의 근거지인 그라나다(Granada)를 공략했다. 12년간 지속된 이 전쟁으로 가톨릭 공동왕(los Reyes Católicos)은 이베리아 반도에서 이슬람교도들을 축출하는 데 성공하고 그라나다 정복을 이루었다. ⇒ Reconquista(레콩키스타)

Guerra de la Independencia española (스페인 독립 전쟁)　1808년부터 1814년까지 스페인 민중들과 프랑스 나폴레옹의 군대 사이에서 벌어진 전투이다.

Guerra de las Germanías (헤르마니아스 전쟁)　카를로스 1세의 통치기 초반인 1519~1522년 발렌시아(Valencia)와 발레아리스 제도(isla Baleares)에서 일어난 군부 반란이다. '헤르마니아스(Germanías)'라는 이름으로도 불리며, 스페인의 왕이자 신성로마제국의 차기 황제의 유력한 후보 카를로스 5세(Carlos V)의 막강한 권력에 대해 경제적, 사회 구조적인 독립을 지키고자 하는 것에서 비롯되었다. ➡ Carlos I(카를로스 1세)

Guerra de los dos Pedros (두 페드로의 전쟁)　(1356~1365) 14세기 후반에 카스티야(Castilla) 왕국의 페드로 1세(Pedro I)와 아라곤(Aragón) 왕국의 페드로 4세(Pedro IV) 사이에 벌어진 전투이다. 두 왕국이 맺은 서로 다른 동맹과 그 시대의 사회 경제적 요인으로 인해 그라나다, 포르투갈 왕국, 프랑스, 영국, 그리고 도시 국가 제노바 역시 이 전투에 참여했으며 지리적 특성상 백년 전쟁에도 큰 파문을 일으켰다. 그뿐 아니라, 이 전쟁은 카스티야 내전(Guerra Civil Castellana)의 시발점으로도 볼 수 있다. ➡ Castilla, Corona de(카스티야 연합왕국)

Guerra de los Remensas (가탈루냐 농민반란)　몽건 노예제에 불만을 품고 있던 카탈루냐 농민들이 일으킨 반란이다. 당대의 대농장 영주들은 농노들의 노동력을 착취하고, 과도한 세금을 부여하는가 하면 이들을 일정한 땅에 예속시켜 다른 곳으로 이주하지 못하게 하는 등 그들의 막강한 권한을 남용했다. 이에 1460년 농민들은 반란을 일으켰고 이 분쟁은 10년간 지속되었지만 별 소득 없이 끝이 났다가 1486년 페르난도 2세(Fernando II)의 과달루페 중재판결(Sentencia Arbitral de Gaudalupe)로 카탈루냐의 봉건 영주적 권한이 폐지되었다.

Guerra de Numancia* (누만시아 전쟁)　(기원전 154~기원전 134) 아레바코족(arévacos) 의 수도인 켈트이베로인 도시(Ciudad celtíbera)로서 기원전 154년부터 기원전 134년까지 확대된 켈트이베로 전쟁(Guerras Celtíberas)의 주요 거점이었다. 루시타니아(Luisitania)의 반란과 함께 이곳은 로마공화국이 이스파니아 시테리오르(Hispania Citerior)와 이스파니아 울테리오르(Hispania Ulterior)에서 진압해야 하는 두 개의 요충지를 이루었고, 로마인들은 이를 위해 군대를 두 진영으로 나누어야 했다. 반란은 사리사욕에 눈이 먼 로마의 과두지배층이 이베리아 반도의 자원과 물자를 철저히 착취하면서 시작되었다. 켈트이베로 주민들은 일련의 평화조약과 동맹을 통해서 다양한 소수 부족이라는 구조적 약점을 극복하고 세력을 통합하였으며 이 기반 위에서 군사기구는 막강한 힘을 발휘할 수 있었다. 또한 주변 부족민들과의 연합도 함께 모색해 갔으나 이것은 오래지 않아 로마 측의 공세에 밀려 무산되었다. 즉 로마는 반란의 주축 도시인 누만시아를 지원하는 자들에 대해 엄중한 처벌을 가하였을 뿐 아니라 주요 곡창지대인 박세오족(vacceos)의 땅을 조직적으로 약탈하였던 것이다. 한편 기원전 154년에 벨로족(belos)은 그라코(Graco)와 체결한 합의를 파기하고 칼라타유드(Calatayud) 근방의 세헤다(Segeda)를 요새화한 뒤 이곳에 지역 주민들의 정착을 도왔다. 이러한 사태에 직면하여 로마의 원로원은 동맹세력을 약화시키기로 결정하고 군사 3만 명과 함께 노빌리오르(Nobilior)를 파견하였다. 벨로족은 그 여세에 밀려 아레바코족의 땅으로 도주하였으나 곧 이곳에서도 다시 2만 5천여 명의 보병들을 모을 수 있었다. 그러나 켈트이베로인들의 로마인들에 대한 승리는 얼마 지나지 않아 무용지물이 되었고, 아레바코족은 누만시아로 후퇴하여 성벽 안에 머물며 방어에 힘써야 했다. 노빌리오르의 후계자인 클라우디오 마르셀로(Claudio Marcelo)는 8천 명의 보병들과 5백 명의 기마병 소수 분견대를 이끌고 파견되었지만 결국 원로원이 승인하지 않은 화약정책을 선택하여야 했다. 이후에도 로마는 여러 차례 군대와 루쿨로(Lúculo), 세실리오 메텔로(Cecilio Metelo), 폼페요 아울로(Pompeyo Aulo)와 같은 여러 집정관들을 보내었으나 번번이 실패하여야 했다. 그러나 기원전 134년에 스키피온(Escipión)이 시테리오르의 통치를 맡게 되면서 사태는 새로운 국면을 맞이하게 되었다. 그는 군대의 기강과 훈련을 강화하였고 군인들이 혹독한 실전을 대비할 수 있도록 만반의 준비를 하였다. 결국 6만 명의 사람들을 이끈 스키피온은 에브로(Ebro) 강 계곡을 통하여 누만시아까지 침투하였고 식량을 방화한 뒤 외부 원조나 도주 가능성을 차단하기 위해 도시를 포위하였다. 시간이 경과하면서 굶주림에 지친 누만시아인들은 협상에 응하지 않을 수 없었고, 무조건 항복을 요구하는 스키피온과 비해 아레바코족의 대다수는 항복하느니 차라리 자살을 택하겠다는 입장을 보였다. 결국 이 중에서 단지 백여 명의 누만시아인들만 항복하여 노예로 팔렸고 누만시아는, 말 그대로 도시 전체가 불태워져서 역사에서 사라지게 되었다. 이 폐허 위에 새로운 도시가 건립되었고, 스키피온 에밀리아노(Escipión Emiliano)는 이때의 전승을 계기로 '누만시아인(Numantino)'이라고 불리게 되었다.

Guerra de Sertorio (세르토리오 전쟁) 기원전 83년 이스파니아 지역에서 일어난 전쟁이다. 카요 마리오(Cayo Mario, 기원전 157~기원전 86)의 군대와 이스파니아 시테리오르의 통치자 킨토 세르토리오(Quinto Sertorio)의 군대가 로마에 대항해 일으킨 전쟁이다. 기원전 83년 킨토 세르토리오가 이스파니아 시테리오르에 발령받은 이후 로마에서는 술라(Lucio Cornelio Sulla Félix)가 포악한 독재 정치를 행하였고, 이에 대항하여 이스파니아 시테리오르를 근거지로 삼고 전쟁을 일으켰다. 기원전 72년 세르토리오가 암살당할 때까지 지속되었다. ➡ Romanización(로마화)

Guerra de Sucesión Española* (스페인 왕위계승전쟁) (1700~1713) 합스부르크 왕가 출신으로 마지막 스페인 왕이었던 카를로스 2세(Carlos II)가 1700년 11월 1일 직계 후손 없이 사망하자 곧 왕위계승을 둘러싸고 심각한 갈등이 전개되었다. 비록 그의 유언서에는 프랑스의 루이 14세(Luis XIV)의 손자인 필립 데 앙주(Felipe de Anjou)가 스페인 왕으로 지명되어 있지만, 스페인, 프랑스 양국의 미래가 달린 루이 14세의 선언은 주변국들의 거센 반발을 불러일으키기에 충분했다. 그는 스페인의 왕이 된 펠리페 5세가 프랑스 왕위에 대한 권한도 보유할 것이며, 프랑스는 분할 조약(Tratado de Partición)을 이행할 의사가 없음을 선포하고 나섰던 것이다. 스페인-프랑스라는 새로운 제국의 출현을 두려워하고 있었던 신성로마제국과 네덜란드, 영국은 1701년 9월 동맹을 맺었으며, 첫 번째 무력행위로 영국-네덜란드 함대에 의해 1702년 8월 15일 도시 카디스(Cádiz)의 로타(Rota)와 산타 마리아(Santa María) 항구들이 약탈당했다. 동맹국의 승리에 한껏 고무되었던 합스부르크의 카를로스 대공(archiduque Carlos de Austria)은 비엔나에서 스스로 스페인 왕임을 선포하고 1704년 5월 리스본에 상륙하였으며, 이곳에서 포르투갈의 왕 페드로 2세(Pedro II)에 의해 카를로스 3세(Carlos III)라는 이름의 스페인 왕으로 환대받았다. 카를로스 동맹군은 지브롤터 해협으로 진군하여 1704년 8월 2일 이곳을 함락시켰다. 100개의 선박과 1,000개의 화포들, 수천 명의 병사들로 구성된 영국-네덜란드의 전력에 비해 지브롤터의 수비대는 턱없이 부족하였고, 주민들의 재산과 종교를 보장받는다는 조건 아래 지브롤터 요새의 통치자 살리나스(Salinas)는 순순히 항복하였다. 비록 52개 대형 선박으로 구성된 프랑스 함대와 툴루스 백작(conde de Toulouse)의 지휘권 아래 있던 일부 스페인 전함들이 록크 해독(almirante Rocke)의 휘하에 있는 영국-네덜란드와 접전을 벌이기는 하였지만 이러한 상황을 바꾸지는 못했다. 한편 카탈루냐의 부왕(virrey)은 카를로스 동맹군이 바르셀로나로 진군한 상태에서 바르셀로나 민중 반란까지 겪으면서 1705년 10월 9일 마침내 백기를 들지 않을 수 없었다. 카를로스 대공은 1705년 11월 7일에 자신을 왕으로 선포하고 난 뒤, 카탈루냐 의회에서 카탈루냐의 모든 법률들을 존중할 것이라고 서약하였다. 사실 이미 전해에 카탈루냐는 영국과의 제노바 협약(Pacto de Génova)을 통하여 카탈루냐민의 자유와 권리 보장을 조건으로 카를로스 대공을 지지하고 바르셀로나 함락에 필요한 6천 명의 인원도 제공하겠다고 약속해 놓았던 터였다. 한편 카를로스 대공은 영국-포르투갈 동맹군이 마드리드로 진입하는데 성공하자 자신을 스페인 왕으로 선포한 뒤 마드리드의 왕궁을 점령하고, 수많은 귀족과 관리가 자신에게 충성할 것을 요구하며 스스로를 카를로스 3세로 천명하였다. 그러나 펠리페 5세를 지지하고 있었던 마드리드 인들은 카를로스 동맹군을 따르지 않았으며 더욱이 카를로스의 이름으로 화폐를 수소하라는 명령에도 물목하였다. 그러던 중 1706년 8월 4일 펠리페 5세의 추종자들이 마드리드를 입성하여 장악하면서, 마요르 광장(Plaza Mayor)에서는 카를로스 대공을 공식적으로 거부한다는 선포도 있었다. 이런 가운데서 양 진영 간의 전투는 펠리페 5세에게 점차 유리하게 진행되었고, 1707년 4월 25일 버윅 공작(duque de Berwick)과 핀토 백작(conde de Pinto)의 지휘 아래에서 펠리페 5세의 군대는 갤로웨이 경(lord Galloway)의 휘하에 있던 카를로스 동맹군을 알만사(Almansa)에서 격퇴시켰다. 각 진영당 25,000명의 참전과 약 5,000명의 전사자를 낸 이 전투에서 승리한 것을 기반으로 펠리페 5세는 발렌시아 왕국과 아라곤 왕국에 진군할 수 있었고, 아라곤의 특별자치법(fueros)을 폐지하고, 1707년 6월 29일 최초의 신계획(Nueva Planta) 법령들을 적용하였다. 한편 스탠홉(Stanhope) 장군의 명령 아래 있었던 카를로스 대공 측의 영국-네덜란드 연합군은 메노르카(Menorca) 섬에 상륙하여 1708년 5월 30일 메노르카를 함락시켰고, 영국인들은 펠리페 5세 지지자들의 재산을 압수하였을 뿐 아니라 거의 18세기 내내 메노르카 섬을 점령하였다. 프랑스의 루이 14세의 명령에 의해 프랑스 군대가 퇴각하면서 펠리페 5세는 아메리카에서 도착한 은에 힘입어 스페인 군대를 재조직할 수 있었고 군대를 비야다리아스 후작(marqués de Villadarias)과 왕 자신의 지휘 아래 두었다. 상대 진영의 조직 개편에서 틈을 발견한 카를로스 동맹군은 카탈루냐에서부터 공격할 수 있었고, 1710년 6월 13일에 알메나라(Almenara)에서 펠리페 5세 군을 격퇴시켰다. 펠리페 5세 군대가 사라고사(Zaragoza)로 후퇴하면서, 마드리드로 가는 길은 동맹군에게 열리게 되었고, 카를로스 대공은 군대를 이끌고 1710년 9월 28일에 다시 마드리드에 입성할 수 있었다. 그러나 카를로스가 아토차 성모(Nuestra Señora de Atocha) 앞에서 기도한 후에 2,000명의 기마병과 함께 찾은 마드리드는 황량하지 그지 없었고 시민들의 반응은 냉담하였다. 그로 인하여 카를로스 대공은 마드리드에 머무는 대신 푸에르타 데 구아달라하라(Puerta de Guadalajara)로 되돌아가게 되었다. 한편 펠리페 5세는 바야돌리드에서부터 1710년 10월경 엑스트레마두라(Extremadura)와 안달루시아(Andalucía), 신·구 카스티야(dos Castillas) 출신의 사람들로 충원된 군대를 재조직하였고 이를 통해 카를로스 동맹군이 포르투갈 출신 동맹군과 접촉하는 것을 차단하였다. 펠리페 5세 군대가 1710년 12월에 브리우에가(Brihuega)와 비야비시오사 데 타후냐(Villaviciosa de Tajuña)에서 거둔 승리는 결정적으로 펠리페 5세가 당시 반부르봉 항거의 마지막 거점으로 남아 있던 카탈루냐를 공격하는데 주요한 역할을 하였다. 노아이예스 공작(duque de Noailles) 군대의 협력을 받아 펠리페 5세 군대는 피레네 산맥을 넘어 카탈루냐 공국에 진입하였고 제로나 시를 포위한 끝에 결국 1711년 1월 25일 항복을 받아내었으며 곧 모든 주도 정복할 수 있었다. 한편 카를로스 대공은 형인 호세 1세 신성로마제국 황제(Emperador José I)가 사망하면서 차기 황제로 지목되었고, 그는 마침내 황제즉위식을 위하여 1711년 11월 27일 바르셀로나를 떠났다. 비록 그가 떠나기 전 아내인 이사벨 크리스티나 데 브룬스빅(Isabel Cristina de Brunswick)을 섭정자로 남겨두긴 하였지만, 사실상 펠리페 5세가 스페인 왕으로 입지를 굳히는데 큰 어려움은 없었다. 다만 카탈루냐가 1713년 7월 9일 카탈루냐 총괄부(Brazos Generales de Cataluña), 대표위원회(Diputación), 백인평의회(Consejo de Ciento), 군대 세력(brazo militar)의 결정에 따라 펠리페 5세와 부르봉 왕가의 중앙집권주의에 맞서서 카탈루냐의 헌법과 권리를 위해 항전하기는 하였지만, 결국 1713년 7월 13일 체결된 유트레히트 조약(tratado de Utrecht)으로 스페인 왕위계승전쟁은 종결되었다. 그리고 조약에서 합의된 내용들은 다음과 같다.
- 펠리페 5세는 스페인과 아메리카 식민지의 국왕으로 인정되나 스페인 왕국과 프랑스 왕국은 절대로 단일 국가로 합쳐질 수 없다.
- 스페인 왕국이 유럽에 보유하고 있는 영토는 오스트리아로 이양될 것이며, 한편 영국 은 지브롤터와 메노르카를 획득한다.

Guerra del Rif (리프 전쟁) 멜리야 전쟁(Guerra de Melilla)이라고도 불리며 1909년대 후반기에 멜리야 주변부에서 진행되던 스페인 군대와 베르베르 종족 간의 투쟁을 칭한다. 스페인의 보수주의 정부는 국민들의 반대에도 불구하고 예비군대를 모로코로 파견했다. 이는 국민들의 큰 반발을 샀고 비극의 주로 알려진 반란을 일으켰다. 약 2,000명의 인명 피해를 발생시킨 이 전쟁은 5개월 만에 종지부를 찍었다. 하지만 스페인군이 모로코의 술탄(sultán de Marruecos)이 아닌 비정규군을 상대해야 했기 때문에 전쟁의 종식은 공식적인 유효성이 없었다. 그러나 전쟁이 끝이 나고 얼마 지나지 않아 마드리드 조약 (Tratado de Madrid)이 체결되면서 스페인은 북아프리카 서북에 정치적 영향력을 행사했다. ➡ Semana Trágica(비극의 주간, 1909)

Guerra, Alfonso (알폰소 게라) (1940~) 스페인의 정치인이다. 사회노동당의 부총무와 부서기장을 지냈다. 20세기 후반 스페인 정치계에 가장 중요한 인물 중 한 명이다. 인문학에 관심이 많은 그는 은퇴 후에 파블로 이글레시아스 재단(Fundación Pablo Iglesias)의 이사장이 되었다. ➡ Partido Socialista Obrero Espáoñol(PSOE, 스페인사회노동당)

Guerras Cántabras (칸타브리아 전쟁) 기원전 29년부터 19년까지 로마 제국과 아스투레스인, 칸타브로스인들 간에 일어났던 전쟁이다. 로마제국의 식민지였던 이베리아 반도 북부에 살던 아스투레스인들과 칸타브로스인들이 로마에 대항해 계속해서 반란을 일으켜 전쟁이 계속되었다. 아스투레스인들이 항복하여 전쟁은 끝났으나 그 후 소규모 반란들이 B.C. 16년까지는 여전히 지속되었다. ➡ Romanización(로마화)

Guerrismo (게라주의) 펠리페 곤살레스(Felipe González) 정권 당시 부총리였던 사회노동당 (PSOE)의 알폰소 게라(Alfonso Guerra)를 추종하는 파를 일컫는다. 그는 1991년 횡령 스캔들과 그의 형제 후안 알폰소(Juan Alfonso)가 연루된 사건으로 인해 사퇴했다. 이후 PSOE 내에서는 그를 따르는 사람들과 펠리페 곤살레스를 따르는 파로 나뉘게 되었다.

Guevara, Ernesto "Che"* (체 게바라) 아르헨티나 출신의 쿠바 혁명가. 1928년 6월 14일 로사리오(Rosario)에서 출생하였고 1967년 10월 9일 볼리비아의 이게라스(Higueras)에서 사망하였다. 본명보다 체 게바라(Che Guevara)로 더 알려져 있으며 그의 낭만적인 혁명 급진주의와 끔찍한 사망이 오히려 그를 전 세계 젊은이들의 혁명 영웅으로 만들었다. 안락한 가정에서 태어나 두 살 때 부에노스아이레스(Buenos Aires)로 이주하였고 거기서 첫 번째 천식 발작을 겪었다. 1946년에 중등교육을 마친 후 입대하려고 하였으나 천식으로 인하여 부적합 판정을 받았다. 1년 뒤 의대에 입학하여 페론(Perón) 정치에 반대하는 여러 시위에 참가하였다. 1950년에 무전여행으로 라틴아메리카 전역을 다니면서 그는 라틴아메리카의 현실에 눈을 뜨게 되었고 혁명이 필요하다는 것을 절감하게 되었다. 1953년 그는 피부병과 알레르기로 전공을 이수하였고 아르헨티나를 떠나기로 결심하였다. 볼리비아를 시작으로 페루, 에콰도르, 파나마, 코스타리카 순으로 다니면서 극단주의 그룹에 참여하였고 가는 곳곳마다 두각을 나타내었다. 이후 과테말라에서 아르벤스 혁명정부(Gobierno revolucionario de Arbenz)가 CIA의 사주를 받은 공격에서 참패하였을 때 게바라는 부에노스아이레스 대사관에 피신하였다. 1954년 그는 멕시코에서 바티스타(Batista)에 의해 사면을 받은 라울(Raúl)과 피델 카스트로(Fidel Castro) 형제를 만나게 되었고 여기에서 그들과 친분을 나누게 되었다. 체 게바라는 그들과 함께 오리엔트(Oriente) 주에 있는 시에라 마에스트라(Sierra Maestra) 전투에 참여하기로 결심하였고 피델은 그를 부책임자(lugarteniente)로 임명하였다. 게릴라에서 그는 사령관으로 진급하였고 여러 전투를 성공리에 마친 뒤 마침내 1959년 1월 1일 라 아바나(La Habana)에 입성하였다. 게바라는 아시아와 아프리카로 긴 여행을 다녀온 후, 피델 카스트로의 새 정권에서 여러 요직을 두루 거쳤다. 1959년에 그는 국립농업개혁연구소장(Instituto Nacional de Reforma Agraria)을 시작으로 다음 해에는 경제부 장관과 쿠바 국립은행장(Banco Nacional de Cuba)이 되었고, 1961년부터는 산업부 장관이 되었다. 그는 이러한 직책을 수행하면서 마르크스주의 정책과 반미제국주의정책을 표방하였다. 그러나 혁명이 벌어지는 투쟁 현장에서 게릴라에 참가하기 위하여 그는 모든 공직 생활을 청산하였다. 비밀리에 카이로(Cairo)에 가서 생활하였고 여기에서 콩고(Congo) 게릴라에 합류하였다. 1966년에 다시 라 아바나에 잠입하였고 몇 달 뒤 볼리비아로 가 여러 전투에 참여하였다. 그러나 1967년 10월에 난카우아수(Ñancahuazu)에 있는 그의 총사령부가 발각되면서, 카논 데 유로(Cañón de Yuro)에서 볼리비아 정부군과 전투를 벌였고 팔과 다리에 부상을 입게 되었다. 그리고 이게라스로 옮겼으나 다음 날 암살을 당하면서 파란만장한 생을 마감하였다. 격정적인 삶 속에서도 그가 남긴 몇 권의 저서는 그의 삶과 사상을 보여준다. 주요저서로 『Guerra de guerrillas』(1960), 『Recuerdos de la guerra revolucionaria』(1963), 『El socialismo y el hombre en Cuba』(1965), 『Diario de campaña』(1967)가 있고, 그의 사후에 출판되었다.

Guijarro, Juan Martínez (후안 마르티네스 기하로)   (1477~1557) 스페인의 추기경이자 수학자, 논리학자, 톨레도 대주교로 하층 집안에서 출생하였으나 16세에 발렌시아에서, 21세에는 파리에서 유학하며 루이스 로마노(Luis Romano) 수하에서 라틴어를 수학하였다. 스페인으로 돌아와서는 살라망카 대학에서 학위를 받았고 논리학 교수로 일하였다. 사제로 서품되었으며 1534년 카를로스 1세(Carlos I) 황제의 아들 펠리페 황태자의 라틴어 교사로서 6년간 활동하기도 하였다. ➡ Felipe II(펠리페 2세)

Guillermo de Croy (기예르모 데 크로이)   프랑스 출신의 귀족이자 정치인으로 1458년 태어났으며, 1521년 사망하였다. 시에브르(Chièvre)의 영주였던 필리페 데 크로이(Felipe de Croy)의 아들로 자신 또한 시에브르의 영주였으며, 게르만 제국의 황제이자 스페인의 왕이었던 카를로스 1세의 정치 고문이었다. 카를로스 1세가 1516년 스페인에 도착할 당시 왕실 행렬의 수행원으로 함께하였으며, 카를로스 1세에 대한 그의 영향력은 카스티야 귀족들의 반감을 샀다. ➡ Carlos I(카를로스 1세)

Guillermo I de Nassau, Príncipe de Orange (나소의 기예르모 1세, 오랑혜의 공작) '침묵의 빌럼'으로도 불린 오랑혜 공작 기예르모 1세는 나사우딜렌부르크 백작(Guillermo el Viejo, Conde de Nassau)의 장남으로 루터교 집안에서 성장하였으며, 네덜란드의 첫 번째 세습 총독이었다. 그는 가톨릭을 국교로 하는 스페인에 저항한 네덜란드 독립 전쟁인 80년 전쟁의 지도자였으며, 이 전쟁을 통해 네덜란드는 1648년 공식적으로 독립하였다. ➡ Felipe II(펠리페 2세)

Guillermo Ramón I (기예르모 라몬 1세) (1068~1095) 사르디니아의 백작이다. 출생 후 얼마 되지 않아 아버지 라몬 1세(Ramón I)가 사망하여 백작 지위를 물려받았다. 사망하기 1년 전 아들들에게 베르가(Berga)를 물려주고 사망 후에는 아들 기예르모 호르단(Guillermo Jordán)이 사르디니아를 물려받았다.

Guipúzcoa (기푸스코아) 파이스 바스코(País Vasco)에 위치한 지방으로서 수도는 산 세바스티안(San Sebastián). 북쪽으로 대서양의 비스카야 만(el golfo de Vizcaya)과 피레네 산맥을 접하고 동쪽으로는 나바라(Navarra), 서쪽으로는 비스카야(Vizcaya)와 맞닿아 있다. 약 70만 명의 주민들이 살고 있으며 에우스케라와 스페인어를 사용한다.

Gundemaro (군데마로) 서고트족 제22대 왕. 610년 위테리코(Witterico)를 살해하고 왕위에 올랐다. 원래는 군인이었고 셉티마니아(Septimania)의 통치자가 되었다. 가톨릭 지역의 특권을 회복시켜 주었고 톨레도(Toledo)를 가톨릭 도시로 공표했다. 재위기간 동안 가톨릭 성직자의 권한이 높아졌고 다른 종교들은 쇠락했다. 612년 톨레도에서 사망했다. ➡ Reino visigodo(서고트 왕국)

Gutiérrez Mellado, Manuel (마누엘 구티에레스 메야도) (1912~1995) 스페인 군인 출신으로서 쿠티에레스-메야도가의 첫 후작, 명예육군대장, 국방성 제1부 총리와 스페인 전환기의 국방장관을 역임했다. ➡ Transición democrática Española(스페인 민주화 이행기)

Gutiérrez, Gustavo (구스타보 구티에레스) 페루 출신의 신학자로, 1928년 7월 8일에 태어났다. 해방신학의 시초자이며 2003년에 아스투리아스 왕세자상(Premio Príncipe de Asturias)을 받았다. ➡ Teología de la Liberación, La(해방신학)

Guzmán y Pimentel, Gaspar de. Conde-duque de Olivares (가스파르 데 구스만 이 피멘탈, 올리바레스의 백작-공작) 1587년 1월 6일 로마에서 태어났으나 스페인 정치가로 1645년 7월 22일 스페인 카스티야 레온(Castilla y León) 지방의 토로(Toro)에서 사망하였다. 그는 역사적으로 스스로 불렀던 백작-공작이라는 자신의 작위보다 펠리페 4세(Felipe IV)의 총신으로 더 널리 알려져 있다. 1623년부터 1643년까지 스페인의 총리를 지냈으며, 중앙집권적 정책을 추진하였으나 결국에는 성공하지 못하고 그를 시샘하는 세력에 의해 관직에서 쫓겨나 토로에서 생을 마감하였다. ➡ Valido(총신)

Guzmán, Enrique de (엔리케 데 구스만) (?~1598) 스페인의 기사이자 올리바레스의 백작이다. 카를로스 5세(Carlos V)와 펠리페 2세(Felipe II)를 섬겼으며 산 킨틴(San Quintín) 전투에서 공을 세웠다. 시칠리아와 나폴리 부왕의 자리까지 올랐으며 펠리페 3세(Felipe III)가 몰락한 지 얼마 지나지 않아 숨을 거뒀다.

H

Hafsun, Ibn (이븐 하순)　(?~919) 오마르 벤 하순으로도 알려졌으며 안달루시아 게릴라군 지휘자였다. 코르도바의 우마이야 왕조에 대항에 반란을 일으켰다. 톨레도를 점령했으며 알푸하라에 공국을 건립했다. ➡ Al-Andalus(알 안달루스)

Haro y Guzmán, Luis Méndez de. Marqués de Carpio (루이스 멘데스 데 아로 이 구스 만, 카르피오 후작)　(1598~1661) 카르피오 후작 디에고 로페즈 데 아로(Diego López de Haro)의 장남으로 아버지의 뒤를 이어받았다. 카르피오의 여섯 번째 후작 이었으며 몬토로의 첫 번째 공작이었다. 올리바레스 대공(Conde-Duque de Olivares)의 조카로 그가 망명길을 떠나자 펠리페 4세(Felipe IV)의 총신 자리를 이었다. 루이스 (Luis Méndez de Haro y Guzmán)는 피레네 조약(Tratado de los Pirineos)을 체결하 는데 있어서 핵심적인 역할을 했던 인물이다. 그가 거둔 가장 큰 성공은 카탈루냐 반란 을 제압해 1652년에 바르셀로나를 되찾은 것이다. 반면에 1640년에 일어난 포르투갈 반 란으로 포르투갈이 스페인으로부터 완전히 독립하게 된 사건은 그의 가장 큰 실패로 여 겨진다. ➡ Valido(총신)

Haro, Diego López I de (디에고 로페스 데 아로 1세)　(1075~1124) 스페인 북부 바스크 (País Vasco) 왕국의 비스카야(Vizcaya) 지방 3대 영주로 '엘 블랑코(el Blanco)'로도 알려져 있다. 알폰소 6세(Alfonso VI) 치하 혼란스러운 정세에서 여러 지방의 영주직을 하사 받았다 빼앗기를 반복했다. 1117년부터 비스카야 영주들의 성이었던 아로(Haro) 를 이름으로 취했으며 그 후 자손들이 그 자리를 물려받았다.

Hearst, William Randolph (윌리엄 란돌프 허스트)　1863년에 태어나 1951년에 사망한 미 국의 정치인이자 기자이다. 미국 언론계의 초창기 거물로 그의 자서전은 「Citizen Kane」 (1941)라는 영화로 제작되었다. 쿠바 독립과 그 후 불안정한 시국 동안 그가 언론을 이 용해 펼친 선전은 황색 언론의 시초로 알려져 있다. ➡ Desastre del 98(1898년의 패배)

Hecateo (밀레토의 헤카타이오스)　(기원전 6세기) 그리스 최초의 산문작가들 중 한 명. 밀레 투스(Miletus)의 유력 가문 출신으로 세계에 대한 견문을 넓히기 위해 여행했다. 그가 남긴 세계지도를 통해 고대인들의 세계관을 엿볼 수 있다. 대표적 작품 중 『Ges Periodos』 와 『Genealogiai』가 있다.

Hedilla, Manuel (마누엘 에디야)　(1902~1970) 스페인의 정치인이다. 파시스트였으며 팔랑 헤(Falange) 당원이었다. 1936년 내전의 시발점이 된 군사 공격에 참여했다. 후에 마요 르카 섬으로 추방당해 정계와 인연을 끊고 살았다. ➡ Falange Española(스페인 팔랑헤)

Hendaya (헨다야)　프랑스 남서부에 있는 항구도시이다. 스페인 북동쪽 피레네 산맥 부근 국경과 접하고 있다. 1463년에 루이 11세(Louis XI)가 카스티야 왕 엔리케 4세(Enrique IV)와 만난 곳이다. 지정학적 가치 때문에 프랑스와 스페인의 갈등의 장소가 되기도 했으나 1856년 이후 양국의 통치를 동일하게 받았으며 특히 1901년 이후부터는 양국이 6개월씩 교대로 통치권을 행사한다.

Hermanos Niño (니뇨 형제들)　　신대륙 탐험에 적극적으로 참여한 형제들로 다섯 가운데 프란시스코 니뇨(Francisco Niño), 페드로 알론소(Pedro Alonso), 그리고 후안 니뇨(Juan Niño)를 가리킨다. 니뇨 형제들(Hermanos Niños)은 스페인 모게르(Moguer)에서 태어났으며 이들은 모두 훌륭한 선장으로서 크리스토발 콜론과 함께 대서양을 건너 신대륙을 발견했다. ⇒ Colón, Cristóbal[크리스토발 콜론(콜럼버스)]

Hermenegildo (에르메네힐도)　　서고트족 왕자. 580년 아버지 레오비힐도(Leovigildo)에 대항해 반란을 일으켰고, 반란 중 아리우스파에서 로마 가톨릭으로 개종했다. 584년 아버지에게 패한 후 발렌시아(Valencia)로 쫓겨났다. 후에 세비야(Sevilla)에 억류되어 있다가 586년 사형당했다. 에르메네힐도의 죽음은 후에 순교로 여겨져 '성 에르메네힐도(San Hermenegildo)'라고도 불린다. ⇒ Reino visigodo(서고트 왕국)

Hermoso, Manuel (마누엘 에르모소)　　(1935~) 스페인의 정치인이다. 산타 크루스(Santa Cruz)의 시장과 카나리아 지방 정부의 총수를 지냈다. 민족주의 성향을 보였으며 다양한 관직에 임용되기 위해 기독민주당(UCD), 사회노동당(PSOE), 국민당(PP) 등 매번 다른 당의 도움을 받았다.

Heródoto (헤로도토스)　　(기원전 480~기원전 420) 그리스의 역사학자이다. 구전되는 이야기와 역사적 사건들을 주로 기록했다. 아테네에서 친분을 맺게 된 소포클레스의 영향을 받아 그의 저서는 일화가 삽입된 장엄한 구성을 가지고 있다. 페르시아의 멸망을 기록한 『Historias』가 전해진다.

Herrera, Juan de (후안 데 에레라)　　칸타브리아 로이스(Roiz, Cantabria)에서 1530년에 태어나 마드리드에서 1597년에 사망한 스페인 르네상스 건축을 대표하는 건축가이다. 그의 대표 건축물은 1584년 완성한 엘 에스코리알(El Escorial) 수도원이다. ⇒ San Lorenzo de El Escorial, Real Monasterio de(산 로렌소 데 엘 에스코리알 왕립수도원)

Herri Batasuna [에리 바타수나(HB)]　　바스크어로 "인민연합"을 뜻하며 바스크와 나바라 지역의 스페인 정치연합으로서 1978년에 발족되었다. 스스로를 애국적인 좌파로 정의하며 바스크 국가의 독립과 사회주의를 모색하였다. 1986년에 정당으로 등록되었으나 2003년에 스페인 정당법에 의하여 불법으로 규정되었다.

Herritarren Zerrenda (에리타렌 세렌다)　　바스크어(euskera)로 "동국인의 리스트"라는 뜻으로 2004년 유럽 의회(Parlamento Europeo) 선거에서 스페인과 프랑스를 대표하여 참여한 정치단체이다. 유럽연합의 모든 회원국에서 동일하게 실시된 선거 이외에, 각국별로 선거구가 구분되면서 참여할 수 있었다.

Hidalgo* (이달고)　　중세 후기부터 스페인의 하급 귀족에게 붙여진 이름이며, 특히 카스티야(Castilla)의 최하위층 귀족을 지칭할 때 사용되었다. 이들은 촌민이나 평민과 구별되었으며, 귀족이라는 이유로 세금이나 공물에서도 제외되었다. 그러나 재산이나 명망에서 고위 귀족에 속하는 기사들이나 작위 귀족들(nobleza titulada)과는 비교할 수 없었다. 스페인 최초의 서사시인 시드의 노래(Cantar de Mío Cid)에서도 이미 'fijodalgo'라는 명칭이 출현하기는 하나 'hijodalgo'와 'hidalgo'가 일반화된 것은 근대에 들어와서이다.

이달고는 명칭에서 세분화되기도 하였는데 먼저 혈통과 가문이 알려진 자들은 '명문가 사람(solariegos)'이라고 불렸으며, 친·외조부모 네 분 모두 이달고(hidalgo de cuatro costados)인 경우나 금전적인 지불을 비롯하여 국가에 일정한 봉사를 하여 이달고가 된 경우(hidalgos de privilegio)도 있었다. 한편 혈통적으로 자신의 신분을 증명할 수 없는 이달고(hidalgos notorios)는 소송을 통해 자신의 귀족신분을 증명하는 이달고(hidalgos de ejecutoria)가 되기도 하였다. 이러한 이달고 중에는 오로지 자신이 머물고 있는 거주 지에서만 이달고로 알려진 사람들(hidalgos de gotera)도 있었다. 마지막으로 12명의 아 들을 둔 아버지에게 이달고(hidalgos de bragueta)가 되는 특권이 주어지기도 하였다. 아울러 학식이 있는 사람들도 이달고가 될 수 있었는데 예를 들면 살라망카(Salamanca) 와 알칼라 데 에나레스(Alcala de Henares) 대학의 박사들이 그러하였다. 혈통귀족들 (nobleza de sangre)은 이러한 이달고가 자신들의 고유 영역인 명예직이나 직업에 진입 하는 것을 경계하였는데, 산티아고 기사단과 칼라트라바 기사단(órdenes militares de Santiago y Calatrava)에 가입하는 것을 막았던 것이 그 예이다. 16세기와 17세기에 이 달고는 왕의 특권 부여로 엄청난 수적 증가를 보였으며, 이중 상당수가 옛 하급귀족 출 신이 아니라 카스티야의 평민기사(caballeros villanos) 출신이었다는 점이 특징적이다. 이달고는 이베리아 반도에 불규칙적인 형태로 분포되었는데, 특히 북쪽에 그 수가 많아 서 기푸스코아(Guipúzcoa), 비스카야(Vizcaya), 아스투리아스(Asturias), 칸타브리아 (Cantabria)의 사람들은 모두 이달고가 되고자 희망할 정도였다. 18세기 중반에 스페인 에서는 70만 명의 이달고가 있었으며, 이는 전체 인구의 약 8%에 해당하는 숫자였다. 이들은 정치경제적으로 영향력이 없는 상태였고 자산도 별로 없었지만, 귀족이라는 신분 때문에 육체적으로 노동하는 것을 혐오하였으며, 이러한 사고방식은 종종 악자소설 (novela picaresca)에서 조롱의 대상이 되기도 하였다. 궁정직에 오르는 것이 그들의 최 대 관심사이기는 하였지만, 산탄데르(Santander)와 아스투리아스(Asturias) 지역에서는 가난 때문에 이달고가 일품노동자나 마부로 일하는 경우도 있었다. 그러나 합스부르크 왕가 치하에서 이달고는 늘 도시 집정관(regidores urbanos)과 같은 유력자들의 후견 집 단에 들어가고자 부심하는 모습을 보였다. 하지만 19세기가 되어 사회경제적 상황이 변 화하면서 이달고의 신분은 더 이상 유지할 수 없는 것이 되었고, 오늘날 스페인에서 귀 족은 오직 작위를 가진 귀족만을 의미하는 것이 되었다.

Hidalgo y Costilla, Miguel (미겔 이달고 이 코스티야)　1753년 산 디에고 코랄레호(San Diego Corralejo)에서 태어나 1811년 치우아우아(Chihuahua)에서 사망했다. '고통의 절규(Grito de Dolores)'란 연설을 시작으로 초기 멕시코 독립운동을 지도했던 인물이 지만, 1811년에 포로가 되어 총살당한다.

Himera, Estesícoro de (시칠리아의 스테시코로스)　(기원전 630~기원전 550) 본명은 티시 아스이나 "합창대 지휘자"라는 뜻을 가진 스테시코로스로 더 알려져 있다. 서사적인 서정시를 지었으며 특히 영웅의 공적을 노래한 합창곡들로 유명하다. 전설에 따르면 그 의 작품 『Helena』에서 트로이 전쟁의 원인이 된 헬레네를 비방하여 장님이 되었다가 자 신의 시를 번복해 시력을 회복했다고 한다.

Himno de Riego (리에고 찬가)　1820년 리에고 장군의 군대의 군가로 에바리스토 산 미겔 사령관이 직접 작사했다. 1차 카를로스 전쟁 동안에는 자유주의 진영에서 불렀으며 스페 인 제2공화국이 들어서면서 국가가 되었다. ➡ Carlismo(카를로스주의)

Hiperdulia (성모숭경) 1963년 처음 사용된 종교어로 로마 가톨릭에서 성모 마리아를 위해 행하는 의식을 뜻한다.

Hisam I (이삼 1세) 757년 4월 26일 태어나 796년 6월 12일 사망한 알 안달루스(al Ándalus) 의 독립적 에미르(권력자)였다. 압델 라만 1세(Abderramán I)의 후계자였으며, 권력자 로서 임명이 되면서 이는 형제간의 반란 봉기의 원인이 되었다. 하지만 물라디(muladí) 무사 벤 포르툰(Musa ben Fortún)의 도움으로 형제들을 누르고 권력자가 되었다. 자신 의 지위를 강화하기 위해서 이베리아 반도 북쪽의 기독교 왕국에 대항하는 군사원정을 여러 번 보냈으며, 프랑스의 카르카손(Carcassonne)이라는 도시까지 전진하였다. 그는 또한 수도를 아름답게 만들고자 여러 유적들을 건설하였다. 초반의 왕위계승 문제 외에 는 내부적으로 평화로운 시기를 보냈다. ➡ Emir(에미르)

Hisham II (히삼 2세) 알 안달루스의 우마이야(Umayya) 왕조 3대 칼리프 알 아캄 2세 (Al-Hakam II)의 아들로서 지위를 이어받았다. 965년 코르도바(Córdoba)에서 태어나 1013년 코르도바 왕조를 탐냈던 술레이만의 지지자들에게 살해당한 것으로 추정된다. 불행한 재위기간을 보냈으며, 칼리프 왕조 쇠퇴의 시작점이 되었다. ➡ Al-Andalus(알 안달루스)

Hispania (이스파니아) 로마 사람들이 사용했던 이베리아 반도의 예전 명칭으로 기원전 3세 기에 지중해 패권을 장악하기 위해 카르타고인들과 로마인들 사이에 계속되었던 전투에 서 유래하였다. ➡ Romanización(로마화)

Hispania citerior (이스파니아 시테리오르) 로마제국이 통치하는 이베리아 반도 동부 지방 의 두 개 주 중 하나를 일컫는 말이다. 에브로(Ebro) 강 유역과 동쪽 해안을 포함하는 부분으로서, 라틴어 'citerior(가까운)'에서 이름이 비롯되었다. ➡ Romanización(로마화)

Hispania ulterior (이스파니아 울테리오르) 로마제국 통치하 이베리아 반도 동부 지방의 두 개 주 가운데 하나를 일컫는 말이다. 과달키비르(Guadalquivir) 강 유역과 안달루시아 (Andalusia)의 남부 해안을 포함하는 부분으로서, 라틴어 'ulterior(먼)'에서 이름이 비롯 되었다. ➡ Romanización(로마화)

Hispanidad* [(이베리아성(포르투갈 및 브라질 제외)] 스페인과 옛 스페인 제국의 식민지였 던 나라들에서 공유되는 문화적인 면과 정체성 모두를 총칭하는 개념이다. 철학적, 역사 적 개념의 성격상 '이베리아성'의 명확한 정의는 어렵지만, 동일한 언어를 말하는 다양 한 민족들 간에 문화적, 정치적 상호 이해가 존속할 뿐 아니라 타 국가와 자신들을 구별 시키며 독자적인 관계를 유지한다는 특징이 있다. '이베리아성'의 개념 자체는 19세기 후반에 스페인과 중남미가 외교적인 관계를 수립하고 양 지역의 자유주의자들이 접근을 시도하면서 출현하였다. 이 세대의 주요 성과라면 1892년 아메리카 발견 400주년을 기 념하여 공동으로 축하행사를 개최하였다는 점과, 같은 시기에 이들 국가들 간에 교육과 경제 측면의 진척을 이루었다는 점, 그리고 그 결과 아메리카로 향하는 스페인 이주민들 의 통계수치도 최고점을 기록할 수 있었다는 것이다. 20세기 초반에 이르러 보수 이데올 로기에 의해 '이베리아성'의 사상이 특정한 개념으로 부각되면서 '이베리아성'의 개념화 가 두 가지 방향으로 이루어졌다. 즉 기존의 자유주의와 재생주의에 기반을 둔 개념에 대비하여 반동적이고 통합주의적인 성향의 신개념이 생겨난 것이다. 스페인에서 프리모 데 리베라(Primo de Rivera)의 독재를 지지하였던 가장 보수적인 집단들은 '이베리아주 의(Hispanismo)'에 대한 강론과 프로그램을 통해 소위 스페인의 형제 국가들에게 수사학적인 어필을 하고자 하였다. 이와 같은 배경에서 루벤 다리오(Rubén Darío), 메넨데스 피달(Menéndez Pidal), 페데리코 데 오니스(Federico de Onís) 등의 작품에는 문화적, 문학적인 측면 외에 강한 종교적, 정치적인 메시지가 등장하는 것이 가능하였던 것이다. 또한 이 단계에서 가장 주목할 만한 이베리아주의의 행사라고 한다면 10월 12일에 개최된 인종의 날(día de la Raza)이 될 것이다. '이베리아성'의 보수적인 개념은 마에추(Maeztu)의 『Defensa de la hispanidad』(1934), 가르시아 모렌테(García Morente)의 『Idea de la hispanidad』(1938)와 같은 작품 속에서, 또 히메네스 카바예로(Giménez Caballero)의 수많은 저서들에서 구현되었다. 한마디로 그것은 배타성과, 반자유주의, 가톨릭 통합주의와 파시즘과 연관된 문명화 이념을 교리화한 것이라고 할 수 있으며, 심지어 아메리카의 보수 지식인들 사이에서도 호응을 끌어내었음을 볼 수 있다. 스페인 내전기에 국민전선(Frente Nacional) 측은 '이베리아성'을 정치적, 선전도구로 이용하면서, 스페인 제국의 행보는 세계사에 '스페인적인 것'을 이루어놓았다고 강조하였다. 따라서 계승자라 할 수 있는 형제 국가들은 스페인의 새로운 파시스트 지도력을 수용해야 마땅하다는 논리를 펴기도 하였다. 반면 자유주의적, 민주주의적, 부르주아적인 전통을 가진 '이베리아성'은 제2공화국의 고립성 때문에 국제무대에서 충분히 발휘되지 못하였다. 프랑코 정권은 내전 직후인 1940년에 '이베리아성 평의회(Consejo de la Hispanidad)'를 설립함으로써 어떤 형태로든 '이베리아성'의 사상을 부각시키고자 하였고, 이 기구는 1946년 이후에 '이베리아 문화연구소(Instituto de cultura hispánica)'로 개칭되었다. 같은 해에 각국 대사들이 스페인에서 철수하는 사태가 빚어지면서 스페인의 고립은 심화되었고 스페인은 이베리아주의를 대체 이데올로기로 사용하면서, 또 아랍 국가들과 이베로 아메리카 국가들과의 관계를 중시하면서 국제적인 고립을 탈피하고자 노력하였다. 초기 프랑코주의의 문화정책은 이베로 아메리카에서 각종 문화행사를 기획하고 장학금을 수여하는 형태로 나타났으나, 1953년 이후 프랑코 정권의 국제적 고립이 종식되면서 이베로 아메리카 국가들과의 관계에는 특수성보다 일반성이, 웅변성보다는 효율성이 중시되기 시작하였다. 60년대에 양 지역 간 정치, 경제 교류가 증진되었고 이후 일어난 스페인의 민주화 사례는 80년대 초 긴 군부 독재시기를 벗어난 일부 라틴아메리카 국가들에게 모범적인 선례로 부상하게 되었다. 현재에는 스페인으로 향하는 이베로 아메리카인들의 이주가 증가하면서 '이베리아성'을 재조정할 필요가 부각되었으며, 이를 통해 세계화의 도전에 맞서는 공통된 정체성의 발전을 이루는 계기가 될 것으로 보인다.

Hispanofilia (친스페인주의)　'스페인'을 뜻하는 'hispano'와 '사랑'이라는 뜻을 가진 그리스어 'phileo'의 합성어로, 스페인에 대한 우호적인 감정을 뜻한다. ➡ Hispanidad[이베리아성[포르투갈 및 브라질 제외)]

Hispanorromano (이베리아로마인)　이베리아 반도가 로마 통치를 받던 당시 그곳에 살았던 사람, 문화 등을 총칭한다. 로마는 이베리아 반도를 타라코(Taraco), 아우구스타 에메리타(Augusta Emerita), 이탈리카(Italica), 카르타고 노바(Cartago Nova)로 나누었으며 도로와 다리 그리고 수로를 건설했다. ➡ Romanización(로마화)

Hogueras de San Juan (성 후안 벚꽃 축제)　알리칸테(Alicante)에서 6월 19~24일에 열리는 성 후안 축제는 여름을 맞이하는 의미를 지닌다. 축제 기간 내내 아주 큰 종이 인형인 '미놋(Minot)'들이 거리 곳곳에 배치되며, 오후 2시에는 귀청이 찢어질 듯한 어마어마한 폭죽놀이(mascletàs)가 벌어진다. 또한 24일 자정에는 축제의 절정인 "크레마

(cremà)"가 진행되는데, 이때 모든 '미놋'들을 태운다. 축제가 끝난 이후에도 25일부터 29 일까지 포스티겟(Postiguet)의 해변에서 불꽃놀이 경연대회가 열리며, 중세 시장과 다양한 볼거리들이 마련된다.

Hoja del Lunes (오하 델 루네스)   1925년부터 1982년까지 스페인에 있었던 여러 주(州) 신문들의 연합체를 총칭하는 말. 프리모 데 리베라(Primo de Rivera) 독재 정권은 연합체 조직을 승인하였고, 프란시스코 프랑코(Francisco Franco) 체제는 월요일(lunes) 간행을 허가하였다. 신문들의 내용은 대부분 스포츠에 관한 것이었으며, 주로 축구에 대한 내용들이 많았다. 하지만 1982년부터 타 신문들과의 경쟁으로 인해 어려움을 겪으면서 폐간되었다.

Horatius (호라티우스)   (기원전 65~기원전 8) 고대 로마의 서정시인이다. 작품은 유머러스하고 기교가 뛰어나며 인간미 넘치는 것이 특징이다. 작품으로는 문명비평적인 반항과 비판의 시 『*Epodos*』와 『*Sátiras*』 2권이 있고, 인생철학이나 문학문제를 풍자시 형식으로 다룬 『*Epístolas*』가 있다.

Hospital de Maudes (마우데스 병원)   파울라 산 프란시스코 병원이라고도 알려진 마우데스 병원은 스페인 마드리드 참베리(Chamberí) 지역에 있다. 건축 설계 및 책임은 건축가 안토니오 팔라시오스(Antonio Palacios)와 호아킨 오타멘티 마침바레나(Machimbarrena)가 맡았다. 1976년에는 국가기념물로 지정되었다. 1984년 재건축을 통해 현재는 마드리드 인프라·교통부로 사용되고 있다.

Huelga (파업)   노동 파업으로 그 형태는 다양하나 근로 환경의 개선을 위한 것이라는 점에서 모두 같은 목적성을 가진다. 이는 노동조합 자유를 통해 인정된 노동자들의 법적 권리이며 흔히 작업이나 노동을 멈춘 상태를 뜻한다.

Huelga general en España de 1917 (1917년 총파업)   1917년 8월 스페인에서 일어난 대대적인 파업이다. 사회주의 조합인 노동자총동맹(UGT)과 스페인사회노동당(Partido Socialista Obrero Español, PSOE), 그리고 무정부주의자들이 함께 일으킨 것으로 스페인 알폰소 13세(Alfonso XIII) 치세기 중 에두아르도 다토(Eduardo Dato) 정부에 대해 성토한 것이다. 이들은 국제적인 재정위기와 제1차 세계대전 속에서 스페인 재정 상태의 악화를 문제 삼았으며 스페인 부르봉 왕가의 쇄신을 촉구하였다.

Huelva (우엘바)   스페인 안달루시아 자치주의 한 도시로 틴토(Tinto) 강과 오디엘(Odiel) 강 사이에 위치한다. 지중해성의 온화한 기후를 보이며 약 14만여 명의 인구가 살고 있다. 최근 연구에 따르면 타르테소스 문명의 중심지였으며 후에 페니키아인 등이 살았다고 한다. 1264년 알폰소 10세(Alfono X)에 의해 스페인 영토가 되었다. ➡ Tartesos o Tartessos(타르테소스)

Huelva Información (우엘바 인포르마시온)   스페인 안달루시아(Andalucía) 주(州)의 우엘바(Huelva) 지역 신문이다. 1983년 당시 지역에서 유일하게 발간되었던 <Odiel>이 재정 상황이 악화되어 폐간되면서 창간되었다. "우엘바의 정보"라는 의미를 가진 이 신문은 1980년대 꾸준히 판매 부수를 늘렸으나, 1990년대에 재정위기를 맞게 되면서 프렌사 에스파뇰라(Prensa española), 보센토 그룹(Grupo Vocento), 졸리 그룹(Grupo Joly)에 인수되었다.

Huerta de Valencia (우에르타 데 발렌시아)   발렌시아(Valencia) 지방의 역사적인 한 부분이며, 우에르타 북쪽(Huerta Norte), 우에르타 남쪽(Huerta Sur), 우에르타 서쪽(Huerta

Oeste)을 지칭한다. 투리아(Turia) 강이 흐르며, 쌀, 채소 등을 재배하는 풍부한 경작지를 보유하고 있다.

Huesca (우에스카) 스페인 북부 아라곤 자치주(Comunidad autónoma de Aragón)와 동명인 도의 수도이다. 약 5만 명의 인구가 살고 있으며 공식 언어는 스페인어이다. 우에스카(Huesca)도의 4분의 1이 이 도시에 살고 있으며 아라곤 왕국(Reino de Aragón)과 깊은 유서를 지니고 있다.

Huexotzinco (우에소트신코) 전 식민지 시대로 거슬러 올라가는 오랜 역사를 가진 멕시코 중부의 도시다. 스페인 정복자들이 남긴 고딕(gótico), 르네상스(renacimiento), 무데하르(mudejar), 바로크(barroco) 등의 다양한 양식의 건물들이 유명하다. ➡ Hispanidad[이베리아싱(포르투갈 및 브라질 세외)]

Huey Tlatoani (우에이 틀라토아니) 멕시코-테노치티틀란(México-Tenochtitlán), 텍스코코(Texcoco), 틀라코판(Tlacopan) 등 멕시코 계곡을 다스리던 이들을 부르던 호칭이다. 이들은 정치뿐 아니라 종교 지도자의 역할도 했다. 나우아틀어(Nauatl)로 "위대한 통치자"라는 뜻을 가지고 있다. ➡ Azteca, Imperio(아스테카 제국)

Huitzilopochtli (우이트실로포치틀리) 아스테카족이 숭배했던 신으로 그의 이름은 나우아틀어(Nauatl)로 "전사한 용사"라는 뜻을 가지고 있다. 제국의 남쪽에서는 우이트실로포치틀리(Huitzilopochtli)를 위한 인신공양을 드렸으며 이 인간 제물들은 주로 전쟁 포로로 잡혀온 병사들이었다. ➡ Azteca, Imperio(아스테카 제국)

Humanismo español (스페인 인문주의) 16세기 가톨릭을 바탕으로 한 정신적 통일을 이루려던 스페인에게 당시 에라스무스(Erasmus)의 사상은 커다란 파장을 일으키기에 충분했다. 중세 이래 제도화된 위선을 드러내고 인간의 자연성을 긍정하는 새로운 기반에 에라스무스의 '광기'의 개념이 더해지면서 표현할 수 없었던 당대의 진실을 새로이 드러낼 수 있게 해주었다. ➡ Erasmismo(에라스무스주의)

I

I Legislatura de España (스페인 제1차 입법기) 1979년 3월 1일 시작되었으며 총선에서 민주중도연합(UCD)이 과반 이상으로 승리하였다. 프란시스코 프랑코 총통의 사망 후 스페인의 전환기였던 제1차 입법기는 1978년 스페인 헌법 개정이 선행되었으며 아돌포 수아레스 곤살레스(Adolfo Suárez González) 총리가 1981년 1월 28일 총리직을 사임할 때까지 이끌었다. ➡ Transición democrática Española(스페인 민주화 이행기)

Iacetanos (이아세타노스) 하세타노스(Jacetanos)라고도 불리며 고대 로마 지배 이전 스페인 의 아라곤 북쪽 지역과 피레네 산맥에 거주했던 민족이다. 수도는 이아카(Iaca, 현재는 Jaca)였고 화폐를 사용한 민족으로 알려진다. 플리니우스(Plinio el Viejo)와 클라우디오 스 프톨레마이오스(Ptolomeo)의 자료에 등장한다.

Ibáñez Martín, José (호세 이바녜스 마르틴) (1896∼1969) 스페인의 정치인이다. 프랑코 (Franco) 정권의 교육부 장관이었다. 최고학문연구기관(CSIC) 최초의 기관장이었다. 정 치를 하는 동안 교육부를 정권의 질서와 가톨릭교회의 세력하에 두는 데 주력하였다. ➡ Franquismo(프랑코주의)

Iberia(Península Ibérica) (이베리아 반도) 지중해를 둘러싼 이탈리아 반도, 발칸 반도와 함께 유럽 3대 반도 중 하나이며 가장 서부에 위치한다. 오각형의 형태를 취하고 있고 스페인, 포르투갈, 안도라 공국과 지브롤터 지방에 해당한다.

IBEX 35 (이벡스 35) 스페인 증권거래 및 주식시장 지표라는 의미로 볼사스 이 메르카도스 에스파뇰레스(Bolsas y Mercados Españoles, BME) 사(社)의 자료를 토대로 생성된 다. 자료는 35개 회사의 전자 증권거래 내부 연결 시스템(Sistema de Interconexión Bursátil Electrónico, SIBE)을 기반으로 만들어진다.

Ibiza (이비사) 스페인 발레아레스 군도의 섬 중 하나로 약 11만 명의 인구가 살고 있다. 중세 에 아라곤의 왕 하이메 1세(Jaime I)에 의해 스페인 영토로 편입되었으며 빼어난 자연 경관으로 인해 유네스코 세계인류문화유산으로 지정되었다. ➡ Aragón, Corona de(아 라곤 연합왕국)

Icono (이콘) 성모 마리아나 그리스도, 성인들을 나타낸 예술 작품을 뜻한다. 주로 그림이 많으나 조각도 있다. 로마 가톨릭에서는 이것을 단순한 묘사가 아닌 현시로 간주하여 성 스러운 것으로 여기고 이콘을 대상으로 기도하거나 조배하기도 한다.

Idea imperial de Carlos V (카를로스 5세의 제국주의) 범세계적 왕국과 같은 맥락의 개념 으로도 해석되는 이 사상은 16세기 카를로스 5세(Carlos V)에 의해 스페인의 세계관으 로 자리 잡았다. 나날이 신장하는 왕실의 권력을 이베리아 반도를 벗어나 세계로 뻗어나

가게 하는 것이 신의 섭리라는 명목 아래 식민지 사업을 진행하고 우호국과 적국의 선을 분명히 하는 정책을 펼쳤다. ➡ Carlos I(카를로스 1세)

Ideal(periódico) (이데알)   스페인 그라나다(Granada)에서 출판되는 신문이다. 그라나다뿐만 아니라 알메리아(Almería), 하엔(Jaén) 지역에서도 판매되며 해당 지역 소식을 알리고 있다. 스페인어로 간행되고 평균 약 20만 부가 판매되는 등 배포 지역에서 높은 인기를 자랑한다.

Idiáquez, Juan de (후안 데 이디아케스)   (1540~1614) 스페인의 정치인이다. 카를로스 5세 (Carlos V)의 개인 비서였던 알론소 데 이디아케스(Alonso de Idiáquez)의 아들이다. 펠리페 2세(Felipe II)의 자문단에서 두각을 나타내 점차 영향력이 커졌으며 펠리페 3세 (Felipe III)의 사문 위원장을 시냈나. ➡ Carlos I(카를로스 1세)

Iglesia de San Cristóbal(Cabrils), la (산 크리스도발 교회)   스페인 카브릴스(Cabrils)에 위치한 산 크리스도발 교회는 12.4x4.1m의 작은 모사라베 형식의 교회이다. 교회 주변 의 돌로 쌓인 담은 그 형태를 잘 볼 수 없으나, 모서리는 아직 그 형태가 남아 있으며, 주변 마을에서 가져온 세라믹이나 사개를 사용한 흔적이 보인다. 교회 천장에는 작은 아 치가 있다.

Iglesia de San Pedro(Lárrede), la (산 페드로 교회)   스페인 우에스카(Huesca) 지역 라레 데(Lárrede)에 위치한 교회이다. 베드로 성자를 기리기 위해 지어졌으며 약 1050년경에 아라곤 로마네스크 양식(estilo Románico aragonés)으로 지어졌다. 세라블로 교회 (iglesias de Serrablo) 중 하나로, 반원형 교회 후진(後陣)이 특징적이다. 1931년 1월부 터 국가 기념물(Monumento Nacional)로 지정되었으며, 문화재에 속한다.

Iglesia de Santa María de Matadars, la (산타 마리아 데 마타달스 교회)   스페인 바르셀 로나 로카포르트 이 빌루마라(Rocafort y Vilumara) 지역에서 1km 떨어져 있는 마시 아 델 마르켓(Masía del Marquet)에 교회로 산타 마리아 데 마르켓(Santa María de Marquet)이라고 불린다. 모사라베 형식의 작은 교회로 정확히 언제 지어졌는지 알 수 없 으나, 약 956년경에 안술포 알 아바드 세사리(Ansulfo al abad Cesari)의 기부금으로 지 어졌다고 추정된다. 처음 모사라베 형식으로 지어졌으나 나중에는 로마네스크 양식으로 재건축되었다.

Iglesia de Santa María de Melque, la (산타 마리아 데 멜케 교회)   스페인 톨레도 (Toledo)의 산 마르틴 데 몬탈반(San Martín de Montalbán)에 위치한 교회. 서고트 양 식을 본받아 지어진 이 교회는 스페인 중세 초기의 종교적 기념건축물이다. 현재는 관광 명소로 많은 사람들이 방문하고 있다. ➡ Reino visigodo(서고트 왕국)

Iglesia de Santiago de Peñalba, la (산티아고 데 페냘바 교회)   스페인 카스티야 이 레온 (Castilla y León) 주(州) 페냘바(Peñalba)에 위치한 교회이다. 10세기 실로몬 수도원장 에 의해 건설이 시작되었으며 현재 주변에는 13세기 교회 및 수도원들이 많다. 아킬라노 산(Montes Aquilanos) 중턱에 위치하여 가파른 곳에 지어진 이 교회는 당시 금욕적인 삶을 찾는 성 프룩투오소(San Fructuoso)나 성 헤나디오(San Genadio) 같은 수도사들 에게 거주지를 마련해 주었다.

Iglesia mozárabe rupestre de Bobastro, la (보바스트로 모사라베 암석 교회)   오마르 벤 합순(Omar Ben Hafsún)이 9세기 말 보바스트로(Bobastro)로 피신을 가 899년 이 교회의 건축을 시작하였다. 알 안달루스(al-Ándalus)의 모사라베 양식의 교회이며, 압델 라만 3세(Abderramán III)에 의해 부서졌지만 독립적인 토지로 50년 동안 지켜온 후 928년 1월 완전히 정복되었다. 길이 16.5m, 넓이 10.3m인 암석교회는 3개의 말발굽 모양의 아치를 갖고 있다. 주변 지역에서는 침략을 피해온 다른 사람들의 거주지로 사용된 흔적들이 남아 있다. ☞ Al-Andalus(알 안달루스)

Iglesias Posse, Pablo (파블로 이글레시아스 포세) (1850~1925) 스페인사회노동당과 노동자총동맹(UGT, Unión General de Trabajadores)의 창립자이다. 유년기에 아버지를 여의자 그의 가족은 외가의 도움을 받기 위해 마드리드(Madrid)로 이사하게 된다. 힘든 경제적 상황으로 무료 보호소에서 활판인쇄술을 배우게 되었고 이후 활판인쇄연합(Federación Tipográfica)의 대표가 되기에 이른다. 1879년 5월 2일, 그의 다른 동료들과 마르크스주의 전선의 국제주의자들과 함께 스페인 사회노동당을 창립했는데, 초기부터 그는 청렴성과 도덕성을 지니며 내부적으로 끈끈한 당을 구축하고자 하는 생각을 지니고 있었다. 이어 1888년 노동자총동맹(UGT)을 설립하였고, 당의 성장은 탄력을 받는다. 1925년 12월 9일 그의 죽음 이후 스페인의 사회주의 운동은 지도자의 공백과 더불어 내부적 결속력을 잃게 된다. 이는 스페인 사회주의 운동에 있어서 그의 큰 영향력을 보여주는 것이라 할 수 있다. ☞ Partido Socialista Obrero Espaóñol(PSOE, 스페인사회노동당)

Iglesias, Vicente Gómez (비센테 고메즈 이글레시아스) 스페인 군인 출신으로 국가치안대장을 지냈으며 1981년 국가정보원(CESID)을 대상으로 한 23-F(2월 23일) 쿠데타에 참가하여 반란죄목으로 6년간 복역하였다.

Ignacio de Loyola, San (산 이그나시오 데 로욜라) 스페인의 성직자, 예수회(Comapañía de Jesús)의 설립자이다. 1491년(12월 25일로 추정) 아스페이티아(Azpeitia, 바스코 지방에 위치)에서 태어나 1556년 7월31일 로마에서 사망하였다. 이니고 로페스 데 레갈데(Íñigo López de Regalde)는 그의 세례명이다. 1622년 3월 12일 로마가톨릭교회에 의해 성인으로 임명되었으며, 스페인 군인, 시인이기도 했다. ☞ Jesuitas(예수회원들)

II Legislatura de España (스페인 제2차 입법기) 1982년 10월 28일 스페인사회노동당이 절대다수로 승리한 가운데 시작되었다. 1982년 총선에서 펠리페 곤잘레스(Felipe González)가 당선되었으며 사회노동당은 202개 의석을 차지했다. 이 결과는 현재까지 스페인 민주선거에서 한 당이 가장 많은 의석수를 차지한 사례로 알려졌다. ☞ Partido Socialista Obrero Espaóñol(PSOE, 스페인사회노동당)

III Región Militar (제3군사지역) 발렌시아 사령부로도 불리며 군대의 인적 자원과 물품 배치를 위한 하위 사단으로서 현재 관할 구역은 발렌시아, 무르시아, 쿠엔카 지방이다.

Ikurriña (이쿠리냐) 바스크 주의 공식 국기를 뜻한다. 1936년 최초로 바스크 정부에 의해 공식 선언되었으며 1979년에 자치법령에서 채택되었다. 비공식적으로는 바스크 민족주의로 간주되는 바스크 공화국(Euskal Herria) 소속의 국기로도 사용되었다. 나바라(Navarra)에서는 주정부의 2003년 국가상징법으로 나바라 국기만을 공식 사용하는 것으로 논쟁을 종식시켰고, 프랑스령 바스크 또한 공식 국기로 채택되지는 않았으나 기관에서는 일반적으로 사용된다. 1894년 바스크 국민당 창당자 루이스 아라나(Luis Arana), 사비노 아라나(Sabino Arana) 형제에 의해 만들어졌으며 비스카야(Vizcaya) 지역에서 처음 사용되다가 바스크 6개 지역의 공식국기로 채택되었다.

Ilergetes (일레르헤테스) 로마 지배 이전 이베리아 반도에 거주하던 토착 민족으로 청동기시대와 철기시대 당시 이베리아 반도에 거주했던 인도유럽 어족으로부터 영향을 많이 받은 민족이다. 북쪽 지방에서는 프로토에우스케라어를 구사했다.

Imágenes sagradas (성상)　이콘의 하위 범주이다. 성모 마리아나 그리스도, 성인들을 표현한 조각을 가리키며 이를 성상이라고 한다. 로마 가톨릭에서는 성상을 성인의 모습, 즉 성스러운 것으로 여긴다.

Imperio Carolingio (카롤링거 왕조 제국)　카롤링거 왕조에 의해 서유럽이 통치된 8세기에서 9세기 말을 일컫는다. 카를로스 대제에 의해 서유럽은 종교적, 정치적 통합을 이루었으며 814년 그의 죽음과 함께 점차 쇠퇴했다.

Inca, Imperio* (잉카 제국)　2세기 넘는 동안 잉카인들의 지배를 받았던 영토 전체를 통칭하는 것으로 현재의 페루와 아르헨티나, 볼리비아, 칠레의 일부에 해당하는 지역이다. 잉카인들은 선사시대의 아메리카 원주민에서 유래하였으며 티티카카(Titicaca) 호수에 기원을 두었다. 이 민족은 중앙 안데스 지역에 거주하였으며 신들의 지상명령이라는 전설에 따라서 쿠스코(Cuzco) 계곡에 당도하였고 동일한 이름의 도시를 세웠다고 한다. 쿠스코에서부터 그들은 조직력과 다양한 문화의 포용력으로 이웃 종족들을 정복하는 데 성공하였다. 이베리아 반도 출신과 원주민 출신의 연대기자들은 사료를 수집하여 잉카의 역사를 후대에 남기기도 하였다. 상이한 해석들이 존재하지만 모든 출처들이 일치하는 전통은 바로 잉카제국이 250년간 지속되었다는 것과 시기적으로 두 부분으로 나뉜다는 것이다. 첫 번째는 전설적인 제국(Imperio legendario)으로 13세기 초부터 1438년에 이르는 시기다. 신화와 전설이 뒤섞였고 불확실한 8명의 잉카(inca)를 두고 있으며, 영웅과 신들이 혼재돼 있는 것으로 나타난다. 두 번째는 역사적인 제국(Imperio histórico) 시기로 제국의 위대한 정복자이자 조직가였던 파차쿠티(Pachacuti, 1438~1472)에서부터 스페인 사람들이 도착하는 시기까지이며, 파차쿠티와 그의 아들 투팍 잉카 유판키(Túpac Inca Yupanqui, 1471~1493)의 통치기에 키토(Quito) 왕국과 치무(Chimú) 왕국 등이 병합되면서 최대 영토가 확보되었다. 마지막 왕의 후계자인 우아이나 카팍(Huayna Cápac, 1493~1525) 대에는 정복이 완결되기는 하였으나 동시에 제국 내 최초의 분열 조짐도 나타났다. 또한 그가 후계자의 지명 없이 사망하면서 아들인 우아스카르(Huáscar)와 아타우알파(Atahualpa) 간에 내전이 벌어졌고, 우아스카르의 패배로 일단락되는 것 같았으나 오히려 피사로(Pizarro) 및 스페인 정복자들로 인하여 제국은 멸망되었다. 스페인 사람들은 잉카제국의 모든 행정체계를 계승, 유지하면서 잉카인들을 효과적으로 지배하려 하였다. 그러나 잉카 귀족들은 40년 동안 저항을 하였고 점차 고지대의 험준한 곳으로 내몰렸으며, 그나마 잉카의 마지막 후보자였던 투팍 아마루 1세(Túpac Amaru I)가 1572년 빌카밤바(Vilcabamba)의 패배로 참수되면서 반스페인 투쟁은 종식되었다. 잉카 제국은 크게 토지 배분, 노동-부역 조직, 그리고 신정적 권력 이라는 원칙 아래 체계적으로 조직되어 있었다. 제국의 경제적 기반은 농목축업이었으며, 토지는 국가에 속하였지만 잉카는 이것을 신민들에게 배분하여 경작하게 하였다. 토지에는 세 종류의 카테고리가 존재하였는데, 그중에서 첫 번째는 가장 비옥한 잉카의 토지(tierras del Inca)로서 잉카 혈통의 보존을 위한 것이었으며, 둘째는 태양의 토지(tierras del Sol)로서 사제들을 위한 것이었고, 마지막으로 아이유의 토지(tierras del ayllu)는 상이한 농민공동체에게 해당하는 것이었다. 잉카의 토지와 태양의 토지는 농민들에 의해 미리 정한 순서에 따라 노동-부역의 개념으로 경작되었다. 아이유의 농민들은 가족의 필요에 따라 매년 토지를 배분받았다. 목축은 부가적인 활동이었으나 안데스 민족들을 위한 직물 생산으로 인하여 중요한 부문이 되기도 하였다. 가축은 낙타과인 야마(llama), 알파카(alpaca), 비쿠냐(vicuña), 구아나코(guanaco)가 있었으며 이들의 털과 배설물이 이용되었고, 특히 야마는 운송수단이자 신들에게 바치는 희생제물의 가치도 지니고 있었다. 토지와 마찬가지로 가축 떼도 잉카, 태양, 백성이라는 세 개의 카테고리로 나뉘어져 있었다. 잉카 사회는 아이유를 가장 기초단위로 하고 있었는데 이는 노동·부역을 만족시키기 위한 친족 단위이자 군사집단이며 심지어 하나의 종교적 매개를 가지고 있기도 하였다. 잉카 앞에서 그들의 대변인은 쿠라카(curaca)라고 할 수 있으며, 아이유의 모든 주민들은 공동 토지를 소유하면서 노동에서 서로 협력하였다. 정치적으로 잉카제국은 절대군주제와 신정권력, 농업 집산주의가 뒤섞인 형태였다고 할 수 있으며, 잉카는 신적인 기원을 지닌 존재이자 태양의 아들이었으며 그의 권력은 법 위에 있었다. 제국이 가장 번영하던 시기에는 잉카가 계승자의 혈통적 순수성을 유지하기 위하여 누이와 결혼하기까지 하였고 모계 세습전통을 존중하였다. 잉카는 쿠스코에서 생활하였으며, 도시는 소우주와 같아서 잉카의 절대 지배를 용이하게 하였다. 잉카의 종교는 정령신앙들이 혼재한 것으로 자연뿐 아니라 잉카 이전에 존재하였던 다양한 종족 출신의 죽은 자들을 숭배하였다. 태양과 잉카 숭배를 기반으로 삼았으며 잉카 영묘의 다른 신들에는 천둥의 신, 비의 신, 우주의 창조자, 최고신인 비라코차(Viracocha) 등이 있었다.

Independencia de la América Española* (스페인 아메리카 식민지 독립)   스페인의 지배로부터 아메리카의 독립 과정은 사회 윤리적인 갈등과 크리오요주의의 세력, 혁명 이데올로기들의 영향, 순탄치 않은 정치 상황들이 뒤섞이면서 복잡하게 전개되었다. 마누엘 고도이(Manuel Godoy) 대신의 전횡적 통치는 아메리카 지역에서 스페인 왕국의 정통성을 훼손시키는 결과를 가져왔다. 1808~1810년 사이에 종주국인 이베리아 반도가 외세의 침입 앞에서 일련의 위원회들(juntas)을 조직하여 국가적 위기를 타개하려고 했던 것처럼, 스페인령 아메리카에서도 위원회들이 결성되어 정치적인 공백을 메워 경제적 파국과 사회혁명의 원인이 될 수 있는 프랑스의 지배를 막고자 권력의 전면에 나서게 되었다. 이곳은 크리오요 출신의 과두지배층이 이미 18세기 하반기의 개혁정치로 변화 중에 있던 정치권력을 장악하게 되는 계기가 되었던 것이다. 개방적인 참사회들(cabildos)을 통하여 크리오요 과두지배층은 쿠데타를 일으켜 스페인 지배자들을 해임하였고, 고대하는 페르난도 7세(Fernando VII)의 이름으로 통치를 담당하였다. 1810~1814년 동안 상이한 혁명운동들이 일어났고 상반된 결과들을 가져왔다. 리오 데 라 플라타와 칠레에서는 현실주의자들의 음모에도 불구하고 독립주의자들이 계속 정권을 유지하였고 산 마르틴(San Martín) 장군의 지휘 아래 군대를 성공적으로 조직하면서 스페인에 대해 아메리카 대륙의 승리를 위한 초석을 다질 수 있었다. 1817년 초에 리오 데 라 플라타의 평정에 이어 산 마르틴은 안데스 산맥을 지나 현실주의자들과의 전투에서 마이푸(Maipú) 승리를 거두었다. 칠레를 해방시키고 난 이후 산 마르틴은 페루에 진군하기 위해 먼저 미국과 영국에서 선박 조달과 인원 모집을 하며 해군력을 강화하였다. 1820년 8월에 산 마르틴은 페루에 상륙하였고, 이곳의 현실주의자들이 독립적이나 친스페인적인 페루라는 공통분모 속에서도 서로 간의 분열을 극복하지 못하자 결국 1821년 7월에 산 마르틴의 리마 입성이 달성될 수 있었다. 그리고 1년 뒤에 그는 구아야킬(Guayaquil)의 적도도시에서 독립전쟁의 또 다른 주역인 시몬 볼리바르(Simón Bolívar)와 회견을 가질 수 있었다. 볼리바르는 카라보보 전투(batalla de Carabobo)를 통하여 베네수엘라의 독립을 확보하였고, 보아카 전투(batalla de Boyacá)에서 콜롬비아의 독립을 쟁취하였다. 그리고 마침내 1825년에는 옛 알토 페루(Alto Perú)의 점령 지역에서 안토니오 호세 데 수크레(Antonio José de Sucre)의 영도 아래 볼리비아 공화국이 탄생하였다. 베네수엘라에서는 1810년에 스페인 국장(intendente)의 퇴임 이후 최초의 공화국이 수립된 바 있었으나 인플레이션과 내분, 군사적인 파국으로 1811년 자체 붕괴하였다. 현실주의자들은 두 번에 걸쳐서 나라를 되찾았음에도 불구하고 1816년 이베리아 반도로부터 파블로 모리요(Pablo Morillo)를 위시한 스페인 원조군을 받아야 했다. 한편 볼리바르는 전쟁에서 승리하기 위해서는 독립전쟁을 추종하는 세력 기반 확대가 우선되어야 한다는 사실을 깨닫고 1817년 노예 해방을 약속하면서 평원의 주민들을 끌어들여 무서운 선두원으로 만드는 데 성공할 수 있었다. 결국 치열한 접전 끝에 현실주의자들이 패배하면서, 볼리바르는 안데스를 가로 질러 부왕령의 수도인 산타페 데 보고타(Santafé de Bogotá)로 진군할 수 있었다. 그러나 볼리바르에게 있어서 전쟁의 승리보다 더 큰 어려움은 1821년 새로운 기구를 창설하는 과정에서 찾아왔다. 멕시코의 독립은 특이한 과정을 거치면서 쟁취된 사례라고 할 수 있다. 원주민과 이달고(Hidalgo), 모렐로스(Morelos)의 메스티소 혁명이 시발점이 시작되어 일어났으나 곧 이들이 실패하면서 처음에는 오히려 지배 집단의 보수주의를 공고히 하였기 때문이다. 그러나 1821년 스페인에서 자유주의자들이 승리하면서 이러한 정치적 변화가 곧 사회적 변화를 가져다 줄 것을 염려한 멕시코 귀족들이 이번에는 스페인으로부터의 해방에 동조하면서 성취되었다. 이렇게 해서 1830년이 되면 오직 푸에르토 리코(Puerto Rico)와 쿠바(Cuba)만이 스페인 통치 아래 남게 되었고, 그마저도 1898년 서미전쟁(guerra hispano-norteamericana)을 통하여 스페인 제국에서 독립하면서 아메리카 독립의 기나긴 여정은 마침내 종식될 수 있었다.

Indice de los libros prohibidos* (금서목록)　　신도들의 윤리를 감시하기 위하여 가톨릭교 회당국이 작성한 금서목록을 뜻한다. 특정 서적들의 유포를 금지하는 관습은 아주 오래 전부터 있었던 것으로 이미 무라토리 교회법(canon Muratori)에서 기록화되어, 중세에 시행되었다. 예를 들어, 교황 헤라시오(Gelasio)가 작성한 문서들(496년), 파리공의회(Concilio de París, 1209년)와 톨레도 공의회(Concilio de Toledo, 1229년)의 문서들, 하이메 1세(Jaime I)의 문서들이 모두 그러한 경우에 속하였다. 1233년에는 성경을 속어로 번역하는 것과 이를 유포하는 것이 모두 금지되었다. 그러나 가톨릭교회 전체를 위한 공식적인 금서목록은 트리엔트 공의회와 반동종교개혁의 그늘 아래에서 16세기부터 시작되었다고 할 수 있다. 교황 파블로 4세(Pablo IV)는 처음으로 종교재판소에 금서목록의 작성을 위임하였으며, 이 금서목록은 1559년에 출판되었다. 그리고 여기에 그의 후속 교황들인 클레멘테 8세(Clemente VIII, 1596년), 우르바노 8세(Urbano VIII, 1632년), 알레한드로 7세(Alejandro VII, 1664년과 1665년), 베네딕토 14세(Benedicto XIV, 1758년), 피오 6세(Pío VI, 1786년), 피오 7세(Pío VII, 1808년, 1819년), 피오 9세(Pío IX, 1855년, 1876년, 1877년), 레온 13세(León XIII, 1880년, 1897년, 1900년), 베네딕트 15세(Benedicto XV, 1917년)나 피오 11세(Pío XI, 1922년)가 덧붙이고 수정하는 작업을 계속하였다. 처음에는 세 개의 파트, 즉 이교적인 인물들, 테마들, 무명의 작가들로 나뉘어 구성되었다가 알레한드로 7세 교황 이후로는 알파벳 순으로 정리되었다. 스페인에서는 가톨릭교회의 금서목록 외에도 구기독교도적인 가치에 특별히 영향을 끼칠 수 있는 사상들을 단절하고자 종교재판소가 주체가 되어 추가 목록을 작성하였다. 처음에는 일정한 책들에 대한 금지 지침으로 존재하였는데, 예를 들어 교황 아드리아노 4세가 되는 아드리아노 데 유트레히트(Adriano de Utrecht) 대종교재판관의 지침들이 그러했다. 그는 1521년에 시장에서 루터의 저서들을 회수하도록 지시하였다. 스페인 종교재판소는 1551년에 로바이나(Lovaina) 목록을 적절한 주석과 함께 재편집하여 사용하였다. 이후 스페인 금서목록은 대종교재판관의 지휘 아래 이뤄졌는데 두 번째 것은 (스페인적 특징으로는 첫 번째 금서목록으로 볼 수 있음) 페르난도 발데스(Fernando Valdés)의 금서목록(1559년 바야돌릿), 세 번째 금서목록(1570년 암베레스 Amberes) 은 베니토 아리아스 몬타노(Benito Arias Montano)와 같은 당국자들이 감독한 것이며, 네 번째 금서목록은 스페인 문학사에서 가장 중요한 것으로 가스파르 데 키로가(Gaspar de Quiroga)의 지휘 아래 작성된 것(실제로는 두 개의 문서이다. 즉 1583년 마드리드에 서 발행된 금서목록과 1584년 마드리드에서 발행된 삭제목록 'índice expurgatorio'임) 이다. 그리고 다섯 번째 금서목록(1612년 마드리드에서 발행)은 베르나르도 데 산도발 (Bernardo de Sandoval)의 목록이며, 여섯 번째 금서목록(1632년 세비야에서 발행)는 종교재판관이자 추기경인 안토니오 사파타(Antonio Zapata)의 목록이다. 일곱 번째 목 록(1640년 마드리드에서 발행)은 안토니오 데 소토마요르(Antonio de Sotomayor)의 것이며, 여덟 번 째 목록(1700년 마드리드)은 디에고 사르미엔토(Diego Sarmiento)와 비달 마린(Vidal Marn)의 목록이다. 아홉 번째 목록(1748년 마드리드에서 발행)은 프 란시스코 페레스 쿠에스타(Francisco Pérez Cuesta)의 목록이며, 열 번째이자 마지막 종교재판소 금서목록(1790년 발행, 1805년에는 왕립 인쇄소 Imprenta Real에서 보완 됨)은 아구스틴 루빈 데 세바요스(Agustín Rubín de Ceballos)의 작품이다. 아직도 스 페인에는 카르보네로 이 솔(Carbonero y Sol, 1878~1891년 마드리드에서 발행)이나 로페스 펠라에스 대주교(López Peláez, 1904년 마드리드에서 발행)의 후원 아래 공신 력이 떨어진 금서목록들이 출현하기도 하였다. 이처럼 교회와 종교재판소의 금서목록들 은 대립 없이 공존하였으며 이 가운데서 종교재판소의 금서목록은 종교재판소의 폐지와 함께 사라졌다.

Indigetes (인디헤테스)　이베리아 반도 서북쪽 헤로나(Gerona) 주에 정착하여 거주했던 이베 리아 민족이다. 암푸리아스와 로다(Ampurias y Rhoda) 만에서부터 피레네 산맥, 암푸드 란(Ampurdán), 라 셀바(La Selva) 그리고 히로네스(Gironés) 지방에 걸쳐 거주하였다.

Infante (왕자)　1388년 이전에는 왕위 계승자들에게 부여되는 칭호였으나 후안 1세(Juan I) 이후부터 왕의 자녀들과 측근들을 부르는 칭호가 되었다. 이들은 왕가의 일원으로 그에 합당한 대우를 받았으며 면책 특권과 함께 각종 특권을 누렸다.

Infante Carlos María Isidro de Borbón (카를로스 마리아 이시드로 데 부르봉 왕자) (1788~1855) 카를로스 4세(Carlos IV)의 아들로 진보 세력에 맞섰던 인물이다. 카를 로스 5세(Carlos V)의 이름으로 왕위에 오를 뻔 했으나 섭정자였던 마리아 크리스티나 (María Cristina)의 세력에 밀려 폐위됐다. 1833년 그의 지지 세력과 진보 세력 간 카를 로스 전쟁(guerras carlistas)이 발발했다.

Infante de España (스페인 왕자)　스페인에서는 왕위 계승자만이 '아스투리아스 공(Príncipe de Asturias)'이라는 칭호를 받으며, 후계자가 아닌 왕자들은 '인판테(Infante)'라는 칭호 를 얻는다.

Infantería de Marina (해병대)   1537년 카를로스 5세(Carlos V)가 만든 스페인군의 형태로 엘리트 해군 보병대를 일컫는다. 수륙공동작전을 기조로하여, 선박의 안전사항이나 해양 프로젝트를 실행하는 데 주력한다. ➡ Carlos I(카를로스 1세)

Infantes de la Cerda (세르다 왕자들)   페르난도 데 라 세르다(Fernando de la Cerda)의 두 아들 알폰소와 페르난도 형제를 가리키는 이름이다. 페르도 데 라 세르다 사후 알폰소가 카스티야(Castilla)의 왕위를 물려받기로 되어 있었으나 귀족들에 의해 숙부인 산초 4세(Sancho IV)가 즉위했다. 이에 세르다 왕자들(Infantes de la Cerda)은 프랑스와 아라곤(Aragón)의 지원을 얻어 왕위를 되찾으려고 했으나 실패하고 만다. ➡ Castilla, Corona de(카스티야 연합왕국)

Infieles (이교도들)   기독교석 세계관으로 스페인 사람들이 이슬람교도들을 지정했던 명칭이다. 스페인의 레콩키스타는 기독교와 이슬람의 종교적 대립 양상을 띠기도 했으며 이러한 명칭은 적군을 비하하는 의도로 사용되기도 하였다.

Infinita gama de matices (무한한 시 형식)   스페인 중세 문학의 무한한 범위의 표현방식을 일컫는다. 가령 가장 섬세한 표현에서 가장 강렬한 것, 가장 서정적인 것에서 가장 극단적인 것을 의미한다. 강렬하면서 동시에 감정적인 시적 표현 방식은 후에 스페인 황금 시기에 더욱 발전하게 된다.

Ingenio de Esta Corte, Un (궁정의 인재)   스페인 16세기에 극작가, 귀족, 성직자들이 자신들의 신분을 밝히지 않기 위해 쓰던 익명이다. 이 익명으로 쓰인 대표적인 작품은 『El triunfo del Avemaría』가 있으며 이는 그라나다(Granada)에서 기독교과 이슬람교의 직면을 다룬 작품으로 펠리페 4세(Felipe IV)에서 헌정되었다. 하지만 그 작가를 알론소 우르타도 데 베랄드(Alonso Hurtado de Velard)로 추정하고 있다.

Íñigo Arista (이니고 아리스타)   770년 나바라 왕으로 등극해 세상을 떠나는 852년까지 재위했다. 나바라 왕조와 팜플로나 왕국을 처음 세운 인물로 전해진다. 호전적인 성격으로 아랍인들과 수많은 전투를 치렀으며 그 결과 팜플로나 시를 정복하는 영광을 얻었다. ➡ Reino de Navarra(나바라 왕국)

Íñiguez, Lope, Señor de Vizcaya (로페 이니게스, 비스카야 영주)   1050년경에 태어나 1093년에 사망한 비스카야의 두 번째 영주로 1077년에 즉위했다. 그의 통치기는 카스티야(Castilla)와의 관계 개선으로 특징지어진다.

Inmaculada Concepción (무염시태)   예수의 어머니 마리아가 잉태되었을 때 원죄에 물들지 않았다는 로마 가톨릭교회의 가르침을 뜻한다. 이것을 기념하여 12월 8일에 스페인 전역의 교회는 특별미사를 진행한다. 12월 6일 제헌절과 하루의 간격을 두고 있는 날이기에, 실제로 스페인인들은 이 기간을 1년 중 가장 긴 휴일을 즐길 수 있는 날이라고 여기며 여행을 가기도 한다.

Inocencio III (이노켄티우스 3세)   1198년에서 1216년까지 제176대 교황을 지냈다. 역대 교황 중 가장 권력 있는 교황으로 손꼽히며 당시 서유럽의 모든 정치 문제에 관여하며 막강한 영향력을 행사했다. 이노켄티우스 3세 재임기 때 제4차 십자군(Cuarta Cruzada), 알비 십자군(Cruzada albigense), 아이들 십자군(Cruzada de los niños) 등 총 세 번의 십자군이 결성되었다.

Inquisición* (종교재판소)   가톨릭 신앙의 순수성을 감시, 유지하기 위해 가톨릭 공동왕(Reyes Católicos, 1478~1480)에 의해 창설되었으며, 곧 왕국의 주요 기구들 중 하나로 자리 잡게 되었고, 1834년에 이르러서야 폐지되었다. 중세에 교황재판소라는 선례가 있기는 하였지만, 이와는 별도로 스페인 종교재판소는 교황 식스투스 4세(Sixto IV)의 재임기에 출범하였으며, 스페인 군주들에 의해 제도화되면서 거대한 종교적 권위를 행사하게 되었고, 사회의 안전과 건강에 위해가 될 만한 종교적 일탈을 차단하였다. 이처럼 스페인 종교재판소(다른 말로, 신성한 사업이라는 의미의 'Santo Oficio')는 기존에 보유하고 있었던 교회적인 성격에 더하여 국가적, 공민적 특성을 덧입게 되었다. 스페인 종교재판소는 유대인들과 개종자들에 대한 적대감과 이들의 종교적 진정성에 대한 의심이 고조되면서 출현하게 되었고, 심지어 진실한 개종자조차도 사회적인 분위기에 위협을 느껴야만 했다. 종교재판소의 주된 목적은 거짓된 개종자들을 처벌하는 것이었으며, 과거의 신앙을 고수하는 자들은 1492년 개종이냐 추방이냐의 양자택일에 놓인 유대인들의 경우에서와 같이 종교재판소의 관할 밖에 있었다. 종교재판소의 권력은 시간이 지나면서 확대되었고 특히 16세기, 17세기에는 스페인 생활 전반에 걸쳐서 그 존재감을 나타내었다고 할 수 있다. 종교재판소는 대종교재판관을 의장으로 두고 있는 종교재판소평의회(일명 Suprema)의 관할 아래에서 활동하였다. 스페인 전역으로 종교재판소들이 확산, 설립되었고, 전성기 때에는 세비야, 코르도바, 그라나다, 쿠엔카, 톨레도, 마드리드, 바야돌릿, 예레나, 산티아고, 로그로뇨, 무르시아, 발렌시아, 사라고사, 카나리아스, 바르셀로나 등의 재판소들이 활동하였다. 또한 스페인령 아메리카에도 이식되면서 스페인을 이루는 모든 왕국들에 공통으로 존재하는 몇 개 되지 않는 기관들 중의 하나가 되었다. 각 종교재판소에는 대종교재판관에 의해 임명된 한두 명 혹은 세 명의 종교재판관들이 배치되었으며, 검사, 공증인, 비서, 검열관, 상담인, 순경 등을 포함하여 의심대상자를 색출하는데 도움을 준 세속인 파밀리아레스(familiares)도 있었다. 종교재판소의 재정은 이론적으로 국가가 담당하는 것이었으나 실제로는 벌금이나 재산 몰수, 심지어 이익 창출의 예상지에 투자하는 등 자체적으로 운영되었다. 그러나 재산몰수금이 많았던 시기에조차도 종교재판소는 재정적 압박에서 자유롭지 않았으며, 이는 종교재판소를 이루는 종사자들의 수가 많았던 것과 소송 및 종교재판식(auto de fe)이 상당한 비용을 초래하였던 것과 무관하지 않다. 순혈법령(limpieza de sangre)이 종교기사단을 비롯하여 군사기사단, 대성당참사회, 대학들, 기숙학교들에 확대되면서 종교재판소에 들어가길 원하는 후보자도 누구든지 자신의 선조가 유대인이나 모슬렘의 피에서 깨끗한 기독교인임을 증명해야만 했다. 종교재판식은 종교재판소의 권력을 가장 극대화시켜 보여준 의식으로써 신적 위엄과 죄로 인한 파괴가 극명하게 대비되어 참석자들과 관중들에게 경종을 울리는 효과를 가졌다. 종교재판소의 활동이 가장 활발했던 시기인 16세기와 17세기에는 왕들의 전폭적인 지지가 이 기관의 권위를 보장하는 요인이 되었으며, 종교재판관들이 군주에 의해 지명되면서 정치와의 유착현상이 나타나, 때로 왕은 종교재판소를 정치적인 목적을 위해 이용하기도 하였다. 설립 때부터 줄곧 종교재판소는 이단자들과 위험하다고 여겨지는 분파적 경향의 추종자들을 박해하였다. 즉 에라스무스주의, 광명주의, 정적주의, 경건주의 등이 이러한 대상이었다고 할 수 있다. 그러나 18세기부터는 종교재판소의 쇠퇴가 시작되어 공식적인 활동이 현격하게 감소되었고, 종교재판의식도 과시성이 결여된 약식재판(autillos)으로 대부분 대체되어 갔다. 계몽주의 사상이 등장하면서 18세기 말에는 종교재판소가 프랑스혁명의 여파에 맞서서 싸우는 기관으로 변질되는 모습을 보이기도 하였다. 한편 카를로스 4세의 총신이었던 고도이(Godoy)나 개혁인사인 호베야노스(Jovellanos)와 같은 사람들은 종교재판소의 폐지를 생각하기도 하였으나 정작 실행에 옮기지는 못했다. 그러나 자유주의의 표상이자 종교재판소에 적대적이었던 카디스 의회(Cortés de Cádiz)는 1813년 1월 5일에 종교재판소의 폐지를 공포하였으며, 이에 앞서서 호세 1세 보나파르트도 이미 폐지를 결정한 바 있었다. 그리고 1814년 페르난도 7세의 절대왕정복구와 자유의 3년기(1820~1823)를 지나서, 마침내 종교재판소는 1834년 7월 15일 최종적으로 스페인 역사의 무대에서 자취를 감추게 되었다. 18세기에는 종교재판소와 스페인의 사상 발전에 대한 논쟁이 벌어지기도 하였는데, 이는 포르네르(Forner)가 종교재판소에 대한 백과전서의 설명에 응대하면서 촉발되었다. 이러한 논쟁은 오늘날에 와서도 여전히 지속되고 있으며, 상반된 견해들이 난무한 무수한 출판물들이 등장하면서 디욱 활기를 띠었다고 할 수 있다. 가장 극단적인 반내 입상에서부터 [누녜스 데 아르세(Nuñez de Arce)는 스페인의 문화적 황폐가 종교재판소의 탓이라고 비난, 가장 우호적인 입장에 이르기까지(Menéndez Pelayo) 종교재판소에 대한 견해는 다양하였으며, 최근에 와서는 종교재판소에 대한 논쟁이 이전보다 조금 더 신중하고 객관적인 경향으로 흐르고 있음을 보게 된다.

Institución Libre de Enseñanza (자유교육기관) 독일 철학가 크라우제의 이론을 따라 국가의 교육 시스템을 변화시키려는 목적하에 1876년에 설립된 기관. 프란시스코 히네르 데 로스 리오스(Francisco Giner de los Ríos), 구메르신도 데 아스카라테(Gumersindo de Azcárate), 테오도로 산스 루에다(Teodoro Sainz Rueda), 니콜라스 살메론(Nicolás Salmerón) 등 많은 교육학자들이 참여하여 종교적, 정치적, 윤리적 교리 및 교의에서 벗어나 학문연구의 자유를 주장하였다. 처음에는 대학 수준에서 시작하다가 점차적으로 초등, 중등기관까지 확산하게 되었다. 호아킨 코스타(Joaquín Costa), 페데리코 루비오(Federico Rubio), 에르메네힐도 히네르(Hermenegildo Giner)와 같은 많은 진보적인 학자들의 문화, 교육, 사회 연구에도 지원을 하기도 하였다. ➡ Krausismo Español (스페인 크라우시시즘)

Instituto de Estudios Zamoranos (사모라 연구소) 스페인 카스티야-레온(Castilla y León) 자치주의 북서부에 위치한 사모라(Zamora)에 1984년 설립된 연구소로 문화와 사회학의 연구를 위해 세워졌다. 사모라 출신 역사학자 플로리안 데 오캄포(Florián de Ocampo)의 이름을 따라 명명되었으며 사모라 지역 사회의 문화 센터, 도서관, 출판사 등의 역할을 맡고 있다.

Instituto de la cultura hispánica (이베리아 문화연구소) 1938년 프란시스코 프랑코(Francisco Franco)에 의해 설립된 기관이다. 프랑코 정부는 스페인 내전 기간 동안 그랬듯이 문화를 정치적 프로파간다로 이용하고자 했다. 프랑코 정부에 반기를 들었던 세력과 같은 경향의 좌익 지식인들을 모아 문화진흥사업을 실시한 것은 모두 정치적 계산에서 비롯된 것이었다. ➡ Franquismo(프랑코주의)

Instituto Nacional de Reforma Agraria (국립농업개혁연구소) 1959년, 농지 개혁과 관련한 사회경제정책을 추진하고 실행에 옮기기 위해 쿠바 혁명군이 설립한 기관의 명칭이다. 1976년에 농업부로 대체되었다.

Instituto Valenciano de Arte Moderno (발렌시아 현대미술관) 스페인 발렌시아에 위치한 발렌시아 현대미술관(IVAM)은 발렌시아의 중요 근현대 예술 작품을 전시하고 있다. 1989년 개관되었으며, 설립 목적은 20세기 예술을 연구하고 보급하는 데 있다. 총

10,500여 점의 작품들을 보유하며, 훌리오 곤잘레스, 이그나시오 피나소, 20세기 미술 그리고 미켈 나바로의 작품들이 대표적이다.

Instrucciones de Palamós (팔라모스 지침)　팔라모스 지침 혹은 팔라모스 지령은 스페인 왕 카를로스 1세(Carlos I)가 펠리페 2세(Felipe II)에게 전달해 준 서면이다. 1543년 5월 지금의 카탈루냐(Cataluñs) 팔라모스(Palamós)에서 건네진 이 서면은 정치적 교육이 담겨져 있는데 특별히 각 지역별 특성을 이해하라는 내용이 있다. ⇒ Carlos I(카를로스 1세)

Insumisión (양심적 거부)　국가가 요구하는 시민의 의무를 양심적인 이유로 거부하는 것으로 사실상 불법행위이다. 종교적, 철학적, 정치적, 사상적인 이유 등으로 행해지는 시민 불복종의 한 형태이며 대부분 실형을 선고받게 된다.

Ínterim de Augsburgo (아우구스부르크 제국법령)　1548년 슈말칼덴 전쟁에서 승리한 황제 카를로스 5세가 공표한 제국법령이다. 이것으로 개신교는 7품 성사를 제외하고 가톨릭의 전통 의례와 신념을 따를 것을 강요받았지만, 루터교 사제들은 양형영성체를 행할 수 있게 되었고 교황의 허가를 받으면 혼인관계도 유지할 수 있었다. ⇒ Carlos I(카를로스 1세)

Isa canaria (이사 카나리아)　카나리아 제도의 전통 춤으로, 주로 축제 전야제때 많이 행해진다. 농민들의 의복을 입고 그 축제의 날을 기념한다. 3박자의 강렬한 리듬으로 한 역동적이고 강한 선율이 특징이며, 주로 기타, 반도리아, 류트 등 현악기를 사용한다.

Isabel de Austria (이사벨 데 오스트리아)　1501년경에 태어나 1526년에 사망하였으며 미남 펠리페(Felipe el Hermoso)와 광녀 후아나(Juana la Loca)의 셋째 딸이다. 1515년 만 14세의 나이로 덴마크와 스웨덴의 왕 크리스티안 2세(Cristian II)와 정략결혼을 했다. 1522년 그녀는 남편과 함께 귀족들의 반란을 피해서 도망쳐야만 했다. 그녀는 플랑드르로 갔고 오빠인 카를로스 5세(Carlos V)의 궁정에서 머물렀다. ⇒ Austria, Casa de[오스트리아 왕가(스페인계)]

Isabel de Portugal. Reina de Castilla (이사벨 데 포르투갈, 카스티야의 왕비)　포르투갈의 공주이자 카스티야의 왕비이다. 그녀의 태생에 대해서는 알려진 바가 없으나 1496년 아빌라(Ávila)에서 사망했다고 기록되어 있다. 포르투갈 왕자 후안(infante Juan de Portugal)과 이사벨 데 바르셀로스 공주(princesa Isabel de Barcelos) 사이에서 태어났으며 포르투갈의 후안 1세(Juan I de Portugal)의 손녀이다. 1447년, 카스티야의 후안 2세(Juan II de Castilla)와 혼인해 이사벨 1세(Isabel I)와 알폰소 왕자(infante Alfonso)를 자녀로 두었다. ⇒ Castilla, Corona de(카스티야 연합왕국)

Isabel de Valois (이사벨 드 발루아)　프랑스의 앙리 2세(Enrique II)의 딸로서, 카토-캄브레시 평화조약(Paz de Cateau-Cambresis)이 체결되면서 조약의 일환으로 스페인의 펠리페 2세와 결혼하게 되어 스페인의 왕비가 되었다. 이는 스페인과 프랑스의 평화를 낳았기 때문에 평화의 이사벨이라고도 불린다. 그녀는 프랑스 퐁텐블로 성(Fontainebleau)에서 1544년 4월 13일 태어나 아란후에스(Aranjuez)에서 1568년 10월 3일 사망하였다. ⇒ Felipe II(펠리페 2세)

Isabel I de Castilla* (카스티야 여왕 이사벨 1세)　카스티야의 후안 2세(Juan II de Castilla)와 이사벨 데 포르투갈(Isabel de Portugal)의 딸인 이사벨 공주는 1451년 아빌라(Ávila) 지방의 마드리갈 데 라스 알타스 토레스(Madrigal de las Altas Torres)에서

출생하였다. 유년 시절에 대해서는 거의 알려진 바가 없으나 초기에는 모친과 함께 아레발로(Arévalo)에서 보냈고, 10세경에 자신의 이복 오빠인 엔리케 4세(Enrique IV)의 궁정으로 가서 그의 후의로 집과 다양한 수입원을 얻을 수 있었다. 또한 그녀의 친오빠이자 황태자였던 알폰소(Alfonso)에게서도 비슷한 호의를 받을 수 있었다. 그러나 1468년 황태자가 사망하면서 이사벨 공주는 자신의 추종자들에 의해 정통 후계자로 추대되었고, 이것은 향후 왕과 그의 딸인 후아나(Juana)와의 대립을 예고하는 것이었다. 또한 이런 연유로 인하여 그녀는 아라곤 왕국의 후계자인 페르난도(Fernando)와의 결혼을 추진함으로써 자신의 지위를 공고히 할 필요가 있었다. 그러나 왕실 내분은 곧 양측 간의 협상으로 이어지게 되었고, 엔리케 4세는 로스 토로스 데 기산도 협약(pacto de los Toros de Guisando)을 통하여 1468년 9월 이사벨 공주를 자신의 정통 후계자로 인정하면서 그에 합당한 영지, 그리고 수입을 하사하였다. 그러나 1469년 10월 바야돌리드(Valladolid)에서 비밀리에 성사된 페르나도 데 아라곤(Fernando de Aragón)과의 결혼은 왕의 분노를 촉발시켰고, 그가 1470년 발데로소야(Valdelozoya)에서 그녀의 왕위 계승권을 박탈하는 계기가 되었다. 그때부터 이사벨 공주는 귀족층 내에서 자신의 세를 확장시키는데 주력하였으며, 1474년 12월 왕과 또 다시 합의에 도달하려는 시점에서 왕의 갑작스러운 죽음을 맞이하게 되었다. 엔리케 4세가 유언장을 남기지 않고 사망함으로써 이사벨은 이전에 획득한 상속권에 기초하여 자신을 카스티야의 여왕으로 선포하였고, 1475년 1월에는 세고비아 합의(Concordia de Segovia)를 통하여 자신의 남편과도 관할권을 나누었다. 그러나 이후 후아나 공주의 추종자들, 사실상 후아나의 남편인 포르투갈 왕과의 전쟁이 계속되었고, 이것은 1479년 최종적으로 알카소바스 조약(tratado de Alcaçovas)의 체결과 모우라(Moura)의 중재로 종결되었다. 일단 왕위가 안정되면서 가톨릭 공동왕(Reyes Católicos)은 전쟁 때문에 지체된 근대국가의 확립에 착수하였다. 몇 년 내에 이러한 방향으로 카스티야의 공공법이 구축되었고, 고유의 집과 궁정이라는 엄격한 조직화, 절대 군주권 확보를 위한 대표 기구들의 후퇴, 정부 기구인 왕실평의회(Consejo Real)를 중심으로 한 중앙집권화, 왕의 관료들의 선출에 대한 각별한 관심, 성 형제단(Santa Hermandad)을 통한 공공질서의 수호, 왕실대리관(corregidores) 제도의 확대를 통한 시 행정의 감시, 사법행정의 강화, 재무부와 군대와 같은 국가 매커니즘의 도입, 광범위한 교회정책과 종교층의 개편 프로그램에 착수하였다. 또한 그라나다 나사리 왕국(reino nazarí)의 병합을 통해 재정복전쟁을 완결시키고 명확한 영토를 확보하였다는 점과 그라나다에 시 및 종교질서를 이식시킨 점, 또한 모슬렘 주민의 동화와 새로운 교회 틀의 형성, 개종을 거부한 유대인의 추방 및 종교통합정책을 통한 주민의 기독교화 조치를 실시하였다. 한편 대외적으로는 크리스토퍼 콜럼버스(Cristóbal Colón)를 후원함으로써 아메리카를 왕국에 편입시켰고, 외교활동에 있어서는 이사벨 여왕보다 그녀의 남편 페르난도가 주도적인 역할을 담당하였다. 또한 그녀는 고립주의에서 벗어나 강대국인 프랑스의 팽창정책을 견제하기 위하여 복잡한 정략결혼을 추진하기도 하였다. '가톨릭 공동왕'이라는 칭호의 수여도 사실상 이탈리아에 대한 대외정책의 추진과 무관하지 않다고 할 수 있다. 여왕이 주력했던 또 다른 관심사는 종교교단의 개혁으로서 여기에는 시스네로스 추기경(cardenal Cisneros)이 주요한 역할을 담당하였다고 할 수 있다. 1478년 세비야(Sevilla)에서 개최된 성직자 회의와 결정들, 그리고 로마 교황청과 자주 갈등을 일으켰던 주교 선출 메커니즘의 수정 사항들은 종교개혁의 분기점을 이루었다고 평할 수 있다. 또 종교정책의 틀 안에서 1478년 종교재판소(Inquisición)가 설립되기도 하였다. 그러나 자녀들과 마찬가지로 평소 건강이 좋지 않았던 이사벨 여왕은 유언서를 작성한 이후에 1504년 메디나 델 캄포(Medina del Campo)에서 생을 마감하였다.

Isabel II* (이사벨 2세)   (1830~1904, 재위: 1833~1868) 페르난도 7세(Fernando VII) 와 그의 네 번째 부인 마리아 크리스티나 데 부르봉(María Cristina de Borbón) 사이의 딸이다. 부친이 사망하자 숙부인 돈 카를로스(Don Carlos)는 여자 상속자에 불복하고 첫 번째 카를로스 전쟁(Guerra Civil Carlista)을 일으켰다. 자유주의자들은 자신들의 이상을 위해서라도 이사벨의 상속권을 옹호해야 한다고 생각하였다. 이사벨 여왕이 미성년이었을 때는 모친이 첫 섭정(1833~1840)을 맡았다. 이 시기 동안 주목할 만한 사건이라면 1834년 국가기본법(Estatuto Real) 공표와 1836년 멘디사발(Mendizábal)의 교회토지매각(desamortización), 진보주의 성향의 1837년 헌법(Constitución de 1837)이다. 또 1839년 베르가라 협정(Convenio de Vergara)으로 마침내 카를로스 내전도 종지부를 찍을 수 있었다. 마리아 크리스티나는 1840년 9월에 일어난 사건들로 인하여 결국 섭정직을 사임하였고, 대신 에스파르테로 장군(general Espartero)이 두 번째 섭정을 맡게 되었다. 이 섭정 기간(1840~1843)은 그야말로 진보주의 성향의 시대라고 할 수 있다. 그러나 1843년 반에스파르테로 봉기가 일어나면서 호아킨 마리아 로페스(Joaquín María López) 내각은 그해 11월 예정보다 앞당겨서 이사벨 2세의 성년임을 선포하였다. 직접 통치에 나선 이사벨 여왕은 일찍부터 온건 자유주의자들에게 정권을 위임하였고, 1844년 5월에는 나르바에스(Narváez) 내각을 임명하면서 소위 '10년의 온건주의 시대(Década Moderada)'를 열었다. 이 정부 아래에서 1845년 헌법(Constitución de 1845)이 선포되었다. 이 헌법의 전문은 왕권 강화를 내용으로 하고 있으며 왕의 지명에 따라 상원(Senado)이 구성되면서 왕권이 하원(Cortes)과 함께 입법권을 공동으로 행사할 수 있게 하였다. 또한 왕의 결혼 사안에 대한 하원의 통제권도 빼앗았다. 이러한 내각 아래에서 재정 부문에서는 '몬 개혁(reforma Mon)'이 구조화되었고 이를 통해 교회의 토지매각이 저지되었다. 1846년에 이스투리스(Istúriz) 내각은 왕의 결혼식 논쟁에 결정적인 해결책을 줬다. 여왕은 프란시스코 아시스 데 부르봉(Francisco Asís de Borbón) 과 결혼하면서 사적으로는 실패의 결과를 낳았을지라도 외교적인 영역에서는 프랑스의 오를레앙 왕가와 스페인 온건주의자들의 지지를 받는 그의 정부가 승리하는 것을 의미하였다. 10년의 온건주의시대 동안 이사벨 2세는 진보주의자들에게 정부를 맡기지 않았으며 오직 온건주의자들에게만 권력을 허용하였다. 다른 한편 1845년 체제를 전체주의적으로 변경시키려 했던 브라보 무리요(Bravo Murillo)의 개혁안이 의회에 의해 거부되면서 1852년 여왕은 그에 대한 신임을 철회하였다. 이사벨 2세는 혁명 과정 이후에만 진보주의자들을 권력에 불렀다. 이렇게 하여 'Vicalvarada'와 1854년 7월 혁명 이후 에스파르테로에게 통치를 위임하였고, 소위 '진보주의의 2년 시대(Bienio Progresista)'를 열었다. 이 기간 동안 1856년 헌법(Constitución de 1856)이 만들어졌고 마도스의 총토지매각법(Ley de desamortización general de Madoz)이 통과되었다. 그러나 이러한 예외적인 기간이 지나고 난 뒤 여왕은 1856년 오도넬(O'Donnell)에게 통치권을 맡겼고 이것은 1845년 온건 정치체제의 복원을 의미하는 것이었다. 1858~1864년 동안 여왕은 진보주의자들을 배제하고 오직 온건주의자들과 자유주의연맹(Unión Liberal)에게만 정권을 허용하였고, 이것은 결정적으로 진보주의자들이 부르봉 왕가의 폐위를 준비하게끔 하였다. 1866년 8월 오스텐데 협약(pacto de Ostende)이 진보주의자들과 민주주의자들 사이에 체결되면서 1868년 9월 혁명이 발발하였다. 이사벨 여왕은 스페인을 떠나 프랑 스로 망명하였으며 그곳에서 1870년 아들 알폰소 12세(Alfonso XII)에게 왕권을 이양 하였다. 한편 이러한 정치적인 격변 속에서도 이사벨 여왕의 통치시기에 기술적인 영역 에서는 통신혁명을 겪었다고 말할 수 있다. 1848년에 첫 번째 철도선인 바르셀로나-마 타로(Barcelona-Mataró)가 놓였으며, 1850년 법에 의하여 철도건설이 가속화되었다. 1852년에 전신공공서비스가 탄생하였다. 그러나 산업의 기계화에 관해서는 유사한 발전 이 일어나지 않았다. 이 시기에 자본주의 사회 구축에 필수적인 법적 규범들이 만들어졌 는데, 예를 들면 1846년 증권거래소법(Ley de la Bolsa), 1848년 주식회사조례, 같은 해에 빌권은행 실립법이 세정되었나. 한편 1848년 형법전(Código Penal)이 공표되었고 교육 영역에서는 1857년 9월 9일 일명 모야노 법(Ley Moyano)이라고 하는 공공교육 법이 출현하였다. 공공질서 면에서는 1844년 구아르디아 시빌(guardia civil)이 창설되 었다. 이사벨 여왕의 대외정치에서는 이전 치세기에 이미 드러났던 스페인의 쇠퇴가 가 속화되었고, 아프리카 북부에서 미미하게 확장하는 정도였다. 이사벨 2세의 통치 시기에 는 교황청과도 불편한 관계를 가져서 실제로 교황청으로부터 여왕으로 인정받는데 15년 이나 걸렸다. 1851년 종교협약(Concordato de 1851)으로 이전의 긴장관계를 청산하고 교회는 토지매각을 이미 실행된 사안으로 수용하였으며 대신 스페인 국가는 교육 특히 교리영역에서 교회의 개입을 승인해 주었다.

Isabelino (이사벨리노)　페르난도 7세(Fernando VII)는 세상을 떠나면서 여자의 왕위계승권 을 금지한 살리카법(Ley Sálica)을 폐지시키면서 딸 이사벨 2세에게 왕위를 물려주었 다. 이에 카를로스 마리아 이시드로(Carlos María Isidro)의 계승권을 주장하는 세력 이 등장했다. 반(反)카를리스타파(Anticarlista)로 이사벨 2세를 지지하던 자유주의자 들을 '이사벨리노(Isabelino)'라고 불렀다. ⇒ Isabel II(이사벨 2세, 1830~1904, 재위: 1833~1868)

Islas Columbretes (코룸브레테스 섬)　내륙과 48.2km 떨어진 네 개의 화산섬을 지칭. 지중해 최고의 해양 생태 자원지로 유명한 이곳은 발렌시아(Valencia)의 카스테욘(Castellón)에 속하며, 각각 라 콜룸브레테 그란데(La Columbrete Grande), 라 페레라(La Ferrera), 라 오라다다(La Horadada), 그리고 엘 베르간티(El Berganti)의 네 개 섬이다. 이 군도 는 맑은 물과 다양하고 풍부한 생태 관광지로 또한 유명하다.

Ismail I (이스마일 1세)　그라나다(Granada) 나사리(nazarí) 왕조의 5대 술탄. 무하마드 2세 (Muhammad II)의 손자로 사촌인 나스르 1세(Nasr I)에 반역하여 나스르 1세를 폐위시 키고 1313년부터 1325년까지 통치했다. 이후 알람브라(Alhambra) 궁전에서 살해당했 다. ⇒ Al-Andalus(알 안달루스)

Ismail II (이스마일 2세)　그라나다(Granada) 나사리(nazarí) 왕조의 9대 술탄. 유수프 1세 (Yusuf I)의 애첩인 기독교인 마리암의 아들로 1339년에 태어나면서부터 유수프 1세 가문 여자들의 도움 속에 자라 정치에 대한 준비는 하지 못했다. 야망이 넘친 어머니 마 리암(Maryam)과 사촌 아부 사이드(무하마드 6세)의 도움으로 1359년 왕위에 올랐고, 1360년 사망했다. ⇒ Al-Andalus(알 안달루스)

Istúriz Montero, Francisco Javier de (프란시스코 하비에르 데 이스투리스 몬테로)　 1790년에 태어나 1871년에 사망하였다. 카디스(Cádiz) 출신이며 스페인의 군인이자 정치가로 자유당(Partido Liberal)의 진보파였다. 스페인 독립 전쟁(Guerra de la Independencia española)에 적극적으로 참여하였다. 비록 개인적으로는 에스파르테로 장군(general Espartero)과 적대적인 관계였으나, 그의 통치기간 동안 국회 의장으로 활동하였다. 1846년 재차 국무위원으로 임명되었으며 이사벨 2세와 그녀 여동생의 결혼에 동의하여 논쟁을 종식시키고, 추방된 진보주의자들을 사면을 통해 귀국을 허용하는 등 정치적 결실을 이룬다. ➡ Isabel II(이사벨 2세, 1830~1904, 재위: 1833~1868)

Itálica (이탈리카)　현재 스페인 안달루시아(Andalusia) 지방의 세비야(Sevilla) 주에 위치한 산티폰세(Santiponce) 도시에 존재했던 고대 로마 시대의 도시이다. 기원전 206년, 일리파(Ilipa) 전투에서 부상당한 로마 병사들을 정착시킬 목적으로 로마 제국의 장군인 푸블리우스 코르넬리우스 스키피오 아프리카누스(Publius Cornelius Scipio Africanus)에 의해 설립되었다. ➡ Romanización(로마화)

Iturbe Abasolo, Domingo (도밍고 이투르베 아바솔로)　1943년에 태어나 1987년에 사망한 스페인 출신의 테러리스트이다. ETA에서 활동하기 이전까지 촉망받는 축구선수였다. 수많은 납치의 주범이었으며 카레로 블랑코(Carrero Blanco)의 암살에 가담했다. ETA의 총책임자가 되기도 했다. 후에 프랑스에서 검거되어 알제리로 이송되었으나 도망을 시도하다 사망했다.

Itzcoatl (잇츠코아틀)　1428년에 태어나 1440년에 사망한 아스테카족(Aztecas)의 제4대 왕으로 아카마피츠틀리(Acamapichtli) 왕과 그의 시녀 사이 태어난 사생아였다. 이복 조카들을 암살해 왕이 된 그는 테파네카족(Tepanecas)을 멸망시키고 영토 확장에 힘썼다. ➡ Azteca, Imperio(아스테카 제국)

IV Concilio de Toledo (4차 톨레도 공의회)　633년 톨레도에서 이시도로 주교와 시세난도 왕의 주재하에 열린 공의회로 종교적 사안 외에 정치적인 결정도 내려졌다. 주로 다뤄진 내용은 서고트족의 수인틸라 왕의 폐위로, 그는 포악하며 백성을 돌보지 않는다는 평가를 받아 왕좌에서 물러났다. ➡ San Isidoro de Sevilla(세비야의 성 이시도로, 570?~636)

Izquierda Republicana (공화좌파)　마누엘 아사냐(Manuel Azaña)에 의해 1934년에 창당된 스페인 좌파 공화당이다. 스페인의 제2공화국 시기와 스페인 내전에 이르기까지 눈에 띄는 역할을 하였으며 아사냐는 1936년, 1939년 대통령으로 선출되었다. 프랑코 독재 시기에는 정치 무대에서 사실상 사라졌으며 멕시코에서 일부 망명 활동을 하다가 1977년 스페인에서 재창당되었으나 예전의 역사적 의미는 회복하지 못했다. ➡ República II(제2공화국)

Izquierda Unida de Navarra (나바라 연합 좌파)　나바라 좌파 연합이라는 의미를 지닌 나파로아코 에스케르 바투아는 스페인 나바라 지역의 정치단체이다. 스페인 좌파 연합 (Izquierda Unida)에 가입되어 있다. 지역 사회의 평등, 자유, 연대를 위한 사회 변화를 주장하며, 특별히 환경보호에 주목하여 다양한 활동들을 전개한다. 2011년에는 에스케라 좌파(Izquierda-Ezkerra)와 제휴를 하였다.

J

Jaime I (하이메 1세)   '정복자(El Conquistador)'라는 이름으로도 유명한 아라곤(Aragón)의 왕이자 베드로 2세(Pedro II)의 아들이다. 1208년 몽페에에서 태어났으며 6세의 어린 나이에 아버지를 이어 왕이 되었다. 즉위기간 동안 마요르카(Mallorca), 메노르카(Menorca), 이비사(Ibiza), 포르멘테라(Formentera), 발렌시아(Valencia), 무르시아(Murcia) 등의 지역을 정복하였다. 지병으로 인해 하티바(Játiva)에서 1276년 사망하였으며 아라곤은 베드로 3세(Pedro III)에게, 마요르카는 하이메 2세(Jaime II)에게 계승되었다. ➡ Aragón, Corona de(아라곤 연합왕국)

Jaime II (하이메 2세)   1291년부터 1327년까지 아라곤(Aragon)의 왕이었다. 1267년 발렌시아(Valencia)에서 태어났으며, 1327년 바르셀로나에서 사망하였다. 페드로 3세(Pedro III)와 그의 부인이었던 시칠리아의 콘스탄사 사이에서 태어난 둘째 아들로, 1286년 페드로 3세의 사망 후 시칠리아 왕국을 상속받았다. 1291년 형제인 알폰소 3세(Alfonso III)의 사망으로 아라곤의 왕위에 올랐으며, 카스티야 왕과 동맹을 맺었다. 66세에 사망하였으며 산테스 크레우스(Santes Creus) 수도원에 안장되었다. ➡ Aragón, Corona de(아라곤 연합왕국)

Jaime III, Rey de Mallorca (하이메 3세, 마요르카 왕)   하이메 1세(Jaime I)의 손자이자 페르난도 왕자(infante don Fernando)의 아들이며 마요르카(Mallorca)의 왕이다. 1315년 시칠리아에서 태어나 1349년에 생을 마감했다. 1324년 숙부인 산초(Sancho)가 사망하자 왕위에 올랐다. 무어인들, 그리고 제노바인들을 공격해 전쟁을 치렀다. 1344년에 아라곤의 페드로 4세(Pedro IV)로 인해 왕위를 찬탈당했다. ➡ Aragón, Corona de(아라곤 연합왕국)

Jaimito (하이미토)   1944년부터 1985년까지 간행되었던 스페인 어린이 잡지이다. 에디토리알 발렌시아나(Editorial Valenciana) 출판사 소속으로 1688호까지 출판되었으며, 1958년부터 1979년까지는 특별 간행물을 출판하였다. 대표는 호세 소리아노 이스키에르도(José Soriano Izquierdo)로, 발렌시아 만화 학원(La escuela valenciana de historieta cómica) 출신이다.

Jamón ibérico (하몽 이베리코)   하몽은 소금에 절여 건조시킨 돼지 뒷다리를 말하는데, 그 중에서도 도토리만 먹여 키운 최상품 하몽을 일컬어 하몽 이베리코라고 한다. 이베리아 반도의 검은 돼지의 뒷다리를 절였다고 하여 'Pata Negra(검은 다리)'라고도 불린다.

Jansen, Cornelio (코르넬리오 얀센)   (1585~1683) 네덜란드의 신학자이다. 은총론을 주장했으며 그의 사상은 트리엔트 공의회에서 비난을 받았으나 이후 계속 퍼져나가 그의 죽음 이후 얀센주의이라는 사상이 자리 잡기에 이르렀다. ➡ Concilio de Trient(트리엔트 공의회, 1545~1563)

Jansenismo (얀센주의)　17세기에 설립된 종교 교리로, 인간의 자유의지를 부정하고, 오직 신의 은총을 통해서만 사람이 구원받을 수 있다고 주장하였다. 얀센주의는 성 어거스틴 (San Agustín) 사상의 일부가 강조된 것이다. 스페인에서의 얀센주의는 18세기 후반에 순수한 종교로써가 아닌 이데올로기적 접근으로 법과 정치적인 측면에서 뿌리를 내렸다.

Jardín de los frailes (수사들의 정원)　펠리페 2세(Felipe II)의 명으로 지어진 이 정원은 스페인의 엘 에스코리알(El Escorial) 수도원의 일부이다. 자연을 사랑했던 펠리페 2세 는 이곳에 약초와 식물을 심을 것을 명했으며 교육과 명상의 공간이 되도록 폐쇄성을 중 시했다. 이곳의 꽃밭은 터키의 양탄자와 비교될 만큼 화려했던 것으로 전해진다. ➡ San Lorenzo de El Escorial, Real Monasterio de(성 로렌소 데 엘 에스코리알 왕립수도원)

Jayran (하이란)　알메리아(Almería)와 무르시아(Murcia)의 왕. 970년경 태어나 1018년 알 메리아에서 사망했다. 알메리아의 자치권을 강화한 첫 번째 왕이다. 우마이야(Umayya) 왕조에게 지지를 거둔 적이 거의 없었으나 내전 당시 있었던 여러 당파를 통합하였다.

Jesuitas* (예수회원들)　이그나시오 데 로욜라(Ignacio de Loyola, 1940~1956)에 의해 설 립되었고, 트리엔트 공의회(Council of Trient, 1545~1563)의 개최를 앞두고 파울로 3세 (Paulo III, 1534~1549)에 의해 1540년 9월 27일 인가되었다. 예수회의 역사는 크게 두 단계로 나뉘어 전개되었다고 할 수 있는데, 첫 번째 시기는 초기부터 1773년 클레멘 테 14세(Clemente XIV)에 의해 예수회가 폐지되었던 때까지이며, 두 번째 시기는 피오 7세(Pio VII)에 의해 1814년 예수회가 복원된 때부터 오늘날에 이르기까지이다. 스페인 에서의 예수회의 역사도 크게 두 시기로 나뉘는데, 처음은 1767년 4월 3일 카를로스 3세 (Carlos III)의 법령에 의해 예수회가 추방된 때까지이며, 두 번째는 1815년부터 추방과 억압이 반복적으로 이루어지는 시기이다. 1539년 이그나시오는 파리에 머물면서 예수회 의 특징적인 면들을 결정하고, 교황에 대한 전적인 복종을 전제로 한 '재속성직자회 (Congregación de clerigos regulares)'를 출범시킨다. 이처럼 예수회는 복종을 기본 원칙으로 하는 권위의 피라미드를 이루는데, 최상위에는 총회장직 혹은 총신부직이 유 일한 선출직으로 존재하며, 나머지 상위자들이 총회장에 의해 임명되는 형태를 취한다. 또한 예수회원들의 회의체로써 총회(Congregación General)가 존재한다. 예수회의 초기 역사는 16세기 후반에 해당되며, 3명의 스페인 출신 수도회장(generales españoles) 이 그나시오, 디에고 라이네스(Diego Laínez, 1556~1565), 프란시스코 보르하(Francisco Borja, 1565~1572)가 역임한 시기와 일치한다. 이후 17세기에서 18세기 초반까지 수 도회는 안정적인 형태로 발전하게 되며 니타르드(Nithard)와 라바고(Rávago)와 같은 예수회원들이 왕의 고해신부가 되면서 궁정의 특별한 비호를 받기도 하였다. 1749년 통 계는 당시 예수회원들이 스페인 제국 전역에 걸쳐서 얼마나 광범위하게 존재하였는지를 보여주는데, 즉 이베리아 반도에서는 144개를 거점으로 2,643명의 회원들이 존재하고 있었고, 식민지에는 167개를 근거지로 2,171명의 회원들이 활동하였다. 예수회원들은 특히 청년교육에서 탁월함을 보여주었는데, 144개의 중심지 중에서 117개가 학교이었다 는 사실이 이를 잘 말해주고 있고, 대부분의 학교들이 기숙사생이 아닌 통학생들로 구성 되었다는 점과 학습계획(Ratio Studiorum) 체제를 따르며 무상교육이 실시되었다는 점 이 특징이라고 할 수 있다. 기독교인문주의의 함양과 인간의 자유를 존중하는 교리는 마리아나(Mariana), 수아레스(Suarez), 몰리나(Molina), 루고(Lugo), 그라시안(Gracián) 과 같은 인물들에 의해 발전되었으며, 이교도의 복음화는 하비에르(Javier), 클라베르 (Claver), 안치에타(Anchieta) 등과 같은 인물들에 의해 전개되었고, 특히 파라과이 (Paraguay)의 레둑시온(reducciones)과 같은 예는 공동경영의 형태로 원주민사회에서 기독교의 문화변용(inculturación)을 이룬 것으로 손꼽히고 있다. 예수회는 궁극적으로는 사제의 사도직(apostolado)을 강조하였는데, 여기에 마리아회(congregaciones marianas)와 영적훈련(ejercicios espirituales)과 같은 제안들이 또 다른 기여와 발전을 가져왔다. 한편 예수회에 대한 공격과 추방은 전 유럽 차원에서 전개되었다고 할 수 있는데, 교황이 1773년 예수회를 폐지함으로써 절정에 이르렀다. 사실 예수회가 거둔 괄목할 만한 업적은 떠돌들의 시기를 시기에 충분했으며, 무엇보다 절대주의 국가에서 새롭게 부상한 부르주아 계층이 국가의 모든 자원을 통제하려고 하면서 반예수회 분위기는 가중되었다. 아울러 얀센주의(jansenistas)적인 흐름들, 왕권중심주의 경향들(tendencias regalistas), 절대왕권주의(absolutismo regio)는 예수회와 같은 강력한 기구를 용인할 수 없었는데, 이는 예수회가 마치 국가 내에 또 다른 국가를 이루는 것과 같이 보였기 때문이었다. 페르난도 7세(Fernando VII)에 의해 예수회가 새롭게 복원되었으나, 종교적인 목적 외에 절대 왕권의 지지자를 얻고자 하는 동기가 내재되어 있어 또 다시 자유주의자들의 반감을 불러일으켰고, 이는 향후 이들이 권력을 장악하였을 때(1820년 8월 15일 법령, 1835년 7월 4일 법령) 예수회가 폐지되는 사태로 이어졌다. 1852년 해외 선교사 양성을 목적으로 로욜라 학교(Colegio de Loyola)가 다시 설립되었으나 얼마 지나지 않아 임시정부법으로 예수회는 또 다시 폐지되는 운명을 맞이하였다(1868년 10월 12일). 알폰소 국왕의 왕정복고(Restauración alfonsina)는 반세기 동안 예수회의 번영기를 가져왔지만, 제2공화국이 들어서면서 다시금 중단되는 비운을 겪어야 했다(1931년 헌법 제26조, 1932년 1월 23일 폐지법령). 그러나 이러한 가운데서도 1938년 예수회가 다시 복원되는데 성공하면서, 또 1965년 스페인 출신인 페드로 아루페(Pedro Arrupe) 가 총회장으로 선출되면서 신앙의 봉사와 정의 촉진에 대한 총회 32(1975년)의 제반 지침이 적용되는 등 현대사회와의 소통을 위한 노력이 다각적으로 전개되었다.

Jiménez de Cisneros, Francisco (히메네스 데 시스네로스)   스페인의 정치가이자 추기경 및 톨레도(Toledo)의 대주교로 1436년 마드리드에서 태어나 1527년 11월 8일 부르고스(Burgos)의 로아(Roa)에서 사망하였다. 성 프란체스코회 소속이었으며, 1492년 후원자의 추천에 의해 카스티야의 군주인 이사벨(Isabel) 여왕에 의해 신앙 공언자로 임명되었고 나아가 1495년에 톨레도의 대주교가 되었다. 16세기에 들어 1506~1507년, 그리고 1516~1517년 두 번에 걸쳐 카스티야의 섭정을 맡았으며, 스페인의 무어인들을 강제 개종시키기 위해 노력했다. ⇒ Castilla, Corona de(카스티야 연합왕국)

Jiménez de Rada, Rodrigo (로드리고 히메네스 데 라다)   1170년경에 태어났으며 1247년에 사망한 스페인 정치가이자 역사가이며 톨레도(Toledo)의 대주교이다. 스페인 중세시대의 가장 중요한 성직자 중 한 명으로 꼽히며 많은 역사책을 저술했다. 알폰소 8세 (Alfonso VIII)의 조언자였으며 알모아데족을 상대로 십자군 전쟁을 추진해 나바스 데 톨로사(Navas de Tolosa)에서 큰 승리를 거두었다. ⇒ Reconquista(레콩키스타)

Jiménez Fernández, Francisco Antonio Enrique (프란시스코 안토니오 엔리케 히메네스 페르난데스)   1848년에 태어나 1906년에 사망한 스페인의 플라멩코 가수이며 '혼혈 엔리케(Enrique el Mellizo)'로 알려져 있다. 특별히 그가 부른 말라게냐(malagueña)와 솔레아(soleá)가 유명하며 후자의 창시자로 거론되기도 한다. 폐결핵으로 세상을 떠났으며 죽기 직전에 플라멩코를 연주해 달라는 부탁을 했다고 한다.

Jiménez Martínez de Pinillo, Manuel (마누엘 히메네스 마르티네스 데 피니요) 1891년에 태어나 1960년에 사망한 스페인의 플라멩코 가수이다. 플라멩코의 오페라(Ópera Flamenca) 시대라고 불리는 시기에 가장 뛰어난 가수이다. 판당고(fandango), 그라나이나(granaina), 사에타(saeta)를 주로 불렀다. 지나친 기교로 기타 연주자들이 기피하는 가수이기도 했다.

Jiménez, Vela (벨라 히메네스) (9세기) 스페인의 귀족으로 팜플로나(Pamplona)와 오비에도(Oviedo) 왕조와 친인척관계를 가졌다. 디에고 로드리게스 포르셀로스(Diego Rodríguez Porcelos)가 사망한 후 알라바(Álava)의 백작 지위를 맡았다. 알 문디르(al-Mundhir)의 모슬렘 군대를 물리쳐 아빌라 요충지 세요리고(Cellórico) 성을 지켰다. ➡ Reconquista (레콩키스타)

JONS, Juntas de Ofensiva Nacional-Sindicalista (공세적 국가 신디컬리즘 위원회) 1931년 10월에 라미로 레데스마 라모스(Ramiro Ledesma Ramos)의 필두하에 창립되었으며 1934년 3월 4일 해산되었다. 스페인의 파시즘으로 여겨지며, 특히 이탈리아 파시즘과 독일 국가 사회주의 이념을 받아들여 유럽 파시즘의 흐름을 이었다. 라미로 레데스마 라모스가 이끄는 단체와 오네시모 레돈도 오르테가(Onésimo Redondo Ortega)가 결성한 카스티야의 이베리아 활동 위원회(Juntas Castellanas de Actuación Hispánica)가 합쳐진 단체이다. 이후 1934년 3월 4일 팔랑헤당(Falange Española)이 더해지며 공세적 국가 신디컬리즘 위원회(Falange Española de las Juntas de Ofensiva Nacional Sindicalista)가 창립된다.

Jornadas de Mayo de 1937 (1937년 5월 여정) "5월 사건" 또는 "5월의 사실"이라고도 불리는데, 이는 1937년 5월 3일부터 8일까지 카탈루냐(Cataluña) 주(州)의 많은 지역에서 바르셀로나를 중심으로 스페인 내전 중에 발생한 격렬한 사건들을 일컫는다. 이 사건은 지역의 무정부주의자들과 혁명당의 트로츠키주의자들이 대립하면서 일어났고, 한편으로는 카탈루냐 헤네랄리다드(Generalidad de Cataluña)와 타 정치 조직들이 충돌하는 가운데서 발생하였다. ➡ Guerra Civil Española(스페인 내전)

Jornadas medievales de Briones (브리오네스 중세 축제) 7월 세 번째 주 토요일, 일요일에 스페인 리오하의 브리오네스에서 열린다. 이미 없어졌거나, 점차 사라져가는 전통 문화를 보여 주기 위해 시 전체가 14세기 중세 분위기로 탈바꿈한다. 스페인 광장(la Plaza de España) 인근의 아순시온 교회(iglesia de la Asunción) 근처에서는 카스테야와 나바라 전사들 사이에 벌어졌었던 기사들의 대결(peleas de caballeros)과 중세 춤 등이 상연된다.

José I (호세 1세) (1678~1711) 신성로마제국의 황제이자 헝가리, 보헤미아의 왕이다. 스페인 왕위계승전쟁 동안 자신의 형제 카를로스 6세(Carlos VI)의 왕위 계승의 정당성을 지지했다. 교황 클레멘테 11세(Clemente XI)의 영향에서 벗어나 독립적인 정책을 펼쳤으며 선왕들과는 다르게 예수회 회원들에 적대감을 보였다. ➡ Guerra de Sucesión Española(스페인 왕위계승전쟁, 1700~1713)

José María Ruiz-Mateos (호세 마리아 루이즈-마테오스) 올리바라 후작이자 루마사의 대주주이다. 1983년 루마사는 스페인 정부에 의해 접수되었고 그는 탈세 혐의로 투옥되었다. 출소 후 그는 1991년 라요 바예카노(Rayo Vallecano) 축구단의 구단주로 활동하였고 본인 자신의 정당도 창당하며 유럽의회에 진출하기도 하였다. 2005년 또 다시 재산은닉 혐의로 징역 3년을 선고받았으며 직원 16,000명 규모의 새로운 루마사(Nuevo Rumasa) 라는 기업을 설립하였다.

Jota (호타) 스페인 전 지역에 퍼져 있는 전통적인 춤의 형태로 아라곤(Aragon), 발렌시아 (Valencia), 나바라(Navarra), 리오하(Rioja) 등이 유명하다. 각 지방의 전통 옷을 입고 캐스터네츠를 이용하며 춤을 춘다. 라틴어 'xota'에서 기원한 명칭이며, '춤을 추다'라는 뜻을 가지고 있다.

Juan Carlos I. Rey de España(1938~)⁺ (스페인의 국왕 후안 카를로스 1세) 본 후안 데 부르봉(Don Juan de Borbón)의 아들이자 알폰소 13세(Alfonso XIII)의 손자로서 1938년 1월 5일 로마에서 출생하였고, 1948년까지 스위스에서 지냈다. 그의 부친과 프 랑코(Franco) 총통의 합의 아래 그해 스페인으로 돌아간 그는 1955년부터 1959년까지 육해공군학교에서 수학하였고, 이후 마드리드 대학교에서 2년 동안 인문학과 법학, 정치 학, 경제학을 공부하였다. 1962년에는 그리스의 소피아(Sofía) 공주와 아테네에서 결혼 하여 엘레나(Elena)와 크리스티나(Cristina) 공주, 펠리페(Felipe) 황태자를 자녀로 얻 었다. 1969년에 그는 프랑코에 의해 국가원수의 계승자이자 왕의 계승자로 임명되었고, 1974년 7월 9일 프랑코가 입원하였을 때에는 그의 모든 권력을 임시 대행하기도 하였 다. 그리고 마침내 1975년 11월 22일 프랑코가 사망하였을 때 후안 카를로스는 의회에 참석한 내외 귀빈들과 수천만 명의 시청자들 앞에서 스페인 국왕으로 선포되었다. 11월 27일에는 첫 번째 공식행사로서 타란콘 추기경(cardenal Tarancón)의 주재로 마드리드 제롬 교회(iglesia madrileña de los Jerónimos)에서 미사와 즉위식이 개최되었다. 1975년 12월 2일, 후안 카를로스 1세는 토르구아토 페르난데스 미란다(Torcuato Fernández Miranda)를 의회의 의장이자 왕국 평의회의 의장으로, 그리고 그의 제안에 따라 정부 수반에 아돌포 수아레스(Adolfo Suárez)를 임명함으로써 민주주의로의 이행에 초석을 놓았다. 한편 1977년 5월 14일에 부친 돈 후안은 스페인 왕가에 대해 보유하고 있었던 자신의 모든 권한을 그의 아들 돈 후안 카를로스 1세에게 양도하였다. 1978년 12월 6일 스페인 국민은 국민투표를 통하여 신헌법을 승인하였고, 이로써 스페인은 입헌군주제로 변모하면서 후안 카를로스 1세의 재위 동안 '자치주 체제(sistema de autonomías)'의 확립을 비롯하여 기본적인 자유 보장, 사형제 폐지와 같은 조직을 갖추게 되었다. 그러나 왕의 역할은 어디까지나 '중재자(moderador)'라는 기능에 엄격하게 제한되어야 했고 그 의 모든 행사들은 총리에 의해 확정되어야 했다. 헌법은 1978년 12월 7일에 후안 카를 로스 1세가 양원에서 인가하고 이틀 뒤에 관보(Boletín Oficial del Estado)에 공지됨 으로써 발효되기 시작하였다. 그리고 1981년 2월 23일에 안토니오 테헤로(Antonio Tejero) 중령이 쿠데타를 시도하였을 때 민주주의의 수호라는 확고한 의지를 보임으 로써 헌정 질서 유지의 구심점으로서 입증되기도 하였다. 그는 1982년에 유럽평의회 (Consejo de Europa)가 부여하는 샤를마뉴상(premio Carlomagno)을, 그리고 1년 뒤에 는 유네스코(UNESCO)에 의해 시몬 볼리바르상(Premio Simón Bolívar)을 수상하였고, 1987년에는 평화와 국제협력의 수호라는 공로가 인정되어 난센 메달(medalla Nansen) 을 받기도 하였다. 한편 1995년에는 마요르카(Mallorca)에서 그에 대한 테러 시도가 일어나는 등 신변상의 위협도 겪어야 했다. 최근에는 일련의 왕실 스캔들로 곤혹을 치루기도 하였는데 그 첫 번째 사례로는 그의 둘째 딸과 사위의 부패연루사건이었다. 결국 2011년 12월 12일 후안 카를로스 1세는 그의 사위 아냐키 우르당가린(Iñaki Urdangarín)이 부패와 공직횡령에 개입하였다는 점을 이유로 그를 모든 공식행사에서 배제시킨다는 의사를 발표하였고, 그해 성탄전야 연설에서 공적인 책임을 가진 모든 사람들은 모범적인 행동을 해야 한다는 입장을 밝히기도 하였다. 한편 2012년 4월에는 왕 자신도 엉덩이 골절상을 계기로 보츠와나(Botsuana)에서 호화 사냥을 한 것이 뒤늦게 드러나면서 여론의 질타를 받았고, 퇴원하는 자리에서 그는 자신의 잘못을 공개적으로 시인하고 다시는 이러한 일이 반복되지 않을 것이라는 입장을 밝혀야만 했다. 결국 2014년 6월 2일에 돈 후안 카를로스는 건강상의 이유와 세대교체의 필요성을 들어 그의 아들 돈 펠리페에게 양위하겠다는 입장을 밝혔고, 2014년 6월 19일에는 그의 아들인 돈 펠리페 데 부르봉(Don Felipe de Borbón)이 펠리페 6세(Felipe IV)의 이름으로 스페인 국왕이 되었다.

Juan de Castilla el de Tarifa (후안 데 카스티야) (1262~1313) 알폰소 10세의 아들로 문제의 중심인물이 되었다. 자신의 출세를 위해 암살도 마다하지 않았으며 알폰소 11세(Alfonso XI)의 섭정을 시도하기도 했다. 그라나다(Granada)의 무어인(Moro)들을 무찌르기 위해 나간 원정에서 사망하였다. ➡ Alfonso X(알폰소 10세)

Juan I, Rey de Aragón (후안 1세, 아라곤의 왕) 1350년경에 태어나 1395년에 사망한 페드로 4세(Pedro IV)의 아들이며 1387년에 아라곤의 왕위를 물려받았다. 그 자신은 취미생활과 파티에 몰두하면서 지냈기에 비올렌테 데 바르(Violente de Bar) 왕비가 국정을 대신 이끌었다. 후안 1세 통치기의 아라곤 왕국은 귀족들의 반란과 경제 위기, 그리고 영토 상실로 특징지어진다. ➡ Aragón, Corona de(아라곤 연합왕국)

Juan I. Rey de Castilla y León (후안 1세, 카스티야 이 레온의 왕) (1358~1390) 1379년, 아버지인 엔리케 2세(Enrique II)가 사망한 후 카스티야 이 레온(Castilla y León)의 새로운 왕으로 등극한 후안 1세(Juan I)는 궁정을 부르고스(Burgos)로 옮겼다. 본부인 레오노르 데 아라곤(Leonor de Aragón)이 세상을 떠나면서 포르투갈 공주 베아트리스(Beatriz)와 혼인하였으며, 포르투갈의 왕이 죽자 스스로 왕이 되었다. 이는 혼인 전 왕과 맺은 계약을 깨는 것으로 포르투갈 군대와 카스티야 군대 사이에 전쟁이 벌어졌고 후안 1세는 끝내 포르투갈 왕위를 포기해만 했다. ➡ Castilla, Corona de(카스티야 연합왕국)

Juan II de Aragón (아라곤의 후안 2세) (1398~1479) 아라곤의 페르난도 1세(Fernando I)와 레오노르 데 알부르케르케(Leonor de Alburquerque)의 차남으로 아라곤 왕자들(infantes de Aragón) 중 한 명이다. 1429년에 '후안 1세(Juan I)'라는 이름으로 나바라의 왕이 되었고 1458년에는 후안 2세(Juan II)로 아라곤의 왕으로 등극했다. 스페인 역사상 가장 위대한 통치자 중 한 명으로 꼽히며 아라곤 왕국의 영토 확장을 위해 카스티야(Castilla)와 이탈리아의 정치 및 군사에 끊임없이 개입했다. ➡ Aragón, Corona de (아라곤 연합왕국)

Juan II, Rey de Castilla y León (후안 2세) (1405~1454) 카스티야-레온의 왕으로 생후 21개월이 되는 해에 왕위를 물려받았다. 미성년이었던 후안 2세를 대신해 어머니와 삼촌이 섭정을 펼쳤다. 1419년부터 본격적인 통치를 시작했으나 정사의 대부분을 알바로 데 루나(Alvaro de Luna)에게 맡겼으며 그의 즉위기간 동안 카스티야의 구조적 문제는 심화되었다. 문학과 예술을 사랑하는 후안 2세로 인해 카스티야는 인문학적 전성기를 누렸다. ➡ Castilla, Corona de(카스티야 연합왕국)

Juan II, Rey de Portugal (주앙 2세, 포르투갈 왕)   1455년에 태어나 1495년에 사망한 포르투갈의 왕이며 1481년에 즉위했다. 강력한 중앙집권화를 처음으로 추구, 대서양 사업을 촉진했고 1494년에 스페인과 맺은 토르데시야스 조약(Tratado de Tordesillas)으로 식민지 분할선을 명확히 했다. ➡ Tordesillas, Tratado de(1494, 토르데시야스 조약)

Juan Manuel, Infante Don (돈 후안 마누엘)   알폰소 10세의 조카로 1282년 톨레도에서 태어난 스페인 정치가이자 작가이다. 중세 스페인 산문 부분의 대표적인 문학가 중 한 명이며, 그의 작품 중 『*El conde Lucanor*』이 가장 잘 일러저 있다. 도딕주의사도 문학을 통해 독자들을 더 교화 및 교육시키는 것에 중점을 두었다. 독자들이 잘 이해할 수 있도록 간단명료하며 분명한 문체를 사용한 것이 특징이다. ➡ Alfonso X(알폰소 10세)

Juan, Príncipe de Asturias (후안, 아스투리아스 왕세자)   1478년 세비야(Sevilla)에서 태어났다. 가톨릭 공동왕(Reyes Católicos)의 유일한 아들로, 카스티야 이 아라곤(Castilla y Aragón)의 왕이 될 인물이었지만 19세의 어린 나이에 세상을 떠났다. ➡ Castilla, Corona de(카스티야 연합왕국)

Juana de Portugal. Reina de Castilla (후아나 데 포르투갈, 카스티야의 왕비)   (1439~1475) 포르투갈 왕 에두아르도(Eduardo)와 레오노르 데 아라곤(Leonor de Aragón)의 딸이다. 1455년에 카스티야의 엔리케 4세(Enrique IV de Castilla)와 혼인해 후아나(Juana)를 낳았다. 왕의 총신인 벨트란 데 라 쿠에바(Beltrán de la Cueva)와 간통을 저질렀다는 소문이 퍼져 바야돌리드(Valladolid)으로 거처를 옮겨야 했다. ➡ Castilla, Corona de(카스티야 연합왕국)

Juana Enríquez, Reina de Aragón (후아나 엔리케스, 아라곤의 왕비)   1425년에 태어나 1468년에 사망하였으며 카스티야(Castilla)의 귀족 출신으로 1447년에 아라곤의 후안 2세(Juan II de Aragón)과 혼인해 아라곤의 왕비가 되었다. 차기 '가톨릭 왕(Rey Católico)'이라는 별칭으로 카스티야와 아라곤의 왕이 된 페르난도 2세(Fernando II)의 어머니이다. ➡ Aragón, Corona de(아라곤 연합왕국)

Juana I, Reina de Castilla (후아나 여왕)   아라곤 왕 페르난도 2세(Fernando II)와 카스티야 여왕 이사벨 1세(Isabel I)의 둘째 딸로 1504년 11월 26일부터 사망하기 전까지 카스티야의 여왕이었으며, '광녀'라는 의미의 'La Loca'라는 별명을 가지고 있다. 1479년 11월 6일 톨레도(Toledo)에서 태어났으며, 1555년 4월 12일 토르데시야스(Tordesillas)에서 사망하였다. 부르고뉴(Bourgogne)의 공작 펠리페와 결혼하였으나 불안정한 결혼생활을 하였으며, 1905년 아버지 페르난도 2세에 의해 정신 이상 증세를 이유로 40여년간 수도원에 유폐되어 살다가 그곳에서 사망하였다. ➡ Castilla, Corona de(카스티야 연합왕국)

Juana II, Reina de Nápoles (후아나 2세, 나폴리의 여왕)   1370년경에 태어나 1435년에 사망한 나폴리의 여왕이다. 통치 말기에 루이스 데 앙주(Luis de Anjou)가 왕국을 침략하자 아라곤의 알폰소 5세에게 도움을 청해 알폰소가 나폴리의 왕이 되는 것을 손쉽게 만든 인물이다. 루이스는 곧 세상을 떠났고 후계자는 그녀가 세상을 떠날 당시 보르고냐(Borgoña)에서 감옥살이를 하고 있었기에 알폰소가 나폴리의 왕위를 차지하게 되었다.

Júcar (후카르 강)　　스페인 이베리아 반도의 강으로 길이는 497.5km이며, 쿠엔카(Cuenca), 알바세테(Albacete), 발렌시아(Valencia)를 통과하여 지중해로 흘러든다. 로마인들은 이 강을 수크로(Sucro)라 불렀으며 시작점은 산 펠리페(San Felipe) 언덕 해발 1,700m 에 위치한다.

Judaizantes (유대주의자)　　15세기 유대인 박해를 피해 가톨릭으로 개종하고 세례를 받았으나 비밀리에 유대교 의식을 유지하던 유대인들을 일컫는 표현이다. 스페인 종교재판의 기록에 자주 등장한다. ⇒ Inquisición(종교재판소)

Judeoespañol (유태계 스페인어)　　1492년 페르난도 왕과 이사벨 여왕이 스페인에서 유태인 추방령이 내린 후 터키제국, 아프리카 북부, 포르투갈, 이탈리아 등지로 추방된 유태인들이 사용한 스페인어를 말한다. ⇒ Expulsión de los judíos(유대인 추방)

Judería (유대인 마을)　　중세시절 스페인 내부 특히 도심지역에 형성된 유태인 마을을 일컫는다. 주민들이 자발적으로 거주했으며 부정적인 어감을 띠지 않는다는 점에서 서유럽의 게토의 개념과는 차별된다. 현재 이 명칭은 단순히 중세 유대인 마을의 터를 지칭한다. ⇒ Expulsión de los judíos(유대인 추방)

Jueces para la Democracia (민주주의를 위한 판사회)　　1984년 만들어진 판사회로 스페인에 존재하는 5개의 판사회 중 하나이다. 판사 협회(APM)와 정치적 노선을 달리하면서 분리되었다. 좌익 성향의 진보주의자들로 이루어져 있다. 마드리드(Madrid)에 본부를 두고 있다.

Juegos Olímpicos de Barcelona (바르셀로나 올림픽)　　1992년 7월 25일부터 8월 9일까지 스페인의 바르셀로나에서 개최된 제25회 하계 올림픽 대회이다. 제22회 모스크바 올림픽, 제23회 로스앤젤레스 올림픽, 그리고 제24회 서울 올림픽 다음으로 치러진 대회로 정치 이데올로기에서 벗어나 경기를 통한 국제평화 증진이라는 올림픽 정신에 부합하는 대회로 근대 올림픽 사상 가장 성공적으로 치러졌다.

Juliá, Santos (산토스 훌리아)　　(1940~) 스페인의 역사가. 콤플루텐세 대학(Universidad Complutense)에서 정치학과 사회학 박사학위를 받았고, 스페인 사이버 대학교에서 사회 역사와 정치를 가르친다. 또한 마누엘 아사냐(Manuel Azaña)에 대한 여러 도서를 집필한 바 있으며, 대표작으로는 1990년에 발표한 『Una biografía política』와 1997년 『Los socialistas en la política española』, 2004년 『Historias de las dos Españas』 등이 있다.

Julián, Conde don (훌리안 백작)　　세우타(Ceuta)의 총독으로 오랜 세월 동안 아랍인들로부터 세우타를 지키기 위해 노력했지만, 후에 이슬람교도들이 스페인을 손쉽게 침략할 수 있도록 도와준 장본인이다. 서고트의 마지막 왕인 로드리고(Rodrigo)가 그의 딸 플로린다(Florinda)를 능욕해 복수로 타리크 군대를 도왔다는 설이 있다. ⇒ Reino visigodo (서고트 왕국)

Julián, San. Arzobispo de Toledo (성 훌리안, 톨레도 대주교)　　주교, 신학자, 역사가로 642년 톨레도에서 태어나 690년에 생을 마감했다. 당대 스페인의 최대 권력자 중 한 명이다. 680년부터 톨레도 대주교를 지냈으며 톨레도 종교회의를 4차례 주재했다. 왐바(Wamba)의 열렬한 지지자였으나 교회의 권리를 제한하려 하자 그에게서 등을 돌렸다. ⇒ Reino visigodo(서고트 왕국)

Julio III (훌리오 3세)　　(1487~1555) 제221대 로마 교황으로 재위기간은 1550년 2월 7일부터 1555년 3월 23일까지이다. 훌리오 3세의 세속명은 조반니 마리아 치오키 델 몬테

(Giovanni Maria Ciocchi del Monte)였으며 1536년 트리엔트 공의회에서 의장을 역임했다. ➡ Concilio de Trient(트리엔트 공의회, 1545∼1563)

Junio Bruto, Decio (데시오 후니오 브루토)   기원전 2세기에 살았던 로마의 군인이자 정치인이다. 기원전 138년에 이스파니아 울테리오르(Hispania Ulterior)의 총독으로 임명받았다. 루시타니아(Lusitania)인들의 반란을 완전히 진압한 후에 갈리시아(Galicia) 정복에 나섰다. ➡ Romanización(로마화)

Junta de Burgos (부르고스 지방의회)   1512년 부르고스에서 신학자와 법률가들이 모인 가운데 열린 집회로 스페인 식민지의 인디언 권리에 관한 법률이 제정되었다. 이 회의를 통해 인디언들은 자유를 누릴 권리가 있는 시민이며 스페인 국왕의 통치하에 있고 스페인 제국은 이들을 복음화할 의무가 있다는 사안이 통과되었다. 이 의회를 통해 인디언 학대는 불법이 되었지만 스페인의 착취는 계속되었다. ➡ Hispanidad[이베리아성(포르투갈 및 브라질 제외)]

Junta de Defensa de Madrid (마드리드 방어 위원회)   1936년 공화국이 설립한 기관으로 스페인 내전에 반란군이 우세하자 마드리드를 지키는 최후 방편을 마련했다. 톨레도의 알카사르에서 프랑코(Franco)의 군대가 승리를 거두자 마드리드를 지키기 위해 라르고 카바예로(Largo Caballero)의 지휘 아래 작전을 수행했다. ➡ Guerra Civil Española(스페인 내전)

Junta de Defensa Nacional (국방위원회)   스페인 내전이 발발한 이후, 1936년 7월 군사 반란을 일으켰던 군부대들을 중심으로 쿠데타 지지자들에 의해 만들어진 위원회이다. 주로 쿠데타로 점령된 지역을 기반으로 국가의 모든 힘을 위원회가 조직하려 하였고, 부르고스(Burgos)를 본부로 설치해 7명의 각 점령 구획별 지휘군들이 부대를 이끌었다. ➡ Guerra Civil Española(스페인 내전)

Junta de Desempeño (변제위원회)   1603년 아시엔다 제도의 실패로 인해 스페인이 떠안게 된 빚에 대한 대책을 토의하기 위해 열린 회의이다. 그러나 위조문서의 제출과 왜곡된 상황 보고로 인해 책임자였던 프란케사와 라미레스 데 프라도가 직위를 박탈당했고 상황은 고조되어갔다.

Junta de Estado (국가위원회)   '국가최고위원회(Junta Suprema de Estado)'라고도 불리며 1787년 7월 8일 카를로스 3세(Carlos III)의 왕령(Decreto Real)으로 만들어진 정부의 자문기구이다. 7개의 정부 부서 장관들로 구성되어 있었고, 처음에는 카를로스 3세가 회장직을 맡았으나 후에 그의 재상 플로리다블랑카 백작(Conde de Floridablanca)에게 위임했다. 이들은 일주일에 최소 한 번씩 모임을 가졌다. 의회는 두 가지의 최종적인 목표를 안고 있었다. 하나는, 국가 문제를 함께 상의함으로써 보다 종합적인 결정을 내리는 것이었고 또 다른 하나는 부서 내에서, 또는 다른 기관과의 사이에서 발생할 수 있는 충돌과 논쟁의 여지를 줄이고 의견을 하나로 모으는 것이었다. ➡ Floridablanca, conde de (플로리다블랑카 백작)

Junta de Valladolid (바야돌리드 위원회)   1550년과 1551년 바야돌리드의 산 그레고리오 대학에서 열린 위원회로 아메리카 식민지에서 행해지는 인권 유린에 관한 토론회이다. 원주민들의 인권 보호를 주장한 바르톨로메 데 라스 카사스(Bartolomé de las Casas) 진영과 스페인 제국의 번영을 위해 원주민 착취는 정당하다는 주장의 후안 히네스 데 세풀베다(Juan Ginés de Sepúlveda) 진영이 대립했다. ➡ Hispanidad[이베리아성(포르투

갈 및 브라질 제외)]

Junta Democrática de España (스페인민주위원회)　1974년 7월 29일 프랑스 파리에서 설립된 기관으로서 전국적으로 반프랑코주의 정치-사회 운동의 파급을 목적으로 두었다. 스페인 공산당(PCE), 카를로스주의당(PC), 스페인 사회당(PSP) 등과 여러 인사들이 이 기관에 속해 있었다.

Junta militar (군사위원회)　군사 정권으로 보통 쿠데타 이후의 군지휘자들로 구성된 정부를 일컫는다. 군사 위원회는 직접적으로 혹은 명목상 자문 위원회와 같은 방법으로 정부의 기능을 수행한다.

Junta para la Ampliación de Estudios (학습확대위원회)　스페인 20세기 초부터 내전 이 발생하기까지 학문연구활동 및 과학교육에 종사했던 기관이다. 스페인의 문화 및 과학의 발전과 확산에 힘을 기울이고, 교수진들과 학생 간의 활발한 상호작용을 통해 유럽의 타 기관들과도 많은 소통을 이뤘다. 또한 장학금 기부로 인해 많은 인재들을 양성하였는데, 이그나시오 볼리바르(Ignacio Bolívar), 칸디도 볼리바르(Cándido Bolívar), 훌리오 레이 파스토르(Julio Rey Pastor), 토마스 나바로 토마스(Tomás Navarro Tomás), 루이스 데 술루에타(Luis de Zulueta) 등이 있다. ➡ República II(제2공화국)

Junta Suprema Central (중앙최고위원회)　나폴레옹 침략 이후 왕의 부재로 인해 스페인에 설립된 국가 기관이다. 중앙최고위원회(Junta Suprema Central)는 1808년 9월 25일부터 1810년 1월 29일까지 국가 최고 권력 기관으로서 모든 결정권을 가지고 정부를 이끌어 나갔다.

Junta Técnica del Estado (국가기술위원회)　스페인 내전 발발의 원인이 된 군사 쿠데타의 주역을 이룬 군인들이 1936년 설립한 기관이다. 이 기관은 설립 이후 약 두 달 동안 집권 기관이었다. 부르고스에 거점을 두었으며 미겔 카바네야스 페레르(Miguel Cabanellas Ferrer)가 대표를 맡았다. ➡ Guerra Civil Española(스페인 내전)

Juntas Catellanas de Actuación Hispánica (카스티야의 이베리아 활동위원회)　오네시모 레돈도 오르테가(Onésimo Redondo Ortega)를 필두로 결성된 단체로 1931년 8월에 결성되어 1931년 12월에 해산하였다. 정치적으로는 국가주의적 노동조합주의 (Nacional-sindicalismo) 성향을 띠었고, 종교적으로는 가톨릭을, 그리고 이념적으로는 반공산주의였다. 라미로 레데스마 라모스(Ramiro Ledesma Ramos)가 자신과 유사한 이념을 지닌 운동을 하는 것을 알게 된 이후 1931년 12월 그가 지도자로 있는 공세적 국가 신디컬리즘위원회(JONS)에 편입된다.

Jurisdicción eclesiástica (교회관할권)　가톨릭교회와 성직자들의 영향력이 막강했던 스페인의 영토는 교구로 나누어져 담당 주교와 지역 교회의 관할 아래 있었으며 교회는 지역 사회의 가톨릭 교리 시행 여부 등을 관리했다.

Justificación (칭의)　기독교에서 원죄로 인해 죽을 운명에 처한 인간이 예수 그리스도를 영접할 때 하나님으로부터 죄를 용서받고 의롭다 함을 얻는 것을 뜻한다. 스페인을 비롯한 강국들이 각종 정책에 자주 사용한 명분이 되기도 했다.

Justo y Pastor (후스토와 파스토르)　성 후스토와 성 파스토르(Santos Justo y Pastor)는 산토스 니뇨스(Santos Niños)로도 알려져 있다. 디오클레티아누스 핍박(Persecución de Diocleciano)가 한창이던 304년 알칼라(Alcalá) 지방에 살던 7세, 9세의 두 형제는 신앙을 부정하지 않았다는 이유로 총살을 당하게 된다. 후에 그들의 시신이 있던 자리에 그들을 기리기 위한 작은 교회가 세워졌다.

Justo, Agustín Pedro (아구스틴 페드로 후스토)　1876에 태어나 1943에 사망한 아르헨티나 출신 장군이자 정치가이다. 1930년, 이리고옌(Yrigoyen) 체제에 반대하는 반란군의 사령관을 지냈으며 보수파들의 세력을 강화시켰다. 1932년, 아르헨티나의 대통령으로 당선되어 독재 정치를 펼쳤으며, 공공사업을 추진하는 데 많은 공을 들였다.

Justos títulos (공정한 자격)　스페인 국왕이 아메리카 식민지에 가지는 통치권에 대한 이데올로기로, 가톨릭적 세계관을 가진 일련의 법적 체계를 뜻한다. 이는 1512년 부르고스 위원회(Junta de Burgos)와 1550~1551년 바야돌리드 위원회(Junta de Valladolid)를 통제 체계화되었다.

Juventud Comunista Ibérica(JCI) (이베리아 공산주의 청년)　스페인의 마르크스 통일노동당(POUM)에 자극받아 스페인 제2공화정과 내전 동안에 활동했던 연합이다. 1931년에 독립공산당청년(Juventudes Comunistas Independientes)의 이름으로 조직되었고 노동자농민연대(Bloque Obrero y Campesino)와 연계되었으며, 호아킨 마우린(Joaquín Maurín)이 이끌던 스페인공산당(Partido Comunista de España)의 분열이나 반(反)스탈린주의와도 관련이 있다. 또한 바르셀로나에서 간행된 <Juventud Comunista> 신문이나 발렌시아(Valencia)의 <Juventud Roja>, 마드리드의 <La Antorcha>, 레리다(Lérida)의 <Combat>가 그들의 공식 기관지였다.

Juventud Obrera Cristiana(JOC) (기독교노동청년)　조셉 카르디힌(Joseph Cardijn)에 의해 설립된 조직으로, 노동자 계급 젊은이들에 대한 교육과 복음 전파라는 목표를 지니고 있었다.

Juventudes Socialistas de España (스페인사회주의청년연합)　1903년 토마스 메아베(Tomás Meabe)로 인해 설립된 스페인사회주의청년연합(JSE)은 스페인 사회주의 노동당을 적극 지지하는 사회민주주의적, 진보주의적, 공화주의적 좌파 성향을 갖고 있는 단체이다. 스페인사회노동당에서 독립된 정치적 기관을 갖고 있다. ➡ Partido Socialista Obrero Espaóñol(PSOE, 스페인사회노동당)

K

Kilómetro Cero (0킬로메트로)　스페인 마드리드의 푸에르타 델 솔(Puerta del sol)에 위치한 카사 델 렐로흐(Casa del Reloj) 앞 도로에 새겨져 있다. 스페인의 가장 중심이 되는 곳이며, 이 표시를 중심으로 거리를 잰다. 1950년 만들어졌으며, 2009년 보수하여 현재의 모습을 지니고 있다.

Kindelán, Alfredo (알프레도 킨델란)　(1879~1962) 공군이자 스페인 공군 설립자이다. 스페인 내전 동안 프랑코(Franco) 진영의 공군 총사령관이었다. 스페인 왕립 역사 학술원의 회원이다. 비행술과 내전에 관한 저서들을 남겼으며 그중 『*Mis cuadernos de guerra*』가 있다. ➡ Franquismo(프랑코주의)

Krause, Christian Friedrich (크리스티안 프리드리히 크라우제)　(1781~1832) 헤겔학파의 독일 철학자이다. 만유 재신론이라는 이론을 제시했으며 신본주의적 사상으로 각 사람의 내면에 살고 있는 절대자인 유일신을 구현하는 것을 삶의 이상으로 삼는다. 이러한 종교, 철학적 색채 때문에 스페인의 사상가 산스 델 리오에 의해 스페인에 소개되었으며 스페인식 크라우제주의가 생겨났다. ➡ Krausismo Español(스페인 크라우시시즘)

Krausismo Español* (스페인 크라우시시즘)　크리스티안 프리드리히 크라우제(Christian Friedrich Krause, 1781~1832)가 고안한 철학체계이다. 크라우제주의는 크라우제에 의해 '조화로운 합리주의(racionalismo armónico)'로 정의되었으며, 명백한 싱크리티즘(제설혼합주의, sincretismo)의 특징을 지니고 있고, 관념론적인 범신론(panteísmo)으로서 자리 잡았다. 크라우제주의는 독일에서는 추종자들이 거의 없었지만 오히려 스페인에는 센트랄 대학교(Universidad Central) 철학사 교수인 훌리안 산스 델 리오(Julián Sanz del Río, 1814~1869)가 도입한 이래 커다란 반향을 불러일으켰다. 스페인 크라우제주의 운동은 여러 가지 요인들로 설명될 수 있는데, 첫째로 엄밀한 의미에서 단지 산스 델 리오의 직간접적인 제자들이 크라우제주의자들로 분류될 수 있다는 것이다. 둘째로 크라우제의 철학과 스페인 크라우제주의자들의 철학 간에는 때로 간극이 너무나 커서 크라우제주의자들은 크라우제와 완전히 다른 입장을 옹호하기도 하였다. 이것은 산스 델 리오가 크라우제의 철학에 대해 가지고 있는 지식의 정도가, 또 모든 구조와 체계성에서 크라우제의 철학을 제대로 이해하였는지 여부에 대해 의문을 가지게 하는 대목이다. 셋째로 크라우제주의는 크라우제의 사상에 근거한 철학운동이기를 그만두고 하나의 영적 쇄신운동, 특히 교육운동으로 전환하였으며 그 결과 스페인 지적생활에 상당한 영향력을 미치게 되는 '자유교육기관(Institución Libre de Enseñanza)'의 설립을 가져왔다는 것이다. 이 모든 요인들로 인하여 스페인 크라우제주의는 비록 철학운동이기는 하지만 하나의 철학 학파로 이어지지 않았다고 볼 수 있다. 산스 델 리오의 가장 걸출한 제자들이자 스페인 크라우제주의자들로 손꼽히는 사람들은 페르난도 데 카스트로 (Fernando de Castro), 프란시스코 히네르 데 로스 리오스(Francisco Giner de los Ríos), 프란시스코 데 파울라 카날레하스(Francisco de Paula Canalejas), 니콜라스 살메론(Nicolás Salmerón), 구메르신도 데 아스카라테(Gumersindo de Azcárate)라고 할 수 있다. 스페인 크라우제주의는 엄격한 철학적·학문적 혹은 교육적 운동이 아닌 오히려 19세기 말 스페인의 복잡한 현실에 직면하기 위한 하나의 종합적인 인간의 태도라고 볼 수 있으며 이는 정치적·사회적 영역에서부터 문화적·종교적 영역에 이르는 모든 영역을 다루고 있다. 사실상 그것은 유럽문화의 기준과 원칙, 특히 합리주의와 자유주의에 따라 스페인 사회를 가장 통합적으로 소식하려는 시도라고 할 수 있다. 선동적인 사고에 대하여 이것은 이성적인 노력에 천착하고 낙관주의적인 정신과 신뢰의 정신에 의해 이끌리는 한 교리의 형성과 재구성을 의미한다. 인간의 도덕적인 개혁을 통하여 사회와 인간의 내·외적 갈등들을 극복하고 조화로운 사회의 상태에 이르고자 하는 것을 목표로 삼고 있다. 이러한 개혁은 교육을 통하여 달성될 것이며, 그 위에 정치적 변화, 즉 나라의 정치적 쇄신이 일어날 것이라고 전망한다. 크라우제주의의 요람에서 1876년 히네르를 통하여서 자유교육기관이 출현하게 되었으며 후에는 학습확대위원회(Junta para Ampliación de Estudios), 역사학습기관(Centro de Estudios Históricos), 학생기숙사 (Residencia de Estudiantes)가 차례로 설립되었다.

L

La Batalla (라 바타야)　　1922년 카탈루냐 공산주의 연맹(FCCB)이 창간한 스페인의 주간 정치 간행물로 FCCB가 노동자농민당(BOC)에 통합된 후에도 정당의 의사표현 공식기관으로 활동했다. 1937년 휴간되었으나 1970년 프랑코 체제 시에 재창간되었다.

La Carolina (라 카롤리나)　　스페인 하엔 지방에 위치한 도시이다. 약 14,000명의 인구가 살고 있다. 카를로스 3세(Carlos III)에 의해 건설되었다. 신계획(Nueva Planta)의 도시 중 가장 중요한 도시이다.

La casa del pinsapo(Sierra de las Nieves) (전나무의 집)　　스페인 남부 안달루시아(Andalucía) 자치주의 말라가(Málaga)에 있는 자연공원이다. 19세기 스위스의 식물학자가 이곳에서 스페인 고유의 전나무인 'pinsapo'를 발견했다. 1995년 유네스코 세계문화유산으로 지정되었다.

La Época(Spain) [라 에포카(스페인)]　　스페인의 보수 신문으로 1849년에서 1936년 사이에 마드리드(Madrid)에서 출간되었다. 스페인 내전 발발 이후 문을 닫게 되었고 라 에포카의 신문을 만들어내던 작업소는 엘 신디칼리스타(El Sindicalista)의 인쇄소로 합병되었다.

La Española (라 에스파뇰라)　　대(大)앤틸리스 제도의 섬들 가운데 두 번째로 큰 섬으로 아이티와 도미니카 공화국의 영토이며 쿠바와 푸에르토리코 사이에 위치한다. 서쪽으로는 쿠바가 있으며 크리스토발 콜론이 1492년의 첫 항해에서 발견한 곳으로 아메리카 대륙에 유럽의 첫 식민지를 건설한 곳이다. ▶ Colón, Cristóbal[크리스토발 콜론(콜럼버스)]

La Estrella (라 에스트레야)　　스페인의 카스티야라만차(Castilla-La Mancha) 자치주에 속한 도시이다. 톨레도(Toledo)의 남서쪽 톨레도 산간 지방에 위치해 있다. 16세기에 지어진 르네상스-고딕풍의 아순시온(Asunción) 대성당 등이 있다.

La expulsión de los moriscos* (모리스코의 추방)　　(1609~1614) 1492년 가톨릭 공동왕(Reyes Católicos)에 의해 그라나다가 함락되면서 이베리아 반도에 있는 이슬람교도의 입지가 위협받기 시작하였고, 기독교로 개종한 이슬람교 출신의 모리스코(morisco)는 펠리페 3세(Felipe III) 시대에 스페인에서 추방되었다. 1492년 나사리(nazarí) 왕국이 멸망하고 같은 해에 유대인들이 추방된 후 이슬람교의 추종자들은 스페인 왕국이 인정하는 유일한 비기독교계 소수민족이 되었다. 당시 모슬렘들은 유대인들이 야기한 것과 같은 민중의 분노를 일으키지 않았으며, 박해 때문에 무력으로 세례를 받은 이슬람교 출신의 개종자가 실제로 존재하지도 않았다. 게다가 아라곤(Aragón)과 발렌시아(Valencia)의 토지를 경작하고 있었던 모슬렘 공동체는 그들 영주인 귀족들의 보호 아래 있어서 모슬렘에 대한 공격은 곧 이들 영주들의 재산상의 피해를 의미하는 것이기도 하였다. 그러나 1492년 가톨릭 공동왕이 모슬렘에게 약속했던 종교적·문화적 존중이 무시되고 무기 소지와 토지매매 금지, 세금 부과를 잇달아 실시됨으로써 그라나다의 첫 번째 반란이 야기되었으며, 1499년 진압 과정에서 세례 받은 자만 사면을 허락받음으로써 모슬렘 출신의 기독교 개종자, 즉 모리스코의 출현을 가져왔다. 한편 카스티야(Castilla)와 아라곤, 발렌시아의 모슬렘과 안달루시아(Andalucía)의 모슬렘 사이에는 확연한 차이가 있었는데, 전자가 그들 지역에만 거주하며 살았다면 후자는 기독교 당국의 압력에 강도 높은 저항을 할 정도의 세력이 되었던 것이다. 1525년에 카를로스 5세(Carlos V)는 아라곤 왕국에 있는 모든 모슬렘들이 세례를 받을 것과 이에 불복할 경우 스페인에서 추방할 것을 명령하였다. 그러나 실제로 반란은 이곳이 아닌 발렌시아에서 일어났으며 1528년 저항 거짐들이 완진히 질멸되면서 이베리아 반도에는 공식직으로 이슬람교가 사라시게 되었다. 그러나 여전히 비밀리에 진행되는 모슬렘 예배는 교회나 종교재판소에게 심각한 도전이 되었고, 유대인 출신의 개종자들과 달리 모리스코의 사회적, 문화적 통합 실패는 1550년 이래 스페인 사회에서 새로운 긴장을 야기하였다. 대외적으로 오스만 투르크족의 압박과 지중해의 베르베르족의 공격이 거세어지면서 동쪽 지방과 안달루시아 해안을 따라 반모슬렘 정서가 팽배해졌고, 모리스코는 반도 내에 마치 제5열과 같이 여겨졌던 것이다. 또 다시 모슬렘 강경책이 실시되었고 1568년 그라나다에서 일어난 모리스코 반란은 1570년까지 지속되었다. 비록 아라곤과 발렌시아의 모리스코가 여기에 동조하지는 않았지만, 당시 플랑드르에서의 반란과 맞물리어 사태는 심각하게 여겨졌고, 진압 후 그라나다의 모리스코는 1570~1571년 동안 안달루시아의 다른 지역과 카스티야로 분산되는 조치를 당해야 했다. 심지어 1582년에는 펠리페 2세(Felipe II)의 정부에서 모리스코 전체를 스페인 밖으로 추방하자는 제안도 나올 정도였다. 그러나 인구나 지대 감소, 그리고 아라곤과 발렌시아 영주들의 저항과 같은 부작용이 고려되어 이 같은 조치는 최종적으로 채택되지 않았다. 하지만 펠리페 3세 시대에 들어와서 모리스코 문제는 또 다시 정계의 관심 주제가 되었고, 이번에는 왕의 총신인 레르마 공작(Duque de Lerma)이 적극적으로 나서면서 결국 실행에 옮겨지게 되었다. 무엇보다 네덜란드와의 전쟁에서 수치스러운 휴전조약을 1609년 4월 체결해야 하는 입장에서 이를 상쇄할 만한 특별한 조치가 요구되었던 것이다. 결국 1609년 8월 레반테에 집결한 함선들은 모리스코들을 북부 아프리카로 운송하는 일을 시작하였고, 구기독교인들은 모리스코의 은닉이나 도주를 도울 수 없었다. 이미 수십 년 전부터 무기 소지가 불가능했던 모리스코 입장에서도 별다른 무력 대응을 할 수 없었고, 다만 그들 중에서 지난 2년 동안 견실한 기독교인이라는 교구신부의 증명서를 가진 자인 경우 추방 조치를 면할 수 있었다. 또한 통혼을 하여 자녀를 둔 경우 모리스코계 모친은 남아 있을 수 있었던 반면 모리스코계 부친은 어떤 경우에도 남아 있을 수 없었다. 추방은 1614년까지 지속되었으며 일부 모리스코의 경우 예외적으로 추방을 면하기도 하였지만 대략 추방된 것으로 추산되는 인원은 27만 명에서 30만 명에 이르렀다. 한편 인구나 경제적인 측면에서 볼 때 1609년 법령은 심각한 결과를 초래하였는데 지역적인 상황에 따라 그 결과는 상이했다. 예를 들어 모리스코가 전체 인구의 3분의 1에 달하는 발렌시아 왕국의 경우 가장 심각한 타격을 받았으며, 무르시아(Murcia)와 안달루시아 동쪽 지역, 그리고 아라곤이 그 뒤를 이었다. 계층으로 볼 때도 귀족과 성직자들이 지대의 상당 부분을 상실하게 되었으며 구기독교인들 중에서 일부만이 모리스코가 남겨놓은 토지를 이용하여 비옥한 토지를 경작할 수 있었으나 발렌시아의 경우 오히려 혹독한 영주 제도 아래 고통 받기도 하였다. 펠리페 4세(Felipe IV) 시대에 들어와서야 선대에 실시된 이러한 추방 조치가 부당하였다는 목소리가 나오기도 하였지만 이 또한 무관심과 호기심 가운데서 결국 잊히고 말았다.

La familia de Carlos IV (카를로스 4세 가족)　스페인 18세기 대표 화가 프란시스코 데 고야(Francisco De Goya)의 작품이다. 1789년 국왕의 전속 화가로 임명된 후 그린 이 그림은 빛의 영역을 정밀하게 나타내며 작품 가운데에는 궁정의 실질적인 지도자인 왕비 마리아 루이사(María Luisa)를 중심으로 모든 왕실 가족 인물에 대한 섬세한 묘사가 보인다. 또한 이 작품은 벨라스케스의 「Las Meninas」의 영향을 받아 의도적으로 모방한 것으로 왼편에 왕가의 행렬을 그리고 있는 화가 자신을 집어넣었다. ➡ Goya y Lucientes, Francisco de(프란시스코 데 고야 이 루시엔테스)

La Garrocha (라 가로차)　카탈루냐 자치주의 북동쪽에 위치한 지방이다. 오소나(Osona), 라 셀바(La Selva) 외 4개 지방과 맞닿아 있으며, 프랑스의 피레네 국경과도 맞닿아 있다. 알타 가로차 (Alta Garrocha)와 바하 가로차(Baja Garrocha)로 나뉘어 있다.

La Gasca, Pedro de (페드로 데 라 가스카)　(1485~1567) 스페인의 정치인으로 아빌라 태생이다. 페루 부왕령의 반란 세력이었던 피사로의 군대를 진압하고 그 일대를 장악해 공을 인정받았다. 스페인 정복 사업에 큰 기여를 했으며 신대륙으로부터 막대한 양의 물자를 스페인으로 실어 나른 장본인이다. ➡ Perú, Virreinato del(페루 부왕령)

La Gomera (라 고메라 섬)　서(西)카나리아스 군도에 속한 스페인의 섬이다. 군도 중 가장 안정적이고 수풀이 우거진 섬 중 하나이다. 화산활동이 200만 년 동안 관찰되지 않은 곳이다. 콜럼버스가 아메리카를 발견하기 이전 여정이 시작된 곳이기도 하다.

La Habana (라 아바나)　쿠바의 수도이다. 1519년부터 항구를 중심으로 도시를 이루면서 스페인의 신대륙의 식민지 경영의 중심지로 그리고 무역의 중요한 중계지로 발전했다. 하지만 그러한 지리적 위치로 인해 16세기 중반에는 프랑스, 영국, 네덜란드 등의 해적의 공격을 받는 일이 잦았다.

La ilustración española* (스페인 계몽주의)　스페인 왕위계승전쟁 이후에 스페인에서 시작된 부르봉 왕가는 그 부산물 중 하나로 또한 프랑스 문화의 전반적인 유입을 가져왔다. 펠리페 5세(Felipe V)와 페르난도 6세(Fernando VI)의 치세기는 모두 스페인 계몽주의의 기반을 다지는 시기로 평가될 수 있으며. 카를로스 3세(Carlos III) 시대에 와서 스페인 계몽주의는 꽃을 피웠다고 할 수 있다. 한편 프랑스의 백과전서파나 루소, 몽테스키외의 이론들, 얀센주의, 중농주의 학파를 비롯하여 영국의 존 로크, 아담 스미스, 베이컨의 학문 등은 모두 스페인의 계몽주의적 발전에 지대한 영향을 끼쳤다고 볼 수 있다. 그러나 그렇다고 해서 스페인 계몽주의가 다른 유럽의 국가들에서와 같이 급진적이고 극단적인 양상을 띠었던 것은 아니었다. 오히려 스페인 계몽주의자들은 스페인의 과거와 완전히 단절을 하지도, 원하지도 않았으며, 다만 새로운 시대적 정신과 양립할 수 없는 전통을 거부하는 경향을 보였다. 즉 바로크적 스토아주의(estoicismo barroco)나 1600년대 쇠퇴하는 스콜라철학을 비판하고, 대신 루이스 비베스(Luis Vives)의 비판의식이나 에라스무스주의(erasmismo)의 합리주의적이고 자유주의적인 경향에서 영감의 원천을 찾았다. 스페인 계몽주의의 주요한 사상적 흐름은 페이호오(Feijoo)의 초기 계몽주의적 비판에서 출발하여 영지주의적 감성주의, 경제적 자유주의, 급진적인 교육 개혁, 왕권중심주의적 정치이상, 얀센주의적 종교성, 역사가의 임무로서 역사학적 쇄신, 보급 수단으로서의 저널리즘, 전국경제협회(Sociedades Económicas del País)의 세력이라고 할 수 있으며, 이 모든 것들은 세속적인 미신 신앙들로 척박해져 있는 스페인의 토양에 합리주의적 사상들을 보급하는 통로 역할을 하였다고 볼 수 있다. 스페인 계몽주의자들 중에서 가장 대표적인 인물이라고 한다면 가스파르 멜초르 데 호베야노스(Gaspar Melchor de Jovellanos, 1744~1811)를 꼽을 수 있을 것이다. 그의 특별한 존재감은 18세기 스페인 전체에 의미를 부여하였다고 해도 과언이 아닐 것이다. 한편 다양한 전문 영역에서도 계몽주의 정신을 대변하는 인물들이 있었는데, 페드로 로드리게스 캄포마네스(Pedro Rodríguez Campomanes, 1723~1802), 파블로 올라비데(Pablo Olavide, 1725~1803), 후안 메렌데스 발데스(Juan Meléndez Valdés, 1754~1817), 멜초르 데 마카나스(Melchor de Macanaz, 1670~1760), 칸니도 마리아 트리게로스(Cándido María Trigueros, 1736~1798), 안토니오 데 캄마니(Antonio de Capmany, 1742~1813), 후안 바우티스타 무뇨스(Juan Bautista Muñoz, 1745~1799), 호세 카달소(José Cadalso, 1741~1782), 프란시스코 카바루스(Francisco Cabarrús, 1752~1810), 후안 안토니오 요렌테(Juan Antonio Llorente, 1756~1823) 등이 그러하다.

La izquierda de Euskadi(Euskadiko Ezkerra, EE) (에우스카디 좌파)   바스크와 나바라의 민족주의당과 좌파의 연합당. 1993년 스페인사회노동당(PSOE)에 병합되어 PSOE-EE 가 결성되었다.

La Mañana (라 마냐나)   스페인 레리다(Lérida) 지역 신문이다. 1938년 창간된 이 신문은 1976년부터 1984년까지 정부차원에서 관리되었으나, 1985년에 사유화되어 현재는 디아리 데 보넨트(Diari de Ponent) 사(社)에 소속되어 간행되고 있다. 레리다 지역의 소식 및 정보를 전달하며, 바호 신카(Bajo Cinca), 신카 메디오(Cinca Medio), 리테라(Litera)와 같은 인근지역 소식 또한 다루고 있다.

La Maya (라 마야)   스페인 카스티야 이 레온(Castilla y León) 자치주의 살라망카에 위치한 도시이다. 토르메스(Tormes) 강과 알란디가(Alandiga) 강 사이에 있다. 농업과 목축업이 주된 생활 수단이다. 산타 테레사(Santa Teresa) 저수지 근처에 있다.

La Movida Madrileña (마드리드의 모비다)   1975년 독재자 프랑코(Francisco Franco, 1892~1975) 이후 스페인 변혁시대 때 마드리드에서 일어난 반문화운동이다. 경제 성황과 스페인의 새로운 정체성 발견을 목표로, 스페인 전국 각지로 퍼져나갔다. 프랑코 정부의 여러 금기 사항들에 대한 탈피, 표현의 자유 등이 특징이다. ⇒ Franquismo(프랑코주의)

La Mudarra (라 무다라)   스페인 카스티야 이 레온(Castilla y León) 자치주의 바야돌리드에 위치한 도시이다. 국토의 북서쪽 지방 전역에 전기를 공급하는 스페인 전기 회사의 발전소가 건설된 곳이다. 농업과 조림업이 대표적 경제 활동이다. 역사학자 고도프레도 가라비토(Godofredo Garabito)의 고향이기도 하다.

La Navidad (라 나비다드)   '푸에르테 데 나비닷(Fuerte de Navidad)'으로도 알려져 있다. 1492년 12월 25일 아이티의 영토인 라 에스파뇰라(La Española) 섬에 크리스토발 콜론에 의해 지어진 요새로 신대륙에서의 첫 번째 식민 거점이다. ⇒ Colón, Cristóbal [크리스토발 콜론(콜럼버스)]

La Niña (라 니냐)   신대륙 탐험에 쓰인 세 개의 카라벨라선 중 하나로 크리스토발 콜론(Cristóbal Colón)이 타고 있던 기함이다. 1488년에 후안 니뇨(Juan Niño)에 의해 만들어졌으며 '산타 클라라(Santa Clara)'로도 불린다. ⇒ Colón, Cristóbal[크리스토발 콜

론(콜럼버스)]

La nueva España (라 누에바 에스파냐)　1936년 에디토리알 프렌사 아스투리아나(Editorial Prensa Asturiana) 사(社)의 소속으로 간행이 시작된 신문. "아스투리아스(Asturias)의 독립적인 일간지"라고 자칭할 만큼 아스투리아스에서 가장 많이 보급되고 있으며 자유주의 성향을 지니고 있다. 첫 발행 때는 스페인 팔랑헤당 일간지(Diario de la Falange Española de las J.O.N.S.)로 시작하였으나, 민주화와 함께 언론의 자유가 확대되고 일간지가 민영화되면서 지금의 회사로 이전하였다. 2012년에는 스페인에서 가장 많은 구독자를 가진 10대 신문 중 하나로 꼽히기도 하였다.

La Opinión de Murcia (라 오피니온 데 무르시아)　스페인 무르시아(Murcia) 지역에서 발간되는 신문이다. 1988년 창간되었으며 에디토리알 프렌사 이베리카(Editorial Prensa Ibérica) 사(社)에 속해 있다. "무르시아의 의견"이라는 의미를 지닌 이 신문은 1988년부터 1992년까지 라몬 페란도 코렐(Ramón Ferrando Correl)이, 그리고 2013년까지 팔로마 레베르테 데 루이스(Paloma Reverte de Luis)가 사장으로 있었다.

La Opinión-El Correo de Zamora (라 오피니온엘 코레오 데 사모라)　스페인 카스티야이 레온(Castilla y León) 주(州)의 사모라(Zamora) 지역 신문이다. 에디토리알 프렌사 이베리카(Editorial Prensa Ibérica) 사(社) 소속이며, 1993년 <El Correo de Zamora>와 <La Opinión de Zamora> 두 신문사가 합병되면서 지금의 명칭으로 불리게 되었다.

La Penya, Narcis Feliu de (나르시스 펠리우 데 라 페냐)　(?~1710) 바르셀로나 출신의 스페인의 변호사, 경제학자, 제조업자 그리고 역사가. 그의 저서 『Político discurso』(1681)에서는 보호무역주의와 재정개혁을 주장하였으며, 1683년 페닉스 데 카탈루냐(Fénix de Cataluña)에서는 카탈루냐 경제 부흥의 선언을 가정하였다. 1690년에는 산타 크루스(Santa Cruz) 직물회사 설립에 참여하였으며 자신의 사상을 실현시키기 시작했다. 또한 중앙상업위원회(Junta Central de Comercio)에서 카탈루냐를 대표하기도 했다. 바르셀로나 반란기에 풀려났으며, 여생을 카탈루냐 정기간행물(Anales de Cataluña)을 작성하면서 살았다.

La plebe (평민 계층)　자유민과 제한된 자유를 가진 해방 노예들로 구성되었다. 이들의 지위는 사회에서 경제적 상황과 활동, 그리고 도시와 농촌 등 거주지에 따라 각기 달랐다. 도시에서는 예능인, 상인 집단과 조합원, 그리고 농촌에서는 소규모의 토지 소유자로 구성되었다.

La Puerta (라 푸에르타)　스페인 카스티야라만차(Castilla-La Mancha) 자치주의 과달라하라(Guadalajara)에 위치한 마을이다. 마을이 지어졌을 때는 티에라 데 쿠엔카(Tierra de Cuenca) 푸에로(fuero)의 소속이었으나 후에 톨레도(Toledo) 교구로 넘어갔다. 15세기에는 텐디야(Tendilla) 백작령이 되었다. 화려한 세공으로 유명한 교구 교회(Iglesia parroquial)가 있다.

La razón(España) [라 라손(스페인)]　1998년 루이스 마리아 안손(Luis María Anson) 과 플라네타(Planeta) 사가 함께 창립한 스페인 일간지. 보수적 성향을 지닌 이 신문은 매우 강렬한 문구의 표제들로 유명하다. 본사는 마드리드에 있고 카탈루냐(Cataluña), 안달루시아(Andalucía), 무르시아(Murcia), 발렌시아(Comunidad Valenciana), 카스티야 이 레온(Castilla y León) 등에 지국을 두고 있다.

La Real Orden de Caballeros de Santa María del Puig (푸이그의 성녀 마리아 기사단)

발렌시아(Valencia) 왕국의 푸이그(Puig)에서 설립된 기사단. 카바예로스 데 산타 마리아 데 엘 푸이그(Caballeros de Santa María de El Puig)라는 이름으로 더 많이 알려졌다. 하이메 1세(Jaime I de Aragón, 1208~1276)가 당시 지배하에 있던 그리스도교 영지를 지키기 위해 설립한 기사단이다. ➡ Órdenes Militares(기사단들)

La Rendición de Breda (브레다의 항복) 17세기 스페인 대표적인 화가 디에고 로드리게스 벨라스케스의 작품이다. 네덜란드가 스페인으로부터 독립하기 위해 1548년부터 1648까지 80년간 전쟁을 치르는 도중, 1625년 브레다 도시는 스페인들로 인해 합락되었다. 그림에서는 네덜란드의 장군이 브레다의 열쇠를 스페인 장군 암브로지오 스피놀라(Don Ambrogio Spinola Doria)에게 건네주고 있는 장면을 묘사한다. 그림은 현재 스페인 마드리드 프라도 박물관에서 전시되고 있다.

La Residencia Real de La Mareta (라 마레타 왕가 저택) 국가문화유산으로 관리되는 왕실 거주지 중 한 곳으로 카나리아 섬(Isla Canaria)의 테기세(Teguise) 지역에 위치해 있다. 요르단의 후세인 1세 왕에 의해 70년대 후반에 건축된 현대식 저택이며 마레타라는 명칭은 빗물 저장소가 있던 장소에 지어진 것에서 유래되었다.

La Revolución de 1854 (1854년 혁명) 비칼바라다(Vicalvarada)라고도 불리는 스페인의 1854년 혁명은 레오폴도 오도넬(Leopoldo O'Donnell) 장군의 지휘 아래 있는 군사들과 마드리드 비칼바로(Vicálvaro) 지역의 정부 군사들이 대립한 혁명이다. 이사벨 2세(Isabel II) 통치 아래 1854년 6월 28일부터 7월 28까지 일어났던 이 혁명은 군사적 봉기였다. 이 혁명은 10년간의 대립 끝에 진보적 성향이 짙어지면서 막을 내렸다. ➡ Isabel II(이사벨 2세, 1830~1904, 재위: 1833~1868)

La Rioja (라 리오하) 스페인 북부에 위치한 자치주로 로그로뇨(Logroño)를 수도로 두고 있다. 공식 언어는 스페인어이며 약 32만 명의 인구가 살고 있다. 로마 제국 이전에 켈트족과 바스콘족의 활동 무대였던 이 땅은 10세기에 들어서 카스티야(Castilla)와 나바라(Navarra)의 영토가 되었다. 한 세기가 넘게 지속된 영토 전쟁 이후 1076년 카스티야(Castilla)의 일부로 편입되었다. 스페인 포도주의 본고장이기도 하며 라 리오하 와인(Rioja)은 세계적으로 그 품질을 인정받고 있다.

La Roca (라 로카) 스페인 바르셀로나(Barcelona)에 위치한 도시이다. 약 6,700명의 인구가 살고 있다. 라로카 성(Castillo de La Roca)과 같은 고딕풍의 건물들이 많이 남아 있다. 60년대 산업화와 함께 바르셀로나(Barcelona)에서 공장들이 이곳으로 대거 이동했다.

La Segunda Guerra Mundial (제2차 세계대전) 1939년부터 1945년까지 독일, 이탈리아, 일본을 중심으로 한 추축국과 영국, 프랑스, 미국 및 여타 국가들을 중심으로 한 연합국 사이에서 벌어진 세계적인 규모의 전쟁으로 인류 역사상 모든 면에서 가장 광범위하고 파괴적인 전쟁이었다. 스페인은 제2차 세계대전 당시 중립을 유지하였다.

La Segunda Guerra Púnica (제2차 포에니 전쟁) 한니발 전쟁이라고 불리는 제2차 포에니 전쟁은 기원전 218년부터 기원전 202년까지 로마와 카르타고 사이에서 벌어진 전쟁을 일컫는다. 전쟁 초기에는 한니발 장군의 활약으로 이탈리아 본토까지 침입하여 로마군을 격파시킨 카르타고가 우세하였으나, 카르타고군의 거점인 이베리아 반도를 평정한 스키피오의 인솔하에 기원전 202년 자마전투에서 로마군이 한니발군을 격파하면서 로마군의 승리로 끝나게 된다. ➡ Romanización(로마화)

La Sexta (라 섹스타)　스페인 텔레비전 방송 채널. 스페인 지상 디지털 텔레비전(Televisión Digital Terrestre, TDT)으로 방영되며, 안테나 트레스(Antena 3), 노바(Nova), 니트로(Nitro) 같은 방송사를 운영하는 아트레스메디아 코퍼레이션(Atresmedia Corporación)에서 운영된다. 진보적 성향이 강한 이 방송사는 뉴스, 드라마, 스포츠 중계, 엔터테인먼트 등의 여러 프로그램을 방영하며, 마드리드의 산 세바스티안 데 로스 레예스(San Sebastián de los Reyes)에 본사를 두고 있다.

La Siete(canal de televisión) (라 시에테)　2009년 5월부터 방송을 시작한 스페인 텔레비전 방송 채널이다. 이탈리아계 회사인 메디아셋(Mediaset)의 소유로 메디아셋 에스파냐(Mediaset España) 그룹을 통해 운영된다. 여성 시청자들을 대상으로 한 프로그램들이 많으며, 그중에서도 드라마(telenovela)가 다양하게 방영된다.

La Tienda en Casa (라 티엔다 엔 카사)　스페인 텔레비전 방송 채널이다. "집안의 상점"이라는 의미를 지닌 이 방송은 제품이나 서비스의 판매를 중심으로 하는 홈쇼핑 채널이며, 지상 디지털 텔레비전(Televisión Digital Terrestre, TDT)으로 방영되어, 다양한 방식의 수신료를 통해 운영된다.

La Universidad de Padua (파두아 대학)　1222년에 설립된 유럽에서 가장 오래된 대학 중 하나이다. 이 대학의 탄생은 대부분의 오래된 유럽의 대학들이 탄생하게 된 배경인 교황의 인가나 황제의 인가에 의해서가 아니라 학문의 자유가 허락되지 않은 대학으로부터 빠져나온 볼로니아의 교사와 학생들의 유입에 의해 이루어졌다. 대학은 14세기에 급속도로 발전하였으며, 법률, 신학, 의학, 점성술, 철학, 문법 및 수사학에 대한 강의가 진행되었다. 현재에도 15개의 학부로 구성되어 다양한 전공을 배울 수 있으며, 인류학 박물관, 천문대, 식물원 및 훌륭한 도서관을 가지고 있다. ➡ Universidades(대학)

La Vanguardia (라 방가르디아)　1881년 카를로스 고도와 바르톨로메 고도가 창설한 바르셀로나(Barcelona)의 조간지이다. 스페인어와 카탈루냐어로 동시에 인쇄된다. 카탈루냐주의적 성향을 가진 신문으로 평가받는다. 본래는 바르셀로나의 자유당(Partido Liberal)에 속한 기구였으나 현재 고도 그룹(Grupo Godo) 소속이다.

La verdad (라 베르다드)　스페인 신문의 한 종류로, 무르시아(Murcia), 알리칸테(Alicante), 알바세테(Albacete) 지방의 주요 신문이다. 호세 마리아 몰리나(José María Molina)에 의해 1903년 3월 1일 처음으로 발행되었으며 2008년부터는 보센테(Vocento) 그룹의 스페인 신문사로 통합되었다. 가격은 1,40유로이다.

La Voz de Asturias (라 보스 데 아스투리아스)　스페인 아스투리아스의 지역 신문이다. "아스투리아스의 목소리"라는 뜻을 지닌 이 신문은 자유, 다양성, 진보와 같은 가치를 중시한다. 2010년 메디아푸블리(Mediapubli SL) 사(社)에 속하면서 인터넷을 통해 기사를 무료 제공한다.

La Voz de Cádiz (라 보스 데 카디스)　스페인 안달루시아 주(州)의 카디스(Cádiz) 지역 신문이다. "카디스의 목소리"라는 의미를 가진 이 신문은 2004년에 창간되어 보센토 그룹(grupo Vocento)의 21세기 언론 프로젝트로 시작되었다. 2006년에는 <La Voz de Jerez>을 창간하면서 특정지역에 관해 집중 보도하게 되었다. 인터넷을 통해서도 볼 수 있는 이 신문은 2007년 안달루시아 언론상(Premio Andalucía de Periodismo)을 수상하기도 하였다.

La voz de Galicia (라 보스 데 갈리시아)　"갈리시아(Galicia)의 목소리"라는 의미로 1882

년 스페인 갈리시아에서 창간된 신문이다. 지역 내 가장 많이 구독되는 신문 중 하나인 이 신문은 코르포라시온 보스 데 갈리시아(Corporación Voz de Galicia) 사(社) 소속 으로 라 코루냐(La Coruña)에 본사를 두고 있고, TV 및 라디오 프로그램들을 방송하고 있다.

Labordeta, José Antonio (호세 안토니오 라보르데타) 1935년에 태어나 2010년에 사망한 스페인의 시인이자 정치인이다. 스페인 현대 정치사의 과도기를 다양한 노래로 표현했다. 저항 가요를 썼으나 90년대 검열이 강화되면서 교사가 됐다. 좌익 성향의 정당에서 정치활동을 펼쳤다.

Ladino (라디노) 14세기 이베리아 반도에서 아랍 왕조에 대항해 일어난 국토 재탈환 과정에서 남아 있던 아랍인들 중 라틴어를 배운 아랍인들을 가리킨다. 도시를 막발과 종교석 불관용 속에서 라틴어를 배울 수밖에 없었다. Ladino는 '영악한, 교활한'의 뜻으로 사용될 정도로 부정적 평가를 받기도 했다. ➡ Reconquista(레콩키스타)

Laguna de La Janda (라구나 데 라한다) 카디스의 타리파 북쪽에 있었던 아주 큰 호수로 스페인 구석기시대 유물이 발견된 장소 중 하나이다. 농업을 통한 경제활동 활성화에 의해 연못은 사라졌다.

Lancáster, Catalina de (카탈리나 데 랑카스테르) (1373~1418) 카스티야의 왕비로 랑카스테르의 공작 후안 데 간테의 딸이다. 그녀와 카스티야의 엔리케 왕자와의 혼인은 카스티야와 랑카스테르 간 계승 갈등의 종지부를 찍었다. 아스투리아스 왕자 명예 칭호를 최초로 부여받았다. ➡ Castilla, Corona de(카스티야 연합왕국)

Langile Abertzaleen Batzordeak(Comisiones de Obreros Abertzales, LAB) (애국 노동자 위원회) 스페인 바스크어(euskera)로 애국 노동 위원회라는 의미로 알파벳 약자 LAB로 알려져 있는 정치단체이다. 스페인 바스크(País Vasco)의 국가주의 노동조합 사상을 지지한다. 1974년 가을에 창당되어 바스크, 나바라(Navarra)에서 활동하다가 2000년도 부터 프랑스 바스크(País Vasco francés)로 활동 지역을 확장하였다.

Lara, Casa de (라라 가문) 중세의 카스티야 왕국(Reino de Castilla)에서 탄생한 스페인 귀족 가문이다. 라라 가문(Casa de Lara)은 11세기에서 14세기까지 왕국의 정치 문제에 적극적으로 관여하였으며 때로는 왕의 편에서, 혹은 왕의 반대편에서 반란을 일으켰다. 이 가문은 1130년부터 만리케 데 라라(Manrique de Lara)와 누뇨 페레스 데 라라 (Nuño Pérez de Lara) 이 두 인물을 중심으로 두 가문으로 나뉘었다. ➡ Castilla, Corona de(카스티야 연합왕국)

Lara, Pedro de (페드로 데 라라) 에르멘가르다(Ermengarda)의 조카이며 1192년에 그녀의 뒤를 이었다. 1194년에 그의 아들 아이메리(Aimeri)에게 자리를 물려주고 1202년에 생을 마감했다.

Largo Caballero, Francisco (프란시스코 라르고 카바예로) (1869~1946) 스페인의 정치인이다. 노동자총동맹(UGT)와 사회노동당(PSOE)의 당원으로 활동했으며 스페인의 대통령직에 올랐으나 후에 사임을 요구받아 프랑스로 망명한다. ➡ República II(제2공화국)

Larrainzar (라라인사르) 멕시코 치아파스(Chiapas) 주의 시이다. 라라인사르(Larrainzar) 시는 역사적으로 중요한 의의를 갖는데, 사파티스타(zapatista) 반란이 일어났을 때 전쟁의 종지부를 찍은 산 안드레스 협약(Acuerdos de San Andrés)이 이곳에서 체결되었다. ➡

Ejército Zapatista de Liberación Nacional(사파티스타 민족해방군)

Las Dunas, batalla de (라스 두나스 전투) 1600년 마우리시오 데 나소가 이끄는 네덜란드 반란군과 알베르토 대공의 군대 사이 발발한 전투이다. 스페인 군대의 참패로 마무리됐다. ➡ Austria, Casa de[오스트리아 왕가(스페인계)]

Las Edades del Hombre (라스 에다데스 델 옴브레) 종교화의 보급과 진흥을 목적으로 1988년에 설립된 카스티야 레온(Castilla y León) 자치주의 종교 재단. 자치주 내의 각 교구의 대주교와 주교가 이사진을 맡고 있으며 본부는 바야돌리드 수도원(monasterio de Santa María de Valbuena)에 있다.

Las hilanderas (실 잣는 여인들) 17세기 스페인 대표적인 화가 디에고 로드리게스 벨라스케스의 작품이다. 이 작품은 신화 속에 등장하는 팔라스와 아라크네의 이야기를 화폭에 옮겼다. 벨라스케스는 이 그림을 통해서 이탈리아 화가들과는 다르게 신화상의 인물들을 사실화하여 사실적이고 직접적이며 인간적인 모습들을 보여 주고자 했다.

Las meninas (시녀들) 17세기 스페인 대표적인 화가 디에고 로드리게스 벨라스케스의 작품이다. 그림의 중앙에는 마르가리타 공주가 시녀들에게로부터 시중을 받으며 있고, 그림의 왼쪽에는 그림을 그리고 있는 벨라스케스의 모습이 보인다. 오른쪽에는 난쟁이 두 명과 개가 있다. 벨라스케스는 그림에 거울을 삽입하여 그림의 뒤쪽에는 마르가리타 공주의 부모인 펠리페 4세와 마리아를 화폭에 등장시켰다. 사실주의적 바로크주의의 특징이 두드러지게 나타나는 작품이다.

Las Naranjas, guerra de (라스 나란하스 전투) 1801년 스페인과 포르투갈 간에 발발한 짧은 대립으로 스페인이 나폴레옹의 정복전쟁의 일환으로 프랑스와 스페인 간 맺은 가문 조약(Pacto de Familia)을 따른 것이었다.

Latín vulgar (통속 라틴어) 로마 제국에서 사용하던 라틴어는 고전 라틴어와 통속 라틴어로 구분할 수 있다. 고전 라틴어는 성직자, 학자 등 상류층이 사용하였던 언어이며, 통속 라틴어는 일반 평민들이 사용하던 언어이다. 이는 로마 제국의 속주들에서도 사용하였으며, 스페인어 역시 통속 라틴어에서 파생한 것이다. 'vulgar'는 라틴어의 'vulgaris'에서 파생하였으며, 'común'은 '공통의, 보통의, 일반의'를 뜻한다. ➡ Romanización(로마화)

Lax, Gaspar (가스파르 락스) (1487~1560) 스페인의 철학자, 수학자, 저술가로 사라고사(Zaragoza)와 파리 대학에서 공부했으며 신학 박사학위를 따고 몬타이구(Montaigu) 프랑스 학교에서 철학과 수학을 가르쳤다.

Leandro de Sevilla, San* (산 레안드로 데 세비야) (540~600) 카르타헤나(Cartagena) 도시의 유력한 가문에 속한 레안드로는 귀족 혈통을 지닌 이베리아 로마인 출신의 부친과 서고트인 출신의 모친 사이에서 태어났다. 554년에 아타나힐도(Atanagildo)가 비잔틴 황제에게 이베리아 반도 남동쪽 해안을 양도하면서, 그의 가족은 카르타헤나를 떠나 세비야에 정착하게 된다. 세비야에 있는 동안 그의 모친이 가톨릭교로 개종한 것으로 추정되며 레안드로가 교육을 마친 곳도 바로 여기에서였다. 부모님의 사망 후 어린 동생들인 풀헨시오(Fulgencio), 이시도로(Isidoro), 플로렌티나(Florentina)를 한동안 돌보아야 했으며 후견인의 자리에서 벗어난 후에는 수도원에 들어가 생활했고, 578년에는 세비야의 주교가 되었다. 그러나 그가 세비야 교구를 맡게 되었다는 사실은 레오비힐도(Leovigildo)의 치하에서 가장 심각한 정치적·종교적 갈등의 와중에 놓였다는 것을 의미하였으며, 이는 에르메네힐도(Hermenegildo) 왕자의 반란에서 연유한 것이었다. 한편 산 레안드로는 에르메네힐도의 개종에 주요한 책임이 있었던 것으로 보인다. 또한 왕자가 독립을 선언한 뒤 이베리아 반도 남쪽의 지배자인 비잔틴 제국의 총독과 접촉하며 황제의 도움을 모색할 때에도, 산 레안드로는 왕자의 밀사 자격으로 콘스탄티노플에 파견되었다. 그러나 이곳에서 보낸 3년의 체류 생활은 그에게 정작 아무런 소득도 가져다주지 않았고 오히려 스페인 남부에 대한 황제의 무관심만을 확인할 수 있을 뿐이었다. 다만 그가 이곳에 있는 동안 장차 교황이 될 산 그레고리오(Gregorio Magno) 마그노와 친분을 맺었다는 점과 또 중세 시대 전체를 대표하게 될 기본 도덕서인 『Expositio in Librum Job』을 첫 집필하게 되었다는 사실은 문화적인 측면에서 볼 때 크나큰 결실이라고 하지 않을 수 없다. 그러나 그가 막상 콘스탄티노플에서 돌아왔을 때는 에르메네힐도의 사건은 실패로 끝난 뒤였고 583년에 세비야의 코르도비(Córdoba)는 왕의 수중에 놓이게 되었다. 무엇보다 왕자의 난에 동조하였던 가톨릭 세력에 대해 레오비힐도의 박해가 시작되면서 그 여파는 산 레안드로에게까지 미치게 되었고, 그는 여러 해 동안 세비야 교구에서 추방된 상태로 남아 있어야 했다. 그러나 오히려 이러한 고통의 시기가 그로 하여금 최고의 신학서로 분류되는 반 아리우스 경향의 작품들을 집필하게 하는 계기가 되기도 하였다. 한편 레오비힐도는 말년에 가톨릭교도들에 대한 박해 정책을 버리고 레안드로의 교구 시무를 허용하였으며, 심지어 그의 레카레도(Recaredo) 왕자의 신앙 교육도 그에게 맡길 정도가 되었다. 그리고 586년 레카레도가 왕이 되면서 자신도 가톨릭교로 개종하였을 뿐 아니라, 그의 신민들도 그의 뒤를 따라 개종하는 역사적인 사건이 일어났다. 589년에 국가 공의회로서는 처음으로 제3차 톨레도공의회(III Concilio de Trient)가 모든 주교단의 참석 가운데 개최되었고, 여기에서 '교회 찬미에 대한 설교(Homilia in laudem Ecclesiae)'가 공식화되었다. 한편 산 레안드로는 서고트 이스파니아(Hispania)에 대한 학문의 중심지로 세비야 학교를 창시하기도 하였다. 그는 아리우스파에 맞선 날선 논쟁서에서부터 자기 누이인 플로렌티나 수녀에게 준 교육서에 이르기까지 자신의 가르침과 설교로 이미 독보적인 위치를 차지하고 있었다. 무엇보다 성직자 교육에 관한 그의 관심에 따라 세비야 학교도 주로 여기에 역점을 두며 운영되었다.

Ledesma Ramos, Ramiro (라미로 레데스마 라모스)　　정치가이자 작가로, 1905년 3월 23일 스페인 알파라스(alfaraz)에서 태어났으며 1936년 스페인 파라쿠에요스 데 하라마(Paracuellos de Jarama)에서 사망했다. 방대한 학문적 지식과 언어적 능력을 인정받아 23살이라는 젊은 나이에 당대 가장 권위 있는 간행물들의 출판에 참여한다. 그러나 개인적 사상의 확립과 더불어, 스페인의 역사적 상황의 중대성이 그를 정치활동으로 이끌었으며, 이에 몇몇 친구 그리고 뜻이 맞는 이들과 함께 '국가 정복(La conquista del Estado)' 이라는 이름의 정치적 성명을 발표하기에 이른다. 이후 공세적 국가 신디컬리즘 위원회(JONS, Juntas de Ofensiva Nacional-Sindicalista)를 창당하였다. 내전이 일어나고 얼마 지나지 않아 총살되었다. ⇒ Guerra Civil Española(스페인 내전)

Legión (스페인 외인부대)　　1920년 리프 전쟁(Guerra de Rif)에 참여하기 위해 호세 미얀 아스트라이(José Millán-Astray)가 만든 부대이다. 죽음에 대한 두려움을 극복하는 것이 부대의 이상이다. 유명한 지휘관 중에 프란시스코 프랑코(Francisco Franco)가 있다. ⇒ Franquismo(프랑코주의)

Legión Cóndor (콘도르 군단)　　스페인 내전 시 독일 제국으로부터 파견되어 반란을 도왔던 군단이다. 당시 히틀러는 루프트바페(Lufswaffe)의 제안으로 당시 독일 공습 무기를 실제 전쟁에서 시험해보기 위하여 프랑코에게 비밀리에 군사들을 파견하였고, 뿐만 아니라 미사일 발사대, 장갑차, 물적 자원 등을 지원하였다. 스페인 내전에 히틀러가 개입하면서 독일 무기의 결함들을 보완하고 질을 향상시킬 수 있었고, 이후 공습작전에 성공할 수 있었다. ➡ Guerra Civil Española(스페인 내전)

Legua (레구아)　과거 길이의 단위이며 이는 한 사람이 한 시간 동안 걸을 수 있는 거리 혹은 동물에 타서 갈 수 있는 거리를 말한다. 그렇기 때문에 지형에 따라서 1레구아는 다르게 나타났다. 스페인에서의 1레구아는 20,000걸음을 나타내며 이는 약 5,572.7m이다.

Leguina, Joaquín (호아킨 레기나)　(1941~) 스페인의 정치인이다. 1973년 칠레로 건너가 임무를 수행하던 가운데 피노체트(Pinochett)의 쿠데타를 겪었다. 1977년 사회노동당(PSOE)에 입당했으며 소설가로서 다수의 작품을 남기기도 했다.

Lemas del franquismo (프랑코주의 표어)　프랑코(Franco) 정권이 이념으로 삼았던 표어로 전통주의적, 군국주의적, 정교 일치주의적, 보수주의적 성향을 담고 있다. 가장 대표적이자 공식적이었던 두 표어는 "Una, Grande, Libre(하나의, 위대한, 자유로운 국가)"와 "Plus Ultra(저 멀리)"였다. ➡ Franquismo(프랑코주의)

Lendakari (렌다카리)　바스크 국민당(Partido Nacionalista Vasco)이 만든 명칭으로, 바스크 정부의 대통령을 일컫는 말이다. 바스크어로 '첫 번째로 통치하는 사람'이라는 뜻을 가지고 있다. 정부 청사는 비토리아(Vitoria)에 위치하며 대통령 관저인 아후리아 에네아(Ajuria Enea) 옆에 세워져 있다.

Lenguas prerromanas (로마지배 전 언어)　초기 스페인 내 거주하던 집단들의 언어를 의미한다. 주로 이베리아인(liberos), 리구리아인(ligures), 켈트인(celtas), 타르테시오인(tartesio)의 언어였다. 이는 기원전 3세기 로마가 스페인을 지배하면서 부터 사라지게 되었고, 바스크(El país vasco)를 제외한 스페인 전 지역에 라틴어의 영향이 자리 잡기 시작하였다. 'Pre'는 '-전'이라는 의미의 접두어이며, 'Romanas'는 '로마의'라는 뜻의 스페인어이다.

León, Juan Ponce de (후안 폰세 데 레온)　(1460~1522) 에스파뇰라 섬 정복에 참여했던 스페인의 정복자이자 탐험가이다. 푸에르토리코를 정복해 도시를 건설했다. 에스파뇰라 섬과 푸에르토 리코의 총독이기도 했다. ➡ Hispanidad[이베리아성(포르투갈 및 브라질 제외)]

Leonor de Alburquerque, Reina de Aragón (레오노르 데 알부르케르케, 아라곤의 왕비) 아라곤의 왕비로 1350년에 태어나 1455년에 생을 마감했다. 알부르케르케(Alburquerque) 백작인 산초 데 트라스타마라(Sancho de Trastámara)의 딸로 상당한 가문의 영지를 상속받았다. 페르난도 1세(Fernando I)와 혼인해 아라곤 왕국의 왕비가 되었으며 '아라곤 왕자들(infantes de Aragón)'의 어머니이다. ➡ Aragón, Corona de(아라곤 연합왕국)

Leonor de Austria (레오노르 데 오스트리아)　1498년에 태어나 1558년에 사망하였으며 미남 펠리페(Felipe el Hermoso)와 광녀 후아나(Juana la Loca)의 딸이자 카를로스 5세(Carlos V)의 누이이다. 1518년 포르투갈 왕 마누엘 1세(Manuel I)와 혼인했지만 그가 사망하자 1529년에 프란시스코 1세와 재혼했다. ➡ Austria, Casa de[오스트리아 왕가(스페인계)]

Leovigildo (레오비힐도)　서고트족 18대 왕. 525년경 출생 586년 사망. 568년부터 형 리우바 1세(Liuva I, ?~572)의 양보로 통치를 함께하였다. 리우바 1세가 죽자 572년부터 이스파니아(Hispania)와 셉티마니아(Septimania)의 왕이 되었으며 585년부터는 갈리시아(Galicia)도 통치했다. 정략결혼을 두 번 했으며, 많은 전쟁을 일으키고 승리하여 이베리아 반도를 거의 모두 점령했다. 레오비힐도 법전을 만들었다. ⇒ Reino visigodo(서고트 왕국)

Lequeitio (레케이티오)　스페인의 바스크(País Vasco) 자치주에 위치한 도시이다. 약 6,600명의 인구가 살고 있는 작은 규모의 도시이지만 13세기 건축물과 방어 성벽의 잔해 등 역사적 유적이 많이 남아 있다. 이사벨 2세(Isabel II)와 오스트리아의 여제 지타(Zita)가 유배 생활한 우리바렌 성(palacio de Uribarren)이 있는 곳이기도 하다.

Lerena, Pedro López de (페드로 로페스 데 레레나)　1734년 발데모로(Valdemoro)에서 대이나 1792년에 사망한 스페인 정치가. 카를로스 3세와 카를로스 4세(Carlos IV) 치하에 재무장관과 국방장관을 지냈으며 관세제도의 체계화와 국립은행(Banco Nacional)의 발전을 위해 노력했던 인물이다. ⇒ Carlos III(카를로스 3세)

Lerma (레르마)　스페인 중북부에 위치한 도시로 카스티야 이 레온 자치주에 속한다. 공작령 레르마는 펠리페 3세(Felipe III) 치하에서 전성기를 맞이했다.

Lerroux García, Alejandro (알레한드로 레룩스 가르시아)　(1864~1949) 스페인의 정치가로 제2공화국 당시 급진적인 공화당의 지도자였다. 1933년부터 1935년 사이 여섯 개의 정부가 들어서는 동안 그는 세 번에 걸쳐 수상에 재임되었으며, 이 외에도 여러 각료직을 역임하였다. ⇒ República II(제2공화국)

Leruela, Miguel Caxa de (미겔 카사 데 레루엘라)　(1562~1631) 스페인 쿠엔카(Cuenca) 팔로메라(Palomera)에서 태어난 스페인의 농학자이며, 17세기 초에 많은 활동을 한 것으로 알려져 있다. 26년 동안 판사였으며, 나폴리 정부의 공무원, 1623~1625년까지 메스타의 판사(Alcalde Mayor Entregador)이기도 했다. 그는 번성하는 농업 경제를 위해서는 농업과 목축 사이의 균형을 유지해야 한다고 했다. 미겔 카사 데 레루엘라에 따르면, 공유지 매각의 결과로 목초지와 일반 토지의 개간은 농업과 목축 중 목축이 손해를 보는 심각한 불균형을 발생시켰다고 한다. 이에 농업과 목축의 균형을 유지하기 위해서, 그는 양들이 포도밭의 잎을 통해서 영양분을 채우고 배설물로 인해 흙을 비옥하게 하자고 했다. 미개간 국유지 판매로 인한 환경 피해 역시 인식하고 있었다. ⇒ Mesta(메스타)

Letrados* (법학자들)　중세 말부터 카스티야 왕들은 효율성을 위해 행정적, 법적 업무를 대학에서 법학 교육을 받은 사람들에게 위탁했다. 1406년과 1442년 카스티야에서는 '법박사들'이 왕실평의회(Consejo Real)를 구성하리라는 법령이 공표되었다. 엔리케 4세(Enrique IV)는 1459년 왕실평의회의 12명 중 8명을 법학자들로 충원했다. 가톨릭 공동왕(Reyes Católicos)은 톨레도 의회에서 이러한 조치를 인준하고 1493년에는 왕실평의회의 모든 구성원들이 대학에서 최소 10년간 법 지식을 쌓은 법학자들이어야 한다고 규정하였다. 이때부터 모든 고등행정기관에서는 법학 공부를 한 대학 학사 혹은 박사라는 의미의 '레트라도스(letrados)'가 사용되었다. 법학자들은 새로 설립되는 최고 법원(audiencia와 chancillería)과 왕실대리관직(corregimiento)에서 판관(oidor)의 직책을 맡게 되었고, 펠리페 2세 통치 아래에서는 법학자들이 왕실 대리관직의 약 절반가량을 차지하게 되었다. 16세기 초에 법학자들로 구성된 관료기구는 프랑스에서와 같이 엘리트의 세습기구로 변질되는데, 엘리트층의 자제는 대개 부친의 경력을 따라 대학에 들어가고 관료직에서 중요한 자리를 차지하게 되었던 것이다. 16세기 연대기자인 디에고 우르타도 데 멘도사(Diego Hurtado de Mendoza)는 "가톨릭 공동왕이 귀족과 평민의 중간층인 법학자들의 손에 사법과 공공업무를 놓았다"라고 기술할 정도였다. 그러나 여기서 '중간층'이라는 표현은 사실상 잘못된 것으로 법학자들은 대개 대귀족 가문에 속하지는 않았어도 어떤 경우에서든 귀족에 속한 자들이었고 그들 중 상당수는 심지어 카스티야의 작위(título)까지 받았기 때문이었다. 그들은 왕의 자문관으로서 혹은 법원의 판사로서 국가의 주요 행정직을 점유하였으며 자주 귀족층 위에서 권한을 행사하기도 하였다. 더욱이 카를로스 5세는 1534년 마드리드 의회에서 볼로냐와 바야돌리드, 살라망카(Salamanca), 알칼라 데 에나레스(Alcalá de Henares) 대학에서 박사학위를 취득한 자들은 세금에서도 면제되도록 결정하였다. 세금면제는 자동적으로 귀족의 범주 안에 포함된다는 것을 의미하는 것으로 1553년에는 아라곤 왕국도 동일한 조치를 취하였다. 그렇다고 해서 '레트라도스'가 반드시 법학자일 필요는 없었다. 성직자일 때도 있었기 때문이다. 스페인에서는 다른 나라와 달리 시 행정 안에서 교회 행정과 국가행정이 따로 구별되어 있지 않았다. 대학 학사든, 성직자든, 법학자든 모두가 동일한 교육을 받았고 행정직에 들어가게 되면 국가나 교회에 속한 것과 상관없이 업무를 담당하여야 했다. 예를 들어 16세기 초에는 성직자가 아닌 레트라도스가 스페인 종교재판소에서 종교재판관직을 맡을 수 없었던 것과 같았다. 한편 아메리카에 행정기관이 설립되면서 카스티야 관료층은 더욱 많은 기회를 가지게 되었고 1707년에 특별자치법(fueros)이 폐지되면서 이러한 특혜는 더해졌다. 왜냐하면 이전에는 출생지의 이유로 진입할 수 없었던 타 왕국의 공직에도 이제는 들어갈 수 있게 되었기 때문이다. 심지어 아메리카에서는 지역의 최고 법원과 같은 고위 행정직은 반드시 카스티야인들로 구성되어야 한다고 법으로 규정되기까지 하였다. 이는 특정 이익에 따라 편파적인 보고서를 작성할 수 있는 아메리카인들을 의도적으로 고위직에서 배제시킴으로써 부패를 방지하고자 하는 목적에서였다. 그러나 그렇다고 해서 부패가 완전히 차단될 수 있는 것도 아니었다. 오히려 1707년부터 카스티야 엘리트에 의한 권력 독점 현상은 아라곤과 아메리카에서 심각한 불만을 야기하였다. 이론적으로는 특별자치법의 폐지로 인하여 아라곤인들도 동일하게 카스티야의 직책을 점유할 수 있는 가능성이 열린 셈이었지만 실제로는 자기 출신 지역의 공직에 조차도 진입하는데 제약을 받았기 때문이다. 예를 들어 1770년까지도 발렌시아(Valencia)에 있는 대부분의 고위 행정직이 카스티야의 주요 대학에서 공부한 사람들에 의해 점유되었던 것과 같다.

Levante (레반테) 스페인 안달루시아 주 코르도바 시의 행정구이며 면적은 888,35km², 인구는 53,134명(2009년)이다.

Levante el mercantil valenciano(Levante-EMV) (레반테 엘 메르칸틸 발렌시아노) 1872년 창간된 스페인 발렌시아(Valencia)의 신문이다. 에디토리알 프렌사 이베리카(Editorial Prensa Ibérica) 사(社)에 소속되어 있는 이 신문은 매일 6개의 지역에서 판매되며, 그중 판매 부수가 가장 높은 지역은 카스테욘 데 라 플라나(Castellón de la Plana)이다. 스페인 내전(Guerra Civil Española) 동안에는 발행이 중단되다가 1939년 <Levante>로 재탄생되었다.

Levante UD (레반타 우데) 레반테 우니온 데포르티바(Levante Unión Deportiva, S.A.D.)의 약자로 발렌시아의 축구 클럽이다. 1909년 9월 창설되었으며, 현재까지 스페인 리그에서 활동하고 있다.

Ley antitabaco de España de 2011 (2011 스페인 흡연 방지법)   2011년 1월 2일부터 실시된 스페인 흡연 방지법은 2006년 흡연 방지법이 수정된 법으로, 공공장소에서는 야외이더라도 흡연이 금지된다는 사항이 명시되어 있다. 이 법안이 통과되면서 스페인은 세계에서 야외 흡연이 금지된 얼마 안 되는 국가들에 포함되었으며, 특별히 교육기관이나 대학교, 건강 및 보건 관련 기구와 놀이터 등에서는 집중 단속되고 있다. 공항의 경우에만 제외되는데, 흡연실이 따로 비치되어 있거나 공항 주변 야외에서 흡연이 가능하다.

Ley de Convenios Colectivos (단체 협약법)   회사를 감찰하는 이들과 노동조합원들의 세력을 키우는 역할을 했다. 이는 곧 노동자들의 임금과 노동 조건이 회사의 대표진과 노동자들 사이에서 공식적 협약으로 정착되는 것을 의미했다. 그러나 이 법은 노동 분쟁이 더욱 기지는 결과를 낳게 하였다.

Ley de desamortización general de Madoz (마도스의 총토지매각법)   진보주의의 2년 시대(Bienio Progresista) 동안 추진된 일이다. 1855년 1월 21일부터 7월 6일까지 재무부 장관으로 임명된 파스쿠알 마도스 에 이바녜스(Pascual Madoz e Ibáñez)는 총토지매각법을 도입했다. 그러나 법이 승인되었음에도 불구하고 반대 의견들이 빗발치면서, 결국 그는 사임하였다. ⇒ Isabel II(이사벨 2세, 1830~1904, 재위: 1833~1868)

Ley de Partidos (정당법)   스페인 정당들의 기본적인 규범에 관한 법이다. 이 법은 2002년 6월 27일에 통과되었는데, 먼저 스페인 각료이사회(Consejo de Ministros)에서 사법평의회(Consejo General del Poder Judicial)와 국가평의회(Consejo de Estado)의 정보를 바탕으로 논의되었고, 같은 해 4월 의회에 전달되어 정당들의 투표로 승인되었다.

Ley de Prensa (언론법)   1874년 이래 언론의 자유에 관한 수많은 법안이 등장했다. 그중 1883년 활자법은 오늘날까지 제정된 법안 중 가장 자유주의적인 성향을 보인다. 1966년부터 언론은 탄압과 심의의 대상이 되었으며 언론법은 언론 기관들의 자유를 제한하기 위해 존재했다. 스페인의 경우 20세기 후반에 들어서서 현대적 의미의 언론의 자유가 보장된 언론법이 등장했다.

Ley de Principios del Movimiento Nacional (국민운동 원칙법)   프랑코 체제의 정치 개혁 시도로 1958년에 시행된 법이다. 이름에서 알 수 있듯이 이상적인 국민은 국가와 가족 그리고 종교로 거듭날 수 있으며, 국가의 근본적인 법을 따르고 스페인의 보수주의적인 군주제를 따라야 한다고 설명한다. 이것은 프랑코 자신이 먼저 공포하고 추후에 의회의 승인이 있었다. ⇒ Franquismo(프랑코주의)

Ley de Reforma Agraria de España de 1932 (1932년 스페인 농지개혁법)   9월 9일 공포된 제2공화국의 야심 찬 프로젝트이다. 스페인 제2공화국은 스페인 남부에 지배적인 대토지 소유의 문제점을 해소하고 사회적 평등을 이루어내기 위해 본 법안을 만들어냈다. 정부는 약 2백만 명의 농민들이 자신의 농지 없이 생활하는 처지를 바꾸기 위해 대토지를 작은 구획의 토지들로 재분배하는 방식을 채택하였다. 하지만 대토지 소유자들의 극심한 반대에 부딪혀 애초 계획을 실행에 옮기지 못하고 불만만 야기한 채 일단락 지어져야 했다. ⇒ República II(제2공화국)

Ley de Sucesión en la Jefatura del Estado (국가 원수 계승법)   1947년에 공포된 법령으로 프랑코주의의 핵심 법률들(Leyes Fundamentales del franquismo) 중의 하나이다. 이 법은 프란시스코 프랑코(Francisco Franco)가 국가 원수로 활동을 계속하기 위해 만들어진 것으로, 자기 자신을 국가 원수로 제안 및 신청하고 국회에서 승인하여 계승하였다는

점이 특징이다. ⇒ Franquismo(프랑코주의)

Ley General de la Comunicación Audiovisual(España) (시청각 통신 일반법)   2010년 3월 18일 의회에서 통과된 법안이다. 2009년 10월 23일 호세 루이스 로드리게스 사파테로(José Luis Rodríguez Zapatero) 정부의 각료이사회에서 사전에 통과가 된 바 있다. 국가 최초로 매스컴과 관련하여 적용된 법안이다.

Ley Moyano [레이 모야노(모야노 법)]   교육을 관장하는 법률로서 스페인에서 1857년에 온건 정부에 의해 제정되었다. 이 법률을 통해서 스페인의 참담한 교육 현실을 개선하려고 노력했다. 스페인은 당시 유럽 국가들 중 문맹률이 가장 높은 나라 중 하나였다. 이 법률에 의하면 초등교육은 12세까지 의무였으며, 가정 형편이 어려운 학생들은 등록금이 면제되었다.

Ley Orgánica de Armonización del Proceso Autonómico(LOAPA) (자치화 조정 조직법)   새로운 자치정부 수립을 위한 조직법으로서 먼저 사회노동당과 민주연합당(UCD) 간에 협약이 이루어지고 1982년 7월 30일 주 의회에 의해 승인되어 공표되었다. ⇒ Partido Socialista Obrero Espáoñol(PSOE, 스페인사회노동당)

Ley Orgánica de Ordenación General del Sistema Educativo de España(LOGSE) (스페인교육총괄조직법)   프랑코 독재부터 시행되었던 1970년 교육법을 대체하여 사회노동당 정부에 의해 1990년 공포된 법안으로서 2006년 교육조직법(LOE)이 제정되면서 폐지되었다. 유아교육은 자율이자 무료로 지원하고 초등교육은 의무제로 초급(1, 2학년), 중급(3, 4학년), 고급(5, 6학년)으로 나뉘며 중등교육은 12~16세의 의무교육을 골자로 한다. ⇒ Partido Socialista Obrero Espáoñol(PSOE, 스페인사회노동당)

Ley Orgánica de Universidades [대학조직법(LOU)]   스페인조직법 6/2001에 해당하며 1983년의 대학조직법을 개혁하여 2001년 국민당 출신 호세 마리아 아스나르(José María Aznar) 정권 당시 제정되었다. 대학교육 개혁으로 인해 학생들의 대규모 시위들이 뒤따랐으며 2007년 스페인조직법 4/2007으로 개정되었다. ⇒ Partido Popular(PP, 민당)

Ley Orgánica del Estado (국가조직법)   1967년 프랑코(Franco)의 독재 기간 동안 제정된 법안이다. 당시 기술자 출신의 고급 관료들이 실권을 잡고 있었으며 국가조직법을 뒤따른 일련의 법안들과 함께 프랑코(Franco) 정권의 조직화가 시작되었다. 이 법안으로 인해 국무총리와 국가 원수의 역할이 분리되었다. ⇒ Franquismo(프랑코주의)

Ley para la Reforma Política (정치개혁법)   스페인 의회의 승인과 1976년 12월 국민 투표를 통해(80% 찬성 지지율) 시행된 법이다. 스페인 전체 인구의 77%가 참여하여 통과된 이 법은 국가기본법(Ley Fundamental)의 성격이 짙었다. ⇒ Transición democrática Española(스페인 민주화 이행기)

Leyenda negra* (검은 전설)   경멸적이며 역사적 엄밀성이 결여된 시각에서 비롯된 스페인 역사해석이라고 할 수 있다. 당시의 상황을 윤리적·문화적인 맥락 안에서 이해하려고 하기보다 가장 잔인하고 어두운 면만을 강조하려고 하였기 때문이다. 전통적으로 '검은 전설'은 펠리페 2세(Felip II) 시대의 사건들을 집중 조명하고 있으며, 그를 모든 악의 근원으로 그리고 있다. 스페인역사에 대한 이와 같은 편견은 곧 유럽 전역으로 빠르게 확산되었고, 특히 스페인 제국과 경쟁 관계에 있었던 나라들이 적극 활용하면서 18세기와 19세기에도 그 확장세를 더해갔다. 그러나 20세기에 들어서서 엄밀한 관점과 보다 포용적인 시각이 대두되면서 스페인 역사와 펠리페 2세의 어두운 면들을 다르게 접근하는 경향이 생겨나게 되었다. 적어도 신민의 선을 위하여 올바른 방식으로 처리하려 했다는 개연성의 여지와 정적들과 달리 정치 선전이라는 기술을 적절히 활용하지 못했던 왕과 사건들에 대한 이해, 그리고 그 이면의 동기들을 분석하고자 하는 흐름이 나타나게 된 것이다. 스페인의 검은 전설은 합스부르크 가문의 정책들, 즉 플랑드르 지방의 반란 진압이나 아메리카 정복과 식민화의 문제 등을 대상으로 하고 있는데, 이 모든 악의 근원은 사생활뿐 아니라 정치적인 면에서도 최악의 결점을 지닌 폭군 펠리페 2세로부터 연유되었다는 인식을 전제로 하고 있다. 저자들은 이를 위한 논거로 아메리카 정복에서 스페인 정복자들의 만행을 1515년 고발한 바르톨로메 데 라스 카사스 수도사(fray Bartolomé de las Casas)의 입장과 기록물을 활용하였나. 아울러 1581년 기예르모 데 오렌지공(príncipe Guillermo de Orange)이 출판한 변론서는 펠리페 2세를 중혼자로, 아들 카를로스 황태자(príncipe don Carlos)와 아내인 이사벨 데 발로아(Isabel de Valois)의 살인자로, 또한 성난 폭군이자, 간음자, 근친상간자로 만들어버렸다. 이 문건은 펠리페 2세가 자신을 불충과 반란, 배신자로 규정짓고 추방령을 내린 것에 대한 반박으로 기술된 것으로써, 결과적으로 전 유럽에 엄청난 파장을 일으키며 초판 이듬해에 타 언어들로 6판까지 출판되는 등 놀라운 판매량을 기록할 수 있었다. 또 다른 출처는 왕의 총애를 잃은 안토니오 페레스(Antonio Pérez)가 출판한 일명 『*Relaciones*』라고 할 수 있다. 안토니오 페레스는 펠리페 2세의 전 개인비서로서 왕의 충실한 공복이자 전적으로 신뢰를 받았던 인물이다. 그러나 그 후 죄수의 몸이 되어 외국으로 도주하여 책을 출간하였을 때는 이 책은 가장 저급한 관점에서 왕의 됨됨이와 행동을 폭로하고자 하였을 뿐아니라, 과거에 왕을 근거리에서 관찰할 수 있었다는 자신의 지위를 빌미로 내용을 주도면밀하게 취사선택, 기술하였던 것이다. 따라서 독자는 페레스의 보고서를 읽으면 자연히 돈 후안 데 아우스트리아(don Juan de Austria)의 개인 비서이자 페레스 자신이 배신자라고 모함한 바 있었던 에스코베도(Escobedo)의 석연치 않은 살인사건에 왕이 개입되었다는 유추를 하게 된다. 오만과 잔인성, 퇴폐성(lasciva), 심지어 유대인 혹은 모슬렘의 피로 오염된 자라는 모함이 펠리페 2세를 따라다녔다. 스페인의 권력이 유럽에 침투해감에 따라 검은 전설 또한 확산되어갔다. 사실 스페인의 왕에게 비난할 수 있는 결함이라고 한다면 바로 미숙함이라고 할 수 있는데 왜냐하면 그는 그의 영토를 확장하는데 쏟았던 열정과 헌신만큼 정치 선전을 통해 자신의 인기를 개발하고자 하는 노력을 하지 않았기 때문이다. 설상가상으로 검은 전설은 펠리페 2세의 인물됨과 통치방법들에서만 그 원인을 찾을 수 있는 것이 아니고, 알바공작(Duque de Alba)이 플랑드르의 총독으로 파견되면서 일으킨 여러 사건들로 더욱 강화되었다. 그는 아직 위협적이지 않았던 플랑드르 반란자들을 초기에 능숙히 처리하지 못하고, 되레 잔인한 폭동재판소(Tribunal de los Tumultos)를 복원하는 등 억압적인 정책들을 시행하는 데 주저하지 않았다. 이 폭동재판소는 6년 동안 천 명 이상의 사람들을 사형에 처한 바 있으며, 그 가운데에는 자유의 상징으로 그 이름이 역사에 기억되는 에그몽(Egmont)과 온(Horn) 백작과 같은 유명 인사들도 포함되어 있었다[몇 세기 후에 베토벤(Beethoven)이 플랑드르 영웅의 전설적인 인물로 그의 곡을 헌사한 바 있는 에그몽 작품을 상기하면 된다]. 이후 검은 전설에 맞선 반대급부로서 스페인 역사와 펠리페 2세의 치적을 미화시키는 현상이 일어나기 시작했고, 그의 치세기는 후대의 스페인 사람들에 의해 일종의 '황금

세기(edad de oro)'로 인식되기 시작했다.

Leyes de Burgos (부르고스 법) 17세기에 인디아 법전에 포함된 법으로 1512년 부르고스 위원회에서 통과되었다. 인디언 착취와 학대를 규제하는 내용의 이 법안은 안토니오 몬테시노스 수도사의 고발이 시발점이 되었다. ➡ Hispanidad[이베리아성(포르투갈 및 브라질 제외)]

Leyes de Indias (인디아 법전) 1680년 새로운 법전을 편찬하는 과정에서 아메리카 식민지 부왕령의 스페인 지도자들을 대상으로 집대성한 법전이다. 스페인은 이로써 식민지들을 다스리기 위한 법적 체계와 명분을 다졌다. ➡ Hispanidad[이베리아성(포르투갈 및 브라질 제외)]

Leyes Nuevas (신법) 17세기에 인디아 법전에 포함된 법으로 1542년 카를로스 1세(Carlos I)가 바르톨로메 데 라스 카사스(Bartolomé de las Casas)의 탄원서를 읽고 제정했다. 엔코미엔다(Encomienda)와 레파르티미엔토(Repartimiento) 제도를 규제하고 인디언 노동력 착취를 제한하는 내용을 다루고 있다. ➡ Hispanidad[이베리아성(포르투갈 및 브라질 제외)]

L'Hemisfèric(El Hemisférico) (반구형 건물) 스페인 발렌시아에 있는 문화 예술 종합 공간 중 하나이다. 거대한 단지에서 1998년 처음으로 산티아고 칼라트라바(Santiago Calatrava)에 의해서 세워졌다. 이 반구체의 모티브는 현자의 눈(El ojo de la sabiduria)이다. 평방 900m의 이 반구체는 현재 영화관으로 사용되고 있다.

Liber Iudiciorum [리베르 이우디시오룸(법전)] 서고트족의 마지막 법전 중 하나이다. 레오비힐도(Leovigildo) 왕과 그의 후계자 레카레도(Recaredo) 왕의 통치기간 동안 영토의 문제에만 편중돼 있었다. 이 새로운 법전은 7세기경 형사법을 보완한 것이다. 총 12권으로 이뤄져 있으며 고트족과 이베리아 반도의 로마인들을 사실상 통합하는 첫 법전이 되었다. ➡ Reino visigodo(서고트 왕국)

Liberalismo (자유주의) 시민의 자유와 폭정에 반대하는 철학, 경제 그리고 정치적 시스템이다. 그 힘은 법률과 대의민주제 그리고 권력의 분배를 바탕으로 하고 있다. 따라서 자유주의는 개인의 자유와 자유로운 인격 표현을 중시하는 사상 및 운동으로 사회와 집단은 개인의 자유를 보장하기 위해 존재한다고 보고 있다.

Licinio Lúculo, Lucio (루시오 리시니오 루쿨로) 로마 공화정시대의 군인이자 정치가이다. 기원전 115년에 태어났으며 49년에 생을 마감했다. 술라(Sulla)의 휘하에서 동맹시 전쟁(Guerra Social)에 참전해 큰 성과를 냈으며 미트라다테스 전쟁(Guerra Mitridática)에서 승리를 거두었다. 아시아의 재무관, 아프리카의 법무관으로 선출되었고 74년에는 스페인의 집정관으로 선출되었다. ➡ Romanización(로마화)

Liga de Cognac (코냑 동맹) 황제 카를로스 5세(Carlos V)의 멸망을 목적으로 프랑스의 프란시스코 1세(Francisco I)와 교황 클레멘테 7세(Clemente VII), 베네치아, 피렌체, 밀라노 사이에 맺어진 동맹이다. 코냑 동맹 전쟁은 1526년부터 1530년까지 계속되다가 캄브레 조약(Tratado de Cambrai)을 체결하면서 종결되었다. ➡ CarlosI(카를로스 1세)

Liga Santa (신성동맹) 1495년에 루도비코 스포르사(Ludovico Sforza, 1452~1508)와 베니치아 도시의 지휘 아래 아라곤의 페르난도 2세(1452~1516), 교황 알렉산더 6세(Alexander VI, 1431~1503), 신성로마제국의 황제 막시밀리안 1세(Maxilian I, 1459~1519), 밀라노 도시 사이에 맺어진 정치 군사 연합이다. 이들 연합의 목적은 프랑스 왕

찰스 8세(Charles VIII, 1470~1498)의 이탈리아 침공에 대항하기 위한 것이었으며 1496년 프랑스군을 이탈리아에서 몰아내는데 성공한다. ➡ Fernando II de Aragón(아라곤 국왕 페르난도 2세)

Liga Santa o de Lepanto (레판토 동맹) 동부 지중해에서 베네치아 세력을 몰아내기 위해 1570년 사이프러스에 침입한 오스만 투르크의 술탄 셀림 2세(Selim II, 1524~1574)에 대항하여 1571년 5월 25일 스페인, 베네치아 그리고 교황령 사이에서 맺어진 군사 동맹으로 신성동맹 혹은 레판토 동맹이라고 불린다. ➡ Felipe II(펠리페 2세)

Limbo (림보) 로마 가톨릭 신학에서 예수를 알지 못하고 원죄 상태에서 죽은 사람들의 사후에 관한 개념이다. 중세 신학자들이 지하의 사후세계를 지옥, 연옥, 성조들의 림보, 유아들의 림보 네 곳으로 나뉘어 있다고 생각했으며, 림보는 가톨릭이나 다른 종교에서 공식적으로 받아들인 교리는 아니다.

Limpieza de sangre* (순혈) 순혈을 증명하라는 요구 즉 유대인이나 모슬렘의 선조를 두지 않았고 혹은 종교재판소에 의해 처벌된 조상이 없이 구기독교인(cristiano viejo)이라는 입증을 해야 하는 것이 15세기 말 이베리아 반도에서 공직에 진입하려는 자에게 부과된 조건이었다. 그러나 이와 같은 조치를 옹호하는 움직임은 이미 그 이전부터 있었다고 볼 수 있는데 알칸타라 수도회(orden de Alcántara)의 1483년 법령이 그 예라고 할 수 있다. 1522년에는 살라망카(Salamanca) 대학과 바야돌릿(Valladolid) 대학도 동일한 조건을 요구하기 시작하였으며, 이를 충족시키지 못하는 자는 입학이 허용되지도, 학위가 수여되지도 않았다. 이 시기 즈음부터, 그리고 카를로스 5세(Carlos V)의 에라스무스(Erasmo) 그룹이 영향력을 상실한 이후로, 순혈법령(estatutos de limpieza de sangre)은 입지를 굳히기 시작하였고 1540년대부터 1550년까지 마침내 일반화되기에 이르렀다. 특히 실리세오(Silíceo) 추기경이 옹호한 1547년 톨레도 대주교직의 법령은 중요한 선례로 남겨지게 되어 카스티야(Castilla)와 아라곤(Aragón) 왕국에 있는 교회직과 공공기관들을 막론하고 전면적으로 확대되었다. 이때부터 혈통적으로 흠이 없다는 증명을 하는 것이 이베리아 사회의 끈질긴 집착으로 바뀌게 되었으며, '깨끗한 자들, 구기독교인들, 일부 혈통으로부터 자유로운 자들은 평판을 얻게 되고, 아무리 오래전으로, 동떨어진 시기로 거슬러 올라가도 유대인이나 모슬렘이나 콘베르소(converso)와의 혼혈이 이루어지지 않았다면 존경받는' 시대가 되었다. 민중의 의식에는 근원적인 순수성이 종교적인 순수성과 일치하며 여기에서부터 개인의 명망과 사회적 평판이 달려 있다는 믿음이 자리 잡게 되었다. 이것은 인종차별적인 신념이라기보다는 신조, 태도, 존재방식이 피나 모유에서 전수된다는 '도덕적 혈통(sangre moral)'의 사상에 근거한 것으로, 피가 4세대가 지나고 나서야 깨끗해진다는 생각을 내포하고 있었다. 한편 이와 같은 조치가 시행되면서 야기되는 폐단들을 막기 위해 1623년 개혁위원회(Junta de Reformación)는 말이나 루머를 근거로 증명하는 것을 금지하면서, 순혈의 증명에 대해 몇 가지 규범들을 세우기도 하였다. 즉 전사수도회(ordenes militares)의 재판소, 종교재판소, 톨레도(Toledo) 교회, 살라망카의 네 개의 학교들, 알칼라(Alcalá)와 바야돌릿(Valladolid)의 주요 학교들은 증명서를 시행해야 한다는 것이다. 17세기 내내 이 문제에 관하여 기나긴 논쟁이 전개되기도 하였는데, '도덕적 혈통'의 사상은 반기독교적이라고 주장하며 반론을 제기한 로코 캄포프리오(Roco Comporfio) 주교의 견해가 그 대표적인 사례라고 할 수 있다. 그럼에도 불구하고 순혈법령들은 18세기까지 계속 유지되었고, 19세기 자유주의 정권이 도래하여서야 폐지되었다.

Línea XYZ (XYZ 방어선) 스페인 레반테 지역의 하발람브레(Javalambre) 산맥을 기점으로 하여 토로(Toro) 산맥과 알메나라(Almenara) 고원을 거쳐 지중해 해안까지 연결되어, 공화파의 제2수도였던 발렌시아를 수호하기 위해 설계된 것이다. 이 방어선은 빌바오의 철강 벨트와는 다르게 스페인 동부의 복잡하고 험준한 지형을 최대한 이용하여 간단한 참호선과 위장된 벙커들로만 이루어졌고 적의 공중 폭격이나 대규모 포격에도 최대한 버텨낼 수 있도록 고안되었다. ➡ Guerra Civil Española(스페인 내전)

Líster, Enrique (엔리케 리스테르) 1907년에 태어나 1994년에 사망한 스페인의 정치가이자 군인이다. 스페인공산당(Partido Comunista de España)에서 활동을 하다가 스페인노동공산당(Partido Comunista Obrero Español)으로 노선을 변경했다. 스페인 내전 초기에 마드리드(Madrid)에서 매우 중요한 인물이었다. ➡ Guerra Civil Española(스페인 내전)

Liuva I (리우바 1세) 서고트족 17대 왕. 출생 연도는 알려지지 않았으며 572년 사망. 568년 아타나힐도(Atanagildo, ?~567)가 죽자 왕위를 물려받았다. 자신보다 동생 레오비힐도(Leovigildo, ?~586)가 더 적합하다고 생각하여 왕위를 혼자 차지하지 않고 프랑크족의 침입을 막도록 레오비힐도를 셉티마니아(Septimania)에 보내 함께 통치하였다. ➡ Reino visigodo(서고트 왕국)

Liuva II (리우바 2세) 서고트족 20대 왕. 601년, 18세가 되던 해에 아버지 레카레도 1세(Recaredo I, ?~601)가 사망하여 왕위를 물려받는다. 602년 위테리코(Witerico, ?~610)에게 비잔틴인들과 싸우기 위하여 군대 지휘권을 주었으나 603년 위테리코가 오히려 그 군대로 왕에게 반란을 일으켜 죽게 된다. ➡ Reino visigodo(서고트 왕국)

Liviana (리비아나) 세기리야(seguiriya)와 같은 과에 속한 플라멩코의 한 장르이다. 가볍고 극적이지 않은 전개와 가사가 그 특징이다. 19세기 중반 토나(toná)의 변형으로 등장했다. 기타 연주 없이 노래만 하다가 20세기에 들어서 가벼운 연주를 곁들이게 됐다. 종종 더 중요한 곡에 앞서 전주곡과 같이 취급되기도 한다.

Livio, Tito (티토 리비오) 기원전 64년경 태어나 17년경에 사망하였으며 아우구스투스의 통치기간 동안 활동한 로마의 역사가이다. 그의 저서들은 윤리에 대한 엄격한 추구와 독특한 문체가 특징이며 문학적 가치 또한 지니고 있다. 대표적 업적은 142권으로 이뤄진 『Ab urbe condita』의 저술이다.

Llama (야마) 소목 낙타과에 속한 포유류로 안데스 지방에서 서식한다. 공기가 희박한 고지대에서도 살며 짐을 나르는 가축으로 오래전부터 활용되었다.

Lleida (예이다) 카탈루냐 자치주(Comunidad autónoma de Cataluña)에 위치한 도로 예이다(Lleida) 시를 수도로 두고 있다. 공식 언어는 스페인어(español)와 카탈루냐어(catalán)이다. 약 44만 명의 인구가 살고 있으며 산간 지역으로 자연 경관이 빼어나며 유네스코에 의해 인류문화유산으로 지정된 발데보이의 카탈란 로마네스크교회(iglesias románicas del Valle de Bohí)가 있다.

Lliga Regionalista (지역주의연맹 정당) 스페인어로 번역하면 'Liga Regionalista'라고 하는 지역주의연맹 정당으로 1901년에 설립되었다. 카탈루냐국립센터(Centre Nacional Català) 단체와 지역주의 조합(Unió Regionalista)의 종합적인 요소들을 가지고 있으며 세바스티아 토레스(Sebastià Torres), 알베르트 루시뇰 이 프랏츠(Albert Rusiñol i Prats), 바르토메우 로베르트(Bartomeu Robert), 그리고 유이스 도메넥 이 몬타네르

(Lluís Domènech i Montaner) 총 4명의 의원들에 의해 처음 세워졌다. 카탈루냐의 보수주의와 지역주의 성향을 갖고 있던 정당의 목표는 카탈루냐범공동체(Mancomunidad de Cataluña) 조직을 형성하는 것이었는데, 1914년 4월 프랏 데 라 리바(Prat de la Riva)의 노력 끝에 달성되었고, 스페인 제2공화국이 공식 발표될 때까지 카탈루냐의 지역주의 헤게모니를 주장했다.

Llimona, Josep (조셉 리모나)   (1864~1934) 스페인 카탈루냐 태생의 조각가이다. 바르셀로나 로트자 학교(escuela Llotja)에서 졸업한 뒤 아가피트 이 베난치 발미트자나(Agapit y Venanci Vallmitjana) 형제의 아틀리에에서 일을 하였다. 바르셀로나 시(市)의 후원으로 로마에 있었을 때 라몬 베렝게르 3세(Ramón Berenguer III) 기사단의 조각 스케치를 완성하고, 이후 파리토 이루했을 시에는 아우구스트 로댕(Auguste Rodin)의 영향을 받아 모데르니스모 양식으로 카탈루냐, 마드리드, 파리, 부에노스아이레스에 많은 작품들을 남겼다.

Llopis, Rodolfo (로돌포 요피스)   1895년에 태어나 1983년에 사망한 스페인의 정치인이다. 1917년 사회노동당에 입당했다. 스페인 공화국의 대통령이었으나 프랑스로 망명했다. 그러나 그곳에서도 사회당을 재조직하는 등 정치활동을 이어갔다. 정치뿐 아니라 교육의 증진을 위한 단체들을 만들고 다수의 저서들을 남겼다. ⇒ Partido Socialista Obrero Espaóñol(PSOE, 스페인사회노동당)

Lluch, Ernest (에르네스트 유츠)   1937년에 태어나 2000년에 사망하였으며 스페인의 정치인으로 2000년에 바르셀로나(Barcelona)에서 일어난 테러 사건의 희생자이다. 보건부 장관을 지냈고, 재임 기간 동안 스페인 전국 차원에서의 보건 정책을 시행했으며 건강 보험을 보편화하는 데 기여했다.

L'Oceanogràfic(El Oceanográfico) (발렌시아 해양 박물관)   스페인 발렌시아에 있는 문화 예술 종합 공간 중 하나이다. 이 해양단지에는 거대 수족관이 있고, 돌고래 쇼와 같은 공연장으로 되어 있다. 이 건물은 2002년도 건축가 펠릭스 칸델라(Felix Candela)에 의해 지어졌다. 현재 이곳에는 500여 종의 수중 동물 40,000여 마리가 살고 있다.

Loita Armada Revolucionaria(Lucha Armada Revolucionaria, LAR) (무장혁명투쟁단) 스페인 갈리시아 독립 좌파의 군사집단으로 갈리시아 무산계급당(PGP)과 갈리시아 자유당(GC-OLN)에 연계되어 있다. 1978년 7월 28일 산티아고 데 콤포스텔라(Santiago de Compostela) 지역에서 트럭 화재 테러를 일으켰다. 가장 잘 알려진 오렌세(Orense) 저축은행 강도사건도 감행하였으나 1984년 공식 해체되었다.

Lole y Manuel (롤레와 마누엘)   플라멩코 예술가인 돌로레스 몬토야 로드리게스(Dolores Montoya Rodríguez)와 마누엘 몰리나(Manuel Molina) 부부의 예명이다. 집시 출신의 돌로레스(Dolores)와는 달리 그녀의 남편은 공연계에서 활동을 시작했다. 70년대 중반 그들의 첫 음반인 「Nuevo día」의 발매와 함께 유명해졌다. 그들의 음악은 전통적인 플라멩코 선율에 현대적인 감각이나 아랍 선율을 더한 것이 특징이다.

Lonja (롱하)   상인들이 모이는 장소를 칭하는 단어이다. 스페인 북쪽, 특히 바스크(País Vasco)에서는 상업 거래가 이루어지는 모든 점포를 롱하라고 부른다.

López Álvarez, Francisco Javier (프란시스코 하비에르 로페즈 알바레스)   팍시 로페스(Patxi López)로 더 잘 알려진 스페인의 정치가로 2002년부터 에우스카디 에스케라 바스크 사회당인 PSE-EE의 사무총장이자 국회의원으로 활동하였으며 2009년부터 2012년

까지 바스크 주 정부의 주지사를 역임하였다.

López Dávalos, Ruy (루이 로페스 다발로스)　(1360~1428) 아르호나의 공작, 리바데오의 백작, 카스티야의 원수이다. 보잘것없는 가문 출신이었으나 탁월한 군사적, 정치적 감각으로 인해 엔리케 3세(Enrique III)의 즉위기간 동안 가장 강력한 세력으로 떠오른 인물이다. 아라곤의 왕자들과 함께 후안 2세(Juan II)에 맞섰으나 참패했다.

López de Córdoba, Leonor (레오노르 로페스 데 코르도바)　1362년경에 태어난 카스티야 (Castilla) 귀족 출신의 정치가이자 작가이다. 정치계에서의 활약과 페드로 1세(Pedro I) 시대의 혼란에 관해 집필한 회상록은 그녀로 하여금 당대의 가장 흥미로운 인물 중 한 명으로 꼽히게 하였다.

López de Haro II, Diego, Señor de Vizcaya (디에고 로페스 데 아로 2세, 비스카야 영주) 1150년경에 태어나 1214년에 사망한 비스카야의 다섯 번째 영주이다. 그의 통치하에 비스카야 영지는 영토적 통일을 이루고 하나의 비스카야를 이룩했다.

López de Haro III, Diego, Señor de Vizcaya (디에고 로페스 데 아로 3세, 비스카야 영주) 1230년경에 태어나 1254년에 사망한 비스카야의 일곱 번째 영주로 1236년에 계승했다. 아버지의 뒤를 이어 페르난도 3세를 섬겼으나, 현왕 알폰소 10세(Alfonso X el Sabio) 통치기에 견해 차이로 카스티야(Castilla)를 떠나 아라곤의 하이메 1세(Jaime I de Aragón)를 받들었다. ➡ Fernando III de Castilla y León(카스티야와 레온 국왕 페르난도 3세)

López de Haro, Diego, Señor de Vizcaya (디에고 로페스 데 아로, 비스카야 영주) 1070년경에 태어나 1124년에 사망한 비스카야의 세 번째 영주로 1093년에 즉위했다. 그의 통치기간 동안 비스카야는 아라곤(Aragón)의 통제를 받아야 했으며 카스티야 (Castilla)의 세력 궤도에서 멀어졌다.

López de Mendoza, Íñigo (이니고 로페스 데 멘도사)　첫 번째 산티야나 후작(marqués de Santillana), 레알 데 만사나레스 백작(Real de Manzanares)인 군인 및 시인이었다. 그는 카스티야의 후안 2세 시기 때 카스티야의 문학과 사회에서의 주요 인물이었다. 이니고 로페스 데 멘도사는 1458년 3월 25일 구아달라하라(Guadalajara) 그의 궁전에서 사망하였다. ➡ Castilla, Corona de(카스티야 연합왕국)

López Ezquerra, Íñigo. Señor de Vizcaya (이니고 로페스 에스케라, 비스카야 영주) 1020년경에 태어나 1077년에 사망한 비스카야(Vizcaya)의 첫 번째 영주이다. 비스카야 는 나바라의 위성국에 지나지 않았지만 이 시기부터 봉건국가가 되었으며 이때부터 나바라의 세력 궤도에서 벗어나 카스티야(Castilla)의 세력하에 놓였다.

López Fraga, Juan Antonio (후안 안토니오 로페스 프라가)　(1754~?) 스페인의 군인이다. 1782년 지브롤터의 포위에 참여했다. 마온(Mahon) 정복과 오란(Orán)의 수비대에도 활동했다. 1801년 이후 몬테비데오에 남겨둔 부인과 아이들에게 가기 위해 여러 번 은퇴를 요청했으나 매번 거절당했다.

López García, Antonio (안토니오 로페스 가르시아)　(1936~) 스페인 초사실주의의 대표적 화가이자 조각가이다. 1950년경에 화가로서의 길을 시작한 그는 마드리드의 모습이나 가족들의 초상화와 정물화 등을 즐겨 그리기도 하고 조각도 하였다. 어린아이의 낮의 얼굴과 밤의 얼굴로 나누어 조각한 그의 두 작품은 스페인 마드리드 아토차(Atocha) 기차역 야외에 전시되어 있다.

López Morán, Elías (엘리아스 로페스 모란)   (1857~1921) 스페인의 민족지학 학자이다. 호아킨 코스타(Joaquín Costa)의 측근이었다. 레온 지방의 관습법을 정리하는 일을 했다. 1901년부터 마드리드(Madrid) 윤리와 정치학 그룹이 진행한 스페인 사람의 탄생, 결혼 그리고 죽음에 관한 설문조사(Encuesta sobre las costumbres de nacimiento, matrimonio y muerte en España)에 적극적으로 참여했다.

López Rodó, Laureano (라우레아노 로페스 로도)   1920년에 태어나 2000년에 사망한 스페인의 정치가이자 법학자, 교수, 변호사이며, 프랑코(Franco) 정권 동안 장관을 역임했다. "발전 계획(Plan de desarrollo)"이라 불리는 정책의 책임자였다. 스페인의 대내적인 직책뿐 아니라 대외업무도 담당했는데, 그중에서 1973년부터 1976년까지 비엔나에서 외교관직을 역임한 경이 그러하다. ➡ Franquismo(프랑코주의)

López, Joaquín María (호아킨 마리아 로페스)   (1798~1855) 스페인의 정치인이자 작가로 알리칸테(Alicante) 주 비예나(Villena)에서 태어났다. 아라곤 연합왕국에 뿌리를 두는 유서 깊은 가문에서 태어났으며 오리우엘라 대학교(Universidad de Orihuela)에서 법학을 공부했고, 이 경험을 살려 잠시 동안 마드리드에서 변호사로 활동한 경력이 있다. 이후 1834년부터 1843년까지 국회의원으로 선출되었다. 활동기간 중, 1841년 3월 19일 마드리드에서 열린 국회 회의의 개막식에서 두 진보주의 진영의 대립이 있었다. 페르민 카바예로(Fermín Caballero), 호아킨 마리아 로페스(Joaquín María López)를 필두로 하는 급진진보파는 사회개혁을 동반하는 급진적 정치를 추구했고 에스파르테로(Espartero) 장군이 스페인의 유일한 통치자인 것에 반대 의견을 지니고 있었다. 반면 온건 진보파는 좀 더 온건적인 방법을 지지했다. 의회를 조정하는데 어려움이 생기자 에스파르테로 장군은 마드리드에서 호아킨 마리아 로페스를 대통령으로 임명하고 영국으로 망명을 갔으나 호아킨은 10일 후 자진 사임한다.

Lorenzo, San (성 로렌소)   2세기 말에 우에스카(Huesca)에서 태어나, 교황 식스토 2세(San Sixto II) 때 로마의 일곱 부제 가운데 한 사람이자 발레리아누스 황제의 박해로 순교하였다. 그의 축일은 8월 10일이다.

Los Albertos (2명의 알베르토)   스페인 20세기 말 경제계의 가장 유명한 기업인 듀오인 알베르토 코르티나(Alberto Cortina)와 알베르도 알코세르(Alberto Alcocer)를 일컫는다. 이들은 사촌관계로, 코플로위츠(Koplowitz) 자매와 각각 결혼했다.

Los comuneros (자치도시민들)   1520년과 1521년 동안 카스티야 왕국의 반란에 참가한 사람들을 말한다. "자치도시공동체(comunidades)"라는 용어는 세금을 다른 곳으로 돌리려는 Carlos 5세에 항의서에서 처음 나타난 말에서 유래되었다. ➡ Comunidades de Castilla[카스티야의 코무니닷(자치도시들)]

Los Reyes Católicos (가톨릭 공동왕)   카스티야 왕국의 이사벨 1세(Isabel I, 1451~1504)와 아라곤 왕국의 페르난도 2세(Fernando II, 1452~1516) 시대를 지칭하는 집합명사이다. 이 둘은 트라스타마라(Trastámara) 왕가의 출신으로 6촌 관계이며 이 둘은 교황의 허락을 받아 혈족 관계임에도 혼인하게 되었다. 1469년 아라곤 왕국의 지지 세력을 확보하고 있었던 이사벨과 1479년 아라곤 왕국의 왕이 된 페르난도가 결혼을 하게 되어 두 왕국이 한 가족으로 통합되었다. 이 결혼은 근대 스페인의 출발점이 되어 독립적으로 왕국을 통치했지만 실제로 카스티야 왕국과 아라곤 왕국은 수십 년이 지나도록 독립체를 유지하고 있었다. ➡ Isabel I de Castilla(카스티야 여왕 이사벨 1세), Fernando II de

Aragón(아라곤 국왕 페르난도 2세)

Los Ríos, Gutiérrez de (구티에레스 데 로스 리오스)   (1742~1794) 스페인의 정치인이다. 카를로스 3세와 긴밀한 관계를 유지했으며 교육과 성서를 중요시했다. 카를로스 3세와 나눈 서신, 정계에 대한 회고록 등을 남겼다. ⇒ Carlos III(카를로스 3세)

Los Serra (두 명의 세라)   카탈루냐(Cataluña) 화가 하우메 세라(Jaume Serra)와 페레 세라(Pere Serra)를 일컫는 표현이다. 14세기에 활발하게 활동했으며 카탈루냐(Cataluña)에서 고딕 화법을 전파했다. 그들의 제자 중 카탈루냐 고딕화의 거장으로 불리는 호안 마테스(Joan Mates)가 있다.

Los Toldos (로스 톨도스)   아르헨티나 부에노스아이레스(Buenos Aires) 주의 북부 중앙에 위치하는 도시로 농업 활동이 경제의 기초를 이룬다. 로스 톨도스(Los Toldos)는 에바 두아르테(Eva Duarte)가 태어나서 자란 곳으로 유명세를 탄 곳이다. ⇒ Duarte de Perón, María Eva(에바 페론, 1919~1952)

Los Trece de la fama (영예의 13인)   1526년 10월에 결성된 스페인 원정대로 프란시스코 피사로(Francisco Pizarro)가 가요 섬(Isla del Gallo)의 모래사장에 그은 선을 넘은 자들로 구성되었다. 피사로를 포함한 이 13인은 모래사장의 선을 넘음으로써 페루 정복을 이루어내겠다는 의지를 다졌다. ⇒ Pizarro, Francisco(프란시스코 피사로, 1478~1541)

Los Verdes-Grupo Verde [로스 베르데스-그루포 베르데(녹색당, LV-GV)]   녹색정책의 이행을 옹호하는 스페인 녹색단일위원회(La Mesa de Unidad de los Verdes España) 산하 스페인 정당으로 1994년 설립되었다. 유럽녹색당(Partido Verde Europeo)에는 속하지 않으며 스페인의 녹색연합(Confederación de Los Verdes)과 다른 조직이다.

Lovaina (로바이나)   벨기에의 도시로 수도 브뤼셀에 매우 가까이에 위치해 있다. 도시를 끼고 흐르는 다일 강이 유명하며 공업의 중심지이다. 9세기 노르만족 침입에 대항하기 위해 도시가 형성되었으며 14세기에 유럽의 튼 도시 중 하나이자 직물 제조의 중심지로 발전하였다. 15세기엔 유럽에서 가장 중요한 대학 중 하나인 로바이나 대학이 설립되었다. ⇒ Universidades(대학)

Lucas y Padilla, Eugenio (에우헤니오 루카스 이 파디야)   (1824~1870) 19세기 스페인 낭만주의 화가이다. 스페인 생활의 순수한 관습과 전통적인 면에서 영감을 찾음과 동시에 고야의 영향을 받은 이 화가는 몇몇의 벽화를 그렸다. 그의 대표작으로는 「*Episodio de la revolución de 1854 en la Puerta del Sol*」이나 「*Apoteosis de la revolución*」 등이 있다. ⇒ Goya y Lucientes, Francisco de(프란시스코 데 고야 이 루시엔테스)

Lucía, Paco de (파코 데 루시아)   (1947~) 스페인 플라멩코 기타리스트이다. 본명은 프란시스코 산체스 고메스(Francisco Sánchez Gómez)이며, 스페인 기타리스트 중 가장 뛰어난 인물이라는 평가를 받는다. 주로 플라멩코의 기타 연주를 많이 연주하였지만, 고전음악이나 퓨전음악, 재즈 등 여러 음악을 혼합하여 연주하기도 한다. 대표적인 작품으로는 「*Interpreta a Manuel de Falla*」(1978), 「*Castro Marín*」(1981), 「*En Vivo*」(2011) 등이 있다.

Luis II (루이 2세)   (1621~1686) 프랑스의 군인이다. 30년 전쟁을 종결지은 렌스 전투에 참여했다. 정치적 이유로 바스티유 감옥에 수감되기도 했으나 스페인과 손을 잡아 군대를 지휘할 수 있었다.

Luis XIII (루이 13세)   (1601~1643) 프랑스의 왕이다. 1610년 아버지 엔리케 4세(Enrique

IV)의 뒤를 이어 왕위에 올랐으나 성년이 아니었기 때문에 왕비가 섭정을 했다. 성년이
된 후에는 리슐리외 추기경의 권력에 휘둘렸다.

Luján (루한)　　아르헨티나 부에노스아이레스(Buenos Aires)에 속한 시이며 그란 부에노스아
이레스(Gran Buenos Aires)의 주요 도시 중 하나이다. 신고딕 바실리카로 가장 유명하
며 세계 각지에서 순례자들이 모인다. 또한 남아메리카에서 가장 중요하게 여겨지는
'엔리케 우다온도 종합 박물관(Complejo Museográfico Provincial Enrique Udaondo)'
도 이곳에 위치해 있다.

L'Umbracle(El Umbráculo) (해 가리개 건물)　　스페인 발렌시아에 있는 문화 예술 종합 공
간 중 하나이다. 이곳에는 정원과 종합 단지 내를 둘러볼 수 있는 산책로가 있다. 또한
서수지가 있으며 녹시대이나.

Lumen gentium (루멘 헨티움)　　라틴어로 "사람들의 빛" 또는 "국가들의 빛"이라는 뜻을
가지고 있으며 제2바티칸 공회의 4개의 종교법전 중 하나이다.

Luque, Hernando de (에르난도 데 루케)　　스페인 카디스(Cádiz)에서 태어나 1532년에 파
나마에서 사망한 스페인 성직자이다. 1525년 에르난도 데 루케는 금과 은을 찾아 페루
에 원정을 가는 프란시스코 피사로(Francisco Pizarro)와 디에고 데 알마그로(Diego de
Almagro)에 가담해 약 30,000페소(peso)를 후원했다. ➡ Pizarro, Francisco(프란시스
코 피사로, 1478~1541)

Lusitania (루시타니아)　　이베리아 반도 내 루시타니아인(lusitanos)들의 이름을 딴 로마 제
국의 지방으로 이스파니아 루시타니아라고도 불렸다. 원래는 이스파니아 울테리오르
(Hispania Ulterior)의 지방 중 하나였지만 나중에 이 지역 자체가 하나의 지방이 되었
다. 현재의 포르투갈과 엑스트레마두라(Extremadura), 살라망카(Salamanca)의 일부 지
방을 포함하는 지방으로 수도는 현재 스페인의 메리다(Mérida)인 아우구스타 에메리타
였다. ➡ Romanización(로마화)

Lusitanos (루시타니아인)　　고대 로마의 루시타니아(Lusitania) 지방이 되기 전 이베리아 반
도 서쪽의 현재 포르투갈, 엑스트레마두라(Extremadura), 살라망카(Salamanca)를 포함
하는 지역에 살고 있던 종족이다. 켈트어에서 비롯되었다고 여겨지며 인도유럽어족에 속
하는 루시타니아어(idioma lusitano)를 사용했다. 현대 포르투갈인들의 조상으로 여겨진
다. ➡ Romanización(로마화)

M

Macaco (마카코)   1928년부터 1930년까지 출판되었던 스페인 어린이 잡지이다. 마드리드에 본사를 두었던 출판사 리바데네이라(Rivadeneyra)에서 간행된 이 잡지는 만화, 스토리, 역사, 영화 등을 어린이들의 눈높이에 맞춰 편집하였다. 총 144호의 간행물을 출판하였고, 주요 작가들은 안토니오로블레스(Antoniorrobles), 루이스 두본(Luis Dubón), 미겔 미우라(Miguel Mihura) 등이 있다.

Macanaz, Melchor Rafael de (멜초르 라파엘 데 마카나스)   1670년에 태어나 1767년에 사망한 스페인 정치가이며 포르투갈과 카탈루냐(Cataluña)와의 전쟁에서 주요 임무를 맡았다. 카를로스 2세(Carlos II)의 개인 비서를 지냈으며 펠리페 5세(Felipe V) 시기에 왕국의 검사장으로 임명되었다.

Macehualtin (마세우알틴)   아스테카 문명의 평민 계층을 가리키는 명칭이다. 이들은 수공예, 상업, 농업 등에 종사했다. ➡ Azteca, Imperio(아스테카 제국)

Machuca, Pedro (페드로 맞추카)   (1490~1550) 스페인 르네상스의 화가이자 건축가이다. 당대 유명한 예술가 페드로 베루게테(Pedro Berruguete), 디에고 데 실로에(Diego de Siloé), 바르토로메 오르도녜스(Bartolomé Ordóñe)와 함께 이탈리아의 르네상스 예술 기법을 스페인에 도입하며 스페인 르네상스의 독수리 예술가라고 불려졌다. 톨레도에서 태어난 그는 이탈리아에서 공부해 라파엘 산치오(Rafael Sanzio)와 제이콥 플로렌티노(Jacobo Florentino)를 만났다. 1520년 스페인으로 돌아와 그라나다 왕궁의 예배당에 그림을 그렸고, 하엔(Jaén), 톨레도(Toledo), 우클레스(Uclé)와 알람브라 궁전에도 작품을 남겼다.

Maciá, Francés (프란세스 마시아)   (1859~1933) 스페인의 정치인이다. 과달라하라에서 군사교육을 받았다. 카탈루냐의 신문사들에 대한 군사 박해가 커지는 것을 보고 불만을 가지면서 정치 운동에 뛰어들었다.

Madeira, Isla de (마데이라 제도)   대서양에 자리 잡고 있는 포르투갈의 군도 동북쪽으로 포르투갈 해안, 동쪽으로 모로코 해안, 남쪽으로는 카나리아스 제도(Islas Canarias), 서쪽으로는 아소레스 섬(Islas Azores)과 맞닿는다. 큰 섬인 마데이라(Madeira), 포르토 산토(Porto Santo), 사람이 살지 않는 작은 섬인 데세르타스(Desertas), 셀바젠스(Selvagens)로 구성되어 있다. 중심도시는 푼샬(Funchal)이며 농업과 어업, 그리고 관광이 경제의 기반을 이룬다.

Madinat al-Zahra (메디나 알 사흐라)   코르도바(Córdoba)에 위치한 압델 라만 3세 시대의 성읍으로 코르도바 왕국의 가장 중요한 성 중 하나였다. 메디나 알사하라(Medina

Alzahara)라고도 하며 '빛나는 도시'라는 뜻을 가지고 있다. 현재 성벽의 잔해만이 화려 했던 역사를 말해준다. ➡ Abd Al-Rahman III(압달 라만 3세)

Madres de Plaza de Mayo Línea Fundadora (5월 광장 어머니회의 설립자들)   인권 보호 비정부 기구로 1986년, 5월 광장 어머니회에서 분리되면서 탄생했다. 이러한 분파 는 에베 데 보나피니(Hebe de Bonafini) 의장의 권위주의적인 면에 많은 이들이 불만 을 품은 데서 기인하지만, 이데올로기적인 차이도 보였다. ➡ Asociación Madres de la Plaza de Mayo(5월 광장 어머니회)

Madrid, Miguel de la (미겔 데 라 마드리드)   1934년 멕시코 콜리마(Colima)에서 태어 나 2012년 멕시코시티에서 사망한 정치가이자 변호사이다. 법학을 전공했으며 하버드 대학교에서 공공행정 석사학위를 취득했다. 여러 판직을 지낸 후, 1982년에 대통령으로 취임해 1988년까지 집권했다.

Madrigal de las Altas Torres (마드리갈 데 라스 알타스 토레스)   스페인 아빌라(Ávila) 주의 북쪽에 위치해 있는 도시이다. 이사벨 여왕(Isabel I)이 태어난 곳이기도 하며 1476년 부터는 카스티야(Castilla) 조정의 근거지로서 스페인 역사의 주요 무대가 되었다.

Maestra, Sierra (시에라 마에스트라)   쿠바 동쪽의 남해안에 있는 산맥으로, 그란마(Granma) 주와 산티아고 데 쿠바(Santiago de Cuba) 주에 걸쳐 있다. 쿠바 혁명 당시, 체 게바라 (Che Guevara)가 이끈 반란군은 이곳에서 군 재건을 도모했다.

Maestrazgo (마에스트라스고)   스페인 발렌시아 자치주, 아라곤 자치주, 카탈루냐 자치주에 걸쳐 있는 지역으로 과거 템플 기사단 등의 총수(Gran Maestre) 치하에 있었던 데서 그 이름이 유래했다. 1838년 카를로스 전쟁 동안 군사령부가 설치되었다. ➡ Órdenes Militares(기사단들)

Maestre (기사단장)   현재는 여러 가지 뜻을 가진 단어이나 본래 군사 용어로 기병대의 최고 사령관을 지칭하였다. 하지만 게르만 왕국의 도래와 함께 군사적 용어로서 사용이 중단 되었다가 십자군 원정에 의해 기사단이 등장하면서 다시 사용되기 시작하였으며 상부에 서 기사단을 이끄는 기사단장이란 의미로 사용되었다. ➡ Órdenes Militares(기사단들)

Maestro Mateo (마테오 거장)   (1150~1217?) 12세기 이베리아 반도의 중세 가톨릭 시대 조각가이자 건축가이다. 산티아고 데 콤포스텔라(Santiago de Compostela) 성당 내부 를 지으면서 레온(León)의 페르난도 2세(Fernando II)에게 많은 공헌을 하여 스페인 건축계의 거장이라고 불린다. 특히 성당 내부의 '영광의 형관'은 로마네스크 양식의 특 징이 두드러진 부분이다.

Magallanes, Fernando (페르난도 마가야네스)   1480년 포르투갈 포르투(Oporto) 사브로사 (Sabrosa)에서 태어났으며 1521년 4월 27일 필리핀 막탄(Mactán)에서 사망한 탐험가 및 항해가이다. 페르난도 데 마가야네스는 스페인 왕실의 지원하에 마젤란 해협을 발견 하였다. 대서양과 태평양을 건넌 최초의 유럽인이 되었으며 1522년에 인류 최초로 세계 일주 항해를 했다. ➡ Castilla, Corona de(카스티야 연합왕국)

Magosto (마고스토)   카스타냐다(Castañada)라고도 불리는 이 축제는 같은 이베리아 반도 북쪽의 여러 지역에서 전통적으로 기념되고 있으며, 또한 전 세계적으로 체스트넛 파티 (chestnut party)라는 이름으로 널리 퍼져 있기도 하다. 10월 마지막, 혹은 11월에 열리 는 이 축제에서 가장 중요한 요소는 '밤'과 '불'이다. 축제에선 탐보르(tambor) 혹은 틱솔로(tixolo)라는 금속으로 된 통을 설치하며, 통의 바닥 부분에 숯불을 놓고 밤을 구워먹는다. 보통 모닥불에 남은 재를 얼굴에 바르거나 모닥불을 뛰어 넘는데, 이러한 행동이 행운을 가져온다고 믿는다. 이날은 최근 몇 세기 동안 감자, 옥수수에 가려졌던 밤의 중요성을 회복시키는 의미 또한 지니고 있다.

Maine (무장선 마이네) 미국의 무장선으로 6.7톤의 함선이다. 1898년 라 아바나 항구에서 폭발해 함몰했다. 이 사건으로 인해 미국 내 반스페인 감정이 고조되었으며 허스트(Hearst), 퓰리처(Pulitzer) 등의 언론인들이 펼친 황색선전으로 스페인-미국 전쟁이 발발하게 되었다. ➡ Desastre del 98(1898년의 패배)

Maipú, batalla de (마이푸 전투) 1818년 마이푸 평야에서 스페인의 마리아노 오소리오 장군과 산마르틴 장군이 이끄는 아르헨티나-칠레 연합군 간 발발한 전투로 중남미 식민지 독립 전쟁의 일환으로 일어났다. ➡ Independencia de la América Española(스페인 아메리카 식민지 독립)

Mairenismo (마이레니즘) 안토니오 마이레나(Antonio Mairena)가 시작한 플라멩코 계파이다. 가사를 보다 더 순수하고 직설적으로 표현하는 데 중점을 뒀다. 마이레니즘의 추종자들은 한 곡을 완벽하게 재구성하기 위해 몇 년을 연습하기도 했다. 마이레니즘 없이는 현재 전해지는 곡과 가사가 대다수 유실되었을 것이다.

Majo (마호) 스페인에서 옷 입는 방식이나 생활 방식이 비교적 자유롭고 풍류를 즐기는 부류의 사람을 일컫는 표현으로 처음엔 고위층을 지칭하는 단어였으나 점차 히피족과 비슷한 의미를 띠게 되었다. 프란시스코 고야(Francisco de Goya)가 마호들(majos)을 모델로 많은 작품 활동을 했다. ➡ Goya y Lucientes, Francisco de(프란시스코 데 고야 이 루시엔테스)

Malagueña (말라게냐) 판당고(Fandango)에서 유래한 말라가(Málaga) 고유의 민속음악이다. 19세기 중반 카페 거리에서 생겨났으며 알로라(Alora)를 발원지로 본다. 엔리케 엘 메이소(Enrique el Mellizo)가 최초로 불렀다.

Maldonado, Francisco (말도나도, 프란시스코) (1480~1521) 카스티야의 귀족으로 1520년 카스티야의 코무니다데스 혁명(La revolución de las Comunidades de Castilla)에 참여한 지휘관으로, 살라망카에서 카를로스 1세(Carlos I, 1500~1558) 왕국에 대항하는 반란을 일으켰다. 아빌라(Ávila) 집회에 참여하면서 살라망카 반란군을 지휘하여, 토레로바톤(Torrelobatón)을 획득하는 데 참여하고, 토르데시야스(Tordesillas)를 공격하기 위해서 파디야(Padilla)의 의병군을 재편성했다. 하지만, 비얄라르(Villalar) 전투에서 패하면서 1521년 4월 24일 후안 파디야(Juan Padilla, 1490~1521), 후안 브라보(Juan Bravo, 1483~1521)와 함께 비얄라르에서 처형당했다. ➡ Comunidades de Castilla[카스티야의 코무니닷(자치도시들)]

Malinas (말리나스) 딜르(Dijle) 강 주변에 위치한 벨기에의 도시이다. 1473년에 저지대 국가의 수도가 되었으며 1506년부터 1530년까지 마르가리타 데 오스트리아(Margarita de Austria)가 이곳을 통치했다.

Mallorca (마요르카) 스페인령 발레아레스 제도(Islas Baleares)의 가장 큰 섬으로 팔마 데 마요르카(Palma de Marllorca)를 수도로 두고 있다. 약 240명의 인구가 살고 있으며 공식 언어는 카탈루냐어(Catalán)의 일종인 마요르카 방언이다. 가장 높은 봉우리는 푸익 마요르(Puig Major)이며 해발 1,445m이다. 관광 산업이 경제의 주요 부분을 차지하고 있다.

Managua (마나구아)　　니카라과 공화국의 수도이며 마나구아 호수의 남해안에 위치한다. 1885년 니카라과의 수도로 지정되었으며, 1912년에서 1933년까지 미국 군대가 차지하게 되지만 이후 아우구스 세사르 산디노(Augusto César Sandino)의 게릴라 부대가 도시를 되찾는다.

Mancomunidad de Cataluña (카탈루냐 자치단체 연합)　　엔릭 프랏 데 라 리바(Enric Prat de la Riba)가 속해 있는 리가 레히오날리스타(Liga Regionalista)가 세운 교육 조직. 1907년 엔릭 프랏 데 라 리바를 중심으로 카탈루냐 도서관(Biblioteca de Cataluña)이 건립되었고, 1914년 도서관 완공식이 개최되면서 대중에게 개방되었다. 1918년부터 1919년까지 카탈루냐 자치단체의 독립을 주장하였으나 1925년 독재 정권으로 인하여 해산하여야 했다.

Mañer, Salvador José (살바도르 호세 마네르)　　(1676~1751) 스페인의 기자, 작가이자 베니토 헤로니모(Benito Jerónimo, 스페인의 과학 개혁운동 참가자)의 반론가였으며 마르틴 사르미엔토(Martín Sarmiento) 신부가 그의 베네딕트 수도회 동료를 옹호하기 위해 저술한 데모스트라시온 크리티카(Demostración Crítica)에 반박하며 크리솔 크리티코(Crisol Crítico)를 1734년에 발표하였다.

Manerismo (매너리즘)　　후기 르네상스에서 바로크 시대로 넘어가던 시기에 이탈리아의 베네치아에서 시작된 화풍으로 반르네상스적 성향을 띠며 빛과 그림자의 강한 대비가 그 특징이다. 스페인에서 활동한 엘 그레코(El Greco)가 이러한 화풍의 그림들을 남겼다. 후에 그의 영향을 받은 스페인의 화가들이 이러한 화풍을 따랐다.

Manifiesto de los Persas (페르사스 성명서)　　1814년 69명의 의회 의원들이 마드리드에서 페르난도 7세(Fernando VII)에게 요구한 것으로 이전 정권의 반환과 카디스(Cádiz) 의회 법안 철회를 내용으로 한다. ⇒ Constitución de Cádiz(카디스 헌법, 1812)

Manifiesto de Tenerife (테네리페 선언)　　1983년 5월 29일에 녹색 정당의 설립이 시작되었음을 공표한 것으로 1984년 녹색당 창당의 시발점이 되었다. 독일 녹색당 의장 페트라 켈리(Petra Kelly)를 비롯하여 독일과 유럽의 녹색당 창당과 통합의 주요 인사들로부터 지지를 받았다.

Manos muertas (영구토지소유)　　스페인 왕실 보호 아래 있는 가톨릭교회 또는 종교 단체에 영구적으로 양도되는 부동산. 법적으로 평생 양도하지 못하도록 봉쇄된 땅을 일컫는다. 이로써 중세시대의 교회는 넓은 영토를 소유하게 되었으며 세금 또한 면제받았다.

Manrique de Lara, Pedro (페드로 만리케 데 라라)　　(1443~1515) 라라 가문(Casa de Lara) 출신으로 20세의 나이에 왕실평의회(Consejo Real)에 들어갔다. 이사벨 데 카스티야(Isabel de Castilla)와 페르난도 데 아라곤(Fernando de Aragón)의 혼인을 적극적으로 지지했으며 하엔(Jaén)과 아라곤 국경의 군사령관으로 임명되었다. ⇒ Castilla, Corona de(카스티야 연합왕국)

Manrique Pérez de Lara (만리케 페레스 데 라라)　　라라 가문(Casa de Lara) 출신으로 당대의 막강한 권력을 가지고 있었던 귀족이다. 카스티야(Castilla)의 섭정을 맡았으며 재정복전쟁(Reconquista)과 정복한 땅의 재정주 과정에서 중요한 역할을 했던 인물이다. 산초 3세(Sancho III) 사후 그의 아들 알폰소(Alfonso)를 보호하기 위해 레온의 페르난도 2세(Fernando II de León)와 카스트로 가문(Casa de Castro)과 끊임없이 싸웠다. ⇒ Castilla, Corona de(카스티야 연합왕국)

M

Manuel (마누엘) 스페인 발렌시아(Valencia)에 위치한 도시이다. 지중해 연안과 맞닿아 있다. 명칭은 '출구'라는 뜻의 아랍어 'Mahuel'에서 유래했다. 본래 아랍인들이 거주하는 땅이었으나 1609년 무어인 추방과 함께 카르타 푸에블라(Carta Puebla)령이 내려졌고 카를로스 3세(Carlos III)에 이르러 인구가 증가하기 시작했다.

Manuel Filiberto, Duque de Saboya (마누엘 필리베르토, 사보야의 공작) 철의 머리 (Cabeza de hierro), 100개의 눈을 가진 왕자(Príncipe de Cien ojos)라 불리는 필리베르토 마누엘 데 사보야는 1528년 프랑스 샹베리(Chambéry)에서 태어나 1580년 이탈리아 투린(Turín)에서 사망하였다. 카를로스 3세(Carlos III)의 유일한 아들이었으며, 프랑스를 상대로 생캉탱(Saint-Quentin) 전투에서 승리하였다. 프란시스코 1세의 딸 마르가리타(Margarita)와 결혼을 하였으며, 카토-캄브레시(Cateau-Cambrésis) 평화조약을 통해 많은 영토를 얻게 되었다. 그의 후계자로 카를로스 마누엘(Carlos Manuel)이 임명되었다.
  ➡ San Quintín, batalla de[산 킨틴(불, 생 캉탱) 전투]

Mapamundi (세계지도) 주로 지리학이 발달하기 이전 고대에 제작된 세계지도를 일컫는다. 가장 대표적 예로 그리스의 헤카타이오스(Hecateo), 아낙시만드로스(Anaximandro)의 세계지도가 있다. 바다로 둘러싸인 하나의 거대한 대륙을 통해 고대인들의 세계관을 엿볼 수 있다.

Maqueda (마케다) 스페인 톨레도에 있는 마을이다. 1083년 알폰소 6세(Alfonso VI)에 의해 스페인 영토가 됐다. 『*Lazarillo de Tormes*』의 배경이 된 곳이기도 하다.

Maquis(Guerrilla antifranquista) (마키스) '스페인의 저항' 또는 '스페인인들의 게릴라'라고 알려진 마키스는 스페인 내전(Guerra Civil) 당시 파시즘에 저항하기 위해서 만들어진 운동. 세계 2차 대전 직후 만들어진 이 운동은 프랑스에서부터 시작된 스페인 게릴라 조직을 중심으로 형성되었다. 당시 프랑코 지지자들의 압력이 강해지면서 많은 사람들이 죽거나 감옥에 끌려가고 프랑스나 모로코로 도망가게 되는 일이 잦아지면서 이에 대항하는 운동을 하였다. 이들의 운동은 1963년 라몬 빌라(Ramón Vila)와 1965년 호세 카스트로(José Castro)의 죽음으로 끝을 맺었다. ➡ Franquismo(프랑코주의)

Mar cantábrico (칸타브리아해) 대서양에 속한 스페인 북부와 프랑스 남서부를 감싼다. 명칭은 로마 시대 이전 이 지역에 살았던 칸타브리아인들의 이름을 따서 지어졌으며 오늘날 칸타브리아 자치주의 산탄데르 시에 해당한다. 빼어난 자연 경관과 해변으로 관광 명소로 알려져 있다.

Maragall, Pascual (파스쿠알 마라갈) (1941~) 스페인의 정치인이다. 시우다드 콘달(Ciudad Condal)의 시장과 카탈루냐(Cataluña) 제네랄리탓(generalitat)의 총수를 지냈다. 1975년 카탈루냐 사회당의 모태가 된 당을 창당했다. '21세기 플랫폼(Plataforma siglo XXI)'이라 불리는 정책을 추진했다. 이는 국가주의에 맞서 다양한 사회 계층을 통합하고자 하는 시도였다.

Marañon, Gregorio (그레고리오 마라뇬) (1887~1960) 스페인의 의학자로 마드리드 대학을 졸업하고 독일로 유학 가서 내분비학을 전공하였다. 이후 정치, 문화의 영역에서도 큰 영향력을 발휘하였다.

Marca (마르카) 스페인 스포츠 신문이다. 마드리드(Madrid)에 본사를 두고 있는 이 신문은 매일 평균 약 2만 부를 판매한다. 레알 마드리드(Real Madrid)에 관한 소식을 주로 다루고 있지만, 이 외에도 많은 스포츠 관련 소식을 전하며, 약 11개의 지역에 배포되고 있다. 스페인의 스포츠 신문 <As>, <Sport>, <Mundo deportivo>와 함께 대표적인 신문으로 손꼽힌다.

Marca Hispánica* (이베리아 변경백) 카를 대제(Carlomagno)는 전 방위적으로 정복 전쟁을 추진하면서 제국의 남쪽 지역도 공략하고자 하였다. 그러나 778년에 론세스바예스(Roncesvalles)에서 패배하면서 이베리아로의 확장은 무산되었고 대신 외부 침입에 대비하기 위해 변경백을 설치하였다. 이베리아 변경백은 785년에 카탈루냐 백작령의 대부분이 카롤링거 제국과 동맹을 맺으면서 확립되었고, 이를 통해 카탈루냐 백작령은 모슬렘의 위협으로부터 벗어나 카롤링거 제국의 통제 아래 놓이게 되었다. 한편 이베리아 변경백은 카롤링거 제국의 일부를 이루면서도 서로에 대해서는 독립적인 백작령으로 있었고, 경우에 따라서 한 사람이 여러 개의 백작령을 보유하기도 하였으나 세습되지는 않았다. 영토에 대한 최고권은 여전히 왕 혹은 황제에게 있었고 백작들은 단지 그의 권력을 위임받은 자들에 불과하였다. 또 스페인 변경령 백작들은 대부분 카롤링거 왕가와 결속되었거나 그들의 이해에 충실한 사람들이었다. 이들은 일부 귀족들의 독립 의지를 분쇄하는 역할을 하기도 하였는데, 예를 들어 바르셀로나(Barcelona) 백작과 같이 824년에 모슬렘과 손을 잡고 카롤링거 제국에 반기를 드는 자들도 있었기 때문이다. 루트비히 경건왕(Luis el Piadoso)의 왕국이 그의 아들들의 세력 다툼으로 내전에 휩싸이게 되면서 이베리아 변경백의 백작들도 어느 한 편에 서서 자신의 이해를 도모하고자 하였다. 이러한 상황은 루트비히 경건왕의 둘째 부인에게서 대머리 왕 카를(Carlos el Calvo)이 태어나면서 악화되었는데, 로타르(Lotario)와 그 나머지 형제들이 반란을 일으키면서 새로운 영토 분할이 있게 되었다. 변경백 백작령들이 전면 재조정되었고 대머리왕 카를에 의해 이 변경백은 그의 충실한 신하이자 파야스-리바고르사(Pallás-Ribagorza)와 툴루스(Toulouse)의 백작이었던 베렝게르(Berenguer)에게 주어졌다. 그러나 834년에 우르헬-세르다냐(Urgel-Cerdeña) 백작인 갈린도(Galindo)가 파야스-리바고르사를, 베르나르도 데 셉티마니아(Bernardo de Septimania)가 베렝게르의 나머지 백작령들을 점령하면서 이러한 임명은 사실상 유명무실화되었다. 대머리 왕 카를은 왕위에 오르고 난 뒤 그의 숙적인 베르나르도 데 셉티마니아를 물리치고 충신 중의 한 사람이자 이미 우르헬-세르다냐의 백작인 수니프레도(Sunifredo)에게 바르셀로나(Barcelona), 헤로나(Gerona), 나르보나(Narbona)의 백작령들을 하사하였다. 그러나 이러한 교체는 즉각적으로 이루어지지 못했는데 왜냐하면 대머리왕 카를이 아직 이러한 집행을 하기 위한 실질적인 세력이 없었기 때문이다. 무질서의 시기를 지나 858년이 되어서야 대머리왕 카를이 프랑크족의 혈통을 지닌 운프리도(Hunfrido)를 바르셀로나, 나르보나, 로세욘(Rosellón), 암푸리아스(Ampurias), 파야스, 리바고르사, 툴루스, 카르카소네(Carcassonne)의 백작으로 임명하게 되고, 운프리도는 자신의 지휘권 아래에서 이베리아 변경백을 실질적으로 통합하였다. 그러나 운프리도도 자신의 지위를 세습시키고자 하다가 결국 베르나르도 데 고티아(Bernardo de Gotia)에 의해 교체되어야 했고, 베르나르도 데 고티아는 865년에 프랑크 왕에 의해 바르셀로나, 나르보나, 로세욘의 백작으로 임명되었다. 그러나 877년에 대머리왕 카를이 사망하면서 스페인 변경령을 이루고 있었던 피레네 백작령들은 사실상 독립으로 나아갔으며, 912년에 사망한 비프레도 보렐(Vifredo Borrel)이 프랑크 왕의 권위를 인정한 마지막 백작인 셈이 되었다. 이렇게 하여 이베리아 변경백은 종식되었고 이미 완전한 독립을 이루며 탄생한 바르셀로나 백작령은 나머지 카탈루냐 백작령들을 조직하는 구심점이 되어 세력을 확장하였다.

Marca Inferior (내륙령)　　알 안달루스(Al-Andalus) 영토의 서쪽 대서양 해안부터 과디아나 (Guadiana) 강에 이르는 군사・행정 구역이다. 현재의 엑스트레마두라(Extremadura)와 포르투갈 일부 지역을 포함하고 있었다. 행정 중심지는 코라 데 메리다(Cora de Mérida) 였다.

Marca Media (마르카 메디아)　　알 안달루스(Al-Andalus) 영토의 구역으로 코르도바 (Córdoba)의 에미르(Emir)와 칼리프(Califa) 통치기간 동안 사용되었던 명칭이다. 마르 카 메디아(Marca Media)하에는 톨레도(Toledo), 산타베리아의 코라(Cora de Santaveria) 가 예속되어 있었으며 기독교 왕국들과 국경을 접하고 있었다.

Marca Militar (마르카 밀리타르)　　제국 또는 왕국 영토 내에서 국경을 접하고 있는 구역을 일컫는다. 중세의 카롤링거 왕조(Dinastía carolingia), 알 안달루스(Al-Andalus)와 신 성로마제국(Sacro Imperio Romano)에서 존재했으며 봉건 영주가 시민권과 군사권을 갖고 있었다.

Marca Superior (마르카 수페리오르)　　알 안달루스(Al-Andalus) 영토의 북동쪽 군사・행정 구역으로 에브로(Ebro) 강 유역, 타라코넨세(Tarraconense)와 지중해 연안, 두에로 강 과 타호(Tajo) 강의 발원지를 포함하고 있었다.

Marcelo II, Marcello Cervini (마르셀로 2세)　　제222대 로마 교황으로 재위기간은 1555년 4월 9일부터 1555년 5월 1일까지다. 세속명은 마르셀로 체르비니(Marcello Cervini Spannocchi)이다. 1501년 이탈리아 마르케 주에서 태어나 1555년 5월 1일 사망하였다. 교황청의 여러 외교 업무에 개입하였고 트리엔트 공의회 의장직을 역임하기도 했다. ➡ Concilio de Trient(트리엔트 공의회, 1545~1563)

Marcha Verde (녹색행군)　　1975년 스페인령인 서부 사하라 지역의 귀속문제를 주민투표를 통해 결정하기로 한 국제사법재판소의 판결에 반대하는 모로코 국왕 하산 2세(1929~ 1999)에 의해 조직된 대규모 시위. 이에 따라 스페인과의 협정이 진행되었으며, 서부 사 하라 지역의 3분의 2는 모로코, 나머지는 모리타니에 의한 분할 통치가 결정되었다.

Marchena, Fray Antonio de (안토니오 데 마르체나 수사)　　1430년에 태어나 1510년에 사망하였으며 스페인 성직자이자 점성술사이다. 크리스토발 콜론의 친구이자 그의 옹호 자로서 신대륙 탐험에 많은 도움을 주었다. 특히나 여왕 이사벨 1세(Isabel I)의 후원을 받게 되는 데 결정적인 역할을 한 인물이다. ➡ Colón, Cristóbal[크리스토발 콜론(콜럼 버스)]

Marcial, Marco Valerio (마르코 발레리오 마르시알)　　40년경에 태어나 104년경에 사망하였 으며 고대 로마의 도시 빌빌리스(Bilbilis) 출신의 작가이다. 64년 로마로 건너가 세네카 (Séneca)와 루카노(Lucano)와 친분을 쌓았다. 독특한 문체로 당대 명성을 떨쳤으며 그 의 업적은 후대에 지대한 영향을 끼쳤다. 대표적 작품으로는 『*Liber Spectaculorum*』이 있 다. ➡ Romanización(로마화)

Marcos, Subcomandante (부사령관 마르코스)　　멕시코 출신의 혁명가이자 정치가이며, 1994 년 1월 치아파스(Chiapas) 주에서 쿠데타를 일으킨 사파티스타 민족해방군 의 지도자이다. ➡ Ejército Zapatista de Liberación Nacional(사파티스타 민족해방군)

Marcus Sittico (마르쿠스 시티코)　　(1533~1595) 독일 성직자이며 콘스탄스(Constance)의 주교 및 교황 사절, 추기경이었다. 트리엔트 공의회 의 의장직도 역임했다. ➡ Concilio de Trient(트리엔트 공의회, 1545~1563)

Margarita de Austria (마르가리타 데 아우스트리아)　　1480년 브뤼셀(Bruselas)에서 태어나 1530년에 사망했다. 프랑스의 카를로스 8세(Carlos VIII)와 혼인하기로 되어 있었지만 무산되었고 후에는 후안(Juan) 왕자와 약혼해 카스티야 이 레온(Castilla y León)의 왕비가 될 인물이었지만 후안의 예기치 않은 죽음으로 그녀의 운명 또한 큰 변화를 맞게 되었다. 결국 사보야(Saboya) 공작 필리베르토 2세(Filiberto II, duque de Saboya)와 결혼해 사보야 공작부인이 되었지만, 필리베르토 2세마저 일찍이 세상을 떠나자 조카인 카를로스 5세(Carlos V)의 교육에 전념했으며 플랑드르의 통치자로서 그 역할을 충실히 수행했다. ➡ Carlos I(카를로스 1세)

Margarita de Parma (마르가리타 데 파르마)　　카를로스 5세(Carlos V)의 사생아로 1522년에 태어나 1586년에 사망했다. 이복 남동생 펠리페 2세로부터 네덜란드(Países Bajos)의 통치권을 하사받아 해당 직위를 1559년부터 1567년까지 수행했다. ➡ Felipe II(펠리페 2세)

María Amalia de Sajonia (마리아 아말리아 데 사호니아)　　페데리코 아우구스토 3세의 딸로 1724년에 태어나 1760년에 사망했다. 1738년 차기 카를로스 3세와 혼인해 나폴리와 스페인의 왕비가 되었으며 카를로스 4세(Carlos IV)의 어머니이다. ➡ Carlos III (카를로스 3세)

María Cristina de Austria, Habsburgo-Lorena (오스트리아의 마리아 크리스티나)　　(1858~1929) 오스트리아인으로 스페인 왕 알폰소 12세(Alfonso XII, 1857~1885)의 왕비. 1879년 알폰소 12세와 결혼을 하였으며, 1885년 알폰소 12세가 사망하자 유복자인 알폰소 13세(1886~1941)가 16세가 되기 전인 1885년까지 섭정을 하였다.

María Cristina de Borbón (마리아 크리스티나 데 보르봉)　　(1806~1878) 스페인 왕 페르난도 7세(Fernando VII, 1784~1833)의 네 번째 왕비이다. 1833년 페르난도 7세의 사망으로 딸 이사벨 2세가 즉위하고 섭정을 하게 된다. 섭정 기간 동안 스페인에서는 내란과 정치적 갈등이 계속되었으며 이후 발발한 쿠데타로 인해 망명을 떠나 프랑스에서 생을 마감하게 된다. ➡ Isabel II(이사벨 2세, 1830~1904, 재위: 1833~1868)

María de Aragón y Castilla, Reina de Portugal (마리아 데 아라곤 이 카스티야, 포르투갈 왕비)　　스페인 공주로 1485년 코르도바(Córdoba)에서 태어나 1517년 리스본(Lisboa)에서 사망했다. 가톨릭 공동왕(Reyes Católicos)의 넷째 딸이며 포르투갈의 마누엘 1세(Manuel I de Potugal)와 혼인해 포르투갈의 후안 3세(Juan III de Portugal)와 카를로스 5세(Carlos V)의 아내인 황후 이사벨(Isabel)을 낳았다. ➡ Castilla, Corona de(카스티야 연합왕국)

María de Austria (마리아 데 오스트리아)　　1505년경에 태어나 1558년에 사망하였으며 미남 펠리페(Felipe el Hermoso)와 광녀 후아나(Juana la Loca)의 다섯째 딸이다. 1522년에 헝가리 왕 루이스 2세(Luis II)와 혼인했지만 1526년에 남편을 여의었다. 공석이 된 헝가리의 왕 자리에 오빠 페르난도 데 오스트리아(Fernando de Austria)를 앉히는 데 중요한 역할을 했으며 카를로스 5세(Carlos V)로부터 네덜란드(Países Bajos)의 통치권을 하사받아 해당 직위를 1531년부터 1555년까지 수행했다. ➡ Austria, Casa de[오스트리아 왕가(스페인계)]

María de Molina, Reina de Castilla (마리아 데 몰리나, 카스티야 왕비)　　1264년경 아라

곤(Aragón)에서 태어나 1321년 바야돌리드(Valladolid)에서 사망했다. 1282년 카스티야의 산초 4세(Sancho IV de Castilla)와 혼인해 카스티야 이 레온(Castilla y León)의 왕비가 되었다. 산초와 그녀의 아버지 사이에서 중재자 역할을 했으며 1295년에 남편이 죽자 페르난도 4세(Fernando IV)가 성년이 될 때까지 섭정을 맡았다. ➡ Castilla, Corona de(카스티야 연합왕국)

Maria de Portugal (마리아 데 포르투갈)　(1313~1357) 카스티야의 여왕으로 알폰소 11세(1311~1350)와 결혼하였고 페드로 1세를 낳았다. ➡ Castilla, Corona de(카스티야 연합왕국)

María de Portugal. Reina de Castilla (포르투갈의 마리아, 카스티야의 왕비)　포르투갈의 공주로 1313년에 태어나 1357년에 사망했다. 카스티야의 알폰소 11세(Alfonso XI de Castilla)와 혼인해 카스티야의 여왕이 되었으며 잔혹한 페드로 1세(Pedro I el Cruel)를 낳았다. 자신의 아들인 페드로 1세와 사이가 좋지 않아 카스티야 내전(Guerra Civil Castellana)에 참여하는 등 그를 폐위시키고자 힘썼다. ➡ Castilla, Corona de(카스티야 연합왕국)

María Estuardo, María I de Escocia (메리 스튜어트)　(1542~1587) 태어난 지 6일 만에 여왕의 자리에 올랐으며 어머니가 섭정하였다. 프랑스에서 어린 시절을 보냈으며, 프랑스의 황태자이자 훗날 왕위에 오르는 프란시스코 2세와 결혼하였으나 결혼 생활 18개월 만에 남편의 사망으로 어린나이에 과부가 되었다. 1561년 스코틀랜드로 돌아왔으나 가톨릭을 믿었던 프로테스탄트로 국교를 바꾼 스코틀랜드 귀족들 사이에 마찰이 있었다. 이후 무분별한 결혼과 현명하지 못한 정치적 조치로 귀족들이 반란을 일으켰으며, 잉글랜드로 피신한 여왕은 오랜 감금 생활 끝에 잉글랜드의 왕권을 위협한다는 명분으로 처형당한다. ➡ Felipe II(펠리페 2세)

María Luisa de Parma (마리아 루이사 데 파르마)　(1754~1819) 파르마 공작 펠리페(Duque de Parma, Felipe)의 딸이다. 1765년에 카를로스 4세(Carlos IV)와 결혼해 스페인의 왕비가 되었다. 그녀는 우둔한 자신의 남편을 꼭두각시 다루듯 하며 국정 주도권을 손에 쥐었고, 그럼으로써 총애하는 근위대 장교 출신 마누엘 데 고도이를 재상으로 임명했다. 그녀는 후에 자신의 아들 페르난도 7세(Fernando VII)가 왕으로 공표되면서 고도이가 감옥살이를 하게 되자 그의 자유를 찾아주기 위해 나폴레옹에게 아부하며 스페인의 정복을 도와주기도 하였다. ➡ Godoy, Manuel(마누엘 고도이)

María Manuela de Portugal (마리아 마누엘라 데 포르투갈)　(1527~1545) 포르투갈 왕후안 3세(Juan III)와 카타리나 데 오스트리아(Catalina de Austria)의 딸이다. 1543년에 펠리페 2세와 혼인했지만, 결혼한 지 2년 만에 아들 카를로스 데 오스트리아(Carlos de Austria)를 낳고 세상을 떠났다. ➡ Felipe II(펠리페 2세)

María, Duquesa de Borgoña (마리아, 부르고뉴 여공작)　부르고뉴 백작 카를로스 엘 테메라리오(Carlos el Temerario)의 외동딸로, 1457년에 태어나 1482년에 사망했다. 막시밀리안 1세와 혼인해 부르고뉴를 프랑스로부터 지켜냈고 미남 펠리페(Felipe el Hermoso)와 마르가리타 데 오스트리아(Margarita de Austria)를 낳았다.

Marín (마린)　스페인 갈리시아(Galicia) 자치주의 폰테베드라(Pontevedra)에 위치한 도시이다. 해군군사학교가 있는 곳이며 스페인 군대를 이룰 장병들이 교육받는 곳이다. 12~13세기 로마네스크 양식의 건물들이 남아 있다.

Marín Lara, Antonio (안토니오 마린 라라)　(1959~) 스페인의 정치인이자 변호사이다. 안달루시아(Andalucía)당의 전 당원이었다. 사회노동당(PSOE)과의 거래로 론다(Ronda)의 시장을 지냈다. 타호(Tajo) 지방이 연루된 비리로 검찰 조사를 받았으나 방면되었다.

Marín, Vidal (비달 마린)　스페인의 성직자이다. 1653년 톨레도(Toledo)에서 태어났으며 1709년 마드리드에서 사망하였다. 세우타(Ceuta) 주교직을 지냈으며 1705년 펠리페 5세(Felipe V)의 명으로 마드리드로 불려와 스페인 종교재판소장으로 임명받았다. 현재 그의 유해는 세우타의 작은 성당에 안치되어 있다. ➡ Inquisición(종교재판소)

Maroto Itsern, Rafael (라파엘 마로토 잇세른)　스페인의 장군으로 1780년 무르시아 주(Murcia)의 로르카(Lorca)에서 태어나 1847년 칠레에서 사망했다. 1839년 발도메로 에스파르데로(Baldomero Espartero) 장군과 베르가라 협정(Convenio de Vergara)을 맺음으로써 카를로스 전쟁(Guerra Carlista)에 종지부를 찍은 인물이기도 하다. ➡ Carlismo(카를로스주의)

Marqués de los Vélez (벨레스 후작)　카스티야(Castilla)의 후아나 1세(Juana I la loca, 1479~1555)에 의해 1507년에 페드로 파하르도 이 차콘(Pedro Fajardo y Chacón, 1478~1542)에게 부여된 직책. 벨레스 후작 가문은 그라나다(Granada) 왕국과 무르시아(Murcia) 왕국의 첫 가문으로 간주된다. ➡ Castilla, Corona de(카스티야 연합왕국)

Marqués de Mondéjar (몬데하르 후작)　스페인 귀족으로서 1512년 이니고 로페스 데 멘도사(Iñigo López de Mendoza, 1440~1515)에게 카스티야의 페르난도 5세가 부여한 직책이다. 몬데하르 후작은 중세 카스티야 시대에 중요한 귀족 중 하나였으며 멘도사 가문(Casa de Mendoza)과 관계가 있었다. ➡ Castilla, Corona de(카스티야 연합왕국)

Marqués de Novaliches (노발리체스 후작)　1814년에 태어나 1896년에 사망한 스페인의 장군이다. 1833년 첫 번째 카를로스 전쟁(Guerra Carlista)에서 두각을 나타냈다. 자신의 동료 오도넬 장군(general O'donnell)의 반란으로 왕실의 의심을 받기도 했지만 이사벨 2세(Isabel II)와 각별한 관계를 유지했다. 1868년 반란군이 봉기했을 때 진압군을 지도하기도 했다. ➡ Revolución de 1868(1868년 혁명)

Marquesado de Villadarias (비야다리아스 후작령)　카를로스 2세(Carlos II)가 안토니오 델 카스티요 이 말도나도(Antonio del Castillo y Maldonado)에게 1690년 칙령으로 하사하여 1699년부터 발효된 작위이다. 본래 1690년 카를로스 2세는 임시로 자작(子爵)의 작위를 내렸으나, 안토니오가 자신의 아들 프란시스코 델 카스티요 이 파하르도(Francisco del Castillo y Fajardo)에게 주고, 1692년 세상을 떠난 후 계속 아들 프란시스코가 후작령이 될 때까지 간직하고 있었다.

Marrano(judeoconverso) (마라노)　아라곤, 카스티야 그리고 포르투갈 왕국에서 외면적으로 크리스트교로 종교를 바꾸고 비밀리에 유대교의 풍습을 따른 유대인들을 일컫는다. 유대인의 개종 현상은 1492년 스페인에서 유대인 추방령이 내려진 이후에 크게 증가했다. ➡ Conversos(개종자들)

Martel, Miguel (미겔 마르텔)　(1754~1835) 진보적 자유주의와 계몽파 성직자의 모범이었던 스페인의 철학가이자 성직자이다. 살라망카 대학(Universidad de Salamanca)에서 공부하고 1790년부터 살라망카 대학의 교수로 재임했으며, 1814년 대학교육개혁 계획보고서에 서명하였다. ➡ La ilustración española(스페인 계몽주의)

Martín I, el Humano (마르틴 1세)　(1356~1410) 아라곤의 왕으로 후사를 남기지 않고

세상을 떠난 형 후안 1세(Juan I)를 이어 왕위에 올랐다. 즉위기간 동안 루나 가문과 구레아 가문 간 벌어진 세력 다툼과 시칠리아의 반란 등 많은 문제에 맞서야 했다. ➡ Aragón, Corona de(아라곤 연합왕국)

Martín-Baró, Ignacio (이그나시오 마르틴 바로)　스페인 출신의 사제로 1942년 스페인 바야돌리드(Valladolid)에서 태어나 1989년 엘살바도르에서 사망했다. 그는 일평생 엘살바도르의 사회-정치 연구에 몰두했으며 해방신학(Teología de la Liberación)의 추종자로서 인권과 평등 그리고 사회정의를 실현하기 위해 애썼다. ➡ Teología de la Liberación, La(해방신학)

Martínez Barrio, Diego (디에고 마르티네스 바리오)　(1883~1962) 스페인의 정치인이자 프리메이슨의 단원이었다. 인쇄소를 운영하며 공화주의적인 출판물들을 발행했다. 리베라 장군의 군사 독재 동안 르룩스와 함께 정권에 대항했다. ➡ Masonería(프리메이슨)

Martínez Campos, Arsenio (아르세니오 마르티네스 캄포스)　세고비아(Segovia) 출생의 군인 및 정치가(1831~1900)이다. 1874년 쿠데타를 통해 스페인의 제1공화국에 반대하였으며 이를 통해 스페인 왕정이 복구되었다. ➡ República I(제1공화국)

Martínez de la Mata, Francisco (프란시스코 마르티네스 데 라 마타)　『*Memoriales y Discursos*』를 출판하였으며, 작품들에서는 페드로 페르난데스 데 나바레테(Pedro Fernández de Navarrete)와 유사한 의견을 제시했다. 그는 금과 은의 풍부함은 국가 부의 기초가 되지 않는다고 했으며, 무역 규제 및 재정을 안정시켜야 한다고 주장했다.

Martínez Silíceo, Juan (실리세오 추기경)　16세기 스페인의 철학자, 성직자로 본명은 후안 마르티네스 기하로(Juan Martínez Guijarro)이다. 두 번째 성을 라틴화시켜 'Silíceo'로 바꾼 것이다. 1486년에 비야가르시아 데 라 토레(Villagarcía de la Torre)에서 태어났다. 톨레도(Toledo)의 대주교가 되었으며, 1557년에 톨레도에서 사망하였다. ➡ Felipe II(펠리페 2세)

Martínez-Bordiú, Cristóbal (크리스토발 마르티네스 보르디우)　(1922~1998) 스페인의 비야베르데 후작이자, 심장병 전문 외과 의사이다. 1950년 마리아 델 카르멘 프랑코 이 폴로(María del Carmen Franco y Polo)와 결혼하여 프랑코(Franco) 총통의 사위가 되었고 엘 예르니시모(El Yernísimo, 가장 좋은 사위라는 뜻)라는 별명을 얻기도 하였다. 1968년 최초로 심장 이식 수술을 시행한 의사로 의학 발전에 힘썼다.

Martorell, Joan (호안 마르토렐)　(1833~1906) 스페인 건축가이다. 그는 바르셀로나에 많은 건축물을 남겼는데, 대표적으로는 1874년의 아도라트리세스 수도원(convento de las Adoratrices), 1885년에는 살레사스 수도원(convento de las Salesas), 1897년에는 페드랄베스 수도원(monasterio de Pedralbes) 재건축에 참여했다. 가우디의 스승 중 한 명이었던 그는 1883년 가우디를 프로젝트에 추천했던 인물이기도 하다.

Martos, Cristino (크리스티노 마르토스)　(1830~1893) 스페인의 정치인이자 변호사이다. 혁명 운동에 참여해 사형을 선고받았으나 사면된 후 추방당했다. 1868년 스페인에 돌아와 68혁명에 참여했다. ➡ Revolución de 1868(1868년 혁명)

Mary Tudor (메리튜더)　(1516~1558) 메리튜더(Mary Tudor)로 알려진 영국의 메리 1세(Mary I) 여왕은 잉글랜드 및 아일랜드 왕국의 여왕이다. 영국의 앙리 8세(Enrique VIII, 1491~1547)와 아라곤의 카탈리나(Catalina de Aragón, 1485~1536) 사이에서 태어났다. 재위기간 동안 로마 가톨릭 복고정책으로, 개신교와 성공회를 탄압하여 피의

메리(블러디 메리, Bloody Mary)라는 별명이 붙었다. ⇒ Felipe II(펠리페 2세)

Masonería* (프리메이슨)   18세기 일루미나티의 흐름(corrientes ilustradas)에 사상적인 기반을 두고 있는 국제결사단체이다. 스페인에서 프리메이슨의 시작이 언제인지는 정확하지 않으나 18세기 초부터 중요해지기 시작하였다. 스페인에는 1727년에 첫 번째의 프리메이슨 본부가 마드리드의 안차 데 산 베르나르도(Ancha de San Bernardo) 거리에서 결성되었으며, 이것은 영국의 총본부에 속해 있었다. '마드리드 본부(la Matritense)'의 이름으로 더 잘 알려진 이곳은 영국 사람인 와톤 공작(duque de Wharton)이 설립한 것이다. 18세기 스페인의 프리메이슨에서 가장 비중 있는 인사라고 한다면 아란다 백작(conde de Aranda)으로서, 그는 1760년에 총본부를 설립하였고, 20년 뒤 이것은 위대한 동양(Gran Oriente)으로 명명되었으며, 이데올로기적으로는 프랑스의 프리메이슨 파들과 연결되어 있었다. 이 지도부에서 아란다의 후계자가 된 사람은 몬티호 백작(conde de Montijo)으로서 그는 30개의 지부였던 것을 1800년에 420개의 지부로까지 확장하게 된다. 1809년에 스페인에는 4개의 거대한 프리메이슨 단체가 있었다. 즉 몬티호 백작이 이끄는 스페인의 '위대한 동양(Gran Oriente)'과 아산사(Azanza)가 이끄는 스페인 최고평의회(Supremo Consejo de España), 영국의 동양(Oriente) 지침들을 따르면서 전투적인 지부 창설의 기반이 되고 틸리 백작(conde de Tilly)이 설립한 제33등급의 최고평의회(Supremo Consejo del Grado 33), 무랏(Murat)이 이끄는 스페인의 위대한 동양(Gran Oriente español)이 그것이다. 이 네 개의 단체들은 1811년에 마드리드에서 포르투갈의 동양과 합의하여 이베리아 반도 전체에 프리메이슨을 확장시키고자 활동방식들을 통일하기도 하였다. 페르난도 7세(Fernando VII)의 절대주의적 입장은 프리메이슨 비밀결사단체들에게 금지 조치와 박해를 감행하면서 커다란 충격을 안겨주었다. 그러나 페르난도 7세가 사망하고 나서 스페인의 프리메이슨은 다시금 조직될 수 있었다. 1834년경에 스페인 프리메이슨의 이데올로기는 두 가지 경향을 나타냈는데, 첫째는 이탈리아 카르보나리당의 영향을 받은 일루미나티의 프리메이슨이었고, 둘째는 이사벨 여왕파들의 프리메이슨이었다. 1840년부터 1854년까지 스페인 프리메이슨의 이데올로기적 기반은 프랑스의 사상적 흐름과 영국의 사상적 흐름 사이에서 왔다 갔다 했다. 이 시기 동안 프리메이슨은 프리메이슨 관행에 대한 나르바에스(Narváez)의 금지 조치 때문에 공개적인 신분 노출을 주의하여야 했다. 1854년 혁명 이후에 프리메이슨은 새로운 추진력을 얻고 1860년경 쿠바에 침투에 들어갔고 교리적으로는 쿠바의 독립성을 도와주었다. 이미 이전에도 프리메이슨 일파들은 아메리카 식민지의 독립과정을 도와준 바 있었다. 1868년 혁명으로 국내 프리메이슨은 새로운 확장기에 돌입하게 되었다. 9월 혁명 이후로 스페인 프리메이슨은 비밀주의를 버리고 공개적으로 자신들의 표식과 의식, 깃발을 알리게 된다. 그러나 19세기 말부터 프리메이슨의 사회적인 영향력은 감소하게 되는데, 이는 자체적인 고갈 때문이기도 하지만, 성직자들이 교황청의 지침을 따르며 반프리메이슨 투쟁을 전개하였기 때문이다. 스페인에는 프리메이슨이 1940년에 전면 금지되는데 여하한 프리메이슨 본부에 속해 있다는 것은 곧 투옥될 것을 의미하였다. 내부 조직을 보면 프리메이슨 단체의 멤버들, 즉 형제들(hermanos)은 자신들의 본부나 상부 기관에서 그들이 보고 들은 모든 것을 비밀로 유지해야 하는 의무를 가지고 있었다. 진정한 프리메이슨 단원이 되기 위해서는 먼저 세 개의 상징적인 등급을 밟아야 했는데, 즉 도제와 장인, 그리고 마스터 단계이고, 마스터가 되어서는 비밀마스터(제4등급)부터 최고의 붉은 십자가 군주(제18등급)에 이르게 된다. 철학적인 등급은 천상 예루살렘(Jerusalén Celeste)의 위대한 교황(제19등급)에서 시작하여 위대한 선택 기사인 카도시(Kadosh, 제30등급)에서 끝이 난다. 프리메이슨의 정상은 위대한 감시관(제31등급)에서부터 최고의 총감독관(제33등급)까지 구성되어 있다. 프리메이슨 단원들의 단체는 지부(talleres)라는 이름을 지닌다. 세 개의 첫 번째 등급에 속하는 지부는 로지(logias)라는 이름을 얻게 되고, 총회원들(capitulares)의 등급에 해당하는 자들은 총회(capitulos)를, 철학적인 등급과 관련 있는 것은 평의회(consejos)라는 이름을 얻는다. 지부는 서로 간에 독립성을 유지하며 각각 독자적으로 행정을 운영한다. 그러나 이데올로기나 구조적으로는 위대한 동양들이나 최고 프리메이슨 권력기관에 연결된 총회지부와 지방의 거대 본부에 의존해 있다. 각 동양은 그들 자신의 고유 법전과 총 정관을 가지고 있으며, 각 지부는 그들만의 법규를 가지고 있다. 많은 사람들이 스페인 역사에서 프리메이슨의 영향을 과장되게 말해왔지만, 사실상 스페인 프리메이슨 지부는 사회의 근대화에 고민하는 정치가나 지식인 등으로 구성된 소규모 집단을 벗어나지 못했다.

Massera, Emilio Eduardo (에밀리오 에두아르도 마세라) 1925년에 태어나 2010년에 사망한 아르헨티나 출신 군인이다. 1976년에서 1978년까지 마리아 에스텔라 마르티네스 데 페론(María Estela Martínez de Perón) 정부를 전복시킨 군사위원회(junta militar)의 구성원으로서 호르헤 라파엘 비델라(Jorge Rafael Videla)와 오를란도 라몬 아고스티(Orlando Ramón Agosti)와 함께 군사독재 정치를 펼쳤다. 독재기간 동안 자행한 반인도적 범죄 행위로 해군사령관에서 해임되었다.

Matanza de Acteal (대학살) 1997년 12월 22일 치아파스 주의 악테알(Acteal) 마을에서 라스 아베하스(Las Abejas) 원주민 소속원 45명이 준군사집단에 의해 살해된 사건이다. 멕시코 정부는 이를 종족 싸움의 결과라며 일단락시켰지만, 정부가 이 잔학한 행위를 지원했다는 설이 유력하다. ➡ Ejército Zapatista de Liberación Nacional(사파티스타 민족해방군)

Matanza de Atocha de 1977 (1977년 아토차 학살사건) 독재자 프랑코의 사망 이후 스페인 전환기의 시작을 알리는 테러사건. 스페인 극우파들에 의해 1977년 1월 24일 밤 마드리드 중심지에서 일어났으며 5명의 변호사가 사망했다. ➡ Transición democrática Española(스페인 민주화 이행기)

Matanza de Galba (갈바 학살사건) 로마 치하에 놓이게 된 갈바는 평화를 유지하고자 했으나 군사력을 과시하고 싶었던 로마군에게 무참히 학살당했다. 포로로 잡혀간 자신의 딸을 구출하기 위해 비리아토(Viriato)는 사람을 모아 구출 작전 및 반란을 일으킨다. 작전은 성공적으로 끝났으나 반란군의 위상은 얼마 가지 않았다. ➡ Viriato(비리아토)

Mateo Sagasta, Práxedes (프락세데스 마테오 사가스타) 1825년에 태어나 1903년에 사망한 스페인 자유주의 진영의 정치인이다. <La Hiberia>라는 신문사를 창단해 정치적 발언을 했다. 오도넬 장군(general O'donnell)의 대대적 숙청을 피해 프랑스로 망명했다가 1969년 혁명이 성공하면서 스페인으로 돌아왔다. 1881년에서 1883년 사이 총리직을 수행한 바 있다.

Matrimonio entre personas del mismo sexo en España (스페인 동성결혼) 스페인 동성결혼은 2005년 7월부터 합법화되었으며 호세 루이스 로드리게스 사파테로(José Luis Rodríguez Zapatero)가 이끄는 사회노동당의 2004년 총선거 공약으로 제시된 바 있다. 스페인 국민에게서 66%의 지지를 받았지만 로마 가톨릭교회를 비롯한 보수파의 반대도 만만치 않았다. 수많은 논쟁 끝에 2005년 6월 30일 민법이 개정되면서 동성결혼이 합법화되었고 시행 첫해에 4,500쌍이 혼인신고를 하였다. 동성결혼과 함께 상속, 연금 수령 등의 권리 또한 부여되었다. ➡ Partido Socialista Obrero Espaóñol(PSOE, 스페인사회노동당)

Matutes, Abel (아벨 마투테스)　(1941~) 스페인의 정치인이자 변호사. 호세 마리아 아스나르(José María Asnar)의 첫 정권 당시 외무부 장관을 지냈다. 유럽연합의 통합과 성장, 미국과의 관계 개선, 극동 지역과 우호적 관계 유지, 지중해 국가들의 안정화 그리고 북대서양 조약기구(OTAN)의 확장 등은 손꼽히는 업적들이다. ➡ Partido Popular(PP, 국민당)

Maura y Montaner, Antonio (안토니오 마우라 이 몬타네르)　스페인의 유명한 정치가이자 연설가로 1853년 3월 2일 팔마 데 마요르카(Palma de Mallorca)에서 태어나 1925년 마드리드의 토레로도네스(Torrelodones)에서 사망하였다. 보수당의 지도자였으며 스페인 한림원(Real Academia Española de la Lengua)의 회장을 역임했다. 그는 카탈루냐 지역의 테러 행위에 맞서서 강한 대응책을 취했는데, '비극의 주간' 동안 시행되었던 잔혹한 억압은 결과적으로 그가 사임하는 계기가 되었다. ➡ Semana Trágica(비극의 주간, 1909)

Maura, Miguel (미겔 마우라)　(1887~1971) 스페인의 정치인이다. 리베라 장군의 쿠데타 당시 보수진영의 반대파에 합세했다. 그 후 공화주의자가 되어 산세바스티안 조약에 참여하는 등 활발한 정치활동을 펼쳤다.

Mauregato (마우레가토)　아스투리아스 왕국의 일곱째 왕으로 783년부터 세상을 떠나는 날까지 재위했다. 태생에 관해선 알려진 바가 없으며 788년 프라비아(Pravia)에서 생을 마감한 것으로 전해진다. 조카 알폰소 2세(Alfonso II el Casto)를 멸망시키고 왕위에 올랐다. ➡ Asturias, Principado y reino de(아스투리아스 공국, 아스투리아스 왕국)

Maximiliano I (막시밀리안 1세)　1459년에 태어나 1519년에 사망한 신성로마제국의 황제이다. 마리아 데 부르고뉴(María de Borgoña)와 혼인하였고 인척 관계를 교묘하게 이용해 영토를 확장하면서 합스부르크가를 번영의 길로 인도한 인물이다. 아들 미남 펠리페(Felipe el Hermoso)를 카스티야(Castilla)의 공주 광녀 후아나(Juana la Loca)와 혼인시켜 카스티야의 공동 통치자로 세웠으며 카를로스 5세(Carlos V)를 손자로 두었다. 이때부터 스페인에 합스부르크 왕가가 들어서게 되었다. ➡ Austria, Casa de[오스트리아 왕가(스페인계)]

Maya, Mario (마리오 마야)　1946년에 태어나 2008년에 사망한 플라멩코 무용수이다. 그라나다(Granada) 출생으로 사크로몬테에서 활동을 시작했다. 카르멘 모라(Carmen Mora)와 엘 구이토(El Güito)와 함께 마드리드(Madrid) 트리오라고 불린다. 안달루시아(Andalucía) 무용센터의 장을 지냈다.

Mayor Oreja, Jaime (하이메 마요르 오레하)　(1951~) 스페인의 정치인이다. 1996년과 2001년 사이 내무부 장관을 지냈다. 1989년 국민당에 입당해 마누엘 프라가(Manuel Fraga)의 내각에서 활동했다. 기독교민주주의적 성향을 보이며 무장테러단체 ETA에 맞섰다.

Mazapán (마사판)　으깬 아몬드와 설탕을 주재료로 하는 스페인의 전통 과자이며 톨레도에서 가장 먼저 먹기 시작했다고 한다. 성탄절을 대표하는 과자로 주로 이 시기에 먹지만 톨레도에서는 연중 아무 때나 먹는다고 한다. 마사판의 기원은 8세기 무렵 모슬렘이 스페인에 들어오면서 유입되었다는 설이 가장 유력하다.

Mazarino, Jules (쥘 마사리노)　(1602~1661) 프랑스의 추기경이자 총리이다. 로마의 권력 있는 가문 출신으로 리슐리외의 총애를 받아 정계에 입성했으나 30년 전쟁으로 인해 민중의 비난을 받았다.

McKinley, William (윌리엄 맥킨리)　(1843~1901) 미국의 제25대 대통령이다. 하원 의원이 된 후 맥킨리 관세법을 가결시켰다. 대통령에 당선된 후, 미국·스페인전쟁을 통해 필리핀과 푸에르토리코를 얻었으며, 쿠바 독립을 성취시켰다. 하와이 병합, 금 본위제의 확립 등으로 같은 해 재선되었으나, 사망하면서 두 번째 임기는 수행하지 못했다. ➡ Desastre del 98(1898년의 패배)

Medalla de Oro del CSIC (최고학문연구기관의 금메달)　1989년에 설립되었으며 CSIC에 의해 수여되는 스페인의 권위 있는 상이다. 첫 수상자는 노벨 물리학상 수상자이기도 했던 칼 알렉산더 뮐러(Karl Alexander Müller)였다. 수상자들 중 나사(NASA), 후안 카를로스 1세(Juan Carlos I) 등이 있다.

Medellín (메데인)　스페인 엑스트레마두라(Extremadura) 자치주의 바다호스(Badajoz)에 위치해 있는 마을이다. 에르난 코르테스가 태어난 곳이며, 아메리카 정복 과정에 기여도가 높은 마을로서 콜롬비아와 멕시코 그리고 아르헨티나에 같은 이름의 도시가 세워졌다. ➡ Cortés, Hernán(에르난 코르테스)

Medina de Rioseco (메디나 데 리오세코)　카스티야 이 레온의 바야돌리드 주에 위치한 도시이다. 수도 바야돌리드에서 40km 떨어져 있으며, 약 5,060명의 주민이 거주하며, 면적은 97.62km²이다.

Medina del Campo (메디나 델 캄포)　스페인 바야돌리드에 위치한 도시이다. 고도 720m 에 위치하며 수도와는 53km 떨어져 있다. 인구는 약 20,488명 정도 살고 있으며 면적은 104,49km²이다. 15~16세기에 메디나 델 캄포에서 열렸던 목축 및 농업 시장은 유럽에서 가장 중요한 상업 행사 중 하나였다. ➡ Mesta(메스타)

Mejías Jiménez, Manuel (마누엘 메히아스 히메네스)　1912년에 태어나 1938년에 사망한 스페인의 투우사이다. 20세기 투우계의 가장 중요한 가문 출신으로 14세부터 투우 기술을 연마했다. 스페인뿐 아니라 중남미의 투우 경기에서도 승리를 거뒀으며 그의 명성 덕분에 내전이 발발한 후에도 스페인과 프랑스에서 경기를 계속할 수 있었다. 등에 발견된 종양으로 인해 사망했다.

Melchor Cano (멜코르 카노)　(1509, Guadalajara~1560, Toledo) 성 도미니코 교단의 수사이자 스페인의 신학자이다. 신학서의 이해를 돕는 신앙서를 발표하였으며 헬레니즘 철학 패러다임을 가톨릭에 도입했다.

Meléndez Valdés, Juan (후안 멜렌데스 발데스)　(1754~1817) 에스트레마두라의 리베라 데 프레스노에서 태어났다. 그 후 그는 살라망카에서 수학하였으며, 나중에 그곳에서 인문학부 교수를 지내기도 하였다. 프랑스군의 스페인 침공 이후, 그는 나폴레옹의 형이자 스페인 왕이 된 호세 1세(José I) 아래에서 몇 가지 직책을 수행하였다. 그러나 후에 이것이 계기가 되어 그는 프랑스로 도피하여야 했고 그곳에서 비운의 삶을 살았다.

Mélida, Arturo (아르투로 멜리다)　마드리드 출생의 건축가, 조각가, 화가(1849~1873)이

다. 건축 공부를 마치고 교수직을 겸임하며 스페인 상류층의 별장에 그림을 그리는 활동을 하였다. 그의 대표적인 회화 작품으로는 「*Palacio Bauer de la calle de San Bernardo de Madrid*」가 있으며, 1885년 마드리드 콜럼버스 광장에 콜럼버스 동상을 세운 것으로도 유명하다. ➡ Colón, Cristóbal[크리스토발 콜론(콜럼버스)]

Melilla, Guerra de (멜리야 전쟁) 1909년 스페인과 멜리야(Melilla)의 베드윈(Bedouin) 종족 사이에 벌어진 전쟁으로, 바르셀로나(Barcelona)의 '비극의 주간(Semana Trágica)'을 야기한 사건이다. 전쟁의 발단은 스페인이 부 하마라(Bu Hamara)로부터 리프(Rif) 광산 참여권을 획득하였지만 이를 못마땅하게 여긴 베드윈족이 폭동을 일으키고 광산 개발이 중지된 것에서 기인한다. ➡ Isabel II(이사벨 2세, 1830~1904, 재위: 1833~1868)

Mendoza, Andrés Hurtado de (안드레스 우르타도 데 멘도사) (?~1560) 카녜테의 후작 이었으며 페루 부왕령 제3대 부왕이었다. 그의 치하 수많은 도시들이 건립되었으며 엔코멘데로들의 원주민 착취를 막기도 했다. 후에 리마 고등사법재판소에 의해 부왕령직을 박탈당했다. ➡ Perú, Virreinato del(페루 부왕령)

Mendoza, Pedro de (페드로 데 멘도사) (1487~1537) 스페인 정복자. 그라나다인 과딕스 에서 태어났다. 리오 델 라 플라타(Rio de la Plata)의 총독이었으며 부에노스아이레스 (Buenos Aires)를 세웠다. 카나리아스 제도 근처에서 사망했다.

Menéndez Pidal, Ramón (라몬 메넨데스 피달) (1869~1968) 스페인의 언어학자이자 역사학자이다. 스페인어학과 스페인 민속문화, 민속문학에 대한 광범위한 연구를 했는데, 그의 주요 관심 주제는 시드의 전설과 관련된 역사연구이다. 마드리드 콤플루텐세 대학 에서 수학했고, 1901년 스페인 한림원 회원으로 선출되었다.

Menorca (메노르카) 발레아레스 군도(archipiélago de las Baleares)에 속한 스페인령의 섬 이며 수도는 마온(Mahón)이다. 군도의 가장 큰 섬인 마요르카(Mallorca)와 35km 떨어 진 곳에 위치한다. 1287년 알폰소 3세(Alfonso III)에 의해 스페인 땅이 되었으나 18세 기에 영국 치하로 넘어갔다. 스페인 내전 이후 다시 스페인 영토가 되었다.

Mera, Cipriano (시프리아노 메라) (1897~1975) 스페인 내전에 참가했던 무정부주의적 조합주의자로서, 마드리드 전투(batallas de Madrid)와 과달라하라 전투(batallas de Guadalajara)에 참여하였다. 1939년 3월 5일 세히스문도 카사도(Segismundo Casado)의 쿠데타를 지원하였고, 국방 자문위원회 조직에 앞장서기도 하였다. 이후 마드리드에서 발렌시아로 이주하였으나, 얼마 되지 않아 오란(Orán)으로 망명하였고 감옥생활을 하였 다. 1946년 또 다시 프랑스로 망명하여 석공 일을 하며 말년을 보냈고, 생을 다하기까지 무정부주의를 지지하였다. ➡ Guerra Civil Española(스페인 내전)

Mercè (메르세 축제) 스페인 카탈루냐 지방의 바르셀로나에서 열리는 주요한 축제 중 하나이 다. 1871년, 시의회가 바르셀로나의 수호성인인 성녀 메르세를 기리기 위해 만든 축제로 매년 9월 24일에 열린다. 축제 프로그램은 거리 공연, 포크댄스 콘서트, 연극 등 500가 지가 넘는 다양한 프로그램들로 구성되어 있다. 또한 축제의 꽃이라고 할 수 있는 '성채 를 쌓는 사람들'이라는 뜻의 카스텔(Castells)이 정오에 시작된다.

Mercurio Arborio Gattinara (메르쿠리오 아르보리오 가티나라) 이탈리아 정치가, 법률가, 추기경으로 1465년에 태어나 1530년에 사망했다. 1518년부터 죽음에 이르기까지 황제 카를로스 5세(Carlos V)의 재상으로 임명되었으며 모든 국가를 다스리는 하나의 왕국이나 제국의 절대 권력을 도모하는 보편왕국 계획안을 추진했고 프랑스를 고립시키고자 노력했다. ➡ Carlos I(카를로스 1세)

Mercurio Histórico y Político (역사 정치 머큐리)   <La Gaceta>와 유사한 정치적, 군사적 성격을 띤 신문으로 1738년부터 1784년까지 발간되었다. <La Gaceta>와 <El Diario de Madrid>에 이어 세 번째로 오랫동안 유지된 신문이다.

Mesta* (메스타)   카스티야 연합왕국(Corona de Castilla)에 존재하였던 이동목축조합으로서 중세와 근대의 유럽 지중해 연안 국가 중에서 가장 조직화된 양상을 보여주었다. '영예로운 메스타 시의회(Honrado Consejo de Mesta)'라는 이름으로 이동목축 활동을 보호하였으며, 아라곤 연합왕국(Corona de Aragón)에도 유사한 단체들을 찾아볼 수 있으나 규모나 활동 면에서 카스티야에 미치지 못했다. 메스타에 대한 기록은 1273년으로 거슬러 올라가고, 당시 알폰소 10세(Alfonso X)는 '내 왕국의 목자들 조합 시의회'라고 언급하며 이 기관에 일정한 특권들을 부여한 바 있다. 이때 메스타는 각 지역에 연고지를 두며 이동 양떼들을 규제한 단체들을 통합한 조직으로 보인다. 메스타는 국왕의 지지로 탄생하여 1836년 소멸할 때까지 왕국의 지속적인 후원 아래 있었으며, 이는 주된 수입원이 되었을 뿐 아니라 지역적인 특수성에 맞서서 카스티야 농업제도를 균일화시키는 수단이 되었기 때문에 가능하였다. 또한 이동목축업자들의 상당수가 귀족이었고 이동목축을 보유한 조직 또한 영향력 있는 성직 기관들이었기에 이들을 유인하기 위한 간접 수단으로 여겨졌던 것이다. 메스타에 대한 왕국의 지원은 영예로운 시의회의 형제들에 의해 채택된 합의들이 전면적인 의무 규정으로 시행된 점에서도 확인해 볼 수 있다. 메스타는 일련의 관할권 행사를 통해 이동목축에 대한 자신들의 특권을 보호하였다. 이러한 특권은 세기를 거듭하면서 축적되었는데, 16세기 초반까지는 이동의 자유 및 통행과 휴식처의 보존, 그리고 지역 폭력에 맞선 목축의 보호에 관한 것이었다면, 근대에는 저렴하고 풍부한 목초지를 지속적으로 확보하는데 있었다. 적어도 16세기부터 목초지와 관련된 특권은 주로 소유권에 관한 것으로서, 목축업자가 일단 빌린 목초지는 탈취되지 않으며, 농장 주인이나 다른 목축업자들이 아무리 희망한다고 하더라도 불가하다는 내용이었다. 또한 17세기부터는 공정가격에 관한 개념이 출현하면서 목축업자와 목초지 소유주 간에 목초 가격에 관한 합의가 이루어지지 않을 경우, 공정가격대로 시행될 것이며 그 결과는 양측에 의해 수용되어야 한다는 내용이었다. 실제로 이 같은 특권들이 적용되면서 이동목축의 주된 결과물인 양모는 비용을 절감하며 생산될 수 있었다. 메스타 특권 기구는 일명 <Cuadernos de Mesta>라는 다양한 발간집들의 집필대상이 되기도 하였는데 그중에서 1511년에 후안 로페스 데 팔라시오스 루비오스 박사(doctor Juan López de Palacios Rubios)가 발간한 기록물은 가장 중요한 것으로 손꼽힌다. 메스타는 관련 종사자들에 의해 운영되었는데, 최고위층에는 목축업자들의 이해를 돕는 궁정과 법원의 대리인들(procuradores de Corte y de Chancillerías)을 비롯하여, 통행로에서 일정 금액을 수취하여 국고에 보내는 여름목장의 촌장들(alcaldes de puertos), 목초지를 빌려주는 대리인들(procuradores de dehesas), 특권이 제대로 준수되는지 여부를 감시하는 촌장들에 이르기까지 다양한 층이 존재하는 것을 볼 수 있다. 그러나 18세기 후반기에 스페인에 경제적 자유주의가 유입되면서 정부 고위층에서부터 반(反)메스타 운동이 일어나기 시작하였으며 1836년에는 결국 메스타의 폐지로 이어지게 되었다. 이는 먼저 자유주의 혁명이라는 정치적, 이데올로기적 입장에서 설명될 수 있으며 또한 그에 못지않게 이동목축의 전반적인 퇴조에서도 그 원인을 찾아볼 수 있다. 사실 1820년대 말에 이미 이동목축업자들은 양모 가격의 하락으로 수출 감소를 경험해야 했기에 1836년 메스타의 법적 폐지는 이미 제 기능을 하지 못한 기관의 공식적인 종말을 의미할 뿐이었던 것이다.

Mestizaje (혼혈)　　스페인령 아메리카의 경우 대륙의 발견과 정복이 있게 되면서부터 시작된 스페인 사람들과 아메리카 원주민들 간의 접촉이 인종적·문화적 혼혈을 수반하였다. 이는 상이한 개인들과 문화 집단들 간의 지속적이고 직접적인 교류를 통해 생겨난 것으로 고고학적인 문화변용의 현상이라고 할 수 있다. 스페인 사람들은 다른 주민들과의 육체적인 관계를 동반하는 인종적인 혼혈에 대해서는 편견이 없었고 오히려 그들이 터부시 하였던 것은 문화적인 것이었다. 한편 16세기부터 혼혈은 어떠한 법적 한계를 뛰어넘어서 아메리카성의 결정적인 요소로 자리 잡게 되었으며, 내연관계, 일부다처제, 동거 등의 인종적 혼혈 형태는 일반적인 현상이었다고 할 수 있다. 스페인 여성들의 수적 결여는 식민지 개척자들과 원주민 여자들 간의 육체적인 결합을 야기했고 이를 통해 광범위한 혼혈이 일어나게 되었다. 18세기에는 이미 스페인령 아메리카의 주요한 지역들에서 이들이 대다수의 집단을 이루게 되었고 그들의 법적인 취약성은 사회 내 불안 요소로서 나타나게 되었다. 그 시대의 분류 기준에 따라 혼혈은 다수의 계층을 만들어 내었으며 그들의 가치는 백인성과 얼마만큼 근접하는가 여부에 따라 결정되었다. 즉 분류를 해보면 다음과 같다.

-이베리아 반도 남자와 이베리아 반도 여자의 결합은 크리오요(criollo)
-크리오요와 크리오야(criolla, 크리오요의 여성형)의 결합은 크리오요
-스페인 남자와 원주민 여자의 결합은 메스티소(Mestizo)
-스페인 남자와 흑인 여자의 결합은 물라토(mulato)
-흑인 남자와 원주민 여자의 결합은 삼보(zambo)
-메스티소와 원주민 여자의 결합은 촐로(cholo)
-메스티소와 스페인 여자의 결합은 카스티소(castizo)
-물라토와 스페인 여자의 결합은 모리스코(morisco)
-스페인 남자와 모리스카(모리스코의 여성형)의 결합은 알비노(albino)
-흑인 남자와 삼바(zamba, 삼보의 여성형)의 결합은 삼보 프리에토(zambo prieto)

독립전쟁의 시기에 스페인령 아메리카가 메스티소성으로 특징지어진다는 것은 부인할 수 없는 사실이었다. 19세기와 20세기 동안에 이러한 과정은 다른 대륙들로부터의 대대적인 이민과 아메리카 대륙 내의 이주 현상으로 더 확연해지고 다양해질 수밖에 없었다.

Metelo, Quinto Cecilio (킨토 세실리오 메텔로)　　(?~105) 로마의 정치인이자 군인이다. 마케도니아의 왕 페르세우스(Perseus)의 군에 맞서 싸웠다. 후에 에스파냐 시테리오르(España Citerior)의 지방총독을 맡았다. 하지만 그는 연설가로도 명성을 떨쳤다. 그중 결혼에 관해 한 연설 *De ducendis uxoribus*가 유명하다. ➡ Romanización(로마화)

Miguel Primo de Rivera y Orbaneja Brigadas Internacionales (국제여단)　　스페인 내전 당시 스페인 제2공화국 측인 인민전선정부를 지원하기 위해 조직된 국제 의용군으로 히틀러와 무솔리니의 지원을 받는 프랑코(Francisco Franco, 1892~1975) 총통의 급진 우익정당에 대항하여 싸웠다. ➡ República II(제2공화국)

Milán, tratado de (밀라노 조약)　　1637년 스페인과 프랑스 사이 맺어진 평화 조약으로 발텔

리나 통행로의 소유권을 스위스에게 확정적으로 넘겼다.

Milicia confederal (연방대)　스페인의 인민병 중 하나로 1936년부터 1939년까지 스페인 내전 당시 스페인 무정부주의 단체들에 의해 조직되었다. 무정부주의 단체들에는 전국노동연맹(Confederación Nacional del Trabajo), 이베리아 무정부주의 연합(Federación Anarquista Ibérica), 이베리아 무정부주의 자유청년 연합(Federación Ibérica de Juventudes Libertarias) 등이 있다. 인민병들은 1936년 스페인 혁명에 아주 중요한 역할을 담당하였다. 뿐만 아니라 마르크주의 노동 연합당(Partido Obrero de Unificación Marxista)이나 노동조합당(Partido Sindicalista), 노동자총동맹(Unión General de Trabajadores)도 반란군에 대항해 맞서 싸웠다. ➡ Guerra Civil Española(스페인 내전)

Militares (군국주의자들)　무장 세력, 즉 군인 집단으로 이뤄진 세력이다. 군국주의자들은 무력이 국가의 안전을 위해 가장 필수적이라는 사상을 가지고 있다. 스페인의 군국주의자들은 이탈리아의 파시즘과 같은 극우는 아니지만 강한 우익 성향을 보인다.

Millares (미야레스)　발렌시아 지방의 도시이다. 카날 데 나바레스(Canal de Navarrés) 지방에 위치하며 이베리아 반도의 청동기 유물이 발견된 곳들 중 하나이다.

Millares, Manolo (마놀로 미야레스)　(1926~972) 1957년에 창시된 그룹 엘 파소(El paso)의 공동설립자 중 한 명인 화가이다. 그의 예술가로서의 생애는 반고흐의 그림을 연상케 하는 스타일로 시작하였으나 1949년부터는 추상화를 그렸다. 그의 작품에는 찢어지거나 꿰맨 올의 굵은 삼베가 등장하기도 한다.

Minas de Huancavelica (우안카벨리카 광산)　중남미가 스페인 치하에 있던 시대에 매우 중요했던 수은 광산으로 페루에 위치해 있다. 당시 수은을 이용해 은을 분리하는 기술이 개발되어 은을 채취하기 위해 수은이 대량으로 필요했기 때문에 황화수은을 이 광산으로부터 조달했다. ➡ Hispanidad[이베리아성(포르투갈 및 브라질 제외)]

Minuros (미누로스)　(?~기원전 139) 오수나(Osuna) 출생의 군인으로 비리아토의 부하였다. 로마 진영에 평화 협정을 맺기 위해 사절단으로 보내졌으나 디달코(Ditalco), 아우닥스(Audax)와 함께 그곳에서 매수되어 자신의 수장을 암살한 후 로마 진영으로 상급을 바라며 돌아갔지만 참수형을 당했다. 이 일화에서 "로마는 배신자에게 상을 주지 않는다(Roma no paga traidores)"라는 표현이 탄생했다. ➡ Viriato(비리아토)

Mirabrás (미라브라스)　칸티나의 일종으로 안달루시아(Andalucía)의 민속 음악이다. 'mira'와 'verás'가 합성된 것으로 '보면 알게 될 것이다'라는 뜻을 가지고 있다. 흥겹고 빠른 것이 특징이다. 산루카르 데 바라메다(Sanlúcar de Barrameda)가 대표적 가수이다.

Miranda, Fernando (페르난도 미란다)　(1924~) 스페인의 정치가이자 교수. 기독교 민주주의자이다. 뮌헨 의회에 참석했다는 이유로 프랑코 정부에 의해 탄압을 받아 카나리아스 섬으로 망명했다. 스페인 하원 위원장직을 지냈다.

Miró, Joan (호안 미로)　(1893~1893) 20세기 스페인 미술의 대표 화가이다. 바르셀로나 출생으로, 프랑스의 인상주의와 포비즘의 영향을 받으며 교육을 받았다. 하지만 그 이후 큐비즘의 영향을 받으며 초현실주의파에 가담했다. 그의 작품은 회화뿐만 아니라 도자기와 같은 조각예술 또는 러시아 발레를 위해 의상과 무대장치를 담당하고 벽화도 창작하면서 추상예술을 대중들에게 선보였다.

Mirón (미론)　(947~966) 바르셀로나(Barcelona), 헤로나(Gerona), 오소나(Osona)의 백작. 코르도바(Córdoba)와의 협정에도 불가하고 주로 알만소르(938~1002) 장군이 이끄는

군대에 의해 고통을 겪었다. ⇒ Reconquista(레콩키스타)

Mis Chicas (미스 치카스) 스페인에서 1941년부터 1950년까지 간행되었던 잡지이다. 산 세 바스티안(San Sebastián)에서 간행을 시작하여 스페인 내전 이후 첫 번째 여성잡지가 되었다. "나의 소녀들"이라는 의미의 잡지명과 같이, 다양한 연령대의 여성들에게 정보 를 제공하는 것을 주목적으로 한다. 영화, 문학, 요리, 뷰티, 독자들의 사연 등으로 나뉘 어 편집 및 출판되었다.

Misa (미사) 로마 가톨릭교에서 이뤄지는 전례 양식이다. 전례 집전은 로마 가톨릭교에서 유 효하게 서품된 사제만이 할 수 있으며, 부제, 복사, 평신도가 참여할 수 있다. 시작 예식 후 성경 봉독과 강론으로 구성된 말씀 전례, 예수의 최후 만찬을 재현하고 영성체 예식 을 치르는 싱찬 진례가 이어지며 마침 예식으로 끝난다.

Mitra (두건) 최고 수도원장들이 썼던 아마포 두건으로 성직을 상징했다. 성서에 등장하는 대 제사장들의 두건에서 유래했으며 5세기 스페인의 권력의 상징이기도 했다.

Mogrobejo Abásolo, Nemesio (네메시오 모그로베호 아바솔로) (1875~1910) 스페인의 조각가이다. 스페인에서 조각 예술의 혁신을 주도한 인물 중 한 명이다. 프랑스 유학 시 절 로댕의 영향을 받은 그는 반아카데미적인 개념과 고전을 섞어놓은 작품으로 유명하 다. 작품 중 부조「*Eva y Maternidad*」가 유명하다.

Moguer (모게르) 스페인 안달루시아 자치주(Comunidad Autónoma de Andalucía)에 속한 우엘바(Huelva)의 도시이다. 크리스토발 콜론이 항해를 준비하였던 곳이며, 산타클라라 (Santa Clara)가 출항하였던 곳이기도 하다. 또한 페드로 알론소(Pedro Alonso), 후안 니뇨(Juan Niño) 그리고 프란시스코 니뇨(Francisco Niño)와 같은 자원자들이 배출된 곳이기도 하다. ⇒ Colón, Cristóbal[크리스토발 콜론(콜럼버스)]

Mola Vidal, Emilio (에밀리오 몰라 비달) (1887~1937) 스페인 군인이자 제2공화국을 무 너뜨리기 위해 군부 반란을 주도한 대표적인 인물이다. 몰라(Emilio Mola Vidal) 장군 이 주도한 이 군사 반란은 1936년 7월 18일에 스페인 내전(Guerra Civil)을 일으키게 되는 계기가 되었다. 그는 스페인 북쪽 지역, 특히 바스크 지방에 군사 공격을 가했다. ⇒ Guerra Civil Española(스페인 내전)

Molesmes, Roberto de (로베르토 데 몰레스만) 1028년에 태어나 1111년 4월 17일 사망한 프랑스에서 시토 수도회를 만든 사람 중 하나이다. 1060년에 Saint Michel-de-Tonnerre 의 수도원장으로 임명되었다. 교황 오노리오 3세(Honorio III)는 그를 1220년에 성인의 반열에 올렸다.

Molina, Javier (하비에르 몰리나) 1868년에 태어나 1956년에 사망한 스페인의 기타 연주가 이다. 헤레사나 데 토케(jerezana de toque)파의 창시자이다. 플라멩코의 거장 안토니오 마이레나(Antonio Mairena)의 찬사를 받았다. 그의 연주는 부드럽고 유연하며 맑은 소 리가 나고 특유의 울림이 있었다고 평가받는다.

Molina, María de (마리아 데 몰리나) (1265~1321) 몰리나(Molina)의 영주 알폰소 (Alfonso) 왕자의 딸로 알폰소 10세의 아들과 결혼했다. 그의 부마는 알폰소 10세에 대 항해 반역을 일으켜 왕이 되었으며 그 후 그녀는 남편과 함께 카스티야 레온(Castilla y León) 지방을 다스렸다. 남편이 죽자 어린 아들 페르난도 4세(Fernando IV)를 대신 해 섭정을 펼쳤으며 혼란스러운 시기에 귀족들과 왕족들 간 중재자 역할을 훌륭히 해냈 다는 평가를 받는다. ⇒ Alfonso X(알폰소 10세)

Molucas (몰루카 해협) 태평양 서부의 바다로 인도네시아의 영해. 산호가 풍부하고 스쿠버다이빙을 할 수 있는 지역이 많다. 291.000km²의 면적과 최대 수심이 4,970m에 달한다.

Mompou, Federico (페데리코 몬푸우) 카탈루냐(Cataluña) 작곡가이자 피아니스트이다. 피아노 솔로 연주와 섬세함이 묻어나는 그의 음악들이 좋은 평가를 받는다. 대표적인 피아노 솔로 곡으로는 「*Cançons i Danses*」(1921~1979), 「*Variations on a Theme of Chopin*」 (1938~1957) 등이 있다.

Monárquicos (군주주의자들) 국가가 유지되기 위해서는 군주가 필요하다고 주장하는 세력을 일컫는다. 군주주의는 입헌 군주제, 절대 왕정 그리고 의회 민주주의적 성격의 왕정으로 나뉜다. 스페인의 군주주의자들은 바로 이 후자의 성격을 띤다.

Monasterio de las Descalzas Reales(Madrid) [(마드리드의) 데스칼사스 왕립 수도원] 마드리드의 중심에 위치해 있으며 스페인 국왕 펠리페 2세의 여동생 후아나 데 아우스트리아(Juana de Austria)에 의해 1559년 설립되었다. 16세기를 대변하는 건물로서 예술적으로 중요한 작품들이 소장되어 있으며, 현재에는 수도원의 일부분이 일반인에게 박물관으로서 개방되고 있다. ➡ Felipe II(펠리페 2세)

Monasterio de San Juan de la Peña (산 후안 데 라 페냐 수도원) 스페인 아라곤 우에스카(Huesca) 지역 산타 크루스 데 라 세로스(Santa Cruz de la Seró)에 위치한 수도원이다. 많은 아라곤 왕족들의 영묘였기에 중세 시대 아라곤 왕국의 가장 중요한 수도원이었다. 산티아고 순례길에서 아라곤을 걸을 때 포함되는 수도원이기도 하다. ➡ Aragón, Corona de(아라곤 연합왕국)

Monasterio de San Miguel de Escalada (산 미겔 데 에스칼라다 수도원) 스페인 카스티야 이 레온(Castilla y León) 주(州) 그라데페스(Gradefes)에 위치한 수도원이다. 913년 알폰소 수도원장을 신성화하기 위해 지어졌다. 모사라베 형식이 두드러진 이 건축물에는 레포블라시온의 운동이 깃들어 있다. 현재는 신전(templo)만 보존되어 있으나, 서고트 시기나 로마정복 시기의 재료들을 사용했다는 것을 볼 수 있다. 1886년 국가 기념물로 지정되었다.

Monasterio de San Millán de la Cogolla (산 밀란 데 라 코고야 수도원) 스페인 라 리오하(La rigoja) 주(州) 산 밀란 데 코고야(San Millán de la Cogolla)에 위치한 수도원이다. 6세기에 지어졌으며, 수도사 밀란(Millán)으로부터 시작된 전통적 종교 의식을 치루는 수도사 집단이 모여 있는 장소이다.

Monasterio de San Román de Hornija (산 로만 데 오르니하 수도원) 스페인 카스티야 이 레온(Castilla y León) 주(州) 바야돌리드(Valladolid)에 위치한 수도원이다. 친다스빈토(Chindasvinto) 왕이 그의 부인 레시베르가(Reciberga)와 함께 사망 후 이 수도원에서 묻히겠다고 결정하여 성 프룩투오소(San Fructuoso)로 인해 7세기에 건설되었다. ➡ Reino visigodo(서고트 왕국)

Monasterio de Santa María la Real de Las Huelgas (라스 우엘가스 왕립 산타 마리아 수도원) 스페인의 부르고스(Burgos) 시에 위치해 있으며 산 베르나르도의 시토 수도회 수녀의 수도원으로 국왕 알폰소 3세(Alfonso III)에 의해 1189년에 설립되었다. 스페인에서 가장 오래된 스테인드글라스를 포함하여 훌륭한 가치의 작품들이 소장되어 있다.

Monasterio de Yuste (유스테 수도원) 1409년에서 1414년에 지어진 것으로, 스페인의 카를로스 1세(1500~1558)가 퇴위하면서 머물고 사망한 수도원 및 저택이다. 카세레스(Cáseres) 주의 북동쪽에 위치하며 2007년에 유럽 문화유산으로 지정되었다. ⇒ Carlos I(카를로스 1세)

Mondas (몬다스)　스페인 남부 카스티야라 만차(Castilla-La Mancha) 자치주에 있는 톨레도의 탈라베라 데 라 레이나(Talavera de la Reina)에서 열리는 축제. 성주간(Semana Santa) 전 토요일에 열린다. 축제의 정확한 기원은 알려지지 않았으나 로마화 이전에 신에게 제물을 바치던 전통에서 유래한 것으로 여겨진다. 이날 다양한 종류의 둘사이나와 전통 악기 밴드들이 연주하는 대규모 퍼레이드가 펼쳐지며, 엘 프라도 바실리카(El Prado Basilica)에서 탈라베라 시장과 초대받은 시의 시장이 긴 지팡이를 교환하며 막을 내린다.

Moneo, Rafael (라파엘 모네오)　(1937~) 스페인 건축가이다. 마드리드의 건축 아카데미(Escuela Técnica Superior de Arquitectura de Madrid)에서 1961년 졸업하여 프란시스코 하비에르 사엔즈 데 오이자(Francisco Javier Sáenz de Oiza)와 1956년에서 1961년까지, 덴마크에서 시드니의 오페라 하우스를 설계한 요른 웃존(Jorn Utzon)과 1961년부터 1962년까지 협력하여 일을 했다. 이후 하버드에서 교수직을 맡으며 스톡홀름, 베네치아, 프랑스 등에서 수많은 건축물들을 통해 상을 받았다.

Moniz, Felipa (펠리파 모니스)　1455년에 포르투갈 귀족 가문에서 태어나 1484년경에 사망했다. 1479년에 크리스토발 콜론과 혼인하고 후에 신대륙의 부왕이 된 디에고 콜론(Diego Colón)을 낳았다. ⇒ Colón, Cristóbal[크리스토발 콜론(콜럼버스)]

Monje Cruz, José (호세 몬헤 크루스)　1950년에 태어나 1992년에 사망한 스페인의 플라멩코 가수이다. '섬에서 온 새우(Camarón de la Isla)'로 알려져 있다. 1963년 12살의 어린 나이에 세비야(Sevilla) 축제에 참여해 플라멩코의 거장 마이레나(Mairena)의 극찬을 받았다. 2005년 그의 생애를 다룬 영화「*Camarón*」이 개봉했다.

Monje profeso (서원한 수도사)　서원한 교회의 성직자, 즉 교단에서 선하고 훌륭하게 살겠다고 하느님에게 약속한 성직자를 일컫는다.

Montejo, Francisco de (프란시스코 데 몬테호)　1479년 살라망카(Salamanca)에서 태어나 1553년 세비야(Sevilla)에서 사망한 스페인 정복자이자 탐험가이다. 에르난 코르테스의 멕시코 정복에 가담했으며 아들 프란시스코 데 몬테호 엘 모소(Francisco de Montejo el Mozo)와 함께 유카탄(el Yucatán) 반도를 정복했다. ⇒ Cortés, Hernán(에르난 코르테스)

Montes de Toledo (톨레도 산악지대)　이베리아 반도의 산악지대로 타호(Tajo) 강과 과디아나(Guadiana) 강 사이로 솟아 있다. 카스티야라만차(Castilla-La Mancha) 자치주와 엑스트레마두라(Extremadura) 지역을 아우른다. 톨레도(Toledo)의 남서부와 시우다드 레알(Ciudad Real)의 북서부를 잇는 이 빽빽한 산줄기는 독특한 지형을 이뤄 지질학적 가치를 지닌다.

Montesinos, Antonio de (안토니오 데 몬테시노스)　(?~1540) 성 도밍고 교파의 수도사로 가장 최초로 에스파뇰라 섬에 파견된 성직자 중 한 명이다. 그곳에서 이뤄졌던 원주민 노동력 착취와 학대를 목격한 그는 항의서를 제출하고 설교하는 등 원주민 보호를 위해 싸웠다. ⇒ Hispanidad[이베리아성(포르투갈 및 브라질 제외)]

Montevideo (몬테비데오)　우루과이의 수도이며 우루과이 내에서 인구가 가장 많은 도시로,

메르코수르(Mercosur)와 알라디(ALADI)의 본부가 있는 곳이다. 1730년 첫 시의회가 설립되었으며 1778년 자유무역 체제가 채택되면서 몬테비데오는 경제적으로 그리고 인구 면에서 많은 성장을 이룩했다. 스페인의 식민지였지만 나폴레옹 스페인 침공 이후 포르투갈의 지배를 받았으며 19세기 초에는 영국의 영향을 많이 받았다.

Montiel, Batalla de (몬티엘 전투) 1369년 3월 13일에 일어난 전투로 카스티야 내전(Guerra Civil Castellana)에 속하며 전쟁의 얽혀 있는 이해관계로 미루어 보았을 때 이는 백년 전쟁의 일부로 보기도 한다. 카스티야-그라나다 연합군과 카스티야-프랑스 연합군의 대전으로 전자는 잔혹한 페드로(Pedro el Cruel)를, 후자는 그의 형제 엔리케 데 트라스타마라(Enrique de Trastámara)를 우두머리로 내세웠으며 엔리케가 카스티야의 왕으로 등극하면서 이 전투는 종지부를 찍게 되었다. ➡ Castilla, Corona de(카스티야 연합왕국)

Montoya, Ramon (라몬 몬토야) 1880년에 태어나 1949년에 사망한 스페인의 기타 연주가이다. 안토니오 차콘(Antonio Chacón)과 함께 플라멩코 듀오를 이뤄 노래와 연주의 완벽한 조화를 일궈냈다. 자유로운 연주로 말라게냐(malagueña)와 그라나이나(granaína)가 유명하다. 20세기의 유명한 플라멩코 가수들의 연주를 맡았다.

Monumental de Las Ventas (라스 벤타스 투우장) 스페인에서 가장 규모가 큰 투우장이다. 마드리드(Madrid)의 라 긴달레라(La Guindalera)에 위치한다. 세비야(Sevilla)의 라 마에스트란사(La Maestranza) 다음으로 가장 중요한 투우장이다. 1929년에 호세 에스펠리우스(José Espelius)가 건축했다.

Monzón, tratado de (몬손 조약) 1626년 스페인과 프랑스 사이 맺어진 조약으로 발텔리나의 통행로로 인해 벌어진 갈등에 종지부를 찍었다. 이로 인해 이탈리아 영토로 통하는 이 경계는 스페인 소유가 되었다.

Morán Bardón, César (세사르 모란 바르돈) 1882년에 태어나 1951년에 사망한 스페인의 작가이자 고고학자이다. 신학을 전공해 신부가 된 후 탈라베라(Talavera), 살라망카(Salamanca), 마드리드(Madrid) 각지의 종교교육에 종사했다. 살라망카, 사모라(Zamora), 레온(León)의 20세기 초반 전통 문화 복원에 힘썼다.

Morán, Fernando (페르난도 모란) (1926~) 스페인의 외교관이자 작가이며 사회노동당 출신의 정치가이다. 1982년부터 1985년까지 펠리페 곤살레스(Felipe González) 정부에서 외무부장관을 역임하였다. 민주주의의 도래 이후 스페인의 외교와 대외협력에서 많은 업적을 남긴 인물로 평가받는다. ➡ Partido Socialista Obrero Espaóñol(PSOE, 스페인사회노동당)

Moran, Santiago (산티아고 모란) (1571~1626) 스페인의 화가이다. 1609년 펠리페 3세(Felipe III)의 궁정화가가 되었다. 그가 그린 마르가리타 프란시스카(Francisca) 공주의 초상화는 엘 프라도 박물관(Museo del Prado)에 소장되어 있다. 새를 많이 그린 화가로 전해지기도 한다.

Moreno Baptista, Vicente (비센테 모레노 밥티스타) 1773년 안테케라(Antequera)에서 태어난 군인이다. 스페인 독립전쟁(Guerra de la Independencia Española) 때 훌륭한 게릴라전을 펼쳤지만, 배신을 당해 체포되었고 1810년 그라나다(Granada)에서 사망했다. ➡ Dos de Mayo 1808(1808년 5월 2일)

Moreno Jiménez, Manuel (마누엘 모레노 히메네스) (1929~) 스페인의 기타리스트이다.

대대로 음악가를 배출한 집시 가문의 일원이다. 하비에르 몰리나(Javier Molina) 밑에서 공부했으나 자신만의 독특한 기법을 발전시킨다. 불레리아(bulería)로 유명하다.

Morente, Enrique (엔리케 모렌테)   1942년에 태어나 2010년에 사망한 스페인의 플라멩코 가수이다. 현대 플라멩코의 개척자로 불린다. 세르반테스(Miguel de Cervantes), 미겔 에르난데스(Miguel Hernández) 등 스페인 문학인들의 시를 가사로 불렀다. 1978년 그의 음반이 포크음악 전국 1위에 뽑히기도 했다. 1996년 그의 전기 『La voz libre』가 출판됐다.

Morente, García (가르시아 모렌테)   (1886~1942) 스페인의 철학가이자 성직자이다. 베르그송(Henri Bergson)의 철학, 현상학, 가치론 등에 관심이 깊었다. 호세 오르테가 이 가셋(José Ortega y Gasset)의 영향을 깊이 받았으며 평생을 철학과 종교에 대한 탐구에 바쳤다.

Morillo, Pablo (파블로 모리요)   (1775~1837) 스페인의 군인이다. 학식이 부족했던 그는 1795년 무렵까지 양치기로 일했다. 후에 군에 입대해 무공을 세우며 조금씩 승진했으며 페르난도 7세(Fernando VII)의 눈에 띄어 식민지 재정복 원정대의 총사령관으로 임명받았다. ➡ Independencia de la América Española(스페인 아메리카 식민지 독립)

Morisco (모리스코 또는 이슬람계 기독교개종자)   1502년 2월 14일 가톨릭 왕들에 의해 의무적으로 세례를 받은 이슬람교인들을 일컫는다. 이 이전에 이슬람교에서 자의적으로 가톨릭교로 개종한 자들도 이 이후부터는 모리스코라고 불렀다. 모리스코들은 1609년에 이베리아 반도에서 추방되었다. ➡ La expulsión de los moriscos(모리스코의 추방)

Moro (무어인)   아랍인, 스페인인, 베르베르인의 사이의 혼혈인 스페인계 이슬람교도, 이슬람교도 전체를 가리키기도 한다. ➡ Al-Andalus(알 안달루스)

Moros y Cristianos (모슬렘과 기독교인 축제)   이베리아 반도의 이슬람 통치 시기 때 모슬렘 세력과 가톨릭 세력이 함께 공존하면서 주도권을 번갈아 차지했던 것을 기념하는 축제로 매년 4월에 열린다. 이 축제로 가장 유명한 곳은 알리칸테(Alicante) 주의 알코이(Alcoy) 지방이고 이 외에도 카스티야 라 만차, 안달루시아, 무르시아 등 반도의 남동쪽 지방에서도 활발하게 진행된다. 연극 형식으로 진행되는 이 축제는 마을 주민들이 가톨릭파와 모슬렘파로 나뉘어 그에 알맞은 중세 의상을 입고 행진을 하면서 두 종교 사이의 전투를 재현한다. ➡ Reconquista(레콩키스타)

Morteruelo (모르테루엘로)   스페인 라만차 지방의 전통 음식으로 토끼고기, 닭고기, 돼지 간 등을 백리향과 함께 삶은 후 버터, 계피와 다시 삶은 요리이다. 스튜의 일종으로 든든한 보양식이다.

Motín de Aranjuez (아란후에스 반란)   1808년 3월 17일과 19일 사이에 아란후에스에서 벌어진 귀족들의 반란으로 카를로스 4세(Carlos IV)의 최측근이었던 마누엘 고도이가 관직에서 물러났으며 페르난도 7세(Fernando VII)가 즉위하게 된다. ➡ Godoy, Manuel(마누엘 고도이)

Moura, Cristóbal de (크리스토발 데 모우라)   (1538~1613) 포르투갈의 정치인으로 오스트리아의 후아나(Juana de Austria)와 함께 스페인으로 건너와 펠리페 2세를 섬겼다. 왕실과 긴밀한 관계를 유지했으며 펠리페 3세(Felipe III)의 집권과 함께 점차 세력이 쇠퇴했다. ➡ Felipe II(펠리페 2세)

Movemento Galego ao Socialismo(MGS) (갈리시아 사회주의운동)   갈리시아 좌파 독립

주의 정치조직으로 2009년 3월에 발족되었다. 갈리시아민족주의블럭(BNG)의 내부 조직과 갈리시아노동조합연맹(CIG)의 대표로서 활동하고 있다.

Movilización social (사회운동)　즉흥적으로 일어나는 사회 행위로 특정 철학이나 도덕 코드를 추구하는 집단에 의해 일어난다. 폭력적인 운동과 비폭력적 운동이 존재하며 물리적 시위가 있는가 하면 인터넷상으로 일어날 수도 있다.

Movimiento 15-M (3.15 운동)　'분개한 사람들의 운동'이라는 이름으로 불리기도 한다. 정치가와 금융인들에게 민주제도의 개선을 요구한 데서 비롯되었다. 처음에는 시민 40명이 푸에르타 델 솔(Puerta del Sol)에 자발적으로 모여 평화시위를 하면서 시작되었다.

Moyano, Claudio (클라우디오 모야노)　본명은 클라우디오 모야노 이 사마니에고(Claudio Moyano y Samaniego)이며 1809년 스페인 사모라(Zamora)에서 태어난 정치가이다. 자유주의 정신을 가지고 있었던 그는 중도 정당(Partido Moderado)에서 활동하며 진보적인 성향을 가지고 있었다.

Mozárabe (모사라베)　아랍어의 'mustacrib'에서 나온 말이며, 이베리아 반도의 이슬람 지역에 살던 가톨릭교도들을 일컫는다. 이는 "el que quiere hacerse árabe", 즉 "이슬람교인이 되고자 하는 자"를 의미한다. 모사라베들은 조세를 지불하는 대신에 이슬람 지역에 머물면서 그들의 종교인 가톨릭교를 계속해서 믿을 수 있었다. 성당의 종은 치지 못하게 하였으며, 새로운 성당의 건축은 금하였다. 많은 모사라베들은 다양한 이유로 후에 이슬람교로 종교를 바꿨다. ⇒ Al-Andalus(알 안달루스)

Mudéjar (무데하르)　스페인 국토회복전쟁 때 그리스도교 영토에 거주하고 있던 아랍인들을 일컫는 말이다. 즉 건축에 있어 무데하르 양식은 그리스도교 예술이 아랍 예술과 혼합되어 형성된 건축 양식을 가리킨다. 벽돌, 회반죽, 나무 등을 재료로 사용하였으며, 끝이 뾰족한 아랍의 말굽쇠형 아치를 단순화하여 고딕 양식에 접목시켰다. 스페인에 14~16세기에 도입된 이 건축 양식은 라틴아메리카 식민지 시대로 가면서 원주민 양식과 혼합하여 아메리카 대륙에 영향을 끼치게 된다. ⇒ Reconquista(레콩키스타)

Muhammad al-Nasir ibn Yacub (무암마드 알 나시르 이븐 야쿱)　1181년에 태어난 모로코와 알 안달루스(al-Andalus)의 칼리프이다. 라스 나바스 데 톨로사 전투(batalla de las Navas de Tolosa)에서 알모아데족을 통솔한 인물이다. 가톨릭 세력과의 전투에서 패배하고 1213년 모로코 왕궁에서 생을 마감했다. ⇒ Al-Andalus(알 안달루스)

Muhammad I (무아마드 1세)　(823~886) 알 안달루스(al Áldalus)의 독립적인 에미르이다. 852에서 886년까지 알 안달루스를 통치했으며, 압달 라만 2세(Abd al-Rahman II, 788~852)의 후계자였다. 재위기간 동안 물라디(muladíes)와 모사라베(mozárabes)들의 끊임없는 반란과 분리 운동에 시달렸다. ⇒ Emir(에미르)

Muhammad II [무하마드 2세(우마이야)]　(980~1010) 알 안달루스의 우마이야 왕조 4대 칼리프 첫 번째 칼리프였던 압달 라만 3세의 증손자로 짧은 재위기간 동안 아랍인, 베르베르인, 슬라브인들과 심각한 대립이 있었다. 아미르(Amir) 왕조의 마지막 수장이었던 압달 라만 산추엘로(Abd al-Rahman Sanchuelo, 983~1009)에게 대군을 보내어 독재에 마침표를 찍었다. ⇒ Al-Andalus(알 안달루스)

Muhammad II(Nazarí) [무하마드 2세(나사리)]　(1236~1302) 그라나다(Granada) 나사리(Nazarí) 왕조의 2대 술탄. 나사리 왕조의 건국자인 무아마드 1세(Muhammad I, 823~886)의 아들로 이슬람법에 박식하여 'al-Faqih(법학자)'라는 별명으로 알려졌다. 똑똑하고 신중했으며 아버지의 신하로서 왕위계승 준비를 미리 했던 왕이었다. ⇒ Al-Andalus (알 안달루스)

Muhammad III (무하마드 3세)　　(1256~1314) 그라나다(Granada) 나사리(Nazarí) 왕조의 3대 술탄. 무하마드 2세의 아들로 'al-Majlu(버려진)'라는 별명이 붙었다. 1302년부터 통치하다가 1309년 동생 나스르가 왕위에서 밀어낸 후 1314년 그라나다의 알무녜카르 (Almuñécar)에서 숨을 거두었다. 재위기간 중 카스티야 이 레온(Castilla y León), 아라곤(Aragón)과의 전쟁을 치렀으며 알함브라(Alhambra) 궁전의 모스크를 만들었다. ⇒ Al-Andalus(알 안달루스)

Muhammad IV (무하마드 4세)　　(1315~1333) 그라나다(Granada) 나사리(Nazarí) 왕조의 6대 술탄. 1315년에 태어나 1325년 이버지의 갑작스리운 사망으로 준비가 되지 않은 상태로 왕위에 올라 왕실 고위 인물들의 반역의 압박이 심했다. 1333년까지 통치하다가 지브롤터(Gibraltar)에서 암살당했다. ⇒ Al-Andalus(알 안달루스)

Muhammad IX (무하마드 9세)　　(1370~1453) 그라나다(Granada) 나사리(Nazarí) 왕조의 15대 술탄. 유수프 3세(Yusuf III, 1374~1417)의 사촌형으로 무하마드 8세(Muhammad VIII, 1409~1431)가 지배하던 초기에는 그라나다의 술탄이 되려는 것을 막기 위해 투옥되었다. 1419년 풀려난 뒤 술탄이 되었다. 왼손잡이였기에 '엘 수르도'라는 별명이 있었다. ⇒ Al-Andalus(알 안달루스)

Muhammad V (무하마드 5세)　　(1338~1391) 그라나다(Granada) 나사리(Nazarí) 왕조의 8대 술탄. 1354년부터 1359년까지, 1362년부터 1391년 사망할 때까지 통치했다. 왕위에 올라 5년간 뛰어난 신하의 도움으로 평온한 시기를 맞이했지만 1359년 유수프 1세 (Yusuf I, 1318~1354)의 첩들 중 한 명이 궁중 권력인물들의 충성을 사 무하마드 5세를 밀어내고 자신의 아들 이스마일 2세(Ismail II, 1338~1360)를 왕위에 앉힌다. 1360년 이스마일 2세의 사촌 무하마드 6세(Muhammad VI, 1332~1362)가 왕위에 올랐으나 1362년 통치가 끝났고 다시 무하마드 5세가 왕위를 되찾았다. ⇒ Al-Andalus(알 안달루스)

Muhammad VI (무하마드 6세)　　(1332~1362) 그라나다(Granada) 나사리(Nazarí) 왕조의 10대 술탄. 이스마일 2세와 무하마드 5세의 사촌이었으며 유수프 1세(Yusuf I, 1318~1354)의 조카이다. 세비야(Sevilla)에서 태어나 1360년부터 통치하다가 1362년 부르고스(Burgos)의 로스 캄포스 데 타블라다(Los Campos de Tablada)에서 카스티야 이 레온 (Castilla y León)의 '잔인한' 페드로 1세(Pedro I, 1334~1369)에 의해 사형당했다. ⇒ Al-Andalus(알 안달루스)

Muhammad VII (무하마드 7세)　　(1370~1408) 그라나다(Granada) 나사리(Nazarí) 왕조의 12대 술탄. 1392년부터의 재위기간 동안 엔리케 3세(Enrique III, 1379~1406)가 성년이 되지 않아 섭정하에서 정권이 불안정한 것을 기회삼아 작은 전쟁들을 많이 치렀다. 호전적인 성격을 지닌 왕이었으나 정치에서는 그다지 두각을 보이지 못했다. ⇒ Al-Andalus (알 안달루스)

Muhammad VIII (무하마드 8세)　　(1409~1431) 그라나다(Granada) 나사리(Nazarí) 왕조의 14대 술탄. 여덟 살이 되던 해에 아버지 유수프 3세(Yusuf III, 1374~1417)의 죽음으로 왕위를 물려받았다. 당시 카스티야·레온 사람들에게 '엘 치코(El Chico, 어린이)' 또는 '엘 페케뇨(El Pequeño, 꼬마)'로 불렸다. 재위기간 동안 무하마드 9세에게 많은 방해를 받았고 많은 정치적 대립으로 체제와 치안이 불안정했다. 1431년 살로브레냐 요새에서 무하마드 9세에게 사형당했다. ➡ Al-Andalus (알 안달루스)

Muhammad X (무하마드 10세)　(1415~1454) 그라나다(Granada) 나사리(Nazarí) 왕조의 17대 술탄. 1445년부터 1447년까지 통치했으며 '절름발이(El cojo)'라는 별명이 있었다. 재위기간이 불안정한 탓에 실존 여부에 대한 역사가들의 논쟁이 있었다. ➡ Al-Andalus (알 안달루스)

Muhammad XI (무하마드 11세)　(1420~1455) 그라나다(Granada) 나사리(Nazarí) 왕조의 18대 술탄. 1451년부터 1454년까지 통치했으며 무하마드 8세의 아들로 당시 카스티야·레온 사람들에 의해 '꼬마(El Chiquito)'로 불렸다. ➡ Al-Andalus(알 안달루스)

Muhammad XIII (무하마드 13세)　(1445~1500) 그라나다(Granada) 나사리(Nazarí) 왕조의 22대 술탄. 1482년 말라가의 통치자가 되었고 1485년 왕위에 올랐다. '목동(Zagal)'이란 별명으로 알려졌으며 1487년까지 통치하였다. ➡ Al-Andalus(알 안달루스)

Mühlberg (뮐베르크)　독일 브란덴부르크 주에 있는 도시이며 엘베 강 오른편에 위치해 있다. 뮐베르크 전쟁의 무대가 되었으며 카를로스 5세(Carlos V)가 개신교들을 상대로 승리를 거둔 곳이다. ➡ Carlos I(카를로스 1세)

Muladí (물라디)　이슬람어 'muwalladin'에 어원을 두며, 이베리아 반도에 있던 이슬람교로 개종한 가톨릭교도들을 의미한다. 모슬렘들의 초기 정복 당시, 이베리아 반도에 있던 대부분의 대지주들은 자신들의 재산을 지키게 위해 개종을 하였으며, 노예들은 이슬람교로 개종할 경우 자유를 보장받게 되어, 많은 이들이 개종을 하였다. ➡ Al-Andalus(알 안달루스)

Mundir I (문디르 1세)　(?~1021?, 1023?) 사라고사(Zaragoza)의 타이파(Taifa) 왕국의 왕. 처음에는 군인에 불과했으나 알만소르(Almanzor, 938~1002)의 군대에서 전투를 치르며 명성을 얻어 장군에 자리에 오른 후 투델라(Tudela)의 통치자가 되고, 1005년경 사라고사의 왕이 된다. 안달루스(Al Andalus)의 중앙권력이 약해지자 독립을 선언한다. ➡ Al-Andalus(알 안달루스)

Mundo Deportivo (문도 데포르티보)　스페인 스포츠 신문. 스페인 바르셀로나(Barcelona)에 본사가 있으며, 고도 그룹(Grupo Godó)에 속해 있다. 이 신문은 1999년까지 <El mundo deportivo>의 이름을 지니고 있다가, 현재의 이름이 되었다. 주로 축구 경기 및 축구 선수에 초점을 맞추며, 그중에서도 바르셀로나 축구경기와 스포츠 경기를 중점적으로 다룬다. 그러므로 독자의 약 60%가 카탈루냐(Cataluña) 사람들이다.

Muñeira (무녜이라)　갈리시아(Galicia), 카스티야 이 레온(Castilla y León), 아스투리아스(Asturias)의 전통적인 춤으로, 트럼펫, 튜바, 하모니카, 탬버린 등을 사용한다. 갈리시아어로 "muíños"는 맷돌을 칭하는데, 맷돌을 기다리면서 추는 춤이라 하여 "무녜이라"이라 한다.

Muralla de Ávila, la (아빌라 성벽)　스페인 카스티야 레온(Castilla y León)에 위치한 아빌라 시(市)를 감싸는 성벽이다. 총 길이 2,516m인 이 성벽은 9개의 성문을 지니고, 33ha의 면적을 차지한다. 두께는 3m에 달하며 높이는 약 12m이다. 성벽은 역사적으로 도시가 형성되는 데 매우 중요했던 요소이며, 도시에 거주하는 다양한 사회 집단들 사이에 공간의 분배에 도움을 주었다. 성벽은 단순한 공간 분배뿐만 아니라 '야생의 공간'과 '문명' 사이의 간격을 나타낸다.

Murcia (무르시아)   스페인 남동부에 위치한 자치주로 무르시아(Murcia)를 수도로 두고 있다. 공식 언어는 스페인어이며 약 147만 명의 인구가 살고 있다. 문화유산이 풍부한 지역으로 자연경관이 빼어나다. 지중해의 영향으로 염분을 함유한 호수 마르 메노르(Mar Menor)가 있다.

Murillo, Bartolomé Esteban (바르톨로메 에스테반 무리요)   (1617~1682) 스페인 17세기 말 바로크 후기의 대표적인 화가이다. 프란시스코 데 수르바란(Francisco De Zurbarán)이나 호세 데 리베라(José de Ribera, 1591~1652)의 영향을 받아 딱딱한 금욕주의 대신 여성적이고 부드러운 종교상의 인물을 그렸다. 대표작으로는 「*Niños comiendo uvas y melón*」(1650~1660), 「*La Sagrada Familia del Pajarito*」, 「*Niño mendigo*」 등이 있다.

Museo Arqueológico Nacional (국립 고고학 박물관)   스페인 마드리드에 위치한 국립 고고학 박물관(M.A.N.)은 마드리드 국립 도서관의 한 부분으로써 자리하고 있다. 19세기 이사벨 2세(Isabel II)의 왕령으로 인해 건축가 프란시스코 하레뇨(Francisco Jareño)가 건설을 시작하여, 안토니오 루이스 데 살세스(Antonio Ruiz de Salces)가 완공을 하였다. 스페인 및 전 유럽의 고고학, 민족지학, 및 고전 연구를 목적으로 세워졌다. 2011년 7월부터 2014년 말까지 리모델링 공사 관계로 출입이 일시적으로 불가하다.

Museo de las Ciencias Príncipe Felipe (펠리페 왕자 과학 박물관)   스페인 발렌시아에 있는 문화 예술 종합 공간 중 하나이다. 2000년에 개장한 이 박물관은 평방 40,000m의 면적의 과학과 기술의 보급을 위한 용도로 사용되고 있다.

Museo de Santa Cruz(Hospital de Santa Cruz de Toledo) (톨레도 산타 크루즈 박물관) 스페인 톨레도(Toledo) 지역에 있는 박물관이다. 예전에는 도시의 고아나 고립된 아이들을 위한 병원으로 사용되었으나, 지금은 박물관으로 사용되고 있다. 건물은 엔리케 에가스(Enrique Egas)의 제자 알론소 데 코바루비아스(Alonso de Covarrubias)가 플라테스크 건축양식으로 설계했다.

Museo del Prado (프라도 미술관)   스페인 마드리드에 위치한 프라도 미술관은 1819년에 왕립 미술관으로 건립되어 이후 지금의 이름으로 바뀐 스페인 대표 미술관이다. 건물의 면적은 총 41,995m²로, 스페인 및 유럽 여러 나라의 회화에 중점을 두고, 그중에서도 그레코, 벨라스케스, 고야 등 3대 거장에 관해서는 질이나 양적인 면에서 세계적으로 유명하다. 또 루벤스, 반다이크를 중심으로 하는 플랑드르 회화, 리베라, 무리요, 수르바란 등 스페인 화가의 작품 수집도 뛰어나다.

Museo Guggenheim de Bilbao (빌바오 구겐하임 미술관)   스페인 빌바오에 위치한 빌바오 구겐하임 미술관은 1997년 10월 개관되어 솔로몬 구겐하임(Solomon R. Guggenheim)이 직접 수집한 현대 미술작품들을 보관 및 전시하기 위하여 만들어졌다. 건물은 총 24,000m²의 면적이며 티타늄판 구조물이 50m 높이로 기둥을 쓰지 않은 철골구조로 건설되었다. 클레이즈 올덴버그나 로이 리히텐슈타의 설치 작품과 함께 20세기 후반 40여 년에 걸쳐 미국과 서유럽에서 활동한 팝아트, 미니멀리즘, 개념미술, 추상표현주의 계열의 뛰어난 작가의 작품들이 주류를 이룬다.

Museo nacional centro de arte Reina Sofía (레이나 소피아 국립미술관)   스페인 마드리드에 위치한 레이나 소피아 국립미술관(MNCARS)은 이전에 국립병원이었던 건물 일부를 보수하여 1986년 레이나미술센터라는 이름으로 개관하였다. 1988년 국립미술관이 되었으며 1992년 9월 10일 에스파냐 왕비인 소피아 왕비에서 이름을 따서 재설립하였다. 건물의 면적은 총 84,048m²로 파블로 피카소(Pablo Picasso), 살바도르 달리 (Salvador Dalí) 그리고 조안 미로(Joan Miló)의 작품과 같은 스페인 대표적 현대 미술 작품이 보관되고 있다. 이 외에 초현실주의나 입체주의, 표현주의의 화가들의 작품이 전 시되어 있다.

Museo Nacional de Arte de Cataluña (카탈루냐 예술 국립박물관)   스페인 바르셀로나 에 위치한 카탈루냐 예술 국립박물관(MNAC)은 1934년 카탈루냐 예술박물관으로 시작 했다. 1945년 현대 미술 작품들을 더하였고, 1990년 지금의 국립박물관으로 바뀌었다. 1996년에는 사진작품들이 더해지고, 현재 단기 전시 작품들도 인기를 얻고 있다. 로마네 스크, 고딕, 르네상스 및 바로크 예술작품들과 더불어 19~20세기 현대 작품들과 사진까 지 많은 작품을 보유하고 있다.

Museo Nacional de Escultura (국립 조각 박물관)   1933년 스페인 바야돌리드에 세워졌 다. 산 그레고리오 대학을 본관으로 15세기에서 17세기 말까지의 스페인 조각품들이 전 시되어 있어 스페인의 조각사를 함께 볼 수 있다. 알론소 베루게테, 후안 데 후니, 그레 고리오 페르난데스, 폼페오 레오니 등의 예술가들을 만날 수 있다.

Museo Pablo Serrano (파블로 세라노 박물관)   스페인 사라고사에 위치한 파블로 세라노 박물관은 아라곤의 조각가 파블로 세라노(1908~1985)의 작품들이 있다. 1994년 5월 에 개관된 이 박물관에는 파블로 세라노의 1950년대 형식주의 조각상들이 있고, 그가 후아나 프란세스와 합작한 그래픽 예술 작품들이 있다. 이 건물에서는 다른 예술가들의 조각상 및 그림들이 임시적으로 전시되기도 하며, 지역 도서관 및 공방으로 사용된다.

Múzquiz, Miguel de (미겔 데 무스키스)   1719년 바스탄 시(Baztán)에서 태어나 1785년 마드리드(Madrid)에서 사망한 스페인 정치가이다. 1766년 에스킬라체(Esquilache)의 뒤를 이어 재무성(Secretaría de Hacienda) 장관으로 임명되었다. 그의 업적으로는 관세 통일을 이룩한 것과 산 카를로스 은행(banco de San Carlos) 설립에 크게 기여했다는 점을 꼽을 수 있다. ➡ Carlos III(카를로스 3세)

N

Nacionalcatolicismo (국가가톨릭주의) 프랑코주의의 이념적 정체성 중 하나로 개인 혹은 공공의 삶에 있어서 가톨릭교회가 중요한 역할을 하는 것을 의미한다. 프랑코 독재 당시 의 국가 이상과의 공생 관계인 교회의 세력에 부과되었던 특권을 시사하는 단어로 현대 스페인 역사 속에서 탄생한 용어이다. ➡ Franquismo(프랑코주의)

Narbona (나르보나) 프랑스 남쪽에 위치한 도시이며 면적은 172,96km², 인구는 51,306명 (2007)이다. 로마인들이 기원전 118년에 세웠으며 이는 스페인과 이탈리아를 연결하는 첫 길이 되었다. ➡ Romanización(로마화)

Narváez y Campos, Ramón María (라몬 마리아 나르바에스 이 캄포스) (1799~1867) 스페인의 군인이자 정치가. 스페인 내전과 함께 지위가 상승하여 중앙집권적이고 독재 적인 정책을 펼쳤다. 교회와 화합을 도모했으며 카를로스주의자들과 손을 잡았다.

Nasr (나스르) (1287~1322) 그라나다 나사리(Nazarí) 왕조의 4대 술탄. 무하마드 2세 (Muhammad II, 1235~1302)의 아들이며 형 무하마드 3세(Muhammad III, 1257~ 1314)를 왕위에서 밀어내고 그 자리에 앉았다. 1309년부터 1313년까지 재위기간 동안 수 학과 천문학이 발달했으며 선왕이 치르던 카스티야 이 레온(Castilla y León)과 아라곤 (Aragón)과의 전투를 물려받았다. ➡ Al-Andalus(알 안달루스)

Navarra (나바라) 공식명은 코무니다드 포랄 데 나바라(Comunidad Foral de Navarra)이며 스페인 북부에 위치한 자치주이다. 팜플로나(Pamplona)를 수도로 두고 있으며 공식 언 어는 스페인어(español)와 바스크어(euskara)이다. 약 64만 명의 인구가 살고 있는 비 교적 작은 주에 해당하며 과거 1841년까지 통치했던 나바라 왕국(Reino de Navarra)으 로부터 유래하였다.

Navarrete, Pedro Fernández de (페드로 페르난데스 데 나바레테) (1564~1632) 산티아 고(Santiago)의 참사회원이었으며 펠리페 3세(Felipe III, 1578~1621)와 4세(Felipe IV, 1605~1665) 때 왕립 비서직을 지냈다. 저서 『*Conservación de las monarquías*』에서 수 입의 제어 및 수출의 촉진, 생산적인 투자를 제안하고, 귀족과 기사들의 사치를 비난했 다. ➡ Arbitrista(정치평론가들)

Navarro Rubio, Mariano (마리아노 나바로 루비오) 1913년에 태어나 2001년에 사망하였 으며 프랑코(Franco) 정권 동안 재무장관을 역임했다. 내전 동안 민족주의 진영에서 싸 웠다. 경제 안정화를 위한 국가 재무 계획에 힘썼다. ➡ Franquismo(프랑코주의)

Navarro, Arias (아리아스 나바로) 1908년에 태어나 1989년에 사망한 스페인 정치가이다. 민주화를 표방하여 정치결사법 및 자유화법 등을 제정함으로써 민주적 복수정당제도

의 기초를 마련하였다. 그러나 프랑코(Franco) 정부의 독재체제에서 완전히 벗어나지

못했다는 한계가 있다. ⇒ Transición democrática Española(스페인 민주화 이행기)

Naveta [(엎어놓은 배 모양) 거석 유물]   나베타, 혹은 나베타 로카(Naveta loka)라고 불리는

거석 유물은 메노르카 섬(Menorca)에서 발견되는 유물이다. 이것은 선사시대에 집단 묘

지로 사용되었다고 추정되며, 건조된 거석들이 나란히 사다리꼴 모양으로 쌓여 있다.

Navidad (크리스마스)   크리스마스를 스페인어로 부르는 용어로 기독교가 기념하는 최대 축

일로 예수의 탄생을 기리는 날이다.

Nazarí (나사리)   13세기부터 15세기까지 그라나다를 통치한 야수프 나사르 왕조의 후손들을

가리킨다. ⇒ Al-Andalus(알 안달루스)

Negrín López, Juan (후안 네그린 로페스)   (1892~1956) 스페인의 정치인이자 의사이다.

리베라의 독재 중 스페인 사회노동당(PSOE)에 가입해 활동했으며 내전 동안 많은 직책

을 수행했다. ⇒ Guerra Civil Española(스페인 내전)

Neomudéjar (신 무데하르)   이베리아 반도에서 19세기부터 20세기 유행했던 건축, 예술 양

식이다. 당시 유럽을 지배했던 이슬람 국가의 예술 양식을 바탕으로 스페인식의 새로운

해석을 첨가하였다. 추상적인 형태를 많이 사용하여 주로 기차역, 투우장, 연회장에 이

양식을 사용하였다. ⇒ Al-Andalus(알 안달루스)

Nepotismo (친인척등용주의)   족벌주의라고도 불리며 막강한 권력을 가진 관리나 성직자들

이 자신의 친척에게 관직을 주거나 자신의 자리를 물려주며 세력을 유지하는 것을 일컫

는다. 근대 스페인의 지방 관리들은 이러한 방식으로 가문의 권력을 유지하려 했다.

Nicolás de Ovando (니콜라스 데 오반도)   (1451?~1511) 스페인 카세레스(Cáceres) 브로

사스(Brozas) 출생 정치가. 1502년부터 1509년까지 이스파뇰라(Hispañola) 섬의 통

치자였으며 스페인의 아메리카 식민지화의 주역이었다. 푸에르토 레알(Puerto Real), 카

레스(Cares), 산타 크루스 데 아이카야구아(Santa Cruz de Aycayagua), 고투이(Gotuy),

호라구아(Joragua) 그리고 푸에르토 플라타(Puerto Plata)와 같은 마을들을 만들었다.

⇒ Nueva España, Virreinato de(누에바 에스파냐 부왕령)

Niño, Francisco (프란시스코 니뇨)   15세기 후반의 스페인 항해자이자 탐험가이다. 신대륙

발견에 적극적으로 참여한 '니뇨 형제들(Hermanos Niño)' 중 한 명이며 카라벨라선

'라 니냐(La Niña)'의 선원으로 첫 여정에 참가했다. 그 이후로도 크리스토발 콜론의

세 번째 여정까지 동행했다. ⇒ Colón, Cristóbal[크리스토발 콜론(콜럼버스)]

Niño, Juan (후안 니뇨)   스페인 모게르(Moguer)에서 태어난 항해자이자 탐험가이다. '니뇨

형제들(Hermanos Niño)' 중 첫째로 '라 니냐(La Niña)'의 소유자였으며 단장으로서

신대륙 발견의 첫 여정에 참가했다. 후에도 그의 형제들과 크리스토발 콜론의 두 번째와

세 번째 여정도 함께했다. ⇒ Colón, Cristóbal[크리스토발 콜론(콜럼버스)]

Niño, Pedro Alonso (페드로 알론소 니뇨)   스페인 모게르(Moguer)에서 태어난 항해자이

자 탐험가이다. '니뇨 형제들(Hermanos Niño)' 중 한 명으로 기함 '라 니냐(La Niña)'

의 선장으로 신대륙 발견의 첫 여정에 참가했으며 두 번째 여정도 동행했다. 뿐만 아니

라, 파리아(Paria), 마르가리타 섬(Isla Margarita) 그리고 푼타 데 아라야(Punta de

Araya)를 발견했다. ⇒ Colón, Cristóbal[크리스토발 콜론(콜럼버스)]

Niño, Pero (페로 니뇨)   스페인 군인으로 1378년에 태어나 1453년에 사망했으며 부엘나

(Buelna)의 백작을 지냈다. 1403년에는 지중해의 해적들과 싸웠으며 후에 프랑스의 사

보이시(Savoisy)와 손잡고 영국 해적들과 맞서 싸웠다.

Nipho, Francisco Mariano (프란시스코 마리아노 니포)   (1719~1803) 스페인 역사상 가장 뛰어난 기자로 꼽히며 "자연의 괴물"이라는 별명을 지니고 있다. 카를로스 3세(Carlos III)의 집권시기와 맞물려 현대 저널리즘의 창시자이자 최초의 전문기자로 빛을 발했다.

Nithard, Johannes Eberhard(Juan Everardo Nithard)   (니타르드, 1607~1681) 스페인 국적을 취득한 오스트리아 태생의 예수회인. 21살에 예수회의 회원이 되었으며, 페르난도 3세(Fernando III de Habsburgo, 1608~1657)는 자제들의 고해성사 신부로 니타르드를 선택했다. 오스트리아의 마리아나(Mariana de Austria, 1634~1696)가 스페인으로 와 펠리페 4세(Felipe IV, 1605~1665)와 결혼하면서 니타르드는 여왕의 고해성사 신부가 되었다. ➡ Jesuitas(예수회원들)

Noailles, Adriano Mauricio (아드리아노 마우리시오 노아이예스)   1678년에 태어나 1766년에 사망한 스페인의 군인. 스페인 왕위계승 전쟁에서 두각을 나타냈으며 1733년 필립스부르그(Filipsburgo)와 웜즈(Worms) 전투에도 참여했다. 1743년 데팅겐(Dettingen)에서의 패배 이후 펠리페 5세(Felipe V)의 측근으로 정계 활동을 펼쳤다. ➡ Guerra de Sucesión Española(스페인 왕위계승전쟁, 1700~1713)

Nochevieja Universitaria (대학생의 섣달그믐 날 밤)   살라망카 도시의 행사로 90년대부터 오늘날까지 매년 열리고 있다. 2주 전인 방학 바로 전주 목요일 밤에 거행되며 도시의 마요르 광장(Plaza Mayor)에서 대학생들이 모여 12알의 포도 대신 12알의 고미놀라스(gominolas)라는 젤리를 먹는 행사이다.

Nova(canal de televisión) (노바)   스페인 텔레비전 방송 채널이다. 스페인 지상 디지털 텔레비전(Televisión Digital Terrestre, TDT)으로 방영되며, 안테나 트레스(Antena 3), 노바(Nova), 니트로(Nitro) 등과 같은 방송사를 운영하는 아트레스메디아 코퍼레이션(Atresmedia Corporación)에 속해 있다. 이 채널은 2005년 안테나 노바(Antena Nova)라는 이름으로 시작되었으며, 2010년 현재 이름으로 바뀌어 여성 시청자들을 대상으로 한 주말 여가생활 및 가족 중심의 프로그램들을 다양하게 방영한다.

Novelda (노벨다)   스페인 알리칸테(Alicante) 지방에 위치한 도시이다. 포르나(Forna) 산과 야르가(Llarga) 산 사이 비나폴로(Vinapoló) 강이 지나는 곳에 자리 잡고 있다. 왕위계승전쟁 당시 카를로스 대공(archiduque Carlos) 편에 서서 싸웠다. 라 몰라 성(Castillo de la Mola)이 있는 곳이기도 하다. ➡ Guerra de Sucesión Española(스페인 왕위계승전쟁, 1700~1713)

Nuestra Señora de Atocha (성모 아토차)   스페인 마드리드의 수호성인인 성모 마리아의 다른 이름이다. 그 형상은 성모 아토차 왕실 대성당(Real Basílica de Nuestra Señora de Atocha)에 있다. 성모 아토차에 대한 숭배는 서고트족이 지배하던 시기로 거슬러 올라가며 특히 16세기에서 18세기까지 성모 아토차는 스페인 왕들과 왕실의 수호성인으로 여겨졌다. ➡ Reino visigodo(서고트 왕국)

Nueva Castilla (누에바 카스티야)   아메리카 정복 초기에 페루와 에콰도르 부분 지역을 가리키던 이름. 누에바 카스티야 총독부는 1529년 프란시스코 피사로가 이 지역의 총독으로 임명되던 때에 그 기원을 둔다. ➡ Pizarro, Francisco(프란시스코 피사로, 1478~1541)

Nueva España, Virreinato de* (누에바 에스파냐 부왕령)   스페인이 지배하던 아메리카 식민지는 행정적으로 네 개의 부왕령으로 분할 통치되었는데, 누에바 에스파냐 부왕령은 그중에서 1535년에 신설된 것으로 파나마 해협 북쪽과 카리브제도, 스페인령 필리핀 지역을 그 관할권 아래 포함하고 있었다. 부왕령이 신설되기 이전에는 멕시코 고등사법재판소(Audiencia de México)가 일명 누에바 에스파냐의 통치 지역에서 최고의 권력기관으로 군림하고 있었으며, 그 위로는 인디아스 평의회(Consejo de Indias)와 스페인 군주만이 있었다. 심의관들(oidores)로 구성된 고등사법재판소는 정치와 행정 권력이 통합된 기관으로 또한 민·형사 소송을 처리하는 최고의 사법재판소이기도 하였다. 그러나 총사령관(capitán general)이 보유하고 있는 군사적인 관할권이나 왕의 관리들이 관여하고 있는 국고에 대해서는 어떠한 관할권도 보유하고 있지 않았다. 아메리카 정복과 영토의 식민화가 진전되면서 광대한 지역에서 행정적인 문제들이 발생하게 되었고 부왕령의 신설이 요구되었다. 그렇게 해서 1535년에 국왕 카를로스 1세(카를 5세)는 멕시코 시에 수도를 둔 누에바 에스파냐 부왕령의 설치령을 내렸다. 한편 부왕령 제도의 성공은 추후 페루 부왕령(virreinato de Perú)을 비롯하여 18세기 초에는 누에바 그라나다 부왕령(virreintato de Nueva Granada), 리오 데 라 플라타 부왕령(virreinato del Río de la Plata)의 신설을 가져왔고, 이로써 이론상으로는 아메리카 전 지역을 총괄할 수 있었다. 누에바 에스파냐 부왕은 나머지 아메리카 부왕들과 마찬가지로 군주의 대리인 자격을 지니고 있었으며 국왕에게 직접 보고하는 위치에 있었다. 부왕은 최고의 군사사령관 자격 외에도, 정복자들 간의 싸움이나 통치자나 고등사법재판소들의 무능에 대해 왕권을 확고히 하는 도구이기도 하였다. 또한 유사 계급 관리들 간의 행정 분쟁이나 정복자들의 남용, 공직자들의 허위 사실을 처단하는 임무를 담당하는 한편, 임명 법규에 기초하여 세금을 수취하고 왕국의 무역독점권을 확보하며 원주민들의 복음화를 지원해야 할 책임을 가지고 있었다. 1535년 부왕령이 신설되었을 때 멕시코 고등사법재판소는 기존의 정치, 행정, 사법 직능들을 유지하면서도 부왕 아래 있게 되면서 부왕의 통치를 보조하는 역할에 머무르게 되었다. 단 업무수행 중 부왕의 사망과 같은 비상시의 경우에 한해서 다른 후임자가 임명되기까지 대리 통치권을 행사할 수 있었다. 부왕제도의 설치 이후에 부왕은 총사령관의 역할을 담당하게 되었고 군사적인 업무에서 최고의 수장이 되었다. 부왕은 모든 영역에서 거의 절대 권력을 보유하고 있었지만 판결권을 가지지는 않았다. 부왕 아래에는 무수한 하부 기관들과 행정관들이 있었는데, 그중 수석 행정관(alcalde mayor)과 왕실대리관(corregidores)은 주요 도시에 거주하면서 가장 중요한 역할을 담당한 자들이라고 할 수 있다. 왕과 인디아스 평의회가 부왕들의 업무 통제를 위해 고안해 낸 통제 수단은 감사(visita)였다. 총감사관들(visitadores generales)은 부왕들과 다른 왕실 공무원들을 통제할 책임을 가지고 있었다. 그들의 업무는 부왕을 포함하여 당국자들의 행위를 감시하고 검토하며 필요시 직무 수행정지와 벌금을 부과하기도 하였다. 16세기 중반 이후부터 누에바 에스파냐 부왕령은 합법적으로 오늘날의 멕시코와 중앙아메리카, 미국의 남동지역, 안틸리스 열도(las Antillas)와 필리핀 제도를 포괄하고 있었다. 그러나 광대한 영토에 대한 부왕의 통치는 사실상 이론적인 것에 그칠 때가 많았고, 이는 곧 여러 하부 행정조직들로 분할되는 계기가 되었다. 즉 1543년에는 산티아고 데 과테말라 고등사법재판소(Audiencia de Santiago de Guatemala)가 창설되고 이곳에 과테말라 왕국이 설립되었으며 점차 소왕국들과 하부 행정기관들로 세분화되었다. 누에바 에스파냐 부왕령은 18세기 후반기에 호세 데 갈베스(José de Gálvez)의 방문과 감사를 겪으며 부르봉 왕조의 조직개편을 겪게 되었다. 이는 대부분 군사적인 필요에 기초한 것으로 누에바 에스파냐 부왕령에 과테말라, 베네수엘라(Venezuela), 쿠바(Cuba), 마닐라(Manila)라는 네 개의 총사령부(Capitanía General)가 생기게 되었다. 카를로스 3세(Carlos III)의 통치기에 있었던 또 다른 개혁정책은 바로 감독국(intendencias) 제도의 이식으로써 1782년부터 다른 부왕령 지역에서 성공을 거둔 후에 1786년에 누에바 에스파냐에 도입된 제도이다. 감독(intendente)은 옛 통치자들과 왕실대리관들과 수석 행정관의 정치, 사법, 군사적 직무들을 통합 보유한 직책으로 재정적, 경제적인 업무도 맡았으며, 결과적으로 부왕들의 대대적인 권력 축소를 초래하였다. 1821년 멕시코와 중앙아메리카 공화국(República Centroamericana)이 독립하면서 누에바 에스파냐 부왕령은 후안 오도노후(Juan O'Donojú)를 마지막 부왕으로 역사에서 사라지게 되었다.

Nueve(canal de televisión) (누에베)   2013년 1월 공식 방송을 시작한 스페인 텔레비전 방송 채널이다. 이탈리아계 회사인 메디아셋(Mediaset)의 소유로 메디아셋 에스파냐(Mediaset España)에 속해 있다. 스페인 텔레비전 방송 채널인 쿠아트로(Cuatro)나 텔레신코(Telecinco)가 시도하지 못한 리얼리티 쇼와 같은 프로그램들을 중점적으로 방영한다.

Nuevo Estado (신국가)   스페인 내전 당시 민족주의 진영(zona nacional)을 하나의 독립된 국가로 지칭하던 명칭이며 제2공화국에 대비되는 개념이다. 넓게는 프랑코(Franco)의 독재기간 전체를 일컫는 표현으로 쓰이기도 한다. ➡ Guerra Civil Española(스페인 내전)

Nuevo Mundo (신세계)   1492년 콜럼버스가 발견한 신대륙 아메리카를 일컫는 표현으로 유럽적 관점에서 식민지를 총칭한다. 스페인은 아메리카 대륙의 중·남반부에 4개의 부왕령을 배치했으며 식민지로부터 광물과 향신료 등을 조달했다.

Nuevos Ministerios (누에보스 미니스테리오스)   스페인 마드리드 참베리(Chamberí) 지역에 있는 카스테야나 거리(Paseo de la Castellana)의 복합 정부청사이다. 거리에 있는 한 블록을 차지하는 이 정부청사는 세쿤디노 수아소(Secundino Zuazo)가 설계하였고, 1933년에 건축이 시작되어 1942년에 마무리되었다. 현재는 산업장려부, 고용부, 복지부가 이 청사에 위치하고 있다. 청사 옆에는 AZCA라고 불리는 마드리드의 중요 비지니스 센터가 많은 버스, 지하철, 기차(Cercanías) 정거장들과 함께 있다.

Numancia (누만시아)   세로 델 라 무엘라 데 가라이(Cerro de la Muela de Garray)에 위치한 고대 도시. 메르단초(Merdancho) 강과 두에로(Duero) 강이 합류하는 지점이며, 현재 소리아 시 부근에 있었던 도시이다. ➡ Romanización(로마화)

Núñez de Arce, Gaspar (가스파르 누녜스 데 아르세)   (1834∼1903) 바르셀로나의 관리, 의원, 장관을 지낸 그는 진보적 자유주의자로 형식의 존엄성에 중요성을 부여한 시인이었다. 그의 작품들은 다음과 같이 분류될 수 있다.

Núñez de Balboa, Vasco (바스코 누녜스 데 발보아)   (1475∼1519) 태평양을 최초로 항해한 스페인 정복자이다. 몰락한 귀족 집안 출신으로 출세를 꿈꾸며 식민지 개척 사업에 참여했다. 최초의 스페인령 도시를 세운 인물이기도 하다. ➡ Hispanidad[이베리아성(포르투갈 및 브라질 제외)]

Núñez, Nuño (누뇨 누녜스)   (9∼10세기) 스페인의 귀족으로 디에고 르드리게스 포르셀로스(Diego Rodríguez Porcelos)가 사망한 후 카스티야의 백작령을 맡은 인물이다. 사위 가르시아 1세(García I)를 도와 알폰소 3세(Alfonso III)를 폐위시키는 데 성공하며 자신의 영토를 확장하기 위해 레온의 왕이 된 가르시아와의 친인척관계를 이용했다. ➡

Castilla, Corona de(카스티야 연합왕국)

Nuño Pérez de Lara (누뇨 페레스 데 라라)　　라라 가문(Casa de Lara)의 페드로 곤살레스 데 라라(Pedro González de Lara)의 아들이자 만리케 페레스 데 라라(Manrique Pérez de Lara)의 형제이다. 만리케와 마찬가지로 알폰소 8세가 성인이 될 때까지 섭정을 맡았다.

O Antroido (오. 안트로이도 카니발 축제)　갈리시아 지방에서 열리는 카니발 축제의 이름으로, 주도인 산티아고(Santiago)에 뿌리를 두고 있다. 축제 기간 중, 화요일에는 화려한 드레스들을 입은 사람들의 행렬이 도시를 가득 채운다. 주로 지역 주민들과 그 친구들로 구성되어 있으며, 화려한 볼거리를 자랑한다. 다음 날인 '재의 수요일(El miércoles de ceniza)'은 축제가 끝나고 사순절(Cuaresma)이 시작되는 날로, 오 토우랄(O Toural) 광장에서 카니발을 의미하는 '메코(Meco)' 인형을 태우며 축제는 막을 내린다.

Oaxaca (오아사카)　멕시코 남동부에 있는 주로 사포테코스(zapotecos), 믹스테코스(mixtecos), 믹세(mixe), 마사테코스(mazatecos), 그리고 후아베스(huaves) 부족이 이 지역의 주민이었던 것으로 추정된다. 다른 곳과 마찬가지로 이 지역 역시 스페인 군대에 의해 정복당했다. 믹스테카(Mixteca)족은 아스테카(azteca)족과 연합해 스페인군에 대항했지만 곧 진압되었고, 가장 거세게 저항한 부족은 믹세족이다.

Obispo Athaloco (아탈로코 주교)　아리아 출신의 성직자이다. 레카레도의 개종 이후 순나(Sunna) 주교와 고트족 귀족인 세가(Cega), 바그릴라(Vagrila)와 마소나(Masona) 주교와 루시타니아(Lusitania)의 클라우디오(Claudio)를 암살할 계획을 세우나 실패로 끝난다. ➡ Recaredo(레카레도)

Obispo Sunna (순나 주교)　고트족 출신의 성직자로 바다호스(Badajoz)의 주교로 이슬람의 수니파 교리의 창시자이다. 레카레도 왕이 587년에 가톨릭으로 개종하자 마소나 주교(Masona)를 암살하기로 모략하지만 실패로 끝난 후 추방당한다. ➡ Recaredo(레카레도)

Obispo Uldila (울딜라 주교)　레카레도 왕의 개종 이후 두 번째 음모를 꾸민 인물이다. 첫 번째 시도가 위테리코(Witerico)의 배반으로 쉽게 진압되자 589년 울딜라 주교는 고스윈다(Goswintha) 왕비와 함께 거짓 개종을 한 후 레카레도(Recaredo)를 왕위에서 끌어내릴 계획을 세운다. 그러나 두 번째 반역 역시 발각되었고 주교는 파면되었다. ➡ Recaredo(레카레도)

Oclocracia (대중 정치)　'중우 정치'라고도 한다. 아리스토텔레스적 관점에서 순수한 정부의 모습이 변질된 3가지 모습 중 하나이다. '폭민 정치'와 긴밀한 연관이 있기 때문에 종종 혼돈되어 사용되기도 한다.

O'Donnell, Leopoldo (레오폴도 오도넬)　(1809~1867) 스페인 군인이자 정치가이다. 카를로스주의 전쟁(Guerra carlista)에서 군사령관을 맡아 이후 1839년 아라곤(Aragón), 발렌시아(Valencia), 무르시아(Murcia)의 군사령관이 되었다. 또한 진보주의자 발도메로 에스파르토(Baldomero Espartero) 이후 이사벨 2세(Isabel II) 치하에 내각회의장을 맡았다. ➡ Carlismo(카를로스주의)

Ofensiva de Aragón (아라곤 공세)　　스페인 내전 중 테루엘(Teruel)에서의 전투가 끝난 지 불과 3주 만에 일어난 전투로 프랑코 측 군부대를 중심으로 이루어졌다. 공화파의 후방에 잠입하면서 침략이 시작되었고 마침내 국민파의 승리로 종결되었다. ➡ Guerra Civil Española(스페인 내전)

Ofensiva de Cataluña (카탈루냐 공세)　　카탈루냐 전투(Batalla de Cataluña) 또는 카탈루냐 투쟁(Campaña de Cataluña)으로 불리는 카탈루냐 공세는 1938년 12월부터 1939년 2월까지 스페인 내전 중에 일어난 전투를 뜻한다. 프랑코군은 바르셀로나를 점령하고 카탈루냐에 있는 공화주의자들의 숫자를 줄이기 위해 카탈루냐 전투를 시도하였고 마침내 국민파의 승리로 종결되었다. ➡ Guerra Civil Española(스페인 내전)

Ofensiva del Levante (레반테 공세)　　레반테 운동으로도 알려진 레반테 공세는 스페인 내전 시 프랑코 군대가 발렌시아(Valencia)와 레반테(Levante) 지역을 점령하기 위해 펼쳤던 공격이다. 발렌시아는 당시 스페인 공화파 도시 중 대표적인 항구 및 인프라를 구축했던 도시로, 이 공세를 통해 프랑코 군대가 카스테욘(Castellón) 주(州)의 대부분 지역을 정복하였고, 에브로 전투(Batalla del Ebro)를 필두로 레반테는 내전 종결까지 프랑코 군대 아래 있게 되었다. ➡ Guerra Civil Española(스페인 내전)

Ofensiva del Norte (북부지방 공세)　　스페인 북부지방 공세 또는 북부 방 전투(Campaña del Norte)는 1937년 봄부터 가을까지 스페인 내전 중에 반란군과 정부의 공화파 사이에 있었던 칸타브리아(Cantabria)의 공세를 말한다. 북부지방의 군대는 정부 측의 군대보다 무기의 질이 현저히 낮았고, 이 점은 프랑코 군대에게 유리하게 작용하여 승전의 요인이 되었다. 더욱이 콘도르군단(Legión Cóndor)과 자원군병대(Corpo Truppe Volontarie)의 지원은 비스카야(Vizcaya), 산탄데르(Santander), 아스투리아스(Asturias) 지역을 완전히 괴멸시키는 데 일조하였다. ➡ Guerra Civil Española(스페인 내전)

Oidores (심의관들)　　중세와 근대의 민사 법원에서 소송 내용을 듣던 재판관들로 엔리케 2세(Enrique II) 때로 그 역사가 거슬러 올라간다. 스페인 식민지의 심의관들은 서인도 식민청에서 선발한 재판관들이었으며 민사 소송과 범죄자 문제를 다뤘다.

Olavide, Pablo (파블로 올라비데)　　1725년 페루 리마(Lima)에서 태어나 1803년에 사망한 스페인 정치가이다. 캄포마네스(Campomanes)와 아란다(Aranda)의 혁신주의를 열렬히 지지했다. 1767년 시에라 모레나의 신도시(Nuevas Poblaciones de Sierra Morena)의 본부장으로 임명되어 카를로스 3세(Carlos III)의 농지 개혁 프로젝트를 맡았다. ➡ La ilustración española(스페인 계몽주의)

Olcades (올카데스)　　스페인 북부에 살았던 켈트족에 속하는 민족. 카르타헤나(Cartagena)의 한니발 장군의 정복과 관련된 자료에 등장한다. 비리아토의 군대와 맞서 이겼다. 현재 카스티야라만차(Castilla-La Mancha) 지방에 해당한다. ➡ Viriato(비리아토)

Oliva, Fernán Pérez de (페르난 페레스 데 올리바)　　(Córdoba, 1494～Córdoba, 1533) 스페인의 건축가, 인문학자 및 작가로 암브로시오 모랄레스(Ambrosio Morales)의 친척이며 살라망카 대학의 7대 휘장(siete emblemas del patio)의 제작자이다.

Olivares, Conde-duque de* (올리바레스 대공)　　(Gaspar de Guzmán y Pimentel, 1587～1645) 1587년 1월 6일 로마에서 출생하였으며 1645년 7월 22일 토로(Toro, Zamora 소재)에서 사망한 스페인 정치가이다. 펠리페 4세의 총신으로서 백작과 공작의 작위를 가진 자로 더 알려져 있다. 그는 올리바레스(Olivares)의 제2대 백작이자 펠리페 2세의 로마 대사였던 엔리케 데 구스만(Enrique de Guzmán)과 마리아 데 피멘텔 이 폰세카(María de Pimentel y Fonseca)의 셋째 아들로 태어났다. 그는 어린 시절 부친을 따라 로마나 시칠리아, 나폴리와 같은 이탈리아 도시들에서 보냈으며, 1601년에는 성직에 종사하기 위하여 살라망카 대학교에서 수학하였다. 그러나 두 형들의 갑작스러운 죽음으로 대학을 그만 두고 부친과 함께 바야돌리드와 마드리드의 궁정 생활을 하였다. 1607년 부친의 사망으로 장자상속권과 작위를 계승하게 되었고, 그는 집안 영지가 있는 세비아에서 한동안 생활하였다. 그러나 마르가리타(Margarita) 왕비의 시녀이자 몬테레이(Monterrey) 백작 부부의 딸인 이네스 데 수니가 이 벨라스코(Inés de Zúñiga y Velasco)와 결혼하면서 궁정 내 인사들과 접촉할 수 있었다. 1607~1615년 동안 올리바레스는 세비야에서 주로 사냥과 예술로 시간을 보내있으며, 특히 예술가들과 문인들의 후견인으로서 활동하였다. 1615년 황태자의 시종으로 임명되면서 그의 궁정생활은 본격적으로 시작되었고, 숙부인 발타사르 데 수니가(Baltasar de Zúñiga)의 비호 아래에서 궁정 내 매카니즘을 파악하며 황태자의 인정과 신임을 얻는 위치에까지 이르게 되었다. 결국 레르마 공작(duque de Lerma)의 실각 이후 숙부와 함께 궁정 내 권력의 실세로 부상하게 되었다. 1621년 펠리페 4세가 왕위를 계승하면서 올리바레스는 왕궁집사직(sumiller de corps)과 이듬해 수석마부직(caballerizo mayor)에 연이어 임명되었고, 이 직책들을 통하여 그는 군주와 접촉하는 모든 인사들을 통제할 수 있었다. 1622년 숙부가 사망하기 전에 이미 왕국 전반의 사항들을 총괄하는 지위에 있었고, 1623년 영국 왕위계승자가 마드리드를 방문하였을 때는 펠리페 4세의 총신으로 자리를 굳힐 수 있었다. 1624년 올리바레스 대공은 왕에게 비밀 청원서(Gran memorial)를 제출하면서 제국의 명성과 왕의 권위를 회복할 것을 주장하였고, 이를 위한 야심 찬 프로그램을 제안하였다. 대외정책에서 올리바레스의 이상은 펠리페 3세 치세기 동안 고수해왔던 신중 노선 대신 카를로스 5세와 펠리페 2세 시대의 제국주의적 정책을 선택하는 것으로 방향 지어졌다. 이러한 개혁안은 영토 내 자원들을 효율적으로 사용하면서 왕조의 영광을 되찾기 위한 목적으로 군사연합(Unión de Armas)을 이루며 영토 내 왕국들 간의 조정을 하고자 하였다. 이를 통해 그때까지 왕국의 무게를 전적으로 지탱해오던 카스티야의 재정적 부담을 다른 왕국들에게 분산시키고자 하였다. 이와 함께 재정과 카스티야 조세개혁을 제안하기도 하였다. 1622~1627년의 5년 동안 올리바레스는 두 개의 목표들, 즉 대외적인 명성과 대내적인 쇄신을 추구하였다. 그러나 코르테스의 반대(1623년)와 도시들의 잇따른 저항으로 개혁은 난항을 겪어야 했으며, 무엇보다 플랑드르와 재개된 전투는 1627년 스페인의 재정 파산을 가져왔다. 1629년 만투아 사건들(sucesos de Mantua) 이후 그는 강압적인 방식으로 개혁을 시도하지만 아무런 성과도 거두지 못하였고, 1635년 프랑스와의 관계가 단절되면서 결국 개혁을 포기하기에 이르렀다. 1640년 카탈루냐 반란과 몇 개월 뒤 포르투갈 반란이 발발하면서 총신 올리바레스에 대한 반목은 절정에 이르게 되었다. 마침내 1643년 올리바레스는 펠리페 4세의 총애를 상실하고 궁정을 떠나야 했으며 로에체스(Loeches)에서 은거하며 생활하다가 이후 토로(Toro)에서 생을 마감하게 되었다.

Olla podrida (오야 포드리다)　중세 시대에 기원을 두는 스페인 정통 수프이며 특히나 부르고스(Burgos)의 대표 음식으로 잘 알려져 있다. 주재료는 강낭콩, 돼지고기, 햄, 순대, 야채 등으로 영양 가치가 높아 예전에는 귀족 음식이라 불렸다.

Olónico/Olíndico [올로니코(올린디코)]   기원전 2세기 이베리아에 살던 켈트족의 전설적인 통치자이다. 설화에 따르면 그는 하늘이 내린 은색 창으로 로마군을 무찌르며 아군의 사기를 높였다고 전해진다. 그는 로마의 압제에 맞서 반란을 일으켰다. 그의 이야기는 아일랜드 신화와 관련이 깊다.

Omeya (우마이야 왕조)   무함마드가 죽은 뒤 4명의 장로들이 잇따라 이슬람 교단을 통솔하던 정통칼리프시대 이후 이슬람 제국을 통솔한 칼리프 왕조로 첫 번째 이슬람 세습왕조이다. 우마이야 가문의 무아위야 1세에 의해 661년에 설립되었다. 711년에는 지브롤터 해협을 건너 서고트 왕국을 멸망시키고 스페인 전역을 자신들의 영토로 삼았으며, 우마이야 왕조의 마지막 칼리프인 마르와 2세가 압바스인들에 의해 권좌를 탈취 당하자 우마이야 일족들은 색출 및 살해를 당하게 되는데, 이를 피해 스페인으로 달아난 압달 라만 1세는 자신을 에미르로 선언하고 코르도바의 우마이야 왕조를 설립했다. ⇒ Abd Al-Rahman I(압달 라만 1세)

Onceca de Pamplona (온세카 데 팜플로나)   팜플로나(Pamplona)의 왕 산초 가르세스 1세 (Sancho Garcés I)의 딸이며 그녀의 출생 날짜에 대해선 알려진 바가 없다. 923년에 알폰소 4세와 혼인해 레온(León)의 왕비가 되었고 931년에 사망했다. 오르도뇨 4세 (Ordoño IV)의 어머니이다. ⇒ Asturias, Principado y reino de(아스투리아스 공국, 아스투리아스 왕국)

ONU (유엔기구)   유엔기구는 'Organización de las Naciones Unidas'의 준말로 'Naciones Unidas(NN.UU.)'라고 불리기도 한다.

Operación Galaxia (갈락시아 작전)   1978년 스페인 전환기(Transición Española) 쿠데타에서 핵심이 되었던 군사작전이다. 1978년 11월 11일 마드리드의 갈락시아(Galaxia)라는 카페테리아에서 발생한 데서 작전명이 유래하였다. 아돌포 수아레스(Adolfo Suárez) 정부의 정치 개혁에 반대하여, 안토니오 테헤로(Antonio Tejero) 중령, 리카르도 사엔스 데 이네스트리야스(Ricardo Sáenz de Ynestrillas) 무장 경관 대위 등이 참여하였다. ⇒ Transición democrática Española(스페인 민주화 이행기)

Operación Úrsula (우르술라 작전)   독일 해군(Kriegsmarine)이 스페인 내전 반란군을 비밀리에 도왔던 작전이다. 1936년 11월부터 이뤄졌던 이 작전은 말라가에 있던 공화파의 C-3 잠수함을 붕괴시키는 결과를 가져왔다. 또한 독일의 히틀러로부터 파견된 해군들은 스페인의 크루스 에스파뇰라 데 오로(Cruz Española de Oro)와 함께 작전을 시행하였다. 이러한 독일의 기밀 행동은 우르술라 작전뿐 아니라 이후 다른 작전에도 계속되었다. ⇒ Guerra Civil Española(스페인 내전)

Oppas, Obispo (오파스 주교)   위티사(Witiza)의 형제로 그의 사후 세비야(Sevilla)의 주교가 된다. 아킬라(Akhila)의 지지자였으나 로드리고(Rodrigo)가 왕이 되자 돈 훌리안 백작(Conde Don Julián)과 함께 이슬람교도들의 이베리아 반도 정복을 도운 주요 인물이다. ⇒ Reino visigodo(서고트 왕국)

Opus Dei* (오푸스 데이)   호세 마리아 에스크리바 데 발라게르 이 알바스(monseñor José María Escrivá de Balaguer y Albás) 예하가 1928년 10월 2일 마드리드에 설립한 단체이다. 1930년 10월 14일에 상이한 운영 체제를 구비했으나 총회장(presidente general) 의 지휘 아래 오푸스에 연계된 여성 분파가 창설되었다. 1943년부터 교황청의 인가를 받았고, 그해 2월 14일에 에스크리바 데 발라게르는 오푸스 데이 내에 '성 십자가 사제단(Sociedad Sacerdotal de la Santa Cruz)'을 설립하였다. 1944년 6월 25일에 오푸스 데이 회원 중 세 사람이 사제로 서품 받았다. 1947년에 정관(Provida mater ecclesia)으로 고유한 법적 체계를 갖추었다. 1940년에 포르투갈을 시작으로 오푸스 데이는 1950년에 유럽과 아메리카를 비롯해 여러 나라들로 지리적인 확장을 계속하였다. 한편 설립자는 1946년부터 지도부와 함께 로마에 체류하였다. 에스크리바 데 발라게르는 1975년 6월 26일에 사망하였고, 그해 9월 15일에 로마에서 개최된 오푸스의 총선출회의(Congreso General Electivo del Opus)에서 당시 총서기장(secretario general)으로 있었던 알바로 델 포르티요 이 디에스 소야노(Álvaro del Portillo y Díez Sollano)가 새로운 총회장으로 당선되었다. 1978년경에 오푸스는 80개의 국적을 가진 7만여 명의 회원 수를 보유하였고 그 외에도 회원에 의해 상설된 수많은 비종교문화단체들을 거느리고 있었다. 이 중에서 스페인의 경우 가장 대표적인 사례가 나바라 대학교(Universidad de Navarra)가 된다. 1982년 11월 27일 알바로 델 포르티요는 바티칸에 의해 오푸스 데이로는 최초로 고관단(Prelatura Personal)의 사제로 임명되었다. 이 고관단은 주교들로 구성된 '거룩한 성회(Sagrada Congregación)'에 소속되어 때문에 그의 임명은 당시 세속기관으로 여겨지던 오푸스 데이가 일종의 세계 교구로 된다는 의미가 있었다. 즉 일정한 지역 기반도 없이 한 명의 사제의 통솔 아래 자율적인 회원들로 구성되어 있으면서 주교구의 기능을 하는 것이다. 오푸스 데이는 많은 회원 수의 보유와 사회전문적인 수준 높은 회원들로 인하여 스페인 정치에 상당한 영향을 끼친 세속 영성운동이라고 할 수 있다. 이 단체는 구성원들의 개인적인 성화(santificación)만큼이나 전 세계 사도화(apostolización)를 꾀한다. 특히 이들은 자신들의 기독교적인 품성을 개발하는 장소로서 직장이나 직업을 중시한다. 또한 오푸스 데이는 여러 회원들이 정부 부처에 진입한 1957년 이전부터 이미 프랑코주의에 깊이 연관되어 있었다. 예를 들면 오푸스 데이의 회원인 호세 마리아 알보레다 에란스(José María Alboreda Herranz)는 세식(CSIC, Consejo Superior de Investigaciones Científicas, 상급학문조사평의회)의 총서기장으로서 이 기관의 주요 지침을 결정한 인물이다. 비록 세식의 의장이 이바녜스 마르틴(Ibáñez Martín)이라 할지라도 실질적인 통솔자는 알보레다였으며 에스크리바 데 발라게르가 로마에 주거지를 정한 지 얼마 안 되어 이곳에도 세식의 지부를 만들 정도였다. 한편 프랑코 장군의 독재기 동안 교회가 끼친 영향을 기억할 필요가 있다. 오푸스의 회원들은 전국선전가톨릭단체(ACNP, Asociación Católica Nacional de Propagandistas)의 회원들과 함께 전쟁이 끝난 이후부터 공공부문에서 중요한 역할을 했으며, 오푸스의 경우 알베르토 우야스트레스(Alberto Ullastres)와 마리아노 나바로 루비오(Mariasno Navarro Rubio)가 통상부와 재무부에 각각 장관으로 입성하고 난 1957년 2월부터 프랑코체제의 견고한 지지자들을 증가시킬 수 있었다. 그리고 이것은 현대화된 관료제와 발전된 자본주의를 표방한 기술관료적인 방향에 기반하여 프랑코주의에 대한 호감도를 높였을 뿐 아니라 부르주아적인 전체주의체제와 현대적인 보수주의를 절묘하게 조화시키기도 하였다. 1957년부터 권력을 차지한 자들 중 오푸스 데이 출신이거나 적어도 오푸스에 대해 호의적인 자들은 다음과 같다. 교육부 장관의 마누엘 로라 타마요(Manuel Lora Tamayo), 노동부 장관의 헤수스 로메로 고리아(Jesús Romero Gorría), 첫 번째 발전계획(Plan de Desarrollo, 1962. 7~1965. 7) 정부에 소속된 모든 자들이며 이 계획의 집행관도 오푸스 데이 회원인 라우레아노 로페스 로도(Laureano López Rodó)이다. 나바로 루비오를 대신한 프랑코의 제7차 정부에는 로페스 로도가 무임소장관(ministro sin cartera)이었으며 많은 새로운 구성원들 혹은 오푸스 데이 경향의 사람들도 합류하였다. 즉 파우스티노 가르시아 몬코(Faustino García Moncó), 아돌포 디아스-암브로나(Adolfo Díaz-Ambrona), 후안 호세 에스피노사 산마르틴(Juan José Espinosa Sanmartín) 등이다. 우야스트레스와 나바로 루비오는 각각 유럽경제공동체(CEE)의 대사직과 스페인은행(Banco de España) 총재직을 맡게 되면서 정부직에서 멀어지기도 하였다. 1969년 10월부터 1973년 6월까지의 기간은 오푸스 데이가 장관직에 대거 진출한 때이며 19명의 각료들 중에서 11명이 오푸스 데이 회원이거나 이들과 관련이 있는 사람들이었다. 군주제가 복원되면서 오푸스 데이의 정치적 영향력은 다소 감소한 것으로 보이며 그 영향력은 주로 전문직과 문화 동에 국한되는 것 같다.

Oquendo y Segura, Miguel de (미겔 데 오켄도 이 세구라)　(?~1588) 16세기 스페인 해군 대장으로서 산 세바스티안(San Sebastián)에서 태어났다. 안토니오 데 오켄도 (Antonio de Oquendo, 1577~1640)의 아버지로, 기푸스코아(Guipúzcoa)에서 함장을 맡았으며 무적함대에도 속해 있었다. ➡ Armada Invencible(무적함대)

Oquendo, Anonio de (안토니오 데 오켄도)　(1577~1640) 스페인의 명망 있는 군인이다. 네덜란드 함대로부터 스페인 바다를 지켰으며 무어인들의 약탈로부터 민중을 지켰으나 왕의 미움을 사 감옥살이를 하기도 했다.

Orden de Alcántara (알칸타라 기사단)　레온의 기사인 페드로 페르난데즈 데 프엔텐카라다에 의해 카세레스(Cáceres)에서 1160년에 설립된 기사단으로 갈리시아 지방의 산티아고 데 콤포스텔라 도시에 야곱 성인의 무덤을 방문하기 위해 온 순례자들을 강도와 도둑으로부터 보호하는 역할을 수행하였다. 이 밖에도 이교도를 퇴치하고자 하는 목적을 가지고 있었다. ➡ Órdenes Militares(기사단들)

Orden de Avis (아비스 기사단)　1147년 포르투갈의 왕 알폰소 엔리케 1세(Enrique I)에 의해 설립된 종교적 의무를 띤 기사단이다. 불신자들을 정벌하는 것이 목적이었으며 1187년 아비스성 정복 이후 아비스 기사단이라 불리게 됐다. 이들의 명성과 영향력은 막강했으며 1248년 페르난도 3세를 도와 세비야 정복에 참여하기도 했다. ➡ Órdenes Militares(기사단들)

Orden de Calatrava (칼라트라바 기사단)　17세기의 수도원장 라이문도 데 피테로 (Raimundo de Fitero, ?~1163)에 의해 카스티야 왕국(Reino de Castilla)에서 설립된 군사 및 종교 기사단. 칼라트라바 기사단의 제일 목표는 칼라트라바 마을을 보호하는 것이었다. 이후 영토 확장을 통해 현재의 시우다드 레알(Ciudad Real), 톨레도(Toledo), 알바세테(Albacete), 발렌시아(Valencia), 알리칸테(Alicante)와 코르도바(Córdoba)에 걸쳐 엄청난 규모의 토지를 관리하게 된다. 시토 수도회(Órdenes cistercienses)에 속하며 현재는 명예 및 귀족적 성격만 남아 있다. ➡ Órdenes Militares(기사단들)

Orden de Cluny (클루니 수도회)　베네딕트파에 속한 수도회로 909년 9월 2일 바우메 수도원 원장 베르논이 프랑스 부르고뉴 주에 있는 동일한 이름의 지역에 설립했다. 로마 교황들을 배출하기도 했으며 수도원 개혁운동의 중심이 되었다.

Orden de la Banda (반다 기사단)　1330년 카스티야 이 레온(Castilla y León)의 왕인 알폰소 11세(Alfonso XI, 1311~1350)에 의해 설립된 기병대 기사단이다. 영주들에게 왕권을 과시하기 위해 그리고 자신들의 종교인 가톨릭을 방어하기 위해 설립되었으며 저명한 가문의 자녀들만이 선출되어 입단하였다. 가톨릭 공동왕(Reyes Católicos)에 의해 폐지되었으며, 펠리페 5세(Felipe V, 1683~1746)에 의해 복원되었으나 곧 사라졌다. ⇒ Órdenes Militares(기사단들)

Orden de los Hermanos hospitalarios de Burgos (부르고스 자선기사단) 카스티야 왕인 알폰소 8세(Alfonso VIII, 1155~1214)에 의해 1212년 설립된 기사단으로 이 기사단의 기사단원들은 산티아고 순례길(Camino de Santiago)을 순례 여행하는 순례자들이 살해당하지 않도록 돕는 임무를 주로 수행하였다. ⇒ Órdenes Militares(기사단들)

Orden de Merced (메르세데드 기사단) 18세기 산 페드로 놀라스코에 의해 바르셀로나에 창단된 종교직 군사직 목적의 기사단으로 기독교도 인질들을 구출하고 포로들을 관리했다. 프랑스 혁명 이후 점차 그 세력이 약해졌으며 현재 감옥 내 교화 및 교육을 담당하고 있다. ⇒ Órdenes Militares(기사단들)

Orden de Montesa (몬테사 기사단) 1319년 발렌시아(Valencia) 왕국에서 하이메 2세(Jaime II de Aragón, 1267~1327)에 의해 종교적이자 군사적인 목적으로 설립된 기사단이다. 기사단의 명칭은 그들의 본부이자 대주교구인 몬테사(Montesa) 마을에서 유래하였다. ⇒ Órdenes Militares(기사단들)

Orden de San Francisco (산 프란시스코회) 1209년 산 프란시스코 데 아시스(San Francisco de Asís, 1182~1226)에 의해 세워진 스페인의 가톨릭 종파이다. 산 프란시스코회의 회원은 프란시스코파(Franciscano)라고 불리며 뛰어난 많은 사제 및 문학가를 양산하였다. 이 종파는 규율의 엄격함과 생활의 간소함의 특징이다. 종파 내에서 잘 알려진 회원으로는 프란시스코 데 오수나(Francisco de Osuna), 프라이 베르나르디노 데 라레도(Fray Bernardino de Laredo) 등이 있다.

Orden de Santiago (산티아고 기사단) 레온(León)의 기사인 페드로 페르난데스 데 푸엔텐칼라다(Pedro Fernández de Fuentencalada, 1115~1184)에 의해 카세레스(Cáceres)에서 1160년에 설립된 기사단으로 갈리시아 지방의 산티아고 데 콤포스텔라(Santiago de Compostela) 도시의 산티아고 성인의 무덤을 방문하기 위해 온 순례자들을 강도와 도둑으로부터 보호하는 역할을 수행하였다. 이 밖에도 이교도를 퇴치하고자 하는 목적을 가지고 있었다. ⇒ Órdenes Militares(기사단들)

Orden del Hospital de San Juan de Jerusalén (예루살렘의 성 후안 자선기사단) 중세 십자군 원정에 의해 중동으로 온 기독교 순례자들에게 도움을 주기 위해 성지인 예루살렘에서 설립된 군사 기사단으로 특히 의료 분야에서 활약하였다. 당시에는 기초 보건 및 사회 기반이 부실하여 의료 분야에 있어서 군사의 파견이 필요하였으며, 이에 따라 병원기사단의 출현은 계속해서 증가하였다. ⇒ Órdenes Militares(기사단들)

Orden del Toisón de Oro (토이손 데 오로 기사단) (황금양모기사단) 1429년 부르고냐의 공작인 펠리페 3세(Felipe III, 1396~1467)와 포르투갈의 공주인 이사벨(Isabel de Portugal, 1397~1471)의 결혼식을 축하하기 위해 설립된 기사단이다. ⇒ Órdenes Militares(기사단들)

Orden ecuestre (기사 계층) 주로 로마 군의 보조병으로 편성된 원주민 부대를 지휘하던 기사들을 중심으로 구성되었고 이베리아 반도에서 원로원 계층보다 깊은 상호 유대 관계를 가지고 활동했다. 이들은 관리 계층과 더불어 스페인의 정치 생활에서 가장 강력한 영향력을 행사했던 계층이었다. 당시 내륙의 원주민 귀족들은 이들 계층의 지위에 쉽게 오를 수 있었고 이와 같은 현상은 북부와 내륙 지방에서 두드러졌다.

Orden militar (기사단)   11세기에서 13세기까지 서유럽을 원정했던 십자군(Cruzadas)과 같은 종교군사적 조직이다. 이들은 처음 스페인 성지 및 성적들을 보호하고자 만들어졌으나, 이후 기독교적 이념을 확산하고 레콩키스타(Reconquista)의 스페인 수도회처럼 모슬렘에 대항하거나, 이교도에 맞서 자신들의 믿음을 지키는데 힘을 기울였다. 기사단은 종교 수도회의 종규로 선출된 '반(半)수도승, 반(半)전사'들이었으나, 이후에는 대부분이 환속되었다.

Orden sacerdotal (사제서품)   가톨릭의 7성사 중 하나인 성품성사로 사제가 서품을 받는 것을 말한다. 성품성사는 주교가 집전할 수 있다. 서품을 받은 사제는 교회의 사목을 할 수 있게 된다.

Orden senatorial (원로원 계층)   토지의 대소유자나 직접 로마 당국과 관계를 유지하는 행정 및 정부의 주요직에 오른 사람들로, 이베리아 반도뿐 아니라 로마 또는 로마 지배하의 다른 지역에서도 나타난 계층. 반도의 남부인 과달키비르 강 유역과 베티카(Bética) 지역의 도시 및 북동부의 타라고나(Tarragona)와 바르셀로나에서 나타났고, 중앙부와 북부 지역에서는 보이지 않았다.

Ordenanzas de Alfaro (알파로 법규)   식민지 원주민들의 착취와 학대에 대한 프란시스코 데 알파로 수도사와 몇몇 종교계 인물들의 항의를 받은 펠리페 2세(Felipe II)에 의해 제정되었다. 프란시스코 데 알파로는 펠리페 2세의 명령 아래 식민지 곳곳을 탐방하고 상황을 기록한 후 일련의 인디언 보호법규를 완성했다.

Órdenes cistercienses (시토 수도회)   로베르토 데 몰레스만(Roberto de Molesmes)에 의해 1098년에 프랑스에 처음 설립되었다. 베르나르도 클레르보(Bernardo de Claraval)는 30명의 동료들과 함께 1110년 초기에 시토 수도회에 입회하여 시토 수도회를 급속하게 확장시키는 데 큰 공헌을 하여 12세기 가장 중요한 수도회 중 하나가 되도록 기여했다. 시토 수도회 생활의 역점은 수작업과 자급자족이다.

Ordenes de los hospitalarios de San Lázaro (성 라사로 병원기사단)   첫 번째 십자군 원정에 참여한 기독교 왕자들에 의해 예루살렘에서 설립된 기사단으로 순례자들에게 도움을 주기 위해 설립되었다. 프랑스 왕인 루이 7세가 성지에서 돌아오면서 일부 기사단의 단원들을 데려와 1154년 파리에 정착시켰으며, 이후 교황 클레멘트 8세의 칙령에 의해 몽펠리에 성령에 합류하였다. 이 기사단은 1789년에 폐지되었다. ➡ Órdenes Militares (기사단들)

Ordenes de los templarios (성전기사단)   12세기 초 성지에 온 순례자를 보호하기 위해 설립된 군사 기사단으로 성 후안 병원기사단과 마찬가지로 중세 유럽의 십자군 원정에 의해 시작되었다. 비잔틴, 프랑스와 벨기에 등의 출신이 다른 기사단원들이 참여, 군인과 성직자가 혼재하였으며 기사단을 통해 기독교인들의 성지를 보호하고 해외에 유치되어 있는 재산을 유지하고자 하였다. ➡ Órdenes Militares(기사단들)

Órdenes Militares (기사단들)   십자군(cruzadas)을 계기로 중세에 출현한 결사체(Congregaciones)로써 당시의 숭고한 정신을 위해 종교적 삶과 군사적-기사적 이상을 결합하여, 이교도와의 투쟁에서 모범적인 성속일치의 삶을 표방하고자 하였다. 초기 기사단에 해당하는 것은 병원기사단(órdenes de los hospitalarios)과 성전기사단(órdenes de los templarios)

이었으며, 이들은 곧 스페인에 확산되었다. 12세기 중반에는 스페인에도 자체의 규정과 특징을 갖춘 기사단들이 출현하게 되었는데, 그 첫 번째에 해당하는 것이 칼라트라바 기사단(orden de Calatrava)이었으며, 그 뒤에는 알칸타라 기사단(orden de Alcántara)과 산티아고 기사단(orden de Santiago)이었다. 산티아고 기사단은 야고보(Santiago) 성인의 무덤을 찾는 순례객들(peregrinos)이 운집하면서 병원기사단의 성격을 띠기도 하였으며 다른 기사단들이 성 베네딕트(San Benito)의 규율을 따르는 것과 달리 성 어거스틴(San Agustín)의 규율을 따르고 있었다. 마지막으로 아라곤 연합왕국(Corona de Aragón)에는 몬테사 기사단(orden de Montesa)이 하이메 2세(Jaime II)에 의해 창설되었는데 이는 성전기사단을 대체하기 위한 것이었다. 물론 성녀 마리아 기사단(orden de Santa María)과 반디 기사단(orden de la Banda)과 같이 딘명한 기사딘들도 존재하였다. 초기에는 각 기사단의 수장으로 기사단장(maestre)이 있어서 두 명의 수석 기사분단장들(comendadores)의 보조를 받으며 운영을 하였다. 동일한 종교적·군사적 훈련 아래에서 기사들은 서원하고 입단하였으며 이들은 평신도(seglares)일 수도 있었고, 서원한 수도사(monjes profesos)이기도 하였다. 이 서원한 수도사들은 동시에 종교의식을 관장하는 신부(capellanes)의 역할을 담당하였다. 기사단들은 중세에 군사적·종교적으로 매우 중요한 의의를 지니고 있었으며 스페인 재정복전쟁(Reconquista)에 적극적으로 참여하였고, 오늘날 카스티야 이 라만차 자치주(Comunidad de Castilla y La Mancha)와 엑스트레마두라(Extremadura)에 널리 확산되어 활동하였다. 그 역할은 단순히 전쟁 외에도 새로 확보한 땅에 재식민화를 하는 일이었으며 그렇게 해서 확보된 거대한 부와 영주권은 그들에게 중요한 정치권력을 가져다주었다. 이 기사단들의 운영방식은 경제적인 용익권이 주어지는 엔코미엔다(encomienda, 위탁경영) 체제 아래에서 이루어졌으며 관할 통치는 기사단의 기사인 부단장에게 주어졌고 그렇게 해서 수확과 지대를 향유하였다. 게다가 기사단들은 그들의 권력과 사회적 차별화를 증대시키는 다른 특권들도 보유하고 있었는데, 여기에는 주교들의 관할권에서 벗어나는 것도 포함되어 있어서 적지 않는 갈등과 소송을 유발했다. 기사단 소속 기사들이 누린 특별자치권(fuero particular de los caballeros de hábito)은 근대에서도 기사단평의회(Consejo de Órdenes)가 지속적으로 유지하고자 했던 부분이다. 비록 근대에 와서는 소수의 기사단원만이 기사단 규율을 따르고, 순종과 순결이라는 맹세를 지키는 등 기사단 본래의 기능이 상실되고 왕국에 병합되었지만(가톨릭 공동왕에 의해 이루어졌으며 몬테사 기사단의 경우에는 펠리페 2세의 통치 시기였던 1587년에 병합됨), 앞서 언급한 특징들과 특권들은 그대로 유지되면서 전체 혹은 부분적인 엔코미엔다의 수입뿐 아니라 신분적 차별화를 보장해 주는 도구로써 변모하게 되었고 이로 인해 수많은 사람들이 소속원이 되고자 갈망하는 대상이 되었다.

Ordo Fratrum Minorum (프란시스코회)　성 프란치스코의 신앙관을 따르는 기독교의 수도회를 부르는 총칭이다. 이 수도회의 기원은 아시시의 성 프란치스코가 창립한 초기 형제들과 교회사적으로 탁발 수도회까지 거슬러 올라간다. 이들은 거리의 설교자로서 우선적으로 일을 하고 생계를 유지하였다. 사람들에게 간단한 설교를 하고 가난한 사람이나 병이 든 사람, 특히 한센병 환자들을 돌보는 데 주력하였다. 우리나라에도 프란치스코 수도회가 있는데, 로마 가톨릭교회에 소속된 작은 형제회, 콘벤투알 프란치스코 수도회, 카푸친 작은형제회 그리고 성공회에 소속된 프란시스 수도회가 바로 그것이다.

Ordoño I(Asturias) [오르도뇨 1세(아스투리아스)]　850년부터 866년까지 아스투리아스(Asturias)의 왕(821~866)이다. 850년 선왕 라미로 1세(Ramiro I)가 사망하자 왕위를 물려받고 당시 알 안달루스의 불안한 정세를 이용하여 영토를 넓혔다. 코르도바와 사라고사의 모슬렘들과도 전쟁을 다수 치렀으며 866년 병으로 사망했다. ➡ Asturias, Principado y reino de(아스투리아스 공국, 아스투리아스 왕국)

Ordoño II (오르도뇨 2세)　914년부터 924년까지 레온 이 아스투리아스(León y Asturias)의 왕(871~924)이다. 알폰소 3세(Alfonso III el Magno)의 아들로 갈리시아 통치 임무를 맡고 908년 베티카(Bética)에서 일어난 모슬렘들과의 전쟁에서 큰 공을 세운다. 이후 914년 왕위를 물려받은 이후에도 호전적인 성격으로 모슬렘들과 전쟁을 일으켜 여러 차례 승리를 거둔다. ➡ Asturias, Principado y reino de(아스투리아스 공국, 아스투리아스 왕국)

Ordoño III (오르도뇨 3세)　951년부터 956년까지 레온 이 아스투리아스(León y Asturias)의 왕(925?~956). 라미로 2세(Ramiro II)의 아들이며 형 베르무도(Bermudo)가 사망한 뒤 아버지와 함께 정치적, 군사적 권력을 행사했다. 951년 라미로 2세가 퇴위하고 왕위를 물려받은 후 955년 포르투갈의 미뇨(Miño) 강 지역을 점령하고 두에로 강 근처에 있던 모슬렘 군대를 격파한다. ➡ Asturias, Principado y reino de(아스투리아스 공국, 아스투리아스 왕국)

Ordoño IV, Rey de León y Asturias (오르도뇨 4세, 레온과 아스투리아스의 왕)　925년경 알폰소 4세(Alfonso IV)와 오네카(Oneca) 사이에서 태어났으며 레온(León)의 여덟 번째 왕이다. 우라카 페르난데스(Urraca Fernández)와 혼인했고 오르도뇨 3세(Ordoño III)의 사후 귀족들로부터 왕으로 선출되었지만 1년간 집권하고 산초 1세(Sancho I)에게 왕위를 내어준다. ➡ Asturias, Principado y reino de(아스투리아스 공국, 아스투리아스 왕국)

Oreja (오레하)　스페인 바스크(País Vasco)에 위치한 작은 마을이다. 오레하의 역사는 톨로사(Tolosa)와 깊은 연관이 있다. 노란 바탕의 붉은 수탉이 휘장이다. 16세기에 지어진 건물들이 남아 있는 곳이다. 바스크 시인 니콜라스 오르마에체아(Nicolás Ormaechea)의 고향이기도 하다.

Oreja, Marcelino (마르셀리노 오레하)　(1935~) 스페인의 정치인이자 기업인이다. 외무부 장관으로 재직하였으며 유럽 이사회에서 활동하였다. 1976년 유엔세계인권선언에 참여했다. 국민당의 당원으로 과학 윤리와 정치 윤리에 관심이 많았다.

Oretanos (오레타노스)　고대 로마 지배 이전의 민족으로 거주 지역은 모레나(Morena) 산맥에서부터 아나스(Anas) 협곡(현재 과디아나 강)까지 이어졌다. 현재의 시우다드 레알(Ciudad Real)과 코르도바의 북동쪽, 알바세테(Albacete) 서쪽과 하엔(Jaén) 주 남쪽에 해당된다.

Organismos naturales (자연적인 기구)　유기체적 민주주의에서 인위적인 기구인 정당이 아닌 자연적으로 존재하는 가족이나 도시, 조합 등의 기구들을 가리킨다. 이러한 관점에서 정당은 민주주의의 탈을 쓴 독재로 간주되어 자연적으로 발생한 관계와 집단들이 결정을 내리도록 했다.

Organización Anarquista de la Región Española (스페인무정부주의조직)　OARE로 알려졌으며 1888년 발렌시아에서 개최된 스페인노동자연합(FTRE)의 마지막 회기 때 설립되었다. 그러나 짧은 기간 동안 존속하다 사라졌다.

Organización del Tratado Atlántico Norte(OTAN) (북대서양조약 기구) 북미와 유럽의 여러 국가들의 집단안보를 위한 초국가적 군사 조직으로 제2차 세계대전 이후 동유럽에 주둔하는 소련군과 군사적 균형을 맞추기 위해 1949년 워싱턴에서 서명된 북대서양조약의 규정에 따라 설립된 기구이다. 스페인은 1982년 5월에 가입하였으며, 소련의 붕괴 이후 러시아와 협력관계를 구축하고 테러리즘, 핵무기 확산 및 무기 통제와 같은 공동 관심사의 해결에 주력하고 있다.

Organización Revolucionaria de Trabajadores(ORT) (노동자혁명조직) 마오쩌둥 사상 계열의 마르크스-레닌주의 스페인 정당으로 사무총장은 호세 산로마 알데아(Intxausti 동지)였다. 1977년 단일 노동조합(SU)을 만들었으며 바스크(País Vasco), 엑스트레마두라(Extremadura), 라 리오하(La Rioja), 마드리드에 주로 근거지를 활동하였다.

Organización territorial del Ejército de España en 1936 (1936년 스페인 영토 군대 조직) 1936년 스페인 영토 군대조직은 스페인 내전이 시작하기 직전 군대가 11구역으로 나뉘어 구성되었던 군대조직을 일컫는다. 그중 8개는 조직적 사단이었고, 나머지 3개는 군대 집무실이 있는 사령부였다. 조직은 스페인 영토뿐만 아니라 모로코 영토도 관리할 수 있도록 세우타(Ceuta)에도 조직을 만들었다. 모로코 지역 관리 사령관은 아구스틴 고메즈 모라토(Agustín Gómez Morato)이었다. ➡ República II(제2공화국)

Orosio, Paulo (파울로 오로시오) 15세기 포르투갈의 바르가(Barga)에서 태어난 사제이자, 역사가이다. 스페인의 타라고나(Tarragona)의 산 아구스틴(San Agustín)의 제자이며, 스페인에서 세계의 일반 역사를 처음 정리한 인물로 알려져 있다. 『*Historiae Adversus Paganus*』가 그것이며 태초부터 417년까지의 역사를 담은 7권의 모음집이다.

Ortega Juárez, Manuel (마누엘 오르테가 후아레스) 1909년에 태어나 1973년에 사망한 스페인의 플라멩코 가수이며 '마놀로 카라콜(Manolo Caracol)'로 알려져 있다. 1922년 그라나다(Granada)의 칸테 혼도 대회에서 입상했다. 스페인 내전 당시 노래, 연주, 춤을 혼합한 새로운 형태의 연극으로 활동했다. 이전에는 시도되지 않았던 피아노나 오케스트라를 플라멩코에 접합해 논란을 일으키기도 했다.

Ortega Vargas, Francisco (프란시스코 오르테가 바르가스) 1820년에 태어나 1878년에 생을 마감한 스페인의 플라멩코 가수이며 '엘 피요(El Fillo)'로 알려져 있다. 플라네타(Planeta)의 수제자였다. 세기리야(seguiriya)를 주로 불렀다. 거칠고 잠긴 듯한 목소리가 특징이다. 당대의 가수들 중 가장 큰 명성을 누렸던 인물이다.

Ortega, José García (호세 가르시아 오르테가) (1921~1990) 호세 오르테가, 페페 오르테가(Pepe Ortega) 혹은 화가 오르테가라고 불리는 호세 가르시아 오르테가는 스페인 내전 이후 사회주의적 사실주의를 대표하는 화가이자, 에스탐파 포풀라르 그룹(Estampa Popular)의 대표적인 인물 중 한 명이다. 1950년대 스페인의 예술은 비형식주의 미술 경향과 함께 사회적, 정치적 특징의 사회경향 미술도 병존했는데, 호세 오르테가가 농부들을 즐겨 그리며 이러한 특징을 나타냈다.

Orti y Lara, Juan Manuel (후안 마누엘 오르티 이 라라) (1826~1904) 스페인의 철학자, 변호사, 신문기자로 안두하르(Andújar) 인문학교에서 논리학, 문법, 수학을 공부하고 하엔(Jaén)으로 건너가 누에스트라 세뇨라 데 라 카피야(Nuestra Señora de la Capilla) 인문학교에서 공부했다. 하엔 성당의 독경사이자 누에스트라 세뇨라 데 라 카피야 인문학교 교수로 재임했다.

Ortiz, Letizia (레티시아 오르티스)　　(1972~) 펠리페 6세(Felipe VI)의 왕비로 헤로나 왕자비, 비아나 왕자비, 몽블랑 공작부인 등의 작위를 가지고 있다. 결혼 전에는 여러 방송국과 신문에서 기자로 활동한 바 있다. ➡ Juan Carlos I. Rey de España (1938~, 스페인의 국왕 후안 카를로스 1세)

Ortiz, Luis (루이스 오르티스)　　(?~?) 펠리페 2세(Felipe II, 1527~1598) 통치 당시 카스티야 재정(Hacienda de Castilla)의 회계 담당자였으며, 합스부르크 가문의 파산 후에 『*Memorial al Rey para que no salgan dineros de España*』를 썼으며, 이는 스페인 중상주의자들의 첫 문서였다. 카스티야에 금이 보존되어 있기 때문에 가격 하락이 일어난다고 했으며, 원료의 수출에만 의존하지 말고 모든 종류의 취미를 근절시키고 공업제품의 제조를 제안했다. ➡ Arbitrista(정치평론가들)

Ortiz, Manuel Ángeles (마누엘 앙헬레스 오르티스)　　(1895~1957) 스페인 27세대 화가와 도예가이자 무대미술가이다. 스페인 초현실주의 예술을 대표하며, 서정적인 입체주의로 잘 알려져 있다. 이는 그의 작품이 시적 본질을 지니기 때문이다. 또한 그의 작품은 석판화나 에칭, 그리고 천에 인쇄하는 기법이 사용되기도 했다.

OSE, Organización Sindical Española (스페인노동조합단체)　　일반적으로 산업별 노동조합(Sindicato Vertical)으로 잘 알려져 있는 이 단체는, 스페인 프랑코 체제하에서 유일하게 합법적인 노동단체였다. 이는 이전 전국노동자연맹(CNT, Confederación Nacional del Trabajo)와 노동자총동맹(UGT, Unión General de Trabajadores)이 국외로 추방당하거나 비합법적 활동이었던 것과 차이를 보인다. ➡ Franquismo(프랑코주의)

Osona (오소나)　　카탈루냐 자치주에 속한 지방이다. 대부분이 바르셀로나에 속해 있으나 헤로나(Gerona)에도 속한 구역이 있다. 역사적으로 카탈루냐에서 중심지들 중 하나였으며 유물들 또한 다수 갖고 있다.

Ossorio y Gallardo, Ángel (앙헬 오소리오 이 가야르도)　　스페인의 정치가이자 법학자이다. 1873년 마드리드(Madrid)에서 출생하여 1946년 아르헨티나 부에노스아이레스에서 사망하였다. 마드리드 중앙대학교(Universidad Central de Madrid)에서 인문주의 법학을 지향하며 학문적 소양을 쌓았고, 1909년에는 바르셀로나(Barcelona)의 도지사가 되었다. 이어 1917년에 스페인의 산업장려부 장관으로 임명되었다. 무정부주의자로서 알폰소 13세(Alfonso XIII)의 퇴위와 스페인 제2공화국의 도래를 주장하였다.

Otamendi, Joaquín (호아킨 오타멘디)　　(1874~1960) 스페인 건축가이다. 그의 친구인 안토니오 팔라시오스(Antonio Palacios)와의 협력으로 그는 많은 건축물들을 마드리드에 남겼다. 시벨레스 광장(Plaza de Cibeles)에 있는 시벨레스 궁전(Palacio de Ciebeles)이 대표적이다. 또한 그가 참여한 많은 건축물 중 대표적인 것은 호르날레로스 병원(Hospital de Jornaleros de Madrid), 리오 데 라 플라타 은행(Banco Río de la Plata) 등이 있다.

OTAN (북대서양 조약 기구)　　'Organización del Tratado del Atlántico Norte'의 준말이다. 1948년 브뤼셀 조약을 통해 형성된 조약으로 애초에는 제2차 세계대전 이후 소련의 확장을 막기 위해 설립되었었고 현재는 유럽의 다자적 안보 기구로 변화한 형태를 띤다.

Otumba, batalla de (오툼바 전투)　　1520년 7월 7일 멕시코 정복 과정에서 발발한 에르난 코르테스와 아스텍 제국 군대 사이의 전쟁이다. 이 전쟁은 스페인의 승리로 끝났으며, 이 일로 코르테스는 군대를 재정비하여 1년 후에 아스텍 제국의 수도 테노치티틀란

(Tenochitilan)을 정복하기에 이른다. ⇒ Cortés, Hernán(에르난 코르테스)

Oviedo(España) [오비에도(스페인)]　아스투리아스(Asturias) 공국의 수도로 지리적, 정치적, 행정적 중심지. 면적은 184.32km²이며 220만 명의 주민이 살고 있다(2005년 통계).

P

Pabellones Güell (구엘 별장)　스페인 바르셀로나 페드랄베스(Pedralbes) 지역에 있는 건축물이다. 이 별장은 1884년부터 1887년까지 지어졌는데, 후안 구엘 페레(Juan Güell Ferre)의 아들 에우세비오 구엘(Eusebio Güell)이 1884년 가우디에게 확장공사를 부탁하면서 시작되었다. 가우디는 돌, 벽돌과 회반죽을 이용해 벽을 만들고 그 위에 카탈루냐어로 '트렌카디스(trencadis)'라고 하는 깨진 타일 조각을 이용한 모자이크 장식을 사용했는데, 이 장식은 이후 가우디의 작품을 대표하는 표현방식이 되었다. 다양한 색깔의 재료들이 서로 어우러져 화려하면서도 전체적인 통일감 속에서 두드러져 보인다.

Pablo IV (파블로 4세)　마르셀로 2세(Marcelo II)의 뒤를 이은 제223대 교황으로 세속명은 조반니 피에트로 카라파(Giovanni Pietro Carafa)이다. 1476년 카프리질리아이르피나에서 탄생했으며 1555년에서 1559년 사이 교황직을 수행했다. 종교적 사명이 강해 종교재판을 활성화하고 유대인을 추방하는 사업을 시행했다. 1559년 로마에서 사망했다. ➡ Expulsión de los judíos(유대인 추방)

Pachacuti (파차쿠티)　1438년에 태어나 1472년에 사망한 잉카 제국의 제9대 왕이다. 종교와 정치가 일치하는 통치제도를 다졌으며 강력한 중앙집권제를 유지했다. 쿠스코(Cusco)의 확장에 지대한 영향을 끼쳤다. ➡ Inca, Imperio(잉카 제국)

Pacheco, Juan (후안 파체코)　(1419~1474) 후안 2세(Juan II)의 말년부터 이사벨(Isabel) 여왕의 즉위기간까지 카스티야의 정치계를 제패했으며 이베리아 반도 중세 역사의 흐름을 좌우했던 인물이다. 엔리케 4세(Enrique IV)의 오른팔이기도 했다.

Pacheco, Juan Fernando, Marqués de Villena (후안 페르난도 파체코, 비예나의 후작)　카스티야(Castilla)의 귀족 출신으로 1419년에 태어났으며 1474년에 사망했다. 비예나(Villena)의 후작과 에스칼로나(Escalona)의 공작을 지냈으며 산티아고 기사단(Orden de Santiago)의 단장을 맡았던 인물이다. 엔리케 4세(Enrique IV)의 재위기간 동안 왕의 총신으로서 15세기 카스티야의 정치에 막강한 영향력을 행사했다. ➡ Valido(총신)

Pacificación de Gante (헨트평화협정)　(1576) 펠리페 2세의 통치기에 경제적 파탄이 점점 고조되자 저지대 국가에 있던 스페인 군대는 임금을 받지 못했다. 이에 격분한 군인들은 1576년에 레케센스(Requesens)가 사망하자 반란을 일으켜 암베르(Amberes)를 약탈했다. 이 사건은 저지대 국가 북부의 신교도들과 남부의 가톨릭교도들이 스페인 군대와 맞서 싸우기 위해 서로 동맹을 맺게 되는 결과를 낳았는데 이것을 '헨트평화협정'이라 한다. ➡ Felipe II(펠리페 2세)

Pacto Antiterrorista (반테러주의 협정)　2000년 국민당(PP)과 사회노동당(PSOE)이 맺은

조약이다. 테러의 단절을 위해 양측의 의지를 보다 통합하는 역할을 했다. 2004년 마드리드(Madrid) 테러 이후 여야의 상호 책임 전가가 극심해서 개정되었다.

Pacto de Familia (부르봉 가문 협정)　18세기에 스페인과 프랑스를 다스리던 부르봉 가문의 이익을 보호하기 위해 양국이 맺은 세 개의 조약을 총칭한다. 후에 나폴레스와 파르마 왕국도 이에 합류했다. 이 협정은 식민지 사업, 주변국들의 정세 등에 대처하는 방안과 양국 왕실의 입장을 통일하기 위한 것이었다.

Pacto de Génova (제노바 협약)　1705년 영국과 카탈루냐 공국을 대표하는 오스트리아파 귀족들이 스페인 왕위계승전쟁에서 맺은 협약이다. 이 협약에서는 영국군 부대가 카탈루냐에 상륙하여 카를로스 데 아우스트리아(Carlos de Austria)의 왕위를 위해 펠리페 5세(Felipe V) 군 부대의 씨을 것을 약속하며 카탈루냐 제도의 법을 지키기로 히였다. ➡ Guerra de Sucesión Española(스페인 왕위계승전쟁, 1700~1713)

Pacto de los Toros de Guisando (토로스 데 기산도 협약)　1464년 알폰소 왕자(infante Alfonso)를 추대하는 귀족 세력이 엔리케 4세(Enrique IV)에 대항해 폭동을 일으켰다. 1468년, 엔리케 4세는 그의 이복형제 알폰소(Alfonso)를 후계자로 인정하는 대신 그의 딸 후아나(Juana)와 혼인해야 한다는 조건을 내세웠다. 하지만 예기치 못한 알폰소의 죽음으로 이사벨 1세(Isabel I)가 후계자로 지목되면서 그의 소란스러웠던 통치기에 점을 찍었다. 이는 카스티야(Castilla) 내부의 평화를 의미함과 동시에 아라곤 왕국(reino de Aragón)과 카스티야 왕국(reino de Castilla)의 통합을 이룩하는 데 첫발을 내디딘 것이라고 볼 수 있다. ➡ Castilla, Corona de(카스티야 연합왕국)

Pacto de Ostende (오스텐데 협약)　1866년 8월 오스텐데 시에서 후안 프림(Juan Prim) 장군을 중심으로 진보주의자이자 민주주의의 수호자인 이사벨 2세를 무너뜨리게 하기 위해서 맺어진 협약이다. 이 협약은 본래 '영광의 반란(La Gloriosa)'으로 자유연합과 함께 시작되어 협약으로 이어지게 되었다. ➡ Isabel II(이사벨 2세, 1830~1904, 재위: 1833~1868)

Pacto de San Sebastián (산 세바스티안 협정)　공화주의 연합(Alianza Republicana)으로부터 추진된 협정(1930)이다. 스페인연방주의당(Partido Federal Español)을 제외한 공화주의 모든 당들을 소집하여 알폰소 13세(Alfonso XIII)의 군주정치를 타도하고 스페인 제2공화국을 건설하자는 내용을 담고 있다. ➡ República II(제2공화국)

Pacto de Unión y Solidaridad (연맹연대협정)　스페인노동조합으로 스페인노동자연합을 계승하여 1888년에 설립되어서 1896년까지 존재한 단체이다. 부당한 지배에 맞서기 위해 노동자 내 분열을 방지하고 8시간 근무와 노동자와 농민의 불만 해소를 목적으로 활동하였다.

Pacto del Tinell (티넬협정)　카탈루냐 정부와 카탈루냐 사회당(PSC), 카탈루냐 좌파당(ERC), 녹색-연합대안좌파(ICV-EUiA) 등 3개당이 체결한 협정이다. 바르셀로나에 위치한 티넬 회장에서 성사되었다고 하여 티넬 협정으로 불린다.

Pactos de La Moncloa* (몽클로아 협정)　1977년 합의에 의해 체결된 협정 일체를 뜻하며 1970년대 말 스페인이 직면하고 있었던 위기 상황 앞에서 스페인 경제의 재조정을 목적으로 하고 있었다. 당시 스페인은 높은 인플레이션과 석유의 가격 인상, 무역수지적자에 시달리고 있었고, 민간 부문에서도 기업들은 수천억의 부채를 떠안고 있어 곧 대량 실업으로 이어질 양상이었다. 이러한 사태 앞에서 당시 총리였던 아돌포 수아레스(Adolfo

Suárez)는 위기 극복의 대책 마련을 위해 먼저 모든 정당대표들을 소집하였고 당면 과제에 대한 정당 간의 대화를 촉구하였다. 이렇게 하여 이들은 1977년 10월 8일과 9일 양일에 걸쳐서 경제부 장관 엔리케 푸엔테스(Enrique Fuentes)에 의해 작성된 문건을 근거로 토론에 들어갔고 결국 기나긴 대화 끝에 최종 합의안을 도출할 수 있었다. 이는 곧 10월 25일 몽클로아 협정으로 이어지게 되었으며, 내용적으로는 크게 경제적, 재정적 재조정이라는 틀을 가지고 있었다. 첫째로 경제적으로는 신속한 경제 건전화를 위한 단기 조치들이 마련되었는데, 이는 경색금융정책(política monetaria restrictiva), 인플레이션 방지를 위한 화폐팽창 억제정책, 공공적자 감소를 위한 예산정책, 대외부채 감소와 스페인 무역수지 적정화를 위한 페세타의 평가절하를 포함하고 있었다. 또한 인플레이션이 반영되는 임금 인상을 둘러싸고 사측과 노동조합 간에 합의가 있었다. 이러한 구조적인 조치는 용인될 수 있는 비율까지 인플레이션을 억제하였다는 경제적인 성과 외에도 최초로 민주주의적인 사회적, 정치적 합의를 일구어 내었다는 의미를 가지고 있었다. 이로써 인플레이션은 1977년 기준 26,4%에서 1978년 기준 16%로 떨어졌으며 기업들은 자산 손실을 막을 수 있었고 스페인 수입의 공헌이익도 개선될 수 있었다. 그러나 고압선의 자국화와 같은 여타 단기 개혁들은 제대로 실행되지 못하였다. 두 번째로 재정적으로는 재정개혁과 조세행정개혁을 통하여 횡령을 차단하고 사회보장제도와 재정시스템의 개혁, 노동시장의 유연화를 이루는 대책이 마련되었다. 그러나 이 모든 구조 개혁들은 결실을 거두는데 상당한 기간을 필요로 하였으며 이는 재조정의 안착 과정이 더디었다는 점과 함께 당시 정치적으로도 민주화로의 이행이 병행되고 있었기 때문이었다. 더군다나 당시 스페인 사회는 경제 상층부에서 수립한 낙관적이고 야심 찬 구조정책들 못지않게 심각한 문제들을 안고 있었던 것이다. 결과적으로 몽클로아 협정과 그 이후 조치들은 1970년대 말의 총체적 위기 앞에서 스페인 경제의 붕괴를 막을 수 있었고, 더 나아가 1980년대 중반 스페인의 유럽공동체 가입을 위한 경제 기반구축의 주요한 토대 마련에 전기가 되었다.

Padilla, Juan de (파디야, 후안 데)　　(1490~1521) 카스티야 코무니다데스 혁명에 참여한 지휘자 중 한 명이었다. 카를로스 1세(Carlos I, 1500~1558)에 대항하는 톨레도 반란군의 지휘자였으며, 후안 브라보(Juan Bravo, 1483~1521)의 세고비아(Segovia) 반란군, 프란시스코 말도나도(Francisco Maldonado, 1480~1521)의 살라망카(Salamanca) 반란군도 파디야를 도우면서 반란을 일으켰다. 후안 데 파디야는 아빌라(Ávila)에서 집회를 열었으며, 반란에 참여한 모든 이들도 이에 참여하였다. 파디야의 군대는 1521년 4월 23일 전투에서 전멸했으며 파디야는 처형당했다. ☞ Comunidades de Castilla[카스티야의 코무니다데스(자치도시들)]

Padilla, María de (마리아 데 파디야)　　(1334~1361) 세비야에서 태어난 귀족 부인으로, 후안 가르시아 데 파디야(Juan García de Padilla)와 마리아 곤살레스 데 이네스트로사(María González de Hinestrosa) 사이에서 태어났다. 카스티야의 페드로(Pedro 1세)와의 사랑으로 유명한 인물이다. ☞ Castilla, Corona de(카스티야 연합왕국)

Padua (파두아)　　이탈리아 북부 베네토 지방에 위치한 도시로 동명인 파두아 주의 주도이다. 도시 옆으로 바킬리오네 강이 흐르며 고대 로마 시대 때 세워진 도시이다. 11세기에서 13세기 사이 이탈리아의 주요한 도시 중 하나였다. 밀라노와 베니스 그리고 알프스와 볼로니아 사이의 교차점에 위치한 파두아는 예전부터 현재까지 교통의 중심지이자 중요한 상업지이며, 이 밖에 1222년에 설립된 유럽에서 가장 오래된 대학 중 하나인 파두아 대학이 위치해 있다.

Paella (파에야)　스페인의 대표적인 요리이며 엄밀하게는 발렌시아 지방을 대표하는 음식이다. 발렌시아 내에서의 축제나 마을 행사에는 절대 빠지는 법이 없다. 우리나라의 볶음밥과 비슷하며 대개는 쌀에다가 야채와 육류, 해산물을 곁들인 요리이다.

Palacio de Aljafería (알하페리아 궁전)　11세기 후반 사라고사에서 건축된 궁전이다. 사라고사의 타이파(Taifa) 왕조 알 무크타디르(Al-Muqtadir)의 명으로 만들어졌다. 타이파 왕조의 정치적·문화적 최전성기에 축조된 궁전으로 화려한 장식이 특징이다. ➡ Al-Andalus(알 안달루스)

Palacio de Biblioteca y Museos Nacionales (국립 도서관)　스페인 마드리드에 위치한 국립 도서관은 19세기 이사벨 2세 시기에 지어진 건물이다. 신고전주의 양식을 갖고 있다. 1866년 4월에 시작하여 중도 예산의 문제로 시공속도가 느려졌으나, 1892년 건축가 안토니오 루이스 데 살세스(Antonio Ruiz de Salces)가 마무리했고, 1896년 국립 고고학 박물관과 함께 개관되었다. ➡ Isabel II(이사벨 2세, 1830~1904, 재위: 1833~1868)

Palacio de Buenavista(Madrid) (마드리드 부에나비스타 궁전)　스페인 은행 앞 시벨레스 광장(Plaza de Cibeles) 근처에 위치한 마드리드의 대표적 건축물로 현재는 육군본부 건물로 사용되고 있다.

Palacio de Carlos V (카를로스 5세 궁전)　스페인의 그라나다(Granada) 알람브라(Alhambra) 궁전 안에 있는 르네상스 건축물이다. 카를로스 1세가 1526년 세비야에서 포르투갈의 이사벨 공주(Isabel de Portugal)와 결혼하면서 건축을 짓도록 명하였다. 1958년부터는 그라나다 예술 박물관(Museo de Bellas Artes de Granada)의 본부로 사용된다. ➡ Carlos I(카를로스 1세)

Palacio de Comunicaciones(Palacio de Cibeles) [통신 궁전(시벨레스 궁전)]　2011년부터 시벨레스 궁전으로도 불리는 통신 궁전은 마드리드의 역사적인 건축물이다. 시벨레스 광장을 앞에 둔 이 궁전은 30,000m² 넓이를 차지한다. 1907년 건축을 시작해 우편과 전신전화국의 중심지로 사용되어 왔다. 현재 일부가 문화공간으로도 사용되고 있다.

Palacio de la Moncloa (몽클로아 궁)　마드리드의 북서쪽 몽클로아-아라바카 지역에 위치했으며 17세기에 최초로 지어졌으나 수차례의 개축이 이루어졌다. 1977년부터 스페인 총리 집무실, 총리 가족의 공식 거주지 및 정부의 행정 업무를 처리하는 장소로 사용되었다.

Palacio de la Trinidad (트리니다드 궁전)　스페인 마드리드의 아베니다 아메리카(Avenida de América) 거리에 위치한 궁전. 19세기 초에 지어진 것으로 어떠한 건축가가 어떠한 직책으로 세워졌는지 정확히 밝혀지지 않았다. 건물의 발코니는 살라망카(Salamanca)와 엑스트라마두라(Extremadura) 지역의 건축물들과 유사한 르네상스적 건축양식을 지니고 있다. 이 외에 작은 구조물들에 타일들은 안달루시아의 영향을 받은 흔적이 있다. 2006년까지는 세르반테스 연구소(Instituto Cervantes)로 사용되다가 카리아티데스 건물(Edificio de las Cariátides)로 이전하여 현재는 폐관되어 있는 상태이다.

Palacio de la Zarzuela (사르수엘라 궁전)　현 스페인 왕가가 거주하는 궁전이다. 17세기에 펠리페 4세(Felipe IV, 1605~1665)에 의해 지어졌으며 '사르수엘라'라는 명칭은 가시나무(zarza)가 풍부하여 지어졌다고 한다. 궁전은 수도 마드리드 외곽의 북서쪽 위치하며 1962년부터 국왕이 살기 시작했다.

Palacio de las Artes Reina Sofía (레이나 소피아 예술 궁전)   이곳은 면적 평방 40,000m 높이 75m로 각종 오페라, 연극, 뮤지컬 등이 공연되고 있다. 또한 이곳엔 서로 다른 4개의 홀이 있는데 음악홀, 바로크식홀, 원형극장과 실험적인 작품들을 위한 홀이 있으며 교육적인 활동도 하고 있다.

Palacio de las Cortes (국회의원 궁전)   스페인 마드리드 국회의사당 안에 위치한 건물이다. 프라도 거리(Paseo del Prado)와 멀지 않은 소리야(Zorilla) 거리와 산 헤로니모(San Jerónimo) 도로 사이에 있다. 마드리드 19세기 신고전주의 양식의 마드리드의 상징적 건축물이다. 이 건물은 마드리드의 티센보르네미사(Thyssen-Bornemisza) 박물관 동쪽에 위치해 있다.

Palacio de Las Marismillas (라스 마리스미야스 궁전)   같은 이름의 농장이 존재하는 도냐나 공원의 남쪽 가장자리의 알몬테 지역, 과달키비르 강(Río de Guadal) 인근에 위치했으며 1990년 초 국가유산으로 등록되어 1992년부터 공식 의례에 사용되었다.

Palacio de Marivent (마리벤트 궁전)   카탈루냐어로 바다와 바람의 궁전을 뜻하며 스페인의 주요 관광지인 팔마 데 마요르카(Palma de Mallorca)에 위치한 현대적인 건축물이다. 후안 카를로스 1세 왕과 그의 일가가 국왕컵(Copa del Rey) 요트 대회에 참가할 때 사용하는 궁전이다. 스페인 왕가 소속의 재산이 아니고 발레아레스(Baleares) 자치주에 속한 민간 저택이지만, 스페인 국무총리, 여러 국제기관의 리셉션이나 인터뷰용으로 수차례 사용되었다. ➡ Juan Carlos I. Rey de España(1938~, 스페인의 국왕 후안 카를로스 1세)

Palacio de Sobrellano (소브레야노 궁전)   스페인 칸타브리아 코미야스(Comillas) 마을에 있는 궁전이다. 카탈루냐의 건축가 조안 마르토렐(Joan Martorell)가 코미야스의 후작인 돈 안토니오 로페즈 이 로페즈(Don Antonio López y López)의 요청을 받아 건설하였다. 신고전주의와 고딕양식이 혼합된 이 건축물은 1888년에 완공되었으며 안토니오 가우디(Antonio Gaudí)의 인테리어 가구들과 에두아르도 요렌스(Eduardo Llorens)의 그림들이 걸려 있다. 건물 외부에는 호안 로이그(Joan Roig)의 조각품을 볼 수 있다.

Palacio Episcopal de Astorga (아스트로가 궁전)   레온(León) 주에 있는 아스트로가 지역에 위치하고 있는 건축물. 스페인 건축가 안토니오 가우디(Antonio Gaudí)의 건축물 중 하나로, 인근에는 카사 데 보티네스(Casa de Botines)도 볼 수 있다. 1889년부터 1915년까지 지어진 이 건물은 코미야스(Comillas)에 있는 엘 카프리초(El Capricho)와 함께 바르셀로나 외부에 있는 건물이다.

Palacio Güell (구엘 저택)   카탈란(catalán)으로는 팔라우 구엘(Palau Güell)이라고 불리는 이 건축물은 스페인 바르셀로나에 위치해 있다. 카탈루냐의 건축가 안토니오 가우디가 설계했다. 에우세비오 구엘(Eusebio Güell)이 가우디에게 1886년 공사를 부탁하면서 시작되었다. 가우디는 처음에 28개의 각기 다른 도면을 보이며 많은 열정을 쏟아 부었고, 1890년에 완공되었다. 이 시기는 가우디가 인도나 일본의 동양적인 예술, 그리고 무데하르와 같은 히스패닉 이슬람 문화 영향을 받아 이 건물에도 많은 세라믹 도기 타일이나 벽돌로 만든 까치발이 두드러진다.

Palacio Laredo (라렐도 궁전)   신무데하르 양식을 갖춘 궁전으로 1882년 알칼라 데 에나레스(Alcalá de Henares)에 지어졌다. 오텔 오 팔라시오 라레도(Hotel o Palacio Laredo)

또는 킨타 라 글로리아(Quinta La Gloria)라고도 불리는 이 건축물은 마누엘 호세 라레도(Manuel José Laredo)에 의해 건축되었다. 과거에 한동안 호텔로도 사용되었던 이 건축물은 현재 스페인 문화유산으로 지정되어 주정부에 의해 관리를 받고 있다.

Palacio Real de Aranjuez (아란후에스 왕궁)　스페인 마드리드 비야 데 아란후에스(Villa de Aranjuez)에 위치한 왕궁이다. 펠리페 2세(Felipe II)가 후안 바우티스타 데 톨레도(Juan Bautista de Toledo)에게 명하여 건축을 시작하여, 후안 에레라(Juan Herrera)가 이어 완공을 하였다. 규모가 큰 정원들과 타호(Tajo) 강, 하라마(Jarama) 강 유역에 위치한 왕궁은 스페인 합스부르크 왕가의 중요한 건축물 중 하나이다.

Palacio Real de La Almudaina (라 알무다이나 왕궁)　스페인의 팔마 데 마요르카(Palma de Mallorca) 시에 위치해 있으며 본래 로마에서 기원한 이슬람 왕궁을 개축하여 1309년 하이메 2세 왕(Jaime II)에 의하여 프랑스의 페르피냥(Perpignan) 궁전을 본 떠 재건되었다. 현재는 스페인 왕실 저택 중 한 곳으로 여름 기간 동안 국왕의 리셉션 등의 행사 개최 및 공식 거주지로 사용되고 있으며 국립유산 공공기관에 의해 관리되고 있다.

Palacio Real de La Granja de San Ildefonso (산 일데폰소 라 그란하 왕궁)　스페인 세고비아(Segovia)에서 13km 떨어진 과다라마 산맥(Sierra de Guadarrama) 북쪽으로 위치한 왕궁이다. '그란하(Granja, 농장)'라는 이름은 엘 파랄(El Parral)의 종단의 승려들로부터 파생되었다.

Palacio Real de Madrid (마드리드 왕궁)　스페인 왕실 공식 관저이다. 현재 스페인 왕가는 사르수엘라 궁전(Palacio de Zarzuela)에 머물기 때문에, 보통 공식 행사를 위해서만 사용된다. 135.000m²의 크기와 3,418개의 방으로, 크기로 보면 서유럽에 가장 큰 궁전이다. 궁전 내부에는 역사적이고 예술적인 그림 및 조각들이 있다(벨라스케스, 프란스시코 데 고야 등). 펠리페 5세(Felipe V)의 명령하에, 1734년 불에 탄 레알 알카사르(Real Alcázar) 위에 세워졌다. 1738년 건축가 필립포 후바라(Filippo Juvara)에 의해 공사가 시작되었으며, 1892년 프란세스코 사바티니(Francesco Sabatini)에 의해서 마무리되었다. 카를로스 3세(Carlos III)는 왕궁에서 머문 첫 왕이며 왕족으로서는 알폰소 13세(Alfonso XIII)가 마지막이 되었다. ➡ Borbón, Casa de(부르봉 왕가)

Palacio Real de Riofrío (리오프리오 왕궁)　국가문화유산으로 관리되는 왕실 거주지 중 한 곳으로 이탈리아 양식의 3층 건축물이며 세고비아의 산 일데폰소(San Ildefonso) 지역에 위치해 있다. 주변에 625ha 면적의 숲이 조성되어 있으며, 프란시스코 데 아시스 데 부르봉(Francisco de Asis de Borbón)과 국왕 알폰소 12세(Alfonso XII)가 사냥을 위해 임시거주지로 사용하였던 장소이다.

Palacios, Antonio (안토니오 팔라시오스)　(1876~1945) 스페인 건축가이자 도시계획전문가이다. 갈리시아 태생인 그는 마드리드와 갈리시아를 오가면서 건축가로서의 전문성을 키워, 마드리드 전철의 정거장들을 그의 친구 호아킨 오타멘디 마침바레나(Joaquín Otamendi Machimbarrena)와 함께 완공하였다. 비엔나의 분리파 양식의 영향을 받은 그의 건축물에는 플라테스크와 포르투갈의 마누엘 1세의 건축양식이 특징이다. 많은 건축물 중 가장 대표적인 것으로는 마드리드 시청과, 마우데스 병원(Hospital de Jornaleros de Maudes) 그리고 세르반테스 교육기구인 카리아티데 회관(Casa de las Cariátides)이 있다.

Palafox, Juan de (후안 데 팔라폭스)　(1600~1659) 스페인의 종교인이자 정치인이다. 서인도 제도의 책임자로 일하며 스페인의 정사에 깊게 관여했다. ➡ Hispanidad[이베리아

성(포르투갈 및 브라질 제외)]

Palencia, Benjamín (벤저민 팔렌시아)　(1894~1980) 스페인 98세대의 큰 영향을 받아 조 각가 알베르토 산체스(Alberto Sánchez)와 함께 바예카파를 설립한 화가이다. 스페인 예술의 전위적 운동에 참여했다.

Palos de la Frontera (팔로스 데 라 프론테라)　스페인 안달루시아 자치주(Comunidad Autónoma de Andalucía)에 속한 우엘바(Huelva)의 시. 크리스토발 콜론이 이곳에서 인도로 가기 위한 준비를 마치고 항해를 시작한 곳이기에 신대륙 발견의 출발점으로 여 겨진다. ➡ Colón, Cristóbal[크리스토발 콜론(콜럼버스)]

Paloteos (팔로테오스)　유럽 전역에 펴져 있는 전통 민속춤이지만, 스페인에서는 특히 의례 행사때 등장하는 춤이다. 풍요와 행복을 기원하는 의례를 행할 때, 막대기를 중앙에 꽂 아놓고 그 주변을 돌면서 춤을 춘다.

Pampliega (팜플리에가)　스페인 카스티야-레온 자치주의 부르고스에 위치한 작은 도시로 고 대 로마 제국의 유적지가 많이 남아 있다. 고트족의 왐바 왕이 숨을 거둔 곳이기도 하다. ➡ Romanización(로마화)

Pan con tomate (토마토빵)　스페인의 발렌시아, 카탈루냐 그리고 발레아레스 섬의 전통적 인 요리이지만 현재는 스페인 전역으로 확산되었다. 구운 빵 조각에 반으로 자른 생마늘 과 토마토를 문지른다. 그 후 올리브유를 골고루 뿌리고 소금을 뿌리면 토마토 빵이 완 성된다. 토마토 빵의 정확한 유래는 알 수 없지만 딱딱하게 굳은 빵을 부드럽게 먹기 위 해 수확량이 좋은 토마토를 빵에 문질러 먹기 시작했다는 설이 있다.

Panteón (왕실 묘)　다신교 문화권에서 신들을 총칭하는 단어이나 스페인에서 왕가나 귀족들 이 안장되는 가족 묘를 일컫는다. 일반적으로 아치형의 지붕을 가지고 있으며 수도원이 나 성당 등의 종교 시설에 지어졌다.

Panteón de Hombres Ilustres (위인들의 전당)　마드리드의 레티로 구, 바리오 데 팍시 피코 지역에 위치해 있으며 페르난도 아르보스 트레만티(Fernando Arbós y Tremanti) 에 의해 설계된 신비잔틴 양식의 건물로 스페인의 역대 위인들의 많은 무덤이 안치되어 있다.

Paret, Luis (루이스 팔레트)　(1746~1799) 18세기 스페인 로코코풍 화가이다. 당시 스페 인은 모든 문화 분야에 있어서 프랑스의 영향이 지배적이었으나, 루이스 파레트는 당시 스페인 미술 방향과는 다르게 자유를 누렸다. 그의 자유분방한 스타일대로 풍경화, 초상 화, 꽃의 정물화 등을 그렸다.

Parias (파리아스)　'타이파(Taifa)'라 불리던 이슬람 소왕국 시대, 가톨릭 세력이 이슬람 소왕 국을 침공하지 않는다는 조건으로 이슬람교도로부터 받았던 조공이다. ➡ Al-Andalus (알 안달루스)

Parque de Artillería 혹은 **Cuartel de Monteleón** (대포광장)　마드리드의 마라비야스 (Maravillas) 지역에 위치하는 광장으로 궁전 위에 세워졌으며 마드리드의 영웅들을 기 리는 기념관이 세워졌다. 역사적으로는 1812년 나폴레옹 혁명 당시 민중과 프랑스 군대 가 전투를 치르는 사이에 대포광장(Parque de Artillería)의 포병들이 봉기에 함께 참여 한 사건이 있다.

Parque del Retiro (레티로 공원)　'부엔 레티로 정원(Jardines del Buen Retiro)' 혹은 '엘 레티로(El Retiro)'라고도 알려진 레티로 공원은 118ha의 면적을 차지하는 스페인 마

드리드에 위치한 공원이다. 올리바레스 백작이 1630~1640년 페르난 누네스(Fernán Núñez) 백작에게 받은 땅을 왕에게 바치면서 부엔 레티로 왕궁(Palacio de Buen Retiro) 건축이 시작되었다. 그러나 프랑스와의 전쟁 시 건물들은 거의 파괴되고 재건되었으며, 1868년까지는 일반인에게 출입금지 되었으나, 이후 일반인에게 공개되었다.

Parque Güell (구엘 공원)　　스페인 바르셀로나 교외 언덕에 있는 공원이다. 원래는 이상적인 전원도시를 만들 목적으로 설계된 곳이다. 가우디의 경제적 후원자 구엘 백작이 평소 동경하던 영국의 전원도시를 모델로 했다. 하지만 부동산 관리책으로 실패한 계획이었다. 1900년부터 1914년까지 14년에 걸쳐서 작업이 진행되었지만 자금난까지 겹치면서 몇 개의 건물과 광장, 유명한 벤치 등을 남긴 채 미완성으로 끝나고 말았다. 1922년 바르셀로나 시의회가 구엘 백작 소유의 이 땅을 사들였고, 이듬해 시영공원으로 탈바꿈시켰다. 직선이 아닌 곡선을 위주로 한 건물들, 시선을 잡아끄는 화려하고 독특한 모자이크 장식과 타일, 위태롭게 기울어 있는 나선형의 층계, 깨진 도기 조각으로 사치스럽게 장식해 불협화음 속의 묘한 조화를 느끼게 하는 난간 장식, 자연미를 살려 꾸불꾸불한 길과 인공 석굴들이 있다.

Parque Juan Carlos I (후안 카를로스 1세 공원)　　마드리드의 코랄레호스(Coralejos) 지역에 위치해 있으며 면적은 160ha로 스페인 수도에서 두 번째로 큰 공원이다. 건축가 호세 루이스 에스테반 페넬라스(José Luis Esteban Penelas)와 에밀리오 에스테라스 마르틴(Emilio Esteras Martín)에 의해 설계되었으며, 1992년 마드리드의 유럽문화수도를 축하하는 목적으로 대중에 공개되었다.

Parque nacional de Aiguas Tortas y Lago de San Mauricio (아이구아스 토르타스와 산 마우리시오 호수 국립공원)　　1955년 지정된 카탈루냐의 유일한 스페인 국립공원으로 해발 1,000m에 이르는 산들로 이루어져 있고 최고 해발은 3,000m 이상에 달한다.

Parque nacional de Cabañeros (카바녜로스 국립공원)　　스페인의 15개 국립공원 중 하나로서 조류특별보호구역(ZEPA)으로 지정된 곳이다. 1985년 이후 군사훈련 지역으로 선정되었으나 자연보호단체, 평화주의자단체, 지역시민, 정치가 등의 반대에 부딪혀 무산되었고, 1988년 자연공원지역으로 선정되면서 유명해졌다.

Parque nacional de Garajonay (가라호나이 국립공원)　　고메라 섬에 위치해 있으며 3,984ha 면적으로 섬 전체의 10%를 차지한다. 1981년 국립공원으로 지정되었으며 1986년 유네스코 세계유산으로 등록되었다.

Parque nacional de la Caldera de Taburiente (타부리엔테 화산지 국립공원)　　카나리아스(Canarias) 지역의 라 팔마(La Palma) 섬에 위치해 있다. 자연 화산으로 이루어져 있고 지하와 지면의 풍부한 수자원이 특징이다.

Parque nacional de las Islas Atlánticas de Galicia (갈리시아 대서양 제도 국립공원)　　1,194ha의 지상 면적과 7,285ha의 해양 면적의 4개의 섬(Gallegas de Cíes, Ons, Sálvora, Cortegada)으로 이루어졌으며, 스페인의 국립공원 중 방문자 수 순위로 10위에 해당한다. 갈리시아(Galicia) 지역의 유일한 국립공원이다.

Parque nacional de las Tablas de Daimiel (라스 타블라스 데 다이미엘 국립공원)　　습지 보호구역이자 조류특별보호구역(ZEPA)이며, 생물보존구역으로 카스티야라 만차(Castilla-La Mancha) 지방의 시우다드 레알(Ciudad Real)에 위치하고 있다.

Parque nacional de Monfragüe (몬프라구에 국립공원)   스페인 15개 국립공원 중 하나로 엑스트라마두라(Extremadura) 지역의 최초 국립공원이다. 타호 강(Tajo)과 티에타르 강(Tiétar)이 가로지르고 있으며, 2007년 국립공원으로 정식 등록되었다.

Parque nacional de Ordesa y Monte Perdido (오르데사 이 몬테 페르디도 국립공원)   연간 60만 명 이상의 방문객이 찾는 곳으로 면적은 19만ha에 이르며 스페인에서 두 번 째로 오래된 국립공원이다. 생물보존지역, 조류특별보호구역, 유네스코 세계유산으로 지 정되었다.

Parque nacional de Picos de Europa (피코스 데 에우로파 국립공원)   칸타브리아 (Cantabria), 아스투리아스(Asturias), 레온(León) 지역에 걸쳐 있으며 초기의 면적은 16,925ha였으나 1995년 64,660ha로 확장되었다. 오르데사 이 몬테 페르디도 국립공원 과 함께 최초로 국립공원에 등록되었으며, 유네스코는 2003년 이곳을 생물보존지역으로 승인하였다.

Parque nacional de Sierra Nevada(España) (시에라 네바다 국립공원)   그라나다 (Granada) 지역의 네바다 산맥에 65%, 알메리아(Almería) 지역에 35%가 위치한 스페 인 국립공원이다.

Parque nacional de Timanfaya (티만파야 국립공원)   1974년 라스 팔마스(Las Palmas) 지방에서 유일하게 최초로 지정된 국립공원이다. 란사로테(Lanzarote) 섬과 카나리아스 (Canarias) 섬에 위치한 51,07km² 면적의 화산섬으로 지면 온도는 100~120도, 지하 13m는 600도에 달한다. 1993년 유네스코 세계유산으로 등록되었고 1994년 조류특별보 호구역(ZEPA)으로 지정되었다.

Parque nacional del Teide (테이데 국립공원)   카나리아스 지역 테네리페(Tenerife) 섬 에 위치해 있으며 1954년 국립공원으로 지정되었다. 스페인에서 세 번째로 오래되고 카 나리아스 제도에서 가장 오래된 국립공원으로 2007년 유네스코 세계유산으로 등록되었 고 스페인 12가지 보물 중 하나이다.

Parque nacional marítimo-terrestre del Archipiélago de Cabrera (카브레라 군 도 국립공원)   발레아레스 제도에 속하며 1991년 해양국립공원으로 지정되었고 조류 특별보호구역(ZEPA) 및 중요지중해특별보호구역(ZEPIM)으로 보호받고 있다.

Parque nacional y natural de Doñana (도냐나 자연 국립공원)   10만ha에 이르며 안달 루시아 지역에 위치한다. 54,251ha의 국립공원과 53,835ha 자연공원으로 구성되어 있으 며, 1994년 유네스코 세계유산으로 지정되었다.

Partido Agrario Español (스페인 농업당)   우파적 성격을 지닌 정당이다. 알폰소 13세 (Alfonso XIII)의 군주 정치 아래 안토니오 카노바스 델 카스티요(Antonio Cánovas del Castillo)가 1876년 헌법을 작성하고 1923년 시행되면서부터 활동이 시작되었다. 농 업당의 정식 창설연도는 1934년도이며 좌파 공화주의였던 당시 농업부 장관 바르셀리노 도밍고(Marcelino Domingo)의 농업 개혁안을 반대하면서 전통적 사유 농지를 보호하 는 운동을 레온(León)과 카스티야 (Castilla) 지역에서 펼쳤다.

Partido Andalucista (안달루시아주의 당)   1976년 창설된 정치단체이다. 1984년까지 안달루 시아(Andalucía) 사회당으로 불렸다. 1981년 안달루시아(Andalucía) 정세와 관련해 분 명한 입장을 보이지 않으면서 정당으로서 쇠퇴했다. 연방주의적, 진보적 성향을 보인다.

Partido aragonés (아라곤 당)   1978년 이폴리토 고메스 데 라스 로세스(Hipólito Gómez de las Roces)에 의해 창당된 정당이다. 1990년 이전까지는 중도우파의 지방 분권주의 사상을 내세웠지만 후에는 민족주의 사상으로 바뀌었다.

Partido Comunista de España(PCE) (스페인 공산당) 마르크주의를 주창하며 1921년 창당된 정치단체이다. 스페인사회노동당(Partido Socialista Obrero Español, PSOE)의 사회민주주의에 반대하며, 레닌이 소집하였던 제3인터내셔널에 참여하기 위하여 정치적 운동을 펼쳤다. 스페인노동공산당(Partido Comunista Obrero Español, PCOE)과 함께 1986년부터는 좌파 연합에 합세하여 좌파재창단(Refundación de la Izquierda)에 힘을 보태기도 하였다.

Partido de la Revolución Democrática(PRD) (민주혁명당) 좌파 성향의 멕시코 정당으로 1989년 5월 5일에 설립되었다. 민주혁명당의 표어는 '민주주의, 모두를 위한 조국(Democracia ya, Patria para todos)'이며, 2012년의 선거 이후 멕시코의 주요 정치세력으로 부상했다.

Partido del Trabajo de España (스페인노동당) 약어 PCE로 알려져 있으며 1967년 마오쩌둥 사상을 토대로 당시 프랑코 독재 정권 배경에서 비밀리에 창당했다. 엘라디오 가르시아 카스트로(Eladio García Castro)가 초대 당 대표로 1975년 당 이름을 스페인노동당(PTE)으로 교체하고 1979년 노동혁명당(ORT)에 합병하였다.

Partido Femenino Peronista (페론여성당) 아르헨티나의 페론주의 정당. 1949년 에바 페론이 창당했으며 1955년에 해산되었다. 페론여성당은 여성으로만 구성되어 있었고, 자치권을 인정받아 전체 페론주의(Peronismo)의 33% 의석을 할당받았다. ⇒ Duarte de Perón, María Eva(에바 페론, 1919~1952)

Partido Nacionalista Vasco(Euzko Alderdi Jeltzalea) (바스크 민족주의당) 1895년 창당된 정치 조직. 바스크 민족주의와 기독교 사상을 표방하며, 주된 활동 영역은 바스크(País Vasco)와 나바라(Navarra) 그리고 프랑스령 바스크(País Vasco francés)이다. 또한 바스크 의회뿐 아니라 스페인 상하원 의회에도 자신의 대표들을 두며, 유럽 의회에도 한 명의 대표를 두고 있다. 민족주의당의 본부는 바츠키스(batzokis)라고 칭하며, 인터넷상으로 "가상 바츠키스"를 2007년에 만들기도 하였다.

Partido Popular(PP)* (국민당) 1974년 5월 '선도와 정보 정부(Gabinete de Orientación y Documentación, S.A, 일명 GODSA)'라는 주식회사가 마누엘 프라가 이리바르네(Manuel Fraga Iribarne)를 필두로 유사한 정치사상을 가진 사람들에 의해 설립되었다. 프라가 외에 추진자 중에는 가브리엘 시스네로스(Gabriel Cisneros), 루이스 산체스 아가스타(Luis Sánchez Agasta), 루이스 곤살레스 세아라(Luis González Seara)가 있었다. GODSA는 정치현안을 연구하는 주식회사로서 중도정당의 설립 준비를 사명으로 여기고 있었다. 제1대 사장은 라울 루나 히혼(Raúl Luna Gijón)이었으며 총경영인은 안토니오 코르티나(Antonio Cortina)였다. 1975년 7월에 GODSA는 개혁에 관한 백서의 사전 작업에 착수하였으며, 당시 런던 대사로 있었던 프라가 이리바르네와 접촉하면서 진행하였다. 한편 이후 대사직의 임기를 마치고 스페인으로 돌아온 프라가는 GODSA의 사장으로서 본격적인 활동을 하였다. 이 시기부터 회사는 차후 '민주개혁(Reforma Democrática)'이라는 정당 창립의 도구로 변모하였으며, 프라가가 프랑코 사후 첫 번째 정부에서 외무부 부의장이자 내무부 장관으로 임명된 후에는 라파엘 페레스 에스콜라르(Rafael Pérez Escolar)가 후임 사장이 되었다. 차기 사장단 아래에서도 GODSA는 계속해서 정당 창설의 기반이 되는 프로그램을 작성하였으며, 1976년 2월 마침내 '민주개혁을 위한 호소(Llamamiento para una Reforma Democrática)'라는 글을 간행하였다. 그리고 이 분위기에서 같은 해 10월 9일 국민연합(Alianza Popular, 일명 AP)이라는 신당이 출범하였고 당의 성명서를 발표하게 되었다. 성명서에 서명한 사람들은 각기 상이한 정치집단을 대변하는 6명의 전 장관들, 즉 스페인민주행동(Acción Democrática Española)의 페데리코 실바(Federico Silva), 민주개혁(Reforma Democrática)의 마누엘 프라가, 스페인전국연맹(Unión Nacional Española)의 곤살로 페르난데스 데 라 모라(Gonzalo Fernández de la Mora), 스페인국민연맹(Unión del Pueblo Español)의 쿠르스 마르티네스 에스테루엘라스(Cruz Martínez Esteruelas), 지역행동(Acción Regional)의 라우레아노 로페스 로도(Laureano López Rodó), 사회민주주의(Democracia Social)의 리시니오 데 라 푸엔테(Licinio de la Fuente), 또한 나중에 국민사회연맹(Unión Social Popular)을 이루기 위해 분리되는 ANEPA의 엔리케 토마스 데 카란사(Enrique Tomás de Carranza)이었다. 국민연합은 1977년 3월 마드리드(Madrid)에서 제1차 전당대회를 개최하면서 통합당으로서의 연대를 다졌으며, 1977년 스페인 총선거에서는 유효투표수에서 8.34%를 득표하며 하원 350석에서 16석을, 상원에서 2석을 확보하였다. 국민당(Partido Popular)으로의 개명은 1989년 1월 20~22일 마드리드에서 개최된 제9차 전당대회에서 결정된 것으로, 중도우파로서의 당색이 결정되며 새로운 지도자로 호세 마리아 아스나르(José María Aznar)가 선정되었다. 그리고 이후 마누엘 프라가는 정당 지도부와 결별하며 갈리시아(Galicia) 자치주정부의 총리직에 총력을 다하였다. 1989년 10월 29일 선거에서 국민당은 거의 26%를 득표하며 하원에서 106석, 상원에서 77석을 확보할 수 있었고, 처음으로 마드리드에서 집권당인 사회노동당(PSOE)보다 더 많은 득표율을 내었으며, 갈리시아 선거에서는 마누엘 프라가를 필두로 38석을 차지하며 절대다수당이 되었다. 1993년 6월 6일 총선거에서는 국민당이 사회노동당을 교체하는데엔 성공하지 못하였지만 의미있는 득표율을 기록하며 의회내 141석을 확보할 수 있었다. 무엇보다 국민당의 선전은 1994년 6월 12일 스페인에서 개최된 유럽의회선거에서 확인될 수 있었는데 여기서 사회노동당보다 6석이나 앞서며 이례적인 승리를 거두었다. 그리고 마침내 1996년 총선거에서는 다수당으로 부상하게 되었는데, 다만 정권 장악에 필요한 절대다수표가 부족하면서 카나리아(Las Canarias), 카탈루냐(Cataluña), 바스크(el País Vasco) 지역정당들과 연대해야만 했다. 1996년 5월 4일 호세 마리아 아스나르(José María Aznar)가 스페인 정부의 총리로 임명되면서 국민당의 제1기 통치가 시작되었고, 이후 4년간의 스페인은 바람직한 경제상황과 안정적인 정치라는 호평을 얻을 수 있었다. 또한 그 여세를 몰아 2000년 총선거에서는 "스페인은 잘 가고 있다(España va bien)"라는 표어와 "이제 더 앞으로 나아가자(Vamos a más)"라는 슬로건이 유권자의 공감을 끌어내면서 단독 정권장악이라는 절대다수표를 확보할 수 있었다. 그러나 2004년 3월 14일 세 번째 정권 장악을 앞두고 마드리드에서 발생한 3·11 열차 테러와 이에 대한 정부 대응이 문제가 되면서 선거에서 패배하여야 했다. 하지만 정권 교체에 성공한 사회노동당 정부도 2008년 경제위기와 부동산 경기붕괴로 실정을 거듭하면서 2013년 조기총선을 소집하지 않을 수 없었고, 마리아노 라호이(Mariano Rajoy)를 내세운 국민당에게 정권을 내어주어야 했다.

Partido Reformista(España) [혁신당(PR)]　　1912년에 창당된 혁신당은 세속주의, 반지주주

의, 공화주의를 표방하였다. 이 당에는 당시 스페인의 주요 지식인들이 참여하였으며 1923년에는 멜키아데스 알바레스(Melquiades Álvarez)가 국회의장에 당선하였다. 한편 반독재 입장에도 불구하고 정작 프리모 데 리베라(Primo de Rivera)의 독재 선언 앞에 서는 수동적이고 모호한 입장을 취했다. 1931년 제2공화국이 선포되고 난 후 자유민주 공화당(PRLD)으로 당명을 교체했다.

Partido Republicano Radical (급진 공화당)　알레한드로 레룩스(Alejandro Lerroux)가 1908년 산탄데르(Santander) 지역에서 창당한 정당. 이후 이들은 두 가지 당파로 분열 되었는데 첫 번째는 1929년 마르셀리노 도밍고(Marcelino Domingo)가 중심이었던 급 진사회공화당(Partido Republicano Radical Socialista, PRRS)이고, 두 번째는 1934년 디에고 미르티네스 비리오(Diego Martínez Barrio)가 중심인 급진민주구의파(Partido Radical Demócrata)가 있다.

Partido Revolucionario Institucional(PRI) (혁명제도당)　멕시코의 중도 좌파정당이며 사회주 의 인터내셔널(Socialista Internacional)의 일원이다. 1929년에서 2000년까지 주도적으로 멕시코의 여당 자리를 차지했다.

Partido Socialista de Euskadi-Euskadiko Ezkerra (에우스카디 에스케라 사회당)　스페 인사회노동당(PSOE)의 바스크 지역 연합당이다. 1993년 PSE-EE으로 합병되었으며 1936년 스페인 내란 때까지 바스크 민족주의당의 전통에 따라 PSE는 에우스카디의 명 칭을 채택했다. 바스크사회당(PSV)과 유럽사회당(PSE)을 구별해야 한다.

Partido Socialista Obrero Espaóñol(PSOE)* (스페인사회노동당)　1879년 5월 2일에 마드리 드 테투안(Tetuán) 거리의 한 모임에서 창설되었다. 당시 이 회의에는 16명의 활판 인 쇄공들과 두 명의 보석공들, 한 명의 대리석공, 5명의 지식인들이 참여하였고, 파블로 이 글레시아스(Pablo Iglesias)가 1925년 사망할 때까지 당의 지도자로서 있을 조직위원회 가 지명되었다. 이 위원회는 1872년 마드리드신연합(Nueva Federación Madrileña)과 이글레시아스가 주도하는 인쇄술협회(Asociación del Arte de Imprimir) 이후 결성된 것이다. 새로운 당의 성명서와 프로그램은 노동자 전체의 해방과 사회재산의 출현, 노동자 계급에 의한 정권 획득을 표방하는 것이었다. 또한 스페인사회주의의 전개 과정에서 주목 할 만한 사실은 노동당의 기관인 '엘 소시알리스타(El Socialista)'가 1886년 3월 12일에 창간호를 낸 것과 또한 당과 긴밀한 연계를 가질 '노동자총연맹(Unión General de Trabajadores)'이 1888년에 바르셀로나(Barcelona)에서 창설된 것이다. PSOE는 여러 해의 정체기를 겪고 난 후 19세기 말에야 마드리드(Madrid), 아스투리아스(Asturias), 비스카야(Vizcaya), 발렌시아(Valencia), 알리칸테(Alicante), 말라가(Málaga) 지방에 뿌리를 내리기 시작하였다. 그 결과 1891년 첫 번째 의회선거에서 사회노동당이 마드리 드에서 1,349표를 획득하였고, 또 1895년에는 파쿤도 페레사구아(Facundo Perezagua) 가 대도시 중 하나인 빌바오(Bilbao)에서 첫 번째 시의원이 될 수 있었다. 1905년에 '청년사회주의자들(Juventudes Socialistas)'이 조직되었고 1908년에 마드리드에서 첫 번째 '민중의 집(Casa del Pueblo)'이 세워지고 난 후, 제8차 총회에서는 선거를 위 해서라면 일정한 조건 아래에서 공화주의자들과 동맹이 가능하다는 입장이 채택되었 다. 따라서 '공화주의자-사회주의자 간의 연합(Conjunción Republicano-Socialista)'이 1909년 11월 7일 결성되었고, 그 결과 파블로 이글레시아스가 사회노동당 출신의원으로 는 처음으로 의회에 진출할 수 있었다. 그리고 이 여세를 몰아 사회주의는 점차 농촌지역들과 '신 학파(Escuela Nueva)', 아라키스타인(Araquistáin), 베스테이로(Besteiro)와 같은 지식인들 사이에 파급되기 시작하였고, 당원들이 증가하게 되었다. 1913년의 경우 13,600명이 입당하였고, 당원 명부에서도 사회계층의 변화가 뚜렷이 나타나게 되었다. 한편 유럽전쟁으로 말미암아 반전주의자들과 호전주의자들 간에 입장 차가 커지고, 또 러시아혁명으로 당이 분열을 겪게 되면서 결국 1921년에 스페인공산당(Partido Comunista de España)이 당 내부에서부터 출현하게 되었다. 더욱이 1917년 총파업을 계기로 주요 지도층은 대거 투옥되는 사태까지 벌어지게 되었다. 한편 1915년에 이미 '전국위원회(Comité Nacional)'가 마드리드지부(Agrupación Madrileña)뿐 아니라 당 전체에 의해 선출되었고, 1918년에는 6개의 의원들 의사록이 확보되었으며, 1917년 이후 2년 만에 당원 수는 42,000명에 이르게 되었고, 당의 첫 번째 농업프로그램이 출현하면서 연합은 해체되었다. 그러나 프리모 데 리베라(Primo de Rivera)의 독재기에 사회노동당이 활동을 하지 못하는 동안, UGT가 부상하며 조직 강화가 있게 되었다. 1930년대 말에 당은 독재의 몰락을 부추기며 공화주의자들과 민족주의자들과 함께 '산 세바스티안(Pacto de San Sebastián) 협정'을 맺었고 이를 계기로 제2공화국으로의 길이 열리게 되었다. 공화주의 개혁 2년 동안 프리에토(Prieto), 데 로스 리오스(De los Ríos), 라르고 카바예로(Largo Caballero)와 같은 사회주의자들이 장관이 되었고 사회주의 조직은 절정을 맞이할 수 있었다. 그러나 1933년 11월 선거에서 패배하고 난 뒤 당은 UGT와 함께 1934년 10월 무장반란을 도모하기도 하였다. 당시 사회노동당 내에서는 세 개의 정치적인 입장이 병존하였는데, 베스테이로를 따르는 공식적인 마르크스주의자들은 사실상 활동을 하지 않고 있었고, 프리에토의 추종자들은 공화주의적 개혁의 노력을 옹호하는 자들이었으며, UGT와 청년 사회주의자들에게 기반을 두고 있는 카바예로주의자들은 즉각적이고 독자적인 방식으로 사회노동당이 권력을 획득할 것을 주장하였다. 사회노동당은 1936년 2월 선거를 위해 좌파와 협정을 맺었고 이미 내전 중에서도 독자적인 사회주의 정치에 대해 언급하지 않았는데 이는 프리에토와 베스테이로, 라르고 카바예로가 내전 중에서도 다양한 분파의 지도자들로 있었기 때문이다. 라르고 카바예로와 후안 네그린(Juan Negrín)은 1936년 9월부터 내전이 끝나기까지 공화주의 정부의 대통령들로 재임하였으며, 내전에서 공화파가 패배하면서 사회노동당은 망명과 탄압으로 1950년대까지 활동을 할 수 없었다. 한편 1939년 베스테이로와 라르고 카바예로가 무력화되면서 사회노동당은 프리에토파와 네그린파 간의 분열을 극복할 수 있었고, 집행부는 프랑코정권을 무너뜨리기 위하여 서유럽 강대국들과의 합의를 모색하기 시작하였다. 1950년대부터 1962년 뮌헨 대회가 열리기까지 국내에서 재조직된 사회주의자들과 로돌포 요피스(Rodolfo Llopis)를 위시한 툴루스(Toulouse)의 지도부 간에 반목들이 있게 되었다. 1962년에서부터 1974년 쉬렌(Suresnes) 총회가 있기까지 망명파는 고립되었고 세비야(Sevilla), 빌바오(Bilbao), 카탈루냐(Cataluña) 등 국내 사회주의의 기반들은 성장하게 되었다. 더욱이 망명파 지도부가 조직과 스페인 상황에 대해 편협하고 냉담한 시각을 가지고 있었다면, 국내 저항파는 그들의 활동을 일상의 일과 결부시키면서 발전할 수 있었다. 마침내 1974년 총회에서 펠리페 곤살레스(Felipe González), 알폰소 게라(Alfonso Guerra), 니콜라스 레돈도(Nicolás Redondo), 엔리케 무히카(Enrique Múgica) 등 전적으로 국내파로만 구성된 집행부가 중심이 되어 내부 공고화를 이루며 당의 쇄신을 달성할 수 있었다. 마침내 1977년 선거에서는 사회노동당이 제1야당이 되었고 1982년 10월

28일에는 압도적인 절대 다수로 선거에서 승리하여 최초로 정부를 이룰 수 있었다.

Partido Socialista Popular(PSP) (인민사회당)　마르크스주의와 사회주의 사상을 기반으로 삼는 스페인의 정당이다. 살라망카 대학교(Universidad de Salamanca)의 교수인 엔리케 티에르노 갈반(Enrique Tierno Galván)에 의해 창당되었다. 1954년에 학생들과 교수들의 모임에서 출범했지만, 1960년대 후반에 공식 조직이 되었다.

Partido Socialista Unificado de Cataluña(PSUC) (카탈루냐 통합사회당)　본래는 스페인 공산당(PCE)과 공산주의 이념 연맹인 카탈루냐 지역 당으로 초창기에는 카탈루냐 통합사회주의청년당(Joventuts Socialistes Unificades)에서 카탈루냐 공산주의청년당(Joventut Comunista de Catalunya)으로 조직되었다.

Partit Comunista Català(Partido Comunista Catalán) (카탈루냐 공산당)　1928년 창당된 마르크스주의적 민족주의 성향의 스페인 정당으로 약 300명의 당원을 보유했으며 1931년 카탈루냐 공산주의 연맹(FCCB)과 합병하여 노동자농민당(BOC)을 창당했다.

Pascua (부활절)　부활절 또는 부활절기라는 뜻으로 태양, 예수 등 각 종교의 중요한 신이나 인물이 부활한 것을 축하하는 날이다. 부활절을 뜻하는 영어 'Easter'와 독일어 'Ostern'는 원래 튜튼족이 숭배하던 '봄의 여신'의 이름에서 유래했다. 특히, 기독교에서의 부활절은 교회력 절기 중 하나로 십자가에 못 박혀 죽은 예수가 죽은 지 삼 일째 되는 날 그가 다시 살아난 것을 기리는 날이다. 부활 주간의 마지막 날로 부활절에 해당하며 부활을 상징하는 달걀을 삶아 먹는 전통이 있다. 라틴아메리카에서는 현대에 들어서 이날에 계란 모양 초콜릿을 선물하는 관습이 생겼으며 초콜릿의 크기나 종류는 다양하다.

Paseo de la Castellana (카스테야나 거리)　마드리드의 대표적인 거리 중 하나로, 북쪽 누도 노르테(Nudo Norte)부터 중심가인 콜론 광장(Plaza de Colón)까지 연결되어 있다. 파세오 델 프라도(Paseo del Prado), 파세오 데 레콜레타스(Paseo de Recoletas)와 함께 마드리드를 가로지르는 중심축이 되는 거리이다.

Paso de la Fuerte Ventura (파소 데 라 푸에르테 벤투라)　1428년 5월 18일에서 24일까지 바야돌리드(Valladolid)에서 열린 중세 단막극의 일종인 파소 데 아르마스(paso de armas) 축제로 아라곤의 엔리케 왕자가 레오노르 공주의 방문을 기념하기 위해 개최했다. 그녀는 포르투갈의 두아르테 왕자와의 혼인을 위해 포르투갈로 향하던 중 친척이 있던 바야돌리드에서 묵었다.

Pasodoble (파소도블레)　스페인의 대표적인 춤 형태의 하나로, 주로 투우 경기에서 투우사가 행진하거나 소를 죽이기 전 상황에 이 음악이 나온다. 행진곡과 같이 경쾌하고 신나는 리듬이 특징이다.

Patiño, José (호세 파티뇨)　(1666~1736) 18세기에 스페인에서 활동했던 정치가이다. 부르봉 왕가와 친밀했으며 펠리페 5세(Felipe V)를 섬겼다. 국가 안정을 위해 식민지 사업에 적극적으로 임했으며 해군 편성에 관심을 보였다. 스페인 왕위계승전쟁 중 펠리페 5세와 함께 전투에 참여했다. ➡ Guerra de Sucesión Española(스페인 왕위계승전쟁, 1700~1713)

Patio de los Arrayanes (아라야네스 정원)　스페인의 그라나다(Granada) 알람브라(Alhambra) 궁전 안에 있는 정원이다. 동쪽에는 황금의 방(Cuarto de Dorado)이, 서쪽에는 사자의 정원(Patio de los Leones)이 있다. 직사각형 모양의 정원 중앙에는 연못이 있으며, 연못의 가장자리에는 도금양이 심어져 있다.

Patio de los evangelistas (복음기자들의 뜰)   후안 바우티스타 데 톨레도(Juan Bautista de Toledo)가 지은 건물로 스페인의 엘 에스코리알(El Escorial) 수도원의 일부이다. 이 탈리아 르네상스의 건축가 브라만테(Donato d'Angelo Bramante)의 영향을 받은 외관을 가지고 있다. 대리석과 모자이크석으로 장식된 화려한 내부에는 4대 복음서의 저자들의 조각상이 있다. ➡ San Lorenzo de El Escorial, Real Monasterio de(성 로렌소 데 엘 에스코리알 왕립수도원)

Patio de los reyes (왕들의 뜰)   1584년에 완공된 스페인 엘 에스코리알 수도원의 건물로 1671년 대화재 이후 재건되었다. 예배당 앞뜰을 장식하는 이스라엘 5대 왕의 조각으로 인해 '왕들의 뜰'이라는 이름을 가지게 됐다. 이 왕들은 예루살렘 성전 건축에 기여한 왕들로 상징적인 의미를 가지고 있다. ➡ San Lorenzo de El Escorial, Real Monasterio de(성 로렌소 데 엘 에스코리알 왕립수도원)

Patrimonio Nacional (스페인 국가 문화유산)   스페인 군주제와 관련된 중요한 역사, 문화유산들을 가리킨다. 스페인 총리부 산하 공공기관으로서 스페인 정부 소유의 재산에 대한 왕실의 거주 및 국가 공식행사 개최를 목적으로 보호, 관리한다. 왕립 궁전을 비롯하여 공원, 정원, 요트, 수도원 등이 여기에 해당한다.

Patronato regio (왕실후원회)   구체제 이후 교황청이 유럽 왕실들에게 부여한 특혜와 권한을 총칭한다. 스페인의 경우 아메리카 식민지의 복음화와 교회 운영을 효과적으로 하기 위해 여러 가지 특혜를 입었다. 'Patronato real'이라고도 불린다.

Paula Canalejas, Francisco de (프란시스코 데 파울라 카날레하스)   (1834~1883) 스페인의 지성이라고 불렸으며 철학, 문학, 법 등을 전공했다. 학자로서 인문학도 양성에 힘을 썼으며 변호사로 일하며 법조계에 영향을 끼쳤다. 스페인 총리를 지낸 호세 카날레하스(José Canalejas)의 삼촌이기도 하다.

Paulo III (파울로 3세)   (1468~1549) 제220대 로마 교황으로 1534년 10월 13일부터 1549년 11월 10일까지 재위하였다. 클레멘테 7세(Clemente VII)의 후임자로 본명은 알레산드로 데 파르네제(Alessandro de Farnese)이며, 스페인어로는 알레한드로 파르네시오(Alejandro Farnesio)이다. 그는 가톨릭교를 개혁하려고 하였으며, 트리엔트 공의회를 열었고, 신대륙의 복음전도를 위해 1537년 6월 2일 인디오들의 노예화를 금지시켰다. 1540년 예수회를 승인하였다. ➡ Council of Trient(트리엔트 공의회, 1545~1563)

Paulo IV (파울로 4세)   (1476~1559) 교황 마르셀로 2세(Marcelo II)에 이은 제223대 로마 교황. 세속명은 지암프리에트로 카라파(Giamprietro Caraffa)였다. 로마 가톨릭 자체 내의 정화 운동을 더욱 강도 높게 수행해 나가면서, 종교개혁 시기 교황 가운데 가장 무서운 정치를 펼쳤다. 또한 스페인을 이탈리아에서 몰아내려고 노력하였다. 무엇이든 이단으로 간주되는 것들은 용납할 수 없다는 칙령을 발표하고, 종교재판을 강화시켰다. 그를 이어 피오 4세(Pio IV)가 교황 자리에 올랐다. ➡ Inquisición(종교재판소)

Pavía, Batalla de (파비아 전투)   1525년 2월 24일 카를로스 5세(Carlos V)와 프란시스코 1세(Francisco I)가 이탈리아 북부에 위치한 파비아(Pavía)에서 벌인 전투이다. 파비아 전투(Batalla de Pavía)는 프란시스코 1세의 포로화로 마드리드 조약(Tratado de Madrid)이 체결되면서 일단락되었고 이로 인해 1521년부터 1525년까지 이탈리아의 패권을 두고 계속되던 제1차 스페인-프랑스 전쟁은 마침내 끝이 났다. ➡ Carlos I(카를로스 1세)

Pavón Cruz, Tomás (토마스 파본 크루스)   1893년에 태어나 1952년에 사망한 스페인의 플라멩코 가수이다. 저명한 플라멩코 가문 출신이다. 어둡고 독특한 음색을 가지고 있었다. 공연장보다는 사적인 공간에서의 소규모 공연을 즐겼다. 거의 잊힌 장르인 데블라 (debla)를 불렀다.

Paz de Aquisgrán(1668) (아키스그란 조약)   1668년 반환 전쟁에 종지부를 찍고 카를로스 2세(Carlos II)의 서거 이후 스페인의 왕위 계승을 놓고 벌어진 갈등관계를 정리했다.
⇒ Guerra de Sucesión Española(스페인 왕위계승전쟁, 1700~1713)

Paz de Asti (아스티 조약)   1615년 카를로스 마누엘 데 사보야와 스페인의 왕 펠리페 3세 (Felipe III) 사이 맺어진 조약으로 만투아 지역의 계승 문제와 사보야 공작의 반스페인 정책에 종시부를 찍었다.

Paz de Cambrai (캄브라이의 화약)   1529년 8월 3일 프랑스의 캄브라이(Cambrai) 도시에서 체결된 평화 조약이다. 프란시스코 1세는 이탈리아 영토, 플랑드르 그리고 아르트 와를, 카를로스 5세는 부르고뉴에서 가지고 있던 모든 권리를 각각 포기했다. 본 조약은 프란시스코 1세의 어머니 루이사 데 사보야(Luisa de Saboya)와 카를로스 5세 (Carlos V)의 누이 마르가리타 데 오스트리아(Margarita de Austria) 사이에서 체결되었고 이것으로 제2차 스페인-프랑스 전쟁은 종지부를 찍었다. ⇒ Carlos I(카를로스 1세)

Paz de Cateau-Cambresis (카토-캄브레시 평화조약)   1559년 4월 2일과 3일에 스페인의 펠리페 2세와 프랑스의 앙리 2세(Enrique II) 사이에 체결된 조약이다. 이는 선왕인 스페인의 카를로스 5세(Carlos V)와 프랑스의 프란시스코 1세(Francisco I) 시대부터 진행되어 온 갈등 관계를 청산하고 새로운 외교관계로 돌입하였다는 의미를 지니고 있다. 양국 모두 전쟁을 수행할 만한 자원이 고갈되었고, 자국 내에 개신교 세력이 등장하면서 평화 구축의 필요성이 제기되었던 것이다. 합의는 그 해 6월 펠리페 2세가 앙리 2세의 딸인 이사벨 데 발로와(Isabel de Valois)와 혼인을 맺으면서 더욱 견고해졌다고 할 수 있다. ⇒ Felipe II(펠리페 2세)

Paz de Crepy (크레피 화의)   1544년 황제 카를로스 5세(Carlos V)와 프랑스의 프란시스코 1세(Francisco I) 사이에 체결된 평화 조약이다. 이것으로 저지대 국가를 전쟁 무대로 한 그들의 네 번째 전쟁이 종결되었으며 제국을 위협하던 터키인들과 함께 맞서 싸우기로 약속하고 프란시스코 1세는 정복했던 사보야(Saboya) 영토를 되돌려 주게 된다. 그뿐만 아니라 프란시스코 1세는 루터교 문제를 해결하는 데 카를로스 5세를 돕는 등 스페인-프랑스의 정치적 관계가 호전되는 듯 보였으나 프랑스의 엔리케 2세(Enrique II)가 즉위하면서 두 국가 간에 전쟁이 다시금 재개되었다. ⇒ Carlos I(카를로스 1세)

Paz de Londres (런던 조약)   1604년 런던에서 스페인의 펠리페 3세(Felipe III)와 영국이 맺은 조약으로 수세대 간 이어져 온 대립에 종지부를 찍고 외교적, 상업적 교류의 길을 넓혔다.

Paz de Madrid (마드리드 조약)   1621년 스페인과 프랑스가 맺은 조약으로 1620년 동안 벌어진 일련의 봉기들에 대한 평화적 협약이 이루어졌다. 이로 인해 종교의 자유가 보장 받게 됐다.

Paz de Vervins o Tratado de Vervins (베르벵 조약)   1598년 5월 2일 스페인의 펠리페 2세(1527~1598)와 프랑스의 앙리 4세(Enrique IV, 1553~1610)가 서명한 조약이다. 이는 1559년 4월 3일 펠리페 2세(1527~1598)와 프랑스의 앙리 2세(Enrique II, 1519~

1559)가 맺은 카토-캄브레시스 평화조약(Paz de Cateau-Cambresis)을 재확인하고 스페인이 프랑스에게 베르망두아(Vermandois)를 돌려주는 등의 새로운 조항이 포함되었다. ➡ Felipe II(펠리페 2세)

Paz de Westfalia (베스트팔렌 조약)　유럽사의 가장 긴 전쟁 중 하나인 30년 전쟁에 마침표를 찍은 일련의 조약들을 일컫는 명칭이다. 이 조약들을 계기로 스페인의 동맹 관계들이 재구성됐다.

Peces Barba, Gregorio (그레고리오 페세스 바르바)　(1938~2012) 스페인의 정치인이자 변호사이다. 카를로스 3세 대학(Universidad Carlos III)의 총장을 지냈으며 1982년과 1986년 사이 국회의사장을 지냈다. 1972년 사회노동당(PSOE)에 입당했다. 테러 희생자 구제 위원회에서 활동했다.

Pedanía (종속 지구)　법적으로 해당 지역 또는 시에 속한 작은 마을이나 촌락으로, 자치권의 유무는 종속 지구마다 상이하다. 농업을 주산업으로 하며 마을의 역사가 너무 오래되어 영토 분할의 과정에서 분단되지 않고 유지되었거나 비교적 최근에 등장해 아직 편입되지 못한 마을들이 이에 속한다. 스페인은 아스투리아스도, 안달루시아도, 무르시아 지방 등에 이러한 종속 지구들이 있다.

Pedro de Aragón, Infante de Aragón (아라곤의 페드로, 아라곤 왕자)　페르난도 데 안테케라(Fernando de Antequera)와 레오노르 데 알부르케르케(Leonor de Alburquerque)의 다섯째 아들로 아라곤 왕자들(infantes de Aragón) 중 한 명이다. 1401년에 태어나 1435년에 폰사 전투(batalla de Ponza)에서 입은 부상으로 인해 사망했다. 후안 2세(Juan II)의 오른팔이었지만 1421년에 알폰소 5세(Alfonso V)를 따라 나폴리로 떠났다. 때때로 알폰소를 대신해 나폴리의 통치자 역할도 맡았으며 아라곤 왕국의 영토 확장을 위해 적극적인 자세를 취했다. ➡ Aragón, Corona de(아라곤 연합왕국)

Pedro de los Ríos y Gutiérrez de Aguayo (페드로 데 로스 리오스 이 구티에레스 데 아구아요)　스페인 코르도바(Córdoba)에서 태어났다. 1526년에서 1529년까지 카스티야 델 오로(Castilla del Oro)의 통치를, 1526년에서 1527년까지 니카라과의 통치를 맡았다. 1529년 총독직에서 물러나 페루로 가서 프란시스코 피사로 지휘 아래 있었다. ➡ Pizarro, Francisco(프란시스코 피사로, 1478~1541)

Pedro I (페드로 1세)　(1334~1369) 카스티야 이 레온(Castilla y León)의 6대 왕. 알폰소 11세(Alfonso XI, 1311~1350)의 아들로 지지자들에게는 '엄정한 자(el Justiciero)', 비방자들에게는 '잔인한 자(el Cruel)'라는 별명으로 불렸다. 1334년에 태어나 1350년 왕위를 물려받자마자 이복형 엔리케 2세(Enrique II de Castilla, 1333~1379)의 반역을 물리쳐야 했다. 농부와 수공업자를 위한 법을 바로잡고 알폰소 11세(Alfonso XI, 1311~1350)가 만든 알칼라의 법을 발효시켰다. ➡ Castilla, Corona de(카스티야 연합왕국)

Pedro II (페드로 2세)　1648년에 태어나 1706년에 사망하였으며 포르투갈의 왕이자 알폰소 6세(Alfonso VI)의 조카이다. 그의 통치기간 동안 식민지 강국이었던 포르투갈의 정복 사업은 점점 기울었다. 18세기 초반의 스페인 왕위계승전쟁 당시 대연맹(Gran Alianza)의 편에 서게 되면서 포르투갈이 영국의 식민지가 되는 결과를 낳았다. ➡ Guerra de Sucesión Española(스페인 왕위계승전쟁, 1700~1713)

Pedro III, Rey de Aragón (페드로 3세, 아라곤 왕)　1239년에 태어나 1285년에 사망하였으며 하이메 1세(Jaime I)의 아들이자 후계자로서 1276년에 아라곤의 왕위와 바르셀로나(Barcelona)의 백작 작위를 물려받았다. 무데하르(mudéjar)와의 전투에서 필요한 자금을 모으기 위해 카탈루냐(Cataluña)로부터 높은 세금을 받아 귀족들의 반란에 봉착했고 시칠리아 왕국에서 프랑스인들을 추방하기 위해 애썼다. 첫째 아들 알폰소 3세(Alfonso III)에게 아라곤을, 둘째 아들 하이메(Jaime)에게는 시칠리아를 물려주었다. ⇒ Aragón, Corona de(아라곤 연합왕국)

Pedro IV (페드로 4세)　　아라곤 왕 알폰소 4세(Alfonso IV)의 아들로 1317년에 태어나 1387년에 사망했다. 1336년에 왕위를 물려받았고 아랍인들을 추방하기 위해 카스티야와 포르투갈과 연합했다. 내적으로는 계속해서 일어나는 귀족들의 반란을 진압해야 했다. 1343년에는 마요르카(Mallorca), 이비사(Ibiza), 메노르카(Menorca), 로세욘(Rosellón)과 사르디니아(Cerdeña)를 손에 넣었고 마요르카 왕국은 아라곤 왕국과 병합했다. ⇒ Aragón, Corona de(아라곤 연합왕국)

Peladilla (펠라디야)　　발렌시아 지방의 전통 아몬드 과자이다. 주로 성탄절에 먹으며 세례식에 초대된 사람들에게 선물로 준다. 발렌시아의 카시노스(Casinos)와 알리칸테의 알코이(Alcoy)가 펠라디야의 주생산지이며 특히 카시노스에서는 매년 11월 마지막 주에 펠라디야와 투론(turrón) 등을 파는 큰 장이 열린다.

Peláez, López (로페스 펠라에스)　　스페인의 성직자. 1866년 레온 지방(Provincia de León)에서 태어났으며 1918년 마드리드에서 사망하였다. 루고(Lugo), 부르고스(Burgos) 등에서 성직 생활을 했으며 1905년에 하카(Jaca)의 주교로 임명받으며 본격적인 활동을 시작했다. 1913년 타라고나(Tarragona)의 대주교 자리에 올라 문학, 문화, 예술의 증진을 위해 힘썼으며 개인 도서관이 있을 정도로 애독가로 알려져 있다.

Pelagio I (펠라히오 1세)　　500년에 태어나 561년경에 사망하였으며 556년부터 561년까지 로마의 제60대 교황이었다. 비힐리오(Vigilio)의 죽음 이후 분파로 갈라진 교회를 통합했다. 네스토리우스교의 추종자라는 의심을 받았다. 수많은 서신들을 남겼다.

Pelagio II (펠라히오 2세)　　(?~590) 고트족 출신의 제63대 교황이다. 즉위기간 동안 롬바르디아인들과 끝없이 갈등을 겪었다. 아킬레아의 분열(Cisma de Aquilea)을 해결하고자 했으나 별다른 성과를 얻지 못했다. 이탈리아에 발생한 페스트에 감염되어 생을 마감했다.

Pelayo. Rey de Asturias* (아스투리아스 왕 펠라요)　　(?~737) 이슬람의 지배에 맞서서 항거한 최초의 군사적 인물이자 아스투리아스 왕국의 설립자로 알려져 있다. 돈 펠라요의 족보에 대해서는 논란의 소지가 많은데 이는 관련 출처가 역사적 자료와 전설들을 구분 없이 사용하고 있기 때문이다. 그럼에도 불구하고 그가 737년에 사망하였다는 것과 718~737년 동안 아스투리아스 왕국을 통치하였다는 것은 대략 정설로 받아들여지고 있다. 『*Crónica de Alfonso III*』에 따르면 그가 왕실의 혈통에 속한 것으로 기록되어 있지만 사실상 이를 입증할 만한 자료는 없으며, 중세 역사가들의 전반적인 입장은 그가 서고트(visigodo) 혈통의 사람으로 돈 로드리고(don Rodrigo) 가문에 속하였고 궁정에서 왕의 수비대를 맡았던 칸타브리아 공작(duque de Cantabria) 파빌라(Favila)의 아들이라는 점이다. 또한 펠라요의 가문이 아스투리아스인들과 칸타브리아인들의 접경지대인 세야(Sella)분지 일대를 장악한 가문과 연관되어 있다는 점이다. 그는 돈 로드리고(don Rodrigo) 치세 동안 궁정에서 성장한 것으로 보이며 구아달레테(Guadalete)의 패배 이후에 부르고스(Burgos) 산지에 피신해 있다가 여기에서 아스투리아스로 건너간 것 같다. 이는 험준한 지형으로 인해 이곳에 이미 일부 기독교인 귀족들이 피신해 있었기 때문이다. 그리고 실제로 이곳에서 718년에 반란 운동이 일어났을 때 펠라요는 주민들의 결정에 따라 지역 수장으로 추대되었다. 그리고 4년 뒤에 일어난 코바동가(Covadonga) 전투는 이곳이 이슬람의 세력에 맞선 아스투리아스와 칸타브리아의 저항거점이 되는데 결정적인 계기가 되었다. 『Crónica de Albeldense』는 이를 다음과 같이 간결하게 기록하고 있다. "이때부터 기독교인 주민의 자유가 회복되었으며… 신의 섭리에 따라 아스투리아스인들의 왕국이 출현하게 되었다". 한편 모슬렘들이 펠라요 세력에 의해 또 다시 패배하고 중부 고원 방향으로 퇴각하게 되었을 때, 펠라요는 현재의 프로아사(Proaza)인 올라리에스(Olalíes)를 떠나 캉가스 데 오니스(Cangas de Onis)에 새로운 거점을 정하였고 이곳에서 서서히 세력을 확장하며 주변의 모든 기독교인들을 규합하며 방치된 땅들을 장악하게 되었다. 그러나 모슬렘들이 이후 이곳까지 진입하게 되면 이 땅들은 다시 버려졌고 주민은 안전한 산지로 돌아와 호기를 기다렸다가 다시금 돌아가는 방식을 취하였다. 19년을 통치한 후에 펠라요는 두 자녀를 남겨두고 737년에 사망하였으며 그의 아들인 파빌라는 아스투리아스 왕위를 계승하였고, 그의 딸인 에르메신다(Ermesinda)는 장차 가톨릭 왕 알폰소 1세(Alfonso I el Católico)가 되는 사람과 결혼하였다. 펠라요는 캉가스 데 오니스에 있는 산타 에우랄리아 데 아바미아(Santa Eulalía de Abamia) 교회에 안치되었다. 한편 전설에 따르면 현왕 알폰소 10세(Alfonso X el Sabio)의 치세기에 그의 유골이 코바동가의 산타 마리아(Santa María)로 이장되었다는 말도 있지만 이것은 전혀 입증된 사실이 아니다.

Pena de excomunión (파문)   단기적 또는 영구적 기독교 형벌의 일종으로 죄를 범한 신도를 교회의 모든 의식이나 고해성사 또는 용서로부터 파문하는 제도이다. 형벌은 자신의 잘못을 뉘우치고 진정한 회개를 할 때까지 무기한 연장된다. 10세기 이후 점차 영향력이 강해진 스페인 교회에서 종종 적용되었다.

Peñalén (페냘렌)   스페인 과달라하라(Guadalajara)의 카스티야 라 만차(Castilla La Mancha) 자치주에 있는 시이다. 쿠엔카(Cuenca) 지방과의 경계선에 밀접해 있으며 해발 약 1,350m에 위치하고 약 120명의 주민이 거주한다.

Peninsulares (페닌술라레스 혹은 본국인들, 반도인들)   전 세계 어떠한 반도 사람들을 지칭할 수 있지만, 일반적으로 스페인어권에서는 이베리아 반도에 사는 스페인 사람들을 일컫는다. 역사적으로 보면, 과거에 아메리카 대륙에서 사용되기 시작한 말이다. 이들은 스페인 부모를 둔, 아메리카에서 태어난 스페인 사람, 즉 크리오요와 대비되는 개념으로서 부왕(Virrey)과 함께 최고의 지위를 누렸다. ⇒ Independencia de la América Española(스페인 아메리카 식민지 독립)

Peregrino (순례자)   라틴어 단어 'peregrinus'에서 유래하였으며 어원의 본래 의미는 낯선 땅을 걸어 다니는 사람을 의미한다. 종교적인 의미에서 순례자는 종교적인 목적으로 서원이나 자신의 신앙심을 위해 신신성한 장소를 방문하는 사람을 의미한다. 기독교 순례자들은 대개 긴 지팡이를 들었으며 가죽 망토 차림을 하였는데 이를 통해 자신들의 존엄성을 나타내고자 하였다.

Pereira, Luis Marcelino (루이스 마르셀리노 페레이라)   (1754~1811) 산 안드레스 데 이요브레(San Andrés de Illobre) 교구 교회에서 태어났다. 그의 아버지는 산티아고 데 콤포스텔라(Santiago de Compostela) 지역의 종신 통치자였으며 콤포스텔라 대학에서 철학과 법학을 공부하였다. 1776년 마드리드 법률학교에 소속하였고 1779년 왕립위원회의 변호사로 임명되었다. 루이스 마리아 델 카뉴엘로(Luis María del Cañuelo)와 함께 1781년 <El Censor> 신문을 창간했다.

Pérez de Castro, Inés (이네스 페레스 데 카스트로) 스페인 귀족으로 1320년경에 태어난 것으로 추정된다. 포르투갈의 페드로 1세(Pedro I)의 정부였으며 후에 페드로의 본부인이 세상을 떠나자 그와 혼인했다. 그녀는 죽음을 맞이한 지 2년 되는 해가 되어서야 비로소 왕비로서 이름을 올리게 되었다. ➡ Castilla, Corona de(카스티야 연합왕국)

Pérez de Guzmán, Alonso (알론소 페레스 데 구스만) 1256년 레온에서 태어나 1309년에 사망한 스페인 군인이다. 페드로 데 구스만(Pedro de Guzmán)의 사생아로 형제들에게 멸시를 받았고 이 때문에 아프리카로 넘어가 이븐 유수프(Ibn Yusuf) 치하에 있었지만 현왕 알폰소 10세(Alfonso X el Sablo)와 좋은 관계를 유지했다. 이븐 유수프가 사망하자 업적을 쌓아 얻었던 부를 가지고 스페인으로 돌아갔다. 산초 4세를 받들었으며 모슬렘들 세력권에 있던 타리파(Tarifa)를 정복하고 이를 지키는 과정에서 인질로 잡힌 아들의 목숨을 내어주며 군인으로서 충성을 다 했다. ➡ Reconquista(레콩키스타)

Pérez Rubalcaba, Alfredo (알프레도 페레스 루발카바) (1951~) 스페인의 정치인이다. 콤플루텐세 대학(Universidad Complutense de Madrid)에서 화학을 전공했다. 교육부 장관, 내무부 장관을 지냈다. 사회노동당(PSOE)의 당원이다. 2000년 반테러주의 조약 체결에 참여했다. 정부의 대변인으로 활동하며 활발한 활동을 펼쳤다.

Pérez, Gonzalo (곤살로 페레스) 스페인의 정치인이자 성직자로 1506년 사라고사(Zaragoza)의 몬레알 데 아리사(Monreal de Ariza)에서 태어났으며 1566년 사망하였다. 그는 유대인과 관련된 배경의 가진 것으로 추정되는 중간 계층의 가족에서 태어났다. 살라망카(Salamanca)에서 공부하였으며 이후 세풀브다의 가톨릭교회의 부사제 및 레온(Léon)의 산 이시도로(San Isidoro)의 수도원장이 된 그는 알폰소 발데스(Alfonso Valdés)와 프란시스코 코보스(Francisco Cobos)와 함께 공무를 담당하였으며, 1541년부터 비서관으로서 펠리페 2세(Felipe II)를 보필하였다.

Período de entreguerras (간전기) 1차 세계대전과 2차 세계대전 사이 1918년에서 1939에 해당하는 기간을 뜻한다. 자유주의적 민주주의의 위기와 파시즘의 성장으로 특징지어진다. 스페인은 이 기간 동안 알폰소 13세(Alfonso XIII)의 쇠퇴와 리베라(Rivera) 장군의 독재 등의 사건이 있었다.

Perojo y Figueras, José del (호세 델 페로호 이 피게라스) (1850~1908) 쿠바 태생의 스페인 철학자, 신문기자, 작가이자 정치사상가로 하이델베르크(Heidelberg) 대학에서 박사학위를 취득한 후 마드리드로 건너가 자신의 실증주의를 전파했다. 찰스 다윈의 작품을 번역, 편집하여 발간했으며 1875년 잡지 <Revista Contemporánea>를 출간했다.

Perrenot de Granvela, Antonio (안토니오 페레놋 데 그란벨라) 1517년 8월 20일 프랑스 오르낭(Ornans)에서 태어나 1586년 9월 21일 마드리드에서 사망한 로마 가톨릭교회의 추기경 및 스페인 왕궁의 정치가였다. 그는 카를로스 1세(Carlos I)의 비서 니콜라스 페레놋 데 그란벨라(Nicolás Perrenot de Granvela)의 아들이었으며, 아라스(Arras)의 주교, 말리나스(Malinas)와 브장송(Besançon)의 대주교였다. 그는 카를로스 1세와 펠리페 2세가 통치하는 동안 중요한 인물이었다. 카를로스 1세 때는 많은 외교 업무를 수행했으며 펠리페 2세 때는 네덜란드(Países bajos)의 마르가리타 데 파르마(Margarita de Parma)의 고문 및 이탈리아와 관련한 업무들을 수행했다. ➡ Felipe II(펠리페 2세)

Perro semihundido (쓰러지기 직전의 개)   프란시스코 데 고야의 유화작품으로 「*Quinta del Sordo*」의 14개의 검은 그림의 벽화 중 하나이다. 134x80cm의 캔버스화로, 간단하게 「*El perro*」라고도 불린다. 세상의 종말 및 최후의 심판을 암시하는 작품으로 고야의 그림 속의 개는 황량한 공간 속에 힘겹게 머리는 내밀고 있다. 세상의 모든 것이 소멸되고 마지막 생존자로 남았던 개마저 조용히 사라지는 적막함과 침묵을 잘 보여주는 작품이다. ➡ Goya y Lucientes, Francisco de(프란시스코 데 고야 이 루시엔테스)

Persistencia de la memoria (기억의 지속)   '늘어진 시계들'이라고도 불리는 「*Persistencia de la memoria*」는 스페인 초현실주의 화가 살바도르 달리(Salvador Dalí)의 작품이다. 꿈과 잠재의식의 세계를 해석했었던 달리는 1931년 파리에 처음 이 작품을 선보이고, 1932년 두 번째로 뉴욕에 전시를 하면서 명성을 얻었다.

Perú, Virreinato del* (페루 부왕령)   1532~1533년 사이에 피사로(Pizarro)와 알마그로(Almagro)에 의해 신속하게 이루어진 페루의 정복은 1535년 왕의 도시인 리마(Lima)가 설립되면서 절정에 이르게 되었고, 이것은 이후에 고등사법재판소의 본부로 변모하게 되었다. 페루의 부왕청이 신설되기까지 이 고등사법재판소가 이 구역에서는 최고의 권력기관으로 있었다. 1535년 멕시코 시에 수도를 둔 누에바 에스파냐의 부왕청이 설치된 이후에 1542년 누에바 에스파냐의 부왕령에 소속된 베네수엘라 해변 지역을 제외한 남미의 전 지역을 통치할 목적으로 페루의 부왕청이 신설되었다. 정복자들 간의 내전이 일반화된 곳으로서 독자적인 부왕청 신설이 요구되었고 왕권 개입이 불가피하였던 것이다. 더욱이 1542년 신법의 반포로 곤살로 피사로를 위시한 엔코멘데로와 정복자들의 반발이 일어나면서 같은 해 국왕 카를로스 1세에 의한 페루의 부왕청 설치 명령이 있게 된 것이다. 그러나 실제로 부왕청이 본격적인 활동에 하게 된 것은 첫 번째 부왕인 블라스코 누녜스 데 벨라(Blasco Núñez de Vela)가 리마에서 직책을 맡게 된 1544년 5월 15일이 되어서야 가능하였다. 그의 첫 번째 임무는 곤살로 피사로의 지휘 아래 신법에 맞서서 쿠스코(Cuzco)에서 반란을 일으킨 엔코멘데로들을 진압시키는 것이었다. 그러나 풍요롭지만 고립된 이 지역에서 내전을 끝내고자 했던 그의 노력은 그가 목숨을 잃게 되면서 수포로 돌아갔다. 1546년 왕권 수호를 위해 왕에 의해 파견된 페드로 데 라 가스카(Pedro de la Gasca) 성직자가 사키사우나(Xaquixahuana)에서 곤살로 피사로와 그의 부하인 프란시스코 데 카르바할(Francisco de Carbajal)을 이기면서 부왕령이 정착되게 되었다. 그러나 이 지역을 혼란에 빠뜨린 내전 이후에도 페루 부왕령은 1556년 안드레스 우르타도 데 멘도사(Andrés Hurtado de Mendoza)가 이곳에 당도하기까지는 안정되었다고 말할 수 없었다. 가장 큰 문제는 파나마와 마젤란 해협 사이를 포괄하는 면적과 안데스 지역의 지형으로써 통치의 업무와 자원의 통제에 용이하지 않았던 것이다. 더욱이 내륙의 광산 자원을 다루는 수도 리마가 태평양 연안에 위치해 있음으로써 이러한 상황은 더욱 악화되었다. 사실 페루의 부왕령이 이론적으로는 과테말라 군사령부의 남쪽에 있는 영토들을 포괄하고 있다고 하지만, 부왕의 권력이 직접 미치는 곳은 단지 리마의 고등사법재판소와 차르카스(Charcas), 키토(Quito)에 한정되어 있었고 파나마와 칠레, 리오 데 라 플라타는 부왕에게 속해 있기는 하더라도 총사령관의 위임 통치자들이 지배하는 곳이어서 사실상 이곳은 자치 단위로 변모하고 있었던 것이다. 재정적인 통제는 특히 페루의 부왕령에서 중요하고 민감한 문제였는데, 왜냐하면 설립 때부터 1545년 포토시(Potosí) 광산이 발견된 이후에 이 지역의 금과 은의 광대한 부에 근거한 광산업이 부왕령 경제기반이 되었기 때문이다. 그로 인하여 왕과 인디아스 평의회는 부왕들의 업무 통제 수단을 체계화할 필요성을 인식하게 되었고 감사를 통하여 이를 시행하고자 했다. 총감사관들은 부왕들과 왕의 관리들을 통제하는 일을 담당하였으며, 이들의 행위를 감시하였고, 필요시 직무 정지와 벌금을 부과하였다. 한편 18세기에 들어서서 페루 부왕령에 속한 광대한 지역은 분할의 필요성을 더욱 부각시켰다. 이렇게 하여서 1739년에 누에바 그라나다(Nueva Granada) 부왕청이 신설되어 당시까지 페루 부왕령에 소속되어 있던 산타페(Santa Fe)와 키토의 고등사법재판소, 파나마 총사령부 영토, 그리고 카라카스(Caracas) 고등사법재판소를 통치하게 되었다. 이렇게 하여 후에 페루의 부왕령에서 콜롬비아, 에콰도르, 파나마, 베네수엘라의 전신들이 출현하게 되었다. 1776년에 차르가스(Charcas)와 파라구아이, 산타 크루스 데 라 시에라(Santa Cruz de la Sierra), 투쿠만(Tucumán)의 사법 구역들에 대하여 새롭게 라 플라타 부왕령이 신설되었고 이것은 볼리비아 동쪽 외에도 오늘날의 아르헨티나, 파라구아이, 우르구아이라는 국가들의 전신이 되었다. 페루 부왕령을 분할하게 된 것은 부르봉 왕가의 첫 번째 군주인 펠리페 5세가 군사적 관할권들과 행정적 통제권이 혼합되어 있는 것을 해결하기 위해서였다. 17세기 말에 카르타헤나 데 인디아스(Cartagena de Indias)와 해안선의 방어는 영국인들이 산타 마르타(Santa Marta)와 다리엔(Darién)에 대해 공격하면서 불가피한 것이었다. 새로운 부왕청들을 신설하게 된 근본적인 이유는 1713년 유트레히트(Utrecht) 조약으로 시작된 국제관계의 변화에서 기인하였다고 볼 수 있는데, 스페인 왕위계승전쟁의 종결을 가져온 유트레히트 평화조약은 한편으로는 스페인 왕위계승에서 부르봉 왕가의 후보자 권리를 인정한 것이 되었고, 다른 한편으로는 유럽의 강대국들 간의 권력구도에서 스페인보다 프랑스와 영국이 우위를 차지하게 되었다는 것이다. 이러한 현상은 아메리카에서도 거대한 반향을 불러일으키면서 이 국가들의 주요 교통망을 통제하고자 하는 시도가 있게 되었다. 이로 인하여 새로운 부왕들에게는 정치적·행정적 기능뿐 아니라, 방어의 강화와 밀매 유입 및 확산의 근절 업무까지 주어지게 되었다. 카를로스 3세는 아메리카의 경제를 육성하고 변방지역을 포함하여 영토를 효율적으로 통치할 목적으로 여러 왕령들과 법들을 반포하였다. 18세기부터 라 플라타 지역에 인구가 급격히 증가하면서 여러 변이들이 생겼지만 중앙으로부터 멀리 떨어져 있어 사실상 이 지역들에 대한 효율적인 통치는 불가능하였기 때문이다. 더욱이 부에노스아이레스(Buenos Aires)가 스페인의 보호무역주의에도 불구하고 18세기 말에는 무역의 중심지로 부상하면서 이 지역의 변화는 더욱 가속화될 수밖에 없었다. 프랑스의 침입이 있을 때에도 페루 부왕령의 영토들은 스페인 왕국에 여전히 머물러 있었지만, 당시 부왕이었던 호세 페르난도 데 아바스칼(José Fernando de Abascal)은 키토와 칠레, 파나세아(Panacea), 페루 고지대에서 발생하는 반란의 조짐을 제거하기 위하여 지속적으로 무력을 사용하여야 했다. 아메리카 독립 과정이 완성되어 갈 즈음에 산 마르틴(San Martín)장군이 피스코(Pisco)에 상륙했다. 그는 이미 아르헨티나와 칠레의 독립을 선언한 바 있었으며 이곳은 페루의 부왕령에 공식적으로 속해 있던 마지막 영토였다. 1820년 12월 24일 페루의 독립을 지지하는 트루히요(Trujillo)의 감독(intendente) 토레 타글레 후작(Marqués de Torre Tagle)의 선언은 독립을 더욱 앞당겼고, 산 마르틴이 리마에 진입하면서 1821년 7월 28일 페루의 독립이 선포되었다. 3년 뒤에 후닌(Junín)과 아야쿠초(Ayacucho) 전투들을 통하여 페루 부왕 체제는 종말을 고하게 되었다.

Pésicos (페시코스)   로마 시대 이전 스페인 북부에 있던 아스투리아 부족 마을이다. 현재의 오비에도(Oviedo)와 아빌레스(Avilés)에 수도를 두었다. 켈트족에 뿌리를 두고 있다.

Pesquera, Diego de (디에고 데 페스케라)   19세기 세비야(Sevilla) 파에 속한 스페인 조각가이다. 르네상스 양식의 대리석을 사용하여 그라나다(Granada)와 세비야(Sevilla) 등지에서 많은 작업을 했다. 대표적인 작품으로는 그라나다(Granada)의 대성당 참사회실(Sala Capitular de la catedral), 성 베드로(San Pedro) 교회, 세비야 대성당 등이 있다.

Pestaña, Ángel (앙헬 페스타냐)   (1886~1937) 스페인 폰페라다(Ponferrada)의 산토 토마스 데 오야스(Santo Tomás de Ollas) 출신인 무정부주의적 조합주의 지지자이다. 전국노동연합(Confederación Nacional de Trabajo, CNT)의 수석 비서로 활동하였으며, 노동조합당(Partido Sindicalista)을 창당하고, 스페인 의회의 하원으로 활동하였다.

Petronila, Reina de Aragón (페트로닐라, 아라곤 여왕)   1135년에 태어나 1173년에 사망하였다. 라미로 2세(Ramiro II)의 딸이자 후계자이다. 1137년에 아라곤의 여왕이 되었으며 1150년에 라몬 베겐게르 4세(Ramón Berenguer IV)와 혼인했다. 돈 라몬(don Ramón), 돈 페드로(don Pedro), 돈 산초(don Sancho)를 아들로 두었다. ➡ Aragón, Corona de(아라곤 연합왕국)

Pi i Margall, Francesc (프란세스크 피 이 마르갈)   (1824~1901) 스페인의 정치인이자 변호사이다. 카탈루냐 낭만주의의 대표적인 인물로 꼽힐 정도로 문예에도 조예가 깊었다. 1866년에 사상범으로 몰려 프랑스로 망명했으며 몇 년 뒤 귀국해 정치활동을 재개했다. 1894년에 마드리드에서 연방주의적 성향을 띤 성명서를 발표하는 등 활발한 사회활동을 펼쳤다.

Picasso, Juan (후안 피카소)   (1857~1935) 스페인 군인. 피카소 징계 사건(Expediente Picasso) 또는 1921년 아누알의 패배(Desastre de Annual)로 알려져 있다. 파블로 루이스 피카소(Pablo Ruiz Picasso)의 삼촌으로도 유명하다.

Pidal, Pedro José (페드로 호세 피달)   (1799~1865) 스페인 정치가이자, 역사가, 문학평론가 및 외교가이다. 1845년 9월 모야노 법(Ley Moyano)이 생기기 전, 피달 계획안(Plan Pidal)을 만들어 냈으며, 마드리드 잡지(Revista de Madrid)를 창간해 많은 역사, 문학, 정치에 관한 기사를 대중들에게 선사했다.

Pimentel y Fonseca, María de (마리아 데 피멘텔 디 폰세카)   (1549~1594) 올리바레스의 백작 부인으로 남편 엔리케 데 구스만이 정사를 돌보는 동안 복지활동을 펼쳤으며 창녀들과 갈 곳 없는 여인들을 구제했다. 성유물과 종교화 수집가로 유명했다. ➡ Olivares, Conde-duque de(올리바레스 대공)

Piñar, Blas (블라스 피냐르)   (1918~2014) 스페인의 공증변호사이자 정치가, 극우파 작가로 그의 정치활동은 언제나 프랑코주의와 동일시되었다. 그는 가톨릭선전협회의 회원으로서 젊은 시절부터 정치 가톨릭주의를 내세우기도 하였다. 스페인대안당(AES)의 명예회장이자 톨레도(Toledo) 지역선거에 AES의 후보로 25번 출마한 상징적인 인물이기도 하다. ➡ Franquismo(프랑코주의)

Pinazo Camarlench, Ignacio (이그나시오 피나소 카마렌치)   (1849~1916) 19세기 말 20세기 초 스페인 화가이다. 낭만주의적이고 사실주의적인 기법으로 그림을 그리는 것이 그의 특징이다. 그의 작품 「*Los últimos momentos del rey Don Jaime el Conquistador en el acto de entregar su espada a su hijo Don Pedro*」(1881)에서는 세심한 사실주의 기법으로

빛과 색깔의 효과를 최대한 살리고 있다. 이것은 점차적으로 인상주의에 다가가고 있는 스페인의 회화적 성향을 의미하기도 한다.

Pinto (핀토)   스페인 마드리드(Madrid) 자치주에 위치한 도시이다. 1184년 알폰소 8세(Alfonso VIII)에 의해 마드리드와 발데모로(Valdemoro)의 영토가 되었다. 1624년 펠리페 4세(Felipe IV)는 핀토 백작령(condado de Pinto)을 만들기도 했다. 스페인 내전 당시 하라마(Jarama) 전투의 군사 진영 역할을 했다.

Pinturas rupestres de Altamira (알타미라 동굴벽화)   스페인 미술의 가장 오래된 흔적이며, 세계에서 가장 오래된 예술이기도 한 바위에 그린 그림이다. 알타미라는 스페인 북부 산탄데르 지방에 있는 장소 이름이며, 들소와 투우, 사슴과 말, 산양 등의 동물들의 그림이 그려져 있다. 이 그림은 약 15,000년 전의 것으로 여겨진다.

Pio VII (피오 7세)   251대 로마교황(재위 1800년 3월 14일~1823년 8월 20일). 본명은 바르나바 니콜로 마리아 루이지 치아라몬티(Barnaba Niccolo Maria Luigi Chiaramonti)이다. 1800년에 베네치아에서 피오 6세의 후임자로 임명되었다. 체세나(Cesena)에서 1740년에 태어났으며 1823년 8월 20일 사망하였다. 피오 7세는 신학자, 주교였다.

Pipiltin (피필틴)   아스테카 문명의 귀족 계층을 가리키는 명칭이다. 이들은 정치와 종교 의식 등을 총괄했으며 신에게 재물을 바치고 영토를 소유했다. ➡ Azteca, Imperio(아스테카 제국)

Piqué i Camps, Josep (조셉 피케 이 캄스)   (1955~) 스페인의 정치인이다. 정계에 진출하기 이전 에크로스(Ecros)라는 산업기업의 회장을 맡았다. 그의 수완으로 파산 위기의 기업은 다시 일어섰다. 산업 에너지부 장관, 외무부 장관, 과학 기술부 장관 등을 지냈다.

Piratería (해적 행위)   15세기에서 17세기 지중해 연안에는 투르크족과 베르베르족 출신 해적들의 약탈이 끊이지 않았다. 특히 붉은 수염이라 불리는 해적단의 공격을 많이 당했다. 스페인 북부 아라곤과 레르마 지방의 골칫거리이기도 했다.

Pisto manchego (피스토 만체고)   스페인의 전통 요리이며 피스토(pisto)는 튀김, 만체고(manchego)는 라 만차(La Mancha)에서 따 온 이름이라고 한다. 올리브유에 마늘을 볶고 제철 채소를 볶아 각종 허브 그리고 하몬이나 돼지기름을 넣어 요리한 것이다.

Pita Andrade, José Manuel (호세 마누엘 피타 안드라데)   1922년 11월 1일 라 코루냐(La Coruña)에서 출생한 역사 예술가이다. 프라도 미술관(Museo del Prado), 티센-보르네미서 미술관(Museo Thyssen-Bornemisza) 등 박물관 활동에 큰 공헌을 하였으며, 그라나다의 왕립 성모 예술원(Real Academia de Bellas Artes de Nuestra Señora de las Angustias)에 속해 있다.

Pizarro, Francisco* (프란시스코 피사로)   (1478~1541) 카세레스(Cáceres)의 트루히요(Trujillo)에서 가톨릭 공동왕(Reyes Católicos)을 모시고 있던 기수(alférez)의 서자로 태어났다. 그는 카리바나 정복(conquista de Caribana)에서 알론소 데 오헤다(Alonso de Ojeda)의 부책임자(lugarteniente)로서 아메리카 원정대에 합류하였다. 후에 마르틴 페르난데스 데 엔시소(Martín Fernández de Enciso)의 장군이 되었고 1513년 태평양을 발견하게 되는 원정대에서 바스코 누녜스 데 발보아(Vasco Nuñez de Balboa)의 지시에 따라 산타 마리아 데 라 안티구아(Santa María de la Antigua)를 세웠다. 총독 페드라리아스 다빌라(Pedrarias Dávila)는 피사로를 파나마 시의 통치자(regidor)이자 시장(alcalde)으로 임명함으로써 도시 설립에 따른 수고를 보상하였다. 파스쿠알 데 안다고야(Pascual de Andagoya)가 잉카 제국을 발견하려는 와중에서 병을 얻고 이 사업을 포기하게 되자, 피사로는 디에고 데 알마그로(Diego de Almagro)와 에르난도 데 루케(Hernando de Luque)와 뜻을 같이 하여 이 목적을 달성하기로 하였다. 잉카 제국을 정복하기 위해 피사로는 세 번이나 여행을 하였다. 첫 번째 여행에서 그는 알마그로를 남겨두고 1524년 112명과 함께 파나마를 출발하였고, 알마그로는 다른 배를 타고 그를 따라갔다. 그러나 두 사람은 이 원정에서 어떠한 전리품도 얻지 못한 채 소득 없이 끝내야 했다. 1526년에 그들은 두 척의 배와 더 많은 사람들을 이끌고 두 번째 여행을 떠났다. 가요 섬(isla del Gallo)에 도착하였을 때 기아와 질병으로 선원들이 사망하면서, 알마그로는 파나마로 물품을 공급받으러 갔고 그동안 피사로는 잉카 원정에 불만을 품고 있는 세력에 둘러싸인 채 섬에 갇혀 있어야 했다. 그러나 피사로는 페루 정복에 대한 꿈을 포기하지 않았고 결국 13명(Trece de la fama)만이 그와 뜻을 같이 하고자 남았다. 그러다가 그의 항해사 중 한 명이 배 한 척을 가지고 돌아옴으로써 남쪽 방향으로 적도 해안선을 따라 계속 탐사할 수 있었다. 그렇게 하여 그들은 태양 신전과 요새를 갖춘 대도시 툼베스(Túmbez)에 도착할 수 있었고 이곳이 바로 그들이 그토록 찾고 있었던 번영된 제국임을 확신할 수 있었다. 그러나 총독 페드로 데 로스 리오스(Pedro de los Ríos)는 피사로를 도와주려 하지 않았고, 결국 그는 스페인에 직접 가서 황제를 뵙고 후원을 얻어내고자 결심하였다. 비록 카를로스 5세를 만날 수는 없었지만 그의 자문관들을 설득하는데 성공하였고, 1529년 7월 20일 톨레도(Toledo)에서 협정을 맺을 수 있었다. 이 협정에 따르면 누에바 카스티야(Nueva Castilla)의 이름으로 스페인 영토에 병합되는 땅의 총독 작위와 태수(adelantado), 명예직(alguacil mayor)은 피사로에게 주어지도록 되었고, 알마그로에게는 하급 귀족의 작위와 툼베스 요새의 행정담당관(alcaide) 직책이, 루케에게는 누에바 발렌시아(Nueva Valencia)의 주교구가, 루이스에게는 아우스트랄 해(mar Austral)의 수석 항해사(piloto mayor) 직책이, 그리고 피사로와 함께 고락을 같이 해 온 13명의 동행자들에게는 하급 귀족의 특혜가 주어지도록 예정되었다. 페루를 정복하기 위하여 아메리카로 돌아온 그는 부대에 자기 형제들인 에르난도(Hernando), 후안(Juan), 곤살로 피사로(Gonzalo Pizarro)를 포함하여 다른 20명의 동향인도 합류시켰다. 협정으로 이익을 독점하려 한다는 알마그로의 비난과 여러 차례의 논쟁 끝에, 피사로는 마침내 1531년 파나마를 출발하여 세 번째이자 마지막 페루 원정을 떠났다. 툼베스에 도착한 원정대는 그곳의 부에 감탄하면서도 도시가 형제간 내분으로 파괴되어 있는 것을 발견할 수 있었다. 피사로는 해안선을 따라 도보와 말을 타고 갔고, 사냐(Saña)에서부터는 안데스 산맥 길로 접어들었다. 험준한 길로 인하여 큰 어려움을 겪어야 했지만, 1532년 11월 15일 그들은 거대한 돌의 도시 카하마르카(Cajamarca)에 도착할 수 있었다. 피사로는 잉카의 지도자 아타우알파(Atahualpa)에게 사절을 보내어 회담을 제의하였고 그 결과 그는 1만 명의 키토인이 둘러싸고 있는 도시로 갈 수 있었다. 그러나 그들이 비무장 상태였기 때문에 피사로는 어렵지 않게 아타우알파를 사로잡을 수 있었고 왕은 자신을 놓아주면 대신 엄청난 양의 보화를 주겠다고 약속하였다. 약속대로 수많은 금과 은이 정복자들의 수중에 들어갔지만, 피사로는 약속을 파기하고 1533년 7월 26일 아타우알파를 처형하였다. 그해 8월 피사로는 스페인 군대와 잉카 지배에 반기를 들고 있던 케추아 인들을 이끌고 제국의 수도 쿠스코(Cuzco)로 진군하였다. 이렇게 도시를 정복한 후 피사로는 페루의 주인으로 입지를 굳혔고 1535년 1월 18

일 왕의 도시인 수도(지금의 리마)를 새로 건설하였다. 그러나 1538년 피사로의 추종자들과 페루 정복의 대가를 제대로 보상받지 못했다고 여긴 알마그로의 추종자들 사이에 반목이 생겼다. 알마그로는 살리나스 전쟁(Guerra de las Salinas)에서 패배하였지만 그의 사후 아들이자 상속자인 디에고 데 알마그로(Diego de Almagro)에 의해 피비린내 나는 복수전이 일어났다. 후작이자 총독으로 있었던 피사로는 알마그로파의 갑작스러운 습격을 받아 1541년 6월 26일 운명을 달리하여야 했다.

Pizarro, Gonzalo (곤살로 피사로)   1513년 스페인 트루히요(Trujillo)에서 태어나 페루 리마 (Lima)에서 사망한 스페인 군인이다. 페루 정복과 살리나스 전투(batalla de Salinas)를 승리로 이끄는 데 결정적인 역할을 했으며 신법(Leyes Nuevas) 시행령을 반대한 선두 주자로서 반란을 일으켰다. 1544년에서 1548년까지 페루의 총독을 지냈으니 1548년 페드로 데 라 가스카(Pedro de La Gasca)와의 전투에서 패배해 참수당한다.

Pla y Deniel, Enrique (플라 이 데니엘)   (1876~1968) 스페인의 성직자이다. 내전 당시 국가의 대의를 위해 헌신하는 모습을 보이며 스페인 민중의 이데올로기적 표상으로 떠올랐다.

Plácido Domingo (플라시도 도밍고)   (1941~) 스페인 테너로 세계 3대 테너 중 한 사람에 속한다. 마드리드 태생이며 청소년기에는 멕시코로 이주해 멕시코시티 음악원에서 전문 교육을 받았다. 1961년 캘리포니아 몬탈레 가극장에서 「La Traviata」로 데뷔했다. 이후 이스라엘 텔아비브 가극장의 전속 가수가 되어, 수많은 오페라에서 경험을 쌓았다. 가장 호평을 받은 것은 푸치니 작품에서 등장하는 영웅적인 역할로서, 그중에서도 「Manon Lescaut」의 데 그뤼는 가장 뛰어나다는 평가를 받고 있다.

Plan de Estabilización (안정화 계획)   스페인에서 1959년 통과된 경제 성장 계획이다. 주된 목표는 경제 안정화와 자유시장의 확보였다. 이로 인해 프랑코(Franco) 정권의 자급 경제주의의 시대가 막을 내렸으며 스페인은 60년대에 들어서 경제 성장을 이룰 수 있었다. ➡ Franquismo(프랑코주의)

Plan E (플랜 E)   스페인 경제 및 일자리 촉진 계획이라는 의미를 담고 있는 국가 차원의 프로젝트이다. 2008년 당시 총리였던 호세 루이스 로드리게스 사파테로(José Luis Rodríguez Zapatero) 정부는 경제활동을 장려하고 공적 기금을 풀며 스페인 경제 위기의 주범인 금융 및 부동산 거품을 제거하고자 하였다. 이 계획은 케인스 경제 학설을 바탕으로 제시된 것이다.

Plan Hidrológico Nacional [국가수리(水利) 계획]   에브로 강 수송 프로젝트 관련 2001년 수정계획안이 2005년 의회 승인을 받은 국가 수자원계획 사업. 2001년 계획안은 에브로 강 유역으로부터 수송한 물을 카스테욘(Castellón), 발렌시아(Valencia), 알리칸테(Alicante), 무르시아(Murcia), 알메리아(Almería), 바르셀로나(Barcelona)에 공급하는 것이었으며 연간 1,050m^{2}를 확보하고 주요 5개 지방에 공급하는 총 43억 유로에 달하는 프로젝트이다.

Planes de Desarrollo (발전계획)   1964년부터 1975년까지 3회에 걸쳐서 진행된 스페인 발전계획을 총칭한다. 경제 성장을 목표로 했다. 1차에서 바야돌리드, 비고, 라 코루냐, 사라고사, 세비야와 같은 상업 중심지가 성장했다. 2차에는 그라나다, 코르도바, 오비에도가 그 뒤를 이었으며 3차는 국제 석유값 폭등으로 인해 중도에 무마되고 말았다. 비록 완료되진 못했지만 전후 스페인 경제 재건에 결정적인 역할을 했다. ➡ Franquismo(프

랑코주의)

Plataforma de Apoyo a Zapatero [사파테로 지지 플랫폼(PAZ)]   2008년 총선 기간 동안 여러 예술가들에 의해 조직된 단체로 대선후보이자 사회주의자인 호세 루이스 로드리게스 사파테로(José Luis Rodríguez Zapatero)를 지지하였고 동성결혼 합법화를 위한 활동을 추진하였다.

Plataforma de Convergencia Democrática (민주주의 수렴체)   반프랑코 독재 조직으로 1975년 스페인사회노동당(PSOE), 스페인 공산주의운동(MCE), 민주좌파, 노동혁명당(ORT) 등이 참여해 창설한 조직이다. 선언문의 주요 내용은 헌법 제정 프로세스의 개방, 다자간 민주주의의 진흥, 연방국가의 구조, 정치범 및 망명자의 석방, 표현의 자유, 억압적 기관과 수단의 폐지, 자유선거 등 스페인 민주주의의 실현이다.

Plaucio, Aulo (아울로 플라우시오)   기원전 1세기 클라우디우스(Claudius)가 로마 제국을 통치할 당시 현재 영국 영토의 통치자였으며, 당시 제국의 영토를 확장했다. 피손의 반란에 동참했다가 참수형을 당했다.

Plaza de Castilla de Madrid (마드리드 카스티야 광장)   스페인 마드리드에 있는 카스테야나 도로(Paseo de la Castellana)를 북쪽으로 따라가다 보면 도로 끝에 있는 광장이다. 마드리드에 있는 가장 큰 광장 중 하나이다. 차마르틴(Chamartín) 구(區)에 속하는 이 광장은 아스투리아스 거리(Avenida de Asturias)와 아구스틴 데 폭사(Agustín de Foxa) 거리를 교차로 두고 있다.

Plaza de Cibeles (시벨레스 광장)   스페인 마드리드에 있는 광장이다. 알칼라 거리(calle de Alcalá)와 프라도 거리(paseo del Prado)를 교차하고 있는 이 광장은 도시의 중심부와 레티로(Retiro), 살라망카(Salamanca)를 구분하는 곳이다. 시벨레스 분수대와 시벨레스 궁전과 함께 스페인 수도의 대표적 볼거리를 선사한다.

Plaza de las Descalzas (데스칼사스 광장)   데스칼사스 수도원과 함께 위치한 광장이라 하여 데스칼사스 광장이라고 불리며, 12세기에는 구 산 마르틴(San Martín) 지역 중심에 위치하여 산 마르틴 성당과 산 마르틴 수도원을 연결하는 광장으로 사용되었다가 13세기 구 마드리드의 두 번째 확장으로 새롭게 조성되었다.

Plaza de Oriente (오리엔테 광장)   스페인 마드리드에 있는 광장이다. 1844년 건축가 나르시소 파스쿠알 콜로메르(Narciso Pascual y Colomer)로부터 시작되었다. 광장의 동쪽에는 스페인 왕궁(Palacio Real)이 있고, 서쪽에는 왕립 극장(Teatro Real), 북쪽에는 왕립 수도원(Real Monasterio de la Encarnación)이 있으며 광장 중앙에 펠리페 4세(Felipe Ⅳ)의 기마상과 분수대가 있어 마드리드를 상징하는 기념물이라고 할 수 있다.

Plaza Mayor de Madrid (마드리드 마요르 광장)   스페인 마드리드에 있는 광장이다. 신고전주의 양식 사각형으로 줄지어 지어진 4층짜리 건물로 둘러싸여 자연스럽게 만들어져 있다. 중세 시대에 상인들이 모여 살며 물건을 팔던 곳이었으며, 펠리페 3세(Felipe III)가 주요 행사가 열리는 광장으로 건축하도록 했다. 국왕의 취임식, 종교의식, 투우를 비롯하여 교수형까지 마드리드의 주요 행사가 이곳에서 열렸다. 현재는 마드리드 시민을 위한 휴식 공간으로 사용된다. 광장을 둘러싼 건물의 1층에는 식당과 카페테리아가 있다.

Plaza Mayor de Valladolid (바야돌리드 대광장)   스페인 바야돌리드시의 중앙 광장으로 페드로 안수레스 백작의 명으로 11세기에 지어졌다가 바야돌리드 대화재 이후 프란시스코 데 살라망카에 의해 재건되었다. 스페인 최초의 대칭형 광장이며 합스부르크 왕가 시절 국가 행사 장소와 시장의 기능을 했다.

Plus Ultra (카를로스 5세에 의해 확립된 스페인의 모토)   라틴어로 '~넘어서서(Más allá)'을 뜻하는 말로, 카를로스 5세가 스페인 제국의 역동성을 표현하고자 쓴 슬로건이다. 본래 지브롤터 해협이 세상의 끝이라 생각했던 선원들이 '이곳을 넘어서면 땅이 더 이상 없다(Non Terrae Plus Ultra)'는 말에서 유래했다. 신대륙 발견 이후 이 패러다임은 사라졌고 한계를 넘어선 곳에 새로운 것이 있을 것이라는 패러다임이 생겼다. 스페인 의회의 회장에 이 슬로건이 헤라클레스의 기둥에 휘감긴 모양으로 새겨져 있다. ⇒ Carlos(카를로스 1세)

Pochteca (포치테카)   아스테카 문명이 꽃피던 당시 존재했던 유랑 상인들의 길드를 지칭한다. 이들은 상인이기도 했지만 첩보원 역할도 수행했으며 메소아메리카 전역에 영향을 행사했다. ⇒ Azteca, Imperio(아스테카 제국)

Poder dual (이중권력)   두 개의 권력 집단이 합법적 통치 권리를 두고 대립구도를 형성하는 것을 뜻한다. 이중권력의 개념은 레닌에 의해 제시되었고 소비에트 계급이 러시아 황실에 맞서 권력을 쟁탈한 전략은 중국의 마오쩌둥에게도 영향을 끼쳤다.

Pogromo de Sevilla de 1391(revuelta antijudía de 1391) (1391년 대학살)
14세기 말 유럽은 흑사병으로 인한 인구 감소와 경제, 사회적 불황 등의 문제로 불안정한 상태였다. 1391년 세비야에서 유대인 사이에 일어난 전통적 처벌(유대 교리에 따른 참수형)을 엔리케 3세가 단속하자 유대인과 스페인 사람들 간 대립이 반유대인 시위로 확산되었다. 이는 유대인 추방과 학살이라는 결과를 낳았다. 러시아어 'norpom(박멸, 파괴)'에서 유래한 단어로 스페인식 표현은 포그로모(pogromo)이며 무방비 상태의 집단에게 무차별적 폭력을 가하고 박해 및 학살을 거행하는 행위를 지칭한다. ⇒ Conversos(개종자들)

Polisinodial* (복수회의체)   스페인 앙시앵레짐(Antiguo Régimen)에서 흔히 볼 수 있는 통치체제이다. 가톨릭 공동왕(Reyes Católicos)에 의해 설립되기 시작하여 합스부르크(Habsburgo) 왕가의 치세 기에도 지속적으로 창설, 운영되었다. 복수회의체는 왕에게 의견서(consulta)를 전달하는 방식으로 자문을 하였고, 왕은 통치 현안에 대해 결정을 내리면서 이러한 평의회원들(consejeros)의 의견을 참고하였다. 평의회 체제에서 가장 권위 있는 기구라고 하다면 국가평의회(Consejo de Estado)라고 할 수 있는데, 이곳에서는 대외정치와 국방에 대해 논의하였으며 스페인에서도 가장 명문가 출신의 귀족들과 장군들, 외교대사들이 참석하였다. 다른 평의회들이 주로 관료층에 의해 충원되고 운영되었다면, 국가평의회는 유일하게 고관대작들이 장악하던 곳이었다. 한편 이러한 국가평의회는 1526년 황제 카를로스 5세(Carlos V)에 의해 확실한 조직 체계를 갖추게 되었고, 또 여기에서 전쟁평의회(Consejo de Guerra)가 파생돼 펠리페 2세(Felipe II) 시기에 독자적인 평의회로 자리 잡게 되었다. 또한 스페인을 이루고 있던 다양한 왕국들의 통치 사안은 각각의 왕국 평의회나 연합왕국(Corona) 평의회에서 다루어졌다. 즉 카스티야평의회(Consejo de Castilla)는 트라스타마라(Trastámara) 왕가의 치하에 있었던 옛 왕실평의회(Consejo Real)의 후신으로서 여기서부터 1588년에 카스티야회의(Cámara de Castilla)가 만들어지고 왕에게 관직과 성직에 대한 제반 임명 사안에서 의견을 제시하는 역할을 하였다. 아라곤평의회(Consejo de Aragón)는 페르난도 가톨릭 왕(Fernando el Católico)에 의해 1555년에 창설된 것으로 시칠리아(Sicilia)에 대한 관할권도 이곳으로 옮겨지게 되었다.

또 플랑드르평의회(Consejo de Flandes)는 1588년에 궁정(corte)에서 창설되었고, 포르투갈평의회(Consejo de Portugal)는 1582년부터 존재하였으며, 인디아스평의회(Consejo de Indias)는 1524년에 설립되었다. 한편 관할영토에 해당하는 이러한 평의회들 외에 특정 사안들을 다루는 평의회들도 있었다. 재정평의회(Consejo de Hacienda)는 카를로스 5세 치세 기부터 존재하면서 주로 카스티야(Castilla)의 수입을 관리하고 대외활동에 소모되는 비용을 예측, 진단하는 일을 하였다. 그 외에도 기사단평의회(Consejo de Órdenes Militares)는 가톨릭 왕에 의해 1495년에 창설되었으며, 종교재판소평의회(Consejo de la General y Suprema Inquisición)는 1480년대 초에 설립되었다. 또한 십자군평의회(Consejo de Cruzada)는 1509년에 창설되어 교회 측에서 나오는 세금을 운용하는 역할을 담당하였다. 한편 평의회 체제가 활성화되면서 왕과 평의회 간에 매개 역할을 하던 평의회 소속 비서들이 중시되었는데, 그중에서도 특히 국가평의회의 비서(Secretario de Estado)는 궁정 내에 적지 않은 영향력을 행사하였다.

Polo (폴로)   플라멩코의 원초적인 형태 중 하나이다. 따라 부르기 힘든 곡조를 지니고 있다. 가수를 돋보이게 하는 장르가 아니었으므로 시간과 함께 사그라들었다. 호세 메네세(José Menese)와 포스포리토(Fosforito)가 폴로를 불렀다.

Polvorón (폴보론)   밀가루, 버터, 설탕 그리고 계피를 주재료로 하며 오븐에 구워낸 작은 조각의 케이크다. 입안에 넣으면 가루(polvo)가 된다고 해서 폴보론이라는 이름이 붙여졌다. 스페인과 몇몇 스페인어권 국가에서는 성탄절 날에 먹는 전통 케이크지만 나바라에서는 연중 아무 때나 맛볼 수 있다.

Ponza, Batalla de (폰사 전투)   1435년에 나폴리 왕국에서 집권하는 아라곤의 알폰소 5세(Alfonso V)의 함대와 제노바의 함대 사이에 벌어진 전투이다. 제노바의 승리로 끝났지만, 결과적으로는 알폰소 5세가 밀라노 공작(duque de Milán)과 동맹을 맺음으로써 나폴리의 왕으로 등극하기에 이른다. ➡ Aragón, Corona de(아라곤 연합왕국)

Populismo* (포퓰리즘)   고유한 이데올로기라기보다는 오히려 여러 이데올로기들을 수용, 조합한 급진적인 비전이라고 할 수 있다. 이런 연유로 좌·우익의 포퓰리즘이나 반동적 혹은 혁명적인 포퓰리즘이 공존할 수 있었다. 라틴아메리카 포퓰리즘은 농업적인 지지 기반이 우세한 운동으로서 선명하지 않은 이데올로기와 강력하고 결정적인 개인 리더십에 의존하는 특징을 보여주고 있다. 분명한 정치노선이 부재하기 때문에 지도자는 전 시대의 보스와 유사한 모습으로 대중에게 접근하였고 당면한 시대적, 정치적 변수에 따라 운동을 이끌고 좌·우파의 색깔 여부를 결정지었다. 라틴아메리카에서는 브라질과 아르헨티나에서 초기에 이러한 포퓰리즘을 확인해 볼 수 있다. 즉 헤툴리오 바르가스(Getulio Vargas)와 후안 도밍고 페론(Juan Domingo Perón)이 중심인물이라고 할 수 있다. 오랫동안 정치 무대를 장악하면서 그들이 표명한 메시지에는 두 가지 특성이 드러났다. 먼저 제3의 주의라고 부를 수 있는 이데올로기로서 각 나라가 보유하고 있는 특정 방식에 따라 변화에 대응하려는 입장이었다. 냉전 이후 미소 초강대국을 중심으로 한 자본주의와 사회주의가 끊임없이 반목하는 상황에서 포퓰리즘의 메시지는 상반된 체제 안에서도 앞으로 나아가자는 것이었으며, 비록 명확한 내용물이나 가시적인 결과물은 없었지만 일정한 양식들을 만들어 가면서 광범위한 주민 층에게서 지지와 에너지를 동원할 수 있었던 것이다. 해체 과정에 있는 전통 사회에서 포퓰리즘과 페루의 APRA, 베네수엘라의 AD, 멕시코의 PRI와 같은 정치적 양태들은 공공연하게 현상유지에 반기를 들었고 변화를 옹호하였으며 공산주의에서 제시하는 고전적인 방식은 아니었지만 심지어 혁명을 내세우기도 하였다. 또한 전통적인 정책과 과두체제, 제국주의에 대한 반대는 국가주의적인 메시지로 치장되었으며 여기에서 '사회정의'에 대한 설파와 소외된 자들에 대한 권력의 허용이 나오게 되었던 것이다. 라틴아메리카 포퓰리즘은 자본가들, 토지지주들, 부의 자산가들에 대비한 노동자들을 염두에 두고, '억압받는 자', '셔츠가 없는 자(descamisados)'와 같은 용어를 자주 사용하며 기존의 자본주의에 반대하였다. 여기에서 민중이 과두지배체제와 보수 체제를 무너뜨리고 권력에 도달할 수 있다는 사상이 나오게 되었으며 리더들은 공산주의에 접근하며 자주 좌파적인 어조를 남발하기도 하였다. 물론 막스나 레닌의 교조주의와는 명백한 차이가 있고 또 본인들 스스로도 항상 일정 거리를 두고서 주의하면서 밀어낸다. 이러한 측면에서 모든 포퓰리즘이 자유시장경제에 반대하였다거나 강력한 국가간섭을 옹호하였다거나 모든 생산 기구들을 국유화한다거나 사회주의국가들과 같이 중앙집권화된 계획경제를 이끈다고 단언하지 않았다. 종합적으로 말하면 포퓰리즘은 고전주의적이라기보다는 민족주의적이며 친소비에트적이기라기보다는 반미적인 성향이 강하며, 명확한 경제실행프로그램을 내세우기 보다는 실체가 불분명한 거대 양식에 의존하면서 오히려 상당 부분 파시즘에 접근하는 보여줄 때가 많았다고 할 수 있다.

Por la Europa de los Pueblos (민중의 유럽을 위한 단체)　1989년 유럽의회 선거(Elecciones al Parlamento Europeo)를 위해 스페인에서 조직된 선거동맹 단체이다. 지역주의 및 좌파 민족주의 성향을 지녔으며 에우스코 알카를타수나(Eusko Alkartasuna, EA), 에스케라 레푸블리카나 카탈루냐(Esquerra Republicana de Catalunya, ERC), 갈리시아민족주의당(Partido Nacionalista Gallego, PNG)이 연합하여 이루어졌다. 카를로스 가라이코에세아(Carlos Garaikoetxea), 안토니오 올리베스(Antonio Olives) 인물을 중심으로 활동하였다.

Portela Valladares, Manuel (마누엘 포르텔라 바야다레스)　스페인 자유당의 정치인으로, 1866년 혹은 1868년 스페인 갈리시아(Galicia)에서 태어나 1952년 프랑스에서 사망했다. 알폰소 12세(Alfonso XII)의 집권 동안 국회의원과 산업부 장관 등을 지냈으며, 극우파인 알레한드로 레룩스(Alejandro Lerroux)의 집권기에 내무부 장관을 역임하였다.

Portocarrero, Luis Manuel Fernández de (루이스 마누엘 페르난데스 데 포르토카레로) (1635~1709) 스페인의 성직자이자 정치가이다. 시칠리아 섬을 평화롭게 경영한 공이 인정되어 스페인으로 건너와 대주교 및 고문관으로 카를로스 2세(Carlos II), 펠리페 5세(Felipe V) 등을 가깝게 섬겼으나 기회주의적인 행동으로 스페인의 귀족들과 왕족에게 미움을 사 정치계에서 추방을 당했다.

Posición Yuste (유스테 거점)　스페인 내전이 끝나기 직전 스페인 공화제가 잔여했던 지역들을 일컫는다. 후안 네그린(Juan Negrín)은 1939년 2월 이곳에 신정부를 세웠다. 이 명칭은 엑스트레마두라(Extremadura) 주의 유스테 수도원(Monasterio de Yuste)과 카를로스 1세(Carlos I)의 역사적 퇴위를 암시하기도 한다. 알리칸테(Alicante) 주(州) 엘 포블렛(El Poblet)이라고 알려진 농장에 위치해 있다. ➡ Guerra Civil Española(스페인 내전)

POUM, Partido Obrero de Unificación Marxista(PUMO) (마르크스주의노동연합당)
스페인에서 1935년에 창당되었다. 스탈린을 반대하고 마르크주의 혁신을 이행하고자 했던 당은 좌파공산주의에 가까웠다. 스페인 내전 당시와 이후에 활발하게 활동하면서

1937년 "5월의 사건들(Hechos de Mayo)" 운동을 주도하기도 하고, 네그린(Negrín)을 반대하는 운동을 펼치기도 했다. ⇒ Guerra Civil Española(스페인 내전)

Prefecturas (현)　콘스탄티누스 1세 황제(Constantino I el Grande) 시대 때 정부 기관 또는 영토의 명칭이다. 콘스탄티누스 1세 황제는 제국을 4개의 현으로 나누고, 각 현을 주교(대주교) 교구(Diócesis)로 나눴다. 주 또는 도시와 비슷한 형태이며 자치 체제를 갖췄지만 로마에 충성할 의무가 있었다.

Prelatura Personal (고관단)　가톨릭교회의 기관으로 지역 사회나 사회단체를 대상으로 사역 또는 선교활동을 펼치는 것을 주관한다. 사제나 주교들로 구성되어 있으나 교인이 아닌 사람이 유기적으로 참여할 수도 있다. 현재 성 십자가 사제단(Sociedad Sacerdotal de la Santa Cruz)과 오푸스 데이가 있다. ⇒ Opus Dei(오푸스 데이)

Premio Nacional de Artes Plásticas de España (스페인 국립 조형 예술상)　매년 스페인 문화부에서 주최하는 국립 문화예술상 중 하나이다. 수상은 1980년부터 시작되었으며, 현대 조형 예술가들의 공로를 축하하는 목적이 있다. 수상년도 전년도에 스페인 문화 예술에 공헌을 한 예술가들을 선별해 사회적 가치를 반영하는 작품에 총 30,000유로를 지급한다.

Premio Víctor de la Serna (빅토르 데 라 세르나상)　마드리드언론협회(Asociación de la Prensa de Madrid)가 스페인 언론인들에게 부여하는 상이다. 1974년부터 빅토르 데 라 세르나 이 에스피나(Víctor de la Serna y Espina) 기자를 기리면서 시상이 시작되었고, 일 년 동안 전국 언론 보도에서 가장 기여가 큰 기자에게 수여된다. 1973년에는 필라르 나르비온 로요(Pilar Narvión Royo)가, 2010년에는 마리아 앙헬레스 에스피노사 아소프라(María Ángeles Espinosa Azofra), 2012년에는 호세 욜디(José Yoldi)가 수상하였다.

Premios Goya (고야상)　매년 스페인영화예술학협회(Academia de las Artes y las Ciencias Cinematográficas de España)에서 선정하여 수상하는 상이다. 1987년부터 3월 시작하였으며, 매년 1월 말 2월 초에 영화 각 분야의 상을 수여한다. 페드로 알모도바르(Pedro Almodóvar, 1949~) 등 많은 유명 인사들을 배출한 스페인의 오스카상이라 할 수 있다.

Premios Príncipe de Asturias (아스투리아 왕자상)　아스투리아 왕자 재단(Fundación Príncipe de Asturias)에서 1981년 제작한 상이다. 매년 오비에도(Oviedo)에서 아스투리아스 왕자에 의해 수여되며, 과학기술, 예술, 언어, 사회과학, 커뮤니케이션, 인문, 이베리안의 협력의 부문으로 수상이 되었다. 1990년 체육 부문이 추가되어 현재 매년 8개 부문의 상을 수여한다.

Presura (프레수라)　'점령하다'라는 뜻을 가진 라틴어 'pressura'에서 유래한 단어로 레콩키스타 초기 문서에 등장한다. 이는 주인이 없는 땅을 발견하여 먼저 경작하는 사람이 왕으로부터 그 땅의 소유권을 인정받는 제도이며 로마법에 기반을 두고 있다. 스페인은 알 안달루스와 군사적 거리를 유지하기 위해 칸타브리아 산맥과 두에로 강 사이 지역에 프레수라를 실행했다. ⇒ Reconquista(레콩키스타)

Pretor (프라이토르)　기원전 306년에 설치된 고대 로마시대의 직위로 로마 집정관 직속 사법관이다. 주 임무는 법 집행이었으나 입법권도 행사하였으며, 사르디니아(Cerdeña)와 에스파냐(España)의 속주에도 이 직책을 두어 통치하게 하였다. ⇒ Romanización(로마화)

Prim y Prats, Juan (후안 프림 이 프라트) 　(1814~1870) 스페인의 군인, 정치인. 마드리드, 바르셀로나 등을 통치했으며 1868년에 대통령으로 선출되기도 했다. 68혁명을 통해 이

사벨 2세를 몰아내는 데 중요한 역할을 했다. ⇒ Revolución de 1868(1868년 혁명)

Primer Tratado de Partición(Tratado de La Haya) [1차 분할 조약(헤이그 조약)]
첫 번째 분할 조약은 1698년 스페인 왕 카를로스 2세(Carlos II)가 대를 이을 자손 없이 병상에 누워있을 때 영국과 프랑스 사이에 이루어진 조약이다. 이 조약을 통해 오스트리아(Austria)는 왕자의 지위로 호세 페르난도 데 바비에라(José Fernando de Baviera)가 기푸스코아(Guipúzcoa) 주를 제외한 스페인 왕국을 통치하게 되었으며, 루이 14세의 적자(嫡子) 루이(le Grand Dauphin)가 나폴리, 시칠리아, 토스카나 및 피날레 후작령 그리고 기푸스코아를 통치하게 되었다. ⇒ Guerra de Sucesión Española(스페인 왕위계승전쟁, 1700~1713)

Primera batalla de la carretera de La Coruña (제1차 라 코루냐 도로 전투)   제1차 라 코루냐 도로 전투 또는 포수엘로 공세(Ofensiva de Pozuelo)라고 불리는 스페인 내전이 시작된 1936년 마드리드의 포수엘로 지역에서 일어난 전투이다. 11월 29일에 시작된 이 전투는 같은 해 12월 2일에 카사 데 캄포(Casa de Campo)에서 역습에 실패하였으나, 곧 2, 3차 전투로 이어졌다. ⇒ Guerra Civil Española(스페인 내전)

Primera Guerra Carlista (1차 카를로스 전쟁)   1833년에서 1840년 사이 스페인에서 발발한 내전으로 부르봉가의 카를로스(Carlos) 왕자를 지지하던 전제주의자들과 마리아 크리스티나(Maria Cristina)의 지지자들 간 세력 다툼이 그 원인이었다. 영국과 프랑스의 원조에 힘입어 이사벨 2세(Isabel II)가 승리했다. ⇒ Carlismo(카를로스주의)

Primo de Rivera, José Antonio (호세 안토니오 프리모 데 리베라)   (1903~1936) 변호사이자 스페인의 정치가로 팔랑헤당의 창립자이다. 1922년 법학사를 취득한 이후, 그의 아버지 독재자 미겔 프리모 데 리베라(Miguel Primo de Rivera)의 업적에 대한 모욕적인 이미지를 변호할 목적으로 1931년 제헌의회 의원에 입후보했으나 낙선한다. 이후 1933년 10월 29일 극우파 성향을 띤 팔랑헤당을 창립했으며 이는 1934년 공세적 국가 신디컬리즘위원회(JONS)에 통합된다. 1934년 열린 팔랑헤당의 첫 전당대회에서 전국수장으로 임명되기에 이른다. 시민전쟁이 시작되고 알리칸테(Alicante)에 있는 감옥에 수용되었다. 사형을 선고받아 1936년 11월 20일 총살당한다. ⇒ Falange Española(스페인 팔랑헤)

Princesa de Éboli (에볼리 부인)   스페인의 귀족으로 1540년 6월 과달라하라(Guadalajara)의 시푸엔테스(Cifuentes)에서 태어나 1592년 파스트라나(Pastrana)에서 사망하였다. 스페인의 영향력 있는 멘도사(Mendoza) 가문의 사람으로 역사적으로 여러 가지 전설의 주인공으로 등장하여 세계적인 명성을 얻었다. 아름다운 외모를 가진 여인으로서 결투에서 잃어버린 오른쪽 눈을 가리기 위해 안대를 착용하고 다녔다. 스페인에서 가장 중요한 두 귀족 가문 출신인 멘도사 가문의 아버지 디에고 우르타도(Diego Hurtado)와 실바(Silva) 가문의 어머니 카타리나(Catarina) 사이의 외동딸이었으며, 1553년 실바 가문의 루이 고메스와 결혼하였으나 불행한 결혼생활을 하였다. 1573년 남편의 죽음 이후 왕 펠리페 2세의 비서인 안토니오 페레스와 관계를 맺게 되며 이후 1579년 국가를 배신한 죄명으로 체포되어 1592년 감옥에서 사망하였다. ⇒ Felipe II(펠리페 2세)

Principado de Asturias (아스투리아스 자치주)   스페인 최북부에 위치한 자치주로 단 하나의 도로 이루어져 있다(Provincia de Oviedo). 공식 언어는 스페인어이고 약 100만 명의 인구가 살고 있다. 역사적으로 스페인 왕위 후계자에게 아스투리아스 왕자(Príncipe de

Asturias)의 칭호를 하사했기 때문에 자치주(Comunidad)가 아니라 공국(Principado)이라 불린다. ⇒ Asturias, Principado y reino de(아스투리아스 공국, 아스투리아스 왕국)

Príncipe de Asturias (아스투리아스 왕자)　스페인 왕위 계승자에게 부여되는 명예직으로 1388년 카스티야의 후안 1세(Juan I)가 엔리케(Enrique)에게 결혼 선물로 아스투리아스 지역의 통치권을 하사한 데서 유래했다. 가톨릭 공동왕 때부터 왕위 계승자에게 그를 인정하는 의회가 부여하는 칭호가 되었다. ⇒ Asturias, Principado y reino de(아스투리아스 공국, 아스투리아스 왕국)

Príncipe de Éboli (에볼리 군주)　파스트라나(Pastrana)의 첫 번째 공작이자 에볼리(Éboli)의 군주로 포루투갈의 귀족이다. 1516년 포르투갈의 사마스카에서 태어났으며, 1573년 마드리드에서 사망하였다. 카를로스 1세의 부인인 황후 엘리자베스의 수석 집사였던 할머니 루이 테예스 데 메네세스(Ruy Téllez de Meneses)에 의해 어린 시절부터 스페인에서 생활하였으며 9살 때 황후의 시동이 되었고 이후 펠리페 2세의 신하가 되었다. ⇒ Felipe II(펠리페 2세)

Príncipe don Carlos/Carlos de Austria y Portugal (카를로스 황태자)　1560년과 1568년 사이의 스페인 왕위 계승자로 1545년 7월 8일 바야돌리드(Valladolid)에서 태어나 1568년 7월 29일 마드리드의 감옥에서 사망했다. 펠리페 2세와 그의 첫 번째 부인이었던 포르투갈의 마리아 마누엘라(María Manuela)의 아들로 어린 시절부터 아버지와 떨어져 지냈다. 1560년 카스티야 의회에 의해 왕위 계승자로 선정되었으나 아버지인 펠리페 2세는 그의 왕위계승을 반대하였으며, 이후 카를로스 황태자는 네덜란드 반란에 가담하여 부왕의 암살을 꾀하다가 체포되었으며, 감옥에서 사망하였다. ⇒ Felipe II(펠리페 2세)

Principe Pío/Montaña del Príncipe Pío(프린시페 피오)　마드리드의 스페인 광장(plaza de España)과 프린세사(Princesa), 마르케스 데 우르키호(Marqués de Urquijo) 그리고 페라사(Ferraza) 거리 사이에 위치한다. 현재 데보드(Debod)사원이 있는 곳이며 전에는 산 베르나르디노(San Bernardino) 고원으로 알려졌지만 후에 산의 소유자인 피오 데 사보야(Pío de Saboya) 왕자의 이름을 따서 프린시페 피오 산으로 불려졌다. 과거 레알 시티오 데 플로리다(Real Sitio de Florida)의 한 부분을 차지하였으며, 프란시스코 데 고야(Francisco de Goya)의 1808년 5월 3일 총살(Fusilamientos del tres de mayo)의 무대이기도 하다. 1860년에 몬타냐 막사(cuartel de la Montaña)가 세워지고 내전 때 파괴된 후 그곳에 데보드(Debod) 사원이 세워졌다.

Procesión (행렬)　한 위치에서 다른 위치로 이동을 하거나, 출발점으로 다시 되돌아오는 종교행렬을 말한다. 이와 같은 행렬은 힌두교, 신도, 유대교, 이슬람교, 로마가톨릭교 등과 같은 대부분의 종교들에서 찾아볼 수 있다. 현재 행해지고 있는 대표적인 기독교 행렬로는 성주간(Semana Santa) 행렬이 있다.

Proceso de paz con ETA del Gobierno socialista de Rodríguez Zapatero (ETA와 로드리게스 사파테로 사회주의 정부 간의 평화 프로세스)　ETA(바스크 조국과 자유, Euskadi Ta Askatasuna) 테러 단체와 스페인 총리 로드리게스 사파테로 사회주의 정부 간에 이루어진 평화 프로세스는 국가 내 더 이상 ETA 테러리즘을 발생하지 않도록 하겠다는 내용을 담고 있다. 수차례 협상한 결과 ETA는 2004년 카탈루냐에서 어떠한 "무력 행위"도 하지 않을 것과 "민족자결권에 대한 인식"에 대해 입장을 표명하였다.

Proceso de Reorganización Nacional (국가 재조직 과정)　1976년에서 1983년까지 아르

헨티나를 통치한 군사정부가 스스로 일컫는 명칭이다. 프로세소(el Proceso)라는 약칭으로 불리기도 한다.

Procónsul [총독(로마)]　　로마 집정관의 임무를 위임받아 지역 행정을 수행한 행정관이었다. 영토가 늘어나면서 집정관을 대신하여 각 지역을 관리할 행정관이 필요했다. 기원전 227년부터는 섬들의 재무관으로 활동했으며 기원전 197년부터는 이스파니아(Hispania)의 식민지 총독 형태로 임무를 수행했다. ⇒ Romanización(로마화)

Procurador (대리인)　　누군가를 대신하여 행동하는 대리인으로 가정이나 지역 사회의 금융 업무를 대신하는 회계 대리인을 의미하거나 법률적으로 재판 동안 법정에서 법률 행위를 대신하는 소송 대리인 및 변호사를 뜻한다. 역사적으로 왕국을 대표하는 사람 혹은 국회에서 파견된 각 도시의 대의원, 시청의 고충 처리 담당자를 지칭하는 단어로 사용되기도 하였다.

Pronunciamiento* (군부의 봉기)　　19세기 스페인의 주요한 현상을 설명하는 것으로서 군수뇌부의 일부가 군대의 힘을 동원하여 한 나라의 정권을 장악하거나 혹은 정부에 압력을 행사하기 위하여 봉기를 일으킨 것을 말한다. 군부의 봉기는 고립된 형태로 일어났다기보다 오히려 일부 정치인들의 지원 아래, 심지어 정부의 지지를 받으며 출현하였다. 스페인 역사에서 첫 번째 군부봉기로 알려진 사건은 스페인 독립전쟁의 게릴라 전사였던 에스포스 이 미나(Espoz y Mina)가 일으킨 것으로 페르난도 7세(Fernando VII)의 전제주의에 항거해 1812년 헌법을 지지하며 자유주의 정권 수립을 목적으로 일어났다. 그러나 봉기에 실패하고 그가 프랑스로 도주한 후 1815년 두 번째 군사봉기가 게릴라 전사였던 포르리에르(Porlier)에 의해 일어나지만 이것도 역시 실패하게 된다. 페르난도 7세에 대항하는 이러한 자유주의 군사봉기들은 1820년 1월 1일에 마침내 결실을 거두게 되는데 이는 카디스(Cádiz)에서 아메리카 식민지의 반란 진압을 위해 대기하고 있던 라파엘 델 리에고(Rafael del Riego) 사령관에 의해서였다. 리에고는 1812년 헌법을 공포하면서 자유주의 정권을 수립하였고 안달루시아에 있던 다른 군대들과 스페인의 주요 도시들이 차례로 합세하며 소위 자유주의 3년의 시기(Trienio Liberal)를 열었다. 이후 마리아 크리스티나 데 부르봉(María Cristina de Borbón) 섭정 시기에 또 다른 중요한 군부 봉기가 일어나는데 이 봉기도 역시 자유주의적인 성격을 지닌 것이었다. 1833년 8월 13일에 왕실 수비대의 장교들이 주축이 되어 일어난 것으로, 섭정자에게 1834년 4월 10일에 공표된 왕령 폐지와 1812년 헌법 정신을 실행하도록 요구하였다. 이렇게 하여 새로운 단계의 자유주의 정권 시대가 개막하지만 섭정자의 온건한 정당에 대한 지지와 보수주의로의 회귀는 에스파르테로(Espartero) 장군을 중심으로 한 진보주의자들의 반정권 투쟁을 초래하였다. 그 결과 1840년 9월부터 혁명위원회들이 수립되고 마리아 크리스티나의 망명과 에스파르테로의 새로운 섭정 시기가 열렸다. 이 외에도 두 섭정 시기 동안 다양한 성격의 군사봉기들이 대략 200여 개 정도 일어났다. 그다음으로 중요한 군사봉기는 일명 '라 비칼바라다(La Vicalvarada)'로 알려진 것으로 1854년에 오도넬(O'Donnell), 둘세(Dulce), 로스 데 올라노(Ros de Olano), 메시나(Mesina), 밀란스 델 보쉬(Milans del Bosch), 에차구에(Echagüe) 대령을 중심으로 일어났으며 이후 10년의 온건주의 시대(Década Moderada)가 열렸다. 그리고 오도넬이 권력에 오르고 에스파르테로가 돌아오면서 진보주의 2년(Bienio Progresista)의 시대가 시작되었다. 한편 1864년부터 1866년까지 후안 프림(Juan Prim)을 주축으로 세 개의 봉기가 일어났으며 이 중에서 가장 유명한 봉기는 1868년에 후안 프림 장군, 세라노(Serrano) 장군, 토페테(Topete) 제독이 중심이 되어 일어난 것이다. 그러나 이후 수립된 제1공화국은 1874년 마르티네스 캄포스(Martínez Campos) 장군의 보수주의적인 봉기로 종식되고 알폰소 12세(Alfonso XII)의 왕정복고가 이루어졌다. 1923년 9월 13일에 미겔 프리모 데 리베라(Miguel Primo de Rivera) 장군이 알폰소 13세의 묵인 아래 일으킨 군사봉기는 독재 정권의 수립을 가져왔지만 이후 왕정이 폐지되고 제2공화국이 선포되는 계기가 되었다. 1936년 7월 17일 프랑코(Franco) 장군은 공화국 정부에 대해 반기를 들고 군사봉기를 일으켰으며 이는 제2공화국의 종말과 독재 정권의 수립을 가져온다. 1975년 프랑코 총통이 사망하고 혼란의 시기가 도래하면서 다시 군사봉기가 일어나는데 1979년 11월 안토니오 테헤로(Antonio Tejero) 중령에 의해 일명 갈락시아 작전(Operación Galaxia)과 1981년 2월 23일에 또 다시 테헤로 중령에 의해 일부 군수뇌부의 지지를 받고 일어난 봉기로, 양자 모두 실패하고 후자는 현재에 마지막 군부 봉기로 기억되고 있다.

Pronunciamiento de Riego (리에고의 쿠데타)　　1820년 리에고 장군이 일으킨 쿠데타로, 이로 인해 페르난도 7세(Fernando VII)의 전제주의 정권이 무너지고 자유주의 정권이 들어섰다. 이 사건을 계기로 1823년까지 스페인에 자유주의 정권의 시기가 도래했다.

Protectorado español de Marruecos (모로코의 스페인 보호령제)　　모로코 술탄 영토 내 스페인 영토를 법률상으로 인정하는 제도이다. 이것은 1912년 11월 보호령제가 성립되면서부터 시작되었다. 모로코 북쪽에 위치한 리프(Rif)와 예바라(Yebala) 지역과 스페인 세우타(Ceuta)와 멜리야(Melilla)와 국경선을 접하고 있는 지역이 보호령제 내에 속해 있었고, 국제적 공동 소유 토지로 탕헤르(Tánger) 지역이 포함되어 있었다. 남쪽 및 동쪽 지역은 모로코 프랑스 영토 보호령제와 근접해 있었다.

Protesta (항의)　　항의 집회 또는 항의 데모로 사회적 불만을 시민이 자유롭게, 공개적으로 표현하는 행위이며 올바른 표현은 시위(manifestación)이다.

Prudencia [프루덴시아(신중)]　　종교에서 네 가지 덕 중의 하나인 '신중'을 뜻하는 것으로 스콜라 철학에서 정의된 '적절함'과 '주의' 등을 뜻하기도 한다. 또한 나머지 사람들의 삶과 자유, 감정들을 존중하는 것과 마찬가지로 언어의 명확함, 문학적 언어, 조심스럽고 적절한 언어의 수단으로 대화하는 것으로도 이해한다.

Puchero (푸체로)　　스페인 시골에서 에서 즐겨 먹는 음식이다. 주재료는 고기(돼지고기 혹은 쇠고기, 닭고기)로 육수를 만들며, 감자와 병아리콩으로 만든다. 그 외 고구마, 양배추, 호박 당근, 올리브기름, 근대 등이 들어간다. 하층민의 음식이었던 이 요리는 라틴아메리카까지 전파되었고 이 요리의 파생된 다른 요리들이 생겼다. 그래서 각 나라별로 다르게 불리기도 하며, 주재료가 바뀌기도 한다.

Puente de Alcántara (알칸타라 다리)　　로마 시대 104~106년 알칸타라에 세워진 다리이다. 타호 강(el río Tajo)을 건너는 이 다리는 총 길이 194m, 넓이 8m이다. 이 다리는 타호 강을 건너게 하며 다리 아래에는 다양한 높이의 여섯 아치들이 있고, 다리 중앙에는 트라하노(Trajano) 황제가 명명한 약 10m 높이의 아치형 작은 구조물이 있다. ➡ Romanización(로마화)

Puente de Calderón, Batalla de (푸엔테 데 칼데론 전투)　　1811년 1월 17일에 발발한 전투로 펠릭스 마리아 카예하(Felix María Calleja)가 이끈 왕당파와 미겔 이달고(Miguel Hidalgo)가 이끈 저항 세력이 맞붙었으며, 승리는 왕당파의 것으로 끝났다.

Puente del Arzobispo (푸엔테 델 아르소비스포)　스페인 카스티야-라 만차 자치주 (Comunidad autónoma de Castilla-La Mancha) 톨레도의 작은 마을로 14세기 후반기에 톨레도의 대주교였던 페드로 테노리오(Pedro Tenorio)가 창설했다. 당시 과달루페 성전(Santuario de Nuestra Señora de Guadalupe)에 가려면 타호 강을 건너야 했는데 이 강을 가로지르는 다리의 건설을 감찰할 목적으로 이 마을을 이루게 되었다.

Puerta de Alcalá (알칼라 문)　스페인 마드리드 독립 광장(Plaza de Independencia)에 위치한 문이다. 마드리드 시(市)로 통하는 총 5개의 문(門) 중 하나이며, 이 문은 예전 프랑스와 아라곤(Aragón), 카탈루냐로 갈 수 있는 길이었다. 현재는 알칼라, 알폰소 12, 세라노, 그리고 살루스티아노 올로사가(Salustiano Olózaga) 거리와 연결되어 있으며, 레티로 공원이 정문 옆에 있다.

Puerta de Toledo (푸에르타 데 톨레도)　1328년 스페인 카스티야라만차 자치주의 시우다드 레알에 세워진 성벽으로 오늘날 성문의 잔해가 남아 있으며 스페인 무데하르 건축 양식의 진수를 보여준다. 카스티야의 방패가 정교하게 새겨져 있다.

Puerta del Sol (솔 광장)　스페인 마드리드 중심부에 있는 광장이다. '태양의 문'이라는 뜻으로 16세기까지 태양의 모습이 새겨진 중세 시대의 성문이 있었으나 현재는 없다. 마드리드의 주요 관광지가 주변에 위치하며 스페인 곳곳으로 통하는 9개의 도로가 시작되는 등 마드리드 관광의 거점을 이룬다. 주변에 에스파냐의 백화점 체인 엘 코르테 잉글레스 (El Corte Ingles)를 비롯하여 상점, 음식점, 카페테리아가 많다. 광장에는 말을 탄 카를로스 3세의 동상 및 마드리드를 상징하는 곰 동상이 있다.

Puig I Cadafalch, Josep (푸치 이 카다파르크)　(1867~1957) 카탈루냐 모더니즘을 대표하는 스페인 건축가 중 한 명이며 몬타네르(Lluís Doménech i Montaner)의 제자였다. 바르셀로나 대학(Universidad de Barcelona)에서 물리와 수학(ciencias fisico-matematicas) 을 공부한 후에 고향 마타로로 돌아가 24살의 젊은 나이로 5년 동안 도시 건축가 (arquitecto municipal)를 맡았다. 또한 바르셀로나 건축기술대학교(ETSAB, Escuela Técnica Superior de Arquitectura de Barcelona)에서 교수직을 역임했다. 1917년에는 카탈루냐자치단체연합(mancomunidad de cataluna)의 총재직(presidente)을 맡으면서 교육과 문화에 대한 야심 찬 계획을 세우고 암푸리아스의 고고학적 발굴을 추진했다. 뿐만 아니라, 새로운 도로망을 구축하고 농업개발에 힘썼다. ➡ Romanización(로마화)

Pujol Boquica, Francisco (프란시스코 푸졸 보키카)　19세기 스페인 내전 당시 활동했던 게릴라군이다. 포악함으로 명성을 떨친 그는 프랑스로 건너가 군을 형성해 스페인으로 돌아왔다. 피게라스(Figueras)에 의해 검거되어 법의 심판을 받았다.

Pujol Villarrubi, Emilio (에밀리오 푸졸 비야루비)　1886년에 태어나 1980년에 사망한 스페인의 비우엘라(Vihuela) 연주가이자 음악가이다. 스페인에서 20세기를 대표하는 기타리스트 중 한 명이다. 프란시스코 타레가(Francisco Tárrega)의 연주를 듣고 감명을 받아 기타를 배웠다고 한다. 1970년 스페인 교육과학부에서 주는 상을 받았다.

Pujol y Alonso, Julio (훌리오 푸홀 이 알론소)　1865년에 태어나 1937년에 사망한 스페인의 역사가이자 작가이다. 1900년 노동 재해와 관련된 법에 최초로 이의를 제기했고 사회개혁센터(Instituto de Reformas Sociales)에서 중직을 맡았다. 역사 한림원과 정치 한림원의 일원이었다. 당시 생소하던 독일의 국가사회주의를 스페인에 소개했다.

Pujol, Agustín (아구스틴 푸졸)　1585년에 태어나 1629년에 사망한 스페인의 조각가이다.

그의 아버지는 1600년대 카탈루냐에서 가장 명성을 떨친 조각가였다. 그의 작품들은 후기 르네상스에서 바로크로 넘어가는 모습을 보여준다. 가장 유명한 작품은 1623년 레리다(Lérida)에 있는 한 성당에 조각한 성모 수태 조각상이다.

Pujol, Francisco (프란시스코 푸졸)　　1878년에 태어나 1945년에 사망한 스페인의 음악가이다. 특히 포크 음악에 관심을 보였다. 카탈루냐(Cataluña)의 대중 노래집을 집대성했다. 루이스 밀렛(Luis Millet)과 사제지간이었다. 바르셀로나(Barcelona) 합창단의 총지휘자였다.

Pujol, Jordi (조르디 푸졸)　　(1930~) 바르셀로나(Barcelona) 출신의 정치인이다. 민족주의자였던 그는 카탈루냐(Cataluña)의 독립을 위해 투쟁했다. 철도 파업에 참여하고 공공장소에서 금지곡이었던 카탈루냐 찬가를 부르는 등 저항활동을 펼쳐 수감되기도 했다. 카탈루냐의 정체성에 관한 저서를 다수 남겼으며 1980년부터 2003년까지 23년간 카탈루냐 자치주의 주지사로 활동했다.

Pulgarcito (풀가르시토)　　스페인에서 매주 간행되는 역사에 관한 잡지. 예전의 엘 가토 네그로(El Gato Negro)였던 브루게라(Brugerua) 출판사 소속이며, 동 출판사는 1948년부터 1951년까지 <Súper Pulgarcito>, 1969년부터 1970년까지 <Gran Pulgarcito>를 독자들에게 선보였다. 이 잡지는 1921년에 창간되어, <TBO>와 함께 스페인 내전 시 폐간되지 않고 꾸준히 간행되었던 잡지이기도 하다.

Pulitzer, Joseph (조셉 퓰리처)　　1847년에 태어나 1911년에 사망한 헝가리계 미국인 기자이다. 퓰리처와 윌리엄 허스트(William Hearst) 사이 지속된 경쟁 관계는 미국 언론이 다른 국가들보다 이른 시기에 모더니즘을 맛보게 했다. 기회주의자였던 허스트와 달리 그는 노동자들에게 관심을 돌렸다. 1917년부터 그의 이름을 딴 언론상이 만들어졌다. ➡ Desastre del 98(1898년의 패배)

Pulpo a la gallega (갈리시아 문어 요리)　　갈리시아의 대표 요리이며 스페인 전역에서 맛볼 수 있다. 축제나 순례제에 등장하는 음식이지만 요즘은 타파스(tapas)처럼 가벼운 간식이나 술안주로 자주 먹는다. 보통 동으로 만든 솥에 문어를 통째로 삶으며 1cm가량의 크기로 잘라 그대로 먹거나 삶은 감자 혹은 마늘을 곁들여 먹기도 한다.

Purgatorio (연옥)　　로마 가톨릭의 내세관 중 하나이다. 지옥에 갈 정도의 죄는 아니나 여전히 죄를 지은 영혼들이 천국에 가기 위해 보속을 치르며 얼마 동안 머무르는 장소로 이곳에서 불로 영혼을 정화하며, 연옥에서 지옥으로 가는 경우는 없다. 1336년 베네딕토 12세(Benedicto XII)의 교서를 통해 가톨릭의 공식 교리가 되었다.

Queimada (케이마다)　스페인 갈리시아(Galicia) 지방의 전통주이다. 증류주에 설탕을 첨가한 후 레몬이나 커피콩을 넣는다. 재료를 모두 섞은 후 불로 알코올 성분을 증발시키고 푸른빛이 나기 시작하면 마신다. 케이마다는 전통적인 주술문을 낭독하며 마시는 것이 관습이다.

Queipo de Llano, Gonzalo (곤살로 케이포 데 야노)　(1876~1951) 스페인 왕실 친위대 출신의 군인이다. 모로코 전쟁의 공으로 리베라 정권에 참여했으나 후에 독재를 반대하며 프랑스로 망명했다. 그곳에서 인달레시오 프리에토, 마르셀리노 도밍고 등과 친분을 쌓았다.

Quinto del Rey (킨토 델 레이)　킨토 레알(quinto real)이라고도 하며 신대륙에서 국왕에게 바치는 조세였다. 신대륙에서 사냥감을 포획하거나 금을 발견하게 되면, 포획한 것 혹은 발견한 것의 20%를, 즉 5분의 1의 조세를 내야 했다.

Quintos (킨토스)　스페인에서는 성년이 되어서 군대에 가는 청년들을 말한다. 지금은 군사 체제가 없어졌지만, 스페인의 몇몇 도시에서는 성년이 된 청년들이 예전의 킨토스들을 기념하기 위해 거행하는 일종의 관습행사로 자리 잡게 되었다.

Quiroga (키로가)　스페인 북서부 갈리시아 자치주(Comunidad autónoma de Galicia)의 루고(Lugo)에 위치하며 약 3,700명의 인구가 거주하고 있는 농경 도시이다. 리베이라 사크라(Ribeira Sacra)라고 알려진 스페인 와인 생산 지역의 일부이며 특산품으로 와인과 올리브가 있다.

Quiroga, Gaspar de (가스파르 데 키로가)　스페인의 성직자이다. 1512년 마드리갈 데 라스 알타스 토레스(Madrigal de las Altas Torres)에서 태어났으며 1594년 마드리드에서 뇌졸중으로 사망하였다. 쿠엔카(Cuenca) 주교, 톨레도 대주교, 스페인 종교재판소장 산타 발비나 추기경 등을 지냈다. 1559년에 펠리페 2세(Felipe II)의 명으로 스페인의 사자(使者)로 이탈리아에 파견되기도 했으며 1573년 종교재판에서 루이스 데 레온(Fray Luis de León) 수도사에게 무죄를 선언한 것으로 유명하다. ➡ Inquisición(종교재판소)

R

Radio Nacional de Españ(RNE) (스페인 국영 라디오)   국가 총예산에서 지원받아 스페인 언론 활동을 하는 회사이다. 1973년 창립하여 2007년까지 공영 스페인 라디오 텔레비전 (RTVE) 방송국으로 활동하였으며, 이후 현재까지 스페인 국영 라디오 텔레비전의 법인체로 활동하고 있다.

Raimundo de Borgoña, Conde de Galicia (라이문도 데 보르고냐, 갈리시아 백작)   프랑스 출신의 귀족이며 그의 출생 날짜에 대해서는 알려진 바가 없다. 우라카 데 레온 (Urraca de León)과 혼인함으로써 레온 이 카스티야(León y Castilla)에 보르고냐 가문 (Dinastía Borgoña)이 들어서게 했다. 1092년 알폰소 6세로부터 갈리시아 백작령(condado de Galicia)을 물려받았다. 아들 알폰소 7세(Alfonso VII)를 후계자로 남겨놓고 1107년에 젊은 나이로 세상을 떠났다.

Raimundo V (라이문도 5세)   1134년에 태어나 1194년에 사망한 톨로사(Tolosa) 백작이며 부르주아 계층의 지원을 얻어 통일된 톨로사 백작령을 이루기 위해 애썼다. 프로벤사 백작령(condado de Provenza)에서의 해상 무역 주도권을 위해 아라곤의 알폰소 2세 (Alfonso II de Aragón)와 전쟁을 치렀다. ➡ Aragón, Corona de(아라곤 연합왕국)

Ramírez, García (가르시아 라미레스)   (1134~1150) 알폰소 1세(Alfonso I)에 이어 스페인 팜플로나를 다스렸던 왕이다. 아라곤과 팜플로나 왕국이 분리되면서 왕위에 올랐으며 귀족들과 성직자들과 원만한 관계를 유지했다. 알폰소 7세(Alfonso VII)를 도와 레콩키스타에 참여했다. ➡ Reconquista(레콩키스타)

Ramírez, Pedro Pablo (페드로 파블로 라미레스)   1884년 아르헨티나 라 파스(La Paz)에서 태어나 1962년에 사망한 군인 겸 정치가이다. 1943년 군사 반란을 일으킨 후 아르헨티나의 대통령이 되지만 독일과 관계가 단절되면서 그의 정부는 위기를 맞이해 결국 대통령 사임을 표명한다.

Ramiro I(Aragón) [라미로 1세(아라곤)]   (1006?~1063) 1035년부터 1063년까지 아라곤 (Reino de Aragón)의 왕이자 산초 가르세스 3세(Sancho Garcés III)의 아들이다. 1035년 산초 가르세스 3세가 1035년 사망하고 왕위를 물려받았으나 법률상 이복형제인 가르시아 산체스 3세(García Sánchez III)에게 지배당하고 있었다. 1043년 모슬렘들과 협력하여 궐기하고 승리하여 아라곤의 왕 칭호를 얻어냈다. ➡ Aragón, Corona de(아라곤 연합왕국)

Ramiro I(Asturias) [라미로 1세(아스투리아스)]   (792?~850) 842년부터 850년까지 아스투리아스의 왕이다. 베르무도 1세 (Bermudo I)의 아들로 알폰소 2세(Alfonso II)에게

교육을 받았다. 842년 알폰소 2세의 왕위를 이어 받았으며 통치기간 동안 산타 마리아 델 나랑코(Santa María del Naranco)와 같은 건축물들이 다수 만들어졌다. ➡ Asturias, Principado y reino de(아스투리아스 공국, 아스투리아스 왕국)

Ramiro II (라미로 2세)　　(?~951) 930년부터 950년까지 아스투리아스와 레온(Asturias y León) 왕국의 통치자이며, 오르도뇨 2세(Ordoño II)의 둘째 아들이다. 선왕 알폰소 4세 (Alfonso IV)가 930년 퇴위하면서 왕위를 물려받았다. 왕명 불복종을 바로잡은 후 모슬 렘과의 전쟁에 전념하였다. 탈라베라(Talavera)까지 모슬렘들을 격퇴하는 등 많은 업적 을 남겼다. 950년 아들 오르도뇨 3세(Ordoño III)에게 왕위를 물려주고 951년 사망하 였다. ➡ Asturias, Principado y reino de(아스투리아스 공국, 아스투리아스 왕국)

Ramiro III, Rey de Asturias y León (라미로 3세, 아스투리아스와 레온의 왕)　961년경에 태어나 985년에 사망한 레온(León)의 아홉 번째 왕이다. 산초 1세(Sancho I) 아들이며 966년에서 984년까지 즉위했다. 통치기간 동안 그는 알만소르(Almanzor)의 공격을 버 텨내는 것 이 외에도 베르무도 2세(Bermudo II)의 지지자들에 대항해 싸워야 했다. ➡ Asturias, Principado y reino de(아스투리아스 공국, 아스투리아스 왕국)

Ramón Agosti, Orlando (오를란도 라몬 아고스티)　1924년 아르헨티나 부에노스아이레 스(Buenos Aires)에서 태어나 1997년에 사망한 군인이다. 자칭 '국가재건과정(Proceso Nacional de Reorganización)'인 아르헨티나 독재시기를 이끌고 나간 인물 중 한 명이 다. 이 시기에 총사령관 지위에 오르지만 이후 반인도적 범죄로 고소되어 해임된다.

Ramón Berenguer I(Ampurias) [라몬 베렝게르 1세(암푸리아스)]　(1308~1366) 아라 곤의 왕자이자 암푸리아스의 백작이며 아라곤의 하이메 2세(Jaime II)의 아들로 태어났 다. 아라곤 통일 반란에 중요한 역할을 했으며 발렌시아 왕국 반란에 자신의 사촌 페드 로 4세(Pedro IV)를 도왔다. ➡ Asturias, Principado y reino de(아스투리아스 공국, 아스투리아스 왕국)

Ramón Berenguer I(Barcelona) [라몬 베렝게르 1세(바르셀로나)]　(1023?~1076) 1035년 부터 1076년까지 바르셀로나의 백작이다. 베렝게르 라몬 1세(Berenguer Ramón I)의 아들이며 엘 비에호(El Viejo)라는 별칭이 있다. 1035년부터 할머니 에르메신다 데 카 르카소나(Ermesinda de Carcassona)의 후견 아래 통치를 시작하였다. 무어인들(moros) 에 대항하여 바르바스트로(Barbastro) 서쪽까지 지배권을 확장시켰고 다른 무어인 도시 에는 상당량의 공물을 바치게 하였다. ➡ Reconquista(레콩키스타)

Ramón Berenguer II(Barcelona) [라몬 베렝게르 2세(바르셀로나)]　(1053?~1082) 1076년 부터 1082년까지 바르셀로나의 백작이다. 라몬 베렝게르 1세(Ramón Berenguer I)의 아 들이며 금발의 큰 머리를 갖고 있어 카베사 데 에스토파(Cabeza de Estopa)라는 별칭 을 갖고 있었다. 1076년 선왕의 사망 후 형제인 베렝게르 라몬 2세(Berenguer Ramón II el Fratricida)와 함께 지위를 물려받았다. 선왕은 두 아들이 똑같은 권한을 행사하길 바 랐으나 라몬 베렝게르 2세에게 많은 권한이 기울었다. 베렝게르 라몬 2세에게 살해당하 기 전 라몬 베렝게르 3세(Ramón Berenguer III)를 낳았다.

Ramón Berenguer III(Barcelona) [라몬 베렝게르 3세(바르셀로나)]　(1082~1131) 1099년 부터 삼촌 베렝게르 라몬 2세(Berenguer Ramón II el Fratricida)와 공동 통치를 하다 가 제1차 십자군 전쟁에서 1099년 사망한 뒤 지위를 얻었다. 이후 지중해 지역 마요르 카(Mallorca)에서 모슬렘 해적 소탕을 이루고 베살루(Besalú)와 정략 결혼한 이후 베르나르도 기예르모(Bernardo Guillermo) 백작이 후손 없이 죽자 사르디니아(Cerdaña) 백작령을 물려받아 바르셀로나(Barcelona)에 통합시켰다.

Ramón Berenguer IV(Barcelona) [라몬 베렝게르 4세(바르셀로나)] (1113~1162) 1131년부터 1162년까지 바르셀로나(Barcelona)의 백작이자 아라곤(Reino de Aragón)의 왕자였으며 1137년부터 1162년까지 리바고르사(La Ribagorza)의 백작이기도 했다. 라몬 베렝게르 3세(Ramón Berenguer III)의 아들이었으며 통치기간 동안 아직까지 모슬렘들에게 점령당해 있던 바르셀로나 영토 회복을 하는 성과를 거두었다. 아라곤의 라미로 2세(Ramiro II)의 외동딸과 결혼하여 동맹을 맺기도 했다.

Ramón Borrell II (라몬 보렐 2세) 바르셀로나, 헤로나, 아우소나의 백작직을 947년부터, 우르헬의 백작직을 948년부터 992년까지 수행했다. 순예르 1세의 장남으로 백작직을 물려받아 947년부터 966년까지 동생 미론과 함께 통치했다. 프랑크 왕국의 우고 카페토가 왕위를 물려받은 이후, 알만소르와의 전쟁에서 도움을 얻지 못한 라몬 보렐 2세가 신하로서 대우하기를 거부하고, 독립권을 얻었다. ➡ Reconquista(레콩키스타)

Ramón Borrell III (라몬 보렐 3세) 바르셀로나, 헤로나, 아우소나의 첫 번째 독립 백작. 972년에 태어나 992년부터 통치했으며 1018년 2월 25일 사망했다. 보렐 2세의 아들로 동생 아르멩골이 우르헬의 백작직을 어려서부터 수행할 수 있게 도와주었다. ➡ Reconquista (레콩키스타)

Raña (구릉지) 규암과 황토로 이뤄진 지대이다. 주로 산줄기를 따라 분포한다. 신생대 제3기에 형성됐다. 스페인의 톨레도(Toledo) 산악지대, 엑스트레마두라(Extremadura), 칼라트라바(Calatrava), 칸타브리아(Cantabria) 산맥의 남부가 이러한 지형에 해당한다.

Ratio Studiorum (학습계획) 예수회의 수도회장인 아카비바 신부가 1586년 공표한 'La Ratio atque institutio studiorum'이라는 여러 국적의 예수회 당원들을 위한 교육학 문서이다. 유럽 교육에 있어서 이 문서는 큰 영향을 미쳤는데, 로마 대학 이후에 수세기 동안 1625년 설립된 마드리드 제국 대학을 포함한 수많은 예수회 대학의 교육을 지배하였다. ➡ Jesuitas(예수회원들)

Ratisbona (라티스보나) 독일 바이에른 주, 도나우 강과 레겐 강이 합류하는 지점에 위치하는 독일에서 가장 오래된 도시 중 하나이다. 2008년 기준으로 인구는 133,525명이며, 면적은 80,76km²이다.

Ravago, Francisco de (프란시스코 데 라바고) 산탄데르(Santander)에서 1685년 10월 20일 태어났으며 1763년 12월 24일 사망한 스페인의 성직자이다. 1703년 3월 31일에 예수회의 회원이 되었다. 또한 Colegio Romano에서 19년 동안 철학과 신학을 가르쳤다. 페르난도 4세(Fernando VI)의 고해성사 신부로서 유명하다. ➡ Jesuitas(예수회원들)

Rawson, Arturo (아르투로 로슨) 1884년에 태어나 1952년에 사망한 아르헨티나 출신 군인 겸 정치가이다. 43년 혁명(Revolución de 43) 이후 48시간도 채 안 되는 짧은 시간 동안 아르헨티나의 임시 대통령을 지내다가 페드로 파블로 라미레스(Pedro Pablo Ramírez)에게 정권을 넘겨주게 된다.

Real Academia de Bellas Artes de San Fernando (산 페르난도 예술 왕립아카데미) R.A.B.A.S.F로도 알려진 산 페르난도 예술 왕립 아카데미는 스페인 마드리드에 위치한 예술학교이다. 마드리드에 세 지역으로 나뉘어 있는 학교는 1744년 계몽운동을 중심으로 세워져 미술, 건축, 조각술 및 조판술의 예술의 기본교육을 체계적으로 이루고 있다. 1897년에는 사진이나 영상기법을 접목하여 종합예술학교로 확장되었다. ⇒ La ilustración española (스페인 계몽주의)

Real Alcázar de Sevilla (세비야 왕궁) 스페인 세비야(Sevilla) 도시에 있는 왕궁이다. 중세 초기에 건설되어, 스페인 역사의 다채로운 양식을 갖고 있다. 처음에는 이슬람의 무데하르 양식의 영향을 받다가 나중에는 카스티야 사람들의 영향을 받아 고딕양식적인 특징들을 갖고 있다. 이후, 르네상스나 바로크적 요소들도 첨가되었다. 많은 궁들이 성벽으로 둘러싸여 있는 이 왕궁은 스페인 왕족들의 거주지로 사용되었으며 손님접대를 할 때도 유용하게 사용되었다.

Real de Manzanares (레알 만사나레스) 1275년 알폰소 10세(Alfonso X)가 마드리드 주의 북쪽과 세고비아의 남쪽 땅에 부여한 지명이다. 면적은 128,20km²이며 인구는 5,713명(2004년 기준)이다. 이 지역은 후안 1세(Juan I)에 의해 페드로 곤살레스 데 멘도사(Pedro González de Mendoza)에게 14세기 후반에 부여되었다.

Real Jardín Botánico de Madrid (마드리드 왕립 식물원) 마드리드 고등과학연구위원회 중심지이다. 1755년 10월에 만사나레스 강(río de Manzanares) 유역에 설립되었으나, 1781년 현재 프라도 거리에 있는 자연과학 박물관 근처로 이주하였다. 이 식물원은 총 3개의 테라스와, 아메리카와 태평양의 식물들 및 유럽의 식물들을 보유하고 있다.

Real Monasterio de la Encarnación (엔카르나시온 왕립 수도원) 마드리드에 위치한 어거스틴 레콜레타(Augustin Recoleta) 수도원으로 17세기 펠리페 3세(Felipe III)의 왕비인 마르가리타 데 아우스트리아(Margarita de Austria)에 의해 설립되었다. 데스칼사스 왕립 수도원과 함께 마드리드의 대표적 수도원으로 꼽힌다.

Real Monasterio de Santa Clara de Tordesillas (토르데시야스 산타 클라라 수도원) 스페인 카스티야 레온(Castilla y León) 주(州) 토르데시야스 마을에 위치한 수도원이다. 수녀들의 수도원이자 옛 왕궁이기도 한 이 건축물은 아랍식 욕조(baño)를 갖고 있다. 이 왕궁은 본래 무데하르 양식을 바탕으로 된 건물이었다. 알폰소 11세(Alfonso XI)에 걸쳐 그의 아들 페드로 1세(Pedro I)까지 세워진 이 건물은 흘러간 역사처럼 그의 기능도 수도원으로 바뀌었다. 현재는 예전에 있었던 황금색 원형 지붕을 볼 수 없으나, 아직까지 벽에 있는 건물의 아치는 볼 수 있다.

Real Monasterio de Santa Isabel (산타 이사벨 왕립 수도원) 마드리드에 위치해 있으며 그 명칭은 수도원 인근에 위치한 산타 이사벨 길과 옛 산타 이사벨 왕립 태피스트리 공장의 이름으로부터 비롯되었다. 성당 내부는 협소한 두 공간으로 분리되어 있으며, 반면 크로세로(교회 기둥 사이의 큰 홀을 가로지르는 공간)는 분리된 공간의 두 배 크기로 이루어져 있다.

Reales Alcázares de Sevilla (세비야의 왕궁들) 스페인 세비야의 성벽 안에 위치한 궁전들의 집합으로 중세 때부터 건축되기 시작해 이슬람, 무데하르, 고딕, 르네상스, 바로크 등의 다양한 건축 양식을 볼 수 있으며 유네스코에 인류문화유산으로 등재된 바 있다. 유럽에서 제 기능을 하고 있는 성들 중 가장 오래된 것이기도 하다.

Recaredo* (레카레도) (?~601, 재위: 586~601) 레오비힐도(Leovigildo)가 사망하고 난 이후 586년 봄에 레카레도는 막강한 세력을 과시하던 계모 고스윈타(Goswintha)를 어머니로 받아들이고 서고트 왕국의 왕위에 오른다. 587년 2월경에 개인적인 감화와 정치적인 이유로 산 레안드로 데 세비야(san Leandro de Sevilla)의 영향을 받아 가톨릭교로 개종한다. 그리고 그는 즉시 아리우스파 주교 회의를 소집하고 그들에게 새로운 신앙을 강요함으로써 모든 서고트 신민이 개종하도록 한다. 그때 그 여파로 아리우스파 반란들이 발생하기는 하지만 그들 간의 결집 부족으로 쉽게 평정된다. 순나 주교(obispo Sunna)가 이끈 메리다(Mérida)의 반란(587년)은 클라우디오 대장(dux Claudio)과 가톨릭 주교인 마소나(Masona)의 신속한 개입으로 실패한다. 프랑크족의 지원을 받고 아탈로코 주교(obispo Athaloco)의 지휘 아래 일어난 셉티마니아(Septimania) 반란(588~589)은 레카레도의 장군들에 의해 진압된다. 마지막으로 고스윈타와 울딜라 주교(obispo Uldila)에 의해 주도된 음모는 톨레도에서 발각되고 고스윈타가 자살하고 울딜라가 추방됨으로써 끝이 난다(588년). 정략결혼을 통하여 프랑크인들에게 접근하려던 시도가 무산되면서 곤트란(Gontran)은 셉티마니아를 침략하나 클라우디오 대장에 의해 카르카소나(Carcasona)와 함께 완전히 패배한다. 이러한 일련의 사건들 이후에 589년 5월 8일 톨레도 제3차 공의회(III Concilio de Toledo)가 열리고 여기에서 이단 포기가 결정된다. 공의회를 소집한 레카레도는 비잔틴의 양식에 따라 그의 '사도직'을 의식하며 최고의 권위를 자랑하며 나타나고, 군주와 왕비의 신앙이 공식적으로 선포되면서 옛 아리우스파 주교들과 귀족들은 자신의 이전 신앙을 버린다. 공의회는 다른 의제들 가운데서도 규범 제18에 따라 지방회의의 개최를 정한다. 이는 시당국들의 검열과 감시 기능을 다하면서 왕국의 기구에 교권을 편입시키는 조치라고 할 수 있다. 그 결과 여섯 번의 교회 회의들이 개최되면서 새로운 협력 분위기가 공고화되었다. 레카레도의 마지막 치세기는 바스크인들과의 일부 소요전과 아르히문도(Argimundo)의 음모 실패(590)를 제외하고는 대체로 안정된 시기였다고 말할 수 있다. 또한 교황 그레고리오 마그노(Gregorio Magno)의 사업에 동참하면서 비잔틴 지방에서 약간의 영토 확장을 이루기도 하였다. 대내적으로는 교회와 귀족층을 우대하는 정책이 시행되었는데 특히 589년경 레오비힐도 시대에 몰수된 재산과 토지가 더 보상된 상태로 반환되었고, 아리우스파에 속하였던 재산들은 교회에 합류되었다. 세속법은 교회법의 영향을 받으면서 초기 반유대인 조치들이 공표되기도 하였다. 레카레도는 601년 12월에 톨레도(Toledo)에서 생을 마감한다.

Recaredo II (레카레도 2세)　　서고트족 24대 왕. 621년 아버지의 죽음으로 왕위를 이어받았으나 그로부터 두 달 만에 죽었기 때문에 알려진 것이 거의 없다. ➡ Reino visigodo(서고트 왕국)

Recesvinto (레세스빈토)　　서고트족 30대 왕. 649년 아버지 친다스빈토가 왕위를 내어주었으나 공식적으로 왕이 된 것은 653년 아버지의 사망 이후이다. 선출된 것이 아니라 군사권과 교권으로 강제로 왕이 되었다. 652년 바스크인들이 반란을 일으켰으나 곧 제압당했다. 672년 사망하여 산타 마리아 수도원에 묻혔다. ➡ Reino visigodo(서고트 왕국)

Reciprocidad (호혜주의)　　두 지역 또는 두 국가 간 상호 이익을 위해 맺어지는 일련의 조약을 의미. EU의 경제체제를 대표적 예로 들 수 있으며 이러한 호혜주의(Reciprocidad)는 기본적으로 양측의 평등한 성장을 목적으로 하나 불균등한 혜택을 통해 사회, 경제적 격차가 심화되는 결과를 낳기도 한다. 스페인은 카스티야와 아라곤이 통합되는 과정에서 관리 등용의 출신지 제약을 없앴지만 지역민에게 우선권을 부여하기 위해 이러한 제도를 도입했다.

Reconquista* (레콩키스타)　　8세기 동안 진행되었던 재정복전쟁을 지칭하는 용어로 이베리아 반도의 기독교 왕국들이 8세기 초부터 빼앗긴 영토를 모슬렘들로부터 되찾는 과정을 뜻한다. 시기적으로는 722년 코바동가(Covadonga) 전투에서부터 가톨릭 공동왕에 의해 그라나다(Granada)가 함락된 시기를 말한다. 레콩키스타는 크게 두 단계로 나누어 생각해 볼 수 있는데, 첫 번째는 호전적인 대결의 시기로서 군사적인 힘으로 영토를 확보한 단계라면, 두 번째는 정복한 땅에 많은 주민들을 재정주시키는 과정에 해당된다. 재정주는 시기에 따라 다양한 양상을 띠었는데 먼저 11세기에서 12세기 초반까지 알모라비데족(almorávides)과 투쟁하며 서쪽의 카스티야-레온(Castilla-León) 왕국들과 포르투갈(Portugal) 왕국이 두에로(Duero) 강 계곡 남쪽과 타호(Tajo) 강 계곡 절반을 점령하였다면, 카탈루냐(Cataluña) 백작령들과 아라곤(Aragón) 왕국은 에브로(Ebro) 강까지 그 세력을 확장시킨 때이다. 두 번째 시기는 알모아데족(almohades)과 대결하면서 라 만차(La Mancha)와 구아디아나(Guadiana) 강 상류 계곡을 점령하였던 것으로 1212년 라스 나바스 데 톨로사(Las Navas de Tolosa) 전투의 승리로 인하여 구아달키비르(Guadalquivir) 강 계곡을 확보하면서 서쪽으로는 구아디아나 강의 하류 지대와 포르투갈 알가르베(Algarve)와 함께 동쪽으로는 무르시아(Murcia), 발렌시아(Valencia), 발레아레스 제도(islas Baleares)가 차례로 점령되는 시기이다. 9세기 동안 아스투리아스(Asturias)의 왕들인 알폰소 2세(Alfonso II)와 오르도뇨 1세(Ordoño I), 알폰소 3세(Alfonso III)는 프레수라(presura)제를 통하여 두에로 강 남쪽 계곡의 재정주지에서 반농반목으로 생활하는 농민들에게 소유지를 허락하였다. 이후 레온과 카스티야 왕들은 두에로 강과 중앙산맥(Sistema Central)에 있는 '무인의 땅(tierra de nadie)'에 재정주정책을 시행하면서 재정주자들에게 광범위한 특별법(fueros)을 부여하였고 이들은 이후 도시로 분류되는 곳에 모여 살게 되었다. 이 도시들에는 자유민, 귀족, 외국인들이 몰려들었고 도시 방어와 국왕 지원을 위해 지역 군대를 결성하였다. 타호 강 계곡의 재정주는 1085년 알폰소 6세(Alfonso VI)에 의해 톨레도(Toledo)가 정복된 이후 이루어졌다. 알모라비데족이 결정적으로 패배하고 난 후 모슬렘 주민들이 쫓겨났고 이곳에서도 재정주는 도시적인 특징을 가지게 되었다. 군사적인 관점에서 볼 때 이 단계에서 가장 괄목할 만한 사건은 모슬렘 치하에 있던 톨레도를 1085년 알폰소 6세가 점령한 것인데 이는 구아달키비르 강-타호 강-에브로 강의 축을 잇는 지대를 통제하는 결과를 가져왔고, 또한 포르투갈의 알폰소 1세는 1147년 리스본을 정복하기도 하였다. 한편 에브로 강 계곡이 재정복되면서 1118년에는 전사 왕 알폰소 1세(Alfonso I el Batallador)가 사라고사(Zaragoza)를, 라몬 베렝게르 4세(Ramón Berenguer IV)가 토르토사(Tortosa, 1148년)와 레리다(Lérida, 1149년)를 점령하게 되었다. 그리고 에브로 강 계곡의 재정주에서는 기독교 군대가 도착하기 전에 있었던 모슬렘 주민들이 그대로 용인되는 형태를 띠게 되었다. 이들은 조금씩 기독교화되기는 하였지만 여전히 그들 고유의 생활방식을 유지한 무데하르(mudéjares)라고 할 수 있다. 이슬람의 국경에서 먼 지역에서는 모슬렘들이 그들의 경작지를 유지하면서 성벽 밖의 구역에 이주하도록 강요받았고, 반면 기독교인 농민들은 도시 중심지를 차지하며 새로운 땅을 받아 경작하며 생활하였다. 반면 모슬렘 점령지와 가까운 도시들에서는 다른 유형의 정주가 존재하였는데 이 경우에는 말의 소유 여부와 상관없이 경작지와 특별법과 특허장을 부여받게 함으로써 모든 종류의 주민들을 유인하고자 하였다. 12세기 중반부터 라스 나바스 데 톨로사 전투의 시기에 이르기까지 기독교 왕국들의 국경선이 정해지는데 서쪽으로는 레온과 포르투갈이 엑스트레마두라(Extremadura) 지대를 두고 다툼을 벌였고, 중앙과 동쪽 지역에서는 알폰소 8세(Alfonso

VIII)와 아라곤 왕국의 알폰소 2세가 이베리아 산맥(Sistema Ibérico)을 점령해 나가며 아라곤은 1170년에 테루엘(Teruel) 시를 세우고 카스티야는 1177년에 쿠엔카(Cuenca) 시를 정복하였다. 1179년 카소를라(Cazorla)에서 만난 두 군주는 협정을 체결함으로써 두 왕국 간의 국경과 점령지를 명확히 하였다. 한편 카스티야의 알폰소 8세와 아라곤의 페드로 2세(Pedro II), 나바라(Navarra)의 산초 7세(Sancho VII), 포르투갈의 알폰소 2세 는 교황 이노켄티우스 3세(Inocencio III)의 도움을 받아 십자군을 결성하고 무암마드 알 나시르 이븐 야쿱(Muhammad al-Nasir ibn Yacub)의 알모아데족을 라스 나바스 데 톨로사에서 무찔렀다. 이 기독교 연합 군대의 승리는 모슬렘의 공세를 마침내 끝내고 레콩키스타의 새로운 시대를 여는 계기가 되었다. 엑스트레마두라와 구아디아나 강, 투리아(Turia) 강, 후카르(Júcar) 강들의 상류지점에 있는 지역 방어는 항구적인 수호 세력을 만들도록 했는데 칼라트라바(Calarava), 알칸타라(Alcántara), 산티아고(Santiago), 몬테사(Montesa) 기사단들이 결성되어 라 만차(La Mancha)와 마에스트라스고(Maestrazgo)에서 요새를 수립하였다. 1227년 카세레스(Cáceres)의 정복에서부터 1262년 카디스(Cádiz)의 정복 때까지 기사단들의 귀족이 주도하는 기독교 군대들은 도시 군대들과 함께 모든 전선에서 공세를 펼치게 되었다. 카스티야는 페르난도 3세(Fernando III)와 알폰소 10세(AlfonsoX)의 치적에 의해 엑스트레마두라의 주요 도시들(1227년 카세레스 점령, 알폰소 9세에 의해 1228년 바다호스 점령)과 구아달키비르강 계곡을 점령(1236년 코르도바, 1246년 하엔, 1246년 세비야)하였고, 레반테(Levante) 남쪽을 지나 무르시아까지 점령지를 확대시켜 나갔다. 한편 포르투갈은 구아디아나 강과 알렌테호(Alentejo)와 알가르베 아래 계곡을 점령하였고 그 사이에 아라곤 연합왕국(Corona de Aragón)에서는 하이메 1세(Jaime I)가 발레아레스 제도(1126년에 팔마 데 마요르카)와 발렌시아(1238년)를 점령하였다. 포르투갈 왕국과 아라곤 왕국은 이 단계에서 최대한의 정복지를 확보하였고, 카스티야는 그라나다 왕국에 있는 이슬람 세력과 200년 동안 국경을 면하며 소강상태를 유지하였다. 재정주는 정복된 땅에 비해 정복자들의 주민이 턱없이 부족하기 때문에 결코 쉬운 일이 아니었다. 대체로 땅이 분할되어 있는 지역에서는 모슬렘인구를 유지시키는 쪽을 택하였는데 주로 발렌시아와 무르시아, 구아달키비르 남쪽 계곡지대가 그러했으며, 반대로 발레아레스 제도와 같은 지역에서는 법령을 공표하며 모슬렘을 쫓아내거나 제거하는 조치를 취하였다. 거대한 남부 지역에서는 군주가 정복자들 사이에 토지를 분배하는 제도를 수립하였는데 이로써 안달루시아와 엑스트레마두라, 무르시아에서는 재정복에 기여한 귀족들과 기사단들과 교회(톨레도 대주교구)들이 거대한 토지를 소유할 수 있었다. 정복된 도시들에서는 이베리아 반도 북쪽의 재정주자들을 끌어들이기 위하여 광범위한 특별법이 부여되었고 왕의 시의회들이 만들어졌으며, 이곳에서 적어도 5년 이상 경작하며 살면 그 경작지를 자기 소유지로 삼는 혜택이 주어졌다. 레반테 지역에서는 보다 다양한 재정주가 시행되었는데 첫 번째 단계에서는 기사단들과 아라곤 귀족들이 마에스트라스고와 플라나(카스테온 지방)의 땅에서 거대한 경작지를 부여받았고 1238년 발렌시아가 정복되고 난 뒤에는 군주는 카탈루냐와 아라곤 농민들과 함께 후카르 강 쪽으로 재정주를 유도하였는데 카탈루냐인들이 해안에 정착하였다면 아라곤인들은 내륙에 정착하는 모습을 보였다. 그리고 후카르 강 하류지대에서는 대다수의 모슬렘 주민이 계속 정주하는 형태로 있었다.

Recopilación (법전)　　스페인은 서고트 시대부터 꾸준히 법전을 개정해 왔다. 중세에 지방특별법(fueros) 체계가 도입되면서 법적 제도는 보다 다양하고 복잡해졌으며 후로 11세기에서 19세기에 걸쳐 전역에서 법전이 개정되었다. 가장 대대적으로 이뤄졌던 작업은 1805년 최신 법전 개정이다.

Red de calzada (도로망)　로마 제국(Imperio Romano) 때에 로마 사람들이 건설했던 대로 칼사다 로마나(Calzada Romana)라고 한다. 로마 제국 형성을 위해 사용되었던 도로망으로서 주로 로마군들이 영토 정복을 목적으로 사용하였으며 도로망을 통해 신속하고 효율적으로 이동을 할 수 있었고, 상품의 유통망으로도 사용되었다. ⇒ Romanización (로마화)

Redondo Ortega, Onésimo (오네시모 레돈도 오르테가)　스페인의 정치가로 1905년 바야들리드(Valladolid)의 긴다니야 데 이비호(Quintanilla de Abajo)에서 태어나 1936년 사망했다. 1931년 바야돌리드에서 카스티야의 이베리아 활동위원회(Juntas Castellanas de Actuación Hispánica)를 설립했다. 또한 공세적 국가 신디컬리즘 위원회(JONS)를 결성하기 위해 마드리드에서 국가 정복(La Conquista del Estado)을 결집했다. 이후 1932년 포르투갈로 추방되어 그다음 해까지 머물게 된다. 1933년 선거 당시 무소속 국회의원 후보로 출마했으나 표의 분산을 막기 위해 자진 사퇴하였다. 1936년 4월 재출마했으나 패배를 맛보고 아빌라(Ávila)에 연금되기에 이른다.

Redondo Urbieta, Nicolás (니콜라스 레돈도 우르비에타)　1927년 6월 16일 스페인 비스카야 주(Bizcaya) 바라칼도(Baracaldo)에서 노동자계층 출신으로 태어났다. 스페인 노동조합주의의 지도부이며 1976년부터 1994년까지 노동자총동맹의 대표직을 역임했다. ⇒ Unión General de Trabajadores(노동자총연맹, UGT)

Reducción* (레둑시온)　아메리카 원주민들이 도시 중심지에 집결, 정착하는 과정으로, 원주민들이 일단 정착하게 되면 이들을 기독교로 교화하고 이베리아 크리오요 사회에 통합시키는 것이 가능하였다. 레둑시온은 도시라는 환경적 요소를 반영한 것으로 이로써 기독교적 사명 완수와 새로운 신앙으로의 교화, 이베리아화의 시작이 가능하였다. 다른 주민들과 분리하여 원주민들을 도시 중심지로 모으는 최초의 시도는 1515~1522년 사이에 쿠마나(Cumaná, 지금의 베네수엘라)에서 바르톨로메 데 라스 카사스 수도사(fray Bartolomé de las Casas)의 노력으로 이루어진 것 같다. 1537년 라스 카사스와 다른 도미니쿠스 수도사들은 투수루틀란(Tuzulutlán, 지금의 과테말라) 지역에 왕에 복속되는 레둑시온이라는 특별 모델을 세웠고, 이곳에 자발적으로 모여드는 원주민들은 엔코미엔다의 노동에서 면제될 수 있었다. 투수루틀란의 족장들(caciques)은 왕에 의해 권력과 특권을 보장받았으며 귀족칭호도 획득할 수 있었다. 1547년에 투수루틀란 도시는 라 베라 파스(La Vera Paz)로 개명되었다. 도미니쿠스 수도사들은 또한 페루에 있는 우아야가(Huallaga) 강 지역에 여러 레둑시온들을 설립하였다. 프란시스코 수도사들은 오리노코(Orinoco)를 따라서 투쿠만(Tucumán), 파라구아이, 리오 데 라 플라타(Río de la Plata) 통치구역에 정착하였다. 1617년에 10여 개가 넘는 프란시스코 수도사들의 정착촌들이 존재하였지만 이 레둑시온들은 거대한 아메리카 식민제국에서 여전히 작은 섬들과 같았다. 예수회 수도사들의 신대륙 도착은 이보다 몇 년 뒤에 일어난 것으로 설립자 성 이그나시오 데 로욜라(San Ignacio de Loyola)에 의해 교단이 설립된 지 9년 만에 브라질을 시작으로 성사되었다. 그때 파견된 수도원장은 32살의 젊은 마누엘 데 노브레가(Manuel de Nóbrega)로서, 언어학의 전문가인 후안 데 아스필쿠에타(Juan de Azpilcueta) 신부와 레오나르도 누네스(Leonardo Nunes) 신부, 건축가인 안토니오 피레스(Antonio Pires), 목수인 디에고 하코메(Diego Jácome)와 교사인 비센테 로드리게스(Vicente Rodrígues) 형제가 그를 동행하였다. 1566년 3월 3일 펠리페 2세는 페루 부왕과 리마 대주교의 요청으로 예수회의 총회장인 프란시스코 데 보르하(Francisco de Borja)에게 아메리카 원주민들을 위한 영구 정착촌 설립을 인가해 주었다. 이렇게 해서 최초의 레둑시온이 안데스 산맥에 있는 우아로치리(Huarochiri)에 세워졌으나 인원 부족으로 곧 2년 만에 버려져야 했고, 이후 부왕의 권고를 따라 리마 인근에 설립된 전도촌에서는 교리문답과 음악학습, 의술치료활동이 실시되면서 병원들의 개설과 족장 자녀들을 위한 학교들이 설립되었다. 괄목할 만한 성공은 티티카카(Titicaca) 강변에 설립된 홀리(Juli) 공동체로서 왕에 직속된 원주민들이 9천 명 이상이나 되어서 4개의 교구로 나뉘어 운영될 정도였다. 예수회 신부들은 페루 족장들과 함께 도시 행정과 어업, 목축업, 농업과 같은 경제활동에 종사하였다. 그들은 또한 현재 볼리비아 지역에 속하는 곳에 당시 주요 군사력이 되기도 했던 치키토스(chiquitos) 원주민들과 함께 레둑시온을 조직하였으며, 이와 같은 레둑시온은 오늘날의 콜롬비아, 베네수엘라, 파라구아이를 비롯하여 아르헨티나, 칠레, 브라질, 볼리비아, 에쿠아도르, 우루구아이에 중요한 전도 정착촌을 이루었고, 북쪽으로도 누에바 에스파냐(Nueva España) 부왕령에 속하는 캐나다, 캘리포니아, 소노라(Sonora)에까지 미쳤다. 아메리카 원주민들의 레둑시온 과정은 장기간에 걸친 이베리아화를 초래하게 되었는데, 초기에 가졌던 기독교 교화의 목적을 넘어 인종적 혼혈의 공간으로 변모하면서 결과적으로 원주민성(indianidad)의 상실로 이어졌던 것이다.

Referéndum para la ratificación de la Constitución española (스페인 헌법 비준 선거) 1978년 스페인 헌법의 통과 여부를 묻는 국민 투표. 1978년 12월 6일 수요일 스페인 전체 인구의 58.97%가 참여한 이 투표에서 "헌법안에 동의하십니까?"라는 질문에 응답자 중 87.8%가 지지 의사를 표명하였다. ➡ Constitución de 1978(1978년 헌법)

Reforma Mon (몬 개혁) 스페인에서 1844년 시행된 조세개혁으로 현 스페인의 조세제도의 모태가 되었다. 1843년 에스파르테로(Espartero)가 정치에서 물러나면서 시작되었으며, 개혁의 목적은 자유주의적 조세 제도를 확립하는 데 있었다. 이로 인해 경제 성장에 걸림돌이 되는 불필요한 세금제도가 폐지되었다.

Refundación de la Izquierda (좌파 재건) 좌파연합(IU)이 모든 좌익을 결집시키기 위해 추진한 정치적, 사회적 통합 과정으로서 반자본주의 정치를 제안하는 연방주의적 성격을 띤 정치사회운동이다. 2008년 좌파연합 제9차 연방회의에서 통과된 이래 반자본주의 정치조직의 지원을 받았으나 사회와 권력체계를 바꾸기에는 역부족이었다.

Regalismo* (왕권중심주의) 속권과 교권이라는 양 관할권 아래 마찰의 소지가 있는 영역에서 교황청에 맞서 군주들과 그 정부들이 왕의 특권을 보호하기 위해 고수한 교리이자 관행이라고 할 수 있다. 이것은 비잔틴제국과 모스크바의 황제교황주의(cesaropapismo), 프랑스의 갈리아주의(galicanismo), 독일의 주교권강화주의(febronianismo), 오스트리아의 요제프주의(josefinismo)와 관련이 있다. 제도로서는 중세 말에 교황청의 권위가 실추되면서 시작되었고, 또한 종교개혁 이후 개신교도들의 항의에 의해서 뿐 아니라, 신대륙에서의 복음화와 교회 행정에 관하여 교황청이 포르투갈과 스페인의 군주들에게 양도한 특권들에 의해 강화되었다. 스페인 군주들과 그의 대신들은 교황이 영적인 영역에서는 그리스도의 대리자라는 점과 교황국에서는 정치적인 군주권을 행사한다는 점에서 뚜렷한 인식이 있었다. 따라서 전자의 역할에 대해서는 스페인 합스부르크 군주들을 비롯하여 존중하는 태도를 취하는 한편, 후자의 역할에 대해서는 전적으로 정치적인 영역으로 국한시키고 이해했던 것이다. 한편 왕권중심주의적인 관행은 가톨릭 공동왕(Reyes Católicos)이 결정한 방식에서 비롯되었으며 합스부르크 왕가 시대에도 동일하게 이어졌다. 왕권중심주의적인 전형이라고 한다면 로마에서 유래한 제반 문서들을 국가가 통제하는 것이고, 성직 임명에서 왕이 개입하는 것, 그리고 로마의 예비금(reservas)에 맞서서 투쟁하는 것이었다. 그리고 18세기의 스페인 부르봉 왕가 시대가 열리면서 마카나스(Macanaz)와 캄포마네스(Campomanes)의 저서들이 왕권중심주의적인 입장을 표명하였고, 카를로스 3세(Carlos III) 시대에는 로다(Roda)와 플로리다블랑카(Floridablanca)와 같은 대신들이 이러힌 대도를 건지히였다. 1753년 회악(Concordato)은 성직록 분야에서 교황 베네딕트 14세(Benedicto XIV) 측의 상당한 양보를 시사하는 것이었는데, 왜냐하면 교황청에 한정시킨 52가지를 제외하고는 스페인과 신대륙의 모든 교회 성직의 임명권을 비롯하여 총후견권(patronato)을 스페인 군주에게 허용하였기 때문이다. 그러나 차기 교황으로 클레멘트 13세(Clemente XIII)가 들어서면서 스페인은 교황청과 심각한 갈등을 겪어야 했다. 이는 예수회 추방과 교황청의 모든 칙서(breves), 윤허(rescriptos), 규정들에 관해 왕의 통과(exequatur o pase regio) 의례를 확립하면서 절정에 달하였다. 하지만 이후 18세기의 마지막 교황들이라고 할 수 있는 클레멘트 14세(Clemente XIV)와 피우스 6세(Pío VI)는 스페인 교회정책에 대하여 보다 동조하는 입장을 보였다. 그리고 스페인의 이러한 왕권중심주의적인 관행은 페르난도 7세(Fernando VII)의 전제정치 시대와 이사벨 2세(Isabel II)의 자유주의 정권 초기에도 여전히 유효한 채로 남았다.

Regente (섭정자)   왕위 후계자가 지나치게 어리거나 통치 불능의 상태일 때 임시적으로 왕의 자리에 올라 대신 정사를 돌보는 사람을 섭정자라 칭한다. 스페인의 가장 긴 섭정은 합스부르크의 마리아 크리스티나 왕비(María Cristina de Habsburgo)의 통치로 1885년에서 1902년 동안 통치자로 군림했다.

Regimiento (연대)   기관 또는 정부 집단이란 의미를 가지고 여러 부대에 의해 구성된 군사 연대를 뜻한다. 일반적으로 이러한 연대는 한 명의 대령이 인솔한다. 로마 시대 당시에 행정과 정부와 관련된 용어였던 'regimentum'이란 라틴어 단어에서 유래하였으며 오늘날엔 군사 연대를 의미하는 용어로 사용되고 있다.

Reginald Pole (레지널드 폴)   1500년 3월 12일 잉글랜드에서 태어나 1558년 11월 17일 사망한 잉글랜드 왕국의 가톨릭교회 추기경이자 캔터베리(Canterbury)의 마지막 대주교였다. 1526년 엔리케 7세(Enrique VII)는 요크(York) 대주교직을 제안했으나 이는 왕과 아라곤의 카탈리나(Catalina) 여왕의 이혼을 지지해야 하는 조건이 있었기 때문에 이를 거절하였다. 이에 레지널드 폴은 영국에서 추방되었다. 1542년에는 트리엔트 공의회의 의장직을 맡았으며 교황 파블로 3세(Pablo III)가 사망한 후 후기 교황으로서 선출될 수 있었으나 단 한표 차이로 홀리오 3세(Julio III)가 교황이 되었다. ➡ Concilio de Trient(트리엔트 공의회, 1545~1563)

Regió7 (레히오 시에테)   'El diarip de la Catalunya central'이라는 부재를 가진 스페인 카탈루냐 신문이다. 1978년 창간되었으며 만레사(Manresa) 사(社)의 소속으로 카탈루냐어로 간행되었다. 이 신문은 카탈루냐에 속한 바게스(Bages), 베르게다(Berguedà), 세르다냐(Cerdanya), 솔소네스(Solsonès) 등과 같은 지역 소식을 전달한다. 코무니카시온 이 라

쿨투라(Comunicación y la Cultura)의 통계에 따르면 매일 약 5만 8천 명의 구독자가 있다.

Reino de Aragón (아라곤 왕국)　아라곤 왕국의 명칭은 스페인 북부 지역에 위치한 아라곤 수보르단(Aragón Subordán) 강에 어원을 둔다. 아라곤 왕국은 1035년 라미로 산체스가 자신의 아버지인 나바라 왕국의 왕 산초 3세에게서 물려받은 땅과 함께 독립함에 따라 설립되었다. 백작령이었던 아라곤, 소브라베(Sobrarbe) 그리고 리바고르사(Ribagorza)의 통합으로 이루어졌으며, 중세 스페인의 대표적 정치 및 행정 왕국으로서 가톨릭 왕들이 통치할 당시 스페인의 통일을 위해 카스티야 왕국(Reino de Castilla)과 합병하였다. 아라곤 왕국은 1707년까지 유지되었으며, 펠리페 5세(Felipe V)에 의해 스페인 왕국으로 통합되었다. ⇒ Aragón, Corona de(아라곤 연합왕국)

Reino de Castilla (카스티야 왕국)　카스티야(Castilla)는 '성(城)이 많은 지역'을 뜻하며 중세 스페인의 대표적 정치 및 행정 왕국이었다. 백작령에서 왕국으로 발전하였으며, 가톨릭 공동왕이 통치할 당시 스페인의 통일을 위해 아라곤 왕국과 합병하였다. ⇒ Castilla, Corona de(카스티야 연합왕국)

Reino de Navarra* (나바라 왕국)　나바라 왕국의 전신은 9~10세기에 형성되는 팜플로나 왕국(reino de Pamplona)에서 찾아볼 수 있다. 11세기 말부터 여기에 타파야(Tafalla)와 올리테(Olite)를 기반으로 한 나바라 공국(condado de Navarra)이 포함되었다. 1162년 이후로 '나바라의 왕들(reyes de Navarra)'이라고 아예 명명되는 자들이 등장하였으며 이들은 점차 나바라, 팜플로나, 에스테야(Estella), 투델라(Tudela)를 통치하게 되었다. 산초 가르세스 1세(Sancho Garcés I, 905~925)는 에브로 강(Ebro) 계곡의 바누 콰시(Banu Qasi) 가의 쇠퇴를 이용하여 라 리오하(La Rioja)를 점령하고 아라곤(Aragón)의 영토를 복속시키며 팜플로나 왕국을 세웠고, 초기에 칼리프 압달 라만 3세(califa Abd alRahman III)의 압박에 대응하는 과정에서 왕국을 에스테야 땅과 에브로 강 경계로 넓혀 나갔다. 소브라르베(Sobrarbe)의 경계선에서부터 나헤라(Nájera)까지 산초 가르세스의 통치권이 확고해졌고 이후 한 세기 이상 동안 이 경계선은 거의 변하지 않았다. 한편 당대인들 가운데서도 산초 가르세스의 위신이 높아지면서 자연히 팜플로나 왕국 또한 그 입지가 커지게 되었고, 점차 레온(León)이나 카스티야(Castilla), 그리고 다른 이웃 백작령들의 문제에 간섭하는 것이 정당화되었다. 팜플로나 왕국은 1004년부터 1035년까지 산초 가스세스 3세[Sancho Garcés, 일명 산초 대왕(Sancho el Mayor)]의 시기에 절정에 이르게 되는데, 이때 소브라르베와 리바고르사(Ribagorza)가 병합되었으며 바르셀로나(Barcelona) 백작령의 내부 문제에도 간섭하면서 카스티야 백작이자 레온 왕국의 보호자로 변모하게 되었다. 그러나 산초 대왕이 사망하면서 레온 왕국은 1035~1076년 동안 팜플로나의 영향에서부터 완전히 벗어나게 되었고, 산초 대왕의 장남인 가르시아 데 나헤라(García de Nájera)의 영토 계승 외에, 다른 두 아들들인 페르난도 1세(Fernando I)와 라미로 1세(Ramiro I)가 각각 카스티야와 아라곤을 지배하면서 독립 왕국으로 부상하게 되었다. 1076년 일부 귀족들과 친척들의 정치적인 음모로 가르시아 데 나헤라의 계승자인 산초 데 페냐렌(Sancho de Peñalén)이 사망하자, 라미로 1세의 계승자인 산초 라미레스(Sancho Ramírez)가 양 영토를 다스리며 왕국을 통치하였다. 그러나 1134년 다시 왕국의 회복자인 가르시아 라미레스(García Ramírez el Restaurador)가 나타나 알라바(Álava), 비스카야(Vizcaya), 기푸스코아(Guipúzcoa)를 포함하면서 팜플로나 왕국이 복원되었고, 각각의 지역에 상이한 작위와 권위를 두며 통치하였다. 그의 계승자인 현왕 산초(Sancho el Sabio) 때가 되면 이미 모든 영토들이 나바라 왕국이라는 주권 아래에 있게 되고, 이러한 왕국의 기틀은 알라바, 기푸스코아가 상실되고 새로운 군주인 강자 산초(Sancho el Fuerte)가 국경선을 확정지으면서 절정에 이르게 되었다. 그러나 나바라 왕국이 점차 강대해진 카스티야와 아라곤 연합왕국의 틈바구니에서 고전을 면치 못하면서 내륙으로는 모슬렘 지역으로 확장하지 못하여 이슬람 지역과의 국경선이 점점 멀어지게 되었고, 또 바다로도 진출 가능성이 차단되면서 항외 정책을 시작한 산초 현왕도 라 리오하를 카스티야에 돌려주어야만 했다. 한편 1234년부터 1274년까지 샹파뉴(Champagne) 가의 통치 이후에 나바라는 프랑스의 지배 영역에 들어가게 되었고 1328년까지는 프랑스 앙기에, 그리고 이후 에브루(Evreux) 가에 지속되었다. 그러나 1425년에 잠시 시작된 아라곤의 후안 2세(Juan II)의 통치가 내전으로 종식되고 푸아(Foix) 가와 알브레(Albret) 가문의 잇따른 지배 이후에, 나바라 왕국은 1515년 마침내 카스티야 왕국에 무력으로 통합되었다. 그러나 카스티야의 지배 아래에서도 나바라 고유의 제도들은 어느 정도 유지될 수 있었다.

Reino suevo (수에보 왕국)   로마 제국(Imperio Romano)에서 첫 번째로 독립한 왕국으로 410년에 건립되어 584년에 멸망했다. 갈리시아와 루시타니아(Lusitania) 북쪽에 위치했으며 자신들의 화폐를 주조하여 사용했다. 이탈리아의 동고트(Ostrogodo) 왕국과 스페인의 서고트(Visigodo) 왕국보다는 작았다.

Reino visigodo* (서고트 왕국)   서고트인들이 이베리아 반도에 유입하게 된 계기는 415년에 로마제국의 동맹군 자격으로 알라노족(alanos)과 수에보족(suevos), 반달족(vándalos)을 물리치기 위해서였다. 이때부터 서고트인들은 서서히 반도에 침투하기 시작하였고 507년에는 절정에 달하였다. 부이예(Vouillé)에서 알라리코 2세(Alarico II)가 프랑크족에게 패하고 사망한 뒤 서고트인들은 결정적으로 이스파니아에 정착하게 되었고, 서고트인들의 역사는 다음의 세 단계로 크게 구분될 수 있다. 첫 단계는 정착 이후 톨레도에 서고트 왕국을 창설(507~601)한 시기에 해당한다. 갈리아 지방에서 서고트인들이 대거 쫓겨나면서 반도로 이주하게 되었고 톨로사(Tolosa)의 옛 왕국을 톨레도의 새 왕국으로 대체하는 시기라고 할 수 있다. 또한 후기로마제국의 행정구조가 바뀌면서 테오도리코 엘 아말로(Teodorico el Amalo)의 섭정 기간 동안 군대를 총괄하고 있던 서고트와 동고트 귀족이 공고화되기도 하였다. 한편 왕위세습을 통하여 정치적인 안정화를 꾀하고자 하는 시도도 있었으나 이것이 무산되면서 게르만 출신의 귀족들은 왕의 선출에 결정적인 권력을 행사하게 되었고 자연히 강력한 정치세력으로 부상할 수 있었다. 단일한 행정과 사법체계를 확보하여 이중 통치 구조를 끝내고자 하는 시도가 있었는데, 이는 왕의 선출에 대한 귀족들의 관여가 지속적인 내전의 요인이 되었고 국력 약화를 초래하였기 때문이다. 예를 들면 비잔틴 황제는 발렌시아(Valencia)와 카디스(Cádiz) 사이에 있는 지역을 재정복할 수 있었고, 프랑크족과 바스크족이 대립하는 사태가 일어났다. 한편 전략적인 상황과 적들과의 용이한 전투를 고려하여 톨레도에 수도가 정해졌다. 그러나 서고트 왕국의 공고화는 레오비힐도(Leovigildo) 왕의 치세기(569~586) 동안 이루어졌다고 할 수 있는데, 그는 비잔티움을 따라 왕의 도시를 건설하면서 제국의 제반 특권들과 특성들을 차용하였으며 화폐를 주조하였고 유일한 아리우스파 신앙(이 점에서는 실패)과 유일한 법[레비수스 법전(Codex Revisus)]에 따라 주민들을 통합하고자 하였다. 국부와 영토를 증가시켰으며 왕위 세습의 확립을 통해 왕자 에르메네힐도의 반란을 지지하는 귀족들을 제압하고자 하였다. 그는 바스크인들과 비잔틴인들에 대한 전쟁에서 수차례 승리하였고 수에보 왕국을 병합시키기도 하였다. 또한 그의 치적은 그의 아들 레카레도 왕(586~601)에 의해서도 계승되었는데, 레카레도는 기독교를 포용하면서 종교의 단일화를 이루었고, 이러한 역사적인 사건을 통하여 고트인들과 로마인들을 하나로 통합하고 왕국을 정치적으로 확고히 할 수 있었다. 또한 귀족들을 후원하고 주교들의 합법적인 지지를 획득하였으며 자신의 정책에 반기를 드는 귀족들은 단호하게 처단함으로써 전제주의적인 왕권을 태동시키기도 하였다. 서고트 왕국의 두 번째 단계는 왕권과 귀족 간의 세력 균형이 깨지면서 상대적으로 토지귀족의 세력이 부상하는 것으로 특징지어진다. 또한 왕권과 교권 간의 긴장이 발생하기도 하였지만, 귀족의 공격으로부터 왕국을 보호하기 위해 도유식과 제반 공의회 등을 끌어들임으로써 속권과 교권 간의 협력이 이루어졌다. 교회는 왕국의 소유지를 보호하면서 거대한 혜택을 누릴 수 있었고, 왕국은 주교구를 융성하게 하고 그 위신에 걸맞도록 하기 위해 토지 확보에 주력하였다. 이는 비잔틴 제국이 지배하는 이스파니아를 정복하고 시세부토(Sisebuto)에 의해 바스크인들을 반종속화하는 가운데서 어느 정도 성취되기도 하였다. 외부의 적이 부재할 때에는 귀족의 지지를 모색해야만 했는데 이는 귀족과의 협상이나 이들에 대한 통제정책[친다스빈토(Chindasvinto), 왐바(Wamba)과 군사법]을 통하여 시도되었다. 그리고 이러한 통제는 때때로 지방 귀족의 반란을 초래하기도 하였다. 또한 제반 갈등들을 해소할 목적으로 새로운 개혁이나 법전 리베르 이우디시오럼(Liber Iudiciorum)의 공표와 같은 조치가 시행되기도 하였다. 그럼에도 불구하고 서고트 왕들이 실시한 정책은 결과적으로 왕권에 대한 귀족들의 불신을 야기하였다. 서고트 왕국의 세 번째 단계(681~711)는 귀족의 승리와 봉건화가 진행되면서 왕권의 세습화는 유명무실하게 되는 것으로 특징지어진다. 로마 권력체계는 무너져 갔고 소유지들과 권위 사이에는 혼란이 가중되었으며 다수의 행정 고위층은 또한 자신들의 토지 소유자이기도 하였다. 국가는 에르비히오(Ervigio), 에히카(Égica), 위티사(Witiza)의 통치시기에 심각한 위기에 빠졌다고 할 수 있는데, 공공재산의 실종과 군주와 귀족들의 독자적인 독식 행위, 무엇보다 자기 영지에서 독립적으로 권력을 행사하는 자들이 속속 출현하는 모습을 보였다. 결국 서고트의 마지막 왕인 로드리고는 귀족들과 주민들의 묵인 아래 들어온 모슬렘 군대에 패하여 서고트 왕국을 상실하게 되었다.

Reliquias (유골)   로마 가톨릭에서 성인들이 사망한 후 남은 신체의 일부분 또는 신체의 전체를 가리키는 용어로 사용되며, 성인들이 소유했거나 사용했다고 여겨지는 의복이나 물건들도 여기에 포함된다.

Remacha, Fernando (페르난도 레마차)   1898년 12월 15일 나바라(Navarra)에서 태어난 스페인 작곡가이다. 20세기 작곡가 중 가장 중요하고 현대 스페인 음악을 발전시킨 인물로 평가받는다.

Repartimiento (레파르티미엔토)   중세 스페인 레콩키스타 시 확보한 영토에 살게 된 주민들에게 경작지와 집을 분배하던 제도로 주민들은 땅을 경작해야 했다. 이는 로마법에 기인한 프레수라법(Presura)을 시행하기 위한 제도였다. ➡ Reconquista(레콩키스타)

República Catalana (카탈루냐 공화국)   1641년 포 클라리스(Pau Claris)에 의해 공화국으로 공표되었으나 펠리페 4세(Felipe IV)의 침략을 피해 프랑스에 속한 대공령이 됐다.

그 후 프랑스와 스페인 왕실 간 지속된 전쟁이 1659년 피레네 평화협정으로 막을 내리며 카탈루냐는 자주성을 되찾게 됐다. 수세기 후 1931년 프란세스크 마시아(Francesc Macia)는 카탈루냐 공화국을 스페인의 일부로 공표했다. 잦은 충돌과 스페인 내전을 겪으며 점차 스페인의 영토로 편입되었으나 카탈루냐 공화국의 독립과 자치 문제는 오늘날까지 지속되고 있다. ⇒ Austria, Casa de[오스트리아 왕가(스페인계)]

República, I* (제1공화국)　(1873~1874) 아마데오 1세 데 사보야(Amadeo I de Saboya)가 1873년 2월 11일에 퇴위한 이후에 총회에 모인 상하원에 의해 찬성표 258표, 반대표 32표로 제1공화국이 선포되었고, 급진적인 공화주의자와 소수의 연방주의자들로 구성된 연립내각의 총리로 피게라스(Figueras)가 선출되었다. 그럼에도 불구하고 연립내각은 곧 균열이 기기 시작하였는데, 문제의 핵심은 제1공화국의 정통성 지체에 있었다. 1869년 헌법에 의하면 특별법에 의하여 의회의 사전 승인 아래 왕은 퇴위하여야 했고 의회는 해산되고, 임시정부가 임명되어야 하며, 한편 다른 제헌의회가 소집되어야 했다. 몇몇 도시들에서 시청 대신에 권력의 중심지로 위원회를 선포한 연방주의자들의 선동과 무질서 앞에서 이와 같은 비정상적인 방식이 채택되었던 것이다. 이러한 이유로 2월 23일에 의회장인 마르토스(Martos)는 일부 장군들의 협력을 받아 정부를 궤멸시키고자 하였으나 실패하고, 대신 피게라스가 다수의 연방주의자들로 구성된 새 내각을 결성하고 제헌의회 선거를 소집하도록 하였다. 그러나 다시 급진주의자들이 이 선거가 보통선거가 되기를 희망하여 이번에는 파비아(Pavía) 총사령관을 위시한 군주주의자들과 연합하여 내각을 무너뜨리고자 하였으나 역시 실패하고 이때부터 정부는 오직 공화주의자들로만 구성되게 되었다. 개최된 선거는 체제의 허약성을 보여주었고 급진주의자들이건 군주주의자들이건, 카를로스주의자들이건, 알폰소주의자들이건, 심지어 노동자국제연맹이건 할 것 없이 기권을 요구하였다. 전체 인구의 40%만이 투표권을 행사하였고 결과는 다수의 연방주의경향의 공화주의자들이 380석에서 343석을 차지한 것으로 나타났다. 6월 1일에 국가의 연방주의적인 조직과 체제를 확립할 목적으로 제헌의회가 소집되었으나 공화주의자들 자체가 입장 차로 균열이 생기면서 사태를 복잡하게 하였고 같은 달 10일에 피게라스의 사임이 있게 되었다. 카스텔라르(Castelar)와 살메론(Salmerón)을 위시한 집단은 공화주의 우파에 속하였고 반대편의 극단주의자는 오렌세(Orense)와 로케 바르시아(Roque Barcia) 장군이 있었으며, 중도에 속하는 그룹은 피 이 마르갈(Pi y Margall)이라는 인물을 중심에 두고 있었다. 내각을 구성하는 어려운 임무가 피에게 위임되었고 그는 의회주의적인 완고함 외에도 카를로스 분쟁과 식민지 분쟁, 분립주의자들의 반란과 같은 문제에 맞서야 했다. 정권에 헌법을 부여해야 한다는 시급성 때문에 제헌의회는 1873년 7월에 모였지만 비타협주의자들이 의회에서 사임하겠다고 선언한 바람에 안건은 제대로 만들어질 수도 없었고 토론될 수도 없었다. 분립주의자들의 봉기 가운데 7월 18일에 피 이 마르갈 정부는 무너지고 그를 대신하여 살메론이 새로운 대통령으로 계승하였으나 혁명을 잠재우기 위해서는 군대의 군주주의적인 성향의 장군들을 의지하지 않을 수 없었다. 6월과 7월 동안에 의회 위원회는 연방 헌법의 다양한 안건들과 제안들을 검토하고 법적 테두리를 확립해야 한다는 시급성 때문에 가능한 한 빨리 만든 카스텔라르의 제안을 선택하지 않을 수 없었다. 이렇게 하여 총 117항으로 구성된 1873년 헌법이 출범하게 되었고, 이는 1869년 헌법과 비교하여 볼 때 국민주권을 보다 선명하게 공표하고 종교적 자유와 결사권에 대한 보다 광범위한 허용, 전통적인 중앙집권주의의 철폐를 명시하고 있었다. 1873년 7월 12일에 스페인의 카르타헤나(Cartagena)에서는 분립주의 봉기가 시작되었고 이는 급속하게 지중해안 지역들과 안달루시아(Andalucía), 레반테(Levante)로 확산되면서 살라망카(Salamanca)나 아빌라(Ávila)와 같은 일부 내륙지방에도 영향을 미치게 되었다. 이러한 봉기는 다른 문제들과 함께 피 이 마르갈 정부를 18일에 결국 붕괴시켰고 대신 살메론이 대체하게 되었다. 분립주의운동은 사회정의에 대한 열망과 노동자, 농민의 혁명적인 열망과 함께 지방분권적인 분위기가 거세게 일어난 대부분의 지역에서 발생했다. 살메론은 질서 확립을 이루고자 하는 과정에서 마르티네스 캄포스(Martínez Campos)와 파비아 장군과 같은 군대 내 군주주의자들을 의지하지 않을 수 없었다. 말라가(Málaga) 시에 군사적인 습격을 이행하는 문제로 팔랑카(Palanca) 장관과 파비아 장군 간에 대립이 일어났고 여기에 사형판결에 동의하지 않는 살메론의 입장 차로 결국 살메론은 1873년 9월 5일 사임서를 제출하여야 했다. 다음 날 카스텔라르는 보수주의적인 공화국의 대통령으로 임명되었다. 그러나 공화국은 이미 지쳐가고 있었고, 질서 확립만이 새로운 정부의 유일한 관심사로 바뀌게 되면서 더욱 군사력에 의지하게 되었다. 군대는 다시 시민권에 대하여 우위권을 점하게 되었고, 여기에 쿠바전쟁과 카를로스주의자들의 위협, 심지어 분립주의의 위기까지 겹치면서 공화국은 그야말로 풍전등화에 놓이게 되었다. 결국 1874년 1월 3일 다시 의회가 열리면서 카스텔라르는 불신임을 받게 되었고, 다음 날 파비아 장군이 하원에 진입하면서 제헌의회는 해산되었다. 이렇게 하여 세라노(Serrano)가 주재하는 임시정부가 수립되었고 군주주의자들은 1874년 12월 1일 샌드허스트(Sandhurst)에서 이사벨 2세(Isabel II) 여왕의 왕권이 그녀의 아들인 알폰소 데 부르봉(Alfonso de Borbón)에게 양도되도록 결정지었다. 왕정복고(Restauración)라고 알려진 이러한 체제 구성에는 카노바스(Cánovas)의 역할이 주요하게 작용하였다.

República, II* (제2공화국)　프리모 데 리베라(Primo de Rivera)의 독재와 이 체제에 대한 국왕 알폰소 13세(Alfonso XIII)의 지지로 인해 1928년 이후에는 스페인 전국에 걸쳐서 수많은 공화파 단체들이 창설되고 활성화되었다. 1930년 1월 30일 프리모 데 리베라가 사임한 날부터 1931년 4월 14일까지 스페인 군주제에 반대하는 정치활동들이 사회에 난무하게 되었다. 베렝게르(Berenguer)의 후임이자 군주제의 마지막 총리였던 아스나르(Aznar) 제독은 4월 13일에 시 선거를 소집하였으며, 그 결과 대도시의 시민들은 공화주의를 표방하는 것으로 나타났다. 결국 왕은 스페인을 떠나야 했고 4월 14일에 공화국이 선포되었다. 첫 번째 공화주의 임시정부는 니세토 알칼라-사모라(Niceto Alcalá-Zamora)가 이끌었으며, 제헌의회가 신속하게 구성되어야 하는 필요성 때문에 6월 29일에 선거가 소집되었고, 대다수 지방에서 공화파와 사회주의 동맹이 성공하였다. 헌법이 작성되었고 1931년 12월에 의회에서 승인되었다. 알칼라-사모라가 공화국을 이끌게 되었으며, 제2공화국의 첫 2년 동안은 공화당과 사회당이 제시한 정치, 사회 정책들로 특징지어졌다. 즉 1928년 형법이 폐지되었으며, 아사냐(Azaña)에 의해 군대에 관련된 법령들이 선포되었으며, 4월에 카탈루냐의 첫 번째 제네랄리탓(Generalitat) 정부가 세워졌고, 초등교육학교들의 대대적인 설립과 관련된 공공교육부 장관 마르셀리노 도밍고(Marcelino Domingo)의 법령들이 시행되었다. 총괄군사학교(Academia Militar General)가 폐지되었고, 공화국의 국방법(Ley de Defensa de la República)이 선포되었으며 예수회가 폐지되었고 농지개혁법(Ley de Reforma Agraria)에 관한 의회 내 토론이 시작되어 1932년

9월 9일에 통과되었다. 또한 의회에서 카탈루냐 법령에 관한 토론이 시작되었고, 역시 1932년 9월 15일에 통과되었다. 그러나 이러한 입법조치들에도 불구하고 좌우할 것 없이 공화국 정부에 맞서서 수많은 사건들이 일어났다. 우파들은 공화국정부에 대항하여 조직화되어갔고, CNT 조직원들도 정부에 대응하는 모습을 보였다. 5월 10일에 마드리드에서는 수도원 방화사건(quema de conventos)이 일어났으며 교회는 공화국 정부에 항의하는 공식 성명들을 반복해서 발표하다가 결국 세구라 추기경(cardenal Segura)이 1931년 6월에 스페인에서 추방되었다. 같은 해에 국가생티칼리즘 공세 위원회(Juntas de Ofensiva Nacional-Sindicalista, JONS)가 창설되었다. 반면에 전국노동자연합(Confederación Nacional del Trabajo, CNT)과 스페인공산당(Partido Comunista de España)이 1931년 6월 세비야(Sevilla)의 봉기의 1932년 1월 아르네도(Arnedo)의 봉기들을 비롯한 일련의 봉기들을 조직하였고, 한편 산후르호 장군(general Sanjurjo)은 1932년 8월 10일에 우익 쿠데타를 시도하기도 하였다. 공화국 정부는 이전 7년간의 군사독재에서 비롯된 나라 전체의 문제점을 떠맡으면서 고전을 면치 못하였고, 1933년 여름 선거에서는 급진파와 스페인자치우익연합(Confederación Española de Derechas Autónomas, CEDA)이 승리하는 결과를 초래하였다. 극우적인 활동의 관점에서 볼 때 1933년 10월에 스페인 팔랑헤(Falange Española)가 설립된 점이나 1934년 2월 13일에 JONS와 팔랑헤가 통합된 사실은 주요한 사건이라고 할 수 있다. 한편 산후르호 장군의 군사 쿠데타에 참여하였던 자들에 대한 사면법이 투표로 처리되었고, 전체주의적인 성향의 우파들이 집결하게 되었다. 예를 들어 1934년 4월 22일 엘 에스코리알(El Escorial)에서 힐 로블레스(Gil Robles)를 중심으로 이루어진 것이 그러하다. 이 해 동안에 공화국 정부에 반대하여 좌익 정당들 사이에서도 서로 간의 교류가 이루어지고 있었다. 10월에 아스투리아스의 혁명을 비롯하여 카탈루냐에서도 혁명적인 사건이 발생하였고 10월 5일에는 대도시들에서 총파업이 실시되었다. 아스투리아스 혁명은 스페인 보병인 테르시오(Tercio)에 의해 엄격하게 진압되면서 10월 8일에 아스투리아스 임시혁명위원회(Comité Provisional Revolucionario de Asturias)의 항복으로 종결되었다. 의회에서는 농지개혁안에 대한 반대가 계속되었고, 레룩스(Lerroux)는 헌법개혁을 시도했으나 1935년 9월 19일에 암거래 사건으로 레룩스 정부가 붕괴되면서 차파프리에타(Chapaprieta)가 그 뒤를 잇게 되었다. 좌익 측에서도 동맹 작업이 이루어졌다. 마르크스 통일노동당(Partido Obrero de Unificación Marxista, POUM)은 노동자-농민연맹(Bloque Obrero y Campesino, BOC)과 공산당 좌익(Izquierda Comunista)을 계기로 통합되었다. 수만 명의 사람들이 전당대회에서 아사냐의 말을 경청하였으며, 1936년 1월에는 알칼라-사모라가 의회 폐지 법령을 선포하였다. 1936년 2월 15일에 인민전선(Frente Popular)의 협약이 체결되면서 PSOE, PCE, 공화주의좌파(Izquierda Republicana, IR), 공화주의연맹(Unión Republicana), 노동자총연맹(Unión General de Trabajadores, UGT), POUM, 조합주의정당(Partido Sindicalista), 연방공화주의당(Partido Repulicano Federal)이 인민전선을 지지하는 세력이 되었다. 그 결과 2월 16일에 실시된 의회 선거에서 인민전선이 최종 승리를 거두었다. 인민전선의 전략은 공산당인터네셔널에 의해서 이미 실시된 바 있었던 것으로, 유럽 내 파시즘을 무너뜨리고자 하는 목적으로 불가리아 출신의 지도적인 공산주의자 G. 디미트로프(G. Dimitrov)에서 비롯된 것이었다. 그러나 가장 강경한 스페인 우파와 군대가 선거결과에 불복하고 1936년 7월 18일 쿠데타를 일으키면서 스페인 내전이 시작되었다.

Requeno, Vicente (비센테 레케노)　(1743~1811) 스페인의 예수회신부이자 고고학자, 음악가, 고전학자, 미술학자, 철학자, 발명가이다. 끝없는 상상력을 가진 괴짜였으나 빙켈만(Winckelmann)의 뛰어난 제자로도 알려져 있다. 신고전주의자보다 더 신고전주의자였던 그는 고전 그리스·로마 예술의 연구와 복원에 생애를 바쳤다. 영적으로는 이신론을 반대했으며 라틴어, 이탈리아어, 스페인어로 된 수많은 작품을 남겼다.

Requeséns, Luis de (루이스 데 레케센스)　(1528~1576) 군인, 항해사, 외교관, 스페인 정치가, 밀라노(Estado de Milán)의 통치자(1572~1573). 네덜란드의 총독(1573~1576)이었다. 그의 부친은 후안 데 수니가(Juan de Zúñiga, 1551~1608)로서 과거 국왕 펠리페 2세(1527~1598)의 교사 중 한 사람이었다. 펠리페 2세의 자문관으로서 카탈루냐와 아라곤 영토와 관련된 사안에 대해 주로 조언하였으며 국왕의 이복동생인 돈 후안 데 오스트리아(Juan de Austria, 1547~1578)와 함께 레판토 해전에 참전하여 승리를 거두기도 하였다. ➡ Felipe II(펠리페 2세)

Residencia de Estudiantes (학생기숙사)　스페인 마드리드에 위치한 학생기숙사는 1910년 역사학습기관(Centro de Estudios Históricos) 산하에 만들어진 곳이다. 설립은 스페인 크라우제 철학파 프란시스코 히네르 데 로스 리오스(Francisco Giner de los Ríos)가 제안한 데서부터 시작되는데, 대학과 함께 교육의 자유로운 시스템을 만들고자 세워졌고, 1939년까지 스페인 과학교육시스템의 현대화가 핵심이 된 곳이다. 2007년 유럽 문화재로 지정되었다. ➡ Krausismo Español(스페인 크라우시시즘)

Restauración borbónica (왕정복고)　스페인 역사에서 왕정복고는 1874년 12월 29일 제1공화국이 물러나고 마르티네스 캄포스의 쿠데타로 인해 알폰소 12세가 왕으로 복귀했던 시기를 의미한다. 이후 1931년 4월 14일 제2공화국이 선포되면서 왕정복고시대는 끝이 난다.

Reus (레우스)　스페인 카탈루냐 자치주(Comunidad Autónoma de Cataluña)의 타라고나(Tarragona)에 속한 도시이다. 해발 134m, 바다 쪽으로 가벼운 경사가 있는 평야의 중심에 위치해 있다. 18세기에 산업의 중심지로 크게 성장했는데 특히나 직물 산업이 발달했다.

Revisión histórica (역사적 검토)　역사적 사실이나 특정 사건에 대한 재고를 하는 것을 의미하며 오류 및 오해를 바로잡고 보다 더 건강한 역사관을 구축하는 데 목적이 있다. 대부분 역사를 조작하며 민중을 억압하는 정부가 무너진 후에 이루어지며 이는 역사적 정체성 및 시민의 알 권리와 깊은 연관이 있다.

Revolución de 1868* (1868년 혁명)　1868년 9월 17일 스페인의 남부 도시 카디스에서 일어난 자유주의 혁명이자 일명 영광스러운 혁명(Revolución Gloriosa)으로, 이사벨 2세(Isabel II) 여왕의 강제 퇴위로 막을 내렸다. 이사벨 2세 정권의 정치적 위기는 혁명 이전부터 불거진 것으로 보수적인 1845년 헌법조차 왕실 개입으로 이행되지 않았고, 여왕은 유권자들의 입장은 안중에도 없이 온건 정당만을 편애하는 모습을 보이고 있었다. 이로 인하여 진보주의자들은 1864년 여름과 1865년 4월, 그리고 1866년 1월과 6월에 각각 군사 봉기(pronunciamiento)와 쿠데타를 일으켜 권력을 장악하고자 하였으며, 불안한 정국은 정부의 진압 이후에도 쉽사리 가라앉지 않았다. 한편 제3의 정당이라 할 수 있는 자유주의 연맹(Unión Liberal)이 레오폴도 오도넬(Leopoldo O'Donnell) 장군의 영도 아래 1854년 혁명(revolución de 1854)으로 결성되면서, 오도넬 주도 아래 양당 체제를 구축하고자 하였지만 결국 양당 간의 입장 차이로 실패하고 말았다. 1868년 일련의 사건들은 온건 정당의 정치적 무능과 권위 상실을 만천하에 입증하는 꼴이 되었다. 당시 군대는 중·하층 부르주아 출신의 유입지로 혁명 초기의 조직과 방향에서 주요 역할을 담당하고 있었으며, 하부 경제에서 절대 다수를 차지하고 있었던 소규모 수공업자들과 농민들도 프롤레타리아화되면서 급진화되었다. 1868년 혁명은 부르주아 계층에 의해 전개된 고전적인 군사 봉기에서 시작되었으나 농촌 위기와 생활의 빈곤으로 불만이 누적된 민중이 전격 참여하였다는 점에서 예년과 달랐다. 투기와 신용 불량, 통화 부족에서 야기된 심각한 경제 위기는 1866년부터 전국을 강타하였고 줄지은 은행 부도와 기업 도산, 투지지들의 피해의 토지 기치 히락으로 인한 농촌 프롤레타리아의 빈곤이 익순환 되면서 수많은 가계 파산이 발생하게 되었다. 설상가상으로 1867년, 1868년의 연이은 최대 흉작은 식량 공급에까지 차질을 가져왔지만, 정부는 재정 부족으로 총체적인 난국을 해결하지 못하였고, 오히려 군공무원을 제외한 민간공무원들의 임금 삭감과 모든 납세자들의 강제 공채 모집으로 적대감만을 불러일으켰다. 한편 이사벨 정권 내에는 1849년 진보당의 분열로 새로운 정치 세력이 생겨났는데, 이 정당은 1860년경 크라우제주의에 고무된 지식인들과 연합하여 고유 이데올로기를 구비한 민주주의 정당으로 변모하였다. 크라우제파 지식인들(intelectuales krausistas)은 인권에 대한 절대적인 존중과 개인의 주권에 대한 침해 불가를 내세우며, 국민 주권과 개인의 권리, 보통 선거를 옹호하였다. 1866년 8월 16일에 후안 프림(Juan Prim) 장군이 이끄는 진보주의자들과 민주주의자들, 연합주의자들은 세라노(Serrano)를 위시한 수많은 군장성들과 함께 오스텐데(Ostende)에서 합의하였고, 이는 권력의 상층부에 있는 모든 것을 파괴할 것과 임시정부의 지도 아래에서 즉각적으로 제헌의회를 소집할 것, 또 직접보통선거로 주권이 법에 있게 하자는 목적을 가지고 있었다. 오스텐테 협약(Pacto de Ostende)의 서명자들은 1867년 8월 15일 반란을 일으키는데 의견을 모았으나 봉기의 총책임자였던 프림 장군이 마지막에 돌연 입장을 바꾸면서 불발에 그치게 되었다. 오도넬과 나르바에스(Narváez)가 사망한 이후 곤살레스 브라보(González Bravo)가 온건 정당의 최강자로 서게 되었고 그의 전횡적인 억압정책은 자유주의 연맹이 오히려 정권의 불만 세력에 동조하는 결과를 가져왔다. 여기에 연합주의자의 리더이자 군대에서 영웅 대접을 받고 있었던 세라노가 추방되면서 군대의 불만은 한층 고조되었다. 1868년 9월 12일에 프림과 소리야(Zorrilla), 사가스타(Sagasta)는 지브롤터로 향하였고, 한편 세라노는 카나리아 망명지를 떠나 이베리아 반도로 진군하였다. 17일에 프림은 카디스로 옮기고 이곳에서 토페테 해독(Almirante Topete)은 카디스 함대와 함께 반란을 일으켰다. 이틀 뒤에 카디스에는 연합주의자 장군들과 사가스타를 비롯한 일부 민간 출신의 지도자들도 속속 도착하였다. 프림의 총책임 아래 혁명위원회가 구성되었고 카디스 시는 통제 아래 놓이게 되었다. 위원회는 반란의 기본 원칙들 즉 보통선거, 출판의 자유, 사형 폐지, 킨타스(quintas) 폐지, 소비세의 폐지, 신헌법을 만들기 위한 제헌의회 소집을 천명하였다. 세라노와 프림이 군대를 조직하는 책임을 맡았으며, 세라노는 세비야(Sevilla) 시를 점령하였고, 말라가(Málaga)와 알메리아(Almeria), 카르타헤나(Cartagena) 도시들도 반란에 참여하였다. 한편 프림은 세 명의 해군 중령들을 지휘하여 지중해를 거쳐 카탈루냐로 진격하였다. 이렇게 하여 혁명의 불길은 이베리아 반도 전체로 확산되었다. 안달루시아로부터 마드리드를 향하여 행군하였고, 노바리체스 후작(marqués de Novaliches)의 지휘 아래 있던 정부군은 세라노 장군의 노련함으로 고전을 면치 못하였다. 수도 마드리드로 향하는 모든 통행로가 뚫리게 되었고, 이때부터 전국에는 수많은 임시혁명위원회가 만들어져 민중을 혁명에 동원하는 노력이 함께 이루어졌다. 결국 정부군의 수장인 콘차(Concha) 장군은 중립을 선언하고 혁명위원회에 권력을 이양하였으며, 이로써 레케이티오(Lequeitio)에서 여름 휴가를 보내고 있었던 이사벨 2세는 왕권의 포기없이 9월 30일 프랑스로 망명하였다. 10월 초에 마드리드에서는 세라노의 영도 아래 임시정부가 구성되었고 여기서 프림은 육군부(ministerio de Guerra), 토페테는 해군부(ministerio de Marina), 소리야는 산업장려부(ministerio de Fomento)의, 사가스타는 내무부(ministerio de Gobernación)의 수장이 되었다. 이는 전국에 산재되어 있던 여러 혁명위원회들을 없애고 마드리드에 권력을 집중시키고자 하는 의도에서 빚어진 조치였다. 임시정부가 처리해야 할 난제 중의 하나로 이사벨 시대 잘못된 식민 통치로 빚어진 쿠바 반란에 대한 대응이 있었고, 또한 혁명에 참여하였던 여러 세력들, 즉 민주주의자들과 여기에서 분리되어 나온 공화주의자들, 연합주의자들, 진보주의자들을 통합시켜야 하는 정치적 부담이 있었다. 한편 보통선거로 소집된 제헌의회는 국민주권의 민주주의에 기초하여 스페인의 정체를 입헌군주국으로 선언하면서, 사보야의 아마데오 1세(Amadeo I de Saboya)가 프림의 주도 아래 차기 왕으로 추대되었다.

Revolución de 1944 (1994년 혁명)　　1944년 10월 20일에 군인, 학생 그리고 노동자들이 이끈 혁명을 일컫는다. 이 혁명으로 페데리코 폰세 바이데스(Federico Ponce Vaides)의 정부는 전복되고, 자유선거 제도가 처음으로 도입된다. 이로써 정부는 10년의 근대화를 맞이하게 되는데, 이 시기를 과테말라의 '10년의 봄날' 또는 '황금시대'로 평가하고 있다.

Revolución de 43 (43년 혁명)　　1943년 6월 4일부터 1946년 6월 4일까지 아르헨티나에서 발발한 쿠데타를 일컫는다. 이로써 라몬 카스티요(Ramón Castillo)의 독재 정치가 전복되고 후안 도밍고 페론(Juan Domingo Perón)이 대통령으로 부임하게 되며, 이 시기에 페론주의(peronismo)가 탄생하게 되었다.

Revolución de Octubre* (1934년 10월 혁명)　　1934년 10월에 스페인에서 일어난 파업이자 폭동을 가리킨다. 아스투리아스와 바스크, 카탈루냐에서는 무기까지 동원한 사태가 발생하였고, 반면 스페인 나머지 지역들에서는 단지 이틀 동안 부분 파업을 하는 것으로 그쳤다. 1934년 5월부터 들어선 스페인자치우익연합(Confederación Española de Derechas Autónomas) 정부의 농업, 경제, 사회정책이 여러 사회주의계열 집단들, 즉 사회노동당(PSOE), 노동자총연맹(UGT), 전국사회주의청년연합(FNJS, Federación Nacional de Juventudes Socialistas)의 불만을 야기하면서, 이들은 총파업을 통해 이전 선거에서 상실하였던 지도력을 회복하고 정권을 장악하고자 하였다. 그러나 어떠한 정당이나, 정권과도 협력하기를 거부하고 오직 혁명 행위만을 정당화하였던 무정부주의단체 CNT는 아스투리아스 지역을 제외하고는 총파업을 지지하지 않았다. 애초에 10월 5일을 염두에 두고 계획된 파업은 음식과 자금 조달, 방어를 조직하는 과정에서 아스투리아스의 무정부주의자들과 공산주의자들, 사회주의자들에 의해 수정되기도 하였다. 정부는 폭동자들을 진압하기 위하여 로페스 오초아(López Ochoa) 장군을 위시한 스페인 외인부대(Legión)를 파견하였고, 10월 18일 아스투리아스의 마지막 도시 미에레스(Mieres)의 항복으로 이곳에서의 혁명을 종결시켰다. 그 뒤 따른 처벌은 혹독한 양상을 띠었는데,

2명의 사살과 함께 약 3만여 명의 포로를 양산하였기 때문이다. 한편 카탈루냐에서는 카탈루냐 민족주의계열 집단들이 파업에 참여하면서 자신들의 자치 요구를 보다 신속하게 관철시키고자 했으며, 헤네랄리탓(Generalitat)의 의장인 유이스 콤파니스(Lluis Companys)는 혼란한 틈을 타서 10월 6일 스페인 연방국가의 틀 안에서 카탈루냐 공화국(República Catalana)을 공표하기도 하였다. 그러나 군사적인 지원이 뒤따르지 않으면서 다음 날 바테트(Batet) 장군은 항복하였고 투옥되어야 했다. 한편 바스크 북부 주들인 기푸스코아(Guipúzcoa)와 비스카야(Vizcaya)에서는 반란이 10월 12일까지 지속되면서 많은 사상자들과 1,000명 이상의 포로들을 발생시키기도 하였다. 일부 여론에서는 처벌에 대해 부정적이었지만, 스페인 정부는 오히려 아사냐(Azaña)와 좌파 세력이 반란을 부추겼다고 공격하였다. 1934년 혁명과 긴압은 스페인의 정치, 사회를 더욱 양극화시키는 계기가 되었고, 결과적으로 1936년 내전 발발의 전초전이 되었다고 할 수 있다.

Revolución social (사회 혁명) 국가 권력층과 변화를 추구하는 계급과의 사이에 생기는 권력탈취의 과정으로 칼 마르크스가 그 이론을 제시했다. 최초의 사회 혁명이 일어난 곳은 기원전 2200년 이집트로 보고 있다. 라틴아메리카 사회 혁명의 주 세력은 노동계층이었으며 군부 독재 이후 국가가 자리를 잡아가던 20세기 후반에 주로 일어났다.

Rey d'Harcourt, Domingo (도밍고 레이 다르쿠르트) 1883년에 태어나 1939년에 사망한 스페인의 군인이다. 스페인 내전 동안 국민당의 지휘관이었다. 테루엘 전투(Batalla de Teruel)에서 눈에 띄는 활약을 보였으나 포로로 잡혀 카탈루냐 진영에서 다른 반란군들과 함께 총살당했다. ➡ Guerra Civil Española(스페인 내전)

Reygondaud, Andrés Amado (안드레스 아마도 레이곤다우드) (1886~1960) 스페인 국가 재정법과 관련된 변호사이다. 1936년 스페인 내전이 시작되고부터 프랑코 체제의 국가 기술위원회의 재정부를 감독하며, 행정 업무를 꾸준히 하였다. 1938년 군주제이면서 보수적인 정부체제에서도, 예수회(Jesuita)의 압수된 돈은 전쟁이 끝나기 전까지 반환되어야 한다고 주장하였다. ➡ Franquismo(프랑코주의)

Ribalta, Francisco (프란시스코 리발타) (1565~1628) 스페인 황금세기의 화가이다. 프란시스코 데 수르바란(Francisco De Zurbarán), 호세 데 리베라(José De Ribera)와 동시대인인 그는 자연주의적 기법과 명암법을 사용해 이름을 알렸다. 또한 그림에 매너리즘을 사용하면서 많은 바로크적 특징을 남겼다. 「*Visión de San Francisco*」와 「*El Crucificado abraza a San Bernardo*」 등은 그의 대표작으로 꼽힌다.

Ribeira Sacra (리베이라 사크라) 스페인 북서부 루고(provincia de Lugo)와 오렌세(provincia de Orense)에 걸쳐져 있으며 실 강(río Sil)과 미뇨 강(río Miño) 유역에 위치한 지역을 일컫는 표현이다. 빼어난 자연 경관과 와인 생산지로 유명하다.

Ricardo Wall (리카르도 월) 아일랜드 출신의 스페인 군인, 외교관, 정치가이다. 1694년 프랑스 낭트(Nantes)에서 태어나 1778년 그라나다(Granada)에서 사망했다. 펠리페 5세(Felipe V) 통치기에 군인으로서 최고의 지위에 올랐으며 외교관으로서도 높은 성과를 거두었는데 특히나 영국과의 외교 문제에서 큰 업적을 쌓았다. 1754년에는 국무성(Secretaría de Estado)의 수장으로 임명되었다.

Ricohombre (리코옴브레) 스페인 상위귀족 계급을 일컫는 말이다. 마그나테(magnate)와 세니오르(senior)를 대체한 단어로 1162년 나바라 왕국(reino de Navarra)의 한 문서에서 처음으로 사용되었다.

Riego y Núñez, Rafael del (라파엘 델 리에고 이 누녜스)   (1785~1823) 스페인의 자유주의 성향의 군인이자 정치인이다. 스페인의 독립을 위해 싸웠다. 후에 페르난도 7세(Fernando VII)의 전제주의 세력에 의해 숙청당했다. ☞ Dos de Mayo 1808(1808년 5월 2일)

Rif (리프)   아프리카 북서부와 지중해 연안에 위치하는 산악 지대로 스페인과 모로코의 일부이다. 가톨릭 공동왕 치하의 이슬람교도들은 스페인에서 이곳으로 이주했고, 이로부터 1912년에서 1956년까지 스페인 보호령이 되지만 19세기와 20세기에 걸쳐 아프리카 전쟁(Guerra de África), 멜리야 전쟁(Guerra de Melilla), 리프 전쟁(Guerra de Rif) 등이 일어났다.

Río Alberche (알베르체 강)   이베리아 반도의 강이다. 스페인의 중서부를 지나며 아빌라(Avila), 마드리드(Madrid), 톨레도(Toledo) 등을 통과한다. 강물은 타호(Tajo) 강으로 유입되기까지 약 177km를 이동한다.

Río Burbia (부르비아 강)   카스티야 이 레온의 엘 비에르소(El Bierzo) 북쪽에 위치한 강이다. 해발 약 1,000m에서 시작하며 실 강(Río Sil)으로 흘러들어간다. 지류의 넓이는 약 15~20m 정도 된다.

Río Duero (두에로 강)   이베리아 반도의 주요 강 중 하나로 수량이 가장 많다. 해발 2,160m 두루엘로 데 라 시에라(Duruelo de la Sierra)에서 발원하여 소리아(Soria), 부르고스(Burgos), 바야돌리드, 사모라(Zamora), 살라만카, 포르투갈 등을 거쳐 대서양으로 흘러들어간다. 길이 937km 중 709km가 스페인 영토에 해당한다.

Rio Ebro (에브로 강)   이베리아 반도에서 두 번째로 큰 강이며 스페인에서는 가장 큰 강이다. 지중해로 흘러들어가는 강으로 사라고사를 지나간다.

Río Genal (헤날 강)   스페인 남쪽 말라가를 통과하는 강이다. 파란다(Paranda)의 말단에서 발원하여 카사레스(Casares) 근처 과디아로(Guadiaro) 강으로 유입된다. 숲이 우거진 거친 지형으로 예로부터 외면당했으나 현대에 이르러 자연 관광지역으로 전성기를 맞이하고 있다.

Río Guadalete (과달레테 강)   안달루시아 지방의 강이다. 대서양으로 흘러들어가는 강으로 그라살레마(Grazalema) 산맥에서 시작되어 카디스 만의 산타 마리아 항구(El puerto de Santa María)로 연결된다. 20세기 중반까지도 작은 배들이 들어갈 수 있었다.

Río Guadalhorce (과달로르세 강)   스페인 남부 말라가(Málaga) 지방을 통과하는 강이다. 남부 지방의 가장 수량이 풍부한 강 중 하나이며 지중해 연안으로 유입된다. 강 유역을 따라 약 7km의 좁은 협곡 데스필라데로 데 로스 가이타네스(Desfiladero de los Gaitanes)가 형성돼 있다.

Rio Guadalquivir (과달키비르 강)   안달루시아 지방의 가장 중요하며 가장 큰 강이다. 대서양으로 흘러 들어가는 강으로서 이베리아 반도의 가장 남쪽에 있는 강이며 다섯 번째로 큰 강이다.

Río Guadiana (과디아나 강)   이베리아 반도에서 네 번째로 긴 강으로 길이는 744km에 달하며 스페인의 엑스트레마두라, 카스티야 라 만차, 안달루시아와 포르투갈을 지나 대서양으로 흘러들어가는 강이다.

Río Jalón (할론 강)   스페인 북동부 지방의 강으로 에브로 강(río Ebro)의 주요 지류 중 하나이다. 길이는 224km에 달하며 9,338km²에 달하는 유역을 갖고 있다. 아라곤, 카스티야

이 레온, 소리아와 사라고사까지 뻗어 있다.

Río Miño (미뇨 강) 이베리아 반도 북서부에 위치한 강이다. 갈리시아와 포르투갈 국경 지대를 지나는 강으로 갈리시아 지방에서는 가장 길고 실(Sil) 강이 합류하는 지점부터는 유량이 가장 많은 강이기도 하다. 대서양으로 흘러들어가며 길이는 약 310km이며 강 유역의 넓이는 약 12,000km이다.

Río Ñancahuazú (냔카우아수 강) 볼리비아 남동부 지역에 위치하는 강으로 그란데 강(Río Grande)의 지류이다. 1966년에서 1967년 사이에 에르네스토 체 게바라(Ernesto Che Guevara)의 게릴라 부대가 진을 쳤던 곳이다.

Río Narcea (나르세아 강) 스페인의 아스투리아스에서 두 번째로 길고 유량이 많은 강이다. 나르세아(Narcea) 수원에서 출빌하여 닐론(Nalón) 강으로 흘리 들이긴다. 유랑은 초당 43km³, 강 유역의 넓이는 약 1,135km²에 달한다.

Río Navia (나비아 강) 스페인 북부 연안으로 흘러 들어가는 강으로서 피에드라피타 델 세브레로(Piedrafita del Cebrero)에서 시작되어 아스투리아스의 나비아를 거친다. 인도 유럽어의 'naus(배)'라는 단어에서 이름이 유래된 것으로 보고 있으며, 길이는 159km에 달한다.

Río Tajo (타호 강) 이베리아 반도의 주요 강 중 하나로 해발 1,593m 알바라신 고원(sierra de Albarracín)에서 발원하여 트리요(Trillo), 아란후에스(Aranjuez), 톨레도, 리스본 등을 거쳐 대서양으로 흘러 들어간다. 길이 1,007km 중 785km가 스페인 영토에 해당한다.

Río Tinto (틴토 강) 대서양으로 흘러들어가는 스페인 남부 지방의 강이다. 발원지는 라 그라나다(La Granada)의 알바르데로스(Albarderos) 산이며 오디엘(Odiel) 강과 팔로스 수로(canal de Palos)에서 만난다. 황철광의 영향으로 강물이 붉은빛을 띤다.

Río Tormes (토르메스 강) 스페인을 가로지르는 두에로 강의 지류로 아빌라, 살라망카, 사모라, 카스티야, 레온 등을 지난다. 약 284km를 흐르며 여름철 수량이 최대이다. 1960년 토르메스 강 유역에 산타 테레사 댐이 건설되었다.

Río Vinalopó (비날로포 강) 스페인의 발렌시아(Valencia)와 알리칸테(Alicante) 지방을 지나는 강이다. 약 92km를 흐른 후 지중해로 유입된다. 비나폴로 강의 계곡은 알리칸테와 스페인 중앙 산맥을 잇는다. 계절에 따라 매우 불규칙한 강수량을 보인다.

Ríos Urruti, Fernando de los (페르난도 데 로스 리오스 우루티) (1879~1949) 스페인의 정치인으로 법학을 전공했으며 공화주의자였다. 교육의 중요성을 강조했으며 진보 단체에서 많은 활동을 했다. 리베라의 독재에 반기를 들었으며 후에 모든 직책을 그만두었다.

Risco, Vicente (비센테 리스코) (1884~1963) 스페인의 정치인이자 작가이다. 갈리시아 르네상스의 거장으로 꼽히며 노스 세대(Generación Nós)의 일원이다. 갈리시아 민족주의의 기반을 다졌다.

Rivera Ordóñez, Francisco (프란시스코 리베라 오르도녜스) (1974~) 스페인의 투우사이다. 프란 리베라(Fran Rivera)로 잘 알려져 있다. 유서 깊은 투우사 가문 출신으로 1991년 첫 경기를 선보였다. 종종 훌륭한 경기를 선보인 투우사에게 수여되는 영예인 황소 귀를 두 개 받았다. 몬토뇨(Montono)의 공작부인과의 혼인으로 1998년 공작이 되었다.

Rivera y Orbaneja, Miguel Primo de (미겔 프리모 데 리베라 이 오르바네하) (1870~1930) 스페인의 군인 및 정치가. 1923년 보수 세력을 업고 무혈 쿠데타를 통해 마누엘 가르시아 프리에토(Manuel García Prieto, 1859~1938) 내각을 해산시키고 군사독재를 확립하였다. 독재기간 동안 여러 가지 개혁을 시도하였으나 세계대공황의 여파로 스페인 경제 또한 큰 타격을 받았으며, 1930년 군대가 그에 대한 지지를 철회하면서 사임하였다. ⇒ República II(제2공화국)

Roca, Miguel (미겔 로카) (1940~) 스페인의 정치인이자 변호사이다. 프랑코(Franco) 정권의 몰락 이후 민주주의로 넘어가던 과도기에 중요한 역할을 했다. 민족주의자였던 그는 1984년 개혁민당(PRD)을 창당했다. 1978년 완성된 헌법의 제정에 결정적 역할을 맡았다. ⇒ Constitución de 1978(1978년 헌법)

Rochelle, Batalla de la (라 로셸 전투) 1372년 6월 23일에 일어난 카스티야 함대와 영국 함대의 대전을 일컫는다. 이 전투는 카스티야의 승리로 1372년 8월 23일에 종지부를 찍었으며 이로 인해 카스티야는 대서양 정책에서 대성공을 거두었다. ⇒ Castilla, Corona de(카스티야 연합왕국)

Rodolfo II (로돌포 2세) (1552~1612) 신성로마제국의 왕이다. 부모님의 권유로 스페인의 예수회 수도사들에게 교육을 받았다. 스페인의 펠리페 2세(Felipe II)와 특히 우호적인 관계를 유지했다.

Rodrigo, Joaquín (호아킨 로드리고) (1901~1999) 아란후에스 정원(Jardines de Aranjuez)의 후작이자 고전음악 작곡가. 3살이 되던 해 디프테리아의 감염으로 맹인이 된 그는 8살부터 음악공부를 하기 시작했다. 바이올린과 피아노를 꾸준히 연습했던 그는 16세가 되던 해 발렌시아의 교수로 인해 작곡 공부를 시작하여, 첫 작품들을 1923년에 남겼고, 1927년 이삭 알베니스(Isaac Albéniz), 엔리케 그라나도스(Enrique Granados), 호아킨 투리나(Joaquín Turina)와 함께 파리에서 공부를 했다. 1939년 마드리드로 돌아온 그는 스페인 국가음악가상 수상하며, 아란후에스 정원의 후작으로 임명되었다.

Rodríguez Ayuso, Emilio (에밀리오 로드리게스 아유소) 19세기 말의 건축가로, 신무데하르 양식을 최초로 사용한 인물이다. 마드리드에 있는 고야의 투우 광장(Plaza de Toros de Goya)과 아기레 학교들(Escuelas Aguirre)이 있다.

Rodríguez de Fonseca, Juan (후안 로드리게스 데 폰세카) 1451년 스페인 토로(Toro, 지금의 사모라(Zamora)에서 태어나 1524년 부르고스(Burgos)에서 사망한 성직자, 정치가, 가톨릭 공동왕과의 협력자 및 인디아스의 스페인 식민 정책(복음 전파)의 주요 기획자였다.

Rodríguez de la Borbolla, José (호세 로드리게스 데 라 보르보야) (1947~) 스페인의 정치인이자 변호사이다. 안달루시아(Andalucía) 자치주의 주지사를 지냈다. 사회노동당(PSOE)의 당원이다. 안달루시아 농업 개혁을 주도했다. 마누엘 차베스(Manuel Chaves)와 친분이 있다.

Rodríguez de Losada, José (호세 로드리고 데 로사다) 레온 출생(León)의 시계 제조공(1797~1970)이다. 마드리드 정부에 '통치의 시계(Reloj de Gobernación)'를 기증하였으며, 그 시간을 알리는 종은 현재 푸에르타 델 솔(Puerta del Sol) 광장에 설치되어 있다. 그의 조각품에는 J.R.Losada라는 표시를 찾아볼 수 있다.

Rodríguez Pérez, Manuel (마누엘 로드리게스 페레스) (1970~) 스페인의 투우사이다. 마누엘 캄푸사노(Manuel Campuzano)라는 이름으로 더 알려져 있다. 투우사 삼형제로 유명한 호세 안토니오 캄푸사노(Antonio Campuzano)와 토마스 캄푸사노(Tomas Campuzano)의 막내 동생이다. 가업을 이어 투우사가 되었으나 투우에 별다른 집념을 보이진 않았다.

Rodríguez Porcelos, Diego (디에고 로드리게스 포르셀로스)　(9세기) 로드리고(Rodrigo) 백작의 아들로 873년 카스티야 백작령을 물려받아 885년 사망에 이르기까지 지위를 지 켰다. 이슬람교도들의 통행을 저지할 목적으로 에브로 분지와 라 리오하(La Rioja)와 카스티야 북쪽을 잇는 대로에 구축해 놓은 방위전선을 강화시키는 데 많은 노력을 기울 였다. 878년에는 모슬렘들에게 맞서는 원정대에 참여해 승리를 거뒀다. ➡ Reconquista (레콩키스타)

Rodríguez Sahagún, Agustín (아구스틴 로드리게스 사아군)　1931년에 태어나 1991년에 사망한 스페인의 정치인이다. 기업인으로 시작해 국방부 장관까지 지냈다. 그가 관직에 있는 동안 일명 23-F라 불리는 군사 쿠데타가 일어났으나 진압되었다. 마드리드(Madrid) 시장 후보로 출마했다가 개인적 사정으로 자진 사퇴했다. 청렴하고 헌신적인 모습으로 많은 사람들에게 존경을 받았다.

Rodríguez Zapatero, José Luis (호세 루이스 로드리게스 사파테로)　스페인 정치가로 1960년 8월 4일 바야돌리드에서 태어났다. 2000년 7월 스페인사회노동당의 사무총장 이 되었으며, 2004년 총선에서 승리하여 스페인 총리가 되었다. 재임 직후 이라크 파병 군을 철수시켰으며, 재선에 성공하여 2011년까지 재임하였다. 이후 2012년 실시되는 총 선에는 출마하지 않았다. ➡ Partido Socialista Obrero Espaóñol(스페인사회노동당, PSOE)

Rodríguez, Lorenzo (로렌소 로드리게스)　(1704~1774) 스페인에서 태어나 바로크 건축으 로 멕시코 건축의 많은 이들에게 영향을 준 건축가이다. 처음 카디스 성당과 그라나다 및 세비야에서 건축가로 일을 하여 안달루시아의 바로크적 건축 성향을 띠다가 1731년 누에바 에스파냐(Nueva España), 지금의 멕시코로 이주해 많은 건축물을 남겼다. 대표 적으로 메트로폴리타나 성당(El Sagrario de la Catedral Metropolitan), 목테수마 궁전 (El Palacio de Moctezuma), 산 일데폰소 학교(Colegio de San Ildefons) 등이 있다.

Rodríguez, Ventura (벤투라 로드리게스)　(1717~1785) 부에나벤투라 로드리게스 티손 (Buenaventura Rodríguez Tizón)이라고도 불리는 스페인 18세기 건축가이다. 후안 데 비야누에바(Juan de Villanuev)와 함께 바로크 시기의 가장 대표적인 건축가이다. 그의 예술사조는 바로크와 유럽 계몽주의의 신고전주의 양식에 있다. 그는 여러 분수대를 만드는 데 큰 공을 세웠는데, 시벨레스(Cibeles), 아폴로(Apolo), 넵투노(Neptuno)와 같은 프라도 살론(Salón del Prado) 분수대, 알카초파(Alcachofa) 분수대, 콘차스 (Conchas) 분수대가 그의 예이다.

Roig, Joan (호안 로이그)　(1629?~1704) 스페인 카탈루냐 태생의 조각가이다. 도메넥 로비 라(Domènec Rovira)의 제자인 그는 바로크 양식의 조각들을 탄생시켰다. 17세기 중반 에는 헤로나(Gerona)의 산타 마리아 성당(Catedral de Santa María) 기둥에 열두 제자 의 모습을 조각하고, 시트게스(Sitges)의 교구에는 돌로레스 성녀의 모습을 제단화 벽에 조각하였다.

Rojas, Diego de (디에고 데 로하스)　스페인 부르고스(Burgos)에서 태어난 정복자이다. 바 카 데 카스트로(Vaca de Castro)로부터 페루 남부 지역을 정복하라는 임무를 받아 추키 사카(Chuquisaca)를 건설했다. 투쿠만(Tucumán)을 발견했으며 그 지역 인디오들과 수 차례 전투를 벌였고 1543년에 전사하였다.

Rojas, Fernando de (페르난도 데 로하스)　(1465~1541) 16세기 스페인의 유명한 희곡 『La Celestina』의 작가이다. 몬탈반 출신으로 살라망카 대학을 졸업했다. 그가 작품의 구성과 결말에 관여하긴 했지만 전체 작품의 혹은 마지막 판본의 작가인지는 확실하지가 않다. 『La Celestina』의 사실주의, 비극적인 줄거리, 다채로운 인간상은 당시 사람들을 열광시켰고 후대 스페인 문학에 많은 영향을 미쳤다. 지금까지도 스페인 고전 명작의 반열에 올라 있는 중요한 작품이다.

Rojo Lluch, Vicente (비센테 로호 루크)　(1894~1966) 스페인 내전 시 공화파 군대를 이끌었던 장군이다. 그는 스페인 내전이 발발하였을 때 마드리드를 방위하고, 에브로 전투(Batalla del Ebro)를 장군의 직책으로 지휘하였다. 내전이 끝난 뒤 그는 프랑스, 아르헨티나, 볼리비아 등으로 망명하였다. ⇒ Guerra Civil Española(스페인 내전)

Roland (롤랑)　샤를마뉴 대제의 충신으로 브레타냐의 공작이었다. 샤를마뉴 대제 당시 우마이야 왕조의 에미르를 무찌르기 위해 사라고사로 파견되었던 프랑크족 군대의 지휘관으로, 사라고사를 함락하지 못하고 프랑스로 퇴각하면서 지나게 된 론세스바예스에서 바스크인들의 공격으로 인해 778년 8월 15일 전투에서 사망하였다.

Roldán, Luis (루이스 롤단)　(1943~) 스페인의 정치인이다. 사회노동당(PSOE)의 당원으로 다양한 직책을 수행했다. 구아르디아 시빌(Guardia Civil)에서 재직하던 중 횡령 혐의를 받았다. 혐의를 부인할 수 없게 되자 그는 망명했고, 결국 라오스에서 검거되었다. 그의 스캔들은 사회당에게 큰 타격을 안겼다. ⇒ Partido Socialista Obrero Espaóñol (스페인사회노동당, PSOE)

Romanización* (로마화)　기원전 218년 암푸리아스(Ampurias)에 스키피온(Escipión)의 군대가 도착하면서 시작된 로마화는 기원전 19년 칸타브리아전쟁(guerra cántabra)이 종결되면서 본격화되었다. 이스파니아(Hispania)의 로마화는 비록 로마 지배 이전에 존재했던 다양성이 로마 문화의 동질성과 응집력 아래에서 완전히 소멸되지는 않았지만, 이스파니아의 문화가 통일되고 장래의 발전 기반들이 공고히 되는 결과를 가져왔다. 로마화는 본질적으로 군사적 지배에 근거를 두면서 다양한 신설 도시들의 시 권력을 확립하였으며, 군대 이동과 문화적 통일 그리고 상업 발전을 위해 일종의 교통체계를 확충하였다. 중요한 세 가지 길을 중심으로 조직되었는데, 이 길들을 따라서 로마의 주요 도시들이 자리 잡게 되었다 즉 '헤라클레스 길 혹은 아우구스투스 길(Via Hercúlea o Augustea)'은 지중해안을 따라서 카디스에 이르는 길이며, '은의 길(Via de la Plata)' 은 이탈리카(Itálica)에서부터 메리다(Mérida)를 지나 아스토르가(Astorga)를 향하는 길이다. 그리고 루고(Lugo)에서부터 아스토르가를 지나서 고원을 거치는 길은 사라고사 (Zaragoza)에서부터 해안에 있는 헤라클레스 길과 합류하게 된다. 이러한 주요 길들을 중심으로 무수한 부차적인 길들이 생겨나게 되었고 반도의 가장 외진 곳에까지 이르게 되었다. 가도들(Calzadas), 이정표들(miliarios), 주거지들과 촌락들의 유물은 곳곳에 발견되며, 이는 로마화가 얼마나 철저히 이루어졌는지를 증명하는 것이라 할 수 있다. 이러한 건축물 가운데서 특출한 것은 다리들인데, 그중에서도 메리다와 알칸타라(Alcántara) 의 다리들이 로마 세계의 주요 유산들로 손꼽히며 마르토렐(Martorell), 알코네타르 (Alconétar), 코르도바(Córdoba), 살라망카(Salamanca)의 다리들도 이에 못지않게 주목받는 것들이다. 물론 여기에 그 외의 무수한 다리들도 포함시킬 수 있는데, 로마적인 기원을 두지 않는 중세의 다리는 사실상 드물었기 때문이다. 이러한 생생한 교류 체계와 관련하여 해상교통의 활기를 증명하는 것으로 암푸리아스 항구의 유물들과 라 코루냐(La Coruña)의 복원된 헤라클레스의 탑(Torre de Hercúles)이 있다. 도시에는 로마건축을 특징짓는 기본 원칙들이 있었는데, 즉 유용성, 기능성, 제국의 영광을 반영하는 의미성이 그것이다. 무수한 로마도시들 가운데서 메리다, 사라고사, 타라고나(Tarragona), 이탈리카가 특히 유명하며 이곳에는 진기한 유물들과 건물들이 보존되어 있다. 성벽으로는 루고 성벽과 바르셀로나(Barcelona), 사라고사의 성벽들이 손꼽히며 정치적·행정적 기능을 한 건물들 가운데는 타라고나에 있는 소위 빌라도 집(Casa de Pilato) 혹은 아우구스투스 궁전(Palacio de Augusto)과 옛 탈라베라[Talavera la Vieja, 카세레스(Cáceres)]의 원로원(curia)이 있다. 신전들의 유물도 언급될 수 있는데, 메리다의 다이아나(Diana) 신전과 비르셀로니의 헤리클래스 신전, 코르도비(Córdoba)의 클루니아(Clunia)의 신전들이 그러하다. 시 건물 중에서 중요한 것은 메리다와 클루니아, 이탈리카의 집들이며 교외에 있는 촌락들로는 리에데나[Liédena, 지금의 나바라(Navarra)], 소리아의 동굴들(Cuevas de Soria), 그 외 다른 많은 집들이 있고, 시 성격이면서 공동체적인 면이 두드러진 건물로는 공중목욕탕이 있다. 알랑헤[Alange, 지금의 바다호스(Badajoz)]와 칼다스 데 몽부이(Caldas de Montbuy, 지금의 바르셀로나)에 있는 공중목욕탕이 유명하다. 관람용 건물로는 메리다와 사군토(Sagunto)의 극장들이 특히 주목할 만하며, 메리다와 타라고나, 이탈리카의 원형경기장들 그리고 메리다와 톨레도의 전차경주용 원형경기장도 괄목할 만하다. 도시 밖에 세워진 매장지로서 대표적인 곳은 카르모나(Carmona)의 거대한 매장지나 파바라(Fabara)의 외딴 묘지들이 있으며. 특히 타라고나 근처에는 일명 '스키피온 가문들의 탑(Torre de los Escipiones)'이 있다. 기념비적인 건물로는 개선문이 있으며, 이스파니아에 보존된 것으로 메디나셀리(Medinaceli, 지금의 소리아)와 바라(Bará)의 개선문이 유명하고, 사면체로 된 카파라(Cáparra)의 개선문은 특이한 예로 언급된다. 로마도시에 물의 중요성은 복합적인 상수도시설을 가능케 했는데, 이 중에서 저수지와 수도교들은 가장 눈에 띄는 유적이다. 수도교는 이스파니아에서 최고의 기념물로 대변되기도 하는데 예를 들면, 세고비아(Segovia) 수도교나 타라고나에 있는 페레라스(Ferreras) 수도교, 그리고 코르날보(Cornalvo)와 프로세르피나(Proserpina)의 저수지들과 연결된 메리다의 기적들(Los Milagros) 수도교와 산 라사로(San Lázaro) 수도교가 그러하다. 로마의 조형물은 이탈리카와 메리다, 타라고나, 코르도바에서 기본적으로 유래된 것으로 보이며 손꼽히는 작품들로는 이탈리카에 있는 비너스(Venus), 다이아나, 메르쿠리우스(Mercurio)가 있다. 쿠엔카(Cuenca)에서는 세고브리가(Segóbriga)와 에르카비카(Ercávica)에서 유래된 조형물들이 있으며 메리다 기원의 특이한 조형물들도 또한 중요하다. 아울러 타라고나의 작업장에 있는 석관들의 부조와 우시요스(Husillos, 국립고고학박물관)의 석관도 기억할 만한 유물로서, 이것은 로마네스크 예술에 영향을 주게 된다. 또한 발굴 유물들 중에서는 상감세공술도 눈에 띄는데, 톨레도 박물관에 있는 물고기들의 상감세공을 비롯하여 암푸리아스, 타라고나, 팔렌시아(Palencia) 등의 것이 그러하다. 그 외에도 오타네스(Otañes, 지금의 Santander)의 화폐나 테오도시우스의 은 원반(disco de Teodocio), 도자기(terra sigillata), 유리 등과 같은 무수한 작품들은 이스파니아에서 로마화가 얼마나 심도 깊게 이루어졌는지를 증명해 주는 유물들이라고 할 수 있다.

Romera (로메라)　　칸티냐(cantiña)의 일종으로 춤과 깊은 연관이 있다. 플라멩코 가수들이 카페와 같은 장소에 모여서 공연을 하던 시절에 노래에 맞춰 즉흥적으로 춤을 추던 것이 발전한 것이다. 남자가 여자에게 구애하는 형식을 취한다.

Romería de los Santos Mártires de Valdecuna (발데쿠나의 순교자 성지 순례) 9월 27일에 열리는 축제로 두 순교자 성 코스메, 성 다미안의 예배당에 이르는 순례길에 나서는 것으로 시작되며 엄숙한 미사를 통해 순례를 기린다.

Romería del Rocío (로시오 축제)　안달루시아 전역에서 기념하는 종교적인 축제로 부활절로부터 50일 이후에 열린다. 이날, 우엘바(Huelva)에 있는 성녀 로시오(Virgen de Rocío)를 보기 위해 전 세계에서 모여든다. 약 107개의 신자회 외에도 많은 사람들이 전통 의상을 입고 걷거나, 말과 마차를 타고 약 1~7일 전부터 우엘바(Huelva)로 순례를 시작하는데, 이 모습이 볼만하다. 일요일 저녁에 사람들은 촛불을 손에 들고 에우칼립탈(El Eucaliptal)에서 레알 델 로시오(El Real del Rocío)까지 기도를 하며 걷는다.

Romero, Julián (훌리안 로메로)　(1518~1577) 16세기 스페인의 군인. 그는 낮은 신분의 출신임에도 불구하고 생캉텡 전투(Bataille de saint Quentin)에서 펠리페 2세(Felipe II, 1527~1598)의 군인으로서 활약을 보임으로써 연대장의 지위를 얻게 되었다. ➡ San Quintín, batalla de[산 킨틴(불, 생 캉텡) 전투]

Roncesvalles (론세스바예스)　나바라 주의 북쪽의 피레네 산맥의 봉우리들 사이에 있는 도시로 해발 952m에 위치한다. 프랑스와의 국경 근처로 역사적으로는 778년 사라고사에 파견되었던 프랑크 왕국의 샤를마뉴 대제의 군대가 퇴각을 하여 프랑스로 돌아오는 길에 론세스바예스를 지나면서 바스크인들에 의해 크게 패배한 장소이다.

Rooke, George (조지)　1650년에 태어나 1709년에 사망한 영국의 해독이다. 1689년 아일랜드 정복과 1692년 라 오그(La Hogue) 전투에서 두각을 나타냈다. 1704년 스페인 왕위계승전쟁 당시 바르셀로나(Barcelona)를 두고 벌어진 전쟁에서 패했다. 그러나 얼마 후 지브롤터(Gibraltar) 정복에 성공하기도 하는 등 무공을 세웠다. ➡ Guerra de Sucesión Española(스페인 왕위계승전쟁, 1700~1713)

Rosales Gallinas, Eduardo (에두아르도 로살레스 가이나스)　(1836~1873) 19세기 스페인 사실주의 화가이다. 작품은 바로크 미술의 영향을 받았으며, 주제와 양식 측면에서는 낭만주의의 영향을 받았다. 「El Testamento de Isabel la Católica」(1864), 「Presentación de don Juan de Austria a Carlos V en Yuste」가 대표적이다.

Roscón de Reyes (로스콘 데 레예스)　케이크의 일종이며 둥근 링 모양을 하고 있다. 설탕에 절인 색색의 과일로 꾸미며 속은 생크림으로 가득 채우는 게 일반적이지만 오늘날에는 모카나 초콜릿을 사용하기도 한다. 1월 6일 주현절 때 먹는데 빵 안에는 아이들을 위한 작은 선물(주로 성모 마리아나 성 요셉의 스티커)이 숨겨져 있다.

Rosquillas (로스키야스)　링 모양의 둥근 빵으로 파이처럼 겹겹이 포개놓은 반죽 혹은 촉촉하고 부드러운 반죽을 튀기거나 오븐에 구워내어 만든 것이다. 로마시대에 그 기원을 두며 성주간을 대표하는 스페인 전통 빵이다. 마드리드에서는 수호성인 산 이시드로(San Isidro)의 날을 기념하는 5월 15일 날 네 가지 종류의 로스키야스를 준비한다. 또한 갈리시아에서는 모든 축제와 순례제에 빠지지 않는 주요 메뉴이다.

Rota (로타)　스페인 안달루시아(Andalucía) 자치주의 한 도시로 카디스(Cádiz)에서 57km 떨어진 곳에 위치한다. 알폰소 10세(Alfonso X)의 재정복 이전까지 아랍 통치하에 있었다. 1702년에 영국 영토로 넘어가기도 했으며 1808년에서 1814년 독립전쟁 당시 프랑스의 통치를 받기도 했다.

Rubín de Ceballos, Agustín (아구스틴 루빈 데 세바요스)   스페인의 성직자이다. 1724년 팔렌시아(Palencia)에서 태어났으며 1793년 마드리드에서 사망하였다. 하엔(Jaen)의 주교와 스페인 종교재판소장을 지냈으며 1790년 금서 목록을 발표하는 등 사상적 규제에 앞장섰다. 특히 프랑스 혁명과 관련된 서적들을 금한 것으로 알려졌다. ➡ Inquisición (종교재판소)

Rubio, Federico (페데리코 루비오)   (1827~1902) 세비야(Sevilla)에 내외과 자유학교 (Escuela Libre de Medicina y Cirugía)를 설립한 의사이자 학자이다. 1873년에는 조직 학 연구소를 만들고, 1880년에는 마드리드 프린세사 병원(Hospital de la Princesa)의 치료연구소(Instituto de Terapéutica)를 설립하였으며, 1896년에는 성녀 이사벨 왕립이 대(Real Escuela de Santa isabel)에 외과수술연구소를 설립해 스페인 의료 기술 발전에 기여를 했다.

Ruiz Gallardón, Alberto (알베르토 루이스 가야르돈)   (1958~) 스페인의 정치인이자 변호 사이다. 국민당(PP)의 당원이다. 법무부 장관과 마드리드(Madrid) 시장 등을 지냈다. 낙 태법과 동성애 결혼법에 반대한 인물이다.

Ruiz Soler, Antonio (안토니오 루이스 솔레르)   세비야(Sevilla) 출생의 플라멩코 무용가, 감독(1921~1996)이다. 4살 때부터 무용을 배웠고 1930년 사촌인 로사리오와 함께 벨 기에의 리에주에서 열린 만국 박람회에 파견되어 처음 공연을 하여 스페인 무용의 천재 라는 명성을 얻었다.

Ruiz Zorrilla, Manuel (마누엘 루이스 소리야)   1833년에 태어나 1895년에 사망한 스페 인 군인, 정치가. 사가스타(Sagasta)의 진보당 국회의원으로 선출되었으며 1868년 혁명 (Revolución de 1868) 이후 산업부 장관을 지내면서 자유주의에 입각한 개혁을 시행했다. 1869년에는 종교 사법부 장관을 지냈으며 아마데오 데 사보야(Amadeo de Saboya)와 함 께 정부를 이끌었다.

Rumasa (루마사)   루이스-마테오스 이 히메네스 데 테하다(Ruiz-Mateos y Jimenez de Tejada) 가문이 1961년 설립한 스페인 기업이다. 루마사 그룹은 700여 개의 업체를 보 유하고 약 6만여 명의 직원을 두며 매출액이 20억만 유로 이상이었으나 공익을 이유로 1983년 정부에 의해 접수되었다.

Rusiñol i Prats, Santiago (산티아고 루시뇰 이 프라츠)   (1861~1931) 19세기 말 20세기 초 스페인 카탈루냐의 인상주의 화가이다. 당시 카탈루냐에서 인상주의는 타 유 럽의 인상주의와는 다른 양상을 보였다. 그 특징 중 하나는 매우 서정적이라는 것인데, 주로 아란후에스나 세고비아의 왕궁을 그렸다. 또한 그는 카탈루냐의 극작가로 활약하기 도 했다.

Ruta de Don Quijote (돈키호테 루트)   미겔 데 세르반테스(Miguel de Cervantes)의 작품, 『El ingenioso hidalgo Don Quijote de la Mancha』에서는 돈키호테가 라 만차, 아라곤, 바르 셀로나 세 지역을 여행하는 것으로 되어 있다. 돈키호테 루트는 소설에서 등장하는 지 역을 포함하여 총 2,500km 거리의 관광루트를 말한다.

Ruta de los Castillos y las Batallas (로스 카스티요스와 라스 바타야스 루트)   안달 루시아 관광무역스포츠 위원회와 하엔(Jaén) 지방의회 및 관광호텔업협회 추진 아래 개발된 역사관광코스로 2005년에 시작되었다.

Ruta de los Monasterios de Valencia (발렌시아 수도원 루트) 2008년에 시작된 종교, 문화, 관광 코스로 발렌시아 지방의 5개 수도원을 잇는 90km 길이의 루트이다.

Ruta de los Nazaríes (나사리에스 루트) 스페인 안달루시아 지역의 나바스 데 톨로사 (Navas de Tolosa) 지역과 그라나다(Granada) 지역을 연결하는 관광루트이다. 하엔 (Jaén)과 그라나다(Granada)를 경계로 하는 13~15세기 이슬람 세력과 기독교 세력의 방어선 대부분을 포괄하고 있다.

Ruta de los Pantanos (판타노스 루트) 아구아스 만사스(aguas mansas) 루트라고도 하며 카스티야(Castilla)와 레온(León) 지방의 팔렌티나(Palentina) 북쪽, 팔렌티나 산 지역 으로 P-210 고속도로가 벨리야 델 리오 카리온(Velilla del Río Carrión)과 세르베라 데 피수에르가(Cervera de Pisuerga)를 55km를 연결하고 있는 구간이다.

Ruta de los pueblos blancos (푸에블로스 블랑코스 루트) 흰색 마을들 루트는 카디스 (Cádiz), 말라가(Málaga) 지역의 관광코스로 햇빛을 차단하기 위해 석회로 집 외벽을 칠한 데서 마을 이름이 유래하였다. 대부분의 마을들은 시에라 데 그라살레마(Sierra de Grazalema) 국립공원에 속해 있다.

Ruta del Califato (칼리파토 루트) 하엔(Jaén) 지방 안달루시아(Andalucía)를 가로지르는 스페인 관광코스로 시에라스 숩베티카스 코르도베사스(Sierras Subbé-ticas Cordobesas) 국립공원과, 모클린(Moclín) 산맥, 엘비라(Elvira) 산맥, 시에라 데 후에토르(Sierra de Huétor) 국립공원이 포함된다. 가장 유명한 산물로는 올리브유가 있으며 세계에서 높은 품질로 손꼽히는 다양한 올리브유를 맛볼 수 있다.

Ruta del tambor y el bombo (탐보르와 봄보의 루트) 탐보르(북)와 봄보(큰북)의 루트 는 바호 아라곤(Bajo Aragón)의 부활절 전통 축제 길로 성 목요일 혹은 성 금요일의 일정한 시간에 북과 큰 북을 치는 축제이다. 1980년까지 여성은 북을 칠 수 없었으나 이후 여성 참여가 가능해지면서 그 참여 숫자도 증가하였다. 2005년 11월 스페인 관광 축제로 지정되었다.

Ruta del Toro (토로 루트) 투우용 소 루트는 카디스(Cádiz) 지방의 투우용 소와 고유 품종 의 황소를 기르던 목축지역 관광 코스이다.

S

Sabadell (사바델)　스페인 카탈루냐 자치주(Comunidad Autónoma de Cataluña)의 바르셀로나(Barcelona)에 속한 도시이다. 카탈루냐 지역 전체에서 중요한 산업 핵심지역으로 섬유산업이 그 중심에 놓여 있다. 20세기 중엽 이 지역에서 일어났던 산업적 번영이 외부로부터의 대규모 이주를 가져왔다.

Sabiniano (사비니아노)　(?~?) 로마의 제65대 교황이다. 성 그레고리오 1세(San Gregorio I)가 남긴 문헌을 태우려 했다는 의심을 받았다. 직책을 수행하는 동안 지지를 얻지 못했으며 결국 교황으로 임명받은 지 2년만 인 606년에 보니파시오 3세(Bonifacio III)에게 자리를 내어주어야 했다.

Saborit Colomer, Andrés (안드레스 사보리트 콜로메르)　스페인의 정치가로 1889년 태어나 1980년 1월 26일 사망하였다. 노동자총동맹(UGT, Unión General de Trabajadores)에 가입했고, 이후 스페인사회주의청년연합(Juventudes Socialista)으로 넘어가 대표로 선출되기에 이르렀으며, 스페인사회노동당에서도 마찬가지로 대표로 선출되었다. 그러나 그의 정치적인 영향력은 인민전선(Frente Popular)에서 활동하는 기간 동안 쇠하게 된다. 다양한 작품을 썼을 뿐 아니라, 훌리안 베스테이로(Julián Besteiro)의 전기 작가이기도 하다. ➡ Partido Socialista Obrero Espaóñol(PSOE, 스페인사회노동당)

Saboya, Luis Amadeo Fernando de (루이스 아마데오 페르난도 데 사보야)　(1873~1933) 스페인의 왕 아마데오 1세의 아들로, 그의 아버지가 왕위에서 물러나며 이탈리아로 건너가 그곳에서 해군으로 성장했다. 지질학자로서 북극 탐사를 이끌기도 했으며 등반가로서 경력을 쌓기도 했다. 제1차 세계대전 당시 연합군의 이탈리아 부대를 이끌었으며, 소말리아 정복에 참여했다.

Sacro Imperio Romano (신성로마제국)　962년 오토 1세의 대관식 때부터 1806년 합스부르크의 프란시스 2세가 제위에서 물러났을 때까지의 게르만 제국을 가리키는 명칭이다. 초국가적인 제국이었으며, 넓은 관점에서는 로마제국을 복원하기 원했던 샤를마뉴 대제의 대관식이 있었던 800년을 그 기원으로 삼기도 한다.

Saelices (사엘리세스)　스페인 카스티야-라만차(Castilla-La Mancha) 자치주의 쿠엔카(Cuenca)에 위치한 도시이다. 독특한 L자 모양의 성인 17세기의 마르티네스 팔레로 궁전(Palacio Martinez Palero)이 있다. 그러나 로마 시절의 도시 세고브리가(Segobriga)의 잔해가 잘 보존되어 있는 고고학적 유적지로 더 유명하다.

Saeta (사에타)　스페인 안달루시아(Andalucía) 지방 고유의 민속 음악이다. 대부분 성주간(Semana Santa)에 성모 마리아 또는 다른 성인들의 형상을 들고 걷는 행렬과 함께 불려진다. 플라멩코 장르 중 하나이기도 하며 악기를 최소화하고 목소리만으로 부르는 것이 일반적이다.

Sagrada Congregación (거룩한 성회)　로마 교황청 소속의 기관으로 특정 수도회 소속이 아닌 성직자들을 감독하는 책임을 가지고 있다. 1564년 교황 비오 4세(Pio IV)가 설립했다. 16세기에 트리엔트 공의회를 총괄해 공의회 성회로도 알려져 있다. ➡ Council of Trient(트리엔트 공의회, 1545~1563)

Sagrada familia [성가족 대성당(사그라다 파밀리아)]　'성 가족성당'이란 뜻으로 스페인 바르셀로나에 있는 가우디가 설계한 성당이다. 1883년 가우디가 주임 건축가가 된 후 1884~1891년에 크리프타를 건조하지만 이후 전임자 발라르[프란세스코 데 파올라 델 빌야르 이 카르모마(Francesco de paula del Villar I Carmoma, 1845~1992)]의 설계를 변경하여 유례없는 아르누보적인 디자인을 만들어 1926년 사망할 때 까지 공사를 계속해서 네 개의 탑을 세웠다. 공사가 거의 중단되었다가 근래에 다시 재개하였다.

Sagrera (성스러운 땅)　11세기 카탈루냐 지방에서 유래한 제도로 교회를 둘러싼 30보 반경의 지대를 일컫는다. 사그레라는 신성한 땅으로 인정받았으며 봉건 군주들의 박해와 착취로부터 농민들을 보호하는 역할을 수행했다. 이를 어길 시 파문의 벌을 받았다.

Salamanca (살라망카)　스페인 서쪽에 위치한 카스티야 이 레온(Castilla y León) 지방의 살라망카 주의 수도이다. 역사적으로 카르타고의 한니발 장군의 침략을 받았으며, 로마의 도시가 되었다가 모슬렘 세력의 지배를 거쳐 11세기 말에 온전한 기독교도들의 영토가 되었다. 스페인에서 가장 유서 깊고 예술적인 도시 중 하나인 살라망카는 학술과 문화의 중심지로 1218년 알폰소 9세(Alfonso IX)의 통치하에 설립된 살라망카 대학(Universidad de Salamanca)이 있다.

Salamanca, Francisco de (프란시스코 데 살라망카)　(16세기) 산토 도밍고 종파의 성직자이자 유능한 대장장이로 당대 최고로 꼽히는 세비야 대성당의 격자창, 설교대 그리고 계단을 건축하였다.

Salcedo, Luis de(El Oidor) (루이스 데 살세도)　(1560~1627) 토랄바 출생의 스페인 법률가이다. 산티아고 기사단의 기사였으며 펠리페 2세(Felipe II), 펠리페 3세(Felipe III), 펠리페 4세(Felipe IV) 즉위기간 동안 의회의 일원이었다. 로드리고 칼데론의 재판을 맡은 것으로 유명하며 스페인 법률의 발전에 기여한 인물이다.

Sales y Ferré, Manuel (마누엘 살레스 이 페레)　(1843~1910) 스페인의 사회학자, 역사학자이자 철학자. 페르난도 데 카스트로의 제자였으며 크라우제주의 추종자였다. 마드리드의 사회학 연구소를 설립했으며 세비아에 수많은 도서관을 세웠다. 당대 지식인들 중 정치적 활동을 전혀 하지 않은 소수에 속한다.

Sálica, Ley* (살리카 법)　여자들은 왕위를 계승할 수 없다는 내용의 법으로서 스페인에 부르봉 왕가가 들어서면서 확립되었다. '살리카'라는 명칭은 로마제국 멸망 후 갈리아(Galia)로 쳐들어 간 프랑크족의 일파인 살리족(salios)에게서 유래된 것이다. 그러나 정작 계승과 관련된 이들의 초기 법은 왕국체제와는 전혀 상관이 없었고 오히려 사적인 영역만을 다루고 있었다. 이 중에서 살리카 법의 특성이 엿보이는 부분은 집안의 계승에서 여자들이 배제된다는 내용으로, 이는 여자가 결혼하면 남편 집안에 소속되기에 더 이상 결혼 전의 집안과 연관이 없다는 것이다. 그리고 14세기 여러 정황으로 인하여 여자들은 그동안 보여 온 능력과 상관없이 프랑스 왕위에서 배제되는 현상이 나타났다. 무엇보다

법학자들은 살리족의 옛 관습을 빠르게 차용하면서 이를 정당화하기 시작하였고, 이로써 사적인 법은 공법 규정으로 둔갑하게 되었다. 결국 1348년 이래 왕위계승과 관련된 모든 규정들은 살리카 법으로 통칭되었으며, 여자는 이 법에 근거하여 더 이상 왕위 계승을 할 수 없게 되었다. 살리카 법은 프랑스에서 앙시앵레짐(Antiguo Régimen)이 붕괴할 때까지 존속하였으며, 한편 18세기에는 프랑스 부르봉 왕가의 확장으로 스페인에도 도입되었다. 스페인 왕국은 당시까지 7부 법전(Partidas)의 계승질서, 즉 남자든 여자든 첫째이자 적자혈통의 사람이 왕위를 계승한다는 규정을 따르고 있었다. 그러나 부르봉 왕가의 펠리페 5세가 스페인 왕으로 등극하면서 프랑스식 사고방식이 유입되었던 것은 물론, 합스부르크인들에게서 스페인 왕권회복의 가능성을 아예 차단하고자 하는 시도가 있게 되었다. 그러나 실제로 스페인에서 살리가법이 시행되는 데에는 일련의 과정과 긴 통이 요구되었다. 1713년 5월 10일 펠리페 5세는 귀족과 평의회들(consejos)의 반대를 무릅쓰고 궁정 내 도시와 촌 대표자들의 지지에 힘입어 여자의 왕위계승은 직계 혹은 방계 혈통의 남자 상속자가 없을 경우에만 한정한다는 판결을 공표하였다. 그러나 카를로스 4세(Carlos IV) 때에 들어와서 이러한 살리카 법은 또 다시 폐지 위기에 놓이게 되었으며, 그 계기는 1789년 옛 부엔 레티로 궁(Palacio del Buen Retiro)에 의회가 소집되고 캄포마네스 백작(conde de Campomanes)의 주재 아래 76명의 도시대표들(procuradores)과 의장 및 4명의 장관들, 그리고 해당 비서들과 의회 수석서기들이 참석하면서 찾아왔다. 이들 도시대표들 중 7명은 귀족출신이고 나머지는 해당 도시민들의 신망과 명성을 받는 자들로서, 회의 구성상, 또 소요 시간으로 인하여 처음부터 관심을 유발하였지만 정작 도시 대표들은 모든 처리 안건에 대해 함구하고 있어야 했다. 당시 의회에서 제시된 내용은 1713년의 판결을 무효화하고 7부 법전의 계승 체제로 회귀하자는 것이었으나 실제로는 의회의 만장일치 승인에도 불구하고 최종 인가칙령이 공표되지 않아 1805년 신 법전에는 채택되지 않았다. 결국 살리카 법의 최종적인 폐지는 1832년 페르난도 7세(Fernando VII) 때에 이르러서야 성사되었으며, 이때는 동생 카를로스 왕자(infante Carlos)의 차기 계승이 기성사실화 된 상황에서 벌어진 일이기에 이후 치세기 내내 전개되는 카를로스 전쟁들(guerras carlistas)의 직접적인 요인이 되었다. 한편 페르난도 7세는 살리카 법의 폐지 후 다시 펠리페 5세의 판결유효성을 들먹이며 살리카 법을 잠시 재도입하는 제스처도 보였지만, 1832년 10월 1일 그의 유언 부속서에 살리카 법의 폐지를 확정지음으로써 자기 딸의 왕위계승을 현실화하였다.

Salinas de Gortari, Carlos (카를로스 살리나스 데 고르타리) 1948년 멕시코시티에서 태어난 정치가이다. 젊은 나이에 제도혁명당(PRI)에 가입해 활동하면서 경력을 쌓았고 미겔 데 라 마드리드(Miguel de la Madrid)와 친분을 맺었다. 1988년에 대통령으로 취임해 1994년까지 집권했으며, 1992년에 북미자유무역협정(NAFTA) 체결을 성사시킨 인물이다.

Salinas, Batalla de las (살리나스 전투) 1538년 4월 26일 페루의 살리나스(Salinas) 마을에서 발발한 에르난도 피사로(Hernando Pizarro)와 디에고 데 알마그로(Diego de Almagro) 사이의 전투이다. 살리나스 전투는 페루 정복 과정에서 쿠스코(Cuzco) 시의 소유권 다툼으로 야기되었으며, 에르난도의 승리로 끝났다.

Salmerón, Nicolás (니콜라스 살메론) (1838~1908) 스페인의 정치가이자 철학자이다. 스페인의 사상가 훌리안 산스 델 리오의 수제자로 1868년 혁명의 주요 인물이었다. 제1공화국 정부의 대통령을 지냈으며 그 후에도 활발한 정치활동을 펼쳤다. ➡ Revolución de 1868(1868년 혁명)

Salpicón (살피콘)   다진 고기와 기름, 후추, 식초, 소금을 넣어 볶은 후 차게 먹는 요리이다. 안달루시아 지방의 대표 요리라 불리며 특히나 해산물을 곁들여 먹는 우엘바(Huelva)와 카디스(Cádiz)가 유명하다. 세르반테스의 돈키호테나 케베도의 시에 언급되기도 했다.

Salsa romesco (로메스코 소스)   카탈루냐 지방의 전통 소스이지만 엄밀히 말하면 타라고나(Tarragona)의 전통 소스이다. 토마토, 마늘, 빵 부스러기, 아몬드, 말린 고추, 올리브 기름, 식초, 소금, 후추 등으로 만들어지며 대개는 매운맛을 가진다. 고기, 생선 그리고 야채와 곁들여 먹는다.

Salvador Seguí (살바도르 세기)   1886년 카탈루냐(Cataluña) 지방 토르나부스(Tornabous) 마을에서 태어나 1923년 바르셀로나(Barcelona)에서 사망했다. 20세기 초반 카탈루냐 무정부주의 조합주의의 대표 인물 중 한 명으로서 무정부주의의 사상적 본질을 잊지 않으면서 프롤레타리아 투쟁을 추진해 나갔다.

Sammartino, Ernesto (에르네스토 삼마르티노)   1902년 아르헨티나 부에노스아이레스(Buenos Aires)에서 태어나 1979년에 사망한 작가, 외교관, 정치가이다. 급진적 시민 연합(Unión Cívica Radical)의 당원이었으며 교육 개혁에 중점을 두었다. 1943년에 발발한 43년 혁명(Revolución del 43)에 참여했지만, 후에 반페론주의(antiperonismo) 태도를 보였다.

Samper, Ricardo (리카르도 삼페르)   1881년에 태어나 1938년에 사망한 스페인의 정치가이자 변호사이다. 제2공화국 동안 알레한드로 레룩스(Alejandro Lerroux)가 이끄는 정당의 의원으로 선출됐다. 1934년 국무총리를 잠시 지내기도 했으나 1934년 혁명에 대한 책임을 지고 사임했다. ➡ Revolución de Octubre(1934년 10월 혁명)

San Braulio (성 브라울리오)   590년에 태어나 651년에 사망한 스페인 사라고사의 주교이다. 반도 내의 유대인 디아스포라를 지지하던 교황 오노리오 1세(Onorio I)의 내막을 조사하는 위원장으로 뽑히기도 했다. 제4, 5, 6차 톨레도(Toledo) 공의회에 참석했다.

San Esteban de Gormaz (성 에스테반 데 고르마스)   스페인 카스티야-레온 자치주의 소리아(Soria)에 위치한 작은 도시이다. 과거 레콩키스타 시절 스페인 주요 기지로 아랍인들의 타깃이 되었다. 9세기에 카스티야 왕국의 영토가 되었다.

San Eulogio (성 에울로히오)   (800?~859) 코르도바의 서고트 귀족 가문에서 태어났다. 산 솔리오(San Zolio) 수도원에서 공부를 마친 후 성직자가 되었다. 858년 톨레도(Toledo)의 주교로 임명되었으며 859년 모스렘들에 의해 사형당했다.

San Fermin (산 페르민)   스페인 팜플로나(Pamplona)에서 열리는 축제이다. 매년 7월 6일 정오부터 7월 14일 자정까지 열린다. 3세기 말에 팜플로나의 주교였고 도시의 수호성자인 산 페르민을 기념하는 축제이다. 축제의 하이라이트는 매일 아침 8시에 반복하는 소몰이이다. 오후에 열릴 투우에 쓰일 소들이 투우장까지 거리를 달리는데, 하루에 6마리의 소가 투우경기에 출전한다. 산토 도밍고 사육장에서 출발하여 투우장까지 825m가량 길을 달리는데 3분 정도가 걸린다.

San Fermín (산 페르민 축제)   매년 7월 6일 정오부터 14일 자정까지 스페인의 팜프로나(Pamplona)에서 열리는 축제이다. 팜플로나의 수호성자인 산 페르민(San Fermín)을 기리는 축제이며 매일 아침 8시에 2~3분간 진행되는 소몰이가 이 축제의 하이라이트다.

San Gregorio (성 그레고리오) 330년에 태어나서 393년에 사망하였다. 스페인 그라나다 (Granada)의 엘비라(Elvira)라는 지역의 주교였으며 아리우스교(arianismo)에 반대했다. 아리우스교에서 개종한 신자들을 가톨릭교에서 받아들여야 한다는 의견에 반발심을 가지고 사르디니아(Cerdeña)에서 시작된 이단 종파에 들어가기에 이른다.

San Isidoro de Sevilla (세비야의 성 이시도로) 560년에서 570년경에 출생한 것으로 보인다. 어린 나이에 부모를 잃었기 때문에 그의 형인 레안드로(Leandro)가 그의 교육을 도맡았던 것 같다. 이시도로는 그리스어와 히브리어, 라틴어 모두를 할 줄 알았고, 특히 그의 생애에 결정적인 영향을 미칠 고전문화에 관심이 많았다. 정확히 언제부터 성직자가 되었는지는 알려진 바 없으나 600년부터 형의 뒤를 이어 베티카(Bética) 시의 주교가 되었다. 서고트 왕국의 통합을 위하여 그의 형이 시작했던 과업을 계속하면서 교회조직과 서고트 문화에 전반적으로 강한 활력을 불어넣었다. 세비야에 주교학교를 만들었고 이것은 후에 톨레도(Toledo)와 사라고사(Zaragoza)에 설립될 학교의 모델이 되었다. 수도원학교 건립도 추진하였으며 수도원생활을 다스릴 규범들의 총체 즉 수도원규칙(Regula Monachorum)을 만들었다. 전례 규율(disciplinas litúrgicas)의 통일과 삼위일체론과 그리스도론 양식의 작성을 통해 서고트 교회를 재구성하였다. 이로써 주교학교와 수도원학교를 활용하여 서고트 주민의 문화적, 종교적 수준을 고양시키게 되었다. 619년에 제2차 세비야 공의회(II Concilio de Sevilla)를, 그리고 633년에 제4차 톨레도 공의회(IV Concilio de Toledo)를 주관하였다. 아리우스주의(arrianismo)를 내몰았으며, 베티카 지방을 위협하고 있었던 이단 '무두종파주의(acefalos)'의 확산을 성공적으로 막아내기도 하였다. 그는 세비야를 근거지로 하여 광범위한 지적 운동을 육성하였으며 그 결과 7세기 스페인 신학의 융성을 가져왔다. 산 이시도로는 세계문학에서 가장 탁월한 인물들 중의 한 사람이기도 하다. 그는 인간 지식의 모든 주제들에 대해 저술하였으며 하나의 위대한 작품 속에 인간의 모든 지식들을 다루고자 했던 첫 번째 그리스도교 작가이기도 하였다. 즉 널리 보급되고 번역되는 『*Etimologías*』이란 작품을 만들었는데 이것은 20권으로 된 총서로서 진정한 의미의 백과사전이었으며 명확하고 고상한 고전 스타일로 쓰였다. 또한 그는 구약성서의 모든 책들에 대해 논평하기도 하였다. 그의 다작에서 주목할 만한 작품은 신학의 결정판이라고 할 수 있는 『*Sententiarum libri tres*』와 자연의 기본지식을 다룬 『*De Natura Regibus*』 외에, 서고트 세계와 관련된 역사적 과정을 다룬 『*Chronicon Maior, Historia de Regibus Gothorum*』가 있다. 그의 명성은 피레네 산맥을 넘었고 그의 저술들은 모든 기독교도들에게 빠르게 확산되었다. 산 이시도로 숭배는 모사라베(mozárabe) 교회에서 중요한 의미를 가졌다. 그는 세비야에서 636년에 사망하였다.

San Jaime, Fernando de (페르난도 데 산 하이메) 1541년에 태어나 1639년에 사망한 스페인의 유명한 설교가이다. 펠리페 3세(Felipe III), 펠리페 4세(Felipe IV) 그리고 교황 바오로 5세(Paulo V)의 후원을 받았다. 그라나다(Granada)에서 종파를 형성해 대표자가 되었다. 성서에 관한 고찰을 담은 저서들을 다수 남겼다.

San Juan de Ulúa (산 후안 데 울루아) 멕시코 베라크루스(Veracruz) 항구 입구 쪽에 위치하는 요새로 부왕 안토니오 데 멘도사(Antonio de Mendoza)의 명령으로 지어졌으며 아메리카 대륙의 마지막 스페인 야전 시설이었다.

San Julián de los Prados (성 훌리안 데 로스 프라도스) 아스투리아스 자치주 오비에도에 위치한 대성당으로 알폰소 2세(Alfonso II)의 명으로 9세기에 지어졌으며 아스투리아 건축의 미학이 녹아 있다. 1917년 문화예술유산으로 지정됐으며 1998년에는 인류문화유산으로 선정된 바 있다.

San Lorenzo de El Escorial, Real Monasterio de (성 로렌소 데 엘 에스코리알 왕립수도원)　펠리페 2세가 1557년 8월 10일에 있었던 산 킨틴(San Quintín) 전투의 승리를 기념하여 세운 기념비적인 건물로서, 제롬 수사(jerónimo)들을 위한 수도원과 합스부르크 왕실 묘(Panteón), 그리고 군주들의 거처로서의 기능을 복합적으로 갖추고 있다. 위치는 마드리드의 구아다라마 산맥(Sierra de Guadarrama) 기슭에 자리하고 있으며, 건축은 1563년 5월 9일 후안 바우티스타 데 톨레도(Juan Bautista de Toledo)에 의해 시작되었다. 그가 사망한 1567년에는 '수사들의 정원(Jardín de los Frailes)'의 퍼사드(fachada)와 수도원의 상당 부분이 완성되었고, '복음기자들의 뜰(Patio de los Evangelistas)'도 사실상 완료된 것과 다름없었다. 지오바니 바티스타 카스테요(Giovanni Battista Castello)가 1567~1569년 동안 잠시 공사를 맡으면서 수도원의 중앙 계단이 완공되었고 이후 건축의 지휘권은 후안 바우티스타 데 톨레도의 제자였던 후안 데 에레라(Juan de Herrera)에게 넘어갔다. 그의 철저한 기하학적인 사고는 엘 에스코리알의 건물 비율과 외관에 결정적인 영향을 끼쳤으며, 공사 완료 전에 펠리페 2세의 명령에 의해 도면 확장이 있게 되면서 성 로렌소의 순교를 상징하는 석쇠 형태가 채택되었다. 마지막 단계의 교회 건축에서는 왕의 공개 입찰로 수많은 이탈리아 예술가들이 모여들었고, 이 중에서 바티칸의 성 베드로 성당의 평면도와 유사한 한 무명 건축가의 설계도가 선정되었다. 한편 엘 에스코리알에는 펠리페 2세의 개인적인 특성뿐 아니라 그의 측근들의 영향이 지대하였다고 볼 수 있는데, 우선 앞서 언급한 건축가 후안 바우티스타 데 톨레도와 후안 데 에레라뿐 아니라, 왕실의 사서였던 베니토 아리아스 몬타노(Benito Arias Montano)와 시구엔사 신부(padre Sigüenza)를 빼놓을 수 없다. 엘 에스코리알은 수도원이자 왕궁이자 교회이자 왕실묘의 다양한 기능들을 가진 여러 건물들이 놀라울 정도로 단일하게 통합되어 있다. 후안 데 에레라는 스승이 고안한 설계를 보다 단순화시키며 계승하였다고 볼 수 있으며, 당시 스페인 건축에서 유행하고 있었던 장식주의와 달리 간소한 스타일을 추구하면서 에레라 양식(estilo Herreriano), 에스코리알 양식(estilo Escurialense) 혹은 고전주의 양식(estilo Clasicista)이라는 명칭이 생겨나게 되었다. 엄격한 기하학적 비율로 반듯한 퍼사드들이 배치된 가운데 전체가 거대한 직사각형의 모양을 하고 있고, 세로로는 크게 세 구획으로 나뉘어 있으며 중앙이 나머지 모든 요소들을 떠받치는 형태로 되어 있다. 중심축은 바로 교회와 '왕들의 뜰(Patio de los Reyes)'이라고 할 수 있는데, 교회는 원형 지붕과 양 팔을 갖춘 그리스식 십자가 모양을 하고 있고 머리 부분 외에 수사들의 합창단이 있는 발 부분이 길게 늘어선 모양을 하고 있다. 이 축 주위로 측면부가 뜰들을 중심으로 세분화되어 있고 이 중에서 동쪽 부분에는 '복음기자들의 뜰'과 경내 정원들이 배치되었다. 교회 양쪽에는 왕이 있는 거처로 통하는 장소가 있고 '왕들의 뜰' 양쪽으로는 수도원에 속한 부속건물들이 늘어서 있다. 건물 전체가 직선과 수평선으로 되어 있으며 네 개의 퍼사드와 창문들이 일률적으로 배치되어 있고 외벽은 장식성이 없는 평평한 모양을 하고 있다. 엄격한 공간 배치를 통해 기념비적인 성격을 부각시키며 전체적으로 장식적 요소보다 건축적 요소에 충실한 모습을 보여주고 있다.

San Martín de Braga (성 마르틴 데 브라가)　(520~580) 이스파니아 울테리오르(Hispania

Ulterior)의 현재 포르투갈의 브라가 지방 대주교였다. 현재의 헝가리 등지를 포함하는 동유럽의 판노니아(Pannonia) 출신으로 갈리시아의 전신이었던 가야에시아(Gallaecia) 주민들을 로마 가톨릭으로 개종시켜 성인으로 추대되었다.

San Masona (성 마소나)　(506~606) 아리우스교의 귀족 가문에서 태어났으며 태생지는 메리다(Mérida)이다. 아리우스파에서 가톨릭 신자로 개종해 수도원에 들어가 메리다의 주교가 되었다. 아리우스 교를 신봉하던 고트족과의 대립으로 3년간 외국 추방을 선고받았다. 이후 레카레도 1세(Recaredo I)가 가톨릭으로 개종한 후에 제3차 톨레도 종교회의를 주재한 인물이다. ➡ Recaredo(레카레도)

San Pedro Nolasco (성 페드로 데 놀라스코)　(1189~1256) 스페인의 성직자로 하이메 1세의 도움을 빌어 산다 마리아 데 라 메르세드 기사단을 창단해 무어인들에게 잡혀간 스페인 포로들을 구출했다. 사후 1628년에 성인의 반열에 올랐다. ➡ Órdenes Militares(기사단들)

San Quintín, batalla de* [산 킨틴(불, 생 캉탱) 전투]　1557년 8월 10일 프랑스의 앙리 2세(Enrique II) 군대와 스페인의 펠리페 2세(Felipe II) 군대 간에 벌어진 전투로, 파리 북동쪽 100km 지점쯤에 위치한 생 캉탱 도시 인근에서 일어났다. 1556년 1월 펠리페 2세는 스페인의 왕으로서 공식적으로 인정받았고 그가 왕위를 계승하였을 당시 영국 여왕 메리 튜더(Mary Tudor)의 남편이기도 하였다. 부왕 카를로스 5세는 퇴위하기 전에 프랑스의 앙리 2세와 1556년 2월 5일 보세예즈 평화조약(Paz de Vaucelles)을 체결함으로써 양국 간 대립에 종지부를 찍고자 하였다. 그러나 얼마 지나지 않아서 이러한 휴전조약은 1555년 교황으로 선출된 파울로 4세(Paulo IV)가 앙리 2세와 반스페인 동맹을 맺음으로써 유명무실하게 되었는데, 새 교황은 스페인의 지배에 적대적이었던 나폴리의 카라파(Caraffa) 가문에 속한 인물이었기 때문이다. 그들이 취한 첫 번째 반스페인 조치로써 앙리 2세는 1556년에 보세예즈 휴전(Paz de Vaucelles)을 파기하였고, 교황은 펠리페 2세와 당시 유스테 수도원(monasterio de Yuste)에서 여생을 보내고 있었던 카를로스 5세를 파문하는 것이었다. 그해 여름에 앙리 2세는 로마에 기사 공작(duque de Guisa)을 수장으로 하여 선별 군대를 파견하였다. 이에 펠리페 2세도 신속하게 대응하여 당시 나폴리에 있었던 알바 공작(duque de Alba)을 로마로 급파하였다. 알바 공작은 파울로 4세에게 강화를 강요하고자 할 목적으로 로마를 향해 진군하였다. 한편 펠리페 2세는 플랑드르(Flandes)로부터 프랑스를 침공할 군대를 준비하였고, 1557년 3월 펠리페 2세는 영국으로 가서 그의 부인 메리 여왕으로부터 프랑스에 대한 선전포고를 얻어낼 수 있었다. 펠리페 2세가 대륙에 돌아왔을 때 그는 이미 5만 명의 군대를 거느릴 수 있었고, 그 중에서 8천 명은 영국출신으로 구성되었다. 이처럼 뛰어난 정치외교술을 선보인 펠리페 2세는 프랑스인에 대한 적대감이 컸던 필리베르토 마누엘 데 사보야(Filiberto Manuel de Saboya)를 그의 군대장관으로 임명하였고, 그는 피카르디아 지역(región de Picardía)을 향하여 서서히 진군하였다. 오른쪽 날개는 알론소 데 카세레스(Alonso de Cáceres)의 휘하 아래 스페인인들과 독일인들로 구성되었고, 중앙은 훌리안 로메로(Julián Romero)의 명령 아래 스페인인들과 부르고뉴인들(borgoñones), 영국인들이 있었으며, 왼쪽 측면에는 악명 높은 나바레테(Navarrete)의 군대가, 그리고 대형 끝에는 에그몽 백작(conde de Egmont)의 기병대가 있었다. 펠리페 2세의 군대는 당시 프랑스 군대 대장 오드 드 콜리니(Odet de Coligny)가 사수하고 있었던 산 킨틴을 포위하였다. 콜리니

대장은 몽모룽시 사령관(condestable Montmorency)과 느베르 공작(duque de Nevers)의 지원군을 기다리면서 항전 의지를 불태웠지만 결과는 프랑스의 전적인 패배였다. 몽모룽시 사령관은 심각하게 부상을 입은 채 육군원수인 생 앙드레(Saint-André), 랑게비예 공작(duque de Langueville), 다른 2,000명의 병사와 함께 포로가 되었으며, 6,000명이 전사하였다. 한편 스페인 측의 피해는 사상자가 200명도 되지 않는 결과에 그쳤다. 다음 날 펠리페 2세는 머리부터 발끝까지 무장하고 프랑스인들에게서 빼앗은 80개의 깃발을 기념하기 위하여 격전지에 나타났다. 그는 장수들에게 축하의 말을 건네고 가장 가까운 교회로 가서 그날의 성인인 성 로렌소(San Lorenzo)에게 감사의 기도와 함께 승전을 기념하기 위한 수도원을 건축하리라는 맹세를 하였다. 이렇게 해서 1563년부터 1584년까지 건축하여 탄생한 수도원이자 왕궁이기도 한 엘 에스코리알(El Escorial)이 있게 되었다. 펠리페 2세는 자신의 자애로움을 나타내기 위하여 적어도 6개월 동안 자신과 싸우지 않겠다는 맹세를 받고 포로들을 풀어주었다. 필리베르토 마누엘 데 사보야는 프랑스 파리까지 진격하자는 입장이었으나, 정작 펠리페 2세는 8월 27일 산 킨틴 도시를 포위하는 것으로 만족하였다. 이는 펠리페 2세 특유의 정치적 신중함 외에 군대 유지를 위한 엄청난 비용부담과 제네바 상인들에 대한 부채 가중으로 사실상 종전을 선택하지 않을 수 없었던 것이다. 스페인의 결정적 승리로 기사공작은 프랑스로 돌아가야 했고 교황 파울로 4세 교황도 펠리페 2세와 휴전을 체결하지 않을 수 없었다. 그러나 기사공작은 프랑스에서 전력을 재정비하여 또 다시 1558년 칼레 광장 공격을 감행하나 7월 13일 그라벨리나스 전투(batalla de Gravelinas)에서 패배하게 되었다. 에그몽 백작의 지휘 아래 스페인은 다시 프랑스를 공격하였고, 마침내 1559년 4월 3일 양국 간 카토-캄브레시 평화조약(Paz de Cateau-Cambresis)이 체결되었다. 양국은 앙리 2세의 딸 이사벨 드 발로와(Isabel de Valois)가 펠리페 2세와 혼인하게 되면서 사실상 이 조약을 확고히 하였다. 또한 산 킨틴에서의 승리와 후에 카토-캄브레시 조약의 체결로 향후 펠리페 2세의 대외정치는 프랑스와의 우애와 이탈리아의 통제라는 특징을 지니게 되었다.

San Vicente Ferrer (성 비센테 페레르)　(1350~1419) 성 도미니코 교단의 스페인 신학자이자 후안 1세(Juan I)의 고문관으로 14세기 유럽의 가장 유명한 설교자였으며 그가 기적을 행했던 기록들이 남아 있다. 동서 교회 분열기 당시 클레멘데 7세의 편에 서서 왕족들의 지지를 얻기 위해 유럽을 누볐다.

San Vicente, Cabo (산 비센테 곶)　포르투갈 서남부에 있는 자리 잡고 있으며 대서양에 맞닿아 있다. 산 비센테 곶은 여러 번 전쟁의 무대가 되었는데 1606년에는 포르투갈과 스페인 연합군이 네덜란드 군대를 무찌른 곳이며, 1797년에는 스페인 함대가 넬슨 제독이 지휘한 영국 함대에 패배한 곳이다.

Saña (사냐)　페루 치클라요(Chiclayo) 주의 도시이다. 1563년 부왕 디에고 로페스 데 수니가이 벨라스코(Diego López de Zúñiga y Velasco)에 의해 건설되었다. 비옥한 토지로 1633년경에 최대 번영을 누리다가 1686년 영국 해적들의 공격과 강탈로 쇠퇴기를 맞이했다.

Sánchez Albornoz, Claudio (클라우디오 산체스 알보르노스)　(1893~1984) 스페인의 역사학자이자 정치가이다. 스페인 내전 이후 프랑스, 아메리카 등에서 망명생활을 했다. 자유주의자이자 반공산주의자였던 그는 근대에 스페인 중세 역사를 정리하고 연구하는 데 큰 공헌을 했다.

Sanchez Coello, Alonso (알론소 산체스 코에요)　(1531~1588) 16세기 중반에 들면서 스페인에서는 궁정의 기호에 충실한 궁정 미술로 주로 왕과 왕자들의 초상화가 주를 이루었던 화가 중 대표적인 화가이다. 가장 대표적인 초상화는 「El Príncipe Don Carlos」이다.

Sánchez, Alberto (알베르토 산체스)　벤저민 팔렌시아(Benjamín Palencia)와 함께 스페인 전위적 예술 운동에 참여한 바예카파를 생성한 조각가이다. 그의 작품들은 스페인 마드리드 중심에 있는 레이나 소피아 국립미술관 앞에 전시되어 있기도 하다.

Sancho de Aragón, Infante de Aragón (아라곤의 산초, 아라곤 왕자)　1400년에 태어나 1416년에 사망하였으며 페르난도 데 안테케라(Fernando de Antequera)와 레오노르 데 알부르케르케(Leonor de Alburquerque)의 넷째 아들이다. 비록 짧은 생애였지만, 페르난도가 총애하던 아들이자 신하로서 카스티야(Castilla)의 정치와 경제를 지배했던 인물이다. ➡ Castilla, Corona de(카스티야 연합왕국)

Sancho Garcés I (산초 가르세스 1세)　(?~925) 905년부터 925년까지 나바라 왕국을 통치했다. 산초 가르세스 엘 그란데(Sancho Garcés el Grande)로 알려져 있다. 포르툰 가르세스(Fortún Garcés)의 왕위를 물려받았다. 산초 가르세스 1세는 히메네스 왕조(Dinastía Jimena)를 수립한 것으로 추정되며, 몇몇 역사학자들은 나바라 왕국이 산초 가르세스 1세 이전에는 팜플로나(Pamplona) 시에만 그친 작은 영토만을 갖고 있었기 때문에 나바라 왕국의 초대 왕으로 보기도 한다. ➡ Reino de Navarra(나바라 왕국)

Sancho Garcés II (산초 가르세스 2세)　(?~994) 970년부터 994년까지 나바라 왕국을 통치했다. 가르시아 산체스 1세(García Sánchez I)의 아들이며 아바르카(Abarca)라는 별명으로도 불렸다. 재위기간 동안 모슬렘들의 공격을 계속해서 받았으며, 알만소르(Almanzor)에게 주로 격퇴를 당하였는데, 981년에는 왕국을 빼앗기지 않기 위해 딸을 알만소르에게 내어주기까지 했다. ➡ Reino de Navarra(나바라 왕국)

Sancho Garcés III (산초 가르세스 3세)　(988~1035) 1004년부터 1035년까지 나바라 왕국을 통치하였다. 재위기간 동안 나바라 왕국은 전성기를 맞았다. 아라곤의 소브라르베(Sobrarbe)와 리바르고사(Ribargoza)를 침략하였으며 카스티야(Castilla) 백작령과 레온 왕국(Reino de León)을 나바라 왕국에 통합시켜 이베리아 반도 북부 그리스도교 나라를 대부분 통일하고 에스파냐(España)라 칭했다. 베네딕트 수도회(Orden Benedictina)의 정착을 허락하여 예술계에 다양성을 더했으며, 사망 시 왕국의 통치를 아들들에게 맡겨 나바라는 가르시아 산체스 3세(García Sánchez III), 카스티야 이 레온은 페르난도 1세, 아라곤은 라미로 1세(Ramiro I)에게 맡겨 다시 영토가 분할되었다. ➡ Reino de Navarra(나바라 왕국)

Sancho Garcés III el Mayor (산초 가르세스 3대 대왕)　(988~1035) 나바라의 왕이자 가르시아 산체스 2세(Gracía Sánchez II)의 아들이다. 1004년부터 1035년까지 재위했으며 산초 3세(Sancho III) 치하에 나바라 왕국은 최대 번영기를 누렸다. 정치적 수완이 뛰어나고 인척 관계를 이용하여 그리스도교 여러 왕국을 통일시켰다. 임종 시 첫째 아들인 가르시아 산체스 3세(García Sánchez III)에게 나바라 왕국을, 페르난도(Fernando)에게 카스티야 왕국을, 라미로 1세(Ramiro I)에게 아라곤 왕국을 각각 물려줬다. ➡ Reino de Navarra(나바라 왕국)

Sancho Garcés IV (산초 가르세스 4세)　(1039~1076) 1054년부터 1076년까지 나바라 왕국의 왕. 아타푸에르카(Batalla de Atapuerca)에서 선왕 가르시아 산체스 3세(García

Sánchez III)가 전사한 후 왕위를 물려받았다. 국내 문제 해결뿐 아니라 모슬렘과의 전쟁을 계속했으며, 아라곤의 라미로 1세(Ramiro I)와 동맹을 맺은 후 리오하(Rioja) 강을 넘어 에브로(Ebro) 강 유역을 탈환하여 1065년부터 1067년까지 아라곤(Aragón)의 산초 라미레스(Sancho Ramírez), 카스티야의 산초 2세(Sancho II)가 참전한 '트레스 산초스 전쟁(Guerra de los tres Sanchos)'를 일으켰다. 사망 시 두 아들의 왕위 계승 문제 발발을 우려하여 아라곤의 산초 라미레스에게 왕위를 내어주어 아라곤과 나바라가 통합되는 계기가 되었다. ➡ Reino de Navarra(나바라 왕국)

Sancho García (산초 가르시아)　　(?~1022) 가르시아 페르난데스(García Fernández)와 아바 데 리바고르사(Ava de Ribagorza)의 아들로, 어머니와 몇몇 고관들에 힘입어 아버지에게 반역을 일으켰다. 수감생활과 아버지 가르시아 곤살레스의 사망 이후 알만소르(Almanzor)에 대항해 싸웠고, 백작령 정부를 인수했다.

Sancho I, Rey de Asutrias y León (산초 1세, 아스투리아스와 레온의 왕)　　933년에 태어나 966년에 사망하였으며 라미로 2세의 아들이자 956년에서 958년, 959년에서 966년까지 두 차례에 걸쳐서 레온의 왕을 지냈다. 라미로 2세의 후계자 오르도뇨 3세(Ordoño III) 사후 레온(León)의 왕으로 등극했으나 페르난 곤살레스(Fernán González)가 주도한 귀족들의 반란 때문에 왕위를 박탈당했다. 960년에 새로운 왕으로 등극한 오르도뇨 4세(Ordoño IV)를 폐위시키고 다시 왕이 된다. 테레사 안수레스(Teresa Ansúrez)와 혼인해 라미로 3세(Ramiro III)를 낳았다. ➡ Asturias, Principado y reino de(아스투리아스 공국, 아스투리아스 왕국)

Sancho III, Rey de Castilla (산초 3세, 카스티야의 왕)　　1133년에 태어나 1158년에 사망하였고 카스티야(Castilla)의 알폰소 7세(Alfonso VII)와 베렌겔라 베렌게르(Berenguela Berenguer) 사이에서 태어났으며 1157년에 즉위했다. 나바라(Navarra)의 공주 블랑카(Blanca)와의 혼인을 통해 알폰소 8세(Alfonso VIII)를 낳았다. 알폰소 7세와 같은 방식으로 나바라(Navarra)를 카스티야(Castilla)에 예속시키는 데 성공했으며 동생인 페르난도 2세(Fernando II)의 레온(León) 영토를 침범했지만 사아군 조약(tratado de Sahagún)을 체결하면서 전쟁을 모면할 수 있었다. ➡ Castilla, Corona de(카스티야 연합왕국)

Sancho IV (산초 4세)　　1258년 바야돌리드에서 알폰소 10세(Alfonso X)의 둘째 아들로 태어나 1295년 톨레도에서 생을 마감했다. 후계자였던 그의 형 페르난도(Fernando de la Cerda)가 죽자 7부 법전(Siete Partidas)에 의해 페르난도의 아들이 왕위를 계승받아야 했지만, 산초 4세(Sancho IV)와 왕국의 몇몇 귀족들이 힘을 합쳐 결국 1284년 카스티야 이 레온의 왕이 되었다. ➡ Castilla, Corona de(카스티야 연합왕국)

Sancho Ramírez I, Rey de Aragón y Navarra (산초 라미레스 1세, 아라곤과 나바라의 왕)　　1043년에 태어나 1094년에 사망하였으며 라미로 1세(Ramiro I)의 아들이다. 1063년에 아라곤의 왕으로 등극하고 1076년, 산초 가르세스 4세(Sancho Garcés IV)가 사망하자 나바라(Navarra)의 왕이 된다. 영토 침범을 막기 위해 교황청의 지원을 얻었고 그 결과 1064년 알레한드로 2세(Alejandro II)의 부름을 받고 십자군 전쟁에 참전하게 된다. ➡ Aragón, Corona de(아라곤 연합왕국)

Sancho VI, Rey de Navarra (산초 6세, 나바라 왕)　　가르시아 라미레스 5세(García Ramírez V)의 아들이자 후계자로서 1150년에 즉위했다. 친인척 관계를 통해 카스티야의 산초 3세(Sancho III de Castilla)와 좋은 관계를 유지했지만 알폰소 8세(Alfonso VIII)가 즉위한 후에는 전쟁을 치러야 했다. 공정하고 사려 깊은 왕으로서 세금을 줄이는 등 서민들을 위한 통치를 하기 위해 애썼다. ⇒ Reino de Navarra(나바라 왕국)

Sancho VII, Rey de Navarra (산초 7세, 나바라 왕) 1154년에 태어나 1234년에 사망하였으며 1194년에서 1234년까지 재위했다. 산초 7세(Sancho VII)의 통치기는 알폰소 8세(Alfonso VIII)와 페드로 2세(Pedro II)에 의해 결성된 카스티야-아라곤(Castilla-Aragón) 연합과의 대립으로 특징지어지며 나바스 데 톨로사 전투(batalla de las Navas de Tolosa)에 참전해 명성을 얻었고 아랍인들과의 전투에서 많은 승리를 거두었다. ⇒ Reino de Navarra(나바라 왕국)

Sandoval, Bernardo de (베르나르도 데 산도발) 스페인의 성직자이다. 1546년 아란다 데 두에로(Aranda de Duero)에서 태어났으며 1618년 톨레도(Toledo)에서 사망하였다. 학식이 깊은 수도원장이자 톨레도의 추기경이었으며 암브로시오 모랄레스(Ambrosio Morales)의 수제자로 유명하다. 미겔 세르반테스 사아베드라(Miguel Cervantes Saavedra)의 든든한 후원자이기도 했다.

Sandoval, Gonzalo de (곤살로 데 산도발) 1497년 메데인(Medellín)에서 태어나 1527년 팔로스 데 라 프론테라에서 사망했다. 멕시코 정복에 적극적으로 참여했으며 1521년에 메데인 시를, 1522년에는 에스피리투 산토(Espíritu Santo) 시를 건설하였다.

Sangría (상그리아) 스페인의 전통 음료이며 아메리카 대륙의 몇몇 국가에서도 대중적인 음료로 통한다. 만드는 방법은 조금씩 다를 수 있지만 주로 품질이 조금 떨어지는 포도주와 잘게 썬 계절 과일을 섞어 만들며 냉장 보관을 해서 차게 마신다.

Sanjuanada de 1926 (1926년 성 요한 기념일 사건) 가톨릭교회의 기념일을 명분으로 스페인 쿠데타를 일으킨 사건이다. 프리모 데 리베라(Primo de Rivera)의 독재 정권을 타도하고 프란시스코 아길레라(Francisco Aguilera) 장군을 정치지도자로 추대한 사건이기도 하다. 마드리드, 발렌시아(Valencia), 안달루시아(Andalucía), 아라곤(Aragón)에 걸쳐서 군인들의 지지가 있었으나 주동 세력이 체포되면서 작전은 실패하였다.

Sanjurjo Sacanell, José (호세 산후르호 사카넬) 카를로스주의자인 육군 대위의 아들로 1872년 팜플로나(Pamplona)에서 태어나 1936년 포르투갈의 에스토릴(Estoril)에서 사망했다. 스페인 육군의 장군이었으며 1936년 공화국에 반대하여 스페인 내전의 효시가 되는 군사 반란을 일으킨 수석 공모자 중 한 명이었다. ⇒ República II(제2공화국)

Sanpere y Miguel, Salvador (살바도르 산페레 이 미겔) 1840년에 태어나 1915년에 사망한 스페인 정치가이자 역사가이다. 어려서부터 1868 혁명과 같은 혁명 운동에 적극적으로 참여했다. 스페인 제1공화국(Primera República Española) 시기에 세 차례나 국회의원으로 선출되었으며 『Fin de la nación catalana』의 저자이다. ⇒ Revolución de 1868(1868년 혁명)

Santa Alianza (성스러운 연맹 조약) 1815년 러시아의 알렉산더 1세와 오스트리아의 황제 프란시스코와 프러시아의 왕 페데리코 기예르모 3세가 맺은 정치-종교적 조약이다. 후에 스페인도 이에 합류했으며 페르난도 7세(Fernando VII)의 전제주의 복고에 기여했다.

Santa Cueva de Covadonga (코바동가 동굴) 아스투리아스(Principado de Asturias)에 위치한 가톨릭 성지이다. 아우세바(Monte Auseva) 산맥에 굴을 파서 만든 동굴인데, 돈 펠라요(Don Pelayo)가 이곳에서 성모 마리아에게 예배를 드렸으며, 코바동가 전투

때 이곳에서 은둔하며 지냈다고도 한다. ➡ Covadonga, batalla de(코바동가 전투)

Santa Eulalia (성 에울랄리아)　(289~304) 스페인 바르셀로나시의 수호성인으로 로마의 기독교 박해로 인해 25세의 젊은 나이에 순교한 인물이다. 성 에울랄리아 숭배는 6세기 사라고사에서 시작됐다.

Santa Fe (산타페)　스페인 안달루시아(Andalucia) 자치주에 속한 도시. 해발 580m에 위치해 있으며 헤닐 강(Río Genil)이 지나고 있어 관개가 되었다. 레콩키스타(국토수복전쟁) 말엽에 가톨릭 공동왕에 의해 세워진 도시이며, 가톨릭 공동왕과 콜럼버스가 식민지 협정을 체결한 도시이기도 하다. ➡ Colón, Cristóbal[크리스토발 콜론(콜럼버스)]

Santa Hermandad (성 형제단)　공공질서를 유지하고 지방에서 일어나는 범죄를 진압하기 위해 만들어진 경찰 기관임과 동시에 재판을 하는 기관이기도 했다. 즉결심판 방식으로 재판을 진행하였으며 가혹한 형벌을 내렸다. 막강한 권력을 지닌 기관이었지만 민중의 불만이 점점 커지면서 시민 경찰로 전락했다.

Santa María de la Antigua (산타 마리아 데 라 안티구아)　아메리카 대륙에서 스페인인들이 처음으로 세운 도시로 1510년에 발보아(Balboa) 원정 대원에 의해 건설되었다. 페드라리아스(Pedrarias)가 파나마를 건설하고 1519년에 파나마의 수도가 되었지만, 1526년경에는 인구가 급속하게 줄면서 쇠퇴기를 맞이한다.

Santa María del Naranco (산타 마리아 델 나랑코)　오비에도(Oviedo)에서 약 4km 떨어져 있으며 나랑코 산(Monte Naranco) 인근에 위치한 교회이다. 원래 용도는 교회가 아니라 아스투리아스(Asturias)의 라미로 1세(Ramiro I)가 궁전으로 지으라고 명령하여 842년 건축이 완료되었다. 아스투리아식(Arte asturiano) 또는 라미로식(Ramirense)으로 불리는 건축 양식으로 지어졌다. ➡ Asturias, Principado y reino de(아스투리아스 공국, 아스투리아스 왕국)

Santa Sede (교황청)　교황이 있는 바티칸 교황청을 일컫는다. 교황은 성 베드로를 이은 교회의 머리로 인정받으며 전 세계의 기독교인들에게 큰 영향력을 가진다. 교회의 힘이 막강했던 중세 스페인에서 교황은 정치계와 긴밀한 관계를 맺었으며 국가 정사 결정에 중요한 역할을 했다.

Santamaría, Alvar García de (알바르 가르시아 데 산타마리아)　(1349~1460) 개종한 유대인 가문의 작가로 산 후안 수도원을 지었으며 부르고스를 통치했다. 여러 권으로 이루어진 후안 2세(Juan II)의 연대기 첫 부분을 썼다. ➡ Conversos(개종자들)

Santángel, Luis de (루이스 데 산탄헬)　개종한 유대인 집안에서 태어난 페르난도 2세(Fernando II)의 재무장관이자 크리스토발 콜론의 옹호자이다. 궁정과의 인연은 상인이었던 그의 아버지가 알폰소 5세(Alfonso V)와 아라곤(Aragón)의 후안 2세(Juan II)와 친분을 유지하면서부터 이어졌다. ➡ Colón, Cristóbal[크리스토발 콜론(콜럼버스)]

Santiago (야고보 성인)　그리스도교 사도 중 한 명으로 스페인의 수호성인이다. 카베데오의 아들이자 사도이자 복음사가의 한 사람인 요한의 형제로 최연장자(el Mayor)라는 별명을 가지고 있다. 야고보는 성경의 여러 상황에 등장하며 고대 이래 서양의 끝자락을 돌아다니며 복음을 전파했다고 전해진다. 전통에 의하면 35년에 스페인으로 왔으며 42년쯤 예루살렘에서 헤롯왕에 의해 순교했다고 한다. 이슬람 세력의 침공 이후 스페인의 기독교 왕국의 수호신이 되었으며, 콤포스텔라에서 발견된 그의 무덤은 수많은 기독교 순례자들을 끌어들였다.

Santiago matamoros (산티아고 마타모로스)　　중세 연대기들에서 산티아고 엘 마요르 (Santiago el Mayor)를 묘사할 때 쓰이는 이름이다. 연대기들에 의하면 844년 5월 23일, 클라비호(Clavijo) 전투에서 기적적으로 나타나 가톨릭 군사 편에 서서 이슬람 군대에 대항하였다고 한다.

Santiago, Apóstol (성 야고보)　　예수 그리스도의 열두 제자 중 한 명이며 스페인의 수호성인이다. 스페인 포교 후 예루살렘에서 순교했지만, 이슬람교도들과의 국토회복 전쟁 중 스페인 갈리시아(Galicia) 지방에서 그의 유해가 발견되었다. 스페인에서는 성 야고보가 가톨릭 세력 편에 섰기 때문에 국토회복 운동이 그들의 승리로 끝날 수 있었다는 설이 전해진다. ➡ Reconquista(레콩키스타)

Santo Tomás, Domingo de (도밍고 데 산토 토마스)　　1499년에 데어나 1571년에 사망했다. 1529년 페루에 처음 도착한 산토도밍고 교단 소속자 중 한 명으로 케추아(quechua)어로 문법서를 편찬했다. 주교 총대리를 지내다가 1562년 차르카스(Charcas)의 주교로 임명되었다.

Santuario de Santa Maria Magdalena (마리아 막달레나 성소)　　스페인 발렌시아(Valencia) 지방의 노벨다(Novelda)에 호세 살라(José Sala)가 지은 성소이다. 카탈루냐(Cataluña) 모더니즘의 전형이다. 건축가는 안토니오 가우디(Antonio Gaudi)의 성 가족 성당(Templo Expiatorio de la Sagrada Familia)의 영향을 받은 것으로 보인다. 화려하고 세세한 장식이 돋보인다.

Sanz del Río, Julián (훌리안 산스 델 리오)　　(1814~1869) 그는 1814년 소리아의 토레아 레발로에서 태어나 코르도바에서 신학교에 입학해 철학을 공부하였다. 사크로몬테 대학에 장학생으로 입학해 3년 후 법학 학위를 취득하였고 다시 톨레도로 가 교회법 학위를 취득하였다. 이 시기에 그는 아렌스의 저작을 통해 후일 그의 사상에 영향을 미친 크라우제의 철학과 처음 만나게 되었다. ➡ Krausismo Español(스페인 크라우시시즘)

Sardá Dexeus, Joan (호안 사르다 데세우스)　　1910년에 태어나 1995년에 사망한 스페인 경제학자. 바르셀로나(Barcelona) 대학에서 경제학을 강의했으며 스페인 경제지에 다양한 글을 투고했다. 1959년 프랑코(Franco) 정권의 자유주의 경제 정책이었던 안정화 계획(Plan de Estabilización)의 주요 인물 중 한 명이었다. ➡ Franquismo(프랑코주의)

Sardana (사르다나)　　카탈루냐(Cataluña)와 안도라(Andora)에서 추는 전통춤으로 주로 남-여-남-여의 형태로 여러 사람이 원을 만들어 추며, 사르다나7(Sardana7), 사르다나10(Sardana10)이 있다. 여러 사람이 번갈아 가며 추고 특별한 신체 제약이 없는 남녀노소 모두 출 수 있는 춤이다. 카탈루냐에서는 사르다나 경연대회 "Bàsic d'Honor"를 매년 개최한다.

Sarmiento Valladares, Diego (디에고 사르미엔토 바야다레스)　　스페인의 성직자. 1611년 비고(Vigo)에서 태어났으며 1695년 마드리드에서 사망하였다. 갈리시아 지방의 세도가 출신으로 비교적 탄탄대로를 달렸다. 오비에도(Oviedo)와 플라센시아(Placencia de las Armas)의 주교직과 카스티야의 고문관을 지냈으며 1669년에서 1695년에는 종교재판소 장직을 수행했다.

Schulten, Adolf (아돌프 슐텐)　　(1870~1960) 독일의 역사학자이자 고고학자이다. 스페인과 이베리아 반도의 연구에 생을 바쳤다. 그중 타르테소스의 이동 경로에 집중했으나 끝내 연구를 마치지는 못했다. 그러나 학자로서 공로가 인정되어 바르셀로나 대학으로부터

명예박사학위를 받았다. ➡ Tartesos o Tartessos(타르테소스)

Sebka (세브카) 건축에서 비스듬한 격자 모양으로 편 마름모꼴의 기하학적인 장식 스케치이다. 이 장식은 성벽이나, 아치, 벽의 도리, 기단 등을 장식하는 데 쓰였다. 일반적으로 세라믹 조각의 열편모양이나 여러 줄을 혼합하여 놓은 형태로 이루어져 있다. 스페인 세비야의 히랄다(Giralda)와 그라나다 알람브라 궁전에서 볼 수 있다.

Sefardí (세파르디) 1492년 추방되기 전까지 이베리아 반도(스페인, 포르투갈)에 거주하면서 히스패닉 문화와 언어를 접하던 유대인들을 일컫는다. 현재 세파르디 공동체는 2백만 명인 것으로 추정되며 이스라엘, 프랑스, 미국, 터키 등에서 거주하고 있다. ➡ Expulsión de los judíos(유대인 추방)

Seglar (평신도) 삶, 국가 혹은 시대나 세상의 관습과 관련된 것, 즉 '세속적인'이라는 형용사로 쓰이거나, 성직자로 임명되지 않은 일반신도를 가리킨다.

Segóbriga (세고브리가) 켈트족이 살았던 고대 이베리아 반도의 도시이다. 올카데스족(Olcades)에 속하며 철기시대의 전형적인 모습을 보인다. 동부 산악지방의 전략적 기지로 지정학적 가치뿐 아니라 비옥한 영토를 소유하고 있어 로마의 통치시절 노예제도가 발달했다.

Segovia, Andrés (안드레스 세고비아) 1893년 하엔(Jaén)에서 태어난 스페인 작곡가이자 고전 기타리스트이다. 고전기타의 현대화 운동의 대부로 여겨지며, 그의 노력 없이는 기타의 위상이 현재까지 미치지 못했을 것이라고 한다. 많은 기타 레코드 작업을 하였으며, 수많은 제자를 두어 클래식 기타의 명맥을 이어나갔다.

Seguidiya (세기디야) 18세기 말에 등장한 플라멩코 장르 중 하나이다. 원초적이고 극적인 노래가 특징이다. 솔레아(soleá)와 함께 플라멩코의 가장 기본이 되는 노래로 꼽힌다. 인간 존재의 고단함과 아픔을 주된 내용으로 삼는다.

Segunda batalla de la carretera de La Coruña (제2차 라 코루냐 도로 전투) 1936년 12월 중순 마드리드의 비야누에바 데 라 카냐다(Villanueva de la Cañada)와 보아디야 델 몬테(Boadilla del Monte) 주변에서 발생하였다. ➡ Guerra Civil Española(스페인 내전)

Segunda Guerra Carlista (2차 카를로스 전쟁) 1846년에서 1849년 사이 스페인에서 발발한 내전으로 1차 카를로스 전쟁 이후 잠복해 있던 보수파가 카탈루냐의 기근을 계기로 게릴라군을 형성해 전투를 벌였다. 2차 전쟁 역시 진보 진영의 승리로 막을 내렸다. ➡ Carlismo(카를로스주의)

Segundo Tratado de Patrición(Tratado de Londres) [2차 분할 조약(런던 조약)] 런던 조약이라고도 불리는 두 번째 분할 조약은 1700년 지금의 영국, 프랑스 그리고 네덜란드 사이 스페인 왕국의 후계자를 놓고 이뤄진 조약이다. 1698년 첫 번째 분할 조약으로 호세 페르난도 데 바비에라(José Fernando de Baviera)가 카를로스 2세(Carlos II)를 뒤이어 통치한다는 동의에 이르렀지만, 1699년 카를로스 2세의 죽음 이후 조약의 효용성이 떨어져 적어도 카를로스 데 아우스트리아(Carlos de Austria) 후작령의 손에 맡기도록 조약을 맺었다. 이 조약은 스페인 왕국이 분리되었던 이유를 설명하며, 나중에 루이 14세의 손자인 펠리페 데 앙주(Felipe de Anjou)가 후계자가 되었다. ➡ Guerra de Sucesión Española(스페인 왕위계승전쟁, 1700∼1713)

Semana medieval de San Jorge (산 호르헤 중세의 한 주) 타라고나(Tarragona)에 위치

하는 마을 몽블랑(Montblanc)에서 4월 20일과 28일 사이에 열리는 축제이다. 이 기간 동안 마을은 14세기로 돌아가 거리 곳곳에서 중세의 분위기가 풍겨 나온다. 뿐만 아니라 대화 문학, 퍼레이드, 연극, 운동회, 중세식 저녁 등 중세시대를 체험할 수 있는 다양한 이벤트와 공연들이 개최되며 특히나 200명이 넘는 배우들이 참여하는 산 호르헤 전설에 관한 공연이 볼 만하다.

Semana santa (성주간)　기독교와 천주교에서 예수님의 죽음과 부활을 기념하는 부활절 주 이다. 해마다 날짜는 다르지만 3월 22일에서 4월 25일 사이에서 기념한다. 휴일로 인정 되는 날은 각 라틴아메리카 국가별 다르지만, 목요일 또는 금요일에 시작한다. 토요일은 죽은 그리스도의 상과 함께 닫힌 관을 의미하며, 일요일은 부활을 뜻하는 날이다. 기독 교인들은 고기를 먹지 않으며, 부활을 뜻하는 달걀을 먹는다.

Semana Trágica* (비극의 주간)　1909년 7월 마지막 주에 카탈루냐에서 일어난 사건을 두 고 붙여진 이름이다. 이것의 직접적인 계기는 모로코에 추가로 군대를 파견한다는 정부 의 방침에 대해 민중이 저항한 데에서 비롯되었다. 1908년 모로코의 문제가 악화되었고 리프(Rif) 광산의 참여권을 획득한 스페인으로서는 그 개발이 보장되어야 한다는 이해 관계가 얽혀 있었다. 새로운 군대 파견에 대하여 사회주의자들과 무정부주의자들은 결국 자기 생명을 내걸고 이러한 이해관계를 수호할 사람들은 가난한 사람들일 것이라고 고 발하기 시작하였다. 여기에다가 모든 스페인 사람들은 무력 충돌에 빠지다가 결국 패배 할지 모른다는 두려움을 가지고 있었다. 그리고 실제로 이것이 현실화되면서 스페인 사회 는 동요하기 시작하였다. 7월 18~20일 타라사(Tarrasa)에서 회의가 개최되고 난 이후에 노동자단체들은 총파업을 선언하였다. 23일에 라 인터네셔널(La Internacional)에서는 전 국노동자단체 대회(Congreso Nacional de Sociedades Obreras)를 제안하였고, 여기서 스페인 전체의 총파업이 결의되었으며 마드리드 위원회는 이를 8월 2일로 정하였다. 카 탈루냐 단체들은 파업을 지도할 위원회를 하나 만들었는데, 즉 노동자연대(Solidaridad Obrera)에서는 로메로 이 비센테 모레노(R. Romero y Vicente Moreno)가, 무정부주 의 집단에서는 프란시스코 미란다(Francisco Miranda)가, 사회주의자들에서는 파브라 리바스(Fabra Ribas)가 참여하였다. 그리고 7월 26일을 총파업일로 선포하였다. 당시 바르셀로나 도지사는 오소리오 이 가야르도(Ossorio y Gallardo)였다. 파업은 바르셀로 나에서 오전에 시작하여 오후까지 계속되었고 사바델(Sabadell), 타라사, 레우스(Reus), 비야누에바 이 라 헬투르(Villanueva y La Geltrú), 바다로나(Badalona) 등으로 확산 되었다. 사실 파업은 평화적으로 시작되었고, 시당국으로서도 충분히 진정시킬 수 있을 것이라고 여겨졌지만 이러한 도지사의 의견과는 반대로 중앙정부는 전쟁 사태임을 선포 하고, 거리에 군대를 급파하였다. 결국 파업은 소요로 바뀌면서 바르셀로나는 통신이 두 절되었고 바리케이드가 세워졌으며 무기 창고에서 약탈이 발생하였고 교회와 수도원들 이 방화되었다. 소요는 카탈루냐 농촌에까지 확산되었다. 군대가 증강되고 대포가 사용 되면서 29일 바르셀로나의 중심지가 진압되는 것을 시작으로 다음 날에는 교외와 외곽 지역이 평정되었다. 8월 초가 되면서 소요는 완전히 진압되었다. 알코이(Alcoy), 투델라 (Tudela), 칼라오라(Calahorra)에서 자발적인 저항의 시도가 있었고 민중의 집(Casa del Pueblo)이 폐쇄된 빌바오와 마드리드에서도 파업의 시도가 있었지만, 이러한 움직임 이 스페인 전체에 영향을 미치지는 못했다. 100명 이상의 사망자와 500명가량의 부상자 가 발생하는 등 마우라(Maura) 정부의 탄압은 가혹하였다. 1,000명의 사람들이 투옥되었고 5명이 사형에 언도되었다. 내무부(Ministerio de la Gobernación)와 보수주의자들은 특히 이 모든 사태의 원인은 페레르 구아르디아(Ferrer Guardia)에게 있다고 생각하였다. 8월 4일 보수주의 일간지인 <La Época>도 페레르의 영향을 지적하면서 레룩스주의자들(lerrouxistas)에게도 그 책임을 돌렸다. 며칠 뒤 일간지 <El Siglo Futuro y El Universo> 역시 페레르를 지목하였으며 이러한 견해에 대해 소요사태를 조사하던 최고재판소의 검사도 동조하였다. 마침내 페레르 구아르디아는 10월에 처형되었고 더 나아가 가혹한 탄압을 이유로 마우라 정부의 몰락도 가져왔다.

Semprún, Jorge (호르헤 셈프룬)　1923년에 태어나 2011년에 사망한 스페인의 정치인이자 작가이다. 2차 대전 동안 프랑스 레지스탕스군으로 활동했다. 1988년과 1991년 사이 문화부 장관을 지냈다. 『*Autobiografía de Federico Sánchez*』로 1977년 플라네타상(Premio Planeta)을 받았다.

Senado romano (로마 원로원)　고대 로마에서 입법, 행정, 사법적 권한을 가지고 있는 자문위원회였다. 율리우스 시저에 의해 900명까지 그 수가 늘어났다. 이들은 자주색 옷과 반달로 장식한 신발로 다른 시민들과는 구분된 모습을 보였으며 고대 로마 사회에 지대한 영향력을 행사했다.

Señera (세녜라)　과거 아라곤 왕국의 깃발을 의미하며 카탈루냐어로는 Senyera라고 한다. 노란색 바탕에 붉은 4개의 줄이 그어져 있으며, 현재 아라곤, 카탈루냐, 발렌시아 지방, 발레아레스 제도의 국기의 바탕으로 사용되고 있다.

Señorío de Meirás (세뇨리오 데 메이라스)　1975년 11월 카르멘 폴로 데 프랑코(María del Carmen Polo Martínez-Valdés)에게 스페인 왕 후안 카를로스 1세(Juan Carlos I)가 특별히 하사한 작위이다. 이 작위는 프랑코 가문의 갈리시아(Galicia) 저택의 이름을 따와 지어졌다. 유일무이한 이 작위는 마리아 델 카르멘 폴로 마르티네스 발데스가 1988년 사망하자 사라졌으나, 그의 손자인 프란시스코 프랑코 이 마르티네스 보르디우(Francisco Franco y Martínez-Bordiú)에 의해서 다시 생성되었다. 이 작위는 현재까지도 존재하며, 비야베르데(Villaverde) 후작 11세로부터 보관되고 있다.

Sentencia Arbitral de Guadalupe (구아달루페 중재판결)　중세 말기에 아라곤 왕국(Reino de Aragón)은 카탈루냐 내전(Guerra Civil Catalana)으로 혼란스러웠고 많은 인적 자원을 잃었을 뿐만 아니라 경제적 위기에 봉착해 있었다. 이에 페르난도 2세(Fernando II)는 구아달루페 중재판결을 당면하는 문제의 해결책으로 내놓았는데 이는 카탈루냐의 봉건 영주적 권한을 폐지하는 것과 양모직을 수입할 시 관세를 내야 한다는 내용을 담고 있었다. ⇒ Fernando II de Aragón(아라곤 국왕 페르난도 2세)

Sepúlveda, Ginés de (히네스 데 세풀베다)　스페인의 인문주의자이자 근대 사상가, 그리고 신학자로, 근대성의 틀로 라틴아메리카 원주민들 분석했다. 그는 원주민을 야만인으로 분류하여 악으로부터의 해방으로 보고 제국과 기독교로 교화하기 위해서 정복하는 것이 정당하다고 주장했다. ⇒ Hispanidad[이베리아성(포르투갈 및 브라질 제외)]

Sepúlveda, Juan Ginés de (후안 히네스 데 세풀베다)　(1490~1573) 스페인의 역사학자로 문학에 조예가 깊었다. 원주민 권리 보호를 외쳤던 바르톨로메 데 라스 카사스(Bartolomé de las Casas)와는 달리 그들을 야만인이라 여겨 다스려야 한다고 주장했다. ⇒ Hispanidad[이베리아성(포르투갈 및 브라질 제외)]

Ser de España (스페인의 존재)　스페인의 존재 또는 스페인의 문제(Problema de España)

라고 불리는 것으로, 19세기 말 다수의 학자들이 국가 정체성에 대해 토론하고, 의견을 나누었던 주제이다. 동족상잔(同族殘)의 비극과 같이 힘겨운 역사를 겪은 상황에서 학자들은 정치적·헌법적인 문제 해결보다 국가에 대한 근본적인 이해를 토대로 국가를 보존해야 한다고 주장하였다.

Sermón de Adviento (강림절 설교) 스페인 식민지의 원주민 학대와 착취의 잔혹함을 고발하는 안토니오 데 몬테시노스의 설교를 가리키며 원주민 권익을 외친 첫 연설이었다. 후에 바르톨로메 데 라스 카사스에게 큰 영향을 끼쳤다. 이로 인해 인디아스 법안이 통과되었다. ➡ Hispanidad[이베리아성(포르투갈 및 브라질 제외)]

Serra (세라) 스페인 발렌시아(Valencia)에 위치한 도시이다. 지중해 연안과 맞닿아 있다. 로마 시대의 유적뿐 아니라 아랍인들이 거주하던 성까지 고고학적 가치가 매우 높은 곳이다. 1238년 하이메 1세(Jaime I)에 의해 스페인 영토로 편입되었다.

Serra, Narcís (나르시스 세라) (1943~) 스페인의 정치인이다. 바르셀로나(Barcelona)의 시장, 국방부 장관, 부총리를 지냈다. 세비야(Sevilla) 국제 박람회, 바르셀로나 올림픽 등 스페인 현대사에 중대한 사건들을 지휘했다. 관직을 떠나 칠레에서 기업인으로 살다가 다시 카탈루냐(Cataluña)로 돌아갔다.

Serranía de Ronda (론다 산악지대) 스페인 안달루시아 자치주의 말라가(Málaga)의 서쪽에 위치한 산간 지방으로 페니베티카(Penibética) 산맥의 서쪽 산맥을 이룬다. 자연과 생태계가 잘 보존된 지역으로 자연공원이 넓게 분포해 있다. 라 필레타 동굴(Cueva de la Pileta)의 벽화가 있는 곳이다.

Serrano Suñer, Ramón (세라노 수녜르) (1901~2003) 스페인의 정치인이다. 파시스트당인 팔랑헤(Falange)의 총수였으며 리베라 정권과 프랑코 정권에 참여했다. 친독적 성향을 보였다. ➡ Falange Española(스페인 팔랑헤)

Serrapí Sánchez, Manuel (마누엘 세라피 산체스) 1904년에 태어나 1974년에 사망한 스페인의 기타리스트. 최고의 플라멩코 연주자로 인정받는다. 하비에르 몰리나(Javier Molina), 라몬 몬토야(Ramón Montoya), 마놀로 데 우엘바(Manolo de Huelva)의 기법을 새로운 방법으로 혼합하는 데 성공했다는 평을 받았다.

Serrat y Bonastre, Francisco (프란시스코 세랏 이 보나스트레) (1871~1952) 스페인 정치가이다. 당시 국가 기술 위원회의 멤버였던 그는 스페인 내전의 진원지인 쿠데타 점령 지역을 관리하였다. 1931년 스페인 제2공화국 당시에는 주 라 아바나(La Habana)의 스페인 대사로서 활동하기도 하였다. 이후 군사반란에 대한 지지와 충성을 표명하며 1936년 국가 기술위원회의 외교 담당자로, 나아가 1938년에는 외교부 장관으로 활동하였다. ➡ Franquismo(프랑코주의)

Sertorio, Quinto (퀸투스 세르토리우스) 로마 공화정시대의 군인이자 정치가이며 기원전 123년 누르시아(Nursia)에서 태어나서 72년 우에스카(Huesca)에서 사망했다. 술라(Sulla) 독재 정권 시대 때 추방당해 히스파니아로 물러나 술라의 로마정부에 맞설 수 있는 기반을 다졌다. 히스파니아 울테리오르(Hispania Ulterior)를 먼저 격파하고 뒤이어 히스파니아 시테리오르(Hispania Citerior)의 정복에 나서 승리를 거두었다. 이렇게 해서 그는 히스파니아 거의 전역을 지배하게 됐고 폼페이우스(Pompeyo)의 공격도 잘 막아냈지만, 기원전 72년에 부하들의 음모에 의해 살해당하고 말았다.

Servicio Central de Documentación (중앙 문서 서비스) 학생 운동이 근간이 되어 설립

된 "국가 대(對) 반체제기구(OCN)"를 계승한 것으로, 1968년 조직된 후기 프랑코 체제와 전환기 초기(1972~1977)의 스페인 정보서비스 기관이다. 1977년부터 고등 국방정보본부(CESID)로 불리게 되었다.

Servicio de Evacuación de Refugiados Españoles(SERE) (스페인 난민 망명회)
스페인 공화주의자 이주회로도 불리며 스페인 내전에서 비롯된 공화파 망명자들을 위한 기관으로 1939년 파리에서 처음 창설되었다. 그러나 프랑스 당국에 대한 프랑코 정부의 압력 행사로 결국 그다음 해인 1940년에 공식 해체되었다.

Servicio de Protección de la Naturaleza(SEPRONA) (자연보호서비스)　　자연, 수자원을 비롯하여 수렵, 어업, 산림업 등 자연보호를 수행하는 기관으로 1988년 설립되었으며 환경 파괴를 방지하고 스페인 영토와 영해에 걸친 국가유산을 보호하고 멸종위기종을 보존한다.

Servilio Cepion, Cneo (세피온)　　기원전 140년의 로마집정관이었으며, 비리아토(Viriato)와의 전쟁 후 협상을 하였지만, 비리아토의 부하들을 매수하여 비리아토를 살해했다. 세피온 역시 후에 그의 부하들에 의해 살해되었다. ➡ Romanización(로마화)

Servilio Cepión, Quinto (킨토 세르빌리오 세피온)　　기원전 2세기경에 태어나 1세기경에 사망한 것으로 추정된다. 기원전 106년경 로마의 집정관이었으며, 툴루즈 지방을 약탈했다. 결국 심브리오족의 힘을 입은 툴루즈에게 참패당했다. 이 일로 인해 심판을 받아 무기징역을 선고받았다.

Sessé, Toribio Núñez (토리비오 누녜스 세쎄)　　(1766~1834) 스페인 법학자이자 계몽주의와 자유주의 정치가로서 제러미 벤담(Jeremy Bentham)의 추종자로도 알려져 있다. 스페인에서 임마누엘 칸트(Inmanuel Kant)의 이론을 먼저 알고 보급시켰던 인물 중 한 사람으로서 벤담 공리주의와 칸트 비판주의를 종합한『*Principios de la Ciencia Social ó de las Ciencias Morales y Políticas*』를 1821년에 저술하였다.

Sevilla (세비야)　　스페인 남부 안달루시아 자치주(Comunidad autónoma de Andalucía)의 수도이다. 공식 언어는 스페인어이고 약 190만 명의 인구가 살고 있다. 지중해 영향으로 겨울은 온난하고 겨울은 무덥다. 특히 에시하(Écija) 지역은 '안달루시아의 냄비(Sartén de Andalucía)'라 불릴 정도로 덥다.

Sexenio (섹세니오)　　스페인 카스테욘(Castellón) 지역의 모레야(Morella)에서 성처녀 바이바나(Vallivana)를 기리는 축제이다. 이름처럼 이 축제는 6년에 한 번씩 8월 세 번째 일요일에 열린다. 가장 주목을 끄는 요소들 중 하나는 길거리 장식인데, 축제의 가장 상징적인 장소들은 향초와 종이로 된 꽃 장식으로 장식된다. 또한 당일 아침에는 지역의 다양한 조합들이 참여하는 퍼레이드가 벌어진다.

Sidi Said, Sultán de Granada (시디 사이드)　　그라나다(Granada) 나사리(Nasr) 왕조의 19대 술탄. 1420년 출생 1470년 사망. 1454년 무하마드 11세가 왕좌에서 물러난 후 왕위를 이어받았다. 당시 카스티야-레온 사람들에게 'Muley Zaid' 또는 'Ciriza'라는 이름으로 알려졌으며 1464년 아들에게 왕위를 물려주었다. ➡ Al-Andalus(알 안달루스)

Sierra de Guadarrama (과다라마 산맥)　　이베리아 반도에 있는 산맥으로 마드리드 북서쪽에 있다. 그레도스 산맥(sierra de Gredos)과 아이욘 산맥(sierras de Ayllón) 사이에 위치한 이 산맥은 카스티야(Castilla) 지방을 남북으로 나누는 경계가 되고 있으며, 여러 요양지와 스키장이 존재하고 있다.

Sierra de la Matanza (마탄사 산맥)　스페인 북부 칸타브리아(Cantabria) 자치주에 위치하며 칸타브리아 산맥의 일부이다. 중세 시대 강력한 요새였으나 15세기에 아길라르 백작(Aguilar)에 의해 무너졌다. 아름다운 경관과 독특한 지형으로 인해 1992년 문화적 재산으로 선정되었다.

Sierra de Solana (솔라나 산맥)　스페인 남부 산악지대의 비유에르카스(Las Villuercas) 산괴에 속한 산맥이다. 카세레스(Cáceres) 지방의 북동쪽에 솟아 있다. 솔라나(Solana) 산맥에서 시작된 강은 타호(Tajo) 강으로 유입된다. 포르투갈의 국경지대와 접해 있다.

Sierra del Lacandón (시에라 델 라칸돈)　과테말라와 멕시코의 작은 산맥으로 과테말라 페텐(Petén) 주의 북동부와 멕시코 치아파스(Chiapas) 주의 남동부에 위치한다. 이 지역의 주요 관광지는 시에리 델 리킨돈 국립공인(Parque Nacional Sierra del Lacandón)인데, 이곳은 생물 다양성과 마야 유적지가 잘 보존되어 있다.

Sierra Morena (모레나 산맥)　스페인 이베리아 반도 남부를 동북쪽에서 서남쪽으로 뻗어 있는 산맥이다. 산맥은 높이 400km, 길이 600km로 헤르시니아 조산기의 스페인과 고산지대의 스페인을 나누기도 한다.

Sierra Nevada (시에라 네바다)　스페인 안달루시아(An-dalucia)에 위치하고 있으며 산맥지대 일부는 국립공원에 속하며 중요 생물권으로 지정되기도 했다. 16세기 동안에는 알푸하라스 반란의 무대가 되기도 했다. ➡ Sublevación de las Alpujarras(라스 알푸하라스 반란, 1568~1571)

Siesta (시에스타)　점심 먹은 뒤 잠깐 자는 낮잠을 말한다. 라틴어 hora sexta(여섯 번째 시간)에서 유래되었는데, 여름의 기온이 아주 높은 스페인에서 더위를 피하기 위해 낮잠을 즐기던 것이 전통적으로 관습이 되었다. 하지만 이 낮잠의 형태는 현대에 이르러 서서히 사라지고 있는 추세이다.

Siete emblemas de la Universidad de Salamanca (살라망카 대학교 7대 휘장)　살라망카 대학(Universidad de Salamanca)의 본관 파티오 내부에 새겨진 7개의 휘장으로 16세기 초반에 스페인 건축가 후안 데 알라바(Juan de Alava)에 의해 새겨졌다. 스페인 르네상스풍의 이 휘장들은 각각 상징적인 형상들과 라틴어구로 이루어져 있으며 지혜와 사랑 등의 덕목에 관한 메시지를 담고 있으나 해석 방법은 다양하다.

Siete partidas (7부법전)　13세기에 스페인에서 편찬된 법전으로 알폰소 10세의 지도하에 이루어졌다. 총 일곱 권으로 이루어져 있으며 범죄의 처벌 방법부터 시민의 의무에 이르는 방대한 내용을 담고 있다. 스페인 법의 역사상 가장 중요한 법전 중 하나로 꼽힌다. ➡ Alfonso X(알폰소 10세)

Siete Sacramentos (7성사)　로마 가톨릭교에서 수행하는 예식으로, 세례성사, 견진성사, 영성체를 할 수 있게 하는 성체성사, 신부에게 죄를 고하는 고해성사, 죽을 위험이 있는 신자에게 수행하는 병자성사, 성직을 받는 성품성사, 결혼을 할 때 받는 혼인성사를 뜻한다.

Sigerico (시헤리코)　서고트족 4대 왕으로 415년 왕위에 올랐으나 7일 동안만 지속되었다. 선왕 아타울포(Ataúlfo)의 갑작스러운 죽음으로 왕위에 오르게 되었으나 가문의 문제가 있었고, 역시 선왕처럼 암살당했다.

Sigüenza y Gongora, Carlos (카를로스 시구엔사 이 공고라)　(1645~1700) 스페인 부모 밑에서 태어난 멕시코인으로 천문학자이자 지리학자였다. 종교인이었으나 프톨로메오의 이론(teoría ptolemaica)을 부분적으로 지지했다. 누에바 에스파냐 부왕령의 첫 지도를 완성한 인물이다. ➡ Nueva España, Virreinato de(누에바 에스파냐 부왕령)

Silo (실로)　아스투리아스 왕국의 여섯째 왕으로 774년부터 세상을 떠나는 날까지 재위했다. 태생에 관해서는 알려진 바가 없으며 783년 프라비아(Pravia)에서 생을 마감한 것으로 전해진다. 그의 통치기간 동안 모슬렘들과 평화를 유지하려는 노력이 이루어졌으며 갈리시아 반란으로 인해 난관에 봉착하기도 했다. ➡ Asturias, Principado y reino de(아스투리아스 공국, 아스투리아스 왕국)

Silvela, Francisco (프란시스코 실벨라)　1845년에 태어나 1905년에 사망한 스페인의 보수파 정치인이자 법학자이다. 오도넬(O'Donnell)이 이끄는 자유연맹에 합류하며 정치활동을 시작했다. 사가스타(Sagasta)의 정권에서 진보 진영의 목소리를 최소화하는 정책을 펼쳤다. 스페인 왕립 학술원(Real Academia Española)의 일원이었다.

Sinagoga del Tránsito, la (트란시토 유대 교회)　사무엘 하 레비(Samuel ha-Leví) 유대 교회라고도 불리는 이 교회는 스페인 톨레도에 위치해 있다. 14세기 페드로 1세(Pedro I) 치하 사무엘 하 레비의 학문의 비호를 받아 지어졌다. 철골이나 보강재가 수톨쩌귀가 두드러진 무데하르 양식이 특징적이다. 1357~1363년 사이에 건설되었으며, 당대 유대 교회 설립 금지에도 불구하고 세워져 이후에 승인이 되었다.

Sindicato Andaluz de Trabajadores [안달루시아 노동조합(SAT)]　자본주의와 계층화를 반대하는 안달루시아 지역의 민족주의 노동자 조합이다. 마르베야(Marbella) 시 노동자 단체, 카디즈(Cádiz) 시 노동조합, 안달루시아 노동조합포럼(차후 SAT로부터 출당됨)의 연합으로 2007년 9월 23일에 세비야에서 발족되었다.

Sirio (시리아인)　지중해와 소아시아, 그리고 아라비아 반도 사이에 위치한 국가인 시리아에 살고 있는 사람들로 선사 시대부터 이 지역에 집단으로 거주하였다. 이들은 고대에 뛰어난 문명을 이루었으며, 역사적으로 중요한 건축 유산을 가지고 있다. 현재 시리아의 영토에는 잇달아 이집트인, 바빌로니아인, 아시리아인, 페르시아인, 히타이트인, 그리스인 그리고 로마인들이 정착하였다.

Sisebuto (시세부토)　서고트족 23대 왕. 612년 군데마로의 왕위를 이어받도록 선출되었다. 정치면에서는 유능한 왕이었으나, 재위기간 동안 가톨릭의 불관용이 두드러졌다. 유대인을 박해한 첫 번째 왕이었고, 할례를 행할 경우 사형을 시키기도 했다. 621년 독살당했다. ➡ Reino visigodo(서고트 왕국)

Sisenando (시세난도)　서고트족 26대 왕. 선왕 수인틸라의 재위기간 중 프랑크족이 침략했을 때 방어해냈고, 프랑크족왕 다고베르토와 동맹을 맺어 사라고사를 정복하는데 성공하였으며 631년 왕이 되었다. 톨레도에서 636년 사망했다. ➡ Reino visigodo(서고트 왕국)

Sistema Central (중앙산맥)　이베리아 반도 한가운데에 위치하는 산맥. 포르투갈 중앙부에서부터 스페인 중북동부까지 걸쳐 있다. 카스티야 이 레온(Castilla y León)을 카스티야라 만차(Castilla-La Mancha), 마드리드(Madrid), 엑스트레마두라(Extremadura)로부터 분리시키는 자연적 경계선을 이룬다.

Sistema Ibérico (이베리아 산맥)　이베리아 반도 북서부에서 남동부 방향으로 이어지는 산맥으로 메세타 고원(Meseta Central)과 에브로(Ebro) 강을 분리한다. 또한 두에로(Duero) 강, 타호(Tajo) 강, 투리아(Turia) 강 그리고 후카르(Júcar) 강이 시작되는 지점이다.

Sociedad Económica de los Amigos del País (우애경제협회)　18세기 후반 카를로스

3세(Carlos III) 치하에서 스페인의 경제와 지적 수준을 촉진하기 위해 만들어진 협회이다. 본 협회 설립에 있어서 가장 중요한 인물은 페드로 로드리게스 데 캄포마네스(Pedro Rodríguez de Campomanes)이며 계몽주의 사상과 과학기술지식의 확산을 주된 목적으로 한다. ➡ La ilustración española(스페인 계몽주의)

Sociedad Sacerdotal de la Santa Cruz (성 십자가 사제단)　오푸스 데이의 고관단(Prelatura Personal)과 연결된 성직자 연맹이다. 교파를 초월한 집단이며 오푸스 데이의 고관단이 대표를 맡고 있다. 사제단의 일원들이 성직 생활을 청렴하게 지속할 수 있도록 그들의 성화와 영적 수행을 돕는 것이 목표이다. ➡ Opus Dei(오푸스 데이)

Solana, Javier (하비에르 솔라나)　(1942~) 스페인의 정치인이다. 북대서양조약기구(OTAN), 유럽연합(UE), 서유럽연합(UEO)에서 다양한 직책을 수행했다. 좌익 성향을 가지고 있으며 대학시절 대학 개혁의 주간(Semana de Renovación Universitaria)에 참여했다가 퇴학을 당하기도 했다. 후에 사회노동당(PSOE)에 입당했다.

Solbes, Pedro (페드로 솔베스)　(1924~) 스페인의 정치인이자 변호사이다. 펠리페 곤살레스(Felipe González)의 정권 당시 농업부 장관을 지냈다. 유럽에서 스페인 농수산물의 경쟁력을 높이고자 했다. 그러나 90년대 가격 폭락으로 일어난 대파업 이후 재무부로 이직했다.

Solé Tura, Jordi (조르디 솔레 투라)　(1930~2009) 스페인의 정치인이자 변호사. 1956년부터 카탈루냐(Cataluña) 연합사회당(Partido Socialista Unificado de Cataluña, PSUC)의 당원이었으나 페르난도 클라우딘(Fernando Claudín)과 호르헤 셈프룬(Jorge Semprún)의 추방과 함께 당을 떠났다. 문화와 관련된 사업을 시행했다. 그가 문화부에서 일하는 동안 레이나 소피아 센터(Centro Reina Sofía)가 현대예술 박물관(Museo de Arte Contemporáneo)으로 탈바꿈했다.

Soleá (솔레아)　플라멩코의 가장 기본적인 형태이다. 우수에 찬 가사와 구슬픈 음색이 특징이다. 가수가 자신만의 기교를 마음껏 뽐낼 수 있다. 최초의 가수는 마드리드(Madrid)와 세비야(Sevilla)에서 활동했던 안돈다(Andonda)로 알려져 있다.

Solidaridad Obrera (노동자연대)　1907년 8월 3일 '바르셀로나의 사회주의 노동자를 모은다'라는 토대 위에 결성되었다. 또한 1902년 파업 실패로 힘이 약해진 카탈루냐 노동조합을 재조직하려는 의도를 가지고 있었다.

Solórzano y Pereira, Juan de (후안 데 솔로르사노 이 페레이라)　1575에 출생하여 1653년에 사망한 스페인의 정치인이자 법학자이다. 1609년 아메리카 평의회장으로 임명받아 1626년 본토로 돌아오기 전까지 아메리카 식민지를 다스렸다. 예리한 판단과 공평한 판결로 당대에 널리 인정받았으며 그의 대표적인 업적은 1647년 아메리카 법전의 집대성(Recopilación de las Leyes de las Indias)이다. ➡ Hispanidad[이베리아성(포르투갈 및 브라질 제외)]

Sopa de ajo (마늘 수프)　카스티야 지방의 소박한 전통 음식이다. 물 또는 육즙, 전날 먹다 남은 굳은 빵, 후추, 마늘, 올리브기름 그리고 월계수가 주재료를 이룬다. 취향에 따라서 계란, 소시지, 햄 등을 넣어 먹기도 한다. 원래는 아침과 점심 사이에 기운을 잃지 않기 위해 날계란 한두 개를 넣어 먹는 간식이었다고 한다. 카스티야 이 레온, 마드리드 그리고 스페인 북쪽 지방 몇 군데에서는 성주간에 먹는 대표 음식 중 하나이다.

Sopas canas (카나스 수프)　스페인 몇몇 지역에서 먹는 수프이며 빵과 우유로 만드는 것이 전통적이다. 대개는 아침으로 먹으며 진흙으로 만든 용기에 담아 뜨겁게 먹는다. 우유 대신 초콜릿을 넣어 만든 미가스 물라타스(migas mulatas)도 유명하다.

Soria (소리아)　카스티야-레온 자치지방 소리아 주의 주도 두에로 강 유역에 위치해 있으며 주 인구의 35%인 약 37,200명의 주민들이 살고 있다(2005년 통계). 최초의 역사 기록으로는 가톨릭과 이슬람이 두에로 강을 차지하기 위해 전투를 한 것이 남아 있다.

Sorolla y Bastida, Joaquín (호아킨 소로야 이 바스티다)　(1863~1923) 19세기 말 20세기 초 스페인 발렌시아(Valencia)의 인상주의 화가이다. 2,200여 점의 작품을 다작을 남긴 스페인 화가 중 한 명으로 꼽히며, 세계 미전에서도 많은 상을 받았다. 그는 지역의 모습을 즐겨 그리며, 인상주의와 후기인상주의의 특징적인 작품들을 그렸다. 대표적인 작품으로는 「Niños en la playa」(1910), 「Paseo por la playa」(1909) 등이 있다.

Sortu (소르투)　바스크어(euskera)로 "탄생하다, 창조하다, 떠오르다"라는 의미로 스페인 바스크(País Vasco), 나바라(Navarra), 프랑스 바스크(País Vasco francés)에서 활동하는 정치단체이다. 2011년에 조직이 형성되어 바스크의 민족주의 사상을 지지하였다. 참여민주주의적인 사회로 자본주의 국가 시스템을 접어두고 사회주의, 여성주의를 지향한다. 이러한 조직의 견해는 스페인 국가뿐만 아니라 유럽 자본주의 체제의 변화를 요구한다.

Sosa, Mercedes (메르세데스 소사)　(1935~2009) 아르헨티나의 가수로, 아르헨티나에서 정치적인 이유로 금지곡이 되기도 했으며, 유럽 전역을 돌며 공연을 하기도 했다. 1970~1980년대 누에바 칸시온(Nueva canción) 운동(새 노래 운동, 음유시 운동)의 주요 인물 중 하나로 여겨진다.

Soto Loreto, Manuel (마누엘 소토 로레토)　1878년에 태어나 1933년에 사망한 스페인의 플라멩코 가수이다. 평생을 문맹으로 살았으나 칸테 혼도(cante hondo)의 거장으로 꼽힌다. 비극적인 음색의 깊은 감성을 노래한 그의 사에타(saeta)가 유명하다.

Soto, Hernando de (에르난도 데 소토)　1500년경 스페인 헤레스 데 로스 카바예로스(Jerez de los Caballeros)에서 태어나 1541년 미시시피 강에서 사망한 스페인 정복이자이자 탐험가이다. 카스티야 델 오로(Castilla del Oro), 니카라과(Nicaragua) 그리고 페루(Perú)의 식민 사업에 가담했으며 플로리다(Florida) 식민화 작업을 착수한 인물이다.

Sotomayor, Antonio de (안토니오 데 소토마요르)　스페인의 성직자로 1547년 발렌시아에서 태어났으며 1648년 마드리드에서 사망하였다. 다마스코 대주교, 종교재판소장 등을 지냈다. 1616년에는 펠리페 3세(Felipe III de España) 및 왕실 자제들의 고해성사 담당 신부로 임명되기도 했다. ➡ Inquisición(종교재판소)

Spínola, Ambrosio (암브로시오 스피놀라)　(1569~1630) 이탈리아 귀족 출신의 군인이다. 스페인 왕실 편에서 폴란드, 독일, 이탈리아 등에 대항해 싸웠으며 당대 가장 유능한 장수 중 한 명이었다.

Sport(periódico) (스포츠)　스페인 스포츠 신문이다. 바르셀로나(Barcelona)에 본사를 두고 있으며 2010년에는 매일 약 1만 8천 부가 판매되어 스페인에서 가장 많이 팔리는 신문 중의 하나로 발표되었다. 이 신문을 앞서가는 타 간행물은 <Marca>, <As> 등이 있다. 현재 <El Periódico de Cataluña> 신문이나 <Tiempo de Hoy> 잡지와 같이 세타 그룹(Grupo Zeta)에 소속되어 있다.

Spottorno, Rafael (라파엘 스포토르노)　(1945~) 스페인 외교관으로 2011년부터 왕궁 책임자 직무를 수행하고 있다. 아바나와 리오 데 자네이로의 영사로 근무했으며 브뤼셀의 스페인 문화 참사관, 동유럽 정치국장, UN 대표 등을 역임했다.

Stanhope, Jacob (제이콥 스탠홉) 1673년에 태어나 1721년에 사망한 영국의 군인이자 정치가. 스페인 왕위계승전쟁 동안 군인 및 외교관의 역할로 두각을 나타냈다. 메노르카(Menorca) 섬을 정복했다. 1717년에 3중 연맹조약을 프랑스 총리 뒤부아(Dubois)와 맺었으며 이듬해에 영국, 프랑스, 네덜란드, 독일 간 4중 연맹의 조약을 성사시키기도 했다. ➡ Guerra de Sucesión Española(스페인 왕위계승전쟁, 1700~1713)

Suárez de Alarcón, Antonio (안토니오 수아레스 데 알라르콘) 스페인의 역사가(1636~1663)이다. 초기에는 군사학을 전공하였지만, 건강상의 문제로 그만두고 역사 기록에 전념하였다. 주로 페르난도(Fernando)의 이사벨(Isabel) 공동왕 및 카를로스 5세(Carlos V) 때의 인물 및 역사를 기록하였다.

Suárez González, Adolfo (아돌포 수아레스 곤잘레스) 스페인 정치인으로 1932년 9월 25일 아빌라(Ávila) 소재 세브레로스(Cebreros)에서 태어났다. 프랑코 사후 아리아스의 뒤를 이어 1976년부터 1981년까지 스페인 총리로 재임하였다. 프랑코 정권 시절의 정치활동을 근거로 총리 자질에 대한 의심과 반대도 일었지만 온건한 정책을 펼쳤다. 1981년 경제 악화의 이유로 수상직을 사임하였다. ➡ Transición democrática Española(스페인 민주화 이행기)

Suárez, Adolfo (아돌포 수아레스) (1932~) 스페인의 정치인이다. 후안 카를로스 1세(Juan Carlos I)의 측근이다. 민주주의를 정착시키고 사회를 개혁하고자 했던 후안 카를로스 1세의 지지로 아리아스 나바로(Arias Navarro)와 대립 구조를 이뤘다. 총리의 자리에 올라 민주주의로의 이행을 성공리에 해냈다.

Sublevación de Jaca (하카 반란) 1930년 12월 스페인 하카(Jaca) 지역에서 발생한 사건이다. 알폰소 13세(Alfonso XIII)의 군주정에 반기를 들며 일어난 군사 행동이었다. 하카 시청의 발코니에서 공화정을 외치며 시작된 반란은 갈란 이 가르시아 에르난데스(Galán y García Hernández)의 사망으로 확산되었으나 주동자인 세딜레스(Sediles) 장군이 사형에 처해지면서 종결되었다.

Sublevación de las Alpujarras* (라스 알푸하라스 반란) (1568~1571) 라스 알푸하라스 지역에서 일어난 무데하르(mudéjares) 반란 과정은 크게 두 시기로 나뉘는데, 첫 번째는 1499~1501년 사이, 두 번째는 1568~1571년에 일어난 것이다. 반란의 원인은 무데하르의 개종을 유도하는 왕의 정책으로 무데하르 법령(estatuto mudéjar)이 위협을 받자 이를 저지하고자 한 것이었다. 그라나다(Granada)의 알바이신(Albaicín)에 있는 무데하르에 의해 1499년 12월에 시작된 반란은 라스 알푸하라스로 확산되었으나 왕국의 군대로 진압되었고, 반란의 실패는 곧 반란군이 지지했던 1491년 협정(capitulaciones de 1491)의 파기로 이어졌다. 1499년 11월 20일 가톨릭 공동왕은 그라나다를 떠나 세비야(Sevilla)로 갔으며 이곳에 머물면서 정치를 하고자 하였다. 가톨릭 공동왕의 부재로 그라나다 시에는 톨레도 대주교 프란시스코 히메네스 데 시스네로스 수도사(fray Francisco Jiménez de Cisneros)가 당도하였고, 그는 기독교신앙의 거부자들(helches)과 모슬렘 주민의 전체 개종을 목표로 삼으면서 주민들의 반발을 불러일으켰다. 일부 모슬렘의 개종은 지역적 갈등을 촉발시켰고 이것은 12월 18일 알바이신 무데하르들의 반란을 야기하였다. 이러한 상황 앞에서 텐디야 백작(conde de Tendilla), 이니고 로페스 데 멘도사 이 피게로아(Íñigo López de Mendoza y Figueroa), 그리고 탈라베라 대주교(arzobispo de Talavera)는 평화적인 방법으로 사태를 진정시키려는 한편, 반란군들을 진압하기 위해 군대를 요청하면서 여러 안달루시아 시의회들을 소집하였다. 2월 20일 반란 소식은 세비야 시에까지 이르렀고, 대주교와 백작은 반란군들이 기독교로 개종하도록 사면을 공포한다는 내용과 함께 처벌은 오직 반란의 주동자들에게만 해당될 것이라고 약속하였다. 1500년 1월, 반란을 종결시키고자 가톨릭 공동왕은 돈 엔리케 엔리케스(don Enrique Enríquez)를 그라나다에 대리인으로 파견하였고, 평화가 정착되면서 그라나다 무데하르들의 대대적인 개종이 있게 되었다. 반란의 주동자들은 라스 알푸하라스에 피신하여 이곳의 주민들을 중심으로 다시 반란을 일으켰지만 추후 파견된 왕의 군대에 의해 주동자가 처형되면서 1500년 7월 30일 전체 개종과 협정 체결로 종결을 짓게 되었다. 1502년 모리스코스의 갑작스러운 개종이 시도되면서 반란에 대해 회의적이었던 주민들의 생각이 바뀌게 되고, 모슬렘 주민에 대한 압박의 증대는 반란의 거점들에 잔류하고 있는 도적떼들을 활성화시켰다. 1526년 카를로스 1세(Carlos I)는 엄중한 칙서를 반포하여 이러한 상황을 종결시키려고 했으나 오히려 그 지역의 무장 세력들을 증가시키는 결과를 가져왔다. 1567년 펠리페 2세는 선왕의 칙서를 재차 확인하고 여기에 추가 조치로 모리스코의 언어사용금지와 그들의 의식과 관습 철폐, 당국에 아랍어 서적의 제출을 지시하면서 사태를 악화시켰다. 이러한 법적 조치에 대한 반발은 즉각적으로 나타났으며, 그 이듬해 말 모리스코는 봉기로 다시금 하나가 되었다. 그들은 그라나다의 왕으로 페르난도 데 발로르(Fernando de Válor)를 추대하였으며 그는 기독교를 폐지하고 아벤 우메야(Abén Humeya)의 이름을 취하였다. 군대 선봉엔 파라스 아벤파락스(Fárax Abenfárax)가 배치되었고, 그는 그라나다에 침투하여 주민들을 선동하려 하였으나 실패하면서 라스 알푸하라스에 본거지를 두고 활동하였다. 펠리페 2세는 1569년 몬데하르 후작(marqués de Mondéjar)을 군대의 지휘관으로 파견하였고 조금 뒤에 다른 군대를 벨레스 후작(marqués de los Vélez)의 명령 아래 두었다. 그러나 두 지휘관들 사이에 갈등이 가시화되고 반란의 불길이 다른 지역들로 확산되면서 왕은 군대의 총사령관으로 돈 후안 데 오스트리아(Don Juan de Austria)를 파견하여야 했다. 또한 강력한 함대의 수장으로 루이스 데 레케센스(Luis de Requeséns)를 임명하여 그로 하여금 아프리카 북부와 투르크로부터 반란군에 이르는 무기와 용병 보급로를 차단하고자 하였다. 향후 싸움은 기독교인들에게 유리하게 전개되었고, 아벤 우메야는 시에라 네바다(Sierra Nevada)로 도주하여 그곳에서 세력의 재조직을 꾀하였지만 모리스코의 지도자들 간에 불화가 생기면서 그해 10월 암살되었다. 그의 뒤를 이어 계승한 사촌 아벤 아보오(Abén Aboo)는 몇 가지 군사적 승리를 거두었음에도 불구하고, 후안 데 아우스트리아의 진군과 1570년 반란군의 급감으로 결국 라스 알푸하라스의 험준한 곳으로까지 쫓겨 들어가야 했다. 다음 해 3월 희망을 잃어버린 모리스코는 아벤 아보오의 대리인 2명을 죽이고, 기독교인들에게 항복하는 길을 택하였다. 이렇게 해서 전쟁은 종결되었고, 그라나다에는 모슬렘의 존재가 사라지게 되었다. 이는 모리스코의 추방이 법규화되면서 안달루시아의 다른 지역들로 먼저 강제 이주되었고, 그 후에는 신·구 카스티야로 분산되었기 때문이다. 그리고 1609~1614년에는 최종적으로 스페인 전체에 걸친 모리스코의 전면 추방이 있게 되었다.

Sucesos de Montejurra (몬테후라 사건)   스페인 전환기 초기 1976년 5월 9일, 몬테후라의 몬테 나바로(Monte Navarro) 연례 순례 때 카를로스주의의 극우파를 통제하던 소위 프

랑코 수구파가 카를로스주의당과 식스토 데 부르봉 파르마(Sixto de Borbón-Parma)의
카를로스주의 리더 추대를 추진하던 추종자[하비에르 데 보르본 파르마(Javier de
Borbón-Parma)왕자의 카를로스주의 추종자]들을 상대로 폭력 작전을 개시해 수명의
사상자를 낸 사건이다. ➡ Transición democrática Española(스페인 민주화 이행기)

Suintila (수인틸라)   서고트족 25대 왕. 시세부토(Sisebuto)가 총애하는 장군들 중 하나였다.
바스크 지역을 전부 정복했으며, 비잔틴인들도 정복하여 신하로 만들었다. 하위 계층의
사랑을 받았던 왕이며, 귀족의 재산을 압수하고 성직자의 권한을 줄여가는 등 억압하는
모습을 보였다. 631년 왕위를 빼앗기고 톨레도(Toledo)에서 640년에 사망할 때까지 살
았다. ➡ Reino visigodo(서고트 왕국)

Sulayman al-Musta'in bi-llah. Califa de Córdoba (술리이만)   알 안달루스의(Al andalus)
우마이야 왕조 5대 칼리프. 압달 라만 3세의 증손자로 958년 코르도바(Córdoba)에서 태
어나 1016년 이븐 함무드(Ibn Hammud)의 군대에 의해 살해당했다. 재위기간 동안 알
안달루스의 주요 세력인 아랍인, 베르베르인, 슬라브인들 간의 내전이 더욱 심해졌다. ➡
Abd Al-Rahman III(압달 라만 3세)

Sumario 1001 (예심 1001)   1973년 스페인의 프랑코(Franco) 독재하에서 열린 노동조합의
위원장들과 관련된 일련의 재판들을 일컫는다. 1972년 노동자 계층의 반독재 세력을 대
표하던 노조 위원회 일원이 체포되었다. 그들은 스페인 공산당과 연합해 불법 운동을 펼
쳤다는 명목상의 이유로 기소되었으며 형을 선고받았다. ➡ Franquismo(프랑코주의)

Sunifredo (수니프레도)   서고트족의 귀족으로 에히카(Egica) 왕에 반역했다. 왕을 살해하려
던 시스베르토(Sisberto)의 음모에 가담하던 인물로 후에 음모가 발각되어 전 재산을 몰
수당하고 추방당했다. ➡ Reino visigodo(서고트 왕국)

Sunyer I (순예르 1세)   바르셀로나, 헤로나, 아우소나의 3대 백작. 위프레도 베요소 1세의
아들이며 위프레도 보렐 2세의 형제이자 계승자로 954년 사망했으며 사망하기 3년 전
백작 정부에서 은퇴하고 프랑스 카르카손 시에서 가까운 라 그라사 수도원에서 수도사
가 되었다. ➡ Aragón, Corona de(아라곤 연합왕국)

T

Taifas (타이파스)　　아랍의 코르도바 왕국(Califato de Córdoba)이 무너지면서 생긴 39개의 소왕국들을 말한다. ⇒ Al-Andalus(알 안달루스)

Talamanca de Jarama (탈라만카)　　하라마 계곡에 위치한 마드리드 자치주의 한 도로 약 1,900명의 인구가 살고 있다. 톨레도를 보호하기 위해 무함마드 1세에 의해 건립되었으며 이후 수많은 전투의 장이 되었으나 전략적 요지로서의 중요성을 점차 잃었다.

Talavera (탈라베라)　　스페인 레리다(Lérida)의 한 작은 도시이다. 300명이 되지 않는 적은 인구가 살고 있다. 농사를 주업으로 삼고 있다. 14세기 당시 땅의 주인이었던 것으로 전해지는 부부의 화려한 무덤과 탈라베라 성(Castillo de Talavera)의 잔해가 남아 있다.

Talayote [탈라요테, (낮은 탑 모양) 거석 유물]　　선사시대 탈라요티카 문화(cultura talayótica)에서 비롯되는 메노르카 섬(Menorca)과 마요르카(Mallorca)의 발레아레스 섬(Islas Baleares)에서 발견되는 거석 유물이다. 마요르카 섬에서는 원형과 사각형 모양이, 메노르카 섬에서는 원형 모양의 탈라요테가 발견된다. 작은 돌을 사각형 혹은 원형의 모양으로 둘러쌓아 만든 이 유물은 묘지로 사용되었다 추정되며 마요르카의 탈라요테가 크기로 비교했을 때 더 큰 편이다.

Tamayo, Manuel Lora (마누엘 로라 타마요)　　1904년에 태어나 2002년에 사망한 스페인의 정치가이자 과학자이며 학자로 명성을 떨쳤다. 프랑코(Franco) 치하에서 교육부 장관직을 수행했다. 이 시기 마드리드(Madrid)의 대학은 압제로부터 자유롭지 못했다. 프랑코의 죽음과 함께 정계활동을 중단했다. ⇒ Franquismo(프랑코주의)

Tamborrada de San Sebastián (성 세바스티안 민간 축제)　　매년 1월 20일 스페인 바스크지방의 기푸스코아(Guipúzcoa)에서 열린다. 축제는 19일 자정 헌법 광장에서 도시의 깃발을 게양하며 시작된다. 축제일 동안 20~50개의 북과, 50~100개의 나무통 악기로 구성된 약 100여 명의 악단 무리들이 도시의 모든 구역을 행진하며 도시를 북소리로 가득 채운다. 낮 동안에는 약 5,000명의 아동이 참여하는 북치기 행사가 진행된다.

Tántalo (탄탈로)　　(기원전 2세기) 루시타니아(Lusitania)인의 우두머리로 비리아토(Viriato)의 후계자이다. 비리아토가 암살되자 로마군에 대항에 버티다가 기원전 141년 세르빌리오 세피온(Servilio Cepión)에게 항복했다. 이후의 행방에 대해서는 알려진 바가 없으나 다른 루시타니아인들과 함께 발렌티아로 강제 이주당했다는 설이 유력하다. ⇒ Viriato (비리아토)

Tapas (타파스)　　스페인의 전통적이고 전형적인 음식의 형태로, 바 혹은 레스토랑에서 음료와 함께 제공되는 일정량의 음식이다. 주로 밥을 먹기 전 전채음식으로 먹거나, 점심이나 저녁으로 여러 개의 타파스를 시켜 먹기도 한다. 대표적인 음식으로는 스페인 토르티야 (Tortilla española)와 크로켓(Croquetas) 등이 있다.

Tàpies, Antonio (안토니오 타피에스)   (1923~2012) 세계적으로 스페인 20세기의 비형식 주의를 주목하게 만든 화가와 조각가이자 예술학술가이다. 카탈루냐 바르셀로나에서 태 어나, 사회예술을 거부하며, 상징적인 의미로 가득한 추상화를 그려 전위예술에 가담했 다. 최근에는 신형식주의로 나아가고 있어, 유럽 미술에서 아주 중요한 인물로 평가받고 있다. 바르셀로나에는 안토니오 타피에스 이름의 재단이 있다. 대표 작품은 「*Superposición de materia gris*」(1961)부터 2009년 「*Formas en el espacio*」까지 다양하다.

Taqueado jaqués (하카식 장식)   장기판 모양 장식이라고 불리는 이 장식은 문이나 창문 아치 조형이나 히리 시계에 일직선 모양의 작은 인형들로 된 장식이다. 스페인 하카 (Jaca)의 로마네스크 양식이 전형적이어서 이 이름이 붙여졌으며 하카에서부터 순례길 (Camino de Santiago)을 따라 이베리아 반도의 서쪽까지 확산되었다. 대표적인 건축물 은 레이레(Leyre) 수도원, 사모라(Zamora)의 산토 토메(Santo Tomé), 사라고사 성당 등이 있다.

Tarik (타리크)   무사(Musa)가 통치하고 있던 베르베르 왕조의 장군이었으며, 7세기에 이슬 람교도들의 이베리아 반도 침공을 지휘했다. 서고트족의 로드리고(Rodrigo) 왕과 대항 하고 있던 돈 훌리안(don Julian)이 지원한 함선을 타고 약 7,000명의 병사들과 이베리 아 반도에 침입했다. 계속해서 승전하여 북쪽으로는, 714년에, 사라고사(Zaragoza)까지 정복하였다. ➡ Al-Andalus(알 안달루스)

Tarraco (타라코)   현재 스페인 카탈루냐 지방에 위치한 타라고나(Tarragona)의 고대 이름이 다. 로마 제국의 지배를 받을 당시 이베리아 반도의 주요 도시들 중 하나로 히스파니아 타라코네시스(Hispania Citerior o Hispania Tarraconensis)라 불리는 로마 지방의 주 도였다. ➡ Romanización(로마화)

Tarraconense (타라코넨세)   로마 제국의 지방이었다가 히스파니아(Hispania)의 서고트족 영토가 된 지역으로 수도는 콜로니아 룰리아 우르브스 트리움팔리스 타라코(Colonia Iulia Urbs Triumphalis Tarraco)였으며 현재의 타라고나(Tarragona) 지방의 이름이 이 를 따 만들어졌다. 현재 이베리아 반도의 3분의 2가량을 차지하며 반도의 북쪽 전체와 피레네 산맥 이남에서부터 남쪽의 에브로(Ebro) 강을 포함하고 있었던 지역이다. 3세기 후반에 가야에시아(Gallaecia)와 카르타히넨시스(Cartaginensis)가 이 지방에서 떨어 져 나갔다. ➡ Reino visigodo(서고트 왕국)

Tarradellas, Josep (조셉 타라델라스)   1899년에 태어나 1988년에 사망한 스페인의 정치인 이다. 제2공화국을 주도했던 정치인 중 유일하게 민주주의가 재건되고도 직책을 버리지 않고 정치계에 남았다. 프랑코(Franco)의 죽음 이후 카탈루냐 지도자들과 후안 카를로 스 1세(Carlos I)와 가까이 지냈다. 청년 시절부터 민족주의적 성향을 보였다.

Tarrasa (타라사)   카탈루냐 자치주(comunidad autónoma de Cataluña)에 속한 도시로 바르 셀로나(Barcelona)에서 20km 정도 떨어져 있다. 타라사는 19세기에 접어들면서 산업 도시로 변모하였고, 특히 직물 공장이 크게 성장하였다. 증기력의 이용, 과학 기술의 혁 신, 기계화의 발달 등이 이 시대를 특징짓는 것이었다.

Tárrega, Francisco (프란시스코 타레가)   1852년에 태어나 1909년에 사망한 스페인의 기 타 연주자이자 작곡가이다. 기타를 공연 악기로 승격시킨 인물이다. 19세기에 전국 각지

를 돌며 공연을 했으며 민족주의적 성향을 띤 음악을 선보였다. 1906년 몸의 오른쪽이 마비되는 병을 얻어 음악활동을 중단했으나 그가 후대 음악에 끼친 영향은 대단했다.

Tartésico (타르테시코) 　타르테소스(Tartessos) 도시의 언어 또는 과달키비르(Guadalquivir) 강 동부 지방의 거주민들이 기원전 8세기에서 9세기 때 쓰던 언어를 일컫는다.

Tartesos o Tartessos* (타르테소스) 　페니키아와 그리스의 식민화가 지중해 전역으로 확산되던 시기에 안달루시아 남부(Baja Andalucía)에서 실재하며 융성하였다고 추정되는 문명을 일컫는 용어이다. 사실 타르테소스는 독일의 역사학자인 아돌프 슐텐(Adolf Schulten)이 신비의 도시를 찾기 시작되면서 알려진 곳으로, 그리스인들이 유럽에서 가장 비옥하고 풍요로운 도시로 추앙했던 곳이 바로 구아달키비르(Guadalquivir) 계곡의 도시라고 동일시하면서 주목받았다. 최근까지 진행되어 온 언어학적, 고고학적, 역사적 연구들은 타르테소스의 부에 관한 전설로부터 역사적인 증거를 찾아내는 것이 얼마나 어려운지를 보여주고 있다. 성경에 나오는 다시스(Tarsis)와 동일하다는 주장도 있지만 이를 차치한다면, 그리스 사료에서 가장 오래된 증언은 기원전 7~6세기 생존 인물인 시인 스테시코로스(Estesícoro de Himera)에서 찾을 수 있다. 그는 타르테소스가 당시 세 개로 나뉜 카디스(Cádiz) 도시의 섬들 중 하나인 에리테이아(Erytheia) 근처의 강이라고 보았다. 구아달레테(Guadalete) 혹은 구아달키비르 강으로 타르테소스의 지역을 추정한 것은 그리스의 저명한 지리학자인 스트라본(Estrabón)도 동의하는 부분이었으며, 한편 광물 자원의 풍부함 때문에 틴토(Tinto) 강을 타르테소스 강과 동일시하는 사람도 있었다. 타르테소스를 하나의 국가로 처음 언급한 사람은 밀레토스의 헤카타이오스(Hecateo de Mileto, 기원전 6~5세기 생존)였으나 역사의 아버지라고 하는 헤로도투스(Heródoto)는 타르테소스를 국가나 시장으로 간주하는 것에는 주저하였다. 오늘날 고고학적인 발견과 조사에 따르면 타르테소스는 단순한 도시 이상의 규모를 가진 곳으로서 복합적이고 풍요로운 문화를 보유하고 있었으며 남부 안달루시아에서 상당한 경제발전을 이루었던 것으로 보인다. 일부 그리스 연대 기자들의 자료에 의하면 아르간토니오(Argantonio)는 7세기 중반부터 6세기 중반까지 타르테소스를 통치한 왕으로 기록되어 있다. 한편 타르테소스의 전설적인 기원에서 유추할 수 있는 것은 이베리아 반도에는 페니키아와 그리스인들이 도착하기 오래 전에 이미 타르테소스와 같은 풍요로운 문명이 존재하였다는 것이다. 한편 도자기나 연장들, 장식물들, 보물들과 같은 발굴에 비추어 볼 때 타르테소스는 그리스와 페니키아의 영향도 받았던 것으로 보인다. 타르테소스는 풍부한 광물 자원으로 인하여 그리스와 페니키아의 중요한 교역 상대였으며 특히 안달루시아 해안은 모든 종류의 금속을 특히 주석과 은이 풍부하여 페니키아인들은 대략 기원전 1100년경에 카디스를 세운 것으로 보인다. 우엘바(Huelva)에서부터 시에라 모레나(Sierra Morena)에까지 실시된 발굴에 의하면, 타르테소스는 단순한 금속 거래 시장이라기보다 금속세공사들이 실제로 존재하며 일하였던 곳으로 완장, 머리띠, 목 장식품, 목걸이, 팔찌, 반지, 귀걸이와 같은 금속세공품들이 이를 입증하고 있다. 한편 타르테소스는 거래 지역으로부터 장식품과 도자기, 옷감, 용연향을 구입할 수 있었으며, 포도주나 기름과 같은 식재료도 타르테소스와 페니키아인들 간의 거래에서 유입된 것으로 보인다. 타르테소스는 기본적으로 엄격한 계급 사회를 이루었으나 소규모 가내 작업장들이 금속 제조를 담당함으로써 어느 정도 사회적인 평등도 누렸던 것으로 보인다.

Taula [타울라, (T자형) 거석 유물] 　메노르카 섬(Menorca)의 상징적인 기념비적 중 하나이다. 카탈란어로 '테이블'이란 뜻이며, 이것은 탈라요테 시대(La época talayótica)에 세워졌다고 추정된다. 말발굽형 모양 비슷한 T자형 성역이다. 마요르카에 세워진 거석 유물과 비슷하나, 테이블 모양을 하고 있어 구분된다.

Tauromaquia (타우로마키아)　　그리스어에서 나온 말이며, 타우로는 toro(황소), 마키아는 luchar(싸우다)을 뜻한다. 이는 말에 타서 싸우는 것, 서서 싸우는 것 등 황소와 대항하여 싸우는 모든 행위를 의미한다. 청동기시대에 활발해지기 시작했으며 최근의 활동으로는 투우가 있다.

TBO (테베오)　　1917년부터1998년까지 발간된 스페인 주간 만화지로 만화 형식의 발간물을 대중화 한 것에 있어서 스페인 만화 역사상 획기적인 위치를 차지한 잡지이다.

Tecnocracla (테크노크라시)　　경제, 경영, 과학 등의 기술을 가진 사람이 경제체제를 관리하는 사회체제이다. 이들은 사상적, 정치적, 사회적인 부분보다도 기술적인 효율성을 강조하기 때문에 인간에게 유익한 변화를 가져다 줄 수 있지만, 기술관료적 사회가 될 가능성이 크다. 이와 같은 사회체제를 강조한 첫 사람은 18세기 프랑스의 생시몽(Claude Henri de Rouvroy)이다.

Tejero, Antonio (안토니오 테헤로)　　(1932~) 스페인 국가치안대(Guardia Civil) 소속의 중령으로 1981년 2월 23일 쿠데타를 지휘한 주동 인물 중 한 사람이다. 이 사건으로 인해 23-F라는 별명이 붙여졌으며, 1978년에는 은하수 작전(Operación Galaxia)에 참가한 전력도 있다. 30년간 수감생활을 한 뒤 1996년 출소하였다. ➡ Transición democrática Española(스페인 민주화 이행기)

Telecinco (텔레신코)　　스페인 방송사. 메디아셋 에스파냐 코무니카시온(Mediaset España Comunicación)을 통해 운영되는 이 방송사의 주식은 이탈리아계 회사인 메디아셋(Mediaset)이 약 40%, 프리사 그룹(Grupo Prisa)이 약 17%를 가지고 있다. 2004년부터 스페인 방송계의 선구자 역할을 하고 있으며, 본사는 마드리드 푸엔카랄(Fuencarral)에 위치하고 있다.

Televisión Española (스페인국영텔레비전)　　스페인국영방송(TVE)은 스페인방송공사(RTVE) 산하 방송국으로 1956년 10월 28일 개국하였다. TVE는 스페인의 주요 방송사로 유럽, 미주, 아시아 등 5개 대륙에 위성 방송되고 있으며 2010년 1월부터 광고에 의한 수익을 포기하고 민영방송, 전화국의 직접세 및 공공 보조금 조달로만 운영되고 있다.

Téllez, Gonzalo (곤살로 테예스)　　(9~10세기) 스페인의 귀족으로 디에고 르드리게스 포르셀로스(Diego Rodríguez Porcelos)가 사망한 후 란타론(Lantarón)과 세레소(Cerezo)의 백작령을 맡은 인물. 영토 확장을 위해 노력했으며 오스마(Osma)와 그라논(Grañón)에 다시 사람이 정주하도록 하고 성을 쌓았다. 그뿐만 아니라, 나헤라(Nájera)와 칼라오라(Calahorra)까지도 정복하기에 이르렀지만 몇 년 안 되어 오르도뇨 2세(Ordoño II)에게 모든 영토와 지위를 박탈당해 페르난도 디아스(Fernando Díaz)가 새로운 백작으로 임명되었다.

Tenerife (테네리페)　　카나리아 제도에 속한 섬으로 그 규모가 가장 크다. 약 80만 명의 인구가 살고 있다. 1496년 스페인 정복과 함께 마을들이 형성되기 시작했다. 카나리아 제도의 구 수도이며 현재는 산타 크루스 데 테네리페에 속해 있다.

Tenerife Espacio de las Artes (테네리페 예술 센터)　　스페인 테네리페에 위치한 테네리페 예술 센터(TEA)는 오스카 도밍게스 연구소와 테네리페 사진 센터 및 시립도서관이 함께 있는 종합적 예술 센터이다. 1995년 건물 공사를 시작해 2008년 개관한 센터는 총 20,622m²의 면적으로 식당, 상점 및 공연장도 포함한다. 또한 센터에는 광장이 있어 방문객들에게 접근이 쉽도록 만들고, 내부안의 나선형 계단은 건물 안의 이동이 편리하도록 하였다.

Tenorio, Pedro (페드로 테노리오)　14세기 스페인의 고위 성직자이다. 코임브라(Coímbra)의 주교와 톨레도(Toledo)의 대주교를 지냈다. 조정의 부름을 받아 엔리케 3세(Enrique III)의 후견인 중 한 명으로 발탁되었으며 왕국의 통치를 맡았다. 후견인들 사이에 분쟁이 일어나자 페드로 테노리오(Pedro Tenorio)는 군사를 일으켰지만 사모라(Zamora)에서 포로가 되었다.

Teocracia (신권정치)　Teo는 그리스어로 '신'을, kratos는 '정치'를 각각 뜻하며 이는 정부의 지도자들과 종교계 지도자들이 일치하는 정치 형태 또는 사회를 가리킨다.

Teodomiro (테오도미로)　서고트족 귀족으로 에히카(Égica)와 위티사(Witiza)의 통치기간 동안 현재의 무르시아(Murcia) 지역을 다스렸다. 713년, 압달-아시스 벤 무사 누사이(Abd al-Aziz ben Musa Nusayr)와 오리우엘라 조약(Tratado de Orihuela)을 체결했다. ➡ Reino visigodo(서고트 왕국)

Teodorico I (테오도리코 1세)　서고트족 6대 왕이다. 418년부터 451년까지 재위하였다. 지중해로 영토 확장을 하려 했으며 반달족(vándalo)과 대립이 있었다. 451년 카탈라우니안 평원 전투에서 훈족의 아틸라와 싸워 승리하였지만 전사하였다. ➡ Reino visigodo(서고트 왕국)

Teodorico II (테오도리코 2세)　서고트족 8대 왕이다. 테오도리코 1세(Teodorico I)의 아들로 왕좌에 오르기 위해 형이자 선왕인 투리스문도(Turismundo)를 살해하였다. 453년부터 466년까지의 재위기간 동안 로마와 지속적 협력을 하였고 로마가 약해졌음을 인식하였다. 갈리시아(Galicia)에서 466년 암살당했다. ➡ Reino visigodo(서고트 왕국)

Teología de la Liberación, La* (해방신학)　1960년 라틴아메리카 가톨릭교회에서 출현한 신학운동이다. 가톨릭 진영에서 나온 혁명 이데올로기로서 소위 해방 신학자들이라고 불리는 사람들이 가톨릭교와 마르크스주의를 결합하여 만든 급진주의적인 신학이데올로기이다. 이는 가톨릭 신자들의 사회적 책임을 강조하고 억압받는 계층의 구원을 갈망하며 보다 평등하고 정의로운 사회를 구현하기 위해 노력하는 좌파 가톨릭교인 셈이다. 한편 해방 신학의 일부 이론가들은 빈곤과 부정의를 타파하기 위해서는 최후 수단으로 무장투쟁도 배제하지 않고 있으며 또한 민중 교회의 창설을 주창하였다. 운동을 추진한 사람들 가운데서 페루 출신의 사제 구스타보 구티에레스(Gustavo Gutiérrez)는 『*Teología de la Liberación: perspectivas*』, 『*Praxis de la liberación y fe cristiana*』 등의 저서에서 빈곤한 자들의 착취를 고발하고 해방신학의 목표는 소외되고 억압받는 자들의 해방과 계급 사회의 철폐, 복음의 실천이라고 제시하고 있다. 또한 저명한 니카라구아 출신의 종교인이자 시인인 에르네스토 카르데날(Ernesto Cardenal)은 그 자신이 산디니스타(sandinista) 혁명의 주역으로 활동하였을 뿐 아니라, 이후 문화부 장관까지 역임한 바 있었다. 그러나 대다수 해방신학자들은 폭력보단 대화를 더 선호하였으며, 이는 스페인 출신의 해방신학자인 마르틴 바로(Martrománín Baró)와 이그나시오 에야쿠리아(Ignacio Ellacuría)가 각각의 저서 『*Psicología de la liberación*』, 『*Mysterium liberarionis. Conceptos fundamentales de la teología de la liberación*』에서 밝힌 바와 같다. 브라질 출신의 프란시스코 수도사인 레오나르도 보프(Leonardo Boff)는 『*Teología del cautiverio y de la liberación*』, 『*Caminhos de Igleja com os oprimidos*』, 『*E Iglesia, carisma y poder*』에서 교회는 "현대적인 변화에 대응하기 위하여 성장하여야 하며 특히 흑인이나 원주민 문화와 같이 유럽적이지도 않고, 데카르타적이지 않은 다양한 견해와 문화를 이해하고 소통하는 방식에서 변화가 필요하다"라고 주장하였다. 보프는 하나님 나라의 도입을 주장하였으며 착취당하는 계층의 문제에 대해 기독인들의 진지한 의식화 노력이 필요하다고 주장하였다. 해방신학자들은 '기초적인 교회 공동체들'을 통하여 중요한 사회적 노력을 수행하였다. 일부 해방신학자들과 교회조직의 신학자들은 폭력 사용에 대해 반대 의사를 표명하면서도 사회적 부정의에 대해 깊은 우려를 표명하였다. 대다수의 가톨릭 신자들은 혁명적이기보다는 개혁적인 입장을 취하였으며 사회 변혁의 추동력으로서 무장투쟁을 하는 것에 대해 반대하였다. 이러한 입장은 앞서 언급한 해방신학자인 이그나시오 에야쿠리아가 명시하는 바와 같다. "복음은 폭력적이기보다는 평화적인 방법에, 전쟁이나 지배보다는 평화에, 그리고 대립보다는 사랑의 편에 서 있습니다." 이처럼 해방신학은 교회의 역할에 대한 비판적인 성찰과 빈자의 문제를 신학적인 주제로 다루고 있는 점에서 기존의 전통 신학과 구별되며 빈민의 현실과 신에 대한 신앙을 상호 유리되지 않은 것으로 견지하고 있다는 점에서 사회참여적이라고 할 수 있다.

Teotihuacan (테오티우아칸)　부족국가에서 도시국가 형태로 전환되는 시기에 건설된 아메리카 최초의 본격적인 도시문명이다. 테스코코 호수 북서쪽, 현 멕시코시티에서 북쪽으로 50km 지점에 위치하고 있었으며 3세기에서 6세기까지 전성기를 이루었다.

Tepanecas (테파네카족)　13세기에서 15세기 사이 텍스코코(Texcoco) 호수 일대를 지배했던 부족으로 나우아틀어(Nauatl)를 사용했다. 테소소모크(Tezozomoc) 왕의 통치하에 전성기를 맞이했으며 쿠아우티틀란(Cuautitlán)과 콜우아칸(Colhuacán)까지 영토를 확장했다. ➡ Hispanidad[이베리아성(포르투갈 및 브라질 제외)]

Tercera batalla de la carretera de La Coruña (제3차 라 코루냐 도로 전투)　스페인 내전 중인 1937년 1월 초에 마드리드 격리를 시도했던 전투이다. 민족주의자들은 마드리드 강화 사단(División Reforzada de Madrid)을 조직하여 반대편인 소비에트 연방의 T-26 경보병차를 분쇄하기 위해 이탈리아 장갑차 및 방어용 포대들을 준비해 두었다. 1937년 1월 3일부터 6일까지 강화 사단은 북쪽을 습격하고, 이후 라 코루냐 도로의 동쪽에 당도하였으나, 공화파들은 끝까지 방어에 성공하여 결국 민족주의자들은 1월 15일 철수하여야 했다. ➡ Guerra Civil Española(스페인 내전)

Tercera Guerra Carlista (3차 카를로스 전쟁)　1872년에서 1876년 사이 스페인에서 발발한 내전이다. 1차 내전 이후 나뉜 보수와 진보 진영의 계속된 갈등이 그 원인이었다. 나바라, 카탈루냐 지방 등에서 전투가 벌어졌으며 진보파였던 알폰소 12세(Alfonso XII)의 승리로 마무리되었다. ➡ Carlismo(카를로스주의)

Tercio* (테르시오)　곤살로 코르도바(Gonzalo Córdoba) 대령을 뒤이은 후계자들은 16세기와 17세기 스페인 보병대의 기본 단위를 구축하였다. 테르시오의 출발은 1532년 교황과 카를로스 5세(Carlos V), 그리고 페라라 공작(duque de Ferrara)과 밀라노 공작(duque de Milán) 사이에 체결된 합의에 기초하였다. 그 내용에 따르면 스페인은 공동 방어를 위해 나폴리(Nápoles), 시칠리아(Sicilia), 롬바르디아(Lombardía)에 각각 군부대를 두기로 약속한다는 것이었다. 이후 배치된 각 부대는 테르시오라고 불리게 되었고, 이 용어가 전체 수의 3분의 1이라는 의미에서 비롯된 것인지, 아니면 다른 이유에서인지는 확실치 않다. 어찌되었든 합의대로 1534년에는 롬바르디아의 테르시오가 탄생하였고, 1535년에는 시칠리아와 나폴리의 테르시오가 각각 그 뒤를 따랐다. 그 후 군사적인 수요가 커지면서 1537년에는 밀라노(Milán) 공국의 테르시오가 생겨나게 되었으며, 1538년에는 사르디니아(Cerdeña)의 테르시오가 창설되었다. 이 테르시오들이 바로 구 테르시오(Tercios Viejos)에 속한다. 이 유명한 연대는 연대장(maestre de campo)의 통솔 아래서 12개의 중대(companía)로 통합되었으며, 이 중에서 열 개의 중대는 창병(piqueros)으로, 두 개의 중대는 아르케부스 총병(arcabuceros)으로 구성되었다. 전체 병력은 3천 명의 사람들로 이루어졌으며 중대 별로 250명이 편성되었다. 그러나 아르케부스 총병의 증가와 머스킷 총병(mosqueteros)의 도입으로 화력이 커지게 되자, 자연히 중대 규모는 축소되었고 100명 이상을 둔 중대가 흔치 않게 되었다. 한편 1567년 이후 기마병의 공격에 맞서서 창병 부대가 측면 수비를 위해 머스킷 수비대로 보완되기는 하였지만, 1603년이 되면 이미 절반가량의 군인이 아르케부스를 지니게 되면서 중대들은 동질화되었다. 연대장 밑으로는 교육과 훈련, 내부 규칙을 담당하였던 부사관(sargento mayor), 그리고 감사(auditor), 재판관, 공증인, 서기, 하급관리(alguacil), 고수(tambor mayor), 명령 장교(oficial de órdenes)가 있었고, 그 외 판결 집행인, 보급계 하사관(furriel), 의사, 약제사, 종군사제(capellán mayor) 등이 있었다. 중대장의 지휘 아래에는 기수(alférez), 부사관, 보급계 하사관, 이발사이자 보건원 그리고 종군사제와 피리 부는 자, 고수가 있었다. 전투할 때 가장 기본 단위는 방진(cuadrilla)이었으며 한 명의 대장과 25명의 사람들로 구성되었고, 때때로 테르시오는 한 명의 대령 지휘 아래 4개의 중대를 모은 단위로 편성되기도 하였다. 또 연대장도 자기 자신의 중대를 가지곤 하였다. 군인들은 자원병으로 구성되었으며, 기독교 신앙과 왕의 영예, 그리고 조국의 구원을 위하여 입대한 경우가 대부분이었다. 이들은 경력 쌓기를 희망하였고 급료(soldada)를 받을 권리가 있었지만, 임금체불이 반복되면서 자주 폭동을 일으키기도 하였다. 군인들 중에는 독특하고 모험심이 강한 사람들도 있었으며 상당수의 귀족은 다른 여러 이유들로 인하여 급료 없이도 군대에 복무하기도 하였다. 스페인 테르시오는 30개가 넘는 규모를 자랑하게 되었지만, 그렇다고 해서 특별히 제국 군대의 소수파가 먼저이고 스페인 계열의 군대는 그다음이라는 인식이 없었으며, 모두가 군대 전체에 활력을 부여하며 테르시오의 특징을 이루었다.

Terraza alta o de los Laureles(De Real Jardín Botánico de Madrid) (마드리드 왕립 식물원 월계수 테라스)　마드리드 고등과학연구위원회 중심지인 마드리드 왕립 식물원에 있는 테라스 중 하나이다. 2005년 증축된 이 테라스는 비야누에바관(Pabellón Villanueva) 뒤에 위치하며, 스페인 전(前) 총리였던 펠리페 곤살레스(Felipe González)의 기부로 분재(盆栽) 컬렉션이 있다.

Terraza de las Escuelas Botánicas(De Real Jardín Botánico de Madrid) (마드리드 왕립 식물원 식물 테라스)　마드리드 고등과학연구위원회 중심지인 마드리드 왕립 식물원에 있는 테라스 중 하나이다. 식물군의 계통 발생 학적으로 정렬되어 있기 때문에 이 테라스에서는 식물 분류학의 컬렉션을 볼 수 있다.

Terraza de los Cuadros(De Real Jardín Botánico de Madrid) (마드리드 왕립 식물원 바둑판 테라스)　마드리드 고등과학연구위원회 중심지인 마드리드 왕립 식물원에 있는 테라스 중 하나이다. 계단식 모양의 테라스들 중 가장 낮은 곳에 위치하며 넓은 곳이다. 이곳에는 장식용, 의약용, 여러 종류의 장미, 허브 및 채소들이 정렬되어 있다. 바둑판 모양의 정원 바닥 중심에는 작은 분수대가 있다.

Terraza del Plano de la Flor(De Real Jardín Botánico de Madrid) (마드리드 왕립 식물원 평원 테라스)　마드리드 고등과학연구위원회 중심지인 마드리드 왕립 식물원에 있는 테라스 중 하나이다. 계단식 모양으로 된 테라스들 중 가장 높은 곳에 위치하며 좁은 곳이다. 로마네스크 형식으로 건축된 이 테라스에는 여러 가지 나무들과 관목들이 심어져 있다. 현재 테라스의 일부는 일시적인 전시관으로도 사용되고 있다.

Terrorismo tardofranquista (후기프랑코주의 테러리즘)　1975년 독재자 프랑코의 사망부터 80년대 초반 무렵, 극우 네오 파시스트 테러리즘, 징치폭력 활동을 위해 결성되었으며, 반공주의 사도 연합(Alianza Apostólica Anti-comunista) 혹은 AAA, 트리플A로도 알려진 스페인바스크대대(BVE)와 ETA 반테러리즘(ATE), 스페인국가행동단(ANE), 스페인무장그룹(GAE) 등의 다양한 이름으로 활동하였다. 극우의 프랑코파는 테러리즘에 대항하여 변호사, 군인 등 약 66명의 좌익계 인사들을 암살하였다.

Tertulia (테르툴리아)　스페인에서는 사람들이 식사 후 자리를 뜨지 않고 앉아서 사람들과 대화를 하는 관습이 있었는데, 이때 대화에 참여한 사람들을 콘테르툴리오(contertulio) 혹은 테르툴리아노(tertuliano)라고 부르던 것에서 유래하였다. 특정 분야의 예술, 과학 또는 철학에 관심을 가지고 있는 사람들의 비공식적 모임이며 이것의 주된 목적은 한 주제에 관해 토론하며 정보와 의견을 공유하는 것이다.

Teruel (테루엘)　아라곤(Aragón) 남부에 위치하는 도시이다. 1117년 이슬람 소왕국인 발렌시아(Valencia)의 알모아데족 침입을 막기 위해 알폰소 2세(Alfonso II)에 의해 건설되었다. 무데하르(mudéjar)풍의 문화유산으로 유명하다. ⇒ Aragón, Corona de(아라곤 연합왕국)

Tesoro de Guarrazar (구아라사르의 보물)　1858년에서 1861년에 톨레도에서 발견된 십자가와 왕관 모양의 보물로 금으로 세공되어 있고 귀금속으로 장식된 대표적인 작품이며 스페인 국립 고고학 박물관에 보관되어 있다. 장식이 단순하면서도 양식화된 경향을 보이고 있다.

Teudis (테우디스)　서고트족 13대 왕. 선왕 아말라리코의 왕위를 이어받도록 선출되자 암살자를 보내어 아말라리코를 죽이고 531년 왕이 되었다. 인내심이 많고 유능한 정치가로 알려져 있으며, 프랑크 왕국에서 침략을 받고 사라고사가 포위되었으나 결국 물리쳤다. 548년 사망했다. ⇒ Reino visigodo(서고트 왕국)

Teudiselo (테우디셀로)　서고트족 14대 왕. 출생연도는 알려지지 않았으며 549년 사망. 선왕 테우디스의 재임 동안 이베리아 반도에서 프랑크족을 몰아냈다. 548년 테우디스가 사망하자 왕으로 선출되었으나 549년 살해당한다. ⇒ Reino visigodo(서고트 왕국)

Texcoco (텍스코코)　스페인이 멕시코를 정복하기 이전에 멕시코 영토를 다스린 가장 오래된 왕국 중 하나이다. 1000년경부터 치치메카족(Chichimecas)이 거주했으나 1520년 틀락스칼테카족(Tlaxcaltecas)에 의해 몰락했다. 스페인 선교사들이 최초로 자리 잡은 도시이기도 하다. ⇒ Hispanidad[이베리아성(포르투갈 및 브라질 제외)]

Tiburos (티부로스)　이베리아 반도 고대 부족으로 켈트족에 기원을 두고 있으며, 현재의 루고(Lugo)와 오렌세(Orense)의 접경 지역인 푸에블라 데 트리베스(Puebla de Trives)에 거주하고 있었다.

Tierno Galván, Enrique (엔리케 티에르노 갈반)   1918년 스페인 마드리드(Madrid)에서 태어나 1986년에 사망한 작가 겸 정치가이다. 인문학과 법학을 전공했으며 살라망카 대학(Universidad de Salamanca)과 무르시아 대학(Universidad de Murcia)에서 교수를 역임했다. 1974년 스페인민주위원회(Junta Democrática de España)를 설립하고 인민사회당(Partido Socialista Popular)을 창당했다.

Tierra firme (신대륙)   단단한 땅이라는 뜻을 가지고 있으며 신대륙을 일컫는다. 콜럼버스가 긴 항해 끝에 마침내 육지를 발견한 데서 유래했으며 아메리카 식민지들을 가리키기도 한다. ⇒ Hispanidad[이베리아성(포르투갈 및 브라질 제외)]

Tlacopan (틀라코판)   전 식민지시대의 고대 도시로 멕시코의 텍스코코(Texcoco) 호숫가에 위치했었다. 15세기에 들어서면서 전성기를 맞이했으나 스페인 정복자들에 의해 멸망했다. ⇒ Hispanidad[이베리아성(포르투갈 및 브라질 제외)]

Tlaloc (틀라록)   아스테카족이 숭배했던 비의 신이다. 검은 피부의 앉은 자세를 한 사람으로 형상화되며 이는 멕시코의 산이 많은 지형을 나타낸 것이다. 비가 중요했던 농경사회에서 일 년 내내 그를 위한 의식이 치러졌다. ⇒ Azteca, Imperio(아스테카 제국)

Tlatelolco (틀라텔롤코)   13세기에 텍스코코(Texcoco) 호수 내에 있는 섬에 세워진 테파네카족(Tepanecas)의 도시였다. 1473년 아스테카족에 의해 테노츠티틀란(Tenochtitlán)에 편입되었다. 스페인 정복자들의 도착 후에도 자주성을 유지했으나 점차 중앙도시에 편입되었다. ⇒ Azteca, Imperio(아스테카 제국)

Tlatlacohtin (틀라틀라코틴)   아스테카 문명의 노예 계층을 가리키는 명칭이다. 이들은 전쟁 포로, 범죄자 또는 큰 빚을 진 사람들이었다. 가난한 평민들이 빚을 갚지 못해 노예가 되는 경우가 많았다. ⇒ Azteca, Imperio(아스테카 제국)

Tlaxcala (틀라스칼라)   멕시코 틀라스칼라 주의 도시이다. 13세기 나우아(Nahua)족에 의해 건설되었으며 틀라스칼테카(Tlaxcalteca) 왕국의 수도였다. 에르난 코르테스에 여러 번 패배한 후 스페인과 동맹을 맺었다. ⇒ Cortés, Hernán(에르난 코르테스)

Tlaxcalteca (틀라스칼테카)   멕시코 틀라스칼라(Tlaxcala)에 거주하던 원주민 부족이며 아스텍 제국(Imperio Azteca)과 적대적인 관계에 있었다. 틀라스칼테카족은 스페인과의 전투에서 여러 번 패배한 후, 그들과 동맹을 맺어 다양한 특권을 누렸으며 에르난 코르테스의 테노치티틀란(Tenochtitlan) 정복을 도왔던 부족이다. ⇒ Cortés, Hernán(에르난 코르테스)

Toda Aznar, Reina de Navarra (토다 아스나르, 나바라 왕비)   나바라의 왕비이자 산초 가르세스 1세(Sancho Garcés I)의 아내이다. 925년에 산초 가르세스 1세가 사망하자 아들 가르시아 산체스 1세(García Sánchez I)가 성인이 될 때까지 섭정했다. 압달 라만 3세(Abd al-Rahman III)의 공격을 받았지만, 친인척관계를 이용해 슬기롭게 대처했고 손자인 산초(Sancho)가 왕위를 박탈당하자 직접 코르도바 왕국으로 향해 도움을 청하는 등 강인하고 능동적인 성격의 소유자로 뛰어난 정치력을 발휘했다. ⇒ Reino de Navarra (나바라 왕국)

Toledo (톨레도)   스페인의 한 도시로서, 카스티야라 만차(Castilla-La Mancha)의 수도이다. 인구는 약 83,000명(2011년 기준)이며, 면적은 232.1km²이다. 스페인의 수도 마드리드에서 약 70km 떨어져 있다. 가톨릭교, 유태교, 이슬람교인들이 살았던 곳으로서 "세 문화의 도시"로 알려져 있다. ⇒ Escuela de Traductores de Toledo(톨레도 번역학교)

Toltecas (톨테카족)　　지금의 멕시코 북쪽 영토에 해당하는 곳에서 툴라(Tula)로 이주한 문명으로 테오티우아칸(Teotihuacán)의 몰락과 함께 꽃을 피웠다. ⇒ Hispanidad[이베리아성(포르투갈 및 브라질 제외)]

Tomatina, la (라 토마티나)　　발렌시아 지방의 부뇰(Bunyol)이라는 마을에서 열리는 축제. 매년 8월 마지막 주 수요일 오전 11시부터 오후 1시까지 2시간 동안 진행되며 토마토를 마구 던지는 토마토 전쟁이라고 할 수 있다. 축제의 유래를 설명하는 여러 설들이 있지만 그중 가장 널리 알려진 것은 1994년에 토마토 값이 폭락하자 화가 난 농부들이 시의 의원들에게 토마토를 던졌고 이 행위가 사람들에게 큰 쾌감을 가져다주었다는 것이다.

Tomé, Narciso (나르시소 토메)　　(1690 - 1724) 스페인 사모라(Zamora) 출신이 조각가이자 건축가이다. 17세기와 18세기 전반의 추리게라 양식을 과감하게 표현한 건축가이며, 자신의 형제인 디에고 토메(Diego Tomé)와 함께 바야돌리드 대학(Universidad de Valladolid) 건물의 외면을 만들었다. 또한 그는 톨레도 대성당의 스테인드글라스를 장식하여 스페인 식민지 건축물에 많은 영향을 주는 요소를 만들어 내기도 했다.

Tona (토나)　　스페인 카탈루냐(Cataluña) 자치주의 바르셀로나(Barcelona)에 위치한 도시이다. 약 5,800명의 인구가 살고 있다. 12세기 카탈루냐 낭만주의를 선보인 최초의 건물 산타 마리아 델 바리 교회(Iglesia de Santa María del Barri)가 있다. 바르셀로나 귀족들이 휴양을 위해 찾는 곳이기도 했다.

Toná o tonada (토나 또는 토나다)　　플라멩코 장르들의 기원이 된 최초의 형태이다. 세비야(Sevilla)와 카디스 지방에서 유래한 것으로 보인다. 기타 없이 불리는 것이 특징이었으나 20세기 들어서 기타의 몸통을 타악기로 활용해 리듬을 싣는 것이 일반적이다.

Tonsura (삭발식)　　성직자가 임명을 받기 전 행하던 의식으로 주교가 직접 집행했다. 정수리를 기준으로 원형 모양으로 삭발하고 주변머리는 짧게 깎았다. 스페인은 로마교회의 영향으로 이러한 전통이 중세까지 계속되었다.

Topete y Carballo, Juan Bautista (후안 바우티스타 토페테 이 카르바요)　　1821년에 태어나 1885년에 사망한 스페인의 군인이자 정치인이다. 17세의 어린 나이에 해군에 입대해 쿠바 원정 등에 참여했다. 1860년에 카를로스 전쟁과 북아프리카 원정에 참여하며 입지를 다졌다. 1868년 혁명을 성공적으로 이끌었다. ⇒ Revolución de 1868(1868년 혁명)

Tordesillas (토르데시야스)　　스페인 중북부에 위치한 바야돌리드(Valladolid) 주의 한 도시. 수도 바야돌리드에서 남동쪽으로 28km 떨어져 있으며, 약 704m의 고원지대에 위치한다. 2011년 인구조사에 의하면 약 9,172명의 주민이 거주하며 면적은 142,36km²이다. ⇒ Tordesillas, Tratado de(토르데시야스 조약, 1494)

Tordesillas, Tratado de* (토르데시야스 조약)　　1494년 6월 4일 포르투갈과 카스티야 왕국 간에 체결된 조약으로 이를 통하여 두 왕국 간에 영토의 확장과 항해 지역들을 분배하게 되었다. 1492년 아메리카의 발견으로 이전에 유지되었던 현상 유지[알카코바스-톨레도 조약(tratado de Alcácobas-Toledo)]은 깨어지고, 일련의 교황 교서들이 발표되었다[알레산드르 교서들(Bulas Alejandrinas)]. 이 교서들에 따르면 대서양은 그 당시까지 사용되던 평행선(paralelo) 대신에 자오선(meridiano)으로 나뉘게 되었고 새로 발견되는 땅에 대해서 카스티야인들의 권리가 인정되었다. 즉 경계의 자오선 서쪽으로는 카스티야의 땅이 되는 것이고, 동쪽으로는 포르투갈의 땅이 된다는 내용이었다. 토르데시야스 조약은 아프리카와 아메리카에 대해서 다루고 있는데, 아메리카에 대해서는 4개의 조항들이 중요하다. 주요 개념은 분배의 자오선을 베르데 곶(cabo verde)에서 370레구아(legua) 떨어지도록 확정짓는 것으로, 서반구는 카스티야에게, 동반구는 포르투갈에게 속한다는 것이다. 두 당사국은 합의한 지역들을 경계화하기 위하여 선박과 기술자들을 파견하는 조치를 취하게 되었고, 각 국은 원거리 지역을 탐험하지 않을 것과 우연히 발견되는 땅에 대해서도 양보하리라는 조항을 두었다. 그러나 이 경우에도 예외는 있었는데, 바로 이 시기에 감행된 콜럼버스의 두 번째 여행이 그러했다. 370레구아를 정하게 된 동기는 대서양이 베르데 곶과 아이티(Haití) 사이에 정확히 양분되기 때문이었다. 포르투갈인들은 토르데시야스 조약을 기반으로 아프리카를 통하여 동쪽으로 나아가는 항로와 남아메리카 일부를 획득하게 되었고, 카스티야인들은 나머지 발견 지역들[브라질을 제외한 서쪽 인디아스(Indias), 즉 아메리카]을 얻게 되었다. 토르데시야스에서는 교황의 결정, 즉 자오선을 통하여 포르투갈과 카스티야 사이에 지구를 분할한다는 결정을 철회하였다. 그러나 이렇게 반(反)자오선주의가 확정되면서 모든 것은 불분명하게 되었고, 몰루카해협(Molucas)이나 필리핀과 같은 동쪽 섬들에 대한 이권에 대해서도 향후 갈등이 생기게 되었다. 토르데시야 조약은 정확한 측정 면에서도 많은 논란을 불러일으켜서 이후 끊임없는 국경 분쟁의 소지를 제공하였다.

Toro (토로)　　스페인 북서부 카스티야-레온 자치주에 속한 도시이다. 두에로(Duero) 강의 연안에 위치했으며 포도주 생산으로 중세 레온 왕국의 가장 번창한 도시 중 하나였다.

Toros al mar (해변 투우 축제)　　7월 두 번째 주(팜플로나의 산 페르민과 거의 일치하는 시기)에 스페인 알리칸테(Alicante)의 데니아(Denia)에서 열린다. 가장 장관인 것은, 축제 참가자들이 암송아지들이 바닷가 절벽으로 떨어지도록 유도하는 것이다.

Torralba (토랄바)　　스페인 카스티야-라만차 자치주의 작은 도시로 느릅나무가 그 상징이다. 역사적 유서가 깊은 만큼 비르헨 데 라스 니에베스 예배당, 중세의 기념탑 등의 유적지가 남아 있다. 루이스 데 살세도의 고향이기도 하다.

Torre Agbar (아그바 타워)　　스페인 바르셀로나에 있는 고층 빌딩이다. 디아고날 거리(avenida Diagonal)와 바다호스 거리(calle Badajoz) 사이에 위치한 이 타워는 글로리아 광장 옆에 있다. 이 빌딩을 기점으로 '22@'라고 알려진 기술개발 지역이 시작된다. 빌딩은 총 34개 층으로, 아트 호텔(Hotel Arts), 마프레 타워(Torre Mapfre) 다음으로 바르셀로나에서 가장 높은 빌딩이다.

Torre de Hércules (헤라클레스 등대)　　스페인 갈리시아 라 코루냐(La Coruña) 도시에 위치한 등대 탑이다. 1세기에 세워졌다고 추정되는 이 탑은 1.2m 언덕 위, 57m의 높이를 가지고 있다. 스페인 로마시대 유일한 등대인 이 탑은 스페인에서 높이 62m 치피오나 등대(Faro de Chipiona)와 높이 60m인 마스팔로마스 등대(Faro de Maspalomas) 다음으로 3번째로 높으며 2009년 6월 27일 유네스코 문화유산으로 지정되었다. ➡ Romanización(로마화)

Torre del Oro (황금 탑)　　세비야의 과달키비르 강 서쪽에 위치하는 석조 탑이다. 왕립 마에스트란사 투우장(Real Maestranza de Caballería de Sevilla) 옆에 위치해 있다. 전체 중 하부 3분의 2는 십이각형으로 최하부는 1220~1221년에 알모하드(Almohade) 치하에서, 중간 부분은 14세기에 페드로 1세 재위기간에 만들어졌으며 최상부는 원통형에 윗부분은 돔으로 1760년 건축되었다. 여러 차례 복원되었으며 스페인 역사유물로 지정되었다.

Torres KIO (KIO 타워)　유럽의 문이라 불리는 두 개의 타워이다. 두 타워는 서로를 향해 약 15° 각도로 기울어져 있다. 건축가 필립 존슨(Philip Johnson)의 작품이다. 건축 과정에서 1980년대 스페인을 뜨겁게 달구고 재판 과정만 10년이 걸린 우르바노르 사건(Caso Urbanor)이 일어났다.

Tortilla de patatas (감자 토르티야)　'스페인 토르티야'라고도 불리는 이 요리는 스페인식 오믈렛이다. 스페인 전역의 식당과 바에서 빠지는 않는 메뉴로 스페인 대표 음식이다. 감자 토르티야가 스페인에 처음 나타나기 시작한 것은 제1차 카를로스 전쟁 때 토마스(Tomás de Zumalacárregui) 장군이 그의 군대를 먹여 살리기 위해 준비하기 쉽고 빠르니 영양 가치가 높은 이 음식을 처음으로 만들었다는 설이 있다. 또 다른 이야기는, 나바라에 살던 어느 가난한 부인이 유일하게 가지고 있던 감자와 계란으로 요리를 해 토마스 장군에게 대접한 데서 유래했다고 전한다.

Tortosa (토르토사)　타라고나(Tarragona) 지방의 에브로 강 유역 좌측에 위치한 시이다. 약 2만 9천 명의 주민이 거주하고 있으며 엘 팔라시오 에피스코팔(El Palacio Episcopal) 등의 고딕 양식의 건축물들이 다수 소재하고 있다.

Totalitarismo (전체주의)　종종 개인주의와 상반되는 개념으로 제시되는 것으로, 개인은 전체 즉 국가 안에서 존재 이유를 갖는다는 주장이다. 즉 막강한 국가의 권력이 국민의 생활을 제한하고 통제하는 사상과 그 체제를 뜻한다.

Totoneca (토토네카)　멕시코 베라크루스(Veracruz)의 중심부에 살던 원주민 부족으로 마야족(mayas)과 올메카족(olmecas)과 같은 부족으로 간주된다. 토토네카족(totonecas)은 에르난 코르테스와 동맹을 맺음으로써 아스텍 제국(Imperio Azteca)의 정복을 도왔다. 하지만 테노치티틀란(Tenochtitlan)이 정복당한 후 이들 역시 코르테스에게 정복당한다. ⇒ Cortés, Hernán(에르난 코르테스)

Trafalgar, batalla de (트라팔가르 전투)　1805년 영국군과 프랑스-스페인 연맹군 간 발발한 해상전투이다. 그 결과 스페인은 참패했으며 막대한 인적, 경제적 손상을 입었다. 이 전투로 인해 해상 병력이 취약해진 스페인은 아메리카 식민지의 독립을 막을 수 없는 지경에 이르렀다.

Transición democrática Española* (스페인 민주화 이행기)　엄밀히 말하면 1975년 11월 20일 프랑코 장군의 사망 때부터 1977년 민주적인 총선거가 실시된 시기까지를 뜻한다. 프랑코체제의 종말은 1969년 돈 후안 카를로스(Don Juan Carlos)가 프랑코주의적인 의회(las Cortes franquistas) 앞에서 정권의 차기 후계자로 선서하고 나면서부터였다고 할 수 있다. 한편 프랑코주의자들 내에서는 스페인의 미래를 두고 입장 차를 달리하는 개방주의자들(aperturistas)과 부동주의자들(inmovilistas)이 있었으며, 세부적으로는 기술관료들(tecnóocratas), 팔랑헤주의자들(falangistas), 전통주의자들, 가톨릭교도들 간의 대립과 세력 경쟁이 치열한 양상을 띠고 있었다. 한편 스페인 사회는 후기 프랑코체제에 들어서면서 급격한 변화를 겪고 있었는데, 특히 대중매체의 활성화와 신속한 정보 전달로 인하여 노동계, 대학가, 언론계, 문화계 등 각 분야에 걸쳐 나타나는 반정권투쟁과 이들에 대한 정부의 탄압이 여과 없이 폭로되고 있었다. 한편 프랑코 정권의 비민주성은 스페인이 대외적으로 유럽 공동시장에 합류하는데 결정적인 장애 요소로 작용하게 되면서 체제의 문제점을 보여주기도 하였다. 이러한 상황에서 호세 솔리스(José Solís)를 비롯한 개방주의자들은 노동조합과의 관계 개선이나 1973년 새로운 사회운동안의 구상을 시도하기도 하였다. 그러나 때마침 일어난 바스크테러단체 ETA의 차량폭탄테러와 프랑코정권의 2인자라고 불리는 카레로 블랑코(Carrero Blanco)의 급작스러운 사망은 프랑코 체제의 기반 자체를 위협하는 사건이었다. 프랑코에 의해 새로운 수상으로 임명된 카를로스 아리아스 나바로(Carlos Arias Navarro)는 1974년 새로운 내각을 구성하면서 일명 '2월 12일 정신(Espíritu del 12 de febrero)'이라는 개방주의 안을 의회에 제시하지만, 전 장관이었던 히론(Girón)을 비롯한 부동주의자들의 빗발치는 항의로 결국 철회하여야 하였다. 하지만 1974년 7월 9일 프랑코가 발병으로 입원을 하게 되고 돈 후안 카를로스 황태자가 임시 국가원수직을 맡게 되면서 스페인 반대파는 본격적으로 세력화의 길로 들어설 수 있었다. 1974년 7월 30일에 파리에서 스페인공산당(Partido Comunista de España, PCE)과 산티아고 카리요(Santiago Carrillo)를 중심으로 '민주주의 위원회(Junta Democrática)가 창설되었던 점이나 쉬렌(Suresnes)에서는 로돌포 요피스(Rodolfo Llopis)가 스페인사회노동당(Partido Socialista Obrero Español, PSOE) 지도부에서 교체되며 점차 스페인 사회주의의 비중이 커지게 된 점이 주요 변화라 할 수 있다. 무엇보다 사회당(Partido Socialista)과 기민당(Demoscracia Cristiana)과 같은 주요한 정치세력들이 다른 군소 자유주의집단들과 규합하여 '민주주의수렴단체(Plataforma de Convergencia Democrática)'를 설립한 점은 향후 민주주의의 미래를 밝힐 수 있는 것이었다. 마침내 1975년 11월 20일 프랑코가 사망하면서 거의 40년에 걸친 그의 철권통치는 마감되었고, 스페인의 새로운 시대가 열리게 되었다. 스페인 국왕으로 공식 즉위한 직후 후안 카를로스가 한 일은 카를로스 아리아스 나바로 수상을 대신하여 국민운동(Movimiento Nacional)의 총본부장이었던 아돌포 수아레스(Adolfo Suárez)를 신임 수상으로 임명하는 일이었다. 수아레스는 자신을 향한 불신과 파업과 테러리즘의 난관 속에서도 양방향에서 정치적인 행보를 감행하였는데, 즉 한편으로는 사회주의자들과 공산주의자들을 비롯한 반대파들과의 내밀한 협상을 마다하지 않는 것이었고, 다른 한편으론 페르난데스 미란다(Fernández Miranda)의 도움을 받으며 프랑코주의 의회를 해체시키는 일이었다. 마침내 1976년 11월 18일 정치개혁 법안이 통과되고, 12월 15일 국민투표를 통하여 정치개혁법(Ley para la Reforma Política)이 최종 승인되면서 프랑코주의의 해체는 기정사실화되었다. 이처럼 수아레스 정부는 1977년 7월 제헌의회 선거가 실시되기 전까지 좌우파와의 협상과 다양한 세력들의 규합을 통하여 민주주의로의 길을 모색하였다고 할 수 있다. 그 결과 1976년 가을과 겨울 사이에 군장성들과 프랑코주의 의회 측의 정치개혁법안 수용이 있었고, 반대파와는 정당의 자유, 정치적 사면부여, 국민운동의 해체, 산업별 노동조합의 해체, 제헌의회를 위한 자유선거소집과 같은 협상을 일구어낼 수 있었다. 그러나 민주주의로의 이 모든 과정은 좌로가 아닌 우로 나아가는 형국이었고, '민주주의중도연맹(Unión de Centro Democrático, UCD)의 결성은 그러한 일환에서 이루어졌다고 할 수 있다. 이 새로운 정당은 좌익성향이 아닌 다양한 민주 세력들을 통합하여 결성한 것으로 새로운 체제의 대안으로 부상할 수 있었던 것이다. 한편 민주주의로의 이행과정에서 또 다른 압력세력인 노동계는 그동안 무수한 파업과 시위로 투쟁적인 이미지를 선보였지만, 정작 내부적으로는 조직력의 문제점을 안고 있었다. 그러나 이러한 조직력의 부재와 경제적인 특성은 오히려 노동계가 1977년 9월 정계, 재계와 함께 몽클로아 협정(Pacto de La Moncloa)을 체결하는 데 주요한 요인으로 작용하였다고 볼 수 있다. 1977년 제헌의회 선거는 두 가지 결과를 낳았는데 우선은 어느 한쪽에 치우치지 않는 좌우 간 세력 균형이었고, 다른 하나는 프랑코 독재의 이전과 이후가 정치적인 연속성으로 이어지게 되었다는 것이다. 이러한 연속성은 스페인 국민이 프랑코 독재 이후 완전한 민주주의로의 이행을 갈망하면서도 다른 한편으로는 이전 체제와의 단절이라는 트라우마 없이 이루어지기를 바랐던 것으로 해석될 수 있다.

Transubtanciación (화체설)   가톨릭 미사에서 빵과 포도주를 사제가 봉헌하면 실체가 예수의 살과 피로 변한다는 교리이다. 12세기에 처음으로 화체설이라고 불렸으며, 이후 화체설이라는 용어 대신 의미변화(transignificación)와 목적변화(transfinalización)라는 용어를 만들어 냈으나 교황 파블로 6세(Pablo VI)가 용어를 바꾸지 않도록 공표하였다.

Trastámara, Casa de* (트라스타마라 왕가)   스페인 역사에서 트라스타마라 왕가가 시작된 것은 이복형제인 페드로 1세(Pedro I)가 1368년 몬티엘(Montiel)에서 사망한 이후 엔리케 2세(Enrique II, 1368~1379)가 카스티야 왕위에 오르면서부터이다. 알폰소 11세(Alfonso XI)와 레오노르 데 구스만(Leonor de Guzmán) 사이에 태어난 서자요 트라스타마라 백작령의 상속자였던 엔리케 2세는 갈등과 위기의 시기인 14세기 말에 카스티야가 이베리아 반도의 지배와 유럽의 외교정치에 적극적으로 참여하도록 하였다. 정치적으로는 100년 전쟁의 개입과 아라곤 왕국과의 대립으로 카스티야의 사회 세력이 재구축되었고 권력 강화를 목적으로 한 귀족과의 대립과 15세기 경제 주역인 부르주아들을 대처하며 강력한 왕권 확립으로 나아가게 되었다. 경제적으로 볼 때 트라스타마라 왕가는 15세기 내내 무역과 제반 생산 활동에 호의적인 입장이었으며 이때 카스티야인들은 지중해를 사이에 두고 카탈루냐인들 및 이탈리아인들과 분쟁하기도 하였다. 이탈리아인들은 또한 대서양 장악을 위해 안달루시아의 일부 도시에 상업거점들을 마련하기도 하였다. 한편 행정적으로는 엔리케 2세 때부터 중앙과 지방 통치의 틀이 새롭게 조성되고 사법 서비스의 근대화와 재무부(Hacienda)의 강화가 있게 되면서 15세기에 재무부는 국가 재원과 지출가용성을 완전히 통제할 정도가 되었다. 또한 후안 1세(Juan I)에 의해 1385년에 창설된 왕실평의회(Consejo Real)나 1371년에 이미 엔리케 2세에 의해 세워진 재판소(Audiencia), 14세기 말에 모습을 드러낸 회계청(Contaduría Mayor de Cuentas) 등의 국가 기구들이 신설되었다. 트라스타마라 군주들의 이러한 통치와 행정은 이후 좋은 선례가 되어 후안 1세(Juan I, 1379~1390), 엔리케 3세(Enrique III), 후안 2세(Juan II, 1406~1454), 엔리케 4세(Enrique IV, 1454~1474), 이사벨 1세(Isabel I, 1474~1504)의 통치기에 더욱 발전할 수 있었다. 한편 1412년경부터 트라스타마라 왕가 출신이 아라곤 연합왕국도 통치하게 되면서 교회의 대분열과 같은 국제 분쟁의 중재자 역할도 하였다. 트라스타마라 왕가 출신의 아라곤 군주가 등장하게 된 것은 바르셀로나 가문(Casa de Barcelona)의 마지막 왕이던 마르틴 엘 우마노(Martín el Humano)가 후손 없이 사망하면서 계승문제의 해결을 위해 1412년에 카스페(Caspe)에서 회의를 소집하면서부터였다. 이때 체결된 카스페 협약(Compromiso de Caspe)은 왕위 후보자들 중에서 트라스타마라 왕가의 돈 페르난도 왕자(infante don Fernando)를 지지한다는 내용으로, 유권자 대부분은 기득권 수호 의지가 분명하고 교황 베네딕트 13세[Benedicto XIII, 교황 루나(El papa Luna)]의 협조를 받고 있던 카스티야 왕자에게 기울어졌던 것이다. 아라곤 트라스타마라 군주들의 정치는 바르셀로나 가문 출신의 군주들이 해 온대로 지중해 지배 정책을 유지하는 것으로 알폰소 5세(Alfonso V) 때의 나폴리 경영이 그 주요한 예가 되며, 아울러 사회 세력들과도 타협해 나가는 것이었다. 그렇지만 후안 2세(Juan II) 때에 발발한 카탈루냐 내전이나 사회경제적 요인으로 15세기 내내 일어난 반란들은 피할 수가 없었다. 카스티야 트라스타마라의 왕권 강화정책은 아라곤에서도 페르난도 1세(Fernando I) 때부터 군주의 기본 틀이 되었으며, 사회세력들 간의 부문별 차이점으로 인해 상이한 특징을 보이긴 하지만 귀족과 왕국의 대립도 동일하게 나타났다. 한편 아라곤 트라스타마라 군주들은 카스티야와의 이해관계에서 동일한 가문 아래 스페인 전체를 통일시키고자 하는 열망을 가지게 되었으며 그 일환으로 결혼정책을 추진하는 모습을 보였다. 이러한 과정에 대해 일부 역사가들은 '트라스타마라 혁명(revolución trastámara)'이라는 명칭을 붙이게 되는데 이는 근대성을 알리는 구조 변화로 이해될 뿐 아니라, 여기에서 바로 이사벨 1세(Isabel I)와 페르난도 2세(Fernando II)의 결혼과 같이 카스티야와 아라곤 왕국의 결합이 성사되고 이후 스페인 합스부르크 왕가의 정치가 시작되었기 때문이다.

Tratado de Alcácobas-Toledo (알카코바스-톨레도 조약)　1479년 9월 4일 같은 이름의 포르투갈 마을에서 가톨릭 왕들(카스티야의 이사벨과 아라곤의 페르난도)과 포르투갈의 왕 알폰소 5세 사이에서 체결되었다. 1479년 9월 8일 포르투갈 왕에 의해, 그리고 가톨릭 왕들에 의해 1480년 3월 6일 톨레도에서 비준되었다. 그렇기 때문에 알카코바스-톨레도 조약이라고도 한다. 주요 조항들은 카스티야 계승전쟁(1475~1479)으로 인한 적개심을 없애고 알폰소 5세는 카스티야 왕국을 포기하고 가톨릭 왕들은 포르투갈을 포기한다는 것과 대서양 지역의 영토를 분배한다는 것이다. ➡ Castilla, Corona de(카스티야 연합왕국)

Tratado de Alcaçovas-Trujillo (알카소바스-트루히요 조약)　1479년 포르투갈의 알폰소 5세(Alfonso V de Portugal)와 카스티야의 이사벨 1세(Isabel I de Castilla) 사이에서 체결된 조약이다. 엔리케 4세(Enrique IV)가 사망한 후, 이사벨 1세와 페르난도 2세가 카스티야의 공동왕으로 선포되었다. 이에 후아나(Juana) 공주의 약혼자였던 알폰소 5세는 그녀의 왕위권을 다시 되찾기 위해 끊임없이 노력했고 1479년에는 알부에라(Albuera) 전투를 일으켰지만, 패배의 쓴맛을 안고 알카소바스-트루히요 조약(Tratado de Alcaçovas-Trujillo)을 체결하면서 카스티야의 왕위계승 문제는 완전히 종지부를 찍게 되었다. ➡ Castilla, Corona de(카스티야 연합왕국)

Tratado de Alcañices (알카니세스 조약)　1297년 카스티야 왕국(Reino de Castilla)과 포르투갈 사이에 맺어진 조약으로 사모라(Zamora)의 알카니세스가 국경이 되었다. 페르난도 4세(Fernando IV)의 이름으로 맺어졌으나 섭정 왕비 마리아 데 몰리나(María de Molina)의 추진으로 성사되었다. 이로 인해 알카니세스(Alcañices)는 유럽의 가장 오래된 국경 중 하나가 되었다. ➡ Castilla, Corona de(카스티야 연합왕국)

Tratado de Almizra (알미스라 조약)　1244년 3월 26일 아라곤의 하이메 1세(Jaime I de Aragón)와 현왕 알폰소 10세 간에 맺어진 조약으로 발렌시아의 국경에 대한 내용을 필두로 하고 있다. 이전의 투딜렌 조약(Tratado de Tudilén)과 카솔라 조약(Tratado de Cazola)이 계속해서 위반되어 왔기 때문에 가톨릭 국가끼리 영토를 침범하지 않는다는 조항 또한 포함되어 있다. ➡ Alfonso X(알폰소 10세)

Tratado de Amistad, Colaboración y Asistencia Mutua (우애와 협력 조약)　바르소비

아 조약(Pacto de Varsovia)으로도 알려진 이 조약은 냉전이 한창이던 1955년 공산주의 국가들이 맺은 것이다. 북대서양 조약 기구를 견제하고 파리 협정을 통해 재무장을 허락받은 독일을 감시하는 것을 목표로 삼았다.

Tratado de Anagni (아나그니 조약)　　1295년 6월 24일 보니파시오 8세 교황(Bonifacio VIII)의 중재 아래 아라곤의 하이메 2세(Jaime II, Rey de Aragón)와 나폴리의 카를로스 2세(Carlos II de Anjou, Rey de Nápoles)가 이탈리아의 아나그니에서 맺은 조약. 이 조약으로 하이메 1세(Jaime I)는 시칠리아(Sicilia)를 포기하고 코르시카(Corsica)와 사르디니아(Cerdeña)를 얻게 된다. ➡ Aragón, Corona de(아라곤 연합왕국)

Tratado de Campillo (캄피요 조약)　　1281년 3월 27일 아라곤의 페드로 3세(Pedro III de Aragón)와 카스디아의 알폰소 10세(Alfonso X de Castilla) 사이에 체결된 조약이며 이것으로 두 왕국의 국경과 정치적 관계를 다시 정의했다.

Tratado de Cazola (카솔라 조약)　　1179년 소리아에서 아라곤의 알폰소 2세(Alfonso II de Aragón)와 카스티야의 알폰소 8세(Alfonso VIII de Castilla) 간에 맺어진 조약이다. 안달루시아 지방을 양국에 분배하는 조약으로서 아라곤 왕국은 하티바(Játiva), 데니아(Denia), 비아르(Biar)와 비아르부터 발렌시아(Valencia) 방향의 칼페(Calpe)까지 영토를 얻게 되며, 카스티야는 나머지 영토를 얻게 된다. 이 조약으로 아라곤은 이전 투딜렌 조약(Tratado de Tudilén)에서 소유했던 무르시아(Murcia)를 잃게 된다. ➡ Aragón, Corona de(아라곤 연합왕국)

Tratado de Corbeil (코르베일 조약)　　1258년 5월 프랑스의 루이 9세(Luis IX)와 아라곤(Corona de Aragón)의 하이메 1세(Jaime I) 간에 맺어진 조약. 코르베유 조약이라고도 한다. 아라곤 왕국의 프랑스 남부 지방에 대한 영향력이 1213년부터 약화되기 시작하여 프로방스와 툴루즈 지방이 프랑스에게 넘어가게 되고, 루이 9세의 피레네 지역에서 커져가는 패권으로 인해 하이메 1세가 코르베일 조약(Tratado de Corbeil)에 서명하여 프랑스 남부 지방에 대한 지배권을 포기하였다. ➡ Aragón, Corona de(아라곤 연합왕국)

Tratado de Elche (엘체 조약)　　1304년 토레야스 조약 이후 무르시아 왕국의 영토 배분을 위해 카스티야의 페르난도 4세(Fernando IV de Castilla)와 아라곤의 하이메 2세(Jaime II de Aragón)가 1305년 엘체에서 맺은 조약으로 무르시아는 남북으로 나뉘고 해체 및 통합되었다. ➡ Aragón, Corona de(아라곤 연합왕국)

Tratado de Granada (그라나다 조약)　　1500년 프랑스의 루이 12세(Luis XII)와 아라곤(Aragón)의 페르난도 2세(Fernando II) 사이에 체결된 조약이다. 이는 나폴리 왕국(reino de Nápoles)을 북쪽으로는 프랑스가, 서쪽으로는 아라곤 왕국이 차지한다는 내용을 담고 있었다. 하지만 얼마 지나지 않아 두 군대 사이에서 또 다시 전쟁이 발발했고 아라곤의 곤살로 페르난데스 데 코르도바(Gonzalo Fernández de Córdoba) 장군이 승리를 이끌어내면서 페르난도 2세가 나폴리의 왕위를 차지하게 되었다. ➡ Fernando II de Aragón(아라곤 국왕 페르난도 2세)

Tratado de los Pirineos (피레네 조약)　　스페인 왕실과 프랑스 왕실 사이에 1659년 11월 7일 맺어진 조약이다. 펠리페 4세(Felipe IV)와 루이 14세(Luis XIV) 사이에 맺은 이 조약으로 인해 30년 전쟁 중 시작한 스페인과 프랑스의 전쟁이 종식되고 프랑스가 사르디니아(Cerdaña) 북부를 포함한 넓은 영토를 차지하게 되었으며 스페인은 국제적 우위를 상실하였다. ➡ Austria, Casa de[오스트리아 왕가(스페인계)]

Tratado de Madrid (마드리드 조약)   1526년에 황제 카를로스 5세(Carlos V)와 프란시스코 1세(Francisco I) 사이에 체결된 조약이다. 프란시스코 1세가 아르투아와 플랑드르의 영토, 밀라노, 제노바, 나폴리, 아스티, 보르고뉴를 포기하고 지중해에 진입하는 투르크 군대에 맞서 싸우는 데 필요한 군사적 지원을 약속한다는 내용을 담고 있다. 그뿐만 아니라, 카를로스 5세의 누이 레오노르 데 포르투갈(Leonor de Portugal)과 혼인을 약속한다는 조항도 있다. 반면, 카를로스 5세는 프랑스의 영토 보전을 허락하고 침범하지 않겠다는 약속을 했다. ➡ Carlos I(카를로스 1세)

Tratado de Monteagudo (몬테아구도 조약)   1291년 11월 카스티야 이 레온의 산초 4세(Sancho IV de Castilla y León)와 아라곤의 하이메 2세(Jaime II de Aragón) 사이에 체결된 조약. 이베리아 반도 내에서 두 왕의 세력 영토를 명확히 했다. ➡ Reconquista(레콩키스타)

Tratado de Orihuela (오리우엘라 조약)   '테오도미로 조약(Pacto de Teodomiro)'으로도 불리며 713년, 압달-아시스 벤 무사 누사이(Abd al-Aziz ben Musa Nusayr)와 서고트 족의 귀족 테오도미로 사이에 체결됐다. 본 조약은 모슬렘이 테오도미로 영토의 자치권을 침해하지 않고 인정해주는 조건으로 조공을 받아내는 데 근거했다. ➡ Reino visigodo(서고트 왕국)

Tratado de Partición (분할 조약)   스페인의 왕 카를로스 2세(Carlos II)가 후계자 없이 세상을 떠난 후 영국, 프랑스 그리고 네덜란드 간 맺어진 일련의 조약들을 일컫는다. 첫 번째 조약은 호세 페르난도 데 바비에라(José Fernando de Baviera)를 후계자로 지목했지만 결국 필립 드 앙주(Philip de Anjou)에게 왕위가 계승되었다. 유럽 열강들의 이해관계와 가족관계를 엿볼 수 있는 조약이다. ➡ Austria, Casa de[오스트리아 왕가(스페인계)]

Tratado de Sahagún (사아군 조약)   1158년 6월 23일 레온의 페르난도 2세(Fernando II de León)와 그의 형제 카스티야의 산초 3세(Sancho III de Castilla) 간에 체결된 조약이다. 상호 협조와 이슬람교도들에게 빼앗은 땅은 서로 나눠 가지며 두 형제 중 한 명이 죽을 시 두 왕국의 왕위는 남은 한 명에 돌아가는 것을 주 내용으로 한다. 산초 3세가 사망하고 아들인 알폰소 8세(Alfonso VIII)가 왕위를 계승하면서 조약은 파기되었다.

Tratado de Torrellas (토레야스 조약)   무르시아 왕국(Taifa de Murcia)에 대한 카스티야와 카탈루냐-아라곤의 이해관계를 평화적으로 해결하기 위해 1304년 맺어진 조약이다. 카스티야는 이 조약을 통해 지중해로 흐르는 강을 확보했으며 카탈루냐는 그라나다와의 접경지대를 잃었다. ➡ Reconquista(레콩키스타)

Tratado de Tudilén (투딜렌 조약)   1159년 투딜렌에서 카스티야 이 레온의 알폰소 7세(Alfonso VII de Castilla y León)와 바르셀로나의 백작 라몬 베렝게르 4세(Ramón Berenguer IV) 간에 맺어진 조약이다. 이 조약은 아라곤의 후카르(Júcar) 강 남부 유역의 지배권과 무르시아(Murcia)의 합병을 인정하였다. ➡ Reconquista(레콩키스타)

Tratado de Utrecht (유트레히트 조약)   카를로스 2세(Carlos II)가 후계자 없이 죽자 유럽 왕실들 간 발발한 왕위계승전쟁에 종지부를 찍은 일련의 화해 조약을 총칭한다. 조약들로 인해 이익을 보지 못한 스페인의 이후 정책은 잃어버린 이탈리아 영토 회복에 집중되었다. ➡ Guerra de Sucesión Española(스페인 왕위계승전쟁, 1700~1713)

Tratado de Viena (비엔나 조약)   1700년부터 스페인과 오스트리아 왕국 간 지속된 왕위계승전쟁에 종지부를 찍기 위해 비엔나에서 1725년 맺은 조약이다. 유트레히트 조약의 일환으로 성사되었으며 이로 인해 유럽 내부 왕실 세력들의 방향이 재조정되었다. ⇒ Guerra de Sucesión Española(스페인 왕위계승전쟁, 1700~1713)

Tratado de Wad-Ras (와드-라스 협정)　아프리카 전쟁에 종지부를 찍은 협정으로 1860년 4월 26일에 체결되었다. 이 협정으로 스페인은 세우타(Ceuta)와 멜리야(Melilla)의 영토를 확장할 수 있게 되었고, 모로코는 스페인의 주권을 인정하고 영토 양도와 1억 페세타(peseta)의 보상금 지급을 강요받았다.

Tregua de Amberes (암베레스 휴전)　1609년 펠리페 3세(Felipe III)와 네덜란드 사이 맺어진 휴전 협정으로 1621년까지 양측 간 휴전관계가 지속돼 12년 휴전이라고도 불린다. ⇒ Austria, Casa de[오스트리아 앙가(스페인계)]

Tregua de Dios (하나님의 휴전)　11세기 카탈루냐 지방에서 시작된 사회 운동으로 카탈루냐 법원의 시초로도 평가받는다. 수세기 동안 지속된 봉건제도 개혁으로 인해 목소리를 되찾은 농민들을 주체로 교회가 진행했으며 이로 인해 사그레라(sagrera) 제도가 도입되는 등 지역 사회에 교회의 영향력이 더욱 깊어졌다.

Tregua de Niza (니스 휴전)　1538년, 카를로스 5세(Carlos V)와 프란시스코 1세(Francisco I) 사이에서 체결된 휴전이다. 이는 신성로마제국의 왕권을 차지하려는 데에서 비롯된 군사적 대립을 제지하기 위한 것으로 10년 동안의 휴전을 조항으로 포함하고 있다. ⇒ Carlos I(카를로스 1세)

Tren de la Fresa (딸기 기차)　이베리아 반도의 두 번째 열차로, 마드리드를 출발해 타호(Tajo) 강을 따라 가는 이 기차의 종착역은 아랑후에스이다. 2001년 유네스코 세계문화유산으로 인정되었다.

Tres Comunes de Cataluña (카탈루냐 세 코뮨)　카탈루냐 대표위원회, 백인(百人) 의회, 군사부를 비롯한 카탈루냐의 최고 자치기구들을 통칭한다. 1714년 폐회되기 전까지 카탈루냐를 다스리는 실권 기구였다. 오스트리아의 카를로스 대공(archiduque Carlos)의 지지자들과 필립 데 앙주(Felipe de Anjou)의 지지자들이 일으킨 반란을 겪으며 사라지게 되었다. ⇒ Guerra de Sucesión Española(스페인 왕위계승전쟁, 1700~1713)

Tribunal de los Tumultos (폭동 재판소)　사법기관의 특징을 지닌 기관. 1567년 9월 네덜란드(Países Bajos)에서 페르난도 알바레스 데 톨레도(Fernando Álvarez de Toledo)에 의해 만들어졌으며 1574년 10월에 폐쇄되었다. 이 기관의 목적은 1566년에 칼뱅주의자(calvinistas)들이 교회를 습격한 반란과 관련된 자들을 처벌하기 위함이다. 이 중에는 에그몽(Egmont)와 혼(Horn) 백작도 포함되어 있다. 이를 통해서 많은 플랑드르인들이 처벌을 받았으며, 이에 네덜란드의 원한을 사게 되어 네덜란드 반란의 원인 중 하나가 되었다. ⇒ Felipe II(펠리페 2세)

Tribunal de Orden Público(TOP) (치안재판소)　후기 프랑코 체제 때 존재한 특별 사법기관으로 법령 154/1963에 의해 1963년부터 1977년까지 존속하였으며 독재 정권 아래 정치범죄로 간주되었던 행위의 탄압을 목적으로 설립되었다. ⇒ Franquismo(프랑코주의)

Trienio liberal (3년간의 자유주의 시대)　진보 정부의 귀환과 카디스 헌법의 선언으로 특징지어지는 페르난도 7세(Fernando VII)의 후반기를 가리킨다. 진보 세력의 위협으로 인해 1820년 페르난도 7세는 자유주의 시대를 용인할 수밖에 없었지만 1823년 프랑스의 개입으로 다시 절대왕권을 되찾았다. ⇒ Borbón, Casa de(부르봉 왕가)

Trinidad, isla de (트리니다드 섬)   대서양에 위치한 섬으로 베네수엘라의 서북부 해안에서 멀지 않은 곳에 있으며 트리니닷 토바고(Trinidad y Tobago) 공화국의 영토이다. 수도는 푸에르토 에스파냐(Puerto España)이며 그다음으로 중요한 도시는 산 페르난도(San Fernando)이다. 1498년 크리스토발 콜론이 3차 항해에서 발견한 곳이다. ➡ Colón, Cristóbal[크리스토발 콜론(콜럼버스)]

Tripartito catalán (카탈루냐 3당)   2003년 티넬 협정을 맺고 사회주의자 파스쿠알 마라갈 (Pasqual Maragall)을 당수로 창당한 카탈루냐사회당(PSC), 카탈루냐좌파당(ERC), 녹색-연합대안좌파(ICV-EUiA) 3개 당의 연합당이며 3당 정부로도 알려져 있다.

Tropas auxiliares romanas (로마보조군)   로마 시민으로 구성되어 있지 않은 로마군 편제를 말한다. 주요 직무는 로마군을 전투에서 돕는 것이며 기원전 30년부터 기원후 284년까지 지속되었다. 주로 보병으로 구성되어 있었으며 기병과 궁병, 경기병도 포함되었다. 로마 지배 아래 있던 지역의 로마인이 아닌 종족으로 구성되어 있었다.

Trujillo (트루히요)   스페인 엑스트레마두라(Extremadura) 자치주의 카세레스(Cáceres)에 있는 도시이다. 페루 정복자 프란시스코 피사로와 아마존 강의 탐험가 프란시스코 데 오레야나(Francisco de Orellana)가 태어난 곳이다. 이슬람풍의 궁전과 산타 마리아(Santa Maria) 성당 그리고 산 프란시스코(San Francisco) 성당이 이 지역의 가장 기념비적인 건축물이다. ➡ Pizarro, Francisco(프란시스코 피사로, 1478~1541)

Tudela (투델라)   스페인 나바라 자치주(Comunidad Autónoma de Navarra)의 나바라 (Navarra) 주에 속한 시로, 자치주의 중심도시인 팜플로나(Pamplona)와는 94km 거리 떨어져 있다. 상업의 중심지이며 나바라에서 두 번째로 인구가 많은 도시이다. 20세기 들어 다른 스페인 도시들과 마찬가지로 대지주에 대항한 노동자 운동으로 사회적 갈등과 대립이 있었다.

Tula (툴라)   현재 멕시코에 해당하는 메소아메리카 지역(Mesoamérica)에서 꽃을 피운 톨테카 문명(Civilización Tolteca)의 수도로, 현재 고고학 유적지로 남아 있으며 지속적인 연구가 이어지고 있다. ➡ Hispanidad[이베리아성(포르투갈 및 브라질 제외)]

Tulga (툴가)   서고트족 28대 왕. 639년 주교와 귀족 회의에서 왕으로 선출되었으나 선왕의 아들인 관계로 왕위 세습의 원인이 될 수 있어 불만이 생겼다. 이에 친다스빈토가 이끄는 반역으로 642년 왕위에서 물러나게 되고 삭발을 당한 뒤 평생을 수도원에서 살았다. ➡ Reino visigodo(서고트 왕국)

Tumbes (툼베스)   페루의 도시로 툼베스 지방의 주도. 1527년 프란시스코 피사로(Francisco Pizarro)가 페루 땅에서 처음으로 발견한 도시이며 이곳에서 스페인인들은 안데스 제국에 대한 첫 정보를 얻어 제국의 정복에 나섰다. ➡ Pizarro, Francisco(프란시스코 피사로, 1478~1541)

Túpac Amaru (투팍 아마루)   망명 왕조였던 빌카밤바 왕조(1536~1572)의 마지막 군주로 1572년에 처형되었다. 또한 안데스 유토피아의 왕의 귀환 모티브처럼, 1780년 잉카 제국의 옛 수도인 쿠스코 일대에서 봉기의 지도자가 이 이름을 사용하기도 하였다. ➡ Inca, Imperio(잉카 제국)

Turdetanos (투르데타노스)   투르데타니아(Turdetania)에 거주하던 이베리아 민족. 거주지는 과달키비르 강 계곡을 포함하여 포르투갈의 알가르베(Algarve)부터 모레나(Morena) 산맥까지다. 타르테소스(Tartessos) 고대 문명의 분포 지역과 일치한다.

Turia, río (투리아 강)   이베리아 반도의 동쪽에 위치하는 강이다. 테루엘(Teruel)의 몬테스 우니베르실레스(Montes Universales)에서 발현하여 발렌시아(Valencia)까지 이어지는 데 이 강은 총 280km이다.

Turina, Joaquín (호아킨 투리나)   (1882~1949) 스페인 작곡가. 화가인 호아킨 투리나 이 아레알(Joaquín Turina y Areal)의 아들로 태어나 가르시아 토레스(García Torres)와 엔리케 로드리게스(Enríquez Rodríguez)의 가르침을 받아 1897년 자신의 첫 피아노 음악회를 가진다. 이후 프랑스 파리에서 공부하며 작곡가로서의 자질을 쌓다가 세계 제1차 대전 이후 마드리드로 이사와 피아니스트, 오케스트라 감독, 작곡 평론가 및 교수활동을 하다가 생을 마감하였다.

Turismundo (투리스문도)   시고트족 7대 왕이다. 선왕 데오도리코 1세(Teodorico I)가 카탈라우니안 평원 전투(batalla de los Campos Cataláunicos)에서 451년 사망한 뒤 왕위를 이어받았다. 투리스문도는 이 전투에서 핵심적 역할을 했으며 테오도리코 1세가 죽은 후 질서가 무너진 서고트족 군대를 다시 일으킨 것으로 알려져 있다. 453년 테오도리코 2세(Teodorico II)에게 살해당했다. ➡ Reino visigodo(서고트 왕국)

Turmogos (투르모고스)   이베리아 반도 중앙 부분에 있었던 도시로 아우트리고네스(Autrigones), 셀티베로스(Celtíberos) 등과 맞닿아 있었으며 문화적으로는 칸타브로스(Cántabros), 아스투레스(Astures)와 더 가까웠다. 투르모고스에 관해 수집된 자료는 많지 않으나 직물산업이 발달했던 것으로 보인다.

Turrón (투론)   설탕 또는 꿀에 아몬드를 넣어 응고시킨 당과이며 부드럽게 하기 위해 계란 흰자를 넣는 경우도 있다. 딱딱한 투론(turrón duro)과 부드러운 투론(turrón blando)이 있으며 두 가지 종류 모두 스페인의 성탄절을 대표하는 먹거리다. 투론의 주생산지로는 알리칸테, 발렌시아, 그리고 레리다가 있다.

Tusell, Javier (하비에르 투셀)   (1945~2005) 스페인의 역사가, 정치가이며 국립통신교육대학교(UNED)의 현대사 교수이다. 20세기 스페인의 정치 역사를 이해함에 있어 절대적으로 필요한 선거와 정당, 알폰소 13세(Alfonso XIII), 프리모 데 리베라(Primo de Rivera)의 쿠데타, 프랑코 정권 등에 관련된 방대한 역사서를 집필했다.

U

Uclés, Batalla de (우클레스 전투)   1108년 5월 30일 알폰소 6세(Alfonso VI)의 기독교 군대와 알모라비데족의 그라나다(Granada), 발렌시아(Valencia), 무르시아(Murcia)의 군대 사이에 발발한 전투로 기독교 세력의 패배로 끝났다. ➡ Reconquista(레콩키스타)

Ullastres, Alberto (알베르토 우야스트레스)   1914년에 태어나 2001년에 사망한 스페인의 정치가이자 경제학자이다. 프랑코(Franco) 정권 동안 상무부 장관을 역임했다. 스페인 내전이 종결되자 경제학과 정치학의 학문적 발전을 도모했다. 1976년 스페인에 민주주의가 도래함에 따라 정치활동을 그만두었다. ➡ Franquismo(프랑코주의)

Última Hora(España) (울티마 오라)   1893년 조셉 투스 페레르(Josep Tous Ferrer)에 의해 창간된 스페인 신문. 1974년부터 세라 그룹(Grupo Serrra)에 인수되어 발레아레스(Islas Baleares)에서 가장 많이 판매되는 신문이 되었다. 예전에는 메노르카(Menorca)에서도 출판되었으나, 2013년 9월부터 이비사(Ibiza) 버전으로만 발행되고 있다.

Un Poeta en la Corte (궁정의 시인)   쿠바의 서정시인 호세 하신토 밀라네스(José Jacinto Milanés, 1816~1863)의 극작품이다. 미란다(Miranda) 공작이 자신의 궁전에 갇혀 있으면서 하인들 중 하나를 좋아하는 이네스(Inés)에게 느끼는 감정을 그린 운문 3막극으로 그의 작품 중 가장 작품성이 뛰어나다는 평을 받고 있다.

Unidade Galega(partido) [갈리시아 통합당(UG)]   갈리시아 좌파사회당(PSG-EG)을 계승하여 1991년 창당된 갈리시아 좌파 민족주의 정당으로 1994년 갈리시아민족주의블럭(BNG)에 통합되었다.

Unión Autonomista de Navarra (나바라자치연맹)   1977년 스페인 총선거 때 나바라 지역에서 활동했던 선거동맹단체. 당시 바스크민족주의당(Partido Nacionalista Vasco)의 대표였던 카를로스 가라이코에세아(Carlos Garaikoetzea)의 주도로 조직되었다. 이 연맹은 바스크 민족주의당, 바스크민족주의행동단체(Acción Nacionalista Vasca, ANV), 바스크사회주의당(Partido Socialista Vasco, ESB-PSV)으로 이루어졌다.

Unión Cívica Radical (급진시민연합)   1891년 레안드로 안토니오 알렌(Leandro Antonio Alén)에 의해 창당된 아르헨티나 사회자유주의 정치 정당으로서 고전적 자유주의에서 사회민주주의에 이르기까지 이념적으로 다양한 집단이었다.

Unión de Armas (군사연합)   펠리페 4세(Felipe IV)의 총신이었던 올리바레스 백작(Conde-Duque de Olivares)이 제안한 전략서로 1624년 비밀 청원서에 포함되어 있었다. 스페인 왕국의 영토를 보존하기 위해 전국 곳곳에 군사 기지를 설치하고 군대를 주둔시켜야 한다는 내용으로 1626년 왕의 승인을 받아 실행되었다. ➡ Valido(총신)

Unión de Juventudes Comunistas de España(UJCE) [스페인청년공산당연(UJCE)] 스페인 공산당 청년단체로서 1921년에 창당했다. 스페인공산당(PCE)의 프로그램과 전략을 따라 활동하며 현재 세계민주청년연맹(WFDY)의 회원이다.

Unión do Povo Galego [갈리시아 인민연맹(UPG)] 갈리시아 민족주의, 공산주의 정당이며 1964년에 창당되었다. 정관 제1조에서 정의하듯 애국 공산주의, 민족해방 투쟁을 내세우며, <Terra e Tempo> 잡지를 발간하고 현재 1,300명가량의 무장 조직원을 보유하고 있다. 1977년 갈리시아청년연합(La Unión da Mocidade Galega)을 조직했으며 갈리시아민족인민당(BN-PG), 갈리시아민족주의블럭(BNG) 등의 창당을 추진하였다.

Unión Europea(UE) (유럽연합) 1992년 유럽공동체(Comunidades Europeas) 12개국이 서명한 마스트리히트 조야에 의해 설립된 초국가 기구로 유럽의 정치·경제 통합을 목저으로 통화 정책을 포함한 경제, 외교·안보 및 내무·사법 분야를 포괄적으로 관장한다. 2012년 현재 27개의 회원국으로 이뤄져 있으며, 스페인은 포르투갈과 함께 1986년에 가입하였다.

Unión General de Trabajadores(UGT)* (노동자총연맹) 1888년 8월 12~14일 바르셀로나에서 노동자총연맹(UGT)의 정관 회의가 개최되었다. 모두 44개의 단체들이 참석하였고, 이 중에서 16개는 카스티야 주에 속하였고, 나머지 28개는 카탈루냐 지역 출신이었다. 회의의 두 번째 섹션에서 활판인쇄연합(Federación Tipográfica)의 대표였던 파블로 이글레시아스(Pablo Iglesias)가 새로운 노동조직의 명칭을 노동자총연맹으로 하자 제안하였다. 10년간 바르셀로나에 있었지만 별다른 성장을 하지 못하다 1899년 전국위원회(Comité Nacional)는 마드리드로 옮겼고 파블로 이글레시아스는 의장(presidente)을, 그리고 가르시아 케히도(García Quejido)는 서기(secretario)를 맡았다. 이 시기에 그들은 협상과 신중의 전술을 내세웠으며 이러한 입장이 무정부주의자들(anarquistas)과의 격렬한 논쟁을 불러일으키기도 하였다. 1909년 비극의 주간(Semana Trágica) 동안에 카탈루냐에 있는 UGT와 무정부주의자들 간에 최초로 상호 협력이 이루어졌다. 이후 전국노동연합(Confederación Nacional del Trabajo, CNT)과 UGT 간의 공조는 1916~1917년 총파업을 가능하게 하였다. 1919년 이후로 UGT는 안달루시아 지역을 중심으로 농촌에 침투하기 시작하였다. UGT는 사회노동당(PSOE)과 함께 1923년 쿠데타를 단죄하였으나 해체에 대한 두려움 때문에 독재 정권을 결국 존중하게 되었고, 라르고 카바예로(Largo Caballero)는 1924년에 국가평의회(Consejo de Estado)의 일원이 되었으며 1925년에는 사보리트(Saborit), 라르고 카바예로가 협동체연맹(Unión de Corporaciones)의 회원이 되기도 하였다. 한편 이 시기 내내 농촌 지역에서는 노사조정위원회(comités paritarios)를 통하여 UGT의 영향력을 증대시킬 수 있었다. 1930년에 UGT는 파업의 범위를 제한하고자 시도하였다. 제2공화정 기간 동안 UGT는 괄목할 만한 성장을 이루어서 백만 명의 당원 수를 확보하게 되었으며, 이 중에서 절반은 농촌노동자들이었다. 1933년 선거에서 좌파가 패배한 이후 UGT의 노선은 급진화되었고 1934년 10월에 폭발하였다. 1934년 10월 혁명은 UGT의 명성을 높였으며, 이를 통해 공산주의자들과 사회주의자들 간에 상호 접근이 이루어지게 되었다. 1936년 선거에서 승리한 이후에도 주요 도시에서 공화정의 승리를 보장한 UGT나 CNT는 서로 간의 협력을 이루어내지 못했다. 라르고 카바예로의 정부 구성과 내전 시기에 UGT는 의용군을 군대에 통합하는 것을 수용하였다. 내전 이후 프랑코 체제 아래에서 UGT는 비밀리에 활동을 해야만 했고, 초기에는 UGT의 재조직화를 위하여 망명 투사들을 중심으로 접촉이 이루어졌다. 1942년 8월에 멕시코에서 회의가 개최되었으며, 여기에서 집행위원회가 선출되어 UGT의 재조직화를 담당하게 되었다. CNT와 연계된 위원회를 하나 만들어 활동을 하자는 제안도 있었다. 1944년 프랑스에서 UGT의 재조직이 성사되었으며 멕시코에서의 합의들이 재확인되었고, PSOE 측에 정치적인 사안들을 맡기자는 합의도 이루어졌다. 이 시기에 UGT는 무엇보다 국제활동에 전념하였으며, 극심한 탄압 가운데서도 내부 조직화에 힘썼다. 1960~1965년 사이에 조합연합(Alianza Sindical, AS)과 노동조합연합(Alianza Sindical Obrera, USO)이 창설되었다. 망명파와 국내파 간에 의견 차가 있었으며, 카탈루냐 UGT는 노동조합연합(USO)에 통합되었다. 1966~1975년 동안의 활동을 살펴보면, UGT는 노동위원회(Comisiones Obreras)에 참여하지 않았고, 프랑코 측의 조합 선거(Elecciones sindicales verticalistas)를 거부하였으며, 공장위원회(Comités de fábrica) 창설을 제안하였다. 1971년 툴루스(Toulouse) 회의 이후 쇄신을 이루었으며 1973년 서기로서 니콜라스 레돈도(Nicolás Redondo)가 선출되었고, UGT의 국제적인 영향력이 생기게 되었다. UGT가 스페인에서 강력한 세력으로 부상하게 된 때는 1976년 제30차 회의 이후로 보인다. 이후 1980년대에는 스페인에서 제1노동조합으로서 변모하며 프랑코 정권의 단죄를 일구어내었다.

Unión Liberal (자유주의 연맹)　1858년 설립된 스페인 19세기 후반부에 존재했던 정당. 레오폴도 오도넬(Leopoldo O'Donnell)을 중심으로 호세 포사다 에레라(José Posada Herrera), 후안 마누엘 데 만사네도(Juan Manuel de Manzanedo), 후안 프림(Juan Prim) 장군이 의원으로 있으면서 다른 주요 정당들과 마찬가지로 라 에포카(La Época), 엘 디아리오 에스파뇰(El Diario Español)과 같은 측근 보도기관들을 섭렵했다.

Unión Militar Democrática(UMD) (민주군대연맹)　스페인의 비밀 군사조직으로 후기 프랑코체제 군대의 민주화와 독재 타도를 목적으로 군부 내 3명의 사령관과 9명의 지휘관에 의해 결성되었으며 1977년 총선 이후 자체 해산하였다. ➡ Franquismo(프랑코주의)

Unión Progreso y Democracia(UPyD) (진보민주연맹당)　진보민주연맹당(UPyD 혹은 UPD)은 의회를 대표하는 스페인 정당이며 6,165명의 회원과 1,878명의 지지자를 보유하고 있다. 이념적으로는 스페인과 유럽의 연방제 모델을 표방하는 반(反)국수주의, 진보주의 성향을 지니고 있으며 국가와 시민 간의 통합, 투명성, 심의와 시민의 민주주의 실현에 기초한다.

Universalismo (보편 구제설)　종교다원론의 영향을 받은 기독교 구원론 중 하나로 구원의 방식은 여러 가지가 있으며 예수를 향한 믿음과는 관계없이 모든 인류는 보편적으로 구원받을 수 있다는 사상이다. 예정론과 대치되며 오늘날 신학자들의 논쟁의 대상이 되고 있다.

Universidad Católica de Lovaina (로바이나 대학)　1425년 교황 마르티노 5세에 의해 설립되었으며 베네룩스 최초의 대학으로 오랫동안 유럽에서 가장 중요한 대학 중 하나로 명성을 떨쳤다. 이 대학의 설립으로 인해 로바이나는 학술, 문화의 중심지가 되었으며, 설립 당시엔 국제어인 프랑스어를 공식 언어로 사용하였다. 현재에는 지리적 특성상 언어적 갈등으로 인해 두 개로 분리되어 네덜란드어를 사용하는 대학과 프랑스어를 사용하는 대학이 각각 따로 존재한다. ➡ Universidades(대학)

Universidad Complutense de Madrid (마드리드 콤플루텐세 대학교)   마드리드의 대학도시 시우다드 우니베르시타리아(Ciudad Universitaria)의 본교와 포수엘로 데 알라르콘(Pozuelo de Alarcón), 소모사구아스(Somosaguas) 지역 캠퍼스를 운영하고 있다. 1499년 알칼라 데 에나레스(Alcalá de Henares)에 Universitas Complutensis 대학으로 설립되었으며 1970년 마드리드 콤플루텐세 대학교로 명명되었다. 콤플루텐세는 로마어 콤플루툼(Complutum)에서 유래한 것이다.

Universidad de Alcalá de Henares (알칼라 데 에나레스 대학)   마드리드 자치구에 속하는 도시로 수도에서 동쪽으로 약 30km 지점인 에나레스 강 연안에 에 자리 잡고 있다. 로마제국 당시 콤플룸이라는 도시로 불리었으나 기원후 1000년에 파괴되었다가 무언인들에 의해 1038년 복구되어 알칼리안니르리 불리었다. 이후 11세기 말 알폰소 6세에 의해 재정복되었으며, 16세기에 설립된 대학도시로 유명하다. 1998년 유네스코의 세계 문화유산으로 지정되었다. ➡ Universidades(대학)

Universidad de Madrid(Universidad Central) (마드리드 대학)   마드리드 대학, 혹은 중심 대학은 현재의 알칼라 데 에나레스(Alcalá de Henares)에 있는 콤플루텐세 대학(Universidad Complutense)이 마드리드에서 이전하기 전 가지고 있던 이름이다. 이 대학은 19세기 중반까지 마드리드에 위치하고 있다가, 1836년 섭정 왕비의 왕령으로 이전하게 되었다.

Universidad de Oviedo (오비에도 대학)   1608년 페르난도 발데스 살라스(Fernando Valdés Salas)가 아스투리아스 자치주의 오비에도에 설립한 국립대학으로 19세기 스페인의 주요 대학 중 하나였다. Sigillum Regiae Universitatis Ovetensis라는 표어를 가지고 있다. 기혼(Guijon)과 미에레스(Mieres)에 분교가 있다.

Universidad de Salamanca (살라망카 대학교)   전신은 1131년 개설된 대성당 학교였으며, 이후 1218년 알폰소 9세에 의해 일반적인 학문을 연구하는 대학이 설립되었다. 살라망카 대학은 펠리페 2세가 통치하였던 스페인의 르네상스 시기에 유럽의 학생들을 받아들이고 세계적인 명성을 얻게 되면서 전성기를 맞이하였다. 유럽의 가장 권위 있는 학술기관 중 하나였던 살라망카 대학은 학자들과 성직자들 사이의 분쟁 및 외부 주교와의 갈등으로 인해 16세기에 후반부터 쇠퇴하기 시작하였으나 20세기에 들어 하락세를 회복하면서 지금까지 이어져오고 있다. ➡ Universidades(대학)

Universidad de Valladolid (바야돌리드 대학교)   전신은 13세기에 설립된 바야돌리드 일반학교였으며, 이후 1346년 교황 클레멘스 6세에 의해 정식 학교가 되었다. 스페인에서 가장 오래된 대학으로 꼽히는 바야돌리드 대학은 카스티야 이 레온 지방, 바야돌리드 주에 위치한 4개의 주요 도시에 캠퍼스가 나누어져 있다. ➡ Universidades(대학)

Universidad Nacional de Educación a Distancia (스페인국립통신교육대학교)   1973년 개교한 스페인 국립통신교육대학교(UNED)는 시청각 및 인터넷을 통한 교육을 제공하는 사이버대학으로 마드리드 본교와 센다 델 레이(Senda del Rey), 시우다드 우니베르시타리아(Ciudad Universitaria)에 2개 캠퍼스를 운영하며 스페인 대학 중 약 18만 명의 가장 많은 학생 수를 보유하고 있다.

Universidad Politécnica de Madrid (마드리드 폴리테크니카 대학교)   여러 공학기술학교들을 통합해 종합기술대학으로 1971년 개교했으며 캠퍼스는 마드리드 대학도시와 마드리드 도시 전역에 분산되어 있다. UPM는 <El Mundo> 일간지가 발표한 최고 공과 대학으로 인정받고 있다.

Universidad Rey Juan Carlos(URJC) (후안 카를로스 국왕 대학교) 마드리드의 6개 공립 대학 중 하나로 1996년 후안 카를로스 1세 스페인 국왕의 이름을 따서 설립되었다. 교훈은 "새로운 것이 아닌 새로운 방식으로"라는 뜻의 라틴어 Non nova, sed nove이며, 캠퍼스는 수도 마드리드의 비칼바로(Vicálvaro)를 비롯하여 모스톨레스(Móstoles), 알코르콘(Alcorcón), 푸엔라브라다(Fuenlabrada) 등 4개의 도시에 나뉘어져 있다. ➡ Universidades(대학)

Universidades* (대학) 스페인에서 대학은 13세기에 살라망카(Salamanca)와 팔렌시아(Palen-cia)에 대학 건물이 설립되면서 시작되었고, 1450년쯤 되면 살라망카와 바야돌리드(Valladolid), 우에스카(Huesca), 레리다(Lérida)에 이미 4개의 종합학문기관이 존재하고 있었다. 르네상스 시대에는 외국으로 여행하는 것을 특히 중시하였는데 이는 개인의 시야를 넓힐 수 있다는 교육적 목적이 있었기 때문이다. 스페인 학생들은 외국 중에서도 특히 이탈리아에서 공부하기를 선호하였으며, 16세기 초에 유럽에서 가장 인기가 많았던 대학교는 몽펠리에(Montpellier), 볼로냐(Bolonia), 파리 대학교라고 할 수 있다. 고등교육기관이 1474년과 17세기 초 사이에 엄청나게 증가하였으며, 이 기간 동안에만 27개의 대학들이 신설되어 스페인에서는 모두 합처서 33개의 대학교가 존재하였다. 이러한 증가세는 유럽의 다른 나라들 특히 독일에서도 동일하게 나타났다. 아메리카가 식민화되고 난 이후 그곳에서도 새로운 학문기관이 창설되었으며 최초로 세워진 곳은 산토 도밍고(Santo Domingo, 1538년), 멕시코(México, 1551년), 리마(Lima, 1551년)에 있었다. 그리고 식민시대가 끝났을 때에는 아메리카에 이미 25개의 대학들이 있었지만 대부분은 예수회원들과 다른 수도회가 이끄는 신학교들이었고, 교양과목을 가르치지는 않았다. 이베리아 반도에서는 인구가 집중되어 있는 카스티야(Castilla)와 카탈루냐(Cataluña) 지방에 교육적 열의 또한 가장 크게 나타났다. 입학생들은 16세기 내내 증가하다가 17세기 초에 들어와서 감소세로 돌아섰고, 1630년과 1680년 사이에는 카스티야 소재 대학의 입학 수가 절반으로 떨어질 정도까지 되었다. 그러나 18세기 초에 인구가 증가하면서 이러한 위축 현상도 호전될 수 있었다. 한편 17세기 교육의 전반적인 침체는 엘리트 상급교육기관의 경우에는 해당되지 않았는데 살라망카에는 4개, 바야돌리드와 알칼라(Alcalá)에는 각각 하나씩 있어서 여전히 호황을 누리고 있었을 뿐 아니라 학생 수도 1670년의 경우 1570년 때보다 두 배 반이나 더 많았다. 또한 예수회 신부들이 주관하는 일부 지역 학교들은 갈수록 학생들이 몰려들기도 하였다. 펠리페 2세(Felipe II)가 1558년 외국 유학 금지령을 내렸을 때에도 대학의 수준은 여전히 저하되지 않았으며, 16세기 후반의 걸출한 인물들은 모두 대학교와 관련된 사람들이라고 할 수 있다. 한편 제국의 행정에 봉사할 지식인들이 요구되면서 자연히 학생들의 관심도 직업을 쉽게 구할 수 있는 분야에 가지게 되었다. 1595년경 살라망카 대학생들의 4분의 3이 교회나 국가의 관직에 들어갈 목적으로 공부를 하였으며, 1675년에 행정직 취득에 필요한 교회법은 살라망카 대학생들의 경우 59%가, 바야돌리드 대학생들의 경우 65%가 선택할 정도였다. 순수학문에 대한 열의는 점차 사라졌고 히브리어와 헬라어와 같은 과목들은 아예 없어졌으며 수학과 같은 과목들도 비인기 분야로 전락하였다. 신학도 위기에 들어서서 17세기에 법학을 공부하는 살라망카와 바야돌리드 학생들이 신학 학생들보다 20대 1의 비율로 더 높았다. 고등교육에 대한 국가의 관심이 높아지면서 펠리페 2세는 봉급,

옷차림, 교재, 시험 등 학칙에 관련된 많은 법령들을 공표하였다. 1623년에는 국가가 대학교수들을 임명하기 시작하였고, 펠리페 5세(Felipe V)의 정부는 이 점에서 아예 왕위계승전쟁이 끝나고 난 뒤 바르셀로나 대학교를 폐지하고 그 기능들을 세르베라(Cervera)에게 이전하기도 하였다. 둘째로 뛰어난 교수들이 국가행정직에 종사하기 위하여 대학을 떠나면서 보수 경향의 성직자가 주요 대학들의 예술과목과 신학을 독점하였다. 스콜라주의와 같은 전통주의적인 사상이 강조되면서 혁신과 근대화에 대한 열망이 방해받기도 하였다. 그러나 시간이 지나면서 교양 엘리트 중에는 이러한 교수들의 협소한 시각에 동조하지 않은 채 이탈리아와 네덜란드 지식인들과 활발한 접촉을 해나가는 집단들이 생겨났다. 아울러 페이호오(Feijoo)와 그레고리오 마얀스(Gregorio Mayans)에 의해 표명된 가톨릭교의 열린 자세는 이러한 구태의연한 입장에 반기를 든 예라고 할 수 있다

UNT, Unión Nacional de Trabajadores (국가노동자연맹)   1978년 1월 국가주의적 노동조합주의(nacionalsindicalismo) 이념을 바탕으로 설립된 스페인의 노동조합으로, CONS의 이념적 계승자로 여겨지며 동시에 스페인에 실존하는 유일한 대안적 노동조합으로 간주된다. 영향력이 적은 작은 노동조합이었으나, 최근 들어 다양한 회사의 노동조합 선거에서 성공을 거두며 점진적으로 그 영향력을 넓혀가고 있는 추세에 있다.

Urbanus, Sermo (세르몬 우르바누스)   스페인에서는 기원전 3세기 로마 침략 이후 라틴어의 영향이 늘어나기 시작하였는데 세르몬 우르바누스란 '고전 라틴어'라는 의미로 주로 문학가, 정치인 등 높은 교양 수준의 사람들이 사용하던 라틴어이다. 이에 반대되는 개념으로는 세르모 루스티쿠스(Sermo rusticus)이며 이는 '통속 라틴어'라는 뜻으로 중산층 및 하층인이 흔히 사용하던 구어체 라틴어이다.

Urraca Fernández, Reina de León y Asturias (우라카 페르난데스, 레온과 아스투리아스의 왕비)   페르난 곤살레스(Fernán González) 백작의 딸이다. 정치적 이해관계에 따라 941년에 오르도뇨 3세와 혼인해 레온(León)의 왕비가 되었고 베르무도 2세(Bermudo II)를 낳았다. 958년에는 오르도뇨 4세(Ordoño IV)가 새로운 왕으로 등극하자 그와 두 번째 결혼식을 올렸다. ⇒ Asturias, Principado y reino de(아스투리아스 공국, 아스투리아스 왕국)

Urraca, Reina de Castilla y León (우라카, 카스티야 이 레온의 여왕)   1079년경에 태어나 1126년에 사망한 알폰소 6세(Alfonso VI)의 딸. 라이문도 데 톨로사(Raimundo de Tolosa)와 혼인하고 갈리시아 백작령(condado de Galicia)를 아버지로부터 물려받았으나 얼마 지나지 않아 과부가 된다. 라이문도는 카스티야(Castilla) 귀족들의 거센 반대에도 불구하고 우라카(Urraca)를 아라곤(Aragón)의 알폰소 1세(Alfonso I)와 혼인시킨다. 우려했던 대로 카스티야와 갈리시아에 상황이 불리하게 돌아가자 그녀는 디에고 헬미레스(Diego Gelmírez)와 같은 인물들과 손잡고 남편에 대항해 여러 차례의 내전이 발발하게 된다. ⇒ Castilla, Corona de(카스티야 연합왕국)

Urraca, Reina de Navarra (우라카, 나바라 왕비)   1130년경 카스티야의 알폰소 7세의 서녀로 태어나 1189년에 사망했다. 카스티야와 나바라(Navarra)의 국경분쟁을 종식하기 위해 1144년에 가르시아 라미레스(García Ramírez)와 혼인해 나바라와 카스티야 사이의 평화를 이룩했다. ⇒ Reino de Navarra(나바라 왕국)

Usabiaga, Rafael Díez (라파엘 디에스 우사비아가)   (1956~) 스페인 바스크(País Vasco)의 좌파 노동조합원이다. 1996년부터 2008년까지 12년간 애국 노동자 위원회(Langile

Abertzaleen Batzordeak, LAB)의 서기장으로 있었으며, 2009년부터는 바타수나 (Batasuna)를 재조직하려는 의도로 인해 수감되었다.

USO, Unión Sindical Obrera (노동조합연맹)　　스페인 노동조합의 핵심으로, 1961년 설립 취지서가 승인된 후 기독교인 노동자들을 핵심으로 창설되었다. 5년 후인 1966년 카탈루냐 노동조합연맹(USOC, Unión Sindical Obrera de Cataluña)이 설립되며, 스페인 전환기(La Transición Española) 동안 큰 존재감을 얻게 된다. 마누엘 자기레(Manuel Zaguirre)가 25년 동안 대표직을 맡았으며, 2002년 4월 13일 7번째 회의 이후 대표직에서 물러나면서 명예회장직에 오른다.

V

Vaca de Castro, Cristóbal (크리스토발 바카 데 카스트로)   1492년 이사그레(Izagre)에서 태어나 1562년 마요르가(Mayorga) 부근에서 사망한 스페인 사법관이자 바야돌리드 (Valladolid)의 판관이다. 피사로(Pizarro) 지지파와 알마그로(Almagro) 지지파 사이 의 분쟁을 해결하기 위해 페루로가 1542년부터 1544년까지 페루의 통치를 맡는다. ➡ Pizarro, Francisco(프란시스코 피사로, 1478~1541)

Vacceos (박세오스)   현재 카스티야 이 레온 지역인 두에로 강 유역과 메세타 노르테 (meseta Norte) 중앙 부분에 거주하고 있었던 고대 부족 중 하나이다. 중부 유럽에서 온 것으로 여겨지며, 켈트이베로어(idioma celtíbero)를 사용했다.

Val del Omar, José (호세 발 델 오마르)   1904년 10월 27일 그라나다에서 태어난 영화감 독이자 발명가이다. 예술적으로 창의력이 뛰어났던 그는 'desbordamiento apanorámico de la imagen', 'visión táctil'이라는 개념을 창시했고 그 기법을 사용하여 다수의 영화를 찍었다.

Valdés, Diego (디에고 발데스)   16세기 스페인 해군이었으며, 마젤란 해협에 스페인 정착지 를 만들어 영국인들의 항해를 막기 위한 사르미엔토 데 감보아(Sarmiento de Gamboa) 원정대를 지휘했다. ➡ Hispanidad[이베리아성(포르투갈 및 브라질 제외)]

Valdés, Fernando (페르난도 발데스)   스페인의 종교인이자 정치인. 1483년 아스투리아스 (Asturias)의 살라스(Salas)에서 태어났으며 1568년 마드리드에서 사망하였다. 대종교 재판관, 카스티야(Castilla) 왕실평의회장, 세비야(Sevilla) 대주교를 지냈으며 교육과 문화 증진을 위해 산 펠라요 학교(Colegio de San Pelayo), 오비에도 대학(Universidad de Oviedo) 등의 교육기관을 세웠다. ➡ Inquisición(종교재판소)

Valencia (발렌시아)   스페인 동부의 자치주로 발렌시아를 수도로 두고 있다. 공식 언어는 스 페인어와 발렌시아어(valenciano)이다. 약 500만 명의 인구가 살고 있는 규모가 큰 자 치주이다. 과거 고대 이베리아인들이 이 지역에 도착해 정착했으나 8~13세기에는 모슬 렘의 통치를 받았다. 이후 아라곤 왕 정복자 하이메 1세(Jaime I el Conquistador)에 의 해 스페인 영토가 되었다.

Valencia, Pedro de (페드로 데 발렌시아)   (1555~1620) 스페인의 역사학자이자 철학자이 다. 스페인 르네상스의 철학적 선구자였던 그는 진리의 문제에 대해 깊게 탐구했다. 철 학자의 역사학적 의무에 대해 주장했다.

Valenzuela, Fernando de (페르난도 데 발렌수엘라)　(1636~1692) 스페인의 정치인이다. 그의 세력 확장을 견제한 왕실 인물들로 인해 재산을 몰수당하고 형을 선고받기도 했으나 후에 누에바 에스파냐 부왕령으로 가는 것이 허락되어 그곳에서 생을 마감했다.

Valido* (총신)　구체제(Antiguo Régimen)에서 군주의 전적인 신임을 받으며 통치 업무를 도왔던 신하를 뜻한다. 총신은 군주의 통치 직무를 대리하는 자로서 막강한 권한을 향유하였으며 이로 인하여 많은 경우에 왕국 내에 보편 신하(ministro general)로서 절대 권력을 위임받은 자가 되었다. 총신들은 중세 후반에 근대 국가의 태동과 함께 출현하긴 하였지만 16세기와 17세기에 그 전성기를 맞이하였다. 카스티야에서는 후안 2세(Juan II)의 총애를 받았던 총사령관 돈 알바로 데 루나(condestable don Álvaro de Luna)가 대표적인 예가 되었다. 그러나 총신은 펠리페 3세 시대부터 열리는 소합스부르크 시대(Los Austrias menores)의 왕국에서 특히 중요한 위치를 차지하였다. 펠리페 3세는 레르마 공작(duque de Lerma)에게 자신의 권력을 직접 행사하도록 위임하였다. 그렇게 해서 왕은 있으나 마나 한 단순 정치인으로 전락하게 되었고 그의 유일한 기능이라고는 고작 자신의 총신이 취한 결정들을 지지하는 정도였다. 총신제(régimen de valimiento)는 펠리페 4세(Felipe IV)와 카를로스 2세(Carlos II)의 치세기에도 계속되었다. 펠리페 4세의 총신은 올리바레스 대공(Conde-Duque de Olivares)이었으며 그는 스페인 왕국의 절대 지배자로 등극하였다. 총신의 직책은 왕의 은총에서 유래된 것으로 법적으로 규정되어 있지 않았다. 한편 총신이 되는 길은 보통 군주의 집안을 섬기는 것에서부터 시작되곤 하였는데, 그는 군주가 아직 황태자로 있을 때 그의 집안을 도우면서 신임을 얻은 자였다. 그는 군주의 개인 비서이자 광범위한 권한을 지닌 수석 대신으로 활동하곤 하였다. 또한 군주를 내부적으로 통제할 수 있었기에 절대 왕국의 촘촘한 가신망(redes clientelares)도 독점할 수 있었다. 그는 왕의 측근에 있는 직책들을 보유하면서 왕궁 내에서 군주를 고립시키곤 하였고, 외부에 대해서도 왕과 신민 사이의 유일한 매개자로 자리 잡았다. 그는 자신의 이익을 위해 활용하고 있었던 후견제(patronazgo)에서 배분의 중심을 차지하였으며 이것은 자연히 국가 행정기구의 부패를 가져왔다. 그는 법적 규정이 부재한 상태에서 총신이라는 직책을 합법화하기 위해 여러 직책들을 축적하는 데에 몰두하였지만, 사실상 직책 수행을 하지는 않았으며, 이러한 직책들로 인해 그는 최고법원(audiencias o chancillerías)과 같은 왕국의 전통적인 통제 매카니즘을 피할 수 있었다. 그의 권력은 팜플렛의 배포나 무장반란과 같은 예외적인 절차를 통해서만 도전을 받을 수 있었는데, 예를 들어 프랑스의 루이 14세(Luis XIV)가 미성년으로 있는 동안에 프롱(Fronda) 반란이 마자랭(Mazzarino)에 맞서서 일어난 경우가 그러하였다. 한편 구체제에서 비대한 관료제가 국가의 행정 기능을 지체시키는 경향이 있었다면, 총신제는 이를 완화시키는 역할을 하기도 하였다. 총신들은 인가된 행정 절차를 무시하며 처리하는 일이 다반사였으며 수많은 비서진과 평의회들의 운영에도 지장을 주었다. 이처럼 총신제가 행정적인 전문화에 대립하는 양상은 18세기 관료화와 기술화가 증대되면서 그 종말을 맞이하는 결과를 가져왔다. 스페인에서 총신제의 위기는 올리바레스 대공이 1643년 궁정에서 축출되면서 도래하였다. 비록 그 후 통치기에도 총신제는 존재하였지만 이제 어떠한 총신도 이전과 같이 막강한 권력을 행사하지는 못했다.

Valladolid (바야돌리드)　카스티야 이 레온 지방, 바야돌리드 주의 주도이다. 피수에르 강과 에스구에바 강의 합류하는 곳에 위치하고 있으며, 면적은 197.90km²이고, 기온 차가 많이 나는 대륙성 기후를 가지고 있다. 스페인에서 가장 오래된 대학으로 꼽히는 바야돌리드 대학이 있으며, 주요 행정 도시이다.

Valle de los caídos (죽은 자의 무덤)　산 로렌소 데 엘 에스코리알(San Lorenzo de El Escorial)에 있는 계곡으로 아바디아 데 라 산타 크루스 델 바에 데 로스 카이도스(Abadía de la Santa Cruz del Valle de los Caídos)라고도 불린다. 엘 에스코리알(El Escorial) 수도원에서 북쪽으로 9.5km 떨어진 곳에 있으며, 독재자 프랑코의 명령으로 1940년부터 1958년 동안 지어졌다. 건축가 페드로 무구루사(Pedro Muguruza)와 디에고 멘데스(Diego Méndez)에 의해 지어졌으며, 이곳에는 프랑코뿐만 아니라 스페인 내전 때 희생된 스페인군의 많은 유해가 묻혀 있다. 1957년부터 국가 유산으로 지정되어 관람이 허용되었지만, 현재에는 방문객에게 폐쇄되어 있는 상태이다. ➡ Franquismo (프랑코주의)

Vallmitjana y Barbany, Agapit (아가피트 발미트자나 이 바르바니)　(1833~1905) 스페인 바르셀로나 태생 조각가이다. 그의 형 베난치 발미트자나(Venanci Vallmitjana)와 같이 롱하(Lonja) 학교에서 공부하여 다미아 캄페니(Damià Campeny)의 가르침을 받았다. 그의 형과 함께 바르셀로나의 아틀리에에서 많은 조각품을 남겼다. 1873년 비엔나의 세계박람회에 참여, 1878년 마드리드 국내 박람회 등 국내외로 많은 이들에게 종교나 풍속과 관련된 작품들을 선보였다.

Vallmitjana y Barbany, Venanci (베난치 발미트자나 이 바르바니)　(1826~1919) 스페인 바르셀로나 태생의 조각가이다. 바르셀로나 롱하(Lonja) 학교에서 공부를 하여 1856년에는 출신학교의 교수가 되었다. 그의 많은 제자들이 조각가로서 성공했다. 그중에는 유명 조각가 조셉 리모나(Josep Llimona), 파블로 가르가요(Pablo Gargallo), 에우세비 아르나우(Eusebi Arnau) 등이 있다. 그는 자신의 형제이자 조각가인 아가피트 발미트자나와 아틀리에에서 협력하여 수많은 조각품을 남기기도 하였다.

Valois, Dinastía (발로와 왕가)　카페 왕조의 한 계열이며 1328년부터 1589년까지 프랑스를 다스렸던 왕가이다. 이탈리아 영토를 차지하기 위해 많은 노력을 기울인 결과 이탈리아 북부를 장악하고 나폴리(Nápoles)까지 정복하려 했지만, 스페인의 대장군 페르난데스 데 코르도바(Fernández de Córdoba)에게 여러 차례 격파당했다. 그 후로도 발로와 왕가(Dinastía Valois)는 이탈리아 영토를 포기하지 않고 호시탐탐 기회를 노렸으나 1559년 엔리케 2세(Enrique II) 치하에 카토-캄브레시 평화 조약(Paz de Cateau-Cambrésis)이 체결되면서 발루아 왕가는 이탈리아 영토에 대한 정책을 완전히 접고 스페인과 우호적인 관계에 들어서기로 했다.

Valverde Arrieta, Juan (후안 발베르데 아리에타)　스페인 바스크 출신의 16세기 경제학자이다. 스페인 농업 경제 몰락에 관한 주요한 저술을 한 작가이다. 1578년 마드리드에서 출판된 『*Diálogos de la fertilidad y abundancia de España y la razón porqué se ha ido encareciendo, con el remedio para que vuelva todo a los precios pasados, y la verdadera manera de cavar y arar las tierras*』의 저자이며, 이는 1581년 마드리드에서 『*Despertador que trata de la gran fertilidad, riquezas, baratos, armas y caballos que España solía tener, y la causa de los daños y faltas con el remedio suficiente*』로 재출판되었다. 그는 그의 책에서 적은 수확의 원인은 경작시기에 황소 대신 암노새를 이용한 것에 있다고 보았다. ➡ Arbitrista(정치 평론가들)

468

Vándalos (반달족) 중유럽의 게르만족 중 하나이다. 5세기경 이베리아 반도를 건너 지브롤터 해협을 지나 북아프리카에 정착했다. 534년 비잔틴에 의해 멸망했다.

Várdulos (바르둘로스) 고대 로마 이전부터 이베리아 반도 북부에 살던 종족으로 현재의 바스크(País Vasco) 지방 서쪽 부분을 차지하고 있었다. 로마에 대항해 칸타브리아인 (Cántabros)들과 동맹을 맺지 않았기 때문에 칸타브로스가 멸망한 후 영향을 받지 않았다. ➡ Romanización(로마화)

Vasconia (바스코니아) 바스크(País Vasco)의 문화적 공동체를 뜻하는 문화-정치-인류학적 용어이다. 역사적 시기에 따라 다른 암시적 의미를 가지고 있지만 공통적으로 바스크어 (euskara)에서 "바스크의 나라(Euskal Herria)"라는 의미로 사용되었다. 전문 분야 이외 에는 거의 사용되지 않는 용어이다.

Vavel (바벨) 현대 스페인인들이 자주 방문하는 스포츠 관련 웹사이트이다. 많은 작가와 기 자, 블로거들이 이 가상공간에 모여 독자들과 함께 소식 및 정보를 공유하고 있고, 세계 각국의 스포츠팬들이 방문하고 있다. 영어, 스페인어를 포함하여 총 7개의 언어로 운 영되고 있어 접근성도 뛰어나다. 스페인 기자 하비에르 로블레스(Javier Robles)가 후 안 카를로스 대학교(Universidad Rey Juan Carlos) 재학 시절에 만들었던 웹페이지로 도 유명하다.

Vázquez de Arce, Rodrigo (로드리고 바스켓 데 아르세) 1529년 태어나 엘 카르피오(El Carpio, Medina del Campo, Valladolid)에서 1600년 8월 24일 사망한 스페인의 정치 가 및 법학자였다. 펠리페 2세 통치기간 동안 중요한 직책을 맡았으며, 카스티야 위원회 (Consejo de Castilla) 회장 및 재무위원회(Consejo de Hacienda) 회장이기도 했다. ➡ Felipe II(펠리페 2세)

Vázquez de Leca, Mateo (마테오 바스켓 데 레카) 1542년 스페인에서 태어나 1591년에 사망한 스페인의 경영인(관리인) 및 종교인이었다. 에스피노사(Espinosa) 추기경의 비 서, 인디아스 고용회사(Casa de Contratación)의 회장이었으며, 1573년에는 펠리페 2세 에 의해 왕실 비서직을 임명받았다. 안토니오 페레스(Antonio Pérez)와 적대관계에 있 었다. ➡ Felipe II(펠리페 2세)

Velazquez, Diego Rodríguez (디에고 로드리게스 벨라스케스) (1599~1660) 17세기 스페인 바로크 예술의 대표적인 화가이다. 24세 때 궁정화가가 된 그의 초기 작품은 당 시 유행하던 테네브리즘의 영향을 받았다. 이후, 이탈리아를 3년 동안 여행한 뒤, 마드리 드로 돌아와 궁정화가로 활발한 활동을 했다. 대표적인 작품으로는 「*Vieja friendo huevos*」 (1618), 「*La rendición de Breda*」(1635), 「*Las Meninas*」(1656) 등이 있다.

Velázquez, Isidro González (이시드로 곤살레스 벨라스케스) (1765~1829) 스페인 18세 기와 19세기의 건축가이다. 건축가 안토니오 곤살레스 벨라스케스의 아들로, 산 페르난 도 예술 학교(Real Academia de Bellas Artes de San Fernando)를 졸업하여 후안 데 비야누에바의 제자로 건축가의 삶을 살았다. 카를로스 4세(Carlos IV)의 후원으로 1790년 프랑스, 이탈리아, 그리스 등을 여행하며 고전예술을 보며 1795년 스페인으로 돌아와 아란후에스(Aranjuez)의 농부의 집(Casa del Labrador)을 설계, 이후 만사나레스 (Manzanares) 강의 왕립 수로건설 프로젝트에도 참여하였다.

Vellarróns (베야론스) 오우렌세(Ourense) 지방의 리오스(Ríos) 시에 있는 카스트렐로 데 시마(Castelo de Cima) 마을의 전통적인 카니발 복식과 가면을 말한다.

Vera Paz (베라 파스)　바르톨로메 데 라스 카사스와 알론소 데 말도나도가 현 과테말라와 멕시코 지역을 아우르는 테술루틀란(Tezulutlán)의 땅을 두고 평화 정복 협정을 맺은 것을 계기로, "전쟁의 땅"이라 불리던 이곳의 명칭은 "베라 파스(진정한 평화)"가 되었으며 이는 1547년 공식화되었다. ➡ Hispanidad[이베리아성(포르투갈 및 브라질 제외)]

Verdial (베르디알)　판당고(Fandango)에서 유래한 플라멩코의 한 장르이다. 말라가(Málaga)의 민속음악이며 농촌 지역의 판당고의 전형이다. 직설적이고 경쾌한 선율이 특징이며 춤과 깊은 연관이 있다. 땅의 비옥함과 아름다움을 노래한다. 후안 브레바(Juan Breva)가 최초로 불렀다.

Verdiales (베르디일테스)　플라멩코 춤의 한 형태로 긴데 치고(Canté Chico)에 포함되는 춤이다. 스페인 말라가(Málaga) 근처의 알모히아(Almogia)에 기원을 두고 있으며, 판당고 춤에 기초를 두고 있다. 이러한 이유로 베르디알레스를 종종 판당고스 데 말라가(Fandangos de Málaga)라고 불리기도 한다.

Vespucio, Américo (아메리코 베스푸치오)　(1454~1512) 이탈리아의 선원이자 우주학자이다. 1499년 카디스에서 출발한 오헤다 원정에 참여했다. 이 원정에서 그는 아마존 유역을 탐방했으며 신대륙은 그의 이름을 따 아메리카라 불리게 되었다. 스페인 왕실 선장으로 임명되어 식민지 개척 사업의 기반을 다지는 데 일조했다.

Vía Crucis (그리스도의 수난도)　예수가 빌라도에게 십자가형을 선고받은 후부터 죽음까지의 과정을 총 14개의 에피소드로 나눈 것이다. 중세에는 부활을 상징하는 15번째 단계가 있었으나 16세기부터 점차 사라졌다. 예수의 생애를 경배하려는 목적으로 프랑스에서 시작되었으며 스페인에 전파되었다.

Vía de la Plata (은의 길)　스페인 서부의 남북을 가로지르는 고대 로마의 도로이며 메리다(Mérida)에서 아스토르가(Astorga)까지 연결되어 있다. 이천 년이 지난 지금에 와서도 스페인 서부의 척추와도 같은 도로로 활용되고 있다.

Vicalvarada, La(Revolución de 1854 en España) [라 비칼바라다(1854년 스페인 반란)]　1854년 스페인 반란은 비칼바라다라는 이름으로도 잘 알려져 있는데 이는 레오폴도 오도넬(Leopoldo O'Donnell) 장군 지휘하의 반란군과 정부군이 마드리드 부근의 마을인 비칼바로(Vicálvaro)에서 충돌한 것에서 비롯한다. 비록 전투는 단순한 국지전 정도 이상은 아니었으며 즉각적인 정부의 붕괴를 초래하진 못했지만, 이후 시민들의 참여를 유발하여 반란군에 힘을 보태 결과적으로는 온건 정부(Gobierno Moderado)의 빠른 몰락을 초래했다. ➡ Isabel II(이사벨 2세, 1830~1904, 재위: 1833~1868)

Vicecanciller (추기원장)　스페인에서 교황청의 대칙서와 소칙서들을 관리하는 직책을 맡은 추기경을 가리킨다. 아라곤 의회장을 지칭하는 단어이기도 하다.

Vich (비치)　스페인 카탈루냐(Cataluña) 자치주의 바르셀로나(Barcelona)에 위치한 도시이다. 로마의 통치를 거쳐 서고트족에게 넘어갔다가 끝내 1450년 알폰소 5세(Alfonso V)에 의해 스페인의 영토가 되었다. 깊은 역사적 유서를 지닌 만큼 고대 건축물의 흔적들이 도처에 남아 있다.

Vicuña (비쿠냐)　소목 낙타과에 속한 포유류로 페루의 북부와 칠레의 남부에 서식한다. 그 생김새가 야마(llama)나 알파카(alpaca)와 매우 흡사하다. 무리를 지어 야생생활을 한다.

Vieja friendo huevos (달걀을 부치는 노파)　(1618) 17세기의 스페인 대표적인 화가 디

에고 로드리게스 벨라스케스(Diego Rodríguez Velazquez)의 작품이다. 그는 이 작품에서 음식이나 음식 도구 등의 자연묘사를 충실하게 해내었다.

Vigilio (비힐리오)　5세기경 현재 알제리 영토에 해당하는 탑소(Tapso)의 주교였다. 완고한 종교인으로 아리우스파, 네스토리우스파, 유티키나누스파를 가톨릭 종파에서 밀어내려고 했다. 반달족의 박해로 인해 비잔틴 황제 제논(Flavius Zeno)의 보호를 받을 수 있는 콘스탄티노플로 도망한 후 그곳에서 생을 마감했다.

Vilcalvarada (비칼바라다)　스페인의 1854년 혁명을 가리키는 또 다른 이름이다. 오도넬(O'Donnell) 장군과 반대파가 마드리드(Madrid) 인근의 비칼바로(Vicalvaro)라는 마을에서 군사 충돌을 겪어 이러한 명칭을 얻게 됐다. 이 전투와 함께 온건주의 시대는 막을 내렸고 진보주의 2년 시대가 시작됐다.

Villalobos, Filiberto (필리베르토 비야로보스)　(1879~1955) 스페인 정치가, 의사이다. 살라망카(Salamanca) 대학에서 의학을 공부한 그는 살라망카에서 처음으로 X선 기술을 사용한 의사로 유명하다. 또한 스페인 제2공화국 시절 공교육 및 예술부 장관직을 맡았다. ➡ República II(제2공화국)

Villanueva y La Geltrú (비야누에바 이 라 헬투르)　스페인 카탈루냐 자치주(Comunidad Autónoma de Cataluña)의 바르셀로나 주(Barcelona)에 속한 시이다. 가라프(Garraf) 지구의 중심도시이며 바르셀로나(Barcelona)와 44km, 타라고나(Tarragona)와는 46km 거리에 위치해 있다. 비야누에바 이 라 헬투르는 낭만주의 시대에 황금기를 맞았는데 이는 빅토르 발라게르 박물관(Museo Victor Balaguer)과 같은 건축물에서 두드러지게 관찰된다.

Villapalos, Gustavo (구스타보 비야팔로스)　(1949~) 스페인의 법학자이다. 콤플루텐세 대학(Universidad Complutense de Madrid)의 총장을 지냈다. 프랑스, 멕시코, 미국, 아르헨티나 등의 국가에서 명예박사학위를 수여받았다. 1995년 루이스 가야르돈(Ruiz Gallardón)의 마드리드(Madrid) 자치주 첫 정권에 합류했다.

Villar (비얄라르 평원)　바야돌릿 주에 위치한 도시로 712m 고원지대에 위치하며, 약 489명의 주민들이 거주한다. 1521년 4월 23일 카스티야의 코무니다데스(Comunidades de Castilla) 혁명에 의한 전쟁이 일어난 곳으로 유명하다. 매년 4월 23일은 카스티야 이 레온의 축제가 있다. ➡ Comunidades de Castilla[카스티야의 코무니닷(자치도시들)]

Villaviciosa de Tajuña (비야비시오사 데 타후냐)　스페인의 아스투리아스 자치주에 위치한 도시이다. "비옥한 도시"라는 뜻의 이름을 지닌 이 도시는 19세기 프랑스와의 독립 전쟁으로 인해 폐허가 되기도 했으나 1835년 이후 스페인령이 되었으며 20세기 리베라(José Antonio Primo de Rivera) 정권에 의해 도시화가 진행되었다.

Viñas, Ángel (앙헬 비냐스)　(1941~) 프랑코 체제와 관련된 역사와 경제학에 저명한 학자이다. 프랑코 체제에서 경제 및 무역을 공부하고, 1969년부터 1970년까지 국제 통화기금(International Monetary Fund, IMF)에서 근무를 하다가 벨기에 브뤼셀 유엔본부에서 아시아와 라틴아메리카 국장을 맡았다. 스페인 제2공화국 시기의 역사와 네그린 정부 및 공산당(Partido Comunista de España)과 관련해서도 깊은 학문을 연구했던 그는 2010년 그란 크루즈 데 라 오르덴 델 메리토(Gran Cruz de la Orden del Mérito Civil)상을 수여하였고, 이후 스페인 마드리드 콤플루텐세(Complutense) 대학에서 교수직을 맡았다. ➡ Franquismo(프랑코주의)

Virgen de Covadonga (코바동가 성모마리아)   아스투리아스 지방의 코바동가 동굴에서 발견된 성모 마리아 석상이다. 산티니(Santina)라고도 불리는 성모 마리아는 아스투리아스의 수호신이며, 전 스페인 내 일곱 수호신 중 한 명으로 꼽힌다. ⇒ Covadonga, batalla de(코바동가 전투)

Virgen del Guadalupe (성 구아달루페)   성모 마리아의 또 다른 이름으로서 성지는 스페인 구아달루페에 위치하고 있다. 1907년부터 엑스트레마두라(Extremadura)의 성인이면서 스페인의 7대 성인 중 하나이다. 9월 8일은 성 구아달루페의 날이며, 동시에 엑스트레마두라의 날이다.

Virgen Maria (성모 마리아)   예수의 모친으로 개신교에서는 동정녀 마리아로, 로마 가톨릭에서는 성모 마리아로 불린다. 라틴아메리카는 전식민지 시대이 토착종교와 스페인 정복자들이 가져온 가톨릭교가 혼합되며 종교 융합이 일어나는데 이로 인해 원주민들이 여신을 숭배하던 성향이 성모 마리아에게로 이전돼 독특한 성모 신앙을 이루게 됐다.

Vírgenes, islas (비르헤네스 제도)   소(小)앤틸리스의 군도로 카리브 해와 대서양 사이에 자리 잡고 있다. 90개 이상의 섬들로 이루어져 있으며 행정적으로는 영국 소속의 비르헤네스 브리타니카스 섬(Islas Vírgenes Británicas)과 미국 소속의 비르헤네스 아메리카나스 섬(Islas Vírgenes Americanas)으로 나뉜다.

Viriato* (비리아토)   (?~기원전 139) 로마의 지배에 맞서서 대략 기원전 147~기원전 139년 동안 항거한 루시타니아인들(lusitanos)의 지도자로서 스페인 선주민들의 저항을 상징하는 인물이다. 출신지에 대해서는 알려진 바가 없으나 루시타니아의 가장 험준한 지역인 에스트레야(Estrella) 산지일 것으로 추정되고 있다. 전설에 따르면 그는 젊은 시절에 목동이었으며 지도자로서 훌륭한 자질들을 갖춘 것으로 여겨지고 있다. 비리아토를 위시한 루시타니아의 항거는 로마의 잔혹한 탄압에서 비롯된 것으로 무엇보다 로마인 총독인 갈바의 학살(matanza de Galba)이 결정적인 계기가 되었다. 이 학살의 생존자들 중에서 바로 비리아토가 포함되었고, 이후 10년 넘게 전개되는 루시타니아 항쟁의 지도자로 선출될 수 있었던 것이다. 기원전 147년에 그는 로마에 대하여 괄목할 만한 성과를 거둘 수 있었으며, 특히 론다 산악지대(Serranía de Ronda) 트리볼라(Tríbola) 전투에서는 4,000명 이상의 로마 군인들이 참패하였고 집정관(pretor) 베틸리오(Vetilio)는 전사하기까지 하였다. 그 결과 비리아토는 이스파니아 울테리오르(Hispania Ulterior) 전체를 차지할 수 있었다. 그러나 얼마 안 있어서 그는 베티카(Betica)를 버리고 집정관 플라우시오(Plaucio)가 이끄는 카르페타니아(Carpetania)로 향하여야 했는데 이는 산 비센테(San Vicente) 산지가 공격을 받았기 때문이다. 그러나 로마는 다시 패배하였고 플라우시오는 그 지역에서 퇴각하지 않을 수 없었다. 그리고 비리아토는 이 기회를 틈타 로마의 동맹시인 세고브리가(Segóbriga)로까지 진군할 수 있었다. 한편 비리아토는 기원전 144년에 이스파니아 울테리오르의 새로운 콘술로 등장한 파비오(Fabio)의 공세를 받아 여러 차례 전투를 치루면서, 바에쿨라[Baecula, 지금의 바이렌(Bailén)]에서는 후퇴하여야 했다. 그리고 비리아토는 이러한 위기 앞에서 켈트이베로인들에게 도움을 요청하기로 결심하였다. 켈트이베로인들, 특히 아레바코족(arévacos)은 올로니코(Olónico)의 영도 아래에서 비리아토의 제안을 수락하였고, 로마인들과 10년 넘게 유지해왔던 평화조약을 파기하였다. 그러나 비리아토도 콘술인 세르빌리아노(Serviliano)의 통치기 동안에는 로마와 화친 조약을 체결하기도 하였다. 하지만 세르빌리아노의 후임자로 세피온(Cepión)

이 등장하면서 루시타니아와 체결된 평화조약은 원로원의 인준에도 불구하고 파기되었다. 이후 비리아토는 아수아가(Azuaga)에서 패배를 경험한 후, 기원전 139년에 세피온과 평화 협상을 시도하나 아무런 결실도 거둘 수 없었다. 결국 비리아토는 평화사절로 자신의 부하 장군들인 티탈콘(Ditalkón)과 아우닥스(Audax), 그리고 미누로스(Minuros)를 로마 측에 파견하였다. 그러나 이들은 오히려 세피온에 의해 매수되어 비리아토가 잠든 사이 그를 살해하는 임무를 수행하였다. 비리아토의 사망은 루시타니아의 항거 세력이 힘을 잃는 결정적인 계기가 되었으며 비록 탄탈로(Tántalo)의 지휘 아래 얼마간 저항이 지속되기는 하였지만 기원전 139년 말 콘술 데시모 후니오 브루토(Décimo Junio Bruto)에게 최종 항복하지 않을 수 없었다.

Virolet (비롤렛)　　1922년부터 1930년까지 간행되었던 스페인 어린이 잡지이다. 카탈루냐어로 출판되었고 30x22cm 크기의 다양한 이야기들과 그림들로 469호까지 출판되었다. 그러나 1920년대부터 인쇄기술에 힘입어 <En Patufet>과 같은 다른 경쟁 잡지들이 출현하면서 결국 1931년에 폐간되었다.

Virreinato de Nueva Granada (누에바그라나다 부왕령)　　1717년 설립된 아메리카 부왕령 중 하나로 지금의 에쿠아도르, 베네수엘라, 콜롬비아와 파나마 지역 일대를 한 부왕의 통치권으로 분할한 것이었으며 수도는 산타페 데 보고타였다. 1819년 라틴아메리카 독립 운동이 일어나면서 폐지되었다. ➡ Hispanidad[이베리아성(포르투갈 및 브라질 제외)]

Virreinato del Río de la Plata (리오데라플라타 부왕령)　　1776년 설립된 아메리카 부왕령 중 하나로 지금의 아르헨티나, 우루과이, 파라과이, 볼리비아 및 일부 칠레 지역 일대를 한 부왕의 통치권으로 분할한 것이었으며 수도는 부에노스아이레스였다. 1811년 라틴아메리카 독립 운동이 일어나면서 폐지되었다. ➡ Hispanidad[이베리아성(포르투갈 및 브라질 제외)]

Virrey (부왕)　　스페인 국왕을 대표하여 한 나라 혹은 지방을 관리하고 정치를 담당하는 책임자였다. 1492년 이후 스페인의 영토가 확장됨에 따라 부왕령이 많아지기 시작했다. ➡ Hispanidad[이베리아성(포르투갈 및 브라질 제외)]

Viruela (천연두)　　고열과 수포를 동반하는 바이러스성 전염병으로 스페인 정복자들에 의해 아메리카 원주민들에게 전해졌다. 이 전염병은 아메리카 각지를 돌며 수많은 사상자를 낳았으며 대학살과 고된 노동 등과 함께 원주민 인구 감소의 대표적 원인 중 하나이다. ➡ Hispanidad[(이베리아성(포르투갈 및 브라질 제외)]

Visigodo (서고트)　　드네프르 강 서쪽에 세워졌던 고트파의 한 부족으로 에스파냐를 다스렸었다. 711년 이슬람교도들의 공격으로 멸망하였다. ➡ Reino visigodo(서고트 왕국)

Visitadores generales (총감사관들)　　근대 스페인에서 특정 영토를 감사하기 위해 정부가 파견하던 감사관들을 일컫는다. 교회에서 파견을 하기도 했다. 감사관들은 지역 세력 간 균형을 유지하게 하는 역할을 했다.

Vitoria (비토리아)　　스페인 알라바(Alava) 지방에 위치한 도시이다. 바스크(País Vasco) 자치주의 청사가 있는 곳이기도 하다. 교차로의 지점에 있어서 로마 시절부터 군사적·상업적·문화적 교류가 활발한 곳이다. 2012년 유럽의 녹색수도로 지정된 바 있다.

Vizcaíno (비스카이어)　　스페인 비스카야(Vizcaya)에서 사용하는 바스크어(Euskera)의 방언이다.

Vizcaya (비스카야)　　스페인 북부 바스크 자치주에 위치했으며 과거 봉건 시대에는 세습 영지
였다. 로마 제국시대로 거슬리 올라가는 오랜 역사를 가졌고 현재 철강산업이 활발하게
이루어지고 있다.

Vulgata (불가타)　　4세기 말 성경으로 라틴어 번역본 성경을 일컫는다. 교황 다마소 1세
(Damaso I)가 비서였던 성 예로니모(Jerónimo)에게 구식 라틴어로 번역되었던 성경을
다시 라틴어로 번역하도록 하였고, 이후 번역본이 382년 로마 공의회에서 인준을 받
았다. 대중을 위한 번역본이라는 뜻에서 불가타 에디티오(vulgata editio)라는 명칭을 얻
었다.

Walia (왈리아)　서고트족 5대 왕으로 415년부터 418년까지 재위하였다. 위대한 전사이자 신중한 정치가라는 명성을 얻었다. 서로마 제국과 평화 조약을 맺었으며 417년에는 프랑스 서남부에 위치한 아키텐느(Aquitaine) 지역을 얻고 418년에는 이스파니아(Hispania)를 침략하였다. 419년 사망하였다. ➡ Reino visigodo(서고트 왕국)

Wamba (왐바)　서고트족 31대 왕. 톨레도 공의회의 참석자였으며 레세스빈토의 장례를 거행했다. 이때까지의 귀족층 간의 대립을 지켜본 결과 왐바만이 권력을 갖고 통치할 수 있을 것이라 판단되어 672년 만장일치로 왕으로 선출되었다. 셉티마니아에서 귀족의 반란이 있었지만 제압하였다. 680년 독주를 마시고 삭발을 당하여 왕위를 빼앗겼다. ➡ Reino visigodo(서고트 왕국)

Wifredo I Velloso (위프레도 베요소 1세)　878년부터 바르셀로나의 백작이었으며, 897년 아랍인들을 상대로 한 아우라 전투에서 얻은 상해로 인해 사망했다. 카르카손가의 부호인 수니프레도의 아들이었으며, 아버지와 함께 바르셀로나 백작 가문을 설립했다. ➡ Aragón, Corona de(아라곤 연합왕국)

Wifredo II Borrell (위프레도 보렐 2세)　바르셀로나, 헤로나, 아우소나의 2대 백작으로 897년부터 912년까지 통치했다. 위프레도 베요소 1세의 장자로 874년경 태어났고, 바르셀로나에서 912년 4월 26일 사망했다. 아버지의 죽음으로 자연스럽게 백작직을 물려받게 되자, 카탈루냐에서 백작직 세습 관행을 만들었다. ➡ Aragón, Corona de(아라곤 연합왕국)

Witerico (위테리코)　서고트족 21대 왕. 602년 비잔틴인들과의 전쟁을 위해 리우바 2세에게 받은 군대 지휘권으로 반란을 일으켜 왕위에 오른다. 아리우스파를 믿는 왕이었으며 610년 연회 중 군데마로에게 암살당했다. ➡ Reino visigodo(서고트 왕국)

Witiza (위티사)　서고트족 34대 왕. 698년부터 아버지 에히카와 왕권을 공유했고 702년부터 모든 권한을 물려받아 왕이 되었다. 아버지가 빼앗았던 귀족들의 재산을 돌려주고 빚을 탕감해 주었다. 710년 30살이 채 되지 않은 나이에 사망했다. ➡ Reino visigodo(서고트 왕국)

Worms, Dieta de (보름스 국회)　(1521) 황제 카를로스 5세(Carlos V)가 즉위하고 처음으로 열린 국회로 보름스(Worms)에서 개최되었으며 그 목적은 루터의 종교개혁운동을 탄압하는 데 있었다. 루터는 의회에 소환되었지만, 끝까지 자신의 주장을 철회하지 않았다. 카를로스 5세는 판결 선고를 내리기에 앞서 루터에게 비텐베르크(Wittenberg)로 돌아갈 수 있게끔 21일의 통행허가서를 주었다. 그리고 며칠 후, 황제는 보름스 칙령

(Edicto de Worms)을 발표해 루터를 이단자로 간주해 그를 추방시킬 것을 선언했지만, 페테리고 3세(Federico III)가 루터를 보호하여 이 칙령은 한 번도 시행되지 못했다. ➡ Carlos I(카를로스 1세)

Xaquixahuana, batalla de (하키하우아나 전투)　　1548년 피사로의 군대와 왕당파였던 페드로 데 라 가스카의 군대가 충돌한 전투로 하키하우아나 평야가 그 무대가 되었다. 양측은 엔코멘데로의 난 동안 새로이 설립된 페루 부왕령의 통치권을 놓고 대립했다. ➡ Pizarro, Francisco(프란시스코 피사로, 1478∼1541)

Xornal de Galicia (소르날 데 갈리시아)　　2008년부터 2011년까지 출판되었던 스페인 갈리시아(Galicia)의 지역 신문이다. 라 코루냐(La Coruña)에 본사를 두고 있으며, 비고(Vigo), 산티아고(Santiago) 등에 출판하였다. 호세 루이스 고메스(José Luis Gómez)가 대표로, 마리아 발(María Val)이 부대표로 있었으나, 2011년 정치가 마리아노 라호이(Mariano Rajoy)가 대량 마약 거래에 연루되었다고 하는 사진을 실으면서 대표직으로부터 해임되었다.

Xplora(canal de televisión) (엑스플로라)　　스페인 텔레비전 방송 채널. 아틀레스메디아 코퍼레이션(Atresmedia Corporación) 그룹 소속으로, 2012년 라 섹스타(La Sexta) 채널을 대체하여 생성되었다. 디스커버리 맥스(Discovery Max) 채널을 경쟁으로 삼아 다큐멘터리를 중심으로 방영되며, 인터넷을 통해서도 방송을 볼 수 있다.

Y

Ya (야)　스페인 제2공화국 시절에 창간된 신문이다. 1935년 1월 마드리드에 본사 설립을 시작으로 보수주의 경향의 기사를 실었으며 스페인 프랑코체제(Franquismo)에서는 가장 대중적인 언론매체 중 하나가 되었다. 1975년 프랑코(Francisco Franco)의 죽음을 알렸고, 당시 마드리드에서 177,000부를 판매하게 되어 도시 전체 일간지 중 가장 많은 부수를 기록하였다. 그러나 민주주의 체제가 도입되고, 구독자 수가 줄어들면서, 1996년 6월 간행지를 끝으로 현재는 디지털 간행물(www.diarioya.es)로만 존속하고 있다.

Yecla (예클라)　스페인 남동부 무르시아(Murcia) 지방에 위치한 도시이다. 약 3만여 명의 인구가 살고 있으며 티에라 데 예클라(Tierra de Yecla)로 알려진 고원의 중심부에 있다. 『*Mapa de Mados*』에 그 기록이 처음 등장한다.

Ynestrillas Martínez, Ricardo Sáenz de (리카르도 사엔스 데 이네스트리야스 마르티네스) (1935~1986) 마드리드 태생으로 스페인 육군 보병의 지휘관이자 무장경찰학교의 교관으로 활동했으며 갈락시아 작전(Operación Galaxia)으로 알려진 쿠데타 시도에 참가했다. 1986년 제1군사지역(마드리드) 사령부 재직 당시 바스크의 혁명적 민족 조직인 ETA(바스크 조국과 자유) 테러리스트들에 의해 살해되었다. ⇒ Transición democrática Española(스페인 민주화 이행기)

Yusuf al-Fihri (유수프 알 피흐리)　알 안달루시아 우마야 왕족의 마지막 이슬람 지배자로 태어난 날짜는 알 수 없으며, 대략 759년 혹은 760년에 사망하였다. 747년에 압달 라만 이반 카티르 알라히미(Abd al-Rahman ibn Katir al-Lahmi)의 뒤를 이어 권좌에 올랐으며, 756년 압달 라만 1세가 알 안달루시아에 독립적인 첫 번째 에미르의 자리에 오르면서 통치를 끝내게 된다. ⇒ Al-Andalus(알 안달루스)

Yusuf I (유수프 1세)　그라나다 나사리 왕조의 7대 술탄. 1318년에 태어나 1333년 형 무하마드 4세가 암살당하자 왕위를 물려받았다. 1354년까지의 통치기간 동안 나사리 왕조는 전성기를 맞아 오랫동안 번영을 누렸다. ⇒ Al-Andalus(알 안달루스)

Yusuf ibn Abd al-Rahman al Fihri (유수프 이븐 압달 라만 알 피리)　마지막 알 안달루스 모슬렘 통치자였다. 그의 통치기간은 747년에서 755년 혹은 766년까지였다. ⇒ Al-Andalus(알 안달루스)

Yusuf II (유수프 2세)　　그라나다 나사리 왕조의 11대 술탄. 무하마드 5세의 아들로 출생연도는 알려지지 않았으며 1392년에 죽었다. 1391년부터의 짧은 재위기간 동안 아들 무하마드 7세의 역모를 물리쳐야 했고 메리니드 왕조에 의존해야 했다. ➡ Al-Andalus (알 안달루스)

Yusuf III (유수프 3세)　　그라나다 나사리 왕조의 13대 술탄. 1376년 출생 1417년 사망. 1408년부터 1417년까지의 재위기간 동안 카스티야-레온과 많은 대립을 겪었으나 대체로 평화로운 재위기간을 보냈다. ➡ Al-Andalus(알 안달루스)

Yusuf IV (유수프 4세)　　그라나다 나사리 왕조의 16대 술탄. 그라나다에서 태어났고 출생연도는 알 수 없으며 가톨릭에서 이슬람으로 개종한 신하의 외교적 도움을 얻어 1432년 1월 1일 술탄이 되었으나 그해에 사망했다. ➡ Al-Andalus(알 안달루스)

Z

Zabala, Fernando de (페르난도 데 사발라) 스페인의 군인이다. 1809년 스페인 내전 당시 게릴라군에 합세해 싸웠다. 정부에 맞서 봉기를 하며 마치 기사처럼 여러 귀족을 섬겼다. 1833년 카를로스주의자들이 일으킨 봉기의 주모자 중 한 명이었다. ➡ Carlismo(카를로스주의)

Zaguirre Cano, Manuel (마누엘 자기레 카노) 스페인의 노동조합운동가로 1947년 안달루시아(Andalucía) 지방 알메리아 주(Almería)의 바카레스(Bacares)에서 태어났다. 15살이 되던 해 노동조합연맹(USO, Unión Sindical Obrera)의 당원으로 가입하였다. 이후 1977년 7월부터 2002년 4월 13일까지 25년이 넘는 시간 동안 대표직을 맡았다. 이 외에도 2001년 10월부터 세계노동연합(Confederación Mundial del Trabajo)의 부회장이 되었다.

Zalaca, Batalla de (살라카 전투) 1086년 10월 23일 스페인 사그라하스(Sagrajas)에서 발발한 전투로 알폰소 6세(Alfonso VI)의 레온(León)군과 유수프 이븐 타수핀(Yusuf ibn Tasufin)의 알모라비데군의 충돌에서 비롯되었으며 기독교 세력의 패배로 끝났다. ➡ Reconquista(레콩키스타)

Zambo prieto (잠보 프리에토) 스페인의 식민지 정복 과정에 나타난 혼혈인종 중 하나로 흑인 남성과 잠보 여성 사이에 태어난 사람들을 일컫는다. ➡ Mestizaje(혼혈)

Zapata, Antonio (안토니오 사파타) 17세기 말에 태어난 스페인의 사제이자 화가. 마드리드에서 안토니오 팔로미노(Antonio Palomino)의 제자였다. 대표작으로는 초상화 「*San Pedro y San Pablo*」가 있으며 현재 오스마 대성당(catedral de Osma)에 소장되어 있다.

Zaragoza (사라고사) 스페인의 도시로 아라곤 자치주의 사라고사 주의 주도이다. 에브로 강 유역의 평원에 위치해 있으며, 인구는 647,373명이고, 면적은 1,067.91km²이다. 대주교의 자리라는 것 외에도 1479년에 설립된 대학과 함께 중요한 문화의 중심지이다.

Zedillo Ponce de León, Ernesto (에르네스토 세디요 폰세 데 레온) 1951년 멕시코시티에서 태어난 정치가이다. 경제학 박사과정을 밟았으며, 고등교육기관인 콜레히오 데 멕시코(Colegio de México)에서 강의를 했다. 1971년에 혁명제도당(PRI)에 가입해 여러 관직을 지낸 후, 1994년에서 2000년까지 멕시코 대통령을 재임했다.

Zeneta (제네타) 스페인 무르시아(Murcia) 지방의 종속 지구로 무르시아시와 베니엘시 일대에 걸쳐져 있다. 9세기 제네트로도 알려진 북아프리카 베르베리아인들의 이주로 마을이 탄생했으며 1304년 토레야스 조약과 1305년 엘체 조약 이후 무르시아 영토로 편입되었다. 현재 농업을 주산업으로 하며 대형 공장들이 분포해 있다.

Zoco (소코) 이슬람 국가들의 전통 시장을 일컫는 카스티야어(castellano) 명칭이다. 정기적으로 열리기도 하며 정해진 날짜에 열리는 때도 있다. 아랍어의 suq(시장)에서 명칭이 유래되었으며, 알 안달루스와 이후 스페인 기독교 국가 치하에서 이 시장의 행정 체계를 만들었다. ⇒ Al-Andalus(알 안달루스)

Zona sublevada (반란 지역) 스페인 내전 당시 제2공화국에 반기를 들고 일어난 봉기 세력이 주둔하던 지역을 일컫는다. 독일의 나치군과 이탈리아의 파시스트들과 연맹을 맺었다. 프랑코(Franco) 장군이 봉기 세력을 모두 잠재우자 지도에서 사라지게 되었다. ⇒ Guerra Civil Española(스페인 내전)

Zuazo, Secundino (세쿤디노 수아소) (1887~1971) 스페인 건축가이자 도시계획전문가이다. 마드리드에 있는 카사 데 라스 플로레스(Casa de las Flores)나 누에보스 미니스테리오스(Nuevos Ministerios)로 특별히 유명하다.

Zuloaga Zabaleta, Ignacio (이그나시오 술로아가 사발레타) (1870~19445) 20세기 스페인 화가. 당시 파격이 컸던 프랑스 인상주의의 영향에도 불구하고 근본적으로 전통적인 스페인의 회화를 추구했다. 디에고 로드리게스 벨라스케스(Diego Rodríguez Velazquez)나 고야(Francisco De Goya)의 기법에 어두운 톤의 색깔을 사용하는 등 스페인 사실주의 기법을 사용하면서 스페인의 내재적인 모습을 그려냈다.

Zúñiga y Requesens, Luis de (루이스 데 수니가 이 레케센스) 1528년 바르셀로나(Barcelona)에서 태어나 1576년 브뤼셀에서 사망한 스페인 정치가이다. 펠리페 2세의 신뢰를 얻어, 대사로서 로마에 가기도 했으며 레판토 해전(batalla de Lepanto)에 참전해 밀라노의 부왕이 되었다. 그뿐만 아니라 1573년부터 1576년까지 저지대 국가를 통치했던 인물이기도 하다. ⇒ Felipe II(펠리페 2세)

Zúñiga, Baltasar de (발타사르 데 수니가) (1658~1727) 스페인의 군인이자 식민지 사령관으로 누에바 에스파냐의 제36대 부왕이었다. 현재 미국 캘리포니아와 텍사스 지방까지 영토 확장을 위해 애쓴 공이 인정되어 펠리페 5세(Felipe V)에 의해 서인도 제도의 책임자로 임명받았다. ⇒ Nueva España, Virreinato de(누에바 에스파냐 부왕령)

Zutik (수틱) 바스크어로 발 혹은 기립이라는 의미로 바스크 자치주에서 활동하던 스페인 정당이다. 프랑코 독재기간 동안 바스크 조국과 자유(ETA)로부터 분열되던 바스크 공산주의 운동(EMK)과 공산주의 혁명 연맹(LKI)에 의해 1991년 3월 창당되었다. 바스크 민족주의와 비민족주의 좌파를 통합한 급진, 혁명 좌파였지만 ETA의 테러 행위는 강력히 규탄하였다.

스페인어권 역사

스페인어권 용어사전

3

초판인쇄 2016년 2월 12일
초판발행 2016년 2월 12일

지은이 정경원·김수진·나송주·윤용욱·이은해·김유진
펴낸이 채종준
펴낸곳 한국학술정보㈜
주소 경기도 파주시 회동길 230(문발동)
전화 031) 908-3181(대표)
팩스 031) 908-3189
홈페이지 http://ebook.kstudy.com
전자우편 출판사업부 publish@kstudy.com
등록 제일산-115호(2000. 6. 19)

ISBN 978-89-268-7024-2 94770
       978-89-268-7018-1 (전3권)